Enzyklopädische Dichtungen

Deutsche Literatur. Studien und Quellen
Band 2

Herausgegeben von
Beate Kellner und Claudia Stockinger

Tobias Bulang

Enzyklopädische Dichtungen

Fallstudien zu Wissen und Literatur
in Spätmittelalter und früher Neuzeit

Akademie Verlag

Habilitationsschrift der Philosophischen Fakultät der Universität Zürich.

Bibliografische Information der Deutschen Nationalbibliothek
Die Deutsche Nationalbibliothek verzeichnet diese Publikation in der Deutschen
Nationalbibliografie; detaillierte bibliografische Daten sind im Internet über
http://dnb.d-nb.de abrufbar.

ISBN 978-3-05-005153-6

© Akademie Verlag GmbH, Berlin 2011
www.akademie-verlag.de

Der Akademie Verlag ist ein Unternehmen der Oldenbourg Gruppe.

Das Werk einschließlich aller Abbildungen ist urheberrechtlich geschützt. Jede Verwertung außerhalb der Grenzen des Urheberrechtsgesetzes ist ohne Zustimmung des Verlages unzulässig und strafbar. Das gilt insbesondere für Vervielfältigungen, Übersetzungen, Mikroverfilmungen und die Einspeicherung und Bearbeitung in elektronischen Systemen.

Einbandgestaltung: hauser lacour unter Verwendung eines Fotos: Große Heidelberger Liederhandschrift (Codex Manesse), Cod.Pal. germ. 848, Blatt 355v. Wikimedia Commons.
Druck: MB Medienhaus Berlin
Bindung: Norbert Klotz, Jettingen-Scheppach

Dieses Papier ist alterungsbeständig nach DIN/ISO 970

Inhaltsverzeichnis

Vorwort 11

Einleitung: Voraussetzungen einer Wissenspoetik
mittelalterlicher und frühneuzeitlicher Literatur am Beispiel
enzyklopädischer Dichtung 13

Prospekt 13

I. Literaturbegriff 15
    Extensionen des Literaturbegriffs und Probleme seiner Historisierung ... 15
    Dichtung – Sprachliche Verfahren, poetische Programmatik und soziale
    Distinktion 22

II. Wissensbegriff 27
    Extensionen des Wissensbegriffs und Probleme seiner Historisierung ... 27
    Gelehrtes Wissen als Erschließungsfeld literarischer Kontexte 30

III. Dichtung und gelehrtes Wissen – Synonymie, Spannungen, Konkurrenz 35

IV. Enzyklopädische Dichtung 42
    Konstituenten enzyklopädischer Dichtung: Transgression, Assimilation,
    Integration 44
    Poetologische Selbstreflexionen 49

Zum Vorgehen 51

1. Kapitel: Der *Renner* Hugos von Trimberg 55

I. Enzyklopädische Transgression der Predigt 55
    Predigt ohne Lizenz 55
    Alliu dinc grôz und kleine – Enzyklopädie und Predigt 62

II. Assimilation des Wissens 66
   Exemplarizität 66
   Alltagswissen 66
   Gelehrtes Wissen 67
   Biblische Historien 69
   Kulturelle Angleichung 72

III. Das Problem der Heterogenität und Verfahren der Integration 73
   Exponierung, Abbau und Apologie von Heterogenität 73
   Gliederungsprobleme: Distinktionen und Kapitel 76
   Allegorie als Verfahren der Komplexitätsreduktion 81
   Das Syntagma der Reise und die Perhorreszierung der Mobilität 87

IV. Selbstreflexion: Positionierung im Feld des Wissens und der Dichtung ... 101
   Digression als Verfahren – Konkretisierung der Sünde und Verhandlung
   von Wissensgrenzen und Redelizenzen 101
   Bibel: Lektüre, Paränese, Auslegung 116
   Wunder und Natur 133
   Bildungsgeschichtliche und soziale Konturen der *sancta simplicitas* im *Renner* 151
   Eigengeschichte: Der *Renner* in den gelehrten Traditionen 156
   Revision und Umschrift literarischer Traditionen 162
   Selbstthematisierung, literarische Praxis und Konturierung einer
   Vermittlungsinstanz des Wissens 176

2. Kapitel: Heinrich Wittenwiler *Der Ring* 189

I. Transgression des Bauernhochzeitsschwanks – Die *list* und das Wissen 189
   Anreicherung des Bauernhochzeitsschwanks mit Wissen 189
   Anknüpfungen an den Bauernhochzeitsschwank, Reflexionsanlässe .. 194
   Die Schwanktradition – Rationalitätstandards 198
   Schwankfiguren und Wissensressourcen 205

II. Assimilation des Wissens an literarische Verfahren 218
   Wissensordnung und Reimpaarvers am Beispiel des Städtekatalogs .. 218
   Umschrift wissensvermittelnder Textsorten am Beispiel des Rezepts . 223
   Wissensvermittelnde Erörterung und Logik des Schwanks in der Ehedebatte 230
   Gebrauchsformen: Konsultation und Ganzschriftlektüre 233

III. Heterogenität und Integration 235
   Teleologie des Untergangs – Epische Integration 235

Inhaltsverzeichnis 7

    Exponierung und Funktionalisierung von Heterogenität 242
    Didaktische Situationen 247
        Der Prolog – Demaskierung des Lehrers 250
        Die Taufbelehrung – Das Problem der Autorität des Lehrers 253
        Anbinden auf Reittiere – Das Problem der Tragweite praktischer
        Problemlösungen 254
        Neidharts Unterweisungen – Problematische Ziele von Didaxe 255
        Nabelreibers Minnelehre – unangemessene Applikation von Wissen 255
        Chrippenchras Kur – Paradoxe Zuspitzung des Didaktischen 257
        Die Prüfung – Kontingenz einer didaktischen Konstellation 258
        Der Schülerspiegel – Kulturation als Maske des Begehrens 260
        Die Lehren des zweiten Teils – Enzyklopädie der Ethik und individuelle
        Applikation 262
        Die Kriegslehren in Lappenhausen und Nissingen – perverse und
        vorbildliche Vermittlung 266
        Mätzlis und Bertschis Planktus – Die Brüchigkeit des didaktischen Fazits 271
    Enzyklopädie und Enzyklopädiekritik 276
    Allegorische Sinnbildung 294
        Prolog 299
        Die Exposition 299
        Mätzlis Hässlichkeit 302

IV. Positionierung im Feld des Wissens und der Dichtung 305
    Denunziation literarischer Verfahren und Traditionen 305
    Die Marginallinien – Poesiologie des Wissens in Farbe 316

3. Kapitel: Johann Fischart, *Geschichtklitterung* 337

I. Transgressionen bei Rabelais und Fischart 337
    Transgression bei Rabelais – Literarische Formen als Bühne des Wissens 337
    Transgression bei Fischart 342
        Übersetzung – Aktualisierung – Arbeit an der Zielsprache 342
        Bestandsaufnahme und Exponierung lexikalischer Varianz 344
        Inventarisierung von Liedern, Sprichwörtern und Exempeln 356
        Obstruktion rhetorischer Virtuosität 368
        Zerstörung des Syntagmas 370

II. Assimilation des Wissens 372
    Abbreviation und Ostentation von Diskursen 372
    Reduktion des Wissens auf Wörter 376

Umgang mit wissensorganisierenden Verfahren 380
Suspension paratextueller Wissensorganisation 380
Import und Inversion von Autoritätsberufungen und Quellennachweisen 382

III. Integrationsverfahren 383
Heterogenität 383
Skatologische und obszöne Entdifferenzierungen – sprachliche Synästhesen 384
Wissen und Zechen: Alkoholische Komplexitätsreduktion und Karikatur der
Gelehrsamkeit 389
Dichtung als Kommentar des Wissens und Spiel mit seiner Kontingenz 394

Völkerkunde 395
Erfindung der Nation und Entdeckung Babels 395
Fischarts Lazius- und Goropiuslektüren 403
Die Verwirrung der Ursprache in Fischarts ‚Geschichtklitterung' 409

Hieroglyphik und Emblematik 415
Bildsemiotik und Denkraumverlust 415
Holtzwarts ‚Emblematum Tyrocinia' und Fischarts Vorwort 421
Dekonstruktion des Bildkratylismus in der ‚Geschichtklitterung' 424

Pflanzenkunde und Pharmakognostik 433
Das Problem der Nomenklatur zwischen Philologie und Empirie 433
*Die Nomenklatur der Pflanzen in ‚Onomasticon' und ‚Daemonomania
Magorum'* 449
Bezeichnung als Spiel in der ‚Geschichtklitterung' 443

Alchemie und Hermetik 448
Verfahren einer Arkansprache 448
*Lexikographie, Stilkritik, Alchemistenspott und Dämonisierung in
‚Onomastica II', ‚Correctorium Alchymiae', ‚Daemonomania Magorum'* 452
Die Sprachalchemie der ‚Geschichtklitterung' 461

IV. Reflexionen einer Poetik des Wissens – Fischarts Traditionsentwürfe im Feld
des Wissens und der Literatur 467
Figurationen einer Poetik des Wissens im Titel der *Geschichtklitterung* 466
Umschrift des Exemplarischen in Fischarts Dedikationsepistel 476
Umschrift hermeneutischer Sinnbildung im *Ein und VorRitt* 480
Die andere Enzyklopädie 486

Zusammenfassung 491

Literaturverzeichnis 499

Abkürzungen 499
Quellen 500
Forschungsliteratur 514

Namensregister 561

Vorwort

Mit vorliegenden Studien wurde ich im Januar 2010 an der Philosophischen Fakultät der Universität Zürich habilitiert. Für die Drucklegung wurden sie überarbeitet. Der Deutschen Forschungsgemeinschaft danke ich für die großzügige Förderung des Projektes „Fischart im Kontext", an dem ich als wissenschaftlicher Mitarbeiter in Dresden und Zürich forschen durfte. Ohne die dadurch ermöglichten Freiräume wären die quellenintensiven Fischart-Studien kaum möglich gewesen. Für stete Förderung über viele Jahre hinweg, für das mir entgegengebrachte Vertrauen, für Zuspruch und Kritik bin ich vor allem Beate Kellner zutiefst verbunden. Allen Kolleginnen und Kollegen, Kommilitoninnen und Kommilitonen, die am Entstehen dieser Arbeit Anteil nahmen, indem sie mit mir im Rahmen von Lehrveranstaltungen und anderwärts über Texte und Methoden diskutierten, Auszüge der Arbeit lasen und kommentierten, danke ich herzlich. Ich konnte Untersuchungen im Dresdner Oberseminar von Beate Kellner ebenso vorstellen wie im Zürcher Forschungskolloquium von Christian Kiening, Beate Kellner und Mireille Schnyder. Dafür und für wertvolle Anregungen danke ich den Seminarleitern sowie Susanne Baumgartner, Stephan Baumgartner, Kathrin Gollwitzer, Kay Malcher, Susanne Reichlin, Julia Richter, Alexander Rudolph, Holger Runow, Antje Sablotny, Colin Schatzmann und Julia Zimmermann herzlich. Bei Ursula Peters bedanke ich mich für ihre kritischen Anmerkungen zum Text.

Für die Aufnahme der Arbeit in die Reihe „Deutsche Literatur" danke ich den Herausgeberinnen Beate Kellner und Claudia Stockinger. Den Verlagsmitarbeitern Frau Leuchtenberger, Herrn Friemert und Herrn Neubarth sei für die optimale Beratung bei der Erstellung der Druckvorlage gedankt. Herrn Kagerer, Frau Knapp, Herrn Mairhofer und Frau Sperl in Müchen danke ich fürs Korrekturlesen.

Große Teile der Arbeit entstanden in einer Zeit des Unterwegsseins. Ohne Momente der Rast und Einkehr, ohne freundliches Entgegenkommen in der Fremde wäre sie nicht beendet worden. Josiane Aepli im Büro auf der Schönbergasse in Zürich möchte ich Merci sagen für ihre Freundlichkeit und für ihre Hilfe beim Verstehenlernen des Zürichdeutschen, Hannes Bunner für seine Gastfreundschaft und für inspirierende Gespräche in der wunderbaren Wohnung auf der Schöntalstrasse. Meiner Frau Janet Grau und unseren Kindern Emma Lucia und Noah Emmanuel schließlich danke ich für Ihre Geduld und für Ihre Liebe.

München, im März 2011

Einleitung: Voraussetzungen einer Wissenspoetik mittelalterlicher und frühneuzeitlicher Literatur am Beispiel enzyklopädischer Dichtung

Prospekt

Es gibt Texte, die man problemlos wissensliterarischen Textsorten oder aber den Traditionen poetischer Entwürfe zuordnen kann. Und es gibt Texte, bei denen dies nicht ohne weiteres möglich ist. Solche Literatur ist Gegenstand dieser Studie. Unter dem Begriff ‚enzyklopädische Dichtung' werden Werke untersucht, deren Abkunft aus poetischen Traditionen kenntlich und deren Verwendung literarischer Verfahren augenfällig ist. Zugleich jedoch sind diese Texte in einem so hohen Maße mit Elementen aus dem Bereich wissensvermittelnder Literatur angereichert, dass man ihnen auch konzedieren muss, sie gingen in ihren angestammten literarischen Reihen nicht mehr auf. Wenn mit solchen Texten zudem auch noch ein irgendwie artikulierter Anspruch auf Vollständigkeit der Wissenspräsentation einhergeht, so treten sie in Konkurrenz mit anderen enzyklopädischen Projekten. Mir geht es in dieser Studie darum, die konstitutiven Verfahren solcher Hybriden zwischen Literatur und Wissen[1] anhand des *Renners* Hugos von Trimberg, des *Rings* Heinrich Wittenwilers und Johann Fischarts *Geschichtklitterung* darzustellen.

Damit situiert sich die vorliegende Studie in einem Problemfeld, welches in jüngerer Zeit literaturtheoretisch und -historisch nachdrücklich bearbeitet wird: der Bestimmung des Verhältnisses von Literatur und Wissen.[2] In vielerlei Hinsicht erweist sich das Ver-

---

[1] Als grundsätzliches Charakteristikum jeder Literatur betrachtet Joachim Küpper die Hybridisierung der Diskurse („Religion, Metaphysik, Philosophie, später dann auch aller wissenschaftlichen und alltagsweltlichen Diskurse"); Joachim Küpper, Was ist Literatur? 2000, 194. Das enorme Anregungspotential dieser These sei hier noch nicht diskutiert, lediglich um einen Aspekt ergänzt, der für enzyklopädische Dichtung charakteristisch ist: Diese hybridisiert neben außerliterarischen Diskursen auch die literarischen Traditionen selbst; vgl. dazu unten S. 46f.

[2] Der literaturtheoretischen und historischen Auseinandersetzung zum Verhältnis von Literatur zu Wissenschaft bzw. Wissen widmet sich im Zeichen der Enzyklopädistik besonders Andreas B. Kilcher, mathesis und poesis 2003, sowie eine Reihe von Sammelbänden: Karl Richter, Jörg Schönert, Michael Titzmann (Hg.), Die Literatur und die Wissenschaften 1997; Lutz Danneberg, Jürg Niederhauser (Hg.), Darstellungsformen der Wissenschaften 1998; Joseph Vogl (Hg.), Poetologien des Wissens 1999; Thomas Lange, Harald Neumeyer (Hg.), Kunst und Wissenschaft 2000; Christine Maillard, Michael Titzmann (Hg.), Literatur und Wissen(schaften) 2002; Lutz Danneberg, Friedrich Vollhardt (Hg.), Wissen in Literatur 2002; Gabriele Brandtstetter, Gerhard

hältnis von Literatur und Wissen nach wie vor als klärungsbedürftig, und von einer literatur-theoretischen und -historischen Klärung dieses Verhältnisses sind nicht unbedeutende Erträge zu erwarten, wie ja die vielen Vorstöße in diesen Bereich auch deutlich zeigen. Zum einen lassen sich bedeutende Kontexte literarischer Sinnbildung erschließen durch eine Vernetzung des literarischen Textes mit anderen kulturellen Äußerungsformen in konkreten historischen Zusammenhängen.[3] Zugleich jedoch ist gerade aus einer wissensgeschichtlichen Perspektive auf Literatur auch detaillierter Aufschluss über die historischen Konstituenten des Literarischen selbst zu erwarten, die Explikation seiner Distinktionsqualität im Verhältnis zum Wissen.

Innerhalb des angedeuteten Forschungskontextes behandelt die vorliegende Studie mit ihrem Fokus auf enzyklopädischen Dichtungen des Mittelalters und der frühen Neuzeit eine Reihe von Spezialproblemen,[4] die freilich nicht eher genauer konturiert werden können, bevor nicht einige grundsätzliche Ausführungen über die Begriffe Wissen und Literatur stattgefunden haben, über Probleme dieser Begrifflichkeiten, insbesondere auch was ihre Applizierbarkeit auf mittelalterliche und frühneuzeitliche literarische Sachverhalte betrifft, sowie über die Weisen ihrer Verwendung in der vorliegenden Studie.

Neumann (Hg.), Romantische Wissenspoetik 2003; Waltraud Wiethölter, Frauke Berndt, Stephan Kammer (Hg.), Vom Weltbuch zum world-wide-web 2005, sowie den Aufsatz: Roland Borgards, Harald Neumeyer (Hg.), Der Ort der Literatur in einer Geschichte des Wissens 2004. Die komparatistische Diskussion des Verhältnisses einer Geschichte der Wissenschaften und einer der Literatur wird maßgeblich vorangetrieben durch die Zeitschrift *Scientia poetica*; vgl. zur Programmatik der Zeitschrift die Vorrede der Herausgeber in: Scientia poetica 1 (1997), VIIf. Vgl. zum Thema aber auch die Überlegungen zu Wissensgeschichte, Wissenschaftsgeschichte und zur Philologie wissenschaftlicher Konzepte in: Geschichte der Germanistik. Mitteilungen 23/24 (2003) sowie den Forschungsbericht: Nicolas Pethes, Literatur- und Wissenschaftsgeschichte 2003. Nur der Vollständigkeit halber erwähne ich die in der Sache unergiebige Debatte darüber, ob es nach Maßgabe der analytischen Sprachphilosophie Wissen *in* Literatur überhaupt geben könne, wie sie innerhalb der Zeitschrift *Germanistik* geführt wurde: Tilmann Köppe, Vom Wissen *in* Literatur 2007; Andreas Dittrich, Ein Lob der Bescheidenheit 2007; Roland Borgards, Wissen und Literatur 2007; Fotis Janidis, Zuerst Collegium logicum 2008. Letzterer Aufsatz ist ein Plädoyer für begriffliche Gründlichkeit, freilich entstammt das Titelzitat Goethes *Faust*: eine Empfehlung Mephistos an Wagner, die der Beförderung gedanklicher Klarheit gerade nicht dienen soll.

[3] Neben einer Fülle von Einzelbeiträgen in den unter Anm. 2 angeführten Bänden ist hier auch auf die fruchtbare Erprobung wissensgeschichtlicher Perspektiven innerhalb der germanistischen Mediävistik und Frühneuzeitforschung zu verweisen; vgl. dazu Jan-Dirk Müller, Wissen für den Hof 1994; Beate Kellner, Ursprung und Kontinuität 2004; Beate Kellner, Spiel mit gelehrtem Wissen 2006; Dirk Werle, Copia librorum 2007; Franziska Wenzel, *Meisterschaft* und Transgression 2007; Tobias Bulang, Epistemische Kontingenzen 2010; vgl. auch die Beiträge in dem Band: Beate Kellner, Jan-Dirk Müller, Peter Strohschneider (Hg.), Erzählen und Episteme 2011.

[4] In seiner weit ausgreifenden Untersuchung der „Enzyklopädik der Literatur" hat Andreas B. Kilcher die Neuzeit behandelt (1600–2000) und bezüglich des Mittelalters eine Lücke markiert. Die von mir vorgelegten Fallstudien können nur einen kleinen Beitrag zu einer „umfassenden Geschichte totalisierender Wissens- und Schreibformen" leisten; vgl. Andreas B. Kilcher, mathesis und poesis 2003.

I. Literaturbegriff

Extensionen des Literaturbegriffs und Probleme seiner Historisierung

In den rezenten literaturwissenschaftlichen Auseinandersetzungen konkurrieren bei den Versuchen einer Verhältnisbestimmung von Literatur und Wissen sowohl auf der Seite des Wissens als auch auf jener der Literatur Begriffe unterschiedlicher Extension. Geht man von einem weiten Literaturbegriff aus, der die Gesamtheit des Geschriebenen bzw. Gedruckten umfasst,[5] so bietet es sich an, „Wissen" als den gegenüber „Literatur" umfassenderen Begriff anzusetzen. Das Geschriebene und Gedruckte wäre als verschriftetes Wissen eine Teilmenge des Wissens, welches ja auch mündlich kommuniziert und vermittelt und auch jenseits schriftlicher Fixierung ‚gewusst' wird. Eine solche Betrachtung veranschlagt einen Literaturbegriff, der sowohl Wissensliteratur beinhaltet als auch Texte, die durch eine „poetische" bzw. „ästhetische" Funktion[6] bestimmbar sind, durch „Literarizität" bzw. „Poetizität".[7]

Andererseits wird in literaturwissenschaftlichen Auseinandersetzungen mit dem Wissensbegriff ein engerer Literaturbegriff verwendet, der sich ausschließlich auf poetische Entwürfe beschränkt. Die poetischen Überschüsse, die bestimmte Texte gegenüber anderen aufweisen, gründen in eigenen konstitutiven Verfahren und in eigenen Formgeschichten. „Literatur" bzw. „literarisch" wird dabei nicht als die Gesamtheit des

---

[5] Vgl. zu den verschiedenen Bedeutungen des Literaturbegriffs Klaus Weimar, Art. ‚Literatur' 2000, 443–448. In der germanistischen Mediävistik erfolgte (und erfolgt) die Relationierung eines weiteren Literaturbegriffs und eines engeren in den Auseinandersetzungen um Kurt Ruh und seine Schule. Ruh hatte gegen einen ästhetizistisch eng gefassten Literaturbegriff des Faches einen weiten Literaturbegriff eingefordert, der sich nicht zuletzt auch eindrucksvoll in der zweiten Auflage des Verfasserlexikons manifestiert. Vgl. dazu zuletzt die fachgeschichtliche Zusammenfassung bei Jan-Dirk Müller, ‚Gebrauchszusammenhang' 2007, 283–285.

[6] Vgl. Michael Fleischer, Art. ‚Poetische Funktion' 2003. Zum Begriff der ästhetischen Funktion vgl. besonders Jan Mukařovsky, Ästhetische Funktion 1970; ders., Der Standort der ästhetischen Funktion 1970. Eine kritische Historisierung dieses formalistischen Konzepts erfolgt bei Joachim Küpper, der die mit dem Begriff der ästhetischen Funktion einhergehende Vorstellung einer De-Pragmatisierung als Spezifikum einer Literatur der sogenannten „Kunstperiode" ausweist; vgl. Joachim Küpper, Was ist Literatur? 2000, 191ff.

[7] Vgl. Willie van Peer, Art. ‚Poetizität' 2003, 111–113. Andreas B. Kilcher historisiert in seiner Untersuchung einen solchen weiten Literaturbegriff als „Litteratur"; vgl. Andreas B. Kilcher, *mathesis* und *poesis* 2003, 25–29. Als verschriftetes Wissen wäre alles Geschriebene und Gedruckte als Quelle einer Wissensgeschichte nutzbar, Literaturgeschichte somit als eine Arbeit an den Quellen der Wissensgeschichte perspektivierbar. Immer wieder haben sich wissensgeschichtliche Studien in diesem Sinne auch mit Gewinn solcher literarischer Formen bedient, die sich nicht ausschließlich auf Funktionen der Wissenspräsentation und -vermittlung beschränken, da sie durch poetische Überschüsse gekennzeichnet sind. Vgl. die monumentale Exzerptsammlung zur „Geschichte der Meinungen über die Vielfalt der Völker und den Ursprung der Sprache" von Arno Borst, Der Turmbau von Babel 4 Bde. 1995 [1957–1963].

Verschrifteten aufgefasst. Aus der Perspektive einer Literaturgeschichte bzw. einer Literaturtheorie, die sich primär diesen Überschüssen widmet, erscheint die Aussagekraft solcher Texte als wissensgeschichtliche Quellen von begrenzter Reichweite zu sein. Je stärker die Eigenständigkeit des Poetischen dabei akzentuiert wird, desto mehr erfolgt eine Abgrenzung des „Literarischen" vom Wissen. Der Begriff des Wissens schließt bei solcher Betrachtung nicht mehr den des Literarischen ein, sondern steht ihm vielmehr als Antonym gegenüber.[8]

Verschiedene methodische Paradigmen der Literaturwissenschaft lassen sich nun auf das von ihnen implizierte Verhältnis von Literatur und Wissen befragen, wobei jeweils die unterschiedlichen Extensionen des Literaturbegriffs manifest werden. Ich führe nur einige Beispiele dafür an. Unter dem Begriff der literarischen Reihe wurden im russischen Formalismus Texte zusammengefasst, die gegenüber „außerliterarischen" Reihen unabhängig sind, da in ihnen die poetische Funktion der Sprache dominiere und nur ihnen mithin Literarizität zukomme.[9] In vergleichbarer Art und Weise wurde oft auch im Strukturalismus, im New Criticism und in der an der Dekonstruktion orientierten Literaturtheorie jeweils ein engerer Literaturbegriff präsupponiert. Methodische Positionen wie diese, die zumeist davon absahen, ihren Gegenstandsbereich zu kontextualisieren und zu historisieren, setzen gewissermaßen einen emphatischen Literaturbegriff voraus. Sie sind insofern von Positionen zu unterscheiden, die bezwecken, einen solchen Literaturbegriff zu relativieren. Die Literatursoziologie betrachtete die Dichtung als Spiegel sozialer Verhältnisse und Strukturen und tendierte dazu, von den eigenen symbolischen Ordnungen des Literarischen gänzlich abzusehen.[10] Dichtung erschien so als Fortsetzung gesellschaftlicher Machtkonstellationen, auf ihre spezifische Distinktionsqualität gegenüber anderen gesellschaftlichen Äußerungsformen wurde allenfalls mit Blick auf mitunter auszumachende gesellschaftskritische Funktionen der Dichtung eingegangen. Die Entgrenzung eines engen, emphatischen Dichtungsverständnisses erfolgte dabei programmatisch im Zeichen des Ideologiebegriffs. Im Zuge der Weiterentwicklung und Modifizierung des literatursoziologischen Ansatzes, der zunächst die Machtkonstellationen fokussierte, rückte Wissen zunehmend als Bezugskategorie ins Zentrum der Aufmerksamkeit. Besonders nachdrücklich wurde Wissen als Konstituens des Literarischen thematisiert in literaturwissenschaftlichen Untersuchungen, die an die Diskurstheorie Michel Foucaults anschlossen. Freilich finden sich gerade im Werk Foucaults zwei verschiedene und unabgegoltene Positionen zum Verhältnis von Dichtung und Wissen. In den *Schriften zur Literatur* konzediert Foucault der Literatur, ein „anderes Sprechen" zu sein, einen Gegendiskurs zum Wissen zu stellen.[11] Andererseits

---

[8] Vgl. Klaus Weimar, Art. ‚Literatur' 2000. Im Reallexikon der deutschen Literaturwissenschaft gibt es Artikel zur Wissensgeschichte, es fehlt jedoch einer zum Wissensbegriff. Eine radikale Differenz zum Wissen konzediert der Literatur Rainer Warning, Poetische Konterdiskursivität 1999.

[9] Vgl. dazu Michael Fleischer, Art. ‚Literarische Reihe' 2000.

[10] Vgl. Jan-Dirk Müller, Aporien und Perspektiven einer Sozialgeschichte 1986.

[11] Michel Foucault, Das Denken des Draußen 2003 [1966].

behandelt Foucault in der *Archäologie des Wissens* die Literatur als Diskurs unter Diskursen.[12] In gewisser Hinsicht kann in einer Theorie der Kollektivsymbolik, wie sie von Jürgen Link und seinen Mitarbeitern entwickelt wurde, eine vermittelnde Position gesehen werden. Link sieht die im Journalismus generierten Bilder als konstitutives Reservoir auch für die „Höhenkammliteratur"[13] und führt die Literatur so zurück auf einen breiten Bereich gesellschaftlichen Wissens, räumt dabei freilich der Literatur ein, dass sie diesen Fundus zum Anlass virtuosen Spiels und verfremdender Zurichtung nehme.[14] Zwar impliziert ein solches Vorgehen im Gefolge der Sozialgeschichte der Literatur eine Relativierung eines emphatischen Begriffs der Dichtung, räumt aber den eigenen symbolischen Ordnungen des Literarischen im Zeichen von Verfremdung und Virtuosität ein gewisses Recht ein. Eine ambige Haltung zwischen Partizipation der Dichtung am Wissen einerseits und ihrer eigensinnigen Selbstbehauptung andererseits kennzeichnen auch weitere an Foucault anschließende methodische Positionen. Geschlechtertheoretische Ansätze zum Beispiel sehen in der Literatur eine Modellierung von Geschlechterrollen aus dem Wissenshaushalt der Gesellschaft, daneben freilich auch die Möglichkeit der Parodie gesellschaftlich zementierter Geschlechterkonstruktionen, durch die ihre Kontingenz aufscheinen kann.[15] Mit dem New Historicism bzw. der Kulturpoetik etablierte sich in den U.S.A. als Gegenposition zu den weitgehend ahistorisch verfahrenden Methoden des New Criticism und der Dekonstruktion eine ostentativ historisierende Methode der Literaturtheorie, die insbesondere kulturelle Kontexte des Literarischen fokussiert und die in der Dichtung das Resultat einer „Zirkulation sozialer Energie", also von Texten, Überzeugungen und kulturellen Praktiken am Werk sehen.[16] Erscheint Dichtung so wiederum als Durchgangsstation von Wissen, bleibt die Frage nach der Distinktionsqualität literarischer Rede offen. Andererseits ermöglicht ein solches Vorgehen die Beobachtung der Art und Weise, wie sich in der Dichtung die Aufnahme des Wissens vollzieht, wie durch seine Transformationen und Modifizierungen

---

[12] Michel Foucault, Archäologie des Wissens ⁶1994 [1969], 261; vgl. dazu Detlef Kremer, Die Grenzen der Diskurstheorie 1993, 99f. Als Ort einer spezifischen Umsetzung von Diskursen (ihrer Hybridisierung) betrachtet die Literatur Joachim Küpper, worin sich eine vermittelnde Position zwischen den beiden Optionen abzeichnet; vgl. auch dort die Darstellung der diskurstheoretischen Modellierung des Verhältnisses von Literatur und Wissen: Joachim Küpper, Was ist Literatur? 2000, 203f.

[13] So der letztlich pejorative Begriff, den Jürgen Link zur Abgrenzung avancierter Literatur von der Publizistik verwendet; Jürgen Link, Literaturanalyse als Interdiskursanalyse 1988, 301–303.

[14] Zum Konzept der Kollektivsymbolik vgl. auch Jürgen Link, Über ein Modell synchroner Systeme von Kollektivsymbolen 1984; Jürgen Link, Wulf Wülfing (Hg.), Bewegung und Stillstand 1984; sowie den Forschungsbericht von Axel Drews, Ute Gerhard, Jürgen Link, Moderne Kollektivsymbolik 1985.

[15] Vgl. zur Parodie Judith Butler, Das Unbehagen der Geschlechter 2003 [1990], 215ff., vgl. zur Konstitution literarischer Geschlechterkonstruktionen aus dem historischen Wissen über Geschlecht einerseits, die Verbreitung dieses Wissens durch literarisch-ästhetische Entwürfe andererseits Walter Erhart, Art. ‚Gender studies' 1997, 693.

[16] Vgl. Stephen J. Greenblatt, Shakespearean Negotiations 1988.

ein gegenüber anderwärtigen Formen der Wissensvermittlung distinktes und eigenständiges Gebilde sich konstituiert.

Die wenigen Beispiele zeigen, dass die jeweils veranschlagten Extensionen des Literaturbegriffs maßgeblich darüber bestimmen, wie das Verhältnis des Literarischen zum Wissen modelliert wird. Literaturtheoretische Begriffsbildung und literaturgeschichtliche Untersuchungen sind gleichermaßen von dem Changieren der beiden Literaturbegriffe betroffen. Das terminologische Problem eines engeren, poetisch dimensionierten Literaturbegriffs besteht darin, dass bei seiner Bestimmung sich immer wieder Homonymien mit dem umfassenderen Literaturbegriff ergeben,[17] ob nun von „literarischer Reihe", von „Literarizität" oder von „literarischer Kommunikation"[18] die Rede ist. Man kann dieser begrifflichen Ambivalenz nur schwer entgehen, denn die in Frage kommenden Synonyme für eine durch „Literarizität" gekennzeichnete „Literatur" (also etwa „Dichtung", „Poesie", „Kunst") haben oft valorisierende Implikationen, da sie auf das Gegenteil von minderwertiger Literatur, Kitsch, Trivialliteratur etc. bezogen werden.[19] Sie erscheinen deshalb metasprachlichem wissenschaftlichen Gebrauch unangemessen.[20] Damit zusammenhängend ergibt sich die Schwierigkeit, dass die Wortgeschichten dieser Begrifflichkeiten in den Gegenstandsbereich der Literaturgeschichte selbst fallen. Besagte Synonyme haben ihren „Sitz im Leben" innerhalb ganz bestimmter historischer Konstellationen, etwa innerhalb der Autonomiebehauptungen romantischer Autoren, und lassen sich deshalb nur um den Preis anachronistischer Präsuppositionen auf andere historische Epochen applizieren. Dieser Punkt ist von besonderer Wichtigkeit und zeigt, dass sich die Probleme der Verhältnisbestimmung von Literatur und Wissen nicht durch literaturtheoretische Arbeit an den Begriffen allein lösen lassen. Einzubeziehen sind immer auch die historischen Sachstände einer Begriffsdiskussion, die für angemessen historisierte Begriffe des Wissens und der Literatur zu veranschlagen sind.[21]

Diese Schwierigkeiten nun sind in literaturtheoretischen und -geschichtlichen Untersuchungen immer wieder bearbeitet worden und immer wieder erneut zu bearbeiten.

---

[17] Klaus Weimar, Art. ‚Literatur' 2000, 443.
[18] Vgl. zum Begriff der literarischen Kommunikation Peter Strohschneider, Institutionalität 2001; zum Problem der Abgrenzung „literarischer" von „religiöser Kommunikation" vgl. ders. (Hg.), Literarische und religiöse Kommunikation 2009.
[19] Vgl. Klaus Weimar, Art. ‚Literatur' 2000, 443.
[20] Die Frage nach der Angemessenheit bzw. der Notwendigkeit literarischer Wertungen findet in jüngerer Zeit wieder das Interesse der Literaturwissenschaft; vgl. auch die Beiträge im Band Ute von Bloh, Friedrich Vollhardt (Hg.), Schlechte Literatur 2005 und die Überlegungen zur fachpolitischen Dringlichkeit, die Arbeit an der ästhetischen Beurteilung älterer Literatur wieder aufzunehmen, bei Manuel Braun, Kristallworte, Würfelworte 2007, 30–40.
[21] Vgl. dazu zum Autonomiebegriff: Tobias Bulang, Barbarossa im Reich der Poesie 2003, 29–35; Manuel Braun, Autonomisierungstendenzen im Minnesang 2005. Zum Ästhetikbegriff vgl. Manuel Braun, Kristallworte, Würfelworte 2007. Mit der Problematik belastbarer literarästhetischer Terminologie befasst sich in verschiedenen Facetten der Band: Gerd Dicke, Manfred Eikelmann, Burkhard Hasebrink (Hg.), Im Wortfeld des Textes 2006.

Literaturtheoretisch ist der Status von poetischen Entwürfen, die „Literarizität" von Literatur zu bestimmen. Dies kann systematisch durch verschiedene Spezifikationen erfolgen. Durch den Aufweis von vorrangig der Literatur vorbehaltenen Verfahren des Umgangs mit Sprache lässt sich ein distinkter Bereich von Texten abgrenzen. In diesem Sinne wurde im Formalismus eine poetischen Funktion der Sprache betont, die zwar in allen Formen der Rede auszumachen sei, die innerhalb einer literarische Reihe aber deutlich dominiere, wodurch sich deren sprachliche Verfasstheit von jener außerliterarischer Reihen (z. B. Alltagssprache) unterscheide. Durch die Untersuchung der spezifischen sprachlichen Verfahren ergibt sich auch eine Abgrenzung gegenüber wissenschaftlichem Sprechen und Schreiben: Sind die in den Wissenschaften eingesetzten Mittel einerseits auf die Transparenz der Argumente, die Eindeutigkeit der Begriffe hin ausgerichtet, so wird man solche Forderungen an ein Gedicht oder einen Roman nicht zu stellen haben.[22] Solange sich Unterschiede des Literarischen zu seinem jeweils Anderen (Alltagssprache, Wissenschaft, Wissen u. ä.) recht klar bestimmen lassen, kann der Tatbestand einer spezifischen und distinkten Geformtheit poetischer Entwürfe historisch spezifiziert werden. Damit aber ist die Bestimmung von Literarizität gebunden an eine kontrastierende Konturierung außerliterarischer Gegebenheiten, der Alltagssprache, der Wissenschaften, des Wissens.

Eine Konturierung des Literarischen als distinkte Qualität poetischer Rede ist nicht allein auf die Extrapolation spezifischer sprachlicher Verfahren angewiesen. Zurückgegriffen werden kann auf spezifische Programme von Literaten, die als Selbstreflexionen den poetischen Texten inhärent sein können oder aber extern an sie herangetragen werden, etwa durch Poetiken. Mitunter stellt sich literaturwissenschaftlichen Interpreten die Frage nach der Einlösung solcher Programme in der literarischen Praxis der Texte selbst,[23] dennoch aber weist das Vorhandensein programmatischer Äußerungen auf historische Reflexionen über den Sonderstatus literarischer Rede.

---

[22] Rainer Warning differenziert hier stark zwischen Literatur und Wissen. Sei Letzteres durch Begrenzungen (Foucault) bestimmt, so sei dagegen Literatur durch Proliferation gekennzeichnet; gegen die Transparenz des Diskurses setze Literatur auf Opazität; vgl. Rainer Warning, Poetische Konterdiskursivität 1999.

[23] In der Neugermanistik stellt sich etwa die Frage, ob der ästhetische Diskurs des 18. und 19. Jahrhunderts eine Beschreibung des Kunstsystems sei. Niklas Luhmann ging in seinen Reflexionen zum Kunstsystem davon aus, Gerhard Plumpe hat dies bestritten, indem er darauf insistierte, dass die Selbstbeschreibung der Literatur allein innerhalb des literarischen Systems stattfinde, nicht innerhalb einer ästhetischen Theorie, die als Teilbereich der Philosophie einem anderen System angehöre; vgl. Gerhard Plumpe, Epochen moderner Literatur 1995, 52. Im Falle Schillers wird eine solche Differenzierung dadurch erschwert, dass ästhetische Theorie und literarische Praxis quasi in Personalunion betrieben werden. Auch in der Mediävistik kommen solche Fragen auf: Ist die am *prodesse et delactare* orientierte Exordialtopik der Prologe die angemessene Beschreibung der literarischen Verfahren in den Texten selbst? Dies wurde beispielsweise für Wittenwilers *Ring*, aber auch für Boners *Edelstein* diskutiert; vgl. das Ring-Kapitel in dieser Studie, sowie für Boner: Klaus Grubmüller, Meister Esopus 1977, 326–332. In der mediävistischen Forschung zu Fabel

Konturieren lässt sich Literarizität drittens auch durch soziologische bzw. sozialgeschichtliche Herangehensweisen. So lässt sich ein eigener Bereich der Literatur unter Berücksichtigung der Handlungszusammenhänge, in die sie eingebettet ist, der Formen ihrer Produktion, Rezeption und Distribution beschreiben.[24]

Konstitutive Verfahrensbündel, Programme und pragmatische Kontexte verdichten sich literaturgeschichtlich mitunter in literarischen Gattungen bzw. literarischen Reihen, die meistens unproblematisch identifiziert werden können und die Zuordnung eines Textes zum Bereich der Literatur bzw. zu außerliterarischen Bereichen in der Regel eindeutig ermöglichen. „Gattungsbewusstsein" von Rezipienten kann sich auf den Charakter von Gattungen als „literarisch-sozialer Institutionen"[25] verlassen; diese ermöglichen, dass die Zuordnung von Texten zum Bereich der Poesie als Habitusform literarischen Handelns gelingt.[26] Es scheint also, als stünde literaturtheoretisch ein Bündel von Kriterien zur Verfügung, um die Literarizität von Texten sicher zu bestimmen: eine bestimmte Sprachlichkeit, programmatische Reflexionen, soziologische Besonderheiten und die historische Kompaktheit solcher Kriterien in gattungsgeschichtlich stabilisierten Formen. Nun sind solche Kriterien freilich historisch gewordene Sachverhalte; Habitusformen literarischen Handelns haben ihre Geschichte. Unter den Bedingungen des medialen Wandels der Gegenwart ist immer wieder zu beobachten, dass Literarisches nicht in jedem Falle eindeutig identifiziert werden kann, dass die konventionellen Grenzen der Dichtung neu abgesteckt werden. Bei der Untersuchung von Texten, die der Vorgeschichte unserer literarischen Habitusformen angehören, erweisen sich jene Kriterien, mittels derer wir gemeinhin poetische Sachverhalte identifizieren, oft ebenso als problematisch. Das aufgewiesene Bündel von literarischen Konstituenten erlaubt es bei dem Versuch seiner historischen Applikation nicht immer eindeutig, einen Gegenstandsbereich der Dichtung einzugrenzen.

So sind die konstitutiven Verfahren, die Indizien für Literarizität bereithalten, für das Mittelalter oft nicht hinreichend distinkt gegenüber „außerliterarischen" Reihen: Texte mit wissensvermittelndem Anspruch können ebenso im vierhebigen Reimpaarvers daherkommen wie der Artusroman. Die Transparenzerwartungen, die dem modernen

---

und Märe stellt sich häufig die Frage, ob ein Epimythion das Erzählte restlos zusammenfasse, oder ob Letzteres den aus der Literatur gezogenen Lehren gegenüber poetische Überschüsse aufweise.

[24] Zu den Problemen einer Sozialgeschichte mittelalterlicher Literatur Jan-Dirk Müller, Aporien und Perspektiven einer Sozialgeschichte 1986; vgl. auch die Beiträge in Albrecht Hausmann (Hg.), Text und Handeln 2004.

[25] Willhelm Voßkamp, Gattungen als literarisch-soziale Institutionen 1977.

[26] Die relative Sicherheit einer praktischen Zuordnung von Texten als poetische bildet eine gewisse Entlastung bei den Schwierigkeiten theoretischer Bestimmung; vgl. Klaus Weimar, Art. ‚Literatur' 2000, 444. Eine solche automatisierte Wahl freilich lässt sich schwerlich als überhistorischer Habitus generalisieren; literaturgeschichtlich betrachtet, finden sich Habitus dieser Art als Episoden, die ihrerseits sehr voraussetzungsreich sind. Kritisch zur Praxis des Ausweichens bei der Gegenstandsbestimmung von Literaturwissenschaft mit dem Verweis auf solche habitualisierten Zuordnungen: Joachim Küpper, Was ist Literatur? 2000.

wissenschaftlichen Diskurs gelten, sind für mittelalterliche Wissensliteratur nicht im gleichen Maße vorauszusetzen, hier erweisen sich moderne Distinktionen oft als Resultate wissens- und wissenschaftsgeschichtlichen Wandels.

Es kennzeichnet die Programmatik der deutschen Literatur des Mittelalters, dass sie gerade hinsichtlich der Konturierung einer Poetik eigenen Rechts, z. B. durch die Artikulierung eines Anspruchs auf Fiktionalität, ganz eigentümlich vage bleibt. Bei der Begründung des literarischen Hervorbringens in Prologen, Exkursen u. ä. wird immer wieder auf Begründungsformen des theologischen Diskurses (Inspiration) oder des juristischen bzw. historiographischen Diskurses (Wahrheitsbeteuerung, Quellenberufung etc.) zurückgegriffen.[27] Diese Diskurse werden für dichtungstheoretische Probleme funktionalisiert und die verwendeten Argumente werden umgeschrieben, eine dichtungstheoretische Begrifflichkeit *sui generis* ergibt sich daraus allenfalls in Ansätzen.[28]

Und auch die Handlungszusammenhänge, die literarische Kommunikation tragen, sind gegenüber der Moderne nicht hinreichend differenziert, um als Konstituenten eines Begriffs für Literatur mit poetischer Funktion wirklich belastet werden zu können.[29] So hat es auch mit dem Nachweis eines reflektierten Gattungsbewusstseins für die deutschsprachige Literatur des Mittelalters (anders als für die lateinische) seine Schwierigkeiten. Wohl sind retrospektiv literarische Reihen konstruierbar, sucht man aber nach Anhaltspunkten, die stabilisierende Funktion solcher „literarisch-sozialer Institutionen" auch in zeitgenössischen Reflexionen über literarische Formen auszumachen, so ergeben sich oft Lücken. Selbst bei den „Paradefällen literarischer Geschlossenheit",[30] welche für die deutschsprachige Literatur des Mittelalters angeführt werden können, dem Minnesang und dem Artusroman, zeigt sich die Partialität literarischer Traditionen einerseits, ihr relativ rascher Wandel andererseits. Dichte intertextuelle Bezugnahmen im Minnesang, die von einer Werkreihe zu sprechen gestatten, begegnen über einen bestimmten Zeitraum lediglich in Insiderzirkeln und an wenigen Höfen. Und beim Artusroman folgt auf eine Zeit der Orientierung am Musterfall eine rasche Auflösung in eine neue Vielfalt von Erzählformen.[31] Insbesondere am Begriff des „Märe" sind ähnliche Probleme bereits von Hanns Fischer und jüngst wieder von Klaus Grubmüller diskutiert worden.[32] Die mit dem Gattungsbegriff verbundenen Vorstellungen einer Habitusform literarischen Handelns sind für das volkssprachige Mittelalter folglich weit weniger belastbar als für die Neuzeit, wenn es um die Bestimmung von Literarizität geht.

---

[27] Barbara Haupt (Hg.), Zum mittelalterlichen Literaturbegriff 1985; Walter Haug, Literaturtheorie ²1992; Gerd Dicke, Manfred Eikelmann, Burkhard Hasebrink (Hg.), Im Wortfeld des Textes 2006.
[28] Walter Haug, Historische Semantik 2006.
[29] Peter Strohschneider, Institutionalität 2001. Ursula Peters hat kürzlich darauf hingewiesen, dass dieser Befund insbesondere auf die volkssprachige höfische Literatur einzuschränken sei und für die lateinische Literatur des Mittelalters so nicht zutreffe; Ursula Peters, ‚Texte vor der Literatur'? 2007, 77.
[30] Klaus Grubmüller, Gattungskonstitution im Mittelalter 1999, 205.
[31] Klaus Grubmüller, Gattungskonstitution im Mittelalter 1999, 205.
[32] Klaus Grubmüller, Die Ordnung 2006.

Die grundsätzlichen (und auch unvermeidlichen) Schwierigkeiten bei der Bestimmung des Gegenstandes von Literaturwissenschaft verschärfen sich bei den Versuchen, diese Bestimmung für Texte des Mittelalters und der frühen Neuzeit zu leisten.

Dichtung – sprachliche Verfahren, poetische Programmatik und soziale Distinktion

Ungeachtet dieser Probleme, die ja nicht unbekannt sind, ist es der germanistischen Mediävistik immer wieder gelungen, die Rahmenbedingungen, innerhalb derer sich Ansprüche auf eine spezifische Literarizität auch mittelalterlicher Literatur artikulieren, zu entfalten. Auch wenn der prekäre und oft vorläufige Status eines nicht im modernen Sinne ausdifferenzierten Literarischen zugestanden wurde, konnte gezeigt werden, wie literarische Kommunikation in Formen sozialer Interaktion eingebettet ist,[33] wie sich Ansprüche auf eine Geltung der Literatur mittels und gegen andere Geltungsansprüche artikulieren und mitunter durchsetzen.[34] Es fällt dabei auf, dass hier für bestimmte Gattungen recht aufschlussreiche Ergebnisse möglich sind. So konnten Formen literarischer Selbstreflexion und sozialer Distinktion innerhalb des Minnesangs, der Sangspruchdichtung sowie der arthurischen Epen deutlich aufgewiesen werden.[35] Einer expliziten Programmatik des Literarischen in diesen Texten konnten dabei implizite Geltungsansprüche und Selbstbehauptungen beigestellt werden. Letztere bieten auch Anhaltspunkte für literarische Gattungen, denen oft eine explizite Programmatik fehlt (z. B. Heldenepik).[36]

An solche Untersuchungen anknüpfend werde ich im Folgenden den Begriff der Dichtung sowohl wort- und begriffsgeschichtlich als auch poetologisch und soziologisch hinsichtlich seiner Applizierbarkeit auf vormoderne literarische Sachverhalte hin befragen. Des Weiteren werde ich ihn nutzen, um Austausch- und Übertragungsprozesse zwischen Wissen und Literatur, Prozesse der Assimilation und der Transformation zwischen beiden Bereichen für die Literatur des Mittelalters und der frühen Neuzeit zu beschreiben. Er ist als Vokabel für poetische Entwürfe weit weniger mit anachronistischen Implikationen behaftet als vergleichbare Ausdrücke. Natürlich muss man von den modernen Aufladungen absehen, die dieser Begriff in der Neuzeit erhalten hat, aber grundsätzlich ist das Verbum *tihten* als Begriff auch für das schöpferische Hervorbringen poetischer Entwürfe eine mittelalterliche Erfindung. Wie Kurt Gärtner gezeigt hat,

---

[33] Die jüngere mediävistische Diskussion zum prekären institutionellen Status mittelalterlicher Literatur wird kritisch zusammengefasst bei Ursula Peters, ‚Texte vor der Literatur'? 2007, 76–84.
[34] Vgl. die Einleitung in: Beate Kellner, Peter Strohschneider, Franziska Wenzel (Hg.), Geltung der Literatur 2005, VII–XX.
[35] Vgl. die Beiträge in: Beate Kellner, Peter Strohschneider, Franziska Wenzel (Hg.), Geltung der Literatur 2005.
[36] Vgl. zur Notwendigkeit, in solchen Fällen moderne Theorien hinzuzuziehen, Manuel Braun, Kristallworte, Würfelworte 2007, 20f.

ist der Begriff bereits im Frühmittelalter als Entlehnung von dem lateinischen Verb *dictare* fassbar.[37] Gegenüber der speziellen Bedeutung „diktierend verfassen" erfährt *tihten* einen Bedeutungswandel, wodurch der Bedeutungsgehalt von *dictare* („zum Nachschreiben vorsagen, diktieren") nicht mehr gedeckt ist, weshalb im 15. Jahrhundert *dictare* als „diktieren" erneut entlehnt wird.[38] Lässt sich im Althochdeutschen und Mittelhochdeutschen das Verb noch für das Verfassen von Texten aller Art (und also synonym mit *schrîben*) einerseits, in der Bedeutung „vorschreiben, gebieten, anordnen, festsetzen" andererseits belegen, so findet sich im Mittelhochdeutschen neben diesen Bedeutungen mit zunehmender Häufigkeit eine Verwendung des Begriffs für poetisches Hervorbringen. In dieser erweiterten Bedeutung steht *tihten* fortan auch für „erschaffen, erfinden, ersinnen; gestalten; (an)ordnen, veranstalten; trachten, beabsichtigen; ins Werk setzen; bedenken",[39] wobei die anderen Bedeutungen nach wie vor daneben nachweisbar bleiben.[40] Erst in der frühen Neuzeit verschwinden die Nebenbedeutungen und erfolgt eine Bedeutungsverengung auf den Bereich poetischen Hervorbringens. Bereits im Mittelalter zeichnet sich diese Tendenz der Bedeutungsverengung des Begriffs auf dichterisches Schaffen ab,[41] sie hat aber noch keine allgemeine Geltung. Lexikographisch bedeutet dies, dass das mittelhochdeutsche Verb *tihten* nur ungenau mit neuhochdeutsch „dichten" übersetzt werden kann.[42] Dies heißt für die vorliegenden Überlegungen, dass es sich bei der Verwendung von „Dichtung" für das Literarische an der mittelalterlichen Literatur um einen heuristischen Anachronismus, der wort- und begriffsgeschichtlich zu kontrollieren ist, handelt. Als solcher freilich kann er durchaus fruchtbar eingesetzt werden.

Die Wortgeschichte des Begriffs *tihten* bestätigt die sozialgeschichtlichen Befunde eines nicht gegenüber anderen gesellschaftlichen Interaktionszusammenhängen ausdifferenzierten Literarischen.[43] Gleichwohl scheint mir im Verbum *tihten* der am meisten belastbare mittelhochdeutsche Begriff für poetisches Hervorbringen gegeben. Anders als Begriffe wie *maere* oder *âventiure*, bei denen Verwendungsweisen ausgemacht werden können,[44] die diese Worte auf bestimmte poetische Produkte beziehen, setzt der

---

[37] Kurt Gärtner, Zu den mittelhochdeutschen Bezeichnungen 1998, 39f.
[38] Kurt Gärtner, *tihten / dichten* 2006, 67f.
[39] Kurt Gärtner, *tihten / dichten* 2006, 74.
[40] Vgl. Albrecht Hausmann, *tütsch brieff machen* 2006, 158; Sabine Obermaier, Von Nachtigallen und Handwerkern 1995, 287–303.
[41] Dies zeigt sich auch an der Wortfamilie, die das Verb umgibt. Für das poetische Werk findet sich *getihte*, für den Verfasser *tihtaere*; vgl. Kurt Gärtner, Zu den mittelhochdeutschen Bezeichnungen 1998, 40.
[42] Kurt Gärtner, *tihten / dichten* 2006, 80f.
[43] Charakteristisch ist auch, dass im Mittelhochdeutschen die semantisch vage Bezeichnung *meister* weit häufiger verwendet wird als das klarere *tihtaere*; vgl. Kurt Gärtner, Zu den mittelhochdeutschen Bezeichnungen 1998, 44f.
[44] Vgl. zum Changieren von *maere* zwischen verschiedenen Bedeutungsgehalten Christoph Huber, Wort- und Bildnetze 2006, 270f., Anm. 20. Zu *âventiure* vgl. Franz Lebsanft, Die Bedeutung von

Begriff des *tihtens* grundsätzlicher beim Herstellen und Hervorbringen selbst an. Er hat in einigen Texten durchaus programmatischen Wert. Wie alle entsprechenden mittelhochdeutschen Begriffe ist auch der des *tihtens* polysem. Er gewinnt in den verschiedenen Texten auch jeweilige semantische Konkretisierung durch die Situierung in Wortnetzen, so zum Beispiel im *Partonopier*-Prolog Konrads von Würzburg, wo sich neben *getiht* auch *rede, maere, singen unde reden, lêre, sanc, rât, guot bilde, gedoene, bîschaft* etc. finden.[45] Wo er im engeren Sinne für poetische Hervorbringungen eingesetzt wird, lassen sich seinerseits je nach Kontext drei spezifischere Verwendungen abstrahieren, die sich auf die eingangs angeführten literaturtheoretischen Bestimmungskriterien für die Distinktionsqualität literarischer Rede beziehen lassen: auf sprachliche Verfahren, programmatische Perspektivierung und soziale Distinktionen.

Erstens wird der Begriff in einem handwerklichen Sinne genutzt und auf das Überführen von Prosa in Reime bzw. von lateinischen Texten in deutsche gebundene Rede benutzt.[46] In diesem Sinne findet er sich in einer apologetischen Bemerkung am Ende des *Moriz von Craûn*:

> nu lâzet dise rede varn.
> tiutschiu zunge diu ist arm
> swer darinne wil tihten,
> sal die rede rihten,
> sô muoz er wort spalten
> oder zwei zesamen valten.
> daz tæte ich gerne, kunde ich daz
> meisterlîcher unde baz.[47]

tihten wird hier als sprachliches Verfahren der reimenden Fügung aufgefasst. Die metrische Formung und die Reimtechnik werden unter dem Begriff als spezielle sprachliche Kompetenzen zusammengefasst.

Zweitens verbindet sich mit *tihten* mitunter eine Programmatik poetischer Produktion. Eine solche Verwendung in der volkssprachlichen Literatur des Mittelalters kann freilich nur selten affirmativ und programmatisch auf ein Hervorbringen von radikal Neuem und auf Akte des freien Fingierens bezogen sein. Denn *communis opinio* ist das Augustinische Diktum, dass die *creatio ex nihilo* Gott vorbehalten bleibt. Zudem fällt die Tätigkeit des Fingierens unter das Verdikt der Lüge.[48] Der programmatischen Arti-

---

altfranzösisch *aventure* 2006; Volker Mertens, *Frau Âventiure* 2006; Hartmut Bleumer, Im Feld der *âventiure* 2006; Mireille Schnyder, Sieben Thesen zum Begriff der *âventiure* 2006; Peter Strohschneider, *âventiure*-Erzählen 2006.

[45] Vgl. dazu Beate Kellner, *daz alte buoch von Troye* 2007, 252ff.; Christoph Huber, Wort- und Bildnetze 2006.

[46] Vgl. zum Handwerk als Selbstbeschreibungsmetapher mittelhochdeutscher Dichtung: Sabine Obermeier, Von Nachtigallen und Handwerkern 1995; Beatrice Trinca, Dichter als inspirierte Handwerker? 2007.

[47] Mauritius von Craûn 2000, V. 1777–1784.

[48] Walter Haug, Historische Semantik 2006; Thomas Cramer, *Solus creator est Deus* 1986.

kulation einer Poetik des Schaffens und Fingierens sind deshalb enge Grenzen gesetzt. Innerhalb dieser Grenzen aber bewegt sich dann doch einiges: So gibt der um 1410 entstandene *Vocabularius ex quo* für das lateinische *fingere* die deutsche Entsprechung *tichten* an, für *ficticium* das Nomen ein *gedihte*.[49] Besonders aufschlussreich für den Zusammenhang einer Artikulation von entsprechender Programmatik und Begrenzung ist auch die von Kurt Gärtner für seine wortgeschichtlichen Befunde angeführte Teichner-Rede. Explizit heißt es hier, dass von *tihten* keine Rede sein kann, solange nur aus dem Lateinischen ins Deutsche übersetzt wird. Letzteres sei *wol ein arbait*, aber keine *tihtigkeit*. Der Teichner vergleicht dies in einem Wortspiel mit dem deutschen Wort *wenden*, dessen lateinische Entsprechung *vertere* auch Übersetzen bedeutet: Übersetzer sind *wender*, da sie eine Sprache in die andere übertragen, wobei der Sinn identisch bleibt. Sie tun dies, so wie andere einen unansehnlich gewordenen Mantel wenden. Diese Differenzierung perspektiviert *tihten* als spezifisches sprachliches Verfahren und setzt es von einem anderen Verfahren, dem des Übersetzens, programmatisch ab. Die innovative Kraft des *tihtens* ist weit radikaler als das Erneuern eines Mantels durch das nach außen Wenden seines Innenfutters. Der Begriff *tihten* wird zudem programmatisch bestimmt und an das Erfinden, das Hervorbringen von Neuem sowie an einen Akt individueller Selbstbehauptung gebunden:

ez ist der ein tihtent man,
der von aigen sin ticht kŭr
und nimpt ein frŏmd mainung für,
dŭ er nie gehŏrt noch sach
oder ein geschicht dŭ nie geschach
als ein nŭwer hailig gut
den man erst erheben tut:
wan man von dem schribt und sait
daz ist nŭwer tichtkait
wan ez ist ein nŭwe tat
[...]
tihten daz mus aigen wesen.[50]

Solche Programmatik ist für das deutsche Mittelalter überraschend, auch beim Teichner wird sie mit dem Hinweis auf das *nihil sub sole novum* des Predigers unmittelbar nach ihrer Äußerung relativiert:[51]

ist denn niempt ain tichtner,
er sage dann nŭwe maer?
da sprichet nu her Salomon
das wir niht nŭwes hon
so ist och kein tichter sitt.[52]

---

[49] Vocabularius ex quo Bd. III 1988, 1039, 1026.
[50] Heinrich der Teichner, Die Gedichte, Nr. 589.
[51] Dieter Kartschoke, *Nihil sub sole novum?* 1985.
[52] Heinrich der Teichner, Die Gedichte Nr. 589.

Der Teichner definiert daraufhin das Neue als etwas, was sich einmalig ereignet und seitdem nicht wiederholt hat.[53] Als solche Ereignisse weist er die Jungfrauengeburt aus und die unbefleckte Empfängnis Mariae durch Joachim und Anna. Von *tihten* ist in diesem Text im Folgenden nicht weiter die Rede, die Auseinandersetzung mit diesem Begriff wird abgelöst durch den Hinweis darauf, dass Gott allein derjenige ist, der wirklich Neues hervorbringt.[54] Dieser Beleg zeigt deutlich, dass die programmatische Verbindung von Innovation, Fiktion und Selbstbehauptung im Begriff des *tihtens* nicht als der Regelfall gelten kann.[55] Dergleichen äußert sich, wenn überhaupt, insular und unter Vorbehalt. Nun fällt in der Teichner-Rede freilich ins Auge, dass der Aufwand der Differenzierung von Übersetzen und *tihten* literarischen Beschäftigungen gilt, zwar wird die Möglichkeit eines dem Menschen zukommenden *tihtens* durch den Verweis auf die radikale Innovativität Gottes in Abrede gestellt, der Aufwand der Differenzierung gelehrter und poetischer Betätigungen ist demgegenüber aber dysfunktional.

Dass im Begriff des *tihtens* auch ein Anspruch auf Innovation entfaltet werden kann, der sich nicht durch das Moment eigensinniger Schöpfung begründet, zeigt der Prolog zu Konrads von Würzburg *Trojanerkrieg*:

> *ich wil ein mære tihten,*
> *daz allen mæren ist ein her.*
> *als in daz wilde tobende mer*
> *vil manic wazzer diuzet,*
> *sus rinnet unde fliuzet*
> *vil mære in daz getihte grôz.*[56]

„Mit durchaus enzyklopädischen Anspruch will er eine Synthese, eine Summe des überlieferten Wissens von Troja bieten",[57] *tihten* kommt hier in den Blick als eine alles Dagewesene überbietende Kompilation, nicht als Neuschöpfung aus dem Nichts (*creatio ex nihilo*), sondern als Synthese und Überbietung des Materials (*creatio continua*).

---

[53] Ganz im Sinne des Thomas von Aquin, vgl. Thomas Cramer, *Solus creator est Deus* 1986, 262f.
[54] C. Stephan Jaeger, Der Schöpfer der Welt 1978; Thomas Cramer, *Solus creator est Deus* 1986.
[55] Auch wenn der Begriff *getiht* mitunter als „Ausweis des isolierten, autonomen Künstlertums" aufscheint, so muss dies nicht mit Fiktionalitätsbewusstsein einhergehen; vgl. Christoph Huber, Wort- und Bildnetze 2006, 280. Einen programmatischer Anspruch auf das Erneuern der Überlieferung wird bei Konrad von Würzburg artikuliert; vgl. Beate Kellner, *daz alte buoch von Troye* 2002, 249–252.
[56] Konrad von Würzburg, Der Trojanische Krieg 1858, V. 234–239.
[57] Beate Kellner, *daz alte buoch von Toye* 2006, 249.

Das Moment des Fiktiven, dem bei der Bestimmung des Status eines modernen Begriffs der Poesie ein sehr hoher Stellenwert zukommt (es dient oft geradezu als Paradekriterium für Literarizität), kann in mittelalterlichen Dichtungen in dieser Weise angedeutet und bestritten werden, es kann aber auch für eine Bestimmung des Literarischen weitestgehend irrelevant bleiben.[58]

Mitunter rückt der Begriff des *tihtens*, und darin ist eine dritte Verwendungsweise auszumachen, in eine Distanz zu gelehrten Tätigkeiten und gelehrtem Wissen. Dies konnte bereits beim Teichner beobachtet werden, wo der Begriff von der gelehrten Betätigung des Übersetzens unterschieden wird. Der Aspekt der Differenzierung von gelehrten Praktiken und *tihten* betrifft die Differenzierung von „Wissen" und „Literatur" im Mittelalter zentral. Dies sei an dieser Stelle nur angedeutet. Nach einigen Überlegungen zum Wissensbegriff wird auf das Verhältnis von Dichtung und gelehrtem Wissen in einem eigenen Abschnitt eingegangen. Ohne eine Konturierung angrenzender Wissensbegriffe ist der jeweilige Begriffsumfang von *tihten* nicht zu umreißen. Dies ist zu präzisieren, nachdem einige Erörterungen zu den theoretischen Problemen des Wissensbegriffs und den spezifischen Bedingungen seiner historischen Applikation auf das Mittelalter stattgefunden haben.

II. Wissensbegriff

Extensionen des Wissensbegriffs und Probleme seiner Historisierung

Die Verwendung des Wissensbegriffs in der rezenten Literaturwissenschaft ist trotz klärender definitorischer Bemühungen[59] alles andere als einheitlich: So wird er in einigen Studien in einem sehr engen Sinne und nahezu synonym mit Wissenschaft gebraucht,[60] andererseits über die engeren wissenschaftlichen Diskurse hinaus auf eine Vielzahl kultureller Manifestationen appliziert, die wissenssoziologisch (mit Peter L. Berger und Thomas Luckmann) als „gesellschaftliche Konstruktion der Wirklichkeit",[61] diskursge-

---

[58] In der gegenwärtigen Diskussion um die Alterität mittelalterlicher Literarizität wird dem Fiktionalitätsbegriff mitunter zuviel aufgebürdet, wenn er als Paradekriterium für Poetizität herhalten muss.
[59] Vgl. besonders Karl Richter, Jörg Schönert, Michael Titzmann, Literatur – Wissen – Wissenschaft 1997; Nicolas Pethes, Literatur- und Wissenschaftsgeschichte 2003.
[60] Vgl. Christine Maillard, Michael Titzmann (Hg.), Literatur und Wissen(schaften) 2002. Die Hilfskonstruktion ist manifest in der Setzung runder Klammern: Die Einleitung der Herausgeber klärt das Verhältnis von Wissen zu Wissenschaft nicht. Vorrangig wissenschaftsgeschichtlich orientiert auch: Lutz Danneberg, Friedrich Vollhardt (Hg.), Wissen in Literatur 2002.
[61] Peter L. Berger, Thomas Luckmann, Die gesellschaftliche Konstruktion der Wirklichkeit ^{21}2007 [1966].

schichtlich (mit Michel Foucault) als Episteme einer Epoche[62] bzw. kulturwissenschaftlich als „kulturelles Wissen" zusammengefasst werden.[63] Die Absetzbarkeit literarischer Verfahren von wissenschaftlichen scheint auf den ersten Blick evident: Literatur ist eindeutigem Begriffsgebrauch, logischer Transparenz, Referenzialisierung der Rede und klaren Zwecksetzungen nicht in gleichem Maße verpflichtet wie die Wissenschaft. Sie hat die Lizenz dunkler Rede, der Vieldeutigkeit und der Fiktionalität. Es fragt sich jedoch, ob eine solche Entgegensetzung nicht einer erkenntnistheoretischen Programmatik wissenschaftlicher Selbstbeschreibung verpflichtet bleibt. Jüngere wissenschaftsgeschichtliche Studien haben bei Untersuchungen der Genese wissenschaftlicher Fakten und Ergebnisse eine Reihe von Verfahren ausmachen können, die denjenigen literarischer Sinnbildung nicht ganz unähnlich sind, und deshalb eine gewisse „Durchlässigkeit"[64] von literarischem und wissenschaftlichem Bereich behauptet. Joseph Vogl hat solcher Befunde wegen die Wissenschaftsgeschichte unter dem Begriff einer Poetologie des Wissens als Gegenstandsbereich der Literaturtheorie reklamiert.[65] Unter den Stichworten der Sozialität, Historizität, Diskursivität, Konstruktivität und Poetizität werden in vielen Studien zur Wissenschaftsgeschichte die vorgeblich „harten" naturwissenschaftlichen Fakten sowie die vorgeblich auf rationale Effizienz zielenden Formen wissenschaftlichen Arbeitens mit Blick auf ihre soziale und rhetorisch-poetische Konstitution relativiert.[66] Zudem bieten die sich in wissenschaftstheoretischer Selbstbeschreibung artikulierenden Standards für die Wissenschaften keine übergeschichtlichen Kriterien für eine konsequent historisierende Wissenschaftsgeschichte: Man wird beispielsweise die Beschreibung der mittelalterlichen bzw. frühneuzeitlichen alchemischen Praktiken und Wissensformen nicht denselben Rationalitätskriterien unterwerfen wie eine Chemie nach Lavoisier,[67] und auch die Kräuterkunde des Mittelalters und der frühen Neuzeit ist nicht nach Maßgabe des botanischen Systems von Linné zu evaluie-

---

[62] Michel Foucault, Ordnung der Dinge 1994 [1973]; vgl. etwa Beate Kellner, Jan-Dirk Müller, Peter Strohschneider (Hg.), Erzählen und Episteme 2011.
[63] Vgl. Karl Richter, Jörg Schönert, Michael Titzmann (Hg.), Literatur – Wissen – Wissenschaft 1997; zur Problematik der Extension des Wissensbegriffs vgl. Nicolas Pethes, Literatur- und Wissenschaftsgeschichte 2003.
[64] Vgl. Roland Borgards, Harald Neumeyer, Der Ort der Literatur, 211.
[65] Joseph Vogl, Für eine Poetologie des Wissens 1997; vgl. auch die Überlegungen zur Wissenschaftsgeschichte in: Joseph Vogl, Geschichte, Wissen, Ökonomie 1997.
[66] Oft geschieht dies mit Rückgriff auf Ludwik Flecks wissenschaftsgeschichtliche Studien zur Konstitution wissenschaftlicher „Fakten" und Gaston Bachelards Studien zur Epistemologie; vgl. Ludwik Fleck, Erfahrung und Tatsache 1983; Georges Canguilhelm, Wissenschaftsgeschichte und Epistemologie 1979; Bruno Latour, Steve Woolgar, Laboratory Life 1979; Joseph Vogl, Für eine Poetologie des Wissens 1997; vgl. zu diesem Komplex den Forschungsbericht von Nicolas Pethes, Literatur- und Wissenschaftsgeschichte 2003, 205–210. Die Abgrenzbarkeit der Darstellungsverfahren in historiographischen Schriften von literarischen Fiktionen wurde insbesondere in den Schriften Hayden Whites und Arthur C. Dantos problematisiert; vgl. Hayden White, Metahistory 1994 [1973]; Arthur C. Danto, Analytical Philosophy of History 1965.
[67] Vgl. etwa die Einleitung in: Wilhelm Kühlmann, Joachim Telle, Corpus Paracelsisticum II 2004.

Wissensbegriff

ren.⁶⁸ Die Standards für Wissenschaftlichkeit sind ihrerseits Ergebnisse wissensgeschichtlicher Prozesse und nicht gleichermaßen auf alle historische Epochen applizierbar.⁶⁹

Auch ein weiterer Wissensbegriff, sei er nun soziologischer, diskurstheoretischer oder kulturhistorischer Begriffsbildung verpflichtet, weist hinsichtlich seiner historischen Applizierbarkeit Grenzen auf. Mit Wissen ist ein wesentlicher Faktor für die Stabilität und die Kontinuität der Gesellschaft gefasst; das gemeinsame Wissen konstituiert eine intersubjektiv verbindliche gesellschaftliche Konstruktion der Wirklichkeit, an der der Einzelne sich ausrichten kann. Die gesellschaftliche Reproduktion vollzieht sich auch durch die Kommunikation dieses Wissens und seine Weitergabe. Man kann nun freilich fragen, ob in solcher Gesellschaftsbeschreibung sich nicht bereits Elemente finden, die einer sehr spezifischen Gesellschaftsform eigen sind. Ist hier nicht eine allgemeine Zugänglichkeit von Wissen für die Gesellschaft *in toto* präsupponiert, die doch eine publizistisch bestimmte literarische Öffentlichkeit zur historischen Voraussetzung hat?⁷⁰ Dies ist verbunden mit ganz konkreten institutionellen Gegebenheiten, z. B. einer weitgehenden Alphabetisierung der Gesellschaft und somit auch einer Schulpflicht etc. Bedarf die Applizierbarkeit eines solchen Wissensbegriffs nicht auch des Journalismus und der technischen Voraussetzung für mediale Massenproduktion? Kann dergleichen auf das Mittelalter übertragen werden?⁷¹ Als allgemeines Konstituens von Gesellschaftsbildung gerät Wissen erst in den Blick, wenn es auf vielen Feldern simultan beobachtet werden kann. Bei der Untersuchung vergangener Kulturen muss Wissen in entsprechenden Speichermedien niedergelegt sein, damit es als Movens gesellschaftlicher Konsoziation und Reproduktion ausgewertet werden kann, zumindest müssen irgendwelche Spuren eines solchen Wissens vorhanden sein. Dies ist in der Zeitschriften- und Zeitungskultur um 1800 zweifellos der Fall. Schulliteratur und Buchmarkt, später schließlich noch Tonaufnahmen und bewegte Bilder: Angesichts solcher prall gefüllter Archive ist die Rekonstruktion eines gesellschaftskonstitutiven „kulturellen

---

[68] Karen Meier Reeds, Botany in Medieval and Renaissance Universities 1991; Tobias Bulang, Epistemische Kontingenzen 2008.

[69] Zu den konzeptionellen Folgen einer konsequenten Historisierung der Wissenschaftsgeschichte vgl. Joseph Vogl, Geschichte, Wissen, Ökonomie 1997, bes. 464–467.

[70] Dass sich die spezielle Kommunikationssituation einer bürgerlichen Öffentlichkeit nicht auf beliebige geschichtliche Lagen verallgemeinern lasse, betonte bereits Jürgen Habermas, Strukturwandel der Öffentlichkeit ¹⁰1979, 7. Die politisch fungierende Öffentlichkeit wird bei Habermas ausdrücklich als literarisch bestimmte Öffentlichkeit gedacht (ebd., 8, 44), anders ist das Prinzip eines allgemeinen Zugangs zum Politischen nicht zu gewährleisten. An diesem Konzept der Öffentlichkeit gab es aus mediävistischer Perspektive immer wieder Kritik; vgl. Peter von Moos, Das Öffentliche und das Private 1998, 16f.; sowie mit einem Rückblick auf die Forschungsdiskussion die Einleitung des Bandes: Caroline Emmelius, Fridrun Freise, Rebekka von Mallinckrodt u. a. (Hg.), Offen und Verborgen 2004, 9–32.

[71] Dass es bereits mit der Übertragung eines solchen Öffentlichkeits-Konzepts auf die Reformation seine Schwierigkeiten hat, zeigt Rainer Wohlfeil, ‚Reformatorische Öffentlichkeit' 1984.

Wissens"[72] bei allen methodischen Problemen im Detail grundsätzlich möglich.[73] Wird man nun angesichts einer mittelalterlichen Manuskriptkultur, deren Wissensspeicherung in vielen Fällen an exklusive Orte wie Kloster, Hof bzw. Universität gebunden bleibt, von einem gesellschaftskonstitutiven Wissen sprechen können? Soziologisch betrachtet dient das verschriftete Wissen doch oft einer Konsoziation von Eliten, seien sie höfischer, klösterlicher oder universitärer Provenienz. Und auf Zeugnisse aus diesen Bereichen ist man weitgehend angewiesen, wenn man ein mittelalterliches „kulturelles Wissen" rekonstruieren will. Der Tatbestand, dass die sozialen und medialen Bedingungen des Wissens im Mittelalter andere sind als um 1800, betrifft offenbar nicht allein die Ebene der zu untersuchenden Objekte, sondern erfordert auch eine methodische Reflexion auf die Historizität der anzusetzenden Kategorien.

Gelehrtes Wissen als Erschließungsfeld literarischer Kontexte

Es fragt sich nun, ob man sich aus mediävistischer Perspektive deshalb mit einem „weichen" Begriff des Wissens zufrieden geben muss, also mit einem Begriff, der analog zu Untersuchungen moderner Literatur die Referenz der Literatur auf Wissenschaft und Wissen beansprucht, den Bereich dessen, auf was da referiert wird, jedoch aufgrund einer an der Moderne gemessenen Unterdifferenziertheit (der wissenschaftlichen Standards, der gesellschaftlichen Funktionen) nicht weiter spezifiziert. Dies wäre in hohem Maße unbefriedigend. Und es ist auch ganz unnötig. Denn zugänglich ist das mittelalterliche Wissen primär über Handschriften, die – ob bei Hofe, im Kloster, an der Universität und oft auch in den Städten – von Schriftkundigen, von Gelehrten abgefasst werden. Soziologisch betrachtet ist der Begriff eines „gelehrten Wissens" deshalb für die Welt des Mittelalters sehr viel präziser als für die Zeit um 1800, wo er freilich in literaturgeschichtlichen Studien auch – wenngleich nicht geradezu terminologisch – zum Einsatz kommt.[74] Thematisch ist dieser Begriff in hohem Maße unspezifisch: Er umfasst den scholastischen Traktat ebenso, wie die historische Abhandlung, katechetische Texte mit wissensvermittelnder Ausrichtung für Laien wie auch Texte, die höfische Reglements sekundär verschriften (in Tischzuchten, *artes amandi* etc.), sowie Vocabularien, Rezeptliteratur etc.

Sowohl für die Rekonstruktion einer mittelalterlichen Entsprechung zum engeren, szientifisch ausgerichteten Wissensbegriff als auch für die Frage nach einem allgemeiner gefasstem, kulturellen Wissen erweist sich gelehrtes Wissen als dominantes und primäres Erschließungsfeld historischer Untersuchungen. Viele, nahezu alle wissensge-

---

[72] Karl Richter, Jörg Schönert, Michael Titzmann, Literatur – Wissen – Wissenschaft 1997.
[73] Dass die Entwicklung zur Wissensgesellschaft in der Renaissance einsetzt, entwickelt Peter Burke, Papier und Marktgeschrei 2001 [1997].
[74] Die Voraussetzung für das Aufkommen des freien Schriftstellers (und damit einer der sozialen Voraussetzungen für die Autonomieästhetik moderner Prägung) ist die Herauslösung der Autoren aus dem Gelehrtenkontext; vgl. Hans Jürgen Haferkorn, Der freie Schriftsteller 1964.

schichtlichen Aussagen über das Mittelalter bleiben weitestgehend auf diese Formation verwiesen.

Sind damit nun Fragestellungen, die dem „kulturellen Wissen" im Mittelalter gelten, bereits von vornherein suspendiert? Ist mit der Fokussierung auf gelehrtes Wissen der Tatbestand, dass dieses Wissen in mannigfaltigen Austauschbeziehungen mit ungelehrtem Wissen, Alltagspraktiken u. ä. steht, von vornherein der Beobachtbarkeit entzogen? Und wie verhält es sich mit den Beziehungen dieses vorrangig in der Schriftlichkeit prozessierenden Wissens zu anderen kulturellen Artefakten, etwa Bildern, Kathedralschmuck und Karten, in denen ja auch Wissen gespeichert wird? Schließlich begeben sich wissensgeschichtliche Studien immer wieder auf die Suche nach Strukturen des Wissens, nach einer Episteme bzw. einer Grammatik, welche die mannigfaltigen und heterogenen Äußerungen des Wissens verknüpft und steuert. Ist ein solches Frageinteresse durch eine mediävistische Bescheidung auf gelehrtes Wissen bereits verunmöglicht?

Ein ungelehrtes Wissen manifestiert sich in der Literatur des Mittelalters kaum in ‚Reinform'. Als Konzession an die Überlieferung ist in mediävistischen Studien dem Tatbestand Rechnung zu tragen, dass die meisten alternativen Formen des Wissens nur insofern berücksichtigt werden können, als sie sich innerhalb des gelehrten Wissens irgendwie manifestieren, wobei nicht-gelehrte Wissensbestände immer schon durch Prioritätssetzungen und Anordnungsweisen des gelehrten Wissens gefiltert werden bzw. als gelehrtem Wissen amalgamierte Bestände erscheinen.

Setzt man bei gelehrtem Wissen an, so ist damit der Gegenstandsbereich wissensgeschichtlicher Studien keineswegs beschränkt auf das Wissen von Eliten bzw. auf einen Graphozentrismus der Schriftkultur. Einer positivistischen Engführung des Quellenmaterials und einem Ausblenden der Chancen kulturwissenschaftlicher, medientheoretischer und wissensgeschichtlicher Ansätze ist nicht das Wort geredet, wenn der Einzugsbereich vertretbarer und kontrollierbarer Beobachtungen in dieser Weise spezifiziert wird. Wohl lassen sich angesichts einer modernen Öffentlichkeit und einer massenmedialen und journalistischen Aufarbeitung und Speicherung kulturellen Wissens die Austauschbeziehungen zwischen gelehrtem bzw. wissenschaftlichem Wissen und den sie hervorbringenden kulturellen Ermöglichungsbedingungen in der Moderne quellenintensiver und auflösungsschärfer differenzieren, die Austauschbeziehungen zwischen dem gelehrten Wissen und dem anderen Wissen lassen sich aber – wenn auch in vermittelter Art und Weise – für das Mittelalter durchaus erschließen. Denn mittelalterliches gelehrtes Wissen präsentiert sich der forschenden Aufmerksamkeit nicht als in sich geschlossener und gegenüber anderen Weisen des Wissens inkompatibler Block. Vielmehr korrespondiert es mit Bereichen ungelehrten Wissens, mit Praktiken des Alltags und allein schon das Vordringen der Volkssprachen in den gelehrten Diskurs zeigt in vielen Facetten den Wandel und die Expansion dieser Wissensformation. Peter Burkes Studien zu diesen Austauschbeziehungen zwischen dem gelehrten und dem praktischen Wissen in der Renaissance bedient sich einer lebendigen Metapher zur Veranschaulichung des Verhältnisses: Das gedanklich verarbeitete, systematisierte Wissen wird bei ihm als „gekochtes" Wissen bezeichnet und von einem „rohen" Wissen abgesetzt.[75] Natürlich wird gelehrtes Wissen vorrangig dadurch vermittelt und prozessiert, dass es sich auf gelehrte Traditionen bezieht und seinerseits gelehrtes Wissen fortschreibt. Es nimmt aber immer wieder auch „rohes", man könnte auch sagen „frisches" Wissen in sich auf. Burke hat für die Wissensrevolution der Renaissance aufgezeigt, dass die Integration des „rohen" Wissens dabei zur Ausweitung und zur Innovation gelehrter Wissensbestände beiträgt. Er verweist auf Wechselbeziehungen zwischen Gelehrten und Handwerkern und führt als Beispiel dafür die Gespräche an, die Leonbattista Alberti regelmäßig mit dem Bildhauer Donatello und dem Baumeister Brunelleschi führte. Albertis Abhandlung über Malerei und Architektur wäre ohne diese praktischen Expertisen so nicht möglich gewesen.[76] Auch auf dem Feld der enzyklopädischen Erschließung spezieller Nomenklaturen zeigt sich die Expansion des überkommenen Wissens durch die gezielte Konsultierung alternativer Ressourcen: Conrad Gesner erschließt die volkssprachige Nomenklatur der Fische auch dadurch, dass er Fischern Zeichnungen vorlegt und sie nach den bei ihnen gebräuchlichen Namen befragt, er fordert seine Korrespondenten dazu auf, bei ansässigen Fischern die dialektalen Bezeichnungen bestimmter Arten zu ermitteln.[77]

Auch im Mittelalter, das ja die Wissensexplosion der Renaissance vorzubereiten half, hat es Anreicherungen und Überschreitungen der Grenzen gelehrten Wissens natürlich immer wieder gegeben. So hat Carlo Ginzburg Inquisitionsprotokolle daraufhin befragt, inwieweit sie als Quellen für die Ermittlung von Bräuchen und Praktiken der ungebildeten Bevölkerung im Mittelalter taugen. Er konnte dabei beobachten, dass praktisches und folkloristisches Wissen durchaus im Medium des gelehrten Diskurses der Inquisitoren auftaucht, oft freilich in einer bemerkenswert verzerrten Form. Immer wieder sind Übertragungen von inquisitorischen Stereotypen auf eine Schicht des Volksglaubens beobachtbar. Die Beeinflussungen der Delinquenten durch die Richter sind insbesondere in den an den Hexensabbat geknüpften Fragen deutlich. Hier erfolgt der Abgleich des fremden Wissens mit den Stereotypen der Dämonologie. Die Angeklagten neigten in solchen Situationen dazu, die inquisitorischen Stereotypen zu übernehmen.[78]

Ginzburg zeigt anhand der dialogischen Situation zwischen Inquisitoren und Delinquenten die Prozesse der Übertragung auf, die nahezu unmerkliche Integration des Volksglaubens in das Stereotypenreservoir der Gelehrten, und er beschreibt die interessanten Fälle, wo eine solche Integration gestört ist, wo sich in der Tat ein anderes

---

[75] Peter Burke, Papier und Marktgeschrei 2001, 20f.
[76] Peter Burke, Papier und Marktgeschrei 2001, 24.
[77] Gesner dazu „Ich selbst aber legte den Landleuten, den Jägern und Fischern in meinem Heimatlande viele Fragen vor und zeichnete ihre Bemerkungen auf." Übersetzung zit nach. Manfred Peters, Einleitung 1974, 15; vgl. zu Gesners Vorgehen ebd., 13–16, sowie: Johannes Hanhart, Conrad Gesner 1824, 128f.
[78] Carlo Ginzburg, Der Inquisitor als Anthropologe 1994, 207.

Wissen Raum schafft. Im Falle des Müllers Mennochio aus dem Friaul gestaltet sich die Lage besonders komplex, da dieser dort, wo er zu Protokoll gibt, die Engel seien von der Natur hervorgebracht worden, so wie aus dem Käse die Würmer entstünden, seinerseits Segmente gelehrten Wissens wiedergibt, wie Ginzburg mit Verweis auf die *Schedelsche Weltchronik* und Dantes *Divina Commedia* zeigen konnte.[79]

Für einen solchen Austausch zwischen gelehrtem und ungelehrtem Wissen möchte ich auch einige Beispiele aus dem Textcorpus dieser Studie angeben, aus Hugos von Trimberg *Renner* und Wittenwilers *Ring*. Bei diesen volkssprachigen Dichtungen, denen innerhalb des gelehrten Wissens ein Sonderstatus zukommt, wird es nicht überraschen, dass „frisches" Wissen aufgenommen wird. Auffällig sind aber selbst hier die Distanzierungen, die diesen Wissensbeständen gelten, und die gelehrten Vorbehalte, mit denen sie konfrontiert sind.

In Hugos *Renner* nehmen Bibelparaphrasen, Naturallegorese und gelehrte Sentenzen aus patristischer und volkssprachiger Tradition breitesten Raum ein. Dazwischen jedoch findet sich immer wieder auch „frisches" Wissen. So rekurriert Hugo, selbst Vater einiger Kinder, auf die bewährte pädagogische Methode, den Futterneid der Kinder zu nutzen, um sie zum Essen zu bewegen: *Wir sehen daz ofte ein kindelîn | Niht wil ezzen und izzet durch haz, | Swenne man sprichet „wem gib ich daz?"* (*Renner*, V. 5926ff.). Dabei handelt es sich offenbar um Alltagswissen, das freilich nicht um seiner selbst willen angeführt wird, sondern zur Veranschaulichung des Tatbestandes, dass die sündigen Menschen guter Lehre nur widerwillig Folge leisten. Als exemplarischer Fall kann solcherart Alltagswissen eingemeindet werden. Hugos *Renner* enthält auch eine Reihe von volkssprachigen Bezeichnungen für bestimmte Sportarten und Spiele, die hier erstmals greifbar werden. Mit der Beschreibung der Art und Weise, wie Boccia-Spieler fluchen und ihre rollenden Kugeln beschwören, rückt Alltagskultur in die gelehrte Abhandlung ein.[80] Diese Praktiken fungieren freilich als Exempel für die Torheit des weltverfallenen Menschen und die in einigen Handschriften beigegebenen Illustrationen, die einen lächerlichen Alten zeigen, der seine nackten Beine entblößt, weil er mit dem Rocksaum wedelt, um einer rollenden Kugel die gewünschte Richtung zu geben, verstärken diese exemplarische Lesart und die gelehrte Distanzierung solcher Praktiken. Vom enzyklopädischen Witz der Katalogisierung von Spielen bei Rabelais und Fischart ist Hugos Rekurs auf diese Wissensbestände selbstredend weit entfernt.[81] Anderseits zeigen Hugos Bemühungen, die Aussprache der Vokale in verschiedenen deutschen Dialekten zu charakterisieren (*Renner*, V. 22 553ff.), ein eigenes Interesse an der sprachlichen Vielfalt der Welt und an einem Wissen, das den gelehrten Traditionen nicht zu entnehmen ist.

Auch im *Ring* von Heinrich Wittenwiler wird ein Alltagswissen in den gelehrten Kontext eingespeist. So wird etwa dargelegt, wie die dörflichen Brautwerber zu verfah-

---

[79] Carlo Ginzburg, Der Käse und die Würmer [5]2002 [1976].
[80] Vgl. Bruno Müller, Hugo von Trimberg und das Bocciaspiel 1969.
[81] Vgl. Tobias Bulang, Spiele in Johann Fischarts *Geschichtklitterung* 2010.

ren haben, wenn sie dem Brautvater einen Bräutigam für seine Tochter anempfehlen wollen: Sie sollen ihn im Wirtshaus aufsuchen und in ein bangloses Gespräch verwickeln, keinesfalls gleich mit der Tür ins Haus fallen und abwarten, bis er getrunken habe etc. Auch die Schilderung eines Hochzeitsscherzes findet sich im *Ring*: Beim Aufgebot meldet sich eine mannstolle Alte, die behauptet, der Bräutigam habe ihr die Ehe versprochen. Die Bauern fordern lachend, die Alte solle ihre Eignung zur Ehe beweisen, indem sie eine Hose entlause, wobei sich erweisen werde, ob sie die Tierchen von den Schürknoten unterscheiden könne. Solchem nichtgelehrten Wissen gilt ein auffälliges Interesse Wittenwilers, oft werden solche kulturellen Äußerungen freilich zur exemplarischen Veranschaulichung der Torheit der *gpauren* genutzt. Dass man nicht im Sinne einer naiven Volkskunde hier unmittelbar auf die Praktiken der ländlichen Bevölkerung im Mittelalter schließen kann, zeigt die Fressorgie beim Hochzeitsmahl: Sie besteht aus einer Inversion einer ganzen Reihe von Tischzuchtregeln, verbleibt als satirische Operation innerhalb der gelehrten Formation und bildet in keiner Weise ländliche Praktiken des Essens und Trinkens ab.

Diese Beispiele mögen zeigen – und im Laufe der Studie wird darauf zurückzukommen sein –, dass bei einer methodischen Fokussierung gelehrten Wissens alternative Wissensbestände und Praktiken keineswegs von vornherein ausgeschlossen sind. Vielmehr sind der vermittelte Status und die Wertigkeit von Zeugnissen eines solchen Wissens zu reflektieren.

Dies gilt nicht nur dann, wenn aus einer gelehrten Perspektive ungelehrte Kulturen thematisiert werden. Es lässt sich auch dort beobachten, wo sich das Andere des gelehrten Diskurses zeigt. So werden in den Tönen der Sangspruchdichter die Ansprüche des Laien auf ein Wissen vom Heil artikuliert. In der nachdrücklich geführten Auseinandersetzung der *varnden* mit Gelehrten, Pfaffen und Mendikanten geht es immer wieder um die Legitimität der eigenen Rede, des *singens unde sagens*. Innerhalb dieser literarischen Konfrontationen artikuliert sich freilich kein autochthones Laienwissen, sondern vielmehr das Begehren nach dem gelehrten Diskurs, ein Kampf um Anerkennung. Deshalb erfolgt die Artikulation eines Geltungsanspruchs der eigenen Rede hier durch die Aufnahme gelehrter Sprechweisen und Topiken, und die Provokation meisterlicher Rede liegt damit auch nicht in den vertretenen Propositionen, sondern im Anspruch an Teilhabe.[82]

Der Begriff des gelehrten Wissens bezieht sich nicht allein auf schriftliche Zeugnisse im engeren Sinne. Der Buchschmuck, die Miniaturen und Illustrationen gehören ihm ebenso an. Mannigfaltig sind solche Bilder für die Veranschaulichung und Organisation

---

[82] „So blieb die Wahrheit, von welcher die *meister* sangen, bis in die Tage der beginnenden Reformation hinein die einige und unteilbare Wahrheit des Dogmas. Der Kirche drohte demnach aus diesem Lager keine Gefahr; im Gegenteil, man sollte erwarten, sie hätten sich des *meisters* als eines willkommenen Bundesgenossen bedient. In Wirklichkeit aber sind immer wieder Spuren einer erbitterten Rivalität zwischen dem Klerus und den Spruchdichtern festzustellen." Karl Stackmann, Der Spruchdichter Heinrich von Mügeln 1958, 173.

von Wissen sowie für die Lenkung der Rezipienten funktionalisiert. Auch Karten sind Produkte gelehrten Wissens und der Schmuck der Kathedralen, die Kapitelle und die Tafelbilder versinnbildlichen Bibelstellen und Naturallegorese, die natürlich im gelehrten Diskurs ihre Entfaltung finden und vielfach an ihn rückgebunden bleiben. Auch wenn sich solche Darstellungen im Sinne einer *biblia pauperum* an Laien richten (*pictura laicorum litteratura*), bleiben sie doch weitestgehend vom gelehrten Diskurs gesteuert. Auch der Buchschmuck höfischer Literatur entsteht im gelehrten Kontext.[83]

Verwiesen auf die Formation des gelehrten Wissens bleiben auch Untersuchungen zu einer Episteme des Mittelalters, einem die verschiedenen Artikulationen steuernden Wissen. Allgemeine Wissensstrukturen lassen sich nur aufgrund von Rekurrenzen innerhalb dieser Formation abstrahieren und sodann für eine Interpretation verschiedenster Texte nutzbar machen. So lässt sich die von Beate Kellner eruierte „Grammatik genealogischen Wissens", die Strukturen und Semantiken unterschiedlicher, auch volkssprachiger poetischer Texte generiert, auf der Grundlage einer Redundanz erarbeiten, die genealogische Themen und Reflexionen in juridischem, theologischem und historiographischem gelehrten Schrifttum aufweisen.[84] Die Ubiquität des Themas, die im Falle des Genealogischen zu einer ‚gesättigten' Quellenlage führt, gestattet einen ganz unproblematischen Rekurs auf ‚genealogisches Wissen' im Mittelalter. Dies freilich lässt sich nicht methodisch generalisieren: Eine ‚Wissensgesellschaft' ist das Mittelalter eben nicht.[85] Das Verhältnis von Wissen und Literatur kann deshalb nicht untersucht werden, ohne dass der heuristische Umweg über die Formation gelehrten Wissens dabei mitzureflektieren wäre.

III. Dichtung und gelehrtes Wissen – Synonymie, Spannung, Konkurrenz

Der Begriff des gelehrten Wissens kann nur ansatzweise von literarischen Entwürfen mit poetischer Funktion, von Dichtungen also, differenziert werden, vielmehr gibt es hier ein breites Übergangsfeld, in dem sich die Arbeit an poetischen Entwürfen nur schwer vom Prozessieren gelehrten Wissens unterscheiden lässt. Am Begriff *tihten* konnte schon ausgewiesen werden, dass ihm keine Ausschließlichkeit bei der Bezeichnung poetischen Hervorbringens im Mittelalter zukommt, er wird auch auf andere gelehrte Tätigkeiten angewandt, mitunter auf den Akt der göttlichen Schöpfung. Gleichwohl ist die signifikante Häufung von Belegen, die diesen Begriff mit dem poetischen

---

[83] Wie Bilder dem volkssprachigen Wissen die Dignität gelehrter lateinischer Texte vermitteln, zeigen Norbert H. Ott, Vermittlungsinstanz Bild 2006; Michael Curschmann, Michael, Wort – Schrift – Bild 1999.
[84] Beate Kellner, Ursprung und Kontinuität 2004.
[85] Vgl. Peter Burke, Papier und Marktgeschrei 2001.

Hervorbringen verbinden, zum Spätmittelalter hin zu vermerken. Immer wieder rückt der Begriff des *tihtens* dabei auch in eine Spannung zur Gelehrsamkeit. Sehr facettenreich ist der Abgleich von Gelehrsamkeit und *tihten* in der Literatur des Mittelalters, verschiedene Konfigurationen können beobachtet werden. Ich rufe einige Beispiele dafür in Erinnerung, die keineswegs Vollständigkeit beanspruchen. Im Gegenteil, weitere Fälle eines apologetischen oder programmatischen Abgleichs von Gelehrsamkeit und *tihten* lassen sich ergänzen. Im Prolog zu Hartmanns *Iwein* wird mit der Figur des gelehrten Ritters ein Verfasser entworfen und ein Erzähler etabliert, für den die gängige Unterscheidung von *clericus litteratus* und *miles illitteratus* außer Kraft gesetzt wird:

> *Ein rîter, der geleret was*
> *unde ez an den buochen las,*
> *swenner sîne stunde*
> *niht baz bewenden kunde,*
> *daz er ouch tihtenes phlac*
> *(daz man gerne hoeren mac,*
> *dâ kêrt êr sînen vlîz an.*
> *er was genant Hartman*
> *unde was ein Ouwære),*
> *der tihte diz mære.*[86]

Wenn der Ritter Hartmann nichts Anderes zu tun hat, um sich die Zeit zu verkürzen, dann liest und *tihtet* er *ez* (V. 22), *daz maere* (V. 30). *tihten* und vorbereitendes Lesen rücken als „Tätigkeiten der Mußestunden"[87] und unmittelbarer Ausdruck von Gelehrsamkeit nahe aneinander und werden unterschieden von den ritterlichen Betätigungen. In den gängigen Übersetzungen von Thomas Cramer und Volker Mertens wird das *ez* in V. 22 immer ausgespart, so dass man nicht erfährt, was eigentlich der gelehrte Ritter liest.[88] Walter Haugs Übersetzung bezieht dieses *ez* auf *diz maere* in V. 30.[89] *Maere* erscheint so einmal als Gegenstand der lesend angeeigneten Überlieferung in Büchern und einmal als Gegenstand des *tihtens* zum Zwecke des Vortrags vor Publikum. Beides ist nicht streng differenziert. Das Verfassen der Geschichte fällt als Überlieferungshan-

---

[86] Hartmann von Aue, Iwein, V. 21–30. Ich zitiere den Text der siebenten Ausgabe von G. F. Benecke, Karl Lachmann und Ludwig Wolff. Mertens hat in seiner Edition in der Bibliothek deutscher Klassiker aus dem Jahre 2004 die Interpunktion verändert und aus der langen Periode drei Sätze gemacht. Damit lassen sich einige der Übersetzungsprobleme dieser Passage lösen, aber um den Preis einer syntaktischen Entkoppelung der aufeinander verweisenden *ez* (V. 22) und *diz maere* (V. 30); Hartmann von Aue, Gregorius. Der arme Heinrich. Iwein 2004.

[87] Kommentar von Volker Mertens, in: Hartmann von Aue, Gregorius. Der arme Heinrich. Iwein 2004, 977f.

[88] In Cramers Übersetzung des Textes von Bennecke, Lachmann und Wolff heißt es: „Ein Ritter konnte Latein und las in Büchern [...]"; Mertens übersetzt seine Edition wie folgt: „Wenn ein Ritter, der gelehrte Bildung besaß und Bücher las, seine Zeit nicht besser zu verwenden wußte, dann betrieb er das Dichten; [....]".

[89] Walter Haug, Literaturtheorie ²1992, 124: „Ein Ritter, der gebildet war und der sie – diese Geschichte – in Büchern gelesen hatte, der hat sie gedichtet, und zwar in der Zeit, in der er nichts Dringlicheres zu tun hatte und also dichten konnte."

deln mit dem Lesen fast zusammen. Unter dem Gesichtspunkt der Gelehrsamkeit als einem von Ritterschaft abgesetzten Bereich, kommt dem *tihten* neben dem Lesen kein besonders exponierter Status zu, beides sind gleichermaßen gelehrte Beschäftigungen. Auch die Schwierigkeiten mit Interpunktion und Übersetzung der Verse des Hartmannschen *titulus* liegen darin begründet, dass Gelehrsamkeit, Lesen und Dichten bis zur Ununterscheidbarkeit nahe aneinander gerückt werden und sich vor dem Hintergrund einer differenzierenden Betrachtung dieser Vorgänge in der Moderne nicht umstandslos voneinander sondern lassen.

Wolframs Replik auf die Stilisierung Hartmanns als gelehrter Ritter besteht bekanntlich in der Inszenierung von Illiterarität und der forcierten Behauptung von *schildes ambet*. Wenn Wolfram den Stoff der Überlieferung und das Sujet seiner Erzählungen *aventiure* nennt, so lässt er es mit ritterlichem Bewährungshandeln in eins fallen.[90] Die Hartmannsche Konfiguration gelehrten Wissens, praktischer Tätigkeiten (Ritterschaft) und dichtungstheoretischer Terminologie wird so komplett umgebaut. Wolframs Replik auf die (im 12. Jahrhundert paradoxe) Vermengung von Ritter und Gelehrtem besteht in einem nicht minder paradoxen Entwurf einer ungelehrten Gelehrsamkeit des Ritters Wolfram. Während die ältere Forschung solche Entwürfe noch biographisieren zu können meinte, hat es sich mittlerweile durchgesetzt, in solchen Selbstbehauptungen Erzählerstilisierungen und Konstruktionen mit spezifischen narrativen und rezeptionslenkenden Funktionen zu sehen.[91] Man könnte auch sagen, mit Selbstzuschreibungen dieser Art erfolge eine Positionierung des jeweiligen poetischen Entwurfs im Feld der Literatur einerseits sowie im Feld des Wissens andererseits.

Die Wolfram-Rolle bildete eine Bezugsgröße für mannigfache intertextuelle und interfigurale Operationen.[92] So ignorierte Gottfried in seinem Literaturexkurs bekanntlich die Prätention der Ungelehrtheit und konfrontierte einen namentlich nicht genannten Verfasser (den die Forschung mehrheitlich mit Wolfram identifiziert) mit inkriminierenden Vermutungen über die Herkunft seines Wissens. Es sei nicht zuzumuten, *daz wir die glose suochen an den swartzen buochen.*[93] Dem kritisierten Gegner wird so freilich durchaus Gelehrtheit unterstellt, eine Gelehrtheit allerdings, die auf illegitimem Wissen gründet, auf den schwarzmagischen Büchern.[94] Wirnts von Grafenberg Ausspruch *laienmunt nie baz gesprach* nimmt Wolfram so wieder aus dem gelehrten Kontext und bringt die Figur einer Virtuosität des Laien ins Spiel. Diese Figur lässt sich bereits bei Wolfram selbst ausmachen und zwar im *Willehalm*, wo die Ungelehrtheit spezifiziert und eine eigene, eine andere Gelehrsamkeit behauptet wird:

---

[90] Darin ist ein Zusammenspielen von objektsprachlicher und metasprachlicher Verwendungsweisen des Begriffs zu sehen; vgl. Christoph Huber, Wort- und Bildnetze 2006, 275 und Anm. 39.
[91] Bernd Schirok, *Ein riter der geleret was* 1999.
[92] Vgl. zur „irritierenden Fusion Gottfriedscher und Wolframscher Redeweisen" in den Prologen des *Willehalm von Orlens* Rudolfs von Ems Christoph Huber, Wort- und Bildnetze 2006, 269f.
[93] Gottfried von Straßburg, Tristan, V. 4689f.
[94] Hedda Ragotzky, Studien zur Wolfram-Rezeption 1971, 32ff.

swaz an den buochen stât geschriben,
des bin ich künstelôs beliben
niht anderz ich gelêret bin:
wan hân ich kunst, die gît mir sin.[95]

Damit wird die gängige Legitimation von Dichtung über Gelehrtheit suspendiert und eine folgenreiche Alternative dazu etabliert: *sin* und *kunst* werden als eigentliche Bedingungen der Möglichkeit des Dichtens jenseits der Buchgelehrsamkeit als spezifisch menschliche, ingeniöse, poetische Kategorien stilisiert.[96] Hier wird ein anderes Wissen entworfen, eines, das sich von buchgelehrtem Wissen absetzt. Dieser Entwurf ist als Typus des inspirierten Laiendichters in der Wolframrezeption facettenreich entfaltet worden.[97] Im Überlieferungszusammenhang des *Wartburgkriegs* werden diese Figuren aufgenommen und die Positionierungen im Felde der Literatur und des Wissens vor dem Hintergrund sich wandelnder wissens- und literaturgeschichtlicher Hintergründe weiter betrieben. Insbesondere im sogenannten *Rätselspiel* finden sich Konfigurationen literarischer Kompetenz und Gelehrsamkeit in der Konfrontation der Figur Wolframs, die hier als inspirierter Laie perspektiviert ist, mit der Figur des gelehrten Meisterpfaffen Klingsor. Der Gegensatz von gelehrtem Wissen und Laienwissen wird dabei überlagert von einer Unterscheidung christlichen und heidnischen Wissens.[98] Klingsor konfrontiert Wolfram im Rätselspiel mit dem Verdacht, den bereits Gottfried äußerte: Sein Wissen speise sich aus illegitimen Quellen. Wolfram verteidigt die Position des inspirierten Laien, der aufgrund seiner *meisterschaft* und literarischen Kompetenz über *kunst* und Wissen verfüge. Im Verlauf dieser Konfrontation manifestieren sich mehr und mehr die Affinitäten Klingsors zu heidnischem und schwarzmagischem Wissen; die Rolle des gelehrten Meisterpfaffen wird dabei ambivalent.[99] Es zeigt sich, dass im Wissenskrieg des Rätselspiels die Entgegensetzung von dichterischem Hervorbringen und gelehrtem Wissen facettenreich thematisiert wird, dass diese Unterscheidung überdeterminiert ist und immer weiterer Verhandlungen bedarf. Man kann an dieser holzschnittartigen Revue bereits beobachten, dass innerhalb der mittelalterlichen Dichtung selbst eine facettenreiche Auseinandersetzung über das Verhältnis von poetischem Hervorbringen und gelehrtem Wissen stattfindet. Dies sei im Folgenden noch einmal an einem konkreten Textbeispiel gezeigt.

In einem Dreierbar in der dem Ehrenboten zugeschriebenen Schallweise, der sich in der Kolmarer Liederhandschrift findet, werden die Geltungsansprüche von *tihten* und

---

[95] Wolfram von Eschenbach, Willehalm, hg. von Joachim Heinzle 1991, 2,19.
[96] Vgl. Tobias Bulang, Beate Kellner, Poetische Verfahren als Reflexion des Heidenkrieges 2009, 128; vgl. auch Walter Haug, Literaturtheorie ²1989, 190; Christian Kiening, Reflexion – Narration 1991, 49f., 56–59.
[97] Hedda Ragotzky, Studien zur Wolfram-Rezeption 1971.
[98] Beate Kellner, Peter Strohschneider, Poetik des Krieges 2007.
[99] Beate Kellner, Peter Strohschneider, Poetik des Krieges 2007.

Dichtung und gelehrtes Wissen

sanc gegen gelehrte Formen profiliert.[100] Die erste Strophe hebt mit der Frage an: *Waz ist daz beste getihte | der werlde, weme ist das kunt?* Die überraschende Antwort ist, dass dies der *gesanc* sei. Begründet wird dies mit dem Gesang der Engel, der vom Himmel in des Priesters Mund gelange und vielen Seelen den Weg aus dem Fegefeuer in den Himmel zeige. *Sanc* vermittle guten Rat, wehre die Laster ab und befördere die Tugend und die Frömmigkeit (*hilft den frumen triuten*); er sei *der gernden diete gunst* und helfe beim Loben des Vortrefflichen. Auf diese Weise werden der Gesang der Engel und der Meistersang eng aneinander gerückt. Die zweite Strophe bezieht *getihte* nicht auf den Gesang, sondern auf die göttliche Schöpfung:

> *Man sol getihte prîsen,*
> *getihte ist aller künste obe.*
> *daz ziuhe ich an den wîsen*
> *der himel und erde hat gemaht,*
> *der tihte menschen leben,*
> *Die hohe himelziere,*
> *sun unde mân in hôhem lobe*
> *und elemente viere,*
> *der machet tac, die vinster naht,*
> *der hât getihte gegeben.*
> *Wurz unde walt,*
> *stein und gestalt*
> *und alliu crût besunder,*
> *swaz leben hât,*
> *crût unde gât,*
> *von art nimt mich des wunder,*
> *getihtet hât der werde got,*
> *got ist getihte holt:*
> *vil edel tiht ân allen spot*
> *gît wunnebernden solt.*[101]

Es geht in diesem Dreierbar um die Legitimation des Gesangs der Laien, um *kunst wîs und wort*. Durch das Synonymsetzen von *getihte* und *gesanc* kann Gesang sowohl auf das Gotteslob der Engelschöre als auch auf den Akt der Schöpfung bezogen werden. Von hier aus empfängt die *kunst* eine Wertigkeit, die für ihre Apologie beim Ehrenboten eingesetzt wird. In der dritten Strophe des Bars lässt sich beobachten, dass der Begriff des *tihtens* in einer Spannung steht zu gelehrtem Wissen:

> *Man sagt von meisterpfaffen,*
> *wie daz die kunden tihten wol.*
> *alsô ist es geschaffen*
> *daz in ist in den buochen kunt,*
> *swaz got gewundert hât.*
> *In wâge in himel ûf erden*

---

[100] München Cgm 4997, 728ʳᵛ, Ausgabe Karl Bartsch, Meisterlieder 1862, 533–535, Nr. 153. Text der 3. Strophe bei Christoph Petzsch, Die Kolmarer Liederhandschrift 1978, 71.
[101] Karl Bartsch, Meisterlieder 1862, 533–535, Nr. 153.

> *und swâ ein leie tihten sol,*
> *dâ muoz gesuochet werden*
> *wîs unde sin ûz herzen grunt,*
> *wiez eigenlîchen stat.*
> *ich lobe in niht*
> *der wol gesiht,*
> *gêt er die rehten strâze.*
> *Swa blinder man*
> *füert rehte ban,*
> *dem gibe ich lobes mâze.*
> *kunst wîs und wort ûz herzen grunt,*
> *dem gibe ich lobes zil,*
> *vür die gelerten ist in kunt*
> *swerz ebene mezzen wil.*[102]

kunst wîs und wort ûz herzen grunt werden gegenüber der Buchgelehrsamkeit der *meisterpfaffen* privilegiert. Deutlich wird an diesem Beispiel, dass *tihten* nicht ausschließlich für literarisches Hervorbringen genutzt wird. Es bleibt auf Wortkunst nicht beschränkt, es kann mit singen synonym gesetzt werden und meint „jeden Akt einer geistigen Hervorbringung, die Erschaffung der Welt durch Gott eingeschlossen".[103] *tihten* ist als Tätigkeit der Gelehrten und *meisterpfaffen* ebenso perspektiviert wie als Tätigkeit der Laien. In einer eigentümlichen Steigerung am Ende der Strophe wird demjenigen, der sehend ist und auf dem richtigen Wege geht, kein Lob gezollt. Dem Blinden, der die richtige Bahn dennoch findet, wird zumindest mäßiges Lob zugestanden.[104] Das höchste Lob gilt aber *kunst wîs und wort ûz herzen grunt*. Es übertreffe noch das der Gelehrten. Diese Klimax ist allerdings etwas unausgegoren: Unter den Sehenden, die den rechten Weg wandeln, sind wohl die Buchgelehrten zu verstehen, die Blinden sind sicherlich die der geistigen Führung bedürftigen Laien.[105] Und es gibt offenbar ein Drittes: *kunst wîs und wort ûz herzen grunt*. Die soziale Zuordnung bleibt dabei vage: *kunst* geht offenbar weder im Bereich des Laien noch in dem des Gelehrten völlig auf.

In den angegebenen Textbeispielen erfolgt der Versuch einer Bestimmung und Konkretisierung des Begriffs *tihten*. Dies vollzieht sich, wie die Beispiele zeigen, durch eine Konfrontation dieses Begriffs mit gelehrten Praktiken – dem Übersetzen beim Teichner, der gelehrten Lektüre der Meisterpfaffen beim Ehrenboten. Solche Abgrenzungen haben zudem soziale Implikationen, wie im letzten Beispiel die Differenz von Laien und Meisterpfaffen.[106] In der Literaturgeschichte dieser Auseinandersetzung manifestieren

---

[102] Karl Bartsch, Meisterlieder 1862, 533–535, Nr. 153.

[103] So Karl Stackmann über die Verwendung von *getiht* bei Heinrich von Mügeln; Karl Stackmann, Der Spruchdichter Heinrich von Mügeln 1958, 64. Zu Gott als Bildner und *dictator* vgl. Ernst Robert Curtius, Europäische Literatur [10]1984, 527–529.

[104] Vgl. die Ausführungen zu einer ähnlichen, wenn auch anders perspektivierten Metapher bei Herbort von Fritzlar bei Beate Kellner, *Daz alte buoch von Troye* 2006, 243 ff.

[105] Vgl. Christoph Petzsch, Die Kolmarer Liederhandschrift 1978, 73.

[106] Vgl. Hannes Kästner, *Sermo vulgaris* 1996; Stephan Müller, *Ioculatores Domini* 2005; Tobias Bulang, *wie ich die gotes tougen der werlte gar betiute* 2005.

sich freilich auch in literarisch vermittelter Form die Wandlungsprozesse des Wissens und der Literatur im Mittelalter. Gelehrtes Wissen ist dabei der legitimierende Bezugspunkt.

Wie innerhalb dieser Austauschprozesse Heteronomie von Dichtung problematisiert wird, lässt sich an einem weiteren Beispiel aus dem Textcorpus vorliegender Studie belegen. Aufschlussreich für die Undifferenziertheit von *tihten* und gelehrtem Wissen einerseits, für die Tendenz einer semantischen Verfestigung von *getiht* als Terminus für poetische Produkte andererseits ist eine Stelle aus Hugos von Trimberg *Renner*. Im naturallegoretischen Kontext der Passage beruft sich Hugo auf gelehrte Schriften, um seine Behauptung zu beglaubigen, und zitiert einen Katalog antiker und patristischer Gelehrter (Solinus, Isidor, ‚Physiologus', Aristoteles etc.). Sie sind von *natûre der schrift geziuge | In irm getihte, daz ich niht liuge* (*Renner*, V. 20 284–20 291). Hier werden die Schriften der gelehrten Autoritäten als *getihte* bezeichnet, der Begriff also für gelehrtes Wissen verwendet. Hugo reflektiert daraufhin, wie so oft, auf sein *getihte*:

> *Nieman sol sprechen daz ich flicke*
> *Mîn getihte, ob ich ez verzwicke*
> *Und mit der heligen schrift bewêre:*
> *Wenne manic predige würde unmêre*
> *Daz man si hête vür ein lügen,*
> *Swenne die pfaffen drîn niht zügen*
> *Der meister lêre und heiliger liute:*
> *Des muoz ich durch nôt bediute*
> *Mîner worte kraft mit in, den ir*
> *Vil baz geloubet denne mir:*
> *Wenne alliu lêre ist ein wift,*
> *Der niht hilft diu heilige schrift.*[107]

Hugo antizipiert und pariert hier einen Vorwurf seines Publikums: Sein Gedicht wäre durch gelehrte Zitate und Auszüge aus der Heiligen Schrift zusammengeflickt. Ein durch gelehrte Beglaubigungen geprägter Text rückt dabei unter dem Vorbehalt eines Mangels in den Blick. Hugo rechtfertigt die Praxis der Beglaubigung wie folgt: Auch in Predigten sei dies gang und gäbe, ja notwendig, da die Prediger sonst der Lüge geziehen würden, wenn sie dies unterließen. Gezwungenermaßen müsse er die Kraft seiner Worte durch sie (die gelehrten Autoritäten) verständlich machen (*bediuten*),[108] weil sein Publikum (*ir*) ihnen mehr glaube als dem Verfasser Hugo. Schließlich sei alle Lehre nichts wert, der nicht durch die heilige Schrift geholfen werde. Hugos Argumentationen sind selten widerspruchsfrei und konzise, wenn es um Selbstbeschreibungen geht (darauf wird in dieser Studie noch einzugehen sein). Aufschlussreich an diesem Zitat ist allerdings das Spannungsfeld, das umrissen wird. Eine Legitimierung des *getihte* über Autoritätenberufung und biblische Rückversicherung wird gleichzeitig verteidigt und doch als Mangel von *getihte* ausgestellt: Es leistet einer Heterogenese Vorschub, die als

---

[107] Hugo von Trimberg, Der Renner 1970, V. 20 291–20 302.
[108] LEXER, Bd. 1, 141.

unansehnliches und geflicktes Kleidungsstück beim Publikum offenbar nur eingeschränkte Akzeptanz findet. Das Bild steht im Kontrast zu den gängigen Gewebemetaphern für vortreffliche Texte[109] und indiziert deutlich das mindere Prestige, das einem als Kompilat kenntlichen Text verglichen mit dem höfischen Werk zukommt. Andererseits wird dem Publikum unterstellt, es sei nicht bereit, eine Rede zu akzeptieren (*miner worte kraft*), die anders als durch Autoritäten beglaubigt wäre. Das gelte für Hugos *getihte* ebenso wie für Predigten. Hugos Verteidigung changiert zwischen einem heteronomen und einem autonomen Textverständnis. Der Begriff des *getihte* verharrt hier gewissermaßen auf einer Schwelle zwischen gelehrter Heteronomie und Rede eigenen Rechts. Hugos schwierige, unkonzise und widersprüchliche Ausführungen sind an dieser Stelle insofern symptomatisch für das, was man unter „Literarizität" mittelalterlicher Literatur und ihre Spannung zu gelehrtem Wissen fassen kann.

IV. Enzyklopädische Dichtung

Mittelalterliche Enzyklopädik

Auch der Begriff der Enzyklopädie kann für das Mittelalter nicht ohne weiteres eingesetzt werden. Sind die Begriffe der Dichtung und des Wissens nur unter den geschilderten Vorbehalten auf die Vormoderne applizierbar, so gilt dies in höherem Maße noch für den Begriff des Enzyklopädischen.[110] Denn dieser Begriff stellt einen wortgeschichtlichen Anachronismus dar: Er wird im Mittelalter nicht verwendet.[111] Die Forschung über mittelalterliche und frühneuzeitliche Wissenskompendien hat darauf einerseits mit der Ablehnung des Begriffs für mittelalterliche Wissenskompilationen reagiert.[112] Andererseits wurde mit guten Gründen auf der Angemessenheit dieses Begriffs für die verschiedenen mittelalterlichen ‚Weltbücher' beharrt.[113] Charakteristisch für solche „enzyklopädische" Texte sei – so Christel Meier – der in ihnen explizit artikulierte Anspruch, einen Zusammenhang und eine Anordnung des Wissens der Welt zu leisten, und der damit einhergehende Vollständigkeitsanspruch, der sich an dieses Wissen richtet. Als weitere gattungstypische Merkmale solcher vom Menschen geschaffe-

---

[109] Vgl. zu Gewebemetaphern für Texte C. Stephen Jaeger, Höfisches Fest und Hofästhetik 1992, 197–216; Gerhard von Gravenitz, Contextio und Conjointiure 1992, 229–257; Renate Schlesier, Idole und Gewebe 2002; Erika Greber, Textile Texte 2002; Beatrice Trinca, Dichter als inspirierte Handwerker? 2008, 45–65.
[110] Robert Luff, Wissensvermittlung 1999, 1–10.
[111] Ulrich Dierse, Enzyklopädie 1977, 4ff., 9ff.
[112] Ulrich Dierse, Enzyklopädie 1977, 4ff.; Georg Steer, Imagines mundi-Texte 1987, 29; Robert Luff, Wissensvermittlung 1999, 5–7.
[113] Zum Weltbuch und seinen Merkmalen besonders Christel Meier, Grundzüge 1984, 3; dies., Cosmos politicus 1988, 316ff.

Enzyklopädische Dichtung 43

ner Abbilder der Schöpfungswelt im „Weltbuch" hat Christel Meier einerseits die Funktionsbestimmung als Bibliotheksersatz ausmachen können, andererseits die Verfahren des Kompilierens und des Exzerpierens, für das die Begrifflichkeit der Blütenlese (*flores eligere, flosculos excerpere*) gleichermaßen als *terminus technicus* gelten könne.[114] Das Ergebnis dieses Zusammenstellens aus den vielen Büchern ist ein Wissen, das oft explizit als Laienwissen gekennzeichnet wird, als Wissen, das nicht von und für Spezialisten niedergeschrieben wurde.[115] Gegenüber solchen Apologien des Enzyklopädischen ist entgegnet worden, dass der Begriff der „imago-mundi-Werke" für entsprechende Wissenskompendien besser tauge, gefordert wurde deshalb, den anachronistischen Begriff des Enzyklopädischen gänzlich aus dem Spiel zu lassen.[116] Gegen diesen Vorschlag spricht, dass bei der Untersuchung solcher Werke Texte berücksichtigt werden, die einen Titel wie *imago mundi* bzw. *speculum mundi* oder ähnliche nicht führen, somit werden Einzeltitel als Gattungsbegriffe hypostasiert. Bei Texten wie dem *Elucidarium* des Honorius Augustudonensis, *De rerum proprietatibus* des Bartholomaeus Anglicus oder den *Livre dou Trésor* des Brunetto Latini muss der Anspruch, ein Weltbuch zu sein, über extern hinzu gezogene Kriterien ermittelt werden. Die terminologische Verlegenheit in diesen Dingen manifestiert sich in den entsprechenden Studien dadurch, dass auf der Beschreibungsebene der Begriff des Enzyklopädischen letztlich wieder zur Anwendung kommt.[117] Die Begriffe enzyklopädisch bzw. *imago mundi*-Werk bedürfen also gleichermaßen zusätzlicher Kriterien und Präzisierungen, um ein Textkorpus umfassender Wissenskompilationen für das Mittelalter zu konstituieren, ein Textkorpus, das sehr mannigfaltig ist und sich weniger durch stabile Gattungskonstituenten als vielmehr durch eine Reihe von Familienähnlichkeiten bestimmen lässt. Aus diesen Erwägungen heraus sind beide Begrifflichkeiten gleichermaßen angemessen, ihre Auflösungsschärfe hängt von zusätzlichen konzeptionellen Konturierungen ab. Für die Verwendung des Begriffes „enzyklopädisch" spricht aber zudem ein Argument, das die Literaturgeschichte von Wissenskompendien selbst betrifft: Zwischen den antiken und den modernen Enzyklopädien bestehen gravierende Unterschiede, die ohne die Tradition mittelalterlicher Wissenskompendien und ihrer innovativen Leistungen nicht hinlänglich erklärt werden können.[118] Aufgrund solcher Überlegungen empfiehlt es sich durchaus, am Begriff des Enzyklopädischen festzuhalten, er ist freilich im Sinne eines

---

[114] Christel Meier, Grundzüge 1984, 477.
[115] Christel Meier, Grundzüge 1984, 476f.
[116] Robert Luff, Wissensvermittlung 1999, 5–7.
[117] Robert Luff bezeichnet beispielsweise als Ziel seiner Studie, die Vermittlung „enzyklopädisch geschlossener Wissenskomplexe" untersuchen zu wollen. Als ein Kriterien für seine Textauswahl gibt er an, dass die Texte „zu enzyklopädisch ausgerichteten *imago mundi*-Texten" gehören würden; Robert Luff, Wissensvermittlung 1999, 11, 15 u. ö.
[118] Christel Meier, Grundzüge 1981, 469f.

reflektierten Anachronismus[119] zu gebrauchen. Die beiden Begriffe des Enzyklopädischen und der *imago mundi*-Werke stehen somit in einem Verhältnis wechselseitiger Konturierung: *imago mundi*-Werke sind zu bestimmen über ihren Charakter als Wissenskompilationen mit Vollständigkeitsanspruch, als enzyklopädische Texte also. Verwendet man hingegen den Begriff des Enzyklopädischen, wird man ihn für das Mittelalter insbesondere auf den Anspruch hin zu präzisieren haben, Widerspiegelung der Schöpfung zu sein, eine *imago mundi* zu bieten.

Bei enzyklopädischen Dichtungen handelt es sich nicht um Enzyklopädien. Auch wenn sie einen enzyklopädischen Anspruch artikulieren und für sich selbst Funktionen der Wissenspräsentation beanspruchen, so handelt es sich bei dem präsentierten Wissen um literarisch hybridisierte Wissensbestände, die anderen Diskursen entnommen werden.[120] In den Funktionen von Wissensordnung und Wissensvermittlung gehen Texte, wie sie auch Gegenstand dieser Studie sein werden, nicht auf. Im Folgenden sollen die konstitutiven Verfahren näher spezifiziert werden, die jene Texte generieren, auf die in dieser Studie als enzyklopädische Dichtung rekurriert wird.

Konstituenten enzyklopädischer Dichtung: Transgression, Assimilation, Integration

Der Unterschied enzyklopädischer Dichtungen zu anderen Wissenskompilationen mit enzyklopädischem Anspruch besteht darin, dass auf eine bestimmte Art und Weise eine literarische Form zur Präsentation von Wissen eingesetzt und genutzt wird. Nun enthalten zwar literarische Texte immer schon Wissen von der Welt, ob es sich um kategoriales Wissen über die Ordnungen des Raumes, der Zeit oder der Kausalität handelt, um handlungspraktisches oder semantisches Wissen. Literarische Gattungen sind sowohl in ihrer Struktur als auch in ihrer Historizität nicht nur durch das Gesamt ihrer konstitutiven Verfahren und der jeweiligen pragmatischen Rahmenbedingungen, sondern auch durch konkrete Wissensbestände bestimmt, die in ihnen behandelt werden. Deshalb ist festzuhalten: „Literatur ist in dem Maße Literatur, in dem sie Enzyklopädie ist, und sie ist enzyklopädische Literatur [...] sobald sie diese Enzyklopädik zu thematisieren und auszustellen beginnt."[121]

Man wird Literatur nur dann als enzyklopädisch bezeichnen, wenn darüber hinaus zwei zusätzliche Bedingungen gegeben sind: Es muss zum einen gegenüber der literari-

---

[119] Unter diesen Vorbehalt hat Peter von Moos die Verwendung von Kategorien wie „privat" und „öffentlich" auf mittelalterliche Sachverhalte gestellt, vgl. Peter von Moos, Das Öffentliche und das Private 1998.
[120] Diesen Aspekt sucht Joachim Küpper als Charakteristikum von Literatur schlechthin zu bestimmen. Auf enzyklopädische Dichtung trifft dies jedenfalls zu; vgl. Joachim Küpper, Was ist Literatur? 2000, 193–196.
[121] Waltraud Wiethölter, Frauke Berndt, Stephan Kammer, Zum Doppelleben der Enzyklopädik 2007, 5.

schen Tradition ein besonders hohes quantitatives Maß zusätzlichen Wissens eine Rolle spielen, ein gegenüber den Gattungstraditionen zu vermerkender Überschuss also. Neben solcher quantitativen Aufschwellung ist zum anderen ein weiterer Aspekt wesentlich: Enzyklopädisch wird man lyrische, dramatische oder epische Formen nur dann nennen, wenn in irgendeiner Weise der Anspruch artikuliert wird, dass diesem Wissen eine Vollständigkeit eigen ist. Dabei kann es sich selbstverständlich nicht um eine absolute Größe handeln; auch die umfassendsten Realenzyklopädien können unmöglich das gesamte Wissen der Welt versammeln, allerdings kann von enzyklopädischer Dichtung dann gesprochen werden, wenn innerhalb eines bestimmten Rahmens der Anspruch auf umfassende und vollständige Präsentation von Wissens indiziert ist.

Enzyklopädische Dichtungen können nicht bestimmt werden im Sinne eines literarischen Gattungsbegriffs, sie sind vielmehr immer relational zu einer vorgängigen literarischen Form zu situieren und näherhin als Transgression dieser Form zu beschreiben.[122] Diese Transgression literarischer Formen kann zunächst als Anreicherung der vorausgegangenen Form mit Wissen beobachtet werden, womit notwendig eine Veränderung der literarischen Formen einhergeht und somit ihre Öffnung. Enzyklopädische Dichung, so ließe sich präzisieren, konstituiert sich über die Transgression überkommener und durch literarische Traditionsbildungsprozesse stabilisierter Formen. Die Modifizierung der vorgängigen literarischen Formen geht dabei nicht bis zu ihrem Unkenntlichwerden, anderenfalls hätte man es in der Tat mit einer Enzyklopädie und nicht mehr mit enzyklopädischer Dichtung zu tun. Nun ist dem Begriff der Transgression ein normativer Aspekt wesentlich: Für eine nur quantitativ zu bestimmende Erweiterung literarischer Formen um heterogene Materialien wäre der Begriff nicht angemessen. Das Moment einer Normüberschreitung aber ist in den enzyklopädischen Anreicherungen, um die es in dieser Studie gehen wird, durchaus gegeben. Die Texte kennzeichnet eine Interessiertheit am Wissen, die immer auch als problematisch dargestellt wird. Das damit einhergehende agonale Moment lässt sich für die vormodernen Texte nicht theoretisch voraussetzen, da die Institutionen des Wissens und die der Literatur hier nicht in einer Weise als gegeneinander ausdifferenziert gelten können, die solche Grenzüberschreitungen systematisierbar machen würden. Bei der Untersuchung von Einzelfällen zeigen sich dann aber am konkreten Material durchaus defensive oder aggressive Aspekte, die auf einen problembehafteten Umgang mit Wissen zurückzuführen sind. Hugo von Trimberg kritisiert nicht nur die Geistlichkeit ihrer Pfründe wegen, sondern setzt sich auch spannungsreich mit dem Wissens- und Predigtmonopol des Klerus auseinander. Wittenwilers Bauerntreiben stellt eine massive Aggression gegen diätetisches Wissen dar und Fischarts Satiren auf das Wissen seiner Zeit zielen mitunter auf radikale Dekuv-

---

[122] In Gerhard Neumann, Rainer Warning (Hg.), Transgressionen 2003 wird die Transgression von Normen und Codes in der Literatur untersucht. Im Zusammenhang enzyklopädischer Dichtung vollziehen sich Transgressionen zunächst als Überschreitung der Grenzen einer Gattung. Modifiziert werden somit Gattungsregeln, die eine normierende Funktion für die Produktion von Texten haben.

rierung. An diesen Fällen kann hier erst angedeutet werden, dass es bei der enzyklopädischen Umschrift überlieferter Formen nicht nur um eine materiale Erweiterung literarischer Gattungen mit Wissenselementen geht, sondern dass dabei in der Tat eine normativ zu perspektivierende Transgression stattfindet. In den erwähnten Texten finden so „,Umfrisierungen' des durch den gesetzten Rahmen vorgegebenen Codes" statt.[123]

Der Entgrenzung der literarischen Form bei der Enzyklopädisierung entspricht eine gegenläufige Modifizierung des integrierten Wissens; dieses wird der jeweiligen literarischen Form anverwandelt. Auch deshalb ist enzyklopädische Dichtung keine Enzyklopädie. Die Anverwandlung vollzieht sich wie folgt: Die konstitutiven Verfahren der jeweiligen literarischen Formen werden für die Präsentation von Wissen genutzt. Dies kann auf unterschiedliche Weise geschehen; Wissen kann beispielsweise gereimt werden, es kann sich im Medium der Rede literarischer Figuren entfalten oder von einem Erzähler vergegenwärtigt und inszeniert werden, der über Wissensvermittlung hinaus noch andere Funktionen erfüllt. Die Modifizierung des Wissens sichert die fortbestehende Erkennbarkeit der literarischen Form. Sie bleibt für das Wissen selbst nicht folgenlos, denn es wird durch die Anverwandlung seinem ursprünglichen Kontextes entrissen und nach literarischen Maßgaben umorganisiert. Man könnte auch sagen, es erscheint in einem neuen Rahmen. Die Assimilation des Wissens an literarische Verfahren ist dabei nur ein erster Schritt innerhalb einer Reihe von Vorgängen, die das Wissen in literarische Darstellungsweisen transformieren. Durch die Assimilation ist zunächst eine äußerliche formale Angleichung des Wissens gewährleistet, welche dieses Wissen noch in seiner Eigenart kenntlich belässt, das so neben den Elementen literarischer Tradition gewissermaßen verharrt. Bis hierher bleiben Literatur und Wissen heterogen, die vorgängige literarische Form erscheint segmentiert durch die eingefügten Wissenssegmente, jene nicht als integraler Bestandteil eines literarischen Zusammenhangs. Dieser Zustand enzyklopädischer Dichtungen ist nicht im Sinne einer zeitlichen Vorläufigkeit zu verstehen; er entzieht sich auch empirischer Beobachtung. Dieser Zustand ist vielmehr heuristisch anzusetzen, um ein weiteres Merkmal enzyklopädischer Literatur zu konturieren: Durch Transgression und Assimilation wäre der Text nur durch eine gewisse Abständigkeit zu literarischen Traditionen einerseits, zu den hineingenommenen, assimilierten und somit aus ihren Kontexten isolierten Wissenssegmenten andererseits gekennzeichnet und deshalb durch die Heterogenität seiner Elemente bestimmt. Die Heterogenität von Wissen und Literatur stellt sich nicht nur aus der Perspektive des modernen Beobachters ein, sie wird oft in den Texten selbst zum Gegenstand der Auseinandersetzung.

Die Heterogenität der Bausteine wird durch Verfahren der Integration abgebaut, durch die der jeweilige Text homogenisiert wird. Man darf sich diesen Vorgang nun nicht im Sinne einer vollständigen und widerspruchsfreien Integration aller Elemente des Wer-

---

[123] Gerhard Neumann, Rainer Warning, Transgressionen. Literatur als Ethnographie 2003, 10.

kes vorstellen. Brüche, ja Widersprüche bleiben, das Montierte der Gesamtanlage bleibt kenntlich. Dennoch sind Verfahren beobachtbar, die darauf zielen, die literarischen Elemente und die Wissenssegmente zu einem Werk zusammenzufügen.[124] Ein Gegenbeispiel zeigt, worauf es ankommt: Auch wenn es einige mittelalterliche Sammelhandschriften gibt, in denen Tischzuchten, Rezeptliteratur und religiöse Texte versammelt werden, wird man doch nicht dazu neigen, Wittenwilers *Ring* mit einer solchen Sammelhandschrift zu verwechseln. Die Wissenssegmente wirken vielmehr in enzyklopädischen Dichtungen als integraler Bestandteil eines literarischen Werkes. Es bleibt dabei freilich immer ein Rest. Man kann dies mit Blick auf die spezifische Intertextualität enzyklopädischer Dichtungen wie folgt fassen: Enzyklopädische Dichtung markiert ihre intertextuelle Konstitution. Negierte Intertextualität im Sinne einer Einflussangst, wie sie Harold Bloom dargestellt hat,[125] spielt in diesen Texten kaum eine Rolle. Es kennzeichnet Texte, die Intertextualität negieren, geradezu, dass sie Verfahren vollständiger Integration anstreben, um zu invisibilisieren, dass sie „Texte aus Texten"[126] sind. Enzyklopädische Dichtungen dagegen exponieren sich als Texte aus Texten, stellen ihre Heterogenese offensiv aus. Dieses wesentliche Element enzyklopädischer Dichtungen ist nicht nur als Restmenge unvollständiger Integrationsverfahren zu betrachten, sondern vielmehr als Resultat von Desintegrationsstrategien, welche die Integrationsverfahren unterlaufen.

Auf einer ahistorischen, literaturtheoretischen Ebene können Verfahren der Integration und Desintegration nur sehr abstrakt umrissen werden. Ich versuche eine Typologie dieser Verfahren, die hier noch nicht historisch ausdifferenziert werden kann, aber als literaturtheoretischer Ausgangspunkt für historisierende Konkretisierungen in dieser Studie zur Anwendung kommen soll.

Ein erstes Integrationsverfahren lässt sich als Syntagmatisierung des Heterogenen fassen. Die temporale und kausale Verknüpfung eines Geschehens zwischen seinem Anfang und seinem Ende in einer Erzählung verstehe ich als das Syntagma dieser Erzählung.[127] Syntagmatisierung bezeichnet ein Verfahren, welches innerhalb enzyklopädischer Dichtungen die Heterogenität von Wissenssegmenten und Elementen literarischer Tradition homogenisiert, indem das Wissen für die temporale und kausale Verknüpfung genutzt wird. So lassen sich Wissenssegmente handlungslogisch perspektivieren, indem sie in Erzählungen, Romanen oder Dramen für die Gestaltung von Motivationen literarischer Figuren eingesetzt werden.[128] Andererseits kann beispielsweise

---

[124] Zum hier veranschlagten Werk-Begriff vgl. Karlheinz Stierle, Werk und Intertextualität 1983.
[125] Vgl. Harold Bloom, Anxiety of Influence 1975.
[126] Jan-Dirk Müller, Texte aus Texten 1994.
[127] Rainer Warning, Erzählen im Paradigma 2001.
[128] Ein Beispiel: Ein Pressetext in einem Roman stellt zunächst ein heterogenes Moment dar, das aber handlungsauslösend funktionalisiert und somit synthetisiert werden kann. In Robert Musils *Mann ohne Eigenschaften* löst eine Zeitungsüberschrift, in der von einem genialen Rennpferd die Rede ist, bei Ulrich den Wunsch aus, ein Mann ohne Eigenschaften zu werden; vgl. Robert Musil, Der Mann ohne Eigenschaften 1992, 44–47.

historisches Wissen dazu genutzt werden, die erzählte Zeit zu gestalten und somit die dargestellten Ereignisse zeitlich zu rahmen und temporal zu verknüpfen. Die eingespeisten Wissenssegmente werden so verzeitlicht oder handlungslogisch funktionalisiert, womit sie dem erzählten Geschehen gegenüber nicht mehr als kontingente Zusätze beigestellt, sondern als notwendige Bestandteile integriert sind. Unter dem Gesichtspunkt der Kohärenz einer Handlungsfolge spielt die Heterogenität der diesbezüglich funktionalisierten Elemente keine Rolle mehr; das Syntagma bildet eine Einheit des Heterogenen.

Ein weiteres Verfahren der Integration stellt die Paradigmatisierung des Wissens dar. Nicht alle Momente, die in literarischen Werken vorkommen, sind auf die Durchführung des Syntagmas und seine kausale und temporale Verknüpfung hin funktionalisiert. Es wird mehr geschildert und dargestellt als das, was geschehen ist. Rainer Warning hat darauf hingewiesen, dass solche überschüssigen Momente (z. B. Beschreibungen) in narrativen Texten über Wiederholungen Signale setzen können, die ein dichtes Netz von ana- und kataphorischen Verweisungen über die syntagmatische Verknüpfung hinaus bilden. Diese Verweise leisten einer eigenen Form von Sinnbildung Vorschub, die nicht syntagmatisch ist. Den Verweisen kommt, so Warning, eine reflexive Dimension zu. Im Paradigma von Erzählungen werden epochale Semantiken und kulturelle Aporien einer Reflexionsbewegung unterzogen, die nicht im Sinne einer diskursiven Abhandlung, vielmehr aber im Sinne einer Behandlung von Themen in kompakten Bildern (und somit als genuine Leistung literarischer Texte) zu verstehen ist.

Neben der Syntagmatisierung und Paradigmatisierung des Wissens kommen weitere Integrationsverfahren in Frage, die hier nur sehr abstrakt umrissen werden können. So kann Wissen auch durch andere Sinnbildungsprozesse in literarischen Texten zusammenhängen, beispielsweise durch allegorische Sinnbildung, satirische Inversion oder durch Reflexionsprozesse in literarischen Werken, die bestimmten Themen gelten, für deren Entfaltung das eingemeindete Wissen in Dienst genommen wird. Es ist recht schwierig, allgemeine literaturtheoretische Bestimmungen für die integrierenden Themen, Semantiken und Strukturen anzugeben; hier weisen die in Frage kommenden Texte eine breite Vielfalt auf. Ein modernes Beispiel möge deshalb verdeutlichen, was gemeint ist: In Flauberts *Bouvard et Pecuchet* wird Wissen angehäuft und integriert durch die Inszenierung des Scheiterns seines theoretischen Erwerbs und seiner praktischen Umsetzung durch zwei Idioten. Diese Serie des Scheiterns, ihre satirische, aber auch die damit verbundene wissenschaftskritische Dimension, ist Thema des Romans, und die Organisation des Wissens in dieser Serie macht dessen Heterogenität zum Charakteristikum der wirren Aneignungen der beiden Hauptfiguren. Solcherart wird sie ein Stück weit abgebaut, zugleich jedoch immer weiter exponiert.[129] Wenn ich in meiner Studie also von Integrationsverfahren spreche, meine ich damit mehr als die bloße Assimilation des Wissens an literarische Formen und weniger als eine bruchlose hermeneutische Synthese der heterogenen Elemente.

---

[129] Vgl. Rainer Warning, Enzyklopädie und Idiotie 2007.

Poetologische Selbstreflexion

Betrachtet man enzyklopädische Dichtungen verschiedener Epochen, auf welche die soweit entfalteten Merkmale zutreffen, so fällt auf, dass sie eine gesteigerte Selbstreflexivität aufweisen dahingehend, dass über das Bedienen der Gattungskonventionen und ihre mitunter auch innovative Perspektivierung hinaus die Prozesse der Produktion, Rezeption und Distribution von Literatur in gesteigertem Maße ausgestellt und besprochen werden.

Texte, wie etwa die Riesen-Pentalogie des Rabelais, der *Don Quichote* des Cervantes, Laurence Sternes *Tristram Shandy* oder die Romane Jean Pauls fallen nicht nur durch extensive Präsentationen von Wissen und literarischen Traditionen auf, sondern auch durch das virtuose und selbstironische Spiel mit der Erzählerrolle und dem Verfassernamen, der Thematisierung von Lektüre in vielen Facetten ihres Misslingens, den Rekurs auf einen inszenierten Schreibakt des vorliegenden Textes und anderes mehr. Sie sind also nicht nur – in einer Formulierung Eichendorffs – „tollgewordene Realenzyklopädien",[130] sondern sie exponieren dabei auch permanent ihr ‚Gemachtsein', sie sind geprägt von einer gewissen Abständigkeit von sich selbst, die sich in ironischen Spielen mit den Lesern entfaltet, etwa in Jean Pauls detaillierter Schilderung aller näheren Umstände einer beglückenden Lektüre vor dem Kaminfeuer, die den Leser mit der Wendung verabschiedet: „So würd' ich das Werkchen lesen; aber leider hab' ich es selber vorher gemacht."[131] Die offensiven Steigerungen der Selbstreflexion, die mit dem Begriff der romantischen Ironie verbunden ist, sind ein historischer Sonderfall, Selbstreflexion jedoch findet sich auch den enzyklopädischen Dichtungen des Mittelalters und der frühen Neuzeit.

Vielleicht kann man über den empirischen Befund hinaus folgende systematische Ursache dieser Selbstreflexivität konstatieren: Durch die Transgression der literarischen Formen, die Assimilation von Wissen und die Arbeit an der Integration des Heterogenen setzen sich Produzenten enzyklopädischer Literatur einem komplexen Problemdruck aus, der einerseits die Anverwandlung des Wissens und seine Umorganisation betrifft (Assimilation und Integration), andererseits aber auch das Fortschreiben der literarischen Traditionen. Die Orientierung an Gattungsnormen wird problematisch. Auch wenn Gattungen nie einfache ‚Schreibformulare' sind, die nur noch ausgefüllt werden müssten, vielmehr bei jeder erneuten Anwendung auch Material literarischer Bearbeitungen werden, so sind sie dies doch bei enzyklopädischen Dichtungen in ganz besonderem Maße. Die Gattungen müssen der transgredierten Form anverwandelt werden. Dadurch werden sie – wie das zu integrierende Wissen auch – zum Archiv, aus dem die literarische Produktion ihr Material rekrutiert. Die literarischen Traditionen unterliegen somit einem Statuswandel. Sie werden dem Wissen analog und nun nicht nur fortgesetzt, sondern ihrerseits assimiliert. Damit erfolgt das Fortschreiben der litera-

---

[130] Joseph von Eichendorff, Geschichte der poetischen Literatur Deutschlands 1970 [1857], 111.
[131] Jean Paul, Leben Fibels, des Verfassers der Bienrodischen Fibel, 558.

rischen Traditionen unter der Bedingung einer forcierten Abständigkeit von ihnen. Die Kontinuität des literarischen Traditionsbezugs wird so zum Transferproblem; die damit gegebene Paradoxie wird durch gesteigerte Reflexivität bearbeitet. Dies lässt sich hinsichtlich der Reflexion von Produktion, Rezeption und Traditionalität von Literatur ausdifferenzieren.

Durch die Hybridisierung von Literatur und Wissen verlieren etablierte Instanzen der Wissenspräsentation und Vermittlung ihre selbstverständliche Geltung ebenso wie entsprechende Instanzen der Präsentation und der Vermittlung in der Dichtung (z. B. der Erzähler oder das lyrische Ich). Die Instanzen der Präsentation und Vermittlung in enzyklopädischen Dichtungen stehen so zur Disposition. Sie müssen im Text neu verankert werden und werden deshalb reflexiv profiliert, wobei sie auch als stilisierte Produzenten des Textes deutlicher hervortreten und ihre literarischen Verfahren exponieren können. In vorliegender Studie wird dem anhand der nachdrücklichen Selbstthematisierung Hugos von Trimberg im *Renner* nachgegangen. Durch die Biographisierung wird in diesem Fall auch die Instanz der Vermittlung einer enzyklopädischen Dichtung konturiert.

Auch die Rezeption des Textes wird in enzyklopädischer Dichtung in gesteigertem Maße reflektiert. Können die vorgängigen literarischen Formen, die Gattungen, bis zu einem gewissen Grade als Rezeptionsstereotype betrachtet werden, so ist nach der Transgression diese Stereotypie abgebaut, und die Bedingungen der Rezeption sind so erneut zu verhandeln. Dies betrifft auch die Segmente der Wissensliteratur, die im Kontext der Dichtung zusätzliche Funktionen übernehmen. Durch ihre Verwobenheit mit der Dichtung können sie nicht mehr nur als wissensvermittelnde Texte gelesen werden. Enzyklopädische Dichtungen geben deshalb immer wieder Auskunft darüber, wie sie gelesen werden wollen. Ein einschlägiges Beispiel dafür sind die Farbenlinien, die in Wittenwilers *Ring* den Text säumen. Wittenwiler stellte sie im Prolog als Mittel der Rezeptionslenkung vor, sie sollen anzeigen, wie die jeweiligen Passagen zu lesen seien. Mit der Transgression literarischer Form, der Assimilation und der Integration entsteht zudem ein Text, dessen Position im literarischen Diskurs der Zeit unfest ist. Deshalb profiliert sich enzyklopädische Literatur durch die Reflexion ihrer Position, was auch durch eine Diskussion literarischer Traditionen geschieht. Dies ist einer der Gründe dafür, dass Intertextualität im Sinne von Rekursen auf andere Dichtungen für enzyklopädische Literatur wesentlich ist.

Es wird vor dem Hintergrund der soweit ausgeführten Konstituenten enzyklopädischer Dichtungen nicht überraschen, dass in ihnen besonders auch ihre Heterogenität in hohem Maße reflektiert wird. Im Textkorpus dieser Studie lässt sich diesbezüglich eine apologetische Reflexion im *Renner* unterscheiden von besonders offensiven Exponierungen und Reflexionen der Heterogenese bei Wittenwiler und Fischart.[132]

---

[132] Ich übernehme hier Anregungen aus einem unveröffentlichten Vortrag zum Thema von Martin Schierbaum: „Heterogenese als Programm" (gehalten auf der Tagung „Episteme und Erzählen" im April 2006 auf Schloss Eckberg, Dresden).

Vorliegende Studie untersucht die selbstreflexiven Passagen in den hier zu behandelnden Texten auch daraufhin, ob sich in ihnen eine Poetologie enzyklopädischer Literatur abzeichnet. Walter Haugs Feststellung, dass mittelalterliche deutsche Texte keine explizite Poetologie enthalten, wie dies bei den lateinischen Literaturtraditionen mitunter der Fall ist, wohl aber eine implizite „Literaturtheorie", die sich aus Prologen, Erzählerreflexionen und Ähnlichem erschließen lasse,[133] ist unterdessen zur *communis opinio* des Faches avanciert.[134] Nur unter diesem Vorbehalt kann auch bei den hier zu untersuchenden Texten von einer Poetologie des Wissens die Rede sein, wobei in ihnen durchaus besonders ausgeprägte Selbstbeschreibungen zu vermerken sind. Zu untersuchen sind in diesem Zusammenhang Aussagen der Texte über Verfahren der Kompilation aus anderen Texten, Rechtfertigungen dieses Verfahrens, die Inszenierungen des Erzählers, welcher in einer Vermittlerrolle zwischen Wissen und Literatur vergegenwärtigt wird, Reflexionen über die Praxis der Inszenierung von Wissen und Ausführungen über den Status einer Literatur, die sich in solcher Art und Weise auf das Wissen einlässt.

Zum Vorgehen

Die soweit herausgearbeiteten Merkmale enzyklopädischer Dichtung (Transgression literarischer Form, Assimilation des Wissens an literarische Formen, Integration von Literatur und Wissen und Selbstreflexion) stellen die Verfahren dar, um deren Historisierung es in den folgenden Fallstudien gehen wird. Die Historisierung erfolgt dabei jeweils in zwei Richtungen: Zum einen muss aus einer literaturgeschichtlichen Perspektive der historische Sachstand literarischer Formbildung dicht beschrieben werden. Zu diesem Zweck sind Strukturen, pragmatische Rahmenbedingungen und Semantiken der jeweils enzyklopädisierten literarischen Gattungen zu fokussieren. Andererseits geht es aus einer wissensgeschichtlichen Perspektive um eine historische Statusbestimmung des jeweils integrierten Wissens, das nicht nur hinsichtlich seines Gehaltes, sondern auch seiner Organisationsformen und seiner institutionellen Rahmenbedingungen zu beschreiben ist. Nur vor diesem Hintergrund kann Transgression literarischer Form, Anverwandlung an literarische Muster und literarische Selbstreflexion historisch auflösungsscharf bestimmt werden.

Im Folgenden wendet sich diese Studie Hugos von Trimberg *Renner*, Wittenwilers *Ring* und Fischarts *Geschichtklitterung* in je einzelnen Kapiteln zu. In ihnen werden jeweils in einem ersten Kapitel die literarischen Formen untersucht, welche in diesen Texten transgrediert werden, sodann werden in einem zweiten Kapitel Verfahren der

---

[133] Vgl. Walter Haug, Literaturtheorie ²1992.
[134] Dies zeigt sich in den vielen Variationen und Spezifizierungen der Haugschen Thesen beispielsweise in den beiden folgenden Sammelbänden: Gerd Dicke, Manfred Eikelmann, Burkhard Hasebrink (Hg.), Im Wortfeld des Textes 2006; Manuel Braun, Christopher Young (Hg.), Das fremde Schöne 2007.

Assimilation des Wissens untersucht, wobei wissensgeschichtliche Quellen und Kontexte verstärkt in den Blick rücken. Ein dritter Abschnitt widmet sich vorrangig den Integrationsverfahren des Heterogenen und der gegenläufigen Exponierung von Heterogenität in den Texten. Zuletzt soll jeweils die Positionierung der Texte im Feld des Wissens und im Feld der Literatur umrissen werden, wobei die je spezifische Reflexivität der literarischen Entwürfe Gegenstand ist. Dieser Vierschritt (Transgression, Assimilation, Integration, Reflexion) soll keine Reihenfolge des literarischen Prozesses evozieren, vielmehr geht es darum, verschiedene Weisen zu differenzieren, auf denen Dichtung und Wissen in einen Austausch treten: Nicht jede Versifizierung von Wissen impliziert schon eine konzeptionelle Auseinandersetzung, und dort, wo Wissen literarisch transformiert und kommentiert wird, vollzieht sich dies vor dem Hintergrund basaler Aneignungen, die nicht in jedem Fall eine epistemische Pointe aufweisen. Zunächst wird also ein sehr abstraktes Raster mit den Texten konfrontiert, welches im Zuge der Analysen wissens-, literatur- und sozialgeschichtlich zu füllen und zu konkretisieren sein wird. Ein in diesem Zusammenhang nicht lösbares Problem der Studie besteht deshalb darin, dass durch dieses Vorgehen durchaus viele Elemente der in Frage stehenden Texte in den Blick geraten – aber eben nicht alle. Die Studie kann deshalb nicht wie eine monographische Abhandlung zu jeweiligem Autor und Werk eine vollständige Behandlung des Textes und vor allem eine Stellungnahme zu allen Forschungsproblemen anstreben und leisten. Ich habe mich bemüht, jeweils den Beitrag meines spezifischen Verfahrens für einzelne Forschungsprobleme zu markieren, wo es sich anbot und die Durchführung der Fragestellung nicht störte. Auf Anderes bin ich nicht eingegangen, da sonst eine Fülle von Exkursen und Umwegen notwendig geworden wäre, was dem Fokus der Studie auf die Frage nach dem Verhältnis von Literatur und Wissen abträglich gewesen wäre. So rücken etwa bei Wittenwiler die schwierigen Forschungsfragen nach dem Autor und seiner sozialgeschichtlichen Situierung nicht in den Blick, in anderen Kapiteln wird man ähnliche Defizite finden. Die Kapitel bleiben somit immer unterhalb einer an monographische Arbeiten zu stellenden Forderung, was ich in Kauf genommen habe, um die Vielschichtigkeit und Komplexität des Verhältnisses von Literatur und Wissen sowie des Diskurses darüber in Texten zwischen Mittelalter und früher Neuzeit zu zeigen.

Der Begriff der „enzyklopädischen Dichtung" bildet für vorliegende Studie einen Rahmen, der es erlaubt, verschiedene Aspekte und Facetten des Austauschs und der Grenzziehung zwischen Dichtung und Wissen in Mittelalter und früher Neuzeit zu fokussieren und dicht zu beschreiben, auch wenn dies innerhalb von Werken geschieht, die als „Texte vor der Literatur"[135] anzusprechen sind und im Kontext einer Wissenskultur, die sich von der modernen Wissensgesellschaft grundlegend unterscheidet. Als heuristische Anachronismen werden die Begriffe des Wissens und der Literatur verwendet, nicht um diese Dichotomie auf die mittelalterliche und frühneuzeitliche Litera-

---

[135] Vgl. Christian Kiening, Zwischen Körper und Schrift 2003, 7–31; Ursula Peters, ‚Texte vor der Literatur'? 2007.

Enzyklopädische Dichtung 53

tur zu projizieren, sondern vielmehr um zu beobachten, wie und unter welchen Bedingungen sich poetische Traditionen und Verfahren zu bestimmten Wissensformationen in Beziehung setzen. Geltungsbehauptungen der Dichtung interessieren dabei ebenso wie ihre Unterordnungen unter die Normen gelehrten Wissens. Denn dass Wissen und Literatur in der Vormoderne nicht in demselben Maße gegeneinander ausdifferenziert sind, wie in modernen Gesellschaften, impliziert keineswegs, dass eine Auseinandersetzung um die Geltung des Wissens und die der Dichtung unterbleibt.

1. Kapitel: Der *Renner* Hugos von Trimberg

I. Enzyklopädische Transgression der Predigt

Predigt ohne Lizenz

In Hugos von Trimberg *Renner* können auf verschiedenen Ebenen Merkmale ausgemacht werden, die auch der Predigt eigen sind.[1] In diesem Sinne hatte Gustav Ehrismann Hugos „Gedicht" bescheinigt, „formal [...] eine Art Enzyklopädie in predigtmäßiger Anlage" zu sein.[2] Einen „Prediger in Reimpaaren" sah in Hugo auch Wilhelm Scherer.[3] Und Dietrich Schmidtke, der in seiner Studie zur „künstlerischen Selbstauffassung" Hugos die Predigtelemente seiner Rede eindringlich untersuchte, stellte fest: „Es kann kein zweifel daran bestehen, dass Hugos vorstellung von seiner schriftstellerischen aufgabe sich weitgehend an der predigerrolle orientiert."[4] Stimmt der Befund einer Affinität von Hugos Text zur Predigt bei den genannten Autoren überein,[5] so akzentuieren die Formulierungen doch auch verschiedene Aspekte des Bezugs auf die Textform der Verkündigung. Betont Ehrismann die enzyklopädische Ausweitung einer „predigtmäßige[n] Anlage", so zeigt dies und die zurückhaltende Formulierung „eine

---

[1] Ich zitiere die von Schweikle herausgegebene und ergänzte Ausgabe Ehrismanns: Hugo von Trimberg, Der Renner, 4 Bde. 1970. Diese Ausgabe ist in der Forschung trotz ihrer Unzulänglichkeiten nach wie vor *opus citandi*; vgl. zu den Problemen der Ehrismannschen editorischen Entscheidungen Rudolf Kilian Weigand, Textgenetische Edition 1994. Wo ich auf Handschriften eingehe, verwende ich die neue Siglierung von Rudolf Kilian Weigand und gebe die Ehrismannschen Siglen in Klammern dahinter an; vgl. Rudolf Kilian Weigand, Der *Renner* des Hugo von Trimberg 2000, 41–141.

[2] Gustav Ehrismann, Hugo von Trimbergs *Renner* 1920, 216. Ehrismann bezeichnet, Begriffe Konrads von Hirsau nutzend, Hugo als „Sermonarius" und „Satyricus"; ebd., 221. „Starke Anklänge an den Charakter der mittelalterlichen Bußpredigten" bescheinigte dem *Renner* auch Hans-Gerd von Rundstedt, Die Wirtschaftsethik des Hugo von Trimberg 1936, 62.

[3] Wilhelm Scherer, Geschichte der deutschen Litteratur 1883, 229.

[4] Dietrich Schmidtke, Die künstlerische Selbstauffassung 1974, 331. Auch in der Quellenuntersuchung von Lutz Rosenplenter ist von der „angenommenen Rolle als Moralprediger" die Rede; Lutz Rosenplenter, Zitat und Autoritätenberufung 1982, 30.

[5] Dass Hugo die scholastische Predigt zum Vorbild genommen habe, behauptet Rudolf Kilian Weigand, Der *Renner* Hugos von Trimberg 2000, 231.

Art Enzyklopädie" auch an, dass es sich bei Hugos Text eben weder um eine Enzyklopädie noch um eine Predigt im landläufigen Sinne handelt.[6] Scherers Formulierung akzentuiert die für Predigten untypische gereimte Form, und Schmidtkes Hinweis auf die Predigerrolle bringt eine literarische und soziale Interaktionsform in die Diskussion ein, die des Predigers, in der Hugos Rede ebenfalls nicht vollständig aufgeht, an der sich seine schriftstellerische Aufgabe gleichwohl orientiere. Alle drei Formulierungen fokussieren Aspekte von Hugos enzyklopädischer Transgression der Predigt, deren Voraussetzungen, Konsequenzen und Durchführung sich die folgenden Ausführungen widmen werden. Dazu sind zunächst allgemein jene Merkmale anzugeben, welche die literarische Form der Predigt mit dem *Renner* gemeinsam hat und aufgrund derer die Predigt als Ausgangspunkt von Hugos enzyklopädischer Transgression anzusetzen ist.

Als Textsorte lässt sich die Predigt nicht ohne weiteres bestimmen,[7] bei ihr handelt es sich gattungstheoretisch betrachtet um ein *compositum mixtum*. Dies ist auch bei Hugo der Fall und es spricht bereits für die Richtigkeit der eingangs zitierten Beobachtungen, dass die verschiedenen in Predigten vorfindlichen literarischen Formen sich auch im Text Hugos finden: Allegorien, Sentenzen, Predigtmärlein, Anekdoten, Fabeln, Satiren und naturkundliche Exempel. Alle diese Textsorten sind im 13. und 14. Jahrhundert im Rahmen von Predigten gebräuchlich. Predigten und der *Renner* schöpfen aus demselben Fundus kleiner Formen, die dem Ziel der Verkündigung christlicher Heilsbotschaft und der Mahnung der Sünder zur Buße in gleicher Weise nutzbar gemacht werden. Hugo selbst hat in seinem *Solsequium* Predigtexempel nach Quellen geordnet, einige der dort versammelten Exempel verwendet er auch im *Renner*.[8]

Damit ist bereits ein weiteres Merkmal angedeutet, welches sowohl der Predigt als auch dem *Renner* eigen ist. Die Predigt bildet den Rahmen für eine appellative Verkündigung christlicher Heilsbotschaft, sie bedient sich zu diesem Zweck der angeführten Textsorten, die zusammengestellt werden unter dem Gesichtspunkt ihrer Exemplarizität für das göttliche Heilswirken und die Situation des sündigen Menschen in der Welt.[9] Typologische, allegorische und narrative Verfahren werden eingesetzt, um das Errei-

---

[6] Einzuschränken ist die Bemerkung Grubmüllers, der in seiner Untersuchung zum Gebrauch der Fabeln im Kontext des *Renners* den enzyklopädischen Charakter des Werkes bestreitet und den Aspekt der Bußpredigt dagegen betont; vgl. Klaus Grubmüller, Meister Esopus 1977, 256. Als „Enzyklopädie zeitgenössischen Wissens" bestimmt Thomas Cramer den *Renner* in seiner Literaturgeschichte; Thomas Cramer, Geschichte der deutschen Literatur im späten Mittelalter 1990, 113.

[7] Burkhard Hasebrink, Hans-Jochen Schiewer, Art. ‚Predigt' 2003, 151–156; Berverly Mayne Kienzle (Hg.), The Sermon 2000, 144–159.

[8] Vgl. zum Verhältnis von *Solsequium* und *Renner* besonders Rudolf Kilian Weigand, Der *Renner* des Hugo von Trimberg 2000, 8, 232–242.

[9] Vgl. Volker Mertens, Hans-Jochen Schiewer (Hg.), Die deutsche Predigt im Mittelalter 1992; Burkhard Hasebrink, Hans-Jochen Schiewer, Art. ‚Predigt' 2003, 151f.; vgl. zu den Textsorten z. B. Elisabeth Schinagl-Peitz, Naturkundliches Wissen in lateinischen und deutschen Predigten 1992; Klaus Grubmüller, Art. ‚Predigtmärlein' 2003, 156f.

chen dieses Ziels in Predigten zu sichern. Dies ist auch bei Hugo von Trimberg der Fall. Der für die Predigt vorauszusetzende interaktive Rahmen wird bei ihm für den eigenen Text entworfen. Wie der Prediger agiert auch die Vermittlungsinstanz des *Renners* innerhalb einer asymmetrischen Kommunikationssituation, die den Predigenden mit einer rezipierenden Gemeinde konfrontiert. Als Ich tritt diese Instanz hervor, sie vermittelt allgemeingültiges Heilswissen, das in Bibelstellen, Sentenzen, Zitaten der Kirchenväter, Allegorien, Exempeln und Fabeln aufgehoben ist. Die Vermittlung erfolgt als Präsentation dieses Wissens einerseits, als wertende Applikation auf den Alltag andererseits. Diese Aspekte sind für den Text Hugos konstitutiv. Das der asymmetrischen Kommunikation entsprechende Autoritätsgefälle wird – wie grundsätzlich auch in Predigten – immer wieder im Zeichen der gemeinsamen Gottesgeschöpflichkeit und Taufe von Prediger und Gemeinde sowie der individuellen Heilssorge aufgrund der allen Beteiligten gemeinsamen Sündhaftigkeit unterlaufen:

Vil manic dinc hân ich verkêrt
Andern liuten, daz sich gemêrt
Hât an mir von tage ze tage,
Und kan doch noch niht wol vertrage
Ich strâfe die liute üm daz etswenne,
Des ich gar genuoc an mir bekenne.
Strâfen wont uns allen bî,
Wer ist der gar ân wandel sî? (*Renner*, V. 15 439–15 446)[10]

Das unterweisende und wissensvermittelnde Ich, das für die rechte Lehre einsteht, wechselt zum Wir, das die gesamte Christenheit einschließt (*Unsers herren güete müeze uns bekêre! Renner*, V. 430),[11] und wieder zurück zum Ich, das ebenso der Sünde verfallen ist wie die Angesprochenen:

Swenne ich ansihe der werlde bilde,
Sô vinde ich manic leben wilde,
Daz zam in gote sölte sîn:
Und daz êrste ist leider mîn. (*Renner*, V. 6021–6024)[12]

Solche Identifizierung des Predigenden mit der Gemeinde ist, wie bereits Erich Auerbach zeigte, charakteristisch für eine spezifische Sprechweise der Predigt, die durch den

---

[10] Vgl. auch *Renner*, V. 2270–2280: *Ez endarf nieman von mir klagen | Daz ich ze vâre ieman iht schrîbe, | Denne daz ich die zît vertrîbe | Mir selber und ouch andern liuten. | Sölte diz büechelîn nieman triuten | Denne der gar ân wandel wêr, | Daz wêre mir selber entriuwen swêr. | Ich rüere hie manige missetât, | An der mîn sêle vil teiles hât: | Ich enweiz von nieman alsô vil | Als von mir selber, doch ich ez hil.* Vgl. auch *Renner*, V. 23 705–23 708: *Alsô tuot unser herre noch | Uns allen und sîn wir im doch | Widerspênic und sînem gebote, | Bis daz uns kumt des tôdes bote.* Dass Hugo sich selbst bei der Schilderung der sündigen Menschheit mit einbeziehe, Klagender und Angeklagter zugleich sei, betonte Franz Götting, Der *Renner* Hugos von Trimberg 1932, 4.

[11] Vgl. etwa auch folgende Stellen: *Renner*, V. 760ff., 851f., 991ff., 1005ff., 1027ff.

[12] Vgl. auch *Renner*, V. 2990–2992: *Des lîbes siht man manigen pflegen | Baz denne der sêle, daz riuwet mich: | Der selben einer bin ouch ich.*

sermo humilis bestimmt ist, Anklage und Selbstbezichtigung, lehrende Überlegenheit und Brüderlichkeit werden so verbunden.[13] An solcher predigttypischen Arbeit am Autoritätsgefälle und am spezifischen kommunikationspragmatischen Rahmen, den Hugo inszeniert, wird die Orientierung des *Renners* an der literarischen Form der Predigt ebenso kenntlich wie an den verwendeten Textsorten und den Verfahren, die diese dem Zweck der Heilsvermittlung nutzbar machen.

Für den Entwurf eines predigttypischen kommunikationspragmatischen Rahmens greift Hugo auf Verfahren einer Inszenierung von Mündlichkeit und Performanz zurück, wie sie bei Lesepredigten desgleichen beobachtet werden können.[14] Zum typischen Stil gehören neben einer ausdifferenzierten Bildsprache (Metapher, Vergleich, Allegorie) und erhellenden, exegetisierenden und emotionalen Sprechweisen auch rhetorische Stilmittel, die eine fiktive Mündlichkeit inszenieren.[15] Solche finden sich auch in Hugos Text allenthalben. Zu nennen wären Apostrophen (z. B.: *Nu merket, junge liute,* | *Waz der boum bediute* [...], *Renner*, V. 101f.; *Die von dem boume sint gevallen:* | *Seht, die gelîchent sich uns allen, Renner*, V. 203f.; *Sô lât iu sagen, Renner*, V. 302; *ir sült wizzen, Renner*, V. 389 u. ö.),[16] Interjektionen (z. B.: *Ô verfluochtiu glîchsenheit, Renner*, V. 831; *Wê in, ob si ân riuwe sterbent!*, *Renner*, V. 990),[17] rhetorische Fragen (z. B.: *Waz êren hât diz jâmertal* | *Denne ein blickelîn kurz und smal?*, *Renner*, V. 869f.).[18] Diese Stilmittel sind in Hugos Text dicht gestreut und tragen gemeinsam mit der Vertiefung und Konturierung der Vermittlerinstanz (Prediger-Ich) zum Eindruck lebendiger und gegenwärtiger Rede bei. Es ist mittlerweile Konsens der Predigtforschung, dass solche Signale nicht zwingend eine vorschriftliche Mündlichkeit voraussetzen, vielmehr die Funktion haben, textintern Signale zu bieten, die den Texttyp Predigt unterscheiden von anderen Formen geistlicher Prosa durch die „sprachliche Konservierung des Verkündigungscharakters".[19] Im Fall Hugos – dies sei hier angedeutet, es wird darauf noch ausführlicher zurückzukommen sein – geht es bei der Bemühung solcher Mittel um die Evokation einer Performanz, deren ‚predigthafte' Ausprägung darüber hinaus noch eine andere Distinktionsfunktion hat: Hugo schreibt in

---

[13] Erich Auerbach, Literatursprache und Publikum 1958, 227. Dass dieser Aspekt für Hugos *Renner* charakteristisch sei, zeigt Dietrich Schmidtke, Die künstlerische Selbstauffassung 1974, 329.

[14] Burkhard Hasebrink, Hans-Jochen Schiewer, Art. ‚Predigt' 2003, 152; vgl. zu Bertholds fingierter Mündlichkeit: Irmgard Weithase, Zur Geschichte der gesprochenen deutschen Sprache 1961, 14–24; Hans Eggers, Deutsche Sprachgeschichte 1965, 162, 175; Kurt Ruh, Deutsche Predigtbücher des Mittelalters 1981, 11–30. Ruh spricht hier (13f.) von den fundamentalen Unterschieden zwischen Kanzelpredigt und Lesepredigt. Auch Hans-Jochen Schiewer, Spuren von Mündlichkeit 1992; Volker Mertens, Der implizierte Sünder 1983, 83ff.

[15] Vgl. Kurt Ruh, Deutsche Predigtbücher 1981, 14; Volker Mertens, Der implizierte Sünder 1983; Hans-Jochen Schiewer, Spuren der Mündlichkeit 1992; Berverly Mayne Kienzle (Hg.), The Sermon 2000, 965–978; Burkhard Hasebrink, Hans-Jochen Schiewer, Art. ‚Predigt' 2003, 152.

[16] Vgl. weitere Apostrophen: V. 681f., 797f., 1075 u. ö.

[17] Vgl. weitere Interjektionen: V. 771, 19 243 u. ö.

[18] Vgl. weitere rhetorische Fragen: V. 62, 279f., 415ff., 532, 759f., 789ff., 1019, 1031f. u. ö.

[19] Hans-Jochen Schiewer, Spuren von Mündlichkeit 1992, 64–79.

Reimpaarversen, seine Inszenierung des Verkündigungscharakters markiert deshalb auch die Unterscheidung zu anderen volkssprachigen paargereimten Texten. Ein Resultat der Inszenierung von Mündlichkeit in Hugos Text ist dabei auch die literarische Konturierung einer Instanz der Wissenspräsentation und -vermittlung: Hugo nennt seinen Namen, situiert seine Rede im Umfeld konkret benannter historischer Ereignisse, geht auf seine Krankheiten, insbesondere sein Augenleiden und Ohrensausen ein. Die Verkündigung bekommt so eine verkündende *persona* zugeordnet, man könnte vielleicht sogar sagen, dass den vielen Texten, die in Hugos Text aufgenommen wurden, eine einheitliche Stimme gegeben wird. Diese Vermittlungsinstanz hat unbestreitbare Ähnlichkeiten zum Prediger-Ich, nimmt aber auch Elemente aus volkssprachlicher Erzählliteratur in sich auf, auf die an späterer Stelle noch zurückzukommen sein wird.

Schließlich weist auch die Gliederung des Textes nach *distinctiones*, die von Hugo vorgenommen wurde, auf paratextuelle Besonderheiten der Predigt. Denn eine solche Gliederung ist kennzeichnend für die Homilienliteratur. Neben der Textsortenspezifik, dem inszenierten kommunikationspragmatischen Rahmen und der inszenierten Mündlichkeit weist so auch die paratextuelle Gliederung Hugos auf die Predigt als die transgredierte Form.

Ungeachtet dieser Merkmale, die Hugos Rede und Hugos Text mit dem Predigttyp gemeinsam haben, ist doch festzuhalten, dass es sich beim *Renner* um mehr und um anderes als eine Predigt handelt: Wir haben es zu tun mit dem Resultat einer enzyklopädischen Transgression der Predigtform, die gegenüber konventionellen Predigten deutliche Überschüsse und Unterschiede aufweist. Als markante Differenz fällt dabei bereits der Umfang von mehr als 24 000 Versen ins Gewicht, der das predigttypische Maß bei weitem überschreitet.

Eine folgenreiche Differenz zur Predigt schließlich ist auch in institutionellen Aspekten von Hugos Beanspruchung und Nutzung der Predigerrolle zu sehen. Der *Renner* ist ein „Laientext im weitesten Sinne":[20] Hugo predigt als Laie zu Laien, und reflektiert diesen Tatbestand auch immer wieder, wenn etwa davon die Rede ist, dass Klosterleute und andere Pfaffen gute Vorbilder für *uns leien* (*Renner,* V. 184) abgeben sollen.[21] Hugo ist zwar Gelehrter – er ist weltlicher Vertreter des geistlichen Domscholastikus am St. Gangolfstift in Bamberg –,[22] aber kein zum Amt der Heiligen Predigt berufener *clericus*. Der Laienbegriff ist im 14. Jahrhundert nicht mehr bildungsgeschichtlich, sondern vielmehr frömmigkeitsgeschichtlich und kirchenrechtlich bestimmt. Hugo von Trimberg ist ebenso Laie, wie „jeder Christ, der nicht zum klerikalen Stand gehört. Zum Klerus gehören heißt, zum Dienst der Sakramentenspendung und Predigt (Wortverkün-

---

[20] Vgl. Rudolf Kilian Weigand, Der *Renner* des Hugo von Trimberg 2000, 359.
[21] Vgl. auch Rudolf Kilian Weigand, Der *Renner* Hugos von Trimberg 2000, 154f.
[22] Das literatursoziologische Wissen zu Hugos Lehrertätigkeit wird zusammengefasst und ergänzt bei Inés de la Cuadra, Der *Renner* Hugos von Trimberg 1999, 192–312.

dung) geweiht zu sein und Anteil an der Jurisdiktion der Kirche zu haben."[23] Allenfalls die Autorität des Lehrers, die Hugo immer wieder durch Rekurse auf seinen langen Schuldienst in Erinnerung ruft und die somit keine erborgte ist (wie dies etwa in den Stilisierungen der fahrenden Sangspruchdichter als *lêrer aller guoten Dinge* der Fall ist),[24] kann Hugo hier ersatzweise legitimierend ins Feld führen. In dieser laientheologischen Akzentuierung der Predigt[25] liegt ihrerseits eine Transgression der Textsorte begründet, die neue Möglichkeiten eröffnet und eigener Legitimationsstrategien bedarf. Denn der Streit um die Laienpredigt ist um die Abfassungszeit des *Renners* virulent.[26] Auf dem Vierten Laterankonzil von 1215 war beschlossen worden, zur Entlastung der bis dahin mit dem Predigtmonopol beauftragten Bischöfe und zur Ketzerbekämpfung, andere, dazu geeignete Männer das Amt der Heiligen Predigt ausüben zu lassen.[27] Dies führte unverzüglich zu einer enormen Konjunktur der Predigt wie auch zu ihrer Veränderung. Hier werden insbesondere die Mendikantenorden aktiv, zuvörderst die Dominikaner, die sich dezidiert als *ordo fratrum praedicatorum* verstehen. Mit der Ausweitung der Predigtlizenz wurden auch jene Kontrollmechanismen forciert, die der Verkündigung der Heilsbotschaft galten; der rege Zulauf der Laien zu den Häretikern hatte gezeigt, welche soziale Sprengkraft die volkssprachige Predigt haben konnte.[28] In der dritten Konstitution des Vierten Lateranums wurden jene verurteilt, die ohne kirchliche Erlaubnis predigten,[29] was unter anderem mit dem Problem der Irrtümer bei Aussagen über Glaubensinhalte begründet wurde. In der Bulle *Super Cathedram* von 1300, deren Erscheinen in die Abfassungszeit des *Renners* fällt, hatte Bonifatius VIII. die Predigt auf öffentlichen Plätzen erneut reglementiert. Die Spannungen zwischen den Möglichkeiten des *sermo vulgaris* und den Aufwänden seiner Reglementierung sind auch für die volkssprachigen Literaturen nicht ohne Konsequenzen geblieben,[30] und es wird im weiteren Verlauf dieser Untersuchung noch darauf einzugehen sein, wie Hugo vor diesem Hintergrund den Geltungsbereich seiner Rede absteckt. Hugos Selbstbeschreibung grenzt sich von *geistlich leben* und *wât* (*Renner*, V. 11 748) ab: *Ich bin ein goukel prediger, | Des herze tiefer lêre ist lêr* (*Renner*, V. 11 751f.). Damit wird die Predigt zugleich beansprucht und distanziert. Indiziert wird so eine Spannung zur literarischen

---

[23] Georg Steer, Der Laie als Anreger und Adressat 1983, 362; vgl. ders., Zum Begriff Laie in der deutschen Dichtung 1984; zu den historischen Veränderungen des Laienbegriffs auch Herbert Grundmann, Litteratus – illitteratus 1978; Klaus Schreiner, Grenzen literarischer Kommunikation 1984.

[24] Vgl. dazu auch Dietrich Schmidtke, Die künstlerische Selbstauffassung 1974, 331f.; zur Sangspruchdichterrolle Helmut Tervooren, Sangspruchdichtung 1995.

[25] Vgl. zu Hugos Laienpredigt auch Rudolf Kilian Weigand, Der *Renner* des Hugo von Trimberg 2000, 298f., 305.

[26] Rolf Zerfass, Der Streit um die Laienpredigt 1974.

[27] Vgl. das Dekret *De praedicatoribus instituendis*; Raymonde Foreville, Lateran I–IV 1970, 411.

[28] Michael Menzel, Predigt und Predigtorganisation 1991, 337–384.

[29] Raymonde Foreville, Lateran I–IV 1970, 289f.

[30] Hannes Kästner, *Sermo vulgaris* oder *Höfischer sanc* 1996.

Form der Predigt, deren Transgression legitimatorische, institutionelle und nicht zuletzt literarische Fragen aufwirft. Diese Behauptung erfolgt in einer Zeit, die Kurt Ruh als den Höhepunkt der deutschen Predigt bezeichnet hat.[31] Dass im Kompositum *goukel prediger* das Amt der Heiligen Predigt mit dem niederen Sozialprestige fahrender Gaukler, Possenreißer oder Zauberer verbunden wird, zeigt einerseits, wie prekär Hugos Rede ist, andererseits aber wird hier mendikantische Selbstinszenierung zitiert: Auch Franzikus von Assisi, dessen Ordensleute zur Predigt berufen waren, nannte sich programmatisch *ioculator Domini*.

Für eine Predigt hat Hugo von Trimberg, anders als Bischöfe, Pfarrer und Mendikanten, keine Lizenz und so wie er mit dem Begriff *goukel prediger* den problematischen Status seiner Rede andeutet, so weist er immer wieder hin auf Wissensgrenzen und die eingeschränkte Redelizenz. Beispielsweise verweigert Hugo die Gliederung der Beichte und die Auslegung des Beichtspiegels mit folgender Begründung: *Daz zimt pfaffen und münchen wol, | Ein leie niht tiefe predigen sol* (*Renner*, V. 20 639f.). Damit ist an dieser Stelle ein Untersuchungsfeld zumindest angedeutet, dem im Zusammenhang mit der Auseinandersetzung darüber, wie sich der *Renner* im Feld der Literatur und des Wissens positioniert, noch eindringlichere Aufmerksamkeit zukommen wird. Zu zeigen ist, dass die Transgression der Predigt, wie sie bei Hugo vorgenommen wird, keinesfalls ein selbstverständlicher und unproblematischer Vorgang ist, sondern mit einem permanenten Aushandeln der eigenen Redeposition einhergeht.

Die Abfassung der Predigt in Reimpaarversen unterscheidet Hugos *Renner* von der in Predigten dominierenden Prosaform.[32] Hier bedient sich Hugo eines in den volkssprachigen epischen und lehrhaften Dichtungen etablierten literarischen Verfahrens. Paargereimte volkssprachige Literatur ist nicht in vergleichbarer Form mit Restriktionen und Tabus konfrontiert wie die Beanspruchung der Predigerrolle. Die Lizenzen der Rede unterscheiden sich im paargereimten Text von denen der Predigt. Hugo predigt nicht nur, er *tihtet* auch, indem er Reime setzt und seine Rede rhythmisiert. In diesem Rahmen nun ist mehr und anderes sagbar als in der Textsorte Predigt, für die Hugo letztlich die Lizenz fehlt. Die Transgression der Textsorte Predigt, die in der Wahl des Reimpaarverses auszumachen ist, hat auch mit solchen literatursoziologischen Zusammenhängen zu tun. Mit der Verwendung des Reimpaarverses rückt der *Renner* auch in eine formale Analogie zu anderen epischen und lehrhaften Texten.[33] Damit hängt zusammen, dass innerhalb von Hugos Predigt solche Literatur ausführlich thematisiert

---

[31] Kurt Ruh, Deutsche Predigtbücher 1981, 12.
[32] Ausnahmen bestätigen die Regel: Vgl. das sogenannte *Buch der Rügen*; dazu: Hannes Kästner, Eva Schütz, *daz alte sagen – daz niuwe niht verdagen* 1991, 23f. Zu gereimten Predigten auch Berverly Mayne Kienzle (Hg.), The Sermon 2000, 148 und Hans-Jochen Schiewer, German Sermons in the Middle Ages 2000, 864; Siegfried Wenzel, Preachers 1986; Franzjosef Pensel, Reimfassung einer Predigt 1995.
[33] Oft wird der *Renner* in eine Gattungsgeschichte didaktischer Literatur eingeordnet, was aber den Blick auf die komplexe Aushandlung der Redeposition verstellt. Die Behauptung eines Gattungszusammenhangs mittelalterlicher Lehrdichtung ist zudem in hohem Maße revisionsbedürftig.

wird,[34] sei es im Sinne von Traditionsanbindung oder Distanzierung. Mit den Lizenzen, die Hugo durch die Verwendung des Reimpaarverses für seinen Verkündigungsgestus gewinnt, geht die Notwendigkeit einer, den predigthaften Zuschnitt seiner Verse wiederum gegen andere Optionen gereimter Texte zu konturieren. Dies ist im Zusammenhang der Positionierung des *Renners* im literarischen Feld an anderer Stelle ausführlicher zu behandeln. Als „Prediger in Reimpaarversen" ist Hugo weder nur Prediger noch ausschließlich Dichter. Damit ist ein weiterer Aspekt von Hugos Transgression der Predigt gegeben.

Alliu dinc grôz und kleine – Enzyklopädie und Predigt

Im *Renner* vollzieht sich eine massive Anreicherung der Predigtform mit Wissen. Der quantitative Aspekt dieser Anreicherung ist evident: Ein Text von über 24 000 Reimpaarversen ist Predigt allenfalls im Sinne einer bestimmten Performanzinszenierung und im Sinne des Rekurses auf einen Situationstypus, keinesfalls jedoch im Sinne einer Textsorte, die durch Prosa und einen begrenzten Umfang gekennzeichnet ist. Impliziert ist damit eine Dekontextualisierung der literarischen Form verschrifteter Predigt.[35] Der Umfang des Textes verdankt sich nicht nur einer gewissen Redundanz, sondern auch einer Integration umfassenden diskursiven Materials: In Hugos *Renner* findet sich eine Fülle heterogenen Wissens neben predigttypischen Elementen. So bietet Hugo etwa neben Predigtmärlein, Exempeln und Physiologusallegoresen ein Rezept für Badezusätze gegen das Podagra und stellt weitere Maßnahmen vor, um Gichtkranken die Schmerzen zu lindern, er schildert satirisch die Bedenken und Vorbehalte, welche junge Mädchen bei der Partnerwahl umtreiben, und die Art und Weise, wie Bocciaspieler ihre rollenden Kugeln zu besprechen pflegen. Verschiedene Sportarten überhaupt werden, zum Teil erstmals in deutscher Sprache, mit einer gewissen Ausführlichkeit dargestellt.[36] Hugo legt dar, wie ein maßloser Lebenswandel das Altern beschleunigt und dass Alkoholgenuss kleinen Kindern schadet (*Renner*, V. 9512ff.). Er referiert verschiedene Musikinstrumente und ihren Gebrauch (*Renner*, V. 5837ff.) und berichtet von einem nicht allzu weit zurückliegenden Mordfall in Bamberg (*Renner*, V. 6265ff.) sowie über Foltermethoden von Räuberbanden (*Renner*, V. 7295ff.). Bei ihm finden sich Bemerkungen zu den Sprachen der Welt und den Mundarten des Deutschen (*Renner*, V. 22 237–

---

[34] Volkssprachige Literatur kommt als Thema mitunter auch in Predigten punktuell vor, man denke an die Auseinandersetzung Bertholds von Regensburg mit der Sangspruchdichtung; Berthold von Regensburg, Vollständige Ausgabe seiner Predigten 1965, 154–156. Zur Reflexion der Sangspruchdichtung in Predigten auch Hannes Kästner, *Sermo vulgaris* oder *Höfischer sanc* 1996; Burkhart Wachinger, Sängerkrieg 1973, 116ff. Hugo setzt sich aber wesentlich ausführlicher mit der volkssprachigen Literatur auseinander.

[35] Was nicht ausschließt, dass man den *Renner* als ‚Steinbruch' zur Zusammensetzung neuer Predigten nutzen kann; vgl. Rudolf Kilian Weigand, Textgenetische Edition 1994, 97–106.

[36] Vgl. Bruno Müller, Hugo von Trimberg und das Bocciaspiel 1969.

22 352).[37] Auch informiert er über den pränatalen Zustand des Menschen, über Wunderbrunnen in aller Welt, über die Unfälle bei den Exzessen der Trinker sowie über Minnesang, Sangspruchdichter, die höfische Epik und Heldenepik. Prinzipiell ist die Predigt, insbesondere die sich im 13. Jahrhundert differenzierende Mendikantenpredigt, offen für Wissen aller Art. Nur deshalb konnte sie im Rahmen der Laienpastorale auch eine Differenzierung nach Ständen und eine Konkretisierung auf Alltagspraktiken hin erreichen. Hugos Text nutzt diese in der Predigt angelegte Offenheit, um exuberant Wissen einzubeziehen und anzuhäufen. Diese zunächst rein quantitativ beschriebene Ausweitung des Textes macht aus der Predigt noch keine enzyklopädische Dichtung.

Zum quantitativen Aspekt der Integration einer großen Menge an Wissen kommt der Aspekt beanspruchter Vollständigkeit hinzu, der Hugos *Renner* als enzyklopädische Dichtung ausweist. Gegenstand des Textes ist die ganze Welt. In der Eingangsallegorie bildet die als Heide[38] vergegenwärtigte Welt den Rahmen für die Darstellung der Todsünden. In der allegorischen Auslegung der Heide auf die Schöpfung hin katalogisiert Hugo das darin Enthaltene und indiziert damit deutlich die enzyklopädische Dimension seines Textes:

> *Diu heide bediutet dise werlt,*
> *Die got gewifelt und geberlt*
> *Hât mit maniger leie wunne.*
> *Ir dient der mâne und ouch diu sunne*
> *Und ouch des firmamentes schîn,*
> *Öle, obez, getreide, honic und wîn,*
> *Loup, gras, bluomen unde klê*
> *Und manic wunder in dem sê,*
> *Vogel, vische, würme und tier,*
> *Diu zît des jârs geteilt in vier,*
> *Fiur, luft, erde, holz und steine,*
> *Elliu dinc, grôz und kleine,*
> *Enge, wît, kurz, lanc, smal, breit, sinwel,*
> *Swarz, wîz, rôt, blâ, grüen, brûn, gel,*
> *Harpfen, lîren, seitenklingen,*
> *Menschen stimme und vogelîn singen,*
> *Wazzers wunder in siben gerihten,*
> *Der meister lêre und hôhez tihten,*
> *Manic wunneclicher lîp*
> *Den in der werlde hât man und wîp,*
> *Und manic antlütze erliuhtet gar*
> *Lilien und rôsen var:*
> *Swie vil diz wunne hab über al,*
> *Doch ist diu werlt ein jâmertal*
> *Gein der wunneclichen stat,*
> *In der got gezieret hât*

---

[37] Vgl. Gustav Ehrismann, Hugo von Trimberg 1920, 221–236.
[38] Darin steckt, wie so oft bei Hugo, ein Wortspiel: Die Welt ist voller Sünden, also heid-nisch.

Sîn gesinde alsô, daz wîp noch man
Die fröude niht durchgründen kan. (*Renner*, V. 207–234)

Hier wird ein Katalog der ganzen von Gott geschaffenen Welt präsentiert: Gestirne, Gewächse, Tiere, die Ordnung der Zeit, die Elemente, die in Adjektiven aufgerufenen Dimensionen des Raumes, die Farben, Geräusche, die Musik, die Lehre der Meister und die Schönheit des Gott ebenbildlichen Menschen vergegenwärtigen auf engstem Raum die Pracht des göttlichen Schöpfungswerkes *in toto*, nicht ohne die Schönheit wieder mit dem Hinweis auf die alle Vorstellungen übersteigenden Freuden des ewigen Lebens zurückzunehmen.

Der Anspruch auf die Wiedergabe der ganzen Welt beschränkt sich bei Hugo nicht auf den Katalog des Geschaffenen, er bezieht auch die ganze Heilsgeschichte ein. Der Text umfasst einen Bogen, der von der Erschaffung des Menschen (*Renner*, V. 105ff.) bis zum Jüngsten Gericht (*Renner*, V. 24 397ff.) reicht.[39] Ein weiterer Anspruch auf Vollständigkeit zeigt sich in der ausführlichen Behandlung aller Todsünden, die in der Eingangsallegorie bildlich vorweggenommen und im Text am Beispiel aller Stände, Berufe, Geschlechter und Lebensalter erläutert werden. Mehrfach ist jene Vollständigkeit anvisiert, die für enzyklopädische Literatur konstitutiv ist: Die Predigt des Renners bezieht den Beginn der Schöpfung und das Ende der Welt ein, sie richtet sich an Männer und Frauen, Pfaffen und Laien, an Alte, Junge und Kinder, an Bauern, Ritter, Fürsten, Gelehrte, Mönche und Priester. Gegenüber den älteren *ordo*-Vorstellungen der Gesellschaft, reflektiert der *Renner* wie auch die Predigt im 13. Jahrhundert die berufsständische Differenzierung der Gesellschaft, er behandelt beispielsweise das Leben der Kaufleute und Juristen,[40] geht auf konkrete Fälle ein. Betrügerische Praktiken verschiedener Berufsgruppen werden konkretisiert. Hugos Text zielt auf verschiedene Orte: das Kloster und den Hof, das Dorf, die Stadt und die Schule.[41] Bei dieser Universalgeschichte der Sünde handelt es sich also nicht um eine überlange Predigt, sondern in der Tat um „eine Art Enzyklopädie in predigmäßiger Anlage".[42]

Ausgiebig widmet sich Hugo von Trimberg der göttlichen Schöpfung. Umfangreiche Ausführungen gelten der mannigfaltigen *bezeichenunge*, die sie für den Laien bereit-

---

[39] Vgl. Rudolf Kilian Weigand, Der *Renner* des Hugo von Trimberg 2000, 346f.

[40] Vgl. Hans-Gerd von Rundstedt, Die Wirtschaftsethik des Hugo von Trimberg 1936, 61–72; Erich Genzmer, Hugo von Trimberg und die Juristen 1954.

[41] Zur sozialen Konkretisierung und zur Ausdifferenzierung der Lebenswelt in Predigten und der *artes praedicandi*-Literatur nach dem Vierten Lateranum, die sich in der Ablösung einer *ordo*-Gliederung der Gesellschaft durch eine berufsständische Gliederung äußert, vgl. Wolfgang Heinemann, Zur Ständedidaxe 1966/67, 1–90, 290–403; Volker Mertens, Der implizierte Sünder 1983, 81f.; Michael Menzel, Predigt und Predigtorganisation 1991, 357ff. Derselbe Vorgang findet auch in den Beichtsummen der Zeit statt; dazu besonders: Alois Hahn, Zur Soziologie der Beichte 1987.

[42] Gustav Ehrismann, Hugo von Trimbergs *Renner* 1920, 216. Die enzyklopädische Breite des Textes wurde in der Forschung oft betont; vgl. auch Bruno Boesch, Lehrhafte Literatur 1977, 260–265; Christoph Huber, Art. ‚Hugo von Trimberg' 1990, 510–512.

hält. Er bedient sich aus dem gesamten Inventar mittelalterlicher Naturallegorese und stellt mitunter enzyklopädisch ganze Themenkomplexe zusammen, wenn er beispielsweise alle Wunderbrunnen der Welt behandelt und für jeden allegorische Bedeutungen angibt. Enzyklopädische Vollständigkeit wird auch anvisiert, wo Hugo nicht nur das Bocciaspiel exemplarisch erläutert, sondern auch auf das Stein- und Schlegelwerfen, das Kegeln, das Schachspiel, Turnierkämpfe, Ringen und Springen zu sprechen kommt: Er behandelt einen ganzen Katalog von Spielen und beschränkt sich nicht auf ein Beispiel, um die Torheit der Spieler zu exemplifizieren. Die Abhandlung verschiedener *spectacula* findet sich auch bei Isidor de Sevilla und Hugo von Sankt Viktor: Im *Renner* wird der predigttypische exemplarische Einsatz solcher Alltagspraktiken ergänzt durch die angestrebte Vollständigkeit bei der Exponierung eines Weltausschnitts.[43]

Mitunter wird die mittelalterliche Enzyklopädik auch als Referenz aufgerufen:

Ein buoch daz heizet der Werlde bilde,
In dem vil wunders und grôz unbilde
Geschriben stêt: swer daz durch gienge,
Vil süeze andâht sîn herze gevienge
Gein im, dem himels und erden wunder,
Mer und abgründe dienet besunder. (*Renner*, V. 19 781–19 786)

Mit dem angegebenen Text ist auf des Honorius Augustodunensis *Imago mundi* rekurriert, bzw. auf die unter diesem Titel im 12. Jahrhundert zusammengestellten Sammelwerke.[44] Diese Bücher bieten eine Widerspiegelung der göttlichen Schöpfung und sollen den Christen zur Erkenntnis Gottes führen.[45] Hugo empfiehlt Lektüre und Meditation (*vil süeze andâht*), um sich über die Betrachtung der Natur dem zu nähern, der die Welt geschaffen hat.[46] Die Meditation über die Schöpfung bietet dem Individuum Trost und Zuversicht bei der Betrachtung der von Gott wohlgeordneten Welt. In solchen Äußerungen entfaltet Hugo die Programmatik mittelalterlicher Enzyklopädik,[47]

---

[43] In Isidors Etymologien finden sich neben Kriegsgerät und öffentlichen Darbietungen (*spectacula*) auch diverse Würfel- und Ballspiele im 18. Buch (*De bello et ludis*); vgl. Isidor de Sevilla, Etym. orig 18, 60–69; Hugo von Sankt Viktor, *Didascalicon de studio legendi* 2,27; vgl. Michael Lemoine, Le sport chez Hugo de Saint Victor 1993, 131–141.

[44] Valerie I. J. Flint, Honorius Augustodunensis 1982, 1–153; vgl. auch Christel Meier, Grundzüge 1981, 475.

[45] Christel Meier, Grundzüge 1984, 472ff.; vgl. auch Herbert Kolb, Der Hirsch, der Schlangen frißt 1971. Diesen Aspekt der enzyklopädischen Texte bezieht auf den *Renner* auch Thomas Cramer, Geschichte der deutsche Literatur 1990, 113: „Das Buch wird zu einer Enzyklopädie zeitgenössischen Wissens, wobei sich nach alter geistlicher Auslegungstradition das Interesse nicht auf die Gegenstände selbst richtet, sondern diese als Medien zur Erkenntnis Gottes begreift." Vgl. zum Erkenntnisprogramm des *Renners* auch Rudolf Kilian Weigand, Der *Renner* des Hugo von Trimberg 2000, 349.

[46] Vgl. zum spezifischen Zusammenhang von Lektüre und Meditation bei Hugo von Sankt Viktor: Ivan Illich, Im Weinberg des Textes 1991, 55–66. Hugos von Sankt Viktor *Didascalicon* stellt einen wichtigen Intertext für Hugo von Trimberg dar; vgl. *Renner*, V. 20 950ff.

[47] Vgl. Christel Meier, Grundzüge 1984.

womit sich ein weiteres Mal zeigt, dass Hugos Transgression der Predigt über die Anreicherung mit großen Wissensmengen hinaus auf ihre Enzyklopädisierung zielt.

II. Assimilation des Wissens

Exemplarizität

Das in großer Menge der Predigt hinzugefügte Wissen wird dieser literarischen Form anverwandelt, indem es mit entsprechenden textuellen Verfahren in Übereinstimmung gebracht wird. Darin liegt ein zur Öffnung der Predigt und ihrer Anreicherung mit Wissen gegenläufiges Vorgehen: Das Wissen wird der transgredierten Form kompatibel gemacht, an die genutzten literarischen Konventionen assimiliert. Dies vollzieht sich im *Renner* durch die predigttypische Funktionalisierung des hinzugezogenen Datenmaterials. Alles Aufgenommene dient der Verkündigung christlicher Heilsbotschaft, das integrierte Material ist exemplarisch für das göttliche Heilswirken und die Situation des sündigen Menschen in der Welt. Primäres Ziel ist das Auslösen von Reue und Buße; Hugo sagt dies deutlich: *Mich wundert waz der predigen wölte, | Der niht die sünder rüeren sölte!* (*Renner*, V. 2281f.). Diesem Ziel wird das Material untergeordnet und angepasst.

Alltagswissen

Alltagspraktiken wie beispielsweise Spiele und Sportarten werden bei Hugo thematisiert und auf den Verkündigungsgestus hin zugerichtet. Die im *Renner* thematisierten Spiele unterscheiden sich von jener gelehrten Auseinandersetzung mit den Spielen, die sich in Texten findet, auf die Hugo ausgiebig referiert, wie die *Etymologien* Isidors oder das *Didascalicon* Hugos von St. Viktor. Hugo von Trimberg verwendet deutsche Namen für bestimmte Beschäftigungen, er geht zudem auf Spiele seiner Zeit ein, für die es in den gelehrten Traditionen keine Vorbilder gibt, und bezieht somit auch anderes als gelehrtes Wissen in seinen Diskurs ein. Seine Darstellung des *kugelns* – Bruno Müller hat gezeigt, dass es sich dabei um das Bocciaspiel handelt – ist zunächst noch nicht Predigtstoff. Wird es aber exemplarisch für *ein affenheit | Diu schaden bringet und arbeit* (*Renner*, V. 11 401f.), so zeigt sich im törichten *schîben* der Kugeln, in den Anfeuerungsrufen der Spieler (*„Loufâ, kugel frouwe, | Zouwe dîn, liebiu frouwe, nu zouwe!"*, *Renner*, V. 11 413f.), ihrem Fächeln mit dem Mantelsaum, um die Kugel weiterzubewegen, und schließlich dem Liegen auf dem Boden, das erst die Entscheidung über die Lage scheinbar gleichaufliegender Kugeln ermöglicht, die Gottesferne törichter Sünder: *Siht man die kugeln gelîche ligen | Gein dem zil, sô wirt genigen | Weiz got vil michels tiefer dar | Denne dâ man gotes selber nimt war* (*Renner*, V. 11 415–11 418).

Assimilation des Wissens 67

Wenn der *vilzgebûr*, der die Kugel beim Spiel *frouwe* nannte, daheim seiner Ehefrau *vil boesiu wort sprichet* (*Renner*, V. 11 436f.), vergegenwärtigt er exemplarisch den Sünder, der sich von Gott abwendet und seinen Christenpflichten nicht nachkommt. Hugo ridikülisiert die Spieler, indem er ihre Verrenkungen überzeichnet, abwertende Vergleiche heranzieht (*als ein altez wîp,* | *Die lange würme bîzent, Renner,* V. 11 420f.; *als diu kint, Renner,* V. 11 426). In solcher Art und Weise werden die verschiedenen Wissenssegmente exemplarisch dimensioniert, assimiliert an die sprachlichen Praktiken der Verkündigung. In solcher Zurichtung alltäglicher Praktiken und verschiedenster Wissensformen liegt eine der Ursachen für die hohe soziale Flexibilität von Predigten begründet und Hugo macht davon umfassend Gebrauch.

Gelehrtes Wissen

Neben solchen Alltagsbeobachtungen werden auch Elemente aus wissensliterarischen Texten an die Verkündigungsform assimiliert. Man kann dies an Hugos Darstellung der pränatalen Körperhaltung des Menschen beobachten:

> *Swer wölte bedenken waz er wêre*
> *Ê denne sîn muoter in gebêre,*
> *Und wie enge er lac gevangen,*
> *Dô im diu knie wîlent an diu wangen*
> *Ruorten – als noch gesippe sîn*
> *Knie und hüffelîn in latîn –,*
> *Der sölte knie und hüffelîn neigen*
> *Gein sînem schepfer und erzeigen,*
> *Daz er ein kranker sâme wêre*
> *Ê denne sîn muoter in gebêre.* (*Renner*, V. 19 161–19 170)

Eng liegt der Mensch im Mutterleib gefangen, die Knie berühren seine Wangen, weshalb auch *knie* (lat. *genu*) und *hüffelîn* (nhd. *Wange*, lat. *gena*) in lateinischer Sprache etymologisch verwandt (*gesippe*) seien. Für Hugo ist auch die pränatale Stellung voller *bezeichenunge*, sie ist exemplarisch dafür, dass der Mensch Knie und Haupt dem Schöpfer neigen und ihm so zeigen solle, dass er, ehe seine Mutter ihn gebar, ein *kranker sâme* gewesen sei. Das Wissen um die Bedeutung der pränatalen Stellung des Menschen konnte Hugo aus dem elften Buch der *Etymologien* Isidors (*De homine et portentis*) entnehmen:[48]

> *Genua sunt commissiones femorum et crurum ; et dicta genua eo quod in utero sint genis opposita. Cohaerent enim ibi sibi, et cognata sunt oculis, lacrimarum indicibus et misericordiae. Nam a genis genua dicuntur. Denique conplicatum gigni formarique hominem, ita ut genua sursum sint, quibus oculi formantur, ut cavi ac reconditi fiant. Ennius (inc. 14): Atque genua conprimit arta gena. Inde est quod homines dum at genua se prosternunt, statim lacrimantur.*

---

[48] Vgl. Inés de la Cuadra, Der *Renner* 1999, 133f.

Voluit enim eos natura uterum maternum rememorare, ubi quasi in tenebris consedebant antequam venirent ad lucem.[49]

Isidors Schilderung der pränatalen Stellung des Menschen verfährt deskriptiv. Die etymologische Ähnlichkeit der lateinischen Ausdrücke wird darauf zurückgeführt, dass durch die Knie des Kindes im Mutterleib die Augenhöhlen ins Gesicht gepresst wurden. Daraus ergibt sich außerdem, dass Menschen sogleich in Tränen ausbrechen, wenn sie auf die Knie fallen: Denn die Natur möchte (*voluit ... natura*), dass der Mensch sich des Leibes seiner Mutter erinnere, wo er in Dunkelheit saß, ehe er zum Licht gelangte.

Dieses etymologische Wissen wird bei Hugo funktionalisiert für einen Appell zu gottesfürchtigem Leben. Hugo ergänzt Isidors Ausführungen um einen normativen Aspekt: Der Mensch *soll* seinem Schöpfer die Knie neigen. So wird das Wissen dem Predigtformat angeglichen.

Es zeigt sich allerdings am Beispiel der vorgeburtlichen Stellung des Menschen im Mutterleib, dass bestimmte Wissensbestände nicht unproblematisch an den Verkündigungsgestus assimilierbar sind. Denn im angeführten Text gerät das etymologische Wissen Isidors in eine Spannung zu einem Themenbereich, der im Spätmittelalter unter dem Titel der *secreta mulierum*[50] abgehandelt wurde. Das Wissen von den Umständen der Geburt und von der vorgeburtlichen Entwicklung von Kindern wird hier innerhalb einer Texttradition thematisch, die solches Wissen unter den Vorbehalt stellt, dass es sich dabei um Frauengeheimnisse handelt. Hugo selbst weist darauf hin, denn nach einem Lob der Frauen schließt er mit den Versen: *Man sol irre tugende nemen war,| Ir dinc sol nieman wizzen gar* (Renner, V. 13 083f.). Mit *ir dinc* sind jene *secreta mulierum* indiziert, durch die Hugos Isidor-Zitat auf einen zeitgenössischen Diskurs hin kontextualisiert und somit auch problematisiert wird. In den Texten der *secreta mulierum*-Tradition finden sich immer wieder Entschuldigungsfloskeln und Hinweise auf eine Tabuisierung der vermittelten Kenntnisse.[51] Indiziert wird eine intrikate Pragmatik dieser Texte, die sich dort als schwierig erweist, wenn in anderem pragmatischen Kontext,

---

[49] [Isidor de Sevilla] Isidori [...] etymologiarum sive originvm libri, XI, i, 108f. Übersetzung: „108 Die Knie sind die Verbindungen der Ober- und Unterschenkel, und sie werden *genua* genannt, weil sie im Mutterleib den Augen gegenüber liegen. Sie sind dort nämlich zusammengeschlossen und mit den Augen verbunden, den Anzeigern der Tränen und des Mitleids. Denn von *gena* her sind die *genua* benannt. 109 Überhaupt wird der Mensch zusammengefaltet gezeugt und geformt, so dass die Knie, durch welche die Augen geformt werden, oben sind, so dass sie in der Höhlung versteckt sind. Ennius (Frgm. inc. 14) sagt: Und die angezogenen Knie drücken die Augenhöhlen ein. Daher kommt es, dass die Menschen, während sie niederknien, sogleich weinen. Die Natur will sie nämlich an den Mutterleib erinnern, wo sie gleichsam in Finsterniss saßen, ehe sie ans Licht gelangten."

[50] Vgl. dazu die Untersuchungen von Kristian Bosselman-Cyran, in: [Johannes Hartlieb], Secreta mulierum 1985; Gundolf Keil, Art. ‚Secreta mulierum' 1995; Margaret Schleissner, A Fifteenth-Century Physicians' Attitude 1991; Britta-Juliane Kruse, *Die Arznei* 1999.

[51] Britta Juliane Kruse, *Die Arznei* 1999, 90ff.

dem der Predigt, solches Wissen auftaucht. Hugo thematisiert, dass die Hinzunahme solchen Wissens in seiner Predigt nicht unproblematisch ist:

> *Noch mêr könde ich dâ von sagen,*
> *Wölten mir die frouwen ez vertragen:*
> *Des entuont si niht, daz weiz ich wol:*
> *Durch zuht ich dâ von swîgen sol,*
> *Daz mich iht treffe ir zungen schûr.* (Renner, V. 19 171–19 175)

Nach dem Hinweis auf seine Kompetenzüberschreitung und der Konzession an die vorweggenommenen Invektiven der Frauen, deren Angelegenheiten hier öffentlich preisgegeben werden, kokettiert Hugo weiter mit dem Bereich der *secreta mulierum*: Ein wenig, so fährt er fort, möchte er dennoch Überlegungen zur Natur des Menschen einbeziehen, soweit es zulässig ist und nützlich sein kann (*Renner,* V. 19 176ff.). Dass der Mensch weder stehen noch sitzen kann nach seiner Geburt, wird auf die unzureichende Verpflegung im Mutterleib zurückgeführt. Dafür bemüht Hugo keine über die Angabe des empirischen Faktums hinausgehende Auslegung. Die Hinführung solcher anthropologischer Tatsachen auf das Verkündigungsformat gestaltet sich hier als problematisch. Manifest wird an den angeführten Beispielen, dass es Wissen gibt, das sich der Assimilation sperrt. Einerseits scheint es einen Typus positiven Sachwissens zu geben, der sich nicht weiter predigttypisch funktionalisieren lässt (etwa dass Mangelernährung im Mutterleib dazu führt, dass Neugeborene nicht sitzen und stehen können), andererseits gehen mit Überlegungen zur Natur der Frauen pragmatische Implikationen einher, die sich in der Predigt nicht entfalten dürfen. Die Exemplarizität des Wissens wird dadurch gestört, denn die in den Schriften der *secreta mulierum*-Tradition inszenierte Exklusivität des Publikums konfligiert mit dem allgemeinen Appell der Predigt, der sich an Sünder aller Stände und beider Geschlechter richtet. Hugo deutet also den nicht funktionalisierbaren Überschuss seines Wissens immer wieder an. Gelegentlich nimmt er explizit Abstand von weiteren Explorationen und weist damit darauf hin, dass es Wissen gibt, welches sich seiner Predigt nicht assimilieren lässt. Dergleichen geschieht im *Renner* zwar nicht gerade selten, in der Regel jedoch wird die *bediutunge* auch des Heterogenen gefunden und den Predigtzwecken anverwandelt.

Biblische Historien

Auch biblische Historien setzt Hugo ein, um die Sünder zur Umkehr zu bewegen. Dies überrascht in einer Predigt nicht. Mitunter freilich assimiliert Hugo hier die biblische Vorlage für seine Zwecke auf überraschende Weise. In der *Quarta distinctio* behandelt der Renner die Folgen der *unkiusche* und konkretisiert dieses Laster wie folgt:

> *Unzimlich schimpfen, unzimlich sehen,*
> *Unzimlich kôsen, unzimlich spehen*

> *Machent leider sünden vil,*
> *Der ich ein teil iu künden wil. (Renner,* V. 11 815–11 818)

Konkretisiert ist die *unkiusche* damit hin auf eine Reihe verschiedener Übertretungen, für die Hugo eine Serie biblischer Historien als Exempel anführt. Ziel dieser Exempelreihe ist es zu zeigen, wie Gottes Zorn auf die Unkeuschen niedergeht. Dazu werden biblische Historien geboten, in denen von einem Tabubruch die Rede ist, dem Todesfälle folgen und zwar in möglichst großer Zahl oder möglichst plötzlich und unerwartet. Ein erstes Exempel für die Verwerflichkeit anzüglichen Anschauens entnimmt Hugo dem ersten Buch Samuel:

> *Wir lesen in der künige buochen*
> *An dem êrsten blate, swer ez wil suochen,*
> *Daz got sibenzic fürsten sluoc*
> *Und fünfzic tûsent mensche, dô man truoc*
> *Sîn archen, daz si die sâhen an*
> *Unwirdiclich!* [...] (*Renner,* V. 11 819–11 824)

Hier assoziiert Hugo von der *unkiusche* auf *unzimlich sehen*. Er bezieht sich auf die Geschichte von der Erbeutung der Bundeslade durch die Philister und ihrer Rücküberführung nach Israel. Dabei bestraft Jahwe die Leute von Bet-Schemesch, weil sie die Lade angesehen hatten, und tötet 70 Männer und fünfzigtausend Mann (I Sm 6,19: *percussit autem de viris bethsamitibus eo quod vidissent arcam Domini et percussit de populo septuaginta et quinquaginta milia plebis* [...]).[52] Mit *minne* und *unkiusche* – den Themen des Kapitels – hat dies zunächst recht wenig zu tun. Vom unkeuschen Betrachten des begehrten Leibes wird über das *tertium* verbotener Inblicknahme auf den Frevel der Leute von Bet-Schemesch an der Bundeslade assoziiert. Das zweite biblische Exempel gilt dem Frevel des Priestersohnes Oza (Usa), der bei Davids Rücküberführung der Bundeslade nach Jerusalem das Heiligtum berührte, um zu verhindern, dass die Lade umgeworfen würde, als die wagenziehenden Rinder strauchelten. Obgleich Oza der Lade guten Willens zu Hilfe eilt, wird er von Jahwe an Ort und Stelle getötet, weil er das Heilige berührt hatte:

> *Sît der man der dîn archen rüerte,*
> *Do si vallen wolte und dô man si füerte,*
> *Vor in tôt lac an der stat*
> *Üm kein ander sîn missetât*
> *Denne daz er des nahtes bî sîner wirtinne*
> *Gelegen was durch fleischliche minne!* (*Renner,* V. 11 829–11 834)

Der Frevel des Oza wird bei Hugo auf bemerkenswerte Weise begründet, von der Unreinheit des Oza, die Hugo hier anführt, ist in der Bibel so nicht die Rede. Der Tod des Oza wird dort mit dem Verletzen des Berührungstabus selbst begründet (II Sam 6, 6f.: *extendit manum Oza ad arcam Dei et tenuit eam quoniam calcitrabant boves iratusque*

---

[52] Hieronymus nennt beide Zahlen. In anderen Bibelübersetzungen wird nur die erste der beiden Zahlen genannt, Kommentare gehen bei der zweiten von einem späteren Zusatz aus.

Assimilation des Wissens

et indignatione Dominus contra Ozam et percussit eum super temeritate qui mortuus est ibi iuxta arcam Dei).[53] Die Heiligkeit der Lade macht sie unberührbar. Hugo rationalisiert diese archaische Vorstellung von Heiligkeit, indem er eine Unreinheit des Oza behauptet, die in seiner *fleischliche*[n] *minne* gründet. So schwächt er ein totales Berührungstabu ab, das für ihn wohl nicht nachvollziehbar war.[54] Damit hat er den Bogen zu seinem Thema (der Verworfenheit unkeuscher *minne*) fast wieder gefunden, aber noch nicht ganz: Da Hugo dem Oza einen ehelichen Beischlaf (*bî sîner wirtinne*) andichtet, rückt dieses aufgebesserte biblische Exemplum ausgerechnet den Vollzug der Ehe in die Nähe der Sünde. Hier behilft sich Hugo durch die Figur einer Überbietung:

> *Ist ieman, der unkiusche pfliget*
> *Und unêlich bî frouwen liget,*
> *Der mac wol fürhten disen slac*
> *Daz der man ie tôt gelac,*
> *Der ein êlich wirtinne hête!* (Renner, V. 11 835–11 839)

Hugos Rationalisierung des Frevels gewinnt hier eine eigene Dynamik: Wenn Gott den Oza schon für den ehelichen Beischlaf so strafte, wie erst wird er den Ehebruch ahnden? Sogleich aber relativiert Hugo die durch die Assoziation konnotierte Unreinheit der Ehe, indem er diese wieder in ihr Recht setzt und schließlich vage Gottes Ablehnung von *unzimlich leben* erwähnt:

> *Êlich leben sol vil stête*
> *Sîn und wol sîn reht behalten,*
> *Wil ez des himelrîches walten.*
> *Got minnet alle reinikeit,*
> *Unzimlich leben was im ie leit.* (Renner, V. 11 840–11 844)

Der Passus ist recht aufschlussreich für Hugos Vorgehen bei der Assimilation von Wissen. Die gewählten Exempel weisen einen konnotativen Überschuss gegenüber dem zu Exemplifizierenden auf und die somit freigesetzten Zusatzbedeutungen müssen immer wieder regelrecht ‚eingefangen' werden. Da die unberechenbaren Konnotationen gegenüber dem angestrebten exemplarischen Denotat eine Eigendynamik entfalten, werden mitunter Digressionen ausgelöst.

In Hugos Serie exemplarischer Geschichten für die Folgen der Unkeuschheit fügt sich dann die dritte biblische Historie wieder problemlos ein: Aus dem Buche *Numeri* paraphrasiert Hugo die Geschichte vom Baalskult der Midianiter. Gott fordert von Mose die Bestrafung der Häupter Israels, da diese mit den Midianiterinnen Unzucht treiben und an ihren Opfermahlen teilnehmen (Nm 25). Als Mose vor dem Zelt mit der Bundeslade den Richtern Israels die Tötung derer befiehlt, die dem Baal huldigen, beobachtet die Versammlung ein daherkommendes Paar. Es handelt sich um den Israeliten Simri

---

[53] Vgl. auch I Par 13,10.
[54] Weshalb Oza für die Berührung der Lade getötet wird, gilt in den Kommentaren zu dieser Stelle als eine der Überraschungen, welche die Geschichte von der Überführung der Lade bereithält, und als schwer zu interpretierende Frage.

(bei Hugo *Zambrî*; *Renner*, V. 11 849) und die Midianiterin Chozbi (bei Hugo *Thesbî*; *Renner*, V. 11 850), die sich in ein Gemach zurückziehen. Aus der Mitte der Versammlung erhebt sich Finees, der den beiden folgt und sie dort gleichzeitig *in locis genitalibus* (Nm 25,8) mit einem Spieß durchbohrt. Damit endet die Seuche, eine Strafe Gottes, die 24 000 Israeliten das Leben kostete. In diesem Beispiel ist sexuelle Unkeuschheit und Gottesfrevel gleichzeitig gegeben, die Historie fügt sich auch deshalb in die Serie der Exempel, da Gottes Strafe viele Tote mit sich bringt. Die Tabuverletzung des biblischen Oza dagegen musste um einen sexuellen Aspekt ergänzt werden, um in die Exempelreihe zu passen.

Kulturelle Angleichung

Schließlich ist noch darauf hinzuweisen, dass Hugo Intertexte aus anderen historischen Epochen und Kulturen mitunter der Lebenswelt seines Publikums angleicht. Dies zeigt sich beispielsweise in einer Umschrift der siebten Ekloge des Vergil:

> *„Ein elwer schôn bî wazzer stêt,*
> *In garten ein viehte schôn ûf gêt,*
> *Eichîn loup ziert grüenen walt,*
> *Ûf bergen ein tanne ist wol gestalt."* (*Renner*, V. 17 377–17 380)

Der natürliche Ort der Gehölze ist auch schön (*schôn, ziert, wol gestalt*). Hugos Übersetzung stellt eine kreative Anverwandlung dar. Anders als in der siebten Ekloge, stehen beim *Renner* die Erle[55] am Wasser (bei Vergil: *populus*, die Pappel) und die Eichen im Wald (bei Vergil: *fraxinus*, die Esche). Vorgenommen ist offenbar eine vegetationsgeographische Anpassung, welche die Anschaulichkeit des Bildes für deutsche Rezipienten sichert. Auch die Reihenfolge der Orte und Gehölze ist gegenüber Vergil umgestellt. Die sprachliche Flexibilität macht anschaulich, was Hugo meint, wenn er immer wieder eine besondere Kompetenz in Angelegenheiten lateinischer und deutscher Sprache für sich reklamiert. Für den heutigen Rezipienten ist eine solche Übertragung nicht ohne Reiz, insbesondere wenn man berücksichtigt, was das Vergilzitat im Kontext der Passage leisten soll. Nimmt doch die Übersetzung Verfahren der Umsetzung und Anpassung vor, die durch das Zitat letztlich kritisiert werden sollen: Denn wie die Bäume ihre festen Orte in der Landschaft haben, hat alles auf Erden seinen Ort und soll nicht versetzt werden.

Die Beispiele zeigen, wie im *Renner* Elemente aus dem Alltagswissen, der gelehrten Literatur und der Bibel an die literarische Form der Verkündigung assimiliert werden.

---

[55] Ehrismann hat die ungebräuchliche Form *elwer* gegen alternative handschriftliche Befunde im Text belassen, die Handschriften zeigen freilich auch die Unsicherheit der Bezeichnung: M 5 (W^b) hat *elwer*, darüber *Erlin baum*. M6 (X) hat *elwe*, B2 (m) *alber*, E1 (E) hat *erle*, darüber *velb*[er], B 3 (o) hat *erle*, B1 (B) *erlin*, M1 (J) *felber*.

Dies kann mitunter mit Modifizierungen der hinzugezogenen Wissensbestände einhergehen. Durch die Transgression der Predigt und die Assimilation von Wissen entsteht ein Text, der durch Heterogenität gekennzeichnet ist. Zwar wird das hinzugenommene Wissen auch durch das von Hugo gewählte literarische Mittel des Paarreims assimiliert. Die metrische und reimende Durchformung der hinzugezogenen Wissenssegmente analogisiert die verschiedenen Elemente, die Hugos Dichtung konstituieren. Damit aber erfolgt lediglich eine unvollständige, formale Angleichung des Heterogenen. Heterogenität wird im Text selbst als Problem reflektiert. Der Reflexion von Heterogenität und den Verfahren, diese abzubauen, wendet sich der folgende Abschnitt zu.

III. Das Problem der Heterogenität und Verfahren der Integration

Exponierung, Abbau und Apologie von Heterogenität

Dem Text, der sich solcherart aus einer enzyklopädischen Transgression der Predigt und einer Assimilation des Wissens an die Predigt und den Reim konstituiert, hat die Forschung immer wieder Heterogenität konzediert. Hugos *Renner* sei „ganz regellos" (Scherer),[56] „ein regellose[s] Gebäude" (Gervinus),[57] zeichne sich durch „Planlosigkeit" aus (Wackernagel),[58] ja stelle einen „Wust" dar (de Boor).[59] Sicher, solche Urteile messen den *Renner* an ahistorischen und auch problematisierbaren Gattungsnormen und unterlassen Überlegungen zur Konstitution des Textes, indem sie Wertungen an deren Stelle treten lassen. Der Befund einer Heterogenität ergibt sich freilich nicht allein aus einer Perspektive der Philologie, sie wird in Hugos Text selbst eingeräumt und problematisiert. Aus der Fülle von Selbstbezichtigungen und Apologien, die Hugo seinem Text angedeihen lässt, beziehen einige sich auf die Heterogenität der Materialien.[60] In

---

[56] Wilhelm Scherer, Geschichte der deutschen Litteratur 1883, 229.
[57] Georg Gottfried Gervinus, Geschichte der deutschen Dichtung 1871–1874, Bd. 2, 279.
[58] Wilhelm Wackernagel, Geschichte der deutschen Literatur 1879–1894, Bd. 1, 377.
[59] Helmut de Boor, Die deutsche Literatur 1962, 381.
[60] Dieser Aspekt wird mitunter in Forschungen ausgeblendet, die sich um den Aufweis der Integriertheit des Textes bemühen. Dies ist beispielsweise der Fall in der Studie von Rudolf Kilian Weigand, der im Verfahren der „verschränkten *moralisatio*" das integrierende Prinzip des Textes sieht. Zuzustimmen ist Weigand darin, dass in der Abfolge einer Erzählung, ihrer moralisierenden Auslegung in verschiedene Richtungen und dem Abschluss einer solchen Sequenz mit biblischen Exempeln und Autoritätszitaten ein dominantes Muster des *Renners* auszumachen ist. Wenn Weigand aber von der „stufenweisen Auslegung" der Erzählungen spricht, so evoziert dies eine Hierarchie der Deutungsebenen, die im *Renner* gerade nicht gegeben ist; vielmehr werden *irgendwelche* Aspekte der Geschichten Anlass einer mitunter auch überraschenden Deutung. Auch wird die Heterogenität der Abhandlung bei Hugo immer wieder apologetisch thematisiert, so dass die

folgender Ausführung wird der Charakter des eigenen Buches im Bild des Flickens metaphorisch gefasst. In einer dichtungstheoretischen Apologie pariert Hugo den vorweggenommenen Vorwurf seines Publikums, er würde sein *getihte* zusammenflicken:[61]

> *Nieman sol sprechen daz ich flicke*
> *Mîn getihte, ob ich ez verzwicke*
> *Und mit der heiligen schrift bewêre:*
> *Wenne manic predige würde unmêre*
> *Daz man si hête vür ein lügen,*
> *Swenne die pfaffen drîn niht zügen*
> *Der meister lêre und heiliger liute:*
> *Des muoz ich durch nôt bediute*
> *Mîner worte kraft mit in, den ir*
> *Vil baz geloubet denne mir:*
> *Wenne alliu lêre ist ein wift,*
> *Der niht hilft diu heilige schrift.* (Renner, V. 20 291–20 302)

Im naturkundlichen Kontext der Passage geht es um den Balsam; erwähnt wird eine zarte Pflanze in Judäa, die sich ausschließlich von Menschen christlichen Glaubens pflegen lasse, wodurch Gott seine Wertschätzung des Christentums zeige. Dies geschehe, weil des Balsames Reinheit als heiliger Krisam die Christenheit ziere. Hugo fragt, wer die Würde und Kraft des Krisams durchgründen könne, und unterbricht weitere Ausführungen dazu: Er müsse *einen haft an dirre materie* (Renner, V. 20 280f.) heften, weil sie sonst zu ausführlich würde. Er beruft sich auf gelehrte Schriften, um seine Behauptung zu beglaubigen:

> *Solînus und Ysidôrus,*
> *Physiologus und her Plînius,*
> *Plâtô und meister Adellîn,*
> *Ambrôsius und sant Augustîn,*
> *Jerônimus und Orîgines,*
> *Jacob und Aristotiles*
> *Sint von natûre der schrift geziuge*
> *In irm getihte, daz ich niht liuge.* (Renner, V. 20 283–20 290)

Behauptung einer vom Verfasser intendierten strukturierenden Ordnung des Ganzen gegen solche Einschränkungen zu plausibilisieren wäre; vgl. Rudolf Kilian Weigand, Der *Renner* des Hugo von Trimberg 2000, 324f., 327ff. u. ö. Ein weiterer Aspekt, den Weigand herausarbeitet, ist für den Zusammenhalt des Textes wesentlich: Durch die Abhandlung und ihre Teile werden immer wieder Wortnetze geflochten. Die variierende Aufnahme bestimmter Wörter in suggestiver Iteration schafft auf der Ebene des Wortmaterials eine Kohäsion des Textes durch lexikalische Korrespondenzen, die mitunter an die Stelle der Kohärenz tritt, welche durch die Argumentation selten erreicht wird; vgl. dazu ebd., 327–345.

[61] Das *Deutsche Wörterbuch* gibt den *Renner* als frühesten Beleg dafür an, dass *getiht, rede, reime, lieder* geflickt werden; vgl. Jacob Grimm, Wilhelm Grimm, Art. ‚flicken' in: DWB Bd. 3 1862, Sp. 1775.

Das Problem der Heterogenität und Verfahren der Integration 75

Hier nun rückt ein durch gelehrte Beglaubigungen geprägter Text unter dem Vorbehalt eines Mangels in den Blick. Hugo rechtfertigt die Praxis der Beglaubigung wie folgt: Auch in Predigten sei dies gang und gäbe, ja notwendig, da die Prediger sonst der Lüge bezichtigt würden, wenn sie die Beglaubigung ihrer Rede unterließen (*Daz man si hête vür ein lügen,* | *Swenne die pfaffen drîn niht zügen* | *Der meister lêre und heiliger liute; Renner,* V. 20 295–20 297). Gezwungenermaßen (*durch nôt*) müsse er die Kraft seiner Worte durch gelehrte Autoritäten verständlich machen (*bediuten*),[62] weil sein Publikum (*ir*) ihnen mehr glaube als dem Verfasser Hugo. Schließlich sei alle Lehre nichts wert, die nicht der Heiligen Schrift diene. Hugos Argumentationen sind selten widerspruchsfrei und konzise, wenn es um Selbstbeschreibungen geht. Aufschlussreich an diesem Zitat ist allerdings das Spannungsfeld, das durch solche vage und sprunghafte Argumentation umrissen wird. Eine Legitimierung des Textes über Autoritätenberufung und biblische Rückversicherung wird verteidigt und dabei doch auch als Mangel des *getihte* ausgewiesen: Es leistet einer Heterogenese Vorschub, die als unansehliches und geflicktes Kleidungsstück beim Publikum offenbar nur eingeschränkte Akzeptanz findet. Das Verb *flicken* ist negativ besetzt. Als Textilmetapher für Texte weist es, anders als der Begriff des *getihtes*, auf das Zusammengestückelte, auf ein aus Flicken zusammengesetztes Gebilde. Das Bild steht im Kontrast zu den gängigen Gewebemetaphern für vortreffliche Texte[63] und indiziert deutlich das mindere Prestige, das einem als Kompilat kenntlichen Text verglichen etwa mit einem höfischen Werk zukommt. Der Renner weist die in solcher Kritik enthaltenen Kriterien zurück: Was wie Heterogenese aussieht, ist Beglaubigung, das *getiht* wird über die Lehren der Meister und der heiligen Leute mit der Heiligen Schrift in Übereinstimmung gebracht, befestigt (*verzwicket*) und bewehrt. Auch in Predigten würden die Pfaffen auf solche Beglaubigungen zurückgreifen, um sich nicht dem Vorwurf der Lüge auszusetzen. Damit ist zunächst eine gewisse Spannung ins Spiel gebracht, die den *Renner* in der Tat kennzeichnet, jene zwischen *getiht* und *predigt*.

Der Renner muss sich aber auch aus Mangel (*durch nôt*) an Anerkennung seiner Rede auf die Autorität der Alten berufen, da die Rezipienten (*ir*) doch jenen mehr Glauben schenkten als ihm. So wird dem Publikum unterstellt, es sei nicht bereit, eine Rede zu akzeptieren (*mîner worte kraft; Renner,* V. 20 299), die anders als durch Autoritäten beglaubigt wäre. Das gelte für Hugos *getihte* ebenso wie für Predigten. In diesem Passus manifestiert sich nicht nur einmal mehr Hugos Orientierung an der Predigerrolle, sondern auch der aufschlussreiche Tatbestand, dass ein gewisses Maß an Heterogenität bei Predigten offenbar als typisch eingeschätzt wird. Hugos eigener literarischer Entwurf dagegen muss sich diesbezüglich gegen Vorbehalte seines Publikums rechtferti-

---

[62] LEXER, Bd. 1, 141.
[63] Vgl. zu Gewebemetaphern für Texte C. Stephen Jaeger, Höfisches Fest und Hofästhetik 1992, 197–216; Gerhart von Graevenitz, *Contextio* und *conjointure* 1992, 229–257; Renate Schlesier, Idole und Gewebe 2002; Erika Greber, Textile Texte 2002; Beatrice Trinca, Dichter als inspirierte Handwerker? 2008, 45–65.

gen.⁶⁴ Die uneingeschränkte Akzeptanz der Predigt kann Hugo bei seinem Publikum für den eigenen Text nicht voraussetzen.

Gliederungsprobleme: Distinktionen und Kapitel

Um eine quantitative Reihung von Predigten, wie in einer Predigtsammlung, handelt es sich beim *Renner* nicht. Die von Hugo vorgenommene Untergliederung des Textes in *distinctiones* und Kapitel wie auch die von Michael de Leone vorgenommene Überarbeitung dieser Gliederung im *Registrum* organisieren den Text nicht als Folge einzelner Predigten, sondern vielmehr als einheitliches Gebilde.⁶⁵ Dennoch sind die alternativen paratextuellen Gliederungen des Textes eher dazu geeignet, seine Heterogenität zu exponieren, als dazu, diese abzubauen. Den Prinzipien der beiden Gliederungen und ihre Durchführung in den Handschriften wurde in der *Renner*-Forschung wiederholt nachgegangen.⁶⁶ Ich fasse das Bekannte hier zusammen, indem ich die Dialektik von Heterogenitätsexponierung und -bewältigung fokussiere.

Der *Renner* wurde von Hugo einerseits durch sechs Distinktionen untergliedert, welche sich auf die sieben Todsünden beziehen, andererseits in neun Kapitel. Hugo nutzt mit einer Ordnung seines Textes nach Distinktionen eine Gliederungsform der Homilienliteratur und passt sie an die ausgeweitete Textmenge an, als zweites Gliederungsprinzip kommt eine Ordnung nach Kapiteln hinzu.⁶⁷ Michael de Leone hatte Hugos Einteilung unter seinem überarbeiteten Register noch einmal als Anhang hinzugefügt und so als alternative Gliederungsmöglichkeit des Textes ausgewiesen, die auf den Verfasser zurückgehe.⁶⁸ Durch Hugos Einteilung des Textes in neun Kapitel und sechs Distinktionen fallen die Distinktionen und Kapitel teilweise zusammen (zweite *distinctio* und drittes Kapitel, vierte *distinctio* und siebtes Kapitel, fünfte *distinctio* und achtes Kapitel, sechste *distinctio* und neuntes Kapitel), in anderen Fällen werden die Kapitel zur Binnengliederung der Distinktionen genutzt. Mit den beiden verschiedenen Gliederungsformen sind zwei Ordnungen aufeinander bezogen, die verschiedene Implikationen haben: Die Gliederung nach Distinktionen ist eine Disposition des Materials mit

---

⁶⁴ Vgl. Lutz Rosenplenter, Zitat und Autoritätenberufung 1982, 28–30.

⁶⁵ Diesen Aspekt betont besonders Rudolf Kilian Weigand, Der *Renner* des Hugo von Trimberg 2000, 285-358.

⁶⁶ Vgl. besonders Egon Julius Wölfel, Untersuchungen über Hugo von Trimberg 1884; Inés de la Cuadra, Der *Renner* 1999, 116–139; Rudolf Kilian Weigand, Der *Renner* des Hugo von Trimberg 2000, besonders 163ff.

⁶⁷ Zur Gliederung von Predigtsammlungen vgl. Volker Mertens, Der implizierte Sünder 1983, 78f. Auch Hugos *Solsequium* ist nach Distinktionen gegliedert.

⁶⁸ *Refert*[us] *hec sub scripta fuisse capitularis hui*[us] *libri distincc*[i]*o* [per] *i*[psum] *m*[a]*g*[ist]*r*[u]*m hugonem desc*[ri]*pta quam* [prae]*fat*[us] *magister Michahel nec laudat nec uituperat et reliq*[ua] *ponderet vnusqu*[i]*sque*; vgl. den Abdruck in Ehrismanns Edition: [Hugo von Trimberg], Der *Renner*, Bd. IV 1970, 4–14, hier 13. Die Register der anderen Handschriften folgen entweder Hugos Gliederung (Klasse I) oder derjenigen Michaels (Klasse II).

Das Problem der Heterogenität und Verfahren der Integration 77

klassifizierendem und logisch-gliederndem Anspruch. Bereits im Altertum wurden in allen wissenschaftlichen Disziplinen Einteilungen von Gattungen in ihre Arten vorgenommen und auch im Mittelalter war diese Praxis sowohl in scholastischer Theologie und Philosophie als auch im juristischen Schrifttum allenthalben gebräuchlich: Oberbegriffe wurden mit Hilfe kontradiktorischer oder konträrer Unterbegriffe unterschieden.[69] Anders als die Gliederung nach Kapiteln, mit der eine Gliederungsform des Buches gegeben ist,[70] deren paratextuelle Funktion auf die Erleichterung des Nachschlagens zielt, die also verschiedene Themen mehr oder weniger arbiträr gruppiert, beanspruchen Distinktionen, die in den Sachen selbst liegenden Unterscheidungen sichtbar zu machen. Im Zusammenhang der Geschichte einer „Wandlung des Buchs von einem Verweis auf die *Welt* zu einem Verweis auf den *Verstand*", die Ivan Illich ausgehend vom *Didascalicon* Hugos von Sankt Viktor umrissen hat,[71] stellt die Gliederung Hugos von Trimberg noch einen Kompromiss dar, jene Michaels de Leone präferiert die moderne Lösung.

Als Organisationsmodus des Textes sind Hugos Gliederungen in mehrfacher Hinsicht defizitär. Zum einen erschöpft sich Hugos Text nicht in der Thematik der Todsünden, diese sind, wie Rudolf Kilian Weigand in seiner ausführlichen Strukturuntersuchung erneut gezeigt hat, Gegenstand der ersten 18 000 Verse des Textes, ihnen folgt mit über 6000 Versen eine umfassende Heilslehre, die nicht mehr durch die Distinktionengliederung erfasst wird und auch in Hugos Register weder mit einer Bezeichnung versehen noch weiter unterteilt wurde.[72] Wie Inés de la Cuadra darüber hinaus gezeigt hat, ist Hugos Gliederung nach *distictiones* aus zweierlei Gründen inkonsequent durchgeführt: Zum einen ist dem Thema von Hugos Abhandlung, den Todsünden, eine andere numerische Disposition eigen, es sind sieben und Hugo muss zwei der Todsünden innerhalb einer *distinctio* behandeln. Dass Hugo sich auf sechs Distinktionen beschränkt, hängt zum anderen damit zusammen, dass er wohl die Symbolik der Zahl sechs höher bewertet habe, da sie der Anzahl der Schöpfungstage bzw. der Weltalter entspreche.[73] Dem ist zuzustimmen, wobei zu ergänzen ist, dass die Gliederung nach Schöpfungstagen bzw. Weltaltern eine geläufige Dispositionsform von Wissen in enzyklopädischen Texten des Mittelalters darstellt.[74] Hugo zitiert im *Renner* das *Hexameron*

---

[69] Peter Weimar, Art. ‚Distinktion (distintio) II' 1986, Sp. 1129; vgl. auch Inés de la Cuadra, Der *Renner* 1999, 119f.
[70] Vgl. Rudolf Kilian Weigand, Der *Renner* des Hugo von Trimberg 2000, 350.
[71] Vgl. Ivan Illich, Im Weinberg des Textes 1991, 126.
[72] Vgl. Rudolf Kilian Weigand, Der *Renner* Hugos von Trimberg 2000, 36ff., 163ff., 287, 346–352, 365–374. Weigand knüpft mit seiner Strukturuntersuchung an die ältere Studie von Rupp an, der als erster den Schlussteil als integralen Bestandteil des Werkes binnendifferenzierte; vgl. Heinz Rupp, Zum *Renner* Hugos von Trimberg 1969; vgl. auch Günther Schweikle, Zum Werk Hugos von Trimberg 1970, 310f.
[73] Inés de la Cuadra, Der *Renner* 1999, 119.
[74] Vgl. zur Disposition von mittelalterlichen Enzyklopädien anhand des Sechstagewerks Christel Meier, Organisation of Knowledge 1997, 107f.; Paul Michel, Ordnungen des Wissens 2002, 52f.

des Ambrosius,⁷⁵ in dem das Wissen dem Sechstagewerk entsprechend geordnet und darüber hinaus in neun Homilien eingeteilt ist.⁷⁶ Die Privilegierung der Sechserzahl gegen die numerische Ordnung der Todsünden weist so einmal mehr den enzyklopädischen Anspruch von Hugos *Renner* aus und indiziert die Spannung zwischen Predigt und Enzyklopädie. Für die Verwirrung der Gliederung durch Distinktionen sorgt zudem, dass keineswegs jeweils eine Sünde einer *distinctio* zugeordnet wird. Vielmehr werden innerhalb einer *distinctio* auch andere Sünden behandelt. Schon in Hugos Register wird dies deutlich: Für den Inhalt des fünften Kapitels werden zwei Todsünden angegeben: *Q[ui]ntu[m] de auaricia iuicib[us] iuristis de decimis theoloniis et de gula et c[etera]*.⁷⁷

Darin wurde eine „assoziative Umschweifigkeit" innerhalb der Abschnitte gesehen, welche die Darstellungsweise des Renners weit mehr präge „als die wenigen Punkte der Großgliederung an Ordnung liefern können."⁷⁸ Diese Inkonsistenz lässt sich konzeptionell begründen, sie hängt mit einer Vorstellung der Simultaneität aller Sünden zusammen, auf die Hugo in seiner Abhandlung immer wieder hinweist. Diese Konzeption eines Kollektivums der Todsünden fasst Hugo in verschiedene allegorische Bilder. Zum einen wird die Gleichzeitigkeit und die Bezogenheit der Todsünden aufeinander vergegenwärtigt im Bild eines hierarchisch gegliederten Heeres mit Anführern und Untergebenen bzw. im Bild eines Hofstaats mit Herrscher und Gefolge.⁷⁹ Daneben finden sich die Bilder eines Baumes mit verflochtenen Ästen und Wurzeln,⁸⁰ sowie des wilden Reigens, der von Personifikationen aller Sünden getanzt wird.⁸¹ Als „Theorie der Sündenverflechtung" hat Inés de la Cuadra diese Vorstellung der Simultaneität aller Sünden untersucht und darin die Ursache für die Inkonsistenz der Gliederungen des Textes gesehen.⁸²

---

⁷⁵ *Renner*, V. 19 231, 23 915.
⁷⁶ Ambrosius von Mailand, Examaron (PL 14, 205ff.) 1914.
⁷⁷ *Renner* Bd. 4, 14.
⁷⁸ Klaus Grubmüller, Meister Esopus 1977, 261.
⁷⁹ Die Vorstellung eines Heeres der Sünde und eines Verhältnisses von Herrscher und Gesinde finden sich unter anderem: *Renner*, V. 285–300, 4375–4384, 4565–4580.
⁸⁰ Die Vergegenständlichung der Sünde als Baum mit verflochtenen Ästen etwa: *Renner,* V. 269–276, 9413–9425.
⁸¹ In das Bild eines getanzten Reigens werden die Sünden gefasst in: *Renner*, V. 9445–9460; vgl. Julia Zimmermann, Teufelsreigen – Engelstänze 2007, 77f.
⁸² Der Begriff „Theorie der Sündenverflechtung" bei Inés de la Cuadra generalisiert freilich *eine* Metapher, die sich bei Hugo für den beschriebenen Sachverhalt findet: die des Baumes mit verflochtenen Ästen und Wurzeln. Diese Metapher trifft auf das Bild eines hierarchisch gegliederten Heeres der Sünden, das die Verfasserin bei Gregor dem Großen ausfindig machen konnte, und auf die Vorstellung eines getanzten Reigens der Sünden so nicht zu. Hier unterbleiben mitunter Differenzierungen im Bildbereich, etwa auch wenn der Reigen der Sünden mit Totentänzen assoziiert wird. Die Konsequenzen von Gregors und Hugos sogenannter „Theorie der Sündenverflechtung" für Aufbau und Gliederung des Textes, welche Inés de la Cuadra schildert, gelten hingegen unbenommen solcher Einwände.

Die Gliederung nach Distinktionen ist weder in Hugos Register noch in den Handschriften konsequent durchgeführt: Es unterbleibt die Erwähnung der *prima distinctio*. Erst die zweite wird explizit angeführt. Dies ist darauf zurückzuführen, dass Hugo seinen Text mit eschatologisch perspektivierten Altersklagen beginnen lässt und seinem Prolog eine allegorische Vergegenwärtigung *aller* Todsünden im Gleichnis vom Menschheitsbaum als Tableau des Textes voranstellt.[83] Hier konkurrieren die den Inhalt des gesamten Buches vergegenwärtigenden Techniken mit dem Anspruch auf eine gegliederte Folge von Einzelabhandlungen. Durch eine Binnengliederung des Buchanfangs im Register wäre die Heterogenität des Textes noch augenfälliger geworden. Hugos Register lässt die Grenze zwischen der *prima distinctio* und dem Prolog seines Textes unbestimmt. Die Distinktionen bilden, so lässt sich das Bisherige zusammenfassen, eine unfeste Ordnung, durch die ein logisch-systematischer Zusammenhang des Dargebotenen lediglich evoziert wird. Die Überschüssigkeit des Textes mit seinen Wucherungen und den Verflechtungen der Begriffe lässt die Abfolge der Distinktionen immer wieder als äußerlich erscheinen.

Hugos Kapitelgliederung hat eine andere Funktion. Sie organisiert die Kritik der Stände und Berufsgruppen, der Geschlechter und der Lebensalter in thematischen Gruppen: Das erste Kapitel behandelt Frauen, Herren, Bauern und Halbedle, das zweite wendet sich Klerikern und Mönchen zu, das dritte den Wirten, das vierte behandelt Räuber, das fünfte beinhaltet eine Kritik von Richtern und Rechtsgelehrten, das sechste behandelt Trinker und Spieler, das neunte Schüler und Lehrer. Diese Disposition des Materials konkurriert mit der Durchführung einer Abfolge der Todsünden,[84] da naturgemäß nicht jeweils einem Berufsstand nur eine Sünde zugeordnet werden kann: Die von Hugo gerügten Mönche sind nicht nur träge, sondern auch lüstern, verfressen und neidisch. Ähnliches gilt im *Renner* auch für Frauen und Kinder etc.

Dass Hugo neben Sündenabhandlung und Ständekritik auch noch die Welt und die Künste enzyklopädisch abhandeln will, führt zu weiteren Inkonsistenzen der Ordnungsprinzipien: Denn irgendwo zwischen Sündenkasuistik und Ständesatire muss auch noch Platz sein für naturallegoretische Abhandlungen über Tiere und Wunderbrunnen, für Ausführungen zu Grammatik, Rhetorik, Logik und Musik. Auch die vielen Fabeln, Exempel und biblischen Historien, welche die Sünden und ihre Konsequenzen vergegenwärtigen sollen, bringen noch einmal eine Fülle von Material ein, das seinerseits einzuordnen ist. Man kann also sagen, dass Hugos Gliederung nach Distinktionen und Kapiteln der Komplexität und Differenziertheit seines Materials nicht gewachsen ist und eine paratextuelle Ordnung nur durch Kompromissfiguren aufrecht erhalten werden kann. Dies wird gerade deshalb augenfällig, weil der *Renner* nicht als Steinbruch für die Bestückung von anderen Predigten verstanden sein will, sondern als einheitlicher, in sich gegliederter Text, der die Welt abbildet und dessen Lektüre zur Erkenntnis Gottes

---

[83] Vgl. zur eschatologischen Perspektive der Altersklagen die Ausführungen von Inés de la Cuadra, Der *Renner* 1999, 100–115.
[84] Vgl. Inés de la Cuadra, Der *Renner* 1999, 116–122.

führt. Zu solcher Einheitlichkeit steht die gebotene Mannigfaltigkeit des Stoffes in einem Spannungsverhältnis.

Dem suchte der Würzburger Protonotar Michael de Leone in seiner Redaktion des *Renners* zu begegnen.[85] Im Anhang zu seinem *Registrum* gibt er die lateinische Distinktionengliederung Hugos wieder und betont, dass er sie weder loben noch tadeln möchte. Michael fühlt sich dem Verfasser des Buches, das er *gecorrigirt rechtvertigt vn[d] capitulirt vnd geregistrirt* habe,[86] verpflichtet, er zitiert Hugos Einteilung und hält sich mit Kritik zurück. Der Gestus des Redaktors ist dem *Registrum* Michaels eingeschrieben: Neben der Durchgliederung des Materials geht es ihm auch um die Würdigung des Verfassers – so soll sein *Registrum* auch herausstreichen, *wo in dem selben buche lobeliches getihtet ist*.[87] Als Verfasser des Textes und Subjekt der Disposition seines Materials rückt *meister hauk* in Michaels *Registrum* ein, wenn beispielsweise als Inhalt des 42. Kapitels unter anderem Folgendes angegeben wird: *[...] vnd auch merklicher sprüche genuk vnd auch meister hauk entschuldigt sich an ditz buches vngetihte vnd nennet wanne er si vnd wa von vnd war vz ditz buch getihtet si [...]*.[88] Zurückgenommen wird die Gliederung nach Distinktionen und damit der Anspruch einer logisch-gliedernden Ordnung sowie einer dem Sechstagewerk bzw. den Weltaltern verpflichteten enzyklopädischen Disposition des Materials. Die 42 Kapitel, die Michael im *Registrum* mit ausführlichen Inhaltsangaben versieht, betonen solcherart zwar das Heterogene, erleichtern aber die Konsultation des Textes, das Nachschlagen und Auffinden erheblich. Anders als in Hugos knappen Angaben rückt bei Michael die Heterogenität des Textes auch insofern in den Blick, da der *Renner* als Textsortenkompilat behandelt wird und die Fülle der *gelichnusse, sprueche, bispel, hystorien, meren, vorreden,* der *guten reden* und *geschihten* betont wird: Immer wieder finden sich bei Michael Formulierungen wie die folgende: *vnd darüber auz der heilige[n] schrift hystorien genuch; vnd daruf guter rede vn[d] sprueche genuk.*[89]

Wo Hugo sich mittels der Distiktionen gegen das Wuchern seines Textes um eine Forcierung der Texteinheit bemüht, relativiert Michael diesen Anspruch zugunsten besserer Benutzbarkeit, auch wenn dadurch der Text eher wie eine Sammelhandschrift verschiedener *bispel, meren* und *historien* erscheint. So werden zwar die Inkonsistenzen von Hugos Gliederung abgebaut, dies geschieht aber um den Preis einer Exponierung von Heterogenität.

Bereits die beiden alternativen Register zeigen, dass schon bei den ersten Rezipienten und beim Verfasser selbst die Heterogenität des *Renners* als Problem wahrgenom-

---

[85] Zu Michael de Leone vgl. Peter Keyser, Michael de Leone 1966; Gisela Kornrumpf, Art. ‚Michael de Leone' 1983, 491–503.
[86] *Renner* Bd. 4, 13.
[87] *Renner* Bd. 4, 4.
[88] *Renner* Bd. 4, 12f.
[89] Zu den Gattungsbegriffen bei Michael vgl. Inés de la Cuadra, Der *Renner* 1999, 12–17.

men wurde.[90] Dies wird durch Hugos Apologien im Text bestätigt. Die Transgression der Textsorte Predigt und der enzyklopädische Anspruch bedingen ein literarisches Gebilde, dessen Kohärenz und Einheit zur Disposition stehen. Dem nun begegnet der Text durch Verfahren der Verknüpfung und Einheitsbildung, welche die Heterogenität abbauen und durch die der Werkcharakter des Textes gewährleistet wird.[91] Erste Hinweise auf solche Verfahren bietet das, was bereits zur beanspruchten Vollständigkeit des Wissens im *Renner* ausgeführt wurde. Die heilsgeschichtliche Rahmung des Textes zwischen Erschaffung des Menschen und Jüngstem Gericht, die allegorische und auch katalogartige Vergegenwärtigung der ganzen Welt zeigen, dass alles, was in diesem Text thematisiert wird, unter dem Gesichtspunkt einer Totalität erscheint, der Totalität der Schöpfung und der Heilsgeschichte. Diese Perspektive kennt Heterogenität als Phänomen nicht: Alles, was thematisiert werden kann, ist aus der göttlichen Schöpfung *ex nihilo* ableitbar. Diese generelle Perspektive wird als Integrationsangebot des Textes allerdings nicht durchgehend genutzt und behauptet, sie wäre auch nicht durchzuhalten. Gewissermaßen unterhalb dieser generellen Perspektive fungiert als wichtigstes Verfahren der Einheitsbildung die Vorwegnahme des Werkes im allegorischen Eingangstableau des Prologs und der wiederholte Rekurs auf die dort entfaltete Bildlichkeit im weiteren Verlauf der Abhandlung. Die Korrelation der Eingangsallegorie, die als Prospekt der thematisierten Welt fungiert, mit der Fülle des präsentierten Materials betreibt Hugos Text mit bemerkenswertem Aufwand. In der allegorischen Fügung des Heterogenen liegt ein dominantes Verfahren der Einheitsbildung und Integration des *Renners*, welches im Folgenden untersucht werden soll.

Allegorie als Verfahren der Komplexitätsreduktion

Hugo entfaltet zu Beginn des Textes ein allegorisches Bild, den Menschheitsbaum. Angesichts der Fülle von Untersuchungen zum Thema beschränke ich mich darauf, die Funktionen der Allegorie für einen Abbau der Heterogenität von Hugos Text zu umreißen.[92]

---

[90] Vgl. dazu bereits Egon Julius Wölfel, Untersuchungen über Hugo von Trimberg 1884, 162–174.
[91] Vgl. Karlheinz Stierle, Werk und Intertextualität 1983, 16f.
[92] Vgl. hierzu besonders die Prologanalyse bei Rudolf Kilian Weigand, Der *Renner* des Hugo von Trimberg 2000, 289–309. Dass Hugos Text durch die Elemente der Eingangsallegorie verknüpft und zusammengehalten wird, ist in der Forschung ausgiebig reflektiert worden: Egon Julius Wölfel, Untersuchungen 1884, 164f.; Gustav Ehrismann, Hugo von Trimbergs *Renner* 1920, 213; Günther Schweikle, Zum Werk Hugos von Trimberg 1970, 309. Inés de la Cuadra, Der *Renner* Hugos von Trimberg 1999, 45–67.

Die Allegorie setzt ein mit dem Bild des Spaziergangs:[93] Das Ich des Textes ergeht sich auf einer schönen Heide, zu der ein schmaler Steg führt und die von hohen Bergen umgeben ist. Auf dieser Heide steht ein Birnbaum:

> *Ich kam ûf eine heide,*
> *Diu ze guoter ougenweide*
> *Harte wol gezieret was.*
> *Dâ drungen bluomen durch daz gras,*
> *Von bluomen was si pfeller var.*
> *Ein stîc, der mich brâhte dar,*
> *Der was grasic unde smal.*
> *Diu heide lac in einem tal,*
> *Glîche gemezzen und niht ze breit,*
> *Mit hôhen bergen ümmeleit.*
> *Dâr inne begonde ich ümmegên.*
> *Dô sach ich einen boum dort stên*
> *Ûf einem grüenen reine,*
> *Gesundert alterseine (Renner,* V. 37–50)

Dargeboten wird so zunächst das Tableau eines *locus amoenus*, in dem das Ich des Textes sich ergeht, um daraufhin das sukzessiv in den Blick Genommene dem Leser zu präsentieren. Allegorische Eröffnungen durch vergleichbare Spaziergänge sind aus Minnereden bekannt, auch die liebliche Landschaft, in der sich Gottfrieds Minnegrotte befindet, rückt in den Anspielungsbereich dieser Bildlichkeit.[94] Hugo freilich geht es nicht um eine Kasuistik der *minne*, sondern um das Abbild einer sündenverfallenen Welt, weshalb neben den topischen Versatzstücken lieblicher Orte bald auch von wilden Dornen, schlammigen Pfützen, von tobenden Wettern und Winden, von Fäulnis die Rede ist. Hugos Bearbeitung der Bildtraditionen lässt sich als gezielte Kontamination fassen: Da ist zunächst der blühende Baum, unter dem sich ein wilder Dornbusch, eine Pfütze und eine Quelle befinden. Eine allegorische Bedeutsamkeit dieser Bildelemente wird deutlich indiziert, die dem *locus amoenus* fremden Elemente werden somit als intendierte und semantisch relevante Ergänzungen markiert:

> *Dâ bî stuont ein wilder dorn,*
> *Der het im dâ ein stat erkorn.*
> *Bî dem stuont eine lache:*
> *Wizzet daz meinet sache,*
> *Wenne dâ bî stuont ein brunne. (Renner,* V. 55–59)

Während der Erzähler das allegorische Tableau durchwandelt, wird eine Perspektive auf die Rezipienten geöffnet (*wizzet das meinet sache*), wobei darauf hingewiesen wird,

---

[93] Gegen die unhaltbare Vermutung Goheens, es handle sich um eine Jenseitswanderung, hat Rudolf Kilian Weigand hier den Begriff der „Lebenswanderung" eingesetzt; vgl. Jutta Goheen, Mensch und Moral im Mittelalter 1990, 30; Rudolf Kilian Weigand, Der *Renner* des Hugo von Trimberg 2000, 295.

[94] Vgl. Inés de la Cuadra, Der *Renner* Hugos von Trimberg 1999, 46.

dass sich das Geschilderte nicht im Litteralsinn erschöpfen wird. Die folgende kausale Konjunktion (*wenne*) evoziert, dass es sich bei der Anordnung der Bildelemente um keine zufällige handelt, sondern um eine, der gemäß ihrer Bedeutung Notwendigkeit eignet. In einem weiteren Schritt wird nun die präsentierte Szene verzeitlicht:

Dô der boum, den ich sach
Ûf der heide, als ich ê sprach,
Sîner blüete wart âne,
Geladen wart er sâne
Mit maniger birn, daz ist wâr. (*Renner*, V. 63–67)

Der jahreszeitliche Wechsel von der Baumblüte zur Ernte übersteigt in seiner zeitlichen Erstreckung die Dauer eines Spaziergangs und weist diesen als uneigentliches Bild für die in Frage stehenden Zusammenhänge aus, womit der allegorische Status des Dargebotenen ein weiteres Mal deutlich gemacht wird:[95] Einige der Birnen werden vorzeitig gepflückt (*Die lâze wir belîben, swer die habe*; *Renner*, V. 70), die restlichen Birnen bleiben am Baum hängen, so sehr die Wetter auch toben. Nachdem sie jedoch alle miteinander reif geworden waren, schüttelt der Wind *Virwiz* den Baum, woraufhin alle Früchte herabfallen. Ein Teil der Früchte fällt in den Dornbusch, einer in die Pfütze, ein weiterer in die Quelle und der Rest schließlich *ûf daz gras*. Die Birnen an *boeser stat* verfaulen, sie werden nicht geerntet und sind verloren zu geben, sie verderben eher als die auf der Wiese. Damit ist die Entfaltung des Bildfeldes abgeschlossen und die Auslegung wird angekündigt:

Nu merket, junge liute,
Waz der boum bediute,
Der dorn und ouch daz grüene gras
Und swaz mêr ûf der heide was! (*Renner*, V. 101–104)

Für die Auslegung der einzelnen Bildelemente setzt Hugo bei der Schaffung Adams an und bezieht den Baum auf die aus Adams Rippe geschaffene Eva:

Dô got gewaltes rîche
Ze lobe im sunderlîche
Adâm geschuof von erden,
Ze der wir müezen werden,
Dô lac er alterseine:
Ich gelîche in dem reine.
Ein rippe got ûz im dô nam,
Von der unser muoter Êvâ kam:
Sie bediutet den boum aleine,
Der dâ wuohs ûf dem reine. (*Renner*, V. 105–114)

Mit dem Hinweis auf die Erde, zu der die sterblichen Menschen zurückkehren, ist so bereits bei der Schilderung prälapsaler Reinheit der ersten Menschen die Situation der

---

[95] Zu Motivparallelen des allegorischen Baumes bei Matfre Ermengaud (*Breviari d' Amor*) vgl. Gustav Ehrismann, Hugo von Trimbergs *Renner* 1920, 219f.

erbsündigen postlapsalen Rezipienten eingespielt. Die Allegorie wird durch ein Wortspiel ergänzt: Der *rein*, auf dem der Baum steht, ist Adam, der Baum selbst ist Eva. Der eher einem hortikulturellen Bildfeld als einem *locus amoenus* zugehörige Feldrain wird sprachspielerisch funktionalisiert: Adam ist rein, was durch eine (etwas missglückte) Erläuterung präzisiert wird: *Wenne si wâren beide | Âne sünde und reine meide* (*Renner,* V. 115f.). Der Baum bedeutet Eva, die Stammahnin des Menschheitsgeschlechts. Die Blüten und Früchte des Baumes bezeichnen somit die sündigen Kinder Evas. Ewig wären Adam und Eva im Paradies verblieben, heißt es im Folgenden, wären sie *wîse* (*Renner,* V. 120) geblieben und hätten Gottes Gebot nicht übertreten. Der Sündenfall wird als Abfall von einer ursprünglichen Weisheit vergegenwärtigt, die mit der anfänglichen Herrlichkeit Adams gegeben war. Der Sündenfall der ersten Menschen wird so moraldidaktisch perspektiviert: Denn nicht aufgrund eines Tabubruchs und aufgrund des Wunsches, Gott gleich zu werden, erfolgt hier die Verdammung der Menschen, sondern weil sie gutem Rat (dem göttlichen Verbot) nicht Folge geleistet hätten. Dies ist auch schlüssig mit Blick auf die Ethik des *Renners*, der Sünde als Torheit und Torheit als Resultat einer Nichtberücksichtigung guter Lehre und Unterweisung thematisiert.[96] Darin ist latent eine eigene Perspektivierung der Heilsgeschichte erkennbar, gewissermaßen eine didaktische Umschrift der alttestamentarischen Aitiologie von Sünde, Erkenntnis, Scham und Sterblichkeit. Nach dem Fall erst entstehen die Quelle, der Dornbusch und die Pfütze, Hugo erläutert die Bedeutungen dieser Bilder: Der Brunnen ist die Gier, der Dornbusch die Hoffart, die Pfütze steht für *manige sünden* (*Renner,* V. 130), das grüne Gras jedoch für die wahre Reue. Damit sind vorab auch die Prioritäten geklärt; in Gier und Hoffart sind im *Renner* jene Sünden zu sehen, die alle anderen Todsünden im Gefolge haben und denen sich Hugo deshalb in gesteigertem Maße zuwendet.

Nach der Auslegung der Bildlichkeit perspektiviert der *Renner* den Sündenfall auf die Erlösung hin, indem er geläufige Typologien zum Einsatz bringt: Eva brachte die Menschen in Sünde und Scham, der Engelsgruß ‚Ave', der zur Erlösung der Menschen führt, ist die Umkehrung ihres Namens. Durch Adam kam die Welt in Not, durch Christus wird sie erlöst.[97] Die Frucht des Paradiesbaums hat die Menschen verführt, Christus am Stamm des Kreuzbaums hat sie erlöst. In dieser Versammlung von Typen und Antitypen wird das Gesamt der Heilsgeschichte vergegenwärtigt.[98]

Das allegorische Eingangstableau und seine Auslegung wird zur Matrix für Hugos Text und so immer wieder der Gliederung des Mannigfaltigen nutzbar gemacht. Die Eingangsbilder fungieren als Signale im Text, die ermöglichen, das Ausgeführte einer

---

[96] In diesem Sinne auch *Renner,* V. 15 760: Adam und Eva folgten bösem Rat.
[97] Christus secundus Adam, vgl. Rm 5, 12–21; I Cor 15, 45–49; vgl. Gustav Ehrismann, Hugo von Trimbergs *Renner* 1920, 223f.
[98] Hugo erklärt sich nach dieser Stelle als unzuständig für typologische Auslegungen: Sie fallen in den Zuständigkeitsbereich von *pfaffen* und *klosterliuten* (*Renner,* V. 172–184); vgl. dazu Rudolf Kilian Weigand, Der *Renner* des Hugo von Trimberg 2000, 295f., dort auch Anm. 36.

Das Problem der Heterogenität und Verfahren der Integration 85

der Sünden zuzuordnen. So schildert Hugo das Gefolge *boeser herren*. Mit einem langen Schimpfwortkatalog werden jene bedacht, die ihren sündigen Herren unangemessenes Lob spenden und ihnen schmeicheln. Auch eine Aufzählung übler Verhaltensweisen an den Höfen böser Herren wird geboten. Zusammenfassend heißt es schließlich:

> *Swelhe herren nu hânt sôgetân site,*
> *Den sôgetân gesinde volget mite,*
> *Die mügen wol vallen in den dorn* [...] (*Renner*, V. 1159–1161)

Über den Rückbezug auf die Eingangsallegorie wird so vergegenwärtigt, dass die geschilderten Akteure bei Hofe, die ein bestimmtes Verhalten an den Tag legen, sich der Hoffart schuldig machen. Hier nutzt Hugo das Eingangstableau als Mittel zur Orientierung für den Rezipienten, als Karte gewissermaßen, um sich in der mitunter unübersichtlichen Fülle der geschilderten Phänomene zurechtzufinden. Die Elemente der Allegorie rücken die Ordnung der Distinktionen gegen die verwirrende Fülle des Materials wieder in den Blick. Entsprechend wird allegorische Bildlichkeit auch für den Wechsel des Themas von einer der Todsünden zur nächsten funktionalisiert. Hugo markiert eine neue Distinktion in seinem Text immer wieder auch durch den Verweis auf die Bildlichkeit der Eingangsallegorie:

> *Die hôchvart lâze ich belîben*
> *Und wil ein wênic schrîben*
> *Von ir gespiln der gîtikeit.*
> *Der schar ist sô grôz und sô breit,*
> *Daz si nieman gezeln kan:*
> *Wenne si hât wîp und man*
> *Sô gar an sich gewunnen,*
> *Daz mêre in irn brunnen*
> *Birn vallent alle tage*
> *Denne ûf den dorn, got ich ez klage!* (*Renner*, V. 4375–4384)

> *Ich hân ein teil iu vür geleit,*
> *Wie hôchfart und gîtikeit*
> *Ir diener hie verleitent*
> *Und dar nâch in bereitent*
> *Ein bat mit helle brenden:*
> *Die rede wil ich nu wenden*
> *Von dem brunnen gein der lachen,*
> *In die ouch von manigen sachen*
> *Manigerleie liute*
> *Vallent leider hiute,* [...]. (*Renner*, V. 9402–9411)

> *Die rede lâze ich dâ bestên*
> *Und wil aber vürbaz gên*
> *Gein des nîdes ingesinde*
> *Und sîner gespiln, swâ ich die vinde:*
> *Swelhe mir dâ vorne sint entrunnen*

Bî dem dorne und bî dem brunnen,
Die muoz ich suochen bî der lachen.
Deste lenger muoz ich machen
Diz büechelîn: swen des verdrieze,
Der gê ze velde ûz und schieze
Ǖm ein ort gein einem zil:
Wir haben dennoch sîn hie ze vil. (Renner, V. 15 549–15 560)

Die Gliederung nach Distinktionen wird so durch Wiederholungen der Elemente der Eingangsallegorie gestützt. Die Evokation einer logisch-gegliederten Abhandlung, welche durch die Gliederung des Textes in Distinktionen nahegelegt wird, hat so im Bildregister eine Verstärkung, welche die Vagheit und Unfestigkeit der Distinktionengliederung teilweise kompensiert.

Die Zuordnung der geschilderten Missstände zu *einer* der im Bild vergegenwärtigten Hauptsünden stellt ebenfalls eine Komplexitätsreduktion dar: Eine klare Differenzierung der Phänomene wird durch den häufig vorgebrachten Hinweis auf die Verflechtung aller Sünden miteinander und die unübersichtliche Schilderung aller möglichen Verfehlungen der Menschen immer schwieriger.[99] Durch die Bilder der Allegorie wird das Verworrene wieder auf klare Prinzipien zurückgeführt. Hugos Diskurs wechselt zwischen Digressionen, die eine ständisch und beruflich differenzierte Welt einzuholen suchen, und Konzentrationen, welche die Fülle des Materials wieder auf wenige Grundprinzipien zentrieren. Der Rekurs auf die allegorische Bildlichkeit des Eingangstableaus signalisiert so eine Ordnung in der Fülle der geschilderten Tatsachen.

Dies ist auch zu akzentuieren mit Blick auf die Komplexität, die dem Text durch die Vermengung von literarischen und gelehrten Traditionen eigen ist: Mittels der allegorischen Bildlichkeit werden hier Ebenen- und Registerwechsel gesteuert. Im Wechsel von erzählenden und explikativen Passagen kommen die Elemente der Eingangsallegorie so desgleichen zum Einsatz: Hugo berichtet in einer Binnenerzählung, wie er in ein Dorf geritten sei und von Bauern, die den berittenen Prediger mit physischem Nachdruck bedrängten, über die Herkunft des Adels und der Unfreiheit der Menschen ausgefragt worden sei, und wie er sie über diese Sachverhalte unterrichtet habe. Hugo beschwichtigt nach langen Auseinandersetzungen seine Zuhörer dadurch, dass er für gottesfürchtige Bauern Gratifikationen im Jenseits ankündigt und zugleich die Bestrafung ungerechter Herren und Fürsten:

„Zürnten wir armen immer und immer,
Herren und vögte zerinnet uns nimmer:
Doch vellet ir maniger in den dorn,
Von swelhem geslehte si sîn geborn.
Mit iuwerm urloub wil ich varn,
Got müeze uns lîp und sêle bewarn!"
Mit der rede schiet ich von in.
Sît ich mit gotes hilfe bin

---

[99] Vgl. Inés de la Cuadra, Der *Renner* 1999, 68–91.

Her ûz komen an die strâzen,
Der gebûr teidinc wil ich nu lâzen
Und wil von andern liuten sagen. (*Renner*, V. 2259–2269)

Die allegoretische Bildlichkeit vermittelt hier zwischen der narrativen und der explikatorischen Ebene. Die Figur des Bauernpredigers, die der Neidhart-Tradition entstammt,[100] bedient sich des Rückbezugs auf die Allegorie (Fürsten fallen in den Dornbusch) vor dem inszenierten bäurischen Publikum, welches nicht Adressat der Eingangsallegorie und Allegorese war. Durch dieses Element wird der Ausflug in die satirische Tradition der Neidhartschen Bauernpredigt mit dem Eingangstableau verknüpft und die Gravität der Ständedidaxe betont. Denn in der intertextuellen Tradition solcher Bauernunterweisung durch den *gumpelphaffen* Neidhart spielt ein komischer Aspekt hinein: Neidhart sucht mittels seiner Reden der bedrohlichen Situation zu entkommen. Man hätte auch bei Hugo den Eindruck gewinnen können, seine Kritik am Adel diene lediglich der Kalmierung der Bauern. Aber Hugo solidarisiert sich mit ihnen (*wir armen*; *Renner*, V. 2259) und betont für den Leser durch den Rekurs auf die Eingangsallegorie den paränetischen Ernst seiner Adelskritik. Angekündigt wird dabei mittels des Rekurses auf die Birnen, die in den Dornbusch fallen, das Verlassen der narrativen Ebene nach der langen Erzählung von der Bauernunterweisung und die Rückkehr zur explikativen Rede.

Durch solche Wiederholungen der im Eingangstableau entfalteten Bildlichkeit beugt Hugo dem Auseinanderdriften seines Textes vor und integriert das heterogene und mitunter digressiv ausufernde Material zur Einheit eines Sündenkatalogs mit Fallbeispielen und Exempeln. Die allenthalben durch digressive Wucherungen in gelehrte Kontexte und literarische Traditionen gefährdete Disposition des Textes wird durch Wiederholungen der allegoretischen Bildlichkeit auf den Sündenkatalog zurückbezogen, die Rekurse stellen mithin ein Verfahren der Einheitsbildung dar. Natürlich wird der Text durch die Allegorie nicht vollständig integriert. Eine solche Stringenz ist enzyklopädischer Dichtung grundsätzlich fremd. Deutlich aber ist, dass das allegorische Integrationsverfahren aufgeboten wird, um der problematischen Heterogenität des Textes zu begegnen und ihn zu einer Einheit zu fügen. Dies wird aber nicht nur durch die Allegorie geleistet, sondern auch durch eine ansatzweise vollzogene Syntagmatisierung der Elemente, der im folgenden Abschnitt genauer nachzugehen ist.

Das Syntagma der Reise und die Perhorreszierung von Mobilität

Dass Hugos Text unter dem Titel des *Renners* überliefert wurde, geht mit großer Wahrscheinlichkeit auf den bereits erwähnten Würzburger Protonotar Michael de Leone zu-

---

[100] Inés de la Cuadra, Diskurse über soziale Mobilität 2000, 78, 85ff.

rück.[101] Offensichtlich nimmt sein Titel die auffällig häufig wiederkehrende Formel Hugos auf: *Nu sül wir aber vürbaz rennen | und unsern herren baz erkennen.*[102] In einigen Handschriften findet sich zu Beginn des Werkes der Zweizeiler Michaels de Leone, der die Benennung des Werkes erläutert: *Renner ist ditz buoch genant | Wanne es sol rennen durch diu lant.*[103] Günther Schweikle hat diesem Zweizeiler ein Missverständnis von Hugos Programm konzediert: Verschoben werde Hugos Metapher für eine progredierende Gotteserkenntnis hin zu der bezweckten Breitenwirkung des Werkes:

> Hugo verstand unter *rennen* das Sich-Beeilen in Richtung auf das Gottesreich, faßte also das Bild auf im Sinne einer Erkenntnisvertiefung (*baz erkennen*), nicht im Sinne einer Breitenwirkung (wie in Michaels Reimpaar). Wo Hugo dies meint, begegnet das Wort *varn* [...].[104]

Michaels Rezeptionszeugnis nimmt jedoch nicht nur das im Sinne einer Erkenntnisvertiefung zu verstehende *rennen* in Hugos Refrain auf, sondern eine den Text durchgehend prägende und bemerkenswert ausdifferenzierte Metaphorik von Mobilität und Beschleunigung, die immer wieder auf Erkenntnisvertiefung und manchmal auch auf Breitenwirkung[105] hin ausgelegt werden kann, oft aber auch anders funktionalisiert ist. Den Funktionen dieser Metaphorik soll im Folgenden nachgegangen werden. Zu befragen sind nicht nur Passagen, in denen von *rennen* oder *varn* die Rede ist, sondern auch die Bildfelder der Schifffahrt, des Reitens zu Pferde in verschiedenen Gangarten und weitere Inszenierungen von Mobilität.

Hugo nutzt die Bilder der Reise und des Weges immer wieder, um seinen Text zu charakterisieren und über sein Vorgehen nachzudenken. Gegen Ende seines Buches vergleicht er sein Schreiben dem Segeln auf dem Meer:

> *Ich hân dem winde mîns herzen segel*
> *Bevolhen: swar mich der hât getriben,*
> *Des hân ich ein teil geschriben*
> *In dirre wilden werlde wâge* [...] (*Renner*, V. 23 508–23 511)

---

[101] Vgl. Peter Keyser, Michael de Leone 1966; Gisela Kornrumpf, Paul-Gerhard Völker, Die Handschriften, Bd. I 1968. Konrad Vollmann, Art. ‚Michael de Leone' 2002, Sp. 605; Gisela Kornrumpf, Art. ‚Michael de Leone' 1983, 491–503.

[102] Vgl. *Renner*, V. 2887, 4365, 6725, 7549, 8273, 8903, 9430, 10 501, 11 251, 11 725, 13 217, 13 897, 14 893, 15 301, 19 159, 20 345, 21 169, 24 083.

[103] Hs E.1 (E), eine Variante bietet L 2 (L): *Der renner pin ich genant | Der wert lauff ist mir bechant.*

[104] Günther Schweikle, Zum Werk Hugos von Trimberg 1970, 312; ebenso auch Inés de la Cuadra, Der *Renner* Hugos von Trimberg 1999, 4. Gegen Schweikles Differenzierung von *rennen* und *varn* verweist Weigand auf die Austauschbarkeit der beiden Worte in einigen Passagen; vgl. Rudolf Kilian Weigand, Der Renner des Hugo von Trimberg 2000, 314, Anm. 67.

[105] Etwa *Renner*, V. 9392–9401: *Alsô hân ich übel unde guot, | Rîchtuom unde armuot, | Junc und alt, schaden und frumen, | Schande und êre vür mich genumen | Und var mit disem büechelîn | Von dem Meine biz an den Rîn, | Von der Elbe biz an die Tuonouwe | Durch kurzwîle und schatschouwe, | Daz etswer mîner sêle gedenke, | Dem got sîn herze dar zuo lenke.*

Das Problem der Heterogenität und Verfahren der Integration 89

Allegorisch wird das unberechenbare Meer dabei auf die *wilde werlde* bezogen. Die Figur des die Welt durchlaufenden, durchreitenden und durchsegelnden Ichs hat unter anderem die Funktion, das heterogene Material zu integrieren. Die Menge des heterogenen Wissens wird so mittels des Bildes mobil zu durchmessender Landschaft ineinander gefügt und somit integriert. Auch für die Gliederung des Textes wird die Metaphorik der Mobilität immer wieder genutzt: Wenn Hugo ein Thema als abgeschlossen erachtet oder seine Ausführungen zu einer Materie vorübergehend unterbricht, um sich anderen Gegenständen zuzuwenden, so greift er auch dabei auf den Bildbereich der Mobilität zurück:[106]

Dâ mit habe nu diu rede ein ende,
Swar ich den segel ouch vürbaz wende. (Renner, V. 6723f.)

Nu sül wir aber den segel wende
Gein der unkiusche ingesinde. (Renner, V. 12 396f.)

Der allegorische Spaziergang auf der Heide, der eingangs als Gleichnis für das sukzessiv erfolgende Aufsuchen und Abhandeln der Todsünden stand, wird im weiteren Text, der das allegorisch Verknappte diskursiv abhandelt, zur Weltreise. Die allegorische Abbreviatur des Spaziergangs wird mit der räumlichen Ausweitung einer nicht mehr im allegorischen Format des *locus amoenus* zu vergegenwärtigenden Welt sowohl quantitativ erweitert als auch beschleunigt. Hugo rennt mit seinen Rezipienten durch die Welt, er schildert an einer Stelle sich selbst als Reiter auf einem durchgehenden Pferd. Die eigene Abhandlung wird so zur Reise durch einen Raum der Sünden. Mit dieser Organisation des Materials gemäß dem Muster des Weges bzw. der Reise[107] wird auch der Vermittler des Wissens als Figur des Reisenden konkretisiert. Das Ich der Eingangsallegorie wird so als Instanz vergegenwärtigt, die die Welt in Augenschein genommen hat. Freilich inszeniert sich Hugo nicht als ein Reisender, der fremde Länder und Städte zu Gesicht bekommen hat, wie zum Beispiel Mandeville, der seine Bibliothek auch selten verließ. Der *Renner* bezeugt vielmehr die Sündhaftigkeit der Welt. In diesem Sinne wandelt die Handschrift L den Zweizeiler Michaels de Leone ab, die berittene Figur auf dem Titelblatt hält ein Sprachband, auf dem es heißt: *Der Renner pin ich genant. Der wert lauff ist mir bechant.*[108] Wenn bei Hugo auch Ansätze zu einer Syntagmatisierung seines Materials nach dem Schema des Weges und der Reise ausgemacht werden können, so ist doch zu vermerken, dass ein solches Schema mehr evoziert als konsequent durchgeführt wird. Die Ordnung des Materials gemäß der Abfolge von Reisestationen und die damit einhergehende Konkretisierung des reisenden *tihters*

---

[106] Eine systematische, die Unterschiede in den Handschriften berücksichtigende Untersuchung der gliedernden Funktion von Hugos ‚Refrain' findet sich bei Inés de la Cuadra, Der *Renner* Hugos von Trimberg 1999, 122–139.
[107] Paul Michel, Ordnungen des Wissens 2002, 58ff.
[108] Günther Schweikle, Zum Werk Hugos von Trimberg 1970, 320f.

wird im Text hier und da genutzt, aber nicht durchgängig präsent gehalten, sie erfolgt okkasionell.

Ein Vergleich des *Renners* mit Dantes *Inferno* kann bezüglich der landschaftsräumlichen Durchformung der jeweils bereisten Welten Ähnlichkeiten, aber auch grundsätzliche Unterschiede verdeutlichen.[109] Im *Inferno* werden die Sünden verräumlicht und in einer landschaftlichen Topologie der Hölle fixiert, wo sie dann von den Jenseitsreisenden Vergil und Dante wie Räume abgeschritten und durchfahren werden können. Wie bei Dante wird im *Renner* Wissen durch die Figuren des Weges und der Reise mit temporalen und kausalen Vektoren ausgestattet und so syntagmatisiert. Auch bei Dante findet sich vor der Reise eine Allegorie, jene des Waldes mit den wilden Bestien, in welcher die dramatische Situation des Menschen in der Mitte des Lebens vergegenwärtigt wird. Der Vergleich mit Dante zeigt freilich auch, dass die räumliche Durchgestaltung des Sündenkatalogs und somit seine literarische Anverwandlung beim *Renner* weniger konsequent ist, dass sie vielmehr sporadisch erfolgt.[110] Auch werden ganz unterschiedliche Bildfelder dazu benutzt: So bedient sich Hugo des Topos der *navigatio vitae* und kommt auf das Bild vom Meer der Welt zu sprechen,[111] andererseits greift der *Renner* auf die Bilder des Spaziergangs und des Pferderitts oder des Umherspringens zurück. Die Bildlichkeit der Reise weist in der *Divina Commedia* dagegen mit der Darstellung der reisend zu durchmessenden Räume der Hölle eine durchgehende Konkretisierung auf. Für Hugos Text ist mit den Verräumlichungen und den Bewegungsbildern nicht ein dominierendes, aber doch ein zusätzliches Ordnungsmodell gegeben, welches die aufgrund der Digressionen nicht immer erkennbare Ordnung des Textes stabilisiert. So wie die Allegorie des Menschheitsbaums bietet auch die Bildlichkeit des Weges und der Reise als Syntagma eine weitere Möglichkeit, die Heterogenität des Textes ein Stück weit abzubauen.

Natürlich handelt es sich bei diesen Bildern der Mobilität und der Beschleunigung um uneigentliche Redeweisen. Entgegen der Inszenierung des allegorischen oder metaphorischen Segelns, Reitens und Laufens durch die ganze Welt beharrt Hugo, wo er von sich selbst spricht, auf der *stabilitas loci*: Jahrzehntelang war die Bamberger Schule seine Wirkungsstätte (*Renner,* 24 560ff.). Hugos Text, so könnte man zuspitzen, entfaltet eine virtuelle Mobilität, die manchmal als metaphorische, manchmal allegorische, in beiden Fällen jedoch kontrafaktische Gegebenheit inszeniert wird. Betrachtet man die Mobilitätsmetaphern und Bewegungsbilder, so fällt neben ihrem virtuellen Charakter auf, dass sie in einem deutlichen Gegensatz stehen zur grundsätzlichen Privilegierung von Ortsfestigkeit, die den *Renner* kennzeichnet. Laster werden immer wieder dadurch

---

[109] Vgl. etwa Wilhelm Scherer, Geschichte der deutschen Litteratur 1883, 229.
[110] Hugos Welt lässt sich anders als Dantes Hölle nicht vermessen; vgl. den Titelaufsatz in Durs Grünbein, Gallilei vermißt Dantes Hölle 1996, 89–104.
[111] Hugo Rahner, Das Meer der Welt 1964.

begründet, dass die Dinge von ihren Orten entfernt werden oder sich an den falschen Orten befinden:

> *Ein herre ân êre zimt als wol*
> *Als ein schœne sal mistes vol,*
> *Buoche ân loup, houbt ân hâr,*
> *Velt ân gras, tier zagels bar.* (Renner, V. 943–946)

Vergil ist Gewährsmann dafür, dass alles in der Welt seinen Ort hat. Hugos Übersetzung der Verse aus der siebten Ekloge[112] dient der Veranschaulichung von Ortsfestigkeit:

> *„Ein elwer schôn bî wazzer stêt,*
> *In garten ein viehte schôn ûf gêt,*
> *Eichîn loup ziert grüenen walt,*
> *Ûf bergen ein tanne ist wol gestalt."* (Renner, V. 17 377–17 380)

An ihrem natürlichen Ort sind die Gehölze schön (*schôn, ziert, wol gestalt*). So wie die Bäume ihren festen Platz in der Landschaft haben, hat alles auf Erden seinen Ort. Hugo katalogisiert Dinge und die ihnen zukommenden Orte, wobei auch Lebensalter, Tugenden und Institutionen einbezogen werden: Einem alten Priester ziemt Verständigkeit, ein junger Mann soll auf Pferden reiten, Jungfrauen sollen sich durch *scham* und *zuht* auszeichnen, Veilchen und Gras wachsen in schönen Baumgärten, blonde Locken auf Kinderköpfen, Polster gehören an Fürstenhöfe, freundliches Lachen dorthin, wo Blutsverwandte unter sich sind, schöne Gemälde an Palastwände, Schreibtafel und Griffel in die Hände der Schüler, kleine Kinder haben Furcht und Scham, das Hofgesinde hat *zuht* und *güete*, Vogelgesang ist in dichten Wäldern, Gedränge von Menschen im Umfeld der Fürsten, bei den Geistlichen ist wahre Gottesliebe, bei Dichtern und Schreibern Verstand, *milte* und *güete* beim Fürsten, reine Gesinnung bei adligen Frauen, schöne Bäume stehen an Straßen, unter Mitschülern ist mäßiges Schlemmen, geistliche Liebe bei Pfaffen und Mönchen, Schweigen in Klöstern und Einsiedeleien, die Zuchtrute gehört in die Schule, Lesen und andächtiges Singen auf die Chöre (*Renner*, V. 17 381–17 408).

Diese Beispiele für die Ortsbezogenheit der Dinge wechseln zwischen rein Deskriptivem (z. B.: im Wald ist Vogelsang, Kinder haben blonde Locken) und Normativem (z. B.: Fürsten sollen freigebig sein, Jungfrauen schamhaft, Nonnen und Mönche sollen schweigen). Hugos Philippiken nun monieren durchgängig, dass all das nicht der Fall sei, was im Katalog der Dinge und ihrer Orte vorausgesetzt wird: Jungfrauen müssen die Wangen reiben, wenn sie züchtig erröten wollen (*Renner*, V. 12 685), Kinder sind Greise geworden (*Renner*, V. 14 930), Greise selbst sind unverständig wie Kinder (*Renner*, V. 21 085ff.), kleine Kinder sind trotzig und aufsässiger denn je (*Renner*, V. 6204, 12 605ff., 16 490), Gesinde widersetzt sich den Herren (*Renner*, V. 631ff., 15 127f.,

---

[112] Vergil, Eklogen VII, 65f.: *Fraxinus in silvis pulcherrima, pinus in hortis* | *Populus in fluviis, abies in montibus altis.*

18 318ff.), Geistlichen sind ihre Pfründe wichtiger als Gott (*Renner*, V. 803ff., 2653ff.), Geschwätz ist in den Klöstern und die Andacht ist verschwunden (*Renner*, V. 4053ff.), in den Menschen sind Wolfsherzen (*Renner*, V. 21 520). Früher war das alles besser, Kinder waren noch Kinder, Herren noch freigebig etc. Die schrecklichen Zustände der Gegenwart kurz vor dem Kommen des Antichrists werden darin begründet, dass die Dinge nicht mehr – wie sie es früher noch waren – an ihren Orten sind. Selbst wo Hugo die Sportart des Steinewerfens als überflüssigen und gefährlichen Zeitvertreib rügt (*Renner*, V. 11 651–11 676), ist die Aversion gegen die Entfernung der Dinge vom Ort, der ihnen zukommt, noch spürbar:

> *Hât der witze, die sint klein,*
> *Swer einen slegel oder einen stein*
> *Ûf hebet über alle sîne kraft,*
> *Und wênt ez sî grôz meisterschaft*
> *Ob er in wirfet von der stat,*
> *Dâ er mit fride gelegen hât,*
> *An ein ander stat hin dan.* (*Renner*, V. 11 651–11 657)

Allenthalben sind Ortswechsel und Bewegung negativ konnotiert.[113] Hugo thematisiert viele mittelalterliche sportliche Betätigungen erstmals in deutscher Sprache, weil sie ihm als Exempel und auch Bildspender für sündhaftes Leben dienen.[114] So verwendet er beispielsweise in einer Reflexion über die Sprache das Bild des Kegelspiels. Er stellt zunächst als zwei gegensätzliche Pole eines Spektrums das Schweigen der heiligen Leute und das Schweigen der Gauner (*freidige liute; Renner*, V. 3667) einander gegenüber: *Zwischen den zwein sint ander liute* (*Renner*, V. 3669) heißt es. Daraufhin wird die Rede dieser Leute als falsch und betrügerisch dargestellt und mit dem Hütchen- oder Kegelspiel verglichen:

> *Die varnt mit worten hin und her*
> *Als ein behender kegeler,*
> *Der ûf setzet, rihtet, nider vellet*
> *Sîn kegel er nâch gewinne stellet*
> *Mit listiclicher behendikeit*
> *Und wol oder übel sich betreit,*
> *So er loufet, springet hin und her*
> *Als ein gefüeger goukeler,*
> *Der under dem huote goukeln kan:*
> *Der triuget manic wîp und man.* (*Renner*, V. 3671–3680)

Solche ‚unfeste', bewegliche und trügerische Sprache soll der Christ meiden. Abgesetzt von ihr wird bei Hugo die aufrichtige und *einvelticlîche* Rede der Frommen, die sich darauf beschränkt, was man sehen, hören und greifen kann. Wenn so das Kegelspiel als

---

[113] Zum Beispiel noch in den Bonifizierungen diverser Phänomene menschlicher Immobilität: Alle Tiere können die Ohren bewegen, nur der Mensch nicht, was bedeutet, dass er gute Lehre behalten soll; vgl. *Renner*, V. 19 200ff.

[114] Bruno Müller, Hugo von Trimberg und das Bocciaspiel 1969.

Das Problem der Heterogenität und Verfahren der Integration 93

Bildspender zur Abqualifizierung leerer Eloquenz in betrügerischer Absicht genutzt wird, so ist es das Merkmal der *behendigkeit*, der schnellen Bewegungen, das für den Vergleich ausschlaggebend ist. In dieser Art macht Hugo einerseits in Vergleich und Allegorie, aber auch in der Beschreibung konkreter sozialer Praktiken die Beweglichkeit als Ursache des Lasters aus. So zeigt sich im Phänomen der fahrenden Schüler ganz konkret die Heillosigkeit des Vagierens, denn diese streben nach *guot* und *êre*, weshalb sie die Schule verlassen, noch ehe sie ausgelernt haben:

Schuoler strebent von der schuole:
Ê denne si von irs meisters stuole
Sîn gesezzen siben jâr,
Sô lâzent si schuol und meister gar
Und wispelnt hin und wispelnt her,
Zühte, künste und êren lêr [...] (*Renner*, V. 13 521–13 526)

An anderer Stelle kommt Hugo wieder auf Meister und Schüler zu sprechen und fasst den Gegensatz des sesshaften Lehrers und des umhervagierenden Schülers[115] ins Bild von Esel und Nachtigall:[116]

Manic vogellîn singet von herzen wol
Und muoz sîn spîse gar wîten hol:
So belîbet ein esel in sînem stalle,
Der selten lebt in hôhem schalle
Und hât doch sîn gewisse spîse,
Alein er sî weder schoene noch wîse.
Man siht vil schuoler irre loufen,
Daz si ir dienste ze tiure verkoufen
Wöllen und ir arme kunst. (*Renner*, V. 15 035–15 043)

Auch in diesem Beispiel werden Ortlosigkeit, Ortswechsel und Beweglichkeit synonym mit Laster, Sesshaftigkeit dagegen synonym mit Tugend behandelt. In diesem Sinne perspektiviert Hugo auch die äsopische Fabel von der Grille und den Ameisen.[117] Dabei wird besonders der Kontrast der umherschweifenden Grille und der sesshaften, für die Wintervorräte sorgenden Ameise akzentuiert:

Die wîle der sumer aber wert,
Der stolze grille niht anders gert
Denne daz er loufe und springe snelle
Durch büsche, durch brâmen, und lûte grelle,
Und über die liehten heide [...] (*Renner*, V. 5571–5575)

---

[115] Eine sozialgeschichtliche Interpretation von Hugos Lehrerklage bietet Winfried Frey, Schule und Ausbildung 1973.
[116] Zum Gegensatz von Esel und Nachtigall bei Hugo vgl. die Ausführungen von Inés de la Cuadra, Der *Renner* Hugos von Trimberg 1999, 151–153; Rudolf Kilian Weigand, Der *Renner* des Hugo von Trimberg 2000, 350f.
[117] ATU 280 A: *The Ant and the Cricket*; vgl. zu dieser Fabel im *Renner* Klaus Grubmüller, Meister Esopus 1977, 278f.; Rudolf Kilian Weigand, Der *Renner* des Hugo von Trimberg 2000, 322ff.

Betont wird nicht – wie in Aesops Fabel – der Unterschied zwischen Gesang und Arbeit, sondern jener zwischen Vagieren und Ortsfestigkeit. Als die Ameisen der Grille im Winter die Gabe verweigern, setzen sie ihr auseinander, dass sie im Sommer hätte für Vorräte sorgen sollen, und ermahnen sie, das Betteln zu unterlassen: *Und gêt niht von tür ze tür | Betelnde after lande, | Wenne ez ist grôziu schande!* (*Renner*, V. 5614ff.). Im Epimythion bezieht Hugo die Grille auf die Jugend, die Ameisen hingegen auf das Alter. Wer nicht in der Jugend gute Werke vollbringt, der ist im Alter betrogen. Auch hier wird der Aspekt falscher Mobilität akzentuiert und schließlich hofkritisch auf jene gewendet, die im Gefolge von Herren ein unstetes Leben führen:

> *Die âmeizen müge wir ouch wol diuten*
> *Gein heimsedeln, kürren liuten,*
> *Den grillen gein den die müezic gênt*
> *Und selten an einer stat bestênt.*
> *Swie wol man der âmeizen pflêge,*
> *Vil ungerne si doch ûzen lêge:*
> *Sô springet der grille hin und her*
> *Als loter und ander hofenager,*
> *Die selber ungern wirte sîn*
> *Und dringen mit den herren în.* (*Renner*, V. 5629–5638)

Die Grille *springet* [...] *hin und her*, sie wird auf das unstete Leben der Höflinge bezogen und unterschieden vom *gemach* des armen Hauswirts. Den aber kann niemand dazu bewegen, dass er *ze hofe* sein wolle, denn ihm

> *[...] liebet sîn hûs gemechelîn*
> *Als der âmeizen tuot ir hol,*
> *[...]*
> *Swer mit gemache gerne sî,*
> *Der wone den fürsten selten bî:*
> *Aleine si vil wirtschefte haben,*
> *Doch muoz man vil bî in getraben.* (*Renner*, V. 5646–5652)

Das Verb *draben* ist auch in anderen Kontexten negativ besetzt, wenn etwa die Rede von umherziehenden Raubrittern oder Räuberbanden ist.[118] Als ein *bîspel* dafür, dass es unmöglich sei, *muotwillige frouwen*, Klosterleute und Toren zu disziplinieren, erzählt Hugo die Fabel von der Taube und der Elster. Die Elster möchte den schönen, gradlinigen Gang der Taube erlernen, sucht sie zu imitieren, kann aber ihr unstetes Wippen, Picken und Umherschauen nicht lassen:

> *Swar si spranc, lief oder gienc,*
> *Vil manigen irren swanc si vienc.*
> *Ir zagel fuor ûf und nider,*
> *Sô bickte ir snabel ouch her wider*
> *Beidenthalben bî den wegen.* (*Renner*, V. 5745–5749)

---

[118] Vgl. *Renner*, V. 6800, 6810; vgl. dazu Christoph Huber, Bemerkungen Hugos von Trimberg 1991.

Das Problem der Heterogenität und Verfahren der Integration 95

Auch die Zeitklage um die immer schlechter werdende Welt bedient sich der Bilder der Verrückung und Ortlosigkeit, der hektischen Bewegung, so etwa, wenn davon die Rede ist, dass Rom immer näher heranrückt:

> *Gîtikeit, zorn, nît und haz*
> *Hânt Rôme gerücket her nâher baz*
> *Vil maniger mîle denne ez vor lac,*
> *Die wîle diu werlt einvelte pflac. (Renner, V. 8159–8162)*

Die Stadt avanciert in den romkritischen Passagen von Hugos Text zum Inbegriff des Lasters.[119] So wird die Lasterhaftigkeit der Gegenwart durch die Behauptung veranschaulicht, dass Rom immer näher rücke, seitdem die Menschen nicht mehr einfältig seien wie noch früher. Als Belege für den Verfall werden einige Fälle unangemessener Ortswechsel genannt: Alte Frauen und kleine Kinder seien so tollkühn (*getürstic*, V. 8164) geworden, dass sie um dreier Erdbeeren willen nach Rom oder über das Meer zu reisen wagen (*Renner*, V. 8164–8166); Kinder werden sogar nach Flandern oder Gent geschickt, nur um sieben Enten zu kaufen (*Renner*, V. 8167–8170). Diese hyperbolischen Bilder veranschaulichen gesteigerte Mobilität und die unangemessenen Anlässe dafür und dienen der Diagnostik einer unruhigen Gegenwart. Es überrascht nicht, dass Hugo in diesem Sinne auch die Lebensform der Kaufleute kritisiert:[120]

> *Manic koufman wâget über mer*
> *Sîn leben daz er sîn guot gemêr,*
> *Und sezte man im daz vür sîn sünde,*
> *Er fürhtet den wint und des meres ünde:*
> *Sol er den kouf niht tiure geben,*
> *Üm den er wâget sô verre sîn leben? (Renner, V. 8171–8176)*

Das Risiko des Kaufmanns wird kontrastiert mit der Gefahr für das Seelenheil. Das Meer erscheint dabei als beargwöhnter Raum der Kontingenz, der von behausten Räumen abgesetzt ist.[121] Wer ein *ungerüewic leben* haben will, möge nach Ehre streben, heißt es an anderer Stelle. Die Alternative dazu ist ein gottesfürchtiges Leben in Ruhe:

> *Swer aber gern sî mit gemache,*
> *Der diene gote under einem obedache*
> *Und lebe im sanfte an einer stat.*
> *Daz mere vil bitters wazzers hât:*
> *Dirre werlde untriuwe bediutet daz mer:*
> *Der wirt niht minner denne leider mêr,*
> *Swâ grôz urliuge und kreftic her*
> *Ze lange setzent sich ze wer. (Renner, V. 6821–6820)*

---

[119] Vgl. *Renner*, V. 6234ff., 7535, 8159ff., 9048ff., 9101ff., 9157ff., 10 799ff., 15 853ff., 19 000, 22 796ff.

[120] Vgl. *Renner*, V. 3100ff., 4855ff., 6199, 8171ff., 13 319ff., 17 130ff.; vgl. zur Problematik Dieter Kartschoke, Der Kaufmann und sein Gewissen 1995, 666–691.

[121] Zum Meer bei Hugo: Inés de la Cuadra, Der *Renner* Hugos von Trimberg 1999, 167. Zur literarischen Tradition: Mireille Schnyder, Räume der Kontingenz 2009.

Skeptisch betrachtet Hugo auch das Pilgerwesen. Unter der frommen Tracht des Pilgers verbergen sich oft Menschen mit unfrommen Motiven:[122]

> *Wallen hât etswâ bœse tücke*
> *Mit vil manigerleie dingen,*
> *Diu ich niht alliu wil vür bringen.*
> *Vil muscheln und ouch spengelîn*
> *Bedeckent manigen bilgerîn,*
> *Der durch koufschaz ûz ist kumen*
> *Mêre denne durch der sêle frumen.* (Renner, V. 13 648–13 654)

Auch in den Geschichten von den Unfällen und Missgeschicken, die den Trinkern widerfahren, veranschaulichen Imaginationen wilder Meerfahrten die Tollkühnheit und Tobsucht der Zecher. Hugo variiert die Geschichte von der *Wiener Meerfahrt*[123] und bietet *ein mêre von trunkenheit*, welches in drastischer Komik eine Geschichte von Zechbrüdern schildert, die sich nach gemeinsam verbrachtem Gelage zu Bett begeben. Zwei der Träumenden rufen im Schlaf „*Wol dan, helde, über mer! | Der künec kumt oht mit sînem her!*" (Renner, V. 10 255f.), worauf sich Turbulenzen einstellen. Die Trinker wähnen sich auf dem Meer und hören einen ihrer Gefährten schrecklich brüllen, weshalb die Kumpane befürchten, er könnte sterben, und deshalb beschließen, ihn ins Wasser zu werfen, solange er noch lebt, da das Meer nichts Totes in sich dulde.[124] Sogleich werfen sie den Ärmsten durch das Fenster und kommen erst wieder zu sich, als der Verletzte sie des Mordes bezichtigt. *Vil des geschiht | Von trunken liuten allenthalben, | In steten, in dörfern und ûf den alben* (Renner, V. 10 280–10 282), kommentiert Hugo und führt eine Reihe von Beispielen für die Fehleinschätzungen der Trinker an, die insofern in den hier zu besprechenden Zusammenhang gehören, da sie größtenteils mit Meerfahrten und gesteigerter Beweglichkeit in Verbindung gebracht werden:

> *Einer wil varn über mer,*
> *Der ander wil stürmen an ein her,*
> *Der dritte wil varn in ein zelle,*
> *Der vierde wil gein Kumpostelle* […] (Renner, V. 10 283–10 286)

Wenn die Trinker wieder an ihr *gemach* kommen, empfinden sie Reue über das Vorgefallene (Renner, V. 10 290f.). Wird das Delirium so als Exzess von Imaginationen beschleunigter Bewegung und als potenzierter Zustand der Raumlosigkeit beschrieben, so finden sich in Hugos Text auch weitere Phantasmen der wilden Fahrt, die für die Vergegenwärtigung der Sünden genutzt werden.

---

[122] Ludwig Schmugge, Der falsche Pilger 1986; zur literarischen Funktionalisierung von falschen Pilgern und Pilgerfrevel vgl. Tobias Bulang, Pilgerfrevel 2006.

[123] Vgl. Der Wiener Meerfahrt 1930; vgl. Hans-Friedrich Rosenfeld, Art. ‚Der Freudenleere' 1980, Sp. 913–915.

[124] Vgl. zur Motivgeschichte des Meeres: Helge Gerndt, Art. ‚Meer' 1999, Sp. 472–478; Hugo Rahner, Das Meer der Welt 1964; Dietrich Schmidtke, Geistliche Schiffahrt 1969/1970.

Das Bild der rasenden Fahrt übers Meer erscheint zum Beispiel ebenfalls im Zusammenhang der Ausführungen über die *untriuwe*. Sie sei die Amme aller Sünden und führe ein ganzes Heer mit sich: *Daz gêt von hinnen über mer | Und vürbaz âne widerwende | Von einem ende anz ander ende, | Als wît als nu die werlt ist* (*Renner*, V. 18 610–18613). Das unaufhörliche Fahren übers Meer kennzeichnet so die Unbeständigkeit und Lasterhaftigkeit der *untriuwe* und erklärt ihre Allgegenwart in der Welt. Das Umherfahren wird als Inbegriff des Satanischen vergegenwärtigt, wo Hugo von Mönchen spricht, die sich in der Welt herumtreiben:

Swelch münich ûz sînem klôster loufet
Und in der werlde sich besoufet
Und niht durch got vert wider în,
Der möhte lieber in der werlde sîn.
Wil er mit wertlichen lêren
Einveltiger münche muot verkêren
Und sagt in anders denne er sol,
Ze dem sprichet unser herre wol:
„Von wanne kumstu, Satân?"
„Die werlt ich ümmegangen hân,
Herre, und durchvarn: ich bin kumen
Vil mêre ze schaden denne ze frumen,
Wenne ich ofte zerstœre dîn lop
Und vinde jungen noch alten Job." (*Renner*, V. 3005–3018)

Das Umherschweifen wird in einem Katalog von Verben mit vielen weiteren Lastern in Verbindung gebracht, wo Hugo über die Fehde- und Raubzüge von Räubern und Rittern räsoniert:

Von reisen hœre ich niht mêr sagen
Denne dort hin trîben, dâ her jagen,
Hurten, klingen, schallen, singen,
Loufen, springen, roufen, ringen,
Drücken, dringen, zücken, twingen,
An allen dingen schrecken bringen,
Übel sprechen, hâhen, vâhen,
Stechen, brechen, gâhen, slahen,
Schiezen, niezen, diezen, brehten,
Ziehen, fliehen, stürmen, vehten,
Unfuor trîben, slinden, frezzen,
Zuht und êren und gotes vergezzen:
Sôgetân schal hât manic urbur
Gemachet vil smal, wenne reise unfuor
Hât verderbet manigen man. (*Renner*, V. 6759–6773)

Prinzipiell gilt: *Heiligiu zît und heiligiu stat | Irrent selten diebes pfat* (*Renner*, V. 7117f.). Christoph Huber hat herausgearbeitet, welches Netz von Bezügen von der Darstellung umherziehender Räuberbanden aus geknüpft wird. In diesem Zusammenhang erscheint im *Renner* das Bild des Reisehofstaats des Teufels und seines quasigeistlichen Gefolges, wobei die Nähe zur beschwerlichen Reiserealität des Mittelalters übergeht auf die Schilderung spiritueller Landschaften.[125] Auch der Antichrist versammelt bereits seine Scharen. Sein Kommen sieht Hugo darin indiziert, dass sich allenthalben die Sünde mehrt. Beschrieben wird dieser Vorgang immer wieder durch den Rekurs auf das Bildfeld der Beschleunigung:

> *Swenne sünde sô gar wirt offenbar,*
> *Daz si ân alle vorhte ist gar,*
> *Sô sament sich diu freidige schar*
> *Des endecristes: nemt sîn war!*
> *Man setzet valken und lêbarten*
> *Hûben ûf, daz si niht warten*
> *Hin und her, und des enbern*
> *Des si von herzen hêten gern:*
> *Swer unkiusche ist und denne sîn ougen*
> *Lêt ümme fliegen offen, tougen,*
> *Hête der ein hûben als ein lêbarte,*
> *Sîn sêle er michels baz bewarte*
> *Denne daz sîn ougen ümme fliegen*
> *Und in und ander liute triegen* [...] (Renner, V. 10 031–10 044)

Das Anhäufen der Laster und der Sündhaftigkeit in der Welt wird als Beschleunigung erlebt: *Wenne disiu werlt ie swinder ie grimmer | Leider wirt von tage ze tage; | Got sül wir ez immer klage!* (Renner, V. 13 612ff.). Mitunter erscheint die Welt als ungezähmt: *Diu werlt tuot rehte als ob si wüete, | Wenne si leider nieman zemt | Biz si sich in einander lemt* (Renner, V. 14 872–14 874). Das *wüeten* ist Resultat unterlassener Zähmung. In diesem Sinne wird die unterbliebene Dressur der Raubvögel oder der zügellose wilde Ritt der Pferde gleichfalls zum Bild für die perhorreszierte Mobilität. So verwendet der *Renner* das Bild des ziellos umherfliegenden Herzens in Verbindung mit dem Motiv des Zügelns:

> *Swer sînem herzen lêt den zoum*
> *Und lêt ez fliegen als einen troum*
> *Ûf und abe, hin und her,*
> *Der ist guoter witze lêr:*
> *Wenne manic ros viel ofte nider,*
> *Hielte es sînes meisters zoum niht wider,*
> *Unser zoum ist bescheidenheit,*
> *Diu aller tugende krône treit.* (Renner, V. 6101–6108)

Zügellose Leidenschaft wird hier als wild umherfliegendes Herz vergegenwärtigt. Besonders das Bildfeld des Pferderitts wird immer wieder zur Veranschaulichung des Lasters angeführt. An einer Stelle nimmt Hugo das Bild eines irr laufenden Pferdes auf, das sich beim Propheten Jeremias findet. Jahwe beklagt sich, sein Volk habe sich von

---

[125] Christoph Huber, Bemerkungen Hugos von Trimberg 1991, 112ff.

ihm abgewandt wie ein Ross, das in die Schlacht stürmt. Hugo übersetzt die Bibelstelle[126] und perspektiviert sie auf reulose Lügner:

> *„Si habent lügen mit unêren*
> *Begriffen und wöllen niht wider kêren.*
> *Ich merkte und hôrte ouch ân gevêre:*
> *Ir keiner rette daz guot wêre.*
> *Riuwe üm sîn sünde hete nieman:*
> *Si sprâchen: „„Waz hân ich getân""?* [sic!]
> *Ûf irren louf sint si gewant*
> *Als ein pfert, daz kumt gerant*
> *Mit ungedult in einen strît."* (Renner, V. 15 481–15 489)

Dass Hugo auch das Tanzen perhorresziert, wird nach dem Gesagten nicht überraschen:

> *Dâ mit habe diu rede ein ende. –*
> *Nu sül wir aber den segel wende*
> *Gein der unkiusche ingesinde,*
> *Bî den ich tanzen, reien vinde.* (Renner, V. 12 395–12 398)

Der Tanz um das goldene Kalb (*Renner,* V. 12 415–12 440) liefert das biblische Paradigma für die Gottesferne exzessiver Bewegung. Geschildert wird schließlich, wie der Tanz die Unzucht befördert. Allegorisch dimensioniert wird der Tanz im Reigen der Sünden.[127]

Bilder der Mobilität kommen, wie gezeigt werden konnte, in vielen Facetten zum Einsatz, wenn es darum geht, Normverstöße zu veranschaulichen. Das Gegenteil von Bewegung, Ruhe, ist in Hugos Text positiv konnotiert: *Die tiufel sint fride und ruowe gram, | Sô tuont ir diener reht alsam, | Die selten ieman gerüewic siht* (*Renner*, V. 7003–7005). Die Perhorreszierung der Mobilität weist auf ein Weltbild, das sich manifestiert „in geschlossenen symbolischen Raumkonstrukten und einer Lebensform, die die *stabilitas loci* und mit ihr die Haltung der *contemplatio* privilegiert, während als ihr Zerrbild die Sünde der *curiositas* und ihr entsprechend die Bewegungsform des Umherschweifens (*vagari*) entworfen wird."[128] Diesen „theologisch imprägnierten Negativzeichnungen"[129] stehen im 13. und 14. Jahrhundert natürlich ausgeprägte Mobilitätsformen gegenüber. Die Lebensformen der Wanderprediger, Pilger und Kaufleute und Fahrenden seien hier genannt. Eine analoge Widersprüchlichkeit theologischer Weltdeutung und praktischer Lebensformen wird im *Renner* manifest im Widerspruch

---

[126] Ier 8, 5–6: *quare ergo aversus est populus iste in Hierusalem aversione contentiosa aprehenderunt mendacium et noluerunt reverti adtendi et auscultavi nemo quod bonum est loquitur nullus est qui agat paenitentiam super peccato suo dicens quid feci omnes conversi sunt ad cursum suum quasi equus impetu vadens in proelio.*
[127] Julia Zimmermann, Teufelsreigen – Engelstänze 2007, 77f.; vgl. auch Inés de la Cuadra, Der *Renner* Hugos von Trimberg 1999, 95ff.
[128] Udo Friedrich, Kirchliche Rekultivierung und feudale Territorialisierung 2005, 53. Vgl. auch Hans Blumenberg, Der Prozeß der theoretischen Neugierde 1973.
[129] Udo Friedrich, Kirchliche Rekultivierung und feudale Territorialisierung 2005, 53.

zwischen den Ordnungsbehauptungen einer *stabilitas loci* und jenen Bildern virtueller Mobilität, die als Syntagma der Reise den *Renner* integrieren. Mitunter finden sich die Bewegungsmetaphern mit syntagmatisierender, gliedernder Funktion unmittelbar neben solchen, die auf die Abwertung der Sünde hin funktionalisiert sind. Die beiden verschiedenen Funktionen des Bildfeldes kommen dann so dicht nebeneinander vor, dass die Widersprüchlichkeit der Verwendung manifest wird:

> *Der gelobt, der borget, der swert, der liuget*
> *Und zert frœlich die wîl daz wert.*
> *Swer valschafter koste gert,*
> *Der muoz durch varn manic lant*
> *Und setzet dâr üm sîn bestez pfant.*
> *Nu sül wir aber vürbaz rennen*
> *Und unsern herren baz erkennen.* (*Renner*, V. 11 246–11 252)

An solchen Stellen scheint es, als ob Hugo eine äußere, dem Weltlichen verfallene Mobilität abgrenze von einer innerlichen, virtuellen Mobilität, die auf Gotteserkenntnis aus ist. Zugleich aber wird das Syntagma der Reise hier eingesetzt, um den Text zu gliedern und den Themenwechsel zu veranschaulichen.

Gezeigt werden konnte soweit, dass Hugo die Bildlichkeit der Mobilität, der Bewegung und des Weges nutzt für eine forcierte Diagnose einer sündenverfallenen Welt einerseits, andererseits aber zum Abbau der Heterogenität seines Textes. Wie aber sind diese verschiedenen Verwendungsweisen zu vermitteln? Sind sie es überhaupt? Verschärft wird dieser Widerspruch dadurch, dass Hugo die auf der Objektebene verurteilten Mobilitätsformen auf der Metaebene mitunter affirmativ nicht nur der Gliederung, sondern auch der Selbstbeschreibung und den apologetischen Selbstreflexionen seiner literarischen Rede nutzbar macht. Um hier Aufschluss zu erlangen, ist der Art und Weise genauer nachzugehen, wie mittels solcher Selbstauskünfte das Werk und seine Abfassung reflektiert und legitimiert wird. Reflexive, ja poetologische Passagen finden sich in bemerkenswert großer Zahl in Hugos *Renner*. Die unfeste Position enzyklopädischer Dichtungen im Feld der Literatur und im Feld des Wissens bringt – wie eingangs entwickelt – eine hohe Reflexivität dieser Texte mit sich, die Gegenstand der weiteren Ausführungen sein soll.

IV. Selbstreflexion: Positionierung im Feld des Wissens und der Dichtung

Digression als Verfahren – Konkretisierung der Sünde und Verhandlung von Wissensgrenzen und Redelizenzen

Die Metaphern der Mobilität tauchen auch in Passagen auf, in denen Hugo auf seinen Text reflektiert. Hugos Reflexionen über den Fortgang seiner Ausführungen und über den Status bestimmter Äußerungen bedienen sich immer wieder jener Metaphern als Bildspender, die im Zusammenhang der Sündenklagen pejorativ eingesetzt werden. So kann das Verb *rennen*, dem ja in Hugos Refrain gliedernde Funktion zukommt, an anderer Stelle zur Abqualifizierung sündigen Verhaltens eingesetzt werden. Hugo klagt über die mangelnde Belesenheit hochmütiger Schüler: *Swer driu buoch reht niht kan genennen, | Der wil vür manigen meister rennen* (Renner, V. 16 565f.). In dieser Weise wird die in Frage stehende Bildlichkeit für Wertungen gebraucht und so auch für die Dichtung genutzt, um mittels des Bildbereichs der Mobilität gute von schlechter Dichtung zu unterscheiden. Wie auf der Objektebene auch wird dabei Beweglichkeit abgewertet, Ortsfestigkeit dagegen gratifiziert, etwa dort, wo von jenen die Rede ist, die sich beim Dichten überheben und ihre Fähigkeiten nicht auf Gottes Liebe, sondern auf Gewinn richten:

> *Swer tihten kan, der nimt sich an*
> *Vil mêre dinges denne er kan;*
> *Swer tiutsch und latîn wol kan schrîben,*
> *Der wil an einer stat niht belîben;*
> *Swer wol kan lesen unde singen,*
> *Der wil über hôhe berge springen.*
> *Swie vil unser herre uns genâden tuot,*
> *Doch wirfet uns unser tummer muot*
> *Von sîner liebe in mannige untât,*
> *Der lîp und sêle niht frumen hât.* (Renner, V. 17 843–17 852).

Die Hybris jener Dichter, Schrift- und Lesekundigen, die ihre Kompetenzen nicht angemessen einsetzen, wird in den Bildern der Ortlosigkeit gefasst: Sie können nicht an einer Stelle bleiben, ihre mangelhafte Selbsteinschätzung äußert sich darin, dass sie wähnen, sie könnten über hohe Berge springen. Wenn es daraufhin heißt *Manic man kan manigerleie schrift, | Des herze doch innen ist als ein wift* (Renner, V. 17 853f.), so wird mit *wift* (Schwung etc.) wieder eine Metapher der Bewegung, der Unfestigkeit genutzt, die Laster evozieren soll.

Hugo kritisiert auch eine Hybris des Wissens, die sich in vermessenen Reden über das Heil und die Geheimnisse Gottes äußert, er verurteilt prätendiertes Wissen und setzt dagegen die eigene Bescheidenheit, die er konsequent in Bildern der Ortsfestigkeit, Unbeweglichkeit und des Verharrens fasst: 64 Jahre ging er zur Schule und kann doch nicht das ABC der Künste, die zum Himmel führen:

> *Sô dunket manigen er fliege enbor:*
> *Ich stên noch vor dem êrsten tor*
> *Dâ sich diu wîsheit hebet an,*
> *Ze der ich niht wol kumen kan.* (*Renner*, V. 17 911–17 914)

Der sich weise Wähnende meint empor zu fliegen, während Hugo vor dem ersten Tor der Weisheit steht.[130] Das bescheidene Eindenken in die begrenzten Kompetenzen wird hier statisch ins Bild gesetzt, die Bewegung dient als Bildspender für die fälschliche Annahme, man sei weise, und wertet jene, die in diesem Sinne hoffärtig sind, ab. Neben der Bewertung von Dichtung wird die in Frage stehende Bildlichkeit auch einer Bewertung von Wissen, bzw. der Art und Weise, wie Wissen geäußert wird, nutzbar gemacht. Dabei werden die Valorisierungen der Sündenklagen beibehalten.

Wenn es an anderer Stelle im Zusammenhang einer Diskussion der Sangspruchdichtung heißt, der Marner *renne* allen anderen Dichtern *vor*, so wird dasselbe Bild im Sinne einer positiven Wertung genutzt.[131] In dieser Art nimmt Hugo das *rennen* in Anspruch, wo er sein Vorgehen reflektiert: Hugo geht auf die Rezeption der Bücher heiliger Männer ein, die den Leser zwar am Segen der Heilslehre partizipieren lassen, ihm jedoch gleichzeitig zumuten, sich kritisch mit der eigenen Sündhaftigkeit auseinandersetzen zu müssen. Das könne man an den Büchern Davids und denen anderer heiliger Männer sehen:

> *Swer diz will suochen in iren buochen,*
> *Der vindet beide segen und fluochen.*
> *Swer daz alles wölte bringen ze diute,*
> *Der machte im friunde und vînde hiute.*
> *Ich renne einez hin, daz ander her,*
> *Daz ist einem liep, dem andern swêr.* (*Renner*, V. 5917–5922)

Wer Segen und Fluch in den betreffenden Texten ausdeuten wollte, würde sich sowohl Freunde als auch Feinde machen. Hugos Text wird gefasst als Hin- und Herrennen zwischen Verheißungen des Heils und den Zumutungen dessen, was es erfordert. Ein Bewegungsbild, das andernorts im Sinne sündhaften Irrens und Vagierens verwendet wird, beschreibt hier Hugos Vorgehen.

Das Reiten zu Pferde, die Schifffahrt, das Umherirren, das Springen und Rennen – all diese Bewegungsbilder, die auf der Objektebene für die Sündencharakterisierung pejorativ zum Einsatz kommen – werden im *Renner* auch durchgängig angewendet auf der Metaebene der Selbstreflexion über den eigenen Text. Hier kommt diesen Bildern eine Reihe von Funktionen zu, die im Folgenden aufzuzeigen sind.

---

[130] Vgl. Inés de la Cuadra, Der *Renner* Hugos von Trimberg 1999, 212f.
[131] *Renner*, V. 1899; vgl. zur Stelle in dieser Studie unten S. 162f. Im *Renner* findet sich eine ähnliche Formulierung zu Hugo von St. Viktor; vgl. *Renner,* V. 20 957.

Positionierung im Feld des Wissens und der Dichtung

In Passagen des Textes, die selbstreflexiv dem Gang der Untersuchung und dem Progredieren der Erkenntnis gelten, werden Bewegungsmetaphern insbesondere zu dem Zwecke eingesetzt, über die Digressivität der eigenen Abhandlung nachzudenken sowie über Vorgänge eines gegenläufigen Konzentrierens des mitunter auswuchernden Textes. Ausführungen zu diesem Thema nehmen breiten Raum ein im *Renner,* und zur Veranschaulichung und Rechtfertigung seines Vorgehens im Text werden alle anderwärts perhorreszierten Metaphern genutzt: die Schifffahrt, der zügellose Ritt, der Sprung, das Schweifen und der wilde Flug.

Hugos Gedankengänge bewegen sich nicht immer in den Bahnen der logischen Gliederung des Sündenkatalogs und der Abhandlung darüber. Dies wurde bereits manifest, als es um die Schwierigkeiten ging, ein brauchbares Register für den *Renner* zu bieten. Die Abschweifungen, das Ausscheren aus dem Gang der Untersuchung und die Reflexion über diesen Mangel an Zentrierung und Konzentration sind Gegenstand bildreicher Apologien im *Renner.*[132] Immer wieder gibt Hugo darüber Rechenschaft, vom Thema abgewichen zu sein und den Lauf der Untersuchung verlassen zu haben:

> *Ûz der rede bin ich gevarn:*
> *Die wirfe ich wider in den barn*[133]
> *Und grîfe die gîtikeit wider an,*
> *Als ich dâ vor gelobet hân.* (*Renner*, V. 6727–6730)

Wie in diesem Passus wird die Bildlichkeit der Mobilität immer wieder für die Reflexion von Konzentration und Digression im Text funktionalisiert. Nach Abschweifungen diszipliniert sich Hugo regelrecht, kehrt zu seinem Thema zurück, konzentriert sich. Bei aller Selbstdisziplinierung seiner Rede jedoch betont er mitunter die Legitimität seiner Abschweifungen: Nach einem Passus mit langen Ausführungen zur menschlichen Natur und einer Digression zur Rechtfertigung des eigenen *getihtes* findet der Renner zum Thema der reuigen Sünder zurück, das er mit Rückgriff auf die Eingangsallegorien als die Birnen im Grase vergegenwärtigt. Dabei fasst er seine Digressionen in das Bild des Umherspringens:

> *Frî urloup bôt mir sînen stap,*
> *Dô ich der lazheit urloup gap,*
> *Und hiez mich springen swar ich wölte*
> *Und doch als ich ze rehte sölte,*

---

[132] Rudolf Kilian Weigand hat unter Berücksichtigung einer programmatischen Stelle im *Solsequium* die didaktische Absicht hinter Hugos Verfahren der ständigen Abschweifung betont. Hugos Ordnung sei auf den Leser bezogen, nicht auf den Stoff, die Abschweifungen sollen den Leser dazu anhalten „sich immer wieder den roten Faden der Ausführungen zu suchen; genauer, er soll ihn sich trotz aller anderen angesprochenen Themen ständig von Augen halten"; vgl. Rudolf Kilian Weigand, Der *Renner* des Hugo von Trimberg 2000, 318f. Darin kann ich allenfalls eine sehr vage didaktische Programmatik der Digression erkennen. Hugos immer wieder vorgebrachte, die Digressivität seiner Rede betreffenden Apologien sind dadurch noch nicht erklärt.

[133] Zum Übersetzungsproblem von *barn* an dieser Stelle vgl. Inés de la Cuadra, Der *Renner* Hugos von Trimberg 1999, 127f., Anm. 363.

> *Und swenne ich hin und her gemêze,*
> *Daz ich der birn niht vergêze*
> *Die ûf dem grase sîn gelegen,*
> *Daz die iht beliben underwegen.* (Renner, V. 20 347–20 354)

Das Unterbrechen des ‚roten Fadens' wird hier als Verabschiedung des Themas (der personifizierten *lâzheit*) und als Änderung des Darstellungsmodus (Springen am Stab) vergegenwärtigt. Bemerkenswerterweise behauptet Hugo hier eine Legitimität seiner Digressionen (*Und doch als ich ze rehte sölte*). Das Bildfeld der Mobilität wird so eingesetzt für eine nachträgliche Korrektur stattgehabter Abschweifungen, für ihre Beschreibung, aber auch ihre Rechtfertigung.

An dieser Stelle ist zu fragen, weshalb Hugos Text so digressiv ist und dies auch offensiv exponiert. Die ältere Forschung hat darin mangelnde Konzentration des Verfassers und eine gewisse Geschwätzigkeit sehen wollen: Zwar sei die Untersuchung durch den Sündenkatalog gegliedert, halte aber „keinen festen Gang ein" und entfalte sich „ganz regellos".[134] Dagegen versuchte Heinz Rupp zu zeigen, dass die angebliche Geschwätzigkeit Stärke und Schwäche des Renners zugleich ist, da sie geeignet sei, „die bunte Fülle des Lebens zu erfassen".[135] Außerdem erfordert sie die volle Aufmerksamkeit und Konzentration des Rezipienten und stelle ein Verfahren innerhalb einer echten Popularisierung der augustinischen Lehre dar.[136] Betrachtet man Hugos Abschweifungen als konsequent eingesetztes Stilprinzip, so ist zu fragen, was genau diese Praxis im Text leistet. Was bedeutet es, wenn in einem moraldidaktischen Text des 13. Jahrhunderts „die bunte Fülle des Lebens" innerhalb eines Sündenkatalogs erfasst wird?

Es geht im Folgenden um die Differenzierung dieses Befundes. Eine Ausführung Hugos über seine Weitschweifigkeit kann hier weiterführen. Hugo unterbricht Überlegungen zur Tugend der Frauen und zur Jungfrauengeburt Mariens und gibt Rechenschaft über seine Gedankenführung:

> *Nu hât mîns tihtens ros mich brâht*
> *Verrer denne ich hête gedâht,*
> *Daz bringe ich wider mit starken zügen*
> *Und sage iu vürbaz von der lügen.* (Renner, V. 15 147–15 150.)

Das Bild des zügellosen Ritts und das komplementäre Bild der straffen Lenkung des Pferdes versinnbildlichen in Hugos Text nicht nur den Unterschied von lasterhafter und tugendhafter Lebensführung auf der Ebene der Sündenklage, sondern auch auf der reflexiven Ebene den Wechsel von Abschweifung und Zentrierung. Ich resümiere kurz die Stationen von Hugos Abschweifung im gegebenen Kontext. Der angeführten Passage geht die Abhandlung über die Lüge voraus: Lüge und Betrug finden sich allenthalben, viele Sünden und die Bosheit sind mit dem Lügen verbunden. Hugo behandelt den Betrug der tückischen Menschen an den Einfältigen, er kritisiert denjenigen, der mit

---
[134] Wilhelm Scherer, Geschichte der deutschen Litteratur 1883, 229.
[135] Heinz Rupp, Zum *Renner* Hugos von Trimberg 1969, 239.
[136] Ebd., 238.

bösen Absichten freundlich tut, ebenso wie denjenigen, der fälschlich zürnt. Sodann erwähnt er *vil manige herren*, die allen Bitten, die an sie gerichtet würden, nachzukommen versprechen. Sie halten diese Versprechen dann aber nicht und vertrösten die Bittsteller immer wieder. Es zeigt sich, dass die Digression zusätzliches Wissen in den Text einspeist, das später in Akten auktorialer Selbstdisziplinierung wieder in den Hintergrund gedrängt wird. In der soeben betrachteten Abschweifung kommt neben der allgemeinen Sündenklage eine Konkretisierung mit Bezug auf die mangelnde Freigebigkeit der Herren vor:

> *Vil manige herren hânt nu den site,*
> *Der ouch irn dienern volget mite:*
> *Swes man si bitet, daz si gewernt*
> *Zehant mit worten und ümme schernt*
> *Ir gelübde mit sô manigen lügen,*
> *Der si sich immer schamen mügen:*
> *Swenne si sprechent: „gerne, gerne",*
> *Kême einer von Kriechen oder von Berne,*
> *Er würde vil îhte noch ê gewert*
> *Denne jener, dem si gelobten vert.* (*Renner*, V. 15 103–15 112)

Hier wird die Sünde der Lüge und des Betrugs bezogen auf die nicht eingehaltenen Versprechungen. Die Reaktionen der Herren auf Bittsteller und Gesuche werden in einer Sprachfloskel (*gerne, gerne*) vergegenwärtigt. Dass Versprechen, Vertrösten und Nichtgewähren sündhaft ist und unter das Verdikt der Lüge fällt, konkretisiert den abstrakten Begriff der Lüge auf ein Alltagsgeschehen hin. Von hier aus nun weitet sich die Sündenklage ins Generelle aus: Ungehorsam und fehlende Zucht von Gesinde, Frauen, Nonnen und Mönchen werden beklagt, allgemeine Missstände, die nicht mehr nur als Fälle von Lüge und Betrug perspektiviert werden. Kontrastiv zu diesen Sündern führt Hugo sodann die tugendhaften Männer und Frauen an, er vergleicht sie mit grünen Tannen und Fichten in dürren Wäldern. Mit den immergrünen Bäumen, die nicht altern, verhalte es sich wie mit dem brennenden Dornbusch, den Moses erblickte: Auch er blieb braun und grün und verbrannte nicht. Den brennenden Dornbusch wiederum bezieht Hugo auf die Gottesmutter, auf die Jungfrauengeburt Mariae (*Renner*, V. 15 063–15 143). Zu diesem Thema bietet Hugo eine seit der Patristik gängige typologische Auslegung von Ex 3,1–4,17: [...] *der busch, den Moyses | Sach, der dâ bran und grüene was doch: | Der bediutet unser frouwen magtuom noch* (*Renner*, V. 15 144–15 149). Der Dornbusch, der brennt und nicht verbrennt, präfiguriert Maria, deren Virginität durch Empfängnis und Geburt nicht zerstört wurde.[137] Hier angelangt hält Hugo inne, konstatiert die Entfernung vom eigentlichen Thema und kehrt zum Ausgangspunkt der Lüge zurück. Es lässt sich zeigen, dass die hier zu beobachtenden Aspekte im Umfeld von Hugos Apologien der Digression immer wieder eine Rolle spielen: eine alltagsnahe Konkretisierung der Sünde auf die Stände, Berufe, Lebensalter und Geschlechter hin

---

[137] Vgl. E. M. Vetter, Art. ‚Dornbusch, brennender' 1989, 224–226.

einerseits, die Auseinandersetzung mit einem Wissen um die Geheimnisse Gottes und die Lektüre und Auslegung der biblischen Schriften andererseits.

Zunächst sei die Konkretisierung der Sünde genauer betrachtet, die mittels der Digressionen in Hugos Text betrieben wird. Sie arbeiten daran, dass die Abstraktheit der sieben Todsünden (bzw. die des allegorischen Tableaus, das sie vergegenwärtigt) abgebaut wird. Die sieben Todsünden werden also nicht nur benannt, ihre Verwerflichkeit wird nicht nur durch Bibelparaphrasen und Rückgriff auf Sentenzen befestigt, sondern sie werden auch berufsständisch differenziert. Die Digressionen applizieren die starre Systematik der Sünden auf eine komplizierter gewordene Lebenswelt, indem die Sünden sowohl auf die verschiedenen weltlichen und geistlichen Stände[138] und auf verschiedene Berufe hin präzisiert werden als auch auf alle möglichen alltäglichen Phänomene hin eine Konkretisierung erfahren. Die „ganze Buntheit und Wirrnis des Lebens"[139] wird nicht nur beim Renner im Rahmen der Sündenlehren thematisch, sondern auch bereits in Predigten und Beichtsummen im 13. Jahrhundert.[140] Die berufsständische Differenzierung der Sünden ist für die Laien nach der Beichtreform des Vierten Lateranums, die dem Christen nicht nur die regelmäßige Ohrenbeichte abverlangte, sondern auch eine Reflexion über die Beweggründe seines Handelns, von enormer Wichtigkeit. Mit der Spezifizierung der Gefahren, die sein Alltag für die Erlangung des Heils bereithält, wird dem Laien durch die Beichtliteratur ermöglicht, seine berufsbedingten Verfehlungen genauer einzuschätzen, womit die entsprechende Literatur zur Instanz einer differenzierten gesellschaftlichen Selbstbeobachtung wird. Die Digression ist bei Hugo das Verfahren, welches die komplizierter gewordene Wirklichkeit in den Text hineinholt. Dabei wird auf die Differenzierung der Lebenswelt – und dies ist nicht nur für den *Renner* typisch – mit Zeitklagen geantwortet. Dort, wo Hugos Klage konkrete soziale Phänomene seiner Zeit thematisiert, kommen bestimmte Lebensformen in den Blick: der reisende Kaufmann, der Wanderprediger, der fahrende Schüler und andere. Wenn Hugo also seine Digressionen mittels der perhorreszierten Mobilität der von ihm in den Blick genommenen Lebensformen beschreibt, so liegt darin auch eine Angleichung des Vorgehens an das zu Beschreibende. Man muss den Phänomenen gewissermaßen nachlaufen, will man sie im starren Katalog der Sünden unterbringen. Das Gelingen der Integration einer sich differenzierenden Lebenswelt in den Sündenkatalog bewährt sich einerseits darin, dass dieser Sündenkatalog Anlass einer Redundanz wird, die irgendwann auch das Entlegene erreicht. Andererseits aber muss die Fülle der Phänomene wieder auf den Abstraktionsgrad des Sündenkatalogs reduziert werden. Diesen Erfordernissen wird Hugos Text durch ein Wechselspiel von Digression und Konzentration gerecht, durch welches hinreichend Redundanz erzeugt wird und zugleich Komplexitätsreduktion gewährleistet bleibt. Gewertet wird die eigene Gegenwart als sich beschleunigender Verfall, die Zeitklage ist das Symptom der Konfrontation mit gesell-

---

[138] Vgl. Rudolf Kilian Weigand, Der *Renner* des Hugo von Trimberg 2000, 313f., hier auch Anm. 65.
[139] Heinz Rupp, Zum *Renner* Hugos von Trimberg 1969, 239.
[140] Alois Hahn, Zur Soziologie der Beichte 1982.

schaftlichem Wandel.[141] Mittels der Mobilitätsmetaphern wird solcherart die Anpassung der Rede an die komplexer werdende Wirklichkeit gestaltet.

Darin aber erschöpft sich die Funktion der Digressionen und der zu ihrer Exponierung eingesetzten Bildfelder noch nicht, in ihnen wird auch eine Wissensdiskussion vollzogen. Dass Hugos Digressionen als Regelverstöße gegen die Ordnung seiner Abhandlung inszeniert werden, ist offensichtlich. Zu fragen ist darüber hinaus, ob es sich bei diesen Regelverstößen auch um Operationen innerhalb einer Ordnung des Diskurses im Foucaultschen Sinne handelt. Was für ein Wissen kommt durch die Digressionen in den Text und wie verhält es sich mit der Legitimität der Thematisierung? Hugo kommt auf schwierige Themen zu sprechen. Oft weist er darauf hin, dass dies riskant sei, dass seine Leser ihm zürnen könnten, dass andere als er darüber reden sollten, dass er seine Zunge lähmen muss und doch gerne noch mehr über dieses oder jenes sagen würde. Eine weitere Funktion der Digressionen hat mit dem bereits angedeuteten Problem von Hugos Redelizenz zu tun. Dies zeigt sich an selbstreflexiven Passagen, die das digressive Verfahren nicht nur beschreiben und ihm sein Recht einräumen, sondern in ihm auch die Ursache für gelegentliche Kompetenzüberschreitungen ausmachen, die das Wissen betreffen. Hier ist eine längere Ausführung Hugos aufschlussreich, in welcher die Abschweifung seiner Abhandlung mit einem durchgehenden Pferd verglichen wird:

Manic riter ofte hât gerant
Ûf rossen, diu nâch sîner hant
Niht wolten loufen etswenne:
Daz selbe ich ouch an mir bekenne,
Swenne ich den louf ein teil zertrenne
An mînem getihte und mit im renne,
Swar ez mich hin treit mit gewalt.
Swer vehten muoz, daz der sî balt
Des ist vil nôt, und daz er niht
Bœslichen vliehe, des vil geschiht. (*Renner*, V. 13 905–13 914)

So wie Ritter, die mitunter keine Kontrolle über den Lauf ihrer Pferde haben, so wird auch der Verfasser mit Gewalt davongetragen, wenn er *den louf ein teil zertrenne*[t].[142] Unter dem Nomen *louf* ist wohl der geregelte Gang des Buches zu verstehen. Wo dieser vom Verfasser unterbrochen wird, erlebt er einen Kontrollverlust: Mit Gewalt trägt es ihn hinweg mitsamt dem *getiht*. Der Vergleich scheint auf den ersten Blick nicht ganz zulässig, denn zwischen dem Reiter eines durchgehenden Pferdes und einem Verfasser, der den geregelten Gang seiner Untersuchung für ein Weilchen unterbricht, gibt es erhebliche Unterschiede hinsichtlich der Passivität bzw. Aktivität des betroffenen Subjekts. Doch vielleicht handelt es sich ja nicht unbedingt um eine Katachrese, wenn man

---

[141] Vgl. Rudolf Kilian Weigand, Der *Renner* des Hugo von Trimberg 2000, 282f.
[142] Dem Verb *zertrennen* kommt in Hugos *Renner* eine Doppelbedeutung zu: Einerseits wird es für den Vorgang einer begrifflichen Differenzierung genutzt *(boeser herren lop zertrennen)*, andererseits meint es das Unterbrechen eines Themas oder Gedankengangs, wie im obigen Zitat.

das agonale Moment akzentuiert, welches das Bild enthält: Beim Angriff reitet der Ritter mit verhängtem Zügel, damit das Pferd eine hohe Geschwindigkeit und der Angriff die optimale Stoßkraft erreicht. Eine solche Interpretation des Bildes liegt nahe, da die Kühnheit beim berittenen Angriff betont, die Feigheit dagegen zurückgewiesen wird. Bei dieser Auslegung wird der Agon zum *tertium comparationis* zwischen dem Reiten des Ritters und dem *louf* der Untersuchung bei Hugo. Darauf wird noch zurückzukommen sein. Wer nun aber in der geschilderten Art und Weise reitet, verliert auch die Kontrolle über den Weg:

> *Swer rennet, der mac niht wol bewarn*
> *Er müeze durch stoup und lachen varn,*
> *Über gruoben und graben, über rûch und sleht,*
> *Über stoc und stein – daz ist sîn reht –*
> *Über bluomen, über heide, über manic unflât*
> *Und swâ sînes rosses louf durch gât,*
> *Dem er niht wol geziehen kan,*
> *Daz in etswenne sô verre hin dan*
> *Treit, daz erz kûm bringet wider*
> *Und etswenne mit im vellet dernider:*
> *Alsô ist mir ze mînem getihte:*
> *Swenne ich ez einhalp hin rihte,*
> *Sô loufet ez anderhalben hin*
> *Ûf ein velt, dâ vor mîn sin*
> *Ân zwîfel nie geneiget wart;*
> *Bringe ich ez wider an die vart,*
> *Sô loufet ez ofte vür manic zil,*
> *Verrer denne mîn herze wil;*
> *Über stoc, stein, stoup, bluomen und lachen*
> *Treit ez mich von manigen sachen:*
> *Begegnet aber uns ein tiefer grabe,*
> *Sô strûchet ez selber und wirft mich abe:*
> *Sô sitze ich als in einem troume*
> *Und vâhe ez aber bî dem zoume*
>
> *Und loufe mit im über velt hin dan*
> *Als der niht wol rîten kan. (Renner,* V. 13 915–13 940)

Bei der Wucht des Angriffs geht das Pferd durch, reitet, wohin auch immer es will, über Stock und Stein, über Holpriges und Gerades, über Blumen und Unflat; der Reiter kann es nicht zurücklenken und stürzt mit dem Pferd beim Versuch, dies zu tun. So geht es auch dem Verfasser mit seinem *getiht*. Inszeniert wird hier der Kontrollverlust des Verfassers bei der Organisation seines Textes. Dass das Pferd mit dem Reiter über *stoc, stein, stoup, bluomen und lachen*, also nicht nur den gebahnten Weg reitet, sondern die gesamte Landschaft durchmisst, kann ausgelegt werden auf die Mannigfaltigkeit der Phänomene, die bei den Digressionen Berücksichtigung finden. Andererseits spielt hier ein weiterer Aspekt eine Rolle: Ritter und Pferd geraten an Orte, nach denen es den

Positionierung im Feld des Wissens und der Dichtung 109

Reiter niemals zuvor verlangt hat (*dâ vor mîn sin | Ân zwîvel nie geneiget wart*). Nicht um die Digression als solche geht es hier, sondern um die Themen, auf die sie mitunter hinführt. Hugo bietet so eine Erklärung dafür, dass er quasi gegen seinen Willen auf Wissensbereiche zu sprechen kommt, die nicht in seine Zuständigkeit fallen. Solche Übergriffe sind – das Bild des durchgehenden Pferdes legt dies nahe – Betriebsunfälle, die auch geübten Reitern bzw. Rennern widerfahren. Dies ist wohlgemerkt keine Beschreibung von Hugos Vorgehen, sondern eine Inszenierung, die Kompetenzüberschreitungen möglich macht und zugleich entschuldigt. Nach solchen Inszenierungen seiner Verstöße gegen die Regeln des Diskurses betont der *Renner* ostentativ seine regelkonforme Position. In den dem obigen Passus folgenden Versen hebt Hugo hervor, dass er einfältig und nicht weise sei, instituiert bekenntnishaft die Norm, gegen die seine Digression temporär verstoßen hatte:

Wenne wort, diu tiefe sint gewegen,
Der süln hôhe meister pflegen,
Der sin von vollen brunnen fliuzet
Und wîten in diu lant sich giuzet:
Des sinnes ich leider unwîse bin:
Mînes sinnes kraft vert oben hin
Âne künsterîcher âdern prîs[143]
Als über ein güse ein dürrez rîs
Und als ein wazzer über dickez îs. (*Renner*, V. 13 941–13 949)

Um Worte, die in der Tiefe geschöpft sind und deren Sinn wie aus einer vollen Quelle fließt, sollen sich hohe Meister bemühen. Ihnen gegenüber insistiert Hugo auf der Oberflächlichkeit des eigenen Wissens.[144] Dieses verhält sich zum tiefen Wissen der Gelehrten wie ein dürrer Zweig, der auf einem tiefen Strom schwimmt, oder eine Wasserpfütze auf dickem Eis. Es ist das Wissen eines Laien, das sich hier artikuliert. Auch institutionell wird Hugos Position sogleich darauf begründet. Er hat keine der hohen Schulen, wo die scholastischen Wissenschaften gelehrt werden, besucht:

Salern, Padouwe, Orlêns, Pârîs
Wurden nie von mir beschouwet,
Daz einem hôhen meister zouwet
Baz denne einem armen lêre knaben;
Wer wil daz vür ein wunder haben?
Mit tummen tumb, mit wîsen wîs
Was ie dirre wilden werlde prîs.
Swer hie vindet des in benüeget,
Der hât funden daz im füeget. (*Renner*, V. 13 950–13 958)

---

[143] Die Lesart Ehrismanns ergibt an dieser Stelle keinen rechten Sinn. Die Handschriften weisen hier verschiedene Varianten auf: *an kunsterichen a[n]dern sin* B1 (B); *kunstrichen adams sin* Ha1 (U) bzw. *Ane andern kunsten richen pris* H2 (p). Gemeint ist sicherlich, dass Hugos Worten nicht die Anerkennung zukommt, die jenen der *hohen meister* entgegengebracht wird.

[144] Vgl. auch Rudolf Kilian Weigand, Der *Renner* des Hugo von Trimberg 2000, 320.

Auf die Auseinandersetzung mit der Digressivität der eigenen Rede, ihrer Darstellung als Kontrollverlust, als nicht in der eigenen Macht stehendes Ausgeliefertsein an die Gewalt des Fortgerissenwerdens, das an Orte führt, an die sich der Verfasser freiwillig nie begeben hätte, folgt hier die Selbstbescheidung und das Exponieren der engen Grenzen eigener Gelehrsamkeit. Die Transgression der Redelizenzen wird hier thematisch, sie wird als geschehene Verfehlung eingeräumt und im Bild des Kontrollverlusts über ein durchgehendes Pferd als unfreiwilliger Lapsus ausgewiesen. Zuletzt wird deutlich gemacht, dass der Verfasser genau weiß, was ihm *füeget*, dass er sich also seiner Befugnisse und Kompetenzen bewusst ist und auch beabsichtigt, sich nach ihnen zu richten. Hier zeigt sich deutlich, dass die Reflexion der eigenen digressiven Praxis mittels der Mobilitätsmetaphern auch die Funktion hat, den Geltungsbereich der eigenen Rede abzustecken, Verstöße dagegen zu markieren und zurückzunehmen. Dabei erfolgt freilich auch eine Thematisierung des tabuisierten Wissens.

Darin ist eher ein offensives Be- und Umspielen von Wissensgrenzen auszumachen, denn eine dem Verfasser anzulastende Disziplinlosigkeit, was die logische Stringenz seiner Untersuchung betrifft. Durch das Wechselspiel von Digression und Konzentration werden also auch Wissensgrenzen thematisiert und deutlich markiert. Auf die Apologie der stattgefundenen Transgression folgen die Sanktion und die Bekräftigung der Norm. Bemerkenswert an der zitierten Passage ist dabei, dass die Reflexion der eigenen digressiven Praxis in den Sog der agonalen Bildlichkeit des ritterlichen Angriffkampfes gerät: *Swer vehten muoz, daz der sî balt | Des ist vil nôt, und daz er niht | Bœslichen vliehe, des vil geschicht* (*Renner*, V. 13 912ff.). Ich meine, dass dies auf institutionelle Mechanismen sozialer Kontrolle verweist, die dem Diskurs der Laien gelten. So könnte man zumindest erklären, warum Hugo seine Digressionen andernorts als sozial riskante Operationen darstellt:

Nu bin ich kumen über den tûr
Mit kurzen sprüngen der natûr
Und loufe aber her wider abe
In die werlt ân widerhabe
Und müet mich, swie wol ieman tuot,
Daz ez der fünfte niht hât vür guot. (*Renner*, V. 20 317ff.)

Mit kurzen Sprüngen der Natur – gemeint sind die zuvor in knappen Kapiteln präsentierten Tierallegorien[145] – ist Hugo also auf den Turm geraten, von dem er nun wieder hinabläuft in die Welt hinein.[146] Der Gegensatz von Höhe und Tiefe ist hier sicher auch auf die Gelehrsamkeit der behandelten Themen zu beziehen, wobei die Raummetaphern

---

[145] Es handelt sich dabei um Hugos Bearbeitungen von Auszügen aus dem *Liber de natura rerum* des Thomas Cantimpratensis; vgl. Lutz Rosenplenter, Zitat und Autoritätenberufung 1982, 477–506; Inés de la Cuadra, Der *Renner* Hugos von Trimberg 1999, 157ff. und in dieser Studie unten S. 139ff.

[146] Der Lexer kennt *tûr* als Nebenform von *turn, stm*. Für das Lexem gibt es einen zweiten Beleg im *Renner* (V. 8953), hier wohl auch in der Bedeutung „Turm".

hier anders konnotiert sind als im Gleichnis vom tiefen Gewässer und dem an der Oberfläche schwimmenden Zweig. Die Höhe des Turmes, auf den Hugo durch das Zitieren der Naturlehre geraten sei, indiziert den gelehrten Diskurs, die darunter liegende Ebene das intellektuelle Betätigungsfeld des Laien, auf das sich Hugo, wie immer nach seinen Abweichungen, sogleich wieder zurückbegeben will. Im Folgenden äußert Hugo seinen Unmut darüber, dass jeder Fünfte missbilligt, was man doch wohlmeinend ausgeführt habe, und bezieht sich dabei auf Christus: Ihm folgten viele Leute aus fünf verschiedenen Gründen: Die einen wollten seine Wunder sehen, die anderen von ihren Krankheiten geheilt werden, andere wieder wollten sehen, wie er aussieht, wieder andere wollten, dass er sie speiste und belehrte. Manche aber folgten ihrer Bosheit wegen: Sie wollten Christus aufgrund seiner Lehre überführen und fangen. Deshalb sei es kein Wunder, dass auch heute üble Menschen die guten Lehren verschmähen. Als riskant inszeniert Hugo seine Rede hier, indem er auf die Gefangennahme Christi und den Versuchen der Pharisäer, ihn falscher Lehren zu überführen, zu sprechen kommt und zur eigenen Situation in Bezug setzt.

Was aber sind nun die riskanten Themen, für deren Behandlung sich Hugo in so bildreichen Selbstbeschreibungen entschuldigt? Der Kontext der behandelten Stelle legt nahe, welche Art von Lehre Hugo als gefährlich ansieht. Im Zusammenhang von Ausführungen über den Balsam versieht Hugo *dirre materie* mit einem *haft* und präsentiert einen Katalog der Autoritäten in naturhistorischen Belangen: In diesem Katalog nun finden sich Kirchenväter (Ambrosius, Augustinus, Hieronymus und Origines) neben heidnischen Gelehrten (Plinius, Platon, Aristoteles).[147] Soweit handelt es sich um eine Beglaubigung durch Rückgriff auf Autoritäten, aber gerade diese scheint auch problematisch zu sein, denn unmittelbar darauf nimmt Hugo mögliche Einwände vorweg. Er wehrt sich gegen den Vorwurf, seine Rede sei zusammengeflickt. Mit einer Sentenz beschließt der Renner seine Rechtfertigung: *Wenne alliu lêre ist als ein wift, | Der niht hilft diu heilige schrift* (Renner, V. 20 301f.). Die Schriften der Heiden und Juden, die im Autoritätenkatalog angeführt wurden, seien durchaus geeignet, bei der Auslegung der Heiligen Schrift zu helfen, da es sich um tugendhafte Menschen gehandelt habe, die auch uns Vorbild sein sollten. Schon früh hätten die Alten nach *triuwe, zuht, êre* und *tugent* (Renner, V. 20 310) gestrebt, die sich auch in ihren Schriften finden. Gott sei geklagt, dass die Milben die Bücher zernagen, auf die soviel Arbeit gewendet worden sei (Renner, V. 20 301). Diesen Ausführungen folgt nun Hugos Selbstbeschreibung, er sei mit den kurzen Sprüngen auf den Turm geraten und befürchte die Nachstellung derer, die bereits Christi Lehren gegen den Heiland verwendet hätten. Hugo räsoniert hier über die Schriftauslegung unter Zuhilfenahme der heidnischen Naturkunde sowie über die Legitimität heidnischer Philosophie bei der Bibelexegese. Darüber freilich steht dem Laien keinerlei Urteil zu, weshalb sich Hugo von seinem Turm unverzüglich

---

[147] *Solînus und Ysidôrus, | Physiologus und her Plînius, | Plâtô und meister Adellîn, | Ambrôsius und sant Augustîn, | Jerônimus und Orîgines, | Jacob und Aristotiles | Sint von natûre der schrift geziuge | In irm getihte, daz ich niht liuge.* (Renner, V. 20 283–20 290).

wieder in die Welt hineinbegibt. Auch hier erfolgt nach der temporären Annexion gelehrter Themen die Zurücknahme und schließlich die Bekräftigung der Norm: *Swaz man in gotes liebe tuot | Einvelticlîchen, daz ist guot* (Renner, V. 20 341f.). *einvalt* – das immer wieder gegen Spitzfindigkeit ins Feld geführte Ideal der schlichten und redlichen Haltung des Laien wird schließlich wieder als der eigentliche Grund von Hugos Rede behauptet.

Hugos Räsonnements über die göttlichen Geheimnisse (z. B. über die Jungfrauengeburt) und die Lehren der heidnischen Philosophen und Naturkundler werden durch die Unterbrechungen und Zurücknahmen einerseits als unfreiwillige Ergebnisse einer Digression, andererseits als unsichere Gebiete seiner Rede gekennzeichnet. Und noch ein Thema erweist sich im *Renner* als prekär: die Auslegung der Heiligen Schrift. Dieses Thema reflektiert Hugo im Bild der Schiffsreise. Der *Renner* vergleicht seine Situation als Verfasser mit jener des Jerusalemreisenden, der kurz vor der Heiligen Stadt paralysiert wird und die heiligen Stätten deshalb nicht in Augenschein nehmen kann. Auch in diesem Gleichnis finden sich die soweit aufgewiesenen Elemente der Kompetenzüberschreitung und der Wissensgrenze sowie der Hinweis auf die befürchteten Sanktionen:

> *Mir ist als einem, der über mer*
> *Vert mit einem grôzen her,*
> *Und swenne er kumt gein Jerusalem,*
> *Daz in denne begrîfet ein lem*
> *Daz er niht vürbaz kumen mac:*
> *Der hât gelebt im leiden tac,*
> *Daz er die wunneclîchen stat,*
> *Diu vil bezeichenunge an ir hât,*
> *Niht sol beschouwen und durch gên:*
> *Seht als muoz ich nu leider stên*
> *Lam vor der heiligen schrifte stat,*
> *Diu manic wunder in ir hât,*
> *Daz lustic und gar nütze wêr!* (Renner, V. 22 121–22 133)

Wie ist der Vergleich des Reisenden vor der Heiligen Stadt mit dem Verfasser vor der Heiligen Schrift motiviert? So wie der Reisende nicht die *bezeichenunge* Jerusalems empirisch erkunden kann, so muss der Verfasser vor den *wundern* der Heiligen Schrift innehalten, obgleich diese doch unterhaltsam und nützlich (*lustic und gar nütze*) sind. Dem unterlassenen Durchschreiten und Beschauen der Heiligen Stadt und ihrer *bezeichenunge* entspricht das unterlassene Exponieren und Erläutern der biblischen Wunder, der Parallelismus der Formulierungen unterstreicht die Analogie der Sachverhalte. Hugo hat jedoch andernorts keinerlei Hemmungen, die Bibel zu zitieren und ihre Geschehnisse als Exempla anzuwenden. Was konkret versagt sich der Renner in dieser Selbstthematisierung?

Auch unmittelbar vor diesem Vergleich ist vom Unterlassen des Schreibens die Rede. Räsoniert wird über das Kommen des Antichrists und über die Schrecken des Weltuntergangs:

Von der materie wêr schrîbens zît,
Wêr der hin dan, der bî mir lît:
Ich meine den kummer, der mich twinget
Und mir ofte trûren bringet. (Renner, V. 22 117–22 120)

Obwohl Hugo das Schreiben von der angeführten *materie* für angebracht hält, wird hier auf einer Schreibhemmung insistiert. Welcher *kummer* ist hier gemeint? Eine konkrete Krankheit? Nahe liegt vielleicht, dass der Gedanke an den Weltuntergang den Verfasser ängstige, weshalb er von der Schilderung absieht. Dazu scheint aber der folgende Vergleich mit dem Jerusalempilger nicht recht passen zu wollen. Hier wird der Gelähmte im Zustand der Sehnsucht nach der Heiligen Stadt und ihrer *bezeichenunge* vergegenwärtigt, anders als bei Hugos *kummer* ist eine innere Motivation deutlich indiziert. Für sein eigenes Innehalten vor der Heiligen Schrift gibt Hugo zwei Begründungen an:

Wenne ich bin müede kumen her
Mit einem gar wîten gesamten her
Durch der wilden werlde mer
Und klage, daz sich nu nieman gar
An den andern gelâzen tar. (Renner, V. 22 134–22 138)

Die erste Begründung bewegt sich noch innerhalb des Bildfeldes der *navigatio*. Müde von der Reise sei der Verfasser, der durch das Meer der wilden Welt gefahren sei. Dies lässt sich allegorisch deuten auf Hugos Abhandlung selbst, deren Gegenstand die Welt im Zustand ihrer Sündhaftigkeit (*wilde*) ist.[148] Hugos Klage gilt sodann jedoch dem Tatbestand, dass man sich auf niemanden mehr verlassen könne. Dies wird präzisiert:

Des wirt manic wort verdrücket
Und in dem munde wider zücket,
Daz man vil gerne brêhte ze velde,
Vörhte man niht unkust und melde. (Renner, V. 22 139–22 142)

Das *verdrücken* und *wider zücken* der Worte und das Unterlassen der Mitteilung sind wohl auf das Unterlassen des Schreibens über die *materie* des Weltuntergangs einerseits, auf das Innehalten vor der Heiligen Schrift andererseits zu beziehen. Die Exzeptivkonstruktion macht deutlich, dass es äußere Gründe sind, welche die Mitteilung unterbinden: die Furcht vor Bosheit und Denunziation (*unkust und melde*).[149] Mit *melde* ist deutlich indiziert, dass nicht Krankheit oder andere Gründe den Verfasser von der Rede Abstand nehmen lassen, sondern die institutionellen Rahmenbedingungen der Artikulation. Was sich Hugo hier versagt, ist eine anagogische Bibelauslegung, insbesondere auch der Apokalypse. Die historische, moralische, allegorische und anagogische Auslegung des Wortes „Jerusalem" durch Cassianus ist das gängige Schulbeispiel für die Lehre vom vierfachen Schriftsinn. Buchstäblich ist das Wort zu beziehen auf die

---

[148] Vgl. zu diesem Passus auch Inés de la Cuadra, Der *Renner* Hugos von Trimberg 1999, 163f.
[149] Dass Hugo Verfolgung fürchte, vermerkte auch Dietrich Schmidtke, Die künstlerische Selbstauffassung 1974, 332.

irdische Stadt, allegorisch auf die Kirche, moralisch auf die Seele der Gläubigen, anagogisch aber auf die himmlische Gottesstadt.[150] Was die vollständige Auslegung aller *bezeichenunge* betrifft, wird im *Renner* nicht nur an dieser Stelle ein Akt der Selbstzensur manifest. Der Laie ist für die Rede über die letzten Dinge nicht zuständig.[151] Hugo reflektiert hier ein weiteres Mal die Grenzen seiner laientheologischen Verkündigungen und indiziert im Bild des klagenden Jerusalempilgers doch zugleich die Neugier und Lust, auch auf diesem Feld *bezeichenunge* zu präsentieren und auszulegen. Innennormen und Außennormen treten hier auseinander, inszeniert wird eine Neugier auf die Wunder der Heiligen Schrift und zugleich das Tabu ihrer Auslegung durch einen dazu nicht bevollmächtigten Laien.

Im Gesamtzusammenhang der Abhandlung hat diese Passage an gegebener Stelle den Sinn, die Ausführungen über Zungensünden einzuleiten. Die Digression über den paralysierten Jerusalemreisenden führt den Verfasser somit als Instanz vor, die innerhalb der diskursiven Grenzen zu artikulieren versteht und sich solcherart keiner Zungensünde schuldig macht. Diesbezüglich ist es schlüssig, dass im Folgenden die Diskretion von Ratgebern, Sekretären und Beichtvätern, ihre Schweigepflicht, thematisiert wird:

Râtliute, schrîber und bîhtigêre
Wizzen vil mêre niuwer mêre
Denne ander liute und fürsten boten:
Dâ von ist nôt daz si drî knoten
Strickent vür des mundes tür,
Daz die heimlîche ieman spür,
Von der schade müege ûf erstên.
Swar si rîten oder gên,
Sô süln si sich hüeten baz
Denne ander liute, wol zimt in daz! (Renner, V. 22 143–22 152)

Ratgeber, Sekretäre und Beichtväter wissen viel mehr *niuwer mêre* als andere Leute und Fürstenboten, weshalb Diskretion notwendig ist, damit niemand durch Preisgabe der Vertraulichkeiten Schaden nehme. Nun ist es aber doch ein bemerkenswerter Unterschied, ob jemand aufgrund seiner berufsbedingten Diskretion nicht *niuwe mêre* preisgibt oder ob jemand die Wunder der Heiligen Schrift auslegt. Der Renner stellt hier seine zurückgenommene, institutionell prekäre Rede über das Heil in den Kontext fest instituierter Diskretionsgebote. Der Zurücknahme eigener Rede wird dabei eine berufs-

---

[150] Vgl. Ekkehard Mühlenberg, Art. ‚Schriftauslegung III: Kirchengeschichte' 1999, 479.
[151] Nicht nur Hugo sieht darin ein Dilemma; das Insistieren auf dieser Wissensgrenze und ihr Umspielen ist beispielsweise auch in der Sangspruchdichtung, insbesondere im *Wartburgkrieg* öfter zu beobachten; vgl. zu den Geltungskämpfen und Wissensdiskussionen im Wartburgkriegskomplex und in der Sangspruchdichtung: Burghart Wachinger, Sängerkrieg 1971; Hedda Ragotzky, Studien zur Wolfram-Rezeption 1971, 45–91; Beate Kellner, Peter Strohschneider, Die Geltung des Sanges 1998; Franziska Wenzel, Teuflisches Wissen 2002; Tobias Bulang, *wie ich die gotes tougen der werlte gar betiute* 2005, 43–62; Peter Strohschneider, Beate Kellner, Poetik des Krieges 2007.

bedingte Diskretion unterstellt. In der Übertragung des Bildes der Schifffahrt und der Lähmung vor dem Ziel auf die Selbstthematisierung des Verfassers und seiner Arbeit fungiert die in der Lähmung veranschaulichte Figur des Stillstands und der Ortsfestigkeit letztlich wieder als Bestätigung der diskursiven Norm. Gleichwohl aber werden die mit dem Bild der *navigatio* konnotierten Momente des Risikos und der Gefahr lesbar hin auf eine Neugier, die sich auf die allegorische Auslegung der Heiligen Schrift richtet, auf ein Bedürfnis gegen die Grenzen des Diskurses vorzugehen und auf eine Imagination der Transgression institutionell gesteckter Wissensgrenzen.

Die Instanz des Textes führt damit in dieser Selbstthematisierung exemplarisch vor, wie Subjekte gegen innere Impulse die Zunge im Zaum zu halten haben. Diese Exponierung wird beschlossen mit der folgenden, seltsamen Behauptung:

Vogel, tier und slangen zemt
Ein mensche, den sîn zunge lemt,
Ob er si niht gezemen kan [...]. (*Renner*, V. 22 153ff.)

Ein Mensch, der seine Zunge lähmt, wenn er sie nicht bezähmen kann, kann Vögel, Tiere und Schlangen zähmen. Ein Wunder der Dressur wird hier behauptet, differenziert wird zwischen dem Zähmen der Zunge und ihrer intendierten Lähmung. Für sich genommen ist diese Unterscheidung eigentümlich leer, denn wie ließe sich das Bild einer vorsätzlichen Zähmung anders auflösen als das einer vorsätzlichen Lähmung der eigenen Zunge auch: In beiden Fällen wird man die Beherrschung der eigenen Rede, einen Akt der Selbstdisziplinierung also, als Sinn des Bildes anzunehmen haben.[152] Im Zusammenhang der Selbstthematisierung aber wird mit dieser Unterscheidung zwischen Zähmen und Lähmen das Bild der Paralyse des Jerusalemreisenden und der Selbstzurücknahme des Verfassers vor der Heiligen Schrift wieder aufgenommen und der etwas windschiefe Vergleich somit zu homogenisieren versucht.

Hugos Digressionen, zu deren Reflexion im Text Mobilitätsmetaphern genutzt werden, dienen – wie gezeigt werden konnte – der Konkretisierung des Sündenkatalogs einerseits, der Reflexion von Redelizenzen und Wissensgrenzen andererseits. Letztere beziehen sich insbesondere auf eine Thematisierung der Geheimnisse Gottes, eine gelehrte Auseinandersetzung mit der Philosophie der Heiden sowie den Umgang des Laien mit der Heiligen Schrift.

Formen literarischer Selbstreflexion sind für enzyklopädische Dichtungen typisch. Dies hängt damit zusammen – und Hugos Text ist dafür ein Beispiel –, dass die Position einer enzyklopädisch hybridisierten literarischen Form im Feld des Wissens und der Dichtung gleichermaßen unfest wird. Reflexive Passagen in enzyklopädischen Dichtungen antworten darauf, indem sie diese Position zu befestigen suchen. Im *Renner* weisen die Reflexionsaufwände auf eine schwierige diskursive Position des Verfassers, ein

---

[152] Vgl. zum Bild der gezähmten Zunge und zu Disziplinierungsvorgängen in der frühen Neuzeit: Ralf Georg Bogner, Die Bezähmung der Zunge 1997.

permanentes Nachdenken über die Legitimität und die Illegitimität seiner Äußerungen. Der folgende Abschnitt geht genauer auf die innerhalb von Hugos Diskurs zulässigen bzw. auszugrenzenden Themen ein. Aus den bisherigen Ausführungen ergab sich, dass Hugo von Trimberg eine bestimmte Art der Auseinandersetzung mit den Wundern Gottes und der Natur sowie bestimmte Weisen der Bibellektüre und -auslegung zwar in Anspruch nimmt, aber auch als problematisch distanziert. Äußerungen zu diesen Themen weist Hugo *post factum* als Resultate seiner digressiven Entgleisungen aus. In dieser Weise werden institutionell aber auch thematisch *ex negativo* die Themen eines Laienwissens abgesteckt, welche im Folgenden historisiert werden sollen.

Bibel: Lektüre, Paränese, Auslegung

Ein Denkverbot, das Hugo mehrfach formuliert, gilt dem *grübeln*. Es ist gefährlich und führt den Menschen vom heilsrelevanten Wissen hinweg. Davon ist immer wieder die Rede im Zusammenhang mit Überlegungen zur Heiligen Schrift und ihrer Auslegung: Man soll nicht weit darüber hinaus nachdenken, was Gott seinen Propheten und Aposteln offenbart hat.

> *Swaz unser herre uns hât enboten*
> *Bî sînen wîssagen und sînen zwelfboten,*
> *Daz sül wir êren und wol behalten*
> *Und lâzen die grüebel nüzze walten,*
> *Den sanfte mit grüebel nüzzen sî;*
> *Kristen geloube ist wandels frî.*
> *Ein guot tischlachen und ein hemde,*
> *Den engelische nête und bilde sint fremde,*
> *Wert etswenne als manigen tac*
> *Als jenez an dem grôz arbeit lac.*
> *Ketzer habent von êrste ûz brâht*
> *Daz manic dinc ist sît erdâht,*
> *Des kristen geloube wol enbêre*
> *Ob niht ketzer ûf erden wêre.* (*Renner*, V. 13 445–13 458)

Hugo fügt diesen Passus einer Kritik an den fahrenden Schülern hinzu, die subtile Künste an den Universitäten von Paris und Salerno suchen. Was Gott den Menschen durch die Propheten und Apostel kundgetan hat, hat dem Laien zu genügen. Es sollen diejenigen sich mit den Grübelnüssen befassen, denen dabei wohl ist; dem Glauben ist das Gegrübel abträglich, denn der christliche Glaube sollte *wandels frî* sein. Im folgenden Vergleich des Grübelns mit luxuriös ausgestatteter Kleidung (*engelische nête und bilde*) wird dem unablässigen Nachdenken und Problematisieren der Glaubenswahrheiten die Schlichtheit und Einfachheit des Glaubens entgegengesetzt.[153] Der „Tadel an

---

[153] Im *Renner* wird das für sich selbst reklamierte Wissen oft als nützliches Alltagsgerät vergegenwärtigt (z. B. ein Schleifstein) und mit nutzlosen Luxusgegenständen (z. B. einem Edelstein) kontras-

Positionierung im Feld des Wissens und der Dichtung 117

einer rationalisierenden Bibelexegese",[154] den Hugo hier mit deutlichem Bezug auf universitäre Gelehrsamkeit artikuliert, wird mit dem Vorwurf der Ketzerei verknüpft. Es sind die Ketzer, die vieles in die Welt gebracht haben, worauf der gläubige Christ verzichten könne, wie überhaupt die Welt gut ohne Ketzer auskäme.

Das Grübeln – so legt es dieser Passus nahe – ist die Ursache für häretische Lehren, die den Christen von der Gottesnähe und seinem Frieden mit der Kirche entfremden. Abgewehrt wird das Grübeln als Gefahr für den Glauben, die von innen kommt. Die Zurückweisung des Grübelns erfolgt im Bereich, wo die dem Laien mit Schulbildung gebotene Auseinandersetzung mit der Heiligen Schrift übergeht in den Bereich der Schriftauslegung, die den Geistlichen und Universitätsgelehrten vorbehalten ist.[155] Eine nicht in diesem Sinne institutionalisierte Auseinandersetzung des Laien mit der Bibel gerät – Hugos Verse thematisieren dies – rasch in die Nähe des Verdachts der Ketzerei. Als Beispiel für die bösen Folgen des falschen Grübelns werden diverse Häretiker namentlich herangezogen und von frommen Heiligen abgesetzt:

> *Man sol niht sêre die heiligen schrift*
> *Durchgrübeln, daz iht der sêle gift*
> *Stecke in valschem honicseime;*
> *Koufbrôt ist niht als daz dâ heime.*
> *Sant Mertîn gar einveltic was*
> *Und ouch der milte sant Niclas*
> *Und manic ander heilic man,*
> *Der ich niht alle genennen kan,*
> *Und sint doch in himelrîche*
> *Vil baz bekant und ûf ertrîche*
> *Denne Arrius und Sabellius,*
> *Fotînus und Pelagius,*
> *Novâcius und Priscilîân*
> *Und manic ander unsêlic man,*
> *Die sich der künste nâmen an*
> *Die man ze banne hât getân.*
> *Wizzet daz der êrsten boten lêre*
> *Einveltic was und hât doch êre*
> *Und sol êre haben êwiclîchen:*
> *Welch kunst ûf erden kan ir gelîchen?* (*Renner*, V. 13 537–13 556)

Hier wird die Kritik des Grübelns verbunden mit einer Kritik der *kunst* bzw. der *künste*, gegen sie wird die *einveltikeit* als positives Gegenteil gestellt.[156] Die *lêre* der ersten einfältigen Apostel Christi rückt so in einen Gegensatz zur *kunst* der gebannten Gelehr-

---

  tiert. So auch hier im Vergleich der beiden Stoffe; vgl. dazu Inés de la Cuadra, Der *Renner* Hugos von Trimberg 1999, 151.
[154] Lutz Rosenplenter, Zitat und Autoritätenberufung 1982, 358.
[155] Dass Hugo als Laie keine Schriftauslegung betreiben könne, betont auch Rudolf Kilian Weigand, Der *Renner* des Hugo von Trimberg 2000, 350.
[156] Vgl. Lutz Rosenplenter, Zitat und Autoritätenberufung 1982, 148.

ten. Der Ketzerkatalog mit Häretikern aus dem dritten bis fünften Jahrhundert veranschaulicht die Folgen von *grübeln* und rationalisierender Exegese der Heiligen Schrift: Hugo nennt den Presbyter Arius, der den Arianismus begründete, ebenso wie den ägyptischen Häretiker Sabbelius, den Bischof von Sirminium, Photinos, und den spanischen Ketzer Priscillian. Zugleich mit der Selbstzuschreibung der *simplicitas* erfolgt hier die Ausstellung der Kompetenz des gelehrten Laien in der Kirchengeschichte. Ihm sind die Namen der gelehrten Ketzer bekannt. Hugo greift auf die Zusammenstellung der Irrlehren der Christen aus dem achten Buch der *Etymologien* Isidors zurück. Auffällig ist zudem, dass bei aller Zurückweisung der gelehrten Spekulation über die Heilige Schrift in den Formulierungen Chiffren auftauchen, die darauf hinweisen, wie begehrenswert das Zurückgewiesene ist. Im gegebenen Zitat ist vom *valschen honicseim* die Rede, in dem für den Grübler das *gift* stecke. Auch mit dem Bild raffiniert gearbeiteter Stoffe und Kleidungsstücke wird einerseits die falsche Lehre der Ketzer im metaphorischen Register einer Kritik des weltverfallenen Luxus geäußert, andererseits aber die gelehrte und spekulative Auseinandersetzung mit der Heiligen Schrift eben auch als begehrenswerte luxuriöse Angelegenheit konnotiert. In gewisser Hinsicht erscheint so die dem Geweihten und Universitätsgelehrten erlaubte Auseinandersetzung mit der Heiligen Schrift als Objekt des Begehrens. Ausgestellt werden hier einmal wieder die Selbstdisziplinierung des Laien und seine Abgrenzungen von alternativen Wissensformen, die freilich vor dem Hintergrund einer unfesten Stellung des Laien im Feld des Wissens erfolgt. Auch hier ist bei Hugo von Trimberg eine bemerkenswerte Unruhe zu vermerken, die im Bildregister der Mobilitätsmetaphern bereits ausgemacht werden konnte. Ein Symptom dessen ist auch, dass das Verb *grüebeln* in anderen Zusammenhängen durchaus positiv besetzt ist. So moniert Hugo in seiner Lehrerklage, es seien früher *frume pfaffen | und wol gelêrte schuolêr* (*Renner*, V. 17 413f.) an den Schulen aufgezogen worden, nun aber richteten die Schüler ihren Sinn nur auf *luoder* und *spil*:

> *Under drîzigen ich niht vinde*
> *Drî, die gerne lernen*
> *Und nâch der künste kernen*
> *Grübeln wöllen in der jugent.* (*Renner*, V. 17 422–17 425)

Als Form der intensiven Aneignung des Schulstoffs ist *grübeln* also geboten, nur auf die Heilige Schrift soll dieses Vermögen nicht angewendet werden. Von hier aus ist nach den Zugriffen des Laien auf die Heilige Schrift zu fragen, nach dem Grad institutioneller Codierung legitimer und illegitimer Praktiken der Laienexegese.

Wie bereits gezeigt werden konnte, ist die Bibelauslegung im *Renner* problembehaftet, nicht aber verboten. Im Gegenteil: Hugo insistiert darauf, dass die Auseinandersetzung des literaten Laien mit der Heiligen Schrift geboten ist. Durch sie kann man lernen, wie die ewige Seligkeit zu erlangen ist:

> *Diu heilige schrift ist hin geleit,*
> *Wenne si durch êwige sêlikeit*
> *Selten ieman lernen wil*

> *Leider, denne üm alsô vil*
> *Daz wir helfe disem lîbe,*
> *Swâ diu arme sêle ouch belîbe.*
> *Diu heilige schrift lêrt allez guot:*
> *Swer si kan und anders tuot*
> *Denne si rîche und arme lêrt,*
> *Des unsêlde zwirent wirt gemêrt.* (*Renner*, V. 13 309–13 318)

Der Passus steht im Kontext einer Kritik allgemeiner Missstände, von *gîtekeit, glîchsenheit* und *sîmonie*. Hugos Verweis auf die Wahrheit und die normative Kraft der Heiligen Schrift erfolgt im Zusammenhang einer Invektive gegen *pfaffen, münche und nunnen orden*: Kaufleute seien sie geworden, die nach weltlichem Besitz streben und nicht mehr die Heiligen Bücher zur Mehrung der Tugend studierten. Ein Mann von vollendeter Tugendhaftigkeit gelte heute nichts mehr, wenn er nicht über Geld verfüge. Heute geben die Mönche und Pfaffen, die dem Gut verfallen sind, nicht nur falsche Vorbilder ab für die Laien, sondern sie lehren auch das Falsche. Solche Invektiven richten sich konkret gegen die Pfründe der Geistlichkeit und finden sich bei Hugo *passim*, mit Blick auf die Bibellektüre jedoch haben sie eine konkrete Stoßrichtung: Wenn die für die Verkündigung der Heilsbotschaft und die Schriftauslegung Berufenen falschem Lebenswandel nachgehen und Falsches lehren, dann folgen daraus Orientierungsverluste für die Laien:

> *Wâ sül wir hin, wem sül wir volgen?*
> *Ist got allen den erbolgen*
> *Die niht behaltent sîn gebot,*
> *Sô ist uns armen allen nôt*
> *Daz unser herre uns mêre vertrage*
> *Denne diu heilige schrift uns sage.*
> *Diu heilige schrift ist sunder gift,*
> *Valscher trôst ist als ein wift.*
> *Gotes vorhte in süezer andâht*
> *Hât manige sêle ze himel brâht.*
> *Swer der heiligen schrift niht ahtet*
> *Und niur der werlde dinc betrahtet*
> *Waz sol man dem von gote sagen!* (*Renner*, V. 13 341–13 353)

Da Gott denen zürnt, die sein Gebot nicht halten, so ist es *uns armen* notwendig, dass es Gott uns nicht anrechnet, wenn wir nicht einhalten, was die Heilige Schrift von uns fordert. Im gegebenen Kontext ist dies zu beziehen auf die kritische Situation der Laien ohne kompetenten geistlichen Beistand: Sie bekommen das Wissen um die rechte Lebensführung nicht vermittelt. Die Invektive richtet sich gegen den Klerus, er missachte die Heilige Schrift durch seine Gier nach weltlichem Gut. Angedeutet aber wird auch die Möglichkeit der Laien, die in gegebener Passage in Hugos *wir* integriert sind, sich durch die Auseinandersetzung mit der Heiligen Schrift dem bösen Exempel und den falschen Lehren der Kleriker zu entziehen. An anderer Stelle betont Hugo mit Rückgriff auf biblische Exempel die wunderwirkende Kraft des Gebets und regt die direkte Nachfolge Christi an, der seine Jünger das Beten gelehrt hatte:

> *Waz vasten genâde bringe und gebete,*
> *Daz wizzen die wol, die got liep hete,*
> *Die grôziu wunder ûf erden tâten,*
> *Swenne si got mit flîze bâten:*
> *Moyses, Daniêl und Hêlias,*
> *Judith, Hester und Ezechias*
> *Und manic man ûz der alten ê.*
> *Wem sölte wir nu des volgen ê*
> *Denne unserm herren, der beten hiez*
> *Sîn jungern und ouch in des liez*
> *Ûf ertrîch sîner lêre ein teil,*
> *Diu sêlde noch bringet unde heil?* (Renner, V. 20 641–20 652)

Hier wird ganz selbstverständlich auf Bibelwissen und die Lehren Christi zurückgegriffen, ohne dass eine Vermittlung durch einen Geweihten dabei eine Rolle spielt. Auf dem Problem der unzuverlässigen Priester und der Folgen ihrer Tätigkeit für die Laien insistiert Hugo immer wieder:

> *Pfaffen der leien sin verkêrent,*
> *Swenne si mit flîze got niht êrent*
> *Und übersehent und überhœrent*
> *Dâ mite si sich selber tœrent.* (Renner, V. 13 371–13 374)

Hugo greift für seine antiklerikale Polemik schließlich zu Sprachspielen: Es gebe mehr *tumme herren* als *tuomherren*, mehr *tôraffen* als *kôrpfaffen,* mehr *tôrherren* als *kôrherren* (Renner, V. 13 385–13 390). Hugo wettert gegen die Pfründe, gegen die Universitätsgelehrsamkeit und gegen Schüler, die die Heilige Schrift nicht lesen und nichts lernen wollen. Von hier aus räsoniert er über das Grübeln und über die Ketzerei, die es befördert. Es ist die Heilige Schrift, die dem Laien genügen sollte; durch das Lesen der Bibel kann auch Wissen korrigiert werden, das dem Heil nicht förderlich ist. Hugo schilt die Universitätsstudien unfrommer Schüler und fordert die Bibellektüre ein:

> *War zuo wil der vil buoche lerne*
> *Ze Pârîs, Orlêns oder ze Salerne?*
> *Dâ von lêrt uns alle schôn*
> *Ein buoch heizet Enchiridion:*
> *„Swaz wir mit unserm sinne niht*
> *Mügen begrîfen, als ofte geschiht,*
> *Daz sül wir die heiligen schrift*
> *Uns heizen lêren, ê zwîfels gift*
> *Unsern gelouben gar verkêre*
> *Und unser sêle unsêlde gemêre."*
> *Swer sîn sêle wölle wol bewarn,*
> *Der lâze alle künste varn.* (Renner, V. 13 475–13 486)

Das Augustinus-Zitat wird gegen die falschen *künste* aufgeboten.[157] Ausdrücklich bezieht sich Hugo dabei auf die Forderungen der Kirchenväter, die Bibel zu lesen, im gegebenen Zitat auf Augustinus.[158] Der Anspruch des Laien auf die Bibellektüre wird dabei recht umständlich artikuliert: Die zu Predigt und öffentlicher Bibelauslegung berufenen Geistlichen werden moralisch durch Polemik gegen die Pfründe diskreditiert, es wird zudem behauptet, sie würden Falsches lehren und den Laien irreleiten. Wo Pfaffen eigenwillig sind und schlechte Vorbilder abgeben, werden Laien verstört: *Muotwille und tegelich bœse bilde | Machent pfaffen und leien leider wilde* (Renner, V. 23 167f.). Die Adressierung der Vorwürfe scheint mitunter an den Klerus insgesamt zu erfolgen, selbst der Papst wird in diesem Zusammenhang erwähnt:

Alle kunst, zuht, milte, kiusche
Hât der gîtikeit getiusche
Verkêrt in manigerleie wîse,
Daz nieman dünket ûf erden wîse
Er lege denne alle sîne sinne
Ûf irdisch guot und ûf gewinne.
Des stênt des bâbestes stuole bî,
Swie doch sîn leben heilic sî,
Der leidige diep Ananias,
Symon, Jezî und Jûdas:
Einveltige liute stênt vor der tür,
Die lêt man selten gên her vür. (Renner, V. 20 005–20 016)

Mit Simon als Berater des Papstes wird hier der Vorwurf der Simonie eingespielt, der sich in Hugos Invektiven gegen den Klerus allenthalben findet. Der Simonievorwurf betrifft die gesamte Kirchenhierarchie. Der Papst selbst wird zwar explizit ausgenommen (*Swie doch sîn leben heilic sî*) – er hat aber schlechte Ratgeber. Seit Gregor dem Großen gilt Simonie als Ketzerei.[159] Hugo generalisiert den Vorwurf des Handels mit heiligen Sachen auf Priester, Pfaffen, Mönche und Nonnen, indem er zum einen das Pfründewesen als Simonie wertet und zum anderen jegliche Form des Besitzstrebens beim Klerus, ja jede Abkehr von Andacht und die damit gegebene Ausrichtung auf die Welt mit diesem Tatbestand assoziiert. Hugos Invektiven gegen die Geistlichkeit können deshalb als regelrechte Verketzerung angesehen werden, wodurch die Situation des auf die rechte Lehre angewiesenen Laien äußerst dramatisiert und die Laienpredigt als Alternative nahegelegt und legitimiert wird. Auch bei der Kritik des Klerus nutzt Hugo Bibelstellen als paränetische Exempel, so zum Beispiel wenn er wieder einmal die Kompromittierung der Priester durch ihre Pfründe anprangert und beklagt: *Volliu pfründe machet übermuot* (Renner, V. 11 695). Daraufhin versammelt er Exempel aus der Bibel, in denen Menschen durch ihre Gier zu Schaden kommen: Esaus Übertragung des

---

[157] Vgl. Lutz Rosenplenter, Zitat und Autoritätenberufung 1982, 148ff.
[158] Vgl. Philipp Hofmeister, Bibellesen und Bibelverbot 1966, 303; Klaus Schreiner, Grenzen literarischer Kommunikation 1981.
[159] Rudolf Schieffer, Art. ‚Simonie' 2002, Sp. 1923.

Erstgeborenenrechts an seinen Bruder, das Fastenbrechen des Jonathan (I Sam, 2) und die Sehnsucht der Israeliten nach den Fleischtöpfen Ägyptens werden als Verfehlungen der *gula* ausgewiesen:[160]

> *Wizzet daz Êsau der frâz*
> *Sîn erbeteil an linsen gâz;*
> *Sô machte honic daz Jonathas*
> *Sînem vater ungehôrsam was;*
> *Fünf stete versenket gotes haz:*
> *Frâz und unfuor machten daz;*
> *Die juden ouch nâch frâze rungen,*
> *Die got spîste in der wüestungen*
> *Mit himelbrôte vierzic jâr.* (*Renner*, V. 11 699–11 707)

Zeitkritisch werden im Weiteren die gierigen Priester einbezogen und die Verfehlungen der *gula* werden dabei drastisch mit dem Sakrament der Eucharistie konfrontiert: Mit der gebotenen Vorsicht bezieht Hugo die biblischen Exempel auf diejenigen, *die tegelich sich mit gote spîsent*.

> *Ist daz man ez gesprechen tar,*
> *Sô stêt vil übel ob frâz die prîsent,*
> *Die tegelich sich mit gote spîsent.*
> *Daz hûs bedörfte reinunge wol,*
> *In daz got selber kumen sol.*
> *Wie die vordern alle von frâze*
> *Wurden gepînt, die rede ich lâze*
> *Und wil aber vürbaz rennen.*
> *Ir mügt daz selber wol bekennen,*
> *Daz manic man von frâzes schulden*
> *Kummer und scham muoz ofte dulden.* (*Renner*, V. 11 708–11 718)

Mit dem Hinweis auf die Alltagserfahrung der Rezipienten werden die Kritik am Klerus und die Verweise auf biblische Exempel abgebrochen. Die Laienpredigt legitimiert sich hier als Mahn- und Bußpredigt gegen den Klerus. Der paränetische Bibelgebrauch ist dabei ein Kompetenzausweis des Laien.

Bibellektüre und -exegese der Laien werden so aus der Bedrohung begründet, die das Heil der Laien betrifft, weil die Priester zu Ketzern geworden sind. Aus Sündenklage und Gegenwartsdiagnostik leitet Hugo einen Geltungsanspruch für die Verkündigung der Laien ab; die dazu notwendige Kompetenz wird durch die Exponierung von Bibelkenntnis, durch die Übertragung von Bibelstellen ins Deutsche und durch Auslegungen ausgewiesen. Dass Hugo auch mit Rezipienten rechnet, welche die Bibel nicht nur kennen, sondern auch gelesen haben und regelmäßig nutzen, zeigen viele Formulierungen, die zumindest einen Teil der Rezipienten als Leser der Bibel apostrophieren: *Swer die bibeln hât gelesen* (*Renner*, V. 23 487); *Swer diz mit flîze suochen wil, | Der vindet sîn in der bibeln vil* (*Renner*, V. 18 175f.); *Swer ie der rihter buoch gelas, | Der weiz wol*

---

[160] Vgl. dazu Lutz Rosenplenter, Zitat und Autoritätenberufung 1982, 388f.

wâ und wenne daz was (Renner, V. 1451 f.); *Swer dise rede baz wil suochen, | Der vindet si in der künige buochen* (Renner, V. 17 179f.); *Daz findet man in der künige buochen, | Swer ez mit flîze dâ wil suochen* (Renner, V. 14 275f.). Gelegentlich spezifiziert Hugo die Stelle, an der nachzuschlagen ist.[161] Bibelreferenz wird dabei material gefasst, sie erscheint als konkrete Praxis innerhalb einer Manuskript- und Buchkultur:

> [...] *swer diz wil baz*
> *Vernemen an der rihter buoche,*
> *Der sol an dem ende des buoches suoche.* (Renner, V. 15 828–15 830)[162]

In dieser Weise empfiehlt Hugo den Lesekundigen das Nachschlagen in der Heiligen Schrift, er gibt aber mitunter auch Hinweise auf exegetisches Schrifttum, das hinzuzuziehen ist:

> *Swer guot und übel wölle verstên*
> *Kürzlich, der lese Ecclesiastên,*
> *Ein buoch in dem her Salomôn*
> *Dirre werlde unstête bewêrt gar schôn,*
> *Und sant Jerônimus, der dar ûf hât*
> *Geschriben manigen nützen rât.* (Renner, V. 6175–6180)

Es sind insbesondere die Kirchenväter, deren exegetische Schriften von Hugo empfohlen werden, etwa das *Enchiridon* und die *Quaestiones* des Augustinus, ebenso der Hiobkommentar (*Moralia in Iob*) und das Hirtenbuch (*Regula pastoralis*) des Heiligen Gregor sowie die Bibelkommentare des Hieronymus.[163] Es zeichnet sich so ein dem Laien zukommender Kanon exegetischer Schriften ab und im Verhältnis zu diesen Texten bestimmt Hugo auch die Funktion seines *getihts*. Es dient der Paränese, dem Lob der Tugenden und der Übersetzung *fremder lêre* in deutsche Sprache:

> *Swaz ich niht genzlich hân gerüert,*
> *Daz hât sant Bernhart gar volfüert*
> *An sînen fünf buochen der Merkunge:*
> *Dâ merke der alte und ouch der junge,*
> *Der latîn wol verstên kan,*
> *Waz er tuon sol oder lân.*
> *Swer ganzer tugent lêre wil suochen,*
> *Der frâge nâch sant Gregôrien buochen,*
> *Diu er geschriben hât ûf Job:*
> *Dâ vindet er maniger tugent lop.*
> *Dise zwên und sant Ambrôsius,*
> *Sant Augustîn und Jerônimus*
> *Und sant Johan der Guldîn Munt,*
> *Des lêre ouch wîten ist worden kunt,*

---

[161] Vgl. zu diesen Stellen Lutz Rosenplenter, Zitat und Autoritätenberufung 1982, 364ff.
[162] Vgl. auch folgende Stellen: *Renner*, V. 1918ff., V. 16 880f., V. 20 675–20 678.
[163] Vgl. Lutz Rosenplenter, Zitat und Autoritätenberufung 1982, 148f.; Inés de la Cuadra, Der *Renner* Hugos von Trimberg 1999, 210f.

> *Und manige ander hôhe lêrer*
> *Wâren Kriechen, Walhen, Lamparter,*
> *Den tiutschiu sprâche was unbekant.*
> *Swâ diz buoch vert durch diu lant,*
> *In Swâben, in Düringen, in Beiern, in Franken,*
> *Dâ süln tiutsche liute danken*
> *Mîner sêle mit irm gebete,*
> *Mit almuosen, mit anderre guotête,*
> *Daz ich vil fremder lêre in hân*
> *In tiutscher zungen kunt getân* [...] (*Renner*, V. 24 526–24 549)

Diese Schriften nun begrenzen auch den Umgang des Laien mit der Bibel. Sie sind ihm als wichtige Hilfen unabkömmlich, denn sie können eine eigensinnige und zu weltliche Lektüre der Bibel verhindern helfen – eine Lektüre, die den geistigen Sinn des Wortes nicht erfasst, und somit insbesondere beim Hohelied Gefahr läuft, das Wesentliche zu verfehlen:

> *Swer nâch sînem sinne wil*
> *Die bibeln lesen, der vindet vil*
> *Dinges, daz fleischlichem sinne*
> *Mêr volget denne geistlicher minne:*
> *Swer aber mit flîze nimet în*
> *Swaz geschriben hât sant Augustîn*
> *Von dem geiste und von der schrift,*
> *Der lêt den juden irs valsches wift*
> *Und treit mit im frœlich hin heim*
> *Des rehten gelouben honicseim.*
> *Swer kristen gelouben wil bewêrn,*
> *Der geloubt vil baz den vischêrn*
> *Denne den die tiefe disputierent*
> *Und wênic die sêle dâ mite zierent.*
> *Swaz alle meister habent getihtet,*
> *Daz wirt von gîtikeit vernihtet*
> *Sô gar, daz nieman sîn geruochet:*
> *Denne der unkust in künsten suochet:* [...] (*Renner*, V. 17 311–17 328)

Auch hier ist vom *honicseim* die Rede, den der Christ als Ertrag rechten Lesens erwarten darf. Den Christen ist der *honicseim* vorbehalten, den Juden kommt er nicht zu, da sie den geistigen Sinn des Wortes nicht erfassen. Damit ist die Differenz von Wabe und Honig in diesem Zitat auf den Unterschied von Literalsinn und geistigem Schriftsinn zu perspektivieren, wobei Hugo das Bild vom Honig dem *sensus moralis* vorbehält.[164] An anderer Stelle aber verwendet Hugo diese Metaphorik wieder ganz anders. Er spricht

---

[164] Vgl. Lutz Rosenplenter, Zitat und Autoritätenberufung 1982, 159f.; Rudolf Kilian Weigand, Der *Renner* des Hugo von Trimberg 2000, 318; vgl. zum Honig Corbinian Gindele, Bienen-, Waben- und Honigvergleiche 1977/78; Ivan Illich, Im Weinberg des Textes 1991, 58, 159, Anm. 139; Hans-Jörg Spitz, Metaphorik des geistlichen Schriftsinns 1972, 88f., 93; Inés de la Cuadra, Der *Renner* Hugos von Trimberg 1999, 149f., 278.

vom *valschen honicseim*, den der Grübler aus der Schrift empfange und der für ihn *der sele gift* bedeute. An wiederum anderer Stelle heißt es: *Diu heilige schrift ist sunder gift*. Mit den Metaphern des Giftes, des Honigs und des falschen Honigs wird solcherart ein Bereich zwischen dem Sinn der Schrift und seiner richtigen oder falschen Auslegung verbildlicht. Die Vagheit des Metapherngebrauchs indiziert Unklarheiten in der diskursiven Distinktion zwischen angemessenen und falschen Weisen der Bibelauslegung bei den Laien. Bibellektüre ist nicht als solche heilsfördernd, die Schrift ist ambivalent und kann bei falscher Lektüre auch zum Unheil beitragen. Um dies zu verhindern, werden drei Anweisungen gegeben, die nicht ohne weiteres harmonisierbar sind: Einerseits soll man einfältig sein, schlicht wie die Fischer, denen Christus die Lehre verkündete; hier greift die mit dem Begriff der *sancta simplicitas* verbundene Topik. Andererseits soll man die Kirchenväter lesen, zugleich aber auch spitzfindige Gelehrsamkeit und tiefes Grübeln vermeiden. Das Verhältnis der Laien zur Heiligen Schrift ist komplexer geworden, dies zeigen die Delegitimierungen der schlechten Priester und ihres exegetischen Monopols ebenso wie die Beanspruchung eines Kanons exegetischer Schriften und die Zurückweisung des Grübelns und der universitären Spekulation. Diesen Problemen gelten Selbstreflexionen Hugos, die den exegetischen Platz des Laien gewissermaßen suchen.

Richtet man die Aufmerksamkeit auf die praktischen Formen von Hugos Bibelgebrauch, so fallen für die meisten Bibelreferenzen im *Renner* zwei dominante Verfahren und eine dominante Funktion auf: Bibelstellen werden übertragen oder paraphrasiert und sie dienen der Paränese.[165] Außerdem fällt ins Auge, dass es biblische Bücher gibt, auf die Hugo ganz unproblematisch zurückgreift, ohne Fragen nach der Legitimität des Zugriffs und der Zuständigkeit für die Auslegung zu stellen. Es handelt sich dabei insbesondere um die Bücher Exodus, Leviticus, Numeri, die Königsbücher, Ecclesastes, Jesus Syrach, das Buch der Richter, die Weisheitsbücher und die Verkündigungen der Propheten.[166] Diese Bücher vermittelt Hugo durch Paraphrase und Übersetzung einzelner Passagen:

> *Ein wîssage hiez her Balaam,*
> *Der durch rât geriten kam*
> *Ze einem künige, der hiez Balach.*
> *Dem riet er alsus unde sprach:*
> *„Wiltu den juden an gesigen*
> *Und niht mit laster underligen,*
> *Sô tuo als ich dich nu bescheide:*
> *Schœniu wîp und schœne meide*
> *Wel ûz allem dînem rîche,*

---

[165] In diesem Sinne betont auch Weigand, dass die biblischen Erzählungen nicht ausgelegt würden, sondern als Beweise für richtiges und falsches Verhalten dienten, Hugo beschränkt sich auf einen moralisierenden Kommentar; vgl. Rudolf Kilian Weigand, Der *Renner* des Hugo von Trimberg 2000, 265f.
[166] Lutz Rosenplenter, Zitat und Autoritätenberufung 1982, 362.

> *Die die juden listiclîche*
> *Zuo in locken unde spenen;*
> *Und swenne si sich beginnen senen*
> *Nâch in, sô heiz die juden bite*
> *Nâch heidenischem site*
> *Ir abgöte êren: tuont si daz,*
> *So verdienent si irs gotes haz*
> *Und vallent in der sünden stric:*
> *Zehant gevellet dir der sic,*
> *Daz si dir nimmer mügen entrinne:*
> *Niht anders maht du si gewinne."*
> *Sus wurden die juden überwunden.* (*Renner*, V. 11 867–11 887)

In solchen Übertragungen liegt angesichts der breiten Überlieferung des *Renners* ein nicht unmaßgeblicher Beitrag Hugos zur Geschichte der vorreformatorischen Bibelübertragungen in die Volkssprache. Das Ziel solcher Bibelübertragung ist im *Renner* nahezu durchgehend paränetisch. Wenn die Priester als Vorbilder für die Laien versagen, so ist auf biblische Vorbilder zurückzugreifen, um den Laien zu mahnen und um Besserung zu bewirken. Hugos Laienpredigt ist über weite Strecken Bußpredigt und bedient sich zu diesem Zwecke ausgiebig des biblischen Exempels:

> *Nît und haz, frâz und zorn*
> *Vil manige sêle habent verlorn;*
> *Hôchfart, unkiusche und gîtikeit*
> *Tuont noch der werlde manic leit;*
> *Trazmuot von himel wart verstôzen:*
> *Dâ sol dêmuot mit irn genôzen*
> *Bî gote belîben êwiclîche,*
> *Daz merke der arme und der rîche*
> *Adâm und Êvâ wêren wîse*
> *Beliben in dem paradîse,*
> *Hête bœser rât si niht verleit,*
> *Hôchfart, frâz und gîtikeit.*
> *Künic Davîdes sun her Absalôn*
> *Vant sîns muotwillen bœsen lôn,*
> *Der hôchfertic, gîtic, unkiusche was* […] (*Renner*, V. 15 753–15 767)

Paränetisch funktionalisierte Bibelparaphrase und Übersetzung machen einen großen Teil von Hugos Text aus, und auf diesem Gebiet wird das Heranziehen der Heiligen Schrift auch in keiner Weise problematisiert, der paränetische Aspekt der Bibellektüre wird allenthalben deutlich akzentuiert:

> *Aller heiligen schrift lêre*
> *Hât begriffen in ir niht mêre*
> *Denne got, werlt, helle, himel,*
> *Lîp, sêle, tiufel, sünden schimel,*
> *Tugent mit ganzer bezzerunge.* (*Renner*, V. 11 557–11 561)

Auffällig ist auf diesem Gebiet auch, dass Hugo gelegentlich recht kreativ mit dem Wort Gottes umgeht: Im Zusammenhang der Assimilation biblischer Historien wurde bereits darauf hingewiesen, wie die göttliche Bestrafung des Usa plausibilisiert wird, indem der *Renner* ihm eine Liebesnacht mit seiner Frau andichtet.

Ein weiteres Beispiel für solch kreative Anverwandlung der Heiligen Schrift findet sich im Zusammenhang mit Hugos Lob der Frauen, in welches auch ein satirisches Lob des Schminkens und Putzens aufgenommen wurde:

> *Ein dinc süln wir besunder*
> *Doch haben vür ein wunder:*
> *Daz wênic kein wîp sô ungenême ist,*
> *Der ir gêbe ein kurze frist,*
> *Sie mache sich schœne und gê her vür*
> *Als eine götîn ze der tür.*
> *Diz sind wundermêre!* (Renner, V. 12 313–12 319)

Die satirische Stoßrichtung wird deutlich, wenn es im Folgenden heißt, dass ein Rosstäuscher, wäre er in der Lage, seine Pferde so geschwind zu verwandeln, ein einziges Pferd für den Preis von vieren seiner Art losschlüge. Die hier durchaus implizierte Möglichkeit eines misogynen Vergleichs von Schindmähren mit ungeputzten Frauen wird unverzüglich mit dem Verweis auf die Heilige Schrift abgewendet:

> *Die genâde hât in got gegeben.*
> *Swer die heiligen schrift kan eben*
> *Verstên, der weiz wol waz got tete*
> *Durch Judith und durch ir gebete,*
> *Dô er, des manic mensche genôz,*
> *Mit genâden ir antlütze übergôz*
> *Und sôgetân kuonheit in ir herze*
> *Gap, des Olofernes smerze*
> *Und sîn houbt geziuc muoz sîn,*
> *Daz si wêr ein degenîn:*
> *Diu genâde was keinem man behalten,*
> *Weder den jungen noch den alten,*
> *Daz si den herzogen Oloferne*
> *Ze tôde sluoc: des sol man gerne*
> *Alle reine frouwen lân gesigen.*
> *Dâ mit sî der rede geswigen.* (Renner, V. 12 323–12 338)

Es folgen Auszüge aus Jesus Syrach und weitere Elogen auf *reiniu wîp* wie etwa auf die Heilige Anna.[167] Bemerkenswert ist an dieser Stelle die Kombination von Schriftauslegung und Satire, lässt sich doch das Verstummen Hugos am Ende der Ausführungen

---

[167] Kritische Bemerkungen zum Schminken finden sich bei Reinfried von Braunschweig, Freidank, Boner, Wolfram von Eschenbach und Ulrich von Liechtenstein; vgl. zum Thema Albert Leitzmann, Zu den mittelhochdeutschen Minnereden 1920, 127f.; Wolfgang Achnitz, Babylon und Jerusalem 2002, 98, 128.

durchaus auf ein Unbehagen angesichts von Judiths Enthauptung des Holofernes verstehen.[168] Die angeführte Stelle ist außerdem bemerkenswert, da mit Rekurs auf Judith 10,3ff. die göttliche Rechtfertigung des Schminkens und Putzens zumindest angedeutet wird, was sich immerhin von Invektiven gegen diese Praktiken in der zeitgenössischen volkssprachigen Literatur abhebt. Auch Hugo verurteilt das Schminken an anderer Stelle: In dem Aufzug der Sünder zum Jüngsten Gericht findet sich auch eine Gruppe geschminkter Frauen. Nach Judas mit den Verrätern, Pilatus mit den falschen Richtern zieht schließlich auch Jezebel (*Gezabel*) vor das Antlitz des Herren *mit allen frouwen, die gern | Ir antlütze verwent und ir kleider, | Der man gar vil vindet noch leider* (*Renner*, V. 24 429–24 431). Isebel ist die Frau des Königs Achab, sie führte den Baalskult in Israel ein, und von ihr wird berichtet, dass sie sich vor ihrer Ermordung durch Jehu geschminkt habe (IV Rg 9,30: *depinxit oculos suos stibio et ornavit caput suum*). Auch wenn man von Hugos Text keine Widerspruchsfreiheit bezüglich aller Einzelheiten erwarten wird, so ist sein Verweis auf die Heilige Schrift im Falle Judiths doch bemerkenswert, denn die heterodoxe Rechtfertigung des Schminkens wird man als Resultat einer besonders kreativen Auslegung betrachten dürfen.

Man wird angesichts eines solchen paränetischen und exegetischen Schriftgebrauchs von Spielräumen sprechen können: Offensichtlich kann sich der Renner eine gewisse Freiheit für kreative und mitunter auch originelle Bibelauslegungen nehmen. Es fragt sich freilich, wie weit dieser Spielraum ist. Mir scheint er begrenzt auf die Übersetzung und die Paränese, denn immer, wenn Hugo mehr und Anderes mit der Bibel unternimmt, fällt er sich ins Wort und problematisiert solche Äußerungen. Dies lässt sich beispielsweise an der Auslegung des neutestamentarischen Gleichnisses vom guten Samariter beobachten: Hugo spricht über die Würde der Priester und darüber, dass die Laien auf sie angewiesen sind. Als Fähnriche Christi kommt den Priestern im Kampf gegen die Sünde eine besondere Wichtigkeit zu, weshalb sie von den Teufeln mehr begehrt werden als hundert Laien. Hugo zitiert den Propheten Malachim, der die Rechtschaffenheit von Priestern fordert, weil sie Boten jenes Herrn sind, der über allen anderen Herren steht. Den rechtschaffenen, gottergebenen Priester – so Hugo – muss der Laie ehren. Hugo vergegenwärtigt die Würde des Priesters mittels einer Tierallegorese und bezieht das Gleichnis vom guten Samariter ein:

Die priester gelîchet man den hunden,
Wenne hundes zungen heilent wunden:
Alsô sol des priesters heilsam zunge
Rîche und arme, alte und junge
Mit trôste heilen und salben linde
Und niht mit zwîfel schrecken swinde:
Sô tuot er als vor hât getân
Der barmherzige Samaritân,

---

[168] Die Tendenz im *Renner*, Exempla aus dem Alten Testament immer wieder in überraschende Zusammenhänge zu stellen, betont Rudolf Kilian Weigand, Der *Renner* des Hugo von Trimberg 2000, 34f.

Der wîn und öle gôz in die wunden
Die frisch dô wâren und ungebunden
Des mannes, der bî Jerichô
Halp tôt lac und ouch vil unfrô. (Renner, V. 2863–2874)

Die Zunge des Priesters, die den Laien durch Verkündigung, durch Spendung der Sakramente und durch Predigt heilt, wird allegorisiert als die heilende Zunge des Hundes; der rechtschaffene Priester wird auf den guten Samariter bezogen, der den ausgeraubten und zusammengeschlagenen Mann von Jericho vor dem Tod errettet. Durch den biblischen Vergleich wird die Situation des Laien sehr dramatisiert. Darin überhaupt liegt die Stoßrichtung von Hugos Lob der Priester, welches immer mit einem normativen Vorbehalt formuliert wird: Früher hatten die Priester allein das Fleisch für die Rauchopfer genommen, und das Volk hat sie dafür gehasst, seit aber Gottes Barmherzigkeit in der Welt ist und er die Priester in seiner Güte nach seinem Willen handeln lässt (*Renner,* V. 2852ff.), muss der Mensch sie ehren. Im Kontext von Hugos Priesterschelten wird so die Bedingung formuliert, unter welcher der Laie zur Wertschätzung des Klerus verpflichtet ist. Und wenn das Tiergleichnis von der Hundezunge noch allgemein den priesterlichen Worten Heilkraft konzediert, so inszeniert das biblische Gleichnis doch die Hilfe als den Ausnahmefall, denn die anderen, der Priester (*sacerdos*) und der Levit, waren anders als der Samariter an dem darniederliegenden blutenden Mann tatenlos vorübergegangen. Die Kombination der Tierallegorie mit einer Applikation eines Gleichnisses Jesu (Lc 10,29) fällt nicht mehr unter den Bereich der Paränese mittels historischer Bibelberichte. Und es ist auffällig, dass Hugo hier seine Ausführungen unterbricht und auf die Gefahr von Redundanz zu sprechen kommt:

Von der materie hêt ich vil
Ze sagen, dem setze ich ein zil;
Und von dem hunde sölte ich mêre
Ju schrîben und von des priesters êre
Und wie die siben heilikeit
Ûf halten alle die kristenheit:
Die rede lâze ich under wegen:
Sölt ich si nâch irem werde wegen,
Sô würde mîn tihten gar ze lanc.
Nie kein man sô wol gesanc,
Wölte er sich singens niht verlouben
Man sprêche: wie lange wil der uns touben?
Nu sül wir aber vürbaz rennen
Und unsern herren baz erkennen. (Renner, V. 2875–2888)

Es ist nicht wirklich die Vermeidung von Redundanz um ihrer selbst willen, die Hugo hier von weiteren Ausführungen Abstand nehmen lässt. Wie an anderen Stellen auch indiziert die Problematisierung von Redundanz bei Hugo das Problem der Redelizenz. Es konnte bereits gezeigt werden, dass eine der Funktionen von Redundanz bei Hugo darin besteht, den Bereich des Erlaubten und Sagbaren zumindest vorübergehend zu überschreiten. Prekär ist hier nicht die Kritik an den Priestern, denn dieser hatte der *Renner* auch andernorts selten Zügel angelegt.[169] Die *materie*, von der hier die Rede ist, betrifft die Würde des Klerus, Hugo erwähnt die sieben Sakramente, zu denen er sich nicht weiter äußern will. Ich neige dazu, die Selbstbeschränkung Hugos hier auch auf die Auslegung des Neuen Testaments zu beziehen. Anders als bei Bibelreferenzen, die zum Zweck der Paränese in Anspruch genommen werden, scheint der Renner immer dann, wenn er sich allegorischer Bibelexegese nähert, besondere Vorsicht walten zu lassen, die Exegese wird explizit als Metier des Klerus ausgewiesen:

> *Ein buoch daz heizet Genesis,*
> *Dâ vindet man geschriben an,*
> *Swer lesen und verstên kan,*
> *Von der werlde anegenge.*
> *Diu rede wêr mir ze lenge*
> *Und ouch diu wort ze strenge,*
> *Daz ich si sölte brenge*
> *Von latîn ze diute:*
> *Der süln klôsterliute*
> *Pflegen und ander pfaffen,*
> *Die got dar zuo geschaffen.* (Renner, V. 172–182)

Dies kann auch an einer Äußerung Hugos zum Hohelied Salomos beobachtet werden. Der Rekurs auf *der Minnen buoche* ist innerhalb einer Wissensdiskussion situiert: Hugo lobt die sieben freien Künste als Weg des Menschen zu Gott und beklagt sich darüber, dass die Schulbücher, die dieses Wissen früher vermittelten, nicht mehr wertgeschätzt würden. Vielmehr seien nun *niuwe künste* in Mode gekommen, an denen er nichts Gutes mehr finden kann: Hoffart, Gier und Heuchelei. Hier fällt die Kritik neuen Wissens mit einer allgemeinen Sündenklage zusammen und es bleibt unspezifisch, ob die Sündenverfallenheit als falsche Lehre metaphorisiert ist oder ob hier ein neues Wissen verteufelt und von einem traditionellen Wissen abgegrenzt wird: Abgesetzt von jener Gelehrsamkeit, welche *die sêle gein got ûf rihtet* (Renner, V. 16 067), werden neue Gelehrte, die als Wegbereiter des Antichrist angeprangert werden. Dem Hohelied entnimmt Hugo einen Appell, den er auf den Schutz der Christenheit vor solchen Gelehrten bezieht:

> *Des endecristes vorrenner*
> *Und rehtes gelouben zetrenner*
> *Sint manigerleie gelêrte liute,*
> *Die bî uns gênt ûf erden hiute.*
> *Des sprichet der wîse Salomôn*
> *In der Minnen buoche dâ von:*
> *„Vâhet uns diu kleinen fühselîn,*
> *Diu gotes wîngarten schedelich sîn!"*
> *Daz ist diu heilige kristenheit,*
> *Der tuont si heimlich manic leit.* (Renner, V. 16 095–16 104)

---

[169] Vgl. zur Kritik am Klerus in Predigten besonders Volker Mertens, Der implizierte Sünder 1983.

Solcher Bibelgebrauch geht über die paränetische Anwendung historischer biblischer Berichte hinaus. Nicht die Anwendung eines Exempels bestimmt hier den Bibelbezug, sondern die allegorische Auslegung eines Bibelworts auf einen gegenwartsdiagnostischen Befund: Die Füchse im Weinberg sind die weltverfallenen Gelehrten, die Häretiker,[170] die den Glauben zerstören und dem Christentum (dem Weinberg) schaden. Immer wenn Hugo die Heilige Schrift in solcher Weise nutzt, wird der Zugriff problematisiert und werden aufwändige Rückversicherungen betrieben. Der Auslegung folgt eine Grundsatzreflexion über die Wunder des Hoheliedes und die Schwierigkeiten ihrer Interpretation:

Vil wunders ist in der Minnen buoche,
Man muoz ez aber mit flîze suoche.
Ê denne tôren sich beginnen
Ûf erden üm übel und guot versinnen,
Sô muoz in diu sêle entrinne
Von manigerleie muotwillen unsinne,
Ez entuo denne unser herre zuo in
Sîn genâde und wandel iren sin. (Renner, V. 16 105–16 112)

Um die Wunder des Hohenliedes muss man sich mit Fleiß bemühen. Toren, die danach streben, über Gut und Böse zu reflektieren, riskieren ihr Seelenheil aufgrund von Eigensinn (*muotwille*) und Unverstand (*unsinne*), es sei denn Gott selbst zeige ihnen seine Gnade und führe einen Sinneswandel herbei.[171] Hier nimmt Hugo Warnungen aus der Homilienliteratur auf, die vor der Gefährlichkeit einer unverständigen Lektüre des Hohenliedes handeln.[172] Es bedarf der Kenntnisse der *Historia* und der sieben freien Künste – so verlangte es bereits Hugo von Sankt Viktor – ehe sich der Leser der allegori-

---

[170] Vgl. zur Auslegungstradition der Füchse im Weinberg Inés de la Cuadra, Der *Renner* 1999, 208f., Anm. 568.

[171] Vgl. dazu Lutz Rosenplenter, Zitat und Autoritätenberufung 1982, 360.

[172] Die Lektüre des Hoheliedes ist immer schon mit besonderen Schwierigkeiten besetzt gewesen: Es braucht gefestigte Leser, um den erotischen Gehalt dieses Textes angemessen transzendieren zu können. So weist Hieronymus in einem Brief an Laeta über die Erziehung ihrer Tochter auf die Notwendigkeit der Bibellektüre hin und gibt eine Reihenfolge der zu behandelnden Bücher an: „Zuletzt, wenn es ohne Gefahr geschehen kann, lese sie das Hohelied. Würde sie damit anfangen, so könnte sie Anstoß nehmen, da sie unter den fleischlichen Worten für das Brautlied der geistlichen Hochzeit kein Verständnis aufbringen dürfte" (Migne PL XXII 1089, Übers. zit.n. Philipp Hofmeister, Bibellesen und Bibelverbot 1966, 306). Vgl. auch die Warnung an die Leser in der ersten Homilie des Hoheliedkommentars Gregors von Nyssa: „Nehmt Euch aber in acht, daß ja keiner, der leidenschaftliche und fleischliche Überlegungen heranzieht und nicht das ‚Gewand' des Bewusstseins hat, das dem göttlichen Hochzeitsfest angemessen ist, durch die eigenen Gedanken ‚gefesselt' wird, weil er die lauteren Aussprüche von Bräutigam und Braut herabzieht zu tierischen und unvernünftigen Leidenschaften, und – durch diese in schändlichen Phantasien befangen – aus dem Kreis derer, die sich an der Hochzeit erheitern, hinausgeworfen wird und dabei Zähneknirschen und Heulen für die Freude im Hochzeitsgemach eintauscht." Gregor von Nyssa, In canticum canticorum homiliae Bd. 1 1995, 117.

schen Bibelauslegung zuwende.[173] Hugo, der die Füchse des Hohenliedes auf die Häretiker, den Weinberg auf die Christenheit ausgelegt hatte, rechnet sich hier aber keineswegs dem Kreis derer zu, die zu solchen Auslegungen berufen sind. Dies wird deutlich an der Auseinandersetzung mit einer Sentenz Catos, die diesen Ausführungen folgt. Sie wird zwar mit den vorangegangenen Ausführungen ausdrücklich in einen Zusammenhang gestellt (*Des lêret uns meister Kâtho*), hat aber wenig mit der Auslegung des Hohenliedes und Gottes Gnade zu tun und scheint auf den ersten Blick ganz heterogen:

> *Des lêret uns meister Kâtho*
> *In sînem büehelîn alsô:*
> *„Nützer ist denne daz künicrîche*
> *Swer friunde im machet arme und rîche"*
> *Diz siht man ofte übergeben:*
> *Daz machet unser tummez leben.*
> *Swaz man lobet an dem man,*
> *Dâ sol er sich flîzen an:*
> *Swes er aber unêre habe,*
> *Des sol er sich vast enthabe.*
> *Gunst ist bezzer denne kunst,*
> *Zuht mit künste machet gunst.* (Renner, V. 16 113–16 124)

An Stellen wie dieser erweist sich einmal mehr die mitunter extreme Interpretationsbedürftigkeit von Hugos Text. Die Sentenz, dergemäß Freundschaft wichtiger sei als ein Königreich, wird von Hugo offensichtlich hinzu assoziiert. Es stellt sich dabei allerdings die Frage, ob sich Gründe für eine solche Assoziation angeben lassen, nach welchen impliziten ‚Regeln' sie erfolgt. Betrachtet man Hugos Erläuterung der Sentenz, so erscheint auch sie alles andere als schlüssig: *unser tummes leben* bringt mit sich, dass man die Freundschaft nicht sucht, ein Mann solle das tun, wofür er Lob erwarten kann, und das unterlassen, was ihm nur Ehrverlust einbringt. Der Vers *gunst ist bezzer danne kunst | zuht mit künste machet gunst* ist äußerst schwer zu übersetzen, allenfalls allgemein lässt er sich dahingehend paraphrasieren, dass Ansehen dem Wissen vorzuziehen sei und dass es erreicht werden kann, wenn man sich beim Gebrauch seiner Kenntnise beherrscht (*zuht mit künste machet gunst*). Der Bezug auf die catonische Sentenz ist so zu verstehen, dass der Erwerb von Freundschaft von einer diskursiven Disziplinierung abhängt, wobei die Freundschaft bei Hugo im Sinne einer guten Reputation (*gunst*) verallgemeinert wird. Will man der Kritik von Hoheliedauslegungen durch Unbefugte und der darauf folgenden Sentenz nicht totale Zusammenhanglosigkeit konzedieren, so scheint mir die assoziative Verknüpfung der Stellen in einer vorsichtigen Selbstzurücknahme begründet. Hugo räsoniert darüber, dass Ansehensverlust droht, wenn man nicht tut, was erwartet wird. Bezieht man dies auf die Hoheliedauslegung, kann darin ein Selbstverbot weiterer solcher Exegesen gelesen werden. Die Konfrontation der Auslegung der Füchse im Weinberg mit einer Reflexion auf Diskursregeln folgte – so be-

---

[173] In diesem Sinne argumentierte auch Hugo von St. Viktor, Didascalicon, 370–384; vgl. Ivan Illich, Im Weinberg des Textes 1991, 52ff.

trachtet – der Dialektik von Transgression der Redelizenzen und unmittelbar darauf erfolgender Selbstzurücknahme.

Im 13. und 14. Jahrhundert war keine allgemeine kirchliche Entscheidung über die Bibellektüre von Laien ergangen.[174] Auch in Beanstandungen, die Innozenz III. 1199 gegen die Laienkreise der Diözese Metz vorbringt,[175] die aus der Bibel das Recht abgeleitet hatten, sich zur privaten Erbauung zu versammeln und aus übersetzten biblischen Büchern zu lesen, findet sich kein explizites Verbot der Bibellektüre durch Laien. Verboten wird die Konventikelbildung; der Versuch ungebildeter Menschen, an die Tiefe und Geheimnisse der Schrift zu rühren, die nicht einmal die Gelehrten ganz erforschen könnten, wird lediglich beanstandet. Bei der Verfolgung der Waldenser, die für ihre radikale Kritik am Klerus auf die Heilige Schrift zurückgriffen, war die Predigt ohne kirchliche Ermächtigung und die in diesem Rahmen stattfindende Verkündigung des Wortes Gottes Ausgangspunkt der Bekämpfung. Die Waldenser hatten die Heilige Schrift in die Landessprache übersetzt und den Laien zur Lektüre empfohlen. Das Bestreben, die göttlichen Schriften zu verstehen, sei nicht zu tadeln, so Innozenz, vielmehr die Anmaßung der Heiligen Predigt sowie das Umgehen und die Verachtung der Priester.

Was die Bibellektüre der Laien betrifft, existieren um 1300 gewisse Spielräume, die Hugo vorsichtig ausreizt. Die in Anspruch genommenen Lizenzen der Bibellektüre und auch ihre antiklerikale Perspektivierung werden im *Renner* durch die überkommene Ketzerkritik flankiert, wodurch die Regelkonformität der Bibellektüre der Laien inszeniert wird. Grundsätzlich gilt: „Was Laien damals wissen sollten und konnten, bestimmt sich aus einem Kraftfeld konkurrierender Motive, Interessen und Strömungen, welche Bildung, Literatur und Frömmigkeit der Zeit vielfach veränderten."[176] Dies ist nicht nur hinsichtlich des Bibelgebrauchs zu beobachten, der Befund stellt sich auch ein, wenn man Hugos Räsonnement über die göttlichen Wunder, die Gesetze der Natur, das Wissen der Heiden und die Gelehrsamkeit des Laien in den Blick nimmt.

Wunder und Natur

Zur Verteidigung der eigenen Ausführungen gegen mögliche Einwände *tumber,* aber auch gegen mögliche Denunziationen und andere Anfeindungen kommt eine Abwehr innerer Gefahren, welche Hugos Rede betreffen, hinzu: Es sind *wilde gedanken*, die den Diskurs stören. Wenn Hugo auf *wilde gedanken* zu sprechen kommt, werden damit immer wieder Zweifel an den Wundern und Mysterien Gottes artikuliert und sogleich

---

[174] Zum Bibelgebrauch der Laien vgl. Heinrich Karpp, Die Funktion der Bibel in der Kirche 1980, 66.
[175] Im Schreiben *Cum ex iniuncto*; vgl. Philipp Hofmeister, Bibellesen und Bibelverbot 1966, 325f.
[176] Klaus Schreiner, Grenzen literarischer Kommunikation 1981, 2.

zurückgenommen. Dies geschieht beispielsweise im Zusammenhang von Überlegungen, die der Frage gelten, ob man Priestern vertrauen kann. Hugo behauptet, einigen Priestern seien die ihnen anvertrauten Seelen *baz veile den die birn*. In diesem Zusammenhang wird ein Ideal priesterlicher Frömmigkeit aufgestellt:

> *Wol im, der volc verrihten sol,*
> *Ob er daz kan verrihten wol:*
> *Wenne diu kunst ist aller künste*
> *Meisterîn gein unsers herren günste!*
> *Swer die heiligen schrift gern list,*
> *Mit dem kôset got, der bî im ist;*
> *Swer gern betet, der kôset mit gote,*
> *Ze dem sîn gebete ouch ist sîn bote.*
> *Dem lîbe daz ouge lieht zuo treit,*
> *Der sêle lieht ist verstandenheit.* (Renner, V. 10 953–10 962)

Was vom Kontext der Passage zunächst als priesterliches Ideal entworfen wird, wird durch das *swer* in V. 10 957 generalisiert und lässt sich auch auf literate Laien anwenden: Sofern sie die Bibel lesen, beten und sich mittels ihrer Verständigkeit mit Schrift und Lehre auseinandersetzen, *koset* Gott auch mit ihnen. Hier nun besteht Gefahr, die nicht nur Priestern, sondern auch *manigen guote(n) liute(n)* bekannt ist:

> *Wizzet daz manige guote liute*
> *Unreine gedanke sêre müewent hiute,*
> *Wenne ich daz ofte hân vernumen,*
> *Daz priestern in der messe sîn kumen*
> *Gedanke, die von herzen grunde*
> *Si habent beswêrt ze maniger stunde.*
> *Nieman ist gedanke frî,*
> *Si wonent jungen und alten bî.*
> *Swer bœsen gedanken widerstêt*
> *Als verre er mac, wie wol er gêt!*
> *Swer aber ze sêre in volgen wil,*
> *Der gewinnet schande und schaden vil.*
> *Wilde gedanke ofte ümme fliegent,*
> *Die manige tumme liute betriegent:*
> *Wie got und mensche müge gesîn*
> *In eines sô kleinen brôtes schîn*
> *Als in der messe die priester uns zeigent,*
> *Gein dem sich alliu geschepfede neigent,*
> *Und wie unsers herren almehtikeit*
> *In einer sô swachen âmehtikeit*
> *Einer jungen meide sich liez besliezen:*
> *Swer rehtes gelouben wil geniezen,*
> *Der segen sich vor disen gedanken*
> *Und lâze sîn herze niendert wanken:*
> *Des hât er lôn im himelrîche*
> *Und lebt ûf erden sêliclîche;*

Dennoch ist wilder gedanken vil,
Der ich niht mêre schrîben wil. (*Renner*, V. 10 963–10 990)

Unreine, böse und wilde Gedanken plagen die Priester und die Laien. Gedanken sind überall, man sollte versuchen, den bösen Gedanken zu widerstehen. Ihre Ubiquität, aber auch ihre Unberechenbarkeit und Lasterhaftigkeit wird in der perhorreszierten Bildlichkeit der Mobilität vergegenwärtigt: *Wilde gedanke oft ümme fliegent.* Hugo gibt konkrete Andeutungen über die Gegenstände solcher wilden Gedanken. Die Beispiele betreffen das Geheimnis der Gottmenschlichkeit Christi und das der Menschwerdung Gottes. Wie können Gott und Mensch gemeinsam in einer kleinen Hostie sein? Wie konnte der allmächtige Gott im Leib einer schwachen Frau aufwachsen? In *wilden* Gedanken wie diesen werden die Glaubenswahrheiten konfrontiert mit ihrer Unanschaulichkeit, mit der Paradoxie, die sich einstellt, wenn sie mit empirischen Plausibilitätserwartungen konfrontiert werden. Die Imaginationen und die Zweifel entstehen im Subjekt gewissermaßen unwillkürlich. Angedeutet und tabuisiert wird hier der Zweifel, vor dem man sich hüten solle. Nur wer im Herzen nicht wankt, wird den Lohn im Himmelreich erlangen. In den Versen *Dennoch ist wilder gedanke vil, | Der ich niht mêre schrîben wil* äußert sich Hugos Insistieren auf dem Tabuisierten als Grenze seiner Rede.

Es folgt ein weiteres Exempel, welches mit dem Thema verwandt ist: Hugo erzählt von einem Kloster, dem von einem Adligen ein Pferd in Aussicht gestellt wird unter der Bedingung, dass es einem Bruder gelinge, *mit süezer andâht* (*Renner*, V. 10 998) ein Paternoster zu beten, ohne an etwas anderes zu denken. Ein besonders frommer Mönch wird mit der Aufgabe betraut, die er jedoch nicht vollbringt, da sein Begehren nach dem Pferde die Andacht stört (*Renner*, V. 10 991ff.). Es folgen Ausführungen über *fliegende gedanken*, die das Gebet stören. Scheinbar unvermittelt schließen daran Ausführungen über die Wunder der göttlichen Schöpfung an: Warum stürzt das Wasser oberhalb des Himmels nicht auf die Erde herab? Solche und weitere Fragen zum *ordo naturalis* werden als *werltlich wîsheit* für irrelevant erklärt und mit rechter Weisheit, Frömmigkeit und Einfalt kontrastiert. Wie bei der Geschichte von der abgelenkten Andacht des Mönchs stört hier ein Begehren die Meditation über göttliche Wunder, es handelt sich jedoch um das Begehren eines Wissens, des Wissens über den *ordo naturalis*. Wo immer Hugo von *unreinen, wilden* oder *vliegenden* Gedanken spricht, scheint dieser Themenbereich auf, wird angedeutet und mit Denk- und Sprechverboten belegt:

Swelch mensche an daz gestirne siht
Und gotes wunder niht merket dâr an,
Der ist guoter witze wan.
Swenne ich niht mac gesehen diu wunder,
Diu unser herre hât besunder
Oben behalten in sîner tougen,
Sô merke ich diu, diu menschen ougen
Alle zît sehent ob in sweben,
Fliegen, swimmen als ob si leben,

> *Nu rôt, nu gel, nu brûn, nu wîz:*
> *Swenne ich dar an mîns herzen flîz*
> *Besunder lege, sô wundert mich,*
> *Ûf welherleie underschôz sich*
> *Daz wazzer ûf habe, daz ob uns fliuzet,*
> *Daz ez ze mâl her ab niht giuzet.*
> *Des vinde wir genuoc geschriben nâch wân:*
> *Swaz man niht wol bewêren kan,*
> *Nâch dem sol man niht vil trahten,*
> *Swenne man wol bezzer dinc mac ahten:*
> *Unsers herren wunder sül wir merken*
> *Und mit den unsern gelouben sterken.* (Renner, V. 11 030–11 050)

Offensichtlich für die verständigen Menschen sind die Wunder der göttlichen Schöpfung. Andere Wunder und Geheimnisse hat Gott sich vorbehalten, sie bleiben dem Menschen unzugänglich und sind nicht sichtbar. Beim Betrachten der ihn umgebenden Schöpfung jedoch drängt sich Hugo eine Neugier auf (*wundert mich*). Ihn interessiert, auf welche Weise es Gott gefügt hat, dass die oberen Wasser des Himmels nicht auf die Erde herabfließen.[177] Damit ist nicht notwendig ein Wissen gemeint, das den *tougen* Gottes (die dem Menschen unzugänglichen Geheimnisse seines Wesens) zuzurechnen wäre. Es handelt sich hier um eine Frage nach der Himmelsmechanik. Hugo erwähnt hier Bücher, die dies begründen, und betont, dass man alles, was in ihnen stünde, nicht beweisen könne. Man solle sich nicht weiter darum kümmern, sondern den Blick auf die göttlichen Wunder lenken, um den Glauben zu stärken.

Dass unter dem Gesichtspunkt des Wunders eine Meditation der Natur geboten ist, betont Hugo immer wieder:

> *Swem gotes liebe sîn herze süezet,*
> *Alliu crêatûre im büezet*
> *Sîn siuche, sîn sorge, sîn angest, sîn nôt*
> *Und trœstet in biz in den tôt.*
> *Swenne er mit süezem flîze an siht*
> *Waz hin und her bî im geschiht,*
> *Wie diz und daz got geordent hât,*
> *Sô vindet er hilfe, sô vindet er rât*
> *Ûf erden an manigerleie dingen,*
> *An bluomen, an boumen, an vogel singen,*
> *An herbest, an lenzen, an sumer, an winter,*
> *Dâ von sîns herzenleides sinter*
> *Swinden muoz und sîn gemüete*

---

[177] Ich vermute, dass hier das gefrorene Wasser über dem Äther gemeint ist, von dem in Gen 1, 6–7 die Rede ist. Im deutschen *Lucidarius* fragt der Schüler danach, worauf der *meister* ähnlich wie Hugo auf göttliche *wunder* und das *wundern* der Menschen zu sprechen kommt: *Dich endarf niht wundern, daz got mit sînen wundern duot*; Der deutsche Lucidarius 1994, 39f.; zur Auseinandersetzung um diese Frage bei Wilhelm von Conches und im *Lucidarius* vgl. Loris Sturlese, Die deutsche Philosophie im Mittelalter 1993, 258f.

Grüenen in süezer gotes güete:
Wenne swaz oben in den lüften swebet
Und unden in der erden klebet
Und in des meres ünden strebet,
Swaz kriuchet, fliuget, swimmet, lebet,
Daz ist dem menschen undertân. (*Renner*, V. 23 651-23 669)

Solche Naturerkenntnis ist Gotteserkenntnis. Alle Geschöpfe zeugen vom Heil und der Allmacht ihres Urhebers.[178] Aber die Schöpfung und die Natur treten bei Hugo ein Stück weit auseinander. Denn es kommt bei ihm immer wieder darauf an, auf welche Weise man die Schöpfung wahrnimmt. Hugo unterscheidet eine Betrachtung der Schöpfung als *wunder* Gottes von anderen Naturbezügen, die er zurückweist. In Hugos Ausführungen über die Himmelsmechanik traten drei Bereiche auseinander: Zunächst ist von einer Natur die Rede, die gemäß der Zwei-Schriften-Lehre als göttlich chiffrierte Weisheit auszulegen ist und dem Sünder über sein Heil Auskunft gibt.[179] Davon wird der Bereich der göttlichen Geheimnisse geschieden, die verborgen sind und auf welche der Mensch keinen Zugriff hat, und schließlich kommt als dritter Bereich eine Natur ohne zeichenhafte Bedeutung in den Blick, die auf ihre bloße Beschaffenheit reduziert erscheint. Die Welt soll nicht als *ordo naturalis* ausgelegt werden. Die Ausgrenzung einer auf Empirie reduzierten Natur wird im *Renner* offensiv betrieben, wobei dieser Bereich freilich immer wieder, wenn auch *ex negativo*, in den Blick rückt.[180] Hugos Ausführungen über die Wunder der göttlichen Schöpfung leiten einen umfangreichen Exkurs über Wissengrenzen und Vermessenheit ein, der in eine Unterscheidung zwischen *werltlîch wîsheit* und *rehtiu wîsheit* mündet, welche in einer anaphorischen Reihung von sich ausschließenden Eigenschaften einander gegenübergestellt werden. Dabei wird die *wertlich wîsheit* abqualifiziert: sie ist *enwiht* und *unstête,* sie *brichet triuwe* und *missetuot,* sie *machet sich grôz* und *kan vil rête,* sie *lernet vil künste* und *hât vil sinne,| wie si guot und êre gewinne* (*Renner*, 11 077–11 094). Dies ist zunächst eine stereotype Abqualifizierung, die einem der Welt zugewandten Leben und den dazu nötigen Fertigkeiten gilt. Sodann jedoch bezieht Hugo die weltliche Weisheit auf Bü-

---

[178] Vgl. Herbert Kolb, Der Hirsch, der Schlangen frißt 1971.
[179] Vgl. die prägnante Zusammenfassung dieser Theologie im Marienhymnus des Alanus ab Insulis: *Omnis mundi creatura | Quasi liber et pictura | Nobis est in speculum | Nostrae vita, nostrae mortis | Nostrae status, nostrae sortis | Fidele signaculum*; vgl. auch Herbert Kolb, Der Hirsch, der Schlangen frißt 1973.
[180] Der *Renner* bietet somit eine Auseinandersetzung mit der ‚Entdeckung der Natur' in der Philosophie des 13. Jahrhunderts ; vgl. dazu Andreas Speer, Die entdeckte Natur 1995, 289: „Entdeckt wird die Eigengeschichtlichkeit, Konstitution und Struktur der Natur im Sinne einer physisch-physikalischen Realität durch die Vernunft, die sich ihrer Erkenntnis nunmehr unter ausdrücklicher Absicherung von traditionellen, auf die Offenbarung Bezug nehmenden Deutungsmustern allein auf die wissenschaftliche, nämlich der logischen Form des Arguments verpflichteten Begründungsverfahren zu versichern sucht." Vgl. auch das Kapitel „Philosophie und Naturwissenschaft im deutschen Lucidarius" bei Loris Sturlese, Die deutsche Philosophie im Mittelalter 1993, 250–263.

cher und Wissen. Dabei kommt es zu einer inhaltlichen Bestimmung dessen, um was für ein Wissen es sich bei irdischer Weisheit handelt:

> *Swer weste waz rehtiu wîsheit wêre,*
> *Alle irdische wîsheit er verbêre,*
> *Wenne manic man vil buoche kan*
> *Und ist doch niht ein wîser man.*
> *Wie wolken swimmen, wie wazzer diezen,*
> *Wie tier sich grimmen, wie vische fliezen,*
> *Wie würme kriechen, wie vogel fliegen,*
> *Wie sunnen und mânen schîn uns triegen,*
> *Wie brunnen klingen, wie vogel singen,*
> *Wie bluomen in maniger varwe ûf dringen,*
> *Wie wazzer und erde sich nider senken,*
> *Wie fiur und luft ze berge ûf swenken,*
> *Wie kindes lîp in muoter lîbe*
> *Sich samen und füege, wie ez beklîbe,*
> *Mit welhem jâmer ez werde geborn,*
> *Wie loup und gras, obez, wîn und korn*
> *Ûf erden wahse, wie grôz wunder*
> *Daz mer in im ouch habe besunder:*
> *Weste ich daz allez, sô diuhte ich wîse!*
> *Ein wîsheit vor den allen ich prîse:*
> *Swer unsern herren ze aller stunde*
> *Liep hât und minnet in herzen grunde*
> *Und swer im ofte lêt gên ze herzen*
> *Sîn grôze marter und sînen smerzen.*
> *Der leien leisen durch tiutschiu lant*
> *Sint einveltic und doch baz bekant*
> *Denne manic kunst, ûf die geleit*
> *Ist grôziu kost und arbeit.*
> *Unserm herren ist wâriu einveltikeit*
> *Lieber denne valsch driveltikeit.* (Renner, V. 11 097–11 126)

Eine Naturdeutung, die nicht allegorisch ist, wird hier zurückgewiesen. Das Wissen um die Bewegungen der Tiere und das Wachstum der Pflanzen, um die Gesetze der Optik (*Wie sunnen und mânen schîn uns triegen*) stehen gleichwertig neben den *secreta mulierum* (*Wie kindes lîp in muoter lîbe | Sich samen und füege, wie ez beklîbe, | Mit welhem jâmer ez werde geborn*). Gegen ein solches Weltwissen setzt Hugo eine kontemplative Weisheit, die sich in Gottesliebe und Vergegenwärtigung der Marter Christi bewährt. Wie Rudolf Kilian Weigand dargelegt hat, geht es Hugo nicht um *scientia*, sondern um *sapientia*, gelehrtes Wissen sei bei ihm nicht generell ausgeschlossen, ihm sei jedoch eine dienende Funktion zugewiesen.[181] Von dieser Weisheit zeugen die Lieder der Laien, denen Hugo eine größere Breitenwirkung konzediert als jenen Wissenschaften, in die großer Aufwand an Gelehrsamkeit und Kosten investiert wurde.

---

[181] Vgl. Rudolf Kilian Weigand, Der *Renner* des Hugo von Trimberg 2000, 278.

Hugo distanziert sich von jener Etablierung des aristotelischen Naturbegriffs und der Rationalität des *ordo naturalis* neben der Theologie, die im 13. Jahrhundert vollzogen wird und insbesondere mit dem Namen Albertus Magnus verbunden ist. Hugos Ausführungen können als ablehnender Reflex gegen die Etablierung des Aristotelismus an der Artistenfakultät gelesen werden.[182]

Gelegentlich scheint bei Hugo die theoretische Neugierde auf, wenn er etwa im folgenden Passus zu einem armenischen Wunderbrunnen auf den für seine *curiositas* berüchtigten Stauferkaiser zu sprechen kommt:

> *Einen brunnen hât Armenîe daz lant,*
> *Der holz, gebeine und ouch gewant*
> *Ze steine machet sâ zehant*
> *Und swaz er rüert: daz wart bekant*
> *Keiser Friderîch, wenne er dar*
> *Sîn boten sande und vant ez wâr:*
> *Der brunne mac wol bediuten die*
> *Vor grimme weinent und rehte nie*
> *Mit riuwen ir sünde habent beweinet,*
> *Bî den allez daz versteinet,*
> *Daz bî in wont und wirt ouch wilde*
> *Von irre untugende bœsem bilde.* (Renner, V. 20 161–20 172)

Die Erklärung des Phänomens interessiert Hugo jedoch nicht. Ihm geht es um seine moralisierende Auslegung. Mit der Erwähnung der Erforschung des Brunnens durch den unzeitgemäßen Stauferkaiser, der für seinen Forschungsdrang bekannt ist, wird die Möglichkeit einer solchen Neugierde angedeutet und auch für die Beglaubigung in Anspruch genommen.[183] Die Auslegung des die Menschen versteinernden Brunnens hin auf den Sünder, der keine Reue empfindet, transzendiert den Brunnen auf höhere *bezeichenunge* hin.

Auch wenn Hugo auf den Leib des Menschen zu sprechen kommt, zeigen sich zwei verschiedene Thematisierungsweisen, von denen die eine, empirische, angedeutet und zugleich zurückgewiesen wird. In Hugos Abhandlung über das Altern treten diese beiden Zugriffe auf die Phänomene wieder auseinander. Was jungen Leuten Freude bereitet, ist alten Leuten eine Marter, weil sie körperliche Beschwerden haben. Die Alten sind nie wirklich gesund. Altersfreude und Abendschein ähneln sich, die Alten fahren hin wie eine müde Biene im Regen. Erstaunlich ist die Veränderung der Haarfarbe im Alter:

---

[182] Im *Didascalicon* führt Hugo von Sankt Viktor unter Rückgriff auf Vergils *Georgica* 2, 479 eine Reihe ähnlicher Phänomene an (Erdbeben, das Emporschwellen der Meere, Kräfte der Pflanzen, Gemüter, Wüten der Tiere), um den Gegenstandsbereich der Physik zu kennzeichnen (*Physica causas rerum in effectibus suis et effectus a causis suis investigando considerat*); vgl. Hugo von Sankt Viktor, Didascalicon 1997, 2,16 (182).

[183] Vgl. Klaus Grubmüller, Laiengelehrsamkeit 2004, 56f.

> *Grôz wunder ist daz, swie unser hâr*
> *In unser jugent sî gevar,*
> *Gel, rôt, swarz, brûn oder val,*
> *Daz unser herre uns über al*
> *Ziert in dem alter gelîch*
> *Mit wîzer varwe sunderlîch.* (*Renner*, V. 10 413–10 418)

Die Frage, warum Menschen im Alter weiße Haare bekommen, sucht Hugo nicht physiologisch zu ergründen, vielmehr insistiert er auf der moralischen Bedeutung des Phänomens: Wenn das Haar weiß zu werden beginnt, sollte der Mensch sich darum kümmern, dass auch seine Seele, auf der die schwarze Last der Sünde liege, weiß werde; wer schimmelfarben wird, möge sich zumindest im Alter um Tugend bemühen und sich von Tag zu Tag bessern, wenn er in seiner Jugend das Herz nicht gegen Gott gerichtet habe. Das in diesen Ausführungen enthaltene Gebot einer Bescheidung des Wissens auf das Heilsrelevante wird explizit als programmatischer Verzicht auf eine die natürlichen Ursachen ergründende Erklärung des Phänomens der Haarverfärbung im Alter markiert: *Daz ander merket ir selber wol: | Allez dinc man niht durch gründen sol.* (*Renner*, V. 10 407f.). Die moralische Auslegung des Phänomens tritt an die Stelle der Erklärung, wobei die Frage nach den natürlichen Ursachen im Raum stehen bleibt.

Es handelt sich bei der Markierung des heilsrelevanten Wissens um das Resultat einer Distanzierung von Alternativen, welche immerhin erwähnt werden. Es scheint, als hätte Hugo regelrecht eine Affinität zu Fragen, die man heute im weitesten Sinne als anthropologische bezeichnen könnte. Auf der Suche nach der *bezeichenunge* verschiedener Befunde, die mit dem menschlichen Körper zu tun haben, gerät Hugo immer wieder auf Gebiete, die sich solcher Transzendierung sperren: In solchen Fällen moniert er, abgeschweift zu sein, bekennt sodann, er sei auf diesem Gebiet nicht zuständig und streicht seine Inkompetenz in diesen Dingen hervor. Dabei wird eine Wissensgrenze und damit ein Verfasserprofil verhandelt.

Dies konnte bereits gezeigt werden im Zusammenhang von Hugos Räsonnements über den pränatalen Zustand des Menschen und die Auseinandersetzung mit den *secreta mulierum*. Der *bezeichenunge* der menschlichen Natur scheint im *Renner* eine besondere Faszination zu gelten. Er legt die Augen des Menschen aus, seinen kleinen Mund und die Tatsache, dass der Mensch nicht wie alle Tiere mit den Ohren wackeln kann. Als aber die Rede dabei auf das Herz und das Leiden am Herzstechen kommt, erfolgt die typische Selbstzurücknahme:

> *Wie aber die liute von herzen stachen*
> *Sochen und ouch von andern sachen,*
> *Daz mac ich niht allez durch schrîben:*
> *Dâ von lâze ich sîn genuoc hie belîben,*
> *Wenne tiefiu buoch geschriben sint*
> *Von der künste, der ich bin blint.* (*Renner*, V. 19 223–19 228)

Hier streifen die Kenntnisse des *Renners* den Bereich der Krankheitslehre. Es geht um medizinische Kenntnisse, die sich nicht ohne Weiteres auf eine *bezeichenunge* auslegen lassen, die – so könnte man sagen – immer schon positivistisch gewesen sind. Hier oder im Zusammenhang mit den *secreta mulierum* hat die Allegorisierbarkeit der Schöpfung eine Grenze. Hugo dringt auf diesen Bereich vor, betont seine Inkompetenz und distanziert mit dem Verweis auf *tiefiu buoch* eine bestimmte Wissensform. Dies geschieht anders als etwa bei Wolfram, bei dem Buchgelehrsamkeit generell distanziert wird; Hugo inszeniert sich nicht als illiterater, sondern als ein in bestimmten Grenzen gelehrter Laie. Er distanziert sich von allzu tiefer und spitzfindiger Gelehrsamkeit und präferiert *einvalt*. Die medizinischen Schriften gehören offensichtlich nicht mehr in deren Bereich. Nach dieser Distanzierung *tiefer buochen* fährt der Renner fort: *Doch muoz ich noch ein wênic sagen: | Daz süln die wîsen mir vertragen!* (Renner, V. 19 229f.). Darauf erfolgt die Auslegung des zweibeinigen aufrechten Gangs des Menschen nach Ambrosius. Die Ähnlichkeit von Menschen und Vögeln wird dabei wie folgt ausgelegt: Wie die Vögel soll sich der Mensch in Gedanken zum Himmel aufschwingen und die Welt hinter sich lassen. Im Zusammenhang mit Hugos Darlegung der negativen Folgen von Fraß und Suff wird die Sünde in der Karikatur der körperlichen Gebrechen maßloser Säufer veranschaulicht, wobei der Bereich der Diätetik und der Medizin in den Blick gerät. Hugo tadelt die *werlttôren* (Renner, V. 9918), die Tag und Nacht trinken, *biz nahtigaln, iulen, göuche und vinken | gelîche singent in irn ôren* (Renner, V. 9916f.) und kommt von hier aus auf jene Dinge zu sprechen, die den Menschen schneller altern lassen:

> *Nu merket wie manic dinc uns elte:*
> *Von grôzer hitze, von grôzer kelte,*
> *Von grôzer fülle, von grôzer lêre,*
> *Von grôzer unkiusche, von grôzer swêre,*
> *Von grôzem zorn, von grôzem leide*
> *Kumt leme, krampf und gegihte beide.* (Renner, V. 9925–9930)

Hier nun fügt Hugo einen Exkurs über Mittel gegen das Podagra an (*warm ziegel, haber und bibergeil*; Renner, V. 9936), empfiehlt Badezusätze und Maßhalten bei gesunder Kost. Der zunächst zur Veranschaulichung der Folgen sündhaften Lebens präsentierte Leib des Menschen kommt so vorübergehend als Gegenstand der Sorge und Pflege in den Blick und der Alterungsprogress erscheint aller *bezeichenunge* entkleidet als empirisches Faktum. Auch hier fällt sich Hugo ins Wort und markiert die eigene Kompetenzüberschreitung:

> *Von erzenîe schrîb ich niht mê,*
> *Daz ieman spreche ich neme mich an,*
> *Als manic man, des er lützel kan.*
> *Von des frâzes überwallen*
> *Bin ich in dise rede gevallen.*
> *Sît junge und alte, man und wîp*
> *Mêre flîzes legent an iren lîp*
> *Denne an der sêle tugent und êre* […]. (Renner, V. 9958–9965)

Der diätetische Leib wird wieder zum moralischen Exempel. Hier, wie auch andernorts, markiert Hugo die Inkommensurabilität zweier Naturbezüge. Die kurze Kompetenzüberschreitung auf die Arztrolle hin rückt ein gänzlich unallegorisches Körperverständnis in den Vordergrund. Solche Kompetenzüberschreitungen sind zusätzlich prekär, wenn bei solchen Exkursen der weibliche Körper in den Blick gerät. So zitiert Hugo etwa eine bei Freidank überlieferte Pseudoetymologie, die *frouwen* von *fröuden* ableitet. Darin sei das Wesen der Frauen angemessen erfasst; sie seien besser als die Männer, weil sie sich vieler Missetaten schämen, die dem Mann gleichgültig seien. Hugo markiert, dass eine solche Sichtweise selektiv ist: *Man sol irre tugent nemen war, | Ir dinc sol nieman wizzen gar* (*Renner*, V. 13 083f.). Mit *ir dinc* ist der Bereich der *secreta mulierum* angedeutet und zurückgewiesen. Als Beleg der göttlichen Wertschätzung der Frauen wird sodann im Rahmen eines Marienlobs die Jungfrauengeburt angeführt.

In den angeführten Beispielen erweist sich Hugos Laiengelehrsamkeit immer wieder als begründungsbedürftig. Die Positionierung im Feld des Wissens wird mitunter als riskant inszeniert, die Kompetenz des Laien erscheint als anfechtbar. Es findet sich nun aber im *Renner* ein Bereich, in dem das alles nicht der Fall ist, jener der allegorischen Naturkunde. Nach den Ausführungen zur *lâzheit* ist im *Renner* ein längerer naturkundlicher Exkurs eingefügt. Er umfasst die Verse 19 161–20 290 und stellt eine eigene kleine Enzyklopädie innerhalb von Hugos enzyklopädischer Dichtung dar. Hugo behandelt darin die Anatomie des Menschen, diverse Tiere und Wunderbrunnen sowie die Koralle und den Balsam. Lutz Rosenplenter hat in seiner quellenkundlichen Untersuchung ermittelt, dass Hugo hier weitgehend Darstellungen aus dem *Liber de natura rerum* des Augustinerchorherren und späteren Dominikaners Thomas Cantimpratensis aufnimmt,[184] einen aus 19 Büchern bestehendem enzyklopädischen Text,[185] der vielfach in weiteren Enzyklopädien des Mittelalters aufgenommen und zitiert wurde: Passagen aus der Naturlehre des Thomas Cantimpratensis finden sich in *De animalibus* von Albertus Magnus und im *Speculum naturale* des Vincenz von Beauvais. Konrads von Megenberg *Buch der Natur* ist eine Übersetzung von Teilen aus Thomas' Naturkunde.[186] Die Sachverhalte, die Hugo bespricht, sind aus den Büchern I (*Anatomia*), IV (*De quadrupedibus*), V (*De avibus*), IX (*De vermibus*) und XIII (*De fontibus*) entnommen. Aus den Büchern XI (*arbores aromaticae*) und XIV (*De lapidibus*) findet sich im *Renner* jeweils ein Beispiel (der Balsam und die Koralle). Innerhalb der Themen, die Hugo in seiner Naturkunde behandelt, bilden die Tiere und die Brunnen gemeinsam mit dem

---

[184] Lutz Rosenplenter, Zitat und Autoritätenberufung 1982, 477–506. Hier erfolgt eine quellenkundliche Untersuchung, welche die Reihenfolge der Tiere, ihre Namen und die Ortsangaben abgleicht, auf die Allegorese aber nicht eingeht.

[185] In einigen Handschriften auch 20 Bücher, vgl. dazu Thomas Cantimpratensis, Liber de natura rerum 1973; Chrisian Hünemörder, Art. ‚Thomas von Cantimpré' 2002.

[186] Siehe dazu Franz Pfeiffers Einleitung in: Konrad von Megenberg, Das Buch der Natur 1861, XXVII–XXXV.

Balsam und der Koralle eine gesonderte Gruppe, da sie durch einen Binnenprolog eingeleitet und von einer Art Epilog beschlossen werden. Der Bereich der menschlichen Anatomie ist diesem Rahmen nachgestellt, er weist für Hugo, wie gezeigt werden konnte, gewisse Probleme auf, was die Redelizenzen betrifft: Die Sorgen um die ungünstige Aufnahme seiner Äußerungen über die pränatale Haltung des Menschen beim weiblichen Publikum werden innerhalb dieser Präsentation anatomischen Wissens artikuliert. Das Zusammenrücken und die Rahmung der Tier- und Brunnenallegorien grenzt gegenüber der verfänglicheren Anatomie einen Bereich ab, der als Wunder der Schöpfung und als Sinnträger spiritueller Bedeutungen problemlos und ohne Vorbehalte vom Laien Hugo behandelt werden kann. Der *Renner* leitet seine naturkundlichen Ausführungen prologartig ein, indem er sie durch ein Gebet an den Schöpfergott eröffnet und sie als Übersetzung aus dem Lateinischen den Laien und Pfaffen empfiehlt, eine Übersetzung, die aber nur einen kleinen Teil aus einem wesentlich umfangreicheren lateinischen Wissen realisiert:

Eyâ got herre, sölte ich durch varn
Mit dîner hilfe, waz an den arn
Dîn hôchgelobtiu wirdikeit
Besunder wunder hât geleit,
An lewen, an hirzen, an den helfant,
An vogel, an manic tier unbekant,
An slangen, an vische und ouch besunder
An würze, an würme und an manic merwunder,
An bluomen, an boume, an edel gesteine,
An berge, an manige brunnen reine,
Daz ich diu möhte mit mînem getihte
Pfaffen und leien alsô verrihte
Als ez geschriben in latîn,
Daz si dâ bî gedêhten mîn:
Des wölte ich in ein büechelîn
Vil gerne machen, möhte ez gesîn!
Nu twinget mich daz mich ê twanc:
Iedoch daz si mir sagen danc
Eins riemelîns von der breiten hiute,
Sô wil ich schrîben in ze diute
Etslicher tier natûr besunder,
Bî den si merken gotes wunder. (*Renner*, V. 19 243–19 264).

Die Interjektion zu Beginn zeigt die Freude des Verfassers an der Durchmessung der gesamten Tierwelt auf ihre *bezeichenunge* hin an.[187] Es geht um die Meditation über die Wunder Gottes in seiner Schöpfung, die als Schrift verstanden werden kann, in der

---

[187] Schweikles Annahme, Hugo spreche von *rennen*, wenn es um Gotteserkenntnis gehe, von *varn*, wenn er Breitenwirkung meine, ist angesichts des Verses 19 243 einzuschränken. Hier geht es im Zusammenhang mit *varn* um die Erkenntnis des Schöpfers.

ebenso wie in der Bibel die Weisheit des Schöpfers niedergelegt ist.[188] Eine *imago mundi*, die der Vertiefung der Gotteserkenntnis dient, soll geboten werden. Das Projekt eines eigenen Buches zur Naturkunde, in dem das lateinische Wissen über die Natur für Pfaffen und Laien durch eine Übertragung ins Deutsche aufbereitet würde und das dem Verfasser das Gebetsgedenken seiner Leser sicherte, kann offenbar nicht durchgeführt werden: *Nu twinget mich, daz ê mich twanc* – man kann diese Formulierung in Bezug zu anderen Stellen setzen, in denen sich der Renner Digressionen verbietet und auf die Ordnung der vorgesetzten Abhandlung verpflichtet, vielleicht ist hier auch eine Anspielung auf die Eile des *Renners* zu sehen, der nicht lange bei einem Thema verweilen kann. Aber einen Riemen von der breiten Haut möchte Hugo dennoch geben, und er tut dies auch, indem er zumindest eine gewisse Anzahl von Tieren präsentiert. Das Bild von Riemen und Haut steht einerseits für den partikularen Ausschnitt aus dem Gesamt der Schöpfung, andererseits metonymisch für das Pergament des nicht ausführbaren Buches, von dem immerhin ein kleines Stück gegeben werden soll. Das Bild steht aber auch für die Exzerption der Vorlage, auf die Hugo zurückgreift, den *liber de natura rerum*. Hugos Tierbeschreibungen stimmen mit den Darstellungen bei Thomas oft überein und seine im Prolog gegebene Übersicht über Tiere entspricht weitgehend der Disposition des entsprechenden Materials bei Thomas. Charakteristisch sind im *liber de natura rerum* auch die Quellenangaben, die Hugo aufnimmt, mitunter ergänzt und in einem Epilog zu seinem naturkundlichen Exkurs noch einmal zusammenfasst.[189] Selten werden bei Thomas Cantimpratensis den Eigenschaften der Tiere *moralisationes* hinzugefügt. Hugo übersetzt und exzerpiert einen geringen Teil des *liber de natura rerum*, wie er im Bild vom Riemen aus der Haut ankündigt. Hugo will aber mehr bieten als nur die Eigenschaften der Tiere, ihm geht es auch über seine Vorlagen hinaus um den *sensus secundum moralitatem*. Solche Ergänzungen zur überkommenen Naturkunde kündigt Hugo am Ende des Binnenprologs an. Hugo wird *etslicher tier natûr besunder* (*Renner*, V. 19 263) den Laien und Pfaffen *ze diute* angeben: Der Bereich der ‚natürlichen' Eigenschaften des Tieres wird so von ihrer Bedeutung gesondert. Hugo definiert vorab Tiere als *daz allez [...] daz von sêle und fleische lebet,| Swâ ez gêt, stêt, kriuchet oder swebet* (*Renner*, V. 19 266ff.). Der Mensch ist Herr über die Tiere, seine *wirdikeit* könne nicht einmal Salomo vollständig auslegen. Damit ist das weite Feld dessen angedeutet, was über die natürlichen *proprietates* der Wesen hinausgeht: die Bedeutungen und Referenzen auf Gott, Maria, die Kirche, den Sünder und die letzten Dinge. In einer für Hugo typischen Zurücknahme versagt er sich die Präsentation solcher Bedeutungen, freilich nur, um gleich darauf diese Zurücknahme seinerseits wieder zurückzunehmen:

Der mensche ist herre über alliu tier,
Des wirdikeit iu niht sô schier
Könde ûz gelegen her Salomôn:

---

[188] Herbert Kolb, Der Hirsch, der Schlangen frißt 1971; Ivan Illich, Im Weinberg des Textes 1991, 130–133.
[189] Lutz Rosenplenter, Zitat und Autoritätenberufung 1982, 484ff.

Dâ von lâze ich ouch dâ von
Und underwinde mich niht des,
Swaz doch her Aristotiles
Und ander lêrer haben volfüert:
Wirt des ein teil von mir gerüert
Mit kurzen worten und mit glôsen,
Daz ensol nieman verdôsen. (Renner, V. 19 269–19 278)

Der Passus ist nicht eindeutig, ich würde aber mit Lutz Rosenplenter vermuten, dass hier die Ausdeutungen gemeint sind, mit denen Hugo die Beschreibungen versieht.[190] Es ist die *lectio cristiana* die Hugo an den Tieren interessiert und die er als Glosse zu den Schriften der antiken und patristischen Naturkundler inszeniert. Die *materia* anderer Lehrer wird von Hugo *gerüert*: Darunter ist wohl zu verstehen, dass sie ergänzt, ausgeführt, kommentiert wird (auch an anderen Stellen setzt Hugo das Verb *rüeren* entsprechend ein).[191] In diesem Sinne wählt er aus seiner Vorlage Beispiele aus, die sich gut allegorisch auslegen lassen. Dabei geht es ihm insbesondere um neue und unerwartete Sinnbezüge; die Wiedergabe konventionell etablierter Bedeutungen für bestimmte Tiere weist er zurück, sie seien allgemein bekannt und sie langweilen:

Wie der einhürne werde empfangen
Von einer meide und ouch gevangen,
Wen daz bediute, daz weiz man wol:
Nieman daz ofte sagen sol
Daz allen liuten ist bekant,
Man strâfte in anders sân zehant. (Renner, V. 19 441–19 446)

Wie diu wisel sich verderbe
Ê si den basilisken ersterbe,
Sô si die rûten in den munt
Nimt, daz ist sô wîten kunt,
Daz ich ez wol verswîgen sol:
Kurziu rede zimt vor herren wol. (Renner, V. 20 103–20 108)

Wâ von diu jungen rebelîn
Frêze werden und heiser sîn
Und got besunder rüefen an
In irm hunger, und waz der han
Und der capûn an in besunder
Haben bezeichenlicher wunder,
Und waz wunders dâ geschiht
Sô der strûz sîn eier an siht,
Daz si von sînem gesihte werden
Fruhtbêr ûf der heizen erden,
Und ouch sibenleie tugent

---

[190] Lutz Rosenplenter, Zitat und Autoritätenberufung 1982, 503 Anm. 1.
[191] Vgl. *Renner*, V. 5703; 13 971; 18 489; 23 441; 23 485.

> *Die tûben hânt, der ofte von jugent*
> *Sich die flîzent sunderlîche,*
> *Die gerne kument ze himelrîche:*
> *Diz enmac ich allez niht gesagen;* […]. (*Renner*, V. 19 723–19 737)

Die Auslegung des Einhorns auf Christus und die Geschichte vom Töten des Basilisken durch das Wiesel, sowie die von der Art und Weise, wie der Strauß seine Eier ausbrütet, gehören in der Tat zu den gebräuchlichsten Tierallegorien.[192] Über die Tradition hinaus sind auf diesem Feld auch Kreativität und Innovation möglich, die sich im Anführen seltener Eigenschaften oder origineller Auslegungen der Tiere gegen konventionellere Darstellungen und Deutungen erweisen. Denn das Wiederaufschreiben allgemein bekannter Tierauslegungen genügt Hugo nicht, er markiert immer wieder die Konventionalität bestimmter Auslegungen und sein Desinteresse daran:

> *Wie der adelar sîn nest kêre*
> *Gein der sunnen und fliegen lêre*
> *Sîne jungen und gein der sunnen*
> *Ûf fliege über einen fliezenden brunnen,*
> *Sô im die vetiche werdent swêre:*
> *Diz wêre allez sagebêre.*
> *Wie er die vedern denne besenge*
> *Und sich selber wider brenge,*
> *Swenne er sînen lîp enblœzet*
> *Und den krummen snabel stœzet*
> *Und wetzet abe an einem steine:*
> *Diu lêre ist nu sô gar gemeine,*
> *Daz ich si wol über loufe,*
> *Aleine man si gein unserm toufe*
> *Bezeichenlich wol müge wenden*
> *Und anderswâ in manigen enden.* (*Renner*, V. 19 585–19 600)

Die Eigenschaften des Adlers werden hier angedeutet, wobei sich Hugo kurz fasst und offenbar auf das Wissen seiner Leser rekurriert: Der Adler wendet sein Nest zur Sonne, er lehrt seine Jungen fliegen, er verjüngt sich, indem er über einen Brunnen fliegt, sich die Federn verbrennen lässt, hinabstürzt und wieder aus dem Wasser emporsteigt, er nutzt einen Stein, um sich den Schnabel zu schärfen. Hugo hält fest, dass all dies allgemein bekannt ist und dass er diese Dinge überschlagen könnte. Freilich könne man die Eigenschaften auch auf die Taufe hin auslegen (die Verjüngung des Adlers im Wasser) oder auf andere Sachverhalte. Hiermit ist der Prozess der naturkundlichen allegorischen Semiose selbst angesprochen und in den Begriff *bezeichenliche wenden* gefasst.

Von dieser Möglichkeit macht Hugo ausgiebig Gebrauch. So legt er die Eigenschaft des Löwen, der an Land gefährlich, im Wasser aber gutmütig sei,[193] auf den weltverfal-

---

[192] Die meisten von ihnen finden sich im *Physiologus*.
[193] In dieser überraschenden Beschreibung sind zwei Tiere in eins gefasst: der Seelöwe und der Löwe. Solche Zusammenfassungen und Verwechslungen ergeben sich aus dem philologischen Charakter der mittelalterlichen Naturkunde, vgl. zum ähnlichen Fall des schlangenfressenden Hirsches: Her-

lenen Sünder aus, der durch die Tränen der Reue gebessert wird. Die Angst des Löwen vor dem weißen Hahn entspricht der Angst des Niederträchtigen vor dem Beichtvater. Dass der Löwe nur kämpfe, wenn er angegriffen werde, diejenigen, die sich ergeben, aber verschone, sowie dass er Kindern und Jungfrauen kein Leid antue, wird auf Gott ausgelegt, der von den Rechtschaffenden seinen Zorn abwendet. Die hohlen Knochen des Löwen, die aufgrund seiner Hitze ohne Mark sind, entsprechen dem von der Gottesliebe ergriffenen Menschen. Einen Affen frisst der Löwe, wenn er krank ist – so soll auch der Sünder fasten, d. h. Affenspeise essen, nämlich Wasser und Brot anstelle eines Huhnes, um dem Tod zu entgehen.[194] Gegenüber solchem freien Spiel der Eigenschaften und Zuordnungen rekurriert Hugo, wenn die Rede auf die gebräuchlichen *proprietates* und ihre Auslegungen kommt, auf die allgemeine Bekanntheit und fasst sich kurz:

Wie der lewe jeger triege,
Wie er mit tiern in kreizen kriege,
Wie er drî tage mit heller stimme
Über sîn jungen schrîe mit grimme,
Und dar zuo manic ander wunder
Mit dem er ist geziert besunder,
Daz belîbet hie von mir ungeschriben,
Wenne ez die meister habent getriben
In der schrift sô manigen enden,
Daz ich mac wol wider wenden. (*Renner*, V. 19 329–19 338)

Bei Thomas von Cantimpré werden diese hier nur knapp angedeuteten Eigenschaften des Löwen ausführlich geschildert.[195] Damit wird Hugos Positionierung im intertextuellen Horizont der Naturkunde manifest und sein eigenes Profil umrissen: Es geht darum, den Bereich der *significatio* zu erweitern, indem die Tiereigenschaften der Naturkundler, die noch nicht konventionell mit mehr oder minder stabilen Bedeutungen versehen sind, möglichst originell und innovativ ausgelegt werden. Wie bereits am Beispiel des Löwen beobachtet werden konnte, perspektiviert Hugo die Eigenschaften der Tiere oft auf die Thematik von Reue, Buße und Beichte hin.[196] Das zeigt sich auch an der Auslegung der bereits bei Plinius überlieferten Vorstellung, die Jungen der Bärin seien

---

bert Kolb, Der Hirsch, der Schlangen frißt 1971. Die Geschichte vom Löwen im Wasser findet sich im *Hexameron* des Ambrosius; V, II, 6: *Dazu kommt der weitere Vorzug, dass die Tiere, die wir auf dem Festlande fürchten, im Wasser unsere Lieblinge sind. Als Landtiere schädlich sind sie als Wassertiere unschädlich und selbst die Schlange ohne Gift. Der Löwe, der Schrecken auf dem Festlande ist in den Fluten sanft;* Ambrosius von Mailand, Examaron 1914, 169; vgl. auch Dietrich Schmidtke, Geistliche Tierinterpretation 1968.

[194] Im *Liber de natura rerum* finden sich nur die Eigenschaften aufgeführt: IV,54 70f. (Löwe fürchtet weißen Hahn); 54,42ff. und 44ff. (Löwe kämpft nur gegen Angreifer, verschont die, die sich ergeben); IV,55,99ff. (Hitze des Löwen, Knochen ohne Mark); IV,54, 78 (kranker Löwe frisst Äffin).

[195] Vgl. Thomas Cantimpratensis, *Liber de natura rerum* IV,54, 46f. (Löwe verwischt seine Spuren mit dem Schwanz, um die Verfolger zu täuschen); IV,54, 19f. (Löwe weckt sein totes Junges nach drei Tagen mit einem Schrei).

[196] Vgl. z. B. Hugos Auslegungen des Ochsen und des Fuchses; *Renner*, V. 19 477–19 496.

Fleischklumpen, die von ihr mit der Zunge in die richtige Form geleckt würden. Nach Hugo ist der Klumpen, den die Bärin zur Welt bringt, auf *der sünden knollen* zu beziehen:

> *Swer nu sîner sêle wölle frumen,*
> *Der lege vür sich der sünden knollen,*
> *Von dem sîn herze was zeswollen,*
> *Und lecke in mit der bîhte zungen,*
> *Unz daz er vor im sehe diu jungen*
> *Tugende werc in andâht leben,*
> *Dem vor diu genâde niht was gegeben.* (Renner, V. 19 454–19 460)

Hier erfolgt die allegoretische Auslegung um den Preis kapitaler Bildbrüche. Denn der Bildspender des in die richtige Form geleckten Bärenjungen legt hier nahe, dass aus den Sünden durch die Beichte Tugenden würden. Das alles passt nicht recht zusammen und zeigt ein wenig das Gezwungene von Hugos allegoretischen Innovationen. Die Mühe um möglichst unkonventionelle Allegorese prägt die Art und Weise, wie Hugo seine Quelle konsultiert: Konventionell etablierte Tierauslegungen werden abgerufen, indem lediglich die *propositiones* der Tiere und die jeweiligen Verhaltensformen genannt werden sowie auf die Bekanntheit dieser Eigenschaften und der mit ihnen verbundenen Bedeutungen verwiesen wird. Ungewöhnliche und seltener zitierte Eigenschaften der Geschöpfe werden mit überraschenden und neuen *moralisationes* versehen. Hugos Exzerpt überschlägt dabei mitunter die Seiten, sondert viele Fälle aus und verdichtet die Abhandlung des Thomas manchmal zum Katalog der Tiernamen, wobei auf die allgemeine Bekanntheit dieser Wesen hingewiesen wird:

> *Wunders ist geschriben vil,*
> *Des ich vil underslahen wil,*
> *Von bekanter tier und vogel natûre,*
> *Die doch ze grunde niht ein gebûre*
> *Kan verstên, alein ir genuoc*
> *Ûf ir natûren sîn gar kluoc.*
> *Ros, rinder, esel unde swîn,*
> *Geize, böcke, ster und schêfelîn,*
> *Wiseln, miuse, katzen, hunde*
> *Wonent uns bî ze maneger stunde;*
> *Eichhorn, igel, affen, lühse,*
> *Hasen, ratzen, harm und fühse,*
> *Han und henne, gans und ant*
> *Sint uns allen wol bekant;*
> *Störche, reigel und alkarn,*
> *Spehte, widehopfen unde starn,*
> *Tûben swalwen unde sparn,*
> *Sperwer, valken, hebeche und arn,*
> *Egelester, krâen, raben, tallen*
> *Hœre wir nâhen bî uns kallen;*
> *Stiglitz, vinken, zeisen, meisen*

Sehe wir kriutlach bî uns zeisen;
Manic tier und vogellîn,
Grôz und kleine, diu bî uns sîn,
Habent manic wunder an in verborgen,
Daz ich durch füere, hête ich niht sorgen:
Nu muoz ich sîn vil überslahen
Und gein des buoches ende gâhen. (Renner, V. 19 557–19 584)

Dass diesem Prozess, anders als beim Nachdenken über die Geheimnisse Gottes, bei Räsonnements über den *ordo naturalis* oder beim Auslegen der Heiligen Schrift keine institutionellen Grenzen gesetzt sind, zeigt der tierkundliche Exkurs deutlich, in dem Hugo selten Vorbehalte äußert. Unproblematisch sind sowohl der Rückgriff auf die gelehrten Autoritäten des Altertums als auch das freie Fortspielen und Umdisponieren allegorischer Bedeutungen. An einer Stelle allerdings äußert sich auch in diesem Kontext ein Vorbehalt Hugos, was seine Redelizenz betrifft. Er kommt auf das lange Leben von Bären und Hirschen zu sprechen und begründet dies darin, dass diese Tiere keine Galle haben.[197] Sodann stellt er einen Bezug dieses Sachverhalts zum hohen Lebensalter der biblischen Erzväter her (Gen 5,1–3,2):

Ist daz ich ez gesprechen tar,
Sô wâren die alten alle gar
Âne gallen, die sô manic jâr
Lebten (daz wir wol vürwâr
Wizzen) als Matusalam,
Ênoch, Helyas und Adâm:
Sô müge wir stecken wol vol gallen,
Die man sô schier siht nider vallen
Und sô kurz hie leben ûf erden
Und sô schier ze miste werden. (Renner, V. 19 357–19 366)

Es ist eine der wenigen Stellen des naturkundlichen Exkurses, wo Hugo einen Satz über die Risiken seiner Rede verliert und auch hier nimmt er sein Wissen zum Anlass einer Bibelauslegung und einer Spekulation über die Natur der Erzväter, die Ursache ihres hohen Alters. Für das Fehlen der Galle gibt es keinerlei Anhaltspunkt in der Heiligen Schrift. Aber Hugos Auslegung der gallenlosen Tiere zielt auch nicht auf ein literales Bibelverständnis. Die Stelle ist ihrerseits allegorisch zu lesen und zwar durch Hinzunahme eines humoralpathologischen Wissens vom Gallensaft als Ursache des Zornes:[198] Die Behauptung, dass die Alten weniger von dieser Todsünde befallen waren als Hugos Zeitgenossen, entspricht Hugos *laus temporis acti* und auch jenen Endzeiterwartungen, die sich im *Renner* äußern, wo allenthalben eine Zunahme von Sündhaftigkeit verzeichnet wird. Freilich bleibt hier ein eigentümlicher Rest zurück: eine eigenwillige allegorische Bibelauslegung und eine den *ordo naturalis* betreffende Spekulation über alte

---

[197] Vgl. Thomas Cantimpratensis, *Liber de natura rerum* IV, 1, 160f.
[198] Dies hatte Hugo selbst kurz vorher angeführt: *Swem diu galle ûf der lebern lît, | Der ist freislich alle zît*. (Renner, V. 19 207f.)

Menschen ohne Galle. Und genau an dieser Stelle artikuliert der *Renner* erneut einen Vorbehalt über die Zulässigkeit seines Sprechens (*Ist daz ich ez gesprechen tar*). Ansonsten aber ist er im Bereich der Tierauslegung frei. Hier ist ein Wissen gegeben, dessen sich Laien vorbehaltlos bedienen dürfen. Dafür spricht auch die Häufigkeit solcher naturkundlicher Auslegungen in der Sangspruchdichtung, einer Gattung, die mitunter den Wissenskreis und die Redelizenzen des Laien in besonders auffälliger Art und Weise thematisch werden lässt.[199] Auch hier sind immer wieder kreative Auslegungen und auch spannende Konfrontationen des Allegorischen mit dem Empirischen zu beobachten: Wenn der Spruchdichter Boppe etwa den Herren die Augen des Galadrius wünscht, damit sie besser einschätzen können, wem sie ihre Gaben geben sollten; oder wenn er in einer Adynata-Reihe beklagt, seine Herrin wolle ihn erst erhören, wenn er ihr drei Phoenixe, den Basilisken und andere Physiologustiere brächte;[200] wenn der Meißner dem Marner vorwirft, alles, was er über den Strauß, den Phönix und den Pelikan gedichtet habe, sei erlogen, nur um alternative, ebenso etablierte Auslegungen dieser Tiere als die Wahrheit dagegen zu setzen,[201] so zeigt sich, dass auf dem Gebiet der Tierallegorese ein freies Spiel mit den verfügbaren Semantiken bereits gängige literarische Praxis der Laien ist. Auf diesem Gebiet und nur hier kann Hugo einen Anspruch auf Innovation und Originalität ebenso wie einen Anspruch auf eine umfassende naturkundliche Bildung erheben und umsetzen. In der Menagerie des Heils ist der Laie ganz bei sich selbst.

Am Ende seines naturkundlichen Exkurses fasst Hugo die von ihm bei Thomas vorgefundenen Gewährsmänner für das naturkundliche Wissen zusammen:

> *Solînus und Ysidôrus,*
> *Physiologus und her Plînius,*
> *Plâtô und meister Adelîn,*
> *Ambrôsius und sant Augustîn,*
> *Jerônimus und Orîgines,*
> *Jacob und Aristotiles*
> *Sint von natûre der schrift geziuge*
> *In irm getihte, daz ich niht liuge.* (*Renner*, V. 20 283–20 290)

Daraufhin äußert er sich kritisch über mögliche Einwände des Publikums, sein Werk sei zusammengeflickt. Es konnte bereits gezeigt werden, dass diese Auseinandersetzung eher dem Problem der Heterogenität des eigenen Textes gilt als dem der Legitimität der Rede. Hugo kommt in diesem Zusammehang schließlich auch auf den Nutzen der Lehren von Heiden und Juden zu sprechen: *alliu lêre ist als ein wift, | der niht hilft diu heilige schrift* (*Renner*, V. 20 301f.) konstatiert er und ergänzt unter Zuhilfenahme des Bildes von der Rose und dem Dorn, dass *wîser juden und heiden lêre* der Heiligen Schrift *vil sêre* helfe (*Renner*, V. 20 305f.). Nun handelte es sich dabei um eine oft be-

---

[199] Tobias Bulang, *wie ich die gotes tougen der werlte gar betiute* 2005.
[200] Boppe, V.2–V.6.
[201] Burghart Wachinger, Sängerkrieg 1973, 153–157.

mühte Apologie, die auf Augustinus' *De doctrina christiana* zurückgeht. Im gegebenen Kontext ist sie unangemessen, denn Hugo geht es ja im Zusammenhang der Naturkunde nicht um die Auslegung der Bibel. Die Augustinische Formel ist so gebräuchlich und pauschal, dass er hier völlig problemlos auf sie zurückgreifen kann.[202] Mit den in den bisherigen Abschnitten dargestellten Aushandlungen von Wissensgrenzen und Redelizenzen hat eine solche Standardsituation nichts zu tun. Von hier aus nun ist nach den Konturen jenes Laienwissens zu fragen, die im *Renner* abgesteckt werden.

Bildungsgeschichtliche und soziale Konturen der *sancta simplicitas* im *Renner*

Mit dem Begriff der *einveltikeit* umreißt Hugo immer wieder eine Haltung, die dem Laien angemessen ist und die auch er selbst mitunter in Anspruch nimmt. Die Forschung hat diese Zuschreibung oft vorschnell mit dem Verweis auf die *sancta simplicitas* als Position vereindeutigt und für den gesamten Text und als Position seines Verfassers generalisiert. Dabei ist zu wenig beachtet worden, in welchem semantischen und institutionellen Spannungsfeld an der Konturierung dieses Begriffs und eines ihm entsprechenden Wissenstypus im *Renner* gearbeitet wird.

Grundsätzlich lässt sich dazu sagen, dass der Begriff der *einveltikeit* bei Hugo immer wieder in Absetzung oder auch in Relation zu anderen Begrifflichkeiten gebraucht wird wie etwa *zwîvalt, drîvalt, sibenfalt, manicfalt* oder *meisterschaft, wîsheit, lêre, kunst*. Die erste Guppe enthält Begriffe, die jeweils als Gegensatz zur *einveltikeit* negativ besetzt sind. Die zweite Gruppe von Begriffen wird jeweils differenziert in *rehte* bzw. *valsche meisterschaft, wîsheit, lêre, kunst*, aber auch *torheit*. Wobei für *valsch* grundsätzlich auch *werltlich* stehen kann:

Swer werltlicher êren wîsheit hât,
Der kumt vil selten an die stat
Dâ aller wîsheit spiegel ist:
Ich meine dich, herre Jêsu Crist!
Er müeze ein tôr vor werden ûf erden,
Swer kôrherre wil ze himel werden.
Wertlich tôren meine ich niht,
Der man nu leider gar vil siht […] (*Renner*, V. 23 635–23 642)

Im Zeichen von Mt 5,3 (*beati pauperes spiritu quoniam ipsorum est regnum caelorum*) erfolgt dabei auch die Aufwertung des in anderen Kontexten negativ besetzten Begriffs der Torheit. Alle Begriffe, die Kenntnisse, Wissen und Kompetenzen bezeichnen, sind im *Renner* differenziert gemäß ihrer Welt- oder Gottzugewandtheit. Weltliche *meister-*

---

[202] In der Forschung ist mitunter der Verdacht geäußert worden, die Formel aus *De doctrina christian*, sei nie in die Praxis umgesetzt worden; vgl. die Einleitung von Thilo Offergeld in: Hugo von Sankt Viktor, Didascalicon 1997, 70.

schaft, wîsheit, lêre, kunst und *torheit* entfernen den Menschen von Gott, während die *wâren* geistigen Qualifikationen zu ihm führen. Der *einvalt* ist keine solche Doppelreferenz eigen. Sie ist durchgehend positiv bewertet und kann so einerseits von allen defizitären Formen des Wissens abgegrenzt werden. Sie fungiert andererseits als *differentia specifica* bei der Unterscheidung von wahrem und falschem Wissen. *Meisterschaft, wîsheit, lêre* und *kunst* sind dann Gott zugewandt, wenn sie einfältig sind, anderenfalls dienen sie der sündigen Welt:

> *Swer lûter einveltic wêr ûf erden,*
> *Der möhte der künste ein meister werden:*
> *Wertliche wîsheit meine ich niht:*
> *Mit der hân ich noch leider pfliht:*
> *Diu hât sô manigerleie spitze,*
> *Daz ich niht weiz wâ ich sol sitze;*
> *Daz aber sich an nimt sô manic man*
> *Vil mêr künste denne er kan,*
> *Mit den er fremde liute betriuget*
> *Und selber wol weiz daz er liuget,*
> *Er sî geistlich oder werltlîch,*
> *Edel, unedel, arm oder rîch:*
> *Des siht man triuwe und wârheit swachen*
> *Und valsche liste unbilde machen.* (Renner, V. 17 915–17 928)

Somit ist *einveltikeit* bei Hugo als Wissensnorm dimensioniert, durch die Kompetenzen wie Weisheit, Kunst, Meisterschaft und Lehre für die eigene Rede in Anspruch genommen werden können, solange sie unter dem Vorbehalt der Einfalt vorkommen. Wissen, das nicht mit *einvalt* einhergeht, ist weltlich korrumpiert, dient dem Betrug und schwächt sowohl *triuwe* als auch *wârheit*.

Einveltikeit wird auch als Sprachnorm gesetzt. Die Rede der Laien ist durch Schlichtheit gekennzeichnet und durch semantische Eindeutigkeit. Hugo grenzt eine frühere Zeit, in der die Menschen besser, schlichter und *einveltic* waren[203] ab von einer Gegenwart, deren Verfallenheit auch durch eine Zunahme semantischer Mehrdeutigkeit der Worte gekennzeichnet ist:

> *Triuwe, milte, einveltikeit*
> *Wonten vil mêre den liuten bî*
> *Denne in der werlde nu leider sî,*
> *Dô diu wort niht hiubelîn,*
> *Kappen und kutzmentelîn*
> *Ûf in truogen und siben sinne*
> *Niht verborgen lâgen drinne.* (Renner, 21 930–21936)

Die Worte werden mit der Tracht der Akademiker in Verbindung gebracht. Die Laien sehen sich gelehrtem Spott ausgesetzt. Diesen wertet Hugo als den Schmerz, den Gott die Einfältigen auf Erden erleiden lässt. Nach dem Tode wird ihnen dafür Leiden erlas-

---

[203] Er spricht V. 1997 von den *einveltigen, alten künsten*.

sen. Der Schalk macht sich über *wort und werc* der Einfältigen lustig, diese befinden sich in einer inferioren Position:

> *Wol im, den got pînet ûf erden*
> *Und pîn in dort lêt über werden!*
> *Swen sîn schalkhaft herze lêrt,*
> *Daz er wort und werc verkêrt*
> *Einveltiger liute und denne lachet,*
> *Swenne er si schamrôt gemachet:*
> *Der wizze daz ein bœser geist*
> *Im daz rêtet aller meist:*
> *Wenne schelke sint des tiufels spot,*
> *Einveltige liute minnet got.* (*Renner*, V. 14 851–14 860)

Gregors Hinweis darauf, dass Christus zu den Fischern und den Hirten gepredigt habe, dient der Rechtfertigung des *sermo humilis*. Paul Lehmann hat in seiner Studie zur *sancta simplicitas* gezeigt, dass sich der Hinweis auf die Rede Christi für Hirten und Fischer nicht auf eine Stildiskussion beschränkt, sondern vielmehr in verschiedenen Kontexten (etwa auch bei hochgelehrten Scholastikern wie Petrus Lombardus) für eine Abgrenzung gegenüber anderen Wissensformen nutzbar gemacht wird.[204] Hugos Verwendung dieser Topik ist mithin nicht als Rekurs auf eine feststehende Semantik zu verstehen, sondern als Artikulation eines Wissensverständnisses, das sich von anderen Wissensformen abgrenzt. Hugo verbindet die Topik der schlichten Rede Christi mit seiner *laus temporis acti*. Früher war alles besser, weil die Leute einfältig waren und weil sie nicht – so wie gegenwärtig, kurz vor dem Ende der Zeiten – betrügerisch sind und sich despektierlich und disputierend den Geheimnissen Gottes nähern. Mit Rekurs auf die *visio Danielis* betrachtet Hugo die Abfolge der Weltalter als Verlauf zunehmender Entwertung:

> *Welch rât sol denne der armen werden,*
> *Bî den diu werlt noch stehelîn*
> *Sol werden und adamantîn?*
> *Si ist iezunt halp küpferîn*
> *An triuwen, und halp stüpfelîn*
> *An hilfe, an sippe, an reinikeit,*
> *An aller tugende stêtikeit.*
> *Hôchspitziger dache, vürspitziger liute*
> *Ist vil mêr in der werlte hiute*
> *Denne bî unser veter jâren,*
> *Dô dach und liute einveltic wâren.* (*Renner*, V. 13 800–13 810)

Durch diese geschichtliche Perspektivierung der *sancta simplicitas* wird sie funktionalisierbar nicht allein für eine allgemeine Sündenklage, sondern auch für eine Bildungsdiskussion. Hugo bezieht die *einvalt* nicht auf das schlichte Gemüt der *pauperes*, sondern auf Menschen, die einige Bildungsvoraussetzungen erfüllen: Kenntnis des Latein,

---

[204] Paul Lehmann, Die heilige Einfalt 1960, 214.

Kenntnis der *septem artes* und eigene Bibellektüre. Diese Kompetenzen werden im *Renner* für die Einfältigen durchaus in Anspruch genommen. Darin freilich liegt eine Verbindung der topischen *simplicitas* mit dem *curriculum* der Stiftsschule und dem Stoff, den Hugo lehrt. Die Topik der *sancta simplicitas* wird solcherart mit der eigenen sozialen Situation kurzgeschlossen und auf ganz bestimmte Wissensbestände hin konkretisiert. Der *Renner* sagt dies ganz deutlich mit Blick auf die alten Schulbücher, die er als Altersvorsorge gesammelt hat und die nun nichts mehr wert sind:

> *Schuolbuoch, der nu nieman gert,*
> *Wârn hie vor liep unde wert*
> *Bî mînen zîten in sehzic jâren,*
> *Dô die liute einveltic wâren:*
> *Sô gênt nu niuwe künste her vür,*
> *Bî den ich wênic iht guotes spür*
> *Denne hôchfart und gîtikeit*
> *Und schône gemâlte glîchsenheit.* (Renner, V. 16 087–16 094)

Inés de la Cuadra hat die bildungsgeschichtlichen Kontexte solcher Äußerungen aufgearbeitet und auf Hugos Situation an der Stiftsschule bezogen, der seitens der Universitäten und der Stadtschulen eine ernst zu nehmende Konkurrenz erwachsen war, wovon auch die Einkünfte des *rector scolarum* Hugo (das Schulgeld der Schüler) betroffen waren.[205]

Von hier aus wird auch die allgemeine Kritik an der Spitzfindigkeit und am Betrug referenzialisierbar auf die neuen Universitäten und die dort gelehrten *niuwen künste*.

einveltikeit wird dabei zum Begriff, von dem aus eine moralische Kritik der Wissenschaften vorgebracht wird und eine Selbstaufwertung der eigenen Position erfolgt. Durch die Sündenverfallenheit der Gegenwart ist *wîse lêre* der Verachtung anheimgefallen. Die Meisterschaft der antiken Philosophen, Redner und Grammatiker, ihre Weisheit, konnten sich zu ihrer Zeit Gehör verschaffen, da die Leute damals *einveltic* waren. Da sich aber die Welt so verschlimmert habe, wäre dies heute nicht mehr möglich. Denn die Rahmenbedingung für das Aufgehen *guoter lêre* ist die Tugend der Menschen, die aber aus der Welt verschwunden ist:

> *Und lebte meister Aristotiles,*
> *Wer wölte im nu lônen des*
> *Daz er mit tiefen sinnen hât*
> *Wîslich verborgen an maniger stat?*
> *Her Plâtô müeste ouch sîn sinne*
> *Ân zwîfel rihten ûf ander gewinne*
> *Denne ûf tiefer künste spitzen:*
> *Wer wölte nu sîner lêre gesitzen?*
> *Socrates und her Cicerô*
> *Sölten ouch nu selten werden frô*
> *Von dirre gîtigen werlde günste*

---

[205] Inés de la Cuadra, Der *Renner* Hugos von Trimberg 1999, 208.

Positionierung im Feld des Wissens und der Dichtung 155

> *Bî allen irn tugenden und ir künste;*
> *Donâtus und her Priciân*
> *Müesten ouch verre gên hin dan,*
> *Swâ dirre werlde minner sêzen*
> *Mit jungen wîben, trünken und êzen;*
> *Der tugenthafte Senecâ*
> *Möhte ouch lieber anderswâ*
> *Sitzen ân zwîfel denne an der stat,*
> *Dâ tôren fröude iren willen hât;*
> *Ypocrâs und Galiên*
> *Mügen ouch anderswâ wol gên,*
> *Wenne nieman fürhtet siechtagen:*
> *Wer wil in denne sîn wazzer tragen?*
> *Mich dunket, meister Graciân*
> *Müeste ouch etswâ baz krazen an,*
> *Wölte er nu guot und êre erwerben,*
> *Bî rîcher künste niht hungers sterben:*
> *Er müeste golt mit kupfer lœte,*
> *Wölt er niht kumen in kumers nœte:*
> *Wenne gîtikeit mit gelîchsenheit*
> *Hânt alle die künste hin geleit,*
> *Der wîse meister sich begiengen*
> *Hie vor und lop und lôn enpfiengen.* (*Renner,* V. 10 065–10 098)

Dass die *alten meister* früher Lob und Anerkennung erlangten, ist nach Hugo darin begründet, dass Geiz und Prunksucht die Wissenschaften damals nicht in dem Maße wie zu seiner Zeit kompromittiert hätten. Würden sie heute leben, klagt Hugo, müssten die Weisen des Altertums betrügerisch und sündig handeln, um ihr Dasein zu fristen. Gratian müsste sich mit alchemistischen Fälschungen behelfen, um nicht zu verhungern. In Hugos Gegenwart gibt es keinen Ort für Weisheit, Kunst und Meisterschaft: *Einveltic kunst ist leider tôt,| Driveltic unkust izzet herren brôt* (*Renner,* V. 10 757f.). Es sind die alten, aber missachteten Künste, welche Ehre, Freude, Besitz, Freundschaft und Gunst befördert haben. Die neuen Wissenschaften verwirren die Menschen nur, so wie junger Most die Köpfe betäubt:

> *Möhte êre, guot, friunde oder gunst,*
> *Gewalt, kraft, schœne, adel oder kunst*
> *Dem menschen stête fröude geben,*
> *Sô möhte wir gerne ûf erden leben.*
> *Manic kunst, diu wîlent was genême,*
> *Diu ist nu worden widerzême:*
> *Sô gênt nu fremde künste her vür,*
> *Die nie gewunnen offen tür:*
> *Sint die bezzer denne die alten,*
> *Sô sol man gerne si behalten.*
> *Swer der wârheit aber geloubet,*
> *Sô werdent aller liute houbet*
> *Von niuwen mösten mêr betoubet,*

> *Swenne der trinker wol gestoubet,*
> *Denne von reinem virnem wîne. (Renner,* V. 17 293–17 307)

In solchen Polemiken liegt eine Selbstaufwertung von Hugos inferiorer Position und seiner Armut: Gelehrte, die ein Auskommen haben, rücken in den Verdacht betrügerischer Umtriebe, womit im Umkehrschluss die Redlichkeit des verarmten Stiftsschullehrers nahegelegt wird. Über den hypothetischen Entwurf der Zeitgenossenschaft früherer gelehrter Autoritäten wird eine Analogie zwischen ihnen und Hugo behauptet: Der *Renner* entwirft seinen Ort als soziales Exil der Weisheit. Hier verlängert Hugo die Inszenierung seiner gelehrten Autorschaft in die gelehrte Tradition hinein und betreibt so eine Kanonisierung seiner Position.

Eigengeschichte: Der *Renner* in den gelehrten Traditionen

Wo Hugo auf seine literarischen Verfahren zu sprechen kommt, fällt der apologetische Grundzug seiner Rede unmittelbar ins Auge. An ihm wird die defizitäre und inferiore Position seiner ‚Predigt' deutlich. Gegen Ende des Textes bietet der *Renner* noch einmal eine umfassendere Rechtfertigung und situiert seine Ausführungen im Kanon des überlieferten und durch die *auctoritas* von Verfassern gesicherten Wissens. Die betreffende Passage zieht sich über etwa 100 Verse und ihre Interpretation ist aufgrund einer bei Hugo durchgängig bemerkbaren semantischen Vagheit seiner Apologien schwierig. Da aber wichtige Aspekte des digressiven Verfahrens im *Renner* bereits behandelt wurden, sind die Voraussetzungen für eine dichte Lektüre der Apologie gegeben.

Hugo schließt eine im Allgemeinen gehaltene Sündenklage über allerlei Missstände seiner Gegenwart ab mit der Bemerkung, viele Christen, die heute auf Erden lebten, würden den Heiland schlimmer martern, als dies früher die Heiden und Juden getan hätten. Die Pein, welche die Getauften Christus durch ihre Sünden bereiteten, übertreffe die Schmerzen, welche er bei der Kreuzigung von Juden und Heiden erleiden musste. Die Konkretisierung der *mannigen kristen* versagt sich Hugo explizit:

> *Wer die sîn, daz lâze ich belîben:*
> *Ein man möhte ouch ze vil geschrîben.*
> *Genuoc ist bezzer denne ze vil,*
> *Swer rehte mâze merken wil. (Renner,* V. 23 435–23 438)

Hugo verweigert hier eine konkrete Adressierung seiner Kritik, insistiert so auf einer Leerstelle seiner paränetischen Rede, in die der Rezipient sich eingedenk seiner Sündhaftigkeit reuig selbst eintragen kann. Die *rehte mâze*, von der hier gesprochen wird, scheint sich somit nicht nur auf das Quantum der Rede zu beziehen, sondern auch auf das erlaubte Maß ihrer Konkretisierung und Adressierung. Andererseits scheinen auch stilistische und semantische Aspekte der Abhandlung von dieser Selbstkritik betroffen zu sein – so zumindest legen es die unmittelbar folgenden Verse nahe:

> *Etswâ hân ich ze vil gemezzen,*

Etswâ hân ich mich vergezzen.
Sprichet ieman daz ich ofte rüere
Eine materie und ofte în füere
Mit wandel worten einen sin,
Der wizze daz ich vil tummer bin
Denne sant Gregôrie der heilige man [...]. (Renner, V. 23 439–23 445)

Hugo räumt Verstöße gegen das rechte Maß ein: Über einen gewissen Allgemeinheitsgrad der Sündenklage hinaus habe er hier und da gegen die *rehte mâze* verstoßen und entweder zu viel geboten oder aber sich vergessen. Daraufhin nimmt er zwei Einwände vorweg, die man gegen sein Buch vorbringen könnte, um sich im Weiteren mit ihnen auseinanderzusetzen: Jemand könne ihm vorwerfen, er würde oft eine *materie* aufgreifen[206] und mit *wandel worten* einen *sin* in sie einführen. Was ist darunter genau zu verstehen? Die Formulierungen sind recht vage, die Kritikpunkte schwer zu konturieren. Eines der vorweggenommenen *monita* scheint die Redundanz der Abhandlung zu betreffen: Hugo nehme sich *ofte* ein und desselben Stoffes an, wiederhole sich also häufig,[207] worin ein Verstoß gegen *rechte maze* auszumachen wäre. Der zweite Einwand scheint semantische Aspekte der Abhandlung zu betreffen: Getadelt wird eine Praxis der Sinnunterstellung oder der Tatbestand, dass ein Thema unterschiedlich ausgedeutet werde.[208] Der Vorwurf richtet sich gegen eine Uneindeutigkeit von Hugos Sprache. Die Vagheit dieser Formulierung scheint mir nicht allein darin begründet zu sein, dass poetologische Reflexionen in mittelhochdeutscher Dichtung generell eine gewisse terminologische Unschärfe aufweisen.[209] Sie hängt auch mit der Funktion der vorweggenommenen Einwände im Kontext der Ausführungen zusammen: Hugos Apologien nämlich dienen im Folgenden dazu, den *Renner* in einen intertextuellen Horizont zu stellen, indem eine Serie von Texten vergleichend auf die Art und Weise befragt wird, wie in ihnen *sin* bzw. *materie gerüert* bzw. *în gefüert* werde. Die Reimworte des angeführten Zitats werden wieder aufgenommen, wenn bei Hugo daraufhin vom Messbuch (dem *Sacramentarium Gregorianum*) und dem Antiphonar Gregors des Großen die Rede ist, vom Psalter Davids, von den Bibelkommentaren des Kirchenvaters Hieronymus, von den Weisheiten Salomos und dem Buch Jesus Sirach. Mit dieser Textreihe vergleicht Hugo die Eigenheiten seines *Renners*. Dies mag die Vagheit der angeführten Formulierungen bedingen, denn einerseits werden solch unterschiedliche Texte durch sie allererst vergleichbar, zweitens wird dadurch die prekäre Selbstaufwertung, die mit solch einer Kanonisierung der eigenen Rede bezweckt ist, weniger augenfällig.

---

[206] Weitere Übersetzungsmöglichkeiten für *rüeren* in diesem Kontext wären: ‚berühren', ‚erfassen', ‚ergreifen', ‚besprechen', ‚behandeln'.
[207] In diesem Sinne legt Rosenplenter diese Verse aus, er sieht in ihnen eine „Kritik, dass Hugo ein Thema immer wieder behandelt"; Lutz Rosenplenter, Zitat und Autoritätenberufung 1982, 252.
[208] So Lutz Rosenplenter, Zitat und Autoritätenberufung 1982, 252.
[209] Vgl. die Einführung in: Gerd Dicke, Manfred Eikelmann, Burkhard Hasebrink (Hg.), Im Wortfeld des Textes 2006, 1–22.

In einem ersten Schritt kontrastiert Hugo seine Abhandlung mit dem *Sacramentarium* Gregors des Großen. Dieser Abgleich scheint sich auf den Aspekt der Redundanz zu beziehen, denn Hugo räumt ein, dass er *vil tummer* sei, als der Heilige Gregorius, *Der sîn messebuoch huop an | Mit den worten, diu er hât | Gerüert niht über ein halbez blat!* (*Renner*, V. 23 446-23 448). Hier scheint Hugo Gregorius als Musterbeispiel für das Unterlassen von Redundanz anzuführen: Über ein halbes Blatt lang sei der Kirchenvater nicht auf das Incipit seines Messbuches zurückgekommen.[210] Davon abgesetzt wird jedoch sodann das im Mittelalter Gregor zugeschriebene *Antiphonar*:[211]

Swer ouch in sînem Antifener
Rehte wil merken, wie dicke er
Rüert und schrîbet einen sin,
Der lêt zegiezen mich mîn zin
Swar ich wil, als in sîn golt,
Und ist mir üm mîn arbeit holt. (*Renner*, V. 23 449–23 454)

In dem Buch, das die Gesänge des Stundengebets enthält, sei Gregor besonders redundant. Der Legende nach war es Papst Gregor selbst, der inspiriert vom Heiligen Geist, alle Gesänge der lateinischen Liturgie niedergeschrieben hat.[212] Natürlich wiederholen sich die Themen vielfach in dem nach dem Jahreslauf geordneten Buch der liturgischen Gesänge. Zu überlegen ist zudem, ob Hugo hier nicht auch den Aspekt der Gregor zugeschriebenen Melodien mit evoziert und den Stil seiner Abhandlung in eine Analogie zu den Melismen des gregorianischen Gesangs stellt. Auch darin läge eine lose Assoziation von seiner Abhandlung auf den Kirchenvater, da aber Hugo im Folgenden auf musikalische Phänomene zu sprechen kommt, ist dies nicht unwahrscheinlich. Gregor wird so als Vorbild für Hugos Verfahren reklamiert. Hugo vergleicht hier seine Redundanz mit der des *Antiphonars*. Der tendenziell vermessene Vergleich des gelehrten Laien mit dem Heiligen Gregor wird durch die Differenzierung von Zinn (für Hugos Rede) und Gold (für Gregors Gesänge) allerdings wieder abgeschwächt.[213] Dennoch reklamiert Hugo für sein Verfahren an dieser Stelle den Papst und Kirchenlehrer als Vorläufer. Hugo schließt an diese Apologie eine generalisierte Sünden- und Altersklage an und beklagt auch, dass *manic schœne gedœne* nicht mehr – wie früher – in der Welt seien, da die Herzen nicht mehr dazu taugten: keine *süezen herzen* gebe es mehr, sondern nur noch *sûren* (*Renner,* V. 23 475–23 480). Damit wird das Thema der Musik noch einmal aufgenommen. Sodann nimmt Hugo mit dem Reim *in füeren / rüeren* und

---

[210] Weigand erwähnt zwar, dass bei „genauerer Betrachtung Hugos *Renner* in eine Reihe mit den Werken der argumentativ benutzten Autoritäten" gestellt werde, unterlässt aber eine Interpretation der entsprechenden Passagen; Rudolf Kilian Weigand, Der *Renner* des Hugo von Trimberg 2000, 311.

[211] Vgl. Helmut Hucke, Die Entstehung und Überlieferung 1955, Bruno Stäblein, ‚Gregorius praesul' 1984.

[212] Ich habe hier Wolfgang Fuhrmann für wertvolle Hinweise zu danken.

[213] Lutz Rosenplenter, Zitat und Autoritätenberufung 1982, 252f.

Positionierung im Feld des Wissens und der Dichtung 159

den Begriffen *materia* und *worte* die weitere Auseinandersetzung mit dem vorweggenommenen Einwand gegen seine Verfahren wieder auf:

> *Künic Davîd, der vil wunders rüerte,*
> *Vil ofte in sînem salter în füerte*
> *Sîner vinde wort, werc, valschen rât*
> *Und ander sunder missetât:*
> *Denne ich dehein materie în füere*
> *Oder mit wandel worten rüere. (Renner, V. 23 481–23 486)*

König David sei auf Worte, Werke und falschen Rat seiner Feinde eingegangen. Dies geschehe im Psalter weit öfter[214] als bei Hugo: Er führt seltener eine solche *materie* in seinen Text ein oder *rüere* sie mit *wandel worten*. Die oben festgestellte Vagheit der Formulierungen zeigt sich auch hier, denn anders als oben, wo im Zusammenhang mit *in füeren* vom *sin* die Rede war, ist das Verb *in füeren* an dieser Stelle auf den Begriff der *materie* bezogen. Durch den Vergleich mit dem Psalter scheint weniger der Aspekt der Redundanz akzentuiert, vielmehr wird die Heterogenität der eigenen Rede mit Blick auf die Klage über Taten und Werke der Feinde im Psalter relativiert: Hugo lässt andere seltener zu Wort kommen als der Psalter. Er rechtfertigt vorgebliche stilistische Mängel seiner Rede dadurch, dass er dem Psalter diese Mängel in noch höherem Maße konzediert. Der *Renner* begibt sich durch diese Assoziation in den Schutz der kanonischen Geltung des Psalters. Ähnlich verfährt Hugo, wenn er auf den Kirchenvater Hieronymus, auf Jesus Sirach und Salomo zu sprechen kommt:

> *Swer die bibeln hât gelesen,*
> *Der muoz mîn geziuge des wesen,*
> *Daz sant Jerônimus der hôhe lêrer*
> *Vil mêre hât, denne ich, hin und her*
> *Von dirre materie an jene gevarn;*
> *Kein dihter mac daz wol bewarn.*
> *Der wîse man Jêsus Syrach,*
> *Des munt vil wîser worte sprach,*
> *Hât sîn vil schœne tiefen wort*
> *Zerströuwet in maniges sinnes ort:*
> *Als hât her Salomôn getân*
> *Und manic ander wîser man. (Renner, V. 23 487–23 498)*

Auch Hieronymus sei immer wieder von einem Thema in das andere geraten. Wie Lutz Rosenplenter gezeigt hat, bezieht sich Hugo hier auf die Apologien in den Prologen zu den Bibelkommentaren. Hieronymus entschuldigt sich mitunter dafür, dass er zu schnell diktiert habe: „Ich diktiere, was mir in den Mund kommt". Er weist immer wieder apologetisch auf die Eile hin, die ihn bei seinen Übersetzungen getrieben habe: Nur einen Tag habe er für das Übersetzungsdiktat des Buches Tobias gebraucht, für das Buch

---

[214] Der bei Ehrismann sich findende Text ist nicht ganz eindeutig, was die Syntax betrifft: Für V. 23 482 hat die Hs. J: *vil offter*. Die komparativische Form stützt hier die naheliegende Übersetzung.

Judith nur eine Nacht.[215] Mit der Bemerkung, kein *tihter* könne verhindern, dass er von einer *materie* in die andere gerate, werden im *Renner* einerseits die Apologien des Hieronymus über die Art und Weise seines Diktats aufgenommen. Damit wird die alte etymologische Bedeutung von *tihten* (dictare) aufgegriffen, andererseits ist jedoch der auf poetische Hervorbringungen zu beziehende semantische Gehalt des Verbs mit evoziert: Über solche semantischen Vagheiten können der diktierende Hieronymus, die weise Worte sprechenden und in ihren Schriften zerstreuenden Jesus Sirach und Salomo und der *tihter* Hugo in eine Reihe gestellt werden. Das Zerstreuen der weisen Worte bei Jesus Sirach und Salomo (der als Verfasser des Hoheliedes, des Buches der Sprüche und des Predigers galt) kann wiederum auf Redundanz einerseits, auf die Heterogenität der Schriften andererseits bezogen werden.

Hugo rechtfertigt in dieser Reihe vergleichender Apologien Redundanz, Mehrdeutigkeit, Heterogenität und Digressivität seiner Abhandlung. Er konstruiert hier für seine Verfahren eine Tradition, die von den biblischen Weisheitsbüchern über den Psalter zu den Bibelkommentaren des Hieronymus und weiter bis zum Antiphonar des Gregorius reicht. Hugo beschließt die Apologien mit einem Fazit, das am Ende der Reihe der Intertexte das eigene Verfahren noch einmal in Bildern reflektiert:

Swer dinges vil begrîfen wil,
Des sinne rêment niht ûf ein zil.
Got minnet slehte einveltikeit,
Der wênic ist in der kristenheit.
Swer gerne swenden wölle sîn hirne,
Daz er tiefiu wort ûz kirne
Und durch breche tiefen sin,
Der neme hie lop vür dort gewin
Und smelze sîn hirne in sorgen tegel.
Ich hân dem winde mîns herzen segel
Bevolhen: swar mich der hât getriben,
Des hân ich ein teil geschriben
In dirre wilden werlde wâge […]. (*Renner*, V. 23 499–23 511)

Die Präsentation vieler Dinge (*vil begrîfen*) rückt hier in einen Gegensatz zur Konzentriertheit der Abhandlung, zur Stringenz der Ausführungen und zu konzeptioneller Zentriertheit: Zumindest könnte man solche Vorstellungen hinter dem Bild der *sinne*, die einem Ziel zustreben (*rêmen*) vermuten. Die mangelnde Zentrierung der eigenen Abhandlung wird mit der gottgefälligen *simplicitas* in Zusammenhang gebracht. Wie oft bei Hugo ist die Argumentation hier vage und schwer greifbar. Die folgende Polemik gegen *tiefiu wort* und *tiefen sin* ist typisch für Hugos Abgrenzung von höherer Gelehrsamkeit; evoziert wird dadurch, dass eine Zentrierung der Gedankenführung nur um den Preis einer Aufgabe der gottgefälligen Schlichtheit zu haben gewesen wäre. Mit dem *swenden* des Hirnes, dem *ûz kirnen* tiefer Worte und dem *durch brechen* von *tiefen sin* will der Renner nichts zu tun haben. Offenbar wird hier aus der Not eine Tugend

---

[215] Lutz Rosenplenter, Zitat und Autoritätenberufung 1982, 216f.

gemacht. Zurückgegriffen wird sodann auch auf das Bild der Schifffahrt und somit auf eine Mobilitätsmetapher, die Hugos digressives Vorgehen chiffriert. Im gegebenen Zusammenhang wird das windgetriebene Dahinsegeln auf der Meeresoberfläche mit jenen Tiefen konfrontiert, von denen in den Versen davor die Rede war. Der Aspekt der Digressivität ist jedoch durch den Kontext der Apologien gleichwohl präsent. Nahegelegt wird somit, dass die Digressivität des Renners eine gelehrte Tradition hat und gleichzeitig Ausweis einer heiligen Einfalt ist. Hugos Positionierung im Feld des Wissens nimmt sowohl eine gewisse Gelehrsamkeit in Anspruch als auch die *sancta simplicitas*, von der immer wieder unter dem Namen der *einveltikeit* die Rede ist. Hugo schließt hier den apologetischen Exkurs mit einem Freidankzitat ab, das Weisheit und Dummheit in der Schwebe lässt:

> *„Der wîsen und der tummen strît*
> *Hât gewert vil manige zît*
> *Und muoz noch vil lange wern,*
> *Man mac ir beider niht enbern."* (Renner, V. 23 519–23 522)

Der Lakonismus dieses Zitats beschließt Ausführungen, in denen die Semantik von Torheit und Weisheit sehr ambivalent wird. Hugos Entwurf eines Kanons digressiver Weisheit und Gelehrsamkeit für sein diskursives Verfahren ist als institutionelle Strategie zu betrachten, durch die sein Text stabilisiert wird. Zugleich wird jedoch die Unfestigkeit dieses Textes im Feld des Wissens kenntlich durch einen apologetischen Grundton, aber auch durch die Vagheit in der Argumentation und in einem Vagieren zwischen den tendenziell konträren Positionen einer beanspruchten Gelehrsamkeit und einer heiligen Einfalt. Dies weist auf eine Rede, die ihre diskursive Position sucht und erprobt. Dabei zeigt sich bereits in Hugos Entwurf eines Kanons seiner Rede, dass es sich dabei nicht nur um eine Positionierung im Feld des Wissens handelt: Mit dem Rekurs auf Musikalisches bei Gregor, dem Hinweis auf Lieder (Psalter), Sprüche (Salomo) und Allegorien der Bibel kommen neben den gelehrten Textsorten (Bibelkommentar des Hieronymus) auch poetische Formen in den Anspielungsbereich von Hugos Selbstkanonisierung. Neben der Positionierung im Feld des Wissens ist für enzyklopädische Dichtung auch eine Positionierung im Feld der Literatur auszumachen. Ihr wendet sich der folgende Abschnitt dieser Studie zu.

Revision und Umschrift literarischer Traditionen

Enzyklopädische Dichtung ist, so wurde eingangs festgestellt, auch hinsichtlich ihrer Position in den Traditionen der Literatur unfest. Da in ihr literarische Formen analog zum Wissen behandelt werden, also ihrerseits Gegenstand der enzyklopädischen Auseinandersetzung sind, ist der eigene poetische Anspruch enzyklopädischer Dichtungen jeweils neu zu bestimmen. Dies vollzieht sich im *Renner* durch die Diskussion literarischer Traditionen und durch eine Konturierung der eigenen Position innerhalb dieser.[216] Die eigene Rede wird so zu lateinischen und volkssprachigen literarischen Texten und Gattungen relationiert. Dabei werden kulturelle Semantiken in ihren literarischen Bearbeitungen ebenso diskutiert wie poetologische Konzepte sowie die Modi der Produktion und Rezeption von Dichtung. Der Aufgriff von Elementen der literarischen Tradition geht dabei immer wieder auch mit ihrer Umschrift einher. Dem Umgang mit den literarischen Traditionen bei Hugo von Trimberg galt in der Forschung ein ausführliches Interesse. Insbesondere Inés de la Cuadra hat in ihrer Dissertation zum *Renner* die Auseinandersetzungen mit der Literatur des Mittelalters ausgiebig behandelt, um Abgrenzungen von literarischen Gattungen und „Hugos Anlehnung an literarische Vorbilder" auszumachen.[217] Ihren Ausführungen bleibt hinzuzufügen, dass eine Literaturdiskussion, wie sie im *Renner* geführt wird, die literarischen Traditionen nicht nur wiedergibt, sondern auch zurichtet, bearbeitet und nach eigener Interessenlage konstruiert.[218] Hugo referiert nicht eine unabhängig von seinen literarischen Strategien gegebene Literaturgeschichte des Mittelalters, er stellt seinen eigenen Text vielmehr in einen Zusammenhang, den er als Eigengeschichte selbst entwirft.[219] Seine Positionierung im Feld der Literatur erfolgt durch eine Literaturdiskussion, in der intertextuelle Strategien zur Anwendung kommen, Umschriften und Perspektivierungen der literarischen Gattungen und Traditionen stattfinden. Die folgenden Ausführungen versuchen, solche Strategien, die auf eine Festigung, Begründung und Legitimation der eigenen literarischen Rede zielen, an einigen Beispielen darzulegen. Wie, so ist dabei zu fragen, wird Hugos enzyklopädische Dichtung innerhalb einer Enzyklopädie der Literatur selbst positioniert?

Ausgangspunkt meiner Überlegungen dazu ist ein Literaturkatalog aus dem *Renner*, welcher die Namen der Verfasser volkssprachiger Lyrik versammelt. Er ist eingebettet in eine Klage über die Gegenwart und eine Herrenkritik: Habgier, Liederlichkeit und Unkeuschheit haben viele Herren so betört, dass sie der *wîse* vergessen hätten, in welcher früher *edel herren* gesungen haben (*Renner,* V. 1182f.). Es folgt der Katalog volkssprachiger Autoren:

> *Gîtikeit, luoder und unkiusche,*
> *Muotwille und unzimlich getiusche*
> *Habent manigen herren also besezzen,*
> *Daz si der wîse gar hânt vergezzen*
> *In der hie vor edel herren sungen:*
> *Von Botenloube und von Môrungen,*
> *Von Limburc und von Windesbecke,*
> *Von Nîfen, Wildonie und von Brûnecke,*
> *Her Walther von der Vogelweide:*

---

[216] Zur Positionierung literarischer Werke innerhalb von intertextuellen Konstellationen grundsätzlich Karlheinz Stierle, Werk und Intertextualität 1983.
[217] Inés de la Cuadra, Der *Renner* Hugos von Trimberg 1999, 169.
[218] Vgl. Harold Bloom, Anxiety of Influence 1975; Karlheinz Stierle, Werk und Intertextualität 1983.
[219] Vgl. hierzu Beate Kellner, Eigengeschichte und literarischer Kanon 2001.

> *Swer des vergêze der tête mir leide:*
> *Alein er wêre niht rîch des guotes,*
> *Doch was er rîch sinniges muotes.*
> *Her Reimâr und her Peterlîn*
> *Mügen dirre genôz an sinne wol sîn;*
> *Des selben wil ich dem Marner jehen.*
> *Swer meister Cuonrâden hât gesehen*
> *Von Wirzeburc oder sîn getihte,*
> *Der sezte in wol ze dirre pflihte.*
> *Wenne er volget ir aller spor:*
> *Doch rennet in allen der Marner vor,*
> *Der lustic tiutsch und schoene latîn,*
> *Alsam frischen brunnen und starken wîn*
> *Gemischet hât in süezem gedœne.* (Renner, V. 1179–1201)

An diesem Katalog fallen einige Seltsamkeiten ins Auge: Unterschiedslos werden Sangspruchdichtung und Minnesang hier als Kunst der Herren, des Adels also, aus der guten alten Zeit präsentiert.[220] Die Adelskunst des Minnesangs wird so mit der *guoten lêre* der *varnden* in der Sangspruchdichtung vermengt, eine in der mittelalterlichen Literatur markierte Differenz der Gattungen wird unterlaufen. Es erfolgt so unter der Hand eine ständische Entdifferenzierung der literarischen Traditionen. Diese freilich bleibt unspezifisch: Die *wîse*, in welcher früher die Herren gesungen hätten, steht nicht für die konkreten Melodien der Dichter, sondern für einen tugendhaften Lebenswandel der Herren in einer besseren Vergangenheit, für den ihre Kunstausübung ein Indiz ist. Im Umkehrschluss wird Tugend dabei zum eigentlichen Qualitätskriterium der Kunst. Nur so ist plausibel, dass ein Sangspruchdichter wie der Marner allen anderen Lyrikern, also nicht nur den *sinnigen* und *armen*, sondern auch den *herren* vorangeht. Literatur kommt so nicht nur als Medium einer ständischen Entdifferenzierung zur Anschauung, sondern als Ort einer Umkehrung der mit den Ständehierarchien gegebenen Wertigkeiten. Darin ist nicht unbedingt eine Tendenz des Literarischen zu autonomer Abschließung zu sehen, denn das Vortrefflichkeitskriterium, das von Hugo ins Feld geführt wird, um den Marner hier als besten aller Dichter anzuführen, ist eines, das dem Minnesang fremd ist und das in der deutschsprachigen Sangspruchdichtung allenfalls peripher eine Rolle spielt: das der Latinität. Dies ist freilich Hugos Metier, der als *rector scholarum* Bücher auf Latein und Deutsch geschrieben hat, und der in seinen satirischen Invektiven auf die Schulen seiner Zeit den Schwund der Latinität immer wieder anprangert und seinen Text auch als ein lateinisches Wissen für Laien vermittelndes Unterfangen perspektiviert. Hugo reklamiert hier nicht nur die Lyriker als Vorgänger, er arbeitet auch im Zusammenhang mit der ständischen Entdifferenzierung an einem Gattungskonstrukt, in das er schließlich heteronome Kriterien einnisten kann. Somit zeigt er nicht nur eine

---

[220] Dass hier auch Fahrende als *edel herren* bezeichnet werden, führt Inés de la Cuadra darauf zurück, dass sie sich durch Tugendadel auszeichneten; Inés de la Cuadra, Der *Renner* Hugos von Trimberg 1999, 171.

Affinität zu Minnesang und Sangspruchdichtung, sondern entwirft einen intertextuellen Horizont seiner eigenen Dichtung, den er den eigenen poetischen Kriterien entsprechend gezielt modifiziert.[221]

Dies betrifft auch die im Minnesang aber mitunter auch in der Sangspruchdichtung verhandelte Semantik der Liebe.[222] Wie im Katalog mittelalterlicher Lyriker ersichtlich, wird Minnesang bei Hugo als Kunstdichtung des Adels goutiert.[223] Die Verfasser von Minneliedern stehen für die Vortrefflichkeit der Herren in der Vergangenheit, ihr werden die Missstände der Gegenwart und die Verwahrlosung der Höfe kontrastiert. Hugo nennt in seinem Katalog einige Verfasser, von denen nur Minnesang überliefert ist (Otto von Botenlauben, Heinrich von Morungen, Schenk von Limburg, Gottfried von Neiffen),[224] offenbar wertet Hugo also auch das Singen von der *minne* als Indiz für die moralische Vortrefflichkeit einer besseren Vergangenheit. Unter der Perspektive einer didaktischen Wirkungsintention rücken hier also Minnesang und Sangspruchdichtung zusammen.[225] Vollzogen wird diese Bewertung des Minnesangs aus einer moralisierenden Perspektive, welche solcher Kunstübung eine zivilisierende Kraft zugesteht. Darin ist auch begründet, dass Hugo den Minnesang an anderer Stelle vor polemischen Invektiven in Schutz nimmt. Hugo zitiert eine Polemik des Marners, in welcher dieser beklagt, dass sein Publikum alles Mögliche von ihm hören wolle, nur nicht seine Lieder.[226] Hugo zitiert diese Strophe ohne Nennung der Quelle und moniert für seine Dichtung, dass die Leute nur weltliche Geschichten und Lieder hören wollen, nicht aber das, was er an Wahrheiten zu sagen habe. Der Katalog beliebter literarischer Stoffe, den der Marner in pejorativer Absicht anführt,[227] wird von Hugo nicht unverändert über-

---

[221] Diese konstruktive Arbeit an den literarischen Traditionen wird dort nur ungenau erfasst, wo sie unter der Rubrik „Rezeption und Ablehnung" behandelt wird. So hält beispielsweise Rudolf Kilian Weigand Rosenplenters Ausführungen für fraglich, denengemäß Hugo den Minnesang als didaktische Gattung verstehe, weil Hugo andernorts den Minnesang ablehne. Darin liegt aber kein Widerspruch, sondern eine komplexe Literaturdiskussion, die zwischen verschiedenen Aspekten einer Gattung unterscheidet; vgl. Lutz Rosenplenter, Zitat und Autoritätenberufung 1982, 456; Rudolf Kilian Weigand, Der *Renner* des Hugo von Trimberg 2000, 255, Anm. 70.

[222] Zur Minnereflexion in der Sangspruchdichtung vgl. Margret Egidi, Höfische Liebe 2002.

[223] Völlig anders wertet Hugo den Tatbestand, dass der Abt von Sankt Gallen Tagelieder schreibt; vgl. *Renner,* V. 4191ff.

[224] Dass mit *Brûnecke* ein weiterer Minnesänger gemeint sein könnte, nämlich *von Suonegge,* vermutet Inés de la Cuadra, Der *Renner* Hugos von Trimberg 1999, 170.

[225] Vgl. Inés de la Cuadra, Der *Renner* Hugos von Trimberg 1999, 176.

[226] Marner XV 14, 124–126 (*Sing ich den liuten mîniu liet*). Auf das Zitat dieser Strophe bei Hugo wies bereits Philipp Strauch hin; vgl. ebd., 5, 34; vgl. auch Lutz Rosenplenter, Zitat und Autoritätenberufung 1982, 467–471; Rudolf Kilian Weigand, Der *Renner* des Hugo von Trimberg 2000, 252ff.

[227] Marner XV 14, 124–126: *Sing ich den liuten mîniu liet, | sô wil der êrste daz | wie Dieterîch von Berne schiet, | der ander, wâ künc Rother saz, | der dritte wil der Riuzen sturm, sô wil der vierde Ekhartes nôt, | Der fünfte wen Kriemhilt verriet, | dem sehsten tæte baz | war komen sî der Wilzen diet. | der sibende wolde etezwaz | Heimen ald hern Witchen sturm, Sigfrides ald hern Eghen tôt. | so wil der ahtode niht wan hübschen minnesanc.* […].

Positionierung im Feld des Wissens und der Dichtung 165

nommen.[228] Etliche der heldenepischen Stoffkreise werden bei Hugo durch Werke der höfischen Epik ersetzt;[229] den *hübschen minnesanc*, der beim Marner unter die vom Publikum bevorzugten Lieder gezählt wird, lässt Hugo allerdings aus – ein weiteres Indiz für Hugos positive Bewertung dieser Gattung.[230] Seine Wertschätzung erstreckt sich jedoch nicht auf die zentralen Semantiken und Inhalte des Minnesangs: Das sehnsüchtige Verlangen eines Mannes nach einer vollkommenen Frau sowie der Aspekt der Werbung und des Leids wird von Hugo keineswegs positiv bewertet. Allenfalls *rehte minne in der ê* lässt Hugo gelten: *selten diu lop gewinnet | diu bî dem wege minnet* heißt es an anderer Stelle (*Renner*, V. 11 951.16f.). Insbesondere in seinen Ausführungen über die *unkiusche* wendet sich Hugo polemisch und satirisch gegen die Leidenschaft. In seinen Invektiven gegen sie greift er auch auf eine Semantik des Minnesangs selbst zurück, um sie zu dekuvrieren. Folgende Ausführungen erscheinen in einem Kontext, in dem *unstête gesihte und wilder muot* als Schaden für die Ehre der Frauen herausgestellt werden:

> *Swer nie herzeliep gewan,*
> *Ez sî frouwe oder man,*
> *Der gewan nie herzeleit;*
> *Daz behabe ich mit der wârheit.*
> *Swer manic liep gewinnet,*
> *Herzeliep er niht minnet.*
> *Herzeliep und herzeleit*
> *Mit einander nieman sanfte treit.*
> *Manic man ist niht visch biz an den grât,*
> *Manic frouwe ouch lützel triuwe hât.* (*Renner*, V. 11 951.22–11 951.31)

Die Semantik der Minne begegnet hier im Kontext einer Kritik der Promiskuität. Die im Minnesang entfaltete und bei Gottfried von Straßburg paradoxal zugespitzte Dialektik von Minne und Leid[231] ist hier nur noch in der Schwundform angedeutet: als guter Rat, ganz die Finger von dergleichen zu lassen. Von *herzeliebe* kann dort nicht die Rede sein, wo jemand *manic liep gewinnet*. Dass im gegebenen Zusammenhang ein bei Walther von der Vogelweide verwendetes Bild (nicht Fisch sein, bis zu den Gräten)[232] zum Einsatz kommt, zeigt gleichermaßen, dass Hugo mit der lyrischen Tradition arbeitet.

---

[228] *Renner*, V. 16 183–16 200: *Sô spricht einer, ich hœrte gern | Von hern Dietrich von Bern | Und ouch von den alten recken | Der ander wil von hern Ecken, | Der dritte wil der Riuzen sturm, | Der vierde wil Sifrides wurm | Der fünfte wil hern Tristerant, | Dem sehsten ist Erke baz bekant, | Der sibende wil hern Parzifâl, | Der ahte die tafelrunne überal, | Der niunde wil Kriemhilden mort, | Der zehende der Nibelunge hort, | Den einliften gênt în mîniu wort | Als der mit blîe marmel bort, | Der zwelfte wil Rückern besunder | Der drîzehende künic Alexanders wunder; | Dirre wil den ritter mit dem rade | Sô wil jener gên ze dem bade* [...].
[229] Vgl. Lutz Rosenplenter, Zitat und Autoritätenberufung 1982, 471.
[230] Inés de la Cuadra, *Der Renner* Hugos von Trimberg 1999, 185–188.
[231] Gottfried von Straßburg, Tristan, 204ff.: *Swem nie von liebe leit geschach, | dem geschach ouch liep von liebe nie. | liep unde leit diu wâren ie | an minnen ungescheiden.*
[232] Walther von der Vogelweide 1995, L 67,31.

Walther bezog dieses Bild auf *des lîbes minne* und kontrastierte sie der *wâren minne*, der allein wahre *staetekeit* eigne.[233] Dieses Bild aus dem Alterston wird von Hugo auf untreue Männer und Frauen bezogen und somit gegenüber Walthers Diskussion konkurrierender abstrakter Minne-Konzepte konkretisiert. Auch Walthers *herzeliebe*, die als Alternative gegen Entwürfe der hohen Dienstminne ins literarische Feld geführt wurde, wird von Hugo von einer *minne* unterschieden, die sich an viele verschiedene Objekte richtet. Wenn Hugo an anderer Stelle die Wertschätzung Gottes für *reine frouwen* thematisiert und dabei den Vers *Wie liep im reine frouwen wêrn* (V. 13 128, 13 145, 13 167, 13 182, 13 195, 13 201)[234] mit biblischen Exempeln belegt (Maria und Martha, Veronika, die weinenden Frauen am Kreuzweg), so kann auch dies im Sinne der Revision einer semantischen Dikussion im Minnesang (*wîp* versus *frouwe*; *minne* versus *liebe*) verstanden werden.

An anderer Stelle kommt Hugo auf die Mädchen zu sprechen, die man *lispen und zarten* hört, die Komplimenten junger Männer gegenüber empfänglich sind und deshalb oft betrogen werden. Er tadelt, dass sie sich wie reine Jungfrauen betragen, obgleich sie es nicht mehr sind. Würden sie dann schwanger, so nehmen sie sich fest vor, sich künftig besser zu hüten. Freilich treiben sie es noch ärger, kaum dass sie aus dem Wochenbett sind (*Renner*, V. 12 109–12 135). Hugo entwirft in diesem Kontext eine Verführungsszene: Er gibt den Dialog zwischen dem jungen Galan, *der sîn rede vil wol kan* (*Renner*, V. 12 138), und dem gefallenen Mädchen wieder. Der junge Mann verspricht der Frau *ganze triuwe* und sieben Länder, obgleich er sich nicht einmal ein Bad leisten kann. Der darauf folgende Dialog ruft Semantiken und Zitate aus dem Minnesang auf, was bereits dadurch deutlich wird, dass der *Renner*, der bisher von *meiden* gesprochen hat, an dieser Stelle ironisch zur Bezeichnung *frouwe* wechselt:

> *Got hât sîn herze wol erkant:*
> *Sô wênt diu frouwe sâ zehant*
> *In habe got selber dar gesant.*
> *Si sprichet: „Ist diu rede wâr?"*
> *„Des zwîfelt niht als üm ein hâr"!*
> *Antwürtet ir der junge man,*
> *„Frouwe, ir sült mich geniezen lân*
> *Daz ich der wârheit niht enspar.*
> *Juwer diener bin ich gar*
> *Swâ ich in dem lande var,*
> *Sölte ich leben tûsent jâr!"* (*Renner*, V. 12 142–12 152)

Die letzten Verse des Dialogs verdichten Semantik von Minnesang, die *domina* wird angesprochen, der lebenslange Dienst in Aussicht gestellt und hypobolisch gesteigert

---

[233] Walther, *ir reinen wîp, ir werden man*, dazu Jan-Dirk Müller, Walther von der Vogelweide 1995.
[234] Vgl. zur Struktur dieser Passage Rudolf Kilian Weigand, Der *Renner* des Hugo von Trimberg 2000, 339–340.

(*tûsent jâr*). Minnesang wird hier parodiert.²³⁵ Der ungebadete Galan spricht das gefallene Mädchen als *frouwe* an. Minnesang in Unterschichten, möchte man sagen, wobei hier die Stoßrichtung der Satire eine andere ist als bei Neidhart: Hugo will vor der *minne* warnen. Das Versprechen eines tausendjährigen Dienstes führt nur dazu, dass das Mädchen erneut betrogen wird.

> *Riuwe und klage gênt her nâch.*
> *Der êrste man tet ir ê schâch,*
> *Sô ist si nu worden mat.*
> *Si machet irn ougen manic bat.* (*Renner*, V. 12 163–12 166)

Die Schachmetapher, die Hugo von Trimberg hier verwendet, findet sich auch in einem Lied Walthers von der Vogelweide (L 111,23), welches seinerseits die Kontrafaktur eines Reinmar-Liedes (MF 159,1) darstellt, in welchem desgleichen die Schachmetapher vorkommt.²³⁶ In Walthers Replik auf Reinmar wird dessen hyperbolisches Lob seiner Herrin kritisiert, da dieses eine Wertminderung aller anderen höfischen Damen impliziere. Reinmar hatte mit dem Lob seiner Herrin alle anderen Damen Matt gesetzt, Walther bietet ihm – die Schachterminologie aufnehmend – *mates buoz*, indem er statt des Überlobens der Dame ein angemessenes Lob (*senften gruoz*) einfordert.²³⁷ In Reinmars Lied und Walthers Kontrafaktur geht es um verschiedene Auffassungen von Frauenpreis durch *sanc*. Hugo nimmt die Schachterminologie auf, wendet sie aber auf die erneute Schwangerschaft der Frau und den damit einhergehenden Ansehensverlust, worin nicht nur eine drastische soziale Konkretisierung der Sprache des Minnesangs zu sehen ist, sondern auch eine Absage an diese. Die Sprache der Verführung, welche der ungebadete Galan dem gefallenen Mädchen gegenüber verwendet, ist im *Renner* als Exemplum für eine verfehlte Rezeption des Minnesangs perspektiviert. Die eigentliche *minne* sollte der Mensch Gott vorbehalten. In Hugos Katalog der Minnesänger und in der satirischen Verwendung von Semantiken und Zitaten aus dem Minnesang wird sein Umgang mit literarischen Traditionen fassbar. In einem Wechselspiel von Aufgriff und Distanzierung konturiert Hugo seine Position im literarischen Feld: Kunstanspruch und zivilisierende Wirkungsintention des Minnesangs werden aufgenommen und hofkritisch dem Adel der Gegenwart kontrastiert, der Werbungsaspekt dagegen wird distanziert.²³⁸

---

[235] In der Anrede des Mädchens (V. 12 138) klingt eine Formel an, die sich beispielsweise auch bei Albrecht von Johannsdorf (MF 93,36) oder Walther (L 40,35) findet.

[236] Vgl. dazu mit Zusammenfassungen der Forschung Peter Wapnewski, Der Sänger und die Dame 1979; Ingrid Bennewitz, Ein Schachmatt der Minnesang-Philologie? 1995; Ricarda Bauschke, Die ‚Reinmar-Lieder' Walthers von der Vogelweide 1999, 59–76.

[237] Diese Paraphrase ist sehr voraussetzungsreich und berücksichtigt Wapnewskis Untersuchung des Liedes und darauf aufbauende Ergänzungen; vgl. Peter Wapnewski, Der Sänger und die Dame 1979; Ricarda Bauschke, Die ‚Reinmar-Lieder' Walthers von der Vogelweide 1999, 59–76.

[238] Zu Minnesang als Werbelyrik und Kunstform vgl. Günther Schweikle, Minnesang ²1995.

Hugo thematisiert ausführlich die Rezeption literarischer Traditionen. Eine Diskussion der Heldenepik findet sich im Kontext der Trinkerschelte. Entworfen und zurückgewiesen wird hier eine Rezeptionssituation für diese literarische Gattung, das Gelage:[239]

> *Lange trinken und lange wachen,*
> *Frumer liute leben swachen,*
> *Der ist nu liep, den siht man gerne.*
> *Swer von hern Dietrîch von Berne*
> *Dâ sagen kan und von hern Ecken*
> *Und von alten sturm recken,*
> *Vür den giltet man den wîn:*
> *Wer ziuhet hern Lazarum hin în*
> *Oder gibt im wazzer vür die tür?* (*Renner*, V. 10 345–10 353)

Auch die emphatische Identifikation mit den literarischen Gestalten, auf die Heldenepik zielt, kritisiert Hugo: Frauen würden die Toten aus den Epen mehr beweinen als die Wunden Christi. Der Artusroman wird demgegenüber als literarische Gattung für männliche Identifikationen angesehen: Männer, die in Turnierkämpfen den Helden der Epen nacheifern, riskieren den Tod im Turnier und damit ihr Seelenheil:

> *Wirt aber ein jungelinc gestochen,*
> *Daz ez im wê tuot vierzic wochen:*
> *Wem sölte diu kurzewîle wol gevallen,*
> *Ob er wênt er sî gevallen*
> *Mit fröuden in sîner juncfrouwen schôz?*
> *Dise arbeit, der in nie verdrôz,*
> *Sül wir ouch geringe wegen;*
> *Bî tôrn sint ofte helde und degen.*
> *Wie her Dietrich vaht mit Ecken*
> *Und wie hie vor die alten recken*
> *Durch frouwen minne sint verhouwen,*
> *Daz hoert man noch vil manige frouwen*
> *Mêre klagen und weinen ze manigen stunden*
> *Denne unsers herren heilige wunden.* (*Renner*, V. 21 683–21 696)

Davon abgesetzt wird ein Rezeptionsmodus von Literatur, der auf Reue, Buße, Meditation der Marter Christi und lebenspraktische Konsequenzen, wie Beichte, Almosengeben und weitere Werke der Barmherzigkeit zielt.

Hugos Abwertung der Epik hat eine formale Pointe: Der Reimpaarvers, den Hugo für seine enzyklopädische Predigt verwendet, ist bevorzugtes Medium mittelalterlicher Epik. Auch Hugo erzählt Geschichten und wendet sich gleichzeitg mittels des Lügenvorwurfs gegen die exponiertesten Vertreter einer fiktionalen Literatur des Mittelalters, um den eigenen literarischen Entwurf, der Fiktionen lediglich unter dem Gesichtspunkt ihrer Exemplarizität vorsieht, vom Verdacht der Lüge freizuhalten. Wenn Jutta Goheen

---

[239] Vgl. Inés de la Cuadra, Der *Renner* Hugos von Trimberg 1999, 177ff.

Positionierung im Feld des Wissens und der Dichtung 169

Hugos Anlehnung an die Traditionen des Epos betont,[240] so ist demgegenüber zu ergänzen, dass solche Anlehnung mit Verfahren der Distanzierung bestimmter Aspekte zeitgenössischer Epen, mit ihrer Umschrift einhergeht. Ähnlich wie mit der Lyrik wird bezüglich des Epos verfahren: Der Übernahme der metrischen Form kontrastiert eine programmatische Distanzierung einer in der Epik des 13. Jahrhunderts verfügbaren Fiktionalität.[241] Die Kritik am Artusroman richtet sich gegen diese:

> *Vil manigem sint aber baz bekant*
> *Hie und über manic lant*
> *Diu buoch, diu ich vor hân genant:*
> *Parcifâl und Tristrant*
> *Wigalois und Enêas,*
> *Êrec, Iwân und swer ouch was*
> *Ze der tafelrunne in Karidôl.*
> *Doch sint diu buoch gar lügen vol,*
> *Der hân ich mich genietet wol:*
> *Sît aber ein ieglich mensche sol*
> *Mit herzen und mit munde*
> *Den êren ze aller stunde,*
> *Von dem ez lîp und sêle hât,*
> *Sô dunket mich ein missetât,*
> *Swer iht des schrîbet oder list*
> *Dâr an unsers herren lop niht ist.* (Renner, V. 21 637–21 652)

Inés de la Cuadra hat auf Alternativen zu solchen Sichtweisen in der didaktischen Literatur hingewiesen und die Ausführungen Thomasins von Zerklaere zu den *âventiuren* vergleichend hinzugezogen. Thomasin betonte zwar auch den Lügencharakter der *âventiuren*, räumte ihnen aber zugleich ein, *bezeichenunge* der *zuht und wârheit* zu sein. Im *Wälschen Gast* erfolgt eine Legitimation weltlicher Erzählungen durch das *integumentum*-Konzept[242] und Thomasin bedient sich dazu der üblichen Metaphern von Gewand und Bekleidung: *die âventiure sint gekleit | dicke mit lüge harte schône: | diu lüge ist ir gezierde krone.*[243] Im *Renner* dagegen werden die *âventiuren* der Artusritter als ‚nackte' Lügen dargestellt.

Aber auch Hugos Fiktionalitätsschelte ist nicht von grundsätzlicher Art. Immer wieder macht er von der Möglichkeit Gebrauch, Geschichten als Verkleidungen der Wahrheit zu verwenden. Er beschränkt dies jedoch auf *maeren*, *bîspel* und Exempel und stellt in diesen Kontexten die Fiktionalität selbst explizit aus: So leitet Hugo das Märe vom törichten Mann, der seine Frau einschloss, mit der Bemerkung ein: *Ich las an einem büechelîn | Ein mêrlîn, daz wol wâr mac sîn* (Renner, V. 12 879f.). Hier wird zumindest

---

[240] Jutta Goheen, Mensch und Moral 1990.
[241] Vgl. Matthias Meyer, Die Verfügbarkeit der Fiktion 1993.
[242] Vgl. TRE Tl. I Bd. 2, 285f.
[243] Thomasin von Zirclaria, Der Wälsche Gast, V. 1118ff.; vgl. Inés de la Cuadra, Der *Renner* Hugos von Trimberg 1999, 173ff.

die Möglichkeit eingeräumt, dass die Geschichte auch erfunden sein könnte. Deutlicher noch wird dies an einer anderen Stelle, wo *ein mêre* mit den Worten einleitet wird: *Nu hœrt ein dinc, daz nie geschach* (*Renner*, V. 14 955). Bemerkenswert sind die Varianten der Handschriften zu dieser Stelle: In der Handschrift B wird die Geschichte mit *Abir ein ware mere* überschrieben, und BFU hat eine andere Eröffnung: *Nu hœrt ein dinc, daz mir geschach*. Neben der offen exponierten Fiktionalität steht das durch persönliche Erfahrung verbürgte Geschehen. Dazwischen kennt der *Renner* auch gradualistische Übergänge: *Nu hœrt ein bîspel, daz wol wâr | Ein teil mac sîn, swie ez nâch wân | Uns schrîbe meister Aviân* (*Renner*, V. 15 566–15 568).

Bei Hugo bemisst sich die Wahrheit an der Exemplarizität des Erzählten für moralische Sachverhalte. Wo er Fabeln, Mären und Exempel aller Art anführt, sind erfundene Geschichten durch den paränetischen Zweck exemplarischen Erzählens legitimiert. Die Zurückweisung der Fiktionalität des Artusromans, seine Zurichtung als „nackte" Fiktion, als reine Lüge und als Geschichte ohne jede didaktische Dimension, reklamiert für die eigene Verwendung fiktiver Geschichten die Legitimität exemplarischer Lehre. Der Gebrauch narrativer Gattungen in Hugos Text wird durch solche Evaluation literarischer Traditionen mit Kriterien versehen und legitimiert.

Freilich bedient sich Hugo mit seinem Aufgriff von Mären und Schwänken literarischer Gattungen, die zu seiner Zeit einen didaktischen Anspruch und eine Legitimation durch Exemplarizität bereits weit hinter sich gelassen haben.[244] Viele Mären werden um ihrer selbst willen rezipiert und stehen insofern hinsichtlich einer „Verfügbarkeit der Fiktion" den Artusromanen und der Heldenepik um nichts mehr nach. Hugo entschärft solche Mären, indem er sie wieder auf ein predigttypisches paränetisches Format stutzt, womit er für diese Gattung eine unproblematische Fiktionalität in seinem Text reklamiert, eine Fiktionalität, die gemäß des *integumentum* als Gewand der Wahrheit legitim ist.[245] Und diese Form der Fiktionalität wird dem Artusroman abgesprochen. Dieser Gattung, die von Thomasin gerade im Sinne des *integumentum* in Schutz genommen wurde (*ich schilt die âventiure niht*[246]), kommt gewissermaßen die ganze Wucht der Fiktionalitätskritik zu. Damit wird der Bereich des exemplarischen Erzählens von solchem Verdacht freigehalten.

Ein Beispiel mag dies verdeutlichen. Ausgiebig bedient sich Hugo aus dem Fundus von Mären und Schwänken. Folgende Geschichte wird von ihm wiedergegeben:

Eine Frau empfängt ihren Liebhaber. Als der Ehemann überraschend nach Hause zurückkehrt, springt der Galan aus dem Fenster in den Garten. Der Mann stellt seine Frau zur Rede, die ihm einredet, es sei kein Mann, sondern der Ziegenbock gewesen, der

---

[244] Klaus Grubmüller, Die Ordnung, der Witz und das Chaos 2006, 127–174, zum Verbindlichkeitsverlust des exemplarischen Märe ebd., 150.
[245] Vgl. zum „problembeladenen Spannungsfeld von Märe und Bispel" und zu Hugos charakteristischer Umgestaltung von Mären auch Rudolf Kilian Weigand, Der *Renner* Hugos von Trimberg 2000, 256ff.
[246] Thomasin von Zirclaria, Der Wälsche Gast, V. 1121.

sich im Haus verirrt habe und aus dem Fenster gesprungen sei. Der Mann wendet erzürnt ein, dass derjenige, der durch das Fenster gesprungen sei, weder Hörner noch einen Bart gehabt habe, worauf die Frau ihn der Sinnestäuschung bezichtigt: Er habe das *houptgeschîde* und solle von seinem Zorn lassen und sich niederlegen, sie wolle ihn *mezzen und segenen*, mit Segenssprüchen heilen. Unverzüglich legt der Mann sich auf den Boden, worauf die Frau *siufzende inneclich* wüste Verwünschungen und Todesflüche murmelt (*Lâ dich effen, narrengûl*), ohne dass der Mann anderes verstehen kann als die daraufhin deutlich artikulierte Schlussformel: *Des gewer mich got durch sîne güete!* (*Renner*, V. 12 230–12 340).

Solche misogyne Exponierung des Wesens der Frauen sowie Täuschungen durch Behauptungen von Sinnestäuschungen gehören zur Schwanktradition und sind oft noch weiter getrieben worden als hier, wie jüngst Susanne Reichlin anhand der *Buhlschaft auf dem Baume* erneut deutlich gemacht hat.[247] Gerd Dicke hat darauf hingewiesen, wie diese Themen des Schwankerzählens konstitutiv für die Marke-Figur in Gottfrieds *Tristan* sind und dort auf subtile Weise angespielt und auch in ihrer Drastik wieder zurückgenommen werden.[248] Das komplexe Spiel der Märentradition mit Sinnestäuschungen und lustvollen Kontingenzexpositionen deutet Hugo an. Beide Momente, die um ihrer selbst willen erzählte Exponierung der Dialektik von Täuschung und Selbsttäuschung wie auch die misogyne Zuspitzung werden von Hugo modifiziert. Er wendet die Komplexität der Sinnestäuschungen zurück ins exemplarische Märe: Zwar kommentiert auch Hugo die Geschichte von der heimlichen Verfluchung des Mannes durch die Ehefrau dahingehend, dass solches Verhalten typisch sei für die Untreue und die Schlagfertigkeit der Frauen, er belässt es aber nicht bei der gattungstypischen Exponierung des *übelen wîp*. Hugo führt an, dass das gute Wesen der Frauen oft durch die *ungüete* des Ehemannes verkehrt werde. Zudem sei oft Armut für die *unstaete* der Frauen verantwortlich. Neben der exemplarischen Umschrift der Verlachgeschichte erfolgt hier eine Relativierung der literarischen Traditionen mit Blick auf soziale Gegebenheiten. In Hugos Predigt hat das Stereotyp des *übelen wîp* keinen rehten Platz, denn sie richtet sich an Sünder und fordert zur Buße auf. Damit aber ist die Freiheit des Menschen zur Umkehr vorausgesetzt, was sich von der in vielen Schwänken und Mären zugrundegelegten Geschlechteranthropologie deutlich unterscheidet, ist dort doch gerade die Unabänderlichkeit einer negativen Disposition der Geschlechter (Frauen dreist, Männer dumm) Gegenstand des Erzählens. Hugo verhindert, dass das Märe vom getäuschten Ehemann zur reinen Verlachgeschichte wird, er wendet zugleich die misogyne Anthropologie ab.

Eine vergleichbare Tendenz zeigt Hugos Umschrift der Neidhartschen Bauernpredigt. Auch hier lässt er es bei den Bauern als Verlachgestalten nicht bewenden. Der Passus ist für die Positionierung des *Renners* im literarischen Feld über eine Auseinan-

---

[247] Susanne Reichlin, Beobachtbarkeit von Kontingenz und Providenz 2009.
[248] Vgl. Gerd Dicke, Das belauschte Stelldichein 2002.

dersetzung mit dem Schwank hinaus aufschlussreich, wird in diesem Sujet doch die Predigt thematisiert. Hugo inszeniert sich hier innerhalb seiner eigenen Abhandlung als predigende Figur, von der er in der Vergangenheitsform erzählt. Der weitere Kontext der Bauernunterweisung enthält die bereits besprochene Literaturdiskussion um die Lügen des Artusromans, Hugos Inszenierung als Bauernprediger kann als veranschaulichende Replik auf diese Diskussion gelesen werden, weshalb ich sie noch einmal kurz resümiere:

Hugo hatte angesichts verschiedener Texte (*Êrec, Iwân, Tristân, Parcifâl* und *Wigalois*) den Roman als Lügendichtung disqualifiziert und Lüge als Sünde herausgestellt. Man solle besser *wîser lêre* folgen. Gute Sänger gebe es heute wenige, früher gab es in Gedichten *tugent, zuht, êre* und *lêre*. Könige selbst beherrschen die sieben freien Künste, die antiken Gelehrten waren Kaisern ebenbürtig: An ihre Namen erinnert man sich noch heute, sündige Fürsten dagegen werden vergessen. Die Herren sollten heute angesichts ihrer mannigfachen Privilegien Gott dankbar sein und ihn lieben, sie vergessen aber darauf ihrer Sorgen wegen. Gott möge sich über gute Herren, die sterben, und über *uns arme* erbarmen. In diesen Ausführungen werden Dichtung und *wîse lêre* als Opposition gesetzt und mit einer Diskussion über die ethischen Qualitäten der Herren, ihre an ihren Stand gebundenen Privilegien in einen Zusammenhang gebracht. Wenn Hugo in der folgenden Ausführung seiner Bauernpredigt aufsässige Bauern vorführt, so schreibt er dabei die Geschichte von Neidharts Bauernpredigt um. Darin kann eine Replik auf die Diskussion von Dichtung und Lehre gesehen werden, modellhaft wird mit und gegen Neidhart vorgeführt, wie eine optimale Verbindung von Lehre und Dichtung auszusehen hat. Aufgegriffen und distanziert wird dabei zugleich das Schwanksujet der Bauernunterweisung.

> *In ein dorf kam ich geriten,*
> *Dâ lâgen gebûr nâch iren siten*
> *An irm gemache ûf irn wammen.*
> *Zuo irn houbten sâzen ir ammen,*
> *Die mit flîze tierlich suochten*
> *Der si lützel hin nâch geruochten.* (*Renner*, V. 1315–1320)

Das Personal dieser Szene entstammt der Neidhart-Tradition. In einem knappen Prolog hatte Hugo die Bauern als *trazmüetic* eingeführt und darauf hingewiesen, dass viele von ihnen hoffärtig seien. Hugo selbst erscheint in der Rolle Neidharts: Als Figur des die verlausten Landbewohner unterweisenden Bauernfeindes gerät Hugos andernorts deutlich biographisch konturierte Verfasserpersona in Spannung zu einem literarischen Rollenentwurf.[249] Im Bauernschwank predigt Neidhart verkleidet zu den Bauern. Die Ständesatire geht in zwei Richtungen: Einerseits fürchtet der Ritter die Nachstellungen der Bauern, denen er durch die Verkleidung zu entgehen sucht, seine zwischen ständischer Überlegenheit und Furcht schwankende Haltung wirkt ridikül. Andererseits wird die Dummheit der Tölpel exponiert, sie werden als Verlachgestalten präsentiert. Hugo

---

[249] Inés de la Cuadra, Diskurse über soziale Mobilität 2000, 75ff.

verändert diese Konstellation. Er wird von einem Bauern als Herr angesprochen: *Vil lieber herre, wie gefüeget sich daz, | Daz iu herren ist vil baz | Denne uns armen gebûren sî?* (*Renner,* V. 1323–1325). Hugo ist kein *herre,* es handelt sich also um ein Missverständnis, am Ende wird er sich mit den Bauern solidarisieren, wenn er kollektiv von *uns armen* spricht. Hugo rückt über dieses Missverständnis in eine Stellvertreterposition: An seiner Figur wird der Konflikt zwischen Bauern und Herren ausagiert. Die in den Intertexten entworfene Neidhartsituation, in der die Bauern dem Ritter feindlich gegenüberstehen, weil er ihre Frauen auszuspannen versucht, ist hier zudem auf eine grundsätzlichere diskursive Ebene verschoben: die Diskussion der Ständelehre. Die Bauern bedrängen Hugo, in zunehmend größerer Zahl umringen sie ihn und verlangen nach dem *mêre, | Wâ von einer edel wêre, | Der ander unedel, der ander frî* (*Renner,* V. 1337–1339). Hugo möchte diesen Diskurs über die Unfreiheit lieber an den Pfarrer verweisen, der aber ist abwesend.[250] Als die Bauern Hugo schließlich vom Pferd nötigen, beschließt er, ihnen die Ursachen der Ungleichheit auseinanderzusetzen, da man trunkene Leute nicht reizen solle. Am eigenen Leib bekommt der Renner hier die Aufsässigkeit der Bauern zu spüren. Hier setzt die Bauernpredigt an:[251] Den berauschten Zuhörern erzählt Hugo die biblische Geschichte vom trunkenen Noah und von der Verfluchung Chams,[252] sowie verschiedene Märlein und Predigtexempel, womit eine Standespredigt nach allen Regeln der *ars praedicandi* geboten wird.[253] Hierin liegt auch die Ursache der Absenz des Pfarrers: Hugo predigt, weil der zur Predigt berufene und geweihte Priester nicht zur Verfügung steht,[254] er wählt für seine Predigt die Maske des *goukel predigaer* Neidhart. Ihm aber geht es dabei keineswegs um die Vorführung und Bloßstellung der Bauern, auch nicht in erster Linie darum, mit heiler Haut aus der Konfrontation herauszukommen (obgleich dieser Aspekt aufgegriffen wird), sondern ihm geht es vorrangig um angemessene Unterweisung, um eine seelsorgerische Maßnahme gegen die sündige Hoffart. Intradiegetisch richtet sich diese an das Landvolk, mündet aber letztlich in Herrenkritik und Ständelehre, die sich keineswegs nur an ungelehrte Bauern richtet.[255] Inszeniert wird eine didaktische Situation, deren Ausgangsposition äußerst ungünstig ist: Der Unterweisende hat es mit wütenden Bauern zu tun, deren

---

[250] Die Abwesenheit des Pfarrers bezieht Inés de la Cuadra auf die Zulässigkeit der Laienbeichte in Fällen, in denen kein Geistlicher verfügbar ist; vgl. Inés de la Cuadra, Der *Renner* Hugos von Trimberg, 303, Anm. 816. Freilich geht es im gegebenen Zusammenhang nicht um die Beichte, sondern um die Predigt.

[251] Vgl. Rudolf Kilian Weigand, Der *Renner* des Hugo von Trimberg 2000, 270f.

[252] Vgl. dazu Klaus Grubmüller, Noês Fluch 1979.

[253] Eine gründliche Gliederung dieser Predigt und eine Auseinandersetzung mit dem Gebrauch von Exempeln in ihr bei Inés de la Cuadra, Der *Renner* Hugos von Trimberg 1999, 289–304.

[254] Dass Hugo sich so offensichtlich gegen den „Vorwurf ungerechtfertigter Laienpredigt schützen" wolle, betont Rudolf Kilian Weigand, Der *Renner* des Hugo von Trimberg 2000, 269 und ebd., Anm. 103.

[255] Zur Bauernbelehrung vgl. Rudolf Kilian Weigand, Der *Renner* Hugos von Trimberg 2000, 267–280, hier auch Anm. 99.

Gewaltbereitschaft er am eigenen Leibe spüren kann. Im Vollzug der Unterweisung jedoch stabilisiert sich die Lage. Die problematische Predigt bewährt sich schließlich in der Befriedung der aggressiven Bauern: *Mit der rede machte ich dô | Die gebûr guotwillic unde frô* (*Renner,* V. 1457f.). Hugo führt hier die pazifizierende Wirkung seiner Laienpredigt vor. Ihm geht es nicht darum, die Aufsässigkeit der Bauern zu schüren oder sie dem Verlachen preiszugeben, vielmehr wird exemplarisch gezeigt, wie durch die Präsentation biblischer Historien, die Erzählung exemplarischer Mären und Fabeln und ihre Auslegung *zuht* und *güete* befördert wird. Wurde eingangs die Hoffart der Bauern als Problem ihres Standes beklagt, so zeigt die Bauernunterweisung modellhaft, wie dieses Problem aus der Welt zu schaffen ist: durch Predigt und Lehre, durch behutsame und auch riskante Unterweisung. Dabei werden die eigene Orthodoxie sowie der soziale Nutzen von Lehre und Predigt ausgestellt und somit gezeigt, dass die Laienpredigt nicht notwendig mit der Forcierung sozialer Unruhe verbunden sein muss. Über den Rückgriff auf die Neidhart-Tradition wird die eigene Predigt einerseits problematisiert: kommt die Bauernpredigt bei Neidhart doch als angemaßte Rede eines eigennützig agierenden, auf den Schaden der anderen bedachten Ritters vor. Durch die Umschrift wird der Prediger bei Hugo aber andererseits von den Momenten der Eigensucht und der Begierde, die Neidhart prägen, entlastet, wodurch die Bauernunterweisung didaktisch aufgewertet wird. In der Geschichte von den Halbedelknappen, die Hugo auf die Frage der Bauern nach den Halbedelleuten und ihrer Ignoranz dem Landvolk gegenüber erzählt, häufen sich die Motive aus der Neidhart-Tradition: Hugo erzählt, wie ein armer Ritter aus dem Hungertal seine schwangere Nichte Geppe mit dem Bauernsohn Ruoprecht verheiratet. Hugo bietet einen ganzen Schimpfnamenkatalog für die Bastarde, die aus dieser Verbindung hervorgehen, er geißelt das Bestreben der Bauern, über die Grenzen des eigenen Standes hinauszugehen.[256] Diese Geschichte vom verarmten Adligen und den hybriden Bauern dient auch dazu, die aus Hugos Bauernunterweisung ausgesonderten Elemente der Neidhartrolle abzuspalten, diese in einem eigenen Rahmen zu isolieren und satirisch zu distanzieren. So übernimmt beispielsweise der Bauernsohn Ruoprecht die Rolle Neidharts als die des verarmten Ritters, der den Bauern zum Tanz aufspielt. Vom ihm heißt es, *er singet den meiden allen vor | ze tanze [...]* (*Renner,* V. 1581f.). Der Ritter, der die Mesalliance vermittelt, stammt aus dem *Hungertal,* bei ihm tanzen die Mäuse, nachdem sie anderswo sich ernährt haben. Typische Neidhardiana werden in dieser intradiegetischen Erzählung so lokalisiert, dass der Renner als seinerseits die Neidhart-Rolle nutzender Erzähler von den unliebsamen Konnotationen dieser Rolle freigehalten werden kann.[257]

---

[256] Zu diesem Schimpfnamenkatalog bietet Erläuterungen und Übersetzungen: Rudolf Kilian Weigand, Halbritter und Schildknechte 2002.

[257] Rudolf Kilian Weigand, Der *Renner* des Hugo von Trimberg 2000, 272, Anm. 107 sieht eine Wirkung Neidharts bei Hugo als fragwürdig an, da Neidhart im *Renner* nicht erwähnt werde. Er verweist auf die Ähnlichkeit der Schimpfwörter bei Hugo mit jenen im fünften Ton Süßkints des Juden von Trimberg (²KLD, 424f.). Diese Ähnlichkeit freilich ist sehr vage: Es gibt keine einzige

Positionierung im Feld des Wissens und der Dichtung 175

Hugos souveränes Navigieren durch die Elemente literarischer Traditionen dient hier der Konturierung seines Diskurses: Dieser wird in literarische Traditionen eingenistet, die dazu als Bausteine für den Bau und Umbau literarischer Identitätsentwürfe fungieren. Hugo nimmt die Elemente der Satire auf, dimensioniert sie paränetisch, noch Neidharts Bauernunterweisung wird von ihm zur Legitimierung seiner Laienpredigt funktionalisiert. Bemerkenswert ist eine weitere Funktion der Szene: Die Instanz der Wissensvermittlung wird hier auch als Prediger, als Wanderprediger gewissermaßen, vergegenwärtigt. Man kann diese Szene als literarische Variante einer fingierten Mündlichkeit betrachten, die auch für Lesepredigten typisch ist.[258] Hier wird die Instanz der Wissenspräsentation in der Rolle eines Sprechers konturiert, Hugo entwirft hier für seine Themen eine Instanz des Wissens, die mit den Mitteln der Literatur das biblische und gelehrte Wissen an die illiteraten Bauern vermittelt. Hugos Selbstbezeichnung durch das Oxymoron *goukel predigaer* erhält so mit Blick auf die literarische Tradition eine Konkretisierung.

Die angeführten Beispiele zeigen, dass die Literaturdiskussionen und die Anlehnungen an literarische Muster im *Renner* nicht nur Teil einer Selbstreflexion enzyklopädischer Literatur sind, sondern einbezogen sind in Verfahren der kontrastiven Positionierung des eigenen Entwurfes im Feld verschiedener literarischer Optionen. Die Literaturdiskussionen dienen dabei über Anlehnung und Distanzierung, Übernahme und Umschrift der Legitimierung des eigenen Entwurfs, der Befestigung seiner Geltung im Kontext etablierter Formen einerseits, dem Abgleich literarischer Muster mit von außen an sie herangetragenen Normen andererseits. Solche Operationen werden möglich vor dem Hintergrund einer enzyklopädischen Bestandsaufnahme, die diesen literarischen Formen selbst gilt.

Neben der Literaturdiskussion ist aber ein weiterer Aspekt von Hugos Dichtung den Überlegungen zu ihrer Positionierung im literarischen Feld hinzuzuziehen. Es handelt sich dabei um die biographischen Aussagen über den Verfasser, welche der *Renner* in großer Zahl aufweist.

---

wortwörtliche Übereinstimmung. Das Sujet der Bauernpredigt jedoch ist fester Bestandteil der Neidhart-Tradition. Dass Neidhart in Hugos Literaturkatalog nicht auftaucht, erklärt sich aus der dort vorgenommenen moralischen Funktionalisierung literarischer Traditionen. Neidhart passt nicht zu den angeführten Dichtern. Zur Neidhartrolle Hugos vgl. Inés de la Cuadra, Diskurse über soziale Mobilität 2000, 78–88.

[258] Vgl. Hans-Jochen Schiewer, Spuren von Mündlichkeit 1992; Kurt Ruh, Deutsche Predigtbücher 1981.

Selbstthematisierung, literarische Praxis und Konturierung einer Vermittlungsinstanz des Wissens

Wenn bei der Verkörperung der Neidhart-Rolle in der Bauernpredigt des Renners literarische Inszenierungen umgeschrieben werden, gerät dabei die Verfasserpersona zur entworfenen literarischen Rolle des Bauernpredigers in ein Spannungsverhältnis. Von dieser Konstellation aus ist zu fragen, wie es sich mit Hugos Selbstaussagen im *Renner* verhält. Dass Hugo sich in besonderer Ausführlichkeit immer wieder thematisiert, ist der Forschung nicht entgangen. So betonte Ehrismann die „Persönlichkeit des Verfassers, der aus reicher Lebenserfahrung schöpft und den Leser offenherzig an seinen intimsten Familienverhältnissen teilnehmen lässt."[259] Rupp erwähnt, „wie kräftig in diesem Werk das Ich des Dichters hervortritt."[260] In der Tat erfahren wir über Hugo von Trimberg aus dem *Renner* so viel wie kaum über einen anderen mittelhochdeutschen Dichter. Nicht nur rekurriert er immer wieder explizit auf die Abfassungszeit seines Werkes, nennt seine Quellen, bemüht sich zum Schluss des Textes um möglichst genaue Datierungen (durch Angabe von Jahreszahlen und Rekurse auf konkrete politische Ereignisse).[261] Er gibt Auskunft über seinen Beruf und über die körperlichen Gebrechen des Alters, besonders sein Augenleiden und sein Ohrensausen. Auch auf seine Armut kommt Hugo immer wieder zu sprechen, besonders auf die erbärmlichen Umstände der Abfassung des Buches. Er thematisiert seine Schulden, zwölf Männer konnten, während er an dem Buche schrieb, sein Brot essen; Haus, Kost und Pfänder des Renners stehen jedes Jahr *in gelückes hant* (*Renner*, V. 18 926). Immer noch ist er an der Schule, an der er vor 42 Jahren war (*Renner*, V. 18 930f.),[262] sieht aber, dass Reiche und Prälaten nicht mehr so freigebig seien wie früher. Im engen Verbund mit den Klagen um die Armut artikuliert Hugo auch die Sorgen um die Haushaltung.

Nun sind Altersrolle, Armutsklagen und Haussorgelieder in der mittelalterlichen deutschen Literatur an sich nicht ungewöhnlich.[263] Die mediävistische Literaturwissenschaft hat besonders bei Walther und bei Wolfram auf der Unmöglichkeit einer biographistischen Referenzialisierung solcher Selbstaussagen bestanden, auch bezüglich der Armutsklagen bei Neidhart, dem im Zusammenhang einer solchen Armutsklage entworfenen Bild vom Juden Süßkint von Trimberg oder bei den Biographismen in den Werken Ulrichs von Liechtenstein, Hadlaubs und Oswalds von Wolkenstein gibt es Skepsis hinsichtlich eindeutiger biographischer Referenzialisierungen ihrer Aussagen. Zu offensichtlich ist oft ihre literarische Vermittlung der Ich-Aussagen, deutlich wird

---

[259] Gustav Ehrismann, Hugo von Trimbergs *Renner* 1920, 214.
[260] Heinz Rupp, Zum *Renner* 1969, 240.
[261] Inés de la Cuadra, Die Funktion von Aussagen zur Zeitgeschichte 1997; Rudolf Kilian Weigand, Der *Renner* des Hugo von Trimberg 2000, 20ff.
[262] Es finden sich verschiedene Zeitangaben dieser Art im *Renner*, Hugo hat sie im langen Zeitraum der Ausarbeitung des *Renners* später aktualisiert; vgl. Inés de la Cuadra, Der *Renner* Hugos von Trimberg 1999, 203, Anm. 553.
[263] Anton Schwob, *hûssorge tuot so wê* 1980/81; Volker Mertens, Alter als Rolle 2006.

schnell, dass es sich um Rollenspiele handelt, die von unmittelbarer Referenz auf die Realität entlastet sind.[264]

Und auch bei Hugo ist bei allen Selbstauskünften eine literarische Stilisierung immer wieder unverkennbar, allenthalben finden sich in seinen Selbstaussagen wörtliche Anklänge an die literarische Tradition. Anders aber als bei Wolfram, Walther oder auch Ulrich von Liechtenstein haben wir bei den meisten der Selbstaussagen Hugos keinen Anlass, an ihrer Authentizität zu zweifeln. Man wäre fast versucht zu sagen, dass bei Hugo das, was die biographistisch fixierte Literaturwissenschaft des 19. Jahrhunderts in allen möglichen Texten voraussetzte – ihre biographische Verrechenbarkeit – in besonders vorbildlicher Form gegeben sei.[265]

Es ist für die mittelalterliche Literatur unangemessen angesichts solcher Befunde, Begriffe wie Individualität, Persönlichkeit oder Subjektivität anzuwenden.[266] Für wesentlich handhabbarer und aufschlussreicher halte ich hier den Begriff der Selbstthematisierung. Betrachtet man die Voraussetzungen, unter denen soziologisch und historisch gesehen Selbstthematisierungen zustande kommen, und versucht man diese Voraussetzungen historisch zu präzisieren, könnten einige der unfruchtbaren Oppositionen, auf die die Literaturwissenschaft immer wieder zurückgreift, um Rollenhaftigkeit und Authentizität, Verfasserstilisierung und biographische Daten zu scheiden,[267] in einem anderen Licht erscheinen.

Insbesondere Alois Hahn hat sich mit einer Soziologie der Selbstthematisierung und auch mit ihrer historischen Perspektivierung befasst und herausgestellt:

> Menschen tendieren nicht von Natur aus dazu, sich über ihr Leben Rechenschaft abzulegen. Ob sie das tun und in welcher Form, hängt davon ab, ob es Institutionen gibt, die die Individuen zwingen oder es ihnen gestatten, ihre Vergangenheit zum Thema zu machen.[268]

---

[264] Hier (ohne Anspruch auf Vollständigkeit) einige Studien zum Problem: Ingo Reiffenstein, Rollenspiel und Rollenentlarvung 1976; Horst Wenzel (Hg.), Typus und Individualität 1983; Jan-Dirk Müller, Lachen – Spiel – Fiktion 1984; Klaus Grubmüller, Ich als Rolle 1986; Burkhart Wachinger, Autorschaft und Überlieferung 1991; Volker Mertens, ‚Biographisierung' in der spätmittelalterlichen Lyrik 1995; Burkhart Wachinger, Art. ‚Süßkint von Trimberg' 1995; die Beiträge in: Horst Brunner, Helmut Tervooren (Hg.), Neue Forschungen zur mittelhochdeutschen Sangspruchdichtung 2000; Dieter Kartschoke, Ich-Darstellung in der volkssprachigen Literatur 2001; Sarah Linden, Kundschafter der Kommunikation 2004, 8–21.

[265] So greifen die Studien zu Leben und Werk Hugos für die Darstellung seiner Biographie auf den *Renner* als Quelle zurück; vgl. zuletzt Inés de la Cuadra, Der *Renner* Hugos von Trimberg 1999, 1f.; Rudolf Kilian Weigand, Der *Renner* des Hugo von Trimberg 2000, 20–28.

[266] Zu den Schwierigkeiten dieser Kategorien bei der Thematisierung vormoderner Sachverhalte vgl. Dieter Kartschoke, Ich-Darstellung in der volkssprachigen Literatur 2001.

[267] Harald Haferland hat den Forschungskonsens über die Fiktionalität des Minnesangs durch seine Behauptung einer Ästhetik des Gefühlsausdrucks provoziert und dadurch eine neue, differenzierte Auseinandersetzung ausgelöst; vgl. Harald Haferland, Hohe Minne 2000; vgl. Jan-Dirk Müller, Die Fiktion höfischer Liebe 2004.

[268] Alois Hahn, Identität und Selbstthematisierung 1987, 18.

Dass Selbstthematisierungen ganz grundsätzlich keine Spiegelungen sind, liegt nach Hahn darin begründet, dass Lebensläufe aufgrund der vielfältigen Differenzierung des Erlebens unendlich sind, Biographien dagegen notwendig selektiv. Zur Biographie gehören immer „Momente, die aus der Perspektive dessen, der den empirischen Lebenslauf für wirklich hält, als Fiktionen angesprochen werden müssen".[269] Die Frage nach den Lebensläufen, nach dem Ausdruck des Individuums,[270] verschiebt sich bei solcher Betrachtung zu einer Frage nach den „Biographiegeneratoren". Besonders die seit dem Vierten Lateranum obligatorische Ohrenbeichte jedes Christen hat im Mittelalter ganz wesentlich als so ein Biographiegenerator fungiert, da in der Beichte nicht allein über das Handeln Rechenschaft abzulegen war, sondern auch über das Erleben, über Motive und innere Haltungen. Dem davon überforderten Einzelnen kommen im Mittelalter die Beichtsummen und Beichtspiegel entgegen, denn: „Der Einzelne wäre bald am Ende mit seinem Blick ins Innere, wenn ihm keine Karte für die Seelenlandschaft an die Hand gegeben würde."[271] Als wesentlich für die Möglichkeit einer Selbstthematisierung sieht Hahn das Vorhandensein literarischer Genera, auf die hin sich die biographische Reflexion öffnet.[272]

Richtet man die Aufmerksamkeit auf die Rahmenbedingungen der Selbstthematisierungen Hugos, so sind hier verschiedene Aspekte zu berücksichtigen: die Anlage des Textes als Enzyklopädie der Todsünden und der Reue, die Auseinandersetzung mit Beichte und Buße in diesem Text, die aufgegriffene Sprechsituation der Predigt. Alle diese Aspekte bilden die Möglichkeitsbedingungen für die ausführlichen Selbstaussagen des Renners. Hinzu kommt aber die Verfügbarkeit literarischer Formen für solche Selbstaussagen. Die literarischen Traditionen werden bei Hugo, wie im vorangegangenen Abschnitt gezeigt werden konnte, ebenso wie das Wissen der Welt enzyklopädisch versammelt und gesichtet. Zudem konnte beobachtet werden, dass Hugo in seiner Thematisierung der literarischen Tradition oft eine Wendung ins Soziale vornimmt: durch die Thematisierung von Rezeptionssituationen der Helden- und der Artusepik, durch Hinweise auf den Missbrauch der Sprache des Minnesangs in den Niederungen des Alltags, durch die Politisierung der Neidhartpredigt.

Vor diesem Hintergrund lässt sich die von der Forschung festgestellte reiche Erfahrung und die Mitteilsamkeit des Renners in seinen Ich-Aussagen als andere Facette eines Verfügens über literarische Formen betrachten. Hugo wendet die Rollenvorgaben der Literatur auf sich selbst. Er nutzt die Genera und Muster des Literarischen als Raum für die Selbstthematisierung. Auch dabei findet eine Umschrift statt: Die literarischen Vorgaben werden auf die eigene Situation appliziert.

---

[269] Alois Hahn, Identität und Selbstthematisierung 1987, 13.
[270] Harald Haferland sieht den Minnesang als Medium eines solchen Gefühlsausdrucks: Harald Haferland, Hohe Minne 2000, 131ff.
[271] Alois Hahn, Identität und Selbstthematisierung 1987, 20; ders., Soziologie der Beichte 1982.
[272] Alois Hahn, Identität und Selbstthematisierung 1987, 16.

Dies lässt sich an Hugos Altersklagen zeigen. Dass diese kein unmittelbarer Ausdruck von Befindlichkeiten sind, sondern ihrerseits bereits einer allegorischen Deutung unterliegen, hat Inés de la Cuadra gezeigt. Wenn Hugo im Prolog des *Renners* über seine tränenden Augen und seinen Tinnitus klagt, so werden diese Heimsuchungen als Botschaften Gottes interpretiert, die den Menschen zu Reue, Umkehr und Buße mahnen. Als solche werden sie schließlich in der Geschichte vom Gevatter Tod dargestellt, die im *Renner* inseriert ist (*Renner*, V. 23 711–23 818).[273] Ein Verstorbener beklagt sich darin beim Tod, er sei ohne jede Vorwarnung aus der Welt genommen worden, woraufhin der Tod ihn darauf hinweist, Gott habe ihm als Botschaft und Mahnung das Tränen der Augen und das Ohrensausen gesandt.[274] Die offensive Exponierung der Altersgebrechen des Erzählers indiziert vor diesem Hintergrund seine altersgemäße Sorge um das Seelenheil, die sich letztlich auch in der Niederschrift von Hugos Text selbst manifestiert, der den Lesern zum Gebetsgedenken an seinen Verfasser anheim gegeben wird (*Renner*, V. 15–24).

In den Altersklagen des Renners sind aber auch Selbst-Entwürfe in die Vorgaben der volkssprachlichen Traditionen hinein zu sehen. Diese bilden für den *Renner* nicht nur wichtige Intertexte, sie wirken für die Selbstthematisierungen Hugos als Biographiegeneratoren. Wenn das Ich Walthers von der Vogelweide beklagt, dass die Welt mit ihm sein *gumpelspil* treibt, wenn er von den *vierzec jar* [...] *oder mê* berichtet, die er gesungen habe, und der früheren Partizipation an den Freuden der Gesellschaft seine Weltabkehr entgegensetzt,[275] so ergeben sich von hier aus Parallelen zu Hugos Hinweis auf den Verlust des Augenlichts, auf die Dauer seiner Lehrtätigkeit, über die er den Geltungsanspruch seiner Rede stützt, sowie zu der im *Renner* allgegenwärtigen Topik der auf die eigene Jugend bezogenen *laus temporis acti* und zum *contemptus mundi*, der Haltung des Alters. Dass sich dabei im *Renner* der Effekt einer Authentizität des Behaupteten einstellt, liegt daran, dass sich Hugo nicht nur in die Altersrolle hinein entwirft und diese allegorisiert, sondern dass er Verfahren der Konkretisierung dieser Rolle einsetzt. Bleibt Walthers Angabe über sein Alter vage, so datiert Hugo seine Lehrzeit in Bamberg genau und passt die Jahreszahl den späteren Fassungen des Textes auch an.[276] Zudem betreibt er eine somatische Konkretisierung seiner Altersgebrechen, durch die auch die nicht weiter allegorisierbaren Merkmale seiner Beschwerden breit einbezogen werden. Dies geschieht insbesondere dort, wo Hugo auf seine Ohren- und Augenleiden zu sprechen kommt. Der Prolog des *Renners* beginnt mit der Schilderung des Tinnitus:

Tihtens het ich mich verloubet
Von der zît her, sît mîn houbet
Maniger leie dœne gewan:
Sieden, diezen, siusen, singen,

---

[273] Vgl. Inés de la Cuadra, Der *Renner* Hugos von Trimberg 1999, 111–115.
[274] Vgl. ebd., 213.
[275] Walther von der Vogelweide, L 65,1ff.
[276] Vgl. Rudolf Kilian Weigand, Der *Renner* des Hugo von Trimberg 2000, 20–23.

> *Zwitzern, grellen, snurren, klingen:*
> *Die dœne ich gelernet hân,*
> *Die mir vor gar unkunt wâren,*
> *Biz ich kam gein fünfzic jâren:*
> *Dô huop sich ir ambet an,*
> *Daz mir tegelich erzeiget,*
> *Wie sich gein dem tôde neiget*
> *In alter zît wîp und man.* (Renner, V. 1–12)

Erkennbar sind hier beide Elemente, die allegorische Ausdeutung des eigenen Leibs einerseits, die somatische Konkretisierung andererseits. Die Geräusche, die Hugos Schädel bevölkern, haben ein *ambet*: Sie sollen gewährleisten, dass der Mensch sich auf den Tod einstelle. In diesem Sinne werden sie in der Geschichte vom Gevatter Tod auch als Gottesboten bezeichnet.[277] Andererseits wird aber über eine Reihe von Verben angestrebt, das somatische Ereignis des Ohrensausens selbst in seiner peinigenden Lästigkeit sprachlich zu evozieren. Dieser ‚Realismus' hat keine allegorische Funktion, er dient der Intensivierung und Konkretisierung des Geschehens.

Genaue Entsprechungen hat dieses Vorgehen auch in Hugos Schilderung seiner Augenbeschwerden:

> *Wîlent was ich den liuten zart,*
> *Nu sitze ich als ein schembart*
> *Trûric als ein flühtic hûwe,*
> *Mir selber und andern liuten ein grûwe.*
> *Mîn ougen, den ir liehten schîn*
> *Zierten zwei brûniu krenzelîn,*
> *Diu sint nu vinster und übel gestalt,*
> *Wenne über in hanget ein rûher walt.*
> *Got herre, war zuo bin ich gedigen,*
> *Daz ich sô jêmerlich muoz ligen*
> *Als ob ich slâfe und halp sî tôt!*
> *Sol ich grüene, gel, blâ, wîz, rôt*
> *Ûf erden nimmer mêr beschouwen,*
> *Manic schœne antlütze, man und frouwen*
> *Berge und tal, vogel und tier?*
> *Ach milter got, sô hilf mir schier*
> *Daz ich ze dînen genâden kume,*
> *Sît ich der werlde niht mêr frume!* (Renner, V. 18 135–18 152)

Die Augenleiden werden gemäß dem Muster des *laus temporis acti* der jugendlichen Gesundheit des Erzählers kontrastiert: Früher gefiel er den Leuten, heute sitzt er traurig mit larvenhaftem Antlitz (*schembart*) wie ein Uhu (*hûwe*). Früher hatte er leuchtende Augen, nun sind sie finster und er kann nichts mehr sehen. Er beklagt sein Los, und dass er die Farbigkeit der Welt niemals wieder wird wahrnehmen können, und er bittet Gott um Erlösung aus diesem Leben. Die somatische Konkretisierung progredierender

---

[277] Inés de la Cuadra, Der *Renner* Hugos von Trimberg 1999, 111-115.

Blindheit ist mit dem Bild des rauen Waldes, der sich über die Augen gehängt habe, gegeben, sowie in der wehmütigen Schilderung der Absenz visueller Sinnesqualitäten. Im darauf folgenden Lob der Augen wird aber mit Rekurs auf die Tierkunde der Physiologus-Tradition sogleich wieder die Allegorisierung der sichtbaren Natur betrieben:

Got herre, wie maniger wunnen schîn
Durch zwei vil kleiniu vensterlîn
Dîn milte güete dem menschen gît,
Daz hôch, breit, lanc und wît
Zwei sô smaliu spiegellîn
Begrîfent und ir frœlich schîn
Den slangen tœtet, wolfe schrecket,
Strûzeier brüetet, ûzsaz erwecket
Und ander krefte hêt gar vil,
Der ich niht mêr hie schrîben wil,
Wenne ich müeste ûz der strâzen rennen
Und mînes tihtens louf zetrennen! (Renner, V. 18 153–18 164)

Es ist das Wechselspiel von literarischem Rollenentwurf, allegorischer Transzendierung[278] und somatischer Konkretisierung, das hier zu einer Steigerung der Authentizität der Äußerungen führt. *natura*, auch jene der eigenen körperlichen Konstitution, wird über literarische Rollenmuster thematisiert. Diese werden auf allegorische Bedeutung hin perspektiviert, wodurch sie eine transzendente Valorisierung erfahren. Mittels somatischer Intensivierungen werden aber zugleich die Entwürfe der Altersrolle, wie sie in Minnesang und Sangspruchdichtung begegnen,[279] überschritten auf einen auch allegorisch nicht mehr funktionalisierbaren Bedeutungsüberschuss hin und auch auf die eigene Person Hugos bezogen. Diese Vorgehensweise zielt auf die Wirkung der Authentizität geschilderter Erfahrung.

Ähnliches lässt sich in den Armutsklagen Hugos und bei der Thematisierung der Haussorge beobachten. Als Bauernprediger hatte der Renner eine satirische Karikatur der Hauswirtschaft des verarmten Ritters im *Hungertal* entworfen, die sich einerseits im Anspielungsbereich der Neidhart-Tradition bewegt,[280] andererseits eine Armutsklage aus Wolframs *Parzival* aufnimmt. Nicht nur die Namen *Ruoprecht* und *Geppe* tauchen in Liedern Neidharts auf, auch das Haus voller Unrat im *Hungertal* scheint auf Neidharts *Riuwental* anzuspielen und die dort im Hause tanzenden Mäuse, die sich zuvor anderwärtig verpflegen mussten, haben eine Entsprechung in Wolframs Klage darüber, dass die Mäuse in seinem Hause nichts zu feiern hätten, da sie dort nichts zu fressen

---

[278] Vgl. dazu auch die Auslegung der Augenleiden und des Ohrensausens nach den Regeln des vierfachen Schriftsinns bei Inés de la Cuadra, Der *Renner* Hugos von Trimberg 1999, 113f.
[279] Vgl. Christoph Cormeau, Minne und Alter 1985; Volker Mertens, Alter als Rolle 2006.
[280] Inés de la Cuadra, Der *Renner* Hugos von Trimberg 1999, 294f.

finden würden.²⁸¹ Hier werden die Komponenten literarischer Armutsklagen im fiktiven Rahmen eines während der Bauernpredigt vorgebrachten Mæres souverän versammelt.

In der Schilderung seiner eigenen Armut sowie seiner Nöte um Haus und Wirtschaft arbeitet Hugo wiederum mit deutlichen Konkretisierungen. Aber auch sie sind als Umschrift literarischer Armutsklagen und *hûssorge*-Darstellungen lesbar. Anton Schwob hat das ‚*hûssorge*-Lied' als Variante der Armutsklage in der mittelhochdeutschen Lyrik dargestellt und verschiedene Merkmale herausgearbeitet. Hierzu gehört der Gestus der Klage an die Freunde, der sich schon in Gawans Karikatur des heruntergekommenen Krautjunkers im *Iwein* findet und der in Neidharts Winterliedern mit *hûssorge*-Thematik desgleichen vorkommt,²⁸² ebenso wie die Klage vor höfischem Publikum über das Ausbleiben der *milte*,²⁸³ die auch als Heische perspektiviert sein kann. Die Klage über den Mangel an Nahrung, über schäbige Kleidung, weinende Kinder und schimpfende Ehefrauen kann hinzukommen. In Hugos Armutsklagen finden sich viele dieser Elemente. So steht Hugos hyperbolische Schilderung eines schäbigen Pferdes im Kontext einer Schelte der ausbleibenden Großzügigkeit der Herren seiner Zeit:

> *Wenne gêbe der herre mir ein pfert,*
> *Des kleider sint sô gar beschaben:*
> *Sölte ein flôch dâr an ûf draben,*
> *Er viele daz man in müeste laben,*
> *Wölte aber er ze tal niht snaben,*
> *Sô müeste er sehs fuozîsen haben?*
> *Ô wêrn die bœsen herren begraben*
> *Und daz die mit uns leben sölten,*
> *Die ze geben hêten und geben wölten!* (*Renner*, V. 15 238–15 246)

Die satirische Stoßrichtung dieser Passage ist unverkennbar. Das Bild eines mit sechs Hufeisen beschlagenen Flohs, der im schütteren Fell einer Schindmähre ins Stolpern zu geraten droht, ist durchaus eine reizende literarische Petitesse. Da Hugos Beschwerde im Konjunktiv steht, bezieht sie sich auf kein reales Ereignis, sondern ist als literarische Etüde deutlich kenntlich. Aber auch dort, wo Hugo den Klagegestus unmittelbar auf sich selbst bezieht, kommen Elemente der literarischen Tradition zum Einsatz. Nach einer Anrufung Gottes um Hilfe für die Sünder *ûz aller not* kommt Hugo auf seine eigenen Nöte zu sprechen und ruft Gott dazu als Zeugen an:

> *Nu wil ich ziehen in ze geziuge,*
> *Der nie gelouc, daz ich niht liuge,*

---

²⁸¹ Wolfram von Eschenbach, Parzival 184,29–185,8: *wan dâ ich dicke bin erbeizet | und dâ man mich herre heizet, | dâ heime in mîn selbes hûs, | dâ wirt gevreut vil selten mûs. | wan diu müose ir spîse steln: | die dörfte niemen vor mir heln: | ine vinde ir offenlîche niht. | alze dicke daz geschiht | mir Wolfram von Eschenbach, | daz ich dulte alsolh gemach.*

²⁸² Neidhart L, 41, IX. Wolfram rekurriert auf diesen Neidhart-Topos, wenn er im *Willehalm* 312, 12 angesichts von Rennewarts lädiertem Schwert bemerkt: *het ez Nîthart gesehen | über sînen geuhühel tragen, | er begundez sînen vriunden klagen.*

²⁸³ Vgl. Anton Schwob, *hûssorge tuot vil wê* 1980/81.

> *Daz ein gesuoch den andern âz*
> *Ûf mîn pfant, under des ich saz*
> *Ob disem büechelîn und ez tihte*
> *Und wîten ez zesamen rihte,*
> *Dô zwelf menschen alle tage*
> *Mîn brôt âzen: dise klage*
> *Süln die frumen aleine vernemmen:*
> *Eines bœsen gâbe wölt ich mich schemen:*
> *Wem sölte der selbe geben iht,*
> *Dem wê tuot sô er geben siht?*
> *Mîn hûs, mîn koste und mîn pfant*
> *Stênt alliu jâr in gelückes hant,*
> *Wenne ich gewisser gülte nicht hân*
> *Und mich betrage swâ mit ich kan,*
> *Âne sünde, âne schande, als verre ich mac.* (*Renner*, V. 18 913–18 929)

Dieser Klage an die *frumen* folgen Klagen über die mangelnde *milte* der Herren. Auch diese Momente werden von Hugo modifiziert. Inés de la Cuadra hat darauf hingewiesen, wie die Klage über die ausbleibende *milte* der *herren*, wie die ‚persönliche' Erfahrung in die Allegorese der Welt verflochten ist.[284] Daneben fallen auch Strategien der Konkretisierung und Authentisierung ins Auge. So wird eingangs Gott angerufen, der die Wahrheit des Geschilderten verbürgen soll. In dieser Wahrheitsbeteuerung kann durchaus ein Versuch gesehen werden, beim Publikum einen Vorbehalt zu entkräften, welcher Armutsklagen eine literarische Inszeniertheit unterstellt. Hugo bedient sich also nicht einer Armutsrolle, sondern behauptet eine authentische Schilderung seiner Zustände. Zudem wird die Zeit, für die seine Aussagen gelten, konkretisiert: Es handelt sich um die Zeit der Abfassung des *Renners* selbst. Eine ökonomische Konkretisierung erfährt des Verfassers Armut durch den Hinweis auf Schulden und Zinsen und durch die Angabe der zwölf Menschen, die von Hugos Verschuldung profitierten. Die Adressaten der Klage um Haussorge und Armut sind hier nicht die Freunde, sie werden vielmehr valorisiert: Die *frumen aleine* sollen seine Klage vernehmen und sich offenbar zur Barmherzigkeit ihm gegenüber rühren lassen (anders erscheint die folgende Aussage unmotiviert, er würde von den Bösen keine Gaben annehmen).[285] Solche Momente der Heische finden sich auch in den *hûssorge*-Liedern bei Neidhart und Süßkint von Trimberg, sie sind dort im Umfeld eines höfischen Publikums zu situieren.[286] Wenn auf Hugos Ausführungen über die *milte* eine grundsätzliche Hofkritik folgt, so ist auch darin Umschrift einer und Reflex auf eine literarische Tradition auszumachen: Hugo kritisiert nicht nur die ausbleibende Freigebigkeit der Herren, sondern das höfische Leben schlechthin. Seine Invektive richtet sich gegen die prachtvollen Kleider, die den Geiz der Herren verhüllen und außerdem auch noch unpraktisch sind (vgl. *Renner*,

---

[284] Inés de la Cuadra, Der *Renner* Hugos von Trimberg 1999, 203.
[285] Inés de la Cuadra, Der *Renner* Hugos von Trimberg 1999, 202f.
[286] Anton Schwob, *hûssorge tuot vil wê* 1980/81.

V. 18 936–18 948). Der höfische Kleiderschmuck wird dabei mit der Sünde der Hoffart in Eins gesetzt:

> Swaz hôchfart bringet, daz ist wert:
> Einveltiger kleider der niht gert,
> Der sich der werlde nieten wil:
> Des hât diu werlt tôren vil,
> Die manic guot tuoch ze flecken machent,
> Des die wîsen ofte lachent. (Renner, V. 18 949–18 954)

Hier geht es nicht um eine mit Heische verbundene Schelte mangelnder *milte*, wie sie in der Sangspruchdichtung oft vorgebracht wird.[287] Die Armutsklage wird bei Hugo verklammert mit der Sündenkritik und einer Selbstbehauptung im Zeichen von Weltabkehr und Weisheit. Über den weltlichen Kleiderschmuck, an dem Hugo der Armut wegen nicht partizipieren kann, lacht der Weise. Deutlich wird dabei, dass sich Hugos Selbstthematisierungen nicht im Bestreben, von der eigenen Person Auskunft zu geben, erschöpfen. Sie haben zentrale Funktionen für die Geltungssicherung seiner Rede und seines Werks. Die mit der Altersrolle verbundene Weltabkehr rückt das sündhafte Treiben der Menschen in die Distanz und erschafft dem Dichter eine Nähe zur Transzendenz. Was Hugo in den folgenden Versen allgemein konstatiert und einfordert, nimmt er in seinen Altersklagen durchgehend für sich selbst in Anspruch:

> Der alte ist selten âne klage:
> Nu houpt, nu sîte, nu lunge, nu mage
> Tuont im wê, nu hant, nu fuoz,
> Trûrens wirt im selten buoz.
> Swenne er gedenket hin und her
> Wie gesunt, wie junc, wie stark er wêr
> Und ouch merkende wirt dâ bî
> Wie alt, wie kalt, wie krank er sî:
> So sölte er ûf gein himel trahten
> Und ûf die werlt gar lützel ahten.
> Swer êwiges leben wil erwerben
> In dem muoz vor diu werlt sterben:
> Unsafte der sîn sünde büezet,
> Dem noch der werlde minne süezet. (Renner, V. 23 023–23 036)

Solche Weisheit wird für die Autorisierung der Ich-Instanz genutzt. Und auch die Armutsklagen sind entsprechend perspektiviert. Hugo ist arm, weil die Welt sündhaft ist, weil die Herren, anders als früher, nicht mehr *milte* sind und ihren Pflichten nicht nachkommen. Hugo ist arm, weil die Schüler, auf deren Schulgeld er angewiesen ist, die solide Bildung, die er vermittelt, nicht mehr schätzen. Anders als früher sind sie nicht folgsam und fleißig, sondern treiben sich vielmehr in der Welt herum, um sich fragwür-

---

[287] Vgl. Hannes Kästner, *Sermo vulgaris* oder *Höfischer sanc* 1996.

dige *künste* anzueignen.[288] Hugo muss sich deshalb um sein Haus sorgen, weil er versucht, so gut es ihm möglich ist, ohne Sünde und Schande zu leben. Er bereichert sich nicht unrechtmäßig wie andere, denen seine Invektiven immer wieder gelten. Seine Armut wird ethisch valorisiert und wird auch mit der christlichen *pauperitas* in Verbindung gebracht. Assoziativ ist sie zudem auf die *einvalt* bezogen, die als fromme Lebenspraxis ausgewiesen wird und innerhalb der Grenzen eines gottgefälligen Laienwissens ausgerichtet ist.

Dies aber bedeutet, dass im *Renner* literarische Rollenmuster aufgenommen und der Positionierung im Feld des Wissens nutzbar gemacht werden. Über Anleihen an der enzyklopädisch ausgebreiteten volkssprachigen Literatur inszeniert sich Hugo als Vermittlungsinstanz eines Laienwissens.

Angesichts der bildungsgeschichtlichen und soziologischen Rahmenbedingungen, innerhalb derer die Rede des Renners erfolgt, kann sich solche Selbstbehauptung nur als instabile und prekäre Angelegenheit entfalten: Hugo verfügt weder über die Predigtlizenz für seine Mahnungen zur Buße und seine Tiraden gegen die Sündhaftigkeit der Welt noch verfügt er über eine Universitätsgelehrsamkeit, die seine Ausflüge in die Welt des Wissens autorisieren könnte. Es ist unter anderem Anliegen dieser Studie, zu zeigen, dass sich im *Renner* Kompensationsaufwände beobachten lassen, welche diesen beiden Mängeln gelten. Der *Renner* ist enorm dadurch geprägt, aus diesen Nöten in immer neuen Anläufen Tugenden machen zu müssen. Dementsprechend sind Hugos dichtungstheoretische Reflexionen in ganz besonderem Maße auf die Problematik seiner Position im Feld des Wissens bezogen, und sie entfalten sich als Antworten auf vorweggenommene Einwände der Rezipienten in einer intrikaten Mischung aus devoter Apologie und moralisierender Selbstbehauptung. Dies sei zuletzt an zwei Beispielen gezeigt, in denen Hugos Umgang mit Wissen in „Bilder des Dichtens"[289] gefasst wird.

Am Ende der fünften Distinktio fügt Hugo einen poetologischen Exkurs ein, der eine Klage über dumme Schreiber enthält[290] sowie Selbstdarstellungen als stoppellesender Dichter und als Honig sammelnde Biene und Auseinandersetzungen mit möglichen Reaktionen von Rezipienten.

Im Bild des Stoppellesens verbinden sich Elemente der Armutsklage mit der Topik gelehrter Apologetik:

Ich hân gestupfelt als ein man,
Der eigen bûvelt nie gewan
Und in rîcher liute korn
Hinden eherte, swenne si vorn

---

[288] Vgl. zu Hugos Lehrerklage: Winfried Frey, Schule und Ausbildung 1973; Inés de la Cuadra, Der *Renner* Hugos von Trimberg 1999, 203–213.
[289] Vgl. Inés de la Cuadra, Der *Renner* Hugos von Trimberg 1999, 140–168.
[290] Vgl. zur Schreiberklage: Inés de la Cuadra, Der *Renner* Hugos von Trimberg 1999, 147; Rudolf Kilian Weigand, Der *Renner* des Hugo von Trimberg 2000, 304, 319.

Sichelinge hin truogen oder garben.
Tûsent marke muoz der darben,
Der ze drîn scherfen ist geborn:
Swer flîziclîch ehert, der hât ouch korn. (*Renner*, V. 15 919–15 926)

Was hier zunächst wie eine Armutsklage anmutet, wird durch den Kontext als literaturbezogene Aussage kenntlich: Hugo tadelt die *tummen schrîber*, die der Schrift nicht recht kundig sind und Buchstaben verstellen und verfälschen. Er diskreditiert zudem seine Kritiker: Wenn ein *frum man* Fehler im Text findet, so bessert er sie diskret oder schweigt. Nur der schlechte Mensch nimmt das Schlechte wahr (*Renner,* V. 15 901–15 918). So wird die Kritik am eigenen Text vorweggenommen und durch die Beschuldigung von Schreibern und die moralische Diskreditierung der Kritiker pariert. Der darauf folgende Passus vom Stoppellesen fasst die Apologie des Verfassers ins Bild: Er sei arm und verfüge nicht über den Reichtum anderer, muss sich mit dem Lesen der Ähren begnügen, wo andere vor ihm Sichelinge und Garben ernten. Der Passus changiert zwischen der Klage über die Entbehrungen dessen, der *ze drîn scherfen ist geborn*, und der Behauptung, dass solcher Mangel durch gesteigerten Fleiß behoben werden kann: *Swer flîziclîch ehert, der hât ouch korn.* Das Bild vom Stoppellesen bietet eine Selbstbeschreibung des eigenen Textes: Hugo kann nicht wie andere Gelehrte aus dem Vollen schöpfen, die Erträge seines literarischen Schaffens sind sekundär.[291] Inés de la Cuadra hat darauf hingewiesen, dass sich das Gleichnis des Stoppellesens auch bei Thomas Cisterciensis finde, wo es ebenfalls mit dem Gleichnis der Honig lesenden Biene verbunden wird.[292] Es ist dort auf die Epigonalitätsthematik bezogen: Die Exegeten hatten die großen Fragen behandelt, Thomas bleibt nur, Sentenzen aus der Spreu des Wortsinnes zu sammeln. Im *Renner* ist der Epigonalitätstopos eingelassen in die Apologie einer Rede, die sich allenthalben Anfeindungen und Verfälschungen ausgesetzt sieht. Die eigene Rede erscheint so in hohem Maße defizitär, was durch die mitgeführte Armutsklage noch existenziell gesteigert wird. Hugos Problem ist nicht die Nachträglichkeit seiner Bemühungen, sondern der prekäre Status seines Wissens, dem er mit Selbstbehauptungen zu begegnen sucht, die den besonderen Fleiß akzentuieren und den guten Willen betonen.

Im Anschluss daran bietet Hugo eine eigene Variante auf das Bienengleichnis, welches unter anderem prominenter Bestandteil der Paratexte von Enzyklopädien ist. Die Biene, die aus allen Blüten den Pollen liest und daraus den Honig gewinnt, steht für den Vorgang des Exzerpierens und „Zusammenlesens" des Wissens aus verschiedenen Quellen, das Elektionsprinzip. Der Honig steht dabei für die eigene Leistung der Enzyklopädisten, die das Beste auswählen und einen Ersatz für eine Bibliothek bieten.[293] Bei

---

[291] Es handelt sich um „Weisheit aus zweiter Hand"; Günther Schweikle, Zum Werk Hugos von Trimberg 1970, 321.
[292] Inés de la Cuadra, Der *Renner* Hugos von Trimberg 1999, 148f.
[293] Vgl. Jürgen von Stackelberg, Das Bienengleichnis 1956; Christel Meier, Grundzüge 1984; Robert Luff, Wissensvermittlung 1999.

Hugo von Trimberg ist das Bienengleichnis wiederum im Sinne der Armutsbehauptungen gewendet: Auch seine Biene tut ihr Bestes, die Menge des Honigs freilich ist dürftig:

> *Ein bine vil manige bluome rüerte*
> *In velden, in welden, biz sie gefüerte*
> *Ir honic in ein vezzelîn*
> *Als vil als des denne mac gesîn.* (Renner, V. 15 927–15 930)

Man sieht auch hier, dass Hugos wissenspoetologische Selbstbehauptungen aufs Engste mit den Selbstthematisierungen seines Lebens verbunden sind. Das eigentümliche Amalgam aus Epigonalitätsthematik, enzyklopädischer Motivik und Armutsklage indiziert eine Inferiorität der eigenen Position, eine institutionelle Unabgesichertheit der beanspruchten Rede und des beanspruchten Wissens. Um hier stabilisierend gegenzuwirken, setzt sich Hugo immer wieder mit seinen Rezipienten auseinander, so auch im unmittelbaren Anschluss an das Bienengleichnis:

> *Swer nu ûz disem buoche nême*
> *Swaz disem und dem wêr widerzême,*
> *So wêne ich daz das jüngste stücke*
> *Ein wibel wol trüeg ûf sînem rücke.* (Renner, V. 15 931–15 934)

Hier sind konkrete Eingriffe von Abschreibern und Einwände von Lesern vorweggenommen, indiziert ist dabei auch das kontroverse Potenzial des Textes. Nach der Entsorgung dieses Potenzials bliebe vom *Renner* so wenig übrig, dass ein Kornwurm das *jüngste stücke* in einem Rückenkorb davon tragen könnte. Hier wird die Inferiorität der eigenen Position in einer Katachrese verdichtet. Es folgt wieder die Apologie:

> *Nieman sol ez hân vür ein geblerre,*
> *Wenne ez ist wîten unde verre*
> *Gesament in der heiligen schrift*
> *Und treit in im honic und gift,*
> *Sûr und süeze, liep und leit.*
> *Swâ ie den man sîn liebe hin treit,*
> *Daz lobt er und anders niht.*
> *Mit tôren hât ein tummer pfliht:*
> *Der wîse nimt maniges dinges war,*
> *Daz einem tôren versmâhet gar.*
> *Manic dinc der wîse besunder minnet,*
> *Dâr üm ein tôr sich niht versinnet.* (Renner, V. 15 935–15 946)

Nur der Weise kann Hugos Text würdigen. Nur er sieht, dass es sich bei der Rede des Renners nicht um ein *geblerre* handelt, sondern um aus der Heiligen Schrift zusammengetragene Weisheit.

In ihren Selbstreflexionen erweist sich die enzyklopädische Dichtung des *Renners* einmal mehr als prekäres Unternehmen, das sich agonal zu den Wissensformationen und diskursiven Reglements seiner Zeit in Beziehung setzt und zugleich eine Revision volkssprachiger Dichtung betreibt. Hugos Abgleich von Dichtung und Wissen verfestigt sich nicht in einer stringenten „Poetik",[294] die Argumentationen bleiben vage, widersprüchlich, die „Bilder des Dichtens" weisen weder klar nachvollziehbare Bildlogiken auf noch bieten sie belastbare Programmatik; auch bleiben sie in hohem Maße interpretationsbedürftig.[295] All dies wird vorschnell reduziert, wenn man den *Renner* allein in den Traditionen einer nicht weiter differenzierten volkssprachigen Lehrdichtung betrachtet. In diesem Text manifestiert sich vielmehr ein Prinzip der Unruhe, das auf eine Dynamik zu beziehen ist, welche die Bereiche des Wissens und der Dichtung am Ende des 13. Jahrhunderts prägt.

---

[294] Inés de la Cuadra widmet Hugos „Poetik" ein umfangreiches Kapitel. Durch diesen Begriff wird freilich die konzeptionelle Klarheit eines Programms des *Renners* evoziert. Davon kann bei Hugo keine Rede sein. Unverfänglicher finde ich die Formulierung „Bilder fürs Dichten", welche die Verfasserin ebenfalls verwendet; vgl. Inés de la Cuadra, Der *Renner* Hugos von Trimberg 1999, 116–168.

[295] Vgl. dazu grundsätzlich Christoph Huber, Bemerkungen Hugos von Trimberg 1991, 114f.

2. Kapitel: Heinrich Wittenwiler, *Der Ring*

I. Transgression des Bauernhochzeitsschwanks – Die *list* und das Wissen

Anreicherung des Bauernhochzeitschwanks mit Wissen

Ausgangspunkt von Wittenwilers *Ring* ist der Bauernhochzeitsschwank, der in zwei Fassungen vorliegt: *Meier Betz* und *Metzen hochzit*. Sie sind in drei Handschriften aus dem 15. Jahrhundert und einem Augsburger Druck von 1522/23 überliefert.[1] Auch wenn alle erhaltenen Textzeugen auf die Zeit nach der Abfassung des *Ring* datieren, ist davon auszugehen, dass der Stoff und die Texte bereits im 14. Jahrhundert verfügbar waren. Dafür sprechen eine Anspielung auf Betz im *Renner* Hugos von Trimberg,[2] Münzbezeichnungen in *Metzen hochzit*, die „nicht später als auf die erste Hälfte des 14. Jahrhunderts datieren",[3] aber auch Passagen im *Ring*, die identische Formulierungen aus *Metzen hochzit* aufgreifen.[4] In der Geschichte wird das Hochzeitsfest eines jungen Meiers und seiner *buole* erzählt. Dabei kommt es zu einer wüsten Fressorgie, an die sich eine kollektive Tanzekstase der Bauern anschließt, die ihrerseits in eine wüste Schlägerei mündet. Während die Gewalt eskaliert, wird die Dorfglocke geläutet, was die Bewaffnung von Schiedsleuten veranlasst, die den Kampf schlichten. Am Ende gehen die Kombattanten mehr oder weniger geschädigt wieder nach Hause. Diese Erzählung erfährt in Wittenwilers *Ring* eine Umschrift: Der zirkuläre Verlauf von friedlichem Anlass, zunehmender Steigerung des Tumults, exzessiver Gewalt und Befriedung durch Schlichtung wird im *Ring* aufgebrochen, indem einerseits eine schwankhaft-turbulente Brautwerbungsgeschichte dem Heiratsbeschluss vorangestellt wird und indem andererseits das Glockenläuten, das im Bauernhochzeitsschwank die Schlichtung

---

[1] Ich zitiere im Folgenden die Fassungen des Bauernhochzeitsschwanks und den *Ring* nach Horst Brunners Ausgabe von Wießners *Ring*-Text: Heinrich Wittenwiler, Der Ring 1991; *Meier Betz*, ebd., 586–609; *Metzen hochzit*, ebd., 610–645.
[2] Vgl. Hugo von Trimberg, *Renner*, V. 1668 mit thematisch passendem Kontext.
[3] Edmund Wießner, *Metzen hochzit* 1937, 65.
[4] Vgl. Edmund Wießner, Das Gedicht von der Bauernhochzeit 1908; Edmund Wießner, *Metzen hochzît* 1937. Seit Wießners Studien kann die zuvor mitunter vorgebrachte Annahme, bei *Metzen hochzît* handle es sich um eine nachträglich erstellte Kurzfassung des *Rings*, als ausgeräumt gelten.

des Gewaltexzesses einleitet, im *Ring* zum Anlass der Ausweitung des Geschehens in einen die Gewaltspirale weiter steigernden Weltkrieg wird. An die Stelle der Deeskalierung rückt so ein weiterer Exzess, der schließlich zum Untergang Lappenhausens führt. Damit wird die zirkuläre Struktur des Schwankes auf eine Teleologie des Untergangs hin geöffnet. Zusätzlich zu diesem Entfalten und Umschreiben einer als Erzählanlass genutzten literarischen Vorlage aber vollzieht sich bei der Konstitution des Romans auch eine enzyklopädische Transgression des Bauernhochzeitsschwanks. Die Vorlage wie auch die angefügten Teile der Handlung werden angereichert mit Wissen und mit Texten aller Art. Um die inhaltlichen und strukturellen Parameter herauszuarbeiten, die Wittenwilers Transgression des Bauernhochzeitsschwanks bestimmen, seien zunächst die wesentlichen Anknüpfungspunkte fokussiert, die im Bauernhochzeitsschwank als Anlass für eine Hinzunahme konkreter Wissenssegmente und Intertexte fungieren.

Die beiden Fassungen setzen damit ein, dass ein Bauer (Meier Betz in der gleichnamigen Fassung bzw. Berschi in *Metzens hochzit*) um eine Frau (Metz bzw. Metzi) wirbt, die allerdings die Ehe zur Bedingung dafür macht, dass sie ihren Verehrer erhört. Der Werber beruft einen Rat ein, die Ehe wird nach einem knappen Konsensgespräch unverzüglich und ohne Gelehrten und Geistlichen geschlossen, die Aussteuer der Braut und Gegengaben des Bräutigams werden ausgetauscht und es wird beschlossen, das Hochzeitsfest noch am gleichen Abend zu feiern. Danach variieren die beiden Fassungen in der Reihenfolge der Ereignisse, sowie in Namenszuweisungen.[5] Im *Meier Betz* vergegenwärtigt bei Beginn des Festes ein Katalog der Hochzeitsgäste durch sprechende Namen ihre niedere Abkunft. Das Beilager der Brautleute wird anberaumt, wobei Betz aufgrund seiner Trunkenheit vor dem Vollzug einschläft und dabei noch eine Bemerkung Metzens überhört, die unmissverständlich auf voreheliche sexuelle Erfahrungen hinweist. Am Morgen darauf erfolgt der Kirchgang. Über den Gottesdienst fehlen genauere Ausführungen, dafür wird das anschließende Haarerafen des Bräutigams durch die jungen Männer des Dorfes geschildert, wobei bemerkt wird, dass es sich dabei um eine Bauernsitte handelt. Danach versammeln sich die Leute im Hause Metzens und ein weiterer Katalog der Gäste vergegenwärtigt wieder mittels sprechender Namen die Niedertracht von Metzens Verwandtschaft. Es beginnt ein Hochzeitsmahl, das aus einer Reihe von Verstößen gegen Tischsitten besteht: Weißbrot wird ungekaut verschluckt, an den Wecken wird herumgezerrt, gegessen wird aus dem Kübel, die Fresser lassen das Schmalz aus den Mäulern in die Bärte rinnen und schlingen gierig die größten Brocken, wobei sie sich die Münder verbrennen, was andere Gäste so zum Lachen reizt, dass ihnen das Essen wieder aus dem Mund fällt etc.[6] Geprägt ist die Fressorgie von Missgunst und Fressfeindschaft (*Sie assen widerstreit*, *Meier Betz*, V. 146). Verstöße gegen Trinkrituale und Speisefolge sowie das vollständige Besäufnis aller Betei-

---

[5] Vgl. die genaue Auflistung der Fassungsdifferenzen bei Hans-Joachim Ziegeler, Erzählen im Spätmittelalter 1985, 405–418.

[6] Der Verbrennen der Münder als Auslöser des Gelächters so nur im *Meier Betz*. In *Metzen hochzit* werden das Mundverbrennen und das Herausfallen des Essens nicht aufeinander bezogen.

ligten und ihre Mühe, Harn und Kot im Leib zu behalten, vervollständigen das Bild einer eklen und grotesken Orgie. Nach dem Mahl wird die Braut beschenkt, wobei nicht nur die Armseligkeit der abgenutzten und verschlissenen Gaben die Geber diskreditiert, sondern auch die explizit herausgestellte Absicht, einander mit den Gaben ärgern zu wollen. Es folgt ein wilder, gesprungener Bauerntanz zu Musik aus der Pfeife, in dessen Verlauf die Gewalt eskaliert. In einer wilden Bauernrauferei kommen einige der Kämpfer zu Tode. Davon alarmiert läutet Betz die Glocken, worauf sich einige Bauern bewaffnen und den Kampf schlichten. Alle laufen wieder auseinander, das Geschehen wird lakonisch bilanziert, und der Erzähler bittet Gott, Leid von uns Menschen fernzuhalten.

Metzens hochzit unterscheidet sich in der Reihenfolge der Ereignisse. Die Brautnacht findet nach dem Fressgelage statt und wird als ein wilder *hurende*[r] *kampf* zwischen den Brautleuten geschildert, ein animalisches Auf und Ab, in dem Sex und Gewalt ununterscheidbar werden. Danach wird das Schmücken der Braut am nächsten Morgen erwähnt, auch erfährt man über den Gottesdienst etwas mehr als in der anderen Fassung, z. B. dass ein Friedenskuss ausgetauscht und das Buch der Braut zum Kusse dargeboten wird. Nach dem Kirchgang gibt es ein zweites Fressgelage mit Kraut und Erbsen, bei dem sich die klügeren Gäste von vornherein die Gürtel lösen, damit diese nicht platzen – ein Detail, das der *Meier Betz* nicht kennt. Danach wird die Braut beschenkt, auch der Spielmann erhält Gaben und es folgen Tanz, Rauferei und die Schlichtung des Streits. Auch in *Metzens hochzit* erfolgt die lakonische Bilanz des Geschehens am Ende, der Segenswunsch jedoch richtet sich nicht an die Rezipienten. Konstatiert wird vielmehr, dass jene sich glücklich schätzen konnten, die Gott so segnete, dass sie davonkamen.

Hans-Joachim Ziegeler hat gezeigt, dass die Fassung des *Meier Betz* den Bauernspott schärfer akzentuiert, während dies in *Metzen hochzit* zugunsten einer differenzierteren Exponierung von Gepflogenheiten und Rechtsbräuchen im bäurischen Milieu zurückgenommen wird.[7]

Bereits anhand der knappen Inhaltsangabe beider Texte wird unmittelbar deutlich, dass in Wittenwilers *Ring* eine Fülle von Handlungssequenzen und Elementen übernommen wurde. Zugleich ist der umfassende Ausbau und die Modifizierung von Plot und Gestaltung offensichtlich: Wittenwiler fügt eine Geschichte der Werbung Bertschis um Mätzli hinzu, wobei das Geschehen mit dem Bauernturnier um Parodien des höfischen Frauendienstes ergänzt wird. Mit drei zusätzlichen Werbungs-Episoden (einem missglückten Ständchen, dem turbulenten Stelldichein im Kuhstall und dem Sturz durch das Dach) integriert der Text zudem Schwankelemente in die Werbung, die im Bauernhochzeitsschwank keine Entsprechungen haben. Im *Ring* ist es Bertschi selbst, der die Glocken läutet (*Ring*, V. 6606), aber dies führt nicht zur Schlichtung der Prügelei.[8] Es

---

[7] Hans-Joachim Ziegeler, Erzählen im Spätmittelalter 1985, 405–418.
[8] Anders im *Meier Betz*, V. 390–393: *Wer nit sturm hett geleut, | Es wär preutgam und der preut | Sölich widerdriesz geschehen, | Das man jamer hett gesehen.*

bildet hier vielmehr den Anlass für eine weitere Eskalation von Gewalt, die in den großen Krieg und zum Untergang Lappenhausens führt. Im Ring werden die Kriegsvorbereitungen breit ausgeführt und es kommt zu einer immensen Ausweitung des Personals gegenüber dem Bauernhochzeitsschwank. Der Ablauf des Krieges, die Strategien der Parteien, die Motivation der Kämpfenden und die Schilderung der Kämpfe selbst bilden einen eigenen Plot, der in den Prügeleien der Bauernhochzeiter im Schwank keinerlei Entsprechung hat. Mit den Lehren aus dem Mittelteil fügt Wittenwiler Sachliteratur in das Geschehen ein, hinzugezogen wird auch eine Fülle literarischer Motive, Figuren und Intertexte: die Neidhartfigur, die Heldenepik, die Artusritter, das Tagelied etc.

Das schiere quantitative Ausmaß des hinzugezogenen Wissens wird augenfällig, betrachtet man jene literarischen Gattungen, Wissensfelder, Intertexte und Motive, auf die sich der Text mehr oder minder explizit bezieht (durch Namensnennung, direktes Zitat, wortwörtliche Übernahme, Parodie, Travestie etc.):

> Der Text rekurriert mit der Einführung des Bauernfeindes Neidhart auf den Neidhartkomplex, auf in Liedern, Fastnachtspielen und Schwänken sich findende Varianten einer Konfrontation des Ritters mit den Bauern.[9] Weitere Figuren aus der Schwank- und Märentradition, wie der gerissene Schreiber, der auf den eigenen Vorteil bedachte Arzt und der listige Beichtvater werden im Ring zu Handlungsträgern.[10] Mären-Priapeia bilden einen wichtigen Hintergrund. Der Dialog Mätzlis mit ihrer *mutze* hat Entsprechungen zum Märe vom Rosendorn, die Exponierung von Genitalien und die skatologische Rede weisen ebenfalls in diesen Bereich.[11] Sachwissen aller Art wird im Ring thematisiert: Auf Turnierregeln wird in Neidharts Unterweisung rekurriert,[12] bei der Schilderung von Mätzlis Schwangerschaftssymptomen wird obstetrisches Wissen aus der *secreta-mulierum*-Tradition und aus der Rezeptliteratur angeführt,[13] Tischzuchtregeln werden in der Fressorgie vorausgesetzt, eine Haushaltslehre wird entfaltet,[14] eine Gesundheitslehre, die auf den umfassenden Bereich der *regimina sanitatis*-Literatur und die pseudoaristotelischen *Secreta secretorum* zurückgreift ebenso, eine Moral-

---

[9] Zur Neidhart-Figur im Ring vgl. u. a. Edmund Wießner, Neidhart und das Bauernturnier 1928; Ulrich Gaier, Satire 1967, 121; Claudia Händl, Hofieren 1991; Bernhard Sowinski, Wittenwilers Ring 1994/95; zu den Fastnachspielen Birgit Knühl, Die Komik 1981.

[10] Vgl. Sabine Wienker-Piepho, Je gelehrter desto verkehrter? 2000, 283–286; dies., Art. ‚Schreiben, Schreiber, Schrift' 2007, 198; Wayland D. Hand, Art. ‚Arzt' 1977, 851f.; Elfriede Moser-Rath, Art. ‚Beichtschwänke' 1979, 50.

[11] Zu priapeischen Mären vgl. Edith Wenzel, *zers* und *fud* als literarische Helden 2001; Gerd Dicke, Mären-Priapeia 2002; Peter Strohschneider, *Der tůrney von dem czers* 1987; Klaus Grubmüller, Die Ordnung 2006, 223–238. In der Ring-Forschung hat Helfenbein überzeugend die Relevanz dieser literarischen Traditionen für den Ring herausgearbeitet; Rainer Helfenbein, Zur Auffassung der Ehe 1976, 65ff. Eine Parodie und Inversion der Liebesmonologe höfischer Epen sieht in Mätzlis Gespräch mit ihrer *mutze* Kristina Jürgens-Lochthove, Heinrich Wittenwilers Ring 1980, 204–216.

[12] Claudia Händl, Hofieren 1991. Siehe dazu in dieser Arbeit unten S. 209f.

[13] Vgl. Karl Zaenker, Zur Arzt-Szene 1979, 4ff. Siehe dazu in dieser Arbeit unten S. 223ff.

[14] Ein Intertext der Ökonomik im Ring ist das Bernhard von Clairvaux zugeschriebene, wohl auf Bernhard de Silvestris zurückgehende, *De cura et modo rei familiaris* (PL 182, 647–651); vgl. dazu Jörg Bismark, Adlige Lebensformen 1976, 155.

lehre und der Katechismus kommen zum Einsatz.[15] Giovanni da Legnanos Traktat zum Kriege wird in Straubs Reden des dritten Teils zitiert, ebenso finden sich Auszüge aus der Kriegslehre des Vegetius bei der Schlachtschilderung.[16] Im *Ring* werden Briefe abgefasst, die Musterbriefen lateinischer Briefsteller folgen und im Text selbst als Produkte von Bildung und Gelehrsamkeit ausgewiesen sind.[17] Der *Ring* greift insbesondere in der Allegorie des Mittelteils auf allegorische Lehrdichtungen und deren Darstellungskonventionen zurück.[18] Mit Nabelreibers Minnelehre wird auf die Tradition der *artes amandi* rekurriert, insbesondere auf die Liebeslehren des *Facetus moribus et vitae*,[19] mit Nabelreibers und Chrippenchras Briefen auf die Gattung der Minnerede.[20] In die Handlung eingefügt werden Gebete, sowie Sentenzen und Sprichwörter, katechetische Texte zu Beichte, frommen Praktiken etc. Im *Ring* werden wiedergegeben: ein vollständiges Minnelied, die erste Strophe eines mehrstrophigen Tageliedes, sowie Sauf-, Tanz- und Unsinnslieder der Bauern. Traditionen des Brauchtums werden aufgenommen, wie z. B. das Gespräch der Werbungsvermittler mit dem Brautvater, das Haareraufen des Bräutigams durch die Jungmänner des Dorfes, die Aufstellung des Hochzeitszuges[21] und das Darreichen von Speisen im Brautbett nach dem Vollzug der Ehe.[22] Über interfigurale Verweise öffnen sich Hintergründe zur Heldenepik (Hildebrant, Dietrich von Bern, Zwergenkönig Laurin, Ecke, Kleiner Rosengarten etc.)[23] und zum Artusroman (erwähnt werden: Gawan, Lancelot, Tristan, Ritter von Montalban, Stolff). Astrologica und Prognostica (auch das Motiv der Planetenkinder) finden sich im Kriegshoroskop der Berchta Laichdenmann. Für die

---

[15] Melitta Weiss-Amer, Straubs Gesundheitslehre 1989, 171–180.

[16] Vgl. dazu Elmar Mittler, Das Recht 1967, 102ff.; Jörg Bismark, Adlige Lebensformen 1976; Pamela Kalning, Kriegslehren 2006, 140–197.

[17] Vgl. zu den Briefen besonders W.infried Schlaffke, Heinrich Wittenwilers *Ring* 1969, 41ff.; Elmar Mittler, Das Recht 1967, 33; Thomas Cramer, Nabelreibers Brief 1977; Kristina Jürgens-Lochthove, Heinrich Wittenwilers *Ring* 1980, 216–234.

[18] Dazu besonders Eckart Conrad Lutz, Spiritualis fornicatio 1990.

[19] Ingeborg Glier, Artes amandi 1971, 235–237.

[20] Vgl. dazu ebd., 237–241.

[21] Vgl. *Ring*, V. 5397ff. Nach Wießners Kommentar und Babendreiers Ausführungen stellt der dargestellte Einzug der Hochzeitsgemeinde in die Kirche einen Formverstoß dar, der von den gebotenen Aufstellungen gerade abweicht; vgl. Edmund Wießner, Kommentar 1936, 193f.; Jürgen Babendreier, Studien zur Erzählweise 1973, 115f.

[22] Grundsätzliche Ausführungen zur Rolle des Brauchtums bei Bruno Boesch, Zum Nachleben der Heldensage 1979; 342–349; Bruno Boesch, Fragen rechtlicher Volkskunde 1975; zum Ehebrauchtum vgl. Bruno Boesch, Zum Stilproblem 1965, 68; Rainer Helfenbein, Zur Auffassung der Ehe 1976, 140–164. Ein nur in Ansätzen untersuchter Bereich ist das Fastnachtsbrauchtum, zu dem besonders die Studien von Bruno Boesch zu konsultieren wären; vgl. auch Kurt Ruh, Ein Laiendoktrinal 1984. Eckart Conrad Lutz schließt diesen Bereich aus seiner Untersuchung aus: „es fehlen einfach die Quellen". Diese Entscheidung ist von einer gewissen Tragweite, denn die von Lutz behauptete vollkommene allegorische Integration von Wittenwilers *Ring* ließe sich nicht so ohne Weiteres vertreten, wenn man einen gewichtigen Bezug zum Fastnachtsbrauchtum annehmen würde; vgl. Eckart Conrad Lutz, Spititualis fornicatio 1990, 224.

[23] Bruno Boesch, Zum Nachleben der Heldensage 1979.

detaillierten Schilderungen von Kampftechniken im dritten Teil greift Wittenwiler auf Schilderungen in Ringbüchern zurück.[24]

Diese Aufzählung ist nicht vollständig, auf weitere Einzeltext- und Systemreferenzen wird im Laufe dieser Studie immer wieder einzugehen sein. Zu ergänzen wäre diese Liste zudem durch Bezugnahmen auf Wissen und Intertexte, die nur hypothetisch zur Disposition stehen.[25] Dieser Aspekt ist für die *Ring*-Forschung in besonderem Maße virulent: Wießners Kommentar beispielsweise bietet oft vergleichend Passagen aus Texten und Motiven des 16. Jahrhunderts, aus Texten also, die als Quellen nicht in Frage kommen, obgleich in vielen Fällen davon auszugehen ist, dass diese Texte und der *Ring* auf literarische Traditionen zurückgehen, die sich überlieferungsbedingt nicht mehr vollständig rekonstruieren lassen. Angesichts der enormen Fülle hinzugezogener Wissensbestände und verarbeiteter Intertexte scheint für den *Ring* eine Bemerkung Harold Blooms in höchstem Maße zuzutreffen, dergemäß es keine Texte, sondern nur Intertexte gebe.[26] Fraglich muss angesichts einer solchen mosaikartig anmutenden Zusammenstellung heterogener Texte und Wissenselemente scheinen, ob sich der *Ring* hinsichtlich seiner Konstitution tatsächlich angemessen im Sinne einer Transgression des Bauernhochzeitsschwanks erfassen lässt. Eine solche Sichtweise setzt voraus, dass der Bauernhochzeitsschwank nicht lediglich Intertext unter Intertexten ist, sondern dass er als konzeptioneller Ausgangspunkt die intertextuelle Montage, die Aufnahme von literarischen Elementen anderer Herkunft und die Anreicherung mit Wissen dominiert und steuert.

Anknüpfungen an den Bauernschwank, Reflexionsanlässe

Der Nachweis einer solchen privilegierten intertextuellen Beziehung gegenüber anderen hat einerseits zu erfolgen auf der Ebene der Einzeltextreferenz. Hier sind die konkreten konzeptionellen Anknüpfungspunkte anzuzeigen, die in den beiden Fassungen des Bauernhochzeitsschwanks zum spezifischen Anlass der Öffnung des Textes wurden. Andererseits aber sind Gattungsdynamiken des Schwanks mitzureflektieren und mithin ein Aspekt der Systemreferenz des Textes zu fokussieren,[27] denn die gattungskonstitutiven

---

[24] Dazu soweit ich sehe nur ein knapper aber schlagender Hinweis bei Helmut Birkhan, Das Historische 1973, 15. Ein Hinweis, dem mit Blick auf Funktionen und Kontexte der Ringbücher nachzugehen wäre.

[25] Nur teilweise zu rekonstruieren ist z. B. der Hintergrund der Fastnachtsbräuche; vgl. Bruno Boesch, Zum Nachleben der Heldensage 1979, 342ff., schwankhaften Bearbeitungen der Beichtszene in nicht mehr überlieferten Texten vermutet Ruth Schmidt-Wiegand, Heinrich Wittenwilers *Ring* 1976, 248–250.

[26] „There are *no* texts, but only relationships between texts"; vgl. Harold Bloom, A Map of Misreading 1975, 3.

[27] Zur Unterscheidung von Einzeltextreferenz und Systemreferenz vgl. Ulrich Broich, Manfred Pfister (Hg.), Intertextualität 1985.

Transgression des Bauernhochzeitsschwanks 195

Regeln werden durch die massive Anreicherung überstreckt, die literarische Form umgebaut.

In einem ersten Schritt widme ich mich den Einzeltextreferenzen: Zu verweisen ist dabei auf Elemente, die im Bauernhochzeitsschwank angelegt sind und Anlässe boten, Latentes auszuführen, Angedeutetes fortzuentwickeln und mit anderen Kontexten in Verbindung zu bringen. Solche Elemente können als Kerne für eine Praxis und eine Konzeption der Anreicherung angesehen werden. Es folgen einige Beispiele aus den Bauernhochzeitsschwänken und dem *Ring*:

Der Bauernhochzeitsschwank weist auf den ersten Blick den sozialen Aufstiegsambitionen der Bauern keine besondere Bedeutung zu. Wenngleich diese Texte im Zusammenhang von dementsprechend perspektivierten bauernfeindlichen literarischen Diskursen stehen,[28] kommt der expliziten Markierung der über die Standesgrenzen hinausstrebenden Hybris in ihnen nur wenig Raum zu. Wittenwiler aber akzentuiert die Hybris der Bauern, die den Lebensformen des Adels nacheifern, wesentlich stärker und macht sie zum Gegenstand der Komik. Dabei aber greift er nicht nur auf das Reservoir bauernfeindlicher Texte zurück, sondern auch auf eine kurz gehaltene Polemik, die sich nur im *Meier Betz* findet.[29] Unter den Gästen der Braut sind einige Halbedle, sie werden – wie andere Figuren auch – durch einen Namenskatalog dekuvriert:

> *Dar kamen Metzen friund vil:*
> *[...]*
> *Auch etlich, die halb edel waren*
> *(Die sach man gar hoflichen paren):*
> *Durchdenpusch und Schlinddenspisz,*
> *Raumdietaschen, ain stolz fiesz,*
> *Paurenveind und Sträusguot.*
> *Die waren all wolgemuot. (Meier Betz, V. 119–130)*

Die Namen der Halbedlen im *Meier Betz* akzentuieren in diesem Zusammenhang die Fressgier, die Dieberei, die hybride Abgrenzung von ihrer ursprünglichen Herkunft (*Paurenfeind*), die herrscherliche *milte* imitierende Verschwendungssucht (*Streus-*

---

[28] Vgl. Erhard Jöst, Bauernfeindlichkeit 1976; Inès de la Cuadra, Diskurse über soziale Mobilität 2000.
[29] Wießner ging von einem ausschließlichen Bezug des *Rings* auf *Metzens hochzit* aus und stellte die Relevanz des *Meier Betz* für den *Ring* in Abrede; vgl. Edmund Wießner, Das Gedicht von der Bauernhochzeit 1908; Edmund Wießner, Metzen hochzit 1937. Wießners Nachweise des primären Einflusses von *Metzens hochzit* werden aufgrund von sprachlichen Eigenheiten dieser Vorlage und von Namensübereinstimmungen aus entwickelt. Sie vermögen freilich nicht auszuschließen, dass Wittenwiler Alternativen zur Gestaltung des Stoffes in *Metzens hochzit*, die der *Meier Betz* aufweist, bekannt waren; letzteres zeigt mit guten Gründen Hans-Joachim Ziegeler, Erzählen im Spätmittelalter 1985, 413f.

guot).³⁰ Die hier angelegte Satire auf die Aufstiegsbestrebungen der Bauern ist für Wittenwilers *Ring* konstitutiv.

Auch die Beschreibung von Mätzlis Hässlichkeit im *Ring* hat eine mögliche Vorlage im Bauernhochzeitsschwank: *Berchtold der Schaller* eröffnet den Bauerntanz im *Meier Betz* (in *Metzen hochzît* heißt die Figur *Wälti Snupfer*). Die Figur wird wie folgt beschrieben: *Wisz was er als ain prant | Und nam Mätzen an der hant* (*Metzen hochzit*, V. 451, ähnlich *Meier Betz*, V. 276f.). Wenn es im *Ring* bei Mätzlis „Schönheitsbeschreibung" heißt: *Sei was von adel lam und krumpf, | Ir zen, ir händel sam ein brand* (V. 76f.), so wird genau diese Formulierung aus dem Bauernhochzeitsschwank aufgenommen und katalogartig ausgeweitet.³¹ Im Bauernhochzeitsschwank legt der Kontext der Tanzeröffnung eine Beziehung auf Höfisches nahe: ausgeführt wird an dieser Stelle nicht nur die Schwärze Burkharts, seine Verunreinigung also, die im deutlichen Widerspruch zum höfischen Ideal reiner, weißer Haut steht, ausgeführt wird in beiden Fassungen auch, dass er die Hand vom Arsch lassen musste, um den Tanz anzuführen. Herausgestrichen wird damit die grobe Unterzivilisiertheit der Figur, die sich im Nichtbeherrschen elementarer Körperfunktionen manifestiert. Der darauf erfolgende Tanz ist deutlich als ein nicht-höfischer Tanz eingeleitet: dargestellt wird das wilde Springen der Bauern. Im *Meier Betz* wird während der Schilderung des Bauerntanzes zudem ein Vers eines Liedes wiedergegeben, welches die Bauern singen: *Die pauren schrien: Hartzjo, hartz | Mein lieb ist nit schwartz* (*Meier Betz*, V. 286). Dass die Bauern betonen, ihre Geliebten seien nicht schwarz, sondern – wie der Umkehrschluss nahe legt – hellhäutig und rein, könnte seinerseits eines der Spurenelemente bäurischer Hybris dargestellt haben, die Wittenwiler im *Ring* ausbaute. Wittenwiler nun macht aus dem zum Oxymoron zugespitzten Vergleich (*weisz recht sam ein brand*) ein Verfahren für die Beschreibung von Mätzlis Hässlichkeit, indem er sie, wie die Forschung immer wieder deutlich gemacht hat, als Gegenentwurf zum höfischen Schönheitsideal perspektiviert, das durch die topischen Vergleichsformeln aufgerufen und durch die kontrastiv angeführten Vergleichsgegenstände destruiert wird.³²

Das bereits erwähnte Lied, das die Bauern im Bauernhochzeitsschwank singen, und der als *pauren sit* gekennzeichnete Vorgang des Haareraufens boten Anlässe, weitere folkloristische Elemente in die Handlung des Bauernhochzeitsschwanks aufzunehmen.

---

[30] Bereits Hugo von Trimberg hatte auf den Bauernhochzeitsschwank verwiesen, als er sich über *halp edel knappen* ausließ. Zum Abschluss seiner polemischen Schilderung der Hochzeit zwischen dem verarmten Adligen Ruoprecht und dem reichen, aber hässlichen Bauernmädchen Geppe äußert der Erzähler seine Befürchtung, die beiden würden Kinder zeugen. Dabei würde es sich um *gouchelin* handeln, denn *ez ist Benzen geslehte* (*Renner*, V. 1668). Hugo führt daraufhin einen 30 Verse langen Katalog mit 60 Schimpfnamen auf diese Bastarde aus. Darunter finden sich auch zwei aus dem *Meier Betz* (*Durchdenbusch* und *Geburnvient*); vgl. zu den Ähnlichkeiten zwischen Hugos und Wittenwilers Bauerndarstellungen Jörg Bismark, Adlige Lebensformen 1976, 68–70.

[31] Dass diese Stelle für die Schönheitsbeschreibung Mätzlis den Ausgangspunkt geboten haben könnte, erwägt auch Edmund Wießner, Das Gedicht von der Bauernhochzeit 1908, 252, Anm. 5.

[32] Zu Mätzlis Schönheitspreis vgl. in dieser Studie unten S. 311.

Im *Ring* finden sich weitere Zech- und Unsinnslieder, vermerkt werden die Aufstellung der Gäste beim Einzug in die Kirche sowie weitere folkloristische Details.

In beiden Fassungen des Bauernhochzeitsschwanks tritt der Koch während des Essens an die Tafel und der Bräutigam bemerkt, er habe es versäumt, ihm einen Trank anzubieten – ein Verstoss gegen die Trinkrituale, den der Koch dadurch bagatellisiert, dass er darauf hinweist, er trinke immer, wenn er Wein vor sich stehen sehe.[33] Hier wird das Schlingen, Würgen und Saufen der Bauern beim Festmahl sporadisch mit einem Wissen um zivilisierte und ritualisierte Formen des kultivierten Mahls konfrontiert. Auch eine solche Konfrontation der tierischen Fresser und Säufer mit einem Wissen um Tischrituale wird im *Ring* wesentlich differenzierter ausgebaut.

In *Metzens hochzit* wird die Brautnacht als *hurender kampf* der Brautleute beschrieben. Ironisch und kontrastiv zum animalischen Toben der Figuren erfolgt in diesem Zusammenhang ein Motivzitat aus dem Gattungszusammenhang des Tageliedes: *Si tribent da der minne spil, | Bisz daz in der morgen | Nit lenger wolt borgen | Der sallen fröd pringenden nacht* (*Metzen hochzît*, V. 288-291). Wittenwiler hat, wie noch zu zeigen sein wird, die Brautnacht umgeschrieben. Ergänzt hat er auch eine Vergewaltigung der Nissinger Frauen,[34] die sich während der Hochzeitsnacht außerhalb der Brautkemenate vollzieht:

Hiet die praut nür einen man,
Kützeldarm ír vier gewan.
Annen ars der ward zerriben:
Sie hiet der gsellen mer dann siben.
Zehner phlag die Gnepferin
Iecleichen nach seinem sin.
Ungemäss die hiet ír acht:
Die veilten all die langen nacht.
Die wöscherin so reudich was,
Daz sei vor inen allen gnas. (*Ring*, V. 7088–7097)

Die kontrastive Wirkung, die das Tagelied im Bauernhochzeitsschwank entfaltet, wird im *Ring* gesteigert, indem an dieser Stelle die erste Strophe eines Tagelieds inseriert wird:

Do nu der liechte tag her prach,
Der wachter an der zinnen sprach:

‚Wer an lieben armen leit,
Der mach sich auf! Won es ist zeit.

---

[33] Zur Koch-Szene vgl. Ursula Seibt, Das Negative 1975, 81f.

[34] Die Namen der Nissinger *diernen* werden V. 5325ff. eingeführt, dort erfährt man auch, dass die hier nur beim Vornamen genannte Anne mit dem Beinamen *Pfefferräss* heißt. Die Forschung hat in dieser Szene einerseits eine Vergewaltigung gesehen, andererseits eine Sexorgie. Kerstin Schmitt hat darin eine Unentschiedenheit des Textes selbst gesehen und diese Ambivalenz angemessen erörtert: Kerstin Schmitt, Sexualität als Textualität 1999, 149f., Anm. 47.

> *Die sunne hat den morgenstreit*
> *Mit chreften überwunden.*
> *Der man entweicht, ich waiss nicht war,*
> *Die sternen sein verblichen gar,*
> *Die nacht ir still ist worden bar:*
> *Daz brüef ich ze den stunden.'*

Et cetera. Daz sang er gar. (*Ring*, V. 7098–7108)

Man wird Edmund Wießner hier nicht in der Behauptung zustimmen wollen, dass Inhalt und Form des Liedes „schlicht volkstümlich und ohne parodistische Absichten" seien. Auch dass es sich bei der Zinne um die anderswo erwähnte Dorfbefestigung handle, ist keineswegs nachvollziehbar.[35] Im *Ring* wird an dieser Stelle offensichtlich mit Heterogenität gespielt, denn nichts ist der Schändung der Nissinger Bauernmädchen im Dorfe unangemessener als die Liebesstilisierungen des Tageliedes, und eine Zinne kann im gegebenen Milieu nur ein Fremdkörper sein. Die Komik ergibt sich – wie im Bauernhochzeitsschwank – aus der harten Fügung des Inkompatiblen. Freilich wird dies hier wieder Anlass für den Import eines ganzen Textes, der zudem metrisch anders gebaut ist als die Reimpaarverse – im Bauernschwank handelte es sich lediglich um ein Motivzitat.

An diesen Beispielen wird ersichtlich, wie bei der Konstitution des *Ringes* Details aus dem Bauernhochzeitsschwank als Reflexionsanlässe fungierten und zu größeren Einheiten ausgebaut wurden.

Die Schwanktradition – Rationalitätsstandards

Die Transgression des Bauernschwanks erfordert aber auch einen Umbau seiner narrativen Struktur. Um diesen Prozess in den Blick zu bekommen, sei auf eine narrative Besonderheit hingewiesen, die den Bauernhochzeitsschwank innerhalb seiner literarischen Reihe, der Schwanktradition, kennzeichnet. Von dieser Besonderheit aus lässt sich die Transgression des Bauernhochzeitsschwanks als Modifizierung und Umbau einer bestimmten Erzählstruktur darstellen.

---

[35] Edmund Wießner, Kommentar 1936, 246f. Kritisch dazu Belitz, der auch ausführt, dass das *etcera* am Ende der wiedergegebenen Strophe als Hinweis darauf zu verstehen sei, dass auch die folgenden Verse, in denen Mätzli Bertschi weckt, um das Liebesspiel fortzusetzen, als Tageliedparodie zu lesen seien. Dies ist sehr schlüssig vor dem Hintergrund der Varianten auf das Tagelied bei Wolfram (die Liebenden sind verheiratet) und Ulrich von Liechtenstein (der Liebhaber wird in der Kemenate versteckt). Hier liefert Wittenwilers Kontamination von Brautnacht und Tageliedsituation eine neue Variante. Abwegig freilich sind dann (bei Belitz öfter vorkommende) Spekulationen der Art, Bertschi habe Gunterfai durch Bestechung veranlasst, auf der Lappenhauser Dorfbefestigung ein von Nabelreiber geschriebenes Lied zu singen; Jürgen Belitz, Studien zur Parodie 1978, 199–203.

Hermann Bausingers Klassifikation von Verlaufsformen des Schwanks hat nach wie vor ein enormes Anregungspotential für die Analyse dieser Form und sei deshalb knapp resümiert. Ein häufiges Handlungsschema innerhalb der Schwanktradition bezeichnet Bausinger als „Ausgleichstyp".[36] Dieser ist gegeben, wenn sich zwei Personen bzw. Parteien gegenüberstehen. Zunächst unternimmt die Partei A etwas und bringt sich selbst damit in eine superiore, B dagegen in die inferiore Position. Darauf erfolgt eine Gegenreaktion von B, wodurch A in die inferiore Position rückt, B dagegen seine Überlegenheit zeigt.

Diese klare Verlaufsform ist im Bauernhochzeitsschwank im Tumult des Fressgelages und der Bauernschlägerei kaum zu erkennen. Alle fallen übereinander her, mitunter suchen sie einander zu schädigen, es bilden sich zwar Parteien, die gegeneinander kämpfen, aber die Verlaufsform der Konfrontation ist eine unstrukturierte Prügelei, die Leute laufen zusammen und wieder auseinander. Die Abfolge von Konfrontation, Dominierung und Überwindung weicht hier einer zirkulären Struktur: Pack schlägt sich, Pack verträgt sich. Am Ende steht zwar die lakonische Bilanz: *Ainer was traurig, der ander fro* (*Meier Betz*, V. 413), aber sie bildet nicht das Resultat der dargestellten Verlaufsform: Froh sind die Bauern, wenn sie ohne Schaden dem wilden Treiben entkommen konnten, nicht aber aufgrund einer durch geschickte Aktionen hergestellten Überlegenheit.

Auch die zweite von Bausinger abstrahierte Verlaufsform, der „Steigerungstyp",[37] ist im Bauernhochzeitsschwank nicht anzutreffen. Auch beim Steigerungstyp stehen einander zwei Parteien gegenüber und A bringt sich durch eine Aktion in die überlegene Position. Die Gegenreaktion von B führt aber hier dazu, dass die Inferiorität von B forciert wird. Die Korrekturhandlung von B führt also keinen Ausgleich herbei, sondern sie verschärft nur noch das bereits bestehende Gefälle zwischen A und B. Im Bauernhochzeitsschwank diskreditieren sich die handelnden Figuren zwar fortwährend durch ihre Aktionen, diese jedoch sind größtenteils nicht als Reaktionen auf überlegene Gegenspieler perspektiviert.[38]

Der Grund dafür, dass der Bauernhochzeitsschwank so signifikant von diesen Verlaufsformen abweicht, erschließt sich, wenn man die Konkretisierung berücksichtigt, die Bausinger an den beiden abstrakten Verlaufsschemata vorgenommen hat. Die Gegenüberstellung der Parteien sei, so Bausinger, in den wenigsten Fällen neutral. Meistens ist sie von Anfang an mit Wertungen verbunden, durch die eine der Parteien als dumm, die andere als verständig erscheint, was sich nach Bausinger nicht nur auf die geistige Ebene beziehen muss, sondern sich auch auf moralische oder physische Aspekte richten kann. Die Aktionen, die von den Parteien vorgenommen werden, konkretisie-

---

[36] Hermann Bausinger, Bemerkungen zum Schwank 1967, 126.
[37] Hermann Bausinger, Bemerkungen zum Schwank 1967, 127.
[38] Dass die *Bauernhochzeit* nicht in die vier von Bausinger erörterten Typen einzuordnen sei, da die Gliederung in zwei Parteien fehle, betont Hans-Joachim Ziegeler, Erzählen im Spätmittelalter 1985, 419.

ren sich aus dieser Perspektive als Listen. Schwankhaftes Erzählen behandelt, so betrachtet, den Versuch einer Figur, mittels Listen eine andere in ihren Rechten durch Lüge, Betrug und Täuschung zu schädigen, worauf eine Gegenreaktion der geschädigten Figur erfolgt.[39] Das Vergnügen am Bauernhochzeitsschwank nun liegt nicht in der Identifikation mit dem listigen Schwankhelden, der durch seine Cleverness das erlangt, was einem anderen zusteht. Die Suspension dieser Verlaufsform hängt damit zusammen, dass die Dummheit der Bauern hier verlacht wird. Alles, was der Darstellung dieser Dummheit dient, wird forciert. Damit aber ist *list* im Bauernhochzeitsschwank prinzipiell nicht möglich, weil im bäurischen Milieu die für solche Verhaltensweisen vorauszusetzenden Rationalitätsstandards immer schon unterboten sind. Minimale Ansätze bzw. radikale Schwundformen solcher Standards gibt es noch, etwa wenn die klügeren Bauern vor dem Fressgelage die Gürtel lösen, damit sie ihnen beim Vollschlagen des Wanstes nicht platzen:

Si fulten sich mit schalle,
Untz mangem do der gürtel brach,
Daz doch den wisen nie geschach.
Die warent wisz und cluog:
Si gurtent sich gefuog
Und aussen dabi fürsich an,
Bisz in der gürtel recht kan.
Man schanckt in umb und umb.
Do wart der wisz tumb,
Do want der tumb witzig sin.
Secht, daz macht der win! (*Metzen hochzit*, V. 354–364)

Aber auch hier wird – das Zitat zeigt es sogleich – das inszenierte Gefälle zwischen den klügeren, lose gegürteten Bauern und den dümmeren sogleich wieder durch den Hinweis unterlaufen, dass im allgemeinen Besäufnis jede Vernunft abhanden gekommen sei.[40]

Den Bonus überlegener Vernunft und Cleverness erhält in den Fassungen des Bauernhochzeitsschwanks keine Figur der Texte,[41] er kommt vielmehr dem Rezipienten zu, der sich am niederen Tumult der Dummen delektiert. Im Text selbst ist somit das Gefälle von Verständigkeit und Dummheit nicht vorgesehen – die Exponierung bäurischer Unverständigkeit ist total. Die Partei der Verständigen bleibt im Hintergrund und wird „gewissermaßen stillschweigend vom kritischen Hörer gestellt."[42]

---

[39] Hans-Joachim Ziegeler, Art. ‚Schwank₂' 2003, 408.
[40] In diesem Sinne auch *Meier Betz*, V. 204ff.: *Welcher tranck aller merst, | Der daucht sich ob in allen | Mit schrein, juchtzgen und schallen. | Sich hetten do die affen | So gar überlaffen, | Das maniger vergas, | Ob es tag oder nacht was.*
[41] Ziegeler hat die Bauernhochzeit treffend als „Schwank ohne Helden" charakterisiert, Hans-Joachim Ziegeler, Erzählen im Spätmittelalter 1985, 418–421.
[42] Diesen Fall beschreibt Bausinger im Zusammenhang mit einem Beispiel für einen Verlaufstypus, den er als „Steigerungsform Übermut" konkretisierte; Hermann Bausinger, Bemerkungen zum

Die Teleologie eines schwankhaften Sujets wird üblicherweise durch Rationalitätsgefälle ausgelöst. Im Bauernhochzeitsschwank dagegen ist eine solche Teleologie des Erzählens geradezu vermieden zugunsten der Exponierung einer in immer weiteren Zirkeln progredierenden Dummheit. Dabei zeigt sich im Bauernhochzeitsschwank mehrfach, dass gegen alternative Verlaufsformen vorgegangen wird; ihre Möglichkeit wird mitunter angedeutet, sogleich jedoch wieder abgebogen. Die folgenden Beispiele zeigen diese charakteristische Suspension der List.

Ein erstes ist die bereits erwähnte Episode vom Koch, dem der Bräutigam versäumte zu trinken zu geben. Auch hier scheint es ja zunächst so, als werde der Koch um sein Recht gebracht bzw. übervorteilt. Aber auch der Koch hat sich bereits über das Reglement hinweg gesetzt: Munter bedient er sich, ohne die vorgesehene Aufforderung des Bräutigams abzuwarten.[43] Es unterbleibt die konfliktuöse Zuspitzung des Geschehens. Ihre Möglichkeit wird in den Hintergrund gedrängt, weggelacht.

Bei der Gestaltung der Brautnacht setzen beide Fassungen ganz unterschiedliche Akzente. Im Meier Betz kündigt der Bräutigam vollmundig an, die Braut zur Frau machen zu wollen. Aber Mätzli möchte ihm das, was er begehrt, überhaupt nicht vorenthalten, und er ist auch nicht in der Lage, sein Vorhaben durchzuführen:

Als man im nun die Metzen pracht,
Sprang er frölich ins pett und lacht.
Alspald ers an sein arm vieng,
Das volck usz der kamern gieng.
Betz sprach ‚Het ich ain liecht,
Gelaub mir, ich enliesz nicht,
Ich macht usz dir ain weib!'
Er schwuor teur bi seinem leib:
‚Das doch nür der mon schin,
Ich liesz dich zwar also nit hin.'
Metz sprach ‚Du volle kuo,
Was sol dir ain liecht darzuo?
Meins vaters knecht, der Übelpracht,
Vand es umb die mittennacht.'
Der narr was voll und entschlieff,
Bis man im des morgens rieff. (*Meier Betz*, V. 87–102)

Könnte man Betzens Prahlerei noch als Reizrede deuten, so wird die agonale Dimension der angekündigten Usurpation an Metzens Aufforderung, doch endlich zur Sache zu kommen, zunichte. Der Witz der Stelle liegt nicht in der glückenden Zähmung der Widerspenstigen, sondern darin, dass ihr Widerstand unterbleibt. Dem Verlachen preisge-

---

Schwank 1967, 132. Ziegeler konstatiert die „Differenz zweier Verhaltensformen und -normen", der Normen der vorgeführten Bauern einerseits, des Lesers andererseits; vgl. Hans-Joachim Ziegeler, Erzählen im Spätmittelalter 1985, 419.

[43] Edmund Wießner, Das Gedicht von der Bauernhochzeit 1908, 268: „Ein tactfehler wird durch einen anderen wettgemacht."

geben wird auch die sexuelle Naivität des Bräutigams, der nach Licht verlangt, um den Liebesakt ausführen zu können. Verlacht wird schließlich, dass die Brautnacht nicht vollzogen wird, weil Betz volltrunken einschläft. Dass er dabei nicht einmal auf Mätzlis Bemerkung reagiert, ihm sei bereits der Knecht des Vaters zuvorgekommen, verspielt eine weitere schwanktypische Möglichkeit von Usurpation und Gegenreaktion. Im vorliegenden Falle eignete sich die Bestrafung der Braut und des Knechtes als Sujet. Gerade das Ausbleiben einer im Schwank unter dem Begriff der *kündekeit* prozessierten Rationalität macht das Vergnügen an den Tölpeln aus, die ohne Sinn und Verstand leben und lieben.

Anders ist die Brautnacht in *Metzens hochzit* gestaltet:

Die brut fuort man ouch dannen:
Die was in den gebärden,
Sam si wild wolt werden.
Si wainet unde schre
Vil lut: ‚Owe, owe!'
Man fuort si ze bette.
[...]
Er graiff ir an den bletze,
Si stiesz in uff den buch:
Daz spil was hert unde ruch.
Mänglich uz dem gaden gie,
Bärschi man an Metzen lie.
Si fachten den hurenden kampf;
Uff und nider als ein stampf
Fuorent si an dem bette.
Si spiltent ebenwette:
Daz ietz lag ob, daz lag dann under.
We, wie warent si so munder!
Si rungent vaster, dann ich sag,
Untz daz fro Metz am rucken lag.
Do lert er si die stadelwisz
Als unfuog und nit lisz,
Daz si granet unde grain.
Der prütgan sprach: ‚Naina, nain,
Metzlin, gehab dich wol:
Ich bin, der dich trösten sol!'
Er gehiesz ir wol und sait ir vil.
Si tribent da der minne spil,
Bisz daz in der morgen
Nit lenger wolt borgen
Der sallen fröd pringenden nacht. (*Metzen hochzit*, V. 258–291)

Hier entspinnt sich zunächst mit dem Kampf die Schilderung, wie Bertschi seine Frau mit Gewalt um ihre Virginität zu bringen versucht, aber diese Usurpation geht nahezu bruchlos in einen Ringkampf und sexuelles Vergnügen über. Auch hier kippt die Usurpationsdynamik ins Tumultarische, die Brautleute werden wie Kampfhähne aufeinander losgelassen. Bertschis beschwichtigendes Zureden und auch das durch den Erzählerkommentar hineingespielte Tageliedzitat am Ende dienen nur als komischer Kontrast, den jede Art von Diskurs gegenüber dem animalischen Toben der Brautleute aufweist.

Wie weit sich das Geschehen im *Ring* von der Exponierung solcher Besinnungslosigkeit entfernt hat, zeigt gerade auch der Blick auf die Brautnacht: In Wittenwilers *Ring* halten die Brautleute lange Reden, zitieren die Bibel und Sentenzen und der körperliche Vollzug der Ehe wird als Umsetzung von Gelerntem inszeniert: Mätzli wendet ein Rezept zur Vortäuschung der Virginität an, zugleich sträubt sie sich, schreit und bringt somit die Abwehrreaktionen ins Geschehen ein, die ihr der Arzt Chrippenchra beibrachte. Bertschi setzt bei seiner aggressiven Bemächtigung Mätzlis die Lehren Nabelreibers um:[44]

> *Secht, do tett er sam ein man*
> *Und graiff sei chrefticleichen an!*
> *Wie schier er ir die pain auf kert,*
> *Sam in der schreiber hiet gelert,*
> *Und macht sich zwüschen seu enmitten!*
> *Er tet nach seiner vordern sitten.*
> *Mätzli was auch nicht ze träg,*
> *Wie sei an dem ruggen läg:*
> *Sei hützret vast und zappelt ser*
> *Und bhielt ouch wol des artzets ler.* (*Ring*, V. 7040–7049)

Hier kopulieren, anders als im Bauernhochzeitsschwank, kluge Tiere. In das Geschehen ist Wissen und Lehre eingefügt, und genau dieser Aspekt entfaltet im *Ring* auch auf vielen anderen Ebenen eine eigene Komik.[45] In der Hochzeitsnacht wirken noch die soma-

---

[44] Als Abschluss der *ars amatoria* sah bereits Wießner die Hochzeitsnacht; Edmund Wießner, Heinrich Wittenwiler: Der Dichter des *Ringes* 1927, 151; vgl. auch Helmut Funke, Die graphischen Hinweise 1973, 110f. Als Beleg für Wittenwilers ernsthafte Lehrintention (Elmar Mittler, Das Recht 1967, 75f.) oder für Wittenwilers Versuch, die pikante Situation didaktisch auszunutzen (Bernhard Sowinski, Der Sinn des „Realismus", 1960, 67; Ursula Seibt, Das Negative 1975, 153), taugt die Hochzeitsnacht im *Ring* ebenso wenig wie als Beleg für Wittenwilers kritische Haltung zu Kirche und religiöser Lehre (Kristina Jürgens-Lochtove, Heinrich Wittenwilers *Ring* 1980, 105–109).

[45] Hinzu kommt im gegebenen Zusammenhang die komische Interferenz der verschiedenen Perspektiven Bertschis, Mätzlis und der Rezipienten auf das Geschehen; vgl. die Darstellung bei Corinna Laude, „Daz in swindelt in den sinnen …" 2002, 87–89. Den Inszenierungscharakter der Hochzeitsnacht und die damit einhergehenden Reflexionen zur kulturellen Konstruktion von Geschlecht behandelt Kerstin Schmidt, Sexualität als Textualität 1999, 146–151. Die ältere *Ring*-Forschung hat sich schwer getan mit der Fusion von Schwankhandlung und Wissen in der Hochzeitsnacht. Die Frage nach Wittenwilers Liebesauffassung und der Versuch, zu klären inwieweit die Stelle nur schwankhaft oder aber didaktisch zu verstehen sei, sind nicht dazu geeignet, diese Szene angemessen zu interpretieren. Symptomatisch: Ursula Seibt, Das Negative 1975, 150–155.

tischen Vorgänge diskursgesteuert,[46] und damit ist eine Zuspitzung jenes seltsamen und einmaligen Verhältnisses gegeben, in welchem Dummheit und Verständigkeit in Wittenwilers Ring zueinander stehen.[47] Möglich wird dadurch eine Beobachtung von Wissen, das mit einem aberwitzigen Kontext versehen wird.

Die Integration von Wissen in die Schwankepisoden fällt im *Ring* durchgängig auf. Dieses Wissen kann mehr oder weniger ausführlich sein, das Prinzip ist immer auszumachen: Als Frau Hüdel beim Hochzeitsmahl furzt, sucht sie den Fauxpas durch Scharren mit den Füßen zu vertuschen. Nabelreiber überführt sie mittels einer eigentümlichen Sentenz:

> *Des war Henritze îr ze chluog*
> *Und sprach:,Daz ist nicht enes fuog.*
> *Ich sing dir eins vil wol geticht:*
> *Cretzen gleicht sich fertzen nicht.* (*Ring*, V. 6145–6148)

Die hier geöffnete Asymmetrie kippt nun sogleich in den Tumult, denn Frau Hüdel furzt nun ausgiebig. Nabelreiber hat davon den Schaden und Graf Burkhart muss sich deshalb übergeben. Auch hier sind die wesentlichen Elemente versammelt: Konfrontation des Schwanks mit Wissen (Nabelreibers Sentenz), Kippen der Asymmetrie in den Tumult (Hüdels Winde).[48]

Durch die Hinzunahme eines Wissen, das als solches schon dem Geschrei der Bauern überlegen sein muss, konfrontiert Wittenwiler den Bauernhochzeitsschwank mit Rationalitätsstandards, die in der Vorlage gerade ausgeschlossen sind und die, wenn dort überhaupt angedeutet, nicht für die Entfaltung einer Handlungsdynamik von Überbietung und Korrektur nutzbar gemacht werden. An einer Stelle des Romans wird explizit, dass *list* rationale Voraussetzungen hat, welche die Bauern nicht erfüllen. Dies geschieht in der Szene, als Schilawingg den Lappenhausener Bauern die Botschaft der Nissinger überbringt, welche unverzüglich die Rückgabe ihrer geschändeten Frauen verlangen und anderenfalls mit Krieg drohen. Der Bote findet die Lappenhausener bei wilden Tänzen und Gesängen und wirft ihnen vor, dass sie sich so gebärden, obgleich doch in der Rauferei Menschen ihr Leben lassen mussten. Bezeichnenderweise verstehen die Bauern diesen Vorwurf nicht, werden aber auf den Boten aufmerksam und fordern ihn auf, sein Anliegen vorzubringen, wobei sie ihn als Narren ansprechen:

> *Schilawingg was unverzait;*
> *Sein botschaft huob er an und sait:*
> *‚îr habt vil recht, ich pins ein gauch,*
> *Ein chind dar zuo und tobig auch.*
> *Dar umb kan ich auch liegen nicht,*

---

[46] Vgl. dazu grundsätzlich: Kerstin Schmitt, Sexualität als Textualität 1999.
[47] Vgl. auch die Stelle, wo Mätzli angewiesen wird, sich während der Hochzeitszeremonie zu zieren (V. 5236–5263) und die Ausführungen Helfenbeins dazu: Rainer Helfenbein, Zur Auffassung der Ehe 1976, 60ff.
[48] Vgl. Arpad Stephan Andreànszky, Topos und Funktion 1977, 75ff.

Die leut betriegen sam ein wicht;
Won liegen daz wil haben list.
Also sag ich, wie im ist,
Gewärleich, in eim schlechten schein. (*Ring,* V. 6910–6918)

Die Rotmarkierung dieses Passus weist auf seine Rationalität: Das Einräumen der eigenen Narrheit gehört der Weisheitstopik an, Schilawinggs Rede enthält also einen ironischen Selbstwiderspruch, durch den die vollends närrische Replik der Lappenhauser Bauern auf die Botschaft kontrastiv gesteigert wirkt. Auch die Sentenz, dergemäß *list,* also Lüge und Betrug, mit Narrheit inkompatibel ist, wird als Konfrontation des närrischen Treibens mit Rationalitätsstandards thematisiert.

Schwankfiguren und Wissensressourcen

Damit aber wird hier wie im gesamten *Ring* das Wechselspiel von Verständigkeit und Klugheit wieder in den Text hinein genommen und durch selbstreflexive Volten gesteigert. Dies geschieht auf ganz unterschiedlichen Ebenen und mittels verschiedener Verfahren.

Eines dieser Verfahren besteht darin, dass Wittenwiler ein im Bauernhochzeitsschwank abgedrängtes Element der Gattung reaktiviert: den listigen Schwankhelden. Im ersten Teil des Textes wird dieses Verfahren genutzt, das einen Sonderfall innerhalb eines durchgängig beobachtbaren Prinzips darstellt. So lassen sich insbesondere drei Figuren im Ring auf bekannte Schwankgestalten beziehen: der Ritter Neidhart, der Schreiber Nabelreiber und der Arzt (und ‚Beichtiger') Chrippenchra. Neidharts listige Verhöhnung der Bauern hat eine eigene literarische Tradition. Dies gilt auch für die Figur des Schreibers, der seine literate Überlegenheit über andere Figuren ausnutzt[49] und die Arztszene lässt sich auf Mären des Typus „Verführung der naiven Unschuld" beziehen (dass Mätzli den Arzt als Beichtvater anspricht, öffnet die Szene auf eine schwanktypische Motivik hin).[50] Mit der Wiedereinführung des kundigen, cleveren Protagonisten aber wird nicht nur die Ausgrenzung der List aus dem Bauernhochzeitsschwank rückgängig gemacht. Das gattungstypische listige Handeln erfährt auch eine bemerkenswerte Modifizierung: Die Cleverness der Schwankhelden wird gegenüber der Tradition ausdifferenziert und als Applikation eines genauer bestimmten Wissens inszeniert. Bis in die Formulierungen gleichen die Kurzcharakterisierungen, die Wittenwiler vornimmt, den Apostrophen der Schwank- und Märentradition: Neidhart ist ein *riter*

---

[49] Gegen die Forschungstradition, die in Henritze Nabelreiber immer wieder ein *alter ego* des Verfassers sehen wollte, hat Jürgen Schulz-Grobert überzeugend auf den Kontext von Schwankfiguren des Typus „Schreiber" verwiesen; Jürgen Schulz-Grobert, *Autor in fabula* 1994/95, 19–22.

[50] Ursula Seibt hat daraus völlig unangemessen abgeleitet, dass Chrippenchra ein Kleriker sei; Ursula Seibt, Das Negative 1975, 144.

chluog (*Ring*, V. 159), von Henritze Nabelreiber heißt es, *der was chluog* (*Ring*, V. 1874) und von Chrippenchra: *der artzet was ein weiser man* (*Ring*, V. 2001).

Das Handeln Neidharts, Nabelreibers und Chrippenchras wird als Resultat von Reflexionen ausgegeben, genauer: als Resultat von reflexiven Bezugnahmen auf Wissen oder Texte. Die Art ihrer *list* ist nicht schon durch den Figurentypus festgelegt, sie entfaltet sich darüber hinaus im Text als Prozess. Während in Mären oder Schwänken die Markierung der listigen Überlegenheit einer Figur durch Formeln wie *diu was wîse* oder *der was kluog* erfolgt, gilt der Ursache der Überlegenheit der listigen Figur im Ring eine weit größere Ausführlichkeit. Die Forschung hat nicht übersehen, dass diese Figuren eine Reihe zu bilden scheinen.[51] Es sind verschiedenen Hypothesen dafür aufgebracht worden, worin das Prinzip dieser Reihung besteht.[52] Im Zusammenhang der bisherigen Überlegungen fällt zunächst auf, dass sie gleichermaßen über die Ressourcen ihrer *list* Auskunft geben: Sie verkünden Lehren, verfassen Schriftstücke und führen kenntnisreiche Selbstgespräche. Auch werden alle diese Figuren als Rezipienten von Bekenntnissen inszeniert: Neidhart hört bei den Bauern die Beichte, Bertschi eröffnet sich Nabelreiber, Chrippenchra ist Beichtiger Mätzlis. Aspekte dieser Reihe lassen sich auch als Steigerung verstehen. Der Bildungsgrad steigert sich von Figur zu Figur: Neidhart ist Ritter, Nabelreiber immerhin schreibkundig, Chrippenchra schließlich gelehrter Arzt. Auch der Umfang des präsentierten Wissens steigert sich: Neidhart bietet Anmerkungen über Turnierregeln und Wissen über die Beichte, Nabelreiber wartet mit einer Minnelehre und einem Musterbrief auf, und Chrippenchra bietet ein Rezept und eine umfassende allegorische Lehrdichtung über falsche und wahre *minne*. Man könnte vielleicht sagen, dass es innerhalb dieser Figurenreihe eine Tendenz des eingemeindeten Wissens hin zur abgeschlossenen Textsorte gibt. Im Folgenden sei das Verhältnis von Text und Wissen in dieser Reihe genauer betrachtet.

Bei der listigen Übertölpelung der Bauern durch die Schwankfigur Neidhart wird dieses Verhältnisses wie folgt modelliert. Die Figur wird vom Erzähler im Zusammenhang der Präsentation der turnierenden Bauerntölpel eingeführt. Nachdem elf Figuren mit Namen und Wappen vorgestellt worden sind, heißt es:

> *Des lesten namen ich enwaiss;*
> *Doch cham er auf den selben chraiss*
> *Geritten mit eim fuchszagel.*
> *Ich wän, es wär der pauren hagel,*
> *Her Neithart, trun, ein ritter chluog,*
> *Der allen törpeln hass truog.* (*Ring*, V. 155–160)

Der Erzähler konstatiert zunächst die Fremdheit des zwölften Turnierteilnehmers und in der Tat kommt die Figur im Bauernhochzeitsschwank nicht vor. Listige Schwankhelden

---

[51] Zum Verständnis des *Ring* als „Schwankreihe" vgl. Kurt Ruh, Heinrich Wittenwilers *Ring* 1978; Hans-Joachim Ziegeler, Erzählen im Spätmittelalter 1985, 437.

[52] Eckart Conrad Lutz sieht in den Figuren Neidhart, Nabelreiber und Dietrich maliziöse Helfer, Teufel und Masken des Autors; Echart Conrad Lutz, Spiritualis fornicatio 1990, 361–368.

wie Neidhart, der *ritter chluog*,[53] sind in Wittenwilers Vorlage, die solche Rationalitätsstandards unterbietet, nicht vorgesehen.[54] Markiert wird so auf ironische Weise die Heterogenität der Figur, denn der Erzähler kennt Neidhart ja dann doch und stellt ihn auch vor. Für die Figuren bleibt Neidhart der Fremde.

Nach dieser Vorstellung erfolgt ein erster Tumult: ein Turnier aller gegen alle.[55] Das Resultat ist die Manifestation der Überlegenheit Neidharts: Alle anderen Turnierteilnehmer liegen am Boden, nur er konnte sich im Sattel halten.[56] Diese Asymmetrie führt dann zum Angriff der Bauern auf Neidhart. Von nun an folgt das Geschehen einem Handlungsverlauf, den Bausinger als „Steigerungstyp Übermut" bezeichnet hat: Die Aktionen und Sprechakte Neidharts führen dazu, dass sich die Bauern immer mehr entlarven.[57] Alle Versuche der Tölpel, ihre inferiore Position zu korrigieren, forcieren diese nur. Darin liegt die Funktion des von Corinna Laude als Variations- und Steigerungsserie dargestellten „Prinzips des mehrfachen Anlaufs" im Turnier des *Rings*.[58] Was im Bauernhochzeitsschwank einem beobachtenden Rezipienten vorgespielt wurde, die progredierende Dummheit der Tölpel, geschieht nun vor den Augen eines textinternen Beobachters und Mitspielers, und diese Handlungsabläufe werden vom Rezipienten, einem Beobachter zweiter Ordnung, seinerseits beobachtet. Die Rolle des Rezipienten des Bauernhochzeitsschwanks wird solcherart im Geschehen selbst vergegenständlicht, wodurch der Rezipient des *Rings* zum Beobachter einer komplexer gewordenen Relation wird.

Neidharts Überlegenheit über die Bauern wird allein als Katalysator genutzt, um sie in Situationen zu führen, die dann von Neidhart und von den Rezipienten verlacht werden können. Die Serie solcher Situationen ist auf Steigerung angelegt, sie kulminiert an einer Stelle, wo die Bauern, nachdem noch ihre Fähigkeit scheiterte, sich missliche Situationen schön zu reden, nicht mehr wissen, ob sie einander verspotten oder ihren Schaden reuig beklagen sollen. Eisengrein ruft den Mitstreitenden zu:

---

[53] Mir scheint die „instrumentelle Schlauheit" der Wittenwilerschen Figuren anders konzipiert als jene *gefüege kündikeit* der Strickermären, wie sie Hedda Ragotzky dargestellt hat; Hedda Ragotzky, Gattungserneuerung 1981, 83–92. Corinna Laude sieht in dieser Klugheit eine Form frühneuzeitlicher Selbstbehauptung, wie sie von der Ockhamschen Philosophie theoretisch entfaltet werde; vgl. Corinna Laude, „Daz in swindelt in den sinnen…" 2002, 196–202.

[54] Vgl. zum nicht allwissenden Erzähler, der mitunter seine Figuren tauft und so „zwischen scheinbarer Unsicherheit des ‚Gesehenen' und Betonung der Erzählerwillkür schwankt" Hans-Joachim Ziegler, Erzählen im Spätmittelalter 1985, 424f. Zu den *Ich enwaiss*-Formeln und ihrer Funktion der Maskierung eines auktorialen Erzählers durch einen scheinbar erlebenden Erzähler besonders Corinna Laude, „Daz in swindelt in den sinnen…" 2002, 73–82.

[55] Ich folge der Gliederung des Turniers durch Corinna Laude, „Daz in swindelt in den sinnen" 2002, 102ff.

[56] Neidharts Überlegenheit bleibt durchgehend erhalten, das Bauernturnier präsentiert sich als stets erneuerte Niederlage; vgl. Kristina Jürgens-Lochthove, Heinrich Wittenwilers Ring 1980, 182f.

[57] Vgl. auch Hans-Joachim Ziegler, Erzählen im Spätmittelalter 1985, 427.

[58] Corinna Laude, „Daz in swindelt in den sinnen…" 2002, 102.

> *'Ein red mag ich für war sagen*
> *Ane brief und ane potten:*
> *Es mügt wol encher selber spotten.'*
> *Die taiding allen misseviel;*
> *Ieder schluog sich an den giel:*
> *Des schimpz begond sei reuwen.* (*Ring*, V. 314–319)

Mit solcher Akkumulation von Spott und Schaden ist das Maximum möglicher Blamage erreicht. Damit aber ist gegenüber der Neidharttradition (den Liedern, Schwänken und Fastnachtsspielen) eine auffällige Reduktion vorgenommen. Neidharts Gegnerschaft ist in dieser Tradition durch ein mimetisches Begehren motiviert: Neidhart verlangt es nach den Frauen und Töchtern der Bauern. Er wird aber in den Winterliedern und den Schwänken von den Bauern in der Minne übervorteilt und greift deshalb zu Listen. Im Beichtschwank mengt er sich verborgen im Mönchsgewand unter die Bauern, um in der Beichte ihre Absichten zu eruieren. Er gerät in Bedrängnis, weil die Bauern dem vorgeblichen Mönch ihre Aversionen gegen Neidhart enthüllen.[59] Deutlich wird in diesem Vergleich, dass mit Neidhart zwar eine Schwankfigur in die Vorlage integriert wird und dass die gerade für diese Figur typische listige Korrektur einer Unterlegenheit suspendiert ist: Neidhart ist in jeder Situation souverän und den Bauern überlegen, seine Aktionen dienen nicht dazu, seine Haut zu retten oder den Bauern die Frauen auszuspannen, sondern allein dazu, weitere Torheiten der Bauern zu veranlassen.[60] Die Überlegenheit Neidharts gründet zunächst in seinem Vermögen, sich im Sattel zu halten, in seinem Vorsprung in der kompetenten Anwendung von Kampftechniken also. Dabei bleibt es im *Ring* freilich nicht. Wie Chrippenchra wird auch Neidhart als Figur perspektiviert, die auf Wissensressourcen zurückgreift, um das Geschehen voranzutreiben. Neidhart exponiert ein Wissen um die Beichte, ein Wissen um Frauendienst sowie um Turnierpraktiken und -regeln. Er wird dabei zum Sprachrohr dieses Wissens einerseits, andererseits aber wird an ihm vorgeführt, wie solches Wissen maliziös funktionalisierbar ist.

Neidhart hört die Beichte der Bauern und die Buße, die er ihnen auflegt, ist letztlich die Delegierung der Beichte an einen Priester: Leckdenspieß muss sich auf den Weg zum Bischof machen, Heinzo mit der Geiß muss gar nach Rom.[61] Vermerkt wird, dass

---

[59] Dass Neidhart im Schwank „wie auf Nadeln" sitze, bei Wittenwiler aber souverän sei, betont auch Edmund Wießner, Neidhart und das Bauernturnier 1928, 203. Zur Übertragung der „Angstschweißrolle", die in den Schwänken Neidhart, im *Ring* aber den Bauern zukomme: Ursula Seibt, Das Negative 1975, 161f.

[60] Gegen Positionen der älteren Forschung, die in Neidhart eine sittlich positive Figur des *Ring* auszumachen versuchte, argumentiert überzeugend Kristina Jürgens-Lochthove, Heinrich Wittenwilers *Ring* 1980, 95–98, der ich freilich in der These, der Widerspruch der Neidhartfigur sei der zwischen religiös-dogmatischer Didaxe und epischer Erzählung nicht folgen möchte. Es gibt keinen Widerspruch der Figur: Neidhart funktionalisiert alles, auch das Wissen, für die Bloßstellung der Bauern und den Tumult.

[61] Dass er bekennt, er sei auf einer Kuh durch einen Fluss geritten, wertet Eckart Conrad Lutz als Replik auf einen Sodomiediskurs: Eckart Conrad Lutz, Spiritualis fornicatio 1990, 374–377. Dies

der Aufwand den Bauern schade. Der *gumpelpfaff* Neidhart räsoniert in einem rot markierten Selbstgespräch auf die Beichtlehre, die ihm verbiete, geistlich zu lösen und zu binden. Hier wird jenes Wissen expliziert, das die entsprechenden Listhandlungen motiviert.

Ebenso wird mit der Turnierlehre verfahren. Neidharts Unterweisung wird dabei wieder rot markiert. Er belehrt die Bauern über die Funktion des Turniers: Es diene nicht nur dem Frauendienst, sondern auch der militärischen Übung, als Festigung der Kampfpraktiken. Diese Zweckbestimmung von Turnieren ist geläufig.[62] Neidhart weist daraufhin die Bauern an, das Turnier zu teilen[63] und so zwei Parteien zu bilden. Daraufhin expliziert er recht seltsame Turnierregeln:

Her Neithart aber redet do:
'Ewer eren pin ich fro;
Dar umb wir schüllen wellen
Zwen unter uns gesellen
Von part und widerparte
Zuo zäumern an der varte:
Die habend anders nit ze schaffen
Dan hin und her im turner gaffen,
Ob si vinden unter allen,
Die man schlahen schol mit schallen.
Die selben schüllens ziehen
Paim zaum, daz si nit fliehen
Mügen so geswinde,
Bis daz daz ander gsinde
Der ir gesellschaft chöm her nach
Und in umb und umbe vach
Und dar zuo schlahi – doch nit hert –
Oder schüphi von dem phert. (Ring, V. 918–935)

Die Kommentarliteratur zu dieser Stelle legt drei unterschiedliche Auslegungen nahe. Sowinski sieht in den *zäumern* die *kipper*.[64] So werden in der mittelhochdeutschen Literatur mitunter nicht-rittermäßige, leicht gerüstete Knappen genannt, die mit Keulen oder Kolben bewaffnet sind und deren Hauptaufgabe beim Kampfspiel darin besteht, herrenlose Pferde einzutreiben, sowie auf Pferde und Ritter einzuschlagen, welche ihre Herren gefangen nehmen wollen. Der Einsatz der Kipper aber wird in der Literatur seit

---

impliziert, dass die Bauern nicht, wie es in der Forschung oft heißt, harmlose Vergehen beichten, sondern schwerste Sünden.

[62] Edmund Wießner, Kommentar 1936, 52f.
[63] Zum Teilen des Turniers William Henry Jackson, Das Turnier 1985, 271f.; ein Beispiel dafür bei Ulrich von Liechtenstein, Frauendienst, Str. 245–254.
[64] Siehe dazu den Kommentar von Bernhard Sowinski zu V. 918ff. in: Heinrich Wittenwiler *Der Ring* 1988. Er verweist auf Joachim Bumke, Höfische Kultur 1986, Bd. 1, 354.

dem 13. Jahrhundert immer wieder problematisiert.[65] Jackson zeigt, dass die Zurückweisung des Kipperwesens mit der Entfernung des Turniers vom wirklichen Krieg zusammenhängt. Der Verzicht auf Kipper bedeutet auch eine Verringerung der Chancen auf Beute und dient so der ständischen Exklusion des höheren Turnieradels gegenüber dem niederen Adel.[66] Von den *kippern* freilich ist – anders als in anderen volkssprachigen Texten des Mittelalters – im *Ring* nicht die Rede.

Bei Wießner finden sich zwei verschiedene Lesarten der Stelle. Zunächst nahm er an, Neidhart expliziere das so genannte Zäumen, welches beispielsweise auch bei Konrad von Würzburg beschrieben werde: Dabei ergreift ein berittener Turnierteilnehmer den Zügel des Gegners und traktiert ihn dabei mit Schwerthieben. Dass das Geschehen im Ring mit diesem Vorgehen allenfalls den Namen gemein hat, vermerkte Wießner selbst.[67] Deshalb wohl versammelte er später in seinem Stellenkommentar zum *Ring* eine Reihe von auch literarischen Belegen für das Verprügeln derjenigen, die widerrechtlich am Kampfspiel teilnehmen. Die Turnierer prügeln mit Kolben, bis die Pferde ausgeliefert werden. In diesem Falle handelt es sich um gewaltsame Maßnahmen, deren Funktion es ist, die ständische Exklusivität des Turniers zu sichern.

Dass alle drei vergleichend angeführten Praktiken mit dem im *Ring* Geschilderten wenig Gemeinsames aufweisen, legt nahe, in Neidharts Turnierlehre eine Manipulation einer oder mehrerer solcher Praktiken zu vermuten. Dafür gibt es weitere Anhaltspunkte: Neidharts „Turnierlehre" nämlich expliziert hier nicht etwa das Regelwerk für Kampfspiele, sondern generalisiert einen Aspekt. Und unabhängig davon, wie genau man Neidharts *zäumer* kulturgeschichtlich referentialisiert, läuft der Vergleich mit jeder der in der Forschung erwogenen Praktiken darauf hinaus, dass der nicht-rittermäßige Status der Kombattanten akzentuiert und verhöhnt wird: Sei es durch die Inszenierung einer Ausschlussprozedur, die den Teilnehmern gilt, die aufgrund ihres Standes nicht satisfikationsfähig sind; sei es durch die Generalisierung einer im zeitgenössischen Kontext „niederen" Turnierpraxis oder durch die Ersetzung des beim Zäumen zum Einsatz kommenden Schwertes durch mit Stroh umwickelte Kolben. Neidhart, der seine Lehre vorgeblich in den Dienst der Ehre der Bauern stellt (*Ewer eren pin ich fro; Ring*, V. 919), arbeitet so tatsächlich an der Bloßstellung der Tölpel für den Rezipienten. Dies aber heißt, dass diese Figur nicht einfach Wissen zu vermitteln sucht,[68] sondern dass sie dieses Wissen manipuliert. Das geschieht im gegebenen Fall dadurch, dass ein Einzelas-

---

[65] Wiliam Henry Jackson, Das Turnier 1985, 272; ein Beispiel bei: Ulrich von Liechtenstein, Frauendienst, Str. 370f.

[66] Vgl. zur ständepolitischen Problematik des Kipperwesens: Bernd Thum, Ulrich von Liechtenstein 1968, 32ff.

[67] Edmund Wießner, Neidhart und das Bauernturnier 1928, 194.

[68] Immer wieder ist in der Forschung die Rede davon, dass in der Szene Turnierregeln vermittelt würden. Oft geschieht dies mit Hinweis auf die didaktische Relevanz dieser rot markierten Passage; vgl. Helmut Funke, Die graphischen Hinweise 1973, 57f. Immerhin wird in diesem Zusammenhang erwähnt, dass die Darstellung von Neidharts Pfiffigkeit und seines listenreichen Verhaltens mit der Rotmarkierung zu tun habe.

pekt von Turnieren als Regelwerk des Ganzen ausgegeben wird. Und anders als bei der Erläuterung der verschiedenen Funktionen des Turniers selbst, gibt Neidhart hier auch nicht den Zweck des Spiels an, weshalb wir nicht erfahren, ob das Schlagen der ausgesuchten Gegner darauf zielt, Reittiere zu erbeuten, oder darauf, Lösesummen von Gefangenen zu erhalten bzw. unstandesgemäß Turnierende zu entfernen. Die Gewalt wird so auch noch ihrer profanen Zwecke entkleidet.[69] Die Umsetzung von Neidharts Turnierlehre durch die Bauern gestaltet sich dann einmal mehr als Perversion eines allenfalls in Schwundform abgerufenen Regelwerks, denn den Bauern ist offenbar sogleich ein Vorschlag plausibel, der das Herabprügeln vorher festgelegter Opfer von ihren Reittieren vorsieht: Unverzüglich beratschlagen die beiden Parteien, wer jeweils zu verprügeln sei. Die erste Partei, bestehend aus dem *zäumer* Burkhart und drei weiteren Kämpfern, einigt sich, nachdem alle drei Figuren der Gegenparteien als Prügelknaben erwogen wurden, auf Troll als Opfer. Kriterium für seine Wahl ist, dass er ins Bett seicht und alle Leute betrügt. Dies übertrifft offenbar den bei der Wahl erwogenen Gestank der anderen. Die zweite Partei gerät über die Entscheidung in Streit: Eine Messerstecherei kann durch Kunz mit einem rot markierten Hinweis darauf, dass sie ja zusammenhalten müssten, wollten sie gemeinsam zu Ehren kommen, unterbunden werden. Es ist auch hier der Rationalitätsstandard dieser Erinnerung, welche die Rotmarkierung motiviert, sie unterbricht nur kurzzeitig einen tumultarischen Verlauf. (Dass es sich bei den folgenden Kämpfen um ein „nunmehr regelgeleitetes Turnier" handle, wird man ohne massive Einschränkungen so nicht behaupten können.)[70] Daraufhin einigen sie sich auf Bertschi als Opfer. Dieser Vorgang ist wieder bezeichnend: Der Versuch, dem Turnier einen regelhaften Ablauf zu sichern, entartet zum Tumult. Das Turnier selbst hat dann auch trotz Neidharts Unterweisung wenig mit einem regelgeleiteten Kampfspiel zu tun, die Wahl der Gegner durch die Bauern trägt Züge eines Sündenbockrituals: So wird Bertschi ausgewählt, weil er aufgrund seiner Minne zu Mätzli am Elend des Turniers schuld sei und weil er einer Katze mit der linken Hand das Fell abgezogen habe, was Unglück bringe.[71] Die Archaik solcher Mechanismen kontrastiert drastisch mit den normalerweise zur Veranschaulichung von Zivilisationsgewinnen exponierten Choreographien und Regeln des ritterlichen Kampfspiels und des Frauendienstes. Dargestellt wird die bäurische Metzelei als größtmöglich perfide Umsetzung der Neidhartschen Turnierlehre. Diese war freilich von vornherein manipuliert mit dem Ziel, den größtmöglichen Ehrverlust der Bauern zu erreichen. Man sieht an diesem

---

[69] Dass das Turnier, das nach Neidharts Anweisungen zustande kommt, ein „Geschicklichkeitstraining für den Ernstfall" sein soll, lässt sich dem Text so nicht entnehmen; Ursula Seibt, Das Negative 1975, 170.

[70] Bis auf die Interpretation von Neidharts Turnierlehre ist die Darstellung des Turniers, seiner Tektonik und seines Ablaufs bei Corinna Laude sehr genau und instruktiv; Corinna Laude, „Daz in swindelt in den sinnen…" 2002, 102–109; vgl. Ursula Seibt, Das Negative 1975, 108.

[71] Zum Katzenschinden vgl. die Belege bei Jürgen Belitz, Studien zur Parodie 1978, 88f. Zu diesem verstörenden Thema vgl. auch Robert Darnton, Workers Revolt. The Great Cat Massacre 1984.

Beispiel deutlich, dass die schwanktypischen Liststrategien im *Ring* als Komödien eines Wissens und seiner Kontextualisierung, seiner Manipulation und seiner Umsetzung inszeniert werden.

Und dies findet bei allen drei Schwankfiguren statt. Auch der Schreiber Henritze Nabelreiber wird mit der Markierung seiner Cleverness eingeführt: *Trun, Henreize der was chluog!* (*Ring*, V. 1874). Jürgen Schulz-Grobert hat diese Figur in die literarische Reihe von Schreibergestalten gerückt, die in Schwänken auftreten und ihre literate Überlegenheit ausnutzen, um erotische Vorteile zu erlangen.[72] Einen entscheidenden Unterschied zu dieser Tradition hat er dabei deutlich markiert: Wittenwilers Schreiber drängt nicht auf den eigenen erotischen Vorteil, sondern beschäftigt sich mit den Liebeshändeln Bertschis und wirkt dabei als Katalysator des Geschehens. Damit ist zwar erneut ein listiger Schwankheld aus anderen Kontexten in die Vorlage des Bauernhochzeitsschwanks eingeführt. Anders als bei der Neidhartfigur aber ist beim Schreiber das Moment der *list* im Sinne eines auf die eigene Überlegenheit zielenden Handelns hier suspendiert. Man kann sagen, dass hier das Bedeutungsspektrum des mittelhochdeutschen Nomens *list* reduziert ist auf das Moment der Kompetenz des Schreibers und auf das Moment des Wissens selbst. Nabelreibers Motiv besteht in verwandtschaftlicher Loyalität. Dass er selbst keine niederen Absichten verfolgt, erscheint vor dem Hintergrund der Schwanktradition als Motivationslücke, die von der Forschung unterschiedlich gefüllt worden ist. Wenn Eckart Conrad Lutz dem Schreiber maliziöse Absichten konzediert, ja ihn sogar als diabolische Figur bezeichnet,[73] so scheint mir damit gegen den Text ein Aspekt des listigen Schwankhelden ergänzt, der geradezu programmatisch ausgeschlossen wird.

Welche Funktion hat diese Modifizierung? Ich meine, dass der Blick des Rezipienten auf das Verhältnis von Wissen und Kontext gelenkt werden soll, auf die Frage nach der Angemessenheit der Applikation. Das Verhältnis von Wissen und Handeln ist somit vom Aspekt einer Manipulation von Wissen und einer Funktionalisierung des Wissens entlastet. Der Witz besteht hier nicht im Theater einer manipulierenden Zurichtung und einer falschen Umsetzung eines so verfremdeten Wissens, der Witz richtet sich auf die Heterogenität des Wissens im entfalteten Handlungszusammenhang. Bei Nabelreibers Minnelehre wird deutlich die Irrelevanz des Wissens für die Situation, in der es angewendet werden soll, markiert. Bertschi ist liebeskrank und schickt nach seinem Oheim, dem Schreiber. Als Bertschis Verwandter kommt die Schreiberfigur hier in der Rolle des Helfers, nicht in der des Usurpators zum Einsatz. Nabelreiber schätzt die Situation bezeichnenderweise zunächst einmal völlig falsch ein: Er vermutet, Bertschi sei verprügelt worden. Bertschi korrigiert dies, indem er seine Liebe zu Mätzli als den Grund seiner Liebeskrankheit angibt und bittet den Schreiber um das Abfassen eines Briefes. Nabelreiber weist dies zunächst zurück und entfaltet eine Minnelehre, die Bertschi zeigen soll, wie man *reht hofiert*. Diese Lehre nun entfaltet Regeln für die Objektwahl,

---

[72] Jürgen Schulz-Grobert, Autor in fabula 1994/95, 13–26.
[73] Eckart Conrad Lutz, Spiritualis fornicatio 1990, 369.

betont die Ausschließlichkeit der Liebe und zeigt den Weg für eine sukzessive Annäherung an die Geliebte auf: Lächeln und verliebte Blicke, Tanz und Saitenspiel, Singen, Springen, Konversation, Praktiken der Verstellung und Wahrung der Diskretion.[74] Der Liebhaber soll ein Kuppelweib instruieren, um durch sie der Geliebten seine Absichten zu eröffnen. Er soll auf die erwartbare Zurückweisung seitens der Dame mit gesteigertem Aufwand reagieren, indem er Minnelieder singt, Boten schickt und so durch Nachdrücklichkeit ein Stelldichein mit der Geliebten erreicht. Bei dieser Gelegenheit dann soll er durch Schmeicheln und Flehen den Widerstand der Geliebten erweichen und sie schließlich mit Küssen und der *minne spil* erwärmen, um sodann die Ehe von ihr zu begehren. Letzterer Aspekt ist in den *artes amandi* so nicht vorgesehen.[75] Die Funktionslosigkeit der Minnelehre für den unmittelbaren Handlungskontext ist oft vermerkt worden: Auf der Ebene des Erzählten ist ein Leerlauf der didaktischen Situation zu konstatieren. Nachdem Nabelreiber nämlich seine Lehre beendet hat, weist ihn Bertschi knapp darauf hin, dass sie in keiner Weise auf die Situation passt und in jeder Hinsicht irrelevant war:

Waist nicht, daz ze diser frist
Mätzli so verschlossen ist,
Daz niemand kömen mag zuo ir,
Ze sagen meines hertzen gir? (Ring, V. 1842–1845)

Damit ist die Notwendigkeit eines Briefes und seiner Übermittlung gegeben, die von Nabelreibers Minnelehre zunächst unterbrochene Ausgangssituation wieder hergestellt, ohne dass die Explikation der Lehre auch das Geringste am Geschehen verändert hätte. Nabelreiber fasst daraufhin kompetent einen Musterbrief ab und er übermittelt ihn auch an Mätzli, indem er das Schreiben an einem Stein befestigt und in den Speicher wirft, wodurch er der Empfängerin eine Platzwunde am Kopf und eine Ohnmacht beschert. Auf diese Weise werden die medialen und interaktiven Bedingungen von gelingender Liebeskommunikation angespielt und als scheiternde vorgeführt. Diskrete Konsoziation durch privaten Schriftverkehr scheitert daran, dass die Beteiligten illiterat sind.

Soweit konnte beobachtet werden, wie die Transgression des Bauernhochzeitsschwanks durch die Wiedereinführung eines Prinzips der *list*, die in bestimmten Schwankfiguren literarisch institutionalisiert ist, betrieben wird. Dabei allerdings erfolgt auch eine Modifizierung sowohl der Neidhartfigur als auch des Typus des listigen Schreibers, anstelle des Listhandelns treten Relationen von Wissen und Handeln. Mit den beiden ersten Schwankfiguren werden jeweils unterschiedliche Aspekte dieser Relation thematisiert. Deshalb wird man nicht darin fehlgehen, wenn man in Neidhart und im Schreiber Figuren sieht, welche die Beziehung der Schwankhandlung auf die hinzugenommenen Wissenssegmente facettenreich exponieren. Indem in den Episoden

---

[74] Vgl. zur Topik dieser Reihenfolge der Liebesgrade Christoph Gruchot, Heinrich Wittenwilers *Ring* 1988, 120.
[75] Ingeborg Glier, *artes amandi* 1971, 235–241; Hans-Jürgen Bachorski, Irrsinn und Kolportage 2006, 127f.

jeweils bestimmte Aspekte dieser Relation ausgeschlossen, isoliert bzw. betont sind, werden gestörte Zusammenhänge von Wissen und Handeln anhand verschiedener Fälle beobachtbar. Darin scheint mir das Reihenprinzip der drei Schwankfiguren zu liegen.

Einzig bei der Arztfigur ist listiges Handeln zum eigenen Vorteil manifest: Chrippenchra bringt Mätzli um ihre Unschuld und verschleiert ihre Schwangerschaft, was ihm erotischen Gewinn und das Ausbleiben seiner Schande sichert.[76] Die Arzt-Szene zeigt – darauf wies schon mit aller Deutlichkeit Rainer Helfenbein hin – deutliche Analogien zum Märentypus der Verführung einer erotisch naiven Jungfrau.[77] Auch in Mären wie dem *Sperber* oder dem *Häslein* vollziehen naive Mädchen mit gewitzten Rittern den Liebesakt, ohne jedoch zu wissen, was sie tun.[78] Typisch ist dabei, dass die jungen Frauen schnell Gefallen am Liebesspiel finden und dass der Liebesakt dreimal vollzogen wird.[79] Die Arzt-Szene in Wittenwilers *Ring* variiert diesen Grundtypus: Die illiterate Mätzli bedarf eines lesekundigen Vermittlers um Bertschis Liebesbrief zu verstehen. Ihre Kopfverletzung bietet die Gelegenheit, den Arzt aufzusuchen, der sogleich mittels eines Patientengesprächs eine Anamnese betreibt:

> *Der artzet was ein weiser man,*
> *Dar umb er fragen do began:*
> *‚Wie pist du, maget, so geschlagen?*
> *Mit we und wan? Daz scholt mir sagen!'*
> *Das tet er alles umbe daz,*
> *Daz er derfüeri deste bas,*
> *Mit we ir zhelfen wäre.* (*Ring*, V. 2001–2007)

Der Passus ist mit einer roten Seitenlinie versehen und weist so auf die Rationalität des medizinischen Verfahrens der Anamnese.[80] Mätzli will den Hergang ihrer Verletzung der umstehenden Verwandten wegen nicht schildern und behauptet, dass die Anwesenheit so vieler Menschen sie erhitze. Der Arzt durchschaut Mätzlis Strategie und schickt die Leute unter Beschimpfungen hinaus. Sie würden die Praxis verpesten und ihm seine

---

[76] Karl Zaenker, Zur Arzt-Szene 1979, 1–14; Rainer Helfenbein; Zur Auffassung der Ehe 1976, Bernhard Sowinski, Der Sinn des „Realismus" 1960, 41ff.

[77] Rainer Helfenbein, Zur Auffassung der Ehe 1976, 65–84. Gruchot bestreitet dies mit dem seltsamen Hinweis darauf, Mätzli sei nicht so naiv, wie sie tut. Vielmehr handle es sich um die Vorführung des Weisen, der vor Versuchung nicht gefeit sei. Zu diesem Motiv des Minnenarren (etwa Aristoteles und Phyllis, der Schreiber im Korbe etc.) gehört freilich die öffentliche Bloßstellung des fehlbaren Weisen, die beim Arzt ja gerade nicht stattfindet. Gruchots Überlegung, die Arztszene zeige weniger eine Vergewaltigung, vielmehr eine Verführung des Arztes durch Mätzli, steht in einer breiten Forschungstradition, die bei Bachorski angemessen kommentiert wird; vgl. Christoph Gruchot, Heinrich Wittenwilers *Ring* 1988, 117, 120; Hans-Jürgen Bachorski, Irrsinn und Kolportage 2006, 128, Anm. 266.

[78] Dass die Szene zeige, wie Mätzli vom Liebesleben nach höfischem Vorbild fasziniert sei, kann ich nicht nachvollziehen; vgl. Jürgen Belitz, Studien zur Parodie 1978, 65.

[79] Rainer Helfenbein, Zur Auffassung der Ehe 1976, 79.

[80] Helmut Funke, Die graphische Hinweise 1973, 68, Christa Maria Puchta-Mähl, *Wan ez ze ring umb uns beschait* 1986, 251.

Wissenschaft abschauen wollen, er könne die Jungfrau nur heilen, indem er ihr Wurzeln verabreiche, wenn sie allein bei ihm sei (*Ring,* V. 2015ff.). Nachdem die Verwandten den Raum verlassen haben, eröffnet Mätzli dem Arzt, wie sie den Brief empfangen habe, bittet ihn um Diskretion und darum, ihr den Brief vorzulesen und eine Antwort abzufassen. Nachdem Chrippenchra den Brief vorgelesen hat, säubert er zunächst die Wunde mit scharfen Substanzen (Essig, Asche, Zwiebel, Meersalz), die Mätzli in ihrem Liebeswahn aber *süesser dann ein smaltz* erscheinen (*Ring,* V. 2074).[81] Daraufhin diktiert Mätzli dem Schreibkundigen einen Liebesbrief, der an der Unmittelbarkeit ihres Begehrens keinen Zweifel lässt (*Chüm zuo mir pei diser nacht | Ins artetz haus und gib mir chraft!*; *Ring,* V. 2091f.). Chrippenchra vermutet in solchen Reden die sexuelle Gier seiner Patientin und beschließt listig, die Situation auszunutzen.[82] Dieser listige Beschluss aber wird im Text durch ein rot markiertes Selbstgespräch entfaltet:

Do ditz nu Crippenchra dersach,
Zuo im selber er do sprach:
,Trun, du macht ein hüerrel sein,
Mich triegin dann die sinne mein!'
Und gedacht im an die gschrift,
Die von weiben also spricht:
,Den frawen ist der ars ze prait,
Daz hertz ze smal.' [...] (*Ring,* V. 2097–2104)

Chrippenchras Beschluss, sich der Frau zu bemächtigen, wird als Resultat medizinischer Expertise einerseits, der Konsultierung misogynen Schrifttums andererseits ausgegeben. Die Schwankfigur Chrippenchra wird somit installiert als Beobachter Mätzlis, der seine Befunde mit verschriftetem Wissen abgleicht. Dieser Prozess wird vom Rezipienten seinerseits beobachtet und an gegebener Stelle schaltet sich auch noch der Erzähler in das Selbstgespräch des Arztes ein und unterzieht das misogyne Sprichwort einer Deutung, die das *kleine herz* auf die geringe Treue und *stätichait,* den breiten *ars* auf die ausgeprägte *unkeusch* und *sünde* der Frauen bezieht. Der Erzähler richtet sich dabei direkt an die Rezipienten (*ich euchs btüten wil*; *Ring,* V. 2105, *waz sag ich euch?*; *Ring,* V. 2109). Man sieht dabei, wie der Raum zwischen dem Impuls des Arztes, seine Patientin zu vergewaltigen, und der Ausführung dieses Vorhabens mit Wissen angefüllt wird, mit einer Sentenz und einer Auslegung dieser Sentenz durch den Erzähler.[83]

---

[81] Helfenbein weist darauf hin, dass die Komik der Arzt-Szene auch darin liege, dass Mätzli die tatsächliche medizinische Behandlung mit Liebe in Verbindung bringt, während sie den Geschlechtsakt für eine medizinische Behandlung hält; Rainer Helfenbein, Zur Auffassung der Ehe 1976, 73ff.
[82] Vgl. Rainer Helfenbein, Zur Auffassung der Ehe 1976, 73ff.
[83] Es geht um die Inszenierung des Wissens, nicht um die Artikulation von Wittenwilers „persönliche(n) schlechter Erfahrungen mit Frauen", wie Seibt vermutet; Ursula Seibt, Das Negative 1975, 141.

Man kann in Chrippenchras Bezug auf die *gschrift* auch die (falsche) Behauptung eines Bibelzitats sehen.[84] Eine solch falsche Ausstattung eines zudem grob formulierten misogynen Stereotyps mit biblischer Autorität (und die legitimierenden Implikationen für den sexuellen Übergriff, die dies im gegebenen Zusammenhang hat) fiele natürlich auf Chrippenchra zurück. Das Listhandeln der Schwankfigur würde so als Manipulation von Wissensressourcen perspektiviert. Die eingeschobene Erzählerbemerkung wäre dann in hohem Maße ironisch zu lesen: Sie entlarvte – scheinbar einstimmend – das misogyne Selbstgespräch des Arztes als Verschleierung seiner eigenen *unkeusch*, ja als Projektion, und die Autorität des Arztes wäre so in Frage gestellt.[85] Vielleicht kann man dem *Ring* in Fragen der Modellierung von Perspektiven eine solche Subtilität zutrauen, wenn man berücksichtigt, dass der Rezipient anhand der Neidhartfigur ja bereits für die Wahrnehmung einer Manipulation von Wissen sensibilisiert wurde. Für die hier relevante Fragestellung ist der grundsätzliche Ertrag beider Lesarten derselbe: In die *list* des Schwankhelden wird eine Wucherung des Wissens eingetragen, durch welche das Listmotiv des Schwanks differenziert wird. Die schwanktypische Komik listiger Aktionen und Gegenreaktionen bzw. verbaler Provokationen und schlagfertiger Repliken weicht im *Ring* somit einer Komödie des Wissens: Die Listhandlung wird im *Ring* als Aktualisierung und Umsetzung konkreten Wissens dargestellt, wobei dabei zumeist falsches bzw. moralisch fragwürdiges Wissen appliziert wird bzw. ein zuvor zugerichtetes und manipuliertes Wissens zum Einsatz kommt. Der Wucherung des Wissens schiebt der Erzähler zuletzt einen Riegel vor: *Man möcht es ewencleichen treiben;| Besser ist, wir lassins pleiben* (*Ring*, V. 2113f.). Der Erzähler unterbricht den misogynen Exkurs und seinen Kommentar,[86] nimmt sich wieder zurück und fährt fort, von der Erpressung Mätzlis durch Chrippenchra zu erzählen. Aber auch hier hat sich das Wissen sogleich wieder in den Handlungen eingenistet: Denn als Chrippenchra Mätzli droht, er würde alles ihrem Vater eröffnen, wenn sie nicht ihm und seinem *stumph* zu Willen wäre, da erklärt Mätzli dem Arzt, dass sie nicht wisse, was „zu Willen sein" bedeute und worum es sich bei einem *stumph* handle. Damit ist die sexuelle Erpressung der Jungfrau vom Arzt als Unterweisung gestaltet:

> *Der stumphe daz sein wurtzen,*
> *Ein langeu mit zwain kurtzen.*
> *Dar zuo so ist mein wille,*
> *Daz du dich habist stille.* (*Ring*, V. 2141–2144)

Auch in den Maßnahmen, die Chrippenchra ergreift, um das Bekanntwerden seiner und Mätzlis Schande listig zu verschleiern, zeigt sich einmal mehr, dass die *list* im *Ring* als

---

[84] Edmund Wießner, Kommentar 1936, 92.
[85] Anders liest die Stelle Kerstin Schmitt: Sie sieht im Erzählerkommentar und der roten Linie eine Bekräftigung der Autorität des Arztes; Kerstin Schmitt, Sexualität als Textualität 1999, 139.
[86] Es handelt sich um eine der wenigen Stellen, an der der Erzähler das Geschehen kommentiert; vgl. dazu Corinna Laude, „Daz in swindelt in den sinnen..." 2002, 59f.

Aktivierung von Wissen perspektiviert wird.[87] Chrippenchra empfiehlt seiner Patientin ein Rezept zur Simulation der Jungfräulichkeit. Edmund Wießner hat in seinem Kommentar auf das Schwankmotiv der künstlichen Herstellung der Virginität verwiesen und einige Beispiele angeführt, in denen von einer Salbe oder Ähnlichem die Rede ist. Er verweist unter anderem auf ein Fastnachtsspiel, in dem es heißt: *Welche junkfrau iren maituom hat verlorn, die nem die salben in ein horn und streich sie zwischen ir pain, so wirt sie wieder keusch und rain.*[88] Auf die Zusammensetzung des Mittels selbst wird dabei nicht eingegangen; für das Funktionieren der Listdynamik ist lediglich relevant, dass die Figuren über solche Mittel verfügen. Im *Ring* nun wird an solcher Stelle ein konkretes Wissen, ein Intertext, eingefügt. Rezepte zur Simulation der Jungfräulichkeit sind verschiedentlich überliefert, sie finden sich beispielsweise in den Texten über die *passionibus mulierum*, welche der salernitischen Trotula zugeschrieben wurden; das Rezept im *Ring* gleicht, wie an späterer Stelle noch auszuführen ist, einer Anweisung aus dem *Liber ad Almansorem* des Rhazes.[89] Es ist also davon auszugehen, dass es sich um einen konkreten Textimport aus medizinischer Literatur handelt. Zu Chrippenchras Verschleierungstaktik gehört ein Vorgang des Lehrens (*Dar nach so tuo so, sam ich dich ler*; *Ring*, V. 2213; *Sich, ob ich dich chünn geleren*; *Ring*, V. 2244), also eine Übermittlung von Wissen. Somit wird, anders als in Mären oder Schwänken, die listige Handlung des Schwankhelden auseinandergefaltet: Präsentiert wird im *Ring* einerseits das Wissen als Ressource, andererseits der Prozess seiner Aktivierung. Die Komik des Schwankes wird dabei verschoben hin zu einer Komik des Wissens in seinem jeweili-

---

[87] Kerstin Schmitt untersucht in ihrem Aufsatz zur Konstruktion von Männlichkeit und Weiblichkeit im *Ring* die „kulturelle Inszenierung der Interaktion von männlichen und weiblichen Körpern und deren möglichen Bedeutungen und Wertungen für einen Diskurs, der um die Machtrelationen zwischen den Geschlechtern kreist". Die hier vorgelegte Untersuchung einer Inszenierung von Wissen in dieser Szene versteht sich als Seitenstück dazu; vgl. Kerstin Schmitt, Sexualität als Textualität 1999, 138–146.

[88] Vgl. Edmund Wießner, Kommentar 1936, 97f.

[89] Vgl. zum hier relevanten Rezept und zur Assimilation der Rezeptliteratur an literarische Verfahren unten S. 223–230. Zu den *secreta mulierum* und der sogenannten *Trotula* als Quellen für das Rezept vgl. Karl Zaenker, Zur Arzt-Szene 1980. Selbst Chrippenchras Bemerkungen zur Rettung der Ehre durch dieses Rezept haben Parallelen in der Sachliteratur; vgl. ebd., 11f. Die Forschung hat Zaenkers instruktiven Aufsatz nicht immer zur Kenntnis genommen. Dass solche Rezepte nur von Frauen zu Frauen weitergegeben worden seien (so Kristina Jürgens-Lochthove, Heinrich Wittenwilers *Ring* 1980, 195), wird durch die breite Tradition obstetrischen Schrifttums widerlegt. Auch richteten sich diese Texte zwar mitunter durchaus, aber nicht notwendig immer an Frauen, vgl. Britta-Julane Kruse, Die Arznei ist Goldes wert 1999, 96–99, aber zu den der Trotula zugeschriebenen Texten diesbezüglich besonders John F. Benton, Trotula 1985, 48. Auch das unverzügliche Einsetzen der Schwangerschaftssymptome im *Ring* lässt sich eher aus den obstetrischen Quellen erklären, wie Zaenker deutlich machen konnte, als durch die Funktion von Zeitraffereffekten wie beispielsweise bei Christoph Gruchot, Heinrich Wittenwilers *Ring* 1988, 119 oder durch eine Entscheidung Wittenwilers gegen die natürlichen Abläufe „um der didaktischen Bedeutsamkeit willen", Bernhard Sowinski, Der Sinn des „Realismus" 1960, 44; Helmut Funke, Die graphischen Hinweise 1973, 69f.

gen Kontext. Damit aber ist die Ausgangssituation des Bauernhochzeitsschwankes in ihrer Komplexität gesteigert und um weitere Beobachtungsebenen angereichert. Die Rezipientenperspektive, die in der Konfrontation eines verständigen Rezipienten mit dummen Bauern bestand, ist mit Figuren wie Neidhart, Nabelreiber und Chrippenchra wieder in den Text hinein genommen und eingegliedert und dadurch ist die Beobachterperspektive des Rezipienten komplizierter geworden: Beobachtet wird nun das Verhältnis von Bauernhandlung zum im Text explizierten Wissen.

Die literarische Form des Bauernschwanks ist mit dieser Operation brüchig geworden, die zirkelhafte Exponierung besinnungsloser Dummheit ist durch eine Konfrontationsfigur ersetzt, welche ihrerseits – und dies ist für den *Ring* zentral – keine Parallelen im Gattungszusammenhang von Schwank und Märe hat. Damit weist der literarische Entwurf Wittenwilers gegenüber der literarischen Reihe, die den Anlass für die enzyklopädische Transgression bot, ein hohes Maß an Eigenständigkeit auf. Bei der Betrachtung der Transgression des Bauernschwankes war in einem ersten Schritt zu zeigen, wie in einer vorgängigen literarischen Form Raum für eine Anreicherung mit Wissen geschaffen wird und wie diese Form dadurch nicht nur auf das Wissen hin geöffnet, sondern auch als begrenzte Form gesprengt wird. Gewährleistet wird so die Anschließbarkeit von Wissen und Intertexten. Dies geht freilich auf Kosten der literarischen Form – sie wird unkenntlich. Der aus dieser Form hervorgegangene, angereicherte Text steht somit nicht mehr in der selben literarischen Reihe[90] wie jener Text, der dieser Transgression als Vorlage diente. Im Fall von Wittenwilers *Ring* gestaltet sich dieser Vorgang als Ausdifferenzierung von *list*: Das in der Schwank- und Märentradition topische Listhandeln wird als Auseinandersetzung der Figuren mit Wissensliteratur und Intertexten gefasst. Als Assimilation des Wissens ist nun der komplementäre Vorgang einer Zurichtung der hinzugezogenen Wissensressourcen zu beschreiben.

II. Assimilation des Wissens an literarische Verfahren

Wissensordnung und Reimpaarvers am Beispiel des Städtekataloges

Die Assimilation des Wissens an die literarischen Formen kann auf vielfältige Weise erfolgen. Wie sie sich vollzieht, hängt ab von den konstitutiven Verfahren des jeweiligen literarischen Werks einerseits, von den Ordnungsmustern und Textsorten, durch welche das zu assimilierende Wissen selbst geformt ist, andererseits. Je nachdem, ob das Wissen z. B. in Form eines Traktats, als Rezept, als Streitgespräch, als Sentenz bzw. Katalog organisiert ist, ergeben sich bei der Assimilation an literarische Formen spezielle Ausgangslagen, Anforderungen und literarische Möglichkeiten. Es versteht sich, dass

---

[90] Vgl. Ursula Seibt, Das Negative 1975, 39.

Assimilation des Wissens an literarische Verfahren 219

dabei gerade im Mittelalter auf der Seite der Wissensliteratur mit einem facettenreichen Spektrum zwischen im engeren Sinne gelehrten und poetischen Textsorten zu rechnen ist. Dennoch ist in vielen Fällen am historischen Material festzustellen, dass Wissen durch die Assimilation an Literatur alteriert wird. Was aus der Perspektive der literarischen Reihe als Vorgang der Transgression literarischer Form erscheint, vollzieht sich, von der Seite des Wissens aus betrachtet, als Umschrift und Verfremdung wissensliterarischer Motive, Intertexte und Gattungen. Dies betrifft manchmal, aber nicht notwendig, Propositionen. Daneben können aber auch Ordnungen des Materials in der Wissensliteratur eine Umschrift erfahren; Rahmenbedingungen, die in wissensvermittelnden Texten impliziert sind, können konkretisiert und entfaltet werden etc. Damit gehen mitunter wissens- bzw. ideologiekritische Kommentierungen einher, dies ist aber nicht notwendig der Fall. Bei der Umschrift von Wissensliteratur kommen verschiedenste literarische Techniken zum Einsatz, zu denen unter anderem Übersetzungen aus dem Lateinischen ins Deutsche ebenso zählen wie die Angleichungen von Prosatexten an Reim, Metrum und Syntax, die Einpassung monologischer Abhandlungen in die Reden einer oder mehrerer Figuren und ähnliches. Die Phänomene der Assimilation sind am jeweiligen historischen Material dicht zu beschreiben, wobei die durch sie zustande kommenden Interferenzen von Wissensliteratur und literarischen Verfahren genauer zu untersuchen sind.

Techniken und Pointen der assimilierenden Umschrift von Wissensliteratur in Wittenwilers *Ring* seien im Folgenden veranschaulicht am Städtekatalog (*Ring*, V. 7608–7688), dem Rezept zur Simulation von Virginität (*Ring*, V. 2212–2248) und der Ehedebatte (*Ring*, V. 2628–3534). In dieser Beispielreihe wird die Assimilation des Wissens an den Reimpaarvers, an die Figurenrede sowie an schwanktypische Formen der Auseinandersetzung fokussiert. Am Ende des Abschnitts wird schließlich darauf eingegangen, wie auch Weisen der Benutzung und Konsultation von Texten und Büchern, welche beim Umgang mit Wissensliteratur üblich sind, im epischen Zusammenhang des *Ring* modifiziert werden.

Anhand des Städtekataloges, den Wittenwiler in den *Ring* einfügt, lassen sich der Aufwand und auch Probleme einer Assimilation von geographischem Wissen an literarische Verfahren gut beobachten. Eingefügt wird der Städtekatalog anlässlich der Aussendung der Lappenhauser Boten, die in den besten Städten um Verbündete für den Krieg gegen die Nissinger werben sollen.[91] Gelistet werden 72 Städte Europas.[92] Die

---

[91] In der Forschung wurde der Städtekatalog einbezogen, um den Verfasser geographisch zu situieren oder aber um aufgrund der sich darin findenden geschichtlichen Sachverhalte Anhaltspunkte für eine Datierung zu gewinnen. Für diese Projekte gibt der Städtekatalog – wie bereits Bismark aufzeigte – wenig Zuverlässiges her; Jörg Bismark, Adlige Lebensformen 1976, 39ff. Birkhans Vermutung, es könnte sich um ein Teilnehmerverzeichnis des Konstanzer Konzils handeln, ist die Forschung nicht gefolgt; Helmut Birkhan, Das Historische 1973, 27–35. Ansonsten wird vermerkt,

biblische Zahl der Völker und Sprachen in der Welt überrascht hier, denn sie wird auf Städte bezogen und auf einen Erdteil beschränkt. Für eine solche „kleine Universalität" der Zahl 72 hat Arno Borst weitere Beispiele um die Wende zum 15. Jahrhundert angeführt.[93] Dass die Lappenhausener Bauern die ‚ganze Welt' in ihren Lokalkonflikt einbeziehen, wird durch diese Zahl veranschaulicht und dadurch als hybrides Unterfangen gewertet.[94] Eine weitere valorisierende Funktion der Zahl 72 bezieht sich auf die Städte selbst. Im Städtekongress zeigt sich, dass ihre Abgeordneten über Klugheit, Weisheit und Gelehrtheit in hohem Maße verfügen. Die biblische Zahl und die mit ihr evozierte Vollständigkeit weisen auf eine Universalität der Vernunft, die im denkbar schärfsten Kontrast zur Beschränktheit der Lappenhausener Welt steht. Die biblische Zahl wird somit für die Valorisierung des Geschehens verwendet, und durch sie wird die enge Welt der Lappenhausener *rustici* mit der weiten Welt der *urbanitas* kontrastiert.[95] Ihr valorisierender Einsatz im *Ring* resultiert nicht aus einem geographischen Intertext, denn als wissensliterarische Dispositionsform von Städtekatalogen kommt die Zahl nicht in Betracht.

Für diesen Passus hat sich in der Forschung keine literarische Vorlage finden lassen.[96] Unter gereimten Texten ist mir keiner bekannt, der die Länder, Gewässer und Städte Europas in der Weise Wittenwilers gliederte.[97] Wohl gibt es beispielsweise in

---

Wittenwiler nutze die Gelegenheit, sein geographisches Wissen auszubreiten; vgl. Elmar Mittler, Das Recht 1967, 135.

[92] Birkhan hat 73 Städte gezählt; Helmut Birkhan, Das Historische 1973, 47f., vgl. aber dagegen Eckart Conrad Lutz, Spiritualis fornicatio 1990, 361, Anm. 37.

[93] Arno Borst, Der Turmbau von Babel 1995, 1019.

[94] Ebd.; vgl. Martha Keller, Beiträge zu Wissenwilers *Ring* 1935, 132; Bruno Boesch, Die Namenwelt 1965, 158; Winfried Schlaffke, Heinrich Wittenwilers *Ring* 1969, 90f.

[95] Christoph Gruchot, Heinrich Wittenwilers *Ring* 1988, 162. Dass der Erzähler am Ende des Katalogs einräumt, bei den Preußen kenne er sich nicht so aus, kann seinerseits als selbstironisches Spiel mit dem Kontrast von Provinzialität und Weltläufigkeit verstanden werden und steht in der Fluchtlinie der bäurischen Verballhornung des eigenen Namens im Prolog. Zu solchen Selbstverkleinerungen des Erzählers vgl. unten S. 254ff. Auch diese stehen in einer literarischen Tradition, vgl. Dieter Kartschoke, Die Ente auf dem Bodensee 2002. Angesichts solcher Ironisierungen ist wohl auch die These zu relativieren, dergemäß der Städtekatalog „bezeichnend für das weltmännische Bildungsideal" und der hier vorauszusetzenden „hohen Bedeutung der Auslandskenntnis" sei; vgl. Jörg Bismark, Adlige Lebensformen 1976, 188f.

[96] Nicht nur bei Wittenwiler ist die ältere Forschung bei literarischen Inventarisierungen von Städten immer davon ausgegangen, dass es sich dabei um Orte handle, welche die Verfasser auch bereist hätten, auch für die Länderkataloge der Sangspruchdichter wurde dies immer wieder vermutet. Neben solchen Annahmen ist freilich bereits auch bei Wittenwiler eine literarische Vorlage erwogen worden; vgl. Josef Nadler, Wittenweiler? 1926, 172–184; Edmund Wießner, Heinrich Wittenwiler, der Dichter des *Ring* 1927, 145–160.

[97] Andreànszky führt aus dem Erlauer und Innsbrucker Osterspiel einen „Städtekatalog ganz in der Art, wie er auch in Wittenwilers *Ring* vorkommt" an. Es handelt sich aber bei den dort angegebenen Katalogen um Länderkataloge, in welchen die Reisen des Schalkes Rubin bzw. des Arztes thematisieren; Arpad Stephan Andreànszky, Topos und Funktion 1977, 40f.

Assimilation des Wissens an literarische Verfahren 221

der Sangspruchdichtung gereimte geographische Kataloge, eine vergleichbare Aufführung von Städten aber lässt sich nicht finden.[98] Möglicherweise bedient sich Wittenwiler einer Vorlage in Prosa, wofür allerdings kein in Frage kommender Prätext auszumachen ist. Wittenwilers Städtekatalog ordnet fast durchgängig den Städten Länder zu, nur die *pesten* Städte werden erwähnt. Neben dieser grundsätzlichen Subsummierung der wichtigsten Städte unter die Länder jedoch finden sich weitere Ordnungsprinzipien. So werden die Städte nach geographischen Kriterien klassifiziert (Städte am Meer, Inseln, Städte an Flüssen). Hier lässt sich eine gewisse Ähnlichkeit zur Darstellung Europas im *Lucidarius* ausmachen. Dort werden die Länder und Völker Europas erwähnt. Einige Städtenamen kommen dabei vor. Die Inseln werden auch dort separat behandelt, angeführt werden zudem (mit Übereinstimmungen zum *Ring*) Städte, die am Rhein liegen.[99] Aber die Unterschiede sind manifest: Im *Lucidarius* werden die Grenzen Europas zuerst angegeben, sodann die Völker, die auf diesem Erdteil wohnen, schließlich Länder und Städte. Bei der Beschreibung des Erdteils Europa werden die geographischen Namen nach Maßgabe ihrer Lage in der Welt geordnet. Bei Wittenwiler spielt mitunter geographische Nachbarschaft eine Rolle, manchmal wird aber auch über größere Distanzen „gesprungen". Die Gliederung der Namen wirkt, wenn schon nicht planlos, so doch okkasionell. Dies resultiert auch aus der Anpassung des geographischen Wissens an den Reimpaarvers. Denn in den je nach Zählung 75–80 Versen des Katalogs finden sich 37 geographische Bezeichnungen als Reimwörter. Acht mal werden dabei in Reimpaaren bzw. -gruppen geographische Namen nicht auf Füllwörter gereimt, sondern auf andere geographische Namen. Da in diesen Fällen mitunter vom Prinzip des Reimpaars abgewichen wird und Dreier- bzw. Vierergruppen gebildet werden, umfassen diese Fälle nicht nur 16, sondern 20 Reime des Katalogs, ein gutes Viertel also. Nun kann es sich dabei ergeben, dass die Namen, die untereinander reimen, auch geographisch benachbarte Orte wiedergeben (*Prabanten : Niderlanden; Villach: Friesach*), oft aber ist dies nicht der Fall:

Die gröst in Spangen ist Sibili
Und in Provincia Marsili,
Palerm der insel ze Scicili, (Ring, V. 7615–7618)

[…]

Und Zürich auf der Lintmag,
In der Steirmarch Neuwenstat,
In Elsäss Rastet, Strasspurg

---

[98] Zu den gattungstypischen Funktionen solcher Inventare bei Boppe, Tannhäuser und Oswald von Wolkenstein vgl. Johannes Spicker, Geographische Kataloge 2000, zu den Möglichkeiten der Sprachmalerei durch geographische Namen vgl. besonders auch Johannes Spicker, Literarische Stilisierung 1993, 171–176.

[99] Der deutsche *Lucidarius* 1994, I. 59 (S. 32ff.): *An dem wilden berge springet der Rin. Der rinnet durch osterfranken in das wilde mer. Bi dem Rine ligent kreftige stete: Costence, basile Strasburc, Spire, Wormeze, Megenze, colne, vzdrieth vnde ander grose stete* (S. 33).

Und in Türing Erdfurt.
In Franchen vint man Wirtzpurg
Und den markt ze Frankenfurt (Ring, V. 7659–7664)

Für die geograpische Namensfülle lägen andere Ordnungen nahe als die von Wittenwiler verwendete Reihenfolge. Das Erfordernis des Reimes stört hier eine denkbare Namensfolge, die dem Ort der Länder und Städte im geographischen Raum entspräche und im Inventar widerspiegelte. Gegenüber einer solchen denkbaren Ordnung des Materials erfordern Reim, Metrik und Syntax Umstellungen, durch welche auch eine eindeutige Identifikation eines Prätextes schwierig wird. Zu beobachten ist, dass deshalb eine Assimilation an den Reimpaarvers nicht ohne Reibungsverluste vonstatten geht.[100] Das für diesen Katalog relevante Wissen enthält das spezielle Vokabular der 72 Städtenamen und versammelt es auf engem Raum. Dabei werden Gruppen von Namen durchaus nach bestimmten Ordnungsmustern gegliedert.

Die erste Ordnungssequenz, der die Namensliste folgt, ergibt sich aus der Erzählung: Es ist die Reihenfolge, in der die Städte im *gmainen rat* genannt wurden:

[...]
Und santten hin von gmainem rat
Also schier und auch gedrat
In die pesten stete so,
Die man vinden mocht aldo.
Rom die erste was genant,
Gelegen in Campanier lant.
Venedi sei die ander
Und dar zuo Prugg in Flandern. (Ring, V. 7604–7611)

Dieses Ordnungsprinzip tritt rasch in den Hintergrund, bereits bei der Nennung Venedigs wird es durch den Konjunktiv *sei* überlagert von einem exponierenden Gestus des Erzählers. Nach der Nennung von Brügge wird die Darbietungsform der Städtenamen vollends von der *narratio* entkoppelt. Einerseits wird die Reihenfolge von Städten und Ländern umgekehrt: Ab hier werden anders als in den Versen zuvor, die Länder zuerst und die Städte danach genannt: *Galitzi hat Compostellan,* | *Navarr allaine Pampilon,* | *In Cathaloni Barsalon;* [...] (*Ring,* V. 7612–7614). Hier nun ist der Städtekatalog aus der Erzählung ausgebettet und diese liefert auch keine Gliederungsprinzipien mehr für die Anordnung der Namen. Die Städtefolge ist somit auch nicht mehr auf die Reihenfolge der Nennungen im Lappenhausener Kriegsrat und auch nicht auf die Reiserouten der Boten beziehbar und führt deshalb auf der syntagmatischen Ebene nicht zu Konsistenzbrüchen.

---

[100] Vgl. zur literarischen Umsetzung geographischen Wissens (aus dem *Lucidarius,* der *Schedelschen Weltchronik,* dem Itinerar Sebald Rieters) im frühneuzeitlichen Prosaroman (*Fortunatus* und *Faustroman*); Uwe Ruberg, Zur narrativen Integration 1995 sowie die Kommentare Jan-Dirk Müllers zu *Faustroman* und *Fortunatus*: Romane des 15. und 16. Jahrhunderts 1990, 402ff.

Assimilation des Wissens an literarische Verfahren 223

Epistemisch ist der Städtekatalog locker gegliedert, vergleicht man ihn mit Städteverzeichnissen in Form eines Itinerars oder eines alphabetischen Katalogs. Während in letzterem die kontingente Ordnung des Alphabets ein zuverlässiges Raster für die Zusammenstellung des Namensmaterials liefert, bildet das Ordnungsmuster des Weges und damit einhergehend der Sachverhalt geographischer Nachbarschaft bzw. Nähe der Orte beim Itinerar das Ordnungsprinzip.

Man sieht hier auch, dass dabei gelegentlich der für diesen Katalog zu starre Paarreim gesprengt wird; als technischer Kompromiss zwischen Reimform und lexikalischen Ressourcen finden sich Versgruppen mit Dreireim und eine Versgruppe mit Vierreim. Die vollständige Assimilation an die den *Ring* dominierende Form des Reimpaarverses gelingt ebensowenig wie die schlüssige Wiedergabe einer Materialordnung mit Weltabbildungsanspruch.

Wießners Kommentar sucht den Text als Reiseroute zu lesen,[101] wobei er „arge Sprünge" und „jähe Wendungen" verzeichnet, gleichwohl aber grundsätzlich darauf besteht, dass die Anordnung nicht planlos sei, sondern deutliche Richtlinien zeige. Er räumt dabei ein, dass „die Namensmasse [...] natürlich in Reim, Rhythmus und Satzbau nicht leicht zu bewältigen"[102] gewesen sei.

Das Beispiel des Städtekataloges ist deshalb aufschlussreich, weil dem mehr oder weniger festen Namensmaterial eines Spezialwortschatzes gegenüber den Erfordernissen des Reimpaarverses eine gewisse Sperrigkeit eigen ist. Das Problem wird einerseits durch die Reimgruppierungen gelöst, andererseits durch die Verwendung unreiner Reime bei den geographischen Namen (z. B. *Lintmag : Niuwenstadt*) –, also mittels zweier Abweichungen von den formalen Normen, denen der *Ring* sonst weitgehend folgt. Der Aufwand der Assimilation des Wissens an literarische Formen wird hier in den gefundenen Kompromissen sichtbar. Andere Wissensbereiche, die solche Spezialprobleme nicht aufweisen, lassen sich ohne solche auffälligen Brüche an den prinzipiell sehr flexiblen vierhebigen Reimpaarvers anpassen.

Umschrift wissensvermittelnder Textsorten am Beispiel des Rezepts

Eine assimilierende Umschrift, welche die Konstituenten einer Textsorte tangiert, lässt sich bei dem Rezept zur Simulation der Jungfräulichkeit beobachten, welches der Arzt Chrippenchra Mätzli mitteilt, um ihren Status als akzeptable Heiratskandidatin wieder herzustellen und zugleich zu verbergen, dass er selbst sie defloriert und geschwängert hat. Die ältere *Ring*-Forschung hat sich an diesem Rezept und insbesondere seiner roten Seitenlinie sehr gestört und ist auf der Suche nach dem didaktischen Zweck der Passage

---

[101] So auch Mittler, der darin ein kaufmännisches Interesse ausmacht; Elmar Mittler, Das Recht 1967, 123.
[102] Edmund Wießner, Kommentar 1936, 260.

mitunter haltlosen Spekulationen nachgegangen.[103] Dass solche Rezepte gemeinhin nur von Frauen an Frauen weitergegeben wurden, wie vereinzelt behauptet,[104] entbehrt historischer Richtigkeit, auch die Vermutung, eine Funktion der Stelle bestehe in der Warnung junger Ehemänner vor den betrügerischen Umtrieben der Frauen,[105] scheint mir an der Sache vorbei zu gehen. Rezepte zum Vortäuschen der Jungfräulichkeit, die gesellschaftliche Restriktionen vermeiden sollen und die für die Heirat vorauszusetzende Reputation einer jungen Frau sichern, sind nicht nur Bestandteile der Folklore,[106] sondern auch medizinischer Fachliteratur,[107] die sich keineswegs nur an Frauen richtet.[108] Sie finden sich in den Schriften, die unter dem Namen *De passionibus mulierum* überliefert und der salernitischen Trotula zugeschrieben wurden ebenso,[109] wie schon bei Rhazez,[110] in den Schriften Wilhelms von Saliceto und jenen des Gilbertus Angli-

---

[103] Hoffmann meint, die Szene zeige die „Trennung von äußerem Schein und innerer Werthaftigkeit, den Aufbau einer fassadenhaften Scheinwelt ohne seelisches Korrelat"; Hubert Hoffmann, Die geistigen Bindungen 1969, 101, 105. Mitunter artikulierten die Interpreten moralische Empörung; vgl. zusammenfassend Ortrun Riha, Die Forschung 1990, 125f.

[104] Kristina Jürgens-Lochthove, Heinrich Wittenwilers *Ring* 1980, 195f. Die Verfasserin bestreitet die didaktische Funktion der Passage, sieht darin vielmehr einen Anlass „zur Beschreibung geschlechtlicher Zusammenhänge", die an sich vergnüglich sei und einen didaktischen Zweck nur vorschiebe.

[105] Christoph Gruchot, Heinrich Wittenwilers *Ring* 1988, 98, 118f.

[106] Dort gibt es dergleichen natürlich auch. Mitunter motiviert die hier relevante Thematik auch den Pflanzennamen, wie die Ethnobotanik z. B. an einer „genitalbezogenen Benennungsmotivation aus dem Bereich der Dickblattgewächse" aufzeigen konnte; vgl. Vagn Jørgensen Brøndegaard, Tripmadam 1986.

[107] Dies lässt sich verschiedenen Überblicksdarstellungen entnehmen: Joan Cadden, Medieval Scientific and Medical Views 1986, 64; Esther Lastique, Helen Rodnite Lemay, A Medieval Physician's Guide to Virginity 1991, 65f.; Britta-Juliane Kruse, *Die Arznei ist Goldes wert* 1999, 127f. Für Wittenwiler hat Zaenker bereits auf entsprechende Rezepte in den der Trotula zugeschriebenen Texten unter dem Titel *De passionibus mulierum* hingewiesen; vgl. Elmar Mittler, Das Recht 1967, 49–51; Karl Zaenker, Zur Arzt-Szene 1979.

[108] Für die der Trotula zugeschriebenen Texte hat dies besonders Benton gründlich herausgearbeitet; John F. Benton, Trotula 1985, 48.

[109] Die erste gedruckte Ausgabe der *passionibus mulierum* ist die Edition von Georg Kraut: [(Pseudo)Albertus Magnus], Experimentarius medicinae, Straßburg 1544; vgl. zu Krauts Edition John F. Benton, Trotula 1985. Ich verwende im Folgenden: Trotvlæ cvrandarvm aegritudinum muliebrium ante, in et post partum Liber unicus [...] 1572, 662–760. Die Rezepte zur Simulation der Virginität werden im 15. Jahrhundert ebenfalls überliefert im 8. Kapitel der deutschen Übersetzung von Johannes Hartlieb, von der es verschiedene Handschriften gibt; vgl. [Johannes Hartlieb], Secreta mulierum mit Glosse 1985, 39–67. Folgende Dresdner Handschriften enthalten Teile der Hartliebschen Übersetzung: SLUB Dresden C 314, SLUB Dresden C 451; vgl. zu Hartlieb Margaret Schleißner, A Fifteenth Century Physicians Attitude 1991, 113f., 117f.; Klaus Grubmüller, Ein Arzt als Literat 1979.

[110] Rhazes, liber ad Almansorem decem tractatus 1511, tractatus quintus, cap lxix: *De his quae constringunt vulvam*. Ich verwende den Basler Druck: Abvbetri Rhazæ Maomethi [...] summi medici opera exquisitoria 1544.

cus.¹¹¹ Die im *Ring* empfohlenen Verfahren (Verengung des Scheideeingangs durch adstringierende Mittel,¹¹² Baden und Salben der Vulva, Nutzung von Taubenblut zur Simulation der Blutung nach der vorgeblichen Defloration) entsprechen dieser Rezepttradition. Ebenso die Hinweise darauf, dass man mittels solcher Maßnahmen die Ehre der Frauen sichern kann.¹¹³

Ich gebe im folgenden zunächst eine Reihe von Rezepten aus der lateinischen Trotula-Überlieferung an, die sich im Kapitel 35 des *Trotulae curadarvm aegritudinum ... liber* unter der Überschrift *De Modo coartandi matricem vt etiam corrupta appareat virgo* finden:

> Nisi de restrictione amplitudinis vuluæ propter honestam causam liceret | tractare, nullam de ea mentionem faceremus: sed cum per hanc impediatur aliquando conceptio, necesse est tali impedimento sic subuenire. Rc. sanguinis draconis, boli armeni, corticis mali granati, albuminis, masticis, gallarum ana z j. vel z ij. vel quantum vis singulorum, & in puluere redige: & onia stmul [sic!] in aqua calefacta conhciantur [sic!], de hac confectione pone in foramen transiens in matricem. Vel, Rc. gallarum, sumach, plantaginis, consolidæ maioris, aluminis chamelææ, ana z j. decoquantur in aqua pluuiali: & cum ista decoctione fomententur pudibunda.¹¹⁴

Offensichtlich bedarf die Vermittlung solchen Wissens einer Rechtfertigung, die hier mit dem Hinweis darauf vorgenommen wird, dass dieses Rezept auch als Massnahme tauge, um der Verhinderung der Empfängnis durch eine zu weite Vulva abzuhelfen. In der deutschen Übersetzung Hartliebs, von der ich im Folgenden die beiden Dresdner Handschriften zitiere,¹¹⁵ lautet der Passus wie folgt:

> *daz sibende capitel*
>
> *lernet wie man einer fraun die guldene porthen machen sal, als were sie eine reine maget*
>
> *nim drachen blut zimmer kahm [?] die rinde und schalnn vonn margram appeln allaun mastix gallen iglicher ij lot mach alles zu kleinem bulfer / daz bulfer lege einez teils in wegrich saft oder waser / vnnd lase es warm werden und wasche die guldene porthen so bistu enger dan eine reine maget.*¹¹⁶

---

¹¹¹ Compendium medicinae Gilberti Anglici 1510, Bl. ccc (*liber septimus, cap. de sophisticationae vulve*); vgl. Helen Rodnite Lemay, William of Saliceto 1981, 165–181 hier 176; vgl. auch Esther Lastique, Helen Rodnite Lemay, A Medieval Physician's Guide 1991, 65f.; John Cadden, Medieval Scientific and Medical Views 1986, 64.
¹¹² Vgl. Vagn Jørgenson Brøndegaard, Tripmadam 1986, 235–238.
¹¹³ Dazu besonders Karl Zaenker, Zur Arzt-Szene 1979.
¹¹⁴ Trotvlæ cvrandarvm aegritvdinum muliebrium 1572, cap. XXXV, 719f.
¹¹⁵ SLUB Dresden C 314 (crotula [sic!] De passionibus mulier., deutsch, nach Hartlieb), die Handschrift SLUB Dresden C 451 ist vom gleichen Schreiber ausgefertigt und stimmt mit C 314 weitestgehend überein.
¹¹⁶ SLUB Dresden C 314, Bl. 24ʳ; vgl. SLUB Dresden C 451, 46ᵛ.

> *item wiltu bludt finden / so nim eine blater vonn einer dauben vnnd thue das blaterlein in die guldene porten / vnnd so der man ann dich will so bricht die blatter damit bleibest du eine reine maget.*[117]

Dass die Wiedergabe solcher Rezepte auch im Kontext der Hartliebschen Übersetzung nicht unproblematisch ist, zeigt sich an Rechtfertigungen wie z. B.:

> *item etliche erbere und weise fraun die gernne wirde und ehre an irn kindern sehen / die dann ire keuscheit verlorn haben / die nemen zwai ode drai egaln setze sie in vorn am die guldene porthen [...]*[118]

> *hochgebornner furst gnediger herre acht nicht das dise dinge grob sein dann Drotula hat das darumb geschribenn das manch weib bei trewen vnnd ehren bleibt / dar von wirdt hernach mer geschriben.*[119]

Zaenker hatte bereits auf diese Rezepte der Trotula hingewiesen und die Hartliebsche Übersetzung aus einer Wolfenbüttler Handschrift zitiert. Es fällt freilich ins Auge, dass gerade die hier überlieferten Rezepte nicht mit dem in Wittenwiles *Ring* übereinstimmen. Bis auf Galle (Eichgalle)[120] spielen die empfohlenen Substanzen Drachenblut (*sanguinis draconis*), Granatapfelrinde (*corticis malli granati*), Mastix, Allaun und *vis singulorum* bei Wittenwiler keine Rolle. Allenfalls die Empfehlung von Taubeneingeweiden hat eine Entsprechung im *Ring*.

Näher an einen Text mit den im *Ring* empfohlenen Substanzen führt ein Blick in den *liber ad Almansorem* von Rhazes, wo sich unter der Kapitelüberschrift *De his quæ constringunt uuluam* ein Rezept mit deutlicheren Entsprechungen zum *Ring* finden lässt:

> Aliud quod corrupta[m], quasi virginem reddit: Recip. gallaru[m], aluminis, schœnosanthos[121], folioru[m] lilij, cyperi, ana partes æquales, hec omnia in aqua coqua[n]tur, de qua mulier in uulua[m] multotiens mittat. Cum auten uulva multum stricta fuerit, atque vir ut coëat ad mulierem accesserit, parua pars intestini sanguine columbe impleatur, & uulue antequam uir ad eam

---

[117] SLUB Dresden C 314, [Bl. 24ʳ]; vgl. SLUB Dresden C 451, [Bl. 46ᵛ]. Hartliebs Buch Trotula nach dem Wolfenbüttler Manuskript Cod. Guelph. 69.8 Aug 2°: *Das sybent Cppt. lert wie man ein weib mach an der guldin porten alss wer sy noch ain reine meid. / Nim tracken pluott, cimetroren, die rind und schoel von den margram oeppfel, alaun, mastix, gallen, yetlichss 2 lott / mach das gr zuo kleinem puluer das puluer leg ein teil in wegrich wasser und lass es warm werden und wasch die guldin porten gar wol damit / zuo dem lethesten nim das ander teil puluer und see es in die guldin porten so bist du enger dann ein meyd.* (Bl. 79ᵛ zit. n. Karl Zaenker, zur Arzt-Szene 1979, 10).

[118] SLUB Dresden C 314 [Bl. 24ʳ]; vgl. SLUB Dresden C 451, Bl. 47ᵛ.

[119] SLUB Dresden C 314, [Bl. 24 ᵛ].

[120] Wießner ist unschlüssig darüber, was gemeint ist. Zaenker weist auf Eichgalle, was durch die Hinweise auf die adstringierende Wirkung in den Kräuterbüchern des 16. Jahrhunderts eine große Plausibilität hat: welche Galle sonst ist *von dem paum*.

[121] Es handelt sich um Kamelheu (*skoinos anthos*).

Assimilation des Wissens an literarische Verfahren

accedat immittatur. Postquam enim ad eam accesssserit, & cum ea coire ceperit, findetur intestinum & sanguis fluer incipiet.¹²²

Im hier angegebenen Rezept finden sich unter anderen Substanzen auch jene *simplicia*, die Chrippenchra Mätzli empfiehlt: Lilienblätter *(folliorum lilij)* und Eichgalle *(gallarum)*.¹²³ Schwierigkeiten hat es mit den *cyperi*. Ob hier bei Rhazes auch Pflaumen aus Zypern *(prunus ininsititia* – Kriechpflaume bzw. *prunus spinosa* – Schlehe) gemeint sind, kann ich nicht ausmachen; dass diese bei Wittenwiler mit den *zipern* gemeint sind, legt das Wörterbuch der Pflanzennamen von Marzell nahe.¹²⁴ Die außerordentlich adstringierende Wirkung der Schlehe wird zudem in den späteren Kräuterbüchern immer wieder betont, weshalb Chrippenchra sicherlich eine Frucht aus der *prunus*-Familie empfiehlt.¹²⁵ Im *Ring* lautet das Rezept wie folgt:

Dar zuo antwurt ir Chrippenchra:
‚Nimp er dich, so sprich nür: „Ja!"
Dar nach so tuo, sam ich dich ler,
Wilt du bhalten noch din er!
Ge zuo Strauben, deinem vetter,
Und haiss dir geben liljenbletter,
Dar zuo zipern und auch gallen
Mit ein ander haiss gewallen
Und leg es dik und oft dar ein
(Du waist wol, Metzel, pei dem pain)
Und sprich: „Daz glük verhenge!"
Die mutz die wirt dir enge.
Und verste mich, wilt du, eben:
Der appenteker schol dĭr geben
Gallen, sam er vil wol waiss,
Von dem paum und nicht der gaiss!
Und haiss dirs wegen aigenleich
Älleu dreu in einr geleich!
Dar nach so hab gewisse
Ein plater von dem vische

---

¹²² Abvbetri Rhazæ Maomethi [...] summi medici opera exquisitoria [...] Basel 1544, cap. LXIX, 139.

¹²³ Leonhard Fuchs, New Kreüterbuch 1543, cap. LXXXIIII, A: [*Vom Eychbaum*] *Bringt zweyerley frücht / eine an den blettern/ welche würt zů Latein Galla genent / vnd auff Teütsch Gallŏpfel/ oder Eychŏpfel* [...]. Fuchs vermerkt auch die adstringierende Wirkung, geht aber auf die spezielle obstetrische Verwendung nicht ein: *Die Eychŏpfel ziehen seer zůsamen* [...] cap. LXXXIII, D: *So man begert das die Eychŏpfel wenig hinder sich treiben vnnd zůsamen ziehen / sol mans in wasser sieden.*

¹²⁴ Marzell erwähnt eine Reihe ähnlich klingender Namen für Pflaumen aus Zypern unter *prunus insititia*, vgl. Heinrich Marzell, Wörterbuch der deutschen Pflanzennamen Bd. 3 1977, 1121f. Edmund Wießner, dem Brunners Übersetzung hier folgt, übersetzt *zipern* mit Schlehe und bezieht sich auf die schweizerische Bezeichnungen *zippartli* aus Durheims Schweizer Pflanzenidioticon S. 214. Bei Rhazez kann *cypri* freilich etwas ganz anderes heißen.

¹²⁵ Leonhard Fuchs, New Kreüterbuch 1543, c. CLIII, D; Theodor Zwinger, Theatrum botanicum, 51.

Und füll sei mit einr tauben pluot!
Daz wirt dir an dem abent guot,
So man dich im wirt legen zuo.
Mätzel, was ich sag, daz tuo!
In den selben zeiten
Scholt du nicht erpeiten,
Du legist hin daz pläterlein,
Da die maituom scholdet sein;
Und chümpt er in seinr herren land,
Daz pläterlein zerprist ze hand,
Daz pluot wirt hin so fliessen:
Des muost du imer gniessen
An dem guot und an den eren. (*Ring*, V. 2211–2243)

Die Anweisung, diese Substanzen zu gleichen Teilen in Wasser zu kochen und das Dekokt einzulegen, entspricht dem Rezept bei Rhazes. Auch die Anweisung, mittels Taubeneingeweiden den Blutfluss zu simulieren, findet sich hier, wobei die Empfehlung einer Fischblase zu diesem Zwecke fehlt. Die Beschreibung des Zerplatzens des Bläschens und des einsetzenden Blutflusses ist bei der Trotula ausgespart, bei Rhazes ist sie im Detail ausgeführt (*findetur intestinum & sanguis fluer incipiet*) und entspricht der Übersetzung bei Wittenwiler fast wörtlich (*Daz pläterlein zerprist ze hand,* | *Daz pluot wirt hin so fliessen*; *Ring*, V. 2241f.).

Anders als im Städtekatalog bildet das Spezialvokabular aus der Kräuterkunde kein Problem für die Assimilation an den Reimpaarvers. Die Reimwörter werden kaum aus der Rezeptliteratur selbst entnommen. Zu beobachten ist die Assimilation einer Textsorte aus medizinischer Fachprosa an die Rede einer Figur und an das erzählte Geschehen. Gibt ein medizinisches Rezept gemeinhin die „an den Apotheker gerichtete schriftliche Anweisung des Arztes zur Herstellung bzw. Abgabe des […] verordneten Arzneimittels"[126] an, so wird dies an das Geschehen dahingehend assimiliert, dass Chrippenchra seine Patientin zu dem Apotheker sendet, der ihr Vetter ist. Damit sind die impliziten pragmatischen Rahmenbedingungen der Textsorte Rezept narrativ konkretisiert. Das Rezept wird zudem assimiliert an die Rede einer Figur im Text. Diese ist hier ein Arzt und entspricht insofern auch der im Rezept impliziten Vermittlerfigur; diese ist aber durch die Schwankhandlung facettenreich konkretisiert und gegen den impliziten Altruismus der Vermittlerfigur aus der Rezepttradition als kompromittierte Gestalt entworfen. Der Arzt setzt sein Wissen ein, um Konsequenzen seiner eigenen sexuellen Umtriebigkeit zu verschleiern. Dadurch entfällt die Begründung für die Angabe eines solchen Wissens über die Möglichkeiten, Virginität zu simulieren, wie sie in den Rezeptbüchern mitunter vorkommt, diese Begründung wird vielmehr als List einer Schwankfigur erzählt.

Wittenwiler rekurriert hier also nicht auf folkloristisches Wissen, sondern auf eine medizinische Rezepttradition und vermutlich auf das Rezept aus dem *Liber ad Alman-*

---

[126] Gundolf Keil, Art. ‚Rezept, Rezeptliteratur' 2002, 778f.

sorem. Die Assimilation des Wissens entfaltet sich als intertextuelles Spiel: Einmal mehr wird ein denkbar komischer Kontext für eine Textsorte konstruiert. Aufgefüllt wird das Rezept zudem durch didaktische Appelle (*Dar nach so tuo, sam ich dich ler*; *Ring*, V. 2213; *Mätzel, was ich sag, daz tuo!*; *Ring*, V. 2234), durch welche eine gegenüber den praktischen Anweisungen der Rezeptliteratur zusätzliche Dimension hinzugefügt wird. Dabei besteht der Witz dieser Umschrift des Rezepts in der Kompromittierung einer Lehrerfigur und im Entwurf einer didaktischen Situation für ein Rezept, die durch und durch als fragwürdig zu gelten hat.[127] Anlass für eine solche Zuspitzung des Gebrauchskontextes für dieses Rezept könnten die in der Rezepttradition mitunter vorgebrachten Vorbehalte und Rechtfertigungen für die Präsentation eines solchen Wissens gewesen sein: Wittenwiler entwirft gegen alle möglichen Rechtfertigungen die denkbar niederträchtigste Variante.[128] Dass Chrippenchra nicht nur betont, Mätzlis Ehre werde durch dieses Rezept gerettet, sondern dazu auch die ökonomischen Vorteile der Zurichtung erwähnt (*Des muost du imer gniessen | An dem guot und an den eren*, *Ring*, V. 2242f.), stellt eine weitere drastische Nivellierung von Apologien wie den oben zitierten dar. Eine Empfehlung eines solchen Rezepts an die Rezipienten bzw. eine Warnung dieser vor derartigen Umtrieben scheint mir keineswegs vorzuliegen, vielmehr ein gelehrtes Spiel mit der Textsorte.[129] Die rote Seitenlinie impliziert hier keine didaktische Empfehlung, welcher Art auch immer: Sie zeigt die Rationalität des Vorgehens an und indiziert den Tatbestand eines Textimports. Als solche weist sie auf den Witz des narrativ entworfenen pragmatischen Rahmens für das Rezept hin und verstärkt so die komische Wirkung dieser Montage, die im Falle einer Grünmarkierung deutlich schwächer ausgefallen wäre. In anderem Zusammenhang wird noch genauer auf solche Funktionen der Linien einzugehen sein.[130] Hier nun interessiert Chrippenchras Rezept als ein weiteres Beispiel dafür, wie Wissensliteratur durch Assimilation verändert wird. Besteht die Transgression der literarischen Form in diesem Beispiel in einer Einfügung eines Wissenstextes an der Systemstelle der *list* einer Schwankfigur, so erfolgt die Assimilation durch die Reimung des Rezepts, die Konkretisierung der impliziten Rahmenbedingungen der Textsorte und durch ihr Ausstatten mit didaktischem Zusatzmaterial.

---

[127] Solch ein Textsortenwitz findet sich auch in Wittenwilers Umgang mit Briefen. Die Pervertierung der kommunikativen Funktion von Briefen im *Ring* beschreibt textnah, intertextuell und theoretisch überzeugend Kristina Jürgens-Lochtove, Heinrich Wittenwilers Ring 1980, 216–234.

[128] Edmund Wießner hat in seinem Kommentar eine ganze Reihe von Erwähnungen solcher Rezepte in literarischen Traditionen (Schwankliteratur und Fastnachtspiele) vermerkt. Diesen gegenüber fällt bei Wittenwiler die Genauigkeit der Angaben auf und das offensive Spiel mit einer Textsorte des Wissens und ihren Implikationen. Als wissensliterarische Gattung wird ein solches Rezept in den von Wießner angeführten Beispielen nicht thematisiert; vgl. Edmund Wießner, Kommentar 1936, 97.

[129] Ursula Seibt meint, die lehrhafte Absicht sei „selbst bei dem zweifelhaften Rezept des Arztes unverkennbar", Wittenwiler versuche „praktische Anweisungen für eine bessere Lebensbewältigung zu geben"; Ursula Seibt, Das Negative 1975, 145f.

[130] Siehe in dieser Studie unten S. 326ff.

Wissensvermittelnde Erörterung und Logik des Schwanks – Die Ehedebatte

Ein weiteres Verfahren der Literarisierung des Wissens erfolgt bei erzählenden Gattungen insbesondere durch die Funktionalisierung des Wissens für den narrativen Prozess, für das temporal-kausale Verknüpfungsgefüge der Erzählung. Diese Funktionalisierung des Wissens bedarf einer Art und Weise seiner Präsentation. Im *Ring* erfolgt diese weniger durch die Vermittlungsleistungen einer Erzählerinstanz, sondern weitgehend im Modus der Figurenrede.[131] Das dem Bauernschwank heterogene Wissen wird den Figuren buchstäblich in den Mund gelegt. Dies kann sich vollziehen als unterweisende Ansprache einer Figur an andere Figuren (wie beispielsweise bei der Vermittlung des Rezepts durch Chrippenchra) oder aber im Modus des Selbstgesprächs einer Figur. Daneben findet sich mit den Briefen Nabelreibers und Chrippenchras die Variante einer schriftlichen Präsentation des Wissens. In Wittenwilers *Ring* werden immer wieder Situationen inszeniert, in denen Figuren in dieser Weise Wissen einbringen und Texte zitieren. Die angeführten Beispiele zeigen dabei auch, dass Wittenwiler hier eine gewisse Variationsbreite zu entfalten sucht. Wie sich diese Assimilation von Wissen vollzieht, lässt sich anhand der Ehedebatte zeigen. Hier werden die Figuren des Romans in einer Situation inszeniert, die auf außerliterarische Situationen der Wissensdiskussion und -vermittlung weisen. Als Streitgespräche sind Debatten auch in wissensvermittelnder Literatur präsent, folgen dort freilich anderen Regeln als im *Ring*: Dass solche Situationen im Text parodiert werden, erschließt sich schnell, wenn man betrachtet, wie argumentative Verfahren allenfalls in parodierter Form zitiert werden, wenn nicht an ihre Stelle gar die wechselseitigen Beschimpfungen der Figuren treten. Bernward Plate hat die Ehedebatte deshalb als Logik-Persiflage betrachtet.[132]

Für die Ehedebatte wird ein Diskurs genutzt, der um die *questio infinita*, ob ein Mann heiraten solle oder nicht, geführt wurde.[133] In der Forschung wird die Auseinandersetzung der Bauern um Ehe und um das Wesen von Frau und Mann immer wieder mit der „Eheauffassung des Mittelalters" (Helfenbein) bzw. den mittelalterlichen Diskursen über Liebe und Ehe (Bachorski) kontrastiert, zugleich wird der Text oft auch mit den humanistischen Kontroversen über die Ehe verglichen.[134] Zu diesem Zwecke wird auf theologisches Schrifttum oder auch auf volkssprachliche Texte, insbesondere auf Albrechts von Eyb *Ehzuchtbüchlein* zurückgegriffen, das freilich erst 1472 im Druck erscheint und dem doch anders gearteten Kontext der humanistischen Ehediskurse angehört. Dass die Ehedebatte im *Ring* Segmente aus den Ehediskursen ihrer Zeit in einer

---

[131] Vgl. hierzu die narratologischen Ausführungen zu den Protagonisten als Erzähler bei Corinna Laude, „Daz in swindelt in den sinnen ..." 2002, 82–89.
[132] Bernward Plate, Wittenwilers Ehedebatte 1988.
[133] Zu möglichen Quellen vgl. Edmund Wießner, Kommentar 1936, 114.
[134] Vgl. Rainer Helfenbein, Zur Auffassung der Ehe 1976, Hans-Jürgen Bachorski, Irrsinn und Kolportage 2006, 168–183.

sehr eigentümlichen Form der Auseinandersetzung entwirft, ist dabei immer wieder aufgefallen: Eine Partei von Männern debattiert gegen eine Partei von Frauen, wobei die Männer die Ehe ablehnen, die Frauen dagegen die antimatrimonialen und misogynen Ausführungen der Männer zu widerlegen suchen.[135] Es lohnt sich meines Erachtens hier noch einmal auf die Systemreferenz des *Rings* einzugehen: Schwänke und Mären sind Orte einer volkssprachigen Ehediskussion. Auch Ehen im Bauernmilieu und Gesprächssituationen zwischen Ehemännern und Ehefrauen sind Thema der Gattung. Ich verweise nur auf Strickers Märe vom *Ehescheidungsgespräch*: Ein Mann kündigt seiner Frau die Scheidung an und betont seinen Überdruss an ihr. Den zunächst auf über Jahresfrist anberaumten Scheidungstermin lässt der Mann in einer Tirade, in der er fortwährend betont, wie unerträglich sie ihm geworden sei, immer näher an die Gesprächssituation rücken, um seine Frau schließlich damit zu konfrontieren, dass er sich jetzt sogleich von ihr trennen werde. Dabei beschimpft er sie wüst und entfaltet die Stereotypen des *übel wîp*. Die Frau reagiert ihrerseits damit, dass sie in ihrer Entgegnung den Ehescheidungstermin Schritt für Schritt immer weiter aufschiebt, bis die Jahresfrist wieder erreicht ist, um dann das Scheidungsanliegen gänzlich zurückzuweisen. Der Mann räumt ein, er sei betrunken gewesen, als er sie beschimpfte, erkennt in seiner Gattin die schönste Frau auf Erden, die beiden gehen zu Bett, um sich der Liebe hinzugeben, und loben Gott.

In Mären wie beispielsweise im *Erzwungenen Gelübde*, *Der Gevatterin Rat* und dem *Bloch* finden sich gute und weise Frauen, die einem gewalttätigen oder grundlos eifersüchtigem Ehemann durch geschickte Listen zur Änderung seines Fehlverhaltens veranlassen, in Mären wie der *bösen Adelheid* oder der *Eingemauerten Ehefrau* wird in misogyner Weise das zänkische und böse Wesen der Frauen exponiert. Ehe erscheint in diesen Texten als „Konfliktfeld", in dem „erbitterte Auseinandersetzungen voller Gewalt und List um die Herrschaft geführt" werden, wobei die „Normen des ehekonformen Verhaltens durchgesetzt [...] oder – so das erschreckend-erheiternde Resultat – sexuelle und ökonomische Treuebindungen gänzlich gesprengt" werden.[136] Meines Erachtens knüpft der *Ring* hier an und verfährt dabei, wie oben bei den Schwankfiguren beobachtet: Die Dynamik von List und Gegenlist, die auch den „Kampfplatz der Geschlechter um die häusliche Vorherrschaft"[137] prägt, wird zurückgenommen. In das Listhandeln wird in Form von Zitaten und Versatzstücken aus anderen Texten ein umfangreiches Wissen eingefügt. Damit kommt es zu einer literarischen Melange von ansonsten in verschiedene Textsorten auseinander gelegten Thematisierungsweisen der Ehe. Während in den pragmatischen Texten, den Ehzuchtbüchlein und der Hausväterliteratur, ein Diskurs über die Normen und Modalitäten des Ehelebens geführt wird, widmet sich die Kleinepik vorrangig der Ehe als Ort agonaler Auseinandersetzung zwi-

---

[135] Hans-Jürgen Bachorski, Per antiffrasin 1988, 476: Radikale Sortierung in zwei geschlossene Argumentationssysteme, die sich gegenseitig symmetrisch negieren.
[136] Hans-Jürgen Bachorski, Der selektive Blick 1988, 23.
[137] Kyra Heidemann, ‚Ze leyden in dem stand der eh...' 1988, 57.

schen den Geschlechtern.[138] Diese Arbeitsteilung wird im *Ring* rückgängig gemacht. Die agonale Komponente des Listhandelns wird nun bei Wittenwiler verlagert auf diskursive Akte, das Wissen selbst wird als Machtspiel inszeniert, und die Form des Streitgesprächs konkretisiert als diskursive Gewalt und Gegengewalt zwischen Kombattanten.[139] Die Ehedebatte des *Ring* erscheint so als Meta-Schwank. Darin werden die im Schwank auf Handlungsebene ausagierten Konflikte zunächst generalisiert, indem nicht *ein man* und *sîn wîp* sich über ihre Ehe auseinandersetzen, sondern eine Partei von Männern und eine Partei von Frauen. Dies bleibt freilich nicht ohne Konsequenzen für das in diese Konstellation hineinimportierte Wissen: Es wird mit dem Index eines geschlechtertypischen Interesses an der Dominierung des anderen Geschlechts versehen.[140] Der komische Effekt stellt sich hier ein, indem ein Wissen über die Ehe sowie über Männer und Frauen in den ‚falschen' Kontext des ungelehrten Bauernmilieus versetzt und dort in einer ‚falschen', weil pragmatisch und agonal kompromittierten Art und Weise thematisiert wird. Jede Rede über Geschlechterdifferenzen erscheint so als machtgesteuert.[141] Im *Ring* werden so zunächst die gesellschaftlich diskursiv zementierten Geschlechtsidentitäten ambiguisiert und in ihrer Kontingenz ausgewiesen. Denn offenbar versagen hier, in der literarischen Bearbeitung der Reden über Ehe und Geschlecht, ein Stück weit die Prozeduren, die das unberechenbar Ereignishafte und die Kontingenz des Diskurses bändigen.[142] Sie versagen freilich nur ein Stück weit: Nabelreibers Schiedsurteil am Ende der Ehedebatte reagiert mit einer Re-Installation von Diskursregeln auf die aus dem Ruder gelaufenen Auseinandersetzungen der Parteien. Da dabei ein Verdikt gegen gereimte Rede *in toto* eine Rolle spielt, wird im Zusammenhang der Positionierung im Feld des Wissens und der Selbstreflexion auf Nabelreibers Schiedsurteil gründlicher einzugehen sein.[143] Hier interessiert zunächst nur der Sachverhalt, dass Wissen durch Assimilation an literarische Formen grundlegend modifiziert werden kann. Dass dieses literarische Spiel die Funktion habe, mittels „dialektischer Methode" „den Mann aufzuklären über mögliche Schwächen und Vorzüge von Frau und Ehe"[144], möchte ich bezweifeln. Das Spiel mit den diskursiven Reglements scheint um seiner selbst willen veranstaltet zu sein. Die Assimilation des Wissens an literarische Formen und Verfahren erschöpft sich nicht in didaktischen Zielen, denn sie hat in der Ehedebatte Konsequenzen für die Propositionen, die argumentativen Strukturen und die diskursiven Verknappungsregeln. Und die Exponierung dieses Sachverhalts

---

[138] Hans-Jürgen Bachorski, Der selektive Blick 1988.
[139] Vgl. zum Streitgespräch als agonale Wechselrede zwischen antagonistischen Partnern: Christian Kiening, Art. ‚Streitgespräch' 2003, 525ff.; Peter Strohschneider, Dialogischer Agon 2010.
[140] Vgl. zur Kontaminierung der Sachebene durch Aggressionen Corinna Laude, „Daz in swindelt in den sinnen…" 2002, 133–147.
[141] Zur Verwobenheit der scheinbar natürlichen Geschlechterdifferenz mit Klasse, Rasse, Ethnie und anderen Machtfaktoren Judith Butler, Das Unbehagen der Geschlechter 2003, 19f.
[142] Michel Foucault, Ordnung des Diskurses [12]1994.
[143] Siehe in dieser Studie unten S. 305–311.
[144] Rainer Helfenbein, Zur Auffassung der Ehe 1976, 234.

Assimilation des Wissens an literarische Verfahren 233

scheint gegenüber dem Ziel einer umfassenden Belehrung über die Ehe und die Frauen doch recht überschüssig. Dass durch die Assimilation an literarische Verfahren der propositionale Gehalt des Wissens in ein solches Zwielicht gerät, ist möglich, aber nicht der Regelfall. Man hat mitunter mit Rückgriff auf Bachtins Diktum von der Dialogisierung des Wissens in der Literatur für poetische Texte eine grundsätzliche ideologiekritische Dimension angenommen.[145] Der soweit vorgenommene Überblick über Assimilationsphänomene zeigt, dass dies der Fall sein kann, aber nicht muss.

Gebrauchsformen: Konsultation und Ganzschriftlektüre

Auch bezüglich der Ordnungen und Disponierungen des Wissens in wissensliterarischen Texten stellen sich bei der Assimilation an literarische Verfahren Modifizierungen ein. In Wittenwilers Prolog wird behauptet, dass der *Ring* ein Kompendium des Wissens darstellt. Betrachtet man den *Ring* als poetisch assimilierte Wissensliteratur, als in Handlungsstrukturen eingelassenes Kompendium, so zeigt sich, dass durch die Assimilation auch Formen des Gebrauchs tangiert werden. Kompendien und Enzyklopädien nämlich werden nicht durchgelesen, sondern konsultiert.[146] Zumindest ist dies der Regelfall des Gebrauchs.[147] Deshalb stellt die Enzyklopädik dem unvermeidlichen linearen Textablauf des Buches – das Internet beispielsweise funktioniert anders – paratextuelle Verfahren entgegen, die anstelle einer sukzessiven Lektüre andere Formen der Konsultation des Textes ermöglichen: Lemmatisierung nach Alphabet, Rubriken, Indices etc. Mit diesen Mitteln wird eine Komplexitätsreduktion der Ganzschriftlektüre betrieben: Man wäre ja in all den Situationen, in denen man (bei knappen Zeit- und Aufmerksamkeitsressourcen) etwas wissen muss, heillos überfordert, müsste man ganze Bücher durchlesen.[148] Die in Buchform dargebrachte Enzyklopädie stellt einen Kompromiss vor zwischen linearer Textsukzession – natürlich kann man Enzyklopädien auch durchlesen[149] – und Gebrauchsformen, die diese Anlage ignorieren können, weil aufgrund bestimmter textueller Instrumente alternative Textzugriffe möglich sind. Im *Ring*, der ja

---

[145] Hans-Jürgen Bachorski, Irrsinn und Kolportage 2006, 166.
[146] Paul Michel, Ordnungen des Wissens 2002, 37.
[147] Ein Gegenbeispiel wäre Hegels Enzyklopädie: Sie versteht sich nicht nur als Präsentation des Wissens, sondern vielmehr als Präsentation einer philosophischen Ausfaltung des Wissens. Nur durch eine Ganzschriftlektüre erschließt sich die reflexive Bewegung, die das Wissen der Welt zu synthetisieren beansprucht, also zugleich seiner Mannigfaltigkeit gerecht wird und sie in eine philosophische Anschaulichkeit bringt.
[148] Diesem Tatbestand wird in Laurence Sternes *Tristram Shandy* immer wieder eine immense Komik abgewonnen: Als Tristram aufgrund seiner unfreiwilligen Zirkumsion blutend und schreiend im Raum steht, ignoriert der Vater – Walter Shandy – das bereitstehende Salbengefäß und konsultiert Bücher zum Thema der Beschneidung in der Geschichte der Menschheit...
[149] Den Selbstversuch einer solchen Ganzschriftlektüre („One Man's Humble Quest to Become the Smartest Person of the World") dokumentiert: A. J. Jacobs, The Know-It-All 2004.

auch als Enzyklopädie in literarischer Form zu betrachten ist, wird das Nachschlagen erschwert: Durch das Einlassen des Wissens in die zeitliche und kausale Sukzession des Syntagmas wird eine Relevanz des Wissens für den Handlungsfortgang erzeugt und damit eine Ganzschriftlektüre nahegelegt.[150] Natürlich kann man auch im *Ring* nachschlagen, und die frühen Rezeptionszeugnisse der Meininger Handschrift (Glossierungen, *nota*-Zeichen)[151] sind ja paratextuelle Elemente, die einen solchen Gebrauch von Wittenwilers Text ermöglichen sollen, dennoch erschließt sich die ganze strukturelle Komplexität des Textes erst beim Durchlesen. Damit aber wird die Herauslösung des Wissens aus unmittelbaren Konsultationszusammenhängen, die von situationalen Interessen gesteuert sind, betrieben. Es wird solcherart eine Gesamtschau des präsentierten Wissens angeregt. Das Syntagma der Erzählung regt so eine Gebrauchsform an, welche real existierende Enzyklopädien zwar mitunter als Anspruch formulieren, aber dann selbst auch paratextuell unterlaufen. In Enzyklopädien steht alles, was der Mensch wissen muss, was er wissen will, kann er sich allerdings aussuchen. Auch der *Ring* scheint mit den roten und grünen Seitenlinien paratextuelle Verfahren zu nutzen, durch die, so zumindest der im Prolog formulierte Anspruch, das Wissen vom Erzählen geschieden werden kann. Die Interpretationsprobleme, welche die praktische Durchführung der Linien mit sich bringen,[152] zeigen aber auch, dass das Wissen so in das Erzählen eingelassen ist, dass es schwierig wird, das eine vom anderen zu unterscheiden. Auch dies ist ein Resultat der Assimilation von Wissen. Man muss Wittenwilers Text einer Ganzschriftlektüre unterziehen, um zu sehen, was das Wissen ‚macht', d. h. wie es in der entworfenen Welt funktioniert.

Die soweit angeführten Beispiele für eine Modifizierung des Wissens bei seiner Assimilation an literarische Verfahren zeigen, dass in enzyklopädischer Dichtung analog zur Hybridisierung literarischer Traditionen durch ihre Transgression auf Wissen hin eine komplementäre Hybridisierung des Wissens bei seiner Assimilation an Literatur stattfindet. Das Ergebnis ist ein Text, der durch Heterogenese gekennzeichnet ist. Wie diesem Tatbestand durch Integrationsverfahren begegnet wird, ist Gegenstand des folgenden Abschnitts.

---

[150] Vgl. Ursula Seibt, Das Negative 1974, 37f.
[151] Vgl. dazu besonders Eckart Conrad Lutz, Spiritualis fornicatio 1990, 427ff.
[152] Die Überlegungen zur Linienführung in der der *Ring*-Forschung bestätigen hier Bemerkungen Genettes über Paratextualität: Der Paratext sei nicht nur der „privilegierte Ort der pragmatischen Dimension des Textes", sondern auch eine „Fundgrube für Fragen, auf die es keine Antworten gibt"; Gérard Genette, Palimpseste 1993, 12f.

III. Heterogenität und Integration

Teleologie des Untergangs – epische Integration

Die Meininger Handschrift versammelt Wissensliteratur unterschiedlicher Provenienz, sie unterscheidet sich freilich von einer Sammelhandschrift[153] durch die Integration dieses Wissens und der vielen Intertexte in einen epischen Werkzusammenhang.[154] Wittenwilers Arbeit am Wissen vollzieht sich innerhalb eines epischen Rahmens. Er wird gestellt durch die mit Bertschis Brautwerbung einsetzende Geschichte vom Untergang Lappenhausens.[155] Mit der Untergangsfabel nutzt Wittenwiler eine Erzählform mittelalterlicher Epik zum Zweck der Integration von Wissen.[156]

Erzählungen von Untergängen sind unter den volkssprachigen mittelalterlichen Epen und Romanen nicht selten.[157] Das *Nibelungenlied*, der *Prosalancelot* und der *Jüngere*

---

[153] Nadler hat erwogen, dass es sich bei dem *Ring* um die Umschrift einer solchen Sammelhandschrift handeln könne; Josef Nadler, Wittenweiler? 1926. Seibt erwägt, Wittenwiler könne durch Sammelhandschriften zur „spezifischen Form" des *Ring* angeregt worden sein; Ursula Seibt, Das Negative 1975, 37.

[154] Zum Wechselspiel von intertextueller Konstitution und Werkzusammenhang vgl. die grundlegenden Ausführungen von Karlheinz Stierle, Werk und Intertextualität 1983.

[155] Die epische Tradition betrachtet Kristina Jürgens-Lochthove als das eigentliche Konstituens des *Ring*. Sie werde affirmativ adaptiert und zugleich kritisch destruirt, von *der* epischen Struktur aus gesehen sei die Heterogenität der Dichtung ein Oberflächenphänomen und vor ihrem Hintergrund erweise sich die Kohärenz des Textes. Das epische Strukturschema schlechthin, dem der *Ring* folge, sei der arthurische Doppelweg. Jürgens-Lochthove spricht dem *Ring* zwar eine Relevanz des doppelten Cursus ab, rückt vielmehr das Moment der Krise in das Zentrum ihrer Interpretation. Diese Übergeneralisierung ist problematisch, denn der Doppelweg ist nicht *das* Strukturschema der epischen Tradition. Jürgens-Lochthove orientiert sich an den Hartmannschen Artusromanen und generalisiert somit eine Struktur für das Epos, die literaturgeschichtlich Episode bleibt. Auch der Nachweis, dass Wittenwiler dieses Schema umsetze, überzeugt nicht; Kristina Jürgens-Lochthove, Wittenwilers *Ring* 1980. Walter Haug sieht in der „apokalyptischen Orgie" des *Rings* eine „Selbstzerstörung des Festes" umgesetzt; Walter Haug, Von der Idealität des arthurischen Festes 1989, 177. Auch er geht vom arthurischen Roman aus. Richtet man den Blick über den Artusroman Chretien-Hartmannscher Provenienz hinaus auf weitere epische Traditionen, so zeigt sich, dass gestörte Feste häufig als Auslöser für Untergänge fungieren. Zum Motiv des gestörten Festes vgl. Venetia Newall, Art. ‚Fest' 1984, 1041f.; auch Jan-Dirk Müller, Spielregeln für den Untergang 1998, 424–434 und den Hinweis bei Helmut Birkhan, Das Historische 1973, 14.

[156] Vgl. hierzu den nach wie vor anregenden Aufsatz von Herman Meyer, Zum Problem der epischen Integration 1950.

[157] Der Untergang als episches Motiv und als Strukturvorgabe rückt bei Kristina Jürgens-Lochthove an keiner Stelle in den Blick, sie geht vom *happy end* der Artusromane aus und sieht noch Bertschis *moniage* in dieser Traditionslinie, Kristina Jürgens-Lochthove, Wittenwilers *Ring* 1980, 262–266. Überblickt man die gesamte epische Literatur des Mittelalters, so stellt auch in der höfischen Epik die Figur des „glücklichen Ausgangs", keineswegs *die* „konventionelle Erzählstruktur"

Titurel etwa erzählen solche Untergänge und sie verbinden diese Erzählungen immer mit Geschichten von Liebe und Ehe. Darin folgt mittelalterliches Erzählen zunächst antiker epischer Tradition: Auch der Untergang Trojas wird durch die Entführung Helenas ausgelöst. Eine Diskussion höfischer Liebe und die Problematisierung dynastischer Heiratspolitik im epischen Rahmen sind charakteristisch für die höfische Literatur des Mittelalters. Beibehalten wird die im antiken Epos vorgegebenen Motivierung des Verhängnisses, modifiziert hingegen die Leidenschaft nach Maßgabe von mittelalterlichen Diskursen über Liebe und Herrschaft: Die Folgelasten der Brautwerbung Siegfrieds und der Ehe mit Kriemhilt oder die fatalen Konsequenzen der unbedingten und maßlosen Liebe Lancelots zur Ehefrau von König Artus entbinden Teleologien des Untergangs, progredierende Eskalationen von Gewalt. Auch Erzählungen von einer glücklichen Abwendung des Untergangs verbinden die Verhinderung der Katastrophe mit der Gestaltung von Liebe und Ehe: So glückt die Abwendung des Desasters in der *Kudrun* durch eine geschickte dynastische Heiratspolitik, worin eine Umschrift der Eskalations-Dynamiken im *Nibelungenlied* ausgemacht wurde.[158] Auch die Usurpation des christlichen Reiches und seine Auslöschung durch den Heidenkönig Terramer kann in Wolframs *Willehalm* nur abgewendet werden, weil der Markgraf Willehalm und seine Ehefrau, die getaufte Heidenkönigin Gyburc, sich lieben. Wolfram erzählt, wie ohne diese Liebe die Mobilisierung des Reichsheeres durch den Markgrafen nicht möglich gewesen wäre.[159] Die in den genannten Epen und Romanen variantenreich durchgespielte Verklammerung von Brautwerbungsgeschichten und Untergangsdynamik ist funktional zu beziehen auf eine Diskussion über die Qualifikationen des Herrschers. Die Protagonisten der Epen und Romane sind entweder selbst Herrscher oder sie werden zum Gegenspieler eines schwachen Königs (*Nibelungenlied, Prosa-Lancelot, Tristan*), wobei mitunter die Ehe des Dynasten und die Liebe des Protagonisten konfrontiert werden, was zu einer Destabilisierung von Herrschaft führt.

Untergangsgeschichten werden auch immer wieder erzählt als das Scheitern von Zivilisierungsversuchen und Deeskalationsbestrebungen. So misslingen im *Nibelungenlied* die diplomatische Bewältigung und die höfische Sublimierung des in Siegfried verkörperten Prinzips mythisch-heroischer Gewalt – die höfische Alternative wird verspielt.[160] Im *Prosalancelot* und im *Tristan* ist es die transgressive Liebe selbst, die ihrer politischen und höfischen Integration widerstrebt. Abgewendete Untergänge werden als gelungene Deeskalation erzählt: In der *Kudrun* gelingt die Einfriedung des Gewaltpotentials durch geschickte Heiratspolitik, der Untergang findet nicht statt.

Mit Wittenwilers *Ring* liegt eine eigene Umschrift dieser Merkmale von Untergangsgeschichten vor. Liebe und Ehe, Zivilisierungsaufwände und Qualifikationen des Herr-

---

dar. Auch im Forschungsbericht von Ortrun Riha wird auf den Untergang als epische Struktur nicht eingegangen; vgl. Ortrun Riha, Die Forschung 1990, 60–67.

[158] Vgl. besonders Kerstin Schmitt, Poetik der Montage 2002.
[159] Vgl. Tobias Bulang, Beate Kellner, Wolframs *Willehalm* 2008.
[160] Jan-Dirk Müller, Spielregeln für den Untergang 1998, 389–434.

schers sind in diesem Text vorrangig Gegenstand eines ausführlich präsentierten Wissens, welches in den Lehren thematisch wird. Wohl sind auch im Epos Explikationen von Normdiskussionen und Wissen in Erzählerkommentaren und Exkursen möglich,[161] im *Ring* aber fallen Diskurse um diese Themen sehr ausführlich aus, sie bleiben zudem oft als hinzugefügte, heteronome Textsorten kenntlich. Die Normen von Minne und Ehe, das Regelwerk gerechter Kriegsführung und die Gebote zivilisierten Verhaltens werden im *Ring* breit dargelegt und mit einem Geschehen konfrontiert, das als permanenter Verstoß gegen diese Regeln voranschreitet. Dabei wird vorgeführt, wie die Bauern aufgrund des Scheiterns der Wissensvermittlung im Zustand der Dummheit verharren, wie sie unbelehrbar sind. Damit hängt das Scheitern der Domestikation zusammen, wodurch es zu einer Eskalation der Gewalt kommt. Der Untergang gründet so in der Verfehlung eines Wissens aufgrund der Irrationalität und Zügellosigkeit der *gpauren*. Beide Aspekte bedingen einander: Aufgrund ihrer Zügellosigkeit bleiben die *gpauren* angemessener Belehrung verschlossen; ihre Unvernunft hat andererseits in ihrer Triebverfallenheit selbst ihren Grund. Die Serie gescheiterter Unterweisungen zeigt die Irreversibilität der bäurischen Konstitution: Weder Lehre, noch andere Formen kultureller Domestikation und Zivilisierung (Turnier, Fest, Mahl, Ehe) vermögen Trieb und Gewalt einzufrieden.[162] Der Untergang Lappenhausens – und dies ist das Außergewöhnliche an Wittenwilers *Ring* – wird als Funktion verfehlten Wissens erzählt, genauer: Die scheiternde Domestikation der Gewalt, die den Untergang herbeiführt, wird als Geschichte problematischer Wissensvermittlungen expliziert. Akzentuiert wird die destruktive Triebhaftigkeit der Bauern als Resistenz gegen Belehrungen aller Art. Inszeniert wird diese Destruktivität auch als die in einer Serie prozessierenden Akte des Unvermögens, mit Wissen angemessen umzugehen. Durch diese Anordnung wird die Heterogenität der hinzugenommenen Wissensbestände ein Stück weit abgebaut und episch integriert.

Neben dieser charakteristischen Ausstellung des Wissens, ist zu beobachten, dass im *Ring* weitere strukturelle und semantische Merkmale von Untergangsgeschichte umgeschrieben werden. Dies betrifft beispielsweise die Liebeskonzeption. Minne wird in Wittenwilers Bauerntreiben reduziert auf das nackte Begehren, den zügellosen Trieb.[163] Gegenüber den diffizilen kulturellen Problemen der höfischen *minne* erfolgt so im *Ring* eine ‚naturalistische' Reduktion. Tiervergleiche zeigen, dass das Begehren Bertschis als

---

[161] Kristina Jürgens-Lochthove, Wittenwilers *Ring* 1980, 60ff.
[162] Zur Umschrift des arthurischen Festes im *Ring* vgl. Walter Haug, Von der Idealität des arthurischen Festes 1989; zum Versagen höfischer Alternativen im *Nibelungenlied* vgl. Jan-Dirk Müller, Spielregeln für den Untergang 1989, 389–434; zur Umschrift von Turnierpraktiken im *Ring* vgl. die dichte und anschauliche Paraphrase bei Jörg Bismark, Adlige Lebensformen 1976, 53–56; sowie die Analysen von Hans-Jürgen Bachorski, Irrsinn und Kolportage 2006, 108–117.
[163] Dazu besonders die Ausführungen von Kristina Jürgens-Lochthove, Heinrich Wittenwilers *Ring* 1980, 166f., 171–176.

animalisches zu verstehen ist, und der Abstand des kreatürlichen Triebs zum stilisierten Begehren höfischer *minne* bietet den Anlass komischer Zuspitzungen. Die spezielle Semantik höfischer *minne* wird für die Darstellung der bäurischen Derbheit funktionalisiert: Zwar versuchen die Bauern die Kulturtechniken höfischer Liebe, die in Turnierlehre und Minnelehre expliziert werden, zu imitieren, vorgeführt wird dabei aber lediglich, dass sie bei den Versuchen, sich diese Kulturtechniken anzueignen, jämmerlich scheitern. Die Semantik höfischer Liebe dient zur Veranschaulichung der Hybris der Tölpel, ihre Perversion durch die läppischen *esler gpauren* weist auf die Irrationalität und Wildheit der Figuren. Dass der am Ende des Turniers begrabene Esel den Namen Hagen führt, kann als intertextueller Verweis und als konzeptionelles Indiz der anthropologischen Reduktion verstanden werden: Der Name der Figur im *Nibelungenlied*, die den Untergang vorantreibt und generiert, wird hier einem Tier mit hohem exemplarischen Wert verliehen. Der tierische, eselhafte Trieb der Bauern bedingt die Auslöschung ihres Gemeinwesens; die Bestattung des Esels am Ende des ersten Teils nimmt das Ende Lappenhausens vorweg.[164]

In Lappenhausen steht nicht die dynastische Verbindung der höfischen Minne gegenüber, sondern die Ehe als kirchliche und soziale Institution dem nackten Begehren. Die *minne*- und Ehediskussion ist somit von einem Diskurs über die Qualifikation von Herrschern entkoppelt. Im höfischen Epos werden an der Figur des Protagonisten die Komplexe Liebe, Ehe und Gewaltfähigkeit entfaltet. Im *Ring* dagegen ist Bertschi der Brautwerber, Rüefli Leckdenspieß freilich ist der Meier Lappenhausens, der die Beratungen zum Krieg leitet und das Geschehen vorantreibt. Der Entflechtung von Herrschafts- und Liebesdiskurs entspricht eine Entkoppelung beider Bereiche bei der narrativen Motivierung des Untergangs. Die Irrationalität der jungen Lappenhausener, die gegen alle guten Gründe und besseren Argumente der Alten in den ungerechten Krieg führt, hat ihre eigene Dynamik und hat mit der Ehethematik allenfalls am Rande zu tun. Die Turbulenzen bei Bertschis Eheschließung sind nur ein weiteres Symptom der grassierenden Unvernunft und das Hochzeitsfest selbst bildet den Schauplatz für eine kollektive Enthemmung, die zu einer Eskalation der Gewalt und schließlich in den großen Krieg mündet. Die Ehediskussion, wie sie in Chrippenchras Minnebrief geführt wird, bleibt diesem Geschehen äußerlich. Ausgelöst wird die Eskalation der Gewalt durch Eisengreins Verletzung Greduls beim brutalen Flirten und durch die Dynamik der verletzten Ehre der Sippe, der Gredul angehört. Irreversibel wird die Dynamik der Gewalt schließlich durch die Schändung der Nissinger Frauen und den Botenfrevel. Bertschi, der Bräutigam, versucht zunächst diese Eskalation abzuwenden, später hat er keinen Einfluss auf das Geschehen mehr, er wird marginalisiert. Hier spielt die Ehethematik keine Rolle mehr. Man vergleiche die Verklammerung von Ehethematik und Untergangsdynamik in den zuvor angeführten Texten: Der Untergang Lappenhausens gründet in der Irrationalität und Beratungsresistenz der Dorfbewohner.

---

[164] Vgl. zum Esel Hagen auch Arpad Stephan Andreànszky, Topos und Funktion 1977, 133.

Heterogenität und Integration 239

Damit ist ein wesentliches Moment höfischer Untergangsgeschichten im *Ring* ausgespart: die narrative Verknüpfung der Herrschafts-, Liebes- und Ehethematik mit der Untergangsdynamik. Im *Ring* gibt es zunächst einen Zusammenhang, der durch anthropologische Reduktion und Generalisierung geschaffen wird: Die Liebe des Protagonisten und der Untergang Lappenhausens resultieren gleichermaßen aus Verstößen gegen explizierte Normen. Solche Generalisierung freilich stiftet allenfalls eine Analogie der Sachverhalte, aber keinen narrativ entfaltbaren Kausalzusammenhang des einen mit dem anderen.

Diese Lücke wird im Text kompensiert durch Motivklammern zwischen dem ersten und dem dritten Teil. Arpad Stephan Andreànszky hat in seiner Studie zur Funktionalisierung diverser Topoi im *Ring* solche Motivklammern aufgezeigt. Durch diesen Aufweis sollten in seiner Studie in der Forschung mitunter vorgebrachte Vorwürfe der Disparatheit des *Ring* mit Hinweis auf seine Kohärenz entkräftet werden. Adreànszky verweist auf zwei Textstellen, in denen das Wort *lindentolde* vorkommt. Im Brief Nabelreibers an Mätzli heißt es: *Got grüess dich, lindentolde!* | *Lieb, ich pin dir holde.* (*Ring*, V. 1860f.). Wiederaufgenommen werde dieses Wort im Kampf der Hexen: ‚*Helfend jo, won es ist zeit!*' | *Schreuwend die unholden so* | *Gen der lindentolden do* (*Ring*, V. 8848-8850). Die im Brief sich äußernde Triebhaftigkeit werde so, laut Andreànszky, ins Dämonisch-Diabolische gesteigert, wodurch triebhaftes Handeln zum Beweggrund für die Zerstörung werde. Dass Motive bei Wiederaufnahme gesteigert und dämonisiert werden, zeigt er auch an weiteren Beispielen (Schimpfwappen der Turnierritter und der Kampfverbände, Neidhart und Bertschi als *wiht*, Kolben Neidharts und des wilden Mannes, Bertschis Kampfzorn und der *furor* im Krieg, Nasenbluten der turnierreitenden Bauern und Blutströme in der Schlacht etc.), um die „literarische Stringenz"[165] des Textes zu belegen. Meines Erachtens haben solche Motivresponsionen im *Ring* die Funktion, die narrative Kluft zwischen Brautwerbung und Untergang zu überbrücken. Die unbeherrschte Triebhaftigkeit bedingt im Text die Verfehlungen der *minne* ebenso wie das Zustandekommen des Untergangs, das eine jedoch begründet nicht das andere im Sinne nachvollziehbarer, narrativ entfalteter kausaler Ableitung, sondern vielmehr über eine *analogia entis*. Durch die Motivklammern wird ein Kausalzusammenhang lediglich evoziert. Gegenüber den höfischen Untergangsfabeln, welche die intrikaten Motivationsgeflechte des Verhängnisses verfolgen, praktizierte der *Ring* mit den anthropologischen Generalisierungen eine konsequente *lectio christiana*: Begehren erscheint als sündhafte Verfehlung der Kreatur, der Untergang als Konsequenz der Sünde.

Hans Joachim Ziegeler hat darauf hingewiesen, dass es sich beim *Ring* um eine Brautwerbungsgeschichte ohne Helden handle.[166] Damit aber fehlt einer Untergangsge-

---

[165] Arpad Stephan Andreànszky, Topos und Funktion 1977.
[166] Hans-Joachim Ziegeler, Erzählen im Spätmittelalter 1985, 421–423; Jürgens-Lochthove sieht in der Exponierung von Held und Heldin ein Strukturmerkmal des Epos, dem Wittenwiler folge,

schichte eine wesentliche Dimension: Der Untergang eines Helden bzw. mehrerer Helden. Zwar kämpfen in der Schlacht auch Recken aus der Heldenepik, diese aber gehen nicht unter, sie werden entsorgt. Der Untergang der Lappenhausener entfaltet keine Tragik.[167] Dies liegt einerseits an der Niedrigkeit des Personals: der Verlachfiguren und Tölpel. Ihr Tod ist nicht in dem Maße beklagenswert wie der der besten Könige oder besten Ritter. Zudem wird mit den Mitteln grotesker Komik im *Ring* dem Schrecken des Todes entgegengearbeitet.[168] Wie Bachtin in seiner Darstellung des grotesken Leibes betonte, kommt dem Tod des Individuums hier keine gewichtige Bedeutung zu:

> Im grotesken Leib [...] beendet der Tod nichts Wesentliches, denn er betrifft nicht den Leib der Gattung; diesen erneuert er in neuen Generationen. Die Ereignisse des grotesken Leibes vollziehen sich stets an der Grenze von Leib zu Leib, gleichsam am Schnittpunkt zweier Leiber. Der eine Leib gibt seinen Tod, der andere Leib seine Geburt. In der einen zweileibigen Gestalt sind sie verschmolzen.[169]

Damit ist aber für einen tragischen Untergang kein Raum. Die Fallhöhe des Helden ist von vornherein nicht gegeben, die groteske Nivellierung des Todes verbaut die tragische Wirkung.[170]

Als Zitat ist die tragische Geste freilich präsent: Als Bertschi sieht, dass Lappenhausen zugrundegegangen ist und seine Bewohner allesamt tot sind, fällt er in eine Ohnmacht. Als er wieder zu sich kommt, stimmt er einen Klagemonolog an:

> *Owe jämerleicher tag,*
> *Das ich dich ie gelebet hab!*
> *Des muoss ich iemer leiden pein*
> *Mit chlagen an dem hertzen mein*
> *Und mangen pittern jamer dulden*
> *Nicht anders dann von meinen schulden,*
> *Das ich so weisleich was gelert*
> *Und mich so wenig dar an chert.* (*Ring*, V. 9674–9681)

Dass Bertschi sich in diesem Klagemonolog zu tragischer Höhe aufschwingt, kontrastiert mit der vorausgehenden Szene, in der er durch das Fressen von Heu erfolgreich einen Heuhaufen allein verteidigte, der von den Feinden mit schwerem Kriegsgerät

---

dann aber dekonstruiere; vgl. Kristina Jürgens-Lochthove, Heinrich Wittenwilers *Ring* 1980, 165f., 183ff., 242.

[167] Dass Wittenwiler sich wenig für die Tragik der älteren Heldendichtung interessierte, betonte bereits Georg T. Gillespie, Helden und Bauern 1979, 498f.; zur Nivellierung der Tragik besonders Christa Maria Puchta-Mähl, ‚Wan es ze ring umb uns beschait' 1986, 225–229.

[168] „Der Untergang im *Ring* hat [...] nichts Heroisch-Erhebendes"; Alois Wolf, Überlegungen 1973, 231; vgl. auch Bruno Boesch, Zum Nachleben der Heldensage 1979, 341; ders., Zum Stilproblem 1965, 76; vgl. auch Christa Maria Puchta-Mähl, wan es ze ring umb uns beschait 1986, 225–229.

[169] Michail Bachtin, Literatur und Karneval 1990, 23. Treffend wird Bachtis Begriff des grotesken Leibes auf die Fressorgie im *Ring* angewandt bei Hans-Jürgen Bachorski, Per antiffrasin 1988, 479; ders., Irrsinn und Kolportage 2006, 134–152.

[170] Christa Maria Puchta-Mähl, *Wan es ze ring umb uns beschait* 1986, 225ff.

Heterogenität und Integration 241

belagert worden war. Die harte Fügung mit dem Grotesken nimmt dem finalen Kampf im *Ring* sein episches Gewicht. Die Teleologie des Untergangs integriert die heterogenen Elemente des Textes nicht vollständig. Ein zyklisches Modell grotesker Körperlichkeit, das in einer Serie von schwankhaften Handlungen progrediert wird, kontrastiert mit einem teleologischen Modell des Untergangs. Es sei an dieser Stelle angemerkt, dass auch Bertschis in der Forschung viel diskutierte *moniage* auf die epische Vorgabe der Untergangsgeschichte zurückgeführt werden kann: Es ist charakteristisch, dass Zeugen die Weltauslöschung überleben, mitunter ist es der Held selbst: Etzel bleibt auf dem Schlachtfeld zurück, Hildebrant geht; Werbel und Swämmel tragen die Botschaft vom Untergang in die Welt, Lancelot begibt sich in die Einsiedelei. Es sind epische Gründe, nicht pädagogische,[171] die Wittenwiler veranlassen, Bertschi überleben zu lassen. Wie der Entschluss Bertschis, sich in den Schwarzwald zum gottgefälligen Leben zurückzuziehen, mit der vorangehenden Szene vermittelbar ist, in der er als *wiht* dämonisiert wird und Heu frisst, hat die Forschung ebenso umgetrieben, wie die Frage nach der Markierung von Bertschis Entschluss mit der grünen Linie.[172] Man kann solche Brüche auch dadurch begründet sehen, dass im *Ring* zwei Verfahren gegeneinander arbeiten: Die Transgression des Schwanks, die in einem Einfügen des Wissens in Schwankdynamiken ausgemacht werden konnte, und der Versuch, das Heterogene mittels einer Untergangsstruktur episch zu integrieren.

Diese mangelnde Integration des Geschehens durch die Untergangsfabel zeigt sich auch im Kontrast zwischen dem kausalen Nexus einer Handlungsdynamik, deren Telos der Untergang ist, und dem episodischen Erzählen im *Ring*.[173] Im Zusammenhang damit ist das Problem der Heterogenität des Wissens zu sehen: Im Laufe der Untersuchung konnte beobachtet werden, wie in die Listen von Schwankfiguren immer wieder Wissenssegmente eingefügt werden. Der *Ring* zerfällt dadurch über weite Strecken in eine Reihe von Einzelepisoden, die jeweils ein Schwankmotiv und einen Bereich des Wissens bzw. eine bestimmte Textsorte ineinanderspielen und sich mitunter zum Textsortenwitz steigern. Das Kübelstechen der turnierreitenden Bauern mit Neidhart und einem manipulierten Wissen von Turnierregeln bildet eine eigene Einheit. So auch die drei Brautwerbungsepisoden: Das missglückte Ständchen, das Rendez-vous im Kuhstall und der Sturz durch das Dach bilden je eigene und weitgehend in sich geschlossene Einheiten. Die Erzählung vom Schreiber, der den Bauern eine höfische *ars amatoria* empfiehlt, bildet ebenso eine Einheit wie die Geschichte vom listigen Arzt, der seine Patientin schwängert und ihr sodann ein Rezept zur *sophisticatio* der verlorenen Virginität emp-

---

[171] So Ursula Seibt, Das Negative 1975, 199.
[172] Als Bertschis letzte Torheit wertet Boesch den Entschluss, Einsiedler zu werden; vgl. Bruno Boesch, Zum Nachleben 1979, 339f. Zu den Farblinien siehe unten S. 317–336ff.
[173] Dass die „aneinandergereihten autonomen Erzähleinheiten der Werbungsphase" der Schwankliteratur entnommen sind und sich auf keine „über den literalen Sinn hinausgehende Bedeutung" öffnen, betont auch Kristina Jürgens-Lochthove 1980, 189.

fiehlt und die Verheiratung der gefallenen Bauerndirne mit einem ahnungslosen Dorftölpel betreibt. Auch die Ehedebatte oder die Wiedergabe der bei Vegetius geschilderten Belagerungstechnik angesichts des Angriffs auf einen Heuhaufen können als um Wissensblöcke gruppierte Schwankhandlungen gelesen werden ebenso das Fest oder die Hochzeitsnacht. Durch das Einfügen der großen Lehrblöcke wird die Kohärenz einer Untergangsfabel weiterhin abgebaut.[174]

Angesichts der unvollständigen epischen Integration des *Rings* ließe sich eine Disparatheit der Elemente konstatieren. Dabei freilich kann es nicht sein Bewenden haben, denn die Heterogenität des Wissens im *Ring* ist nicht lediglich ein Betriebsunfall der Poetik, sie wird vielmehr, wie im folgenden Abschnitt zu zeigen ist, gezielt exponiert und für andere als epische Formen der Sinnbildung funktionalisiert.

Exponierung und Funktionalisierung von Heterogenität

Im *Ring* wird die Heterogenität von Wissenssegmenten und Intertexten einerseits abzubauen gesucht, andererseits aber auch exponiert und ihrerseits produktiv genutzt. Neben Verfahren der Assimilation und Integration heterogenen Wissens finden sich auch in Wittenwilers *Ring* gegenläufige Strategien, durch welche die Heterogenität des Wissens deutlich markiert wird. Man kann ein Spielen mit der Heterogenität im *Ring* ausmachen, das sich auf vielen Konstitutionsebenen des Textes zeigt. Drei Beispiele mögen den Facettenreichtum dieses Spiels verdeutlichen.

Die Sprache: Die Exponierung des Heterogenen erfolgt bereits durch die für den *Ring* entwickelte Kunstsprache. Wittenwilers Bauern sprechen ein mit bairischen Diphthongen durchsetztes Alemannisch.[175] Eckart Conrad Lutz hat herausgearbeitet, dass diese Sprache der Ridikülisierung der Figuren dient: Die alemannischen Bauern imitieren das Idiom des österreichischen Landesadels, sie machen dies freilich ebenso falsch wie sie auch bei der Nachahmung von Turnieren[176] und höfischen Liebesdiskursen scheitern.[177] So wird bereits durch die eingesetzte Sprache Inkompatibilität markiert, die heterogene Konstitution des Textes wird für den Rezipienten durch die Wiederholung der falschen Diphthonge durchgängig bewusst gehalten.

Die Wappen: Die Sprachmischung ist nur eines von vielen anderen für den *Ring* konstitutiven Verfahren, die der Explizierung von Heterogenese dienen. Der *Ring* ist ganz

---

[174] Andreànszky sieht dagegen im *Ring* eine vollständige Episierung der Didaxe „als Gegenmodell zum Teichner und zum Stricker"; Arpad Stephan Andreànszky, Topos und Funktion 1977, 51.

[175] Den Forschungsstand vor der Untersuchung von Eckart Conrad Lutz resümiert Ortrun Riha, Die Forschung 1990, 23–32.

[176] Sehr dicht und anschaulich werden die bäurischen Verstöße gegen Turnierpraktiken zusammengefasst bei Jörg Bismark, Adlige Lebensformen 1967, 53–56; vgl. auch die Analyse bei Hans-Jürgen Bachorski, Irrsinn und Kolportage 2006, 134ff.

[177] In Bezug auf die Sprache des österreichischen Landesadels spricht Lutz von einem „usurpatorischen Mißbrauch durch die *gpauren*"; Eckart Conrad Lutz, Spiritualis fornicatio 1990, 92f.; 220.

massiv von einer Lust am Inkompatiblen geprägt. Sie zeigt sich auch auf den eigentümlichen Wappen, die die Bauern in ihrem Narrenturnier führen. Einige dieser Wappen weisen auf die Verfressenheit der Bauern und entsprechen so der Wirkungsintention einiger sprechender Namen im *Ring*. So wie die Personennamem *Gumpost* bzw. *Pachenflaisch* (V. 6692) spielen auch Wappen auf diesen Bereich an: Eine Schüssel mit neun Löffeln prangt auf dem Wappen Eisengreins, zwei durchgebratene Rüben auf dem Wappen Burkharts. Diese Orientierung an den ‚niederen' Bedürfnissen des Leibes steht im Kontrast zur Exponierung von Zivilisiertheit und Vornehmheit, der Distanzierung des Kreatürlichen, die im ritterlichen Turnier ja gerade Gegenstand der Codierungen ist. Andererseits verweisen die Wappenbilder in den Bereich des ländlichen Arbeitens, wenn etwa Mistgabeln, Kirschenhaken, Rechen und Rinder vor dem Pflug abgebildet werden. Diese Darstellungen kontrastieren mit den Wappen und Blasons der ritterlichen Welt und zeigen die Inkompatibilität der Bauern mit dieser an.[178] Ein dritter Typus von Wappen vergegenständlicht das Heterogene selbst. Heinzo mit der Geiß hat vom Pfarrer ein Wappen erhalten, das drei Nüsse an einer Weinrebe zeigt. Das gemeinsame Wappen der Streiter schließlich zeigt ein Kalb in einem Storchennest.[179] Auch diese „groteske Zusammensetzung"[180] verweist darauf, dass die Dinge bei den Bauern an den falschen Orten sind und insistiert somit auf Heterogenität.

Die Farblinien: Dieses Spiel mit dem Heterogenen wird bereits im Prolog angekündigt. Denn einerseits heißt es, der Verfasser habe das *gpauren gschrai* unter die *ler* gemischt (*Ring*, V. 36f.). Andererseits aber seien das eine vom anderen wieder *geschaiden* worden (*Ring*, V. 39) – durch die roten und die grünen Seitenlinien. Auf die ganz unterschiedlichen Funktionen, die den Linienführungen im Text zukommen, wird noch an späterer Stelle einzugehen sein. Hier sei nur darauf hingewiesen, dass *eine* der Funktionen der roten und grünen Linien darin besteht, die den Text auf allen Ebenen konstituierende Balancierung von Integration der Wissensbereiche in die Literatur und ihrer gegenläufigen Desintegration weiterzuspielen, das Spiel mit der Heterogenität der Bereiche zu verstärken. Die Linienführung nimmt die integrierenden literarischen Verfahren wieder ein Stück weit zurück, hält das Bewusstsein dafür wach, dass die Bereiche des Textes geschieden sind. Der bruchlosen Homogenisierung von Lehre und Bauernwelt wird damit paratextuell entgegengearbeitet. Es ist deshalb naheliegend zu vermuten, dass ein Text, der bereits in seiner sprachlichen Gestaltung Kunstgriffe zur Markierung des Inkompatiblem einsetzt, der mit der Markierung der Differenz sprechender Figurennamen und gegenläufiger Figurenrede ein weiteres Verfahren der Markierung findet und der die Inkompatibilität der Welten zudem in ikonographischen Spielen mit Wappenbeschreibungen symbolisch vergegenwärtigt, auch bei dem zusätzlich einge-

---

[178] Dies das Ergebnis des Vergleichs mit den Wappen des Codex Manesse bei Jürgen Belitz, Studien zur Parodie 1978, 131–137.
[179] Belitz vermutet in diesem Bild eine Allegorie des bäuerlichen Emporkömmlings, Jürgen Belitz, Studien zur Parodie 1978, 135.
[180] Edmund Wießner, Kommentar 1936, 25.

setzten Mittel der roten und grünen Seitenlinien auf einen entsprechenden Einsatz nicht verzichten wird.[181]

Exponiert wird auch eine grundsätzliche Heterognität des Wissens im Bauernmillieu. Zwar führen die Bauern allenthalben Wissen im Munde, in facettenreicher Variation wird Wissen im *Ring* als Figurenrede präsentiert, das Wissen jedoch geht in der Welt der Bauern nicht auf. Die Spezifik der Repräsentation von Wissen in der Figurenrede erschließt sich dabei im Vergleich mit der narratologischen Funktionalisierung von Wissen durch den Erzähler: Der Regelfall bei erzählenden Texten ist, dass ein Erzähler Wissen zur Vergegenwärtigung von Zeitabläufen und kausalen Verknüpfungen einsetzt. Meistens wird der Modellierung eines temporal-kausalen Handlungsgeflechts, einer Erzählung, dabei ein sehr basales Wissen über die Abfolge der Zeit sowie die Folgen und Konsequenzen bestimmter Handlungen nutzbar gemacht. In solchen Fällen teilt sich der Erzähler die Beobachtung seines Wissens mit dem Rezipienten, dem die jeweiligen zeitlichen und kausalen Funktionalisierungen von Wissen plausibel sein müssen, um dem Verlauf des Geschehens folgen zu können. Die Funktionalisierungen von Wissen für Handlungsmotive und Zeitstrukturen sollten also mit einem Alltagswissen um solche Zusammenhänge kompatibel sein.[182] Wenn man es freilich mit einem Text zu tun hat, der das Wissen als Figurenrede präsentiert, so wird dieses Problem der Plausibilisierung etwas komplexer. Eine figurenvermittelte Wissenspräsentation macht das Wissen zu einem kommunikativen Akt innerhalb der erzählten Geschichte. Der Pragmatik dieser Akte kommt dabei besonderes Gewicht zu, denn Figuren werden durch die Äußerung des Wissens veranlasst, etwas zu tun oder zu unterlassen. Darin liegt in diesem Falle die kausale Syntagmatisierung begründet. Dies setzt freilich kommunikationspragmatische Mindeststandards auf der Ebene der erzählten Welt voraus: Die Äußerungen müssen von denen, an die sie gerichtet sind, akustisch und hermeneutisch verstanden werden, bei inszenierter schriftlicher Kommunikation ist Literarizität eine Voraussetzung, wobei natürlich auch Fälle in der Geschichte der Literatur zu verzeichnen sind, wo gerade das Scheitern der Übermittlung selbst handlungsmotivierende Folgen hat. Erzähler und Rezipient beobachten diesen Prozess. Zur Einschätzung der Plausibilität des Wissens für die Handlungsmotivation kommt dabei ein weiterer Aspekt hinzu: Anders als beim oben skizzierten Fall erzählervermittelten Wissens müssen die kommunikationspragmatischen und medialen Rahmenbedingungen der inszenierten Sprechakte zwischen den Figuren plausibel sein. Erzähler und Rezipient beobachten und kommentieren mithin, wie die Figuren einander wahrnehmen und verstehen, was

---

[181] Vgl. zu den Marginallinien unten S. 317–336ff.

[182] Und wenn es dabei in der Literatur mal nicht mit naturkundlicher Präzision zugehen sollte, so sollte die Plausibilität durch literarische Traditionen erprobt und etabliert sein. Natürlich kann mit groben Fouls gegen diese Plausibilität auch gespielt werden – ich erwähne nur das Problem der zwölfmonatigen Schwangerschaften und den Diskurs darüber bei Rabelais und Fischart. Pikant zu diesem Thema übrigens der Eintrag „ansammeln" im Grimmschen Wörterbuch; vgl. Jacob und Wilhelm Grimm, Art. ‚ansammeln', in: DWB I, Sp. 433.

Heterogenität und Integration 245

sie daraus ableiten, wie sie darauf antworten und reagieren. Man kann hier von einer Beobachtung zweiter Ordnung sprechen. Diese freilich vollzieht sich, solange das Syntagma der Erzählung ungestört prozessiert, im Modus der passiven Synthese.[183] Unterbleibt jedoch eine plausible Vernetzung des Wissens im temporal-kausalen Geflecht der Handlung, dann wird das Syntagma gestört, und das so entstandene Defizit syntagmatischer Funktionalisierung des Wissens fordert Reflexionen heraus, die der Funktion des somit freigestellten Wissens gelten. Es ist in der Forschung oft bemerkt worden, dass im *Ring* Lehren entfaltet werden, die von den Figuren, an die sie gerichtet sind, nicht verstanden, mitunter auch nicht wahrgenommen werden. Häufig gibt es im *Ring* das Wissen im Leerlauf, seine Assimilation durch Figurenrede belässt es mitunter im Stand der Heterogenität gegenüber der Handlung, denn diese wird durch das Wissen nicht motiviert, in ihrem temporalen und kausalen Verlauf gerade nicht befördert. Die Integration des Wissens in die Figurenrede leistet bei Wittenwiler keine bruchlose Syntagmatisierung des Heterogenen. Immer wieder fallen Unangemessenheiten von Rede und Figur ins Auge (ein Mann namens *Seichinkruog* präsentiert die Haushaltslehre, *Übelsmach* die Tugendlehre etc.).[184] Auch sind Leerläufe der eingemeindeten Diskurse zu verzeichnen: Ein Beispiel dafür wäre die ausgiebige Unterweisung Bertschis vor der Ehe durch verschiedene Figuren. Bertschi aber ist in Gedanken nur bei Mätzlis Schoß (*Ring*, V. 5208). Die Ungeduld des Begehrens und die Ausführlichkeit der Unterweisung kontrastieren dabei in komischer Weise. Die Differenziertheit der Tugend-, Haushalts- und Gesundheitslehren ist mit Bertschis Obsession nicht vermittelbar. Auf Seiten Bertschis werden somit sämtliche hermeneutischen Mindeststandards suspendiert, die doch im Normalfall den Sprechakt einer Unterweisung erst plausibilisieren. Innerhalb der erzählten Welt kommt es deshalb zum Leerlauf des ausführlich dargebotenen Wissens.

Die Exponierung der Heterogenität ist im *Ring* unterschiedlich funktionalisiert. Besonders deutlich an der Kunstsprache und am Spiel mit den Wappen zeigt sich die satirische Stoßrichtung des Textes. Bloßgestellt werden Bauern, die sich in ihren Stand und ihre Welt nicht fügen, die sich die Lebensformen, die Sprache und die Symbole des Adels anmaßen und in dem Bemühen, diese in ihrer kleinen Welt umzusetzen, kläglich scheitern. Bertschi Triefnas lässt sich von allen als Junker ansprechen (*Ring*, V. 66ff.), und seine Dorfgefährten imitieren die adlige Interaktionsform des Turniers, wobei bereits ihre Ausrüstung sie wie Vogelscheuchen erscheinen lässt. Dies zeigt die Hybris, die Verstiegenheit der Bauern an. Um diese Hybris im Text immer wieder anschaulich werden zu lassen, konfrontiert Wittenwiler die obszönen Bauern mit verschiedenen

---

[183] Zu den passiven Synthesen und der Relevanz von Irritationen dafür, dass sie thematisiert und reflexiv werden vgl. Edmund Husserl, Analysen zur passiven Synthesis 1966.
[184] Nach Bachorski sind darin Beispiele für den Einsatz eines Verfahrens der symmetrischen Negation im *Ring* zu sehen: Es manifestiere sich darin nicht – wie in der älteren Forschung oft behauptet – eine unterhaltsame Verstärkung der Lehren, sondern vielmehr die Negation der Theorie durch die Praxis; Hans-Jürgen Bachorski, Per antiffrasin 1988, 475.

Wissenssegmenten, wobei es gerade auf die harte Fügung und die Inkompatibilität der Elemente ankommt.[185] Dieses, Wittenwilers *Ring* konstitutiv bestimmende Verfahren satirischer Zuspitzung, führt dazu, dass die Integration des Wissens programmatisch unterbrochen, dass Heterogenese nicht abgebaut wird, ja Stilprinzip dieses Textes bleibt. An der bruchlosen Integration seines Materials in den Bauernschwank und somit an einer durchgehenden Homogenisierung ist Wittenwiler deshalb nicht gelegen.

Nicht immer freilich kann die satirische Wirkungsabsicht angeführt werden, um Wittenwilers Insistieren auf dem Inkompatiblen zu erklären. Die Heterogenität des Wissens ist auch auf andere Formen der Reflexion hin funktionalisiert. Sie wird im Text auch für eine Diskussion von Wissensvermittlung und Wissenpräsentation sowie für eine Auseinandersetzung mit Verfahren allegorischer Sinnbildung genutzt. Im *Ring* sind die Rezipienten herausgefordert, dem Tatbestand der exponierten Heterogenität mit Hypothesen über die Funktion des Arrangements zu begegnen. Dabei ist es entscheidend, dass die Störungen des Erzählflusses im *Ring* eine Serie bilden, die ermöglicht, die jeweiligen Situationen zu vergleichen. Für die Sinnbildung ist der Vergleichsaspekt entscheidend, der diesen wiederholt inszenierten Überschüssigkeiten des Wissens gegenüber dem Syntagma abgewonnen wird. Grundsätzlich lässt sich feststelllen, dass durch dieses Arrangement im *Ring* die kommunikativen, medialen und hermeneutischen Bedingungen der Vermittlung von Wissen problematisch werden. Ebenso wirft das Arrangement von Wissen und Erzählung im *Ring* Fragen nach den Organisationsformen und der Relevanz des Wissens auf und schließlich werden auch Verfahren der Sinnbildung problematisch.

Angestrebt wird im *Ring* die Vermittlung von Wissen. Den Rezipienten wird Wissen aller Art geboten (mitunter in systematisierter Form, man denke an die Tugend- bzw. die Gesundheitslehre). Zugleich jedoch wird Wissensvermittlung auf der Ebene des erzählten Geschehens auch inszeniert: Die Bauern werden belehrt und sie belehren einander. Dabei wird freilich in immer neuen Varianten oft die Inkompatibilität von gelehrtem Wissen und ländlichem Milieu augenfällig. Dass dabei allenthalben die Mindeststandards, die eine gelingende Lehrsituation konstituieren, unterboten sind, dass Wissen in der Lehre nicht aufgeht, sondern vielmehr im Leerlauf verharrt, steht einerseits im Dienste der Satire. Da aber die Unterweisungssituationen eine Serie bilden, können die unterschiedlichen Bedingungen des Scheiterns didaktischer Aufwände beobachtet und verglichen werden. Über die satirische Wirkungsintention hinaus wird so andererseits eine Diskussion des Didaktischen selbst nahegelegt. Der Frage, ob neben der epischen Fügung des Wissens die Reflexion des Didaktischen das heterogene Wissen integriert, wird im Folgenden noch nachzugehen sein. Zuvor sind jedoch weitere Funktionalisierungen des Heterogenen aufzuzeigen.

---

[185] Wenn es bei Kurt Ruh heißt, Ziel der Dichtung sei nicht die Integration von Lehre und Handlung, so ist damit dieses Wechselspiel von Integration und Desintegration zugunsten der Desintegration enggeführt; Kurt Ruh, Heinrich Wittenwilers *Ring* 1978, 64.

Neben dem Interesse an Wissensvermittlung kennzeichnet den *Ring* auch eine Pluralität von Weisen der Präsentation und Disponierung des Wissens. Die Inkompatibilität gelehrten Wissens und bäurischer Welt und damit einhergehend die Störungen des Syntagmas haben zur Folge, dass sich im *Ring* eine Kompilation von Wissen von der erzählten Handlung abhebt: Zu verzeichnen ist die Überschüssigkeit und Weite eines Wissens gegenüber der erzählten Handlung und der engen Welt Lappenhausens.[186] Im Prolog wird für dieses Wissen zudem ein enzyklopädischer Anspruch formuliert.[187] Die exponierte Heterogenität wäre deshalb auch zu befragen auf eine Diskussion des Enzyklopädischen, die im *Ring* betrieben wird und die ihrerseits die Aufwände des Textes integrierte.

Eine Störung des Syntagmas der Erzählung ergibt sich schließlich auch im Zusammenhang der Minneallegorie und -allegorese, die der Arzt Chrippenchra in Mätzlis Auftrag für Bertschi verfasst. Gegenüber der Handlung stellt das allegorische Verfahren einen Überschuss dar. Eckart Conrad Lutz hat in der Allegorie und Allegorese dieses Briefes das „alle Aspekte integrierende"[188] Zentrum von Wittenwilers *Ring* gesehen. Seiner Interpretation zufolge enthält diese Allegorie einen profunden heilsgeschichtlich dimensionierten Kommentar auf die Verwerflichkeit und Sündenverfallenheit der Lappenhausener Welt, die ihrer Gottesferne wegen dem Untergang geweiht sei und als warnendes Exempel für den Leser fungiere. In dieser Lesart ist die Heterogenität der für die Heilssorge relevanten Norm und der sündenverfallenen Bauernwelt im Zeichen allegorischer Sinnbildung und moralischer Exemplarik aufgehoben. Diese Integrationsbehauptung ist zu prüfen und im Zusammenhang dieser Studie ist zu fragen, wie sie sich zu den didaktischen und enzyklopädischen Reflexionen verhält. Ist es das Verfahren allegorischer Sinnbildung, das alle Elemente des Textes integriert, oder findet vielmehr eine Reflexion des Allegorischen selbst statt, eine Beobachtung von Sinnbildungsprozessen?[189]

Didaktische Situationen

Dass im *Ring* Lehre und Unterweisung im weitesten Sinne relevant sind, erschließt sich unmittelbar. In hohem Maße strittig freilich ist in der Forschung, wie genau es sich mit

---

[186] Eine „gewisse Beziehungslosigkeit" der Lehre zum erzählten Geschehen sieht Schlaffke darin begründet, dass es Wittenwilers „Hauptanliegen" sei, eine „Enzyklopädie der Lebensführung" zu bieten; Winfried Schlaffke, Heinrich Wittenweilers *Ring* 1969, 39f.
[187] Dazu genauer unten S. 276ff.
[188] Eckart Conrad Lutz, Spiritualis fornicatio 1990, 224.
[189] So die These von Bachorski, der gegen Lutz eine auf die Dekonstruktion allegorischer Sinnbildungsverfahren zielende Negation im *Ring* am Werke sieht; vgl. Hans-Jürgen Bachorski, Irrsinn und Kolportage 2006, 104, Anm. 160. Zu dieser Diskussion vgl. in dieser Studie unten: S. 294ff.

diesem Didaktischen verhalte.[190] Immer wieder erscheinen im *Ring* Lehren und Unterweisungssituationen geradezu als pervertiert, und die rote Marginallinie, der ja nach Aussagen des Prologs die Funktion zukommt, die *lêr* von dem *gschrai* der Bauern zu differenzieren, erweist sich immer wieder als äußerst unzuverlässiges Instrumentarium dafür. In der Forschungsdiskussion über das Didaktische im *Ring* zeigt sich ein wesentliches Problem mediävistischer Literaturwissenschaft: Es gibt allenfalls in Ansätzen eine belastbare Theorie des Didaktischen selbst, von der aus man das Lehrhafte von Texten differenziert beschreiben könnte.[191] Beim Didaktischen meint man irgendwie immer zu wissen, was es ist und zudem richtet sich die literatur*theoretische* Aufmerksamkeit oft und gern vorzüglich auf jene literarischen Phänomene, die eben nicht durch Funktionsbestimmungen wie die der Didaxe begrenzt sind. Wenn die mittelalterliche volkssprachige Literatur dargestellt wird, heißt es oft, sie sei noch eingelassen in Gebrauchskontexte von Schule und Hof, noch nicht autonom wie die moderne Literatur, allenfalls ließen sich erste Tendenzen zu einer Literatur als Ordnung *sui generis* beobachten.[192] Doch trotz solcher Befunde ist der Frage, wie es um das Lehrhafte der Literatur steht, nur selten mit profunden theoretischen Anstrengungen begegnet worden.[193] Zumeist verweist man in der Wittenwiler-Forschung knapp auf das Horazsche *prodesse et delectare* und lässt es dabei bewenden.[194] Angesichts von Kurt Ruhs Ausführungen über die Geltung der „Didaxe schlechthin" im *Ring* hat Hans-Joachim Ziegeler die Frage aufgeworfen, ob die Lehren im *Ring* alle von gleichem Anspruch und gleicher Verbindlichkeit seien:

> [...] ist die konstatierende Einsicht, dass man sich, je fester man sich an das Turnierpferd binden lässt, desto eher bewusstlos zu werden gegenwärtig sein muss (339f.), mit dem lebenspraktischen Ratschlag, dem Esel die Augen zu verbinden, damit er weiterläuft (497–500), mit dem Rezept für die Vortäuschung einer nicht mehr vorhandenen Jungfernschaft (2211–2248), mit der dogmatischen Aussage, dass keiner sich selbst taufen darf (285–306), und den Anweisungen über die Regeln höfischer Annäherungen in höfischer Formelsprache an eine Dame

---

[190] In der älteren Forschung gibt es eine ganze Reihe von Arbeiten, die aufzuzeigen suchen, inwieweit alle Elemente des Textes durch eine didaktische Wirkungsabsicht Wittenwilers geprägt werden: insbesondere Ursula Seibt, Das Negative 1976; Christoph Gruchot, Heinrich Wittenwilers *Ring* 1988. Vgl. zu diesem Forschungsproblem die Ausführungen bei Ortrun Riha, Die Forschung 1990, 207–221 und besonders die teilweise polemischen Bemerkungen Bachorskis zu den Versuchen, Wittenwilers anarchischen Text didaktisch zu zähmen; Hans-Jürgen Bachorski, Irrsinn und Kolportage 2006, 95–100.
[191] Bernhard Sowinski, Lehrhafte Dichtung 1971.
[192] Vgl. Peter Strohschneider, Institutionalität 2001.
[193] Eine der Ausnahmen hierzu ist die historische Untersuchung zur lehrhaften Rede von Elke Brüggen; vgl. Elke Brüggen, Fiktionalität und Didaxe 2001.
[194] Dass die Formel *prodesse et delectare* nicht auf eine schlichte Opposition von Didaxe und Fiktionalität rediziert werden kann, sondern andere Implikationen enthält, zeigt anhand der mittelalterlichen Horaz-Rezeption Elke Brüggen, Fiktionalität und Didaxe 2001.

Heterogenität und Integration 249

(1664–1839) sowie Straubs (4205–4401) und Übelgsmachs Lehren (4411–4962), ist all dies – und die Reihe wäre beliebig zu verlängern – miteinander vergleichbar?[195]

Ziegelers Frage macht darauf aufmerksam, welch heterogene und grundverschiedene Sachverhalte unter dem Begriff des „Lehrhaften" gemeinhin subsummiert werden. Viele Probleme der *Ring*-Forschung hängen mit der Übergeneralisierung zusammen, die hier auszumachen ist.

Einen Ausweg aus der Situation zeigt eine kurze Studie von Christoph Huber, in welcher an dem Beispielen des *Welschen Gastes*, des *Renners* und des *Rings* auf den Facettenreichtum der literarischen Inszenierung des Didaktischen hingewiesen wird. Didaktische Literatur, so die bemerkenswerte These Hubers, übermittelt nicht nur einfach Lehren, sie inszeniert vielmehr den Lehrprozess selbst;[196] man könnte sagen, sie entfalte didaktische Situationen, worunter Konstellationen von Lehrerrolle, Rezipienten und präsentiertem Wissen zu verstehen sind. Und dies geschieht, wie Huber eindrucksvoll belegt, in verschiedenen Texten in ganz unterschiedlicher Art und Weise. Der Begriff der didaktischen Situation gibt einige Koordinaten vor: die Ausgestaltung der Rolle des Unterweisenden, die Disposition des Empfängers, die Formatierung der Lehre selbst (medial, stilistisch, gemäß ihrer Rationalitätsstandards, ihrer Traditionen etc.). Er gestattet so eine differenzierte Darstellung dessen, was das „Lehrhafte" jeweils genau ist. Didaxe entfaltet sich in der volkssprachigen Literatur des Mittelalters eben nicht innerhalb eines selbstverständlich gegebenen Rahmens; sie muss entworfen, inszeniert, behauptet und verteidigt werden. Vielleicht hat die rezente Forschung zur mittelhochdeutschen Sangspruchdichtung am deutlichsten gezeigt, dass volkssprachige gnomische Rede forcierter institutioneller Etablierungen bedurfte, die literaturhistorisch erst zu rekonstruieren, nicht aber vorauszusetzen sind.[197]

Hubers Ausführungen zu Wittenwilers *Ring* deuten eine Perspektive auf diesen Text an, die gegenüber den müßigen Fragen, welche Passage nun lehrhaft gemeint gewesen sein möge und welche nicht, eine wirkliche Alternative darstellt: Huber regt an, den *Ring* als Serie didaktischer Situationen zu lesen, als Serie, in der sukzessive – gewissermaßen phänomenologisch – die Bedingungen und Möglichkeiten von Didaxe variiert werden. Als Revue des Scheiterns des Didaktischen aufgrund ganz unterschiedlicher Ursachen kommt dem *Ring* – so könnte man Hubers Überlegungen zuspitzen – weniger ein unmittelbarer didaktischer Gestus zu, als vielmehr ein selbstreflexiver. Es handelt sich – man sehe mir den monströsen Ausdruck nach – um Metadidaxe. „Das Didaktische" wird im *Ring* in einer Serie von Situationen sozusagen als Thema mit Variationen

---

[195] Hans-Joachim Ziegeler, Erzählen im Spätmittelalter 1985, 433.
[196] Christoph Huber, *der werlde ring* 1999, bes. 203f.
[197] Vgl. z. B. Beate Kellner, Peter Strohschneider, Die Geltung des Sanges 1998; H.orst Brunner, Helmut Tervooren (Hg.), Neue Forschungen 2000; Tobias Bulang, *wie ich die gotes tougen der werlte gar betiute* 2005.

abgearbeitet.[198] Oft gestellte Fragen, wie die, ob denn der *Ring* eine „lehrhafte Grundtendenz" habe oder nicht, wirken vor diesem Hintergrund unpassend.[199] Der *Ring* ist vielmehr eine literarische und reflexive Auseinandersetzung mit dem Didaktischen selbst, und er ist – dies wird in den folgenden Ausführungen noch deutlicher werden – ein Spiel damit. Ausgehend von dieser Hypothese sei im Folgenden nach der didaktischen Integration des *Rings* gefragt. Hubers Anregungen bilden keine abschließende These zum *Ring*, sie formulieren vielmehr eine Aufgabe: Denn dieser Serie der didaktischen Situationen ist interpretierend nachzugehen, um systematische und historische Rückschlüsse auf Sinn und Funktion eines solchen recht einzigartigen literarischen Arrangements zu erhalten.[200] Wenn ich im Folgenden auf die meisten der didaktischen Situationen im *Ring* eingehen werde, so ist hier voranzuschicken, dass ich nicht jede rot markierte Passage des Textes als solche Situation ansehe. Die Gründe dafür werde ich an späterer Stelle explizieren.[201]

Der Prolog – Demaskierung des Lehrers

Im Prolog (*Ring*, V. 1–54) wird die didaktische Situation bei der obersten Dreifaltigkeit ansetzend inszeniert: Ihr, sowie der Mutter Gottes zur Ehre, den Guten zuliebe und den Bösen zu Leide sollen die Rezipienten, die in der zweiten Person Plural angesprochen werden, ein Buch anhören, das der *Ring* genannt wird. Dieses Buch wird dann näher beschrieben, und erst als von der Einteilung des Wissens darin in drei Bereiche die Rede ist, meldet sich ein Ich zu Wort. Dieses Ich tritt zunächst als Arrangeur des Wissens auf: Er hat es eingeteilt, das Bauerngeschrei darunter gemischt und das Gemischte wieder mittels zweier Farben differenziert. Sukzessive konstituiert sich hier Wittenwilers Autorschaft als ein Arbeiten am Wissen; er erscheint als Lehrer, der Zugeständnisse an die Ungeduld des Menschen macht und dieses Wissen, die Lehre, didaktisch aufbereitet und gliedert mit dem Ziel, *daz sei dest senfter uns becher* (*Ring*, V. 38). Die Symbolik des Rings mit dem *edeln stain* (*Ring*, V. 9) verweist auf Prologe von Lehrdichtun-

---

[198] Ob sich darin eine Skepsis gegen die richtige und wirksame literarische Vermittlung von Lehre manifestiere, sei dahingestellt, ein Exponieren der Vielschichtigkeit des Didaktischen in jedem Falle; vgl. Hans-Joachim Ziegeler, Erzählen im Spätmittelalter 1885, 436. Gegenüber einem Konstatieren einer „Priorität des Didaktischen" in der älteren Forschung (etwa Helmut Funke, Die graphischen Hinweise 1973, 165f. u. ö.) ist die Annahme, dass es sich um eine Diskussion des Didaktischen handle, wesentlich avancierter und sie führt auch weiter.

[199] Dass sich über den beiden Schichten der Dichtung „die erzieherische Intention Wittenwilers als integrierendes Moment" wölbe, lässt sich so nicht sagen: Helmut Funke, Die graphischen Hinweise 1973, 184; vgl. auch die ähnlichen Vorstellungen bei Ursula Seibt, Das Negative 1974.

[200] Vergleichbar ist eine solche Thematisierung des Didaktischen mit Szenen in Wolframs *Parzival*: Der Held wird immer wieder unterwiesen und bereits im Falle der Unterweisungen durch seine Mutter in Soltane ist dies ein komplex problematisierter Vorgang mit bedenklichen Konsequenzen; vgl. zur Reihe der Lehr- und Ratgeberfiguren Paul Michel, Ordnungen des Wissens 2002, 60f.

[201] Vgl. in dieser Studie unten S. 325–347.

gen, in denen die Lehre auch als Edelstein vergegenständlicht wird.[202] Die Prologsituation wird also zunächst explizit als didaktische inszeniert.[203] Sodann jedoch wird in einer überraschenden Volte das Didaktische eliminiert und eine Alternative dazu entworfen: Wenn die Hörer weder *nutz* noch *tagalt* darin finden, können sie die Sache auch als *mär* (*Ring*, V. 50f.) nehmen. Über den konkreten semantischen Gehalt von *mär* in diesem Kontext gibt es in der Forschung unterschiedliche und für eine Gesamtinterpretation des Textes folgenreiche Thesen,[204] dass *mär* eine alternative Rezeptionsoption zur Orientierung an *nutz und tagalt* darstellt, kann aber als Konsens gelten. Dies freilich bedeutet für die didaktische Situation, dass sie im Zuge ihrer Etablierung sogleich wieder relativiert wird. Der präsentierte Text ist die Unterweisung, wer sie aber nicht darin findet, kann sie auch vernachlässigen.[205] Die Möglichkeit, dass Rezipienten die Lehre nicht erfassen, wird eingeräumt und die Figur der Vermittlung der Lehre, das Ich des Prologs, setzt sich über ein solches vorweggenommenes Scheitern des Didaktischen heiter hinweg, womit die Rolle des Lehrers selbst, der ja für die rechte Aufnahme des dargebotenen Stoffes Sorge zu tragen hat, sogleich nach ihrer Etablierung suspendiert wird.[206]

In diesem Zusammenhang ist auch die Namensnennung des Verfassers zu berücksichtigen. In der Selbstnennung als *Hainreich Wittenweilär* (*Ring*, V. 52) fällt der bairische Vokalismus auf. Es kennzeichnet die Sprache des *Rings* generell, dass es sich bei ihr um keine bekannte Mundart handelt, sondern um eine Mischsprache aus dem Alemannischen und dem Bairischen.[207] Boesch konstatierte die „Festlegung auf einen engsten Mundartraum, in welchen dauernd ‚hineingebaiert' wird."[208] Darin sah er eine

---

[202] Vgl. zu Boners *Edelstein* bzw. den sogenannten *Kleinen Lucidarius* Jürgen Belitz, Studien zur Parodie 1978, 29f., sowie in dieser Studie unten S. 281ff.

[203] Winfried Schlaffke, Heinrich Wittenwilers *Ring* 1969, 11.

[204] Edmund Wießner, Kommentar 1936, 12: „erlogenes Zeug"; Rolf R. Mueller, Festival and Fiction 1977, 107: „collective term for everything beeing told for its own sake". Vgl. zu den Übersetzungsproblemen etwa Christoph Gruchot, Heinrich Wittenwilers *Ring* 1988, 6f., 39f. 197, Anm. 13; Corinna Laude, „Daz in swindelt in den sinnen..." 2002, 54ff. Für Eckart Conrad Lutz weist der Begriff des *mär* auf die allegorische Sinndimension der Erzählung, er sieht darin den „die überlegene Auseinandersetzung mit der gegenwärtigen Welt", die dem Eingeweihten im Prolog nahegelegt werde und ergänzt, dass *mär* als „Dichtung, Kunde, Botschaft" wie in Luthers „Vom Himmel hoch da komm ich her..." zu verstehen sei, Eckart Conrad Lutz, Spiritualis fornicatio 1990, 347 und Anm. 252; vgl. dazu in dieser Studie unten S. 294–304f.

[205] Dass Wittenwiler den literarischen Prologtraditionen einerseits folge, diesen Rahmen aber auch an allen Punkten durchbreche, zeigt Corinna Laude, „Daz in swindelt in den sinnen..." 2002, 43–57.

[206] Jürgen Belitz, Studien zur Parodie 1978, 36f. sieht hier ein unprätentiöses Selbstbewusstsein am Werke, welches das würdevolle Sendungsbewusstsein mittelalterlicher Dichter ironisiere. Dies betrifft auch die Rolle des Lehrers, ebenso Belitz' Bemerkung, der Dichter klage nicht über die Unbelehrbarkeit des Menschen oder „vergebene Liebesmüh".

[207] Kurt Ruh, Ein Laindoktrinal 1984, 344f.; Martha Keller, Beiträge 1935, 23–58; Eckart Conrad Lutz, Spiritualis fornicatio 1990, 419ff.

[208] Bruno Boesch, Zum Stilproblem 1965, 79.

„Sprachverfremdung" mit groteskem Einschlag, die beim Hörer den Eindruck des Widersinnigen, Befremdlichen und Komischen hervorrufen musste. Diese Sprachmischung ist parodistisches Mittel, die närrischen Figuren im Ring werden durch den falschen Gebrauch bairischer Langvokale und Diphthonge ridikülisiert.[209]

Die „bairische Verfremdung des eigenen Namens"[210] erfolgt im Prolog, nachdem der Erzähler sein Verständnis des Bauernbegriffs dargelegt hatte: Nicht derjenige, der sich aus weiser Einsicht mit treuer Arbeit nähre, sei in seinen Augen ein Bauer, sondern derjenige, der unrecht lebe und sich närrisch aufführe. Dass der Erzähler daraufhin seinen Namen in der Weise des närrischen Bauerntreibens nennt, untergräbt die Didaxe noch einmal dadurch, dass die Instanz der Wissensvermittlung relativiert wird. Der Erzähler fällt hier ins Idiom seiner Figuren. Dies aber ist für die didaktische Inszenierung nicht folgenlos. Der Lehrer, der das Wissen der Welt präsentiert, demaskiert sich selbst: Er ist einer, der *läppisch tuot*.[211] Die Inszenierung als Lehrer erweist sich so als Maske und die Erzählerfigur, die hier quasi hinter der Maske zum Vorschein kommt, markiert die Nichtidentität der didaktischen Inszenierung und der Textkonstitution.[212]

Somit entfaltet der Prolog im Sinne einer „Eröffnung des Paradigmas"[213] die Opposition von Torheit und Wissen zugleich mit der Destabilisierung dieser Opposition durch eine in der Erzählerfigur des Prologs stattfindende Hybridisierung von Torheit und Lehre. Darin schließlich scheint in der Tat die Vorwegnahme dessen zu liegen, was in den weiteren didaktischen Situationen des Textes entfaltet wird.[214]

Derschallend in dem hertzen fro (*Ring*, V. 53) geht es nach solcher Suspension der didaktischen Gravität der Dichtung weiter.[215] Ist auf solch einen Lehrenden Verlass? Ich würde nicht so weit gehen zu behaupten, dass es sich um einen trügerischen Text

---

[209] Eckart Conrad Lutz, Spiritualis fornicatio 1990, 92f. Birkhans These, Wittenwiler wolle eine Koiné für seine internationale Leserschaft (den Teilnehmern am Konstanzer Konzil) bieten, hat sich nicht durchgesetzt und ist wohl durch die Analysen von Lutz auch als überholt zu betrachten; Helmut Birkhan, Das Historische 1973, 63.

[210] Eckart Conrad Lutz, Spiritualis fornicatio 1990, 92f.

[211] Eine sozialgeschichtliche Interpretation dieser Selbstverhöhnung bietet Eckart Conrad Lutz, Spiritualis fornicatio 1990, 3.

[212] Edmund Wießner nutzte die Metapher vom Predigermantel, den sich Wittenwiler nur umgelegt habe, um den eigenen Talenten zu frönen, Edmund Wießner, Das Gedicht von der Bauernhochzeit 1908, 250.

[213] Rainer Warning, Die narrative Lust an der List 2003, 188.

[214] Das Verhältnis des Prologs zum Geschehen im *Ring* ist eine kontrovers diskutierte Forschungsfrage. Wo eine dominante didaktische Funktion der Handlung betont wird, wird sie in der Regel als Umsetzung des Prologprogramms betrachtet. Interpretationen, die dem Didaktischen die Dominanz absprechen, sehen eher eine Kluft zwischen Programmatik im Prolog und Umsetzung in der Erzählung; vgl. etwa Hans-Jürgen Bachorski, Irrsinn und Kolportage 2006, 250f.

[215] Auch Jürgen Belitz, Studien zur Parodie 1978, 33 vermerkt das Fehlen der „gravitätischen Gebärde".

handle, der Sinn nur setze, um ihn zu zerstören,[216] betrachte allerdings den Prolog als Exposition einer Serie extrem herausgeforderter und auch relativierter didaktischer Situationen.[217] Auch die didaktische Konstellation, die den Erzähler, sein Publikum und das Wissen zusammenhält, scheint jedenfalls diesem Prolog zufolge nicht besonders belastbar, ja man kann sagen, die erste scheiternde didaktische Situation im *Ring* ist der Prolog selbst.

Die Taufbelehrung – Das Problem der Autorität des Lehrers

Auf Mätzlis Schönheitspreis folgt die Beschreibung von Bertschis Frauendienst und der Beginn des Bauernstechens.[218] In Folge des ersten Stechens fallen einige der Kämpfer in einen Fluss. Vor dem Tod durch Ertrinken können sie gerettet werden. Die demütigende Lage, in der sie sich befinden, versuchen sie allerdings positiv zu deuten. Der Zwerg lobt, sein Durst sei nie so vollständig gelöscht worden, Schlupfindkammer schätzt die gründliche Reinigung, und dass seine Läuse ertrunken seien, Heinzo mit der Geiß überbietet solche Gratifikationen: Ihm sei der größte Gewinn zu Teil geworden, denn er sei im Wasser getauft worden und deshalb kein Heide mehr. Erbost korrigiert daraufhin Chuontz diese Bilanzen: *Mich duncht, daz wir verlorn | Habin mere dann gewunnen* (*Ring,* V. 276f.) und unterzieht die Bauern daraufhin einer Taufbelehrung (*Ring,* V. 285–306). Es folgt eine Unterweisung darüber, dass Läuse beim Waschen von Hosen nicht ertrinken und darüber, dass man sich nicht ohne weiteres selbst taufen kann, weil dazu ein bestimmtes Ritual unabkömmlich sei. Das eine habe Chuontz selbst beobachtet, das andere übermittelt *der weisen phaffen sag* (*Ring,* V. 289). Hier stehen die nicht ertrinkenden Läuse neben dem nicht vollzogenen Sakrament der Taufe, das Niedere neben dem Höchsten. Kontrastiert wird die sich auf eigene Beobachtung berufende Naturkenntnis mit dem Wissen über *der weisen phaffen sag*. Was in Chuontzens Rede zusammenhängt, wird durch die Seitenlinien differenziert: Die Ausführungen darüber, dass Läuse im Wasser nicht ertrinken, sind grün markiert, die Ausführungen über die Taufe rot. Diese Differenzierung betrifft nicht den Wahrheitsgehalt der geäußerten Propositionen: Läuse ertrinken tatsächlich nicht ohne weiteres im Wasser. Die Farbmarkierung differenziert hier einen Rekurs auf eigene Erfahrung des Bauern mit

---

[216] So die suggestive Kapitelüberschrift bei Bachorski, die seine nihilistische Lektüre des *Ring* zeigt; Hans-Jürgen Bachorski, Irrsinn und Kolportage 2006, 74.

[217] Dass eine didaktische Prologintention im epischen Geschehen nicht realisiert werde und eine „Fragwürdigkeit der Prologaussage" gegeben sei (Kristina Jürgens-Lochthove, Heinrich Wittenwilers *Ring* 1980, 120f., 280), ist vor diesem Hintergrund so nicht nicht zu konstatieren. Nach Christa Wolf Cross stelle sich der Erzähler im Prolog als zuverlässiger, ernster Mentor vor, der Leser aber erfahre im weiteren Verlauf des Textes, dass auf ihn kein Verlass ist. Darin sieht die Verfasserin ein „Spiel mit dem Lehrmeister"; Christa Wolf Cross, Magister ludens 1984, 4.

[218] Ich zähle die Beschreibung Mätzlis anders als viele *Ring*-Interpreten nicht unter die didaktischen Situationen, weshalb ich diesen Passus innerhalb der Serie des Didaktischen auch nicht bespreche, sondern in dieser Studie unten S. 303ff.

seinen Läusen und die Heterogenität der Theologie, der *weisen phaffen sag*, im Bauernmilieu. Gleichzeitig scheinen die Linien hier eine Valorisierung vorzunehmen und durch die Markierung etwas zu trennen, was in Chuontzens Äußerungen blasphemisch nahe aneinanderrückt.[219] Chuontzens Lehre wird im Handlungszusammenhang verlacht.[220] Damit aber ist der Gehalt der Lehre verpufft. Heinzo bleibt ein Heide, die Bauern beklagen zwar ihre Schande, aber die bezieht sich auf den Ehrverlust im Turnier. In der Serie didaktischer Situationen wird die Aufmerksamkeit des Rezipienten hier auf die differenzierende und valorisierende Funktion der Farbenlinien für den Bereich des Wissens gelenkt, die er weiterhin zu berücksichtigen hat. Zugleich wird vorgeführt, wie Unterweisungen scheitern, wenn die Unterwiesenen die Autorität des Lehrers nicht anerkennen. Der *guot jurist* wird verlacht, weshalb die heilsrelevante Taufbelehrung unberücksichtigt bleibt.

Anbinden auf Reittiere – Das Problem der Tragweite praktischer Problemlösungen

Die nächste didaktische Situation kann im praktischen Ratschlag des Leckdenspieß gesehen werden, man möge zur Wiederherstellung von Ehre und Ansehen die Bauern auf ihre Esel binden, damit sie nicht herabfallen (*Ring*, V. 325–340). Dies wird sogleich umgesetzt. Es gibt weitere solche unmittelbaren Umsetzungen praktischer Ratschläge im Text. Diese Passage stellt eine didaktische Situation *en miniatur* dar.[221] Aber bei diesem vernünftigen Ratschlag handelt es sich um einen Verstoß gegen Turnierregeln einerseits.[222] Andererseits führt auch diese Maßnahme, so wie alle, welche die Bauern ergreifen, um ihre inferiore Position zu korrigieren, nur dazu, dass sich diese noch steigert. Indem die Bauern das Herabfallen von ihren Eseln verhindern, leisten sie nur noch größeren Blamagen Vorschub. Denn beim nächsten Angriff fällt Graf Burkhart zwar nicht vom Esel, sondern kippt nur auf den Rücken seines Reittiers,[223] wodurch aber sein Hosenlatz platzt und sein *gselle* zum allgemeinen Amüsement besonders der anwesenden Frauen herausspringt. Die Inversion eines höfischen Turniers, das ja auch zu betrachten ist als Exponierung von Selbstkontrolle und Kompetenz vor zuschauenden Damen, als Vermögen, Triebe und Aggressionen zu kanalisieren, könnte deutlicher

---

[219] Vgl. Kristina Jürgens-Lochthove, Heinrich Wittenwilers *Ring* 1980, 92–94.

[220] Vgl. zur Taufbelehrung noch einmal in dieser Studie unten S. 328f.

[221] Vgl. etwa auch den Ratschlag, dem störrischen Esel die Augen zu verbinden, damit er geradeaus laufe (*Ring*, V. 497ff.).

[222] Beim Festbinden an den Reittieren handelt es sich um einen Verstoß gegen Turnierregeln; vgl. Edmund Wießner, Neidhart und das Bauernturnier 1928, 193; vgl. Jörg Bismark, Adlige Lebensformen 1976, 77–80.

[223] Ungenaue Paraphrase der Situation bei Jürgen Belitz, der aber mit Orgeluses Warnung an Gawan, sich nicht in dieser Art vor den Frauen bloßzustellen (Parz. 535,19ff.), einen möglichen intertextuellen Bezug nahelegt; vgl. Jürgen Belitz, Studien zur Parodie 1978, 148.

Heterogenität und Integration 255

nicht sein.[224] Hier bricht das nackte Begehren buchstäblich inmitten des Kampfes aus. Und wenn sich die Frauen dabei nahezu zu Tode lachen, so ist das ritterliche Turnier vollends auf den Kopf gestellt. Für die Serie didaktischer Situationen ist von Bedeutung, dass im gegebenen Fall die Konsequenzen und Folgelasten der richtigen Umsetzung vorgeblich guter Ratschläge problematisiert werden.

Neidharts Unterweisungen – Problematische Ziele von Didaxe

Über Neidharts Turnierlehre wurde oben schon bemerkt, dass eine Zurichtung des Wissens, seine Manipulation erfolgt. Auch darin ist der weitere Fall einer scheiternden Didaxe zu sehen. In den Bauernbeichten maßt sich Neidhart eine Rolle an, die ihm nicht zukommt, die des Beichtvaters. Diese Autorität wird Neidhart von den Bauern fälschlicherweise zuerkannt. Die didaktische Situation ist hier wieder gestört, diesmal durch die Bevollmächtigung eines Unberufenen. Neidharts Kalkül liegt zudem in der Steigerung des Tumults, die Funktion der Figur zielt auf die fortwährende Vorführung bäurischer Dummheit. Wenn nun Lehre vielmehr im Gegenteil auf die Beförderung von Wissen, Weisheit und Tugend zielt, so wird doch durch Neidharts auf gänzlich anderes gerichtete Intentionen die didaktische Situation selbst pervertiert. Neidharts „Unterweisungen" der Bauern enthalten so Selbstwidersprüche, Durchstreichungen.

Nabelreibers Minnelehre – unangemessene Applikation von Wissen

Nabelreibers Minnelehre (*Ring,* V. 1663–1839) erweist sich, so konnte bereits gezeigt werden, als der konkreten Situation (Mätzli ist im Speicher eingesperrt) völlig unangemessen. Hier wird in neuer Weise eine scheiternde didaktische Situation vorgeführt: Das Scheitern gründet dabei in der Irrelevanz des Wissens für die Situation, der es dienen soll. Damit ist Nabelreibers Lehre aus dem unmittelbaren Kontext ihrer Applikation aber zugleich freigestellt und zwar mehr als die soweit im Text entfalteten Lehren, denn deutlich ist markiert, dass in diesem Fall kein eigennütziges Interesse der Figur die Präsentation von Wissen motiviert. Auf der Irrelevanz von Nabelreibers Minnelehre für Bertschis Situation insistiert der Text, wobei sich die Frage nach weiteren Funktionen einer solchen, aus dem entworfenen Kontext fallenden Wissenspräsentation stellt. Man hat wohl auch eine kommentierende und valorisierende Funktion von Nabelreibers Minnelehre anzunehmen, in ihr wird das bereits Erzählte mit der verfehlten Norm konfrontiert: Bertschis Annäherungsversuche, die allesamt turbulent entarteten, rücken dabei in eine komische Perspektive. Durch die Konfrontation mit den Normen der *artes amandi* erscheinen diese Aktionen nachträglich als Travestien von Minneregeln: Bertschi hat statt einer Musik einen grauenhaften Lärm veranstaltet, den Anblick des gelieb-

---

[224] Als Inversion der im ritterlichen Turnier inszenierten „formvollendeten ständisch exklusiven Vergesellschaftung" des Einzelnen betrachtet das Bauernstechen Hans-Jürgen Bachorski, Irrsinn und Kolportage 2006, 110ff.

ten Antlitzes hat er gesucht, dabei allerdings mit ihrem Hintern vorlieb nehmen müssen, das Stelldichein im Kuhstall war ein geräuschvoller Ringkampf und die vorsichtige Überwindung der Distanz zur Geliebten gestaltete sich als rapider und turbulenter Sturz durch das Dach. Statt Konversation gab es Gebrüll bzw. den Monolog Mätzlis mit ihrer *mutz,* statt der *minne spil* Onanie. Am Ende hat sich keine Nähe zwischen den Liebenden eingestellt, sondern vielmehr die größtmögliche Distanz."[225] All diese Ereignisse sind mit der Explikation der Regeln für *rechtes hofieren* wieder aufgerufen und deren Komik wird *ex post* durch den Kontrast gesteigert.[226] Dies geschieht zum Vergnügen des Rezipienten, der freilich auf diese Art und Weise auch eine spezielle Weise der Lektüre von Lehren im Text einübt: Er nimmt den „Überhang" bzw. „Leerlauf" der Unterweisungen zum Anlass, die explizierten Normen auf bestimmte Textpassagen zu applizieren und die Nichtübereinstimmung bzw. die Verkehrung der Norm in der Handlung zu vermerken. In der Forschung wurde in diesem Sinne immer wieder vermerkt, dass sich die im *Ring* entfalteten Lehren nicht an die Figuren richteten, sondern an die Rezipienten.[227] Hier freilich ist zu präzisieren, wie genau sich dies vollzieht, denn will man die Erkenntnis, dass sich verschriftete Lehre an Rezipienten richtet, nicht als trivial abtun – natürlich richten sich Lehren an Rezipienten – so muss man den Abgleich von Lehre und Handlung als Aufgabe des Rezipienten ansetzen. Aber auch dies scheint das Wesentliche nur ungenau zu umschreiben, verstören muss doch dabei, dass es für die Erkenntnis eines Fehlverhaltens der Bauern keiner Normexplikation bedarf. Dem Rezipienten muss keine Gesundheits- oder Minnelehre geboten werden, damit er in der Fressorgie der Bauern ein antidiätetisches Ritual erkennt oder im Minnedienst Bertschis die Inversion höfischer Normen.[228] Das zu solchen Einschätzungen nötige Wissen kann der *Ring* bei seinen Rezipienten schlicht als gegeben annehmen.[229] Auch auf der Ebene der Rezeption ist somit ein Leerlauf des Wissens festzustellen, wodurch die Frage nach der Funktion erneut in den Raum gestellt wird: Geht es bei der Präsentation des Wissens wirklich um die didaktische Stabilisierung der Norm, um die Bestätigung und Befestigung dessen, was der Rezipient des Textes ohnehin schon weiß und kennt? Erschöpft sich das Theater des Wissens in Wittenwilers *Ring* tatsächlich im Gegeneinanderspielen von Wissen und Handlung mit dem Ziel einer Illustration von

---

[225] Vgl. Ursula Seibt, Das Negative 1975, 126f.; Christoph Gruchot, Heinrich Wittenwilers *Ring* 1988, 110.

[226] Darin, dass die publikumsbezogenen Lehren an das fiktive Geschehen zurückgebunden werden, sieht Ziegeler die Berechtigung der Bezeichnung „Roman" für den Ring; Hans-Joachim Ziegeler, Erzählen im Spätmittelalter 1985, 436.

[227] Dagegen hat Hans-Joachim Ziegeler betont, die Lehre werde für die Handlung entwickelt; vgl. Hans-Joachim Ziegeler, Erzählen im Spätmittelalter 1985, 435.

[228] Dass der Dichter durch das negative Beispiel „nicht destruktiv zersetzen, sondern positiv belehren wolle" konstatiert hingegen Bernhard Sowinski, Der Sinn des Realismus 1969, 72.

[229] Dies bezweifelt Seibt, die zu zeigen versucht, dass Wittenwiler neben „Apellen an selbstverständliche Kenntnisse" auch Hilfestellungen biete, die „ermöglichen, das Richtige auch ohne Vorkenntnisse [zu] lernen"; Ursula Seibt, Das Negative 1974, 76–107, hier 95f.

Norm und Devianz?²³⁰ Will man sich damit nicht zufrieden geben, so wird man in der Art und Weise der Konfrontation von normativem Wissen und Bauernhandlung noch eine Quelle subtilerer Gratifikationen für die Rezipienten zu vermuten haben. Mir scheint, dass das Verhältnis der Figuren im *Ring* zum Wissen, die Art und Weise es zu ignorieren, es zu funktionalisieren und zuzurichten, sowie die Modalitäten seiner (unangemessenen) Repräsentation und Anwendung wichtige Gründe dafür sind, dass dieses Wissen selbst expliziert wird. Denn dies wäre mit dem Rekurs auf implizites Normwissen nicht in dieser Ausdifferenziertheit vorzuführen gewesen. Die ganz unterschiedlichen Weisen der Pervertierung von Wissen werden von den Figuren des *Ring* quasi in Serie vorgeführt. Die Aufmerksamkeit des Rezipienten wurd auf diesen Sachverhalt gelenkt durch die Freistellung des Wissens und die Variation seiner Manipulationen durch die Figuren. Damit aber zeigt das Wissen selbst eine Kontingenz: Es wirkt unsicher, wenn es in dieser Art und Weise offen wird für Deutungen, Missbrauch, Zurichtungen etc.

Chrippenchras Kur – Paradoxe Zuspitzung des Didaktischen

Dies zeigt sich ganz besonders an Chrippenchras Unterweisung Mätzlis (*Ring*, V. 2001-2202). Wie er selbst ankündigt, lehrt er sie tatsächlich, was ein *stumph* ist und auch das Rezept zur Vortäuschung der Jungfräulichkeit wird adäquat umgesetzt und zeigt in der Hochzeitsnacht die bezweckte Wirkung ebenso wie die verordneten Abwehrreaktionen: *Wisst, daz sei ein junchfraw was!* (*Ring,* V. 7134), wird Bertschi danach seinen Verwandten mitteilen. Gerade diejenige didaktische Situation freilich, der man zugestehen muss, dass sie vorbildlich aufgeht, ist in ihrer Perversion kaum zu überbieten. Als Punkt innerhalb einer das Didaktische variierenden Serie stellt Chrippenchras Unterweisung der naiven Unschuld eine äußerste Zuspitzung verschiedener didaktischer Komponenten dar. Der in seiner Autorität anerkannte, gelehrte Lehrer steht einer lernwilligen und -bedürftigen Schülerin gegenüber. Das pädagogische Gefälle ist – anders als in den bisherigen Situationen – vorbildlich und es wird missbraucht. Der Stoff der Unterweisung ist der Missbrauch selbst: Mätzli soll lernen, was ein *stumph* ist und was die Wurzeln sind, ihr wird die Vergewaltigung nicht nur als medizinische Maßnahme ausgegeben, sondern auch als Unterweisung, als Vermittlung von Wissen.²³¹ In der Arzt-Szene werden immer weitere komische Pirouetten durch die Zuspitzung dieser vom Didaktischen ausgehenden Paradoxien erreicht. Gerade an der Arzt-Szene zeigt sich, dass der *Ring* weniger didaktische Dichtung als vielmehr metadidaktische Dichtung ist: Die didakti-

---

²³⁰ So Gruchot, der in Nabelreibers Minnelehre die richtige Theorie der falschen Praxis gegenüber gestellt sieht und davon ausgeht, dass die intendierten Rezipienten (bei Gruchot konkretisiert als heiratswillige junge Männer) zwischen beidem zu wählen hätten, vgl. Christoph Gruchot, Heinrich Wittenwilers *Ring* 1988, 111.

²³¹ Dass eine Unterweisung Mätzlis nicht stattfinde, wie Gruchot konstatiert, ist für mich nicht nachvollziehbar. Das Gegenteil ist der Fall. Vgl. Christoph Gruchot, Heinrich Wittenwilers *Ring* 1988, 128.

sche Situation wird zum Anlass eines variantenreichen Spiels, in dem die Bedingungen von Unterweisung thematisch sind, *ex negativo* exponiert und zugleich paradoxen Zuspitzungen zugeführt werden.

Die Prüfung – Kontingenzen einer didaktischen Konstellation

Als Bertschi vor der Verwandtschaft der Braut seinen Wunsch nach Mätzli vorgebracht hat, macht Lastersack die Erfüllung von Bertschis Wunsch von der Bedingung abhängig, dass dieser der Lehre von Mätzlis Verwandten folge. Entfaltet wird wieder eine didaktische Situation:

> ‚Daz dinch möcht allessampt geschehen,
> Woltist stellen nach der er
> Und dar zuo volgen unser ler.'
> Bertschi sprach: ‚Es gfelt mir wol:
> Ich tuon alles, das man schol.'
> ‚So sitz da nider', sprach do Fritz,
> ‚Und sag uns etwas deiner witz!
> Chanst den paternoster so?'
> ‚Ja do,' äntwurt Pertschi do.
> ‚Daz avemari und den glauben
> Auch da mit an alles laugen?
> So sag auf eben, nicht enlach!' (*Ring*, V. 3805–3816)

Hier scheint zunächst eine didaktische Situation vorbildlich verwirklicht, es handelt sich um eine Prüfungssituation (*Ring*, V. 3796–3825). Eine Prüfung ist dann gegeben, wenn eine Situation dominiert wird durch ein Ritual, welches ein zwischen Prüflingen und Prüfenden bestehendes Wissensgefälle befestigt und veranschaulicht; dem bestenfalls gegebenen, andernfalls inszenierten Wissensgefälle entspricht dabei ein Machtgefälle. Die Prüfenden befinden darüber, ob dem Prüfling bestimmte Privilegien eingeräumt werden. Entschieden wird dies aufgrund von Antworten, die der Prüfling auf Fragen vorbringt. Sind diese korrekt und angemessen, so kann er mit Gratifikationen rechnen, versagt er aber, so bleibt ihm das, was er sich von der Situation verspricht, verwehrt. In Bertschis Fall ist die ausstehende Gratifikation Mätzli, seine Braut. Zur Disposition steht seine Eignung als Ehemann, über diese soll durch die Prüfung befunden werden. Auf die Frage, ob Bertschi bereit wäre, den Unterweisungen zu folgen, antwortet dieser, er werde sich den verbindlichen Normen fügen. Sodann wird er zum Niedersetzen aufgefordert, was nach dem Urteil Nabelreibers Bedingung für *chlugeu red* sei. Bertschi wird examiniert, wobei er zunächst die gebräuchlichen Gebete aufsagen soll. Die Forschung hat immer wieder gerätselt, warum für die wiedergegebenen Gebete rote Initialen und grüne Seitenlinien verwendet wurden.[232] Die Geltung dieser Texte kann damit in keiner Weise tangiert sein, es besteht keinerlei Anlass anzunehmen, dass sich Wittenwiler hier über Gebete lustig machen möchte. Deshalb scheint es um die Äußerungs-

---

[232] Ortrun Riha, Die Forschung 1990, 137ff.

Heterogenität und Integration 259

bedingungen der Gebete zu gehen und die Forschung hat eine Markierung mangelnder Andacht des betenden Bertschi hier gesehen.[233] Vielleicht wäre daneben aber auch zu berücksichtigen, dass Bertschi beim Vorbringen der Gebete sitzt und nicht steht oder kniet. Der markierte Unernst der Gebete würde so ihren falschen Gebrauchskontext betreffen:[234] Bertschi spricht die an Gott zu richtenden Worte vor der Verwandtschaft Mätzlis im Sitzen aus, Gebete werden Prüfungsstoff und sind somit falsch kontextualisiert. Um ein Missverständnis scheint es sich auch zu handeln, wenn Bertschi nach dem Herunterbeten des *credo* ein vierfaches *Amen, amen, amen, amen* äußert. Es scheint, als ob Bertschi, der zuvor die beiden kürzeren Gebete mit einem einfachen Amen abschloss, der Länge des *credo* mit einem vermehrten *amen* Rechnung zu tragen bemüht ist. In solcher eigentümlichen Quantifizierung steckt natürlich auch ein Missverständnis des Gebets, welches Bertschi bei seinem Examen exponiert. Möglicherweise versucht Bertschi in dieser Weise mit besonderem Nachdruck die Prüfung seinerseits zu beenden, da er ungeduldig ist und nicht erwarten kann, sein Mätzli zu bekommen. Fritz reagiert darauf amüsiert und ironisch:

> *‚Hörr auf lieber: sein ist gnuog!'*
> *Sprach do Fritz. ‚Du pist so chluog,*
> *Daz mich des dünkt, du seist gestanden*
> *Manich jar in frömden landen.'* (*Ring*, V. 3818–3821)

Das närrische vierfache *amen* wird ironisch mit Gelehrsamkeit in Verbindung gebracht.[235] Zu erwägen ist, dass das Verb *gestanden* ironisch darauf hinweisen könnte, dass Bertschi beim Beten gesessen habe. Bertschi erfasst die Ironie nicht und meint, den Forderungen der Prüfung sei bereits genüge getan und er könne Mätzli nun haben.

Die eingangs entworfene didaktische Situation wird hier schon ein erstes Mal gebrochen: Die Prüfungssituation ist der falsche Kontext für Gebete, denn deren Vortrag erfordert eine Performanz, die sich von der im Sitzen auszuführenden Prüfung unterscheidet. Und wenn Bertschi auch die Gebete richtig aufsagt, so macht doch sein vierfaches *amen* ein Missverständnis über das Beten selbst manifest. Der Prüfling hat korrekt geantwortet aber performativ versagt, wie übrigens die Prüfenden auch, die ihn in diese Situation gebracht haben. Die Szene lässt sich lesen als Ironisierung der Komponenten einer Prüfungssituation, als Exponierung von Kontingenzen, die in gewöhnlichen Prüfungen gemeinhin gezähmt sind. Die didaktische Situation der Prüfung ist damit dekomponiert.

---

[233] Bruno Boesch, Bertschis Weltflucht 1974, 234.
[234] Dass die religiösen Texte nicht in ihrer eigentlichen Gebets- oder Beichtfunktion realisiert würden, erwägt Elmar Mittler, Das Recht 1967, 26. Vgl. auch Kristina Jürgens-Lochthove 1980, 102f., die hier Wittenwilers Distanzierung zu religiösen Inhalten betont.
[235] Dies ergibt sich aus der Schülerlehre, wo für das rechte Studium der Aufenthalt in der Fremde gefordert wird. Belitz meint, Bertschi gefalle sich in der Rolle des Ritters, der in fremde Länder zieht – dies ist assoziiert und in der Szene so nicht angelegt; Jürgen Belitz, Studien zur Parodie 1978, 106.

Der Schülerspiegel – Kulturation als Maske des Begehrens

Die folgenden Passagen im Ring etablieren deshalb eine neue didaktische Situation: Lastersack *geviel daz eillen nicht* (V. 3826), er schiebt sozusagen weitere Wissensbereiche zwischen Bertschis Begehren und Mätzli[236] und fragt ihn nach seinen Kenntnissen und Fähigkeiten. Bertschi weist darauf hin, dass er alles kann, was zum Brotmachen nötig sei, worauf Lastersack ihm eröffnet, dass der Mensch nicht vom Brot allein lebe und Bertschi mehr lernen müsse. Bertschi entgegnet, dass er dies gern tun wolle und zuerst zu wissen begehre, wie man richtig lernen solle. Lastersack entgegnet: *Daz ist vil weisechleich geredt* (Ring, V. 3848) und beginnt mit der Ausführung des Schülerspiegels (Ring, V. 3850–3925). Hier nun erscheint die didaktische Situation wieder regelrecht optimiert zu sein: Der Unterweisende trifft auf einen Schüler, der bereit ist, das Wissen aufzunehmen und die Bedingungen dafür werden – propädeutisch – expliziert. Die erste Bedingung ist, dass der Schüler Gott dienen solle. Die Worte des Evangeliums, dem Menschen würde gegeben, was er zum Leben bedürfe, solange er nur das Reich Gottes suche, werden begründend angeführt, ebenso Sap. 1,4, demgemäß in eine böse Seele keine Weisheit komme. Als zweite Bedingung wird das Weilen in der Fremde angegeben, da die Unabhängigkeit von Freunden, *gsellen* und Frauen dem Studium förderlich sei. Gefordert werden ferner ein gesunder, gelehriger Kopf, Bescheidenheit, Beharrlichkeit im Studium, der Zweifel am Geschriebenen, sowie diverse *diaetetica* (leichte, nicht zu reichliche Kost, mäßiger Weingenuss), und auch die materiellen Voraussetzungen für das Studium werden erwogen: Man darf zum Studieren weder zu arm aber auch nicht zu reich sein. Schließlich sei dem gelingenden Studium unabkömmlich, dass man sich hin und wieder *mit züchten* (Ring, V. 3922) aufheitert, indem man Gesang und Saitenspiel pflegt.[237]

Der Rezipient sieht sogleich, dass Bertschi bereits gegen die meisten dieser Regeln verstoßen hat, gegen die verbleibenden wird er im Verlaufe des weiteren Geschehens verstoßen: Die Suche nach dem Reich Gottes spielt bei ihm keine Rolle, er begehrt Mätzlis Schoß, er befindet sich nicht in der Fremde, sondern dort, wo ihn alle kennen und wo *freunt und gsellen, dar zuo weib* (Ring, V. 3872) dem Studium in jeder Hinsicht abträglich sind. Einen gesunden und gelehrigen Kopf hat er auch nicht, Zustände der Sinnestäuschung (Liebeswahn) und Kampfzorn sprechen dagegen, außerdem kann er sich nicht konzentrieren. Bescheidenheit ist desgleichen nicht Bertschis Tugend, er lässt sich von allen als Junker anreden und ist der Hauptprotagonist jener Hybris, für die die

---

[236] Zur Übereilung der Figuren, die Ausweis ihrer Irrationalität, ihrer mangelnden *zuoversicht* ist, vgl. besonders Jürgen Babendreier, Studien zur Erzählweise 1973, 116, 125; Corinna Laude, „Daz in swindelt in den sinnnen..." 2002, 68f.

[237] Mittler wies auf das *Didascalicon* als mögliche Vorlage hin, was ich für sehr plausibel halte, da sich daselbst alle Aspekte des Schülerspiegels finden: *disciplina, humilitas, studium, quietas, scrutinitas, parcitas* und schließlich *exsilium*, vgl. Hugo von Sankt Viktor, Didascalicon 1997, 3,12–3,19 (250–269).

Heterogenität und Integration 261

Bauern verlacht werden.[238] Beharrlichkeit im Studium zeichnet ihn auch nicht aus, denn nachdem er anfangs seinen Lerneifer bekundet, verfolgt er die weiteren Lehren nicht mehr, da er in Gedanken nur bei Mätzlis Schoß ist. Für eine Kultivierung des Zweifels am Geschriebenen hat Bertschi, der weder schreiben noch lesen kann, wenig Gelegenheit. Und die diätetischen Maßgaben für angemessenes Studieren sind desgleichen Bertschis Sache nicht: Er füllt sich ab mit Bier, Wein und Met (*Ring*, V. 1635) und verschlingt eine halbe Kuh auf einmal (*Ring*, V. 2612),[239] als er von Mätzlis Brief erfährt. Die in der Schülerlehre genannten materiellen Voraussetzungen des Studiums, dass man nicht zu arm aber auch nicht zu reich sein dürfe, werden von der im *Ring* allenthalben exponierten Dürftigkeit des Lebens unterschritten.[240] Dass es schließlich – nach wie vor – dem gelingenden Studium unabkömmlich sei, dass man sich hin und wieder *mit züchten* aufheitert, indem man Gesang und Saitenspiel pflegt, ist vielleicht noch am ehesten Bertschis Sache, aber der Tumult, den das Ständchen auslöst, zeigt nachdrücklich, dass es keineswegs *mit züchten* vorgebracht wurde.

Im Schülerspiegel wird solcherart durch intratextuelle Verweise die Irrelevanz dieser Textsorte im Bauernmilieu indiziert.[241] Damit zeigt sich auch hier eine mögliche Funktion des leerlaufenden Wissens: Es enthält Zusatzinformationen, die im unmittelbaren Kontext der didaktischen Situation nicht aufgehen, aber mit anderen Textpassagen der Schwankhandlung zu korrelieren sind. Dadurch wird der Text vernetzt, und es entsteht im gegebenen Fall des Schülerspiegels eine dekonstruktive Bewegung: Die didaktische Situation, die inszeniert wird, erfährt im Zuge ihrer Entfaltung ihr Dementi und damit ihre implizite Zersetzung. Bertschis Replik auf den Schülerspiegel zeigt dies einmal mehr, sie ist von einer Ambivalenz geprägt:

Do sprach Triefnas gar mit gir:
‚Secht, daz han ich als an mir,
Guoten willen auch da mit!
Dar umb ich ewer tugend pitt:
Sagt mir, herr, zuo diser frist
All die kunst, die iendert ist!' (*Ring*, V. 3926–3931)

Die Lernwilligkeit des Schülers ist pervertiert zu Bertschis Gier, sein Liebesverlangen, dem der Wissenserwerb nur Mittel zum Zweck ist. Auch die Aufforderung, sogleich

---

[238] Kristina Jürgens-Lochthove, Heinrich Wittenwilers *Ring* 1980, 286 konstatiert eine „offenbare Beziehungslosigkeit" dieser Ratschläge auf Bertschi, ohne auf das Moment der gezielten Inversion einzugehen. Der Schülerspiegel wird als autonomes Element ohne Integration in den Text betrachtet (ebd., 287), der allerdings auf eine außertextuelle Wirkung (und zwar eine bürgerliche) angelegt sei.
[239] Zu Bertschis Korpulenz und seinem unmäßigen Essen und Trinken vgl. Jürgen Belitz, Studien zur Parodie 1978, 83f.
[240] Vgl. zur Thematisierung von Armut und Reichtum im *Ring* die Ausführungen von Jörg Bismark, Adlige Lebensformen 1976, 172–183.
[241] Edmund Wießner, Kommentar 1936, 148; vgl. Winfried Schlaffke, Heinrich Wittenwilers *Ring* 1969, 62.

alles Wissen, das es gibt, auszubreiten, zeigt gerade Bertschis völlige Unkenntnis davon, worum es sich beim Wissen handelt, denn ein Kasus, den man geschwind erschöpfen könnte, ist es genau nicht. Hinter Bertschis Lerneifer werden seine Ungeduld und sein sexuelles Begehren spürbar, er selbst ist nicht in der Lage, das eine vom anderen zu unterscheiden.[242] Kulturation ist Triebverzicht, bei Bertschi jedoch ist sie nur Maskierung des Begehrens und dies ist lustig für diejenigen, welche die Entsagungen kennen, die mit Bildung verbunden sind.[243] Auch hier fällt wieder das raffiniert inszenierte Dementi der entworfenen didaktischen Situation ins Auge.

Die Lehren des zweiten Teils – Enzyklopädie der Ethik und individuelle Applikation

Anhand der Schülerlehre konnten ein weiteres Mal die Missverhältnisse des Didaktischen beobachtet werden. Für das Vermitteln von Lehre fehlen hier die Voraussetzungen aufgrund von Bertschis prinzipiellem Missverständnis dessen, was Lehre überhaupt ist sowie aufgrund seines jeder Unterweisung abträglichen Begehrens. Damit ist jener Rahmen abgesteckt, innerhalb dessen die großen Lehrblöcke des zweiten Teils vermittelt werden: das Laiendoktrinal, die Diätetik, die Tugendlehre und Ausführungen zum Hofleben, die Tugend- und die Haushaltslehre. Die didaktische Situation, innerhalb derer von verschiedenen Figuren des Textes diese mehr oder minder systematisierten Lehren vorgetragen werden, bleibt während des zweiten Teils weitgehend konstant. Zur Distanzierung des Didaktischen durch Bertschis Unaufmerksamkeit kommt eine weitere. Die vorgetragenen Lehren stehen in einer Spannung zu den sprechenden Namen der Lehrenden, die oft für das Gegenteil der Lehrinhalte stehen: Lastersack bietet das Laiendoktrinal dar, Übelsmach die Tugendlehre, Seichinkruog die Haushaltslehre. Darin zeigt sich zweifelsohne eine weitere Variante der Relativierung von Lehrerautorität, ob damit aber auch eine Relativierung des vorgetragenen Gehalts einhergeht, ist in der Forschung äußerst kontrovers diskutiert worden. Oft wurde dabei die Frage formuliert, ob die vorgetragenen Lehren aufgrund solcher Distanzierungsmarker ernst zu nehmen seien oder nicht.[244] Darüber aber wurden wichtige Aspekte der didaktischen Situation selbst außer Acht gelassen, denen hier nachgegangen werden soll.

---

[242] Deshalb ist Bertschis plötzlicher Lerneifer auch nicht erstaunlich, sondern lustig. Er gründet weder in einem Vermögen der Figur, sich zu verstellen, noch in der Absicht des Erzählers, den Rezipienten zu motivieren (so Christoph Gruchot, Heinrich Wittenwilers *Ring* 1988, 133): Es geht vielmehr um den Witz des Missverstehens dessen, was Lernen eigentlich bedeutet.

[243] Sigmund Freud, Das Unbehagen in der Kultur 1994, 63: „ […] ist es unmöglich zu übersehen, in welchem Ausmaß die Kultur auf Triebverzicht aufgebaut ist, wie sehr sie gerade die Nichtbefriedigung (Unterdrückung, Verdrängung oder sonst etwas?) von mächtigen Trieben zur Voraussetzung hat." bzw. Hugo von Sankt Viktor, Didascalicon 3,12: *Illaudabilis est scientia quam vita maculat impudica. Et idcirco summopere cavendum ei qui quaerit scientiam, ut non negligat disciplinam.*

[244] Die Frage, was im *Ring* ernst gemeint sei und was nicht, wäre zuerst einmal vernünftig zu reformulieren. Sie verstrickt den Interpreten in eine Reihe von Schwierigkeiten, denen schwer zu entkommen ist. Dass sie in der Forschung so oft gestellt wird, hat auch mit der Formulierung des Pro-

Heterogenität und Integration 263

Entworfen wird im zweiten Teil des *Rings* eine umfassende Unterweisung, die Bertschi zum Ehemann qualifizieren, ihn für seine neue gesellschaftliche Position vorbereiten soll. Bei Bertschi muss dabei freilich von Null angefangen werden, denn über einige praktische Tätigkeiten und ein paar Gebetstexte hinaus weiß er nichts. Was freilich in diesem Zusammenhang als ein für die Ehe qualifizierendes Wissen aufgeboten wird ist enorm. Nicht weniger als eine ganze ethische Enzyklopädie wird dem Bräutigam zu vermitteln versucht. Kein Wunder, möchte man fast sagen, dass es ihm irgendwann schwer wird, zu folgen. Drastisch wird die Inkorporation der Lehren von Leugafruo angekündigt:

Und wil er unser muomen han,
So haiss man'n chömen so zehand
Und setzt in nider zuo der want
Und sagt im alles sunder wol,
Was er tuon und meiden schol!
Und ist, daz er gelernen mag
Und auch getuon nach ewer sag,
So schol man im sei geben so. (*Ring*, V. 3748–3755)

Die literarische Inszenierung des Wissens erfolgt so als Zentrierung eines Kompendiums als das für die Daseinsfristung und Heilssorge irgendeines Einzelnen in seinen beschränkten Weltausschnitt unabkömmliche Pensum.[245] Vor diesem Hintergrund nun werden diverse Widersprüche, die zwischen den verschiedenen Regeln ausgemacht werden können, verstärkt, denn in dieser Konstellation weisen sie auf die Unmöglichkeit einer konsequenten guten Lebensführung des Einzelnen: Die Forderungen der Weltabkehr (Laiendoktrinal) stehen in Spannung zu jenen der Selbstsorge (Diätetik), die Dimensionierung der Tugendlehre hin auf die Qualitäten des Hofmanns[246] konfligiert in Teilen mit Regeln für vernünftiges Haushalten[247] und die am individuellen und materiellen Nutzen orientierten „guten Ratschläge" kommen nicht immer mit dem im Laiendoktrinal formulierten „Rat zum Guten" überein.[248] Aus einer Perspektive moder-

---

logs zu tun, demgemäß die rote Farbe *dem ernst gemain* sei, was freilich mit „ernst gemeint" auch nur teilweise richtig übersetzt ist. Zu dieser Prologstelle und alternativen Möglichkeiten der Lektüre vgl. unten S. 322ff.

[245] Als Inszenierung einer falschen Art zu lehren betrachtet diese Stelle Christa Wolf Cross, Magister ludens 1984, 53.

[246] Jörg Bismark, Adlige Lebensformen 1976, 113–153.

[247] Die ältere Forschung bemerkte die logischen Diskrepanzen, erklärte sie aber kompositionstechnisch: Dem Verfasser sei es um irgendeinen Übergang zur Hoflehre gegangen; Georg Fenwick Jones, Realism and Social Satire 1950, 142; Winfried Schlaffke, Heinrich Wittenwilers Ring 1969, 68. Eine Auseinandersetzung mit diesem Widerspruch unter sozialgeschichtlichem Aspekt besonders bei Jörg Bismark, Adlige Lebensformen 1976, 147ff.

[248] Vgl. besonders Elisabeth Schmid, Leben und Lehre 1986/87. Dass der wirtschaftliche Zuwachs der „alles beherrschende Leitgedanken der Haushaltslehre sei" betont Jörg Bismark, Adlige Lebenformen 1976, 156f., 177ff.; zur Orientierung am Nutzen auch Hans-Jürgen Bachorski, Irrsinn und Kolportage 2006, 208ff.

ner Sozialisation ist dergleichen nicht überraschend, und in einer Sammelhandschrift, welche vergleichbare Lehren nebeneinander präsentiert, fielen solche Widersprüche auch nicht besonders ins Gewicht. Die Zentrierung all dieser Regelwerke auf eine Person, die sich zudem durch die Beherzigung *aller* dieser Regeln als Ehemann zu integrieren hat, treibt die Kontingenzen einer ethischen Enzyklopädie hervor. Auch Kompilationen anderer Art, die vergleichbare moraldidaktische Texte wie der *Ring* versammeln, präsentieren ihre Inhalte mitunter als all das, was der Mensch wissen sollte. Am Ende der literarischen Inszenierung dieses Wissens im *Ring* aber muss Bertschi schwören, sich an alle diese Ratschläge auch zu halten – er tut dies, ohne die Lehren verstanden zu haben:

> *Triefnas andacht die was gross*
> *Gen seines lieben Mätzleins schoss*
> *Und tett recht sam fuchs Rainhart,*
> *Der umb die faissen hennen warb,*
> *Und verhiess pei seinem aid,*
> *Ze allen dingen sein berait,*
> *Die ein fromer, weiser knecht*
> *Laisten scholt und tuon von recht.* (*Ring*, V. 5207–5214)

Damit wird das präsentierte Wissen wieder freigestellt. Dennoch aber wird es hier in disziplinierterer Form präsentiert als noch im ersten Teil des *Ring*. Zwar ist nach wie vor durch die sprechenden Namen der Bauern, die die Lehren äußern, eine Kontextkomik beibehalten, sie entspricht aber in keiner Weise den Manipulationen und Pervertierungen, durch die zuvor das Wissen selbst tangiert wurde. Die Interferenz von Wissenstexten und Schwankhandlung ist minimalisiert worden. Bei der Exponierung der Lehren bleibt zwar deren Heterogenität durch die Rahmensituation und die sprechenden Namen markiert, beide Aspekte jedoch werden durch die massive Wissensdarbietung und die Verfestigung der Wissensbereiche zur eigenen Textsorte vorübergehend immer wieder aus dem Blick gerückt. In diesem Teil wird eine mögliche Benutzung des *Rings* als Enzyklopädie nahegelegt; anders als in Neidharts Turnierlehre bzw. in den Unterweisungen des perversen Arztes wird der Rezipient hier nicht durch Kompromittierungen des Wissens abgelenkt. Die auf der Handlungsebene durchgestrichene didaktische Situation ist an dieser Stelle als Möglichkeit eines von der Ganzschriftlektüre abweichenden Umgangs mit dem Text etabliert.

Zugleich aber wird durch die inszenierte Didaxe einer solchen Wissenskompilation, die sich als Zumutung diversifizierender Normengefüge an den Einzelnen entfaltet, so eine Wissenssystematik nicht unerheblich problematisiert. Sie zeigt beispielsweise, dass all das, was der Laie über die Seele und Gott zu wissen hat, noch nicht hinreicht, um auch das Leibliche und die Gesundheit gut zu meistern, wie Frau Leugafruo im Anschluss an das Laiendoktrinal betont:

> *[…] Ich han mir oft gehört:*
> *Der den leib mit vasten stört,*
> *Pei dem weleibt die sele nicht;*

Heterogenität und Integration 265

> *Dar umb so tuo, sam man da spricht:*
> *Halt dich eben an dem leib,*
> *Wilt, daz dir die sel beleib,*
> *Und voll ze stunden, glaub es mir,*
> *Hast du muot, ze weiben dir!* (*Ring*, V. 4190–4197)

Hier wird nicht nur vom Laiendoktrinal auf die Diätetik übergeleitet, hier wird die Lehre frommer Weltabkehr und leiblicher Askese zugunsten des Seelenheils regelrecht umgekehrt. Im Anschluss an die Gesundheitslehre dann heißt es, bisher sei nur von Dingen die Rede gewesen, die auch für einen Mönch angemessen seien:

> *Richteinschand die merket eben,*
> *Daz Straub im wolt ein ende geben,*
> *Und sprach: ‚Noch han ich nichtz vernommen,*
> *Dann daz ein münche möcht gefromen.*
> *Der chnecht wil unser muomen haben*
> *Und sich mit diser welt betragen;* (*Ring*, V. 4402–4407)

Darin liegt keine Distanzierung der Lehre, wohl aber eine Problematisierung ihres Adressatenbezugs: Soeben hatte Straub noch darauf hingewiesen, dass *wollust* und *gewonhait* mitunter die *nataur* verkehrten und aus einem Bauern einen Edelmann machen können *et vice versa*. Wenn daraufhin gesagt wird, solche Lehre eigne allenfalls für Mönche, so scheint mir mit der Ironisierung der Äußerungen Straubs ein grundsätzliches Problem der Applizierbarkeit angespielt. Die auf diesen Einwand hin präsentierte Tugendlehre erweist sich bei aller Systematik (sie geht auf das *Moralium dogma philosophorum* des Wilhelm von Conches zurück) zuletzt als interessengeleitet. Frau Richteinschand stellt fest, dass ihr Referent sich bei Hofe recht gut auskenne. Das ist im Bauernmilieu natürlich nicht zu erwarten, erweist aber die umfassende Tugendlehre (beziehungsweise die Ausführungen zur Geduld) als perspektiviert auf die Erfordernisse des Hofmanns,[249] worin eine gewisse Nivilierung des universalen Anspruchs ausgemacht werden kann, die durch die teilweise zu ihr im Widerspruch stehenden Regeln der folgenden Haushaltslehre noch verschärft wird. Einem Alltagstest werden solche Wissensbereiche weiterhin unterzogen, wenn sie mit Wissensmonopolen und konkreten Interessen im Zuge ihrer didaktischen Inszenierung konfrontiert werden: Straub verweigert ja zunächst die Gesundheitslehre mit der Begründung, er lebe von den Krankheiten der Menschen und nicht davon, dass sie gesund blieben. Erst als ihm Bertschi Geld gibt, ist er bereit, seine Diätetik auch zu vermitteln.

Es ist gerade der didaktische und alltagspraktische Anwendungsfall einer ethischen Enzyklopädie,[250] der in den systematischen Darstellungen und in den Kompilationen

---

[249] Jörg Bismark, Adlige Lebensformen 1976, 113–152.
[250] Das Thema hat bis heute an Reiz nicht verloren, wie der Erfolg des Buches *Britannica und ich* von Jacobs zeigt: Ein Mann versucht der klügste Mensch auf Erden zu werden, indem er die *Britannica* durchliest. Der Erfahrungsbericht rekapituliert das Scheitern des Vorhabens und die interessanten Nebenfolgen.

Abgedrängtes anschaulich werden lässt. So wird durch die didaktische Inszenierung nicht nur ein weiteres Mal der Protagonist des Geschehens diskreditiert, sondern auch die Frage herausgefordert, wie man *zer werlte* leben soll, auch und gerade wenn es jede Menge Lehren gibt, die hier Orientierung zu schaffen beanspruchen. Soziologisch betrachtet könnte man sagen, dass in den Inszenierungen der Lehren des zweiten Teils eine gesellschaftliche Differenzierung sich manifestiert, die als problematische in Ansätzen thematisiert wird, aber mit Blick auf Bertschi auch weggelacht werden kann. Die sprechenden Namen der Lehrer und die libidinöse Abdrift des Schülers lassen die didaktische Situation selbst als scheiternde Konsoziation von Wüstlingen erscheinen, wodurch die im Wissen aufscheinenden Kontingenzen freilich auch auf das Konto der niederträchtigen Akteure gebucht werden können. Die Forschung hat hier viel zu sehr nach letzter Eindeutigkeit gesucht, indem einerseits die Lehre in Schutz genommen wurde zuungunsten der Figuren oder aber eine radikale ideologiekritische Destruktion des Wissens behauptet wurde. Dies ist nicht eindeutig entscheidbar. Diese Sache bleibt in der Schwebe, wofür letztlich umsichtig nach wissensgeschichtlichen Begründungen zu suchen wäre. Für die Serie scheiternder didaktischer Situationen, der in diesem Abschnitt nachzugehen ist, kommt der zweite Teil des *Rings* als didaktische Variation in Betracht, deren Zentrum nicht die einzelne Lehre, sondern eine Wissenskompilation bildet, die *in toto* auf eine Einzelperson appliziert wird. Mit dem Virulentwerden des Adressatenbezugs (unklar bleibt, ob sich die Lehren nun an Mönche, Hofleute, Hausväter, Kaufmänner oder Bauern richten)[251] geraten universaler Anspruch und pragmatische Partikularinteressen über Kreuz. Wenn Bertschi zuletzt listig heilige Eide schwört, um an sein privates Ziel zu gelangen, so erscheinen dabei universaler Anspruch und privates Ziel einmal mehr in drastischer Konfrontation. Dieses Problem wird offenbar durch die didaktische Inszenierung einer moralischen Wissenskompilation, durch die Vorführung eines bestimmten Umgangs der Figuren im *Ring* mit großen. Wissensmengen.

Die Kriegslehren in Lappenhausen und Nissingen – perverse und vorbildliche Vermittlung

Im dritten Teil der Dichtung werden Lehren wieder komplexer mit der Handlung vernetzt. In Situationen der Beratung vor der Schlacht wird über gerechte und ungerechte Kriege reflektiert, juristisches und praktisches Kriegswissen umfassend entfaltet, ebenso werden Regeln der Diplomatie und die Tragweite von Hilfeverpflichtungen diskutiert, der Ursprung der menschlichen Ungleichheit behandelt und schließlich Kriegs- und

---

[251] Das Problem des Adressatenbezugs ist bereits bei Jörg Bismark deutlich herausgearbeitet worden, der schließlich mit Hinweis auf die sozialgeschichtliche Situation des Landadels die verschiedenen Adressierungen zu homogenisieren sucht. Dagegen vertrete ich die Hypothese, dass die frei zwischen Schichten, Ständen und Berufen flottierenden Adressierungen ein Problem darstellen, das durch den Import unterschiedlich adressierter Wissenssegmente in den *Ring* hervorgetrieben wird; vgl. Jörg Bismark, Adlige Lebensformen 1976, 158, 171 u. ö.

Kampftechniken erläutert. Sehr häufig werden solche Themen wieder innerhalb didaktischer Situationen behandelt.

Im *Ring* werden dabei zwei Arten der Vermittlung solcher Lehre kontrastiert: Vorgeführt wird einerseits wie Entscheidungsprozesse und die Instruktion der Beteiligten vorbildlich ablaufen. Dergleichen wird im Zusammenhang mit den Nissinger Kriegsberatungen und in der Schlachtrede Strudels vorgeführt sowie bei der Entscheidungsfindung im Städtekongress. Kontrastiv dazu entfalten sich andererseits die Lappenhausener Kriegsberatungen als Perversion eines juristischen Wissens vom Krieg und diplomatischer Verfahren der Konfliktbewältigung. Dadurch werden die Lappenhausener Kämpfer ins Zwielicht gesetzt, ihr Krieg wird als ungerechter Krieg gekennzeichnet.[252]

Die Ratsitzung der Nissinger (*Ring*, V. 6680–6860) bilanziert den nach dem Fest zu verzeichnenden Schaden und erwägt Gegenmaßnahmen. Der anfänglich vorgebrachte Wunsch unverzüglicher Rache und Fehde wird dabei zurückgewiesen zugunsten einer umsichtigen und der Situation angemessenen Erwägung aller näheren Umstände sowie der Kriterien für eine Gegenreaktion. Mit Rückgriff auf rhetorikgeschichtliche Argumente bzw. unter Hinzuziehung zeitgenössischer Kriegslehren konnten Jürgen Babendreier und jüngst Pamela Kalning zeigen, dass Strudels Darstellung des Sachverhalts und die Abwägung einer angemessenen Antwort darauf in jeder Hinsicht als vorbildliche Reaktion gelten muss.[253] Exponiert wird hier geradezu ein „flexibles, den sachlichen Erfordernissen der jeweiligen Situation angepasstes Verhaltensmuster".[254]

Kontrastiv dazu ist die Lappenhausener Kriegsberatung inszeniert. In dieser Ratsversammlung siegen die jungen Heißsporne über die verständigen, kriegsmüden Alten. Anders als in der Ehedebatte, wo auch die Prinzipien von Weisheit und Alter durch das sexuelle Begehren kompromittiert wurden, werden diese Prinzipien hier deutlich aufgewertet, wodurch die Usurpation des Rates durch die jungen Kriegstreiber deutlich negativ bewertet wird:[255] Die Alten bringen durchgehend vernünftige und juristisch korrekte Argumente gegen eine Kriegserklärung vor, welche die Jungen mit kapriziösen Volten parieren und verkehren, um ihr Anliegen durchzusetzen. Innerhalb der didaktischen Serie des Textes lässt sich hier beobachten, wie vernünftigen, durch Autorität der Weisheit und des Alters beglaubigten Lehrern die Anerkennung entzogen wird. Nicht um Belehrung ist es den aggressiven Jungen zu tun, sondern um Entkräftung aller

---

[252] Ob der Umkehrschluss, dass entsprechend die Nissinger einen gerechten Krieg führen, gilt, ist in der Forschung kontrovers diskutiert worden. Die Praktiken der Kriegsführung der Nissinger widersprechen teilweise der Vorbildlichkeit *in theoreticis* und die Belagerung eines Heuhaufens mit schwerem Kriegsgerät stellt alles andere als einen angemessenen Einsatz der Mittel dar, vgl. dazu Ortrun Riha, Die Forschung 1989, 163–170.
[253] Jürgen Babendreier, Studien zur Erzählweise 1973, 126–132; Pamela Kalning, Kriegslehren 2006, 152–158.
[254] Jürgen Babendreier, Studien zur Erzählweise 1973, 131.
[255] Dagmar Hirschberg, Christa Ortmann, Hedda Ragotzky, *törpel, gpauren* und *der werlte lauff* 1994/1995, 212; Pamela Kalning, Kriegslehren 2006, 158.

denkbaren Einwände gegen die Kriegsführung. Auf die Lappenhausener Kriegsberatung wird in anderem Zusammenhang noch zurückzukommen sein. An dieser Stelle sei auf die astrologische Kriegsprognostik der Berchta Laichdenmann eingegangen. Innerhalb der Reihe der Usurpationen der weisen Alten durch die leidenschaftlichen Jungen lässt sich an dieser Variante auf das Scheitern der Didaxe einmal mehr ein ‚Theater des Wissens' beobachten, das als charakteristisch für Wittenwilers *Ring* gelten kann.

Die Lappenhausener Kriegsberatung ist zunächst eine Konsoziation von Männern. Wenn Berchta Laichdenmann in die Versammlung eindringt und dazu rät, das Vorhaben aufzugeben, weil die Sterne dem Krieg nicht günstig sind, so wird dem Vorhaben der Bauern nicht nur die gesamte kosmische Ordnung entgegengestellt, sondern der Diskurs auch um einen *gender*-Aspekt ergänzt. Laichdenmann, die ebenfalls der Partei der Alten angehört, bietet eine umfassende Prognostik und eine Deutung der astrologischen Konstellationen von Lappenhausen und Nissingen und leitet daraus den notwendigen Sieg der Nissinger über die Lappenhausener ab.[256] Diese Prognostik muss insbesondere im zeitgenössischen Kontext der Kriegslehren als rationaler Einwand gewertet werden.[257] Laichdenmann aber wird daraufhin von Niggel vertrieben. Gleichwohl gestaltet sich die Zurückweisung der astrologischen Ausführungen Laichdenmanns wieder als Theater des Wissens. Die Jungen, denen die Gründe für den Krieg ausgehen, beschließen, dass der Krieg nun deshalb geführt werden müsse, um die astrologische Prognose der Laichdenmann zu widerlegen. Wie Elmar Mittler bereits an Giovanni da Legnano zeigte, werden astrologische Prognosen zum Kriegsausgang nicht als notwendige, das Geschehen von vornherein determinierende Voraussagen gewertet. Ein Spielraum wird eingeräumt. Mittler verweist dabei auf Ausführungen Thomas' von Aquin, der den astrologischen Prognosen eine Geltung einräumt, soweit sie das Handeln von Menschen betreffen, die durch Leidenschaft bestimmt sind und deshalb dem Einfluss der Gestirne unterworfen bleiben. Wofern sie dagegen in freier Selbstbestimmung ihren Leidenschaften widerstünden, könnten die Gestirne ihnen auch nichts anhaben.[258] Wittenwilers Inszenierung der Textsorte astrologischer Prognostik nimmt solche Apologien des freien Willens gegen die Determination des Schicksals zum Anlass rabulistischer Kontextualisierung und paradoxer Zuspitzung. Der Untergang Lappenhausens ist nicht nur determiniert durch die Gestirne, er ist darüber hinaus Resultat einer Rechthaberei der Jungen einerseits, welche die Prognose der Laichdenmann widerlegen wollen, Berchtas andererseits, die Lappenhausen verrät, um Recht zu behalten und ihre Kränkung im Diskurs der Männer zu rächen. Als Laichdenmann schließlich selbst Feuer an Lappenhausen legt, weil sie – wie es explizit heißt – aus der Ratsszene vertrieben wurde

---

[256] Zu den „Planetenkindern" vgl. Elmar Mittler, Das Recht 1967, 119–124, Abb. 2–5; Hilde-Marie Gross, Illustrationen in medizinischen Sammelhandschriften 1993, 191 (mit weiteren Literaturangaben und Verweisen auf Abbildungen).

[257] Für eine gute Kriegsführung wird Prognostik auch in Giovanni da Lagnanos *De bello* verlangt; vgl. dazu Elmar Mittler, Das Recht 1967, 119–124; Pamela Kalning, Kriegslehren 2006, 160.

[258] Elmar Mittler, Das Recht 1967, 118–123.

Heterogenität und Integration 269

(*Ring,* V. 9418ff.), wird ihre Prophezeiung zur *selffullfilling prophecy*.[259] Als Ergebnis einer Rechthaberei ist der Untergang Lappenhausens, so betrachtet, durchaus Resultat der ungebändigten Leidenschaften der Lappenhauser Kriegstreiber, diese werden freilich auf die Ebene des Wissens projiziert: Der Krieg wird so ein intellektuelles Experiment auf die Prognostik. Zugleich tarnt sich der Kampf der Leidenschaften als Wissenswettstreit (worin eine weitere Variante der Maskierung des Begehrens als Wissen ausgemacht werden kann). In der hier behandelten didaktischen Serie stellt ein solches Theater des Wissens natürlich eine besonders perfide Variante des Scheiterns von Unterweisung und guter Lehre mit schrecklichen Folgelasten dar.

Während des Städtekongresses wird das brieflich übermittelte Hilfeersuchen der Lappenhauser beraten. Um eine didaktische Situation handelt es sich dabei nicht, eher um ein Lehrstück auf die Regeln diplomatischer Entscheidungsfindung. Redner legen Sentenzen aus und applizieren sie auf die konkrete Situation, eine juristische Theorie von Rat und Hilfe wird präsentiert. Wenn der Kongress am Ende beschließt, dass eine Vermittlung zwischen den verfeindeten Dörfern anzustreben ist, so ist dies Resultat von Unterweisungen durch die Weisesten (der Prior von Florenz), Klügsten (Senator von Rom) und Gelehrtesten (Amtmann von Konstanz) der Teilnehmenden. Vorgeführt wird so, dass es sowohl ein Gebot der Weisheit, der Klugheit als auch der Gelehrsamkeit sei, das Unterstützungsanliegen der Lappenhauser zurückzuweisen und sich um einen Ausgleich zu bemühen. Die Repräsentanten einer so differenzierten Rationalität gelangen nicht nur zu einem Konsens, sondern auch zu immer konkreteren Strategien: Empfiehlt der Prior noch, sich nicht zu positionieren, so dringt der Hauptmann auf Verlangsamung und der Amtmann von Konstanz schließlich auf Vermittlung. Damit ist das Optimum in misslicher Lage erreicht. Man kann den Versuch der Vermittlung dieser Entscheidung an die Lappenhauser als weitere scheiternde didaktische Situation betrachten. Das am vernünftigsten begründete Vermittlungsangebot wird sogleich von den Lappenhausenern zurückgewiesen:

> *‚Sagt den ewern von den steten,*
> *Wir haben seu umb hilf gepetten*
> *Und nicht umb frid ze machen!*
> *Dar umb wir in den sachen*
> *Zuo allen heiligen sweren,*
> *ir gpiet auch nicht ze eren.'*
> *Die botten hin was scholtens sagen?*
> *Seu möchten vor gewisset haben,*
> *Daz ein gpaur vil selten tät,*
> *Wes man in mit züchten pät,*
> *Dem daz haubet grosset gar,*
> *So man in gebitten gtar,*

---

[259] Dass es sich um eine solche handle, bestreitet Gruchot, mit Gründen, die ich nicht nachvollziehen kann; Christoph Gruchot, Heinrich Wittenwilers *Ring* 1988, 173.

> *Und tuot alaine, daz er muoss*
> *Gewalt der ist sein rechteu buoss.* (Ring, V. 7859–7872)

Durch die Zurückweisung des Vermittlungsangebots erweisen sich die Lappenhausener Bauern wieder als besonders töricht, ihr Krieg wird einmal mehr ins Unrecht gesetzt.[260]

Strudels Kriegslehre bei der Nissinger Lagebesprechung ist als gelingende Unterweisung inszeniert. Die inszenierte didaktische Situation ist als Kontrastfolie zur Narrheit der Lappenhausener entworfen. Dabei ist die Ausgangssituation ähnlich. Die in Nissingen ankommenden Kämpfer trinken Wein und werden deshalb zunächst ungestüm und wild:

> *Der wein in zuo den stirnen schluog;*
> *Des wüstens auf vil ungefuog*
> *Und wolten ze der selben stund*
> *Die veint erwürgen sam die hund.*
> *Trun, daz wär leicht do getan!*
> *Da zugen seu die alten von.*
> *Die Nissinger mit grossem schall*
> *‚Her zuo, îr herren!' schreuwens all,*
> *‚Seit ze streitten nicht so gäch!*
> *Wir schüllen haben ein gespräch*
> *Und auch kümen über ain,*
> *Was uns sei ze tuon gemain.'*
> *Des waren seu gehorsam do.* (Ring, V. 8091–8103)

Anders als beim Kriegsrat in Lappenhausen gelingt es den Alten in Nissingen, die jungen Heißsporne zu dominieren, ihr tumultarisches Drängen zur Schlacht zu zähmen und so einen Aufschub der unmittelbaren Aggressionsabfuhr zu erwirken. Der Vernunft wird Raum geschaffen und Strudel kann seine Kriegslehre entfalten. Dies baut den Vorsprung der Nissinger im Rationalitätsgefälle zwischen beiden Dörfern weiter aus und sichert so letztlich auch ihren Sieg über Lappenhausen.[261]

Strudel hält nun vom Dach aus vor seinen aufmerksamen Zuhörern eine lange Rede, welche die verschiedensten praktischen Bereiche der Kriegsführung behandelt und deren wesentlicher Intertext der Traktat *De bello* von Giovanni da Legnano darstellt.[262] Er hebt an mit der Forderung, dass alle Kriegsteilnehmer zu beichten haben, geht dann auf Fragen der Diätetik und der Kampftechnik ein, erläutert die Pflichten des Hauptmanns und behandelt kriegsrechtliche Detailfragen. Hier scheint mir sogar die Mühe erkennbar, den Leerlauf und Überhang der Lehre zu vermeiden, denn nach einer Weile ändert sich Strudels Referat in eine Frage- und Antwortkonstellation: Zunächst beklagt Paggenzan angesichts des vom Hauptmann verlangten Vermögens, Konflikte in der

---

[260] Elmar Mittler, Das Recht 1967, 81–83; Christoph Gruchot, Heinrich Wittenwilers *Ring* 1988, 158.
[261] Dass positives Verhalten auf Nissingen, negatives auf Lappenhausen konzentriert wird, zeigt Jürgen Babendreier 1973, 199.
[262] Vgl. dazu Pamela Kalning, Kriegslehren 2006.

Heterogenität und Integration 271

Mannschaft gerecht zu schlichten, dass er nichts vom Recht versteht: *Ich waiss vil chlaine, waz die gschrift | Singet, saget oder stift* (*Ring*, V. 8429f.). Damit aber ist Paggenzan nicht etwa als Hauptmann ungeeignet, denn Strudel verweist ihn auf das Gewohnheitsrecht, das Brauchtum und sein eigenes Gewissen. Auf weitere Rechtsquellen sei nicht zu achten. Darin liegt keinerlei Manipulation des Wissens, sondern es handelt sich vielmehr um die korrekte Bearbeitung des Tatbestands, dass Hauptmänner keine Rechtsgelehrten sein können.[263] Der Hauptmann von Mätzendorf stellt daraufhin die Frage, ob eine Rüstung, die man sich für den Krieg geliehen habe, im Falle ihrer Beschädigung in der Schlacht zu erstatten sei. Es werden also Spezialfälle erfragt, für die Strudel angemessene Antworten gibt – zumindest gibt es keinen Anlass, an der Integrität der Figur und der Richtigkeit der gegebenen Ratschläge zu zweifeln. Laurin fragt schließlich lauernd (*der lag an der lag*; *Ring*, V. 8455), wie mit den Gefangenen zu verfahren sei. Strudel reagiert geschickt:

> *Strudel hiet geantwürt do;*
> *Des wolt er Laureinn eren so*
> *Und sprach: ‚Die frag ist hoher mär,*
> *Meinen sinnen gar ze swär;*
> *Dar umb so muoss ich suochen*
> *Ein antwurt an den buochen.'* (*Ring*, V. 8459–8564)

Daraufhin verlässt Strudel die Versammlung und kehrt nach einer Weile zurück. Diese hier angedeutete Theatralik dementiert aber nicht etwa die didaktische Situation, sondern zeigt noch einmal ihre Vorbildlichkeit: Strudel will Laurin ehren; sein Verhalten stellt eine Motivationsmaßnahme dar, die Theatralik ist jene des Lehrers. Zuletzt klärt Strudel auf Rückfragen noch die Frage, wer am Krieg teilnehmen muss und wer aufgrund von Alter, Geschlecht und anderem vom Krieg suspendiert sei.

Der Aufbruch der Lappenhausener wird wieder kontrastiv dazu dargestellt: Sie unterlassen die Beichte, womit sie wieder ins Zwielicht gerückt werden. Leckdenspies' Rittermachen schließlich stellt ein weiteres Mal die Hybris der Bauern heraus. Hier dient der Umgang der Nissinger mit dem Wissen vom Kriege der Illustration ihrer moralischen Überlegenheit, die sich im Gelingen der didaktischen Situation manifestiert.

Mätzlis und Bertschis Planktus – Die Brüchigkeit des didaktischen Fazits

Die Heterogenität der im *Ring* versammelten Wissenssegmente wird durch die Einnistung in didaktische Situationen durchaus abgebaut. Die Wissenssegmente werden inszeniert innerhalb einer Serie didaktischer Verfehlungen. Durch die Zuspitzungen der didaktischen Situationen, die Selbstwidersprüche und die lustvoll exponierten Paradoxien verbietet es sich freilich, hier eine bruchlose Integration zu konstatieren. Denn nicht nur kommt das Wissen im *Ring* oft innerhalb von inszenierten Unterweisungen zur Anschauung, es wird dann auch wieder freigestellt, aus dem Kontext der didakti-

---

[263] Anders Corinna Laude, „Daz in swindelt in den sinnen…" 2002, 86.

schen Situation gelöst: Weil es irrelevant ist, weil es nicht verstanden wird, weil die Figuren sich nicht danach richten und weil sie mit den Gedanken woanders sind. Damit aber kommen dem präsentierten Wissen mitunter zusätzliche Funktionen der Vernetzung des Textes zu. Dies konnte bereits an Nabelreibers Minnelehre gezeigt werden. Auch Straubs Gesundheitslehre fungiert als Libretto für die späteren Pervertierungen jeder Diätetik in der Fressorgie. Ein weiterer Fall stellt Mätzlis Planktus über ihre mangelnde Gelehrsamkeit dar. Nachdem sie den Brief von Bertschi erhalten hat, klagt sie darüber, dass sie des Lesens nicht mächtig ist:

> [...] ‚We mír heut den tag!
> Daz ich so wench gelernet hab
> Lesen und auch schriben,
> Daz pringt mír jamers liden
> Und macht mír schaden, scham und laid.
> Wie schol ich meineu haimleichait
> Offnen einem fremden man,
> Dem ich laider nicht enkan
> Getrauwen aigenleichen wol?
> Die werlt ist böser listen vol.
> Owe, chunst, du werdes guot,
> Du höchster hord, du edler muot,
> Gewisser schatz, du blüendeu frucht,
> Der sele hail, des leibes zucht,
> Hiet ich deinen samen gsait
> Mit sorgen und auch arbait,
> So möcht ich ietzo sneiden
> Mit fröden ane leiden.
> Hiet ich gsatzt der wurtzen dein,
> Die mich so bitter dauchten sein,
> So läs ich ietz in meinen sak
> Öpfel süess und wol gesmak.
> Secht, der han ich kains getan:
> Des muoss ich disen jamer han!' (Ring, V. 1959–1982)

Mätzlis Planktus enthält desgleichen einen kapitalen Selbstwiderspruch, denn ihre mangelnde Gelehrtheit beklagt sie unter Verwendung gelehrten rhetorischen Schmucks. Der Topos von Bildung, die mühsam gesät wird, dann aber umso reichere Frucht bringt, wird von Mätzli verwendet. Mätzli klagt also auf hohem literaten Niveau über ihre Illiterarizität – performative Widersprüche sind dadurch gekennzeichnet, dass die Aussage durch ihre Äußerungsbedingungen und -weisen negiert wird. Auffällig jedoch ist dabei auch, dass in Mätzlis Verwendung der geblümten Rede ein Bildbruch auszumachen ist: Das Setzen von Wurzeln hat mit dem späteren Ernten von süßen Äpfeln nichts zu tun, Mätzli bringt dies aber in einem Zusammenhang und erwähnt dabei auch noch die Bitterkeit der Wurzel, womit ein anderer Topos für die Aufwände der Gelehrsamkeit und ihren Lohn herangezitiert wird: Jener der bitter und widerwärtig schmeckenden Medizin, die den Menschen aber rettet. Man kann diese Katachrese, die Kontamination zweier

Heterogenität und Integration 273

verschiedener Bildfelder als Einschränkung des soeben untersuchten Selbstwiderspruchs in Mätzlis Planktus sehen: Sie verwendet zwar gelehrte Topik, aber sie verwendet sie falsch. Zu lesen ist die Klage aber auch als Vorwegnahme dessen, was in der Tat geschehen wird: Mätzli wird sich einem fremden Mann eröffnen, dem sie nicht trauen kann. Und von Wurzeln, im botanischen, pharmakologischen und sexualmetaphorischen Sinne, wird in der Arztszene desgleichen die Rede sein im Zusammenhang einer Inversion der Topik von Minne als Krankheit.[264] Ein Symptom von Mätzlis Schwangerschaft wird schließlich ihr Begehren nach sauren (nicht etwa süßen) Äpfeln sein.[265] Die Katachrese vom Setzen der Wurzel, bitterer Medizin und zu erntenden Äpfeln in Mätzlis Planktus arrangiert so Elemente der Arztszene und weist auf diese voraus. Die durch Mätzlis Selbstwiderspruch freigestellte Klage und die durch die Katachrese markierte Bildlichkeit werden der Vernetzung des Textes nutzbar gemacht, ohne dass dies irgendwelche valorisierenden Funktionen hätte.[266] Allenfalls, dass Mätzli nicht süße Äpfel erntet, sondern saure begehrt, enthält noch eine Restsüße valorisierender Zuschreibung. Der Rezipient muss solche Vernetzung um ihrer selbst willen goutieren, denn sie weisen keinen didaktischen Zusatzwert auf. Hier wird an das Vergnügen am literarischen Spiel des Verweisens an sich, an der Rekurrenz von Motiven und an ihrer Umfunktionalisierung appelliert. Dass ausgerechnet das Lob der Didaxe selbst mit solchen didaktisch nicht verrechenbaren Momenten einhergeht, zeigt einmal mehr die Brüchigkeit der didaktischen Integration des *Rings*.

Ist die Aufmerksamkeit auf solche verweisenden Funktionen einmal geschärft, so muss auffallen, dass Mätzlis Klage über fehlende Gelehrsamkeit auch auf Bertschis Klage am Schluss des Textes bezogen werden kann: Bertschi erwacht aus einer Ohnmacht, in die ihn der Anblick des untergegangenen und verbrannten Lappenhausens stürzte; er beklagt sein Leben und bezichtigt sich selbst der Schuld an dem Elend, die darin liegt, dass er so vortrefflich unterwiesen worden sei und sich so wenig nach den Lehren gerichtet habe. Bertschis Planktus beginnt dabei nahezu identisch wie Mätzli Klage:

Ein sendes gschrai derhuob er so:
‚Owe, jämerleicher tag,
Das ich dich ie gelebet hab!
Des muoss ich iemer leiden pein
Mit chlagen an dem hertzen mein
Und mangen pittern jamer dulden
Nicht anders dann von meinen schulden,

---

[264] Vgl. Jürgen Belitz, Studien zur Parodie 1978, 66; Kerstin Schmitt, Sexualität als Textualität 1999, 141f.
[265] Vgl. Karl Zaenker, Zur Arzt-Szene 1979, 7.
[266] Mitunter wurde betont, die didaktische Relevanz von Mätzlis Klagemonolog sei „offensichtlich", in ihm liege eine „Mahnung an den Leser"; vgl. Edmund Wiessner, Kommentar 1936, 88; Helmut Funke, Die graphischen Hinweise 1973, 66f.

Das ich so weisleich was gelert
Und mich so wenig dar an chert. (Ring, V. 9673–9681)

Darin, so könnte man meinen, liege das didaktische Fazit des Ring: Das Elend in der Welt komme daher, dass die Menschen der rechten Lehre nicht folgen. Der Text selbst exponierte auf dieses Fazit hin alle möglichen Weisen der Verfehlung rechter Lehre, der missglückenden Didaxe und entfaltete so nichts Geringeres als eine differenzierte Aitiologie des Bösen in der Welt. Was Mätzlis Planktus vorwegnimmt – das Elend, das aus mangelnder Unterweisung folgt – bilanzierte Bertschi vor dem Hintergrund einer untergegangenen Welt. Eine solche Deutung würde im Didaktischen die alles integrierende Komponente des Textes sehen. Eine solche Deutung wäre äußerst plausibel, wenn sich der Untergang Lappenhausens in der Tat auf Bertschis Verfehlungen zurückführen ließe.[267] Die verhängnisvolle Bauernrauferei jedoch, die dann zum Weltkrieg ausartet, wird doch veranlasst von Eisengrain, der Grendel während des enthemmten Tanzes beim Versuch diskreter Annäherung die Innenfläche der Hand blutig kratzt. Nach dem Brauch der Bauern (*nach ir gewon*; *Ring*, V. 6457) gerät der *schimph* zu *ungelimph* (*Ring*, V. 6456f.). Außerdem hatte der Teufel selbst seine Hand im Spiel, wie der Erzähler betont, er habe Asche hinein gesät, als es am besten war (*Ring*, V. 6447). Das im Bauernhochzeitsschwank als Auslöser der Rauferei firmierende Spiegelraubmotiv hatte Wittenwiler explizit nicht als Auslöser des Kampfes herangezogen. Der Streit um den Spiegel wird im *Ring* von den Bauern weggelacht und der Erzähler fügt hinzu: […] *es was nicht zeit, | Daz sich derheben scholt ein streit* (*Ring*, V. 6245). Damit wird das mimetische Begehren als Ursache des Konfliktes ausgeschlossen, und so sind es kontingente Mächte, nicht Individuen, die zur Eskalation führten. Narrativ wird Bertschi entlastet, und wenn Lutz in Bertschis *amor carnalis* die Ursache für den Untergang Lappenhausens sieht, so handelt es sich um eine Verquickung der narrativen und der allegorischen Ebene, worauf noch einzugehen sein wird: Auf der Ebene des literalen Schriftsinns ist Bertschi der Untergang Lappenhausens nicht anzulasten.[268] Wenn Bertschi das Geschehen als selbstverschuldet behauptet, so steht dies quer zur Inszenierung der Gewaltdynamik im *Ring* selbst. Man wird nicht so weit gehen wollen, darin eine Verlängerung seiner Hybris zu sehen, wohl aber kann man eine Verkennung der Handlungsdynamik bei Bertschi mit guten Gründen vermuten.

Ein weiterer befremdlicher Aspekt von Bertschis später Einsicht ist, dass diese so lakonisch ausfällt:

Wie chlaine wolt ich es gelauben –
Nu sich ich selber mit den augen:
Wer heut lebt, der stirbet morn!

---

[267] Dies behauptet Eckart Conrad Lutz, der in Bertschis *amor carnalis* die Ursache für den Untergang Lappenhausens sieht; vgl. Eckart Conrad Lutz, Spiritualis fornicatio 1990, 352–255.
[268] Auch Corinna Laude sieht in Bertschi den „Urheber des ganzen Übels", vgl. Corinna Laude, „Daz in swindelt in den sinnen..." 2002, 119. Vgl. dagegen die Argumente von Kristina Jürgens-Lochthove, Heinrich Wittenwilers *Ring* 1980, 236–242, 260–263.

Heterogenität und Integration

*Wie schier ein man auch hat verlorn
Alles, das er ie gewan!* ' (*Ring*, V. 9682–9686)

Was hier als Bestätigung der Lehren durch Augenschein behauptet wird, steht tatsächlich in einem eklatanten Missverhältnis: Denn die Lehren richteten sich doch gerade auf die angemessene Daseinsfristung, darauf *wie man zer werlde solte leben* bzw. mit den Worten des *Ring*: *Wie ein man sich halten schol* | *An sel und leib und gen der welt* (*Ring,* V. 22f). Bertschis Fazit, demgemäß jeder morgen sterbe, der heute lebe und seine Konsequenz der Weltflucht, stellt gegenüber den differenzierten Explikationen von Regeln der Lebensfristung im *Ring* eine nicht mehr zu unterbietende Komplexitätsreduktion durch Übergeneralisierung dar.[269] Solche Übergeneralisierungen sind im *Ring* keine Seltenheit. So versucht etwa Bertschi während der Fressorgie korrigierend einzugreifen, indem er sich an Straubs Gesundheitslehre erinnert und das dort formulierte Gebot des Maßhaltens widersinnig übertreibt: ,*Daz essen ist euch nicht gar gsunt!* | *So tuot euch auch daz trinchen we*' (*Ring*, V. 5958f.).[270] Ist es überinterpretiert, wenn man in Bertschis Planktus einen Selbstwiderspruch sieht? Bemerkenswert ist doch, dass auch die Linienführung an dieser Stelle Probleme bereitet: Gesagt wird, dass Bertschi ein *sendes gschrai* (*Ring*, V. 9673) erhebt. Markiert ist die Passage aber rot.[271] Nun hatte der Prolog angekündigt, dass der *gpauren gschrai* unter die *lêr gemischet* worden sei und dass die Linien beides wieder *schaiden*: Bertschis Planktus geht in diesem Programm nicht auf, womit die Brüchigkeit dieses didaktischen Fazits des *Ring* ein weiteres Mal indiziert wird. Wenn die rote Linie sowohl Rationalitätsstandards als auch Heterogenese anzeigt und auf didaktische Situationen weist – so wäre sie Bertschis Planktus angemessen. Doch Bertschi hebt eben kein *rüwecliches chlagen* an, sondern *sendes gschrai*. Auch der naheliegende intratextuelle Bezug auf Mätzlis Planktus, wo, wie gezeigt werden konnte, ein solcher Widerspruch viel manifester ist, könnte für die Brüchigkeit des Fazits ebenso sensibilisieren wie die Serie der didaktischen Widersprüchlichkeiten, die Gegenstand dieses Abschnitts war. So gelesen resultiert nicht das

---

[269] Dahinter steckt ein philosophisches Problem: In Bertschis Lakonismus steckt eine Behauptung totaler Kontingenz und Vergänglichkeit alles Irdischen. Eine solche Behauptung öffnet aber keinen Spielraum für die praktische Bewältigung der Kontingenzen, für die konkrete Daseinsbewältigung. Walter Haug hat dies als ein Problem der Rezeption von Boethius' *De consolatione philosophiae* dargestellt; vgl. Walter Haug, Kontingenz 1988, 156. Zum Widerspruch zwischen Weltabkehr und *vita activa* vgl. Ortrun Riha, Die Forschung 1990, 179. zu den Diskursen über die Vergemeinschaftung und zum konträren Fazit der Vereinzelung Hans-Jürgen Bachorski, Irrsinn und Kolportage 2006, 162–165. Corinna Laude erkennt dieses Problem bereits im Prolog als Widerspruch von religiöser Widmung und „Welthaltigkeit" der angekündigten Lehren; vgl. Corinna Laude, „Daz in swindelt in den sinnen..." 2002, 49, 215f.

[270] Vgl. zu dieser Stelle sowie zu den im *Ring* dargestellten Verfehlungen konkreter Situationen durch abstrakte Allgemeinbegriffe Jürgen Babendreier, Studien zur Erzählweise 1973, 118f. u.ö.

[271] Funke sieht im Ernst von Bertschis Läuterung die Angemessenheit der roten Linie und in der Passage den Abschluss von „Wittenwilers Lehrbuch"; vgl. Helmut Funke, Die graphischen Hinweise 1973, 146f.

Elend Lappenhausens daraus, dass Bertschi nichts gelernt hat, sondern seine *moniage*.[272]

Was sich in jedem Falle hier zeigt, ist eine Spannung zwischen einer „Sinnimmanenz durch epische Dichte"[273] und didaktischer Integration des Textes. Wenn es bei Corinna Laude heißt, dass die dichte und konsistente Verknüpfung des epischen Gewebes im *Ring* eine Verweisung auf andere Sinnebenen verhindert, so zeigt sich dies auch in der didaktischen Serie, welche immer wieder performative Dementis didaktischer Situationen enthält und dadurch eine Fülle ana- und kataphorischer Verweise erzeugt, durch welche das Didaktische auch dort, wo es sich scheinbar ungebrochen als Modell für den Gesamttext empfiehlt, in seiner Geltung wieder eingeschränkt wird. Der Verlust der klaren Aussage aber ist erkauft durch einen Gewinn an literarischer Komplexität.

Enzyklopädie und Enzyklopädiekritik

Bei der Analyse der Integrationsverfahren ist auch das im *Ring* formulierte Vorhaben, eine gegliederte Sammlung von Wissen zu bieten, in Erwägung zu ziehen. Zu fragen ist dabei, ob dieser Anspruch als enzyklopädischer Anspruch zu werten ist, und inwieweit der Text gegebenenfalls enzyklopädisch integriert ist. Bilden die heterogenen Elemente des *Rings* eine Werkeinheit unter dem Gesichtspunkt einer enzyklopädischen Wissenskompilation?[274] Der im *Ring*-Prolog artikulierte Anspruch und seine Durchführung im

---

[272] Als parodistische Verzerrung wertet die *moniage* im *Ring* auch Bruno Boesch, Bertschis Weltflucht 1974; völlig widersprüchlich ist die Interpretation von Jürgen Belitz, Studien zur Parodie 1978, 205–210; Hans-Joachim Ziegeler, Erzählen im Spätmittelalter 1985, 438 verweist auf das Ende von Brautwerbungsepen (*Rother, Oswald, Orendel*) und auf den Bruch mit der Identifikation von Leser und Figur, die bereits zuvor eine Serie bilden, da Bertschi zugleich Held einer Brautwerbegeschichte und Verlachfigur eines Schwanks sein muss: Diese Nicht-Identität bildet als Spiel von Identifizierungsangebot und Distanzierungen eine eigene Serie des Textes.

[273] In anderem Zusammenhang: Corinna Laude, „Daz in swindelt in den sinnen…" 2002, 102.

[274] Als Enzyklopädie wurde Wittenwilers *Ring* in der Forschung oft bezeichnet: Fritz Martini, Heinrich Wittenwilers *Ring* 1942, 233f.; Jörg Bismark, Adlige Lebensformen 1976, 189, 193 („enzyklopädische Gesamtausprägung"); Ingeborg Glier, Allegorische, didaktische und satirische Literatur 1978, 427ff.; Max Wehrli, Geschichte der deutschen Literatur ²1984, 723 („Enzyklopädie […] der Wissens- und der Lebenslehre"). Nach Schlaffke ist es das Hauptanliegen Wittenwilers eine „Enzyklopädie der Lebensführung" zu bieten; Winfried Schlaffke, Heinrich Wittenwilers *Ring* 1969, 39f. Haug sieht im *Ring* insgesamt „eine Art religiös-moralisch-technische Enzyklopädie" mit dem Ziel „universaler Wissensvermittlung"; Walter Haug, Die Idealität des arthurischen Festes 1989, 178. Eine genauere Untersuchung des enzyklopädischen Anspruchs bietet Christoph Gruchot, Heinrich Wittenwilers *Ring* 1988, 74–89. Hier setzen folgende Ausführungen an. Gruchots Untersuchung der Durchführung dieses enzyklopädischen Anspruchs und die völlig unspezifische und ahistorische Klassifizierung des *Ring* als „Lehrbuch" überzeugt weniger, ebenso seine These von Wittenwilers „Absage an die Enzyklopädik" ebd. 181ff. Mitunter wurde der enzyklopädische Anspruch in der Forschung auch bestritten; vgl. Ortrun Riha, Die Forschung 1989, 216f.

Text sind deshalb auf die mittelalterliche Tradition enzyklopädischen Schrifttums hin zu öffnen.

Das mit dieser Fragestellung einhergehende terminologische Problem, welches der für das Mittelalter anachronistische Enzyklopädie-Begriff aufweist, wurde in der Einleitung dieser Studie bereits dargestellt.[275] Als enzyklopädisch wird man Wittenwilers Roman bezeichnen können, wenn er jene Kriterien erfüllt, die auch die Zuordnung mittelalterlicher „Weltbücher", Summen bzw. *imago mundi*-Werke zu einer enzyklopädischen Tradition rechtfertigen.[276] Die Frage nach der enzyklopädischen Integration von Wittenwilers *Ring* stellt sich deshalb näherhin als Frage nach dem explizit artikulierten Anspruch, einen Zusammenhang und eine Anordnung des Wissens der Welt zu leisten. Damit sollte die Behauptung einhergehen, ein Weltbuch, also eine Widerspiegelung der göttlichen Schöpfung (bei allen Mängeln, die solches Menschenwerk haben muss), vorzulegen. In diesem Zusammenhang ist ein Vollständigkeitsanspruch zu erwarten, der sich an dieses Wissen richtet und der auch für die Enzyklopädien keineswegs absolut zu verstehen ist, sondern relativ im Sinne eines irgendwie geschlossenen Wissens.

Über solche Analogien hinaus kann für den *Ring* von einer Systemreferenz auf die enzyklopädische Tradition ausgegangen werden. Die Referenzen des *Rings* auf die enzyklopädische Formation lassen sich über eine Untersuchung der Titelmetapher einerseits erschließen, andererseits über den Abgleich topischer Aussagen von Prologen aus der enzyklopädischen Tradition, die den Status ihrer Verfasser bzw. die angewandten Verfahren der Kompilation und Exzerption betreffen, mit den Aussagen im *Ring*-Prolog. In einem weiteren Schritt ist schließlich die Durchführung des Programms zu diskutieren, näherhin also die Disponierung des Wissens im *Ring* aufzuzeigen und mit enzyklopädischem Schrifttum zu vergleichen.

In Wittenwilers Prolog wird das Programm einer gegliederten Präsentation von Lehren in unmittelbaren Zusammenhang mit der Nennung des Titels entworfen und begründet: Angekündigt wird *ein puoch, daz ist DER RING genannt | (Mit einem edeln stain bechlait* (*Ring,* V. 8f.) und begründet wird dieser Titel damit, dass dieses Buch *[…] ring umb uns beschait | der welte lauff und lert auch wol, | was man tuon und lassen schol* (*Ring,* V. 10ff.). Nicht nur das explizite Programm einer Präsentation von Lehren, auch der Titel weist in den Bereich des Enzyklopädischen. In den Ausführungen zur Ringsymbolik, zu denen noch der Hinweis auf den Wert des *vingerli* (*Ring,* V. 13) zu zählen ist, werden – bereits Wießner vermerkte dies – ganz unterschiedliche Vorstellungsbereiche zusammengeführt. Gegeben ist zunächst das Bild eines Fingerringes (*annulus*) mit eingefasstem Edelstein, angespielt aber ist gleichzeitig die Vorstellung des Weltkreises (*orbis mundi*). Mit *der welte lauff* (*cursus mundi*) kommt zudem ein Begriff ins Spiel, der pejorativ besetzt ist. Auch bei Sebastian Brant werden mit *der welt gantzen louff* das närrische Treiben der sündigen Menschen und ihre Fehlbarkeit

---

[275] Ulrich Dierse, Enzyklopädie 1977, 4ff., 9ff.
[276] Dazu Christel Meier, Grundzüge mittelalterlicher Enzyklopädik 1984.

angekündigt.²⁷⁷ Ein Ring findet sich zudem in der Initiale des Prologs – für das Bild hat Thomas Cramer eine ikonologische Vorlage in Darstellungskonventionen der Prometheusfigur ausgemacht.²⁷⁸ Außerdem sind intratextuelle Referenzen zu berücksichtigen auf Ringe im Roman: So etwa auf das wertlose Imitat, das Bertschi seiner Braut als Hochzeitsring ansteckt, sowie Mätzlis am Morgen nach der Hochzeitsnacht vorgebrachter Vorwand, ihren Ring zu suchen, der Bertschi dazu veranlassen soll, vor dem Eintreffen der Hochzeitsgäste ein weiteres Mal mit ihr zu schlafen.²⁷⁹ Damit ist die Vielschichtigkeit, ja Überdetermination der Titelmetapher in groben Zügen umrissen und es soll im Folgenden vorrangig um jenen Anspielungsbereich gehen, der sich auf enzyklopädische Traditionen beziehen lässt. Dies zeigt sich insbesondere, wenn man die intertextuelle Systemreferenz auf Wissenskompendien berücksichtigt, die ähnliche Bezeichnungen im Titel führen.

Bereits der Tatbestand, dass der Text überhaupt einen Titel hat, der auch im Prolog genannt und kommentiert wird, rückt den *Ring* in die Nähe didaktischer lateinischer Literatur, die die Mehrzahl der spätmittelalterlichen Texte mit expliziter Titelnennung stellt.²⁸⁰ Christel Meier hat zudem darauf hingewiesen, dass Bücher mit Titeln wie „Gemma" oder „Thesaurus" lexikalische und kompilatorische Sammelwerke bezeichnen.²⁸¹ Dabei findet sich das Bild eines Edelsteins bzw. eines in einem Ring gefassten Edelsteins mitunter auch in solchen Kompilationen, die einen enzyklopädischen Anspruch artikulieren, in Texten, die der *imago mundi*-Tradition zugeordnet werden können.

Ein erstes Beispiel ist der B-Prolog des deutschen *Lucidarius*. In ihm wird dem Buch ein zweiter Titel gegeben:

Diz buoch ist genant aurea gemma
Daz kit guldine gimme.
Bezeichenet ist uns hie bi,
*wie ture das buoch si.*²⁸²

Zu vermuten ist, dass dieser zweite Titel des deutschen *Lucidarius* auf den Prolog der *Gemma animae* des Honorius Augustodunensis zurückgeht, wo sich desgleichen die Metapher eines in Gold gefassten Edelsteins findet:²⁸³ „Ob hanc causam ut jussistis,

---

[277] Sebastian Brant, Narrenschiff, V. 53; vgl. Günther Hess, Deutsch-lateinische Narrenzunft 1971, 78; Christoph Gruchot, Heinrich Wittenwilers *Ring* 1988, 84f.
[278] Thomas Cramer, Nabelreibers Brief 1997.
[279] Hans-Jürgen Bachorski hat in dieser Dimension des Titels die Quintessenz des gesamten Textes gesehen, Hans-Jürgen Bachorski, Irrsinn und Kolportage 2006, 83–86.
[280] Christoph Gruchot, Heinrich Wittenwilers *Ring* 1988, 74f.
[281] Christel Meier, Cosmos politicus 1988, 315–356; vgl. zum Buchtitel *Gemma* auch Paul Lehmann, Mittelalterliche Buchtitel 1962, 86–88.
[282] Der deutsche *Lucidarius*, Prolog B, in: Robert Luff, Wissensvermittlung 1999, 62, V. 9–12.
[283] Vgl. Georg Steer, Art. ‚Lucidarius' 1985, 941: unsicher ob die *Gemma animae* als Quelle in Frage komme. Dafür argumentiert Robert Luff, Wissensvermittlung 1999, 70f.

libellum De divinis officiis edidi, cui nomen Gemma animae indidi. Quia videlicet veluti aurum gemma ornatur, sic anima divino officio decoratur."[284]

In diesen Texten wird der Wert des goldgefassten Edelsteins auf den materiellen und moralischen Wert eines Buches bezogen, in dem Wissen versammelt wird. Auch Wittenwiler akzentuiert den Wert seines Buches,[285] wenn er behauptet, sein edelsteinbesetzter Fingerring überbiete an Wert jeden anderen (*Chain vingerli ward nie so guot | Sam ditz, gehabt in rechter huot; Ring*, V. 13f.). Wie in entsprechenden Kompendien fungieren Ring und Edelstein somit auch bei Wittenwiler als Symbole für das zusammengestellte Wissen von der *welt umb uns*. Edmund Wießner gibt in seinem Wittenwiler-Kommentar für den Begriff des „Ring" die Bedeutung „orbis" an, weist darauf hin, dass dieser Begriff nicht nur für den Weltkreis stehen kann, sondern auch für ein Kompendium und gibt mit Rückgriff auf eine berühmte Textstelle bei Quintilian für „orbis" die Bedeutung „εγκυκλιος παιδεια" und die mittelalterliche Übersetzung dieser Stelle mit *orbis doctrinae* an.[286] Damit ist ein weiteres Mal die Referenz der Ringmetapher auf Wissenskompilationen indiziert.

Der enzyklopädische Anspruch wird im Prolog schließlich explizit artikuliert, es wird angekündigt, die Summe eines Wissens zu präsentieren. In seiner Begründung des Buchtitels nimmt Wittenwiler im Prolog zugleich eine inhaltliche Bestimmung seines Weltbuches vor: Das Buch erzähle den Weltlauf *und lert auch wol, | was man tuon und lassen schol* (*Ring*, V. 11f.). Was enzyklopädische Texte an Weltwissen enthalten, ist im *Ring* durch Handlungswissen substituiert. Wittenwilers erstes Buch lehrt *hofieren | mit stechen und turnieren, | mit sagen und mit singen | und auch mit andern dingen* (*Ring*, V. 17-20). Es geht also um die Kulturtechniken der höfischen Welt, um Ritterschaft und Frauendienst. Das zweite Buch behandelt die Ethik, Diätetik und Ökonomik: *Wie ein man sich halten schol | an sel und leib und gen der welt* (*Ring*, V. 22). Nach dieser Darlegung von Individualethik, Selbstsorge, Ökonomik und dem Umgang mit den Mitmenschen wendet sich der dritte Teil der Politik zu. In ihm geht es um das rechte Verhalten in Kriegszeiten und – wie sich bei der Lektüre des dritten Teils schnell zeigt – um juristische und praktisch-technische Fragen zur Kriegsführung sowie um die Rolle der Beredsamkeit in der Politik.

Im Rahmen der *imago mundi*-Literatur stellt eine Enzyklopädie, die ethische und politische Fragen in den Mittelpunkt rückt, nicht gerade den Regelfall dar. Eine bemerkenswerte Ausnahme dazu bilden Brunetto Latinis *Li Livres dou Trésor* (1260–

---

[284] Honorii praefatio in Gemma animae, PL 172, Sp. 543–544. Vgl. auch den Abdruck des Prologs bei Rbert Luff, Wissensvermittlung 1999, im Anhang I, Abt. A, Nr. 3. Übersetzung: „Aus diesem Grund, habe ich – wie ihr es aufgetragen habt – das Buch über die göttlichen Pflichten herausgegeben, welchem ich den Namen *Gemma Animae* gegeben habe. Denn so wie das Gold durch den Edelstein geschmückt wird, so wird die Seele durch den Gottesdienst geziert."

[285] Zum Vergleich des wertvollen Rings im Prolog mit dem wertlosen Imitat, das Bertschi seiner Braut an den Finger steckt, vgl. Christoph Gruchot, Heinrich Wittenwilers *Ring* 1988, 80ff.

[286] Edmund Wießner, Kommentar 1936, 8. Hier genauer: Jürgen Henningsen, Enzyklopädie 1966.

1267).[287] Es handelt sich um eine der ersten volkssprachigen Enzyklopädien überhaupt und um eine der wenigen, deren Disposition nach ethischen Leitvorstellungen erfolgt.[288] Darin liegt zum einen eine Ähnlichkeit zu Wittenwilers *Ring*. Die beiden Autorredaktionen – eine französische und eine italienische – wurden in der Romania umfassend rezipiert, es existieren Übersetzungen ins Kastilische, Katalanische, Lateinische und Provenzalische.[289] Auch im Prolog zum „Schatzbuch" Brunettos finden sich Ausführungen über Gold und Edelsteine. Zu Beginn wird die Metapher des Schatzes erklärt: So wie der Herrscher auf engem Raum Dinge von außerordentlichen Wert anhäufe (zum Vergnügen und zur Sicherung seiner Macht), so sei auch die Substanz des Buches zusammengetragen aus der Philosophie gleich einer Summa. Dieser Schatz wird sodann differenziert:

> Und der erste Teil dieses ‚Schatzes' ist wie bares Geld, das immer für die notwendigen Dinge auszugeben ist. Das heißt, dass er über die Entstehung unserer Zeit, über uralte Geschichten und über die Ordnung der Welt, der Natur und aller Dinge in ihrer Gesamtheit berichtet. [...] Der zweite Teil, der von Lastern und Tugenden handelt, besteht aus wertvollen Edelsteinen, die dem Menschen Vergnügen bereiten und Kräfte verleihen. Dieser Teil sagt uns, welche Dinge man tun soll und welche nicht, und gibt jeweils Begründungen dafür an. Er gehört zum zweiten und dritten Teilbereich der Philosophie, zur Praktik und Logik. Der dritte Teil des Schatzes besteht aus feinem Gold, das heißt, er lehrt den Menschen, wie er nach der Lehre der Rhetorik sprechen soll und wie der Herrscher die ihm untergebenen führen soll [...] Und dies gehört zum zweiten Teilbereich der Philosophie, zur Praktik. Denn ebenso wie das Gold alle Arten von Metall übertrifft, so ist auch die Kunst des richtigen Sprechens und Regierens edler als alle Wissenschaft der Welt.[290]

Das erste Buch vergleicht Brunetto mit dem Geld der Welt, das zweite wird mit Edelsteinen und das dritte mit dem Golde verglichen.[291] Damit ist das Bildfeld des Schatzes differenziert, den Bestandteilen des *Tresor* sind Wissensfelder zugeordnet. Der erste Teil enthält das typische Wissen der *imago mundi*-Werke: Theologie, Universalgeschichte, Naturlehre (Physik, Geographie, Landbau, Lebewesen). Brunetto allerdings versteht diesen Teil lediglich als Propädeutik zu den anderen beiden Teilen. Wie das Geld ein unverzichtbares Zahlungsmittel sei, so sei dieses Wissen nötig zum Verständnis der beiden folgenden Teile, es ist Mittel zum Zweck. Der zweite Teil enthält die Sittenlehre und ein praktisch ökonomisches Grundwissen. Hier greift Brunetto insbesondere auf die *Nikomachische Ethik* des Aristoteles zurück. Der dritte, als der wichtigste bezeichnete Teil behandelt die Rhetorik und die Politik, das öffentliche Leben

---

[287] Christe Meier, Grundzüge 1984, 486f.
[288] Christel Meier, Grundzüge 1984, 486f.
[289] Vgl. dazu die Auflistung der Manuskripte bei Julia Bolton Halloway, Twice-Told Tales 1993, 517–533; Robert Luff, Wissensvermittlung 1999, 307.
[290] Ich zitiere die Übersetzung von Robert Luff, Wissensvermittlung 1999, 268f.
[291] Auf die Schatzmetapher und den Aspekt der Wertschätzung, die sich auch in Brunetto Latinis *Tesoretto* findet, verwies in seiner Untersuchung der Titelmetapher bereits Christoph Gruchot, Heinrich Wittenwilers *Ring* 1988, 79.

Heterogenität und Integration 281

und die Kunst des Regierens. Diese sei, so Brunetto, edler als alle Wissenschaft der Welt. Christel Meier hat in ihrer Untersuchung dieser Enzyklopädie die Orientierung am praktischen Nutzen als Novum dieses Textes im Rahmen der enzyklopädischen Tradition ausgewiesen. Brunetto Latinis Schatzbuch spiegelt nicht mehr den göttlichen *ordo rerum* wider, sondern ein auf den Menschen und seine diesseitige Welt- und Lebensordnung zugeschnittenes Wissen. Nicht mehr die Schöpfung oder die Heilsgeschichte fungieren als Wissensordnung: Das erste Buch beginnt mit der aristotelischen Wissenslehre und die Entstehung der Philosophie wird als Folge der menschlichen *curiositas* ausgewiesen. Erst später wird die Schöpfung behandelt, und wenn das Buch auch mit einem „Amen" schließt, so enthält das Ende keinen Verweis auf das jüngste Gericht, sondern praktische Ratschläge an italienische Stadtpolitiker.[292]

Auch an Wittenwilers *Ring* ist die pragmatische Ausrichtung als Novum reklamiert worden. Besonders Hans-Jürgen Bachorski hat dieser Ausrichtung auf den Nutzen eine destruktive Wirkung auf heilsgeschichtliche Sinnbildung konstatiert,[293] man hat die weltliche Klugheit, die im *Ring* propagiert werde, auf die Ockhamsche Philosophie und den Nominalismus bezogen.[294] Dazu ist zu bemerken, dass die Orientierung an *gefüeger kündekeit* auch in literarischen Traditionen vorgeprägt ist, auf die der *Ring* zurückgreift. Hedda Ragotzky hat mit Blick auf Strickers Märendichtungen diesen pragmatischen Aspekt deutlich hervorgehoben,[295] und Mären und Schwänke bilden, wie gezeigt werden konnte, eine bedeutende Systemreferenz des *Rings*. Dass auch in enzyklopädischer Literatur der Wechsel von Heilsordnung zu Weltorientierung in diesem Sinne vollzogen werden konnte, zeigt bereits um 1260 Brunettos *Tresor*. Auch im Bereich der Enzyklopädik kommt es hier zu jener folgenreichen Rezeption der aristotelischen Ethik, die sich, wie Clifton-Everest überzeugend zeigte, auch in Wittenwilers *Ring* nachweisen lässt.[296] Die inhaltliche Fokussierung des zweiten und dritten Buches in Brunettos Schatzbuch hat eine deutliche Entsprechung zum *Ring*, der erste Teil nicht. Hier versammelt Wittenwiler höfisches Wissen, das sich narrativ wesentlich besser verhandeln lässt als die enzyklopädischen Wissensbereiche, die sich im ersten Buch des *Tresor* finden. Entscheidend für meinen Zusammenhang ist, dass diese ethisch-politische Orientierung eines Wissenskompendiums mit enzyklopädischem Anspruch durchaus eine Option innerhalb der *imago-mundi*-Tradition darstellt. Wittenwilers *Ring* ist somit nicht aufgrund seiner ethischen Orientierung generell untypisch für enzyklopädische Entwürfe.

---

[292] Christel Meier, Cosmos politicus 1988, 342f.
[293] Vgl. Has-Jürgen Bachorski, Irrsinn und Kolportage 2006, 208–210.
[294] Vgl. Jürgen Babendreier, Studien zur Erzählweise 1973, 245–256; Corinna Laude, „Daz in swindelt in den sinnen" 2002, 174–178.
[295] Hedda Ragotzky, Gattungserneuerung 1981.
[296] John Michael Clifton-Everest, Wittenwiler's *Ring* and the Dianoetic Ethic 1977.

Der für Enzyklopädien zu veranschlagende Anspruch einer Widerspiegelung der Schöpfung wird bei Wittenwiler allerdings modifiziert: Nicht ein *imago mundi* wird geboten, sondern es wird *ze ring umb uns beschait | Der welte lauff* [...] (*Ring*, V. 10f.). Nicht wie die Welt geschaffen ist, sondern wie es um sie bestellt sei, wird angegeben (berichtet, erzählt, erklärt). Man kann in der Symbolik des titelgebenden *Rings* eine Ambivalenz sehen, die das Problem der Vernetzung von enzyklopädischem Anspruch und exemplarischem Erzählen indiziert. Die Verse enthalten eine Spannung zwischen der räumlichen Vorstellung des Weltkreises (*orbis mundi*), für die das statische Bild eines Ringes steht und einer dynamischen Komponente, die im Begriff *der welte lauff* diese Statik auf das Geschichtliche hin öffnet.[297] Die Symbolisierung des Wissens in einer statischen Ringform, die zudem mit dem Bild der Initiale angezeigt ist, und die zu erzählende Dynamik des Weltlaufs enthalten in engster syntaktischer Verschränkung einen Bildbruch, der sich auf den enzyklopädischen Anspruch der Widerspiegelung der Schöpfung einerseits, das Projekt eines Erzählens des Weltlaufs andererseits beziehen lässt. Darin ist jene Konfrontation des im Text präsentierten Wissens mit der Erzählung von seiner Umsetzung bildlich verdichtet, welche der Forschung zum *Ring* die meisten Schwierigkeiten bereitet. Hier stellt sich also das Problem, Wissensrepräsentation und exemplarisches Erzählen zu verbinden.

Dieses Projekt und dieses Problem weisen eine interessante Parallele zu Ulrich Boners unter dem Titel *Der Edelstein* zusammengestellten Fabelsammlung auf. Ein Teil der Überlieferungszeugen ist mit einem Prolog versehen,[298] in dem der Verfasser genannt und der Titel begründet wird. Bereits Wießner hatte auf Ähnlichkeiten des Prologs von Boners *Edelstein* zum Prolog des *Rings* hingewiesen. Parallelen sieht Wießner im Edelstein, den Wittenwiler in V. 9 erwähnt und in der Formulierung der Begründung: Das *wan es* usw. in V. 10 bei Wittenwiler laufe parallel mit Boners Worten *wand es* (das Büchlein) *in im treit bîschaft manger kluogkeit* (Boner, V. 65f.). Sowohl bei Wittenwiler als auch bei Boner finde sich der Hinweis auf den Wert des Buches für einen Verstehenden: Wittenwilers Bemerkung, dass der Ring nur gut sei, wenn er *in rechter huot* (*Ring*, V. 14) gehalten werde, entspreche Boners V. 69: *wer nicht erkennet wol den stein und sîne kraft, des nutz ist klein*. Wießner nahm diese Parallelen zum Anlass, in seinem Kommentar einen „Einfluss" des Honorius Augustodunensis und des deutschen *Lucidarius* auf den *Ring* zu bestreiten und den Prolog zu Boners Fabelsammlung als die wahrscheinlichere Vorlage anzunehmen.[299] Dies ist freilich so nicht notwendig, denn Systemreferenz auf enzyklopädische Schriften und Einzeltextrefrenz auf

---

[297] Vgl. zur Metapher des Weltlaufs die Ausführungen bei Günther Hess, Deutsch-Lateinische Narrenzunft 1971, 78; hierzu auch Christoph Gruchot, Heinrich Wittenwilers *Ring* 1988, 75, 84ff., der freilich den dynamischen Aspekt der von Wittenwiler verwendeten Ring- und Kreismetapher gegen den statischen Aspekt des Weltkreises ausspielt.

[298] Zu den Problemen einer kritischen Ansprüchen genügenden Boner-Edition und dem überlieferungsgeschichtlichen Hintergrund, von dem sie auszugehen hätte vgl. Ulrike Bodemann, Gerd Dicke, Grundzüge einer Überlieferungs- und Textgeschichte 1988.

[299] Edmund Wießner, Kommentar 1936, 8f.

Boners *Edelstein* müssen sich nicht ausschließen. Die angeführten Parallelen sind außerdem zu vage, um von markierter Intertextualität ausgehen zu können und eine konkrete Einzeltextreferenz des *Rings* auf den *Edelstein* zu behaupten.[300] Das Projekt einer Fabelsammlung unterscheidet sich zudem grundlegend von dem, was Wittenwiler im *Ring* unternimmt, und auch die im Prolog des Bonerius verwendeten Bilder unterscheiden sich maßgeblich von Wittenwilers Ringsymbolik. Deshalb ist Wießners Annahme in der Forschung auch bestritten worden.[301] Im Zusammenhang dieser Studie freilich verdient der Parallelfall eines Problems, das die Vermittlung von enzyklopädischem Anspruch und exemplarischem Erzählen betrifft, durchaus einen genaueren Blick. Bei Boner verhält es sich damit folgendermaßen: Der Prolog zu seiner Fabelsammlung[302] behauptet, eine Widerspiegelung der göttlichen Schöpfung zu bieten. Er setzt ein mit einem Preis der Unendlichkeit und Allmacht des Schöpfers, der zugleich *der megede kint* sei. Alle Kreaturen sind sein, grundlos ist das Meer der *almechtigkeit* dessen, der Herr über die Engelsscharen ist. Betont wird sodann die Unverständigkeit des Menschen: Sein *singen unde sagen* (Boner V. 8) könne die Unendlichkeit Gottes nicht angemessen erfassen. Vergegenwärtigt wird die Unendlichkeit Gottes in der Metapher eines unablässig um die Schöpfung kreisenden Reifes (*du bist ein endelôser reif | umb alle dîne handgetât*). Damit wird die zeitliche und räumliche Begrenztheit menschlicher Erkenntnis kontrastiert:

> *waz vliuget, swimmet oder gât*
> *ob dem bist du ein hôhes dach.*
> *dîn wunder, hêrre, nie durchbrach*
> *keins menschen sin, noch herz noch muot.*
> *du bist ein übervlüzzig guot*
> *alls guotes.* [...][303]

Der *wunderlîche got* wird sodann angerufen, dem Menschen das Vermögen zu schenken, seinen Geboten zu folgen, ihn von den Sünden zu befreien und ihn zu befähigen, die Schöpfung zu erkennen und zu würdigen. In der Erkenntnis der göttlichen Schöpfung liegt auch das in den Summen des Mittelalters explizierte Ziel, und insofern formuliert Boners Fabelsammlung einen enzyklopädischen Anspruch. Die Erkenntnis der göttlichen Schöpfung erfolgt durch das Studium der Lebewesen:

> [...] *Wunderlîcher got,*
> *verlîch uns, daz wir dîn gebot*
> *behalten nâch dem willen dîn,*

---

[300] Versuche, dies zu behaupten, müssen auch angesichts des späten Einsetzens der *Edelstein*-Überlieferung und der nach wie vor nicht zufriedenstellend gesicherten Datierung des *Ring* als spekulativ gelten.
[301] Christoph Gruchot, Heinrich Wittenwilers Ring 1988, 74f.
[302] Vgl. zu den nicht der Fabeltradition zuzurechnenden Texten bei Boner Klaus Grubmüller, Meister Esopus 1977, 300ff.
[303] Ulrich Boner, Der Edelstein 1844, V. 12–17.

> *und vrî von allen sünden sîn,*
> *und wir erkennen die getât,*
> *die dîn hant geschaffen hât,*
> *die du uns, hêrre, hâst gegeben*
> *zeim spiegel, daz wir unser leben*
> *richten ûf den hôhen grât*
> *der tugenden und der êren phat* [...][304]

Die Geschöpfe Gottes sind dem Menschen als Spiegel vorgestellt, gemäß den Worten des Alanus ab Insulis: *omnis mundi creatura | quasi liber et pictura | nobis est in speculum*. Diese Vorstellung gehört einer Laientheologie an, die für den Nichtgelehrten das unmittelbare Studium der Natur empfiehlt, in der sich die Weisheit ihres Urhebers ebenso manifestiert wie in den heiligen Schriften, die nur den Gelehrten zugänglich sind.[305] Solcherart erscheinen die Tiere, von denen in den Fabeln der Sammlung erzählt wird, als Kreaturen Gottes, in denen sich das Wesen ihres Schöpfers und der Welt manifestiert. Diese gängige naturkundliche Vorstellung ist moraldidaktisch perspektiviert: Der Mensch soll sich die Geschöpfe Gottes als Spiegel vergegenwärtigen, um sein Leben auf Ehre und Tugend auszurichten. Die im Sammlungsteil folgende Einbettung der Tiere in eine Fabel, eine *narratio*, ist von diesen Ausführungen des Prologs noch nicht berührt. Exemplarische Tiererzählung und repräsentatives Geschöpf Gottes werden noch nicht differenziert, der Unterschied zwischen Gottes Schöpfung und erzählter Fabel wird verdeckt.[306] Allenfalls das Exemplarische selbst bildet ein *tertium* zwischen Kreatur und Erzählung, was auch mit Verweis auf die *meister* hervorgehoben wird:

> *Ez sprechent ouch die meister wol:*
> *„mê denne ein wort ein bîschaft tuot!"*
> *diu sterket manges menschen muot*
> *an tugenden und sæligkeit.*[307]

So wird der Hiatus zwischen einer Widerspiegelung der Welt und dem Auserzählen von Tiergeschichten durch den Verweis auf das Exemplarische des Erzählens zumindest in der Programmatik des Prologes getilgt. Das Erkennen der Schöpfung wird dabei zur hermeneutischen Aufgabe der Auslegung des Exempels:

> *Diz büechlîn mag der edelstein*
> *wol heizen, wand es in im treit*
> *bîschaft manger kluogkeit,*
> *und gebirt ouch sinne guot,*
> *alsam der dorn die rôse tuot.*
> *wer niht erkennet wol den stein*
> *und sîne krafft, des nutz ist klein.*

---

[304] Ulrich Boner, Der Edelstein 1844, V. 17–26.
[305] Vgl. Herbert Kolb, Der Hirsch, der Schlangen frisst 1971.
[306] Dies ist für literarische Programmatik im Mittelalter nicht untypisch; vgl. Walter Haug, Historische Semantik 2006.
[307] Ulrich Boner, Der Edelstein 1844, V. 30–33.

> *wer oben hin die bîschaft sicht*
> *und inwendig erkennet nicht,*
> *vil kleinen nutz er dâ von hât* [...]³⁰⁸

Im Exempel ist die *kluogheit* enthalten und das Buch, welches diese Exempel erzählt, bringt den Verstand (*sinne*) hervor – ein Vorgang, der freilich eine bestimmte hermeneutische Disposition des Rezipienten voraussetzt. Der so artikulierte Erkenntnisanspruch wird geistlich gefasst:

> *wan uns lêrt alle krêatûr,*
> *si sî denn guot oder sûr,*
> *daz man dich, hêrre, minnen sol.*³⁰⁹

Dies ist sicher das letzte Ziel christlicher Schöpfungsauslegung; mit der Essenz von Fabeln und anderen Erzähltypen,³¹⁰ die sich in Boners Sammlung finden, hat es freilich wenig gemeinsam. Viele Fabeln haben mit der im Prolog anvisierten Liebe zu Gott nichts zu tun, sie lehren (so wie dies Fabeln traditionell tun) Klugheit in weltlichen Dingen. Die Moral der Fabeln ist eine relative, sie verbleibt weitgehend im Rahmen der Fabeltradition: Kluges Verhalten wird belohnt, dummes bestraft: Nutzen und Schaden sind die abzuwägenden Güter.³¹¹ Eine heilsgeschichtliche Überhöhung, wie sie der Prolog ankündigt, findet auf der Ebene des Erzählens nicht mehr statt.

Klaus Grubmüller hat darauf hingewiesen, dass die in den Rahmenteilen formulierte geistliche Intention des Textes nicht konsequent durchgeführt sei.³¹² Die *lectio christiana* der äsopischen Fabel ist nicht durchgehalten. Boners Versuch einer heilsgeschichtlichen Überhöhung des Fabelerzählens bedient sich dabei aus einem Inventar von Prologtopoi, die sich zum Teil auch in enzyklopädischen Texten finden lassen. Der Anspruch auf die Erkenntnis von Gottes Schöpfung gehört hierher sowie die Korrelation göttlicher Allmacht und Unendlichkeit mit den Grenzen des menschlichen Verstandes. Enzyklopädischer Anspruch und exemplarisches Erzählen treten dabei auseinander. Man könnte auch sagen, die Implikationen einer Prologtradition konfligiert mit der Tradition eines Erzähltyps.

Stehen sich bei Boner die Programmatik des Prologs und die Praxis des Erzählens mehr oder weniger unvermittelt gegenüber, so wird im Prolog zum *Ring* das Problem der Vermittlung reflektiert. Wird es zunächst in der Katachrese, die in der Begründung des Buchtitels (*werlt umb uns* und *welte lauff*) gegeben ist, enggeführt, so thematisiert und bearbeitet Wittenwiler im weiteren Verlauf des Prologs mit seiner didaktischen Begründung des Mischens von *ler* und *gpauren gschrai* (*Ring*, V. 36f.) sowie mit der Erläuterung der Farblinien dieses Problem ausführlich. Wittenwilers episch integrierte Schwanksammlung konvergiert zudem mit der Bonerschen Fabelsammlung bezüglich

---

³⁰⁸ Ulrich Boner, Der Edelstein 1844, V. 64-73.
³⁰⁹ Ulrich Boner, Der Edelstein, 1844, V. 27–29.
³¹⁰ Vgl. Klaus Grubmüller, Meister Esopus 1977, 300ff.
³¹¹ Zur relativen Moral der Bonerschen Fabeln Klaus Grubmüller, Meister Esopus 1977, 332–349.
³¹² Klaus Grubmüller, Meister Esopos 1977, 308, 337–339; ders., Art. ‚Boner' 1978, 950.

der relativen Moral, die in den kompilierten Gattungen vorausgesetzt ist. Auch im Schwank ist der Nutzen Maßstab des Handelns. In Wittenwilers *Ring* nun sind Probleme der Erkenntnis und des Wissens in den didaktischen Situationen, die im Text entfaltet werden, durchgängig virulent. Prologprogramm und Erzählung sind deshalb in ganz anderer Weise aufeinander zu beziehen als in Boners Kompromisslösung zwischen antik überliefertem Erzählgut und christlich-hermeneutischer Programmatik. Vor dem Hintergrund einer Arbeit an der Vermittlung von Wissen, Erkenntnis und Schwankerzählen lassen sich offenkundige Abweichungen des *Ring*-Prologs von topischer enzyklopädischer Programmatik als Formen literarischer Problembehandlung fassen und perspektivieren.

Betrachtet man Wittenwilers *Ring*-Prolog vor dem Hintergrund enzyklopädischer Programmatik, so fallen auch entscheidende Unterschiede zu dieser Formation ins Auge. Ein Unterschied besteht in der Art und Weise, wie Wittenwiler sich selbst als Verfasser profiliert. Christel Meier hat die Selbstzurücknahme der Verfasser geradezu als Kennzeichen enzyklopädischer Schriften ausgemacht.[313] Mitunter wird sogar explizit auf die Nennung des Verfassers verzichtet, wie im folgenden Passus aus dem Prolog zum *Elucidarium* des Honorius Augustodunensis:

> Titulus itaque operi, si placet, Elucidarium praefigatur, quia in eo obscuritas diversarum rerum elucidatur. Nomen auten meum ideo volui silentio contegi, ne invidia tabescens suis juberet utile opus contemnendo neglegi; quod tamen lector postulet ut in caelo conscribatur nec aliquando de libro viventium deleatur.[314]

Mit solchen Äußerungen kontrastiert Wittenwilers Selbstnennung drastisch. Die Namensnennung erfolgt einerseits wie das Zitat einer Autorität (*sprach Hainreich Wittenweilär; Ring,* V. 52), im gleichen Atemzuge jedoch wird der Name verballhornt durch die Verwendung jenes bayrischen Vokalismus, der im *Ring* eingesetzt wird, um die hybriden Ambitionen des Bauernpersonals zu ridikülisieren.[315] Bezeichnenderweise erfolgt dies unmittelbar nach jenen Ausführungen, die den Bauernbegriff aus seiner ständischen Bindung an den Landmann lösen und auf die Toren in der Welt beziehen. Darin liegt – wie gezeigt werden konnte – eine prompte Selbstdurchstreichung der im Prolog zunächst entworfenen didaktischen Situation, welche auch die enzyklopädische Wissensvermittlung betrifft und somit die enzyklopädischen Evokationen des Prologs dementiert. Die Namensnennung stellt zugleich die Exposition dar für eine Reihe von unzuverlässigen und durch ihre Namen als fragwürdig gekennzeichneten Unterweisern

---

[313] Christel Meier, Grundzüge 1984, 476–478.

[314] „Der Titel des Werkes möge, wenn es [Euch] gefällt ‚Elucidarium' sein, weil darin die Dunkelheit verschiedener Dinge erleuchtet werden soll. Meinen Namen aber wollte ich mit Stillschweigen bedecken, damit nicht der zersetzende Neid den seinen befehle, das nützliche Werk aus Verachtung zu ignorieren. Gleichwohl könnte ein Leser fordern, er [der Autor des ‚Elucidarium'] solle im Himmel eingeschrieben und nie mehr aus dem Buch der Lebendigen getilgt werden"; Text und Übersetzung aus Robert Luff, Wissensvermittlung 1999, 22f.

[315] Eckart Conrad Lutz, Spiritualis fornicatio 1990, 92f.; vgl. auch in dieser Studie oben S. 252.

Heterogenität und Integration 287

im Text. Dass sich dabei gegen die Tradition bescheidener Selbstzurücknahme der Enzyklopädisten eine als problematisch gekennzeichnete Vermittlerfigur des Wissens in den Vordergrund spielt, kann als metanarrative Variante auf die bäurische Hybris gelesen werden: So, wie die Bauern sich ein Wissen und Kulturtechniken anmaßen, die ihnen nicht zustehen, inszeniert sich hier auch eine Erzählerfigur ironisch als bäurisches, törichtes Wesen, das sich anmasst zu unterrichten. Damit aber wäre es die wissensvermittelnde Funktion von Enzyklopädien selbst, die im *Ring* problematisiert bzw. konterkariert würde.

Enzyklopädische Dichtung ist keine Enzyklopädie, sondern eine Hybride: Namensnennung und Spiel mit der Erzählerrolle sind als Import aus der Prolog-Tradition höfischer Epik anzusehen. Denn in den Prologen höfischer Romane sind Namensnennungen ebenso etabliert wie das virtuose und selbstreflexive Spiel mit Erzählerrollen,[316] das bei *Hainreich Wittenweilär* zu beobachten ist. Mit Wittenwilers *Ring* liegt eine eigentümliche Kompromissform zwischen Enzyklopädie und Roman vor.

Mit der Selbstbehauptung von Autorschaft in der betonten Namensnennung hängt ein weiterer Verstoß gegen eine gattungskonstitutive Regel mittelalterlicher Enzyklopädik zusammen: Wittenwiler weist sein Werk nicht als kompilierte und exzerpierte Wissenssammlung aus. Auch hier ist die ambivalente Position des Textes zwischen Enzyklopädie und Roman heranzuziehen: Prologe zu Enzyklopädien pflegen ihre Intertextualität eher zu markieren als höfische Romane, die ihre intertextuelle Konstitution oft zu invisibilisieren suchen.[317] In der mittelalterlichen Enzyklopädik findet sich immer wieder das Bild der Blütenlese, bei dem es sich um eine Intertextualitätsmetapher handelt: Die Verfasser betonen das Wissen bei den klassischen Autoren und Autoritäten zusammengetragen zu haben, so wie die Biene (*quasi apicula*) aus vielen Blumen den Nektar zusammenträgt und zu reinem Honig verarbeitet.[318] Auch bei Brunetto Latini findet sich im Prolog zum Tresor dieser Topos der Blütenlese:

> Und ich behaupte keineswegs, daß mein Buch meinem kleinen Verstand entsprungen ist noch meinem geringen Wissen. Vielmehr wurde es wie eine Honigwabe aus verschiedenen Blumen gesammelt, denn für dieses Buch werden nur die besten Aussagen derjenigen Autoren gesammelt, die vor unserer Zeit über die Philosophie geschrieben hatten und zwar jeder [nur] über den Teilbereich, über den er Bescheid wußte. Denn kein Erdenmensch kennt die Philosophie in ihrer Gesamtheit.[319]

---

[316] Vgl. hierzu demnächst das Kapitel zu Wolfram als Erzähler in der Dissertation von Julia Richter.

[317] Hier ist auf Wolframs Auseinandersetzung mit Chretien im *Parzival* zu verweisen und auf seine Konstruktion von Alternativquellen (Kyot, die *âventiure* etc.); vgl. dazu Corinna Laude, Quelle als Konstrukt 2004; Peter Strohschneider, Sternenschrift 2007.

[318] Vgl. Jürgen von Stackelberg, Das Bienengleichnis 1956; Christel Meier, Grundzüge 1984, 477; den Abschnitt ‚Die Biene im Lustgarten der Scholastik' bei Loris Sturlese, Die deutsche Philosophie im Mittelalter 1993, 220ff.; Christel Meier, Organisation of Knowledge 1997, 117f., Christel Meier, Cosmos politicus 1988, 340, Anm. 105. Robert Luff, Wissensvermittlung 1999, 121ff., 136, Anm. 67.

[319] Ich zitiere die Übersetzung von Robert Luff, Wissensvermittlung 1999, 269.

Wenn es bei Wittenwiler über die Einteilung seines Buches heißt, sie sei *besunder nach den sinnen mein* (*Ring*, V. 16) erfolgt, so kann man auch hierin eine Reklamierung von Autorschaft sehen, die weit über das hinausgeht, was in enzyklopädischen Vorreden vorgesehen ist. In Wittenwilers Prolog erfolgt kein Hinweis auf eine Kompilation von Quellen, er weist darauf hin, dass er das Bauerngeschrei unter die Lehren gemischt habe, geht aber nicht weiter auf die intertextuelle Konstitution seines Textes ein. In diesem Mischen von Geschrei unter Lehren befleißigt sich der Erzähler ungeachtet seiner didaktischen Rechtfertigung dieses Vorgehens einer kontaminierenden Vermengung, die sich von den Behauptungen des Bienengleichnisses deutlich unterscheidet, denn die Blütenlese der Enzyklopädisten zielt doch gerade auf die Purifizierung der Überlieferung: Nur das Beste von den verbürgten Autoritäten wird zusammengetragen, um die Essenz des Wissens, den reinen Honig der Lehre, zu präsentieren.[320] Darin liegt der Anspruch des Weltbuches als Bibliotheksersatz begründet. Das Programm einer ethischen Summe ist durch die Melange von Lehre und Bauerngeschrei signifikant beeinträchtigt. Wittenwilers *Ring* ist freilich als Kompilation kenntlich, als Text aus Texten. Es ist aber bemerkenswert, dass dies nicht auf der Ebene der Programmatik reflexiv wird, sondern auf der Figurenebene. Der Erzähler des *Rings* überlässt es seinen Figuren, das Geschäft der Kompilation auszustellen: Sie zitieren Turnierlehren (Neidhart), berufen sich auf die *gschrift* (Chrippenchra), auf den Text und die Glossen (Berchta Laichdenmann), auf Kommentare und die Logik, auf Kriegslehren (Strudel) und Rechtstexte (Amtmann von Konstanz). Meist wird diese Kompilatorik als närrisches Unterfangen exponiert, mitunter aber auch von Figuren vollzogen, deren Autorität vom Text deutlich befestigt wird. Eine närrische Enzyklopädie ist der *Ring* deswegen freilich noch nicht. Vielmehr wird Sinn und Zweck von Wissensvermittlung selbst dabei reflexiv und dem Rezipienten zur Prüfung anheimgegeben.

Mit Blick auf den Prolog kann so zunächst zusammengefasst werden, dass ein enzyklopädischer Anspruch für den Roman artikuliert wird. Er verdichtet sich im Titel des Buches, betrachtet man mittelalterliche enzyklopädische Kompilationen als Hintergrund. Das Spiel mit der Erzählerrolle und die Invisibilisierung intertextueller Konstitution und Kompilation im Prolog freilich sind als Distanzierung enzyklopädischer Gattungstraditionen zu sehen bzw. als deren Kontamination durch Prologtraditionen des höfischen Romans. Angesichts dieser Befunde zeigt sich die enzyklopädische Programmatik als ambivalent, ja als gezielt evozierte und zugleich problematisierte Angelegenheit.[321] Von hier aus ist die Durchführung eines solch ambivalenten Programms im Text zu befragen.

---

[320] Jürgen von Stackelberg, Das Bienengleichnis 1956.
[321] Diese Ambivalenz wird getilgt, wo versucht wird, den Prolog als Exposition eines „Lehrbuchs" zu lesen. Dies geschieht bei Gruchot, der den wort- und begriffsgeschichtlich äußerst vagen Begriff des Lehrbuchs bemüht, um eine geradlinige und ungebrochene Didaxe des Textes zu behaupten. Dadurch wird der Ertrag, den die Differenzierungen der historischen Semantik des Enzyklopädiebegriffs mitunter aufweisen, verspielt; vgl. Christoph Gruchot, Heinrich Wittenwilers *Ring* 1988.

Als entscheidende Differenz zu enzyklopädischen Texten ist in Wittenwilers *Ring* wohl die Disposition des Wissens zu veranschlagen. Wittenwilers *Ring* legt Wissen nicht dar, sondern erzählt es. Darin wurde in der Forschung immer wieder der entscheidende Unterschied zur Sachliteratur festgemacht.[322] Als entscheidende Differenz zum monologisch präsentierten Wissen der Traktate und der Sachliteratur hat Hans-Jürgen Bachorski für den *Ring* die Dialogizität akzentuiert und die narrative Verhandlung des Wissens. Dialogizität wird dabei von Bachorski im Bachtinschen Sinne als eine gegen die monologische Befestigung autoritärer Rede gerichtete Form der Pluralisierung verstanden.[323] In der mit der Dialogizität einhergehenden Pluralisierung der Ideologeme sieht er die subversive Funktion des Wittenwilerschen Erzählens begründet. Andererseits sieht Bachorski auch in der narrativen Präsentation des Wissens subversives Potential. Er geht dabei davon aus, dass zwischen narrativen Texten und „explikativen/präskriptiven/normativen Texten"[324] grundsätzlich zu unterscheiden sei.[325] Abgesehen davon, dass man der hier implizierten Deklarierung einer Narration als *eo ipso* ideologiekritische Angelegenheit angesichts vieler Erzählungen, die auch auf Normvermittlung und Stabilisierung zielen, ja Ideologie mehr vermitteln als verhandeln, skeptisch gegenüber stehen wird,[326] ist doch auch gerade im enzyklopädischen Kontext die hier postulierte Differenz mitunter weniger eindeutig.

Die Frage nach der narrativen Ordnung des Wissens ist mit Blick auf die enzyklopädische Literatur als Frage nach den Disponierungsformen des Wissens zu präzisieren. Die Ordnung des Wissens in der Enzyklopädie, die Paul Michel durch die beiden Ver-

---

[322] Unbefriedigend ist die Behauptung einer radikalen Unterscheidung von „instruction" und „narration", wie sie von Rolf R. Mueller, Festival and Fiction 1977, 16 vorgenommen wird: Mueller bezieht „instruction" auf Lehren, also Texte, während sich „narration" unmittelbar auf anthropologische Konstanten (Ehe, Tod etc.) beziehe. Eine solche Lösung ist mit Blick auf die Relevanz von Texten bei der gesellschaftlichen Konstruktion von Wirklichkeit zurückzuweisen.

[323] Hans-Jürgen Bachorski, Irrsinn und Kolportage 2006, 102f.

[324] Hans-Jürgen Bachorski, Irrsinn und Kolportage 2006, 166.

[325] „Für narrative Texte gilt, dass sie ein paradigmatisches System von diskursiven Oppositionen auf dem Wege der Aktoralisierung, Spatialisierung und Temporalisierung entfalten, das heißt, sie setzen Widersprüche, wie sie die Tiefenstruktur eines Textes ausmachen, in Figuren und deren konflikthaftes Handeln sowie in einen Ablauf innerhalb eines Raum-Zeit-Koordinatensystems um, erzählen also eine Geschichte. Dieser Zusammenhang von Tiefenstruktur und manifester Oberfläche aber gilt – versucht man eine idealtypische Unterscheidung – für explikative Texte nicht, die bestrebt sind, Normen darzulegen, zu erklären und möglichst obligat zu machen. In Texten dieser Art artikuliert sich reine Ideologie (bzw. ein Ausschnitt eines ideologischen Systems) in unkaschierter, will sagen ungestalteter Form (wobei natürlich auch der ideologische Text in einer Form erscheint, wobei dies allerdings nicht die der Verschiebung, Verdichtung, Kompromissbildung ist, wie sie für die Literatur im engeren Sinne, für die religiöse Bildlichkeit etc. gilt)." Hans-Jürgen Bachorski, Irrsinn und Kolportage 2006, 166.

[326] Ich verweise nur auf bestimmte Romane des so genannten „sozialistischen Realismus" – Beispiele für nicht-subversive Narrative und für eine Umsetzung reiner Ideologie, denen man doch deshalb ihre Literarizität nicht absprechen wird. Es bedarf weiterer Kriterien, um ein subversives Potential einer bestimmten Erzählung zu behaupten.

fahren der Lemmatisierung und der Disposition konstituiert sieht, ist im Mittelalter fast immer eine sachliche, selten eine alphabetische. Das Alphabet kommt in vormoderner Enzyklopädik allenfalls als Subordnung vor, die Anordnungsweisen mögen dem Sechstagewerk der Schöpfung folgen oder einer Hierarchie, die von Gott über die Engel, Menschen und Tiere zu den Pflanzen und Steinen absteigt, der deutsche *Lucidarius* dagegen folgt einer trinitarischen Gliederung, wenn das erste Buch der Schöpfung dem Vater, das zweite Buch der Erlösung dem Sohne und das dritte Buch der Vollendung dem Heiligen Geist zuordnet wird – immer sucht auch die Anordnung des Wissens selbst dem Anspruch gerecht zu werden, Abbildung, Spiegel der Schöpfung zu sein. Eine alphabetische Ordnung ist diesem Anspruch gegenüber kontingent.[327] Damit aber rückt die narrative Organisation von Wissen als Möglichkeit von Texten viel näher an andere, sachliche enzyklopädische Disponierungsweisen. Beim Blick auf die Anordnungsformen, die Dispositionen des Wissens in mittelalterlichen Enzyklopädien fällt ihre Vielfalt auf.[328] Paul Michel hat in einer bemerkenswerten Revue dieser Dispositionsformen auch Weisen der Anordnung des Wissens betrachtet, die man nicht unmittelbar mehr der Tradition des Weltbuches zuordnen können wird und die den Begriff des Enzyklopädischen in einer sehr weichen Form zur Anwendung bringt. So heißt es etwa über die „Disposition anhand einer Biographie oder in sonstiger narrativer Form":

> Jeder Bildungsroman arbeitet so: es gibt ein grobmaschiges Kanevas einer Erzählhandlung, in den Bildungsgut eingewirkt wird, idealerweise alles Wissen, das not tut. Das Genre mit dem heranreifenden Helden erlaubt es, das Material portionenweise und curriculär aufbauend anzugeben; wo sich nicht alles Material in Handlung auflösen lässt, wird eine pädagogische Provinz eingeschaltet.[329]

Darauf räumt Michel ein, dass man nach solchen Erwägungen auch den *Parzival* angesichts der vielen Lehrsituationen als enzyklopädisch bezeichnen kann.[330] An anderer Stelle schlägt Michel vor, Dantes *Divina commedia* als eine „(räumlich von unten nach oben geordnete) Enzyklopädie der Sünden- und Gnadenstufen" zu lesen.[331] Dass sich angesichts solcher Dispositionsweisen der Arbeitsbegriff der Enzyklopädie aufzulösen drohe, räumt Michel selbst ein. Es sind sicherlich zusätzliche Kriterien nötig, um bestimmten Dispositionsweisen des Wissens konzedieren zu können, ob sie noch enzyklopädisch sind oder schon nicht mehr. Michels Ausführungen weisen auf eine Grauzone, die einmal mehr auf die eingangs besprochene Feststellung führt, dass eine Unterscheidung zwischen Literatur und Wissen für das Mittelalter einen methodisch zu reflektierenden und nur heuristisch zum Einsatz kommenden Anachronismus darstellt. Davon

---

[327] Paul Michel, Ordnungen des Wissens 2002, 68–71.
[328] Paul Michel, Ordnungen des Wissens 2002; Christel Meier, Grundzüge 1984; Christel Meier, Organisation of Knowledge 1997.
[329] Paul Michel, Ordnungen des Wissens 2002, 60.
[330] Als Form mittelbarer Lehrdichtung sieht die höfische Epik und den *Parzival* auch Bernhard Sowinski, Lehrhafte Dichtung 1971, 10–14.
[331] Vgl. Paul Michel, Ordnungen des Wissens 2002, 73.

ist auch die Unterscheidung von explikativen und narrativen Strategien betroffen. Angesichts der narrativ hybridisierten Enzyklopädie, als die man Wittenwilers *Ring* bezeichnen kann, sind starre literaturtheoretische Oppositionen zwischen Narrativik und Explikation unangemessen. Die Diskussion über die Farblinien zeigt zur Genüge, dass Lehre und Erzählung in diesem Text mitunter schwer zu differenzieren sind, immer wieder eine charakteristische Melange eingehen und dass die als Hilfsmittel zur Verfügung stehenden Farblinien eine Differenzierung oft eher erschweren als befördern. Dies liegt auch daran, dass Wittenwiler unter anderem mit literarischen Gattungen spielt, die traditionell exemplarisch zu erzählen beanspruchen und in denen mithin bereits eine Kompromissfigur von *narratio* und *explicatio* auszumachen ist. Er spielt freilich auch mit anderen Textorten, in denen explikative oder narrative aber auch allegorische Komponenten ganz unterschiedlich gewichtet sind. Diese unterschiedlichen Textsorten und auch hybride Formen wie etwa Chrippenchras Minneallegorie, die durch die Kombination von Elementen aus verschiedenen literarischen Reihen konstituiert sind, werden zusammengehalten durch eine Brautwerbungsgeschichte und eine Untergangsfabel. Ohne diese narrative Vernetzung wäre der *Ring* schlicht eine Sammelhandschrift, die Heterogenes reiht. In Wittenwilers *Ring* folgt die Disposition des Wissens also keinem heilsgeschichtlichen oder trinitarischen Anordnungsmodell. Die aus verschiedenen literarischen Formen heraus improvisierte Anordnungsform dieser Textsorten führt dazu, dass das Wissen seine geordneten Bahnen, die in der Tradition enzyklopädischer Wissenskompilationen wie auch in den einzelnen literarischen Reihen gegeben waren, verlässt und unberechenbar, kontingent wird. Die Abfolge der Wissensbereiche spiegelt keine Welt, sie ergibt sich aus der Sukzession der Erzählung. Restbestände enzyklopädischer Dispositionsformen kommen dabei im *Ring* dennoch zur Anwendung.

Das *Elucidarium* des Honorius Augustudonensis und der deutsche *Lucidarius* disponieren das in ihnen dargelegte Wissen über Schöpfung, Welt, Glauben und Kirche in Lehrgesprächen. Sie sind deshalb freilich keineswegs dialogisch im Bachtinschen Sinne, also als Pluralisierung eines monologischen autoritären Wortes, vielmehr zielen sie im Gegenteil auf die Stabilisierung des autoritären Worts:

> *Swer daz gerne welle lesen*
> *der sol sich rethe verstan,*
> *wie ez unbe die scrifth sie getan,*
> *da der meister vnde der iunger*
> *redent wider ein ander.*
> *Der daz bůch scribet, der ist der vrager,*
> *der heilc geist ist der lerer.*[332]

Die Dominanz von Lehrgesprächen im *Ring* wie auch der Rekurs auf die Edelsteinmetapher in den genannten Kompendien legen durchaus nahe, zu vermuten, dass im *Ring* diese enzyklopädische Dispositionsform aufgenommen wird. Die Lehrsituationen

---

[332] Der deutsche *Lucidarius* 1994, V. 5–11 (S. 2).

freilich, die im *Ring* entfaltet werden, sind keineswegs in einem stabilen Rahmen gehalten wie diejenigen Meister-Schüler-Gespräche, welche die *Elucidarius*-Tradition prägen. Mit der permanenten Infragestellung der institutionellen Rahmenbedingungen des Lehrens und Lernens findet eine Umschrift eines enzyklopädischen Dispositivs statt. Im *Ring* gibt es keinen verlässlichen Rahmen, der die Richtigkeit des Wissens und die Angemessenheit seiner Exponierung und Anwendung garantierte. Auf die Stabilisierung der Lehrsituationen durch ein verlässliches und belastbares Autoritätsgefälle wird nicht nur verzichtet, sondern sie wird vielmehr gezielt zersetzt. Die narrative Entfaltung von Rahmenbedingungen für Wissensvermittlung scheint in den meisten Fällen auf den Entwurf von Kontexten zu zielen, die dem zu präsentierenden Wissen so unangemessen wie nur möglich sind. Wenn Wittenwiler die Rahmenbedingungen der didaktischen Situation des Lehrgesprächs in immer neuen Anläufen variiert, indem er beispielsweise die Autorität des Lehrers demontiert (etwa durch sprechende dekuvrierende Namen), den Schüler als unaufmerksam, tölpelhaft und unfähig erscheinen lässt, sodann auch noch das Wissen selbst in reduzierter oder gar pervertierte Form exponiert, so ist darin ein variantenreiches Spiel mit einer enzyklopädischen Dispositionsform von Wissen in Lehrgesprächen zu sehen.

Innerhalb dieser Variationen werden literarische Formen diskutiert. Das Wissen erscheint im gelehrtem literarischen Spiel der Kontextualisierung nicht als Rohstoff, es ist vielmehr bereits in literarischen Gattungen und Textsorten organisiert: Es kommt in einer Minnelehre vor, in einem Brief, in einer Gesundheitslehre, in einem Rezept, in einer allegorischen Dichtung, in Sentenzen, in den Textsorten der Prognostik, des Traktats, des Kommentars, des Lehrgesprächs und der Ansprache an ein Kriegsheer. Innerhalb dieser Textsortenrevue kommt das enzyklopädische Genre selbst als Element vor: Die Lehren des zweiten Teils, die in Bertschis Unterweisung vor der Ehe eigebettet sind und die Wittenwiler im Prolog seinen Lesern als das Beste empfohlen hat, stellen mit John Michael Cliffton-Everest eine „miniature encyclopedia" dar.[333] In der Tat finden sich hier Textpartien, die am ehesten noch den Wissenstraditionen und Darstellungsformen mittelalterlicher Enzyklopädik entsprechen; man denke etwa an die auf das *Moralium dogma philosophorum* zurückgehende,[334] detailliert durchgliederte Tugendlehre, in der die personifizierten Tugenden nach Modellen der Verwandtschaft (Mutter-Tochter) und der Herrschaft (Herrin-Dienerinnen) geliedert sind. Festzuhalten ist dabei freilich, dass solche enzyklopädischen Konventionen der Wissensordnung im *Ring* insular vorkommen.[335] Damit kann von einer enzyklopädischen Integration des Textes nur im Sinne einer Revue von Textsorten mit wissensvermittelndem Anspruch die Rede

---

[333] John Michael Clifton-Everest, Wittenwiler's Marriage Debate 1975, 630.

[334] Guillaume de Conches, Das Moralium Dogma Philosophorum 1929; vgl. Frank Bezner, Art. ‚Moralium dogma philosophorum' 2004, Sp. 1012–1016.

[335] Bezner unterscheidet „nur enzyklopädische Kompilation" von systematischer Durchdringung und spricht dem Dogma letztere zu; ebd.

sein unter die das enzyklopädische Genre selbst untergeordnet wird. Was im Zusammenhang der didaktischen Integration als durchgehende Variation der Parameter didaktischer Situationen beschrieben wurde, findet hier eine Weiterführung auf der Ebene einer Revue literarischer Gattungen mit wissensvermittelndem Anspruch im weitesten Sinne und es scheint regelrecht das Vorhaben des Textes zu sein, für jede dieser Gattungen eine rahmende Situation zu entwerfen, in welcher der wissensvermittelnde Anspruch scheitert. Dies wird an Nabelreibers Minnelehre offensichtlich, denn sie wird in einer Situation vorgebracht, die ihr völlig unangemessen ist. Es trifft aber beispielsweise auch auf Wittenwilers Tageliedparodie zu, insofern man die wissensvermittelnde Dimension dieser Textsorte darin sieht, dass sie Bestandteil eines auf ständische Exklusion zielenden Liebesdiskurses des Adels ist, in dem bestimmte Formen der Emotionalität und des Diskurses darüber eingeübt werden. Indem für die Aufführung des Tageliedes der Kontext einer Gruppenvergewaltigung aufgerufen wird, erfolgt auch hier eine besonders radikale Inversion des wissensvermittelnden Anspruchs solcher literarischer Formen. Auch diese Reihe der Textsorten wird mit dem Prolog eröffnet, der als Textsorte eigener Art das Programm vorwegnimmt: Wie gezeigt werden konnte, werden die enzylopädischen Ansprüche der Weltbücher zunächst zitiert; konterkariert wird sodann die wissensvermittelnde Funktion der Tradition. Und genau darin präfiguriert der Prolog den Umgang mit anderen didaktischen Formen und Gattungen im Text: Aufgebaut werden die Parameter der verschiedenen Textsorten, ihre situationale Einbettung geht dann aber mit Inszenierungen einher, die den Aspekt der Wissensvermittlung aussetzen und leerlaufen lassen.[336] Die enzyklopädisch angelegten Lehrblöcke des zweiten Teils weisen eine gewisse Eigenständigkeit auf, da aber Bertschi, an den die Unterweisungen gerichtet sind, nicht zuhört (er ist nämlich in seinen Gedaken bei *Mätzli schoss*), läuft auch hier der wissensvermittelnde Anspruch leer.

Als gattungsgeschichtliche Summe und als Reihe von Inversionen des wissenvermittelnden Anspruchs literarischer und wissensvermittelnder Gattungen stellt der *Ring* etwas Singuläres dar. Er ist nicht ausschließlich, aber zu einem großen Teil eine Enzyklopädie falsch vorgebrachten bzw. falsch umgesetzten Wissens eine Summe von unangemessen eingesetzten Texten. Das Eigentümliche dabei ist, dass dieses Wissen „verhandelt" wird, in die Lebenswelt fiktiver Figuren eingelassen und in seiner (problematischen) Applizierbarkeit in den Blick kommt, und dass dies durch ein parodistisches Spiel mit verschiedenen Textsorten erfolgt.

---

[336] Bernward Plates Überlegungen bezüglich des „Wittenwilersche[n] Literaturverwertungsprinzip[s]" als Sprach-, Gattungs-, und Ideologiekritik ist die Forschung zu wenig nachgegangen; vgl. Bernward Plate, Heinrich Wittenwiler 1977, 95). Diskutiert wurde die Verbindung von Prolog und weiterer Erzählung, dabei wurde mitunter die Relevanz der im Prolog artikulierten Programmatik bestritten; vgl. etwa Bernward Plate, Narren- und Ständesatire 1974, 55, 69; Bernward Plate, Heinrich Wittenwiler 1977, 78; Kristina Jürgens-Lochthove, Heinrich Wittenwilers *Ring* 1980, 52, 111f., 280.

Sucht man nach Parallelen in der Geschichte enzyklopädischer Dichtungen bietet sich vielleicht – bei allen grundlegenden Unterschieden in der Sache – Flauberts *Bouvard und Pécuchet* an. Der Roman, der das permanente Scheitern zweier Idioten in der Welt des Wissens behandelt, beschäftigt sich mit dem Mangel an Methode in der Wissenschaft und sollte als Exposition eines Wörterbuchs der Gemeinplätze fungieren. Es entbehrt nicht der Ironie, wenn Flaubert hier literarisch das letzte mögliche Projekt einer enzyklopädischen Summe zu realisieren bemüht war: Die satirische Bestandsaufnahme ihres Scheiterns ist zugleich die letzte Enzyklopädie. So wie Bouvard und Pécuchet jedes Wissensfeld, das sie dilettantisch bearbeiten und lebensweltlich umzusetzen suchen, in Katastrophen münden lassen, so führt auch im *Ring* jeder Versuch, Wissen zum Einsatz zu bringen, um Orientierung und Erfolg in den zu bewältigenden Problemen zu sichern, zum Gegenteil des Bezweckten. Dieses auf Dauer gestellte und in einer Serie prozessierte Scheitern mündet bei Wittenwiler in den finalen Untergang Lappenhausens. Darin liegt die epische Quintessenz des Scheiterns der didaktischen und enzyklopädischen Aufwände, die in diesem Text mobilisiert werden.

Allegorische Sinnbildung

Im exemplarischen Charakter des Erzählens wurde wiederholt eine Kohärenz des Textes auszumachen gesucht: So betrachtet, erzählt der *Ring* mit der Geschichte der weltverfallenen *gpauren* vom Unheil der in Sünde verstrickten Menschen. Der *Ring* enthält allegorische Elemente, die auf ihre Sinndimensionen und Funktionen hin zu befragen sind. Niemand ist damit so weit gegangen wie Eckart Conrad Lutz, der im gelehrten allegorischen Denken „die wichtigste, alles integrierende Voraussetzung des *Ring*"[337] sieht. Bis zur Emphase steigert sich das Lob der allegorischen Integration, wenn davon die Rede ist, dass das allegorische Verfahren selbst nicht ungewöhnlich sei, sondern „die Vollkommenheit, mit der (…) die Integration der verschiedenen Bilder gelungen ist, und die Schärfe, mit der sich die Gegenwart im Ganzen abzeichnet."[338] „Beinahe unausweichlich" erscheint Lutz die „Synthese, die Wittenwiler im *Ring* auf einer höheren Ebene herzustellen wußte".[339] Mit vielen aufschlussreichen Hinweisen auf die Rezeption der Patristik, auf didaktische Lehrdichtungen und vor allem auf allegorische Bildtraditionen hat Lutz den Brief Chrippenchras als konzeptionelles Zentrum des Werkes interpretiert. Keinen Zweifel lässt Lutz daran, dass die Allegorie und die Allegorese in Wittenwilers *Ring* gelingt,[340] Gewährsmänner dafür sind ihm die Rezipienten, welche er mit großem quellen- und sozialgeschichtlichen Aufwand als Hof des Konstanzer

---

[337] Eckart Conrad Lutz, Spiritualis fornicatio 1990, 223. Die „bisher unbeachtete allegorische Sinnebene des Ring" wird als „seine entscheidende, die Konzeption bestimmende und daher alle übrigen Aspekte integrierende Dimension" (224) betrachtet.
[338] Ebd., 306.
[339] Vgl. ebd., 316.
[340] Vgl. ebd., 274.

Heterogenität und Integration 295

Bischofs identifiziert und als Elite bestimmt hat, welche die rasanten und auch ihre Lebensform bedrohenden sozialgeschichtlichen Veränderungen, die sich in den Aufständen der Appenzeller gegen Sankt Gallen und dem Aufbegehren der Zünftler gegen das Konstanzer Patriziat manifestieren,[341] nur als Weltzerfall und Zerstörung, als Resultat einer Hybris gegen Gott, einer geistlichen Hurerei (*fornicatio spiritualis*) begreifen kann. Für dieses Zielpublikum sei der *Ring* verfasst, es stellt jene Rezipienten, die – wie es bei Lutz immer wieder heißt – „richtig zu lesen verstehen".[342] Alle Elemente des *Rings* sind so zu lesen auf eine Weltdeutung hin, die in den aufständischen Bauern und Zünftlern der Welt zugewandte und von Gott abgefallene Sünder sieht, welche den Bestand des göttlichen *ordo* gefährden. Im *Ring* werde der Mensch vor die Wahl gestellt zwischen einer in der Figur der Venus verkörperten geistlichen Hurerei und einer in der Gottesmutter verkörperten Gottesliebe. Das „eigentliche Thema des *Ring*" und die „Sinnmitte der allegorischen Kozeption" sei die Entscheidung des Menschen für und wider Gott.[343] Nach dieser Auffassung wäre Wittenwilers Text durch das Verfahren der Allegorese vollständig integriert. Wittenwiler betreibe also mittels des allegorischen Verfahrens Krisendiagnostik und Kontingenzbewältigung. Die Interpretation von Lutz betont nicht nur die immense Bedeutung allegorischer Traditionen für den *Ring*, sie behauptet auch, dass die allegorische Integration des Heterogenen das für den *Ring* konstitutive Verfahren schlechthin sei.

So betrachtet wäre Wissen und Literatur im Text nicht primär durch epische Verknüpfung, didaktische Inszenierung oder enzyklopädische Präsentation gefügt, sondern durch die Funktionalisierung aller Elemente für einen höheren Sinn, der sich durch das Verfahren der Allegorese erschließen lässt. Dies ist im Folgenden zu prüfen.

Besonderen Stellenwert nimmt bei Lutz wie gesagt der Brief Chrippenchras ein, den der Arzt für Mätzli an Bertschi verfasst, in dem eine Traumvision Mätzlis fingiert wird zum Zweck, den ahnungslosen Bertschi für die Ehe zu gewinnen. Der Brief enthält die Schilderung der Traumvision Mätzlis – ihr erscheinen Venus und Maria –, darüber hinaus wird die allegoretische und moralisierende Auslegung der Traumvision durch einen Beichtvater inszeniert. In diesem Brief sieht Lutz das Zentrum des Werkes. Mätzli erscheint im Traum die allegorische Verkörperung der leidenschaftlichen Liebe als Venus. Sie empfiehlt, Bertschi in allen Dingen bedingungslos zu Willen zu sein. Daraufhin erscheint Mätzli in einer zweiten Vision Maria als *regina coelis* mit dem Jesuskind auf

---

[341] Solche Versuche, den *Ring* als Widerspiegelung historischer Ereignisse zu deuten, haben bisher nicht wirklich überzeugt; vgl. zu Lutz die Rezensionen von Klaus Graf, Rez. Lutz 1993 und Volker Honemann, Rez. Lutz 1995. Auch Birkhans Ausführungen zum Historischen im *Ring* deuten allenfalls Möglichkeiten an und sind wegen der Spätdatierung auch umstritten. Bereits Bruno Boesch hat eindringlich vor solchen Versuchen gewarnt angesichts des hohen Maßes an literarischer Verarbeitung jeglicher Daten im *Ring*. Er sprach von einem „Riegel, der jeder kurzschlüssigen Interpretation auf Realität und Zeitgeschichte geschoben sei"; vgl. Bruno Boesch, Zum Nachleben der Heldensage 1979, 351.
[342] Eckart Conrad Lutz, Spiritualis fornicatio 1990, 246 u. ö.
[343] Eckart Conrad Lutz, Spiritualis fornicatio 1990, 297.

dem Arm und fordert von ihr, nicht dem Gebot falscher Minne zu folgen, es sei denn Bertschi begehre die Ehe. Denn die heilige Ehe sei von Gott geschaffen worden. Die beiden bilderreichen Visionen werden sodann vom ‚Beichtvater' allegoretisch ausgedeutet. Als Ergebnis der Ausdeutung fordert der Brief Bertschi auf, sich im Briefeschreiben und Ständchenhalten zu mäßigen, es sei denn er wolle eine Zusage von Mätzli, die ihre Ehre (um die es freilich zum Zeitpunkt der Abfassung denkbar schlecht bestellt ist) vollständig bewahrt. Lutz sieht in dieser Allegorie mehr als eine Konfrontation von *falscher minn* und Sakrament der Ehe: „Auf einer anderen Ebene geht es gar nicht mehr um Ehe an sich,"[344] sondern vielmehr gehe es um den Gegensatz von *amor sui* bzw. *amor carnalis* und *amor dei* – letztlich um die Augustinische Zwei-Staaten-Lehre. In dieser Generalisierung erscheint die Ehediskussion des *Rings* als Vehikel einer weit grundsätzlicheren heilsgeschichtlichen Auseinandersetzung.

Eine solche Lektüre der Traumvision kommt nun nicht ohne eine Interpretation des Kontextes aus, in den dieser Text eingebettet ist: Mätzli wurde vom Arzt geschwängert, dieser empfiehlt Mittel zur *sophisticatio* der verlorengegangenen Virginität und sucht Bertschi durch den allegorischen Brief zur Eheschließung zu veranlassen. Chrippenchra nutzt dazu die Topik der Traumvisionen: Ein Himmelsbote habe Mätzli heimgesucht und sie sei in Verzückung geraten. Die Rezipienten des *Rings* jedoch wissen, dass es der Stein war, den Nabelreiber in den Speicher warf, der sie in Ohnmacht fallen ließ. Dass der Beichtiger, der die Traumvisionen auslegt, ein perverser Arzt ist, wissen die Rezipienten ebenfalls. Text und Kontext stehen im Verhältnis spannungsreicher (und komischer) Inversionen. Lutz hat die Einbettung des Briefes in den Kontext eindringlich behandelt und Wittenwilers Inszenierung der Inkompatibilität von Text und Kontext daraufhin ausgelegt, dass die Lappenhauser in der Welt der Sünde verharren und vom Heil geschieden bleiben.[345]

Dieser Interpretation ist durch Hans-Jürgen Bachorski mit nachdrücklichem Widerspruch begegnet worden. Er setzte diese Interpretation in eine die *Ring*-Forschung prägende Tradition, die das anarchische, die Leiblichkeit des Menschen gegen alle denkbaren Sublimationsaufwände betonende Potential des *Rings* durch ideologische Harmonisierungen zu tilgen versucht. Betont wird bei Bachorski die radikale Modernität des Textes, der Sinn – auch allegorischen Sinn – nur setze, um ihn zu zerstören. Wittenwilers *Ring* entfaltet, so betrachtet, geradezu eine Dekonstruktion des allegoretischen Sinnbildungsverfahrens selbst. Jeder Sinn, auch der allegorische, werde im *Ring* einer dekonstruktiven Bewegung unterzogen, weswegen der Text nicht auf eine Aussage reduziert werden könne.[346] Gerade das Verhältnis von Text und Kontext in dieser Passage zeige die radikale Destruktion allegorischer Sinnbildung. Die Allegorie sei nicht Zentrum des Textes, sondern bilde nur einen weiteren Anlass für die jeden Sinn zerstörenden Verfahren Wittenwilers. Durch diese negative Bewegung, man könnte fast

---

[344] Eckart Conrad Lutz, Spiritualis fornicatio 1990, 297.
[345] Eckart Conrad Lutz, Spiritualis fornicatio 1990, 230ff.
[346] Hans-Jürgen Bachorski, Irrsinn und Kolportage 2006, 104f., 125, Anm. 253.

sagen nihilistische Grunddisposition, sieht Bachorski letztlich den *Ring* integriert. Mit beiden Positionen sind die radikalen Pole eines Spektrums möglicher *Ring*-Deutungen abgesteckt. Beide Verfasser setzen bei der Inkompatibilität von allegorischem Brief und Rahmen an, ziehen daraus jedoch ganz verschiedene Schlussfolgerungen.[347] Dass Chrippenchras Minneallegorie von einem perversen Arzt niedergeschrieben und von Bertschi nicht einmal verstanden wird, bestätigt bei Lutz die Gottesferne und Weltverfallenheit der Bewohner Lappenhausens. Bachorski leitet aus der Nicht-Integration eine Negation allegorischer Deutbarkeit der Welt schlechthin ab.

Was kann nun aus der Perspektive einer Untersuchung enzyklopädischer Dichtung, die sich auf die Abstimmung von Wissensbeständen mit literarischen Traditionen konzentriert, dazu gesagt werden? Vielleicht soviel: Das Verhältnis von Traumvision und pragmatischem Kontext erscheint weniger außergewöhnlich, wenn man es innerhalb der Serie des Didaktischen betrachtet. Die Szene hat noch andere als didaktische Aspekte, stellt aber auch eine weitere Variante entsprechender Störungen dar und zwar auf intrikat aufeinander bezogenen Ebenen. Innerhalb des Textes wird eine intakte didaktische Situation von Mätzli und ihrem Beichtvater inszeniert: Mätzli schildert ihm die Traumvisionen und der Beichtvater legt sie aus und weist Mätzli auf die moralischen Konsequenzen der geschauten Bilder hin. Diese Situation ist freilich zugespitzt, weil sie tatsächlich ein völlig anders geartetes Geschehen spiegelt, welches wiederum als Kommentar auf die vorgetragene Allegorie fungiert. Es handelt sich um die Übersetzung und Abwandlung einer durch und durch perversen und paradoxal zugespitzten Situation, die zudem durch den Zweck der Verheiratung einer gefallenen Unschuld ein weiteres Mal korrumpiert ist und rezeptionsseitig schließlich absolut ineffizient ist: Bertschi bekommt von der Unterweisung nichts mit, Nabelreiber kürzt ihm den Inhalt des Briefes ab und sagt ihm nur, er könne Mätzli bekommen, wenn er sie denn heirate. Da solche Spiele mit dem Didaktischen eine Serie im Text bilden, erscheint Chrippenchras Liebesbrief allenfalls durch eine besondere paradoxale Zuspitzung und Komplexität des Didaktischen exponiert, nicht jedoch prinzipiell hervorgehoben und als Sinnzentrum des Textes markiert.[348]

Betrachtet man den *Ring* als Enzyklopädie von Textsorten, so ist die Integration einer Schilderung von Traumvisionen und ihrer allegoretischen Auslegung innerhalb eines Briefes nicht überraschend, Chrippenchras Brief freilich steht so betrachtet gleichberechtigt neben Rezeptliteratur, Diätetik, Haushaltslehre u. a. und teilt mit ihnen eine Darstellungsform, die ich als Wittenwilers Textsortenrabulistik bezeichnen möchte: das

---

[347] Vgl. Eckart Conrad Lutz, Spiritualis fornicatio 1990, 227–234; Hans-Jürgen Bachorski, Per antiffrasim 1988, 480; ders., Irrsinn und Kolportage 2006, 124ff.

[348] Gegen Lutzens These von der allegorischen Konzeption als umfassender Synthese wendete Jackson ein: „Hier fragt man sich, ob der Text nicht unter Druck gesetzt wird, und ob nicht die andere Lektüre möglich ist, nämlich daß der *Ring* weniger eine Synthese auf allegorischer Grundlage bietet als ein Nebeneinander von Komik, Lebenslehre und religiöser Allegorie"; William Henry Jackson, Rez. Lutz 1993, 486.

Bestreben für jede hinzugezogene Textsorte einen möglichst aberwitzigen, paradoxen und satirisch zugespitzen Kontext zu inszenieren (was in der Minneallegorie zweifelsohne und zwar in kaum noch zu überbietender Art und Weise gelingt).[349] Auch aus dieser Perspektive betrachtet ist die Minneallegorie ein Glied in einer Serie und nicht besonders exponiert. Die soweit ausgeführten Befunde legen nahe, gegen eine Lektüre der Minneallegorie als alles integrierendes Zentrum zu optieren, ohne freilich radikale nihilistische Konsequenzen ziehen zu müssen.

Bei Lutz nun ist nicht allein die explizite Allegorie und Allegorese in Chrippenchras Liebesbrief Anlass einer allegorischen Gesamtlektüre des Romans. Er identifiziert Elemente, die in allegorischen oder exegetischen Traditionen stehen und somit den Text allegorisch vernetzen und in einer Zusammenschau auf seinen höheren Sinn transparent werden lassen. Dieses Verfahren ist geboten, da Lutz betont, der Text könne nicht als fortlaufend allegorischer Text missverstanden werden, da nicht jeder Abschnitt der Dichtung allegorisch gelesen werden müsse.[350] Mithin bemisst sich die allegorische Integration des Textes an der Identifikation einzelner allegorisch zu lesender Elemente und ihrer thematischen Vernetzung. Zu solchen Elementen sind nach Lutz besonders zu zählen: der Prolog, die Miniatur der Meininger Handschrift, die Exposition des Romans als *Tal ze Grusen,* die Beschreibung der Hässlichkeit Mätzlis, die Szene im Kuhstall, die Speicherszene und die Schlussverse.

Ergänzt werden diese Elemente bei Lutz durch weitere, „allegorienahe Strukturen".[351] Die *crux* einer Lektüre des *Rings* als allegorisch synthetisierter Gesamtentwurf ist die Identifizierung der allegorisch zu lesenden Elemente im Text, denn ohne diese Einheiten lässt sich eine allegorische Vernetzung des Ganzen nicht behaupten. Ich beschränke mich bei der folgenden Diskussion von Lutzens Thesen auf drei besonders problematische Beispiele, um die Aufwände und die Probleme jener Interpretationen zu zeigen, die nötig sind, um eine konsequente und vollkommene allegorische Integration des Textes zu postulieren.

Prolog

In der Interpretation des Prologs sucht Lutz nach programmatischen Anhaltspunkten für die von ihm vorgeschlagene Lektüre. Er findet sie nicht in der Führung der Marginallinien, die ihm gänzlich irrelevant für das Verständnis des *Rings* erscheinen, sondern in den Versen über die Art und Weise den *Ring* zu lesen:

---

[349] Boesch hält fest, dass Wittenwiler leidenschaftlich die Tendenz verfechte „die Widersprüchlichkeit des von ihm aufgegriffenen Daseins bis zum Äußersten zu treiben"; Bruno Boesch, Zum Stilproblem 1965, 72. Darin kann – auch wenn der Begriff nicht explizit genannt wird – eine ganz passable Definition des Rabulistischen gesehen werden.

[350] Eckart Conrad Lutz, Spiritualis fornicatio 1990, 28.

[351] Eckart Conrad Lutz, Spiritualis fornicatio 1990, 351–382.

Heterogenität und Integration

> *Secht es aver ichts hie inn,*
> *Das weder nutz noch tagalt pring,*
> *So mügt irs haben für ein mär,*
> *Sprach Hainreich Wittenweilär.* (Ring, V. 49–52)

Dafür, dass unter *mär* hier die „überlegene Auseinandersetzung mit der gegenwärtigen Welt unter eschatologischen Aspekten"[352] zu verstehen sei, gibt es keinerlei lexikographische Anhaltspunkte. Wohl wird *mär* auch im Sinne ‚Kunde, Nachricht, Bericht, Erzählung' etc. verwendet,[353] aber für eine Interpretation als eigentliche Bedeutung einer Geschichte bzw. frohe Botschaft stellt auch das von Lutz angeführte „Vom Himmel hoch da komm ich her, ich bring Euch gute neue Mär" Martin Luthers abgesehen vom Anachronismus dieses Belegs keine wirkliche Grundlage dar.[354] Man wird darin eine Überinterpretation zu sehen haben, die umso schwerer wiegt, als Lutz dort, wo der Prolog mit der Erläuterung der Farblinien in der Tat explizite Programmatik bietet, konstatiert, die Farblinien würden nur vom Eigentlichen ablenken.[355] Wittenwilers Prolog ist in dieser Weise nicht im Sinne einer allegorischen Programmatik interpretierbar.

Die Exposition

Einen wichtigen Ansatzpunkt für die allegorische Lesbarkeit sieht Lutz in der knappen Exposition des Textes:

> *In dem tal ze Grausen*
> *Ein dorff, hiess Lappenhausen,*
> *Was gelegen wunnechleich,*
> *An holtz und wasser überreich,*
> *Dar inn vil esler pauren*
> *Sassen ane trauren,*
> *Under den ein junger was,*
> *Der hiess Bertschi Triefnas,*
> *Ein degen säuberleich und stoltz.* (Ring, V. 55–63)

Lutz sieht hier insbesondere im fröhlichen Leben der Bauern in Dürftigkeit eine Analogie zum Leben der Steppenbewohner, von dem im Buch Hiob die Rede ist.[356] Hiob

---

[352] Eckart Conrad Lutz, Spiritualis fornicatio 1990, 347.
[353] Lexer I, 2045.
[354] Eckart Conrad Lutz, Spiritualis fornicatio 1990, 347, Anm. 252.
[355] Ebd., 346.
[356] Iob 30, 1–10: nunc autem derident me iuniores tempore quorum non dignabar patris ponere cum canibus gregis mei quorum virtus manuum erat mihi pro nihilo et vita ipsa putabantur indigni egestate et fame steriles qui rodebant in solitudine squalentes calamitate et miseria et mandebant herbas et arborum cortices et radix iuniperorum erat cibis eorum qui de convallibus ista rapientes cum singula repperissent ad ea cum clamore currebant in desertis habitabant torrentium et in cavernis terrae vel super glaream qui inter huiuscemodi laetabantur et esse sub sentibus delicias conputabant filii stultorum et ignobilium et in terra penitus non parentes nunc in eorum canticum versus sum et factus sum eis proverbium.

resümiert sein Elend und stellt fest, dass die Steppenbewohner, denen er früher überlegen war, nun seiner spotten. In der exegetischen Auslegung dieser Stelle werden die Landschaft und ihre Bewohner als die sündige Welt verstanden und in der für das Mittelalter bestimmenden Auslegung der *Moralia in Iob* Gregors des Großen werden sie als *peruersi atque carnalis* bestimmt. Somit wäre in der Exposition bereits Lappenhausen als Jammertal, in dem der Sünde verfallene Toren der Fleischeslust frönen, perspektiviert, der Dichtung mithin ein allegorisches Vorzeichen gesetzt. Nun ist die Allegorese zweifelsohne ein höchst flexibles Instrument, geeignet, noch das Entlegendste zusammenzubringen und sie diente ja auch als vorzügliches Mittel dazu, nicht-christliche Traditionen einer konsequenten *lectio christiana* zu unterziehen und kommt zur Anwendung „wo ein altererbter Kulturschatz mit einer neu entwickelten Form des Denkens in Einklang gebracht werden soll"[357]. Der Grundsatz der Übertragung *aliud dicitur, aliud significatur* als Verfahren der Sinnbildung ist hochgradig flexibel. Um freilich einen Textbefund einer allegorischen Tradition zuzuordnen und so sein Verweisungspotential zu definieren, bedarf es aber der Anhaltspunkte von Analogien: Gesättigte Analogie ist die Voraussetzung für die Zuweisung einer Textstelle aus dem *Ring* zu einer allegorischen Tradition und damit die allegoretische Zuweisung bestimmten Sinns. Die Plausibilität der Deutung der Exposition des *Rings* als die Wüstenei aus dem Buch Hiob bemisst sich an der Vergleichbarkeit der Lappenhausener Asinokraten[358] mit den Steppenbewohnern. Lutz geht zunächst von der Fassung der *Vulgata* aus und weist darauf hin, dass von modernen Übersetzungen, insbesondere der Luthers kein wortwörtliches Verständnis der Stelle zu erwarten sei.[359] Um ein solches zu gewährleisten, bietet er eine eigene Übersetzung, die sich an die Mentelinbibel anlehnt, welche ein authentisches Verständnis der Stelle in der Entstehungszeit des *Rings* belege. Lutzens Übersetzungsvorschlag scheint mir aber weniger ein wortwörtliches Verständnis der Vulgatastelle zu sichern (dies ist auch angesichts der semantischen Mehrdeutigkeit einiger der darin vorkommenden Wörter nicht ohne weiteres möglich), vielmehr gleicht er den Wortlaut der Mentelinbibel leicht an die Exposition Wittenwilers an. Lutz nimmt das Nebeneinander von Elend und Fröhlichkeit zum Anlass des Vergleichs. Ein vergleichbares Nebeneinander findet sich mit den Bauern, die bei Wittenwiler ohne Trauern im Tal zu Grausen wohnen, durchaus, womit der Anschluss an die allegoretische Tradition gewährleistet ist. Dass sich aber Wittenwilers Exposition in vielen Stellen mit Hiobs Schilderung treffe, wie Lutz behauptet, ist nicht nachvollziehbar. Lappenhausen ist an *holz und wazzer überreich*, was wohl heißt, dass es wenig Felder, viel Wald und nasse Wiesen gibt, im Buch Hiob ist dies nicht der Fall, an Wasser gibt es lediglich die Gieß-

---

[357] von Albrecht, in: Lexikon der Alten Welt 1965, 122, zit. n. Rudolf Suntrup, Art. ‚Allegorie' 1997, 37.
[358] So die vortreffliche Übersetzung Brunners für *esler pauren; Ring,* V. 59.
[359] An anderer Stelle freilich dient das bekannte Weihnachtslied Martin Luthers („Vom Himmel hoch da komm ich her") für die Plausibilisierung der problematischen Übersetzung von *mär*; Eckart Conrad Lutz, Spiritualis fornicatio 1990, 347 Anm. 252.

bäche (*torrens*). Die Dürftigkeit der Lappenhausener Bauern ist allenthalben hervorgehoben, aber sie essen immerhin Kühe und Fische, Eier und Brot und ernähren sich keineswegs unter Dornen von Wurzeln des Wacholderstrauches. Um hier eine Vergleichbarkeit zu gewährleisten (und damit letztlich den direkten Einfluss einer exegetischen allegorisierenden Tradition zu behaupten), ist vom Wortlaut des Textes sehr weit abzugehen. Um dies an einem Beispiel zu illustrieren: In Lutzens an die Mentelin-Bibel angelehnten Übersetzung heißt es von den Bewohnern: „in ihrer Einsamkeit heruntergekommen durch Unglück und Elend, benagten und frassen sie Kräuter und Baumrinde, und die Wurzel des Wacholderstrauchs war ihre Nahrung. Sie rafften diese Dinge zusammen in den Tälern, und wo sie etwas fanden, stürzten sie sich mit Geschrei darauf. Sie wohnten in der Einsamkeit der Wildbäche, in Erdhöhlen oder auf dem Kies." Ob *in desertis habitabant torrentium* mit dem Wohnen in der „Einsamkeit der Wildbäche" richtig übersetzt ist, möchte ich bezweifeln. Aus den öden Gegenden, den Steppen, Einöden und Wüsten wird so die Einsamkeit, eine problematisierbare Entscheidung angesichts der Wendung *in solitudine squalentes,* welche in unmittelbarer Nachbarschaft der zitierten *Vulgata*-Stelle Verwendung findet. Lutz übersetzt sowohl *solitudo* als auch *desertitudo* mit „Einsamkeit", für letzteres Wort läge der Begriff der „Einöde" wesentlich näher. Durch Lutzens Übersetzung wird der Aspekt der Trockenheit der geschilderten Landschaft abgeschwächt. Auch in der Mentelin-Bibel heißt es: *Sy enwelten in den wüsten der bech*[360] und „Einsamkeit" stellt nur eine mögliche Übersetzung von mittelhochdeutsch *wüeste* dar, die außerdem keineswegs häufig belegt ist.[361] Andere Übersetzungsvarianten würden die Öde und Leere der Landschaft deutlicher betonen. Damit nun sind die Bäche nicht als temporäre Sturzflüsse spezifiziert, sie erscheinen als permanentes Wasservorkommen, womit die Stelle in der Tat näher an die Exposition des *Rings* rückt.

Auch ist allein in der Mentelinbibel von Tälern die Rede. Dass es sich bei der geschilderten Gegend im Buche Hiob um die Niederungen eines Tals handelt, ist so eindeutig nicht. Die Vulgata hat den Begriff *convallis*, worunter auch hohe Talwände verstanden werden können, wie in einigen modernen Bibelübersetzungen, welche die Bewohner in den Felsenlöchern der Berghänge hausen lassen, wozu ja Gießbäche auch gut passen. In Luthers Übersetzung ist von einem Tal gar nicht die Rede.

Lutz paraphrasiert daraufhin die eigenen Übersetzung noch einmal und dabei erfolgen weitere Angleichungen an das *tal ze grausen*: Dieses finde seine Entsprechung bei Iob 30, 1–10 in „den einsamen Tälern der Sturzbäche mit ihrem (zeitweiligen) Reichtum an Holz und Wasser". Die Stelle lässt sich aber ebenso gut als gebirgige Wüstenei mit einigen Gießbächen verstehen und es spricht einiges dafür, diese Deutung jener eines zumindest zeitweise vorhandenem Feuchtgebiets mit großem Holzvorkommen in einem Tal vorzuziehen. Selbstverständlich gibt es bei der Übersetzung gewisse Spiel-

---

[360] [Mentelin Bibel], Die erste deutsche Bibel Bd. 7, 207.
[361] Vgl. LEXER, ‚wüeste', 982.

räume und die landschaftsgeographischen Angaben der *Vulgata* sind an dieser Stelle in der Tat nicht eindeutig. Die Spielräume werden aber hier sehr offensichtlich genutzt, um die Abbildbarkeit der Hiob-Stelle auf die *Ring*-Exposition zu gewährleisten. Ein „wörtliches Verständnis" der Stelle, das Lutz ja zu bieten beansprucht, ist damit nicht gesichert. Auch verhält es sich nicht so, dass andere Bibelübersetzungen hier „glätten und verstellen",[362] in ihnen ist lediglich eine andere Vorstellung der zugrundeliegenden Landschaft gegeben (die sich übrigens auf guten Gründe berufen kann). Mehr als die äußerst vage Möglichkeit einer Anspielung der Exposition des *Ring* auf Iob 30,1–10 lässt sich all dem nicht entnehmen.

Weit näher liegt hier doch die Annahme, die Exposition fungiere als Einstimmung in die Bauernsatire.[363] Das Spiel mit den ironischen Behauptungen des Überflusses und der Andeutung der Dürftigkeit übt den Leser in das komplexe ironische Spiel der Perspektivenwechsel ein, auf das er sich bei der Lektüre des *Rings* gefasst machen muss und die Entrückung der Handlung, die zudem *derschallend in dem herzen fro* beginnt, in ein *tal ze grausen* befestigt einen Fiktionalitätskontrakt mit dem Leser, dem so ja gerade die Lizenz eingeräumt wird, über das geschilderte Grausen zu lachen. Auch in der Schlachtbeschreibung des dritten Teils, in der doch Schrecken auf Schrecken gehäuft werden, werden „so viele Register der Komik gezogen, dass ein anhaltendes Gefühl des Grauens gar nicht aufkommen kann."[364] Die Exposition, die bei Lutz durch den Verweis auf die exegetische Tradition von Iob 30,1–10 mit einer enormen Gravität aufgeladen wird, steht doch tatsächlich unter dem Vorzeichen des Komischen.

Mätzlis Hässlichkeit

Einen weiteren Anhaltspunkt für die allegorische Lektüre des *Rings* sieht Lutz in der Beschreibung von Mätzlis Hässlichkeit. Hier komme, so Lutz, ein Kunstgriff zum Einsatz, den schon Wolfram verwendete[365] und den Wittenwiler elfmal wiederhole: Die Versanfänge weckten Erwartungen, die gleich darauf enttäuscht werden: *Die augen lauchten – sam der nebel*. Dadurch kommt *a capite ad calcem* eine Beschreibung der abstoßenden Hässlichkeit Mätzlis zustande. Lutz sieht darin ein Ineinanderblenden zweier Bilder: des Trugbilds im Herzen Bertschis und das wahrgenommene wahre Bild. Damit nun stehe dem Leser das allegorische Bild der Frau Welt vor Augen. Verwiesen

---

[362] Eckart Conrad Lutz, Spiritualis fornicatio 1990, 307.
[363] So Jörg Bismark, Adlige Lebensformen 1976, 51ff. Die literarischen Traditionen werden in den Analysen Lutzens weitgehend ausgeblendet (sofern sie nicht allegorische Traditionen enthalten) oder zugunsten von Lehrdichtungen übersprungen. Rekurse auf die literarischen Traditionen enthalten, so heißt es immer wieder, „nur die spaßhafte Seite" (z. B. Eckart Conrad Lutz, Spiritualis fornicatio 1990, 332). Die Relativierung der Komik im *Ring* prägt Lutzens Untersuchung durchgehend. Der Aspekt der Lachkultur kommt nicht zur Geltung; vgl. auch ebd., 322, 326 u. ö.
[364] Bruno Boesch, Zum Stilproblem 1965, 76.
[365] So bereits Edmund Wießner, Kommentar 1936, 16.

wird auf Konrads von Würzburg *Der Welt lon*. Hier erscheint einem Ritter, der sein Dasein auf weltliche Ehre ausrichtet, eine wunderschöne Frau. Als diese ihm aber den Rücken zuwendet, hängen da Schlangen, Maden und Kröten heraus, ein schrecklicher Gestank entströmt und die Haut ist von Blattern und Geschwüren bedeckt, anstelle der prachtvollen Kleidung finden sich nur noch hässliche Fetzen.[366] Ist Mätzli Frau Welt? Der Gedanke, dass sich eine Bildstruktur, die zwei verschiedene Aspekte im Gegensatz von vorn und hinten organisiert, in eine bestimmte syntaktische Struktur der *descriptio* überführt wird, ist sicher reizvoll, bedürfte allerdings wiederum gesättigter Analogien um *en detail* plausibilisiert werden zu können. Die Bilder der Frau Welt und der hässlichen Mätzli sind viel zu heterogen, um hier wirklich von gesättigter Analogie ausgehen zu können. Zudem verweist Lutz selbst auf Wolfram und mithin auf andere literarische Traditionen der Inversion von Schönheitbeschreibungen, die hier wesentlich dominanter sind.[367] Außerdem gibt es einen gänzlich unallegorischen Anhaltspunkt für Wittenwilers Verfahren im Bauernhochzeitsschwank. Mehr als eine vage Möglichkeit ist mit Lutzens Identifizierung Mätzlis als Frau Welt auch hier nicht angedeutet.

Von einer vollkommenen Integration durch eine allegorische Struktur des Textes wird man angesichts dieser Befunde nicht ausgehen wollen. Nichtsdestoweniger fallen allegorische Elemente im Text natürlich auf. Auf Mätzlis Planktus wurde oben bereits eingegangen und gezeigt werden konnte, dass die literarische Tradition, die die süßen Früchte und ihre beschwerliche Ernte auf die Mühsal geistiger Arbeit bezieht, hier nicht nur in aberwitziger Art und Weise invertiert werden, sondern auch einer Vernetzung des Textes nutzbar gemacht werden, die auch keine Form der allegorischen Verweisung mehr ist, sondern eine Sinnbildung durch Motivresponsionen und Erzeugung textueller Kohärenz und Komplexität. Hier ist in der Tat ein Spiel mit Verfahren allegorischer Sinnbildung beobachtbar, eine Umfunktionalisierung des Verfahrens für literarische Zwecke. Ähnliche Effekte hat das Spiel mit dem Allegorischen im Brief des Arztes, wo es in einer Spannung der Inversion zum Kontext der Handlung steht.

Dass an den Verfahren allegorischer Sinnbildung im *Ring* gearbeitet werde, wurde in der Forschung wiederholt behauptet. So bemerkt Kristina Jürgens-Lochthove, die Allegorie werde konkretisiert und des Allgemeinen entkleidet.[368] In der Konkurrenz von allegoretischen Sinnbildungsverfahren und intratextuellen, narrativen Verweisstrukturen sieht Corinna Laude, die Unmöglichkeit einer allegorischen Lektüre des *Ring* begründet. Sie spricht von Kettfäden, welche die Dichtung durchziehen und sich allegorisch nicht mehr transzendieren lassen, das literarische Geschehen erscheint so in

---

[366] Eckart Conrad Lutz, Spirritualis fonicatio 1990, 297ff.
[367] Bei Eckart Conrad Lutz werden nicht nur die Intertexte höfischer Literatur oft ausgeblendet, auch die höfische Kultur selbst gerät als soziale und symbolische Ordnung, auf welche sich der *Ring* bezieht, kaum in den Blick. So bedeutet beispielsweise *Minne* bei Lutz entweder Gottesliebe oder fornicatio; ebd., 127, 298.
[368] Kristina Jürgens-Lochthove, Heinrich Wittenwilers *Ring* 1980, 233.

hohem Maße „selbstbedeutend".[369] Solcherart beschreibt sie die Funktionalisierung des allegorischen Verfahrens für eine textuelle Kohärenzstiftung, die freilich – das wäre gegenüber Corinna Laude zu ergänzen – kompensatorisch eingesetzt wird für Defizite narrativer Verknüpfung, die der *Ring* aufgrund seiner hybriden Gestalt zwischen Enzyklopädie und Dichtung (notwendig) aufweist. Nur insofern kann von einer allegorischen Integration des *Rings* die Rede sein: Die allegorischen Verweisungsstrukturen werden aus einer vertikalen Verweisung auf das Heil umgelegt in die Horizontale der Textverknüpfung. Damit geht ein Kappen der Transzendenzbezüge einher, wofür letztlich auch die Abständigkeit einer heilsgeschichtlichen Auslegung dieses Textes von seinem tatsächlichen Wortlaut ein sicheres Indiz ist.

Die soweit untersuchten Integrationsverfahren, die im *Ring* zur Anwendung kommen, um das Heterogene abzubauen, sind allesamt als brüchig, als inkonsistent zu bewerten. Weder die epische Form der Untergangsgeschichte, noch die Didaxe oder der Zweck einer Wissenskompilation und auch nicht ein allegoretisch zu ermittelnder höherer Sinn integriert alle Elemente des Textes zu einem konsistenten Gebilde. Gegen Behauptungen einer Inkohärenz des Textes hat es in der Forschung auf den verschiedenen Ebenen immer wieder Einwände gegeben. Sowohl die narrative Verkettung des *Rings* wurde als konstitutiv betont,[370] als auch die integrative Kraft des Didaktischen behauptet,[371] im Charakter einer enzyklopädischen Wissenskompilation bzw. eines „Lehrbuchs" wurde ebenso wie in einer allegorischen Struktur die Synthese aller Elemente des *Rings* ausgemacht.[372]

Gegen solche Betonungen der Integriertheit des Textes insistiert vorliegende Studie darauf, dass die Arbeit an der Integration von Literatur und Wissen sehr wohl Kennzeichen enzyklopädischer Dichtung ist, nicht jedoch die vollständige Integration aller Elemente selbst.[373] Integrationsverfahren lassen sich beschreiben, sie stiften jedoch keinen

---

[369] Vgl. Corinna Laude, „Daz in swindelt in den sinnen…" 2002, 93, 127f, 131 u. ö. Nach Corinna Laude macht die spezielle Dichte des *Rings* allegorische Lektüre unmöglich. So lassen sich die religiösen Konnotationen der Schwankreihe von Bertschis Werbung allenfalls punktuell herauslösen, nicht aber für eine Gesamtinterpretation nutzbar machen.

[370] Vgl. Corinna Laude, „Daz in swindelt in den sinnen" 2002, 102ff.: „Sinnimmanenz durch epische Dichte".

[371] Vgl. Ursula Seibt, Das Negative 1974; Jörg Bismark, Adlige Lebensformen 1979, 186f.; Christoph Gruchot, Heinrich Wittenwilers *Ring* 1988.

[372] Vgl. Christoph Gruchot, Heinrich Wittenwilers *Ring* 1988; Eckart Conrad Lutz, Spiritualis fornicatio 1990.

[373] Der Vollständigkeit halber ist zu ergänzen, dass auch das Groteske als das integrierende Prinzip des *Ring* erwogen wurde; vgl. Paulus Bernardus Wessels, Wittenwilers *Ring* 1990. Dazu bemerkte Bruno Boesch aus stilgeschichtlicher Perspektive: „Den *Ring* als Ganzes eine Groteske nennen könnte man wohl nur dann, wenn der Nachweis gelänge, daß das groteske Stilelement in ihm eine Ganzheit stifte. Das Groteske müßte gerade im Disparaten eine Einheit bilden, bei aller Widersprüchlichkeit und Verfremdung. Für den *Ring* kann dies nicht zutreffen"; Bruno Boesch, Zum

Text, bei dem sich alle Elemente hermeneutisch zu einem geschlossenen Ganzen fügen. Dergleichen wird mitunter als Ausweis der Modernität von Texten hypostasiert, stellt aber im Zusammenhang der in dieser Arbeit diskutierten Texte vielmehr ein unhintergehbares Konstituens enzyklopädischer Dichtungen dar.

IV. Positionierung im Feld des Wissens und der Dichtung

Denunziation literarischer Verfahren und Traditionen

Die enzyklopädische Transgression, die Anreicherung literarischer Formen mit Wissen und die assimilierende Zurichtung des Wissens für literarische Formen hat zur Folge, dass die Position enzyklopädischer Dichtung sowohl im literarischen Feld als auch im Feld des Wissens unfest wird. Dies geschieht deshalb, weil solche Texte an so vielen verschiedenen literarischen und epistemischen Traditionen partizipieren, dass sie in keiner einzelnen Form mehr aufgehen können. Diesem Tatbestand wird in enzyklopädischen Dichtungen mit Diskussionen begegnet, die diese Position zum Gegenstand haben. Die auffällige Selbstbezüglichkeit und -reflexivität, die eingangs als eines ihrer Kennzeichen ausgemacht werden konnte, resultiert aus dem neuen Traditionsverhalten gegenüber den vorgängigen literarischen Reihen, dem das jeweilige Projekt enzyklopädischer Dichtung entstammt.[374]

Anhand der Ehedebatte konnte bereits gezeigt werden, wie durch die Assimilation von Diskursen über die Ehe an die lite   rarische Form des Schwanks und des Märe eine eigentümliche Hybride entsteht. Dabei werden die Reglementierungen und Prozeduren, die das Ereignishafte der Diskurse bändigen, teilweise ausgesetzt. Alles Wissen über Ehe und Geschlechterdifferenz wird in einer als Geschlechterkrieg inszenierten *disputatio* zum strategischen Mittel der Dominierung des Gegners. Der Wille zur Wahrheit wird in diesen Strudel, in dem noch die Regeln der Logik für den Kampf pervertiert werden, mit hineingerissen.

Daraus wurden in der Forschung mitunter nihilistische Konsequenzen gezogen.[375] Der Text jedoch weist diese ab: Nabelreiber formuliert Stoppregeln, um eine Rede zu reglementieren, die *gpauren gschrai* enthält, aber mit einer roten Farblinie der *ler* markiert ist, eine Rede, die also schon deshalb ambivalent wirkt und diskursiver Kontrolle bedürftig zu sein scheint:

Stilproblem 1965, 77. Vgl. hierzu auch das Forschungsresümee zur Suche nach dem integrierenden Prinzip des *Rings* bei Corinna Laude, „Daz in swindelt in den sinnen" 2002, 94–98.

[374] Dieses konzedieren dem *Ring* auch Kristina Jürgens-Lochthove, Heinrich Wittenwilers *Ring* 1980 und Barbara Könneker, ‚Dulce cellum inexpertis' 1980.

[375] Besonders Hans-Jürgen Bachorski, Irrsinn und Kolportage 2006, 168–183.

> *Henritze der ward aus derwelt,*
> *Ze einem gmainen man gestelt,*
> *Daz er die urtail scholte geben;*
> *Der sprach: ‚Nu dar, vernempt mich eben!*
> *ir hietind wol ein weisern funden;*
> *Doch geschicht es ze den stunden,*
> *Daz ein närrli vindt ein list,*
> *Die dem weisen seltzen ist.*
> *Ich sich wol, war umb es gevält*
> *Habt und gäntzleich nichtz dertält:*
> *Es seit gestanden ze den witzen,*
> *So man mit ruowen scholte sitzen.*
> *Ir habt gereimet und geticht:*
> *Chluogeu sach wil reimens nicht;*
> *Wer mag ein disputieren*
> *Mit gmessner red florieren?*
> *Dar umb so setz ich mich da hin*
> *Und sag euch schlechtleich minen sin* [...] (*Ring*, V. 3507–3524)

Nabelreiber verkündet daraufhin in Prosa das Folgende: Ein Mann, der treu bleiben kann, in der Lage ist Kinder zu zeugen und eine Familie ernähren kann, solle heiraten, sofern er Gott nicht in absoluter Keuschheit zu dienen bereit ist.[376] Seine Hausfrau soll ihm gefallen, sie soll klug, tüchtig und seinesgleichen sein.[377] Darin ist die Explikation einer Norm zu sehen, die in der Ehedebatte zerredet wurde, unter der Pluralität eherelevanter Aspekte, Geschlechterkämpfe und Einzelfälle verloren ging. Gegen dieses „Gegeneinander widersprüchlicher Meinungen, Sprichwörter, ‚Zitate' und Weisheiten", die ein „polyperspektivisches Chaos"[378] erzeugen, setzt Nabelreiber eine „einfache" Wahrheit und bewertet den Diskurs der Kombatanden: Sie hätten *nichtz dertält* (V. 3516).[379] Die Vorrede zu seinen Ausführungen über die Ehe erschöpft sich allerdings nicht nur in einer *captatio benevolentiae*, die sich der Weisheitstopik vom Narren bedient, der mitunter etwas erfasst, was dem Weisen selbst verborgen bleibe, sie enthält darüber hinaus einen Kommentar auf das Verhältnis von Literatur und Wissen überhaupt. Der Dorfschreiber moniert zunächst, dass die Ehedebatte zu keinem Ergebnis gekommen sei und gibt die Ursachen dafür an: Die Leute hätten gestanden bei ihren Ausführungen anstatt – wie es die angemessene Erörterung des *casus* erfordert hätte – dabei zu sitzen.[380] *Chluogeu sach* (V. 3520) unangemessen sei zudem, dass die Argumente in gereimter

---

[376] Rainer Helfenbein, Zur Auffassung der Ehe 1976, 223–225.
[377] Zu letzterem Aspekt vgl. die gegen andere Paraphrasen vorgenommene gültige Lesart des Urteils bei Rainer Helfenbein, Zur Auffassung der Ehe 1976, 222ff., 225ff.
[378] Corinna Laude, „Daz in swindelt in den sinnen ..." 2002, 85; vgl. auch Jürgen Babendreier, Studien zur Erzählweise 1973, 24.
[379] Dieser evaluative Aspekt wird gut beschrieben bei: Rainer Helfenbein, Zur Auffassung der Ehe 1976, 230f., Anm. 3.
[380] Elmar Mittler hat darin Verstöße gegen die Rituale der Gerichtsverhandlung ausgemacht, denkbar wäre auch der Kontext der Disputation; vgl. Elmar Mittler, Das Recht 1967, 34.

Positionierung im Feld des Wissens und der Dichtung 307

Form vorgetragen worden seien. Wie solle man auch *chluogeu sach* angemessen in gebundener Rede *florieren* können? Dieser Einwand ist wohl so zu verstehen, dass der Reim und rhetorischer Schmuck nicht zu den Verfahren gehören, mittels derer die Wahrheiten dem Rezipienten näher gebracht werden sollen.[381] Hier werden *ex negativo* Diskursregeln expliziert, die für eine Rede mit Wahrheitsanspruch gelten; Diskursregeln, gegen die die Bauern verstoßen haben, als sie versuchten, das Thema der Ehe zu debattieren. *Chlugeu sach* darf nicht gereimt sein, sie darf nicht durch solcherart unangemessenen rhetorischen Schmuck in ihren propositionalen Gehalten gestört werden und sie muss zu einem Ende kommen,[382] zu einer *conclusio* – sie hat das unberechenbare Wuchern des Diskurses durch ein Telos zu begrenzen.[383] Eingefordert wird hier diskursive Transparenz, das Merkmal für Wissen, das mit einem Wahrheitsanspruch vorgebracht wird. Eine solche Transparenz sprechen Nabelreibers Äußerungen der Bauerndebatte ab. Diese Erinnerung richtet sich allerdings nicht nur gegen die Bauerndebatte. Denn mit dem Vorwurf, die Bauern hätten ihre Rede in gereimter Form vorgetragen, wird auf ganz grundsätzliche Weise jener Gattungskontrakt tangiert, den der Rezipient mit seiner Bereitschaft eingeht, die alltagssprachlich ungebräuchliche Form gereimter Rede als Rahmen für die Thematisierung von Welt zu akzeptieren.[384] Nabelreibers Einwand betrifft also nicht nur die Bauerndebatte über die Ehe sondern, die (gereimte) Literatur schlechthin: in ihr hat *clugeu sach* ihren Ort nicht. Was hier wie romantische Ironie anmutet, die Reflexion auf die Gemachtheit des literarischen Weltentwurfs,[385] lässt sich als Wesensbestimmung literarisch bearbeiteten und assimilierten Wissens lesen: Es ist nicht mehr transparent, weist rhetorische Überschüsse auf, die der Eindeutigkeit des Wissens nicht zuträglich sind, die literarische Form stellt den falschen Kontext für die Thematisierung des Wissens dar, und es kommt zudem zu keinem rechten Ende,[386] ist nicht in der Lage, Verbindlichkeit zu erzeugen und hinterlässt den Rezipienten in heilloser Verwirrung. Wenn die Bauern und der Erzähler vor der Bestim-

---

[381] Vgl. hierzu besonders die Ausführungen über die Prosa als „Form der Wahrheit" bei Jürgen Babendreier, Studien zur Erzählweise 1973, 53ff.
[382] „Progression auf ein Redeziel hin findet nicht statt"; ebd., 24.
[383] Zur „Infinitisierung" des *casus* in der Ehedebatte besonders ebd., 21ff.
[384] Ein Bewusstmachen des Fiktionscharakters konstatiert hier auch Jürgen Babendreier, Studien zur Erzählweise 1973, 47. Er sieht Nabelreiber freilich als „personales Medium des Autors" (45) und die Fiktionalitätsanzeige in der Spannung zwischen Verfasser-Ich und Erzähler-Ich. Dass die gereimte Rede des Textes insgesamt von diesem Urteil betroffen ist, sieht auch Cross, sieht darin aber eine Ironisierung des eigenen Reimens durch den Verfasser, der eigentlich Jurist ist; Christa Wolf Cross, Magister ludens 1984, 42.
[385] Ein ähnliche Sachverhalt ist gegeben, wo Berchta Laichdenmann ihre Rede mit dem Hinweis unterbricht, dass das Buch zu schwer würde, wenn sie fortfahre, V. 3481–3484: [...] *Von der noch vil ze sagen wär, | wurd daz püechel nicht ze swär* (V. 3483f.).
[386] Vgl. die Ausführungen zum Verweigern von Entweder-Oder Alternativen, zum Nebeneinander des Unvereinbaren sowie zur „Unschärfe" im *Ring* bei Jürgen Belitz, Studien zur Parodie 1978, 263f. Die metaphorische Rede von einer „Freude am Ungereimten" (ebd.) ist in diesem Zusammenhang freilich fehl am Platz.

mung Nabelreibers als Schiedsrichter den von ihnen entfesselten Diskurs über die Ehe bilanzieren, so wird – wenn auch mit anderen Worten – genau dies formuliert:

> *Noch ward der tädinch also vil*
> *Hin und wider ze dem zil,*
> *Daz in swindelt in den sinnen;*
> *Ieder schre: ‚Ich wil verprinnen*
> *Und dertrinken in der witz,*
> *In dem rat und in dem switz.*
> *Wir möhtens ewicleichen treiben;*
> *Dar umb so lassin wirs weleiben* [...]. (*Ring*, V. 3495–3502)

Disqualifiziert werden damit die Ehedebatte, aber auch die Zurichtungen des Wissens durch die Schwankfiguren. Das Thema wurde im falschen Rahmen auf die falsche Art und Weise behandelt; die Debatte folgte nicht der logisch notwendigen Sukzession der Wahrheitsfindung, sondern vielmehr den Dynamiken jenes Geschlechterkrieges, den die Mären inszenieren. Deswegen auch kann es *ewicleichen* getrieben werden und kommt zu keinem Ende, denn der Krieg der Männer und der Frauen ist – anders als das Geschäft der Logik – unabschließbar. Dies aber impliziert, dass in der Bauerndebatte nicht nur die Ordnung der Geschlechter pervertiert wurde, sondern auch die Ordnungen des Wissens. Die Bauern berufen sich in ihren Invektiven gegeneinander auf die Regeln der Logik (*Wie schon ich das bewären mag | Nach der chluogen logich sag*!; *Ring*, V. 2991f.; vgl. auch *Ring*, V. 3297f.), sie zitieren Bücher und Glossen, bedienen sich also gelehrter Techniken (V. 3287ff.), bezichtigen einander der Sophisterei (*Warta, warta, durch ein schaiss! | Was sei der sophistrei waiss!*; *Ring*, V. 2999f.), betreiben komplizierte Erörterungen, bis zur Rabulistik (die Judas-Diskussion, *Ring*, V. 3291ff.), sie berufen sich auf die Prinzipien der Weisheit und die Autorität des Alters (Colman, Laichdenmann, *Ring,* V. 3031ff.; 3055ff.).[387] Aber all diese Mittel, die im Dienste eines Willens zur Wahrheit zu stehen scheinen, die – mit Foucault – eine Selektion, Kanalisation und Autorisierung des Diskurses zu leisten haben, verstärken nur sein Rauschen und vermögen nicht, das Auf und Nieder des Geschlechterkrieges in die Bahnen der Vernunft und der Wahrheit zu leiten: Auch die Alten und die Weisen können sich den Dynamiken des Begehrens nicht entziehen; die Berufung auf die Prinzipien von Alter und Weisheit machen den Diskurs nicht transparenter, sondern stellen nur effizientere Mittel dar, um die anderen zu dominieren. Hier wird keine Ebene „zeitloser Gültigkeit" erreicht, auch wenn sich in der Debatte zwischen Laichdenmann und Colmann die Bibelzitate und Autoritätsbehauptungen signifikant häufen.[388] Dass hier eine „diskursive Form der Wahrheitssuche" ihren „eindrucksvollsten Niederschlag" finde, wird man so

---

[387] Dass die Prinzipien scholastischer Rationalität, die in der Ehedebatte meist von den Frauen beansprucht werden, durch die Männer in ein „Zwielicht des Spotts und der Anrüchigkeit" getaucht würden, die „Gelehrsamkeit" der Frauen von den Männern in ein „komisch-diabolisches Licht" gestellt würde, betont Corinna Laude, „Daz in swindel in den sinnen..." 2002, 84.

[388] Jürgen Babendreier, Studien zur Erzählweise 1973, 30ff.

Positionierung im Feld des Wissens und der Dichtung 309

nicht bestätigen wollen.[389] Vielmehr wird die Macht der Argumente ununterscheidbar von nackter Gewalt: *Der rat wär graten zschanden, | Hiet mans nit understanden | Mit stangen und mit rechen* (*Ring*, V. 3041–3043).

Wenn man diesen epistemologischen Befund, der sich angesichts der Ehedebatte einstellt, generalisiert, so gelangt man zu einer Genealogie des Willens zur Wahrheit, wie sie Nietzsche und Foucault betrieben haben. Einer solchen nihilistischen Lektüre des *Rings*, wie sie in der Forschung mitunter vorgebracht wird,[390] ist entgegenzuhalten, dass die Kompromittierung des Willens zur Wahrheit als Möglichkeit von Diskursen angedeutet, nicht als ihr Wesen vorausgesetzt wird. Freilich kann man sich angesichts der Ehedebatte des Eindrucks kaum erwehren, dass bis dato im *Ring* immer wieder die Kompromittierung des Wissens vorgeführt wurde, seine Zurichtung und Funktionalisierung durch Schwankfiguren. Damit aber gerät das Wissen in den Strudel einer Gattungsdynamik niederen Erzählens, dem Züge einer negativen Anthropologie eigen sind. Diese Möglichkeit wird vorgeführt in der soweit behandelten Serie von schwankhaft inszenierten Kontexten für Wissen. Nabelreibers Schiedsurteil distanziert literarische Verfahren der Obstruktion und Opakisierung des Diskurses, die zugleich das Wahre und die Lehre agonal dimensionieren und fordert die Ordnung des Diskurses ein.

Nabelreibers Schiedsurteil stellt somit eine Zäsur dar, durch welche eine Serie von Wissensthematisierungen mit einer Systemreferenz auf Schwank und Märe abgeschlossen wird. Anders als Neidhart, Chrippenchra und die debattierenden Bauern und Bäuerinnen ist die Figur Nabelreiber in ihrer Art und Weise der Wissensexponierung gerade nicht als interessengeleitete, Wissen zurichtende Schwankfigur perspektiviert.[391] Auch ist er innerhalb der als Geschlechterkrieg entfalteten Ehedebatte der einzige Mann aus Bertschis Sippe, der für die Ehe spricht. Er fällt also aus einem agonalen Zusammenhang heraus, in dem die Verteilung der Argumente für und wider die Ehe entlang der Geschlechterdifferenz organisiert ist. Deshalb wird man dem Schiedsurteil eine gewisse Geltung unterstellen können. Das Wesen des Literarischen wird hier als Defizit formuliert; beobachtet werden kann zudem, dass nach Nabelreibers Urteil wesentlich disziplinniertere Lehrsituationen erfolgen: So stellt die Eheberatung der Mätzlisippe in vielerlei Hinsicht die gezähmte und korrekte Variante der ersten Ehedebatte dar.[392]

Festzuhalten ist, dass im *Ring* der Prozess der Assimilation des Wissens an Reimpaarvers und Figurenrede nicht nur einfach vollzogen, sondern in Nabelreibers Schiedsurteil auch reflektiert wird. Dabei erscheint das eigentliche Wissen als transparent, dem Willen zur Wahrheit verpflichtet, literarisch assimiliertes Wissen dagegen als opak, unzuverlässig, problematisch und überschüssig. Darin nun liegt eine massive Denunziation literarischer Verfahren, die den *Ring in toto* betrifft, denn dieser ist – bis

---

[389] Jürgen Belitz, Studien zur Parodie 1978, 262.
[390] Am Deutlichsten bei Hans-Jürgen Bachorski, Irrsinn und Kolportage 2006.
[391] Als Inbegriff des vollkommenen Weisen muss er deshalb noch nicht gelten, wie Birgit Knühl, Die Komik 1981, 75 meint. Kritisch dazu Christoph Gruchot, Heinrich Wittenwilers *Ring* 1988, 51.
[392] Vgl. Jürgen Babendreier, Studien zur Erzählweise 1973, 71–77.

auf Nabelreibers Schiedsurteil, die Gebete und die Beichtformel – gereimte Rede. Und entsprechend wird hier nicht nur die Bauernhandlung denunziert, sondern die unter die Handlung gemischte und an den Reimpaarvers assimilierte *ler* ebenso.[393] Darin liegt einmal mehr eine Variante auf die Selbstdurchstreichungen und performativen Widersprüche vor, die im Zusammenhang der didaktischen Integration des *Rings* behandelt wurden. In die Reihe didaktischer Situationen fügt sich Nabelreibers Schiedsurteil schließlich auch ein, da es als grundsätzliche Belehrung der ratlosen Kombatanden der Ehedebatte betrachtet werden kann. Die Selbstdurchstreichung betrifft hier den ganzen Text und beschränkt sich nicht auf eine Situation.

Was aber ist die Funktion dieser diskurspolitischen Ordnungstat Nabelreibers und ihrer ironischen Präsentation? Sicher wird hier das Verhältnis der Literatur zur Norm thematisch; die Denunzierung des Literarischen hat zudem eine Entsprechung zur Selbstrelativierung des Verfassers, die der Nennung des Namens im Bauernidiom implizit ist. Aber man kann den Spieß auch umdrehen: Nabelreibers Schiedsurteil behauptet, dass gereimte Rede keine diskursive Transparenz aufweist. Entpflichtet dann gereimte Rede von diskursiver Transparenz? Man wird angesichts der eherechtlichen wie theologischen Orthodoxie und Trivialität von Nabelreibers Schiedsurteil kaum unterstellen wollen, dass hier allen Ernstes eine ethische Norm vermittelt werden soll. Es geht vielmehr darum zu zeigen, dass man sich auf dem sicheren Boden eines literarischen Kontrakts befindet, solange die Provokationen des diskursiven Reglements in gereimter Form vorgetragen werden. Die Denunziation des Literarischen stünde, so betrachtet, im Dienste einer poetischen Lizenz. Dies ist natürlich paradox, aber Paradoxien sind im *Ring* keineswegs selten, vielmehr gezielt eingesetztes Mittel. Die Lizenz wird eingeräumt für die Zurichtung des Wissens mit literarischen Mitteln.

Im *Ring* kann eine weitere Figuration beobachtet werden, die eine Denunziation des Literarischen inszeniert. Wie bereits beobachtet werden konnte, werden bestimmte Situationstypen oft paarweise angeordnet: Es gibt zwei Briefdiktate, zwei Ehedebatten, zwei Kriegsberatungen, zwei Botenempfänge. Mätzlis Klage korrespondiert mit Bertschis Klage. Solche Paare sind komplementär, manchmal auch kontrastiv angelegt. Zu Nabelreibers Schiedsurteil gibt es in der Lappenhausener Kriegsberatung ein Pendant in der Auseinandersetzung zwischen Pillian und Junker Heintz. Um diese Korrespondenz angemessen zu gewichten, paraphrasiere ich im Folgenden die wesentlichen Züge der Kriegsberatung und gehe im Anschluss daran auf erwähnten Schlagabtausch ein.

---

[393] Gegen die ältere Forschung, die dies zu relativieren bemüht war, sieht Kristina Jürgens-Lochthove, hier die Artikulation einer Skepsis gegenüber der Reimkunst, die literaturgeschichtlich zwischen dem vierhebigen Reimpaarvers des Epos und dem modernen Prosaroman zu situieren ist; Kristina Jürgens-Lochthove, Heinrich Wittenwilers *Ring* 1980, 267–276. Ebenso Christa Wolf Cross, die hier eine ironische Kritik des Juristen an seiner reimenden Tätigkeit vermutet; vgl. Christa Wolf Cross, Magister ludens 1984, 42.

Analog zur Ehedebatte der Bertschisippe im ersten Teil entfaltet sich der Kriegsrat der Lappenhausener (*Ring,* V. 7166–7566). Hier wird von den lebenserfahrenen und kriegsmüden Alten eine Reihe von guten Gründen gegen den Krieg vorgebracht, welche von den kriegsbegeisterten Jungen entkräftet werden. Darin liegt ein struktureller Unterschied zur zuvor geschilderten Nissinger Ratssitzung, in der alle dem Redner Strudel lauschten. In der Lappenhauser Kriegsberatung dagegen verteilen sich die Lehren auf mehrere Personen und werden so dialogisiert.[394] Der Diskurs über den gerechten Krieg wird selbst als Generationenkrieg inszeniert; wieder ist es die Natur, die das Gesagte determiniert – diesmal allerdings nicht das Geschlecht, sondern das Lebensalter:

Des machten sich die jungen fro
Und die alten nicht also:
Die wisten wol in iren sinnen,
Was man möcht mit krieg gewinnen. (*Ring*, V. 7145–7148)

Anders als in der Ehedebatte favorisiert Wittenwiler hier eine Partei: Die Kriegsskepsis der Alten wird deutlich als die rationalere Rede inszeniert, während sich die Invektiven der Jungen selbst entlarven. So bietet der Meier Rüefli Lechdenspieß, den Berchta Laichdenmann später als *knab* bezeichnen wird, zur Eröffnung eine falsche Darstellung des in Frage stehenden Sachverhaltes: Die Schändung der Nissinger Bauernmädchen wird mit keiner Silbe erwähnt, als das Zustandekommens des Konflikts rekapituliert wird.[395] Anders als in Nissingen, wo Strudel als letzter sprach und alle vorgebrachten Argumente abwog und zusammenfasste, spricht Rüefli als erster und gibt die Agenda vor: Es soll Krieg geführt werden. Analog zu Bertschis vor der Ehedebatte konstatierten unbedingtem Ehebegehren steht hier das unbedingte Verlangen nach Krieg, womit die Verfahrensrationalität der Kriegsdebatte durch einen enormen Formfehler von Anfang an kompromittiert ist.[396] Damit aber wird die Aufmerksamkeit vom Sachgehalt der Auseinandersetzung weg gerichtet hin auf die Beziehungsebene und auf die Ordnung des Diskurses: Das Weisheits- wie auch das Wissensgefälle verlaufen von den Alten zu den Jungen.[397] Es ist der alte Riffian, der an den Krieg als Vorrecht des Adels erinnert, auch präsentiert er die Geschichte von Noahs Verfluchung Chams, die traditionell als Begründung für die Ungleichheit der Menschen herangezogen wird.[398] Daraus ergibt

---

[394] Vgl. Pamela Kalning, Kriegslehren 2006, 158.
[395] Vgl. Pamela Kalning, Kriegslehren 2006, 159.
[396] Vgl. die Analyse von Jürgen Babendreier, Studien zur Erzählweise 1973, 133–151.
[397] Ruth Schmidt-Wiegand, Heinrich Wittenwilers *Ring* 1976, 257 erwägt unter Hinziehung des Spiels *Des Endekrists Vastnacht* eine Kritik des sich in den Gemeinwesen der Schweiz und Oberdeutschlands durchsetzenden Mehrheitsprinzips.
[398] Klaus Grubmüller, Nôen fluoch 1979. Vgl. auch oben die Ausführungen von Hugo von Trimberg: Bei ihm gelingt die Pazifizierung der Bauern durch die Rückführung der menschlichen Ungleichheit auf Noahs Verfluchung Chams. Im *Ring* gelingt dies nicht; siehe in vorliegender Studie oben S. 172ff.

sich eine Ablehnung des Krieges. Lienhart begegnet dieser Konsequenz, indem er auf den Tugendadel der Lappenhausener verweist und aus Lappenhausen ein Kaiserreich *sui generis* mit Rüefli Lechdenspies als Kaiser macht.[399] Hier erfolgt eine karnevaleske Umkehrung der Gegebenheiten, eine fiktive Überhöhung der ständischen Welt der Bauern. Diese ist deutlich als Fehler markiert. Lienhard stützt sich nämlich auf das Argument, welches zuvor durch die Erzählung von Noahs Fluch veranschaulicht wurde. Dieses Argument besagt, dass die Ungleichheit der Menschen aufgrund verschiedener moralischer Qualitäten sich ergeben habe. Lienhart nun behauptet, dass Lappenhauser *from und tugend vol* sei (*Ring*, V. 7247). Dies freilich steht in keinem Verhältnis dazu, was die Rezipienten über Lappenhausen und seine Einwohner bereits wissen. Lienhard belegt *from und tugend* Lappenhausens aber damit, dass er auf den Reichtum und die Macht Lappenhausens verweist. Darin liegt zunächst eine Ersetzung von ethischen Kategorien durch politische; Macht, Reichtum und die Uneinnehmbarkeit Lappenhausens werden unzulässigerweise zu den Kriterien der *auctoritas* der Bauern.[400] Gleichzeitig aber ist auch Macht und Reichtum Lappenhausens kontrafaktisch und fingiert: Allenthalben betont wird in Wittenwilers *Ring* die Dürftigkeit des Lebens. Nachdem Lienhard solcherart Lappenhausen zum Kaisertum erklärt hat, lacht Ruoprecht und betont die Unmöglichkeit solcher Weltzurichtung. Er bietet daraufhin eine Definition des Krieges und differenziert Arten des Krieges und seine Ursachen gemäß zeitgenössischer Kriegslehre.[401] Ruoprechts Ausführungen legen die Schlussfolgerung unmissverständlich nahe, dass die Lappenhausener Angelegenheit einzig unter die Kategorie des ungerechten Krieges fallen könne.[402] Eisengrain begegnet dieser Konsequenz, indem er auf das Wort Rüeflis verweist, der behauptet hatte, die Lappenhausener seien im Recht. Über die kriegstheoretischen Erwägungen wird sich so mit dem Verweis auf die Autorität des Meiers, der soeben zum Kaiser gemacht worden war, hinweggesetzt. Die Zitate aus den Kriegslehren, die vorwiegend von den Alten vorgebracht werden, werden mit Pseudoargumenten der Jungen „entkräftet" – der Kriegsrat der Lappenhausener führt eine Usurpation rationaler Erwägungen durch leidenschaftliche Heißsporne vor. Dies geschieht auch in der folgenden Auseinandersetzung über die für einen Krieg nötige Truppenstärke. Herr Pilian verweist auf Kriegslehren, die 7100 Fußsoldaten und 719 Berittene vorsehen. Junker Heinz springt zornig auf und begegnet diesen Zahlenangaben mit einem Verweis auf Schlachtenschilderungen in der Literatur:

---

[399] Vgl. zur Lappenhausener Adelshierarchie und zur Forschung dazu Christoph Gruchot, Heinrich Wittenwilers *Ring* 1988, 27f. 169.
[400] Jürgen Babendreier, Studien zur Erzählweise 1973, 137f.
[401] Zu den Quellen dieser Ausführungen Pamela Kalning, Kriegslehren 2006, 160f.
[402] Jürgen Babendreier, Studien zur Erzählweise 1973, 138ff. Die Lehren der Alten zeigen nicht, wie Gruchot meint, dass der Krieg kein Mittel zur Konfliktlösung sei, sie belegen vielmehr (wie bereits Mittler zeigte), dass der Lappenhausener Krieg kein gerechter Krieg ist; vgl. Christoph Gruchot, Heinrich Wittenwilers *Ring* 1988, 153; Elmar Mittler, Das Recht 1967, 79–95.

> *Juncher Haintz sprang auf von zorn*
> *Und sprach: ‚Sim, siha, durch ein horn!*
> *Wil uns nu der gemessens geben,*
> *Wie man schol ze streitten leben?*
> *Ich han von reken streit gehört,*
> *Von Alexanders hie und dört,*
> *Der Trojaner gantz und gar*
> *Mit den Kriechen hin und dar*
> *Und der Römer dort und hie:*
> *Ich vernam des zellens nie.*
> *Dar umb so wisst und ist mein rat:*
> *Der nicht auf zehen tausent hat*
> *Gewappenter zuo seinem streit,*
> *Der chüm gegangen mit eim scheit,*
> *Mag er nicht gevaren bas,*
> *Und schlach die veinde in das gras!*
> *Ein pfefferchorn vil rässer ist*
> *Dann ein grosser hauffen mist.'* (Ring, V. 7424–7441)

Pamela Kalning hat gezeigt, dass präskriptive Zahlenangaben wie die von Pilian vorgebrachten, in den Kriegslehren gängig sind. Auch wenn dem Einwand von Junker Heinz nicht vorbehaltlos zuzustimmen ist – natürlich wird auch in der Epik gezählt – so wird man doch Pamela Kalning darin folgen können, dass diese Zahlenangaben durch Vagheit gekennzeichnet sind und andere Funktionen haben als die des exakten Zählens in den Kriegslehren.[403] Hier nun sind die Alten Sachwalter von lehrhafter Literatur, der Junge mobilisiert die Dichtung dagegen, insbesondere die Alexanderromane.[404] Das Fazit aus dieser Konfrontation, demgemäß ein Pfefferkorn schärfer ist als ein Misthaufen, ist seinerseits ein literarisches Zitat:[405] Als Alexander mit der Herausforderung des Darius konfrontiert wird, die Körner eines Sacks voller Mohnsamen zu zählen, um sich ein Bild von der Truppenstärke seines Gegners zu machen, kaut er diese und konstatiert, dass diese so weich seien wie die Gegner. Er reagiert mit der Zusendung von einigen Pfefferkörnern und fordert Darius auf, diese zu zerbeißen, um einen Eindruck von der Schlagkraft seiner Truppen zu gewinnen.[406] Wenn Junker Heinz hier die Schärfe des Pfefferkorns mit einem Misthaufen vergleicht, so liegt darin gegenüber dem zitierten Ereignis aus dem Alexanderroman natürlich wieder eine lächerliche Übertragung

---

[403] Pamela Kalning, Kriegslehren 2002, 169f.

[404] Anders als die anderen Reden der kriegsbegeisterten Jungen ist Heinzens Rede rot markiert, was wie anderorts auch den Zitatcharakter verdeutlicht, zugleich aber diese Stelle gegenüber den anderen Reden der Jungen gesondert hervorhebt.

[405] Edmund Wießner, Kommentar 1936, 255 verweist hier auf ein Sprichwort aus der Sammlung Karl Friedrich Wilhelm Wanders „Ein Pfefferkorn überbeißt hundert Mohnkörner". Wander bietet dafür als Erläuterung: „Überall ist es der Geist der den Stoff beherrscht"; vgl. Karl Friedrich Wilhelm Wander, Deutsches Sprichwörter-Lexikon Bd. 3 1873, Sp. 1256; vgl. TPMA Bd. 9 1999, 86 (Pfeffer 1.1).

[406] Vgl. zu diesem Passus Marion Oswald, Gabe und Gewalt 2004, 85ff.

des Alexanderromans in den bäurischen Lebensbereich. Auch die Zuspitzung auf den Einzelnen, der mit einem Scheit die Feinde niederschlagen solle, wirkt so grotesk wie das Stolpern von Bertschis Pferd über eine Erbse und man kann darin auch eine parodistische Inversion auf die Hyperbolik heldenepischer Kampfaktionen sehen.[407] Hier wird ein weiteres Mal das literarische Zitat in der Bauernwelt verballhornt. Bemerkenswert dabei ist jedoch, dass die Welt der Dichtung mit der übereilten und kriegsbegeisterten Jugend in Verbindung gebracht wird, mit ihrer Irrationalität, während die positiv gewertete Rede der Alten ganz konkrete Kriegslehren enthält. Auch hier erfolgt, wie in Nabelreibers Schiedsurteil, die Differenzierung einer diskursiven Logik von einer literarischen. Die Transparenz der Zahlen in der Kriegslehre wird konfrontiert mit der Vagheit literarischer Zahlenangaben. Vergleicht man diesen Passus mit Nabelreibers Schiedsurteil, in dem die Unvernunft der Ehedebatte und die Aggressionen, welche die Sachebene des Diskurses affizieren, durch eine vernünftige Rede in Prosa beendet werden, wobei eine Abwertung des Literarischen zu vermerken war, so vollzieht sich hier zunächst der Sieg der Unvernunft über die Altersweisheit. Wenn Junker Heinz sich an der Alexander-Epik orientiert, liegt darin wieder die Exponierung bäurischer Hybris, der Passus inszeniert darüber hinaus auch eine Konfrontation vernünftiger Lehre und unvernünftiger Dichtung. Vor diesem Hintergrund lässt sich die Infragestellung der Ständeordnung und Lienharts Entwurf eines Kaiserreichs Lappenhausen als Akt des Fingierens gegen das Gegebene und Geltende als eine weitere Distanzierung des Literarischen werten, die ausgebaut wird, wenn daraufhin gegen die Zahlen der Kriegslehren die Schlachtenschilderungen der Epik gesetzt werden. Wenn Pamela Kalning betont, in der Kriegsberatung der Lappenhausener werde eine Metaebene eingeführt, so ist gegenüber ihren Ausführungen zu ergänzen, dass von dieser Metaebene aus nicht der Unterschied zwischen Scherz und Ernst thematisiert wird, sondern vielmehr der zwischen Dichtung und Lehre, zwischen Literatur und Wissen. Der Rekurs des Junker Heinz auf diese literarische Tradition ist persuasiv: Was die nüchternen Zahlen der Kriegslehren nicht hergeben, bietet die Literatur: die Mobilisierung zur Schlacht. Die Literatur wird für die Kriegspropaganda zum Einsatz gebracht, sie wird von den jungen Heißspornen genutzt,[408] um die rationalen, sachlichen und gerechtfertigten Einwände der Alten zu entkräften. Dies impliziert ebenso wie Nabelreibers Schiedsurteil eine Denunziation literarischer Rede.[409] Aber in der Lappenhausener Kriegsberatung kommt dieser Denunziation eine andere Funktion zu als in Nabelreibers Schiedsurteil. Hier nämlich erfolgt eine kritische Distanzierung einer bestimmten, verherrlichenden Form

---

[407] Bruno Boesch über die Heldenepik: „Die Schlachtenschilderungen leben von der Überbietung in jeder Hinsicht, seien es nun Zahlen oder Kraftakte, Grausamkeiten oder dämonische Züge."; Bruno Boesch, Zum Nachleben der Heldensage 1979, 339.
[408] Zur Hitze der Jungen und zum Verstand der Alten vgl. *Ring*, V. 9182–9190. Hier ersticken die jungen Kämpfer wegen ihrer Hitze in der Schlacht: ein wortwörtlich genommenes Sprichwort.
[409] Dafür ist auch der nahezu durchgehend abwertende Einsatz des Verbs *tihten* und seiner Ableitungen ein Beleg; Vgl. Christa Wolf Cross, Magister ludens 1984, 42, 92: Anm. 10.

Positionierung im Feld des Wissens und der Dichtung 315

der literarischen Kriegsschilderung. Im *Ring* wird für solche Texte ein pragmatischer Kontext entworfen und es wird vorgeführt, wie solche Literatur in den Dienst eines ungerechten Krieges genommen wird. Die Positionierung im Feld der Literatur läuft dabei auf die Behauptung einer von der epischen Tradition zu unterscheidenden Poetik des Abgleichs von Schlachtbeschreibung und Rechtsdiskurs hinaus. Wittenwilers literarischer Entwurf ist auf die Verbindung von Schlachtschilderung mit ethischen, moralischen und rechtlichen Anliegen gerichtet, auf eben das, was in propagandistischer Zurichtung der Literatur unterbleiben muss. Die Position bleibt dabei zwischen Wissen und Literatur ambivalent. Man kann dies auch an dem Umgang mit Zahlen in Wittenwilers Schlachtbeschreibung sehen: Einmal bietet er numerisch konkrete Angaben (*Also daz ir über al | Warend da nach meiner zal | Zwai tausent streiter frei | Und fünf hundert auch da pei*; *Ring*, V. 8005ff.), ein anderes Mal verwendet er vage Angaben (*Wie vil aver wär derschlagen, | Der mär getar ich euch nicht sagen*; *Ring*, V. 9411f.). Dass Wittenwiler mitunter die Truppenstärke auch falsch addiert und widersprüchliche Angaben einbaut, wobei er den Leser noch ausdrücklich auffordert das Erzählte zu prüfen und nachzuzählen, hat Christa Wolf Cross gezeigt.[410] Darin zeigt sich einmal mehr Wittenwilers Changieren zwischen den Regeln des Wissens und den Möglichkeiten der Literatur.

Die in Nabelreibers Schiedsurteil und in der Lappenhausener Kriegsdebatte beobachtbaren Reflexionen denunzieren die mangelnde Rationalität der Literatur auf zwei Ebenen: Zum einen wird die epistemologische Satisfikationsfähigkeit literarischer Verfahren erörtert. Festgestellt wird aus der Perspektive des reglementierten Diskurses, dass literarische Verfahren zur Darstellung der Wahrheit grundsätzlich nicht taugen (*chluogeu sach wil reimens nicht*; *Ring*, V. 3520). Zum anderen wird vorgeführt, wie die Irrationalität der Literatur genutzt wird, um rationale, juridisch und moralisch reflektierte Urteile ideologisch zu entkräften. Dabei wird einerseits eine poetische Lizenz für eine von diskursiven Transparenzerfordernissen entlastete Rede beansprucht, andererseits eine gegen die Irrationalität literarischer Traditionen gerichtete Poetik des Wissens *und* der Literatur behauptet. Darin freilich liegt ein Widerspruch: Denn der Anspruch eines diffizilen Abgleichs von Wissen und Literatur verträgt sich schlecht mit der Lizenz zum Unsinn. Impliziert doch die eine Position eine normative Superiorität des Wissens, die andere den Primat des Literarischen. In der Forschung wurde immer wieder versucht, diesen Widerspruch hinwegzuinterpretieren, indem man eine der beiden Positionen generalisierte. So wurde der *Ring* einerseits als „Lehrbuch"[411], als „Laiendoktrinal in Unterhaltung verpackt"[412] und als Text, der durch ein „Primat des Didaktischen" gekennzeichnet sei, verstanden. Andererseits wurde die Lizenz zum Unsinn erfasst als

---

[410] Christa Wolf Cross, Magister ludens 1984, 72.
[411] Christoph Gruchot, Heinrich Wittenwilers *Ring* 1988.
[412] Kurt Ruh, Ein Laiendoktrinal 1984.

„Groteske", als obszönes Kunstwerk oder parodistisches Spiel.[413] In vielen Fällen implizieren solche Gesamtinterpretationen den Versuch einer eindeutigen Gattungszuweisung (Lehrbuch, Satire, Groteske etc.). Damit freilich wird man einer durch enzyklopädische Transgression konstituierten Gattungshybride wie dem *Ring* nicht gerecht. Vielleicht muss man ja einräumen, dass sich die Positionierungsaufwände des Textes im Feld des Wissens und der Literatur nicht zu einer eindeutigen und konsequent durchgeführten poetologischen Konzeption verdichten. Vielleicht gründet das Gegeneinander der Forschungspositionen in einem Nebeneinander der Optionen im Text. So unterbleibt eine durchgängige Parodie des Wissens, wie sie etwa in Rabelais Riesen-*Pentalogie* oder Fischarts *Geschichtklitterung* begegnen wird, ebenso wie eine konsequente Funktionalisierung literarischer Verfahren zur Explikation von Wissen oder Normen, wie dies etwa später im *Narrenschiff* Sebastian Brants stattfinden wird. Mir scheint der *Ring* hier weniger ambivalent, als vielmehr poetologisch unentschieden. Dies heißt aber, dass okkasionalistisch einmal eine poetische Lizenz gegenüber den Reglements der Diskurse beansprucht wird, ein anderes Mal die Exponierung und Valorisierung von Wissen und Normen mit literarischen Mitteln. Eine solche Unentschiedenheit zeigte sich auch bei der Betrachtung der didaktischen, enzyklopädischen und allegorischen Integration des Textes: Im *Ring* findet sich der Entwurf des Didaktischen zugleich mit und neben seiner Durchstreichung, das Zitat enzyklopädischer Programmatik neben seiner Inversion, die Beanspruchung allegorischen Sinnbildung neben ihrer Parodie. Im Folgenden ist zu untersuchen, ob und gegebenfalls wie sich diese poetologische Unentschiedenheit des *Rings* auf Programmatik und Praxis der roten und grünen Marginallinien auswirken, die den Text säumen.

Die Marginallinien – Poesiologie des Wissens in Farbe

Im Zusammenhang der Auseinandersetzung mit der Positionierung des *Rings* im Feld des Wissens und in dem der Literatur sind auch die roten und grünen Marginallinien der Handschrift abzuhandeln. Die Frage nach der Funktion dieses so in der deutschen Literatur des Mittelalters einmaligen Mittels zur Differenzierung des Textes, stellt eines der hartnäckigsten Probleme der Wittenwilerforschung dar.[414] Da die vorliegende Studie beansprucht, das Verhältnis von Wissen und Literatur in enzyklopädischen Dichtungen zu untersuchen, kann sie an diesem Problem nicht vorbeigehen, da mit den Marginallinien gemäß der Programmatik des Prologs eine Unterscheidung von *ler* und *gpauren geschrai* eingeführt wird, welche sich auf eine Differenzierung von Wissen und literari-

---

[413] Vgl. Hans-Jürgen Bachorski, Irrsinn und Kolportage 2006.
[414] Systematische Abhandlungen der Farblinien mit Diskussion der Forschung: Helmut Funke, Die graphischen Hinweise 1973; Christa Maria Puchta-Mähl, „wan es ze ring umb uns beschait" 1986, 229–273; Ortrun Riha, Die Forschung 1990, 207–221; Hans-Jürgen Bachorski, Irrsinn und Kolportage 2006, 246–252.

schen Verfahren beziehen lässt. Die Fragestellung vorliegender Untersuchung legt die Vermutung nahe, dass durch dieses Instrument die unfeste Position des Textes im Feld des Wissens und im Feld der Literatur stabilisiert werden soll, indem Textpassagen jeweils einem dieser Bereiche zugeordnet werden. Wie es um dieses Programm und seine Durchführung bestellt ist, sei im Folgenden näherhin untersucht.

Im Prolog von Wittenwilers *Ring* wird angekündigt, dass im Buch *der welte lauff* gelehrt werde, sowie *was man tuon und lassen schol* (*Ring,* V. 12). Bereits darin konnte eine Differenzierung ausgemacht werden: Einander gegenüber stehen im *Ring* das Porträt einer sündenverfallenen Welt und ein didaktisch ausgerichteter Diskurs über Normen. Als Zugeständnis an die Unbeständigkeit des Menschen und das mit ihr einhergehende Unvermögen, ausdauernd einer Unterweisung zu folgen, habe der Verfasser – so heißt es im Prolog weiter – *der gpauren geschrai | gemischet unter diseu ler* (*Ring,* V. 36f.). Zweck dieser Diskurs- und Textsorten-Melange sei die effiziente Belehrung und Bekehrung der zur Ungeduld neigenden Rezipienten. Der im Vorgang des Mischens gefassten Entdifferenzierung von bäurischer Rede einerseits und Unterweisung andererseits kontrastiert eine Strategie erneuter Differenzierung beider Bereiche im Text durch rote und grüne Seitenlinien, welche nahezu den gesamten Text säumen.[415] Die Zuordnung der jeweiligen Farbmarkierung zum Textinhalt wird im Prolog erläutert, wobei das Ziel der Belehrung des Verfassers und der Rezipienten, die als Adressaten der Geschichte im kollektiven *wir* verschmolzen werden, auf den Vorgang des Untermischens einerseits, auf den Vorgang der graphischen Differenzierung andererseits bezogen wird:

> *Dar umb hab ich der gpauren gschrai*
> *Gemischet unter diseu ler,*
> *Daz sei dest senfter uns becher,*
> *Geschaiden doch mit varwen zwain:*
> *Die rot die ist dem ernst gemain,*
> *Die grüen ertzaigt uns törpelleben.* (*Ring,* V. 36–41)

Diese Ausführungen scheinen ein gebräuchliches Verständnis vormoderner Literatur zu bestätigen: Es gibt vor der Kunstperiode eine heteronom determinierte Literatur, die als eigenes Subsystem noch nicht ausdifferenziert ist und anderen Interessen als rein ästhetischen untergeordnet bleibt. Hier läge dann also konkret ein didaktisches Programm vor, dem die literarischen Mittel untergeordnet sind. Und damit man als Interpret auch

---

[415] Ausgenommen sind Prolog und Epilog, sowie die Verse 1840, 6892, 6937–39, 8257, 8643–46, 8674, 9696–99. Bei letzteren Versen ist wohl – mit Edmund Wießner und Helmut Funke – von Versehen des Miniators auszugehen, da sich Vermerke am Seitenrand finden, die offensichtlich als Anweisungen an den Miniator zu verstehen sind und die in diesen Fällen mitunter von der Durchführung der Linien abweichen. Ein konzeptioneller Sinn der Nichtmarkierung ließ sich bei der Untersuchung dieser Sonderfälle nicht feststellen. Deshalb ist mit höchster Wahrscheinlichkeit davon auszugehen, dass eine nur Prolog und Epilog aussparende vollständige Marginalisierung mit der einen oder anderen Linie konzeptionell angelegt ist.

nicht in Zweifel geraten kann, wo die Fabel aufhört und das Epimythion beginnt, wird sogar mit Farben markiert. Allerdings stellten sich bei dem Versuch, diese vorausgesetzte Poetologie, die hier eine verbindliche Durchführung gefunden zu haben schien, auch im Text und Linienspiel wiederzufinden, Probleme ein. So sind die Gebetstexte, das *Pater Noster*, das *Ave Maria* und das *Credo* sowie das *Confiteor*, grün markiert, in der Farbe des Bauerngeschreis also. Eine Beschreibung von Mätzlis Hässlichkeit weist jedoch die rote Markierung auf, die Farbe der Belehrung also, das gleiche geschieht beim Rezept zur Vortäuschung der Jungfräulichkeit. Ich führe am Beispiel des „Schönheitspreises" an, welchen Aufwand die Forschung trieb, um ein didaktisches Verständnis des Prologs zu sichern und diese Probleme zu harmonisieren.

Es handelt sich bei Mätzlis Schönheitspreis um die erste rot markierte Passage des Textes:

> *Sei was von adel lam und krumpf,*
> *Ir zen, ir händel sam ein brand,*
> *Ir mündel rot sam mersand.*
> *Sam ein mäuszagel was ir zoph.*
> *An ir chelen hieng ein chroph,*
> *Der ir für den bauch gie.*
> *Lieben gsellen, höret, wie*
> *Ir der rugg was überschossen:*
> *Man hiet ein gloggen drüber gossen!*
> *Die füessli warend dik und brait,*
> *Also daz ir chain wind laid*
> *Getuon moht mit vellen,*
> *Wolt sei sich widerstellen,*
> *Ir wängel rosenlecht sam äschen,*
> *Ir prüstel chlein sam smirtäschen.*
> *Die augen lauchten sam der nebel,*
> *Der aten smacht ir als der swebel.*
> *So stuond ir daz gwändel gstrichen,*
> *Sam ir die sele wär enwichen.*
> *Sei chond also schon geparen,*
> *Sam sei wär von drien jaren.* (Ring, V. 76–96)

Die Forschung hat angesichts dieser doch alles andere als didaktisch anmutenden Passage zu problematischen Hypothesen gegriffen, um diese Stelle didaktisch lesbar zu machen.[416] Eine dieser problematischen Hypothesen ist eine Didaktik *e contrario*. So hat Clifton Everest, um hier eine Didaktik *e contrario* zu plausibilisieren, auf folgende Entstehungschronologie des *Rings* spekuliert: Zunächst sei der zweite Teil, der mit der Ehedebatte anhebt, verfasst worden. Dabei habe Wittenwiler sein parodistisches Verfahren entwickelt, das in der turbulenten Beschreibung der Fressorgie der Bauern bei der Hochzeit kulminiert. Die Orgie sei als negative Tischzucht zu lesen, was Wittenwiler in der Hofzucht dahingehend explizierte, dass höfisches Benehmen als das genaue

---

[416] Vgl. etwas Ursula Seibt, Das Negative 1974, 53f.

Gegenteil der bäurischen Verhaltensweisen zu verstehen sei (*Ring*, V. 4862–4870). Ausgehend von diesem einmal erreichten Verfahrensstand, also dem am Ende des zweiten Teiles entwickelten Programm einer Belehrung durch programmatische Verkehrung des Rechten, sei dann der erste Teil begonnen worden, weshalb der Einsatz mit einer ersten rotmarkierten Passage als Didaktik *e contrario* plausibel sei.[417] Dieser Argumentation folgt auch Christa Maria Puchta-Mähl. Einleuchtend sei der Gedanke einer Belehrung *e contrario*, so bestätigt sie, wenn man der von Clifton-Everest vorgeschlagenen Abfassungschronologie folge. Umsichtig erwähnt Puchta-Mähl eine Alternative: Folge man der Entstehungschronologie nicht, so sei zu erwägen, dass sich die Beschreibung Mätzlis innerhalb literarischer Traditionen bewege, und bietet zum Vergleich die Schilderung der starken Rauel im *Wigalois* an.[418] Dies wäre dann ein Beleg dafür, dass Wittenwiler das Verfahren einer Belehrung *e contrario* – gewissermaßen ehe er es mit der Schilderung der ersten negativen Tischzucht selbst entwickelt habe – bekannt gewesen sein könnte. Ich möchte an dieser Stelle nicht auf die Entstehungschronologie eingehen, vielmehr darauf verweisen, dass die Bezeichnung der Beschreibung von Mätzlis Hässlichkeit als *Belehrung*, und sei es auch eine *e contrario*, schwerlich plausibel ist. Denn worüber sollte hier denn belehrt werden? Über die Geltung des höfischen Schönheitsideals?[419] Darüber wie eine schöne Frau auszusehen habe? Die Vergleichbarkeit mit der negativen Tischzucht ist hier überhaupt nicht gegeben, denn diese zeigt, wie man sich bei Tische nicht zu verhalten habe. Anders als das Verhalten bei Tische steht ja das Aussehen Mätzlis keineswegs in der Beliebigkeit menschlicher Vervollkommnung. Wer soll worüber hier „aus der Umkehrung heraus" belehrt werden? Dass an solchen unangemessenen Vergleichen Hypothesen über Entstehungschronologien festgemacht werden, hat seine Ursache darin, dass hier die didaktische Funktion der Passage gerettet werden soll.

Die didaktische Funktionalisierung der Linienführung wurde in der Forschung teilweise durch ähnlich umständliche Nachweise betrieben, die auf das Ergebnis hinauslaufen, dass die Durchführung des Programms „weitestgehend richtig" bzw. „in der Regel ganz sinnvoll" sei.[420] Davon lassen sich Untersuchungen absetzen, in denen die Inkon-

---

[417] John Michael Clifton-Everest, Die Chronologie 1975.
[418] Christa Maria Puchta-Mähl, „Wan es ze ring umb uns beschait" 1986, 245f. Erwogen wurden weitere mögliche Intertexte: Beschreibung Kundries (Edmund Wießner, Kommentar 1936, 16); eine Textstelle aus dem *Meister Altswert* führt an Helmut Funke, Die graphischen Hinweise 1973, 47, Anm. 3; Arpad Stephan Andreánszky, Topos und Funktion 1977, 40 verweist auf ähnliche ironische Schönheitsbeschreibungen in den Osterspielen.
[419] Ist es wirklich didaktisch geboten „über das höfische Schönheitsideal ernsthaft unterrichtet zu werden" (Winfried Schlaffke, Heinrich Wittenwilers Ring 1969, 17)? Die Verlegenheit zeigt sich mitunter an Formulierungen: „Fast jeder Vers belehrt mittelbar darüber, wie das höfische Frauenideal auszusehen hat"; Helmut Funke, Die graphischen Hinweise 1973, 47; ähnlich Christa Wolf Cross, Magister ludens 1984, 19.
[420] Edmund Wießner, Heinrich Wittenwilers *Ring* 1973 [1931], 331, ebenso ders., Heinrich Wittenwiler, der Dichter des *Ringes* 1927, 149; Bruno Boesch, Weltsicht und Denkform 1965, 41. Als

sistenz der Linienführung aufgezeigt wird. Diese wurde dann entweder einem inkompetenten Schreiber bzw. Miniator angelastet[421] oder aber Wittenwiler selbst, der es an Mühe in diesen Dingen habe fehlen lassen.[422] Davon wiederum sind Untersuchungen abzusetzen, die der Inkonsistenz der Linienführung einen programmatischen Wert zumessen und ihr eine parodistische Absicht unterstellen bzw. eine planmäßige Verwirrung der Leser.[423] Die exponierteste Position dieser Art bietet die Studie von Hans-Jürgen Bachorski, die eine fulminante Kritik der *Ring*-Forschung enthält, welche weitestgehend ihre Berechtigung hat. Im *Ring* des Wittenwiler sieht Bachorski einen trügerischen Text, der Sinn nur setzt, um ihn zu zerstören. Im „didaktischen Missverständnis des Textes" durch die Forschung sieht Bachorski eine „Zähmung des Textes".[424] Die Farbenlinie stellt die „äußere Schicht des diskursiven *desordre*" dar. Die vorgebliche Interpretationshilfe sei als Strategie der Zweideutigkeit, als planmäßige Verwirrung und hinterhältiger Anschlag auf den naiven Leser zu verstehen. Sie diene der propädeutischen Einübung in die kritische Lektüre von Texten.[425] Dies klingt in der Tat sehr modern und dies ist bei Bachorski auch nicht erstaunlich, da er gegen die klassizistischen, goethezeitlich geprägten Erwartungen der älteren *Ring*-Forschung moderne Romantheorien präferiert, mit ihnen allerdings auch Präsuppositionen moderner Romanpoetik in die *Ring*-Analyse einspeist. Solche hermeneutische Zirkularität ist immer ein Stück weit unumgänglich; einen kritischen Vorbehalt sollten jedoch die Ausführungen zur Teleologie der Gattung hervorrufen (Wittenwiler als Antizipation postmoderner Poetiken), wie auch die nihilistischen Projektionen, die der Umgang des Textes mit Sinn erfährt. Diese Setzungen müssen solange als ahistorisch gelten, wie sie lediglich als Präsuppositionen erscheinen, die der literaturtheoretische Ansatz impliziert. Eine literatur- und

---

„durchaus folgerichtig" betrachtet die Linienführung Winfried Schlaffke, Heinrich Wittenwilers *Ring* 1969, 21. Helmut Funke hat in seiner Analyse der Farblinien für jede einzelne Passage festgelegt, ob die rote bzw. grüne Farbe „berechtigt" sei oder nicht. In Zweifelsfällen heißt es bei ihm: „Grüne Farbe vermutlich berechtigt"; vgl. Helmut Funke, Die graphischen Hinweise 1973, 37–150; die älter Forschung zum Theme versammelt Ortrun Riha, Die Forschung 1990, 207ff.

[421] Bernhard Sowinski, Realismus 1960, 14; Georg Fenwick Jones, Realism and Social Satire 1950, 176.

[422] Funke unterscheidet Schreiberversehen von dem Dichter anzulastenden Inkonsequenzen. In letzterem Fall sieht er jedoch davon ab, von Fehlern zu sprechen, da es sich bei den schwigern Fällen durchweg um „Grenzfälle" handle, „in denen eine bestimmte Signierung nicht zwingend ist". Die an dieser Stelle eigentlich ausstehende Frage nach den Kriterium für Konsequenz wird allerdings nicht gestellt; vgl. Helmut Funke, Die graphischen Hinweise 1973, 160f.

[423] Martha Keller, Beiträge 1935, 80: „Freude an der Parodie .. bis in die ... Farbenbezeichnung"; Richard Brinkmann, Zur Deutung 1956, 208: Wittenwiler werfe „Sinn und Unsinn, Heiliges und Gemeines in verwirrendem Wirbel durcheinander mit seinen [...] Farbenlinien." Paulus Bernardus Wessels, Groteske 1960, 212 diagnostiziert Spieltrieb. Ulrich Gaier, Satire 1967, 117–119 sieht in den Linien eine „Form der Verfremdung". Als irrelevant für den höheren Sinn der Dichtung erscheinen sie bei Eckart Conrad Lutz, Spiritualis fornicatio 1990, 346.

[424] Hans Jürgen Bachorski, Irrsinn und Kolportage 2006, 95f.

[425] Hans Jürgen Bachorski, Irrsinn und Kolportage 2006, 246–253.

Positionierung im Feld des Wissens und der Dichtung 321

diskursgeschichtliche Einbettung eines solchen dekonstruktiven Spiels in den zeitgenössischen Kontext steht aber aus. Sie kann auch nicht durch die Gattungsgeschichte des Romans gestellt werden, da Wittenwiler ihr nur bedingt angehört.

So unterschiedlich die hier nur knapp skizzierten Positionen in der Forschung auch sind, sie gehen gleichermaßen von einer nicht grundsätzlich genug befragten Voraussetzung aus. Ob nun die Möglichkeit behauptet wird, dass die Linienführung durchgehend angemessen die didaktischen Ziele umsetze oder ob eine Inkonsistenz der Linienführung in Schreiberversehen, auktorialer Nachlässigkeit oder planmäßiger Verwirrung begründet wird: In allen diesen Fällen wird ausgegangen von der prinzipiellen Umsetzbarkeit eines Programmes, wie es im Prolog formuliert wird. Ob diese Möglichkeit angemessen umgesetzt, durch Schreiber- bzw. Verfasserversehen verfehlt bzw. aufgrund programmatischer Intentionen invertiert wird, ist dann Gegenstand des Dissenses.

Nun lohnt die Frage, ob sich eine konsistente Markierung von *ler* einerseits und *törpelleben* andererseits in diesem Text überhaupt durchführen ließe. Helmut Funkes notorische Stellenkommentare „rote Farbe berechtigt" bzw. „grüne Farbe berechtigt" gehen wie andere Untersuchungen von einer prinzipiellen Entscheidbarkeit der Sachlage aus,[426] wobei auch hier freilich gelegentlich („rote Farbe vermutlich berechtigt") Zweifel auftauchen. Unterstellt man, dass die Inkonsistenz der Linien auf ein Schreiberversehen zurückgeht, dann wäre es durchaus denkbar, dass eine historisch-kritische Edition, die sich der Herstellung eines autornahen Originals (dem man dann freilich die Konsistenz der Linien unterstellen müsste) verpflichtet fühlt, hier konjizierend eingreifen würde.[427] Wäre eine befriedigende Durchführung der Marginallinierung in einem solchen Falle überhaupt denkbar? Läge dann für das Rezept zur Vortäuschung der Virginität eine Grünmarkierung nahe? Müssten die Gebetstexte im *Ring* nicht konsequent rot markiert werden?[428] Wie steht es mit den Unsinnsliedern, welche die Bauern bei der Hochzeit singen? Sind sie wirklich rot zu markieren? Wie sieht die „richtige" Durchführung der Linien aus? Lässt man sich auf dieses Gedankenexperiment ein, wird schnell deutlich, dass eine eindeutige Lösung kaum zu erwarten ist. Da der *Ring* zudem unikal überliefert ist, erscheint die in der vorliegenden Fassung erfassbare Markierung

---

[426] Bemerkenswerterweise widerspricht sich Funke im Verlauf seiner Analyse selbst, wenn er Bertschis Weltflucht als „didaktisch relevant (und deshalb grün signiert)" bezeichnet, Halmut Funke, Die graphischen Hinweise 1973, 149.

[427] Der Gedanke ist keineswegs abwegig: So werden in Horst Brunners Ausgabe für die in der Meininger Handschrift nicht durch Seitenlinien signierten Verse 948, 1840, 6892, 6937–39, 8257, 8643–46, 8674, 9696–99 grüne bzw. rote Markierungen ergänzt mit Verweis auf Funkes Untersuchung, die in diesen Fällen Fehler des Miniators vermutete. Überlegungen zur Korrektur der Linien finden sich gelegentlich in der Forschung: Elmar Mittler, Das Recht 1967, 13 erwägt die Markierung des ganzen Buches mit roter Farbe. Auch Helmut Funke macht mitunter Verbesserungsvorschläge und stellt fest, dass Wittenwiler in der Farbgebung nicht mit letzter Konsequenz verfahre; Helmut Funke, Die graphischen Hinweise 1973, 128.

[428] Edmund Wießner, Heinrich Wittenwiler 1927, 150; ebenso: Winfried Schlaffke, Heinrich Wittenwilers *Ring* 1969, 60, Anm. 1; Bernhard Sowinski, Realismus 1960, 52, Anm. 1.

ohne überlieferungsgeschichtliche Alternative. An dieser Stelle lohnt ein weiteres Gedankenspiel: Man nehme zwei oder mehrere in der Durchführung der Marginallinierung teilweise abweichende Handschriften an. Unter welchen Bedingungen wäre dann eine Fassung als die richtigere zu privilegieren und eine andere als unangemessen zu verwerfen? Freilich ist eine Fassung mit besonders groben und offensichtlichen Fehlern denkbar; nimmt man einen weniger offensichtlichen Fall an, so müsste man sicherlich die abweichende Fassung als Resultat einer eigenen historisch zulässigen und hermeneutisch plausibilisierbaren Lesart gelten lassen. Die im Text versammelten heterogenen Elemente sind zu vielfältig, sie sind mitunter durch didaktische und epische Funktionen gleichermaßen überdeterminiert, um sich einem starren Dualismus roter und grüner Linien zu fügen.[429] Zweifellos wird sich für viele Passagen ein Konsens darüber finden lassen, ob die rote oder die grüne Farbe angemessen sei, in vielen anderen Fällen aber nicht.

So betrachtet, steckt in der Behauptung der weitgehenden Richtigkeit der Linien eine massive Komplexitätsreduktion. Andererseits wird es schwierig, eine programmatische Verwirrung von einem in der Sache selbst gründenden „Betriebsunfall" der im Prolog eingeführten poetologischen Differenzierung zu unterscheiden.

Die Programmatik der Linienführung, die im Prolog entfaltet wird, ist vor dem Hintergrund dieser Überlegungen noch einmal zu prüfen: Ist sie wirklich so eindeutig? Wird hier wirklich klar zwischen *prodesse* und *delectare* unterschieden, wie dies von jenen angenommen wird, die die angemessene Umsetzung des Programms in der Linienführung des Textes behaupten? Handelt es sich dabei wirklich um ein „System allereinfachster Art (…), ein binärer Code, der ein Signal mit einer Information verknüpft: rot = Ernst, grün = Scherz (…)."[430] Auch Bachorski bezieht ja die behaupteten Destruktionen, die der Roman mittels der Farblinien vornehme, auf eine vom Prolog behauptete Programmatik des *prodesse et delectare*. Diese werde seiner Analyse gemäß sodann im Geschehen selbst durch die Linienführung konterkariert. Das Programm des Prologs wird an dieser Stelle genau im oben dargestellten Sinne eines mittelalterlichen Literaturstereotyps gelesen. Das heißt, die Differenzierung von ernster Didaxe und heiterer Schwankhandlung wird dem Prolog in genau demselben Sinne unterstellt wie in der älteren Forschung auch. Deshalb lassen sich die dekonstruktiven Effeke des diskursiven Spiels, das die Linien betreiben, nur als vorsätzliches Verfehlen einer behaupteten Poetologie beschreiben.

---

[429] Die Anregung Jungbluths ist von der Forschung nicht weiter aufgenommen worden: Bei ihm heißt es, dass Wittenwiler „eine augenfällige Unterscheidung der beiden Schichten" seiner Dichtung vorzunehmen suche, diese jedoch „unentwirrbar gemischt" blieben. Günther Jungbluth, Art. ‚Wittenwiler, Heinrich' 1953, Sp. 1039. Funke räumt die „Gefahr" ein, dass bei einer Deklarierung diverser grün markierten Passagen als Didaktik *e negativo*, die „für das Verständnis der Dichtung bedeutsame Unterscheidung von *ernst* und *törpelleben*" verwischt werde; Helmut Funke, Die graphischen Hinweise 1973, 177f., 178, Anm. 1.

[430] Hans-Jürgen Bachorski, Per antiffrasim 1988, 481.

Hier nun möchte ich ansetzen, indem ich frage, ob das oft bemühte Horazsche *prodesse et delectare* im Prolog wirklich so eindeutig formuliert werde. Der Prolog führt eine ganze Reihe von Unterscheidungen ein, die es – wie die meisten deutschen Bezeichnungen für literarische Sachverhalte in Mittelalter und früher Neuzeit – an terminologischer Eindeutigkeit fehlen lassen.[431] Es sei deshalb im Folgenden der Versuch unternommen, die im Prolog eingeführten Unterscheidungen unter Rückgriff auf literaturtheoretische Terminologie in ihrer impliziten poetologischen Dimension zu reformulieren. Die programmatischen Ausführungen im Prolog lauten wie folgt:

> *Nu ist der mensch so chlainer stät,*
> *Daz er nicht allweg hören mag*
> *Ernstleich sach an schimpfes sag,*
> *Und fräwet sich vil manger lai.*
> *Dar umb hab ich der gpauren gschrai*
> *Gemischet unter diseu ler,*
> *Daz sei dest senfter uns becher,*
> *Geschaiden doch mit varwen zwain:*
> *Die rot die ist dem ernst gemain,*
> *Die grün ertzaigt uns törpelleben.* (Ring, V. 32–40)

Unterschieden werden hier zunächst ernstleich *sach* und *schimpfes sag* (*Ring*, V. 34). Die Begriffe indizieren zunächst ein Gefälle der Verbindlichkeit von Rede, wobei mit *ernst* eine hohe Verbindlichkeit indiziert ist, der gegenüber mit *schimph* bestimmte Lizenzen eingeräumt werden. Unterschieden werden aber auch *sach* und *sag*. Dabei bezieht sich *sach* auf die darzulegende Angelegenheit, mit *sag* dagegen sind eher konkrete Sprechakte bezeichnet. Einer substanziell bedeutenden Angelegenheit mit hoher Verbindlichkeit steht so eine spöttische Redeweise ohne solche Verbindlichkeit gegenüber. Man könnte in diesem Begriffspaar auch eine Unterscheidung zwischen der Geltung eines Wissens und seiner Performanz angelegt sehen. Um nun das eine nicht ohne das andere zu präsentieren, habe der Verfasser das *gpauren gschrai* unter die *ler* gemischt. Dem rot markierten Ernst der Lehre steht so – grün markiert – *gpauren gschrai* (*Ring*, V. 36) gegenüber. Diese Unterscheidung ist nur bedingt synonym mit jener von *ernstleich sach* und *schimpfes sag*.[432] Zwar wird mit *ler* konkretisiert und bestimmt, worum es sich bei *ernstleich sach* handle, beim *gschrai* der Bauern aber ist auf einen Diskurs referiert, auf die Art und Weise, wie Bauern sprechen bzw. schreien. *Schimpfes sag* geht darüber hinaus, impliziert bereits einen Gestus der Exponierung der Bauernrede. Die Differenz von *ler* und *gpauren gschrai* umfasst ein Diskurs-, ein Stil- und Sprach-

---

[431] Dies kann als Ertrag des folgenden Sammelbandes zum Thema festgehalten werden: Gerd Dicke, Manfred Eikelmann, Burkard Hasebrink (Hg.), Im Wortfeld des Textes 2006.

[432] Funke sichert seine didaktische Lesart des Prologs, indem er solche Bedeutungsnuancen tilgt; vgl. etwa Helmut Funke, Die graphischen Hinweise 1973, 23–25, wo immer wieder die Identität von Begriffen wie *ernst, enstleich sach* und *ler* einerseits, von *törpelleben, schimphes sag* und *gpauren gschrai* andererseits behauptet wird. Durch solche Entdifferenzierung wird dem entproblematisierten Verständnis der Linien als „Lesehilfe" (23 u. ö.) zugearbeitet.

gefälle, das im Text vermengt und durch die Farbmarkierungen wieder entdifferenziert wird, so dass der Leser im Zweifelsfalle sich in der Welt verschiedener Diskurse, Stile und Sprachen zurechtfinden kann. Mit der Unterscheidung zwischen dem *ernst* und dem *törpelleben* wird im Prolog schließlich eine dritte Unterscheidung gesetzt (*Ring*, V. 39f.). Mit dem Begriff des *törpelleben* scheint ein Erzählgenre bezeichnet zu sein; der Begriff akzentuiert weniger, wie die Bauern sprechen, als vielmehr, was sie tun und wie sie leben. Dies wird zudem als töricht bezeichnet. Die Unterscheidung von *törpelleben* und *ler* zielt (anders als die zwischen *ler* und *gpauren geschrai*) weniger auf verschiedene Diskurs-Register als vielmehr auf eine Differenz zwischen didaktisch-diskursiver Erörterung einer Norm und narrativer Entfaltung eines bestimmten Genres. Markiert wird – könnte man zuspitzen – der Unterschied von Narration und Reflexion.

Gegenüber dem Horazschen *prodesse et delectare* implizieren die Ausführungen im Prolog also weitere Differenzen, die Diskursregister, Stildifferenzen, Sprachgefälle und narrative und reflexive Verfahren betreffen; ebenso wird zwischen der inhaltlichen Substanz einer Rede und ihrer performativen Umsetzung unterschieden. Schon hier ist festzuhalten, dass die Linienführung mehr als nur Didaxe und Schwankhandlung differenziert. *Schimfes sag* bezeichnet zwar die Rede des Lehrenden als die Vermittlung des Stoffes bzw. Wissens in scherzhaft-spöttischer Form und die geschickte Sicherung der Aufmerksamkeit, hingegen nicht zugleich das Diskursregister bäurischer Rede und auch nicht den narrativen Aspekt. Die hier festgeschriebene Mittel-Zweck-Relation von Lehre und Umsetzung hat die Forschung weitgehend zum Anlass der Diskussion der Farbmarkierungen genommen; durch eine Differenzierung von Diskurs- und Sprachregistern sowie Verfahren der Unterscheidung von Reflexion und Narration jedoch wird die Praxis der Farbzuweisung überdeterminiert.

Schließlich bietet der Text mit dem Begriff *mär* eine weitere Kategorie an, die ausdrücklich als Alternative zur Unterscheidung *nutz und tagalt* angeboten wird.

> *Secht es aver ichts hie inn,*
> *Das weder nutz noch tagalt pring,*
> *So mügt irs haben für ein mär,*
> *Sprach Hainreich Wittenweilär.* (*Ring*, V. 49–52)

Abgesehen von den Interpretationsschwierigkeiten, die sich an dieser Stelle mit der Übersetzung des Begriffes *mär* ergeben und der Frage, ob sich das *hie inn* des Verses 49 auf das *puoch* als Ganzes oder auf die Bauernhandlung im Engeren bezieht, ist hier zunächst festzuhalten, dass eine Alternative zur Dichotomie *nutz* und *tagalt* (*prodesse et delectare*) angeboten wird.[433]

Die im Prolog angeführten Unterscheidungen sind 1.) nicht synonym und sind 2.) in *nutz* und *tagalt* (*prodesse et delectare*) nicht hinreichend zusammengefasst. Sie sind 3.) auf heterogenen Ebenen angesiedelt – so zumindest macht dies ein literaturtheoretischer

---

[433] Dass der Begriff *mär* mit einem abwertenden Unterton eingeführt werde und die unausgesprochene Folgerung des Dichters sei, dass man den *Ring* so missverstehen würde, ist nicht nachvollziehbar; vgl. Helmut Funke, Die graphischen Hinweise 1973, 193.

Versuch der Reformulierung sichtbar. Sie sind schließlich 4.) trotz dieser vielschichtigen Implikationen gegenüber dem Text unterkomplex, denn dieser enthält etwa auch Gebete, Briefe, Kriegsreden und anderes, was unter keine der angegebenen Kategorien fällt. Hinzu kommt, dass nahezu alle Passagen außer Prolog und Epilog mit irgendeiner der beiden Farben markiert sind. Dies ist relevant, da im Text also nach dem Prinzip entweder-oder verfahren wird (*tertium non datur*). Hätte der Text nur eine Farbe, mit der er das didaktisch Relevante markierte, so gäbe es mit der Sammelkategorie „alles andere" eine Blindmarkierung, unter der sich alles Nicht-Didaktische subsummieren ließe. Dies ist allerdings nicht der Fall, wenn eine begrifflich besetzte Markierung vorhanden ist (die grüne Linie), die ihrerseits konzeptionell zu befragen ist.

Die hier am Prolog entwickelte Besetzung der Farben Grün und Rot mit verschiedenen Differenzierungsfunktionen ist als Ankündigung und konzeptueller Prospekt noch einmal zu unterscheiden von der praktischen Durchführung der Linienführung. Bei der Platzierung der Linien am Rande der vorab aufgezeichneten Verse stellt sich konkreter als im Prolog prospektierbar das Problem der narrativen Vermittlung reflexiver Passagen sowie der Differenzierung verschiedener Diskursregister bei der Entscheidung einer konkreten Versgrenze als Differenzpunkt einer Markierung. Da der Text abgesehen von Prolog und Epilog kaum Passagen aufweist, die nicht markiert sind, ist davon auszugehen, dass sich an den Rändern der als sicher einer Farbe zuweisbaren Textpassagen Unwägbarkeiten ergeben können. Bei der praktischen Umsetzung der Linienführung werden zudem jene Passagen, die kategorial von den Differenzierungen des Prologs nicht abgedeckt sind, notwendig problematisch und müssen, da die Entscheidung, die Linienführung nicht durch Leerstellen zu unterbrechen, offenbar vorab getroffen wurde, *irgendwie* zugewiesen werden. Dabei können sich – und zwar mit gewisser Notwendigkeit – andere Funktionen einstellen und auch durchhalten als die, die der Prolog angekündigt hat.

Für solche Zusatzfunktionen ergaben sich im Laufe der Untersuchungen schon diverse Anhaltspunkte: So wurde gezeigt, dass die Linien als paratextuelles Kompensat einer fehlenden enzyklopädischen Disposition fungieren bzw. als Markierungen von Intertextualität und Montiertheit. Im Folgenden sei an sechs Beispielen gezeigt, wie jene Unterscheidungen bei der Durchführung relevant werden, die den Begriffen des Prologs entnommen werden konnten. Zugleich sollen zusätzliche Funktionen der Farblinien aufgezeigt werden.

Dass die Hässlichkeit Mätzlis als Didaxe auch *e contrario* nicht in Betracht kommt, habe ich oben bereits gezeigt. Nun wende ich mich der Passage aus einer anderen Perspektive zu. Auffallen muss zunächst, dass in dieser Passage ein Publikum angesprochen wird: *Lieben gsellen, höret, wie | Ir der rugg was überschossen* (*Ring*, V. 82f.). Mätzlis Hässlichkeit wird hier vom Erzähler für die *lieben gsellen* exponiert, bei denen es sich nicht um Figuren im Text handelt. Hier wird ein deutlicher Perspektivenwechsel vollzogen: Der den Rezipienten exponierten Hässlichkeit kontrastiert Bertschis Begehren der Schönheit Mätzlis. Unterschieden wird hier also die Perspektive der Rezipienten, die den Verblendungszusammenhang der Bauern durchschauen, von jener der beschränkten Figuren.[434] Im unmittelbaren Anschluss an die Beschreibung Mätzlis unterstützt eine Textmarkierung den Farbwechsel: *Welt ir ander tagweis, | Über all truog sei den preis, | Also daz der Triefnas | Mätzleins selten ie vergas* (*Ring*, V. 97-100). Hier werden nicht nur die Perspektiven differenziert, sondern auch zwei verschiedene Modi literarischen Sprechens. Diese werden als der eine Text und die *ander tagweis* kontrastiert. In Ansätzen wird der Perspektivenwechsel somit auch auf verschiedene literarische Formen geblendet. Mit *Über all truog sei den preis* wird eine topische und gebräuchliche Verdichtung adliger Schönheitsschilderungen in höfischer Epik zitiert. Die notwendige Schönheit der Frau, die den besten Werber bekommt, ist für Brautwerbungserzählungen konstitutiv und wird hier ironisiert: Von der Ebene der Beschreibung wird auf die des Erzählens gewechselt. Die Beschreibung Mätzlis ist, so gesehen, eingebettet in einen Perspektivenwechsel zwischen einem erzählervermittelten Publikumswissen und begehrender Wahrnehmung Bertschis. Mit Lehre hat dies wenig zu tun, ja der Gestus der Verspottung von Hässlichkeit, der ja als *schimph* zu bezeichnen und also grün zu markieren wäre, findet sich hier rot markiert. Sehr wohl aber wird hier von der *narratio* auf die Ebene der *descriptio* gewechselt und zwar einer *descriptio*, die für die Figur gerade nicht wahrnehmbar ist. Damit fiele die Hässlichkeitsbeschreibung aus dem *törpelleben* heraus – und wäre, so betrachtet, konsequent rot markiert. Zu fragen wäre weiterhin, ob der nicht weiter ausgeführte Verweis auf literarische Traditionen bei Puchta-Mähl hier konstitutiv sein könnte. Ich meine, dass der Hinweis Puchta-Mähls auf die Beschreibung der Hässlichkeit der Rauel im *Wigalois* hier durchaus weiterführt. Er ist freilich nicht ohne weiteres didaktisch zu funktionalisieren, wie dies nahegelegt wird. Die Beschreibung Mätzlis, in der topische Vergleichsformeln höfischer Schönheitspreisungen mit ihrem nacktem Gegenteil konfrontiert werden,[435] kombiniert Heterogenes: Formeln höfischer Literatur, die der Beschreibung vollkommener Damen gelten, mit den Monströsitäten grotesker Hässlichkeit. Vielleicht markiert die rote Linie hier die Heterogenese. Dies beträfe die Konfrontation der Bauernwelt mit der ihr fremden Norm höfischer Schönheit einerseits, den Textimport der Vergleichsformeln aus der höfischen Literatur und den Rekurs auf Hässlichkeitsbeschreibungen in weiteren Texten andererseits.[436] Diese Funktionalisierung der Farbmarkierungen hat keine Entsprechung innerhalb der dem Prolog entnehmbaren Verfahren: Denn eine *ler* wird nicht präsentiert, *was man tuon und lassen schol* (*Ring*, V. 12) spielt hier keine Rolle, die spöttische Darbietung von Mätzlis Hässlichkeit hätte als *schimpfes sag* die grüne Linie nahegelegt. Dass hier gegenüber der Erzählung vom *törpelleben* auf die

---

[434] Eckart Conrad Lutz, Spiritualis fornicatio 1990, 298f.
[435] Für den Typus der hier parodierten Schönheitsbeschreibungen versammelt Belitz viele Belege aus der mittelhochdeutschen Literatur; Jürgen Belitz, Studien zur Parodie 1978, 47–58.
[436] Bereits Wießner erwog die Beschreibung der Hässlichkeit Kundries in Parzival als möglichen Intertext; Edmund Wießner, Kommmentar 1936, 16.

Ebene der Beschreibung gewechselt wird, legt noch am ehesten eine Rotmarkierung gemäß den Differenzierungen des Prologs nahe. Darüber hinaus aber kommen die exponierte Heterogenese, die intertextuelle Konstitution der Passage und die in ihr vorgenommnen Perspektivenwechsel als zusätzliche Kriterien für eine Rotmarkierung in Frage. Diese Kriterien sind von der Programmatik des Prologs nicht abgesteckt worden, werden aber bei der Durchführung relevant. Es würde sich dabei um Zusatzfunktionen handeln, die nur der praktischen Durchführung der Linienführung zu entnehmen wären. Sie blieben als solche freilich hypothetisch, solange sie sich nicht öfter als nur in Mätzlis Schönheitspreis belegen ließen. Deshalb sei hier ein weiters Beispiel hinzugefügt: Als Meier Rüefli im Krieg die Hexen auffordert, ihren Kampf gegen die Zwerge zu beginnen, schmeichelt er ihnen mit einem Kompliment:

Die frauwen sein vil rain und zart;
Dar umb man sei ouch eren schol.
Nu dar, fro Hächel, tuot so wol
Und macht euch an den ersten streit
Mit ewern tochtren! Des ist zeit. (*Ring*, V. 8648–8652)

Die Verse 8648f. sind rot markiert und eine irgendwie geartete didaktische Intention ist hier wohl schwerlich auszumachen.[437] Die hässlichen Hexen werden angesprochen wie höfische Damen. Die rote Seitenlinie dient hier der Markierung des Textimports und der Heterogenese, das Wechselspiel von roter und grüner Linie dient der Steigerung des Kontrasts und der Forcierung des Eindrucks der Unangemessenheit.

Bei der Beschreibung von Mätzlis Hässlichkeit handelt es sich nicht um eine didaktische Situation im engeren Sinne: Eine Belehrung, auch eine *e contrario*, ist mit ihr nicht gegeben, dennoch hat sie eine wichtige Funktion für die Modellierung des Didaktischen im *Ring*. Denn in dieser Beschreibung wird eine Perspektive der Figuren von einer anderen unterschieden, die den Erzähler und die Rezipienten umfasst (*hört ir gsellen*). Angesichts von Bertschis in der Sache nicht gerechtfertigter Wahrnehmung von Mätzli als einer Schönheit konsolidiert sich so eine Gemeinschaft, der die Kriterien für Schönheit vertraut sind und die den Erzähler und seinen Rezipientenkreis (*die gsellen*) umfasst. Solcherart wird ein Konsens der Rezipienten befestigt, ein Konsens, welcher der Ausgangspunkt der Kommentierung und des Verlachens eines in der Bauernhandlung pervertierten Wissens werden wird. Hier solidarisiert sich der Erzähler mit den Rezipienten, nachdem er im Prolog mit ihnen sein Maskenspiel trieb. Die didaktischen Situationen im *Ring* inszenieren verschiedene Formen der Pervertierung von Wissen in konkreten Situationen. Im Zusammenhang mit Mätzlis ironischem Schönheitspreis wird vor den differenzierenden Varianten auf das Didaktische bereits eine Rezeptionshaltung entworfen und eingeübt, die entscheidend dafür ist, dass das Spiel von Wissen und Kontext auf der Handlungsebene auch rezeptionsseitig in seiner Komplexität goutiert

---

[437] Funkes Interpretation als „Kampfaufruf zu Ehren der Frauen" zeugt von einem Missverständnis der Passage, Helmut Funke, Die graphischen Hinweise 1973, 133.

werden kann. Das im Prolog entworfene Mischen und Entmischen von Wissen, Unterweisung und Bauernhandlung wird hier auf ein Rezeptionsmodell hin konkretisiert und komplexisiert. Denn davon, dass man beim Unterscheiden von *törpelleben* und *ler* die Perspektiven der Figuren mitberücksichtigen müsse, wurde im Prolog so nichts mitgeteilt. Im gegebenen Zusammenhang geht es um Bertschis Wahrnehmung und ihre Differenz zur Wahrnehmung der Rezipienten. Damit aber ist ein Modell entworfen, das auch für Auffassung und Umsetzung von Wissen auf der Ebene der Handlung eingesetzt wird: Der Rezipient beobachtet von einer Warte gesicherter Kriterien aus die mannigfachen Verfehlungen des Richtigen durch die Bauern. In Mätzlis Schönheitspreis ist somit die Exposition einer Perspektive auf Wissen zu sehen, die im Verlauf der weiteren Handlung noch diversen Belastungsproben unterzogen werden wird.

Als zweites Beispiel für die zusätzlichen Funktionen, die den Marginallinien bei ihrer Durchführung zukommen, sei im Folgenden Chuontzens Taufbelehrung (*Ring*, V. 285–316) näher in Augenschein genommen. Während des Turniers ist der Dorfjude Heinzo mit der Geiß ins Wasser gefallen und hat daraufhin behauptet, er sei nun getauft. Darauf erwidert Chuontz entrüstet:

> *Und du, Haintzo mit der gaiss,*
> *Deins gewinnes ich enwaiss.*
> *Bist du also worden cristen,*
> *Daz ist gescholten und gefisten;*
> *Won nach der weisen phaffen sag*
> *Nieman sich getauffen mag*
> *Selber in eim bache*
> *Von chainr lai sache.*
> *Es muoss ein underschaidung sin*
> *Zwüschem tauffer und auch din.*
> *Dar zuo der tauffer sprechen schol*
> *Genanteu wörter, die man wol*
> *Vindet in der hailigen gschrift.*
> *Dennocht ist ez als ein wicht,*
> *Hat der tauffer nit den muot*
> *Ze tauffen, so er dich daz tuot.*
> *In gottes dienst bist du verdrossen;*
> *Dar umb so hast du wenk vergossen*
> *Deins pluotz in seiner minne.*
> *Du prinst auch nit mit sinne*
> *In dem gaist: daz sag ich dir.*
> *Noch bist ein jud, gelaub es mir!* (*Ring*, V. 285–306)

Was hier als der *weisen phaffen sag* paraphrasiert wird, steht stilistisch im Gegensatz zu den sonstigen Schimpftiraden des Chuontz. Eisengrain markiert hier die Differenz zwischen Bauernrede und theologischem bzw. juristischem Diskurs, weist also auf die Heterogenität der im Text kombinierten Materialien. Von der Stillage wie auch durch den Verweis auf priesterliche Autorität sind Chuontzens Ausführungen zur Taufe als

'Diskurs der Anderen' markiert. Dieser Diskurs der Anderen rückt dem Bauerntölpel in den Mund, ein Verfahren, das öfter eine Rolle spielt. Das Ausgeführte ist mit der kirchlichen Lehre über das Taufsakrament kompatibel und darin ist sicherlich *ein* Grund für die rote Marginalisierung zu sehen. Darüber hinaus aber wird im Text auch das Diskursgefälle zwischen theologischer Rede und Bauernsprache thematisiert. Auf die Ausführungen antwortet schließlich auch Eisengrein mit einem intradiegetischem Aufmerken auf den abrupten Registerwechsel: *Siha, durch gotz plunder, | Ist daz nit ein wunder, | Daz Chuontz da haim uf sinem mist | Ist worden ein so guot jurist* (*Ring*, V. 309–312). Eine Figur markiert hier die Differenz zwischen Bauernrede und theologischem bzw. juristischem Diskurs. Das Diskursgefälle wird im Text thematisch und – so wie im Prolog in der Differenz von *ler* und *gpauren gschrai* – auch vom Linienspiel unterstrichen. Darin wäre eine Umsetzung der in der Unterscheidung von *ler* und *gpauren gschrai* angelegten Differenz zu sehen. Da sich in dieser Lehre zwei derbe Fluchformeln finden (*gescholten und gefisten*, *Ring*, V. 288; *Siha, durch gotz plunder*, *Ring*, V. 309), erfolgt zugleich wieder eine Ironisierung der Rotmarkierung.

Schlagfertige Repliken der Figuren werden im *Ring* des Öfteren rot markiert. Nachdem Graf Burkhart sich auf seinem Esel festgebunden hat, widerfährt ihm beim Turnier ein Malheur: Er fällt zwar nicht von seinem Reittier, dafür aber platzt sein Hosenlatz. Die Frauen lachen über das exponierte Genital, und Graf Burkhard reagiert wie folgt:

> *Erst huob sich jamer, angst und not.*
> *Die frawen lachten sich ze tot.*
> *Graf Burkhart in den sattel kam.*
> *‚Sim so, ir ziegglin' sprach der man,*
> *‚Durch aventeur so seit es chomen,*
> *Aventeur habt es vernomen.'* (*Ring*, V. 399–404)

Wießner unterließ einen Kommentar zu den rot markierten Versen 402–404. Puchta-Mähl sah in ihnen aufgrund der redensartlichen Formulierung eine „Spielart der Didaxe".[438] In der Tat sind Sentenzen oft rot markiert, aber hier scheint sich in der Redensart keine Weisheit zu verdichten. Helmut Funke meinte vage (und ohne Belegstellen), die Verse würden an Spruchdichtung erinnern und oft würde Wittenwiler „derartige Aussagen", „die einen Sachverhalt als gültig hinstellen" rot markieren.[439] Solche Formulierungen suchen offensichtlich den Tatbestand zu umgehen, dass sich eine „didaktische Relevanz" dieser Passage nicht ausmachen lässt. Was die Rotmarkierung hier würdigt, ist vielmehr die Rationalität einer schlagfertigen Replik. Allenfalls wäre zusätzlich noch zu erwägen, ob hier ein Textimport markiert wird, da sich aber zu dem Ausspruch keine Quelle ausmachen lässt, muss dies offen bleiben. Eine schlagfertige Replik findet sich auch an jener Stelle, wo Eisengrein stürzt und den dies beklagenden Zuschauern entgegnet, nicht er sei gestürzt, sondern sein Esel. Man hat hierin

---

[438] Christa Maria Puchta-Mähl, „Wan ez ze ring umb uns beschait" 1986, 246.
[439] Helmut Funke, Die graphischen Hinweise 1973, 51.

eine didaktische Relevanz dahingehend sehen wollen, dass ein Kämpfer die Schuld für sein Versagen immer bei sich selbst zu suchen habe, und dass Eisengreins Verhalten „aus der Umkehrung heraus" über diese Forderung belehre.[440] Auch hier scheinen die Begründungen für eine didaktische Lesart weit hergeholt zu sein. Meines Erachtens wird hier lediglich der Tatbestand markiert, dass eine Begründung vorgebracht wird, womit ein rationaler Mindeststandard gegeben ist, der den tumultarischen Kontext der Äußerung kurz unterbricht. Dass die Rationalität der Aussage genauerer Prüfung dieser Passage nicht standhält, versteht sich von selbst. Es fällt aber auf, dass Wittenwiler nicht nur nützliche Hinweise (z. B. ein Esel läuft geradeaus, wenn man ihm die Augen verbindet) oder zweckrationale Erwägungen jeder Art rot markiert, sondern das Aufscheinen von Rationalität und Reflexivität prinzipiell. Dass Wittenwiler gegen die knapp gehaltenen Rationalitätsstandards des Bauernhochzeitsschwanks in die tumultarischen Handlungen der Figuren *list* und *ler* einträgt und aus dieser Konfrontation sein Theater des Wissens entwickelt, wurde eingangs dargelegt. Hier nun zeigt sich, dass dieses Spiel auf der Ebene der Farbzuweisungen mitunter in der Mikrostruktur wieder aufgenommen wird. Didaktisch funktionalisieren lässt sich dieses Spiel nicht immer. Was allerdings nicht heißt, dass es funktionslos sei. Die Markierung der rationalen Einsprengsel im Bauerntumult steigern das Vergnügen an der Exponierung der Dummheit durch das Einführen einer Kippfigur, die zeigt, wie gelegentliche rationale Aufwände der Protagonisten unverzüglich in Unverstand abgleiten. Durch den Farbenwechsel wird die Aufmerksamkeit auf diesen Sachverhalt zentriert.[441]

Als viertes Beispiel sei auf Bertschis Kampfzorn eingegangen. Während des Bauernstechens steigert sich Bertschis Hass auf Neidhart zu einem Anfall von Kampfzorn:

Triefnas rüegen sich begond:
Die nasen ward er rimphen,
Daz feur im aus den augen glast,
Aus sinem maul der gaifer prast,
Jo, wie zittert er von zorn!
Sein varw hiet er so gar verlorn,
Stamblent ward sein rässeu zung. (Ring, V. 526–532)

Man hat in der medizinischen Vorführung der Symptome des Zornesausbruchs eine didaktische Intention erkennen wollen,[442] schlüssiger jedoch scheint mir hier, dass durch die rote Linie signalisiert wird, dass ein über die geschilderte Situation hinausreichender Gemeinplatz bedient wird: der Topos vom Kampfzorn des Helden.[443] Gattungsgeschichtlich findet sich dieser Topos besonders häufig in der Heldenepik. So betrachtet –

---

[440] Ebd., 52.
[441] Eine weitere schlagfertige Replik, die ebenso rot markiert ist, findet sich V. 9340.
[442] Helmut Funke, Die graphischen Hinweise 1973, 53 konstatiert die Partie sei didaktisch relevant, weil „fast mit medizinischer Genauigkeit" ein Zornausbruch geschildert werde.
[443] Klaus Ridder, Kampfzorn 2004, 49–51.

Positionierung im Feld des Wissens und der Dichtung 331

und weitere Textpassagen legen dies nahe – kämen den roten Linien auch Signalfunktionen als Intertextualitätsmarker zu. Sie fungieren hier zugleich als Zeichen für die Heterogenität des Materials: Der Kampfzorn hat seinen Ort im heroischen Kampf weltbewegender Schlachten, nicht im Kübelstechen der Bauerntölpel. Auf diese Unverhältnismäßigkeit merkt auch der diesem Passus folgende ironischer Erzählerkommentar: *Waz man saget oder sung, | Dem gast wolt er do nit vertragen: | Er wolt in nür für toten haben* (Ring, V. 533–535). Wenn der Erzähler das undifferenzierte Gebrüll der Bauern solcherart mit *singen unde sagen* bezeichnet und dabei noch reimbedingt (*zung-sung; Ring,* V. 532f.) eine falsche Präteritumform verwendet, so steckt darin einerseits Ironie, andererseits aber auch ein Kommentar auf das heldenepische Zitat in der Schilderung von Bertschis Zornausbruch. Dass von Bertschi zudem nicht nur behauptet wird, er habe vor Zorn zu stammeln begonnen, sondern seine Rede zudem auch mitgeteilt wird (*So, du du du hüerrensuon* […],*Ring,* V. 537ff.) stellt eine ungebräuchliche und ridiküle Konkretisierung literarischer Topik dar, die dann auch in Neidharts Replik parodiert wird (*Min he-he-herr* […]; *Ring,* V. 542ff.). Dass Neidhart dabei als Hurensohn, Bertschi jedoch als Herr angesprochen wird, verkehrt wiederum den Status der Figuren (die Anrede „Herr" ziemt eher Neidhart *et vice versa*).[444] Durch die Rotmarkierung des Kampfzorns wird dieses Spiel deutlich gesteigert, ihm würde anderenfalls eine Dimension fehlen. Die Markierung von Heterogenese und Intertextualität scheint mir hier gewichtiger für die Wahl der roten Farbe als das Anliegen, die medizinischen Symptome des Kampfzorns didaktisch zu vermitteln oder vor unkontrolliertem Affekthandeln zu warnen.[445]

Soliloquien der Figuren werden ebenfalls rot markiert. Aus Angst vor dem Tode beichten die Bauern ihrem Beichtvater Neidhart ihre Sünden. Neidhart schickt Leckdenspieß als Buße für seine Vergehen auf den beschwerlichen Weg zum Bischof. Rot markiert wird daraufhin ein Erzählerkommentar, der in ein Selbstgespräch Neitharts übergeht:

Daz sagt er im nit ane sach,
Her Neithart, do, der gumppelphaff,
Der im gedocht in seinem muot:
‚Böser schimphe ward nie guot;
Mit der sel ist nit ze schertzen.
Ich waiss daz wol in minem hertzen
Nach der waisen lere sag,
Daz ich in nit gelösen mag
Noch gepinden gaistechleich.
So mag er auch nit sicherleich

---

[444] Vgl. zu den Anredeformen und zur Funktion, die Tollkühnheit der Bauern anzustacheln, Jörg Bismark, Adlige Lebensformen 1976, 58.

[445] Auch Ridder bezweifelt, dass es an dieser Stelle um eine Charakterisierung des Affekts geht, er sieht in dieser Stelle vielmehr eine Warnung vor unkontrolliertem Affekthandeln; vgl. Klaus Ridder, Kampfzorn 2004, 50.

Seineu sünd eim laien sagen,
So er priester mag gehaben.'! (*Ring*, V. 768–779)

Im Text lassen sich mehrere Distinktionsmarker ausmachen, die von der Farblinie begleitet werden. Neidhart spricht zunächst als *gumppelphaff;* damit rückt seine Unterredung mit den Bauern aufgrund der prätendierten Autorität in die Nähe des *törpel*haften. Dann aber wechselt das diskursive Register: In einem Selbstgespräch *a parte* wird Neidharts reflexive Rede aus den Handlungs- und Gesprächszusammenhängen des Geschehens herausgenommen. Diskursive Distinktion wird zudem explizit durch den Bezug auf der *waisen lere sag* (*Ring*, V. 774) markiert. Schließlich verwendet Neidhart auch Sentenzen (*Böser schimphe ward nie guot;* | *Mit der sel ist nit ze schertzen; Ring*, V. 771f.), in denen *ler* verdichtet ist, und die einen situationsabstrakten Allgemeinheitsgrad beanspruchen können. Nicht allein der geistliche Gehalt der Lehre von der Laienbeichte (Laien dürfen den Sünder in der Beichte nur dann entbinden, wenn er keinen Priester haben kann) ist durch eine rote Farblinie markiert, sondern auch die diskursdistinktive, durch Selbstreflexion und Sentenzen geprägte Textumgebung.

Diese Konstellation wiederholt sich nahezu parallel bei Mätzlis Arztbesuch: Auch Chrippenchra betreibt ein Selbstgespräch, das rot markiert wird (*Ring*, V. 2097–2104). Ähnlich verhält es sich mit Bertschis innerem Monolog angesichts der Beleidigungen, die er von dem Spielmann erleidet: Er beschließt ihm diese vorerst nicht zu vergelten, da er seiner bedürftig ist (*Ring*, V. 1338–1343). Ebenso erkennt der Spielmann bei der Hochzeit, dass er zu betrunken ist, um noch richtig zu musizieren, und reflektiert in einem Selbstgespräch darüber, dass die ebenso derangierten Gäste dies auch nicht mehr unterscheiden können (*Ring*, V. 6142–6148). Auch der wilde Mann spricht mit sich selbst, wenn er das gegenseitige Abschlachten der Hexen und Zwerge für sich ausnutzen will (*Ring*, V. 8729–8737).[446] Alle diese Selbstgespräche betreffen mehr oder minder maliziöse Ziele der Figuren, sie sind jedoch durch eine grundsätzlich rationale Erwägung der Umstände bestimmt.[447] Didaktisch relevant ist die „Pfiffigkeit" bzw. „Bauernschläue" in diesen Selbstgesprächen nur manchmal; sie bilden freilich Inseln der Vernunft im tumultarischen Geschehen und durch die Rotmarkierung wird der Blick der Rezipienten auf die Dialektik dieser Momente gelenkt.

Dass Soliloquien *konsequent* rot markiert würden, lässt sich allerdings nicht behaupten. Neben den erwähnten Beispielen stehen im *Ring* andere mit grüner Seitenlinie: Bertschis als Selbstgespräch dargestellter Beschluss, auf Fritzos Dach zu steigen (*Ring*, V. 1481–1485), Fritzos innere Reflexion über den glühenden Bertschi, der in das Feuer gefallen sei (*Ring*, V. 1516ff.), Bertschis Räsonement über die Notwendigkeit, einen Brief zu senden (*Ring*, V. 1639–1641) und Mätzlis als Selbstgespräch inszenierter Be-

---

[446] Helmut Funke sieht auch hierin didaktische Bedeutsamkeit; vgl. Helmut Funke, Die graphischen Hinweise 1973, 135.
[447] Dass in den Selbstgesprächen zugleich die Perspektive des Erzählers und sein Rückzug auszumachen sei, zeigt Corinna Laude, „Daz in swindelt in den sinnen" 2002, 82ff.

schluss, den Arztbesuch zu veranlassen (*Ring*, V. 1984ff.) sind allesamt mit grüner Seitenlinie versehen.

Als letztes Beispiel für auffällige Markierungen seien die Gebetstexte angeführt. Dass Gebete und katechetische Texte im *Ring* grün markiert sind, hat immer wieder zu denken gegeben. Dabei liegt in diesen Passagen ein Sonderfall zu den sonstigen Markierungen des Textes vor: So sind diese Texte zwar mit einer grünen Seitenlinie versehen, die Initialen der Gebete aber sind rot markiert. In der Forschung wurden die unterschiedlichsten Hypothesen hierzu aufgestellt: Häufig sieht man diese Linienführung in Bertschis mangelnder Andacht beim „Herunterleiern" der Gebete begründet.[448] Dass Bertschi beim Beten steht, und dass die Gebete zudem Prüfungsstoff sind und nicht im Rahmen des Gottesdienstes zur Anwendung kommen, wurde oben als weitere mögliche Begründung erwogen. Wenn diese beiden Begründungen eine gewisse Plausibilität beanspruchen dürfen, so führen sie auf eine weitere Funktion der Linien und Farben: Diese würden im gegebenen Fall den Unterschied markieren zwischen der Geltung eines Textes, hier eines Gebets, und seiner performativen Umsetzung, oder (um in der Begrifflichkeit des Prologs zu sprechen): von *ernstleich sach* und *schimpfes sag* (*Ring*, V. 34). Die Mühen um eine didaktische Funktionalisierung dieses Arrangements haben dabei oft den Blick dafür verstellt, dass es sich bei solchen Aufwänden um ein ziemlich komplexes und voraussetzungsreiches Unterfangen handelt. Die Linien betreiben subtile Differenzierungen, die den Text nicht nur mit paratextuellen Signalen versehen, sondern ihn mitunter auch kommentieren.

Diese kurze Revue einiger Fälle auffälliger Markiertheit zeigt, dass die im Prolog auszumachenden Unterscheidungen durch die Linien in der Tat vollzogen werden: Diese unterscheiden eben nicht nur Lehre von Schwank, sondern auch den Diskurs der Priester von dem der Bauern, die Geltung von Texten von ihrer Umsetzung, Explikation von Narration. Im Zuge der Durchführung des Programms kommen den Linien Zusatzfunktionen zu: Sie markieren Intertextualität und Heterogenität, sie unterstreichen den Wechsel von Perspektiven im Text, sie differenzieren Rationalitätsstandards. Angesichts dieser funktionalen Überdeterminiertheit der beiden Farben ist eine konsequente Durchführung nicht zu erwarten. Mir scheint jedoch, dass diese Möglichkeiten der Linien okkasionell auch genutzt werden, um eine gute Pointe im Theater des Wissens zu setzen und zu unterstreichen. Dabei handelt es sich nicht durchgehend um ein dem „Spieltrieb" geschuldetes Vorgehen oder eine konsequente Anwendung eines parodistischen Verfahrens bzw. eine planmäßige Verwirrung des Lesers. Denn sehr oft erfüllen die Linien klare distinktive Funktionen: Häufig unterscheiden sie recht zuverlässig zwischen *narratio* und *explicatio*, gelegentlich freilich steigern sich die verschiedenen Imp-

---

[448] Vgl. Bruno Boesch, Bertschis Weltflucht 1974, 234; vgl. auch Richard Brinkmann, Zur Deutung 1956, 221, 227, Reinhard Wittmann, Heinrich Wittenwilers *Ring* 1974, 83.

likationen des Verfahrens der Marginalisierung zu einem intensiven Spiel.[449] Weder das eine noch das andere ist für den *Ring* zu generalisieren, anderenfalls überfrachtete man das komplizierte Linienspiel mit Konsistenzerwartungen, die ihm völlig unangemessen sind.

Bezieht man in diese Überlegungen die Ergebnisse der Untersuchungen zu den Denunziationen des Literarischen ein, so lässt sich zu den Seitenlinien folgende These präzisieren: Ihre Inkonsistenz gründet weder in Versehen des Verfassers noch in denen des Miniators, sondern in der Überdeterminiertheit dieses Mittels und in der Inkonsistenz der dem Text zugrunde liegenden und miteinander konkurrierenden poetologischen Entwürfe. Dass der Eindeutigkeit der Linienzuweisung deshalb Grenzen gesetzt sind, sich gerade deshalb aber die Möglichkeit ergibt, gelegentlich mit ihnen zu spielen, zeigt sich auch an folgender Passage, in der die Terminologie des Prologs wieder aufgenommen wird. Sie findet sich im Zusammenhang der Bilanzierung des gescheiterten Turniers:

> *Do daz die alten sahen,*
> *Gemainleich seu des jahen,*
> *Daz si pei iren zeiten*
> *So pöschleich nie gestreiten*
> *Sahen, sam da was geschehen,*
> *Scholt mans für ein ernst ersehen;*
> *Wolt mans aber zellen*
> *Für ein schimph, daz vellen,*
> *So sprachens, daz seu nie chain schimph*
> *Gesahen mit dem ungelimph.* (*Ring*, V. 1189–1197)

Dieser Passus ist rot markiert. Edmund Wießner und Helmut Funke umgingen die Problematik, die sich an dieser Stelle durch die Verwendung der Begrifflichkeit des Prologs ergibt dadurch, dass sie in der Rede von *schimph* und *ernst* die Anwendung einer auch anderwärtig belegbaren Turnierterminologie sahen. Didaktisch relevant sei diese Passage, in der behauptet wird, das Turnier sei besonders schlimm ausgegangen, unabhängig davon, ob es im Ernst oder als Schimpf betrachtet werde, deshalb, weil die Alten „gewöhnlich" als Autoritäten der Weisheit dargestellt würden. Dies mag für die Kriegsberatung der Lappenhausener zutreffen, für die Eheberatung von Bertschis Sippe trifft es nicht zu. Zuverlässig ist die Autorität der Alten in Wittenwilers Text gerade nicht. Dass hier eine Unentschiedenheit zweier Perspektiven auf das Geschehen aufscheint, sollte zu denken geben: Sie können als Ernst oder Spott wahrgenommen werden – dies räumt der Verfasser des *Rings* hier ein und diese Uneindeutigkeit wird durch die rote Seitenlinie keineswegs vereindeutigt. Dass der Ausgang in beiden Fällen schrecklich ist, überrascht bei einer auf einen Untergang angelegten Geschichte nicht. Der Markierung des

---

[449] Helmut Funkes grundsätzliche Zurückweisung von parodistischen und ironisierenden Funktionen ist deshalb ebensowenig zuzustimmen wie der Bestreitung von Verfremdung und Spieltrieb in der Linienführung; Helmut Funke, Die graphischen Hinweise 1973, 163f.

Textes durch Seitenlinien jedoch wird in einem solchen Arrangement ein Stück ihrer Eindeutigkeit genommen, was seinerseits wieder bestätigt, dass eine eindeutige Positionierung im Feld des Wissens und der Literatur nicht gelingt bzw. nicht angestrebt wird.

Wie sollte sie auch gelingen? Der Tatbestand der Mehrdeutigkeit und Ambivalenz der Linienführung an bestimmten Stellen ist symptomatisch dafür, dass Wissen und Literatur im Mittelalter einerseits allenfalls ansatzweise gegeneinander ausdifferenziert sind, dass sich andererseits in der volkssprachigen Literatur des Mittelalters keine Poetik im modernen Sinne ausmachen lässt, sondern allenfalls poetologische bzw. poesiologische Reflexionen in den Texten, denen eine eingeschränkte Programmatik für die literarische Entwürfe *in toto* zukommt. Und so vage und gleitend die Begrifflichkeit für poetologische Sachverhalte in der deutschen Literatur des Mittelalters ist, so vage und gleitend müssen auch Wittenwilers Farblinien sein, die ja als Entsprechungen solcher Begriffe angesehen werden können. Die poetologischen Begriffe, wie auch die Linien haben allenfalls eine mittlere Reichweite. Man kann mit ihnen eine ganze Reihe von Phänomenen beschreiben und differenzieren; wo es freilich komplexer zugeht, schwindet die Eindeutigkeit. Walter Haug hat in seinen Studien zur Literaturtheorie der mittelhochdeutschen Literatur festgestellt, dass es keine explizite volkssprachige Poetik gebe, dass „Literaturtheorie" aus den Texten selbst, aus Prologen, programmatischen Passagen und Erzählerreflexionen gewissermaßen destilliert werden müsse.[450] Damit haftet den Begriffen der Poetik und der Poetologie immer etwas Unangemessenes an. Wilfried Barner hat angeregt, für literarische Phänomene „die Poetik und Rhetorik nicht lehren" den Begriff der Poesiologie zu benutzen.[451] Zudem hat ein jüngerer Sammelband zur Begrifflichkeit poetologischer Vokabeln im deutschsprachigen Mittelalter erneut gezeigt, wie schwierig es ist, Begriffe wie *tihten, mär, aventiure* angemessen zu referenzialisieren.[452] Die Linienführung im *Ring* lässt sich vor diesem Hintergrund betrachten als Form einer solchen Poesiologie, die versucht, heterogene Sachverhalte zu differenzieren. Dazu wird freilich gegenüber der Komplexität des zu Markierenden eine unterkomplexe Form der Markierung gewählt. Mit den Linien haben programmatische Aussagen ein praktisches Äquivalent, welches als solches in der deutschsprachigen Epik des Mittelalters singulär ist.[453]

Für den Zusammenhang dieser Studien ist es dabei von Wichtigkeit, dass die im Prolog bearbeitete enzyklopädische Tradition desgleichen in den Linien eine Entsprechung findet. Im *Ring* reflektiert das Linienspiel zudem die Problematik einer enzyklopädischen Dichtung: Sie markiert Phänomene, die mit der Transgression der literarischen Form des Bauernschwanks einhergehen (Rationalitätsstandards innerhalb von Tumulten), sie macht Wissen wieder kenntlich, das an literarische Verfahren assimiliert wur-

---

[450] Walter Haug, Literaturtheorie ²1992.
[451] Winfried Barner, Spielräume 2000, 34f.
[452] Gerd Dicke, Manfred Eikelmann, Burkhard Hasebrink (Hg.), Im Wortfeld des Textes 2006.
[453] Von einer Kommentarfunktion der Linien spricht auch Corinna Laude, „Daz in swindelt in den sinnen..." 2002, 51.

de, sie begleitet und kommentiert Positionierungen im Feld des Wissens und der Literatur. Das Linienspiel von Wittenwilers *Ring* stellt somit innerhalb der Problematik der Selbstreflexion enzyklopädischer Dichtung ein ganz bemerkenswertes und singuläres Mittel dar.

Dass solche Selbstreflexion zu keinem Ende kommt, sollte nicht in einer Programmatik allgemeiner Sinnskepsis zu begründen gesucht werden. Die Vagheit programmatischer Äußerungen, die sich sowohl bei der Statusbestimmung des Literarischen als auch in Wittenwilers Poesiologie in Farben zeigen, sind einem poetischen Experiment mit Wissen und Literatur unvermeidlich. Und als solches ist Wittenwilers *Ring* als Exemplar enzyklopädischer Dichtung anzusehen.

3. Kapitel: Johann Fischart, *Geschichtklitterung*

I. Transgressionen bei Rabelais und Fischart

Transgression bei Rabelais – Literarische Formen als Bühne des Wissens

Da es sich bei Johann Fischarts *Geschichtklitterung* um eine Übertragung von François Rabelais' *Gargantua* ins Deutsche handelt, stellen sich Fragen nach der Transgression literarischer Formen hier auf andere Weise als in den bisher behandelten Texten. Die Transgression der Literatur auf Wissen hin lässt sich bei Fischart nicht als Alterierung einer bestimmten literarischen Form durch ihre Anreicherung mit Wissen beschreiben, denn Rabelais' Romane sind ihrerseits bereits Ergebnis einer enzyklopädischen Transgression literarischer Formen; sie stellen Gattungsinnovationen dar und sind nur teilweise durch etablierte literarische Traditionen gestützt. Rabelais' *Gargantua* ist eine Fortschreibung des Vorgängerromans *Pantagruel* nach vorn: Auch wenn am Ende des *Pantagruel* eine Fortsetzung angekündigt wurde, wird diese im zweiten Roman nicht erzählt, sondern anstatt dessen mit den Heldentaten des Gargantua die Vorgeschichte von Pantagruels Vater nachgeliefert. Im *Pantagruel* hatte Rabelais die Erzählstruktur und die literarischen Verfahren entwickelt, die im *Gargantua* ein weiteres Mal durchgeführt und umgearbeitet wurden.[1] Der *Gargantua* ist somit nicht nur als Vorgängerroman, sondern unter poetologischen und konzeptionellen Gesichtspunkten auch als eine Umschrift und Neukonzeption des zwei Jahre zuvor erschienenen *Pantagruel* zu betrachten. Bekanntlich beschränken sich Rabelais' Geschichten von den Riesen Pantagruel und Gargantua nicht auf diese beiden Bücher, sie wurden durch weitere Romane zu einer Pentalogie ergänzt und Fischart kannte auch diese, das *Tiers Livre*, das *Quart Livre* und das posthum erschienene, nicht mehr von Rabelais selbst beendete *Cinquieme Livre*.[2] Fischart, als Übersetzer des *Gargantua*, greift damit auf Texte zurück, die sich

---

[1] Vgl. Frank-Rutger Hausmann, François Rabelais 1979, 30ff.

[2] Dies lässt sich anhand von Zitaten aus diesen Büchern und Anspielungen auf sie in der *Geschichtklitterung* zeigen. So lässt Fischart im Pikrocholischen Krieg einen Hauptmann namens „Wurststumpen" auftreten, worin eine Rezeption der Wurstkriege im *Quart livre* (Kap. 35–38) ausgemacht werden kann; Fischarts Beschreibung der Grablege des Pantagruel scheint Anleihen bei Rabelais' Beschreibung der Epitaphe auf den Grabsteinen der Makräonen-Inseln des *Quart liv-*

ihrerseits durch die Transgression literarischer Formen konstituiert haben. Den Hintergrund dieser Romane bilden unzählige Intertexte.[3] So sind sowohl der *Pantagruel* als auch der *Gargantua* zunächst parodistische Umschriften spätmittelalterlicher Ritterromane und Heldengeschichten. Die Romane breiten Geburt, Kindheit, Erziehung und Waffengang der Helden aus und folgen damit den für die mittelalterliche Epik gängigen Erzählmustern der *enfance* und des Heldenlebens;[4] beide werden vom Roman aufgegriffen und zugleich vielfach distanziert, indem sie immer wieder zum Anlass parodistischer Inversionen werden. Das dritte, vierte und fünfte Buch folgen diesen Erzählmodellen nicht mehr, die Protagonisten suchen nach einer Antwort auf die Frage, ob der Erzschelm Panurge heiraten solle oder nicht. Im dritten Buch konsultiert Panurge eine Reihe von Experten (Philosophen, Priester, Wahrsager, Magier etc.), um Aufschluss über diese Frage zu erlangen. Nachdem all dies nicht zum gewünschten Ergebnis führt, begeben sich Pantagruel, Panurge und ihre Gefährten auf eine lange Seereise zum Orakel der heiligen Flasche, von der sie sich eine endgültige Antwort erhoffen. Auf dieser Fahrt erleben sie eine Fülle von Abenteuern, besuchen diverse Inseln und nehmen dort die seltsamsten Verhältnisse und Bewohner in Augenschein. Die Forschung hat hierin eine Ähnlichkeit zur Struktur der Suche, der *queste* in den mittelalterlichen Gralsromanen gesehen, und die heilige Flasche kann als Parodie auf den Gral betrachtet werden. Andererseits weist die Serie der verschiedenen Inselaufenthalte natürlich Ähnlichkeiten mit Homers *Odyssee* und Vergils *Aeneis* auf. Für diverse Reise- und Abenteuerromane des Mittelalters ist eine Episodenfolge von Abenteuern auf See gleichfalls typisch. Der Prolog des *Pantagruel* verweist schließlich auch auf die *Chroniques gargantuines*, die vor dem Roman im Druck erschienen und in denen die Geburt Gargantuas, seine Großtaten in Paris und der Dipsodenkrieg beschrieben werden.[5] Als Fortsetzung dieser Chronik inszeniert Rabelais seinen ersten Roman, der die Lebensgeschichte des Sohnes von Gargantua zum Gegenstand hat. Der werkchronologisch zweite Roman, der *Gargantua*, ist dann die Umarbeitung der *Grandes chroniques* unter Einsatz der im *Pantagruel* erarbeiteten literarischen Standards. Aus Mysterienspielen des 15. Jahrhunderts ist der Durstteufel Pantagruel bekannt, welcher den Menschen im Schlaf Salz in den Mund streut. Ein bedeutendes Anregungspotential für Rabelais bot auch die frühneuzeitliche Gattung des komischen Ritterepos.[6] Dies erschließt sich besonders mit Blick

---

re zu nehmen; die langen Waffenlisten, die bei der Mobilmachung Pikrochols zum Einsatz kommen und im *Gargantua* keine Entsprechung haben, kommen im Prolog zum *Tiers livre* in der Geschichte über Diogenes vor etc. Vgl. auch Adolf Hauffen, Johann Fischart 1921/22, Bd. 1, 181.

[3] Vgl. zu den literarischen Quellen der Pentalogie Frank-Rutger Hausmann, François Rabelais 1979, 60–72.

[4] Vgl. Friedrich Wolfzettel, Zur Stellung und Bedeutung der *Enfances* 1973/1974; Jan de Vries, Heldenlied und Heldensage 1961 [1959], 282–289; Gunhild Pörksen, Uwe Pörksen, Die ‚Geburt' des Helden 1980.

[5] Vgl. François Rabelais, Œuvres complètes 1973, 36; Frank-Rutger Hausmann, François Rabelais 1979, 42–44.

[6] Vgl. Frank-Rutger Hausmann, Rabelais …und kein Ende 1978, 334.

auf das Versepos *Baldus* des Mantuaners Teofilo Folengo, der unter dem Pseudonym Merlin Coccai schrieb. Ein anonymer französischer Verfasser hatte 1606 dieses Epos, das 1517 zuerst und 1521 sowie 1552 in erweiterten Fassungen erschien,[7] auf dem Titel seiner in Paris erschienenen Prosa-Übersetzung als *prototyp de Rabelais*[8] bezeichnet. Als Muster kommt der *Baldus* für Rabelais' Pentalogie einerseits wegen seiner Sprachspiele in Betracht. Folengo und insbesondere sein Epos haben die Tradition der sogenannten makkaronischen Poesie in besonderer Weise geprägt.[9] In ihr wird mit dem Gefälle zwischen Humanistenlatein und Volkssprache gespielt, indem Wörter der Volkssprache mit lateinischen Endungen versehen werden; ein Verfahren, das sowohl Rabelais als auch Fischart neben anderen Sprachspielen nutzen (*Nach Birem geb Potum, nach Potum eile cacotum*; *Geschichtklitterung*, 235). Andererseits stellen der Plot und die Motive des *Baldus*, die Verfahren der Parodie sowie die spezielle Auseinandersetzung und Reflexion der Literatur für Rabelais wichtige Prägungen dar.[10] Folengos *Baldus* ist eine parodistische Umschrift der *Aeneis* des Vergil, welcher ebenfalls Mantuaner war. Erzählt wird die Geschichte des Trunkenbolds Baldus, der, durch die Lektüre von Ritterromanen angeregt, mit einer Schlägertruppe von Strauchdieben seine Heimatstadt Mantua unsicher macht. Seine Wegbegleiter sind Falchettus, bei dem es sich um ein Mischwesen aus Mensch und Hund handelt, Fracassus, ein Riese, sowie der Erzschelm Cingar, bei dem es sich um eine Verlachfigur und einen Trickster handelt, der im Opferstockräuber und Altarschänder Panurge bei Rabelais eine deutlich erkennbare Entsprechung hat.[11] Als es der Bande in Mantua schließlich zu brenzlig wird, brechen Baldus und seine Gefährten auf eine Seereise auf und erleben zahlreiche Abenteuer. Bemerkenswert ist im *Baldus* zudem das Reflexionsniveau literarischer Probleme und Traditionen. So wird eine als Vergil- und Danteparodie angelegte Unterweltsfahrt der Protagonisten zum Ort eines aberwitzigen Spiels mit der Fiktionalität literarischer Rede: Die Helden geraten in eine Dichterhölle, in der den Insassen für jede in ihrem Leben niedergeschriebene Lüge täglich Zähne gezogen werden, die allerdings jede Nacht wieder nachwachsen. In dieser Dichterhölle begegnet Baldus und dem Leser schließlich leibhaftig Merlin Coccai selbst, der Erzähler des Epos.

---

[7] Die sogenannte *Redazione Paganini* von 1517 versammelt ca. 6000 Verse in 17 Gesängen, die überarbeitete Fassung von 1521, die *Redazione Toscolana,* bietet fast doppelt so viele Verse in 25 Gesängen, die *Redazione Cipadense*, die Folengo wohl 1539/40 bearbeitete, erschien 1552. Vgl. den Nachdruck in: [Teofilo Folengo], Edizione Toscolanense (1521) 1994, Bl. 34^r–250^v.

[8] Vgl. [Teofilo Folengo], Histoire maccaronique de Merlin Coccaie, prototype de Rabelais 1606.

[9] Vgl. Brigitte Ristow, Art. ‚Maccaronische Dichtung in Deutschland' 1965, 259–262; Hermann Wiegand, Art. ‚Makkaronische Poesie' 2000, 527–530; Friedrich Wilhelm Genthe, Geschichte der maccaonischen Poesie 1829 [1970]; Franz Penzenstadler, Die Parodie des humanistischen Diskurses 1993, 95–124.

[10] Marcel Tetel, Rabelais and Folengo 1963, 357–364.

[11] Vgl. Gerhard Wild, Art. ‚Teofilo Folengo' 1989, 49f.; Ludwig Schrader, Panurge und Hermes 1958; Bernhard König, Der Schelm als Meisterdieb 1980; Bernhard König, Margutte – Cingar – Lázaro – Guzmán 1981, 286–305.

Angesichts der nicht mehr zu überblickenden Forschungen zu den literarischen Quellen der Pentalogie handelt es sich beim soweit Ausgeführten allenfalls um Andeutungen.[12] Für den Zusammenhang dieser Studie freilich dürfte deutlich geworden sein, dass Rabelais' Pentalogie nicht als Transgression *einer* spezifischen literarischen Form verstanden werden kann. Im Hintergrund des *Gargantua*, wie der Pentalogie insgesamt, sind unterschiedlichste Gattungen, Erzählmuster und -schemata, sowie eine Fülle literarischer Intertexte auszumachen, denen zum Teil der parodistische Gestus bereits eigen ist. Dieser Hintergrund stellt das Reservoir bereit, aus dem heraus Rabelais eine enzyklopädische (und enzyklopädiekritische)[13] Dichtung entwickelte, die ihrerseits für die Gattungsgeschichte des modernen Romans enorm prägend wurde. Besonders der Tatbestand, dass hier der literarische Text zum exponierten Ort der Thematisierung und Reflexion von Wissen wird, erwies sich dabei als traditionsbildend. Man denke etwa an die Wiederaufnahme eines solchen Projekts bei Laurence Sterne, dessen *Tristram Shandy* in vielem Rabelais verpflichtet ist (so geht beispielsweise Sternes berühmte psychogrammatische Analyse der Männer und ihrer *hobby-horses* auch auf den Witz Rabelais' bei der Schilderung der Steckenpferde des Gargantua zurück). Die mannigfachen literarischen Muster, aus denen Rabelais seine Pentalogie zusammenfügt, werden gewissermaßen zur Bühne für eine Inszenierung des Wissens seiner Zeit. Die Wundergeburt des Helden, die *enfance* des Fürstensohnes, seine ersten Waffengänge, die Serie der Abenteuer auf Seereisen und andere Muster und Formen werden immer wieder als Rahmen genutzt für die Thematisierung, Inszenierung und Inversion von Wissen.

Um dies an einem Beispiel zu vergegenwärtigen, möchte ich kurz auf die Manifestation der außergewöhnlichen Intelligenz bei dem fünfjährigen Riesenkind eingehen. Die Kindheitsgeschichten der epischen Tradition sehen vor, dass sich bereits am Kinde die Tapferkeit und Großherzigkeit des späteren Herrschers zeigen, dass die innere Berufung und die adlige Disposition durchbrechen, mitunter gegen widrigste äußere Umstände (z. B. niedere Erziehung im Exil, Verbannung, Entführung des Infanten etc.).[14] Dieses Motiv wird bei Rabelais als Parodie des Wissens erzählt: Grandgousier erkennt an seinem Sohn höhere Fähigkeiten, als dieser bei üppigem Weingenuss mit dem Vater davon Rechenschaft ablegt, wie er über eine Reihe von Selbstversuchen den besten Arschwisch gefunden habe. Die ganze Welt wird auf die Eignung zum Zweck der Reinlichkeit geprüft: Gargantua verwendet Kleidungsstücke (eine Samtmütze, Ohrenschützer von Satin, eine Pagenkappe, einen Handschuh der Mutter), diverses Blattwerk (Kürbis, Kohl, Mangold, Weinblätter) und Tiere (eine Märzkatze, ein Huhn, eine Taube, einen Kormoran), bis er schließlich in einem zarten Gänschen das optimale Werkzeug für das Putzen seines Hinterns erkennt. In der lächerlichen Subsumption der gan-

---

[12] Vgl. hierzu den Forschungsbericht: Frank-Rutger Hausmann, Rabelais und ... kein Ende 1978, 334ff.

[13] Vgl. zur Anti-Enzyklopädik Rabelais' Paul Michel, *Nihil scire felicissima vita* 2004, 263–265, 280.

[14] Vgl. Friedrich Wolfzettel, Zur Stellung und Bedeutung der *Enfances* 1974, 9.

zen Welt unter einen Aspekt hat Paul Michel die enzyklopädiekritische Stoßrichtung dieser Geschichte ausgemacht.[15] Deutlich wird, wie das dem Reservoir literarischer Traditionen entnommene Motiv einer früh sich zeigenden inneren Berufung des Infanten zum Anlass einer Thematisierung von Wissen wird.

Mit dieser Transgression der literarischen Elemente auf Wissen hin geht (wie in enzyklopädischen Dichtungen generell) eine Dekontextualisierung des Wissens einher, welches bereits aufgrund des Tatbestands der literarischen Inszenierung seiner diskursiven Reglements und seiner Disziplinierung verlustig geht.[16] Diese prinzipielle Möglichkeit eines literarischen Umgangs mit Wissen wird von Rabelais bis zum Aberwitz gesteigert und forciert. Nichts bleibt verschont, möchte man sagen, wenn man die in der Pentalogie solcherart hinzugezogenen Wissensbereiche zu inventarisieren sucht: Prinzipien genealogischer Wissensordnungen unterliegen dem Gestus literarischer Inszenierung ebenso wie humanistische Praktiken und Debatten, medizinisches Wissen, Mathematik, Musik, Bilddiskurse über Blasons und Hieroglyphen, scholastische Grundlagenreflexion, Regeln der Rhetorik, juristisches, philosophisches, theologisches Wissen.[17] Neben solchem disziplinierten Wissen werden auch technisch-praktische Kompetenzen oder aber Alltagswissen zum Gegenstand der literarischen Inszenierung: die Namen kurzweiliger Spiele, militärische Praktiken, Architektonisches oder Namen von Speisen und Getränken. Gustav Flauberts Feststellung, dass Rabelais, wie vor ihm Homer, ein Enzyklopädist seiner Zeit sei,[18] hat angesichts dieser Fülle thematisierten Wissens ihre Berechtigung. Dass dieses Wissen freilich bei Rabelais (wie übrigens auch in Flauberts *Bouvard et Pecuchet*)[19] offensiv aus seinen Reglements durch enzyklopädische Wissensordnungen gelöst wird, ist demgegenüber freilich zu ergänzen.

---

[15] Paul Michel, *Nihil scire felicissima vita* 2004, 280.
[16] Diesen Vorgängen gelten immer wieder die Überlegungen Rainer Warnings; vgl. Rainer Warning, Poetische Konterdiskursivität 1999; ders., Konterdiskursivität bei Rabelais 2011; ders., Fiktion und Transgresion [im Druck]. Zur Literatur als Inszenierung von Diskursen vgl. auch Joachim Küpper, Was ist Literatur? 2000, 208.
[17] Diese Wissensbezüge bilden den Gegenstand nicht mehr zu überblickender Rabelais-Forschungen. Viel zum Verständnis von Rabelais' Umgang mit Wissen haben die Untersuchungen Screechs beigetragen; vgl. Michael Andrew Screech, Rabelais 1979.
[18] Gustave Flaubert, Briefe 1977, 322.
[19] Vgl. Rainer Warning, Enzyklopädie und Idiotie 2007.

Transgression bei Fischart

Übersetzung – Aktualisierung – Arbeit an der Zielsprache

Fischarts *Geschichtklitterung* enthält unter anderem eine vollständige Übersetzung des *Gargantua* von François Rabelais.[20] Bis auf wenige Ausnahmen wurde jeder Satz des Buches von Fischart übersetzt,[21] wobei er seine Vorlage immer wieder öffnete und mit weiterem Material ergänzte. Im Wechselspiel von relativ genauer Übersetzung[22] und Erweiterung des Textes durch Zusätze unterläuft Fischart eine Alternative, vor die sich literarisches Übersetzen grundsätzlich gestellt sieht: einer wortgenauen Wiedergabe der Vorlage um den Preis einer Verfremdung der eigenen kulturellen und sprachlichen Prägung einerseits bzw. einer den Prätext verfremdenden Einbürgerung fremdsprachlicher Formen und Inhalte in den Rahmen der eigenen sprachlichen und kulturellen Normen andererseits.[23] Fischart bietet beides: Er übersetzt wortwörtlich auch Eigenheiten des französischen Textes (feste Redewendungen, Sprichwörter usw.), die im Deutschen keine Entsprechung haben; zugleich jedoch ergänzt er in seinen Zusätzen die deutschen Prägungen und kulturellen Daten, was bis zu einer Inkongruenz des Schauplatzes der Geschichte gehen kann, welcher mitunter zwischen den geographischen Angaben bei Rabelais und den hinzugestellten deutschen Landschaften und Ortsnamen changiert.[24]

---

[20] Ich zitiere Ute Nyssens Edition der dritten Auflage von 1590: Johann Fischart, Geschichtklitterung 1963. Dabei nehme ich eine Veränderung vor: Anders als Nyssen gebe ich die deutschsprachigen Anteile der Zitate in Kursivschrift wieder, die lateinischen recte. Damit ist nicht nur das Druckbild der Zitate dem charakteristischen Wechsel zwischen Schwabacher Kursive für deutschen Text und Antiqua für lateinischen in den Drucken der Ausgaben des 16. Jahrhunderts angeglichen, sondern auch eine bessere Vergleichbarkeit mit den Sachtexten des 16. Jahrhunderts gewährleistet, die ihr Druckbild ebenso entlang der Sprachdifferenz organisieren. Zu Vergleichszwecken ziehe ich die Editionen von A. Alsleben und Hildegard Schnabel hinzu, da sie erlauben, den Textbestand der drei Auflagen abzugleichen: Johann Fischart, Geschichtklitterung 1891; Johann Fischart, Geschichtklitterung 1969. Ich verwende für Rabelais den Text Abel Lefrancs, der auch der Ausgabe Demersons zugrunde liegt: François Rabelais, Œuvres complètes 1973. Für den *Gargantua* greife ich auf Wolf Steinsiecks Übersetzung in der Ausgabe Frank-Rutger Hausmanns zurück: François Rabelais, Gargantua 1992, für den *Gargantua* und die anderen Bücher der Pentalogie auch auf die Neufassung der Übersetzung Gelbckes von Horst und Edith Heinze: François Rabelais, Gargantua und Pantagruel [8]1994 sowie (natürlich) auf das nach wie vor beeindruckende, an Fischart orientierte Übersetzungsexperiment von Gottlob Regis: [François Rabelais], Meister Franz Rabelais, der Arzenei Doctoren *Gargantua* und *Pantagruel* 1964.

[21] Vgl. Adolf Hauffen, Johann Fischart 1921/22 Bd. 1, 187ff.; Florence M. Weinberg, Gargantua in a Convex Mirror 1986, 11–23. Zum konzeptionellen Horizont *imitatio* und *aemulatio* bei Fischart vgl. Nicola Kaminski, Gigantographie 2004.

[22] Vgl. dazu sowie zu Fischarts Übersetzungsfehlern und den gelegentlichen Modifizierungen seiner Vorlage besonders Adolf Hauffen, Johann Fischart 1921/22, Bd. 1, 194ff; Hugo Sommerhalder, Johann Fischarts Werk 1960, 70ff. (mit Zusammenfassung der älteren Forschung).

[23] Vgl. Anette Kopetzki, Art. ‚Übersetzung' 2003, 721.

[24] Vgl. Adolf Hauffen, Johann Fischart 1921/22, Bd. 1, 186f.

Von diesem Wechselspiel zwischen Übersetzung und Ergänzung ist auch das verhandelte Wissen betroffen. Neben bereits bei Rabelais Thematisiertem enthält die *Geschichtklitterung* in den Zusätzen und Ergänzungen weitere Anspielungen auf frühneuzeitliche, mittelalterliche und antike Literaturen und Wissensbestände, unter anderem auch auf literarische und wissensvermittelnde Texte aus dem zeitlichen Umfeld der Übersetzung.[25] Die Erstauflage der *Geschichtklitterung* erschien 1575 und somit ca. 40 Jahre nach Rabelais' *Gargantua*.[26] Fischart verfertigte also wissensgeschichtlich betrachtet nicht nur eine Übersetzung, sondern auch eine Aktualisierung seiner Vorlage. Somit geht mit Fischarts Übersetzungsprojekt eine Verschiebung des Textes aus seinem ursprünglichen diskursiven Zusammenhang in einen neuen einher und dies geschieht auf eine andere Art und Weise, als dies bei Übersetzungen grundsätzlich immer der Fall ist. Denn der Vorgang des Übersetzens beschränkt sich bei Fischart nicht auf den Transfer eines Textes aus seiner Ausgangssprache in eine Zielsprache und auf die dabei implizit bleibende Modifizierung der wissensgeschichtlichen und kulturellen Kontexte. Fischarts *Geschichtklitterung* ist Arbeit am *Gargantua*, eine offensive Umschrift, eine gezielte Verschiebung der Kontextbezüge und nicht zuletzt auch Arbeit an der Zielsprache selbst: Der Roman enthält über 300 deutsche Neologismen,[27] darunter eine ganze Reihe von Hapaxlegomena, aber auch Begriffe, die ihren Weg in die Wörterbücher deutscher Sprache gefunden haben, wie etwa jenes, welches sich ab der zweiten Auflage von 1582 im Titel des Opus findet und (um ein Genitiv-S ergänzt) als „Geschichtsklitterung" heute für eine vorsätzlich verfälschende Darstellung oder Deutung geschichtlicher Zusammenhänge verwendet wird. Die Anreicherung der von Rabelais etablierten literarischen Form mit weiteren Wissensbeständen bildet bei Fischart einen Prozess, welcher mit der noch als *Geschichtschrift* getitelten Erstauflage keineswegs abgeschlossen war. Sowohl die von Fischart umgearbeitete Zweit- wie auch die Drittauflage ergänzen die jeweils vorangegangenen Ausgaben um ein Vielfaches, was sich auch im Umfang der Bücher zeigt: Die dritte Ausgabe von 1590 ist mehr als dreimal so umfangreich wie Rabelais *Gargantua* und weist gegenüber der Erstausgabe von 1575 etwas weniger als 50 zusätzliche Blätter auf.[28] Bei diesem Prozess der ergänzenden Umschrift des *Gargantua* einerseits, des Texts der jeweils vorangegangenen Auflage

---

[25] Vgl. die Ausarbeitung dieser Anspielungen in den umfassenden Katalogen von Ulrich Seelbach, Ludus lectoris 2000.

[26] Zur Forschung um das genauer Erscheinungsdatum der verschiedenen Fassungen des *Gargantua* vgl. Frank-Rutger Hausmann, Rabelais und ... kein Ende 1978, 336, Anm. 54.

[27] Siehe die Bestandsaufnahme von Fischarts Neologismen bei Walter Eckehart Spengler, Johann Fischart, genannt Mentzer 1969, 130ff.; vgl. Dieter Seitz, Johann Fischarts *Geschichtklitterung* 1974, 42f.; Hans-Jürgen Bachorski, Irrsinn und Kolportage 2006, 489 sowie Tobias Bulang, Literarische Produktivität 2008, 101–114.

[28] Vgl. die Beschreibung der Drucke bei A. Alsleben: Johann Fischarts *Geschichtklitterung* 1891, VIII–XXVI. Nicola Kaminski bietet präzisere Angaben für das konkrete Ausmaß der Erweiterungen in einzelnen Kapiteln; vgl. Nicola Kaminski, Gigantographie 2004, 279f.

andererseits, ist im Folgenden anzusetzen, wenn das Moment der enzyklopädischen Transgression bei Fischart präzisiert werden soll.

Bestandsaufnahme und Exponierung lexikalischer Varianz

Die enzyklopädische Transgression, die sich in Fischarts Rabelais-Übersetzung vollzieht, erschöpft sich nicht allein in der Weiterführung der Rabelais'schen Verfahren und der quantitativen Anreicherung seines Textes. Fischarts Ergänzungen suchen nach dem Vorbild seiner Vorlage einerseits das Wissen seiner Zeit in den Sog des „Pantagruelismus" zu ziehen,[29] andererseits kennzeichnen seine Zusätze eine andere Interessiertheit am Wissen. Fischart macht sich insbesondere das Rabelais'sche Verfahren der Ballung von Worten, Sprichwörtern und Exempeln zu eigen und baut es um. Die bei Rabelais zumindest noch in Ansätzen auszumachende narrative Funktionalisierung der Wortlisten und Kataloge wird bei Fischart dabei oft preisgegeben zugunsten einer auf Vollständigkeit zielenden lexikalischen Präsentation. Bereits auf der Ebene des einzelnen Satzes lässt sich dies beobachten: Jede Gelegenheit wird wahrgenommen, um für ein französisches Wort möglichst viele Entsprechungen anzugeben. Dies freilich geht über eine Flucht nach vorn aus dem Übersetzungsproblem der angemessenen Wortwahl hinaus. Es ist darin ein Programm der Fischartschen Übersetzung auszumachen: die Privilegierung und Exponierung lexikalischer Varianz.

Dafür finden sich in der *Geschichtklitterung* auf jeder Seite eindrückliche Beispiele. So bietet Rabelais beispielsweise im elften Kapitel des *Gargantua* viele Redewendungen, welche die unsinnigen und nutzlosen Beschäftigungen des jungen Riesen vergegenwärtigen,[30] darunter auch jene, dass er den Mücken nachschaue und den Schmetterlingen hinterher laufe.[31] Für die Schmetterlinge verwendet Rabelais den auf eine Redensart zurückgehenden Ausdruck *parpaillons* statt *papillons*. Darin liegt eine Herausforderung für Übersetzer, welcher Gottlob Regis in seiner Rabelais-Übertragung mit der Verwendung des straßburgischen Ausdrucks *Millermahler* begegnete.[32] Bei Fischart lautet der Passus wie folgt:

> [Gargantua ...] *buckt sich offt nach den Mucken, griff gern nach dem Messer, lieff gern nach den Schrötern, Meikäfern, und fürnemlich den Farfallischen Baumfaltern unnd Papilonischen Butterfligen unnd Pfeiffholdern, und den Mariposischen Botterschützen, deren König sein*

---

[29] Zum Pantagruelismus vgl. in dieser Studie unten S. 389.

[30] Vgl. François Rabelais, Œuvres complètes 1973, 72–74.

[31] *...baisloit souvent aux mousches, et couroit voulentiers après les parpaillons, desquelz son père tenoit l'empire*; François Rabelais, Œuvres complètes 1973, 72. Dass Grandgousier Herrscher über die Schmetterlinge ist, liegt daran, dass er Gargamelle, die Tochter des Herrschers der Schmetterlinge, geheiratet hat; vgl. ebd., Kap. 3. Auch dort findet sich der Ausdruck *parpaillons*.

[32] [François Rabelais], Meister Franz Rabelais, der Arzenei Doctoren *Gargantua* und *Pantagruel* 1964, 37; vgl. auch die Belege bei Jacob und Wilhelm Grimm, Art. ‚Schmetterling', DWB IX, Sp. 1047.

Vatter kurtz zuvor inn Volaterra, an Nullenburg stossend, worden war. (*Geschichtklitterung*, 184f.)

Fischart fügt gegenüber Rabelais mit dem utopischen Reich des Schmetterlingskönigs (*Volaterra, an Nullenburg stossend*) einen Zusatz ein, der etwas kommentiert, was bei Rabelais implizit bleibt: Im Französischen steht der Schmetterlingskönig redensartlich für den Herrscher eines fernen heidnischen Landes.[33] Für die Rabelais'schen *parpaillons* bietet nun Fischart eine Fülle von Übersetzungsalternativen aus verschiedenen Sprachen, dem Italienischen (*farfalla*), dem Französischen (*papilon*), dem Spanischen (*mariposa*), dem Niederländischen (*botervlieg, botterschütte*).[34] Eine Transgression des Rabelais'schen Textes auf Wissensliteratur hin liegt darin insofern, dass Fischart für solche Montagen auf Wörterbücher zurückgriff. Wie an vielen anderen Stellen kommt auch hier der polyglotte *Nomenclator omnium rerum* des Hadrianus Junius (Adriaan de Jonghe) zum Einsatz.[35] Der Eintrag zu den Schmetterlingen,[36] der sich unter der Rubrik *De vermibus et insectis* findet, lautet dort wie folgt:

> Papilio Plin. vermiculus auc insectum potius alatum, alis prælargis, imbecillis, omnis generis colores ementiens. ψιχη,σητοκις. AL. **Sommervogle / pfýff holter**. B. **Capelieken / vlindere / botervlieghe / pellarin / boterschýte** Flandris. G. *Papillon*. IT. *Farfalla*. H. *Mariposa*.[37]

Einzig die bei Fischart verwendeten Baumfalter finden sich bei Hadrianus Junius nicht. Fischart verwendet außer der griechischen Bezeichnung, den alemannischen *Sommervögeln* und den niederländischen *Capelieken, vlinderen* und *pellarin* alle bei Hadrianus Junius verzeichneten Wörter entweder als Nomina oder in adjektivierter Form. Solche Inventarisierung der Lexeme stört im gegebenen Zusammenhang den Witz und den Fluss der bei Rabelais abschnurrenden Sprichwörter und Redensarten zugunsten einer Fischarts *Geschichtklitterung* grundsätzlich kennzeichnenden Wortsammelpraxis.

Auch werden Wortverzeichnisse angelegt und an Orten eingefügt, wo Rabelais' Text keine Listen vorsieht. So versammelt Fischart zahlreiche Wortlisten in einigen eigens

---

[33] Vgl. Ludwig Schraders Kommentar in der Ausgabe der Regis-Übersetzung: [François Rabelais], Meister Franz Rabelais, der Arzenei Doctoren *Gargantua* und *Pantagruel* 1964, 444.

[34] Für das deutsche Wort *Butterfliege* führen die Gebrüder Grimm allein obigen Beleg bei Fischart an (Jacob und Wilhelm Grimm, Art. ‚Butterfliege' DWB II, Sp. 585), für das deutsche Wort *Butterschütze* ebenso nur die beiden Belege aus der *Geschichtklitterung*, welche Eindeutschungen Fischarts darstellen. Über den Zusammenhang von Milch, Butter und Insekt vgl. Jacob und Wilhelm Grimm, Art. ‚Schmetterling' DWB IX, Sp. 1047f. sowie Jacob Grimm, Deutsche Mythologie 1968 [1875–78], 897.

[35] Vgl. Hadrianus Junius, Nomenclator omnium rerum 1567; vgl. Karl Weidmann, Hadrianus Junius als Quelle für Johann Fischart 1911/12. Zu diesem Werk im Kontext der Lexikographie seiner Zeit zuletzt: Peter O. Müller, Lexikographie des 16. Jahrhunderts 2001, 349.

[36] Zu Fischarts Zeit gibt es für dieses Wort nur vereinzelte Belege, vgl. Jacob und Wilhelm Grimm, Art. ‚Schmetterling', in: DWB IX, Sp. 1047.

[37] Hadrianus Junius, Nomenclator omnium rerum 1567, 84. Hier und im Folgenden gebe ich bei frühneuzeitlichen Drucken Schaft-S als Rund-S wieder, u/v Schreibungen werden nach vokalischem und konsonantischem Wert unterschieden, die gängigen Abbreviaturen werden aufgelöst.

angefertigten Kapiteln, die in seiner Vorlage nicht vorkommen: Das dritte und vierte Kapitel der *Geschichtklitterung* hat allenfalls in Rabelais' knapper Aufzählung der von Grandgousier bereitgehaltenen Schinken und Würste zu Beginn des dritten Kapitels im *Gargantua* eine Entsprechung.[38] In seinen Kapiteln behandelt Fischart *Grandgoschiers Diät* und *Grandgoschiers Kasten und Keller*, seine Haushaltung und Vorratslagerung. Das Prinzip, durch Listen von vertilgten Speisen die Monstrosität der Riesenleiber hyperbolisch zu vergegenwärtigen,[39] findet sich sehr wohl auch bei Rabelais (etwa bei der Schilderung des gigantischen Kuttelfressens im Vorfeld der Wundergeburt des Gargantua bzw. in der Liste der aufgetischten Vögel beim Wiedersehen von Grandgousier und seinem Sohn nach den ersten Kriegstaten der Gargantisten).[40] Fischart nimmt solche Hyperbolik auf, bei ihm wird sie aber ergänzt durch einen enzyklopädischen Impuls, der mitunter auf eine Vollständigkeit der Wörter zielt. Ein Beispiel dafür ist die Schilderung der Käsevorräte Grandgousiers:

> *Folgends hett er ein Schlachtordnung von weissen, plauen, gelben, grünen, aussetzigen, Zöhstinckenden, faulen, mürben, würmwüblenden und fallensichtigen Käsen, von Küen, Zigen, Geysen, Schafen, Reinigern,*[41] *ja auch Eseln, Aber nicht von Bauern noch Beurinen: Dann er wußt, das* Caseus *und* cœpe, *die kommen* ad prandia sæpe: *Unnd Caseus und Panis, sind köstliche Fercula Sanis. Stunden derwegen da vielkrautige, Kütreckige, Graßgrüne Schabziger, sampt den Holeisen und hobeln auß Schweitzerland (dann dise gefüln ihm besser dann die Reibeisen zun Muscatnussen, unnd die Rubeneisen für faul Megd) Parmasaner auß Walen, die man nicht schneiden, brechen, rauffen noch ropffen darff, sondern schaben, wie die Bairischen Rüblein, die köstlichkait halben den Gallileischen Feigen verglichen werden, Schwartzwälder auß Chaldea, Mönsterkäß aus dem Weinsas, Ziger von Glaris, Kreutzkäß von Werd, welche die Schweitzer gern im Wapen führen, Delsperger auß freien Bergen, Sanerkäß auß Wiflispurger Gäu, Geyßkäß auß Hessen, Speißkäß, Hasenkäß, auß der Grempen geses. Item Ostergottische Helsinger, Narwegianer, tausentpfündig Finlendisch Geyßkäß mit Mirten gereuchert, Bithinisch Käß, die von Muterleib gesaltzen sein, Scandisch Käß, die allein die Nastropfige Weiber machen, und in formen bachen, an deren eim zwen Bauren auff Mistbe-*

---

[38] „Grandgousier war zu seiner Zeit ein kreuzfideler Bursche, der für sein Leben gern zechte und mit Vorliebe Gesalzenes aß. Deshalb verfügte er über einen ordentlichen Vorrat an Mainzer und Bayonner Schinken, über eine Menge an geräucherten Ochsenzungen und, wenn es die Jahreszeit hierfür war, über Kaldaunenwürste, gepöckeltes Ochsenfleisch mit Senf, Kaviar von Seebarben, über einen Vorrat an Bratwürsten, nicht etwa aus Bologna […], sondern aus der Bigorre, aus Longantnay, aus der Brenne und aus der Rouergue." François Rabelais, Gargantua 1992, 19. *Grandgousier estoit bon raillard en son temps, aymant à boyre net autant que homme qui pour lors fust au monde et mangeoit volontiers salé. A custe fin, avoit ordinairement bonne munition de jambons de Magence et de Baionne, force langues de boef, abondance de andoilles en le saison et boef sallé à la moustarde, renfort de boutargues, provision de Saulcisses, non de Bouloigne […], mais de Bigorre, de Longuaulnay, de la Brene et de Rouargue;* François Rabelais, Œuvres complètes 1973, 46.

[39] Vgl. Beate Kellner, Spiel mit gelehrtem Wissen 2007, 213f.

[40] François Rabelais, Œuvres complètes 1973, 154f.

[41] Das sind Rentiere. Alles zu diesen Tieren bei Olaus Magnus, Beschreibüng allerley Gelegenheyte / Sitten / Gebräuchen und Gewohnheyten / der Mitnåchtigen Vólcker 1567, Bl. ccx, Bl. ccxliiij–ccxlvj.

> ren, wie am Cananeischen trauben zuketschen haben, und die Rinde darvon für Tartschen und Schantzkörb prauchen, Auch Nemauserkäß, Wasgäuer, Hornbacher, Putlinger, Holender, Degenseer, Riser, Almer, Frißlender Mümpelkäs, der Meißner Napkäß und Querge etc. (Geschichtklitterung, 76f.)

Hier werden die in Frage kommenden Farben der Käserinden ebenso inventarisiert wie die Tiere, deren Milch für die Käseherstellung verwendet wird. *En passant* werden auch noch Reibeisen und Hobel für Käse mit solchen für Muskatnüsse und Rüben verglichen und daraufhin Käsesorten und die Regionen, denen sie entstammen, angegeben. Auch hier öffnet Fischart seine Vorlage auf wissensliterarische Intertexte. Ein Käsekatalog, der einen großen Teil der angeführten Käsesorten enthält, findet sich in der *Teütschen Speiszkammer* des Hieronymus Bock, wo desgleichen die verschiedenen Tiere, die Milch liefern, abgehandelt werden. Bei Bock, dessen *Speiszkammer* insbesondere auf die deutschen Ressourcen und Waren zielt, und in der die Neigung der Deutschen getadelt wird, ihre Nahrung und Heilmittel in *frembden ländern* zu suchen, findet sich ein Abschnitt, der *Von Teütschen Kåsen* überschrieben ist. Darin heißt es:

> *Die Römer haben vor zeitten den frantzösischen Nemansenser käß für den besten gehalten / Aber im Teütschen Land hat man auch vil mancherley güte zyger und kås. Als im Oberland / in den Alpen / im Schwartzwald / im Waßgaw / im Münstertal / im Westerich / die haben ire nam von den landschafften vnnd umligenden flecken / als Schweitzerkåß / Schwartzwålder / Creützkås / Münsterkåß / Hornbacher und Putlinger kåß. Also auch im Niderlandt haben die Holendische kåß das erst lob. Noch lassen wir uns deren allen nit ersettigen / müssen auch frembde käß / als Parmasaner /vnnd andere mehr versüchen / warumb trachten wir nit auch nach den kåsen in Bithinia / so von natur gesaltzen seien von welchen auch Vergilius schreibt […].*[42]

Fischart übernimmt in seinen Käsekatalog alle von Bock aufgeführten Sorten. Die bei Fischart angeführten *bithinisch Käs, die vom Mutterleib gesaltzen sein*, haben bei Bock eine fast wörtliche Entsprechung. Bemerkenswerterweise lässt Fischart es nicht bei der Einspeisung eines Intertextes in den literarischen Rahmen bewenden, sondern er erweitert auch noch den Bockschen Käsekatalog um weitere Exemplare und ergänzt einige nicht-deutsche Käsesorten, aber auch eine ganze Reihe deutscher: *Riser, Almer, Frißlender Mümpelkäs, der Meißner Napkäß und Querge*. Fischart lässt sich dabei von seiner Vorlage affizieren: Bock bezweckte ja gerade nicht nur aus Büchern, sondern auch aus Erfahrung die *gegenwärtige Speiszkammer […] mit Teütscher wahr* auszurüsten, um den *Teütschen / des teütschen erdrichs vermögen klar vor augen* zu stellen."[43] Diese Exponierung des Reichtums und der Ressourcen ist nun bei Fischart ins Sprachliche gewendet, weshalb er der programmatischen Beschränkung Bocks auf die deutschen Käsesorten nicht folgen muss, sondern in sein Inventar auch deutsche Namen fremdländischer Käsesorten einbeziehen kann: *Narwegianer, Finlendisch Geyßkäs* etc. Diese Bezeichnungen entnahm Fischart aus der *Beschreibung allerley Gelegenheyte / Sitten /*

---

[42] Hieronymus Bock, Teütsche Speiszkammer 1555, xxv^r.
[43] Vgl. ebd., Widmungsvorrede, Aiiii.

Gebråuchen und Gewohnheyten der Mitnåchtigen Vőlcker. Die deutsche Übersetzung des lateinischen Werkes von Olaus Magnus erschien um 1567 bei Theodosius Rihel in Straßburg und sie enthält ein Kapitel über die Käsefertigung in Skandinavien (*Wie gross und gute Keß man mache*):

> So man die Stått Parmen vnnd Placentz / oder andere őrter vnd Flecken der Lombarder / vmb diser vrsach willen weit vnd breyt rühmet/ dieweil man grosse / vil / vnd gute gesunde Keß darin machet / so wird man die Insel Scandien / vnnd insonderheyt das Westergothen Land / dauon jehne herkommen / billich loben sollen / dann die Westergothen haben disen rhum / vor allen Mitnåchtigen Vőlckern / daß ihnen keyn ander Volck vnder der Sonnen / im Keß machen / gleich sei [...] Sie machen gemeyniglich so grosse Keß in disem Land / das zwen starcker bawren / an eynem gnug zutragen haben / vnd kőnnen ihn dennoch nicht weit fürtbringen / jedoch werden sie nicht von den Männern / sonder alleyn von den Weibern gemachet [...] Die Otergothischen keß / welche sie sehr groß machen / werden sehr hőchlich gerühmet / deßgleichen auch die Helsinger / vnd Naruegianer keß / die lassen ihre keß faul vnnd voller würm werden / vnd wan sie gar vermodern vnd würmig werden / vermeynen sie / sie seien zum besten / vnd frewen sich deren / vnd wan sie das inwendig herauß gessen haben / so gebrauchen sie die eusserste rinden im Krieg für eyn Schilt / als wann es eyn hart Låder were. Es machen auch die Finländer sehr wolschmackende keß / insonderheyt auß Geyßmilch / die machen sie vil tausent pfund schwer / sie machen sie aber gut und wolschmackend / wan sies mit Myrten holtz råuchern [...].[44]

Diesen Ausführungen entnimmt Fischart für seinen Katalog nicht nur vier weitere Käsenamen, sondern auch diverse Informationen, etwa, dass die Käseherstellung Monopol der Frauen ist, dass die Käselaiber so schwer seien, dass zwei Bauern sie nicht weit tragen können, dass Finnländer Geißkäs mit Myrte geräuchert werde und dass die Rinde des norwegischen Käses im Krieg als Schild verwendet wird. Abgesehen von solchen Ergänzungen geht es in Fischarts Käsekatalog um die Angabe einer großen Zahl von Sorten und Wörtern; gezielt wird hier die möglichst vollständige Präsentation der Käsenamen angestrebt.[45] Die Kataloge werden in unablässigem Austausch mit der Fachsprache der Zeit erstellt. Dass Adolf Hauffen, der sich ausgiebig in den Quellen zur *Geschichtklitterung* umgesehen hat, die falsche Bezeichnung „Geschichtsblätterung" bei der Würdigung von Fischarts Hauptwerk unterlief,[46] ist nicht ohne Reiz. Beim Blättern, Exzerpieren und Kompilieren wird der Rabelais'sche *Gargantua* einer Transgression unterzogen, durch welche allenthalben Bestandsaufnahmen von Wörtern erfolgen, welche die Vorlage überschreiten.

---

[44] Olaus Magnus, Beschreibüng allerley Gelegenheyte / Sitten / Gebräuchen vnd Gewonheyten / der Mitnåchtigen Vőlcker 1567, Bl. ccxxiii^v–ccxxiv^v.

[45] Ein ähnliches Verfahren lässt sich auch im Zusammenstellen anderer Listen zeigen. So greift Fischart in der Listung der von Grandgousier vorrätig gehaltenen Weine auf jene vierzig Weinsorten zurück, die in den *Sieben Büchern von der fürstlichen Wittembergischen Hochzeit* vorkommen, um die Großzügigkeit des Festes auszustellen, und ergänzt auch diese um ein Vielfaches; vgl. *Geschichtklitterung*, 81f.; Nicodemus Frischlin, Sieben Bücher / Von der Fürstlichen Würtembergischen Hochzeit 1578, 72–76.

[46] Adolf Hauffen, Johann Fischart 1921/22, Bd. 1, 94.

Die Übersetzungsvorlage wird durch die Praxis der ausufernden Kompilation modifiziert. Bereits anhand des von Fischart eingefügten Käsekatalogs zeigt sich, dass die Präsentation großer Nahrungsmengen, die bei Rabelais die Monstrosität der Riesen und ihr enormes, alle Grenzen der Diätetik sprengendes Fassungsvermögen vergegenwärtigt, überlagert wird von einem Gestus der nomenklatorischen Präsentation, der Exponierung des Wortreichtums deutscher Sprache. Man könnte den Unterschied der *Geschichtklitterung* zur Vorlage wie folgt zuspitzen: Rabelais' Riesen fressen viele Würste, Fischarts Riesen dagegen fressen einen Wurstkatalog. Wie sich bei Fischart das Interesse an der Sprache gegenüber Rabelais verschoben hat, sei im Folgenden an weiteren Beispielen aufgezeigt.

So geht Fischarts lexikographische Umfunktionalisierung der Rabelais'schen Listen mitunter auf Kosten der Komik. Dies zeigt sich etwa in der Schilderung der Pikrocholischen Mobilisierung. Nachdem der Landesherr von der Rauferei zwischen Hirten und Bäckern, die den nichtigen Anlass für den Krieg bietet, erfahren hat, schreitet Pikrochol sogleich, und ohne nach den näheren Umständen des Konflikts zu fragen, zur Ausrüstung eines riesigen Feldheeres. Hier entfaltet sich eine Komik, die im Kontrast von nichtigem Anlass und riesigem Aufgebot von Waffen, der Winzigkeit des behandelten Weltausschnittes einerseits und dem als Schlachtführer eines Weltkrieges sich generierendem Pikrochol andererseits besteht. Die Landschaft um Lerne konnte Rabelais von seinem Anwesen aus bequem überblicken,[47] wenn Pikrochol mit „neunhundertvierzehn große[n] bronzene[n] Geschütze, Kanonen und Doppelkanonen, Basilisken, Serpentinen, Culverinen, Bombarden, Falkaunen, Passevolanten, Spirolen und andere[n] mehr"[48] aufwartet, dann wird hier mit Kanonen auf Spatzen geschossen. Die Komik dieser Unverhältnismäßigkeit wird zudem durch Rabelais' Kriegsherrenparodie gesteigert: Während man noch Pikrochols Imbiss zubereitet, mobilisiert dieser schon die gesamte Bevölkerung. Die Zusammenstellung der Unmengen von Geschützen erfolgt *inter pocula* – während des Essens. Die unermüdliche Effizienz des genialen Kriegsherren, wie sie Gegenstand vieler Historien ist,[49] wird hier dem Gelächter preisgegeben: Um einen Krieg in ein paar dörflichen Nestern auf die Beine zu stellen, bedarf es in der Tat nicht viel Zeit. Vor diesem Hintergrund wirken die Weltherrschaftsambitionen Pikrochols, die im 33. Kapitel bei Rabelais breit ausgeführt und im 36. Kapitel bei Fischart noch erweitert werden, um einiges lächerlicher.

---

[47] Zur Komik der Spannung von inszenierter Provinzialität und Thematisierung des Reiches bei Rabelais vgl. Michael Andrew Screech, Rabelais 1979, 163–170.

[48] François Rabelais, Gargantua 1992, 92. François Rabelais, Œuvres complètes 1973, 124: *neuf cent quatorze grosses piéces de bronze : canons : double canons, basilics, serpentines, couleuvrines, bombardes, faucons, mortiers, spiroles et autres piéces*

[49] Bis in die Neuzeit: Beliebt sind die Geschichten vom nur wenige Minuten währenden Kurzschlaf Napoleons. Und auch in Stalins Kreml brannte des Nachts immer das Licht...

In Fischarts *Geschichtklitterung* wird Rabelais' Katalog der Artilleriegeschütze um ein Vielfaches aufgeschwollen und mit weiteren Listen von Munitionsvorräten, weiteren Waffen, Schlachtwägen und Feldämtern ergänzt:

> *Zur Artilleri ward bestallt der groß Schilttrager Truckedillon, darunter neun hundert vierzehen grosse Feldstuck unnd Maurbrecher waren, Scharffmetzen, Basiliscen, Nachtgallen, Singerin, Virteilbüchs, Passevolanten, Spirolen, Cartaunen, Notschlangen, Schlauckenschlangen, halb Schlangen, Falckenetlin, on die Mörthier, Böler, Narren, Orgeln, Nachbüchssen, das Geschreigeschütz, Kammerbüchssen, Scharffentinlin, die zwölff Botten. Welche samptlich mit aller darzu gehöriger Munitionzeug wol versehen waren, als mit Zünd und Werckpulver, Ansetzkolben, Zündruten, Raumern, Wischern, Ladschauffeln, Feurkugeln, Bechringen, allerhand Sturmfeurwercken, Mörseln, Sturmleitern, Feurleitern, Feldbären, Zügkriegen, Spritzen, Legeisen, Hebtremeln, Walhöltzern, Hebzeug, Geyßfüssen, Winden, Spannern, Schiffbrucken, Zugbrucken, Rüstwägen, Schleppkarren, Roßpfelen, Schlachtmessern, Lanten, Lunten, Feldfleschen, Brechwinden, Getterschrauben, Feuerpfannen, Multer, Reyß unnd Roßbaren, Rantzwegen, Deichsselwegen, Zeugwagen, Bruckwagen, Arckelleiwagen, Schmidtwagen, Kugelwagen, Bleiwagen, Stemmeisenwagen, Senfftwagen, Schantzzeug, Handwaffen, Gießlöffel, Spießeisen, Geschifft und ungeschifft Spieß, Fürsetzzeug, Eselzeug, Stoltzbeum, Straubhöltzer, Feldmülen, Zugmülen, Handmülen, Treibmülen, Zielscheiter, Lannegel, Brechmeyssel, Lanseyler, Lanstangen, Zeltbäum, Zeltnägel, Lanbäum, Kipffblöck, Tragkörb etc. Zusampt ihren Feldzeugmeistern, Schantzmeistern, Zeugwarten, Wagenburgmeistern, Pulverhütern, Zeugdienern, Schnellern, SchützenPferden, Schantzgräbern.* (*Geschichtklitterung*, 294f.)

Diese Bestandsaufnahme von Kriegsgerät überwuchert das Erzählte in einer Weise, dass sich eine Komik wie bei Rabelais kaum entfalten kann. Das Inventar tendiert bei Fischart zum Selbstzweck einer umfassenden Präsentation deutscher Namen für Kriegsgerät. Fischart hat für seine Kompilation eine Ausgabe des erstmals im Jahre 1565 erschienenen *Kriegsbuchs* von Leonhard Fronsperger genutzt und die Rabelais'sche Kanonenliste durch ein dort aufgeführtes Zeughausinventar ersetzt. Fischarts Katalog der Artilleriegeschütze entspricht jenen Waffen, die dort zu Beginn des vierten Buches (*Von Geschütz und Kriegsrüstung*) in einem Verzeichnis der Geschütze, Munitionen, Wägen, Werkzeuge, Zelte und weiterer Zubehöre beschrieben werden, die im Zeughaus bereitzuhalten sind. Die ersten 18 deutschen Namen der Geschütze bei Fronsperger übernimmt Fischart in seinen Katalog und zwar in genau derselben Reihenfolge, wie sie im *Kriegsbuch* aufgeführt werden. Bemerkenswerterweise fokussiert Fronsperger die deutsche Terminologie der Geschütze und gibt dafür auch die Übersetzungsvarianten an. Nur die deutschen Namen sind in Druckglossen an den Rand gestellt, so dass Fischart diese bequem in seinen Text übertragen konnte und um weitere aus dem Textblock ergänzte. Ich gebe zur Veranschaulichung nur einen kurzen Ausschnitt aus Fronspergers Zeughausinventar an, den Katalog der schwersten Geschütze, der Mauerbrecher. Fischart hat *Scharffmetzen, Basiliscen, Nachtgallen, Singerin, Virteilbüchs*. Bei Fronsperger heißt es:

Ein Matzicana / die wir Teutschen ein Scharpffmetzen nennen / die soll ein Eysen kugel schiessen / die einen Centner / das ist hundert pfund wigt / das ist ungefåhrlich das gröste Geschlecht der Büchssen / damit man die Mauwren fellet.

Ein Rana / die wir Teutschen Basiliskus pflegen zu nennen / die scheußt ein Kugel / die soll wigen fünff und siebentzig pfundt.

Ein Dupplicana / die wir Teutscher Sprach ein Nachtgal oder Singerin nennen / Die schiessen ein Kugel / die am gewicht helt fünfftzig pfundt / vnnd ist zu mercken / daß Nachtgal und Singerin ein geschlecht deß Geschütz ist / allein haben sie den vnderscheidt / daß die Nachtgal etwan zweyer Schuch lenger ist denn die Singerin / schiessen aber beyde ein kugel.

Ein Quartan / so auff Teutsch ein viertheil Büchß mag genennt werden / dieweils von der Scharffmetzen allwegen mit fünff und zwentzig pfunden abzeucht / biß auff die Carthonen / die ein Quartan soll schiessen fünff vnd zwentzig pfundt Eysen [...][50]

Auch Fronspergers Zeughausinventar enthält eine Arbeit an der deutschen Sprache. Die deutsche Terminologie der Geschütze wird gepflegt und in den Randglossen ausgestellt. Für die Quartan wird sogar der Übersetzungsvorschlag *Viertheilbüchs* mathematisch begründet.

Fischarts Kriegsgerätkatalog[51] enthält aus Fronspergers Text allein die deutschen Bezeichnungen. Diese Präsentationsfunktion dominiert andere Funktionen, so dass sich eine mit Rabelais vergleichbare Komik nicht entfalten kann.

Man betrachte zum Kontrast auch, was Rabelais im grandiosen Prolog des *Tiers Livre* mit Waffen- und Geschützkatalogen veranstaltet. Er baut eine Geschichte über Diogenes von Sinope aus, die im dritten Buch von Lukians *Historia quomodo conscribenda* überliefert ist. Geschildert wird dort die Emsigkeit der Bürger von Korinth, welche die Nachricht erhalten haben, dass König Philipp von Makedonien im Anmarsch auf die Stadt sei. Angstvoll suchen sie ihre Waffen hervor, schleppen Steine herbei und bessern die Stadtmauer aus. Diogenes wälzt daraufhin wiederholt mit großer Emsigkeit seine Tonne einen Hügel hinauf und lässt sie wieder herabrollen. Nach dem Sinn dieses so nutzlosen wie unermüdlich wiederholten Unterfangens befragt, gibt er an, er wolle nicht der einzige Müßiggänger unter all den umtriebigen Menschen sein. Rabelais' Nacherzählung dieser Geschichte gilt als Höhepunkt seiner Worthäufungs-Kunst. Der kynische Witz wird dabei als hochkomplexes Sprachgeschehen nachvollzogen und potenziert. Rabelais bietet zunächst eine Liste von fast 20 Verbverbindungen für die Schlachtvorbereitungen der Korinther, sodann einen Katalog von über 40 Waffen, die einsatzbereit gemacht werden. Diese Worthäufungen werden dann einer Liste von nicht weniger als

---

[50] Leonhart Fronsperger, Von Kayserlichen Kriegß=Rechten, Malefitz und Schuldthåndlen 1596, Tl. 1, 4. Buch, Bl. lix.

[51] Die auf die Geschütze folgenden Munitions-, Mühlen-, Brücken- und Wagenverzeichnisse konnte Fischart gleichfalls aus Fronspergers Kriegsbuch kompilieren; vgl. etwa die Wagenliste ebd., Bl. lxiii^v.

61 (also etwa ebenso vielen) Wörtern kontrastiert, die bezeichnen, was Diogenes mit seinem Fass veranstaltet:

> *brouillait, barbouillait, étrillait, versait, renversait, flattait, grattait, tapotait, barattait, agitait comme un bât, boutait, butait, tarbabustait, culbutait, trépignait, trempait, tapait, faisait résonner, étoupait, détoupait, faisait changer d' allure, lui faisait faire du sur-place, le frappait du pied, le frappait à coups redoublés, l' écroulait, l' élançait, chamaillait, branlait, ébranlait, levait, lavait, clouait, entravait, braquait, briquait, bloquait, tracassait, ramassait, éclaboussait, montait aux créneaux, montait sur affûts, encordait, enclouait, frottait, à l' amadou, goudronnait, mitonnait, tâtonnait, agitait comme un hochet, secouait, terrasait, incisait, rabotait, secouait comme un sac de noix, charmait, armait, hallebardait, harnachait, empenachait, caparaconnait, il le faisait dévaler d' amont en aval, et le faisait dégringoler à travers le Cranie, puis d' aval en amont il le remontait, comme Sisyphe fait de sa pierre; il fit tant que peu ne s' en fallut qu' il ne le défonçât.*[52]

Diese Verben haben zum Teil nichts mit Tätigkeiten zu tun, die man mit einem Fass ausrichten könnte. Anders als die Wortlisten, welche die Emsigkeit und die Geschütze der Korinther bezeichnen, sind sie aus allen Kontexten gerissen, in denen ihr Gebrauch vernünftig und ihre Bedeutung einsichtig ist. Die Wahrnehmung verschiebt sich so von den Bedeutungen der Verben hin zu ihrer Klangqualität: In der Tat scheinen die Wörter Geräusche wiederzugeben, die das Fass beim Rollen über den Boden erzeugt.[53] Michael Andrew Screech hat gezeigt, dass darin eine parodistische Replik auf die Unterscheidung zwischen instituierten und durch Konvention stabilisierten Zeichen einerseits sowie natürlichen Lauten und Geräuschen andererseits liegt, wie sie in Aristoteles' Schrift *Peri hermeneias* entfaltet wird.[54] Dass hier Worte onomatopoetisch etwas evozieren, was aber mit ihrer Bedeutung nichts zu tun hat, stellt gleichfalls eine witzige Replik auf kratylistische Debatten dar und spitzt diese Thematik paradox zu. Rabelais vergleicht schließlich in seinem Prolog das dritte Buch der Pentalogie mit dem Rollen des Fasses, womit eine ganz außergewöhnliche Standortbestimmung seiner Kunst erfolgt: Sie behält sich vor, die festen Bindungen zwischen Signifikant und Signifikat spielerisch zu lockern und geht damit auf Distanz zu den vorgeblichen Selbstverständlichkeiten und Erfordernissen des Realen.

Ist Rabelais' Geschützkatalog im Prolog des *Tiers livre* so eingebunden in Sprachdiskurse seiner Zeit und in eine Selbstreflexion des eigenen Schreibens, tendiert dagegen der Geschützkatalog in Fischarts *Geschichtklitterung* zum Selbstzweck. Die satirischen Funktionen, die solche Listen oft bei Rabelais aufweisen, ihre narrative Funktionalisie-

---

[52] François Rabelais, Œuvres complètes 1973, 365.
[53] Dieser Effekt wird in jenen deutschen Übersetzungen, die sich zu sehr am Semantischen orientieren, verfehlt. Hier hat Gottlob Regis eine freiere und deshalb bessere Variante: [François Rabelais], Meister Franz Rabelais, der Arzenei Doktoren *Gargantua* und *Pantagruel* 1964, Bd. 1, 271: [...] *drehets, wälzets, hudelts, sudelts, tummelts, rummelts, futterts, schutterts, butterts, zerluderts, hobs, schobs, verstobs, pufts, drängelts, stuffts, stampfst, purzelts, trampelts, pauckts, pochts, entpfropfts, stopfts, wackelts, enttackelts* [...].
[54] Michael Andrew Screech, Rabelais 1979, 288f.

rung oder aber auch das philosophische Spiel, das um sie veranstaltet wird, haben bei Fischart nicht immer Entsprechungen. Bei ihm geht es oft um die schiere Exuberanz in der Präsentation der Wörter.[55]

Diese Transgression, die man als gezielte Inflation der Lexeme beschreiben kann, scheint mir bei Fischart darauf hinauszulaufen, dass jedes vorhandene und jedes auch nur denkbare deutsche Wort in dem Roman unterzubringen gesucht wird. Rabelais' *Gargantua* wird so zum Anlass, den lexikalischen Möglichkeitsreichtum der deutschen Sprache, die *copia verborum*, in all ihren auch dialektalen Facetten zu exponieren und darüber hinaus die noch nicht realisierten Möglichkeiten der Sprache durch das permanente Hervortreiben von Neologismen zu forcieren.[56] Man hat dies mitunter despektierlich als Fischarts Sprachrausch bezeichnet.[57] Immer wieder inszeniert Fischart diese Sprachkreativität als entgrenzten Rausch: Das Hervorbringen der unerhörten Wörter vollzieht sich im Zwischenraum zwischen den institutionalisierten Lexemen und dem entdifferenzierten Lallen. Darauf wird im Zusammenhang der Integrationsverfahren noch genauer einzugehen sein. Vor dem Hintergrund der Arbeit an der deutschen Sprache im 16. Jahrhundert zwischen Luthers Bibelübersetzung, den vielfältigen Aktivitäten um die Etablierung deutscher Fachsprachenausdrücke und den großen Wörterbüchern wird man Fischarts Vorgehen einer möglichst vollständigen Versammlung von Wörtern zu allen möglichen Sachgruppen und die Arbeit an eigens kreierten Benennungsalternativen als nicht unbedeutendes, wenn auch höchst eigenwilliges linguistisches Projekt zu betrachten haben, auch wenn dieses Projekt sich nicht paratextuelle Verfahren der Lemmatisierung zu eigen macht, welche das Suchen und Finden der Wörter ermöglicht, sondern die Lexeme eher okkasionalistisch und lusorisch aufsucht, anordnet und weiterspinnt. Was die aufgenommenen Sachwortschätze betrifft, kommt dieses Projekt mit zeitgenössischen lexikographischen Programmen und Projekten durchaus überein. Conrad Gesners Entwurf eines Gesamtwörterbuchs deutscher Sprache, den er in der Einleitung zu Josua Maalers deutsch-lateinischem Wörterbuch *Die Teütsch spraach* darstellte, sah vor, in die lexikographische Bestandsaufnahme die *Historia animalium* und weitere Fachschriften einzubeziehen, darunter Agricolas *De re metallica libri XII*, Sebastian Francks Sprichwortsammlung und weitere juristische und medizinische Wer-

---

[55] Dieter Seitz hat in seiner Typologie der verschiedenen Kataloge Fischarts auf jene Kataloge hingewiesen, in denen nur Fakten und Daten gehäuft werden, ohne dass sie im Sinne obszöner oder anderer Sprachspiele bearbeitet würden; vgl. Dieter Seitz, Johann Fischarts *Geschichtklitterung* 1974, 97–101. Er geht allerdings davon aus, dass bei der Konstitution dieser Kataloge das Verfahren der Assoziation zum Einsatz kommt. Demgegenüber ist angesichts der hier behandelten Beispiele zu ergänzen, dass Fischart für viele seiner Kataloge zeitgenössische Fachliteratur bearbeitet.
[56] Dass es bei Fischart auch darum gehe, „die Vielfalt des Lexikons der deutschen Sprache zu erweisen" betonte bereits Dieter Seitz, Johann Fischarts *Geschichtklitterung* 1974, 30.
[57] Kritisch zu dieser Stilisierung: Hans-Jürgen Bachorski; Irrsinn und Kolportage 2006, 347–356; Tobias Bulang, Literarische Produktivität 2008.

ke.⁵⁸ Die Normierung der deutschen Sprache wird im Deutschen, anders als im Italienischen oder Französischen, nicht über die großen literarischen Werke, sondern vielmehr über die Fachsprachen geleistet.⁵⁹ Solche Texte bilden auch in hohem Maße den Einzugsbereich von Fischarts *Geschichtklitterung*. In Fischarts Bestandsaufnahmen deutscher Lexik zeigt sich freilich eine sehr eigensinnige Partizipation an den zeitgenössischen Bemühungen, denn mit einer Sprachnormierung hat Fischart wenig zu tun, vielmehr erfolgt ihre gezielte Entdisziplinierung. Gleichzeitig mit der Bestandsaufnahme des deutschen Wortschatzes wird die Expansion einer Narrensprache betrieben, die Sprachnormierungsaufwände von vornherein unterläuft.

Dennoch aber berührt sich diese literarische Übersetzungstätigkeit mit anderen Sprachreflexionen Fischarts, die Adolf Hauffen unter der Überschrift „Fischart als Wortforscher"⁶⁰ dargestellt hat: Fischart stellte mit dem oberrheinischen Paracelsisten Toxites zwei *Onomastica* zusammen. Das eine versammelt in Rückgriff auf Hadrianus Junius' *Nomenclator* in verschiedenen Sprachen medizinisch relevantes Vokabular nach Sachgruppen geordnet für Studenten, das zweite bietet eine Erläuterung paracelsischer Spezialbegriffe.⁶¹ Fischart setzte sich mit den Sprachreflexionen in den Schriften von Wolfgang Lazius und Goropius auseinander, wobei er selbst diverse Wortlisten und Inventare erstellte und etymologische Spekulationen betrieb.⁶² Es liegt bei ihm also der Fall der Doppelpartizipation an den Sprachreflexionen seiner Zeit vor: einerseits als „Wortforscher" (die Bezeichnung Hauffens für Fischarts Untersuchungen ist durchaus glücklich), anderseits als Verfasser einer Romanübersetzung.

Fischarts Exponierung lexikalischer Varianz entfaltet sich nicht allein im Austausch mit den Fachsprachen seiner Zeit, sie erfolgt auch in spielerischer Art und Weise, z. B. wenn er die Namen seiner Protagonisten permanent variiert. So finden sich für viele Figuren, insbesondere aber für die wichtigsten unzählige Variationen auf ihre Eigennamen. Rabelais' Grandgousier wird bei Fischart als *Grandgoschier, Grandgoß, Grandbuchier, Grandkälier, Grandmulier, Goschagrotza, Gurgelgrossa* bezeichnet. Die meisten Varianten gibt es für Gargantua: *Gurgel Lantua, Gurgelgrossa, Gargantomännlein, Gurgelstrotza, Strotzengurgelchen, Garkantenvoll, Gargantubald, Gargantuwald, Gargantebel, Gargantzuwol, Strotzengurgel, Gargantuwal, Strotzagurgel, Großtrossel, Durstgurgel, Durstgurgler, Gurgellang, Gurgellantuwal, Gurgelgewang* – um nur einige zu nennen. Auch Rabelais' König Pikrochol wird bei Fischart zu *Kyclo-*

---

⁵⁸ Josua Maaler, Die Teütsch spraach 1561, Bl. 7ᵛ; vgl. dazu Jörg Robert, Normieren und Normalisieren 2007, 234, 242f.
⁵⁹ Vgl. Michael Giesecke, ‚Volkssprache' und ‚Verschriftlichung des Lebens' 1980; Uwe Pörksen, Der Übergang vom Gelehrtenlatein zur deutschen Wissenschaftssprache 1983; Jörg Robert, Normieren und Normalisieren 2007.
⁶⁰ Adolf Hauffen, Johann Fischart 1921/22, Bd. 2, 235–255.
⁶¹ Vgl. dazu unten S. 439ff.
⁶² Vgl. dazu unten S. 403ff.; sowie Tobias Bulang, Ursprachen und Sprachverwandtschaft 2006.

pocol, *Gallencholerer*, *Bittergroll* etc. variiert.⁶³ Darin liegt die Fortsetzung jener kratylistischen Namenswitze, die Rabelais bereits aus dem Volksbuch und der Sagentradition um den Durstteufel Pantagruel übernahm. Ganz offensichtlich variieren die Namen den großen Schlund des Riesen, seine Trunkenheit (*Garkantenvoll*), seine leibliche Fülle (*Gargantuwal*).⁶⁴ Bei Pikrochol ist das cholerische Temperament Kern der Varianten.⁶⁵ Dabei handelt es sich um kratylistische Spiele, also Varianten auf die Vorstellung, dass Dinge die rechten Namen haben, wenn die Benennungen natürlich motiviert sind, weil sie in den Eigenschaften der Sache selbst gründen.⁶⁶ Um diesen Namenskratylismus zu betreiben, greift Fischart nicht nur auf die Möglichkeiten des Französischen und des Deutschen zurück, auch griechische oder lateinische Morpheme werden dafür genutzt (*Gurgelstrozza, Gurgel Lantua*). Fischart nimmt dafür auch semantische Ambiguitäten in Kauf, die sich aus der Sprachmischung ergeben, wenn etwa das große Maul des Grandgousier zum Anlass für eine Bildung wie Grandmulier wird (von alleman. *mûl* - *Maul*), was den Riesen aber zur großen Frau macht, wenn man die Bildung lateinisch deutet. Ebenso verweist eine Bildung wie Grandbuchier auf den großen Bauch des Riesen, die Assoziation eines großen Buches freilich ist dabei auch nicht abwegig. In solcher Forcierung der Varianz liegt nicht zuletzt auch eine Inflationierung des Kratylismus. Ganz abgesehen davon, dass die Übersetzung der ‚rechten Namen' in eine andere Sprache kratylistische Phantasmen mit bestimmten Problemen konfrontiert, ergibt sich ein weiteres Problem, ja eine Paradoxie, wenn es gleich ganze Schwärme rechter Namen für ein und dieselbe Sache gibt. Fischart erstellt kratylistische Namensinventare, lässt mal die eine, mal die andere Eigenschaft seiner Figuren Benennungsanlass werden und macht dies mitunter vom Kontext des jeweils Erzählten abhängig (so verwendet er für seinen Helden im Zusammenhang der nutzlosen Spiele, die dieser betreibt, die Namensvariante *Spielgurgel*). In solcher Inflationierung des rechten Namens wird einmal mehr der Möglichkeitsreichtum von Sprache aktiviert, die sprachliche Vervielfältigung des Einzeldings betrieben, der Akt der Benennung mit unzähligen Alternativen konfrontiert. Die Inventarisierung der Namen geht auch hier mit dem Ziel einer Mehrung der Wörter einher.

Fischarts Transgression seiner Vorlage besteht, so lässt sich festhalten, darin, die Wortballungen bei Rabelais zum Anlass zu nehmen, diese auf lexikalische Inventare auszuweiten. Hierbei kommen Wörterbücher und ähnliche Kompendien sowie die Sachliteratur seiner Zeit zur Anwendung. Ihnen entnimmt Fischart einerseits Wortmate-

---

⁶³ Ein vollständiges Inventar der Namensvarianten aller wichtigen Figuren findet sich im Anhang der Ausgabe von Hildegard Schnabel: Johann Fischart, Geschichtklitterung 1964, 545f.
⁶⁴ Zu Fischarts Namensspielen vgl. Dieter Seitz, Johann Fischarts *Geschichtklitteurng* 1974, 44.
⁶⁵ Michael Andrew Screech, Rabelais 1979, 164.
⁶⁶ Zum Kratylismus vgl. Gérard Genette, Mimologiken 2001 [1976]. Zum Kratylismusproblem im Rahmen hermetischer Diskurse vgl. mit weiterer Literatur Tobias Bulang, Zur literarischen Funktionalisierung des Hermetismus 2011. Eine lesenswerte Einführung in das Problem der rechten Namen findet sich bei Walter Porzig, Das Wunder der Sprache ⁹1993, 13–49.

rial, um größtmögliche lexikalische Varianz zu erzeugen, andererseits nutzt er diese Ressourcen als Rohstoff für Neologismen. Die bei Rabelais bereits als Spiel mit gelehrtem Wissen angelegte literarische Form wird dabei auf eine lexikographische Sammelpraxis hin überschritten. Eine Transgression der Übersetzungsvorlage auf der lexikalischen Ebene erfolgt zudem, wenn Fischart Rabelais' Tendenz zum produktiven Kratylismus, zur Erfindung neuer Wörter von besonderer Anschaulichkeit aufnimmt und inflationiert.[67] Bei Fischart geht die Produktion neuer Wörter Hand in Hand mit ihrer Inventarisierung. Wo sich bei Rabelais eine Ballung von Wörtern findet,[68] bezweckt Fischart ihre Inventarisierung, wenn Rabelais auf große Mengen von Bezeichnungen zielt, so bezweckt Fischart eine gewisse Vollständigkeit der gegebenen lexikalischen Ressourcen und darüber hinaus ihre Erweiterung.

Inventarisierung von Liedern, Sprichwörtern und Exempeln

Die enzyklopädische Transgression der Rabelais'schen Vorlage in der *Geschichtklitterung* beschränkt sich aber nicht allein auf die Ebene der Lexeme. Fischart betreibt auch eine charakteristische *dilatatio* der sich bei Rabelais findenden Spiele mit Schwänken, Liedtexten, Sprichwörtern und Exempeln.

So ruft Fischart, als er im Kapitel über die Abstammung Gargantuas auf die Verwirrung der Genealogien durch die ubiquitäre Promiskuität der Weltbewohner (insbesondere der Mönche und Nonnen) zu sprechen kommt, in äußerster Verknappung eine ganze Reihe von Schwankstoffen und Liedtexten ab:

O Badgestrigelter Doctor von Costenz: die Müllerin auff der Nidermül: der habersack: der Thumherr mit der Frau Eselerin. Die beicht der Baselerischen Müllerin: wir beide fahren wol über den Rein: treizehen Nonnen, viertzehen Kinder: der Pfaff im Federfaß: die zwölff Atzelmönch im Keller: der Tübingisch Mönch im Ofen: der Betler heyaho, der Augspurgisch Spinnenstecher, welcher der Bettlerin den Pflaumenbaum schütt, und in eil ihren Bettelsack für den Fischsack erwischt. Schlaf Töchterlin, du weckest mich, schlaff müterlin, die Deck lang ich, O wee der leidigen Decken, die du gelanget hast, ich sihe vier füß da strecken, du hast gewiß ein Gast: und was dergleichen sauberer Lieder mehr sind, die man singt und getruckt find, darinn man die tägliche gedachte Practic der wechselung der kinder gründt. Eins morgens frü, that ich mich zu, zu einer Meyd, schmuckt sie zu mir, was schaffet ihr, laßt mich kehren, man möcht uns hören, etc. Dergleichen, Junger Knab, nun zihe dich ab. Item es fischt ein frey Frau Fischerin. Item, Ich arme Magd, wie gern ichs wagt, aber es ist kein Recht, daß ein Magd außbeut dem Knecht. Item wie wers, wann ich nicht schlieffe, und ließ dich doch nicht ein, dann ich lig jetz so tieffe, ins andern Aermelein. Und, Es wolt ein Jäger jagen, es ward ihm vil zu spat, Juheiaho, sie bei einander lagen, trey stund unnd zwo gerad, kehr dich schöns Lieb herumb, beut mir dein roten Mund etc. Und hat dich dann der Hund gebissen, und hat

---

[67] Dieser lusorische Umgang erübrigt Fragen, wie sie in der Forschung mitunter gestellt wurden, ob nämlich Fischart zur *physei*- oder zur *thesei*-Theorie des sprachlichen Zeichens neige; vgl. Gerd Schank, Etymologie und Wortspiel 1978.

[68] Im gegebenen Zusammenhang kann auf die bestechenden intellektuellen Spiele und Spitzfindigkeiten, die Rabelais mitunter in seinen und um seine Wortlisten veranstaltet, nicht eingegangen werden; vgl. zu den Listen und Katalogen Rainer Warning, Konterdiskursivität bei Rabelais 2009.

dich doch nicht gar zerissen, etc. Es wohnt ein Müller vor jenem Holtz, hat ein Töchterlin, das war stoltz, zu der ließ sich ein Reuter strack, tragen inn eim Müllersack, zu Nacht rührt sich der Haber im Sack, etc. Brauns Mägdelin zih dein Hembdlin ab, unnd leg dich her zu mir, etc. Es gieng ein Meidlein Abends spat, für einen jungen Knaben, etc. des war sie fro, er rauscht im Stro, etc. Der Schwestern waren trey, die aller jüngst, die under ihn war, die ließ den Knaben ein. Es hat ein Schwab ein Töchterlein, das wolt nicht lenger ein Meydlein sein, O du mein feines Elselein, etc. Es steht ein Lind in jenem Thal, ist oben breit unnd unden schmal, etc. Es hett ein Meydlein sein Schuh verlohren, es kondt sie nimmer finden, etc. Ich weiß mir ein stoltze Müllerin, und solt ich bei ihr malen, etc. Der Guckgauch der flog hinden auß, wol für der Beckerin Hauß, darinn ein Goldschmid maußt. Wa gehn die Bamberger Meydlin hin, etc. (Geschichtklitterung, 36f.)

Charles Allyn Williams und Ulrich Seelbach sind diesen Texten und Stoffen in ihren Quellenstudien nachgegangen und dabei auf eine breite Überlieferung gestoßen.[69] Fischart rekurriert hier auf Themen und Stoffe, die sowohl Gegenstand von Schwanksammlungen des 16. Jahrhunderts als auch von Liedüberlieferungen sind. So findet sich die Geschichte vom *Badgestrigelten Doktor von Constentz* im *Lied vom Striegel*,[70] ein Lied auf das auch in einem Schwank aus Schuhmanns *Nachtbüchlein* angespielt wird.[71] Die Geschichte vom Domherren und der Müllerin wird in der *Gartengesellschaft* erzählt, ist aber auch als Lied in Einzeldrucken überliefert.[72] In Schuhmanns *Nachtbüchlein* wird die Geschichte vom Pfarrer im Federfass erzählt,[73] die auch Gegenstand eines Liedes von Hans Sachs ist, welches im Meistergesangbuch enthalten ist, und von dem zwei Einzeldrucke bekannt sind.[74] Von den anzitierten Liedern heißt es bei Fischart, dass man sie *singt und getruckt find*. Williams konnte zeigen, dass sich in diesem Passus 30 der insgesamt über 100 Lieder finden, die in die *Geschichtklitterung* eingearbeitet wurden. Nur wenige der im angeführten Katalog aus dem ersten Kapitel gebotenen Texte haben Eingang in die bekannten weltlichen Liederbücher gefunden, wo sie kunstvoll für Diskant und drei Männerstimmen arrangiert wurden,[75] einige der ange-

---

[69] Vgl. Charles Allyn Williams, Zur Liederpoesie in Fischarts *Gargantua* 1903. Bei Seelbach finden sich Nachweise zu Teilen des angeführten Zitats im „Katalog aponymer Exempel": Ulrich Seelbach, Ludus lectoris 2000, 457, 458, 460, 469, 472f.

[70] Vgl. die Nachweise bei Charles Allyn Williams, Zur Liederpoesie in Fischarts *Gargantua* 1903, 415. Text und Melodie bei Franz Magnus Böhme, Altdeutsches Liederbuch 1877, Nr. 97.

[71] Valentin Schuhmann, Nachtbüchlein 1976 [1893], 291,20f. (Nr. 47); vgl. dazu auch Johannes Boltes Kommentar; ebd. 412.

[72] Vgl. den Nachweis in Montanus' *Gartengesellschaft* und die angegebenen Flugblätter bei Charles Allyn Williams, Zur Liederpoesie 1903, Nr. 4; Ulrich Seelbach, Ludus lectoris 2000, 460.

[73] Vgl. Ulrich Seelbach, Ludus lectoris 2000, 473; Valentin Schuhmann, Nachtbüchlein 1976 [1893], 47, II, 27.

[74] Hans Sachs, Meistergesangbuch 3, 279. Die enge Verflechtung zwischen Schwankerzählen und Liedkunst ist in der germanistischen Forschung bisher kaum Gegenstand einer mediengeschichtlichen Aufarbeitung geworden. An diesem Phänomen war eher die ethnologische Forschung und die Musikwissenschaft interessiert; vgl. etwa Rolf Wilhelm Brednich, Schwankballade 1973.

[75] So findet sich das von Fischart zitierte Lied *Es het ein Meydlin ein Schuh verlorn* in Egenolffs *Gassenhauwerlin und Reutterliedlin* II 1536; Nr. 4 (nur eine Strophe); vgl. auch Rolf Wilhelm

führten Lieder und Balladen lassen sich im *Ambraser Liederbuch* von 1582 ausmachen.[76] Als Quelle für Fischarts Montage verschiedener Liedtexte kommen diese Bücher aufgrund mitunter deutlich abweichender Textfassungen aber nicht in Betracht. Der größte Teil von Fischarts Zusammenstellung weist in einen ganz bestimmten Bereich der Drucküberlieferung. Fast alle der von Fischart angeführten Lieder sind als reiner Textabdruck mit einer Tonangabe in Einzeldrucken aus dem ersten Drittel des 16. Jahrhunderts überliefert.[77] Dies trifft sowohl für Liebeslieder zu wie auch für jene mehrstrophigen erzählenden Liedtexte, die Schwankstoffe zum Gegenstand haben, und für die Rolf Wilhelm Brednich den Begriff der Schwankballade geprägt hat.[78] In seinen Ausführungen dazu ging er auch auf obige Textpassage ein, in der er eine „Zusammenfassung aller [...] älteren deutschen Schwankballaden" ausgemacht hat.[79] Viele der Lieder in angegebenem Zitat, die in Titelnennungen, Angaben des Texteingangs oder eines sonstigen Bruchstücks vergegenwärtigt werden, sind solche Schwankballaden, gemeinsam ist ihnen mit den sonstigen Liedern dieses Katalogs das Sujet: „Ehebruch, geprellter Ehemann, vor- und außereheliche Beischlaf usw. sind die beherrschenden Themen."[80] Brednich sah sich angesichts der Fülle der Beispiele zu der Vermutung veranlasst, Fischart habe diese Flugblätter systematisch gesammelt; Williams ging aufgrund von deutlichen sprachlichen Parallelen davon aus, dass sie Fischart bei der Abfassung vorgelegen hätten.[81] Dass die Geschichte von den zwölf Mönchen im Keller (eine Ehefrau lockt die lüsternen Mönche unter Versprechungen listig in den Keller des Hauses, wo sie eingesperrt und nur gegen hohe Zahlungen wieder befreit werden, ohne auf ihre Kosten gekommen zu sein) als die Geschichte der zwölf *Atzelmönch* bezeichnet, weist direkt auf einen illustrierten Einzeldruck, der zwei Elstern mit Kapuzen

---

Brednich, Die Liedpublizistik im Flugblatt, Bd. 2: Katalog 1975; Nr. 428. Auch eine Fassung des bei Fischart angeführten Jägerliedes findet sich bei Egenolff. Von dem in Fischarts Kompilation angeführten Liedeingang *Es hat ein Schwab ein Töchterlin* existiert in Johann Otts *Ein Hundert Fünfzehn weltlichen und einige geistliche Lieder* von 1544 eine Fassung, die von Heinrich Isaac für drei Männerstimmen und Diskant gesetzt wurde (*Es hätt ein Baur ein Töchterlein, das wolt nicht lengr ein Meidlein sein*). Wie Charles Allyn Williams zeigen konnte, hat Fischart im achten Kapitel der *Geschichtklitterung* (der *Trunkenen Litanei*) ausgiebig aus solchen Liederbüchern zitiert; vgl. Charles Allyn Williams, Fischarts Liederpoesie 1903, 407f., 413.

[76] Ambraser Liederbuch 1971 [1582], Nr. 115: *Der Müller auf der nidermül*; Nr. 220: *Ich weis mir ein stoltze müllerin*; Nr. 221: *Ein Müller ist gesessen zu Basel an dem Rhein*; Nr. 236: *Es hett ein Schwab ein Töchterlein*.

[77] Dies geht in aller Deutlichkeit aus den Quellenangaben von Charles Allyn Williams, Fischarts Liederpoesie 1903 hervor.

[78] Rolf Wilhelm Brednich, Schwankballade 1973; vgl. zum Verhältnis von Schwank und Ballade ebd., 157, 168.

[79] Ebd., 181.

[80] Ebd., 182.

[81] Charles Allyn Williams konnte zeigen, dass aufgrund vieler sprachlicher Parallelen solche Drucke bei der Abfassung vorgelegen haben müssen; vgl. Charles Allyn Williams, Fischarts Liederpoesie 1903, 406, 413.

zeigt.[82] In seiner Untersuchung der „Liederpoesie" in der *Geschichtklitterung* konnte Williams zeigen, dass Fischart für die Kompilation aus solchen Texten vorwiegend Drucke Straßburger und Basler Provenienz verwendet hat. Offensichtlich ruft Fischart unter den Stichwörtern Ehebruch und Promiskuität hier Texte aus einem konkreten Segment der Drucküberlieferung des 16. Jahrhunderts ab und stellt sie zusammen. Es ist davon auszugehen, dass er als Korrektor und Herausgeber in der Offizin seines Schwagers Jobin, die auch einiges an Musikalien herausgab, problemlos Zugang zu solchem Material hatte. Solche poetische Sammelpraxis hat eine Entsprechung zu den umfassenden Kompendien, zu denen Einzeldrucke *hübscher newer Lieder*[83] im 16. Jahrhundert mitunter zusammengebunden werden.[84] Fischarts Zusammenstellung der Liedtexte wurde von den Rezipienten goutiert: In drei von mir inspizierten Ausgaben der *Geschichtklitterung*, die Anstreichungen und Marginalien enthalten, sind die Texte der *Geuchlieder* angestrichen,[85] erstaunlicherweise sind sie in einem Exemplar mit dem Deleatur-Zeichen versehen, mit dem dort durchgängig Passagen mit obszönen Inhalt gekennzeichnet werden.[86] Der Befund bestätigt sich in der *Trunkenen Litanei*, auch dort werden die deutschen Trinklieder eigens an- bzw. unterstrichen, in einem Exemplar sind die Passagen über mehrstimmigen Gesang und Instrumentenspiel im Kapitel über Gargantuas humanistische Erziehung hervorgehoben.[87] An der Praxis des Sammelns und Kompilierens musikalischer Überlieferungen partizipierte Fischart teilweise auch direkt: Er verfasste 36 geistliche Lieder und war bei Jobin an der Herausgabe zweier geistlicher Gesangbüchlein beteiligt, die auch seine Texte enthalten.[88] Fischarts *Artli-*

---

[82] Vgl. Charles Allyn Williams, Fischarts Liederpoesie 1903, 412.

[83] Zu diesen Bezeichnungen in den Titeln der Drucke: Rolf Wilhelm Brednich, Liedpublizistik, Bd. 1: Abhandlung 1974, 251.

[84] Bibliotheca Palatina Stamp. Pal. VI 54 (1–101) (ted.2254a–2354aaaa) [Mikrofiche: Bibliotheca Palatina 1. Fi 485 G 170–177]; Staatsbibliothek Berlin: Yd 7801 Yd 7804.

[85] Ich habe eine Ausgabe von 1575 (Zürich, Zentralbibliothek: Z ch 139), eine von 1617 (Zürich, Zentralbibliothek: Z ch 132), sowie das interessante Exemplar Aaron Bockstros aus der Sammlung Janz, welches mir als Mikrofilm zugänglich war, konsultiert.

[86] Zürich, Zentralbibliothek Z ch 139. Die Verwendung des Deleatur-Zeichens ist kein Einzelfall, sie findet sich auch im Exemplar Zürich, Zentralbibliothek Z ch 132, dort allerdings weniger häufig und nicht in ausschließlicher Verwendung für Obszönes. Die Funktion dieser Marginalisierung ist mir in beiden Fällen ganz undeutlich.

[87] Der Passus lautet: *Nachgehends hatten sie ihren mut Musicisch mit vier und fünff stimmen zufiguriren, auß allerlei Partes, wie es Gernlachs Erben zu Nörnberg Trucken möchten: Ungefährlich wie die Baierisch Capell: oder sonst der Kälen zu lieb, die zuüben und zuentrostigen, ein gut gesetzlin Bergreyen, Bremberger, Villanellen, unnd Winnenbergische Reuterliedlin zu singen, zu gurgelen [...]. So viel die Instrument der Music betrifft, so lernet er auff der Lauten spilen, auf dem Spinet, der Harpffen [...] unnd der Sackebutte.* (Geschichtklitterung, 256f.) Die Anstreichung dieses Passus (mit blauer Farbe) findet sich in: Zürich, Zentralbibliothek Z ch 132.

[88] [Johann Fischart], Psalmen, geistliche Lieder und Kirchengesänge D. Martin Luthers 1573; [Johann Fischart], Gesangbüchlin von Psalmen, Kirchengesängen und Gaistlichen Liedern 1576; vgl. hierzu die Darstellung bei Adolf Hauffen, Johann Fischart 1921/22, Bd. 2, 78–95.

ches Lob der Lauten ist einem Musikaliendruck Jobins vorangestellt, der in *Teütscher Tabulatur* neben italienischen, französischen und lateinischen auch fünf deutsche Lieder enthält, drei davon weltlichen Inhalts.[89]

Das angeführte Zitat zeigt, dass Fischart auch hier bei sich bietendem thematischen Anlass die Inventarisierung bestimmter textlicher und musikalischer Gattungen betreibt, freilich ohne in seiner Sammelpraxis irgendeinem Systemzwang zu folgen. Dieser Inventarisierung ist im Roman ein Gestus des Exponierens eigen, der weniger auf eine Ausstellung der eigenen Gelehrsamkeit zu zielen scheint,[90] als vielmehr auf eine geraffte Präsentation kultureller Ressourcen, im gegebenen Zusammenhang jener des deutschen Liedes im Einblattdruck seiner Zeit. Natürlich erfolgen solche Bestandsaufnahmen in der *Geschichtklitterung* nicht nur um ihrer selbst willen: Das Einarbeiten der Schwankballaden und Lieder in den Zusammenhang einer Reflexion über die Unzuverlässigkeit genealogischer Abstammungen hat eine für das Verhältnis von Wissen und Literatur in der *Geschichtklitterung* aufschlussreiche Pointe: Die im Flugblattdruck und im Gesang manifeste Musizierpraxis fungiert als quasi-wissenschaftlicher Beleg für die These, dass aufgrund der unvermeidlichen vor- und außerehelichen Zeugung von Kindern die genealogischen Ordnungen keine Geltung beanspruchen können. Nicht auf die ‚hohen' Autoritäten des Wissens wird zur Erhärtung solcher Behauptungen verwiesen, sondern auf Lieder und Balladen mit ‚niederer' Thematik. Hier – wie so oft – macht sich in der *Geschichtklitterung* eine „Autorität des Nichtigen"[91] geltend, die einher geht mit einer Inversion wissensliterarischer Praxis der Autoritätsberufung.[92]

Bereits Adolf Hauffen hat auf die Sprichwortsammlungen von Erasmus, Agricola, Sebastian Franck, Andreas Gartner und Eberhard Tappius hingewiesen, derer Fischart sich bediente, um seine Rabelais-Übersetzung anzureichern.[93] Hilde Gehrke zählte in der *Geschichtklitterung* 370 überlieferte Sprichwörter, 212 Redensarten und 33 lateinische Sprichwörter. Bei allen Unsicherheiten solcher Statistik, die in den Gattungsdefinitionen gründen und in den Schwierigkeiten der Identifikation, vermitteln solche Zahlen doch einen Eindruck davon, in welchem Maße diese literarische Kleinform an

---

[89] Vgl. Johann Fischart, Artliches lob der Lauten 1572. Zu musikalischen Themen in Fischarts Werk generell Adolf Hauffen, Johann Fischart 1921/22, Bd. 2 1922, 154–159.

[90] Auf diese Formel, die wenig klärt und vielmehr die Hilflosigkeit der Forschung angesichts der Fischartschen Materialkaskaden zusammenfasst, wird die Frage nach Sinn und Funktion von Fischarts Datenmassen oft gebracht.

[91] Diese Dynamik ist Gegenstand der Studien im germanistischen Projekt „Autorität des Nichtigen" im Münchner SFB „Autorität und Pluralisierung". Für Fischarts Umgang mit dem Niederen ist dabei die Beobachtung aufschlussreich, dass „niedere Literatur [...] ein diskursives Feld" markiere, „das für andersartige Formen des Wissensspeicherung genutzt werden kann"; Michael Waltenberger, ‚Einfachheit'und ‚Partikularität' 2006, 267.

[92] Vgl. dazu genauer unten S. 382ff..

[93] Adolf Hauffen, Johann Fischart 1921/22, Bd. 1, 206. Hilde Gerke, Sprichwörter und Redensarten bei Johann Fischart 1953.

der Konstitution des Textes beteiligt ist. So wie Fischart den deutschen Wortschatz, die Lieder und Schwänke im Rahmen des Romans exponiert, so verfährt er auch mit Sprichwörtern.[94] Die *Adagia* des Erasmus (Erstauflage 1500) hatten eine Fülle von Sprichwortsammlungen inspiriert, unter anderem jene Heinrich Bebels (1508), der mit den deutschen Sprichwörtern ein germanisches Äquivalent für die griechisch-römische Philosophie und Weisheitslehre der Antike anstrebte, um so eine Entbarbarisierung der alten Deutschen zu betreiben.[95] Dass Bebel die deutschen Sprichwörter nicht in deutschem Wortlaut, sondern allein in lateinischer Übertragung wiedergab, hängt mit seinem Programm einer Wiederherstellung reiner Latinität zusammen.[96] Bei ihm erscheinen so philologischer und patriotischer Humanismus in harter Fügung; die deutschen Sprichwörter kommen ideologisch als germanische Ersatzantike zum Einsatz, philologisch dienen sie als Anlass der Exponierung eines geschliffenen Lateins.[97] In den weiteren deutschsprachigen Sprichwortsammlungen des 16. Jahrhunderts bleibt der patriotische Impetus erhalten. So geht es Sebastian Franck in seiner Sammlung zunächst darum, dass den Jungen dasjenige *möcht fürgetragen und eingepleuet werden […] was jre ältern geredt/ für war / von der erfarung gelert gehalten haben*; dann aber bezweckt er auch *gegen gantz teutscher Nation / meinen geneigten willen als eingeborner teütscher (der ich eifferig ob disem einem großen vatterland jr heil und bestes zu sůchen/ in ubung stehe) zu eweisen*.[98] In einer zweiten Vorrede (*Von vnderscheyd vnder sprichwörter / Gesatz / vnd Lere*) werden die Sprichwörter als Abbreviaturen dargestellt, in denen sich die irdische und ewige Wahrheit in dichter Form verbirgt; in ihnen, die bei allen Völkern sich finden, sind die Weisheitslehren und die Gesetze enthalten.

In Fischarts Kompilation deutscher Sprichwörter in der *Geschichtklitterung* ist ein weiteres Mal eine gezielte Inventarisierung kultureller Ressourcen vor dem Hintergrund einer Sammelpraxis des 16. Jahrhunderts auszumachen. Auch hier geht die Praxis der Bestandsaufahme über in die Erfindung neuer Exemplare, wobei die Grenzen zwischen Sprichwort und Bonmot mitunter fließend werden. Die Erwartung, dergemäß eine Jungfrau züchtig die Augen niederzuschlagen habe, fasst Fischart in einen misogynen Spruch, der das Züchtige obszön invertiert, und den er mit einem typischen Sprichworteingang einleitet: *Man sagt doch, ein Jungfrau soll untersich sehen wie ein Sau* (*Geschichtklitterung*, 56). Dass Fischarts Arbeit an Sprichwörtern bei seinen Rezipienten auf ein hohes Maß an Interesse stieß, belegt die Tatsache, dass dieser Satz in allen von mir konsultierten marginalisierten Exemplaren angestrichen ist. Dasselbe trifft zu für

---

[94] Seitenweise kopiert Fischart beispielsweise aus der Egenolffschen Sprichwortsammlung im *Ehzuchtbüchlein* sowie im fünften Kapitel der *Geschichtklitterung*; vgl. Hilde Gehrke, Sprichwörter und Redensarten 1953, 49–53.
[95] Klaus Graf, Heinrich Bebel 1993, 291f.; Dieter Mertens, Art. ‚Heinrich Bebel' 2005, 159f.
[96] Vgl. das Vorwort Suringars zu seiner Edition der Bebelschen Sammlung: Heinrich Bebel, Proverbia Germanica 1969 [1879], VIII–XXII.
[97] Ebd.; Irmgard Simon, Über einige Sprichwortsammlungen 1999; Klaus Graf, Heinrich Bebel 1993, 292.
[98] Sebastian Franck, Sprichwörter 1541, † 4

den Ausspruch *wann ein Sau federn hett, unnd über ein Zaun könt fliegen, es wird das aller adelichst Federwildprett sein* (*Geschichtklitterung*, 57).

Wie Fischart die dem Sprichwort im Diskurs der Zeit zugeschriebenen Potentiale seinerseits poetisch inszeniert, lässt sich an jenen Sprichwörtern zeigen, die sich im Kopfe Ulrich Gallets abspielen, des zu Pikrochol gesandten Herolds Grandgousiers. Wo Rabelais lediglich vermerkt, Gallet sei von Grandgousier zu Pikrochol gesandt worden und habe unterwegs bei einem Müller genächtigt, führt Fischart ein Selbstgespräch der Figur ein:

> *Er wag es auff und ab, gieng hin in gedancken wie ein Hund inn Flöhen, spintisirt wie die Muck die wand aufflauff, und redet wie ein Comedischer gesanter vom Himmel mit ihm selber. O wie gehts so übel zu, wa frevel die Trommen schlegt unnd hoffart das Fänlin tregt. Wie wer manchem so wol, wann ers wißt: aber wann der Fuchß einen schlaffenden Löwen an backen schmeißt, billich er ihm den Balck zerreißt: wann ein Schaf den Wolff will wecken, muß es auch das Fell darstrecken: Da heißt es, wer den Kopff bekompt, der schär den Bart: Unnd will man da Wecken einschlagen: so muß man warlich darauff schlagen. Aber wie gar ist kein freud ohn leid, es verlirt eh einer etwas beim dantz, Reyen und freuen pringt reuen, freuen am Morgen, pringt zu abend sorgen, die helle Morgenröt, pringt offt ein wüßt Abendröt: Und je höher je gäher, je höher je mehr dem fall näher, je höher dest schwindelt eim eher: also sorg ich gar, des Picrocholi lust werd ihm noch zum unlust, sein steigen zum neigen, sein Obohe zum owe, sein jauchtzen zum ächtzen.* (*Geschichtklitterung*, 311)

Ulrich Gallets innerer Monolog, sein Spintisieren, besteht aus einer Kompilation von deutschen Sprichwörtern.[99] Die im Sprichwort für die Applikation auf konkrete Situationen bereitgehaltene allgemeine Weisheit kommt hier gewissermaßen im Rudel vor. Die Proverbien sind allerdings nicht, wie ja naheliegend wäre, auf die Sorgen des Herolds auf gefährlichem Botengang zu beziehen, sondern auf den Pikrocholischen Krieg insgesamt. In ihnen wird das soweit erzählte Geschehen nicht nur gebündelt, sondern auch der weitere Verlauf und der Ausgang des Krieges vorweggenommen. Das erste Sprichwort besagt, dass Frevel und Hoffart Unglück bringen.[100] Dies nun betrifft nicht die Situation des Boten, es ist auf Pikrochol zu beziehen, der hochmütig und frevelnd einen kriegerischen Konflikt vom Zaun gebrochen hat. Es folgen die beiden Sprichwörter vom Fuchs, der den Löwen, und vom Schaf, das den Wolf weckt.[101] Beide variieren das Thema, dass mit Gegengewalt gerechnet werden muss, wenn der Schwächere den

---

[99] Vgl. zu solchen Sprichwortreihen Hilde Gerke, Sprichwörter und Redensarten 1953, 136ff.; Ulrich Seelbachs Katalog der Adagien und Sentenzen versammelt nur die lateinischen Sprichwörter; Ulrich Seelbach, Ludus lectoris 2000, 481–489. Zymner sieht hier „Reihungen, Wortspiele, Witzchen" und analysiert diesen Passus lediglich unter dem Gesichtspunkt eines zurücktretenden auktorialen Erzählers; vgl. Rüdiger Zymner, Manierismus 1995, 129f.

[100] Karl Friedrich Wilhelm Wander, Sprichwörterlexikon Bd. 1 1867, Sp. 1205 (Frevel, Nr. 9): „Wo Frevel die Trommel schlägt und Hoffart die Fahne trägt, wird das Unglück aus dem Schlafe geregt" (ohne Belege).

[101] Ebd. Bd. 1 1867, Sp. 1251 (Fuchs, Nr. 277) mit obigem Fischartzitat als einzigem Beleg; sowie ebd. Bd. 4, 65 (Schaf, Nr. 255) mit einem Beleg aus Christoph Lehmanns *Florilegium Politicum* von 1630.

Stärkeren angreift. Damit ist das Eingreifen der Gargantisten in den Krieg antizipiert. Zwei weitere Sprichwörter haben die Unvermeidlichkeit von Konsequenzen sowie die Notwendigkeit bestimmter Mittel zum Erreichen eines Zwecks zum Gegenstand.[102] Damit werden die Gewalttaten der Gargantisten im Krieg vorweggenommen und legitimiert. Sodann setzt Fischart eine Gruppe von vier Sprichwörtern ein, welche die Themen variieren, dass ohne Leid keine Freude zu haben sei, und dass auf Freude notwendig Leiden folge. Diese Sprichwörter werden sodann ausgelegt: Pikrochols Triumphe am Anfang des Konflikts werden die Niederlage nach sich ziehen. Damit ist die Überwindung des Feindes angekündigt.

Erkennbar ist in dieser Kompilation das Bestreben, möglichst viele Sprichwörter zu inventarisieren und für bestimmte Themen mehrere Varianten anzugeben.[103] Die nur auf den ersten Blick heterogene Kompilation von Proverbien wird bei Fischart narrativ funktionalisiert, indem er den Verlauf des über mehrere Kapitel auserzählten Pikrocholischen Krieges durch eine Montage von Sentenzen zusammenfasst. Solcherart wird bisher Erzähltes wertend rekapituliert und das Folgende vorweggenommen. Inszeniert wird hier die Leistungsfähigkeit des deutschen Sprichworts, in ihrer narrativen Funktionalisierung bewährt sich solcherart die alte „deutsche Weisheitslehre" in der Dichtung. Bemerkenswert daran ist auch der Tatbestand, dass Ulrich Gallet bei Rabelais als Muster rhetorischer Eloquenz inszeniert wird: Seine Ansprache an Pikrochol, die darin enthaltenen Vorwürfe und Belehrungen sind als Glanzstück der Redekunst konzipiert. In diesem Sinne führt der Erzähler auch die Figur ein, Gallet sei von Pantagruel aufgrund seiner Klugheit und seines Scharfsinns sowie wegen seiner in schwierigen Fällen bewährten Zuverlässigkeit zu Pikrochol entsandt worden.[104] Diese Charakterisierung übersetzt Fischart, fügt ihr jedoch eine weitere Beschreibung hinzu, in der ihrerseits Redensarten in verdichteter Form für die Charakteristik der Figur zum Einsatz kommen:

> *Er als ein verschmitzter Welt und Eißvogel, flick auff stück unnd tück, der etwann auff dem Eiß, wann der Rein übergefrorn, gemacht war worden, halb wüllen und halb härin wie des Juden Grama, und etwas beredter als die zur Hochzeit laden, bedacht sich auff Janisch hinden unnd fornen, auff daß ihn kein Storck am Kopff noch Schopff nirgend weißget, wie sich die Meidlin spiegelen.* (Geschichtklitterung, 311)

Beredter als jene, die zur Hochzeit laden, ist Ulrich Gallet: Seine Virtuosität beschränkt sich nicht auf die abzuschnurrenden Formeln, über die Hochzeitsbitter verfügen müssen, bei ihm kommt es zu einer kreativen Applikation des vorgeprägten Sprichworts auf

---

[102] Karl Friedrich Wilhelm Wander, Spichwörterlexikon Bd. 2 1870, Sp. 1516 (Kopf, Nr. 420); ebd. Bd. 4 1876, Sp. 1841 (Wecken, Nr. 2): „Wer den Wecken [Keil] einschlagen will, muss tüchtig drauf hauen".

[103] Vgl. zu Variation und Synonymie Hilde Gerke, Sprichwörter und Redensarten bei Johann Fischart 1853, 126–128.

[104] François Rabelais, Œvres complètes 1973, 136: *Ulrich Gallet, maistre de ses requestes, homme saige et discret, duquel en divers et contencieux affaires il avoit esprouvé la vertus et bon advis* […].

die Situation.[105] Mit der Montage deutscher Redensarten und Sprichwörter in der Beschreibung des Ulrich Gallet sowie in seinem Monolog bietet Fischart Seitenstücke zur bei Rabelais inszenierten rhetorischen Kompetenz. Hier wird eine andere Weisheit und eine andere Redekunst inszeniert, jene, die sich in den *proverbia germanorum* sedimentiert. Der Passus in der *Geschichtklitterung* bietet somit gewissermaßen einen poetischen Beweis für die patriotische Programmatik der Sammler deutscher Sprichwörter.

Rabelais' *Gargantua* wird bei Fischart auch durch das fortwährende Inserieren von historischen Exempeln transgrediert.[106] Mitunter ist dabei wiederum die Praxis der Inventarisierung solcher Ressourcen zu beobachten. Ein Inventar historischer Exempel entbindet Fischart dort, wo bei Rabelais die Zerstörung des Schlosses von Vède behandelt wird. Im 36. Kapitel beschreibt Rabelais, wie Gymnast seinen Gefährten voran durch die Furt reitet, in der sich die Leichen der erschlagenen Feinde häufen.[107] Dabei erwähnt er, wie es dem Reiter gelang, dem Pferd die natürliche Scheu vor den menschlichen Körpern abzugewöhnen. Die Gefährten folgen Gymnast, wobei Eudämons Pferd mit einem Huf im Bauch eines ertrunkenen Kriegers stecken bleibt und sich in seinem Gedärm verfängt. Gargantua kann mit seinem Pilgerstab das Geschling zurückstopfen und so das Pferd befreien, das durch dieses Geschehen vom Spat, den es an diesem Bein hatte, geheilt wird. Die Dressur des Pferdes von Gymnast erfolgte durch eine Puppe, über die das Tier treten musste, um an seinen Hafer zu gelangen. An dieser Stelle rekurriert Rabelais auf zwei Historien solcher Abrichtungen, in denen wirkliche Tote verwendet wurden: Gymnast habe zu diesem Zweck nicht, wie Diomedes, Thraker getötet und den Pferden verfüttert oder, wie Odysseus, Erschlagene den Pferden vor die Füße geworfen.[108] Aus diesen beiden historischen Exempeln macht Fischart einen bemerkenswerten Katalog:

Dan er hette es [das Pferd] *nach Eliani lehr gewöhnet, weder Seelen noch Tode leichnam zu scheuen, doch nicht auff Diomedisch, der sein Roß mit Traciern und erschlagenen Gästen thet mesten, und ihre häupter wie wildschweinen köpff an die Pfosten hefften: Noch wie Ulysses, der (wie Homerus ihm zum lob, das scheltens werd, gedencket) seiner Feind tode körper den Pferden unterstreyet. Nein solchen Todenlust hat er nicht, wie könig Metzenz von Metz und Mentz, der die lebendige auff die Tode band, und dran verschmachten und faulen ließ: noch wie Babst Sergius, der seins Vorfaren toden leib köpffen ließ, und Cambyses der des Egiptischen Königs tod Aß geyseln hieß: noch wie sonst Ketzermeister, die Tode außgraben, und verbrennen: noch wie König Albowin auff Essedonisch, der auß seines Schwähers Hirnschal*

---

[105] Vgl. zur Unterordnung des Sprichworts unter den Stoff, zu seiner „Verkörperung" in der *Geschichtklitterung* Hilde Gerke, Sprichwörter und Redensarten 1953, 202–206.

[106] Vgl. zu Fischarts Exempelgebrauch: Dieter Seitz, Johann Fischarts *Geschichtklitterung* 1974; Jan-Dirk Müller, Texte aus Texten 1994.

[107] Vgl. die eindrucksvolle Illustration der Szene von Gustav Doré: François Rabelais, Gargantua und Pantagruel [8]1994, 135.

[108] Eine der Aufgaben des Herakles ist es, die wilden, Menschenfleisch fressenden Pferde des Diomedes zu zähmen. Die Entführung der Pferde durch Odysseus ist schon bei Rabelais falsch wiedergegeben.

ein Trinckschal macht: noch wie Antheus der auß der erhangenen Hirn Pillulin für den Hundsbiß zubereitet. Noch wie die feind Keisers Caligulæ, welche mit lust sein fleisch frassen fürgebend, weil er sich für Gott außgeben, müssen sie versuchen, ob Göttlich fleisch auch wol schmackt: ja Schelmenfleisch fraß Schelmenfleisch. Noch wie der Lithauisch König Wüthold (welcher so gehorsame Underthanen gehabt, daß wann er einen sich hat hencken heissen, solchs gleich gethan hat) der die Leut in Bärenhäut vernehet, und die Hund an ihnen übet: wiewol diß stücklin auch wol ein weidmänischer Bischoff zu Saltzburg mit einer Hirtzhaut gekönt hat, wan er mit den Wildschützen des Actæons spilet. Noch wie Alexander Magnus, der ein bruck von toden Cörpern machet. Noch wie König Thoas, der allen anlendenden die köpff abhieb, und sie seiner Götting Diane umb den Altar hieng: noch wie etlich Scythæ, die ihrer Feind köpff auff den Helm hefftetn, unnd auß ihren abgeschundenen heuten glate Pferdsdecken machten: ja wol gar Reutröck: überzogen auch mit der Arßbackenhaut ihre Köcher, dörrten das Menschenfleisch, maltens, unnd gabens den Pferden unders futer [...]. (*Geschichtklitterung*, 345)

Ich breche hier ab, es folgt noch eine Fülle weiterer bizarrer Exempel für alle denkbaren Arten von Anthropophagie, für technische Verarbeitungen menschlicher Körperteile und affine Sujets. Florence M. Weinberg hat darin eine nekrophile Orgie gesehen,[109] Hans-Jürgen Bachorski betonte die Obsessivität Fischartscher Gewaltphantasien, die hier mit einem Akt moralischer Zensur konfligiere, der sich in der Verneinung manifestiere (*doch nich auff Diomedisch* [...] *Noch wie Ulysses* [...]).[110] Dass damit die auf der Ebene des expliziten Sprechens propagierte Kriegsvermeidung durch eine narrative Ebene kontaminiert werde, auf der Gewaltphantasien und Todeslust manifest würden, stellt eine psychologisierende Deutung dar („ein grotesker Erzähler voller Obsessionen"[111]), die letztlich auf die Instabilität der im Text relevanten Ideologeme zielt. Aber geht es darum? Geht es nicht hier wie an vielen anderen Stellen um die Transgression der Vorlage dahingehend, dass die Zahl der Wörter, Proverbien und Exempel überboten wird? Die „Gewaltphantasien" Fischarts entspinnen sich ja nicht als wüster Tagtraum eines nekrophilen Verfassers oder Erzählers, sondern sie sind sekundäres Kompilat historischer Exempel aus Chroniken und anderem Schrifttum.[112] Solche Exempel wurden im 16. Jahrhundert Gegenstand umfangreicher Sammlungen. Fischart hat mit Sicherheit auf eine dieser Sammlungen zurückgegriffen. In Frage kommt eine der vielen Ausgaben des *Promptuarium Exemplorum* von Andreas Hondorff. Von dieser Exempelsammlung (ein Folioband) existieren zwischen 1568 und 1678 dreißig Drucke in Bearbeitungen verschiedener Autoren und Herausgeber und mit mannigfachen Ergänzungen.[113] Das Buch versammelt biblische und historische Exempel, die nach der Ordnung des Dekalogs zusammengestellt sind. Die unter dem fünften Gebot versammelten Exempel werden wiederum in verschiedenen Gruppen angeordnet, darunter findet sich

---

[109] Florence M. Weinberg, Gargantua in an Convex Mirror 1986, 122.
[110] Hans-Jürgen Bachorski, Irrsinn und Kolportage 2006, 417.
[111] So der Titel des Kapitels zur *Geschichtklitterung* in Bachorskis Monographie vgl. ebd., 345.
[112] Die Quellen werden bei Ulrich Seelbach im „Katalog der aponymen Exempel, Parabeln und Fabeln" versammelt; Ulrich Seelbach, Ludus Lectoris 2000, 457ff.
[113] Zur Druckgeschichte vgl. Burghart Wachinger, Der Dekalog als Ordnungsschema 1991, 261f.

auch ein Abschnitt, der mit *De Homicidiis magnorum Principum* überschrieben ist, die deutsche Fassung der Überschrift lautet: *Wie etliche Könige und Keyser / vnd andre Namhafftige Leut vnschúldig Blut vergossen / vnd widerumb zur straff ihr Blut haben vergiessen müssen / So mercke nachfolgende Exempel.*[114] Hier werden biblische und weltliche Exempel für die besonderen Grausamkeiten der Herrschenden geliefert, wobei die Todesarten der Tyrannen als göttliche Strafe für die begangenen Grausamkeiten ausgewiesen werden. Dies verhält sich im nachfolgenden Abschnitt nicht mehr ganz so reziprok: *De Nequitia Tyranorum / Folgen Exempel etlicher grewlicher Tyrannen / und wie etliche derselben wider gestrafft worden.*[115] Die von anderen Potentaten verübten Grausamkeiten kommen so als Exempla für die irdische Abstrafung der Tyrannei nicht in Betracht, sie werden gewissermaßen der Vollständigkeit halber mit angeführt. In diesem Abschnitt finden sich dann auch einige der von Fischart verwendeten Exempel.[116] Es folgt noch eine stilistisch reduzierte Übertragung des zweiten Kapitels aus dem neunten Buch der Historien von Valerius Maximus,[117] wo dergleichen Grausamkeiten ebenfalls Gegenstand sind, daran schließen sich wieder aus allen möglichen Büchern kompilierte Exempel desselben Inhalts an (*Crudelitas Tyrannicae erga subditos poena*). Das Ganze erstreckt sich auf nicht weniger als 34 Seiten im Folioformat: der Inzest der Potentaten, der Infantozid, das sadistische Abschlachten Unschuldiger, der Einfallsreichtum von Folter und Hinrichtung und die Lust an Blut und Verwesung werden ausgiebig ausgebreitet. Angesichts solcher Literatur wirkt Fischarts „nekrophile Orgie" vergleichsweise harmlos. Ein anderer Unterschied ist aber gewichtiger: Fischart exponiert in den historischen Exempeln die *Todenlust*, ohne dass sie – wie in den Sammlungen von Hondorff und seinen Nachfolgern[118] – für die Paränese funktionalisiert wären. Bei Hondorff heißt es in der *Vorrede an den christlichen Leser*:

Dieweil man in Beschreibung mancherley vnd vieler Historien / vnzehliche Exempel hat und siehet / wie der ewige Gott gegen alle Menschen / gar ein ernster und gleicher Richter ist / vnd keine Súnde wider die vbertretung seiner heiligen Zehen gebot / in keinem Menschen weder hohen noch Niedrigen vngestraffet / vnd hergegen den Ghorsam und Frómmigkeit/ nicht

---

[114] Andreas Hondorff, Promptuarium exemplorum 1575, Bl. 216ʳ.

[115] Ebd., Bl. 223.

[116] Vitoldus vernäht Menschen in Tierhäute und übt daran seine Hunde (Andreas Hondorff, Promptuarium Exemplorum, Bl. 225ᵛ); Viteldus' Untertanen sind so furchtsam, dass sie sich auf Befehl der Herrscher erhängen (ebd.), Diomedes füttert seine Pferde mit Menschenfleisch (ebd., Bl. 226ʳ), Pantaleon verstümmelt die Legaten und nötigt sie, ihre eigenen Genitalien zu essen (ebd., Bl. 226ᵛ).

[117] Die Überschrift lautet: *Weil Valerius Maximus in seinem Historien Buch / lib. 9 cap 2 von begangener wüterey und Tyranney viel Historien erzehlet / welcher zwar zuvor auch vil gedacht / aber in diesem capitel für kurtz erzehlet werden / hab ich solch capitel gentzlich hernach gesetzt;* A. Hondorff, Promptuarium Exemplorum 1575, Bl. 234ʳ; vgl. dazu Burghart Wachinger, Der Dekalog als Ordnungsschema 1991, 246. Einige der grausamen Handlungen, die Fischarts Katalog bietet, finden sich auch bei Hondorff, werden dort aber anderen Tyrannen zugeschrieben.

[118] Einen Überblick über die Überlieferung bietet Burghart Wachinger, Der Dekalog als Ordnungsschema 1991, 261f.

vnbelohnet gelassen hat / noch lassen wird / vnd vns Menschen die Heiligen Zehen Gebot Gottes lehren / was wir thun und lassen sollen gegen Gott und den Menschen.[119]

In den Schilderungen der von den Potentaten begangenen Grausamkeiten wird die darauf folgende Strafe Gottes zunächst in den Exempeln miterzählt, später entfällt sie. Dass jedoch die Geschichte von der Gerechtigkeit Gottes Zeugnis ablegt, steht außer Zweifel.[120] Deshalb können die referierten *nekrophilia* im Rahmen einer theologisch disponierten Exempelsammlung munter wuchern: Sie werden von Auflage zu Auflage vermehrt.

Dieser Rahmen entfällt natürlich bei Fischart, weshalb die *Todenlust* auf den Erzähler zurückzufallen scheint. Fokussiert man jedoch das Austauschverhältnis von poetischem Entwurf und den zeitgenössischen Exempelsammlungen, so bietet sich neben solchen psychologisierenden Deutungen noch eine andere Lesart an: Die in der Exempelsammlung theologisch gezähmte *Todenlust* tritt in der *Geschichtklitterung* deutlich hervor und enthält rückwirkend auch einen Kommentar auf solche Wissenssammlungen ihrer Zeit, bei denen sich dem Leser der Verdacht aufdrängen mag, dass die Exempla durch die Reglements der Disponierung mitunter kaum noch zu bändigen sind.[121] Dass man beim Exempelgebrauch den „explizit herausgestellten einsinnigen Zweck" des Erzählens als „moralischen Deckmantel für eine Erzählung" benützen kann, „bei der man in Wirklichkeit ganz andere Qualitäten genießt", hat Walter Haug als den gängigen Fall aufgezeigt.[122] Zudem wird das Prinzip exemplarischer Applikation selbst mit ausgehebelt: Wenn Fischart Exempla dafür angibt, was nicht der Fall ist (*doch nicht auff Diomedisch* […] *Noch wie Ulysses* […] *Nein solchen Todenlust hat er nicht, wie* […] *noch wie* […] etc.), so muss man darin keinen Akt moralischer Zensur sehen. Hier wird ein Grundsatz der Anwendung historischer Exempel auf den konkreten Fall bearbeitet: Das Prinzip der Ähnlichkeit wird durch solche Verneinung irrelevant. Dies aber hat zur

---

[119] Andreas Hondorff, Promptuarium Exemplorum 1575, Vorrede an den Christlichen Leser; vgl. dazu auch Burghart Wachinger, Der Dekalog als Ordnungsschema 1991, 247.

[120] Burghart Wachinger, Der Dekalog als Ordnungsschema 1991, 247: „Denn wenn hinter dieser Sammelwut überhaupt ein moraltheologisches Konzept steht, dann das Bemühen, das jederzeit mögliche unmittelbare Wirken Gottes in der Welt zu belegen; daß auf vorbildlichem Handeln der Segen Gottes ruht ist dabei weniger wichtig, als daß Gott jederzeit die Gräuel der Sünde rächen kann."

[121] Paul Michel, Ordnungen des Wissens 2002, 56. Betrachtet man die Ausgabe des *Promptuarium Exemplorum*, die 1610 in Leipzig erschien, fällt die Verwilderung der Sammlung ins Auge: Die Disposition nach dem Dekalog wird allenthalben mit weiteren Einschaltungen und Zwischenüberschriften überdehnt, zu verzeichnen ist gegenüber den früheren Auflagen eine gesteigerte Heterogenität. Eine wissensgeschichtliche Untersuchung der Druckgeschichte des *Promptuarium* erscheint vor diesem Hintergrund vielversprechend; von einer solchen aus ließe sich die diskurs- und wissensgeschichtliche Position von Fischarts *Geschichtklitterung* vermutlich hinsichtlich des Exempelgebrauchs noch einmal deutlicher bestimmen; vgl. zu den Akzentverschiebungen zwischen den verschiedenen Ausgaben: Burghart Wachinger, Der Dekalog als Ordnungsschema 1991, 249f.

[122] Walter Haug, Exempelsammlungen im narrativen Rahmen 1991, 266.

Folge, dass die Applikation von Exempeln durch keine gebotene Analogie des Verglichenen mehr begrenzt wird, womit der Proliferation einer *copia exemplorum* kein Einhalt mehr zu bieten ist. An die Stelle der Anwendung auf den Einzelfall tritt ein assoziatives Verknüpfen der Exempel untereinander.[123] Das Anhäufen der Exempel erfolgt zum alleinigen Zweck ihrer Inventarisierung, nicht zum Zweck der Exemplifikation. Man kann in solcher Depragmatisierung des Exempels im gegebenen Fall durchaus auch einen poetischen Exzess sehen. Darin liegt ein weiteres Moment der Transgression: Das Ausufernlassen der *copia exemplorum* alteriert Rabelais' *Gargantua* im Prozess seiner Übertragung und Ergänzung grundlegend. Gerade das macht ja die Lektüre der *Geschichtklitterung* mitunter auch so anstrengend.

Bei Fischart steht ein Inventar, das nekrophile Grausamkeiten von Heroen und Potentaten in möglichst großer Zahl zu versammeln sucht, völlig gleichberechtigt neben einem Inventar von Sprichwörtern oder Liedern zu einem bestimmten Thema, sowie den verschiedenen Namen alle bekannten Käsesorten. Darin ist einmal mehr die enzyklopädische Transgression des Rabelais'schen Romans auszumachen, die jedes beliebige Thema des *Gargantua* zum Anlass einer Exponierung großer Wissensressourcen macht, eine Transgression freilich, die keinen Paratext stiftet, der die *Geschichtklitterung* als Wissensspeicher zum Suchen und Finden von Wörtern, Liedern, Sprichwörtern und Exempeln verfügbar macht und die auch anderwärtig nicht folgenlos bleibt.

Obstruktion rhetorischer Virtuosität

Konsequenz der Fischartschen Übersetzungs-Praktiken ist auch eine Obstruktion jener Musterstücke der Beredsamkeit, die sich bei Rabelais finden. Bereits im *Pantagruel* hatte Rabelais mit Gargantuas Brief an seinen Sohn ein Glanzstück der Rhetorik entworfen. Oben konnte bereits bei Fischart beobachtet werden, wie im Zusammenhang der Rede Ulrich Gallets an Pikrochol eine alternative Redekunst, die sich aus dem deutschen Sprichwort speist, entworfen wird. Und auch das Hilfeersuchen Grandgousiers an seinen Sohn in dem Brief, der ihn über den Einfall des Königs Pikrochol in sein Land unterrichtet und zur Heimkehr auffordert, zielt bei Rabelais auf einen Musterfall staatsmännischer Rhetorik, die den Verfasser, Grandgousier, als *rex iustus et pacificus* vorführt. Im Brief wird betont, dass die Rückrufung des in philosophischen Studien sich ergehenden Sohnes allein dadurch gerechtfertigt ist, dass mit dem Vertrauensbruch, den Pikrochols Einfall in die Länder Grandgousiers bedeutet, nicht allein die Ruhe des Vaters gestört, sondern auch die Untergebenen des Thronfolgers und ihre Güter gefährdet sind. Grandgousier appelliert an die Pflicht des Sohnes und des Nachfolgers, schildert die Bemühungen, den Gegner zu befrieden und diplomatisch zu zähmen sowie den Tatbestand, dass Pikrochol all diese Aufwände zurückwies. Betont wird dabei die Friedensliebe des Herrschers, alle eingesetzten und vorweggenommenen Maßnahmen wer-

---

[123] Vgl. zur Technik des Assoziierens Dieter Seitz, Johann Fischarts *Geschichtklitterung* 1974, 66–85.

den in den Dienst einer möglichst gewaltlosen Beilegung des Konflikts gestellt. Die Rückkehr des Sohnes wird als Notwendigkeit dargestellt, um den Konflikt ohne viel Blutvergießen zu beenden und somit die Untergebenen zu retten.

Fischarts Übersetzung des Briefes fällt um vieles umfangreicher aus als die Vorlage. Dies sei im Folgenden anhand eines Auszugs aus diesem Brief gezeigt. Bei Rabelais betont Grandgousier seine irenische Absicht und die Aggressionen Pikrochols wie folgt:

> Meine Absicht ist nicht zu provozieren, sondern zu beschwichtigen, nicht anzugreifen, sondern zu verteidigen, nicht zu erobern, sondern meine treuen Untertanen und meine Erblande zu schützen, in die Pikrocholos ohne Grund und Anlaß eingefallen ist. Tag für Tag treibt er sein wahnwitziges Unterfangen und begeht unerträgliche Ausschreitungen an freien Menschen[124]

In Fischarts Übersetzung erfolgt mit der sprachlichen Anreicherung eine deutliche Obstruktion der rhetorischen Eleganz:

> *Gleichwol dir diß zuforderst zuwissen, das unser bedencklich vorhaben dahin gar nicht stehet, jemands zureitzen, noch zubeleidigen, sondern, so viel Durchleuchtiger ehren halben thunlich, zuweichen unnd den streich abzukehren, unnd gar nicht offensivê einzufallen, sonden defensivê auß zuweisen oder einzutreiben, noch vil wenigers sins eines anderen Herrschafft uns einraumig zumachen unnd einzuziehen, sondern unsere liebe getreue Undersassen und Erblandschafften vor gewalt unnd unbill zuverthädigen, unnd handzuhaben. Wann dann nun unser Benachbarter Herr Ohem König Picrochol aller einigung sampt erwisener gut unnd wolthat vergessend, uns gantz unverschulter sachen, ohn einigen redlichen rechtgegründeten schein, neulicher zeyt hat inn unseren Erblanden mit feindtlichem überfall dörffen ersuchen unnd verhochmütigen: auch noch zur weil von täglichem unleidlichem mutwill unnd freyen Leuten unträglichem gewalt sein wütig fürnemmen vorzusetzen nicht ablasset [...]*. (Geschichtklitterung, 308f.)

Die Aufschwellung der Vorlage ist in diesem Beispiel offensichtlich. Bemerkenswert ist dabei, dass Fischart inhaltlich nichts ändert, er fügt nur für jedes Lexem und jedes Phrasem gleich mehrere Übersetzungsvarianten ein und lässt diese nebeneinander stehen: Wo bei Rabelais betont wird, er wolle nicht erobern, formuliert Fischart *eines anderen Herrschaft uns einraumig zumachen unnd einzuziehen* etc. Solche Privilegierung von Varianz geht – das Beispiel zeigt es deutlich – auf Kosten des rhetorischen Schliffs der Vorlage. Gerade am Beispiel einer solchen auf Virtuosität des Abgleichs sprachlicher Mittel, ethischer Prinzipien und politischer Zwecke zielenden Textsorte wie das briefliche Hilfeersuchen des Vaters an seinen Sohn bei Rabelais zeigt sich in Fischarts Übertragung die Obstruktion rhetorischer Transparenz und Klarheit.

---

[124] François Rabelais, Gargantua 1992, 101. François Rabelais, Œuvres complètes 1973, 133: *Mon intention n'est pas de provoquer mais d'apaiser, ni d'attaquer mais de défendre, ni de conquérir mais de garder mes loyaux sujets et mes terres héréditaires sur lesquelles, sans cause ni raison, est entré Picrochole qui poursuit chaque jour son entreprise démente et ses excès intolérables pour des personnes éprises de liberté.*

Zerstörung des Syntagmas

Durch die Transgression literarischer Formen auf Wissen hin werden diese – dies konnte an den anderen Texten dieser Studie bereits gezeigt werden – grundsätzlich verändert. Die gravierendste und augenfälligste Modifizierung des *Gargantua* ist in dem von Auflage zu Auflage sich verschärfenden Unkenntlichwerden des Syntagmas der Erzählung in der *Geschichtklitterung* auszumachen.[125] Auch bei Rabelais ist diese Tendenz bereits beobachtbar. Die Geschichte, die von Anfang bis Ende erzählt wird, setzt ein mit der Elternvorgeschichte: Der Riese Grandgousier heiratet Gargamelle, die nach einer elf Monate währenden Schwangerschaft während eines Kuttelgelages auf wundersame Art und Weise ein Kind gebiert, welchem aufgrund seiner offensichtlichen Gier nach Wein der Name Gargantua gegeben wird. Die Kindheit des Riesen, während der sich bereits seine besonderen Begabungen zeigen (besonders in der Erfindung des besten Arschwischs), endet mit dem Beginn seiner Ausbildung, die zunächst törichten und unfähigen scholastischen Lehrern anheim gegeben wird. Gargantua begibt sich für weitere Studien nach Paris, wo er diverse Studentenabenteuer erlebt und nutzlos seine Zeit verbringt, bis er durch einen neuen Lehrer nach humanistischen Prinzipien unterrichtet wird und sich in seinen Studien vervollkommnet. Gargantuas Studien werden unterbrochen, als ihn sein Vater in die Heimat zurückruft, da sein Nachbar Pikrochol aufgrund eines nichtigen Anlasses einen Krieg vom Zaun gebrochen hat, die Länder des Vaters plündert und zerstört. Alle Versuche friedlicher Konfliktbeilegung sind am Größenwahn des Pikrochol gescheitert. Das Land ist in ernster Gefahr. Durch den Einsatz des schlagkräftigen Mönches Jean des Entommeures konnte bisher lediglich ein Kloster erfolgreich gegen die plündernden Scharen verteidigt werden. Gargantua bricht mit seiner Entourage von Paris in die Heimat auf. Während eines Erkundungsritts trifft Gargantuas Lehrer Gymnast auf einen Trupp der Pikrocholisten und ihm gelingt es als Einzelkämpfer (mit sehr abenteuerlichen Mitteln) einen großen Teil des Heeres sowie seinen Anführer zu töten. Gargantua gelingt daraufhin die Vernichtung der Feinde, die sich in der Burg an der Furt Vède festgesetzt hatten. Während einer Schlachtpause stößt Gargantua zu seinem Vater Grandgousier, beide beschließen, den Mönch Jean des Entommeures rufen zu lassen, der daraufhin sogleich zum ausufernden Gelage erscheint. Am Morgen hebt die große Schlacht mit Pikrochol an, in der sich Grangousier beim Umgang mit den Gefangenen einmal mehr als großmütiger *rex iustus et pacificus* erweist, während Pikrochol den an ihn zurückgesandten Gefangenen grausam töten lässt. Schließlich wird das Heer Pikrochols durch Gargantua bei der Festung La Roche-Clermont vernichtend geschlagen, Pikrochol selbst flieht. Die Sieger zeigen sich den Besiegten gegenüber in jeder Hinsicht großzügig und stellen den Frieden im Lande wieder her. Für den schlagkräftigen Mönch wird ein Kloster gestiftet mit eigenen Statu-

---

[125] Dass die paradigmatischen Elemente Gegenstand der Gestaltung seien, und dem Syntagma nur stützende Funktion zukomme, betont Dieter Seitz, Johann Fischarts *Geschichtklitterung* 1974, 34f.; vgl. auch Hans-Jürgen Bachorski, Irrsinn und Kolportage 2006, 386–391; Beate Kellner, Spiel mit gelehrtem Wissen 2007, 223.

ten und Regeln sowie einer großen Bibliothek: Das Ende des Romans besteht im Entwurf dieses Antiklosters. Das Schlusskapitel behandelt schließlich eine Rätselprophezeiung, die von Gargantua auf die Verfolgung der Christen hin ausgelegt wird, von Bruder Jean aber als Darstellung der Regeln des Tennisspiels gedeutet wird. Diese Lösungen werden nicht harmonisiert, der Roman endet mit dieser hermeneutischen Aporie und der Aufforderung zu trinken.

Bereits bei Rabelais ist diese Handlungsfolge durch viele Exkurse, die zum Teil ganze Kapitel beanspruchen, durchbrochen. Durch den literarhistorischen Hintergrund diverser Erzählmuster (Elternvorgeschichte, Geburt, *enfance*, Ausbildung, erste Waffentaten, Schlachtenschilderungen etc.) entfaltet sich freilich bei Rabelais die Digressivität innerhalb eines belastbaren Rahmens. Dies ist bei Fischart so nicht mehr der Fall. Durch die Transgression der Vorlage auf Inventare von Wörtern, Redensarten, Liedtexten und Exempeln hin geht der ‚rote Faden' vollends verloren, der Rezipient ist auf die Kenntnis des Rabelais'schen Prätextes angewiesen, um sich überhaupt noch im Syntagma zurechtzufinden, und es ist anzunehmen, dass die historischen Rezipienten des Textes, derer es, der Anzahl der Auflagen nach zu urteilen, nicht wenige gegeben haben muss, andere Interessen mit diesem Text verfolgten, als die Unterhaltung an einer flott erzählten Geschichte.[126] Fischarts Zusätze bieten weitestgehend Wortmaterial, Anspielungen auf Exempel und Schwänke, Liedtexte. Narrative Passagen enthalten sie kaum: „Fischart erzählt überhaupt nichts."[127] Rabelais' Roman ist insofern das Gerüst des Fischartschen Textes (Hauffen spricht von einem Sparrenwerk, das Fischart mit den Ranken seiner „Phantasietätigkeit" umkleidet habe),[128] als nur im Prätext Handlung syntagmatisch entfaltet wird.[129] Fischart bietet seinen Lesern bereits auf dem Titelblatt *Mythologias Pantagruelicas und Geheimnus deitungen* an und dabei handelt es sich nicht um Erzählungen, sondern um Witze von einem gewissen Raffinement, für das der Name Rabelais steht.

---

[126] Dies wird durch Rezeptionszeugnisse (Anstreichungen und Marginalien) in den Ausgaben bestätigt: Angestrichen werden neben Liedtexten und sentenzenhaften Formulierungen oft deutsche Neologismen (dies fällt besonders im Exemplar Aaron Bockstros aus der Sammlung Janz auf), markiert werden oft obszöne Passagen und misogyne Bemerkungen Fischarts: Die wenigen von mir gesichteten Exemplare (vgl. in dieser Studie oben S. 359f.) erlauben den Schluss, dass Fischarts Zusatzmaterial den Grund am Vergnügen beim Lesen der *Geschichtklitterung* ausgemacht haben muss.

[127] Dieter Seitz, Johann Fischarts *Geschichtklitterung* 1974, 83.

[128] Adolf Hauffen, Johann Fischart 1921/22, Bd. 1, 188.

[129] Dieter Seitz, Johann Fischarts *Geschichtklitterung* 1974, 19.

II. Assimilation des Wissens

Abbreviatur und Ostentation von Diskursen

Das Wissen, welches Fischart in die *Geschichtklitterung* einfügt, wird aus den wissensliterarischen Textsorten herausgenommen, in denen es üblicherweise präsentiert wird, und somit auch aus seinen diskursiven Kontexten. Auch die Argumentationszusammenhänge und Exponierungsweisen, die in der Wissensliteratur gebräuchlich sind, werden bei literarischer Thematisierung alteriert.[130] Die mannigfachen Bezugnahmen auf Wissen aller Art, die sich in der *Geschichtklitterung* finden, konnten bereits im ersten Abschnitt dieses Kapitels auszugsweise vergegenwärtigt werden, die Eruierung der Quellen und die Diskussion ihrer literarischen Umsetzung prägt die Fischartforschung in ganz besonderer Weise.[131] Die Wissenssegmente, derer sich Fischart bedient, werden nicht eins zu eins in den Roman übernommen, sondern an die Rede einer Erzählerfigur assimiliert, welche das bei Rabelais thematisierte Wissen in den üppigen Zusätzen immer wieder ergänzt und für Beschreibungen, Charakterisierungen und Ähnliches funktionalisiert. Das Wissen wird auch in die Rede der Figuren eingelassen. Eine Alterierung der Wissenssegmente vollzieht sich dabei insofern, als diese dadurch bereits literarischen Gestaltungsweisen amalgamiert werden. Die bevorzugte Weise des literarischen Rekurses auf das Wissen in der *Geschichtklitterung* ist seine Organisation in Listen und Katalogen. Darin manifestiert sich eine Reduktion des Wissens, seiner in verschiedenen Diskursen organisierten Ausführlichkeit, seiner argumentativen Entfaltung, seiner Erläuterung und seiner Präsentation schlechthin. Die exuberante Thematisierung von Wissen in der *Geschichtklitterung* hat die Bedingung ihrer Möglichkeit in den Verfahren der Abbreviatur komplexer Zusammenhänge, in ihrer Reduzierung.

---

[130] Dass in der *Geschichtklitterung* der Sinn des Gesagten unkenntlich werde, da Argumente in Folgen von Wörtern zerfielen, betont Beate Kellner, Spiel mit gelehrtem Wissen 2007, 239. Dies betrifft nicht nur den Diskurs des Erzählers, sondern besonders auch die Beziehungen der *Geschichtklitterung* zur Wissensliteratur.

[131] Vgl. hierzu die quellenkritischen Arbeiten des Freiherrn von Meusebach, Camillus Wendelers und besonders Adolf Hauffens. Hauffens Schilderung der Problematik des Meusebachschen Kommentars zur *Geschichtklitterung* sowie seine quellenkritischen Aufarbeitungen desselben sind nicht nur fachgeschichtlich von Interesse, sie bieten vielmehr nach wie vor eine solide Basis für Untersuchungen zu diesem Text; Adolf Hauffen, Neue Fischart-Studien XIII: Beiträge zu den Quellen der *Geschichtklitterung* 1908, 263–289; Adolf Hauffen, Johann Fischart 1921/22. Eine Zusammenstellung vieler Intertexte der *Geschichtklitterung* lässt sich auch dem Glossar von Ute Nyssen entnehmen. In den Einzelaufsätzen zum Text sind immer wieder neue Bezüge eröffnet worden, vgl. etwa Pia Holenstein, Der Ehediskurs der Renaissance 1991; Jan-Dirk Müller, Texte aus Texten 1994. Die Untersuchung von Ulrich Seelbach fasst alle diese Aufwände zusammen und ergänzt weitere Quelleninformationen und systematisiert diese in mehreren Katalogen, die freilich nicht immer leicht zu handhaben sind (vgl. Rezension Kellner). Ein Kommentar zur *Geschichtklitterung* ist nach wie vor Desiderat. Nach Informationen von Seelbachs Website existiert ein Typoskript des Verfassers.

Bei dem Vorgang der Assimilation kann die diskursive Herkunft des thematisierten Wissens bewusst gehalten werden. Dies geschieht beispielsweise, wenn die Namen der Verfasser wissensliterarischer Texte gelistet und verfremdet werden. Die diskursiven Ordnungsfunktionen, die dem Autornamen zukommen, ermöglichen so eine Identifizierung des thematisierten Diskurses und unter Umständen die Beobachtung von satirischen Invektiven auf ihn. Durch die Namen werden Kontexte des Romans markiert. Von dieser Möglichkeit macht Fischart z. B. Gebrauch, wenn er den Diskurs der Pharmakognostik und der Diätetik thematisiert. Als der neue Lehrer Gargantuas dessen Gewohnheit kennen lernt, sich sogleich nach dem Erwachen dem Suff und dem Fraß hinzugeben, äußert er zunächst vorsichtig Vorbehalte, die sein Schüler mit einer antidiätetischen Tirade (*Was Diætæ, die einen tödten?*; *Geschichtklitterung*, 234) pariert. Auch bei Rabelais rechtfertigt der Zögling seine antidiätetische Lebensweise mit allen möglichen Sprüchen und Argumenten. Fischart ergänzt dies jedoch um einen Zusatz, der sich direkt auf den Diskurs der Diätetik selbst bezieht: In der *Geschichtklitterung* bezichtigt Gargantua Ärzte, Diätisten und Apotheker betrügerischer Praktiken und der Habgier und beharrt deshalb darauf, in seiner *undietlichkeit* fortzufahren, also zu essen und zu trinken wie es ihm behagt. In seiner Zurückweisung der Diätetik ruft der Riese einen umfassenden Diskurs in abbreviierter Form auf, der bei Rabelais im Hintergrund blieb, bei Fischart aber auf der Höhe der zeitgenössischen Auseinandersetzung ausgestellt wird:

Derhalben will ich wol ohn den Treckenschlappius, Räsiß und Hupfinsgraß fressen, ohn ein Venedischen Koch, oder Teutsche Speißkammer, ohn daß Süßmaul Ficinum von treierley weiß zuköpffen, ohn Avile Bancket, sie seien Averroisch oder Rornarrisch, Lacunisch oder Kornarrisch, Theophrastisch oder Erastisch, Serapionisch oder Scribonisch, Ramisch oder Carpentarisch, Simonisch oder Scheckisch, Füchssisch oder Meusisch, Fedronisch oder Desseunisch, Mercurialisch oder Wilandinisch, Brunisch oder Traffichettisch, Turnisch oder Kurtisch, Schwartzialupisch oder Matiolisch, Susisch oder Trinckavellisch, unnd sonst im Weinzanck Fumanellisch oder Clivanisch, Pistorisch oder Mannardisch. (*Geschichtklitterung*, 235)

Zuletzt hat Ulrich Seelbach gezeigt, wie in diesem Passus durch Namensverballhornungen und durch Adjektivbildungen auf Verfassernamen eine ganze Bibliothek pharmakognostischen und diätetischen Schrifttums aufgerufen wird.[132] Der Autorname, so hat Michel Foucault betont, ist mehr als nur ein Eigenname, er bietet in gewisser Weise ein „Äquivalent für eine Beschreibung",[133] indem er die Identifikation bestimmter diskursiver Ereignisse erlaubt. Ihm komme eine klassifikatorische Funktion dahingehend zu, als er ermögliche, eine Zahl von Texten zu gruppieren, sie abzugrenzen, einige auszuschließen und sie einander gegenüberzustellen.[134] In Fischarts Liste wird ein weiteres

---

[132] Ulrich Seelbach, Ludus lectoris 2000, 210–213: Seelbach fasst die Aufzählung als „Liste der Rezeptlieferanten" zusammen, der Begriff verunklärt eher den diskursiven Zusammenhang der zitierten Texte.
[133] Michel Foucault, Was ist ein Autor? 1993 [1969], 15.
[134] Ebd., 17.

Foucaultsches Diktum anschaulich, demgemäß Autorennamen Diskurse sichtbar machen, dass sie „eine der möglichen Spezifikationen der Funktion Stoff"[135] sind. Die auf die Autornamen zurückgehenden Adjektive sind in Fischarts Liste zudem in Paaren organisiert (Averroisch oder Rornarrisch, Lacunisch oder Kornarrisch), und Seelbach konnte zeigen, wie hier gelehrte Fehden und Auseinandersetzungen innerhalb des medizinischen Diskurses selbst in diese Liste eingetragen werden. Dies vollzieht sich freilich in äußerst verknappter Art und Weise. Somit besteht der Witz dieses Passus nicht allein in der grobianischen Suspension umfassenden diätetischen Schrifttums durch eine programmatische Antidiätetik, sondern auch in der Ostentation eines Diskurses, dessen komplexe Zusammenhänge auf wenige Schlagworte zusammenschnurren. Im konkreten Fall vollzieht sich die Ostentation mittels einer Romanfigur, deren antidiätetische Lebensweise eine konterdiskursive Inszenierung zu den evozierten Texten darstellt. Die Abbreviatur und die distanzierende Zurschaustellung von Diskursen stellen einen die Geschichtklitterung kennzeichnenden Modus der Assimilation des Wissens dar.

Wenn Fischart zu Beginn des Romans anlässlich der Entzifferung der im Grab des Gargantua aufgefundenen Geheimschrift eine Liste der Zifferräther angibt, so verdichten sich in ihr in ähnlicher Weisen die Namen von Philologen, Inschriftenkundlern, Emblematikern und Hermetikern der Renaissance und ihrer antiken Vorläufer:[136]

> *Derhalben ward ich (als mit züchten eyn unschuldiger Bürstenbinder) der damals auff Pithagorisch Seelwechselig wie der Finckenritter in Mutter Leib reyset, zu ergribelung diser Antiquitet erfordert: da praucht ich mich warlich, wie der Pfarrherr zu Tettenhofen, scharffsichtig genug mit vier plintzlenden Augen durch Finger und Prillen: Und regt die Epidaurisch Probisch, Agrippisch, Sarreinisch, Marlianisch, Calepinisch, Huttichisch, Vicisch, Peutingisch, Toscanellisch, Altisch, Stradisch, Goltzisch unnd Alciatdispunctisch kunst, die vertipfelte, verzwickte, Geradprechte, verzogene, zeychentrügliche, zifferreterische, abgeprochene, außgehauene, abgefallene, versunckene, unsichtbare, geschundene, unnd (daß ich wider Atham hol) die geschendte, geplendte buchstaben und wörter außzulegen: Unnd warlich die halb Caballistisch kunst gerit mir schir, daß ich den verstand auff Oedipisch rätersweiß errathet: wie ihr dann hie lesen möcht, doch mit Pantagruelisiren, auf Durstbergisch, das ist, daß ihr vor den Mund netzt, und die Augen trocknet: vor den Wein zepfft, unnd darnach allgemach den Verstand schöpfft [...]. (Geschichtklitterung, 43)*

Die Liste der Zifferrhäter wird bei Fischart gegenüber der Vorlage ergänzt, wie bei Rabelais wird auch der Erzähler zur Entzifferung des aufgefundenen Antiquität berufen, erwähnt wird, dass er der Aristotelischen Kunst folge, unsichtbare Buchstaben zu lesen. Dergleichen Kompetenzen finden sich bei Aristoteles selbstverständlich nirgendwo beschrieben.[137] Die philologische Autorität des Erzählers wird bei Rabelais durch die Praxis von Quellenberufungen somit zugleich spielerisch inszeniert und durch den fehlerhaften und unzulässigen Aristotelesbezug von Grund auf desavouiert. Diese Inversion

---

[135] Ebd., 31.
[136] Ulrich Seelbach, Ludus lectoris 2000, 206f. (Liste der Zifferräther); vgl. auch Ute Nyssen, Glossar 1964, 42f.
[137] Vgl. Dieter Seitz, Johann Fischarts *Geschichtklitterung* 1974, 33f.

bietet für Fischart den Übersetzungsanlass, die paradoxe Figur eines bebrillten philologischen Grobians wird in der *Geschichtklitterung* um die Ostentation eines Diskurses ergänzt, der wiederum in einem kunstvoll verdichteten Abruf von Verfassernamen verdichtet wird. Wie Seelbach in seiner quellenkritischen Untersuchung auswies, handelt es sich bei den Verfassernamen um die „Equipe der Renaissanceforscher und einiger spätantiker Vorläufer, die sich mit dem Aufspüren und der Dokumentation antiker Inschriften und Gedenktafeln, Statuen, Münzen und deren Deutung beschäftigt haben und den scharfen Blick der epidaurischen Schlange besaßen."[138] Die vom Erzähler beanspruchte Kunst fasst die in den verschiedenen Schriften dieser Verfasser sich manifestierenden Kompetenzen quasi zu einer Mega-Kompetenz zusammen. Zur Prüfung wird das Ganze den Lesern unter einem Vorbehalt anheim gegeben: Sie sollen sich zunächst am Wein berauschen, sonst werde ihnen das Ergebnis nicht nachvollziehbar sein. Die dem hermetischen Diskurs eigene Auratisierung philologischer Kompetenz wird bei Fischart angespielt und verballhornt, wenn er seinen Erzähler als Philologenfigur inszeniert und diese über einen Vorgang der Seelenwanderung (*auff Pythagorisch Seelenwechselig*)[139] in eine Vorzeit zurück projiziert, die der Erzählzeit um Äonen vorausliegt. Diese Behauptung wird zudem mit dem Hinweis auf eine Unsinnsdichtung (den *Finckenritter*) „begründet": Am Ende der Erzählung vom *Ritter Fincken* kehrt der Protagonist ins Haus seiner Mutter zurück, woraufhin bei ihr die Wehen einsetzen, welche zweieinhalb Tage andauern und mit der Geburt des *Finckenritters* enden. Seine Reisen haben sich über 250 Jahre vor seiner Geburt ereignet.[140] Dieser Text spielt durchgehend mit Inversionen raumzeitlicher Ordnungen, indem er beispielsweise die auch für Erzählungen konstitutive Irreversibilität der Zeit ignoriert. Die Anwesenheit des Erzählers als Philologenfigur in mythischer Vorzeit wird bei Fischart mit Rekurs auf eine Unsinnsdichtung als literarische Lizenz ausgewiesen. Diese mit der strengen Methode philologischer Forschung nicht kompatible unkonventionelle Art des Erzählers, den Abstand der Zeiten zu überwinden, wird dem Vorgehen der Forscher kontrastiert, die der Vergangenheit ihre Geheimnisse auf ganz andere Art und Weise zu entreißen versuchen. Eine weitere Depotenzierung dieser Philologenfigur erfolgt durch den Rekurs auf ein Sprichwort: Der Erzähler schaut mit blinzelnden Augen durch die Brille und ‚durch die Finger' (*scharffsichtig genug mit vier plintzlenden Augen durch Finger und Prillen*). Die Brille und die Gebärde des ‚durch die Finger Sehens' sind Narrenattribute und fungieren in der satirischen Tradition als Zeichen für die Unfähigkeit des Narren, das

---

[138] Ulrich Seelbach, Ludus lectoris 2000, 207.
[139] Ulrich Seelbach bestimmt Lukians *Gallus* als Quelle: Hier behauptet der als Hahn wiedergeborene Pythagoras auch Euphorbus, Aspasia und Krates gewesen zu sein; Ulrich Seelbach, Ludus lectoris 2000, 313.
[140] Dass ein so perspektivierter Erzähler ein „unreliable narrator" sei, betont Rydiger Zymner, Manierismus 1995, 117. Zum *Ritter Fincken* (1560) Armin Schulz, Negative Kohärenz 2011.

Wahre zu erkennen.¹⁴¹ Was bei Rabelais noch als Übersetzung des alten Textes ausgewiesen ist, wird bei Fischart vollends als Erraten ausgegeben (*daß ich den verstand auff Oedipisch rätersweiß errathet*). Auch hier erfolgt die Ostentation des Dikurses aus einer gegendiskursiven Position, diesmal verdichtet sich diese in der antiphilologischen Narrheit eines Erzählers.¹⁴²

Reduktion des Wissens auf Wörter

In der *Geschichtklitterung* sind vielfältige Wissensbereiche Gegenstand literarischer Bearbeitung und Präsentation. Gelehrtes Buchwissen, aber auch Alltagswissen und praktische Expertisen werden dargestellt und in Wortkatalogen vergegenwärtigt. Neben der Abbreviatur von Diskursen lässt sich dabei auch eine Reduktion des Wissens auf Kataloge von Nomina bzw. Verben beobachten. Die Beispiele im ersten Abschnitt dieses Kapitels zeigen dies in aller Deutlichkeit: Fronspergers Übersetzungen und Erläuterungen von Zeughausinventar wird auf eine Liste deutscher Nomina reduziert. Auch der überfremdungskritische Diskurs der *Teütschen Speiszkammer* bei Hieronymus Bock wird dem Verfahren der lexikographischen Präsentation untergeordnet und schrumpft gewissermaßen zusammen auf die Namen von Speisen und Sorten. Mit einer gewissen Systematik wird die Reduktion auf Worte insbesondere im 26. und 27. Kapitel betrieben. Hier wird geschildert wie der junge Gargantua seine Zeit nutzt, nachdem er durch eine Hirnpurganz mit schwarzer Nießwurz von dem gesamten Unsinn, den er zuvor gelernt hatte, gereinigt wurde. Von nun an bleibt unter der kundigen Leitung seines humanistischen Lehrers keine Stunde des Tages ungenutzt, bereits bei der Morgentoilette werden Verse zitiert und Lektionen rekapituliert. Sodann eignet sich der Schüler das Wissen aus den verschiedensten Gebieten und unter optimaler Nutzung der zeitlichen Ressourcen an. Dabei fasst Fischart die verschiedenen Wissensbereiche immer wieder in umfassenden Wortkatalogen zusammen. Das 27. Kapitel schildert nun, auf welche Art und Weise die Regentage verbracht werden. Gargantua, seine Lehrer und Gefährten suchen alle möglichen Orte auf: Reit- und Fechtschulen, Werkstätten und Manufakturen, Labore, Schmieden usw. Durch die exuberante und bei Rabelais so nicht vorgenommene Listung aller Sachen und Tätigkeiten, die an den entsprechenden Orten vorgefunden und inspiziert werden, wird das Syntagma der Erzählung hier aufs Äußerste überdehnt.¹⁴³ In diesem Kapitel wird geradezu angestrebt, den Fachwortschatz der *artes mechanicae* möglichst umfangreich auszubreiten. Fischart bietet (unterbrochen

---

[141] Vgl. folgendes Flugblatt und die Erläuterungen dazu bei Wolfgang Harms (Hg.), Deutsche Illustrierte Flugblätter Bd. 1, Tl. 1 1985, I, 54; vgl. zur Fingergebärde auch ebd. I, 107. Zu Brille und Fingergebärde bei Narren vgl. Walter Mezger u. a. (Hg.), Narren, Schellen und Marotten 1984, 1–35, 32 Anm. 48, Abb. 17, 189. Ein Mann, der durch die Finger sieht, ist auch auf Bruegels Wimmelbild zu sehen, das die niederländischen Sprichwörter darstellt.

[142] Vgl. zum Erzähler als Narren auch Rüdiger Zymner, Manierismus 1995, 118.

[143] Beate Kellner, Verabschiedung des Humanismus 2008, 167f.

Assimilation des Wissens 377

von einem Katalog der handwerkenden Könige)[144] die verschiedenen Terminologien der bäurischen Arbeiten, der Schmiede, der Alchemisten, der Münzpräger, der Praxis des Montanwesens, der Geschützgießer und Waffenschmiede, der Müller, Fechtschulen, Gärten usw. Um einen Eindruck dieser Bestandsaufnahme der verschiedenen Wortschätze zu bieten, führe ich hier die unter dem Begriff des Bergwerks zusammengefassten Wörter an:

> [Sie] *fuhren ein in die Gäng, schecht, stollen und geschick, sahen schürffen, weschen, rösten, quetschen, zermalmen, räden, schroten, Marscheiden, Wünschelruten, Masen, Bauchen, Bauchstempffeln, Durchwerffen, Durchschlagen, Durchlassen, Troffteren, Stampffen, Graubstreichen, Stempffen, Seiffen, Radschlagen, Spleissen, Schlackenschlagen, Steinabziehen, Dörren, Dornziehen. Auch den Hauerzeug und sonst Instrument, Aertztröge, Bergtrög, Wasserseyg, Häspel, Spillscheiben, Kampffreder, Gebell, Schwengreder, das Heintzenseyl, den höltzen Heine, den Heintzen, die Roßkunst mit der BremScheib, das KehrRad, die Pauchtrög, Säckschleiffen, Saumhund, Sauseck, Schlaffkarren, Pompenzög, Mangelrad mit wasserkannen, Haspelpompen, Wasserwerck zur kunst, Schemelpompen, Jochergebeu, Ventilpompen, Scherpompen, Hundzeug, Kimpompen, Schauffelpompen, underlegt Pompen, Troghespel, viel gerinnpompen, Klammerpompen, Taschenpompen, Taschenhespel, Trettpompen, Hengsitzerpomp, Windfeng, Wettergezeug, Windfaß, Flügelfeng, Windschecht, Windstangen, Balgfeng, Haspelfeng, Windschöpffen, Leilachfochteren, Probiröfen, Malmülen, Bereitstuben, Lautertrög, Schlemmgräben, Bauchgräben, Sigertrög, Goldschlichen, Schmeltzöfen, Windöfen, Kupfferbrechen, Eisenziegel, Dörröfen, Deßgleichen ferner die Saltzbornen, Salpetersud, Alaunsud, Kupfferwasserscheid* [...] (*Geschichtklitterung*, 273f.)

Fischart übernimmt die Terminologie nicht aus Wörterbüchern, sondern primär aus der montanistischen Fachliteratur: Er greift auf das *Bergkwerck-Bůch* zurück, die von Phillip Bech gefertigte deutsche Übersetzung von Georg Agricolas *De re metallica, libri XII*.[145] Dieses Buch behandelt die Montanistik natürlich ganz anders als Fischart. Auch in der Bechschen Übersetzung wie bereits bei Agricola selbst manifestiert sich das Interesse an den volkssprachigen Bezeichnungen der Montanistik. Als Anhang zum Buch ist ein Verzeichnis beigegeben, das wie folgt überschrieben ist:

> *Wie alle künste vnd handtwerck ihre Instrument vnd nam[m]en habendt / also hat auch die kunst des Bergkwercks für andere mehr instrument und gezeuge / vnd deßhalben auch mehr eigne nam[m] en vnd uocabeln / welche allein den Bergkleuten so sölche künst brauchendt / bewůßt seidt und kündtlich. Hierumb hat vns für gůt vnd nothwendig angsåhen / sölche wörter und nammen so vil müglich zů ende diß bůchs in Teutscher vnd Lateinischer sprach / wie sie nam[m]en habendt / verzeichnen / welche noch baß durch die figuren in dem bůch vorbildet dir zů verston gebn werdendt / hiemitt biß Gott beuollen.*[146]

Das Verzeichnis ist alphabetisch geordnet und enthält als Lemma das deutsche Wort mit dem lateinischen Interpretament. Es handelt sich nur um eine Nomenklatur ohne paratextuelle Funktion, Seitenangaben zu den Gegenständen gibt es keine, lediglich in

---

[144] Vgl. dazu Ulrich Seelbach, Ludus lectoris 2000, 218–221.
[145] Georg Agricola, De re metallica, libri XII 1556; Georg Agricola, Bergkwerck-Bůch 1557.
[146] Georg Agricola, Bergkwerck-Bůch 1557, S1–S4^v (Supplement).

der Überschrift des Verzeichnisses wird allgemein auf die Abbildungen im Buch verwiesen, die eine genauere Zuordnung von Worten und Sachen erleichtern. Verzeichnisse deutscher und lateinischer Begriffe von Bergwerksgeräten und Ähnlichem finden sich bereits in der lateinischen Ausgabe von Agricola ebenso wie in Gesners *Pandekten*.[147] Fischart nun hat für seinen Fachsprachenkatalog nicht dieses Register geplündert. Dagegen sprechen die Gruppierungen der Worte in seiner Liste, die im alphabetisch geordneten Verzeichnis keine Entsprechung haben, wohl aber in der Reihenfolge der behandelten Gegenstände im *Bergkwerck Bůch*. Dieses ist in zwölf Bücher gegliedert. Fischart nimmt eine Fülle der beschriebenen Instrumente aus dem sechsten Buch auf, in welchem das *hauwer zeug* behandelt wird, mit *welchem die geng und stein außgehauwen werden*. Nach der Behandlung des Hauerzeugs wird *von den trögen / in welchen die ertscholle[n] / gstein / metall / und ander ding die man auß der erden hauwet / geworffen werden / das sie eintweder heraus gezogen oder heraus gefürt mögen werden / vnd auch von den wasser gefesen und gerinnen: darnach von mancherley art der gezeugen und künsten* berichtet. Fischart bedient sich ausgiebig bei den dort in entsprechender Reihenfolge behandelten Trögen[148] und den verschiedenen Pumpen.[149] *Windfeng* werden daraufhin ebenso behandelt,[150] es finden sich Abbildungen des Windfasses,[151] der *Flügelfeng*,[152] der *Leilachfochteren*.[153] Im siebenten Buch geht es um das *probieren des Erzes* das *mit nutz geschmelzet / und von den schlacken gereinigt / gedigen årtz werdn möge* [...]. Fischart hat hier *Probiröfen*,[154] *Malmülen*, *Bereitstuben*. Im achten Buch geht es um das Schmelzen und Scheiden der Erze.[155] Fischart entnimmt ihm *Lautertrög, Schlemmgräben, Bauchgräben, Sigertrög, Goldschlichen*. Dem neunten Buch, welches das Schmelzen behandelt, entnimmt Fischart die *Schmeltzöfen*,[156] im zehnten Buch, in dem es um das Scheiden der Metalle geht, konnte Fischart schöne Abbildungen von *Windöfen*[157] finden, und die im elften Buch vorgeführten Materialien für das Scheiden von Silber und Kupfer entsprechen in der Reihenfolge ihrer Präsentation jener der Worte in Fischarts Katalog: *Kupfferbrechen, Eisenziegel, Dörröfen, Salpetersud, Alaunsud, Kupferwasserscheidt*.[158] Die meisten Ausdrücke hat

---

[147] Konrad Gesner, Pandectarum sive Partitionum universalium libri XXI 1549, Bl. 235ᵛ.
[148] Georg Agricola, Bergkwerck Bůch 1557, ab cxviii.
[149] Ebd., ab cxxxv.
[150] Ebd., clxv f.
[151] Ebd., clxvii.
[152] Ebd., clviii.
[153] Ebd., clxxvi.
[154] Ebd., clcccciii.
[155] Ebd., ccxiiij.
[156] Ebd., ccxcvi.
[157] Ebd., ccclxxiii.
[158] Ebd.: *Kupfferbrechen* (ccccxiii), *Eisenziegeln* (ccccxxxv), *Dörröfen* (ccccxli), *Salpetersud* (ccccxlv), *Alaunsud* (ccccxlvii), *Kupferwasserscheidt* (ccccxxiii).

Fischart wohl den Legenden zu einzelnen Illustrationen aus dem *Bergkwerck-Bůch* entnommen.

Fischarts lexikographische Bestandsaufnahme orientiert sich also an der Primärquelle, die ihm auch genuin deutsche fachsprachliche Ausdrücke liefert. Fischarts Katalog weist viele Ausdrücke aus dem *Bergkwerck-Bůch* auf, die im Anhang nicht registriert sind. Ich merke hier nur an, dass im *Deutschen Wörterbuch* der Gebrüder Grimm sich viele der von Fischart aus der Agricola-Übersetzung entnommenen Worte nicht finden: So fehlen etwa: *Bergtrog* und *Dornziehen*; *Gebell* ist zwar in der Bedeutung Hundegebell aufgenommen, als montanistisches Wort hingegen nicht angegeben. Andere sind als Hapaxlegomena aufgeführt: Sie sind nur mit dem Beleg aus Fischarts Liste versehen. Dies trifft beispielsweise auf das *Hauerzeug* zu. Nun ist Bechius' Übersetzung seit dem ersten Band des *Deutschen Wörterbuches* im Quellenverzeichnis aufgeführt. Mitunter tauchen Belege aus dem *Bergkwerck-Bůch* auch auf, sie finden sich beispielsweise zu den Lemmata *Erztrog* und *Häspel*. Andererseits wird für die feste Wendung *Roßkunst mit der Bremscheibe* unter *Bremscheibe* der Fischartbeleg und ein weiterer Beleg bei Mathesius angegeben. Obwohl diese Verbindung im *Bergkwercks-Bůch* immer wieder vorkommt,[159] belegt das *Deutsche Wörterbuch* diese Stellen nicht. Diese Befunde finden ihre Erklärung im Verhältnis von Text und Register im *Bergkwercks-Bůch*: Die Terminologie des Registers stellt nur einen Ausschnitt dar aus den deutschen montanistischen Worten, die der Text bereithält. Im Register fehlen die Begriffe *Hauerzeug* (anstatt dessen gibt es *hauer gezeuge*), *Dornziehn*, *Gebell*, *Roßkunst* ebenso wie *Bremscheib*. Anhand dieser Stichproben ist die Hypothese zulässig, dass die Grimms lediglich das Register des Bergkwerck-Bůchs lemmatisiert haben. Fischarts lexikographische Bestandsaufnahme der Fachsprache geht in diesem Falle also *ad fontes*, während sich die Grimms mit der sekundären Registrierung begnügten. Der Mangel wird von Jacob Grimm in der Vorrede zum ersten Band eingeräumt. In seinen Ausführungen zur Sprache der *hirten, jäger, vogelsteller, fischer u.s.w.* geht Grimm auch auf die Bergwerkssprache ein:

> zu beklagen ist, dasz auch die bergmannssprache, die schon seit GEORG AGRICOLA und MATHESIUS reiches material darbietet, noch unerschöpfend und ohne gelehrte erläuterungen, deren sie bedürfte, zusammengestellt ist.[160]

Der Abgleich der Liste montanistischer Begriffe bei Fischart mit der Agricola-Übersetzung und dem *Deutschen Wörterbuch* zeigt, dass eine nicht weiter differenzierte Rede von Fischarts vorgeblichem Sprachrausch hier eine entscheidende Dimension von Fischarts linguistischer ‚Grundlagenarbeit' verfehlt. Freilich, diese bleibt auf halbem Wege stehen, die Wörter werden okkasionalistisch aufgenommen, beim flüchtigen Blät-

---

[159] Vgl. etwa ebd., cxxviii.
[160] Jacob und Wilhelm Grimm, DWB Bd. 1, XXX. Eine gelehrte Erläuterung der Bergwerksprache bei Agricola findet sich in den Anhängen der Ausgabe von Prescher und anderen: Agricola, De re metallica, libri XII 1974, 724–795.

tern gewissermaßen. Eine lexikographische Disponierung und paratextuelle Organisation der erhobenen Worte werden nicht vorgenommen, Erläuterungen nicht beigegeben. Fischart schreibt hier natürlich kein Wörterbuch, er exponiert den deutschen Wortschatz auf andere Weise und nimmt dabei eine Reduktion des Wissens auf Sprache vor.

Wie jede Fachliteratur zielen Agricolas Werk und seine deutsche Übersetzung (wie auch die anderen von Fischart für seine Listen genutzten fachliterarischen Werke) auf den Zweck der Wissensvermittlung handwerklich-beruflicher Tätigkeiten.[161] Von dieser Funktionsbestimmung wird in der *Geschichtklitterung* völlig abstrahiert. Die von Fischart gelisteten Begriffe werden im *Bergkwerck-Bůch* im Kontext von Beschreibungen angeführt. Sie finden sich auch in Legenden zu Illustrationen, werden also veranschaulicht. Zweck und nähere Umstände ihres Einsatzes und Gebrauchs werden genau erläutert. In Fischarts Wortverzeichnis wird dieses technische Wissen auf Sprache reduziert. Die Listung der Worte zielt auf die Evokation von Tätigkeitsfeldern und Spezialkompetenzen, diese selbst freilich sind nicht Gegenstand der *Geschichtklitterung*. Eine solche Form der Assimilation des Wissens an Sprache findet sich bereits in den Glossaren und Registern der Fachliteratur selbst, sie hat dort aber orientierende Funktion und soll beim Durchdringen der Literatur, beim Suchen und Finden von Einzelheiten Hilfestellungen bieten. Fischarts Assimilation des Wissens, seine Reduktion auf Sprache hat diese Funktion nicht, sie ist vielmehr Bedingung dafür, dass über Verfahren extremer Verknappung des Wissens möglichst umfangreiche Wissensbestände evoziert werden können. Was von der Seite des Wissens aus betrachtet als Reduktion erscheint – Fischart hätte dem *Bergkwercks-Bůch* noch Dutzende weiterer Fachwörter entnehmen können –, erweist sich von den literarischen Traditionen aus gesehen als exuberante Transgression auf narrativ nahezu funktionslose Sprach-Inventare hin.[162] Der Punkt, wo die Reduktion des Wissens und die Digression des Erzählens kulminieren, erweist sich dabei als die Position von Fischarts Poetik des Wissens.

Umgang mit wissensorganisierenden Verfahren

Suspension paratextueller Wissensorganisation

Eine Assimilation des Wissens vollzieht sich auch dort, wo Fischart seine literarische Vorlage auf Texte hin überschreitet, die ihrerseits schon als Wortverzeichnisse organisiert sind.[163] Hier erfolgt eine Alterierung dieses Wissens durch die Preisgabe paratex-

---

[161] Definition Bernhard Dietrich Haage, Wolfgang Wegener, Deutsche Fachliteratur 2007, 15.

[162] Auf diesen Aspekt hat sich die Fischartsforschung vorrangig konzentriert; vgl. auch Beate Kellner, Abschied vom Humanismus 2008, 167.

[163] Bereits Adolf Hauffen hatte in seiner Auswertung der Versuche Meusebachs, einen Kommentar zur *Geschichtklitterung* zu erstellen, auf „Wörterbücher und Verwandtes" als Quellen hingewiesen: Petrus Dasypodius, Dictionarium latinogermanicum 1537; Johannes Frisius, Dictionarium latinogermanicum 1556; Gemma Gemmarum; Konrad Gesner, Onomasticon proprium nominum

tueller Organisationsformen, die das Suchen und Finden in entsprechenden Kompendien steuern. Weder die dort mitunter übliche alphabetische Ordnung der Lemmata, noch eine topische Organisation der Wörter in Sachgruppen hat eine Entsprechung in der *Geschichtklitterung*.[164] Auch Indizes, Glossen und dergleichen enthält die *Geschichtklitterung* nicht. Fischarts Kapitelüberschriften, welche die Rabelais'schen ausweiten und oft in gereimte überführen,[165] zeigen nicht an, welche Verzeichnisse, Listen oder Kataloge zu erwarten sind, die Einträge werden okkasionell eingefügt. Fischarts *Geschichtklitterung* ist eine enzyklopädische Dichtung ohne einen wissensorganisierenden Paratext. Man könnte meinen, dass sich dies in einem Roman von selbst verstehe, aber der Vergleich mit den anderen in dieser Studie behandelten Texten zeigt, dass diese wissensorganisierende Paratextualität immerhin zu simulieren suchen. Konnten in den konkurrierenden Gliederungen von Hugos *Renner* nach Distinktionen und Kapiteln ebenso wie in den Prologhinweisen und den Farblinien des *Rings* Versuche einer paratextuellen Organisation des in die literarischen Formen eingelassenen Wissens ausgemacht werden (wobei sich deutlich zeigte, wie schwierig und wie wenig belastbar solche Verfahren sind), so findet sich bei Fischart lediglich der für das 16. Jahrhundert typische Wechsel von Antiqua und Kursive im Fließtext, der den Unterschied zwischen Lateinischem und Deutschem anzeigt. Die Liste der Spiele weist, ebenso wie diverse strophisch organisierte Passagen und die Lautgedichte einen abweichenden Zeilenumbruch auf. Das ist aber auch alles.

Die Datenexplosion in den verschiedensten Bereichen stellt im 16. Jahrhundert eine Herausforderung an ihre paratextuelle Bewältigung in den Wissensspeichern, der mit einer Ausdifferenzierung wissensorganisierender Verfahren begegnet wird. In den Fachtexten wird der Wucherung des Wissens mit immer differenzierter gegliederten Inhaltsverzeichnissen und verschiedenen Indizes begegnet. Nichtsdestoweniger stellen sich angesichts der Datenexplosion trotz solcher Maßnahmen immer wieder Probleme der Heterogenität in den entsprechenden Kompendien ein. Aus diesen wissensgeschichtlichen Problemkonstellationen betreibt Fischart die Flucht nach vorn in eine „Heterogenese als Programm".[166] Ob man angesichts der *Geschichtklitterung* von einer verwilderten Form des Romans sprechen kann, sei dahingestellt. Die Metapher der Verwilderung eignet sich freilich ganz vorzüglich für das, was mit dem Wissen in der *Geschichtklitterung* geschieht: Es wird aus dem durch Wissensorganisation und Wissensstandards gehegtem Bereich gelöst, geht so seiner Zähmung verlustig, treibt in der

---

  1570; Goropius Becanus, Opera omnia 1580; Hadrianus Junius, Nomenclator omnium rerum 1567; Josua Maaler, Die Teutsch spraach 1561; Georg Wicelius, Onomasticon ecclesiae 1541; vgl. Adolf Hauffen, Neue Fischart-Studien XIII: Beiträge zu den Quellen der *Geschichtklitterung* 1908, 280f.

[164] Zu den verschiedenen Ordnungen der Wörterbücher vgl. Peter O. Müller, Lexikographie des 16. Jahrhunderts 2001; Jörg Robert, Normieren und Normalisieren 2007.

[165] Dies geschieht besonders in der dritten Auflage von 1590.

[166] So der Titel des äußerst anregenden Vortrags von Martin Schierbaum auf der Tagung „Erzählen und Episteme" im Schloss Eckberg (Dresden) am 12. 4. 2006.

Geschichtklitterung seine Blüten an unerwarteten und unvorhersehbaren Orten und macht, was es will. Wenn in Eichendorffs Literaturgeschichte im Zusammenhang mit den Romanen des 17. Jahrhunderts von „tollgewordenen Realencyklopädien"[167] gesprochen wird, so hat diese Metapher aufgrund der Suspension paratextueller Wissensorganisation in Fischarts enzyklopädischer *Geschichtklitterung* ihre Berechtigung.

Import und Inversion von Autoritätsberufungen und Quellennachweisen

Im Diskurs des Wissens werden die Geltungssicherung des Einzeltextes und seine Vernetzung mit anderen Texten über Autoritätsberufungen und Quellennachweise betrieben. Über diese Verfahren wird die Position des Textes im Diskurs des Wissens organisiert. Es charakterisiert bereits Rabelais' Pentalogie, dass solche Verfahren in den poetischen Entwurf aufgenommen und ihrerseits einer spielerischen, ironisierenden Handhabung unterzogen werden. Dass innerhalb eines fiktiven Textes, dem ja die Lizenz einer Suspension von Wahrheitskriterien eingeräumt ist, auf Verfahren zurückgegriffen wird, die gerade der Bestärkung des Wahrheitsanspruch dienen sollen, stellt eine der vielen Paradoxien dar, mit denen Rabelais' Roman virtuos spielt. Fischarts exuberante Ausweitung seiner Vorlage auf umfassende Wissensfelder hin bringt auch eine Inflation von Autoritätsberufungen und Quellennachweisen mit sich. In jüngerer Zeit hat sich Ulrich Seelbach dieser Berufungen und Quellennachweise angenommen und in eingehender Prüfung zeigen können, dass viele der Verweise durchaus richtig eingesetzt werden, dass einige sekundär aus wissensliterarischen Texten übernommen wurden, die Fischart für die *Geschichtklitterung* kompilierte, und dass wiederum anderen solchen Berufungen nicht vorbehaltlos vertraut werden sollte. Für letztere Gruppe führt Seelbach unter anderem folgende Beispiele an:

> – Fischart beruft sich auf die Autorität seines Lehrers Caspar Scheidt, um zu erhärten, dass Dichter sich vor dem Verfassen von Werken dem Frass und dem Suff hinzugeben haben. Er zitiert einen Ausspruch der Hauptfigur aus dem *Grobianus* und weist diesen der Autorität des Verfassers zu, wobei der Tatbestand ignoriert wird, dass dem Leser des Werks von seinem Verfasser ja gerade nahe gelegt wurde, von allem, was in diesem Text vorkommt, das Gegenteil zu beherzigen.[168]

> – Fischart gibt seinen *Eulenspiegel reimensweis* als Quellenangabe an, um nachzuweisen, dass der Himmel blau ist.[169]

> – Wie bei Rabelais erfolgt immer wieder die Absicherung lächerlicher Details, wobei, wie Seelbach zeigte, der Witz im Kontrast von Aufwand und Unwürdigkeit des Gegenstandes besteht.[170]

---

[167] Joseph von Eichendorff, Geschichte der poetischen Literatur Deutschlands 1970 (1857), 111.
[168] Ulrich Seelbach, Ludus lectoris 2000, 134.
[169] *Geschichtklitterung,* 173.Vgl. Ulrich Seelbach, Ludus lectoris 2000, 135f.
[170] Ulrich Seelbach, Ludus lectoris 2000, 180.

– Fischart zitiert Autoritäten, wobei er jedoch ihre Buchtitel oder die Verfassernamen sprachlich verballhornt: Er setzt *Reichspöblichkeit* für Platos *De re publica*, *Nachteule* für Gellius' *Attische Nächte*;[171] die phonetische Schreibung *Emte kikero*[nis] für Marcus Tullius Cicero; *Eß kul Lap iß* [d. h.: iss Hoden, es ist ein Labsal] für Aesculap etc.[172]

So exponiert Fischart offensiv unredliche Zitierpraktiken (Identifikation von Figurenrede und Verfasser), verfremdet und verballhornt die Namen und Titel kanonischer Verfasser und Texte zu Karikaturen ihrer selbst, wodurch die Autorität des Textes oder Verfassers beschädigt wird. Darin sind natürlich grobe Verstöße gegen wissenschaftliche Zitierpraktiken auszumachen. Es zeigt sich dabei, dass wissensorganisierende Verfahren im literarischen Rahmen re-inszeniert werden und Gegenstand einer spielerischen Handhabung werden, womit ihre Unverbindlichkeit einhergehen kann. Dass dies gerade mit einem Mittel geschieht, das im Diskurs des Wissens die Verbindlichkeit der Texte sichern soll, stellt einen intellektuellen Witz dar. Durch die Verballhornungen werden die kanonischen *auctores* und ihre Texte schließlich als Ressource zur Produktion höheren Unsinns zum Einsatz gebracht, wodurch die Praxis wissenschaftlicher Berufungen auf Autoritäten und Quellen zur Wahrheitssicherung und Sinnanreicherung gezielt invertiert wird. Die Assimilation des wissenschaftlichen Verfahrens an den parodistischen Gestus des Werkes erzeugt so Fußnotenwitze, die sich bis in die Gegenwart großer Beliebtheit erfreuen.[173]

III. Integrationsverfahren

Heterogenität

Gerade bei Fischart wird schnell offensichtlich, dass die Transgression der literarischen Vorlage und die Assimilation von Wissensliteratur ein hochgradig heterogenes Textgebilde zum Resultat haben. Dabei kann sich dem modernen Rezipienten durchaus der Eindruck der Unlesbarkeit dieses Romans aufdrängen, dass dieser Eindruck jedoch nicht historisch generalisierbar ist, zeigen die historischen Rezeptionszeugnissen, die mit durchgehend adnotierten Exemplaren vorliegen. Sie illustrieren geradezu, dass dieser Roman in hohem Maße quer zu modernen Lektüreerwartungen steht: Wer im Text die Geschichte der Riesen sucht, hat ebenso mit Schwierigkeiten zu kämpfen, wie je-

---

[171] Ulrich Seelbach, Ludus lectoris 2000, 144f.
[172] Ulrich Seelbach, Ludus lectoris 2000, 147ff.
[173] Vgl. die Ausführungen zum Thema bei Laurence Sterne, Robert Merton, und Peter Rieß, Stefan Fisch und Peter Strohschneider: Laurence Sterne, Life and Opinion of Tristram Shandy, Gentleman 1760–1767; Robert Merton, On the Shoulders of Giants 1965; Peter Rieß, Stefan Fisch, Peter Strohschneider, Prolegomena zu einer Theorie der Fußnote 1995. Weniger lusorisch und mit handfestem wissensgeschichtlichen Anspruch: Anthony Grafton, Die tragischen Ursprünge der deutschen Fußnote 1995.

mand, der sich über bestimmte Wissensbereiche der frühen Neuzeit informieren will. Durch die Suspension wissensorganisierender Paratextualität scheiden ebenso wie durch die Verballhornung von Quellenberufungen wissensgeschichtliche Integrationsmedien für den Abbau der Heterogenität aus. Aufgrund der offensiv forcierten A-Syntagmatik kann aber auch von einer narrativen Integration des Heterogenen nicht die Rede sein. Es geht im Folgenden um jene Verfahren, die in Fischarts *Geschichtklitterung* Alternativen zu solchen Integrationsformen darstellen.

Skatologische und obszöne Entdifferenzierungen – sprachliche Synästhesen

Oft verbindet Fischart die obszönen und skatologischen Elemente seiner Erzählung von den exzessiv essenden und trinkenden Riesen mit den exponierten Wissenssegmenten dadurch, dass er letztere sprachlichen Manipulationen unterzieht, durch die sie ins Obszöne und Skatologische gewendet werden. Sie werden dadurch mit dem Erzählten kompatibel, wodurch ein Abbau ihrer Heterogenität erfolgt. Dies lässt sich beispielsweise anhand des Wurstkatalogs im vierten Kapitel zeigen, in dem Grandgoschiers Vorräte vergegenwärtigt werden. Fischart hat, wie bereits am Beispiel der Käsesorten gezeigt werden konnte, für die Zusammenstellung der verschiedenen Listen auch auf Wissensliteratur zurückgegriffen. Im Falle der Würste bedient er sich beim bereits erwähnten Wörterbuch des Hadrianus Junius, etwa aus den Abschnitten *de cibis* und *de potu*[174] (in Bocks *Speiszkammer* werden seltsamerweise die deutschen Würste nicht behandelt):

> *Demnach gerüst mit seiten und Prustwehren von gedörrten, gereucherten, gesottenen, gepratenen* per omnes casus *unnd Species Würsten, Halsbesteckten Leberwürsten, Kropffstopffenden würgendenden Pluthunden, glatgehöbleten Schübling und Pratwürsten, Lantzknechtischen Schübelwürsten, räsen Pfefferwürsten, Bauchplehigen Roßwürsten, stulgengigen Mettwürsten, zitterigen Rech und Hasenwürsten, Rosenwürsten, Saltzsutzen, Kropstösigen Plutwürsten und Flämmischen Hillen,* In nostra villa, tigno suspenditur hilla, *die sie zur grösten zier umb den Tisch hencken, daß sie eym auff Schlauraffisch ins maul hencken, und alle andere* omnis generis *fartzimina, welche er alle, wann er zur Zech gieng an gürtel umbher hencket* [...]. (*Geschichtklitterung*, 75)

Fischart übernimmt die alemannischen und niederländischen Ausdrücke *bluthund, bratwurst, metworst, Laberwurst, blutwurst, rosswurst* aus dem *Nomenclator*.[175] An diesem Katalog lässt sich die Modifizierung des Namensverzeichnisses deutlich ausmachen. Wenn Fischart durch eine geringfügige orthographische Veränderung und das Unterlassen des für lateinische Wörter vorbehaltenen Kursivdrucks sämtliche Wurstsorten

---

[174] Hadrianus Junius, Nomenclator omnium rerum 1976 [1567], 88–111.
[175] Hadrianus Junius, Nomenclator omnium rerum 1976 [1567].

Integrationsverfahren 385

(*farcimina*) zu allen Arten des Furzens (*omnis generis* fartzimina) makkaronisiert,[176] ist damit die Tendenz des Arrangements der Lexeme angedeutet: Fischart zielt hier, wie auch sonst oft, auf die Somatisierung der Lexeme, wenn er etwa von *halsbesteckten* bzw. *kropffstopfenden würgenden* Würsten spricht. Insbesondere führt Fischart die gefüllten Därme der Würste mit menschlichen Verdauungsvorgängen zusammen, wenn von *bauchplehigen Roßwürsten* und *stulgengigen Mettwürsten* die Rede ist. Das Speiseinventar wird so ins Fäkalische gespielt, man könnte sagen, es werde sprachlich verdaut, was im Lexikon so natürlich nicht vorgesehen ist.

Nach dem riesigen Kuttelmahl, welches die Freunde Grandgousiers vor der Geburt des Gargantua ausrichten, begeben sich die Riesen zum Tanz. Die wilden Bewegungen werden bei Fischart durch eine Reihe von Verben wiedergegeben und dabei zugleich im Register des Klanglichen simuliert:

> [...] *da dantzten, schupfften, hupfften, lupfften, sprungen, sungen, huncken, reyeten, schreieten, schwangen, rangen: plöchelten: füßklöpffeten: gumpeten: plumpeten: rammelten: hammelten, voltirten: Branlirten, gambadirten, Cinqpassirten: Capricollirten: gauckelten, redleten, bürtzleten, balleten, jauchtzeten, gigageten, armglocketen, hendruderten, armlaufeten, warmschnaufeten (ich schnauff auch schier)* [...]. (*Geschichtklitterung*, 116)

Die Verben, die aus deutschen, alemannischen und französischen Worten gebildet werden, variieren heftige Bewegungen der Körper und Glieder, teilweise auch konkrete Tanzbewegungen. Dass es sich bei den Tänzen der Riesen nicht um Hoftänze handelt (*O weit von dannen ihr hofdänz,* ebd.), wird im Anschluss an die Passage betont, hier handelt es sich um gesprungene Tänze, um *ein ander Tantzschul* (ebd.). Entgegen dem zivilisierten Tanz des Hofes, der die Sublimation von Trieb und Gewalt, der die formvollendete Vergesellschaftung Einzelner ausdrückt, veranstalten die Riesen einen Tanzexzess, der sich in Fischarts Verben über die Klangqualität manifestiert. Die Passage ist deutlich rhythmisiert: Trochäische und daktylische Metren wechseln in dieser Liste beständig und vergegenwärtigen das wilde Geschehen über Sprachbewegung.[177] Die wilden Bewegungen der Tänzer werden über die Semantik der Verben *rammeln* und *hammeln*, die mit Begattungen des Viehs denotiert sind, in den Bereich des Sexuellen hinübergespielt. Der gebändigte Exzess, den Tänze aufgrund ihrer Formalisierung darstellen, wird so auch sprachlich wieder entgrenzt. Die Reihe der Verben, die solcherart Bewegung simulieren und repräsentieren, rücken in eine Analogie zu einer weiteren Wortreihe, die wenige Seiten vorher die Freuden des Ehemannes vergegenwärtigt. Auch hier kulminiert das zunächst entworfene Gastmahl des Hausvaters und seiner Frau

---

[176] In den von Fischart verantworteten Ausgaben von 1575, 1582 und 1590 findet sich immer „omnis generis *fartzimina*". Erstaunlicherweise ändern die Drucker der posthumen Ausgaben von 1617 und 1631 zu der lateinisch korrekten Form „omnis generis *farcimina*".

[177] Vgl. zu dieser „Artistik auf der Ausdrucksebene" auch die Würdigung dieses „kleinen Meisterwerks" bei Rüdiger Zymner, Manierismus 1995, 127f. Den Sinn dieser Reihe sieht Dieter Seitz in der „erschöpfenden Ausbreitung des Reichtums der Sprache, intensiver sprachlicher Vollzug eines Tanzvergnügens"; Dieter Seitz, Johann Fischarts *Geschichtklitterung* 1974, 95.

aus dem Bereich kultivierter Konsoziation am Tische in den Vorstellungsbereich unablässigen Kopulierens auf vielen denkbaren Möbeln und Orten über eine rhythmisch und semantisch entgrenzte Wortreihe:

Ja, so es war ist, wie es war muß sein, daß kein Gasterei unnd Malzeit recht herrlich, Herrschisch, Herrisch, Xerxisch, Persisch, mutig, rustig unnd lustig sey, wa nicht Frauen sind darbei, so wird gewiß eim solchen Haußmann nimmer an freuden abgehn, angesehenn, daß er solche Tischmusic, Prett unnd Bettspiel augenblicklich umb sich hat, an der Tafel bei der Seiten, auff dem Lotterbett, oder Hobelbanck, im Garten, unterm Baum, neben dem Baum, wie der Susanna zwen Alten, nicht auff dem Baum, wie die Teuffelsbraut mit ihrem Kaltsamigen Stinckbräutgam, Ja im Bad, inn der Bütten, auff dem Schrepffbanck, inn der Senfften, inn der Kammer, mit welcher er ungehindert mag schertzlen, stertzelen, mertzelen, kützeln, kritzeln, schmützeln, schwitzeln, Pfitzelen, dützelen, mützelen, fützelen, fürtzeln und bürtzeln, so offt es ihn gelust zustützlen und zustürtzlen. (Geschichtklitterung, 102)

Wie aus dem Glossar von Ute Nyssen hervorgeht, ist die Semantik der verwendeten Verben und Morpheme in hohem Maße aussagekräftig für die hier relevanten Bettspiele.[178] Solche Sprachspiele, die sich in der *Geschichtklitterung* auf nahezu jeder Seite finden, werden auch mit Wissensbausteinen betrieben, die Fischart in den Text einfügt. Damit wird das Wissen wiederum alteriert und dem obszönen Gehalt der Dichtung angeglichen. Es erfolgt solcherart eine Dekontextualisierung und Modifizierung von Wörterbucheinträgen, auf die Fischart zurückgreift. Wie er mit lexikographischen Kompendien umgeht, zeigt folgende Passage, in der nautische Terminologie verwendet wird:

[...] weil das Schiff Galeenrecht vermag, daß man keinen frembden Passagier auff nimpt, es sey dann aller dings geladen, gebodemet, vergurbet, begordet, verdennet, beschnarret, auffgebuselt, geschnaltzelt, berudert, umbdostet, verstrupffet, gelaseiet, bepfompffet, gehelmkörbelet, bemastet, verpatersnosteret, betonnet, erspritet, verbrauet, bebastet, bezackelet, beanckert, berollet, becompasset, beraseylet, besanet, befanet, getopffseylet, bezugcabebelet, belullet, unnd endtlich wie die Pechstinckende der trei Heyligen König Melchior Morenschiff von Cöllen, verstopffft, verklopffft, verleimt, verdicht, verbicht und verricht, unnd gantz abzustechen fertig. (Geschichtklitterung, 111f.)

Es geht bei diesem Zitat nur vordergründig um Nautisches. Der Passus taucht auf im Kontext einer misogynen Reihung von Beispielen für die Untreue der Frauen. Fischart verweist in diesem Zusammenhang auch auf die Tochter des Kaisers Octavian, die nur dann mit ihren Liebhabern schlief, wenn sie bereits anderwärtig geschwängert worden war.[179] Fischart vergleicht sie zotig mit einem Schiff, das keinen fremden Passagier aufnimmt und erst *abzustechen fertig* sei, nachdem es vollständig beladen und abgedichtet wurde. Unter der polyphonen Reihe von Verbalisierungen, die aus verschiedenen Nomina für Schiffszubehör gebildet wurden, und der Rede vom verstopfen, verklopfen, verleimen, verdichten, verbichten und verrichten tönt dabei ganz unverhohlen ein ima-

---

[178] Ute Nyssen, Glossar 1964, 71.
[179] Vgl. Pia Holenstein, Der Ehediskurs der Renaissance 1991, 109.

Integrationsverfahren 387

ginäres *basso ostinato* der Kopulation.[180] Bei genauerem Hinsehen handelt es sich aber bei diesem „Sprachrausch" um das Resultat einer Montage. Karl Weidmann hat für diese obszön konnotierte Reihe von Verben den *Nomenclator omnium rerum* als Vorlage belegen können.[181] In diesem Buch wird auch Schiffsterminologie aufgeführt.[182] Bestand und Reihenfolge der Nomina einzelner Schiffsteile bei Hadrianus Junius entsprechen weitgehend Fischarts Verbalbildungen in obigem Zitat.[183] Fischarts originelle obszöne Perspektivierung der Wortkette hat bei Rabelais ihren Anlass. Auch er zitiert das Exempel der Julia und nutzt Schiffsterminologie: „So machte es auch Julia, die Tochter des Kaisers Augustus: sie ließ sich nur mit ihren Trommlern ein, wenn sie wußte, daß sie schwanger war, so wie ein Schiff, das seinen Steuermann nur dann aufninmmt, wenn es zuvor kalfatert und beladen ist."[184] Diese im Metaphorischen verbleibende Bemerkung nimmt Fischart zum Anlass seiner Transgression, in dem er sie um die Schiffsterminologie bei Hadrianus Junius ergänzt und die obszönen Synästhesen in das Sprachmaterial hineintreibt. Dies ist naturgemäß nicht im Wörterbuch angelegt.[185] Fischarts Umschrift und Assimilation der aus zeitgenössischen Wissensspeichern entnommenen *copia verborum* bringt die heterogenen Bereiche der Rabelais'schen Erzählung und der Wörterbücher auf den gemeinsamen Nenner des Obszönen.

Zu den Spielen mit dem Obszönen und Skatologischen gehören auch Beispiele für ein Spiel mit der Ekelschwelle. So schildert Fischart im Abschluss an den bereits besprochenen Käsekatalog eine monströse Käsemahlzeit des Riesen:

Es war ihm ein lust zuzusehen (wer gern Purgiren wolt) wann er die vermoderte, verkoderte, verschloderte unnd verfallene Käßzinnen etwann mit schauffeln auff das Brot striche, und die lebendige Käß und Lindwürm zwischen seinen Zänhammern unnd Mülsteinen also sauberlich zermalmet und zerknirschet, das es lautet als wann ein Galgen voll gestiffelter Bauren bei Nacht durch das Kot ins Dorff stampfften und postierten, oder ein viertzig Baurenmeydlin auff der Alp Stro in Leymen tretten, daß ihnen das Leymwasser zur quinternen hinauff stritzet. Dann nach seim todt, haben etliche Lumpenstämpffige Papirer, unnd Saurpäppige Buchbinder, sein ober und nider gebiß für GlättZän geprauchet. (Geschichtklitterung, 77)

---

[180] Zu dieser Stelle auch Dieter Seitz, Johann Fischarts *Geschichtklitterung* 1974, 63f. mit deutlicher Kritik an vitalistischen Sprachspsychologismen in der Fischartforschung; vgl. ebd., 52f., 65, 72 u. ö.

[181] Karl Weidmann, Hadrianus Junius als Quelle 1911/12, 116–124.

[182] Vgl. den Abschnitt *De re navali* in: Hadrianus Junius, Nomenclator omnium rerum 1567/ 1976, 244–253.

[183] Karl Weidmann, Hadrianus Junius als Quelle 1911/12. Zum *Nomenclator* als Quelle für die von Fischart und Toxites herausgegebenen *Onomastica* vgl. Hugo Böss, Fischarts Bearbeitung lateinischer Quellen 1975 [1923], 1–10.

[184] François Rabelais, Gargantua 1992, 21. François Rabelais, Œuvres complètes 1973, 48: *comme Julie, fille de l'empereur Octavian, ne se abandonnoyt à ses tabourers sinon quand elle se sentoyt grosse, à la forme que le navire ne reçoyt son pilot que premierement ne soyt callafatée et chargée.*

[185] Zu Fischarts Schreiben „auf verschiedenen Ebenen" und der damit einhergehenden Polyphonie der Wortketten vgl. Beate Kellner, Verabschiedung des Humanismus 2008, 166.

Wo von Unmengen von Käse die Rede ist, ist der Gedanke an den Verderb und die Käsmaden nicht weit (im *Onomasticon Latinogermanicum* des Theophilus Golius findet sich mit dem *caseus vermicolosus* sogar ein entsprechendes Lemma).[186] Grandgousiers Passion für verdorbenen Käse ist aber auch von den angeführten Intertexten her inspiriert: Die *Helsinger* und *Narwegianer*, so vermerkt Olaus Magnus einen kulturellen Unterschied bei den Bewohnern *mitnåchtiger Lånder*, bevorzugen den Verzehr von verdorbenen und wurmzerfressenen Käse. In den diätetischen Bemerkungen der Bockschen *Speiszkammer* wird vom Verzehr alten Käses ausdrücklich abgeraten. Der Käseimbiss des Riesen stellt deshalb bei Fischart wiederum eine antidiätetische Karikatur dar. Vier Adjektive (*vermodert, verkodert, verschlodert, verfallen*) forcieren die Evokation des Verderbs, und dass die ekle Menge mit Schaufeln auf das Brot gestrichen wird, vergegenwärtigt die Monstrosität einer Riesenmahlzeit.[187] Die als Lindwürmer bezeichneten Käsemaden stehen desgleichen im Dienst einer Ausweitung des Geschehens ins Monströse. Die folgenden Beschreibungen und Vergleiche zielen auf die Geräusche der Kauwerkzeuge des Riesen, der sich das ungeheure Quantum madigen und faulen Käses einverleibt und die lindwurmgroßen Maden geräuschvoll zermalmt. Während es dem Riesen selbst eine Lust ist, die ekle Materie und die darin befindlichen Tiere zu betrachten, reizt solche Vergegenwärtigung den Leser zum Erbrechen (*wer gern Purgiren wölt*). Wenn die Geräusche daraufhin mit nächtens durch den Kot stampfenden bestiefelten Bauern verglichen werden, verwendet Fischart mit *ein Galgen voll* eine die Zahl Sieben redensartlich umschreibende Wendung.[188] Dabei wird freilich mit dem Galgen auch der Vorstellungsbereich verwesender Leiber eingespielt, die Evokationen des Eklen durch die Anspielung auf das Aasige gesteigert und durch die Vorstellung Untoter dämonisch forciert.[189] In diese Melange aus Käse, Wurmbrei, Kot und Aas wird sodann spritzender Leim und das weibliche Geschlechtsorgan hinzuassoziiert: Die vierzig *Bauernmeydlin*, die Stroh zu Leim treten und denen der Leim zur *quinternen* heraufspritzt, reichern die Bilder um weitere Evokationen an und konfrontieren die wuchernde Imagination abrupt mit der Vorstellung buchbinderischer Arbeiten: dem Verleimen von Quinternen zum Buchblock. Dass die Zähne Grandgousiers nach seinem

---

[186] Theophilius Golius, Onomasticon Latinogermanicum 1972 [1579], 344.

[187] Fischart nimmt hier eine Anleihe bei der Schilderung einer anderen Riesenmahlzeit Gargantuas, während derer einige seiner Leute ihm schaufelweise Senf in den Mund schütten; vgl. François Rabelais, Œuvres complètes 1973, 98. Dazu auch die bekannte Illustration von Gustav Doré, die sich beispielsweise auch auf dem Titel folgender Ausgabe findet: François Rabelais, Gargantua und Pantagruel [8]1994.

[188] Vgl. Jacob und Wilhelm Grimm, Art. ‚Galgen', in: DWB IV/I,1, 1168f. Hier sind auch die beiden in der *Geschichtklitterung* sich findenden Belege für diese Redensart vermerkt.

[189] Dass bei Fischart wie bei Rabelais immer mit dem Wörtlichnehmen von Redensarten zu rechnen ist, zeigt sich auch dort, wo ein weiteres Mal die Wendung *ein Galgen voll* eingesetzt wird. Als Gargantua die Pikrocholisten herbeireiten hört, lässt er seine Gefährten wissen, es seien *mehr dann ein Galgen voll*. Dies heißt einerseits natürlich mehr als sieben, nimmt andererseits zugleich vorweg, dass die Feinde alle umgebracht werden; *Geschichtklitterung*, 378.

Tode als Glättzähne (Werkzeuge zum Verreiben und Polieren von Vergoldungen in der Buchbinderei)[190] genutzt werden, evoziert einen kausalen Zusammenhang zwischen dem käswurmzerbeißenden Riesenkiefer und den Werkzeugen zum Verarbeiten von Vergoldungen, der in der wüsten Proliferation der Vorstellungsbereiche keinerlei Anhaltspunkt hat. Hier wird ein technisches Wissen (Polieren von Vergoldungen mit Glättzähnen) an einen synästhetischen Assoziationsstrom assimiliert, wobei die Heterogenität von Wissen und Literatur sowohl exponiert als auch überspielt wird.

Wissen und Zechen – Alkoholische Komplexitätsreduktion und Karikatur der Gelehrsamkeit

Von Rabelais übernimmt Fischart den Entwurf des Romans als eines Gesprächs zwischen Zechern.[191] In allen Prologen der *Pentalogie* wird bei Rabelais das Gespräch zwischen dem trinkenden Erzähler und seinen trinkenden Zuhörern bzw. Lesern inszeniert. Entworfen wird damit auch ein Rahmen für die Thematisierung von Wissen: Ein vom Wein inspirierter Erzähler wendet sich im Zustand eingeschränkter epistemischer Fahrtüchtigkeit bei gleichzeitiger Tollkühnheit an eine Rezipientengemeinde, bei der dieselbe Disposition vorauszusetzen ist. Diese Konstellation wird bereits in den Prologen der *Pentalogie* entfaltet und zwar sowohl als Fiktion mündlichen Erzählens wie auch als Austausch zwischen trinkendem Schreiber und zechenden Lesern. Das Wissen wird dabei, wie bereits gezeigt werden konnte, auf sein sprachliches Substrat reduziert, wobei die Sprache selbst alkoholbedingt im Zustand progredierender Zersetzung exponiert wird: Bereits im Titel der *Geschichtklitterung* wird so aus der Mutter-Sprache das *Mutter-Lallen*. Dieser Vorgang geht über die Assimilation des Wissens an die Narration hinaus, er bietet die Möglichkeit, das heterogene Material des Textes durch seine alkoholinduzierte Komplexitätsreduktion zu integrieren. Unter der Chiffre des Rausches firmiert so eine Vertextungsstrategie, die das Ineinanderfügen von Literatur und Wissen steuert. Dieser Vorgang wäre freilich als Zersetzung des Wissens nur unzureichend erfasst, denn die Reduktion des Wissens auf die Sprache der Trinker wirkt auch entgrenzend, gibt Raum für kapriziöse Variationen, Zuspitzungen und Verballhornungen, für ein launisches Zurichten von Argumenten, Fachsprachen und gelehrten Autoritäten. Im Zwischenraum von Wissensdiskursen, die Transparenz und Disziplinierung anstreben, einerseits, und dem alles entdifferenzierenden Lallen der Trinker andererseits, vollzieht sich ein witziges Spiel mit gelehrtem Wissen.[192] Und es sind die diesem Spiel entstammenden Witze über das Wissen und die Welt, die bei Rabelais und Fischart als *Pantagruelismen* bezeichnet werden.

---

[190] Jacob und Wilhelm Grimm, Art. ‚Glättzahn' DWB, IV, I, 4, 7762.
[191] Beate Kellner, Spiel mit gelehrtem Wissen 2009, 242.
[192] Dass bei Fischart das Thema der Trunksucht auf den Gestus der Sprache übergeht, zeigt Beate Kellner, Spiel mit gelehrtem Wissen 2009, 237.

Der so entworfene Rahmen für die Thematisierung von Literatur und Wissen bildet nicht nur den fiktiven Entwurf einer Erzählsituation, er wird auch auf der Ebene des Erzählten gespiegelt: In der *Trunkenen Litanei*, im Referat der Diätetik durch den durchgehend betrunkenen Gargantua und beim üppigen Bankett, welches bei der Ankunft des kampftüchtigen Mönches im Heeresverband der Gargantisten veranstaltet wird, werden immer wieder auch Wissenssegmente Gegenstand bezechter Gespräche. In der fingierten Mündlichkeit des Gelages wird andernorts Verschriftetes aufgerufen und in den Sog des gelehrten Pokulierens gezogen.

Dafür im Folgenden einige Beispiele: In der *Trunkenen Litanei* wird von einem der Zecher ein Gefährte als Narr tituliert (so nach Nyssen die Bedeutung von *Domine Phisigunke*)[193] und auf ein diätetisches Buch hingewiesen, in dem eine mäßige Menge Weines bei Tische empfohlen wird:

> *Domine Phisiguncke ist nicht ein gemeyne Regel, treimal ober Tisch getruncken sey das gesundest, mehr hab ich nit gelesen: Neyn, Neyn Marce fili, du hast den Cratippum nicht recht gehört, das Buch, so gelesen hast, ist falsch verkehrt, Im abschreiben ists versehen worden, drey für dreitzehen. Ey studier morgen.* (Geschichtklittung, 137f.)

In der Replik wird der Zecher als *Marce fili* angesprochen und der Philosoph Cratippus erwähnt, womit das Incipit von *De officiis* aufgerufen und parodiert wird,[194] Ciceros Sendschreiben an seinen Sohn, der bei dem Peripatetiker Cratippus in Athen studierte: *Quamquam te, Marce fili, annum iam audientem Cratippum, idque Athenis...* Dass der Sohn des Cicero ein berüchtigter Trunkenbold war, ist den studierten Zeitgenossen Fischarts sicher nicht unbekannt gewesen.[195] Das Kapitel über die Trunkenheit in Plinius' Naturgeschichte überliefert, dass er die Gewohnheit gehabt habe, zwei *Congii* auf einmal zu trinken (was insgesamt immerhin 6,55 Liter ausmacht), auch habe er dem Marcus Agrippa im Rausch einen Becher an den Kopf geworfen.[196] Dass Ciceros Sendschreiben über die Pflichten begründeter Sorge um den Lebenswandel des Sohnes entstammt, kann ebenfalls als bekannt gelten. Über sein Verhältnis zu Cratippus berichtet der Sohn dem Vater in einem Brief, dass er viel Zeit des Tages und auch der Nacht mit seinem Lehrer verbringe, dieser erscheine oft zum Abendessen bei ihm und lege dann den philosophischen Ernst ab und scherze mit den Tafelnden.[197] In der zitierten Passage aus der *Geschichtklitterung* behauptet nun der gewitzte Trinker, dass das Buch, welches aus diätetischen Gründen nur dreimaliges Trinken bei Tische empfiehlt, ein

---

[193] Ute Nyssen, Glossar 1964, 85.
[194] Vgl. Ulrich Seelbach, Ludus lectoris 2000, 175f., 295.
[195] Plutarch, Cicero 24,8; Seneca, Suas. VII, 13; Cassius Dio XLVI 21,6.
[196] Gaius Plinius Secundus, Naturkunde 1996, XIV, 147.
[197] Cicero, ad familiares XVI, 21: Cratippo me scito non ut discipulum sed ut filium esse coniunctissimum. nam cum [et] audio illum libenter tum etiam propriam eius suavitatem vehementer amplector. sum toto dies cum eo noctisque saepe numero partem; exoro enim ut mecum quam saepissime cenet. hac introducta consuetudine saepe inscientibus nobis et cenantibus obrepit sublataque severitate philosophiae humanissime nobiscum iocantur.

Schreiberversehen enthält, wofür die Autorität des Cratippus angeführt wird. Der korrekte Wortlaut sehe vielmehr vor, dass dreizehn Mal zu trinken sei. In Verbindung mit dem Incipit von Ciceros Sendschreiben über die Pflichten rückt der Zecher in die Position des antiken Orators, wodurch (in völliger Inversion des Intertextes) der Trinkexzess selbst zum *officium* wird. Unter solchen Umständen ist dann das Studium in der Tat besser auf den nächsten Tag zu verschieben (*Ey studier morgen*). Immer wieder wird in der *Geschichtklitterung* auf diese Art und Weise Wissen alkoholisch kontaminiert.

Für die *Trunkene Litanei* ist eine signifikante Transgression des Rabelais'schen Textes auf Wissen hin auszumachen. Fischart hat, das Beispiel zeigt es deutlich, das weinselige Riesen-Picknick unter Bäumen in eine sehr gelehrte Trinkerei umgeschrieben. Adolf Hauffen hat in seiner Interpretation des achten Kapitels bei Fischart eine Verschiebung des Rabelais'schen Trinkens im Freien zu einer studentischen Kneipe im Wirtshaus ausgemacht. Er unterlegt die *Trunkene Litanei* nicht unplausibel mit der entsprechenden Szenenfolge eines bis in den frühen Morgen dauernden studentischen Gelages.[198] Unabhängig von solchen allzu realistischen Lesarten zeigt sich an Beispielen wie dem angeführten, dass der vertextete Rausch bei Fischart als Integrationsmedium der heterogenen Elemente von Literatur und Wissen fungiert.

Dies geschieht auf Kosten der Autorität des Wissens, welches in dieser Weise spielerisch abgewertet und karikiert wird. Wenn freilich in solchem Rahmen die Autorität des Wissens seinerseits wieder beansprucht wird, erweist sich ein solches Vorgehen als Problem. Mitunter nutzt nämlich der Erzähler eine solche Konstellation des Gelages, um humanistische und konfessionspolemische Positionen zu beziehen. Dies geschieht in Fischarts Übersetzung der trunkenen Gespräche der Gargantisten mit dem schlagkräftigen Mönch Jean. Hier ergänzt Fischart in seinen Zusätzen eine Rabelais völlig fremde konfessionspolemische Mönchskritik. Dabei jedoch konfligiert der im Zeichen des Suffs vorgenommene Relativismus des Wissens mit einer Wissenssatire, durch welche Pervertierungen des Wissens in valorisierender Absicht bloßgestellt werden sollen. So exponierte Fischart, anders als Rabelais, schon bei der Einführung der Figur Bruder Jans im 30. Kapitel das räudige Latein des Mönches:

[...] *konnt dannoch* Invenimus Messiam *von der Meß außlegen,* Molossos *die Müllerhund für* Maulesel, Presbyter, q. præ aliis bibens ter. *Sant Dominicus, so viel als* donans minus, *unnd* Dominus q. dormiens minus. *Sant Hippolitus, hüpsch poliert. Sant Mattheus* Manus Dei: *Sant Mauritius ein Mor inn Demut: Sant Damianus,* Domini manus. Lucas *ein Liecht.* Judas, Jubilum *dans.* Lenhart, legens *inn Ara.* Corbis, *ein Korb,* q. curvis virgis. Discus *oder* tella q. dans escas *oder* tollo: ciphus, *Schaff,* q. cibos fovens: cadaver q. caro data vermibus, *Schelmenfleisch,* fimus, *Mist,* q. fio mus, *dann auß Mist werden Meuß, wers nicht weiß.* Pubes. q. pudendorum nubes, scurra, scutellas radens, *Schüsselschürer:* duo passeres veneunt asse, *zwen Platteisel kommen essen:* ulcus, *Geschwer, vom* culdus, *durch versetzung der buchstaben oder* oli: Magister, ter magis: *Solche subtiliteten wußt er all: aber Hebraisch war ihm* palea, *das Häu aß er nicht:* Graecum est, *sagt mein* Accursius, non legitur: *Dann der Prior lehrt ihn, es*

---

[198] Adolf Hauffen, Johann Fischart 1921/22 Bd. 1, 225–236; vgl. zur trunkenen Messen im Kontext satirischer gelehrter Traditionen Günther Hess, Deutsch-Lateinische Narrenzunft 1971, 195.

sey unbillich, Heyliger Geschrifft Maiestat und Rath, einschliessen inn die Regel vom Donat. (*Geschichtklitterung*, 298)

Bis weit in die Traditionen mittelalterlicher Parodien reichen solche Übersetzungsspiele zurück.[199] Im 16. Jahrhundert sind sie durch die *Epistolae obscurorum virorum* für die satirische Bloßstellung jener Dunkelmänner genutzt worden, die sich durch mangelnde Bildung, schlechte Latein- und Griechischkenntnisse sowie ihre feindliche Haltung gegen humanistische Gelehrsamkeit auszeichnen.[200] Die bei Rabelais noch in der monastischen Tradition stehende Satire wird bei Fischart durch konfessionelle Polemik ergänzt; der Mönch ist als Dunkelmann perspektiviert. M. A. Screech hat deutlich gemacht, dass die satirischen Invektiven auf das Mönchtum bei Rabelais in einer langen literarischen Tradition stehen und hier nicht notwendig als protestantische Positionen missverstanden werden sollten.[201] Dies ist bei Fischart natürlich ganz anders. Er ergänzt seine Vorlage offensiv durch antikatholische Polemik: Der Mönch wird nicht nur zur Karikatur des Dunkelmanns, er wird darüber hinaus auch dämonisiert. Dies zeigt sich in dem Passus, als Bruder Jan die Verbrennung der Frankfurter Buchgasse empfiehlt:

> *Ihr habt euer lebenlang nicht mehr Bücher gesehen als diese Jar her, wann werden sie einmal außgeschriben? Ich rhiet dem Bapst, daß er einmal durch seine Brand Legaten, die er Järlichs inns Teutschland schickt, die Buchgaß zu Franckfort ließ anzünden, da würden viel Episteln Pauli im Lauff bleiben, unnd würd meh nutz mit schaffen als mit dem Catalogo der verdampten Ketzerischen Bücher: Hats doch König Ptolomeus in Egypten gethan, oder nicht gethan, aber geschehen lassen, und wir mangeln derselbigen bücher noch: O da würden die Postillenprediger und Vademecum wol so sehr über disen Kram we we schreien, als die Beschorne über ihr Babylon: dann was wolten sie ohn solch fürgekauet arbeit und das groß buch von Tübingen den Bauren predigen? aber ich und meines gleichen wolten* Cecidit Cecidit *ruffen, Sie ist gefallen,* quoniam merces eorum nemo emet amplius: *ihren Kram wird niemand meh kramen, ihr Damnomany fällt inn die äschen, dann ihr* Malleus Damnatorius *ist nur Papiren. Solch Papiren feur möcht ich wol gern sehen als Nero zu Rom die Troianisch Prunst: da führ im Rauch gen Himmel alle Kunst, da leg* litera *unnd* spiritus, *wiewol vom spiritu weiß ich nichts, wie Geistlich das Kleid ist: Aber doch, also bliben wir bei ehren, und könten sicherer zehren [...].* (*Geschichtlitterung*, 359f.)

Die jährliche Verbrennung der Frankfurter Buchgasse empfiehlt der Mönch als effizientere Maßnahme zur Kontrolle der *copia librorum* als den *Index librorum prohibitorum*, der erstmals im Jahre 1559 veröffentlicht wurde.[202] Bei Rabelais findet sich die Imagination eines großen Buchbrandes nicht in dieser Weise. Es handelt sich um eine Ergänzung Fischarts, durch welche die Rede des Mönches völlig anders gewertet wird: Seine

---

[199] Vgl. zur mittelalterlichen Tradition solcher Sprachparodie und zu ihrer neuen Funktion in der Renaissance Paul Lehmann, Die Parodie im Mittelalter ²1963, 136f.; Günther Hess, Deutsch-Lateinische Narrenzunft 1971, 208–221.
[200] Vgl. ebd.
[201] Vgl. Michael Andrew Screech, Rabelais 1979, 171–184.
[202] Auf die Koinzidenz des zeitgleichen Erscheinens des vatikanischen Index und Gesners *Bibliotheca universalis* macht Jan-Dirk Müller aufmerksam; Jan-Dirk Müller, Universalbibliothek und Gedächtnis 1998, 302f.

Bücherschelte bei Rabelais wird bei Fischart zur antihumanistischen Tirade ausgebaut, die dadurch noch gesteigert wird, dass Jan seinen Wunsch, die Druckereien zu verbrennen, mit Neros Wunsch, Rom zu zerstören, vergleicht. Für die Neuauflage der *Geschichtklitterung* von 1582 hat Fischart an dieser Stelle noch den Hinweis auf den *Malleus maleficiarum* und die *Daemonomania magorum* ergänzt und damit seiner Charakterisierung des Mönches eine weitere Polemik beigemischt: Ein Jahr vor dem Erscheinen der Zweitauflage des Romans war Fischarts Übersetzung von Jean Bodins *Daemonomania* in Straßburg bei Jobin erschienen und im Jahr darauf hatte er in Frankfurt den *Malleus maleficiarum* neu herausgegeben.²⁰³ Der Wunsch des Mönches, diese Bücher im Rauch aufgehen zu sehen, richtet sich also gegen Werke, die Fischart als Herausgeber und Übersetzer genau kannte. Begründet wird dieser Wunsch wie folgt: *also bliben wir bei Ehren und könten sicherer zehren*. Damit ist aber der Mönch nicht nur als Dunkelmann perspektiviert, sondern darüber hinaus noch dämonisiert. Seine Aggression richtet sich gegen Bücher, die über Hexenwesen und Dämonen aufzuklären beanspruchen. Dieser Befund überrascht zunächst, wird man doch in der *Daemonomania* des Katholiken Jean Bodin keine Invenktiven gegen das Mönchtum finden. In Fischarts Übersetzung von Bodin finden sie sich jedoch durchaus. Fischart hatte in seiner Vorrede sowohl die Lehre vom freien Willen bei Bodin kritisiert, sowie den Tatbestand, dass er ausgiebig auf jüdisches gelehrtes Schrifttum zurückgegriffen habe. Deshalb mahnt Fischart den Leser zur Aufmerksamkeit und appelliert an seine Urteilsfähigkeit. Auch habe der Übersetzer die *Daemonomania* ergänzt und seine Ergänzungen durch runde Klammern markiert.²⁰⁴ In einer dieser Ergänzungen kommt Fischart auf Mönche zu sprechen. Bei Bodin geht es um die Druiden und die Drutten, und Fischart ergänzt, was sich zu diesem Thema bei Aventin findet:

(Wiewol der Beyerisch Historischreiber Aventinus im Ersten Buch vom Vrsprung der Alten Teutschen darauff redt / als ob auch die Trutten / die er das erst Mönchgeschlecht vnd der Teutschen Prediger nennet / Zauberer weren gewesen: Dieweil sie die Leut lehrten, die Götter könten auf keyn besser weis versünt werden / dann mit Opferung Menschenbluts. Hatte auch zur Opferung der Menschen sondere Bilder / die waren gezäunt mit Weiden und inwendig hol / darein thäten sie die Menschen / zündtens darnach an / vnd liessen zum Opffer also prennen. Welchs dan auch we droben im ersten Buch außgeführt / eyn art von Zauberwerck ist: Auß betrachtung / weil sie durch dergleichen Mittel vermeynten zur Erkündigung zukünfftiger fäll / zu Genäsung / Sig vnd Glück zukommen: Vnd weil auch dise gantze Opfferweiß auff nichts anderst vom Teuffel ist erdacht worde[n] / dan zu gespött dem Blut opffer Christi. An demselbigen Ort gedenkt auch Aventinus / daß zu seiner Zeit die Prediger und Barfüsser eynander gezigen haben daß jeder ander Orden solche opfferwerck/ welches sie Sacrificium Plutonis nannten / noch im brauch hetten. Wie dan diß Doctor Wigand Wirt von Studgarten / eyn Predigermönch von den Barfüssern in eym Buch offentlich hat lassen außgehen: Aber was er an-

---

²⁰³ [Johann Fischart (Hg.)], Malleus maleficiarum 1582; [Jean Bodin, Johann Fischart], Daemonomania Magorum 1581. Die Studie von Stephan Janson enthält Fehler; vgl. Stephan Janson, Jean Bodin – Johann Fischart 1980. Eine gründliche Untersuchung von Fischarts *Daemonomania* steht noch aus.
²⁰⁴ [Jean Bodin, Johann Fischart], Daemonomania Magorum 1581, Vorrede.

dere beschuldigt / das ist an im Waar erfunden worden: Seyteynmal er zu Bern seiner greulichsten zauberey und anderer missethat halben / sampt dreien seinen Mitbruedern verprennet ward. Durch welche seine Mißhandlungen er vrsach zum verdacht gegeben/ alsob zu entwederem theil etwas an der sach were.)[205]

Hier werden die Mönche des 16. Jahrhunderts mit dem bei Aventin behandelten ersten „Mönchsgeschlecht" der Druiden zusammengefasst[206] und des Teufelswerks bezichtigt. Ein Abgleich dieser Textstelle mit den Ausführungen bei Aventin zeigt, dass Fischart den bayerischen Geschichtsschreiber unvollständig und missverständlich zitiert, denn dieser betont ja gerade, dass er den Gerüchten um die Menschenopfer bei den Ordensbrüdern seiner Zeit keinen Glauben schenke: *Jedermann ist zu nachreden geneigt / vnd seinen naechsten zu hinderst zu schmähen an leib ehr / und gut.*[207] Fischart unterschlägt diesen Vorbehalt aus konfessionspolemischen Gründen.

Die Stoßrichtung der Polemik ist in der *Daemonomania magorum* und in der *Geschichtklitterung* dieselbe, der Rahmen ihrer Thematisierung freilich könnte unterschiedlicher nicht sein. Durch die Einbettungen der Ungeheurlichkeiten, die Bruder Jan äußert, in ein Gelage verliert die hier inszenierte antimonastische Polemik jedoch jede Schärfe. Das Moment einer Valorisierung kann sich in einer Poetik des Gelages nicht entfalten. Die lausige Gelehrsamkeit versoffener Mönche, wie sie die Dunkelmännerbriefe dem Gelächter preisgeben, unterscheidet sich nicht mehr vom Lallen gelehrter Trinker, welches in Fischarts *Geschichtklitterung* inszeniert wird.

Dichtung als Kommentar des Wissens und Spiel mit seiner Kontingenz

Die soweit aufgewiesenen Verfahren einer poetischen Transformation des Wissens (Abbreviatur und Ostentation von Diskursen, die Reduktion des Wissens auf Sprache und die durchgängige Nivellierung der Autorität des Wissens im pantagruelistischen Gelage) verdichten sich mitunter zu wissensgeschichtlich aufschlussreichen literarischen Kommentaren auf konkrete epistemische Formationen, denen in diesem Abschnitt nachgegangen werden soll. Diese poetische Kommentierung epistemischer Formationen durch den Erzähler stellt innerhalb der *Geschichtklitterung* ein weiteres Verfahren dar, über welches die Heterogenität von Literatur und Wissen abgebaut wird.

---

[205] [Jean Bodin, Johann Fischart], Daemonomania Magorum 1581, 368.

[206] Aventin, Bayerische Chronica 1566, Bl. xxx^v–xxxi^v. Kapitelüberschrift: *Wie die Druden die ersten Münch in dem Land / so jetzt Franckreich heist / gistiftet sein worden / was si für ein leben und wesen geführt haben.* Nach Aventin predigen die Drudden, sie empfehlen Menschenblut als bestes Opfer und nutzen für Menschenopfer (Bl. xxx^v) große, aus Weiden geflochtene Standbilder, die innen hohl sind (Bl. xxxi^r). Die Römer verjagten diese ersten Mönche, woraufhin diese zu den Deutschen flohen. Aventin behauptet sodann, dass die Bettlermönche, Barfüßer und Prediger einander noch zu seiner Zeit solcher Menschenopfer bezichtigen würden und sie *deß Lucifers Opffer* nennen.

[207] Aventin, Beyerische Chronica 1566, Bl. xxxi^r.

Trägt diese Praxis auch weiter zur syntagmatischen Desintegration der Erzählung bei, so ist in ihr doch zugleich ein Projekt auszumachen, durch welches Wissen und Literatur im Roman aufeinander abgestimmt werden. Die epistemologische Auseinandersetzung der *Geschichtklitterung* bildet somit eine alternative Form der Integration.

Die wissensgeschichtliche Kontextualisierung des Literarischen, die für die Analyse dieser Kommentierungen zu leisten ist, kann im Falle Fischarts in besonders auflösungsscharfer Weise durchgeführt werden. Denn der Verfasser der *Geschichtklitterung* partizipierte nicht allein in seinen Dichtungen am Wissen seiner Zeit, sondern auch als Herausgeber, Übersetzer und Verfasser von Sachliteratur.[208] Konkrete Fälle solcher Doppelpartizipation bilden im Folgenden die Grundlage der Untersuchung von Fischarts Kommentierung des Wissens in der *Geschichtklitterung*. Die poetischen Ausführungen über Völkerkunde, Emblematik, Pharmakognostik und Alchemie im Roman haben Seitenstücke in anderwärtigen Schriften des Verfassers, und das Verhältnis von Literatur und Wissen kann deshalb in Fischarts Fall in einem hohen Maße konkretisiert werden.[209]

Völkerkunde

Erfindung der Nation und Entdeckung Babels

Man hat das 16. Jahrhundert als die Zeit einer „Erfindung der Nation" bezeichnet, aber auch als Epoche einer „Entdeckung Babels".[210] Mit diesen Stichworten sind zwei dis-

---

[208] Vgl. Dieter Seitz, Johann Fischarts *Geschichtklitterung* 1974, 23, der von fließenden Grenzen zwischen Fischarts literarischen und wissenschaftlichen Betätigungen spricht. Der Begriff der wissenschaftlichen Betätigung trifft Fischarts Arbeiten nur bedingt. In Ermangelung eines besseren Begriffs nutze ich den Begriff der „Sachliteratur" als Zusammenfassung für Texte Fischarts, die nicht poetisch im engeren Sinne sind. Der alternative Begriff der „Fachliteratur", der insbesondere von Gerhard Eis für die Erforschung nichtliterarischer Überlieferungen verwendet wurde, scheint mir für Fischart in hohem Maße missverständlich zu sein, da in ihm eine Segmentierung des Wissens in verschiedene Fächer impliziert ist, die für jene Texte Fischarts, die in diesem Abschnitt behandelt werden, so nicht vorauszusetzen ist. Die übersichtlichste und nach wie vor nicht ersetzte Zusammenfassung dieser Betätigungen Fischarts findet sich bei Adolf Hauffen. Auch wenn Hauffens Äußerungen über Fischarts völkische und moralische Gesinnung ebenso revisionsbedürftig sind wie diverse Apologien, die er verschiedenen Projekten Fischarts angedeihen lässt, setzt seine Zusammenschau und die kulturhistorische und bio-bibliographische Kontextualisierung der verschiedenen Schriften Fischarts nach wie vor Maßstäbe; vgl. Adolf Hauffen, Johann Fischart 1921/22, Bd. 2 1922.

[209] In einer Reihe von Aufsätzen sind Teile der im Folgenden ausgeführten Zusammenhänge bereits publiziert worden; vgl. Tobias Bulang, Ursprachen und Sprachverwandtschaft 2006; ders., Konzepte von Produktivität 2008; ders., Epistemische Kontingenzen 2010; ders., Zur Funktionalisierung hermetischen Wissens 2011.

[210] John R. Firth hat die Renaissance treffend als die Entdeckung Babels gekennzeichnet; vgl. John R. Firth, The Tongues of Men and Speech 1964, 53–61; vgl. auch das Kapitel „Alte Sprachen, Neue Modelle" in: Ben Anderson, Die Erfindung der Nation 1988, 72–87.

kurs- und wissensgeschichtliche Prozesse indiziert, die vielfältig miteinander verbunden sind. Damit ist die Emergenz des politischen Konzepts der Nation als unterhalb der Ebene des Reichsbegriffs firmierender Größe angesprochen, welche im Diskurs humanistischer Intellektueller in vielfältiger Weise neu konzeptionalisiert und kontrovers debattiert wird. Die Nationalisierung Europas „vor dem Nationalismus" hat in der jüngeren politik- und geschichtswissenschaftlichen Forschung erneut große Aufmerksamkeit gefunden. In rezenten Studien zum Thema wurde dabei auf die diskursiven Verwerfungen innerhalb eines Wettkampfs der Nationen aufmerksam gemacht.[211] Es zeigte sich dabei immer wieder, dass in diesem Zusammenhang Sprachreflexionen innerhalb diverser nationaler Legitimierungsstrategien wichtige Funktionen zukommen. Die zeitgenössischen Argumentationen greifen auf das im Gefolge humanistischer Philologie und frühneuzeitlicher Lexikographie enorm ausgeweitete Datenmaterial sowohl der klassischen als auch der vernakularen Sprachen zurück, ein Zusammenhang, der als „Entdeckung Babels" bezeichnet wurde. Überlegungen zu Genese und Entwicklung der Sprachen, Reflexionen über die babylonische Sprachverwirrung und die Wege der Völker und Sprachen durch die Geschichte, sowie Spekulationen über etymologische Verwandtschaft der Worte werden dabei für den Diskurs der Nation in den Dienst genommen. Das postulierte Alter der Sprache bzw. ihre Vollkommenheit wird zum besonderen Kriterium für die Vortrefflichkeit des Volkes erhoben.[212] Insofern manifestieren sich in den Ausprägungen des nationalen Diskurses im 16. Jahrhundert einerseits die Nationalisierungsprozesse der frühen Neuzeit, andererseits das humanistische Interesse an den Sprachen, wobei patriotischer und kritisch-philologischer Humanismus dabei jeweils verschieden gewichtende Verbindungen eingehen.

Dieser Zusammenhang sei im Folgenden an einigen Beispielen skizziert. Damit soll ein epistemologischer Kontext für jene Sprachreflexionen Fischarts aufgewiesen werden, welche sich sowohl in verschiedenen Sachtexten des Verfassers als auch in der *Geschichtklitterung* finden.

In Deutschland wird der völkerkundliche Diskurs dadurch geprägt, dass keine deutschen Berichte über die Vorzeit vorhanden sind. Die Grundfrage der Geschichtsschreibung der Zeit, wie sich das Deutschland am Ende der Völkerwanderungszeit aus dem Germanien der römisch-griechischen Überlieferung gebildet habe,[213] wird initiiert durch die Entdeckung der taciteischen *Germania* im 15. Jahrhundert.[214] Das hier festgeschrie-

---

[211] Zu frühneuzeitlichen Nationalisierungsprozessen vgl. Klaus Garber (Hg.), Nation und Literatur 1989; Herfried Münkler, Hans Grünberger, Kathrin Mayer, Nationenbildung 1998; Caspar Hirschi, Wettkampf der Nationen 2005.

[212] So bereits Anna Daube, Der Aufstieg der Muttersprache 1940 [1939], 9; vgl. auch Herfried Münkler, Hans Grünberger, Kathrin Mayer, Nationenbildung 1998, 220–229.

[213] Paul Joachimsen, Geschichtsauffassung und Geschichtschreibung 1910, 125.

[214] Vor dem Erscheinen der *Germania* im Druck in den 1470er Jahren (in Venedig bei Johann und Wendelin von Speyer, in Nürnberg bei Friedrich Creussner) vermittelt Enea Silvio Piccolomini (der spätere Papst Pius II.) das Germanenbild des Tacitus und zwar zunächst in einem Brieftraktat. Er wird ab den 90er Jahren unter verschiedenen Titeln (auch als *Germania*) gedruckt; vgl. etwa:

Integrationsverfahren 397

bene Zivilisationsgefälle zwischen Römern und Barbaren wurde Gegenstand der *negotiatio Germaniae*. Tacitus bezeugte den gottähnlichen Tuisco als Urvater der Germanen und behauptete ihre Indigenität. In der Auseinandersetzung mit Tacitus, der den barbarischen Lebensstil der Ureinwohner (ihren Jähzorn und ihre Trunksucht) geschildert, aber auch ihre besondere Sittlichkeit (ihre *simplicitas*, *libertas*, *virtus* und *pietas*) herausgestellt hatte, geht es für die Nordeuropäer um die Ent-Barbarisierung der Germanen.[215] Dazu hält die Geschichtsschreibung der Zeit zwei konkurrierende Modelle bereit, das der Indigenität einerseits, andererseits das einer exklusiven Herkunft.[216] In der *Germania generalis* des Conrad Celtis und in der Rede Heinrich Bebels vor Maximilian anlässlich seiner Dichterkrönung[217] wird die Indigenitätsbehauptung des Tacitus ausformuliert.[218] So heißt es bei Celtis unter der Überschrift *De situ Germanię et moribus*:

> Indigena haud alia ducens primordia gente,
> Sed cęlo producta suo, Demogorgonis aluus
> Protulerat patulas vbi cuncta creata sub auras.[219]

Und in einem Brieftraktat Heinrich Bebels, der 1504 unter dem Titel *Germani sunt indigenae* veröffentlicht wird,[220] heißt es:

Enee Silvii de ritu, situ, moribus et conditione Theutoniae descriptio 1496; Aeneae Sylvii Germania 1673, 229–238. Zur Tacitusrezeption vgl. Hans Tiedemann, Tacitus und das Nationalbewußtsein 1913; Ulrich Paul, Studien zur Geschichte des deutschen Nationalbewußtseins 1936, 25–32; Ludwig Krapf, Germanenmythos und Reichsideologie 1979; Carlrichard Brühl, Deutschland – Frankreich ²1995, 32–36; James S. Hirstein, Tacitus' *Germania* and Beatus Rhenanus 1995; Christopher B. Krebs, Negotiatio Germaniae 2005.

[215] Vgl. dazu Manfred Schneider, Der Barbar 1997, bes. 105–112; Jörn Garber, Trojaner – Römer – Franken – Deutsche 1989, 150–153; Herfried Münkler, Hans Grünberger, Kathrin Mayer, Nationenbildung 1998, 210–233.

[216] Vgl. ebd., 235–261; Gernot Michael Müller, Die *Germania generalis* 2001, 335–358.

[217] Der Titel der am 30. Mai 1501 in Innsbruck anlässlich seiner Krönung durch den Kaiser zum *poeta laureatus* gehaltenen Rede lautet: Henrici Bebelii Iustingensis Suevi ad Augustissimum atque sacratissimum Romanum regem Maximilianum de eius atque Germaniae laudibus. Gedruckt wurde sie erstmals in Pforzheim 1504, dann Henrici Bebeli Triumphus Venereus [u. a.], Pforzheim, Thomas Anselm 1509. In der Forschung wird oft zurückgegriffen auf den Abdruck im Schardius redivivus 1673, I, 95–104. Zur mitunter komplizierten Publikationsgeschichte Bebelscher Texte vgl. Carl Joachim Classen, Heinrich Bebels Leben und Schriften 1997.

[218] Vgl. zum Diskurs der Indigenität bei Bebel, Celtis und Wimpfeling besonders Herfried Münkler, Hans Grünberger, Nationale Identität 1994, 225-241; Dieter Mertens, *Bebelius ... patriam ... Sueviam restituit* 1983; Albert Schirrmeister, Nationale Auto- und Heterostereotypen 1995, 19–24.

[219] Gernot Michael Müller, Die *Germania generalis* 2001, 94f., dort auch die folgende Übersetzung: „Über die Lage Deutschlands und seine Lebensart [...] Es ist ein Volk von Ureinwohnern, das seinen Ursprung nicht von einem anderen Geschlecht herleitet, sondern unter seinem eigenen Himmel erzeugt wurde, als Demogorgons Leib alles Erschaffene hervorgebracht hatte unter die weiten Lüfte."

[220] Heinrich Bebel, Germani sunt indigenae 1509, Bl. d iii^v–e ii^r. Unter dem Titel *Demonstratio Germanos esse indigenas* findet sich dieser Text auch im Schardius redivivus 1673, I, 105–107; vgl. zu diesem Traktat auch Albert Schirrmeister, Nationale Auto- und Heterostereotypen 1995, 23.

> Germanos esse autochtones, hoc est indigenas, praetor ceteros affirmat. Cor. Tacitus, qui dixit ipsos Germanos indigenas crederim [...]. Soli igitur pene sumus ex omnibus terrarum nationibus, qui sine advenarum mixtura regnavimus, et a conditis monumentis sine iugo servitutis externorum late regnavimus, atque vicinis circumquaque imperitavimus, quod vix ullis populis a conditio aevo peri totum terrarum orbem contigit [...].[221]

So wird die von Tacitus monierte kulturelle Isolation der Barbaren umgewertet: Nie seien sie besiegt oder von ihrem angestammten Territorium vertrieben worden.[222] Als Beweis für solche Thesen dient dabei oft der Status der deutschen Sprache. Wird sie nicht sogleich als Ursprache der Welt oder Europas hypostasiert, so wird doch zumindest zu beweisen versucht, dass sie eigenständig und von fremden Einflüssen frei sei.[223] Bei den Gelehrten des Elsass sind solche Indigenitätsargumente und damit verbundene Reflexionen auf Sprache und Ureinwohner im Sinne eines Territorialitätsarguments besonders wichtig gewesen, ging es doch darum, den deutschen Status der linksrheinischen Gebiete mittels urzeitlicher Projektionen festzuschreiben.[224] Dies geschieht auch im *Buchli der hundert Capiteln*[225] (zwischen 1498 und 1510) beim sogenannten oberrheinischen Revolutionär. Darin wird festgestellt, Adam sei ein *tusch man* gewesen und *Tusch die erste sproch*, die auch in der Arche gesprochen worden sei, ja das *irtische Paradiss* und *hertz Europe* liege im Elsass *zwischen Basel und Bingen*, wo Gott am siebten Schöpfungstag geruht habe:[226]

> *Aber Japhet, der obreste, kunstrichest [...] zoch vff den Rhin vnd buwet Ougst, jetzt Basel, V hundert jor for dem turn Babel. Daruff Tusch in zweivndsibezig wart zerteilt, wan iecklicher meister mit sinem folck macht sunder sproch. Dorus kann alman warlich verston, das Adam ist ein tuscher man gewesen. Dorvmb heissen wir Tuschen in ollen sprochen Almans, wan for der zerstorung was Tusch alman sproch, als dan die bibel clarlich dardůtt.*[227]

Die Frage nach der Ursprache ist im 15. und 16. Jahrhundert keine neue Frage, sie findet sich auch innerhalb des mittelalterlichen Diskurses um die Heiligen Sprachen, und man hat mehr oder minder selbstverständlich angenommen, Adam habe sich mit Gott

---

[221] Heinrich Bebel, *Germani sunt indigenae*, Bl. d iiii^r. Eine Übersetzung findet sich bei Herfried Münkler, Hans Grünberger, Nationale Identität 1994, 229: „Wir aber sind fast die einzige aller Nationen auf Erden, welche ohne Vermischung mit Zugereisten schalten und von alters her ohne jegliches von Außen auferlegtes Joch walten kann. Weit und breit (sind wir) ohne Nachbarn."

[222] Ebd., S. 230.

[223] Vgl. Umberto Eco, Die Suche nach der vollkommenen Sprache ^{2}1994, 105–113; vgl. auch Klaus D. Dutz, *Lingua Adamitica nobis certe ignota est* 1989, 204–240.

[224] Vgl. dazu mit Editionen der Texte Wimpfelings und Murners: Emil von Borries, Wimpfeling und Murner 1926; Klaus Graf, Aspekte zum Regionalismus 1988, 165–192; Herfried Münkler, Hans Grünberger, Klaus Mayer, Nationenbildung 1998, 188ff., 236–242.

[225] Vgl. [Oberrheinischer Revolutionär], Das Buch der hundert Kapitel 1967. Die Ausgabe ist unzuverlässig. Mittkerweile liegt die Neuausgabe von Klaus H. Lauterbach in der Reihe „Staatsschriften des späten Mittelalters" der MGH vor.

[226] [Oberrheinischer Revolutionär], Das Buch der hundert Kapitel, 2^{bnb}, 14^a, 38^b, 60^a, 184^b.

[227] Ebd., 33^b.

Integrationsverfahren 399

auf Hebräisch ausgetauscht.[228] Neu ist der Aufwand, der um diese Frage betrieben wird, der Begründungsdruck, unter den sie gerät, und neu sind auch die Zwecke, denen die Antwort auf diese Frage dienen soll. Ursprachentheoretiker haben sich auf der Suche nach der europäischen Ursprache mit der Völkerwanderung auseinanderzusetzen. Wollen sie weiter bis zur adamitischen Sprache vordringen, kommt der Turmbau zu Babel hinzu. Bei der Ermittlung der Geschichte der Völker und Sprachen ist das Verhältnis der Völker zu den von ihnen gesprochenen Sprachen bereits Gegenstand konkurrierender Zuordnungen, wie sich etwa an Revisionen der biblischen Völkertafel (Gen. 10) zeigt.[229] Einzubeziehen sind dabei auch das Wissen um die alten Völker aus den Schriften der Antike sowie neu entdeckte Quellen und Urkunden. Die Veränderungen der Beziehungen zwischen Völkern, geographischen Räumen und Sprachen sind auf der Suche nach der Ursprache hypothetisch rückgängig zu machen. So wird über die Völkerwanderungen spekuliert, es kommt zu verschiedenen Behauptungen über den Verlauf der Migrationsbewegungen, wobei die Geographie Europas, die Namen der siedelnden und wandernden Völker und der Sprachen konfiguriert werden.[230] Behauptungen von genealogischen und etymologischen Beziehungen sowie von Ableitungsverhältnissen zwischen den Sprachen stützen die historiographischen Hypothesen. Fixpunkte in diesem Feld sind geographische Namen (Berge, Flüsse, Städte, Regionen), die etymologisch analysiert, Sprachen und Völkern zugewiesen werden.[231]

Auch Herkunftsentwürfe dienen der Ent-Barbarisierung.[232] Um die Römer zu entwerten und das hohe Alter der Deutschen ihnen gegenüber zu beweisen, werden auch Fälschungen in Kauf genommen oder gezielt hergestellt: Die von Giovanni Nanni (Annius von Viterbo) verfertigte Fälschung der Schriften des babylonischen Priesters Berosus,[233] in welcher die Abstammung der Germanen von Noah dargelegt wird, erfreute

---

[228] Umberto Eco, Die Suche nach der vollkommenen Sprache ²1994, 85.

[229] Vgl. dazu Arno Borst, Der Turmbau von Babel 1995 [1957–1963], zur biblischen Völkertafel: 120 ff.

[230] Als gegenüber anderen zeitgenössischen Entwürfen im Ansatz kritisch verfahrende Arbeiten zur Völkerwanderung sind insbesondere diejenigen von Nauclerus (Johann Verge) und Beatus Rhenanus hervorzuheben; Nauclerus, Memorabilium omnis aetatis et omnium gentium chronici commentarii 1516 [um 1504 fertiggestellt]; Beatus Rhenanus, Germanicarum rerum libri tres ²1551 [1531]; vgl. Paul Joachimsen, Geschichtsauffassung und Geschichtsschreibung 1910, 91–100, 127–129.

[231] Dazu mit Blick auf Fischart Uwe Ruberg, Zur Poetik der Eigennamen 1982, 281–300. Eine nach Maßgabe wissenschaftlicher Richtigkeit wertende Fachgeschichte der Linguistik kann solche Praktiken nur verurteilen; vgl. etwa Willy Sanders, Grundzüge und Wandlungen der Etymologie 1967, 363.

[232] Herfried Münkler, Hans Grünberger, Kathrin Mayer, Nationenbildung 1998, 242–249.

[233] Annius verfertigte die Schriften von namentlich überlieferten antiken Autoren ohne Werk: Berosus von Babylon, Metasthenes der Perser, Archilocus, Q. Fabius Pictor und weiterer; [Annius von Viterbo (Giovanni Nanni)], Commentaria super opera diversorum auctorum de antiquitatibus loquentiam 1498.

sich bei deutschen Gelehrten als „Ersatzantikenbezug"[234] bereitwilliger Aufnahme und stimulierte nachdrücklich die historische und literarische Imagination, auch wenn sie bereits früh als Fälschung verdächtigt und später durch Beatus Rhenanus mit kritisch-philologischem Nachdruck entlarvt wurden.[235] Die Zurückdatierung der Nation noch vor die Trojaner- und Alexandersagen umgeht die römische Welt vollständig.[236] In der einflussreichen Fälschung der fränkischen Chronik des *Hunibald* von Johannes Trithemius, die vom Untergang Trojas bis zu Chlodwigs Tod führt, wird die Ankunft der Franken in Deutschland um 1000 Jahre zurückdatiert auf das fünfte Jahrhundert vor Christus,[237] womit eine „Gleichursprünglichkeit von deutscher und griechischer Herkunft"[238] behauptet und sämtliche römische Einflüsse auf die Deutschen ausgeschlossen werden.[239]

In einem solchen Rahmen nun vollzieht sich die Sprachreflexion. Die Fragen, welche Völker von welchen abstammen, wie sich Kriege und Usurpationen, Völkerwanderungen und Handelswege auf die Geschichte ausgewirkt haben, stellten sich dabei auch als Fragen nach Sprachverwandtschaft, nach der Herkunft von Lehnwörtern, der Selbständigkeit einer Sprache oder ihrer Ableitung aus einer anderen.[240] So wird die Ent-Barbarisierung auch durch Sprachstudien betrieben. Der oberrheinische Revolutionär bemüht Etymologien der Art: *Der sproch, den Adam sproch, das ist almantz sproch. Dorvmb die Tuschen hiessen in Latin ‚Almani'*. Auch die Degradierung der Römer erfolgt bei ihm sprachgeschichtlich: Das Alter der lateinischen Sprache ist gegenüber der ersten, deutschen Sprache unmaßgeblich; nicht einmal auf die babylonische Sprachverwirrung datiert das Lateinische zurück, es entstammt *der morderkul der Romer*.[241] Trithemius hatte die Frage nach dem Ursprung der Franken mit jener nach Ur-

---

[234] Jörn Garber, Trojaner – Römer – Franken 1989, 162.
[235] Frühe Einwände gegen Annius versammelt Don Cameron Allen, The Legend of Noah 1963 [1949], 114f., Anm. 12. Vgl. zur Berosusrezeption auch Friedrich Gotthelf, Das deutsche Altertum 1900; Ulrich Paul, Studien zur Geschichte des deutschen Nationalbewußtseins 1936, 122f.; Arno Borst, Der Turmbau von Babel 1996 (1957–1963), 975ff. u. ö.; Herfried Münkler, Hans Grünberger, Nationenbildung 1998, 232–241; Franz Staab, Quellenkritik im deutschen Humanismus 1988, 155–164; Anthony Grafton, Fälscher und Kritiker 1991 [1990], 77–93; ders., Defenders of the Text 1994, 76–103; Peter G. Bietenholz, *Historia and Fabula* 1994, 193f.; Carlrichard Brühl, Deutschland – Frankreich ²1995, 32–37; Gernot Michael Müller, Die *Germania generalis* 2001, 343f.
[236] Paul Joachimsen, Geschichtsauffassung und Geschichtsschreibung 1910, 161f.
[237] Johannes Trithemius, [...] de origine regum et gentis Francorum 1515. Vgl. auch die Übersetzung von Jacob Schenk und den Abdruck im Schardius: Eyn schone Cronica von Erstem ursprunck und ufwachsen der Francken 1522; Johannes Trithemius, De origine gentis Francorum compendium, in: Schardius Redivivus 1673, I, 143–169.
[238] Jörn Garber, Trojaner – Römer – Franken 1989, 157; vgl. auch Carlrichard Brühl, Deutschland – Frankreich ²1995, 43–45.
[239] Paul Joachimsen, Geschichtsauffassung und Geschichtsschreibung 1910, 56.
[240] Vgl. etwa Giuliano Bonfante, Ideas of the Kinship 1954, 680–699.
[241] [Oberrheinischer Revolutionär], Das Buch der hundert Kapitel, 34ª.

sprung und Echtheit ihrer Sprache verquickt. Goropius Becanus wird ein halbes Jahrhundert später das Flämische als die paradiesische Ursprache ansehen und die Abstammung des Griechischen und Lateinischen aus dem Niederdeutschen etymologisch aufzuzeigen suchen. Heinrich Bebel hatte seine Indigenitätsbehauptung mit einer Theorie der deutschen Namen begründet, diese seien nicht aus der Antike übernommen, was gegen die Herkunft der Franken aus Troja spreche. Um den Nachweis, die Deutschen der Vorzeit hätten mit griechischen Lettern geschrieben, und um vielfache etymologische Verwandtschaftsbeziehungen zwischen dem Deutschen und dem Griechischen bemühte sich hingegen Bebels Lehrer Conrad Celtis. Im Rückgriff auf den Pseudo-Berosus lässt er die deutsche Kultur von den durch Kaiser Tiberius aus Gallien vertriebenen Druiden abstammen, welche in griechischer Sprache die Bewohner ihrer neuen Heimat in Ackerbau, Viehzucht und Baukunst unterrichtet hätten.[242] So wird hier die kulturelle Entwicklung Deutschlands von römischem Einfluss freigehalten. Dem Druidenmythos folgte ebenfalls der bereits erwähnte Abt Trithemius. Auch der Historiograph der Bayern Turmair (Aventin) greift auf die Druidenthese zurück und hält fest, dass Tuisco (bei Turmair *Kōnig Tuitscho*) ein *besonder A B C und Schrifft* erfunden habe, welcher sich die Griechen angenommen hätten, und dass *teutsche wōrter aus der Griechischen Sprach gezogen* worden seien.[243] Dem Verzeichnis der *alten Teutschen Namen und jr aussleigung* setzt Aventin die Bemerkung voran, dass *unser Teutsche Sprach mehr sich der Griechischen denn der Lateinischen vergleichet*[244] und

> [...] *darumb rechter und artlicher mit Griechischen Buchstaben / denn auff die Romische art geschriben wirdt / Denn sie gar kein gemeinschafft mit der Lateinischen Sprach hat / auch in jhr kein Lateinisch wort / wol vil Griechische und etliche Jüdische braucht sie/ [...] Es haben die alten Teutschen sich Griechischer Schrifft gebraucht [...]*.[245]

Da für solche Betrachtungen noch keine wissenschaftlichen Kriterien für Sprachverwandtschaft bereitstehen,[246] können die verschiedenen Konstruktionsformen von Sprachverwandtschaft von politischen Interessen dominiert werden.

Der Ursprachendiskurs nutzt die Möglichkeiten, die durch die neuen und in den folgenden Jahrhunderten zunehmend ausgeweiteten Formen des konkreten Sprachvergleichs aufkommen.[247] Die indogermanische Hypothese des 19. Jahrhunderts wird spä-

---

[242] Vgl. Conrad Celtis, [...] de origine, situ, moribus et institutis Norimbergae libellus 1921, 99–204, hier 122–124; vgl. zu Celtis' Druidenmythos besonders Gernot Michael Müller, Die *Germania generalis* 2001, 418–424.

[243] Aventin, Beyerische Chronica 1566, Bl. xxx^v–xxxi^v (Drudden), Bl. xxxv^r (griechische Schrift und deutsche Sprache mit Angabe der Gelehrten, die deutsch-griechische Konkordanzen verfertigt haben).

[244] Ebd., Bl. IV^v.

[245] Ebd.

[246] Hans Arens, Sprachwissenschaft 1969, 71, 62f., 67; Paul Joachimsen, Geschichtsauffassung und Geschichtsschreibung 1910, 187; G. Bonfante, Ideas of the Kinship 1954, 690.

[247] Vgl. John Rupert Firth, The Tongues of Men and Speech 1964, 53–61; vgl. auch das Kapitel „Alte Sprachen, Neue Modelle" in: Ben Anderson, Die Erfindung der Nation 1988, 72–87.

ter völlig anderen Prämissen folgen, was die Kriterien für den Sprachvergleich, die Relevanz phonologischer Sprachstrukturen betrifft; ihr liegt auch nicht mehr die monogenetische Hypothese, also die Vorstellung der Abstammung aller Sprachen von einer Sprache zugrunde. Hier schränken Gesetze des Lautwandels die Möglichkeiten der Etymologie ein, wodurch es zu ihrer Disziplinierung kommt.[248] Der Diskurs der Ursprachen im 16. Jahrhundert hingegen ist durch solche methodischen Reglements noch nicht begrenzt. Hier werden vorwiegend Nomenklaturen erstellt und verglichen, phonologische und grammatische Strukturen bleiben bei solcher Betrachtung weitestgehend außen vor. Das Instrument der Ableitung der Sprachen voneinander ist die alte Etymologie, die sich von einer sowohl in der Antike als auch im Mittelalter verbreiteten Praxis nicht wesentlich unterscheidet.[249] Mit der immens vergrößerten sprachlichen Datenmenge jedoch ist auch der Möglichkeitsreichtum des Etymologisierens gesteigert – treffend spricht Umberto Eco von einem *furor etymologicus*.[250]

Dabei fehlt es jedoch nicht an Ansätzen zu Überlegungen, die den Phänomenen des Lautwandels gelten. So verzeichnet Aventin z. B. gewisse Regelmäßigkeiten im Konsonantismus, zwischen dem Niederdeutschen und dem Hochdeutschen:

> *ph sprechen die Hochteutschen grob auss / als wers pf. Di Sachsen wie die Griechen recht / als denn seyn sol. Niederlånder brauchens p allein / wo das Oberland pf hat / Paltz / Pfaltz / Pferdt / Perdt / Pfaff / Paff.*[251]

Wolfgang Lazius bemerkt Phänomene im Vokalismus zwischen dem Österreichischen und Schwäbischen (etwa die regelmäßige Verschiebung von ‚û' zu ‚au' in Buch > Bauch),[252] Goropius macht sich über die unterschiedlichen Aussprachen des hoch- und niederdeutschen Gedanken und verzeichnet konsonantischen Wandel:[253]

> Dicitur autem Pe / Phe / Ve & Fe nobis pro eodem. Sueui Viech & Vieh dicunt, unde Latinorum Pecus remansit. Sed de hac voce alibi fatis multa.
> [...]
> Græci & Latini adspirationem in C non raro verterunt; ut ex *Hart*/ καρδιαν & Cor; ex *horn*/ Cornu & κέρας fecerunt.[254]

Diese Überlegungen führen aber noch nicht dazu, dass das wilde etymologische Verfahren in seinem Möglichkeitsreichtum beschränkt würde. Systematischere Überlegungen zur Phonologie spielen allerdings bei Girolamo Cardano eine Rolle, der Sprachen

---

[248] Willy Sanders, Grundzüge und Wandlungen 1967, 380–384.
[249] Vilhelm Thomsen, Geschichte der Sprachwissenschaft 1927, 23f.; Hans Arens, Sprachwissenschaft 1969, 70; Willy Sanders, Grundzüge und Wandlungen 1967, 363. Zur mittelalterlichen Etymologie vgl. Roswitha Klinck, Die lateinische Etymologie des Mittelalters 1970; Klaus Grubmüller, Etymologie als Schlüssel zur Welt? 1975; Willy Sanders, Die unheile Welt 1975.
[250] Umberto Eco, Die Suche nach der vollkommenen Sprache ²1994, 91–96.
[251] Aventin, Beyerische Chronica 1566, Bl. viii^v.
[252] Wolfgang Lazius, De gentium aliquot migrationibus 1557, 627.
[253] [Goropius Becanus], Opera Ioannis Goropii Becani 1580, 107ff., 217.
[254] Ebd., 217, 219.

nach unterschiedlichen Artikulationsweisen zu klassifizieren suchte;[255] sie wurden von Julius Caesar Scaliger weitergeführt, der die Wandlungen der Laute im Lateinischen beschrieb.[256] Sein Sohn Josef Justus Scaliger wird schließlich Sprachverwandtschaften annehmen, ohne auf die monogenetische Hypothese zurückzugreifen, indem er durch die Gruppierung der Wörter für „Gott" in den verschiedenen Sprachen elf Sprachfamilien annimmt, die er auf Muttersprachen (*matrices*) zurückführt, welche untereinander nicht verwandt seien.[257] Mit solchen Sichtweisen auf Sprachentwicklung gehen Ansätze einer Etymologiekritik einher, die sich mitunter in scharfer Polemik gegen willkürliche Ableitungen zeigt, wie etwa in Joseph Justus Scaligers Invektiven gegen Lazius und Goropius.[258]

Auch in Fischarts gelehrten Beschäftigungen mit dem Ursprachendiskurs, denen sich der folgende Abschnitt zuwendet, nimmt die Auseinandersetzung mit den etymologischen Praktiken der Zeit einen breiten Raum ein.

Fischarts Lazius- und Goropiuslektüren

Mit den Wolfenbütteler Bruchstücken liegt eine Konzeptschrift Fischarts vor,[259] welche seine Übersetzung von Teilen aus dem 1557 erschienen Buch *De gentium migrationibus* von Wolfgang Lazius enthält. Die Handschrift umfasst zum einen die Übersetzung des zweiten und von Teilen des dritten Kapitels, in welchen Lazius seine Thesen zu den Gallogriechen entfaltet. Lazius geht davon aus, dass die deutsche Sprache eine Mischsprache sei, die sich aus einem ursprünglichen Deutsch sowie griechischen und römischen Lehnwörtern zusammensetze. Das der deutschen Sprache vorgängige Ur-Deutsch sei – so Lazius – die Sprache der Gallier, Kelten und Teutonen gewesen. Aus dieser Perspektive ist die französische Sprache ein deutscher Dialekt. Solche Sprachgeschichte gründet in Lazius' Bestreben, die Habsburger als Nachkommen der Hebräer auszuweisen, die sich nach der Sintflut in den Donauländern niedergelassen hätten. Dazu wird Tuisco, der bei Lazius mit Japhets Bruder Aschkenaz personengleich ist, zum Vater der Teutonen und der keltischen Galater, die mit den Galliern gleichgesetzt werden.

Das andere Bruchstück enthält Fischarts Übertragung von zwei Wortlisten, die Lazius dem zweiten Kapitel voranstellte, um die Gallogriechenthese sprachgeschichtlich zu untermauern. Die erste Liste umfasst griechische Wörter, welche die Gallogriechen in

---

[255] Aus der Fülle der in ihrer Textgestalt stark variierenden Ausgaben zwischen 1550 und 1554 greife ich zurück auf: Girolamo Cardano, de subtilitate libri XXI 1554, 430f.; vgl. auch Girolamo Cardano, Offenbarung der Natur unnd Natürlicher dingen 1559, Bl. dccxlix–dccxlxi, Bl. dccclxxxvii–dccclxxxviii, Bl. dcccc–dcccci; vgl. zur Sprachtheorie Cardanos Arno Borst, Der Turmbau von Babel 1995 [1959–1963], 1112f.

[256] Julius Caesar Scaliger, De causis linguae latinae 1584 [1540], Buch I, Kap. 10, 21–29.

[257] Joseph Justus Scaliger, Diatriba de Europaeorum linguis [1599] 1610, 120f.; vgl. Hans Arens, Sprachwissenschaft 1969, 74-76; A. Borst, Der Turmbau von Babel 1995 (1959–1963), 1221f.

[258] Vgl. Joseph Justus Scaliger, Notitia Galliae 1610, 102, 111.

[259] Herzog August Bibliothek Wolfenbüttel, Cod. Guelf. 85 Extrav.

ihre Sprache übernommen haben sollen (*Ex Graeca lingua quae Gallograeci in suum idioma transtulere*), die zweite Liste Wörter der römischen Besatzer im Deutschen (*Ex lingua Romana quae Galli et Teutones a legionibus limitaneis mutuarunt*). Diese Listen hat Fischart gegenüber Lazius hier und da verändert. Um Fischarts Gründe für diese Veränderung zu eruieren, ist ein Blick auf das Bruchstück zu werfen, welches die Übersetzung der Gallogriechen-Passagen enthält. Die inhaltlich relativ genaue Übersetzung ist versehen mit Randbemerkungen, in denen sich Fischart kritisch mit den von ihm übersetzten Inhalten auseinandersetzte. Diese Bemerkungen führen ins Zentrum des hier umrissenen Diskurses.

Wo Lazius ausführt, dass das Deutsche eine Mischsprache sei, weil die Gallier lange unter Griechen wohnten und ihre Worte übernahmen, übersetzt Fischart wie folgt:

> ... hinwider [zeig] erweisen noch | vnzelige wort, die wir Teutschen von den Griechen | behalten vnd inn täglicher red geprauchen, [dan] das | die Gallier, nach dem sie [inn Grie] inn den gedachten oft | abgewechselten zügen vnter den | Griechen lang gewonet [haben], von den Griechen [noch] | auch | [vil gemaine] das gemainste vnd gepräuchlichste, | ja den anfang der neuen sprach [erler] angewönet | vnd irer [...] landlichen [vnd] angebornen [sprach] | zugewendet haben, dannenher dan livius die | Gallogriechen recht [Mischl] vermischte nennet.[260]

Neben diesen Ausführungen vermerkt Fischart ein *Errat*. Eine weitere Glosse präzisiert Fischarts Vorbehalt: *Imo ist kein vermengte sprach, sonder selbesständige*[261] fügt Fischart hinzu, wo Lazius ein weiteres Mal den Mischcharakter des Deutschen betont. Auch die Begründung für diese Einwände vermerkt Fischart am Rande. Neben Lazius' Beispiel „*ain Larer Mensch* (mendax inconstansque)" schreibt Fischart:

Hie stimmen auch vil latainische wörter mit den Griechischen vberain, sollten sie es drum von den Griechen gelernet haben. Imò es komt meh von der affinitet und gleichait die die sprachen al miteinander haben, da si von ainer ainigen sprach in vil sint getrent worden.[262]

Fischarts Einwand zielt darauf, dass nicht Entlehnung, sondern Sprachverwandtschaft zum Teil die Ähnlichkeit griechischer, lateinischer und deutscher Wörter bestimmt. Dabei geht Fischart, wie die Anmerkung zeigt, von einer monogenetischen Verfasstheit der Sprachgeschichte aus,[263] um diese Verwandtschaft zu begründen. Fischart setzt also die deutsche Sprache ursprungsnäher an als Lazius und besteht darauf, dass sie nicht aus Vermischung resultiere – dies letztlich meint Fischarts Begriff

---

[260] Ich gebe den Text – soweit möglich – nach dem Probeabdruck einer Seite der kritischen Edition bei Ulrich Seelbach wieder, greife ansonsten auf die Edition von Crecelius zurück: Ulrich Seelbach, Alternativen der Textkonstitution 1991, 31; Wilhelm Crecelius, Johann Fischarts Uebersetzung von Wolfgang Lazius 1873, 113–145; vgl. aber auch die kritischen Anmerkungen dazu bei Virgil Moser, Sprachliche Studien zu Fischart 1982 [1910], 519–523.

[261] Wilhelm Crecelius, Johann Fischarts Uebersetzung von Wolfgang Lazius 1873, 129 und Anm. 1.

[262] Ebd., 123f., 124 Anm. 1.

[263] Und nicht, wie Hauffen nahelegt, auf das Indogermanische zurück; vgl. Adolf Hauffen, Johann Fischart 1921/22, Bd. 2, 239.

Integrationsverfahren 405

der Selbständigkeit.[264] Erkennbar impliziert diese sprachhistorische Präferenz die Vorstellung einer gewissen historischen Unabhängigkeit der Deutschen.

Die Behauptung der Selbständigkeit des Deutschen, die Erwägung einer *affinitet* aller Sprachen und die monogenetische Hypothese prägen auch Fischarts Modifizierung von Lazius' vorgeblichen Lehnwortlisten. Anhand einiger Beispiele möchte ich kurz das Vorgehen von Lazius und Fischarts Änderungen veranschaulichen. Zunächst ein Beispiel aus der zweiten, lateinischen Liste bei Lazius: „Placenta, *fladen* / f pro p litera."[265] Man sieht, wie bei Lazius auch Ähnlichkeiten, die wie im angegebenen Beispiel in Sprachverwandtschaft gründen, auf Entlehnung zurückgeführt werden. Und man sieht, dass Lazius mitunter Erklärungen zu Lautveränderungen hinzufügt.

Ein weiteres Beispiel aus der ersten Liste des Lazius lautet wie folgt: „ηθη, *sitten* / mores, s aspiratione adjecta."[266] Dem deutschen Wort folgt wie hier mitunter eine lateinische Übersetzung, bei der es Lazius offensichtlich nicht darauf ankommt, die etymologische Verwandtschaft aufzuweisen, sondern allein darauf, die Wortbedeutung anzugeben. Dasselbe Beispiel liest sich bei Fischart wie folgt: „Ηθη, iti, *Sitten* / mit forsetzung der Aspiration oder starkthönung des S."[267] Fischart fügt eine Transkription des griechischen Wortes in lateinischen Buchstaben hinzu.[268] Man sieht, dass Fischart die lateinischen Bemerkungen des Lazius zur Phonetik und Lautung zu verdeutschen sucht. Fischart müht sich nicht nur an dieser Stelle um eine begriffliche Unterscheidung der bei Lazius sehr generell unter dem Begriff der „Aspiration" gefassten lautlichen Phänomene.[269]

Das folgende Beispiel zeigt, dass Fischart die lateinischen Übersetzungsbeigaben bei Lazius, wo es geht, mit lateinischen Synonymen vertauscht, und zwar dann, wenn sich ein den griechischen und deutschen Ausdrücken etymologisch verwandtes Wort anbietet: Anstelle von „λατρης, *lother* / nebulo" bei Lazius hat Fischart „λατρης, latres, *Lother* (*ain böser luderbub*) latro".[270] Hier wird die Behauptung einer *affinitet und gleichait die die sprachen al miteinander haben* praktisch umgesetzt. Fischarts Interesse an der Sprachverwandtschaft zeigt sich insbesondere auch in den späteren Zusätzen, die er bei der Überarbeitung der Listen hinzufügte,[271] besonders die Randbemerkung neben der Überschrift der ersten Liste griechischer Lehnwörter macht dies deutlich:

---

[264] Und nicht, wie man aus moderner Perspektive missverstehen könnte, die Unabhängigkeit einer Sprachgruppe (z. B. der finnougrischen) von einer anderen (z. B. der indogermanischen).
[265] Wolfgang Lazius, De gentium aliquod migrationibus 1557, 26.
[266] Ebd.
[267] Wilhelm Crecelius, Johann Fischarts Uebersetzung von Wolfgang Lazius 1873, 116.
[268] Vgl. Virgil Moser, Sprachliche Studien zu Fischart 1982 [1910], 515f.
[269] Vgl. Adolf Hauffen, Johann Fischart 1921/22, Bd. 2, 237; Hugo Böss, Fischarts Bearbeitung lateinischer Quellen 1975 [1923], 14.
[270] Wolfgang Lazius, De gentium aliquod migrationibus 1557, 25; Wilhelm Crecelius, Johann Fischarts Uebersetzung von Wolfgang Lazius 1873, 116.
[271] Vgl. auch Hugo Böss, Fischarts Bearbeitung lateinischer Quellen 1975 [1923], 15.

*Solcher wörtter gedenk ich ain ganz Namenbuch oder Lexicon an tag zug... gleichwol anderer gestalt, nanelich das andere spr... vil meher solche wört... von der ältesten Teutschen sprach, noch von der Babilonisch... zerrüttung herhaben: wie dan solches ain i... so die Etymologias lesen wird, soll bekennen, vnd auch hie in erklärung diser ist zusehen.*²⁷²

Man kann also ein Schwanken ausmachen zwischen einer Annahme allgemeiner Sprachverwandtschaft und der Annahme, dergemäß das Deutsche ursprünglicher als das Griechische sei. Dies wird besonders augenfällig in Fischarts Anmerkung zu „Δμωις, dmois, *ain Maid oder magd: solchs kommt vil eh vom Teutschen, fürnemlich so man forder d besint, welchs den deutschen articul die anzeigt: sovil als die Moit.*"²⁷³ Zusammenfassend kann man in Fischarts Kommentierung seiner Lazius-Übertragung folgende Tendenzen ausmachen: Gegen Lazius' Charakterisierung des Deutschen als Mischsprache behauptet Fischart, das Deutsche sei eine selbständige Sprache. Gegen Sprachentlehnung setzt Fischart Sprachverwandtschaft, als allgemeine *affinitet* aller Sprachen und manchmal auch als Resultat einer Abkunft von einem uralten Deutsch. Darin folgt Fischart Optionen, die der aufgewiesene Ursprachendiskurs nahelegt. Ein Gedicht, welches Fischart der Darstellung eines *miles francus* bei Lazius beigegebenen hat, zeigt schließlich das patriotische Interesse.

Wolkomen seist du, Edler Frank,
Dir wais das gantze Teutschland dank,
Und fürnamlich wir, die am Rain,
Die von dir frankfrei gmachet sein
Von dem fremden Römischen trang,
Den lezlich dein gewalt vertrang,
*[...].*²⁷⁴

Der hier gefeierten Unabhängigkeit Deutschlands, insbesondere des Elsass, von Rom entspricht Fischarts Insistieren gegen Lazius, dass die deutsche Sprache eine unvermischte sei.

Die in Fischarts Lazius-Übersetzung aufgewiesenen Tendenzen erfahren eine deutliche Verschärfung in Fischarts Auseinandersetzung mit Goropius Becanus (Jan van Gorp). Dieser erreichte im 16. Jahrhundert eine gewisse Berühmtheit mit der These, das Niederländische (genauer der Dialekt um Antwerpen) repräsentiere die adamitische Sprache.²⁷⁵ Adams Sprache sei eine vollkommene Sprache. Dieser Nachweis wird durch den Hinweis auf die hohe Zahl einsilbiger Wörter im Niederländischen er-

---

[272] Wilhelm Crecelius, Johann Fischarts Uebersetzung von Wolfgang Lazius 1873, 116, Anm. 1.
[273] Ebd., S. 116.
[274] Johann Fischart, Uraltes Bildnus eines fränkischen Krigsmans 1895, 394f.; vgl. Hugo Böss, Johann Fischarts Bearbeitung lateinischer Quellen 1923 [1975], 20f.
[275] [Goropius Becanus], Origines Antwerpianae 1569, etwa 534, 629 u. ö.; sowie [Goropius Becanus], Opera Ioannis Goropii Becani 1580, 24, 27, 204 u. ö.

bracht.[276] Im Flämischen ist die Kenntnis der Sache mit der Kenntnis des Namens gegeben:

> [Lingua prima perfectissima] Perfectissimam autem eam dicimus quæ quam apertissime, & quam breuissime, una cum sono conuenientissimo, imagines animi, & earum compositionem dat inteligendas.[277]

Da die Flamen schließlich beim Turmbau von Babel abwesend waren – wofür Goropius als Zeugen die Sibylle, Eusebius, Hieronymus, Moses u. a. bemüht –, konnten sie sich die Vollkommenheit ihrer Sprache bewahren.

Fischarts Exemplar der *Opera Goropii Becani* ist beim Brand der Darmstädter Bibliothek 1944 vernichtet worden. Die ältere Forschung hat einen Teil von Fischarts zahlreichen lateinischen und deutschen Randbemerkungen aus den 1580er Jahren aufgearbeitet.[278] Hatte Fischart gegenüber Lazius eine Ableitung der griechischen Sprache aus dem Deutschen nur erwogen, so fand er bei Goropius solche Überlegungen programmatisch ausgeführt. Einige der Randbemerkungen Fischarts scheinen diese Thesen affirmierend zu unterstreichen, z. B.: *Vor der Sündflut haben sie all Teutsch geredt.*[279]

Weitere Anmerkungen, soweit sie durch die ältere Forschung zur Verfügung gestellt wurden, zeigen Fischarts Fort- und Umschreiben des Projektes von Goropius. Anhand einer Glosse, die vor dem Brand faksimiliert wurde, lässt sich Fischarts Umgang mit Goropius und dem Ursprachendiskurs zeigen. Anlass sind Goropius' Ausführungen über die Etymologie von „Navis *Scip Sceppen*",[280] hier entfaltet Fischart am Rande die Etymologie seines eigenen Namens, den er mittels Buchstabenvertauschungen und Wortumkehrungen in die Tiefe der Geschichte zurückführt:

> *Schiff* verse *Fisch.* Hinc | *Fischart* Nauis dicta | est / quae propter natationem | aliquid habeat / *der Art* | *des fisches.* Et plane | verse *fischart:* Habes | *Tragschiff :* vel | *Trauschiff:* Et iterum | conuerse *fischwart /* | seu *fischfart / dass daher* | *fahrt wie ain schiff:* jnde propter | continuas nauigationes suas Nor= | mannorum Principes / qui Normanniam | Siciliam / Neapo-

---

[276] Im zeitgenössischen Diskurs galt Einsilbigkeit als Altersausweis. Vgl. Paul Joachimsen, Geschichtsauffassung und Geschichtsschreibung 1910, 176, bes. 278, Anm. 87. Die Vorstellung, dass die Primitivität einer Sprache von hohem Alter zeuge, findet sich bei Vives vgl. Arno Borst, Der Turmbau von Babel 1995 [1959–1963], 1137ff. Zur Einsilbigkeit vgl. Franciscus Irenicus, Germaniae exegeseos volumina duodecim 1567 [1518] Buch II, Kap. 31, 73. In der Grammatik des Laurentius Albertus wird die Einsilbigkeit deutscher Wurzeln auf das Hebräische zurückgeführt: Laurentius Albertus, Teutsch Grammatick oder Sprach=kunst 1573. Ich zitiere die Ausgabe: [Laurentius Albertus], *Die deutsche Grammatik des Laurentius Albertus* 1895, 12–16; vgl. Rudolf von Raumer, Geschichte der germanischen Philologie 1870, 67.
[277] [Goropius Becanus], Opera Ioannis Goropii Becani 1580, Buch II, 24.
[278] Abbildungen und Transkriptionen aus Fischarts Exemplar finden sich bei Adolf Hauffen, Über die Bibliothek Johann Fischarts 1898, Teil 1, 24, 26, 28f.; sowie Johannes Ficker, Otto Winckelmann, Handschriftenproben des 16. Jahrhunderts Bd. 2 1905, 95; dies, Handschriftenproben des 16. Jahrhunderts 1906, 33.
[279] Vgl. Adolf Hauffen, Johann Fischart 1921/22, Bd. 2, 245.
[280] [Goropius Becanus], Opera Ioannis Goropii Becani 1580, Buch. V, 106.

lim / Calabriam / Apuliam / | Treuerim etc. subiugarunt hoc cognomen | Fischarti sibi sumserunt: vel id habue= | runt | à maio= | ribus Jape=| ticis / vel | Nauis ipsorum principalis hoc nomen ferebat / | vel insigne ipsorum erat | Nauis vel Delphinus | in vexillis et velis. | Barrius etiam, in Calabria | montem Clibanum Visardo | nominat / absque dubio à Normannicis | Vischartis, quod *Vischartberg*: | *weil sie da den schiffen dorfften* | *trauen*. Nam jchnica retrorsa | lectione *Fischart* est *Trauschiff*: | quod nomen in omnem tutum portum | post potest quadrare · quia verò Nort= | manni ac expertis Nauigatores | vbique tutos portus reperiebant / ideo | nomen hoc vsurpabant. Hinc etia | Hinc etiam Felicis lacus : Antonino in suo | jtinerario / est Trauensee vnd Gemunde- | see Wolfg. Latzio (Gmünd autemn voca= | bant portum au) Felicis lacum etiam | appellant Hungari Visegrad : quod cum Visart superius conuenit / alij Vise- | gart pronunciant.[281]

Ich versuche, diese Bemerkungen zu paraphrasieren: Da Schiff umgekehrt Fisch lautet, seien Schiffe so genannt, die in der Art des Fisches schwimmen können. Kehre man Fischart um, komme *Tragschiff* heraus, woraus umgehend ein *Trauschiff* gemacht wird, womit wieder durch die umgekehrte Lesung des Wortes bei konsonantischer Betonung des ‚u' ein *Fischfahrt* wird. Fischart reichert seine Etymologie nun mit historischem Material an, er führt seinen Namen auf das Seefahrervolk der Normannen zurück, die sich den Beinamen *Fischart* gegeben hätten, als sie sich Sizilien, Neapel, Kalabrien etc. unterwarfen. Alternativ dazu erwägt Fischart die Möglichkeit, die Normannen hätten diesen Namen von den Japhetiten, den unmittelbaren Nachkommen Noahs also, erhalten. Und eine weitere Alternative wird erwogen: Die Fürsten der Normannen hätten einen Delphin oder ein Schiff auf ihren Fahnen und Segeln abgebildet gehabt. Mit dem Fischartsberg kommt die Analyse geographischer Namen hinzu, schließlich spekuliert Fischart (im expliziten Rückgriff auf Wolfgang Lazius) auf die Verwandschaft der Namen von Orten mit Häfen.[282]

Die Glosse enthält den geschilderten Ursprachendiskurs *in nuce*. An ihr ist zudem eine apologetische Tendenz bemerkenswert. Fischart kann nicht entgangen sein, dass auf der entsprechenden Seite bei Goropius niederdeutsche Etymologien ausgeführt werden: *Scip* und *Sceppen*. In der Umkehrung von Fischarts Namen (*Schiff*) macht sich aber ein hochdeutscher Konsonantenbestand bemerkbar und die etymologische Herleitung tritt somit in Konkurrenz zu den Entwürfen bei Goropius. Weitere Anmerkungen Fischarts zeigen, dass er mit Goropius, was das Flämische betrifft, nicht übereinstimmt. Fischart sucht das Alemannische gegenüber dem Niederdeutschen als die eigentliche Ursprache auszuweisen: In seinen Randnotizen stellt er den niederdeutschen Begriffen alemannische gegenüber und versucht, ihnen eine höhere Dignität zuzusprechen, er verspottet Goropius und die Niederländer, ja zeichnet einen für seine mangelhafte Aussprache am Galgen hängenden Niederländer ein. Der Galgen wird dabei durch jenes attische Tau dargestellt, auf das sich Goropius berief, um die Überlegenheit der nieder-

---

[281] Johannes Ficker, Otto Winckelmann, Handschriftenproben des 16. Jahrhunderts 1905, 95; vgl. auch Adolf Hauffen, Über die Bibliothek Johann Fischarts 1898, 23, 26, 28. In meiner Wiedergabe setze ich für Zeilenumbruch einen senkrechten Strich, Rund-S für Schaft-S.

[282] Vgl. Dieter Seitz, Johann Fischarts *Geschichtklitterung* 1974, 25.

deutschen Aussprache gegenüber dem Hochdeutschen herauszustreichen.[283] Hier also nutzt Fischart Optionen des Ursprachendiskurses gegen Goropius' Ausführungen über das Niederdeutsche.

In Fischarts Sprachstudien zeigen sich folglich die charakteristischen Momente des Ursprachendiskurses: das typische Amalgam aus patriotischem und linguistischem Interesse, die Konkurrenz zwischen Indigenitätsmodell und Herkunftsmodell, sowie der Einsatz einer flexiblen, weil nicht disziplinierten Etymologie zugleich mit Ansätzen zu einer Etymologiekritik. Fischart zieht sämtliche Register des Diskurses und führt in typischer Weise Sprachreflexion, nationale Polemik und historiographisches Interesse zusammen.

Die Verwirrung der Ursprache in Fischarts *Geschichtklitterung*

ABer innsonderheyt sind zu ehren der Uralten, für sich selbs bestendigen Teutischen sprach (*Geschichtklitterung*, 52) heißt es in der Geschichtklitterung. Auch Goropius wird gelegentlich zitiert. Es wäre voreilig, aus diesen knappen Äußerungen eine programmatische und affirmative Umsetzung des Ursprachendiskurses in der *Geschichtklitterung* zu postulieren. Fischarts nationale Programmatik im Roman ist okkasionalistisch, wie sich an folgender Ausführung des jungen Gargantua zeigt, der seinen Vater im Zusammenhang seiner Entdeckung des besten Arschwischs den Grund für die Glückseligkeit der Götter und Heroen auseinandersetzt:

Auch glaubt, bitt ich, bei Römischem Bannen und Predigkautzischem Dammen nicht, daß der Herhohen und Heydnischen HalbGötter glückseligkeit, die sie auff dem Elisischen, oder Elsessischem, oder, wie etlich wöllen, Schlesischem Feld haben, in geniesung ihres Affodillenkrauts, Ambrosien oder Amelprosam, unnd Nectar, oder Neckerwein stehe, wie jene alte Blindschleuch davon geaberwitzet haben: sonder nach meiner meynung, auff verbesserung, in gebrauch eins Nörlingischen Gänßlins [...]. (*Geschichtklitterung*, 201)

Erkennbar sind hier durchaus nationalpatriotische Umdeutungen griechischer und lateinischer Mythologie, wenn das Elysium der Götter sprachspielerisch dem Elsass angeglichen wird, ihr Ambrosia dem Gerstendinkel (*Amelprosam*)[284] und der Nektar dem Neckarwein. Zugleich jedoch findet die Verballhornung sowohl der antiken Mythologie als auch ihrer germanisierenden Verschiebung statt, denn weder Ambrosia noch Nektar, weder *Amelprosam* noch Neckerwein seien Ursachen des Glücks bei Göttern und Heroen (bei Fischart *Herhohen*) gewesen, sondern vielmehr der Gebrauch jenes Arschwischs, den auch der kleine Gargantua als den besten aller Welten erkannt hat: eines Gänsleins.

So wie hier wird der völkerkundliche Diskurs mit seinen Ursprachenhypothesen, seinen Etymologien und seinen Programmatiken bei Fischart aufgegriffen und uminsze-

---

[283] Vgl. die Abbildung besagten Galgenmännleins in Adolf Hauffen, Über die Bibliothek Johann Fischarts 1898, 29.
[284] Ute Nyssen, Glossar 1964, 113.

niert. Letztlich wird er damit auch spielerisch kommentiert und unterwandert. Dafür im Folgenden vier weitere Beispiele.

Fischarts Erzählung vom Anfang des Heldenlebens, von den Umständen der spektakulären Geburt des Gargantua aus dem Ohr seiner Mutter heraus, ergänzt Rabelais' *Gargantua* um Sprachreflexionen. Schreit das Riesenkind bei Rabelais aus Leibeskräften: *A boyre! à boyre! à boyre!*[285] so nimmt Fischarts Übersetzung die Stelle zum Anlass polyglotter Ausweitungen:

> So bald es nun erohret war, schrey es nicht wie andere Kinder Mie, Mie, Mi, noch auff Herodotisch und Beccesalenisch Beck, Becke, Becken: [...] auch lachts nicht auf Zoroastrisch, dann es sparts nach der Physicorum lehr biß über 40 tag: Sonder ruffet mit heller stimm zusauffen her, zusauffen, tosupen, und bald hernach im andern thon, Tranck, trenck, trinck, tronck, trunck, und zum letzten, Aha Baire, Bere, Bibere, Boire, Bure [...]. (*Geschichtklitterung*, 148f.)

Fischarts Übersetzung erweitert hier Rabelais' Roman um Ausführungen zum Thema Wundergeburt und um polyglotte Sprachspiele. Gargantuas Exzeptionalität zeigt sich nicht nur im Weindurst wie bei Rabelais, sondern darüber hinaus in der polyglotten Kompetenz des Neugeborenen. Das Sprachchaos aus deutschen, niederdeutschen, französischen, italienischen und lateinischen Morphemen wird noch dadurch gesteigert, dass die phonologischen und graphematischen Spielereien am Wortkörper die Vokalreihe a-e-i-o-u (*Baire, Bere, Bibere, Boire, Bure*) ergeben. Kindliches Gebrabbel, das Lallen der Trinker, dem mit der *Trunkenen Litanei* ein eigenes Kapitel des Romans gilt, und polyglotte Sprachkompetenz werden hier in einer Art und Weise zusammengeführt, wie dies die Ankündigung auf dem Titelblatt der *Geschichtklitterung*, Rabelais' *Gargantua* sei in *unser MutterLallen* übersetzt worden, nahelegte. Anders als Rabelais spielt Fischart hier auch Elemente des Ursprachendiskurses ein. Die Bemerkung, das Kind habe nach der Geburt nicht nach Gebäck und Wecken gerufen, ist als Anspielung auf die in Herodots Historien überlieferte Geschichte vom Experiment zu verstehen, welches König Psammetich von Ägypten durchführte, um herauszufinden, welches Volk das älteste sei.[286] Der König habe zwei Kinder von einem Hirten, der nicht mit ihnen sprechen durfte, aufziehen lassen. Das erste Wort der Kinder sei *Bekos* gewesen, das phrygische Wort für Brot, woraus Psammetich geschlossen habe, dass die Phryger älter sein müssten als die Ägypter.[287] Dieses „Standard Isolations Experiment"[288] innerhalb der Ursprachenbehauptungen wurde auch von Goropius Becanus aufgegriffen, auf

---

[285] François Rabelais, Œuvres complètes 1973, 58.
[286] Vgl. z. B. Florence M. Weinberg, Gargantua in a Convex Mirror 1986, 65; Ulrich Seelbach, Ludus lectoris 2000, 160f.
[287] Herodot, Historien, II, 1.
[288] Joachim Gessinger, Wolfert von Rahden (Hg.), Theorien vom Ursprung der Sprache 1989, Bd. 1, 9.

den bei Fischart mit dem Begriff *beccesalenisch* direkt angespielt wird.[289] Goropius knüpfte an diese Geschichte an, indem er Psammetich mit der Begründung „Becker is sit, qui panem facit"[290] nachwies, dass er das Ur-Niederländisch der Kinder irrtümlich für Phrygisch gehalten habe.[291] Ausdrücklich setzt nun Fischart anstelle der Ursprachen bei Herodot und Goropius ein babylonisches Sprachgewirr. Die Anspielungen auf die Psammetich-Episode stehen offensichtlich nicht im Dienste der Profilierung einer bestimmten Ursprache, sondern unterwandern diesen Diskurs durch ein am Ursprung eingesetztes Sprachchaos.[292]

So wie Fischart bei der Geburt seines Helden eine Sprachmischung entwirft, welche seiner Vorlage nicht entspricht, so behandelt er auch die Grablege Pantagruels, welche im Zusammenhang einer aberwitzigen archäologischen Schilderung am Beginn des Romans gefunden wird.[293] Dem Anfang der Riesengeschichte mit Gargantuas Geburt entspricht die historische Konstruktion der Ereignisse in der Tiefe der Zeit. Bei Rabelais beschränkt sich die Inschrift, welche um einen eingemeißelten Kelch auf der Grabplatte herumgeführt wird, auf „Hic bibitur." Fischart geht weiter: Bei ihm handelt es sich um eine *mit Cimbrischen Scytischen, Tracischen, Phrygischen unnd Hetrurischen alten Buchstaben* verfasste *Hierogliphisch Grabschrifft*, wobei der Exotismus der fremden Kulturen gerade dadurch gesteigert wird, dass Fischart Sprachen anführt, von denen zum Teil keine Schriftzeugnisse überliefert sind oder keine Schriftkultur verbürgt ist.[294] Die Inschrift selbst enthält eine Mischsprache:

> HIC BIBERE, HI WINBERE: HIC LIBERE, HI LEBERE: HIC WINWITUR, SIC VIVITUR: *und da unten dran, hie ist nit* aliud vivere, dan bibere: O Liber Pater fach hi liberè leberè bibere vivere. (*Geschichtklitterung*, 42)

In einem Nebeneinander aus lateinischen und lateinisch makkaronisierten deutschen Bildungen (z. B. *lebere*) wird die Grablege als Ort des Weintrinkens ausgewiesen. Diese über Rabelais hinausgehende Konstruktion führt die Parodie humanistischer Urkunden- und Quellenforschung der Vorlage fort; sie kann gleichwohl auch als Replik auf Ursprachenentwürfe gelesen werden, die gleichfalls in den Tiefen der Vorgeschichte nach der anfänglichen Sprache suchen. Freigegeben wird aber keine Ursprache, sondern wieder ein polyglottes Sprachchaos, dessen einziger Gegenstand das Trinken ist.[295]

---

[289] Insbesondere auf den Titel der 1569 bei Plantin in Antwerpen erschienenen *Origines Antwerpianae sive Cimmeriorum Beccaselana novem libros complexa*; vgl. dazu die Quellenangaben im Katalog von Ulrich Seelbach, Ludus lectoris 2000, 351f.
[290] [Goropius Becanus], Origines Antwerpianae 1569, 551.
[291] Vgl. Ulrich Seelbach, Ludus lectoris 2000, 161, Anm. 66.
[292] Im dritten Buch der Pentalogie weist Rabelais' Pantagruel dieses Experiment zurück; vgl. dazu Michael Andrew Screech, Rabelais 1979, 415.
[293] Vgl. dazu Nicola Kaminski, Gigantographie 2004, 280–290.
[294] Thomas Rathmann, *...die sprach will sich ändern* 1991, 125.
[295] Vgl. dazu auch Jan-Dirk Müller, Texte aus Texten 1994, 85f., Anm. 60.

Greifbar wird der Ursprachendiskurs auch in Fischarts langer Digression über die Völkerwanderungen, mit der das erste Kapitel des Romans einsetzt. Fischart variiert dabei Rabelais' knappe Bemerkung zur Abstammung der Hohen dieser Erde von den niederen Ständen *et vice versa*. Bei Rabelais heißt es, er glaube, dass Kaiser, Könige und andere Würdenträger von Ablasskrämern, wie umgekehrt Elende von Königen und Kaisern abstammen könnten, wenn man die Übertragungen der Königtümer und Kaiserreiche von den Assyrern bis auf die Franzosen bedenke. Rabelais spielt hier mit dem Geschichtsmodell der *translatio imperii*, einem Modell, das die Kontinuität der Geschichte sichert, indem es die Brüche zwischen den Zeiten überspielt. Die Übertragung des Reiches läuft dabei immer parallel mit Aufstiegsgeschichten von Gründern der jeweils neuen Herrschergeschlechter. Aus diesem Zusammenhang leitet Rabelais ab, er selbst müsse von einem König abstammen, da er versessen darauf sei, König und reich zu sein. Fischart wird an dieser Stelle wesentlich ausführlicher. Zunächst führt er die *translatio imperii* nicht nur bis nach Frankreich, sondern noch weiter und dann wieder zurück in den Orient:

> *Angesehen die wunderbare veränderung, und abwechßlung der Königreich unnd Keyserthumb, von Assiriern und Chaldeern zu den Meden, von den Meden zu den Persen, von diesen zu den Macedoniern und Griechen, von Macedoniern auf die Römer, von Römern wider auff die Griechen, von Griechen zu den Teutschen Francken unnd FranckTeutschen: nun vom Herren zum Knecht, nun vom Knecht zum Herren: nun von Weibern auff die Mann, nun von Mannen auff die Weiber (da laß ichs bleiben) wie in Behem unnd bei den Amazonischen Metzen unnd Hetzen oder Hexen: daß ich jetzt des Türcken geschweige, und heut der Portugaleser inn Indien, der Indianer inn Moren, der Moranen in Spanien, der Spanier inn Italien, der Italiener in Franckreich, der Juden undern Christen, der Schotten in Preussen, der Franzosen in Teutschland, der Engelländer im Niderland, der Teutschen in Moscau, der Moscowiter inn Polen, der Polen in Ungarn, der Ungarn inn Türckei, der Türcken inn der Christenheit, der Christen in der Türckei: Schreibt doch Merlin Coccai inn seinen Nuttelverssen,* Plus Roma parit quàm Francia Gallos: *nemlich* in illo tempore, *da man bald hernach die Sicilisch Vesper hat gespilt.* (*Geschichtklitterung*, 33f.)

Die Weltgeschichte wird so – durch die Variation und Verballhornung eines prominenten Geschichtsmodells – im Kreise geführt: *Also kugelts im kreiß herumb, wie solt es nicht kegel geben.* Damit wird die Migrationsgeschichte durch die sexuell konnotierte Metaphorik des Kegelns überführt in die darauf folgende derbe Schilderung weltgeschichtlich allgegenwärtiger sexueller Umtriebigkeit und genealogischer Durchmischung. Die Erwähnung des Merlin Coccai, der Name ist das Pseudonym von Teofilo Folengo, und seiner *Nuttelversse* fällt genau in diesem Zusammenhang. Zitiert wird dabei der wichtigste Vertreter der sogenannten makkaronischen Poesie, in der Wortkörper und Flexionsendungen verschiedener Sprachen gemischt werden. Das Zitat bezieht sich auf Folengos Versepos *Baldus*, in dem es heißt, dass die Stadt Rom mehr Franzosen (gemeint sind Syphilitiker) hervorbringe als Frankreich selbst.[296] Folengos litera-

---

[296] Vgl. Ulrich Seelbach Ludus lectoris 2000, 146.

risch einflussreiches Verfahren der Sprachmischung[297] taucht hier im Zusammenhang der Schilderung einer allgemeinen Bastardisierung der gesamten Weltbevölkerung auf, die nicht nur durch die Übertragung der Reiche, sondern auch durch vielfältige Migrationsbewegungen, kriegsbedingte Vertreibungen und Vergewaltigungen zustande kommt. Die allgemeine Bastardisierung zeigt sich in den physiognomischen Ähnlichkeiten von Kaisern und Müllern ebenso wie am Beispiel der Stadtgründungen (die Gründer der Städte sind Bastarde). Auch im antiken Götterhimmel wohnen die Bastarde. Fischart fügt eine Kompilation von Strophen, Liedeingängen oder sonstigen Bruchstücken aus *Geuchliedern* hinzu, die gleichfalls von der Ubiquität des Sexus und der allgemeinen Durchmischung aller Stände und Völker Zeugnis geben.[298] Dabei wird zudem auch eine Bastardisierung der Sprachen impliziert: *Wie solt man nicht inn solcher Babilonischen trennung die Kinder verwechseln, die Frauen vertauschen* (*Geschichtklitterung,* 35). Genealogische *confusio* und Sprachvermischung werden so parallel geführt. Hypothesen auf die Völkerwanderung gehören ins Standardrepertoire von Ursprachentheorien. Betrachtet man Fischarts literarischen Entwurf vor dem Hintergrund der Schilderungen in Wolfgang Lazius' *De gentium migrationibus,* bei dem die Darlegung der Völkerwanderungen im Dienste einer Ursprachenhypothese steht, so wird deutlich, dass die Ausführungen über die Wanderungen der Völker in der *Geschichtklitterung* in keiner Weise hinter dem Chaos der Abstammungen einen Ursprung auszuloten beanspruchen. Weder geht es im gegebenen Zusammenhang um ein Urvolk noch um eine Ursprache, allenthalben ist allgemeine Bastardisierung zu verzeichnen. Damit verweigert sich die *Geschichtklitterung* einer Option des zeitgenössischen, sprachhistorischen Diskurses. Fischarts Insistieren auf einer allgemeinen Bastardisierung der Welt durch die sexuelle Hyperaktivität ihrer Bewohner vermag in der Vorgeschichte keinen anderen Ursprung auszuloten als den des sexuellen Exzesses.

Neben der Revision der Völkerwanderung gehört auch die etymologische Erläuterung und Rückführung geographischer Namen zum Ursprachendiskurs. In Fischarts Œuvre finden sich in ganz unterschiedlichen Zusammenhängen Ausführungen zu den Ursprüngen von Ortsnamen.[299] In der *Geschichtklitterung* erscheint eine solche Ableitung z. B. für den Namen von Paris. Sie folgt zunächst Rabelais, bei dem knapp geschildert wird, wie Gargantua ankündigt, der Bevölkerung von Paris seinen Wein zum Spaß (*per risum*) auszugeben und daraufhin seinen Hosenlatz öffnet und alle bepisst. Die Bevölkerung der Stadt flieht vor der gewaltigen Flut, die der Riese dadurch auslöst,

---

[297] Vgl. hierzu mit weiterer Literatur zum Thema Hermann Wiegand, Art. ‚Makkaronische Poesie' 2000, 527–530.
[298] *Geschichtklitterung*, 34–38; vgl. dazu in dieser Studie oben 356ff.
[299] Vgl. Uwe Ruhberg, Zur Poetik des Eigennamens 1982; vgl. Adolf Hauffen, Johann Fischart 1921/22, Bd. 2, 243. Hauffens Bemerkung, eine Untersuchung Fischarts über die Herkunft des Städtenamens Straßburg (*Origines Argentoratenses*) sei nach Fischarts Tod in Straßburg zirkuliert, ist wohl irrig; vgl. Christian Hoffmann, Bücher und Autographen von Johann Fischart 1996, 509; Wilhelm Crecelius, Johann Fischarts Uebersetzung von Wolfgang Lazius 1873, 114f.

wobei unzählige Menschen ertrinken. Da die Geretteten unter Lachen (*per risum*) fürchterlich fluchen, wird die Stadt von *Lutetia* in *Paris* umbenannt, wobei Rabelais hier eine Erklärung des alten Namens *Lutetia* hinzufügt, die angeblich von Strabo stamme: Nach dem Griechischen heiße die Stadt Weißstadt, da die Frauen daselbst weiße Beine hätten.[300] Diese Verballhornung der Ableitung des Städtenamens überbietet Fischart wie folgt:

> *Als sie nun an das höchst Ort des theils der Statt [...] entkamen [...] fiengen sie an auff gut Parisich zubetten, zufluchen und zuschweren [...], etliche auß zorn, andere lachends munds,* per riso, *weil mans also offenbar ihnen also parriß, schnatterten, tadderten, kläpperten, unnd schnäbelten zusammen, wie die Vögel wann sie dem Garn entwischen [...]: Carymary Garymara, Scharifari Scharifara, Hammira Hummira, Danderlo, Dunderlo, Ketten für: Das dich die Höllische darr ankomm, [...] daß dir der Schorbock inns Ding schlag: Sammer botz Heyligen kreutz, [...] man hat uns lachends Munds,* paris gen Baden geführt, Pariß man uns den Zotten, ja gar zerrissen Stümpff, die Fasen kleben uns noch dahinden. Daher ward darnach die Statt Pariß geheyssen: welche zuvor Lucece genannt ward, wie Strabo meldet Lib: 4 Das ist zu Griechisch Weißloch von Weißbaden und Schartzwaden, vonwegen der weissen Beyn unnd Posterioren desselbigen Orts Frauen: Dann als Paris von Troia zwischen den drei Frauen den Apffel außtheilt [...] sah er mehrtheils nach denselben zweyen Stücken [...]. Viel heissen die Statt von Luto, weils Luter Kaat Endten da hat. Aber vom Paradyß hats den Namen, wie jener farend Schuler die Bäurin uff dem kropff ließ als sie ihrem gestorbnen Man kleider unnd zerung schickt.* (*Geschichtklitterung*, 216)

Fischart führt also das Geschnatter und Gefluche der Pariser weiter aus als Rabelais und bedient sich dabei der Lautmalerei; die Prosa kippt ins Asemantische, in rhythmisierten Vogelgesang (*Carymary Garymara, Scharifari Scharifara, Hammira Hummira, Danderlo, Dunderlo*). Das wiederholte Einsprengen des *per risum* in den Sprachsalat vergegenwärtigt, wie sich aus dem Sprachchaos durch Wiederholung eine Benennung herausbildet. Auch die Spracherklärung des älteren Namens *Lutetia* wird von Fischart ins Absurde gesteigert. Er bastelt einen erfundenen Mythos ein, demgemäß die Stadt Lucece heiße, weil (ausgerechnet) Paris bei der Wahl zwischen den drei Frauen immer auf ihre weißen Beine geblickt hätte. Eine konkurrierende Herleitung wird hinzugefügt, die an Aberwitz nicht mehr zu überbieten ist: Die Benennung gehe auf *Luto* zurück, weil es in Paris *Luter Kaat Endten* gebe, was man wohl etwas frei nach dem Glossar von Nyssen mit „lauter Scheiß-Enten" übersetzen müsste.[301] Ein weiteres Mal wird etwas über die Herkunft des Namens gesagt, nämlich dass Paris den Namen vom Paradies her habe; dies wird aber mit dem Verweis auf den fahrenden Schüler konterkariert. In Hans Sachsens Fastnachtspiel *Der farendt schuler im paradeiss* missversteht eine Bäuerin die Äußerung eines fahrenden Schülers, er komme aus Paris. Sie nimmt an, dass es sich um das Paradies handle und gibt dem Studenten Kleider und Verpflegung für ihren verstor-

---

[300] Es handelt sich – so Ulrich Seelbach, Ludus lectoris 2000, 132 – um eine „fehlerhafte Berufung". Zu den Formen *Lutetia* versus *Lucetia* vgl. Ute Nyssen, Glossar 1964, 120.
[301] Ute Nyssen, Glossar 1964, 120, 45.

Integrationsverfahren

benen Mann mit.³⁰² So firmiert als Ursprung des Städtenamens das Missverständnis einer Schwankfigur. Fischarts in anderen Texten durchaus ernstgemeinten Projekte der Herleitung von Städtenamen werden in der *Geschichtklitterung* parodiert und dem Gelächter anheimgegeben.

Nach diesem Durchgang durch die diskursive Formation der Ursprachenentwürfe, Fischarts sprachhistorische Studien und die *Geschichtklitterung* lässt sich Folgendes zusammenfassen. Fischart greift immer wieder Elemente des Ursprachendiskurses in der *Geschichtklitterung* auf: die Psammetich-Episode, Quellenkunde und Archäologie, Revisionen der Völkerwanderungen und Herkunftsanalysen geographischer Namen. Alle diese Elemente werden aber einer gezielten Verwirrung und Verballhornung unterworfen. Fischarts Ursprungskonstrukte in der *Geschichtklitterung* führen nicht auf Ursprachen, die rein, einsilbig und natürlich sind; der Ursprung liegt vielmehr in den Exzessen des Saufgelages, der sexuellen Anarchie und des wilden Fluchens. Die chaotische Sprachmischung zielt auf die Entfesselung der Möglichkeiten der Sprache, die in anderen Diskursen gerade einzugrenzen und zu beschränken sind. Die Bildung von Ursprungshypothesen im gelehrten Diskurs ist immer auch eine mögliche Art und Weise, die unübersichtlichen und kontingenten Zustände der Welt, der Sprache und der Geschichte in ihrer Komplexität zu reduzieren. Genau dies findet in der *Geschichtklitterung* nicht statt; auf der Ebene der Sprachdiskurse wird Proliferation zuungunsten von Komplexitätsreduktion und Begrenzung privilegiert. Aktiviert wird dabei die Kontingenz der Sprache.

Hieroglyphik und Emblematik

Bildsemiotik und Denkraumverlust

So wie Rabelais' *Gargantua* enthält auch die *Geschichtklitterung* einen Kommentar auf Bilddiskurse ihrer Zeit. Diese sind im Folgenden soweit zu skizzieren, wie es zum Verständnis der literarischen Bezugnahmen und ihrer Pointen notwendig ist.

Im Rahmen der humanistischen Beschäftigung mit der ägyptischen Hieroglyphenschrift wird ein Modell für die Sinnbildung durch Bilder bereitgestellt, welches maßgeblich zur Entwicklung der Emblematik im 16. Jahrhundert beiträgt. Das Hieroglyphische wird dabei auch zur Chiffre für sprachliche Phänomene. In den Blick der Humanisten rücken neben klassischer, neuplatonischer und jüdischer Überlieferung auch die ägyptischen Obelisken in Rom, die unter anderem ägyptisch geprägte Physiologus-Tradition sowie ägyptische Schriften der Spätantike, insbesondere die sogenannten *hermetica*, welche Hermes Trismegistos zugeschrieben wurden. So findet sich im Kontext der Revisionen des Altertums auch eine ägyptische Renaissance, die als inte-

---

[302] Hans Sachs: *Fastnacht spiel mit 3 personen: Der farendt schuler im Paradeiss* 1964 [1882]; vgl. Ulrich Seelbach, Ludus lectoris 2000, 476.

graler Bestandteil des 15. und 16. Jahrhunderts anzusehen ist.[303] In diesem Rahmen wird die Hieroglyphik entdeckt, und die Hieroglyphenkunde wird miterfasst von den Projektionen, die in dieser Zeit allem Ägyptischen zukommen. Vertraut waren den Humanisten die Annahmen des Altertums über die ägyptische Bilderschrift,[304] mit der Wiederentdeckung der *Hieroglyphica* des Horapollo im Jahr 1419 durch Boundelmonti jedoch meinte man, den Schlüssel zur Dechiffrierung der Hieroglyphen gefunden zu haben,[305] da diese die Beschreibung und Deutung von 189 Hieroglyphen enthält. Dieses vermutlich erst in der zweiten Hälfte des 5. Jahrhunderts nach Christus verfasste Werk, welches vorgeblich von einem gewissen Philippos aus dem Ägyptischen ins Griechische übersetzt worden war,[306] wurde sogleich als uraltes Dokument ägyptischer Gelehrsamkeit aufgefasst.[307] Mit der Rezeption dieser Schrift geht die Konjunktur der Hieroglyphenproduktion und -deutung einher, unter anderem in der *Hypnerotomachia Poliphili* des Francesco Colonna, die 1499 bei Aldus Manutius erschien und eine ganze Reihe hieroglyphischer Illustrationen erhält.[308] Im Jahre 1505 wurde auch Horapollos *Hieroglyphica* bei Aldus Manutius in Venedig ediert; in den nächsten hundert Jahren erscheinen 30 Editionen, Übersetzungen und Nachdrucke in verschiedenen Sprachen,[309] darunter 1517 die lateinische Fassung von Filippo Fasanini. Willibald Pirckheimer hatte 1514 eine handschriftliche Übersetzung mit Dürers Illustrationen Kaiser Maximilian

---

[303] Rudolf Wittkower, Allegorie und Wandel der Symbole 1996 [1977], 219-245, hier 219ff.

[304] Zusammengefasst bei Karl Giehlow, Die Hieroglyphenkunde des Humanismus 1915, 14ff.; Ludwig Volkmann, Bilderschriften der Renaissance1923, 4–9; Lieselotte Dieckmann, Hieroglyphics 1970.

[305] [Horapollo], Hori Apollinis Hieroglyphica 2002 [1940]. Auf Deutsch erscheint Horapollo mit Illustrationen in Johannes Herold, Heydenwelt und irer Götter anfaengcklicher ursprung 1554. Die jüngste deutsche Übersetzung: [Horapollo], Des Niloten Horapollon Hieroglyphenbuch 2001. Folgende englische Übersetzung hat eine sehr gute Einleitung: Georg Boas, The Hieroglyphics of Horapollo 1950. Vgl. Karl Giehlow, Die Hieroglyphenkunde des Humanismus 1915, 16–28; Ludwig Volkmann, Bilderschriften der Renaissance 1923, 4–9.

[306] Heinz-Josef Thissen zeigt, dass die Annahme, es handle sich um einen aus dem Koptischen ins Griechische übersetzten Text aus zwei Gründen sehr unwahrscheinlich ist: Einerseits sind nur aus dem Griechischen ins Koptische übersetzte Texte bekannt, andererseits ist das Interesse koptischer Christen an einer Aufzeichnung der hieroglyphischen Überlieferung keineswegs als selbstverständlich vorauszusetzen; vgl. Heinz-Joseph Thissen, Vom Bild zum Buchstaben 1998, 9.

[307] Es entbehrt nicht eines gewissen mediengeschichtlichen Witzes, dass die Hieroglyphica im zweiten Teil in der Tat ein Bildzeichen für ‚uralt' vorsieht. Bei Johann Herold wird auf dem Bild ein mittelalterlicher Codex mit verziertem Einband und erkennbaren Schließen gezeigt, die Deutung liest sich dort wie folgt: *wo sie etwas gar und vhralt zu sein bedeüten wöllen, so maalen sie ein Bett büch das zugethon ward und verwohrt*; vgl. Bildschrift oder entworffene wharzeichen […], in: Johannes Herold, Heydenwelt und irer Götter anfaengcklicher ursprung 1554, CXV.

[308] Karl Giehlow, Die Hieroglyphenkunde des Humanismus 1915, 46–79; Ludwig Volkmann, Bilderschriften der Renaissance 1923, 13–30, 87–93; Rudolf Wittkower, Allegorie und der Wandel der Symbole 1996, 229–241; zur Hieroglyphik der *Hypnerotomachia* und ihrer Rezeption vgl. Ernst H. Gombrich, Das symbolische Bild 1986 [1972], 125–132.

[309] Heinz-Joseph Thissen, Vom Bild zum Buchstaben 1998, 3.

Integrationsverfahren 417

überreicht.³¹⁰ Das Titelblatt des Manuskripts enthält eine Kopie von Dürers Entwurf zum *misterium* der Ehrenpforte, auf der Maximilian inmitten von hieroglyphischen Zeichen abgebildet ist. Stabius hatte in seinem Kommentar auf die Ehrenpforte dieses Bild gekennzeichnet als *ein misterium der alten Egyptischen buchstaben, herkummend von dem König Osiris*.³¹¹ Die gelehrten Aktivitäten im Umfeld Maximilians trugen maßgeblich zur Ausbreitung der hieroglyphischen Mode in Deutschland bei.

Freilich waren die allegorisch-moralischen Hieroglyphen des Horapollo von der ägyptischen Bilderschrift weit entfernt, sie weisen allenfalls eine Nähe zu den Tempel-Inschriften der griechisch-römischen Zeit auf, und nicht bei allen Bildauslegungen Horapollos sind ägyptische Hintergründe zu veranschlagen.³¹² Im 5. Jahrhundert war Ägypten bereits christlich und hellenistisch geprägt. Die ägyptische Schrift war nicht mehr in Gebrauch, und deshalb verwundert es nicht, dass Horapollos Auslegung der ägyptischen Hieroglyphen teilweise der Auslegungspraxis spätantiker Bestiarien folgt.³¹³ Umberto Eco spricht treffend von der Renaissance-Hieroglyphik, für die Horapollo das Standardwerk darstellt, als einer Lektüre von Bestiarien nach ägyptischer Mode.³¹⁴ Dies wird etwa angesichts einer Hieroglyphe deutlich, welche den Vogel Phönix im Feuer zeigt und ihn auf ‚ewige Erneuerung' hin auslegt.³¹⁵ So betrachtet, kann in der Hieroglyphik aber auch in der aus ihr hervorgehenden Emblematik eine moderne Neuauflage jener mittelalterlichen Vorstellung vom Buch der Welt ausgemacht werden, in dem sich die Natur als Sprache der göttlichen Weisheit manifestiere. Auch Albrecht Schöne und Arthur Henkel haben in ihrer beeindruckenden Bestandsaufnahme der Embleme des 16. Jahrhunderts auf den „inneren Zusammenhang zwischen der Emblematik und der Symboltheologie" hingewiesen und vermutet, „daß für die Konzeption des Emblems die Nachwirkung mittelalterlicher Vorstellungen bedeutsamer war als selbst die durch das humanistische, archäologisierende Interesse belebten ägyptisch-antiken Vorbilder."³¹⁶

Die Auffassung von Semiotik und Semantik der Hieroglyphe, welche die Humanisten bei Horapollo fanden, bestätigte weitgehend das, was sie diesbezüglich aus ihren Quellen bereits zu wissen meinten:³¹⁷ Hieroglyphen werden hier als reine Bilderschrift

---

[310] Eine Kopie dieser Handschrift stellt mit ihren Illustrationen ausführlich dar: Karl Giehlow, Die Hieroglyphenkunde des Humanismus 1915, 1ff. 170–217. Zu Dürers Hieroglyphik Erwin Panofsky, The life and Art of Albrecht Dürer ⁴1955, 173f.
[311] Karl Giehlow, Die Hieroglyphenkunde des Humanismus 1915, 1ff.; Taf. I.
[312] Erich Winter, Art. ‚Hieroglyphen' 1991, Sp. 83–103.
[313] Karl Giehlow, Die Hieroglyphenkunde des Humanismus 1915, 7f.; vgl. auch Jan Assmann, Im Schatten junger Medienblüte 1995, 150.
[314] Umberto Eco, Die Suche nach der vollkommenen Sprache ²1994, 163.
[315] Johannes Herold, Heydenwelt und irer Göter anfaengcklicher ursprung 1554, CXX.
[316] Arthur Henkel, Albrecht Schöne (Hg.), Emblemata 1996 [1967], XV f.
[317] Bemerkungen zu Hieroglyphen finden sich bei Plinius, Lucanus, Apuleius, Plutarch, Lukian, Diodorus Sicilus, Flavius Clemens von Alexandria, Eusebius, Iamblichos, Ammonianus, Marcellinus und Macrobius; vgl. Karl Giehlow, Die Hieroglyphenkunde des Humanismus 1915, 12–

und als initiatorische Symbole, die das geheime Wissen einer Priesterkaste codieren, betrachtet. Ersteres ist falsch – Hieroglyphen sind Sprachträger, die Bilder auch zur phonetischen Worterzeugung nutzen –, und letzteres stimmt so nur für die griechisch-römische Epoche (also etwa vom vierten vorchristlichen bis zum dritten nachchristlichen Jahrhundert), in der die Hieroglyphenschrift Spielball einer theologischen Elite wurde, welche die Bildzeichen vorwiegend kryptographisch einsetzte.[318] Die Renaissance folgt in ihrer Hieroglyphenkunde diesen beiden Projektionen der hellenistischen und spätantiken Schriften. Die deutsche Übersetzung von Horapollos *Hieroglyphica* von Johannes Herold, auf die auch Fischart zurückgriff, vereint bereits im Titel vorzeitliche Datierung mit dem Moment reiner Ideographik und kryptographischer Funktion:

> *Bildschrift*[319] *oder entworffne wharzeichen dero die vhralten Aegyptier / in ihrem Gôtzendienst Rhâten/ Gheymnussen/ vnd anligenden gschâfften / sich an statt der bûchstablichen schrifften gepraucht habend. Inn zwei bûcher durch etwa Horum ein Heylig geachten Priester vnd Künig in Aegypten / vor dreytausent hudert jaren verfaßt / und beschriben.*[320]

Diese grundlegenden Annahmen werden für die Hieroglyphik des 15. –18. Jahrhunderts recht folgenreich bleiben. Durch die Florentiner Neuplatoniker werden die ägyptischen Hieroglyphen – aufgrund ebensolcher Zuschreibungen – in ihre *prisca theologia* eingemeindet. Um die uralte Theologie vor dem Christentum, welche die Wahrheit der christlichen Mysterien beweise, zu erschließen, wird auch auf die Hieroglyphen zurückgegriffen. Hermes Trismegistos, dem die Neuplatoniker die vorgeblich uralten *hermetica* zuschrieben, wird mitunter als Erfinder der Hieroglyphen betrachtet.[321] Als Ausweis der Urweisheit des Menschengeschlechts, als Schlüssel zu den Geheimnissen der Weltordnung werden Hieroglyphen somit gesehen.[322] Damit einher geht ihr Verständnis als Sinn- und nicht als Sprachträger.[323]

Die Hieroglyphe wird dabei in der Renaissance zum „Modellfall einer für das Auge direkt erfaßbaren nicht-konventionellen, d. h. natürlichen Sprache"[324] im Sinne des platonischen *Kratylos*. Dieses äußert sich in einer Auffassung von der Überlegenheit der Hieroglyphe über die Schrift. Dass Hieroglyphen natürlich verweisen und nicht

---

16; Ludwig Volkmann, Bilderschriften der Renaissance 1923, 4–9; Liselotte Dieckmann, Hieroglyphics 1970, 4–30.

[318] Zu den Formen phonologischer Referenz bei Hieroglyphen und zur Geschichte ihrer Auslegung vgl. die kurzen und anschaulichen Ausführungen von Heinz-Josef Thissen: Heinz-Josef Thissen, Vom Bild zum Buchstaben 1998, 1–6; zur aenigmatischen Hieroglyphik vgl. auch Liselotte Dieckmann, Hieoglyphics 1970, 3f.

[319] Walter Eckehard Spengler zählte den Begriff der „Bildschrift" unter die Neologismen der *Geschichtklitterung*, was angesichts des Belegs bei Johannes Herold nicht zutrifft; vgl. Walter Eckehard Spengler, Johann Fischart, genannt Mentzer 1969, 171.

[320] Johannes Herold, Heydenwelt und irer Götter anfaengcklicher ursprung, Basel 1554.

[321] Vgl. Daniel P. Walker, The prisca theologia in France 1954, 221–234.

[322] So bereits bei Clemens von Alexandria; vgl. Erich Winter, Art. ‚Hieroglyphen' 1991, Sp. 94–98.

[323] Erich Winter, Art. ‚Hieroglyphen' 1991, Sp. 99.

[324] Bernhard F. Scholz, Art. ‚Hieroglyphik' 2000, 46.

Integrationsverfahren 419

künstlich, wie die Schrift, ist *communis opinio* bis ins 19. Jahrhundert. Kratylistische Sehnsüchte führten beim Versuch der richtigen Dechiffrierung der Hieroglyphen auf einen falschen Weg. Dass die Hieroglyphen teilweise phonetischer Natur sind, dass sie also in Ägypten bereits sehr früh dazu genutzt wurden, um z. B. Namen nichtägyptischer Pharaonen, ptolomäischer Herrscher und römischer Kaiser durch die Zusammensetzung verschiedener Bilder in den sogenannten Kartuschen (Namensringen) zu bilden, wurde erst nach der Entdeckung des dreisprachigen Steins von Rosette 1799 und seiner Entzifferung durch Jean François Champollion im Jahre 1822 herausgefunden.[325] Die Vernachlässigung des phonetischen Charakters der Hieroglyphe speist sich nicht unmaßgeblich aus der kratylistischen Tradition, die stets dazu neigt, natürlich motivierte Zeichen gegenüber künstlichen zu privilegieren.

Auch die Deutung der Hieroglyphen als Geheimschrift, die geheimes Priesterwissen codiere, welches auf uralte Überlieferungen zurückgehe, geht im Zusammenhang der hermetischen Überlieferung mit ihrem kratylistischen Verständis einher.[326] Der Kratylismus der Hieroglyphe war sowohl durch den antiken als auch den rinascimentalen Neuplatonismus theologisch aufgeladen worden. Ausschlaggebend dafür war ein erkenntnistheoretisches Moment: In der Betrachtung der Hieroglyphen wurde die Möglichkeit einer direkten Aufnahme der göttlichen Weisheit gesehen, die nicht durch die diskursive Vermittlung in Schrift oder Rede gesteuert ist. Nach Plotin ermöglichen Hieroglyphen die Schau tieferer Weisheiten, da sie keine konventionellen Zeichen seien und da sie sich nicht (wie die Schrift) im diskursiven Nacheinander der Buchstaben entfalten, sondern eine simultane Schau gewährleisten.[327] Die von Plotin 200 Jahre vor

---

[325] Stephan Quirke, Carol Andrews (Hg.), Rosetta stone 1988; Jean François Champollion, Lettre à M. Dacier 1822; ders., Précis du systeme hiéroglyphique 1824.

[326] Bernhard F. Scholz, Art. ‚Hieroglyphik' 2000, 46; vgl. auch Umberto Eco, Die Suche nach der vollkommenen Sprache ²1994, 153–163. Die Adamslegenden des Mittelalters berichten davon, wie Adam noch vor dem Sündenfall alle seine Weisheit auf zwei unzerstörbaren Säulen aus Ziegel und Marmor eingeprägt habe. Diese Säulen seien nach der Sintflut an die Ägypter, später an die Griechen weitergegeben worden. Auf diese Weise wurde bereits im Mittelalter die Herkunft der hieroglyphischen Schrift verstanden. Gemäß dieser Tradition ist die Auffassung über die ägyptische Bilderschrift anschließbar an die Vorstellungen einer kratylisch verfassten Ursprache Adams, die in den Hieroglyphen die Sintflut und die babylonische Katastrophe überdauert habe; vgl. Ernst H. Gombrich, Das symbolische Bild 1986 [1972], 180f; Brian O. Murdoch, Das deutsche Adambuch 1975, 209–224.

[327] „Nicht darf man also glauben, daß es wissenschaftliche Thesen sind, die dort oben die Götter schauen und die dreimal seligen Wesen, sondern alle genannten Dinge sind dort oben schöne Bilder […], Bilder, die nicht gemalt sind, sondern seiend. Weshalb denn auch die Alten die Urbilder seiend und Wesenheiten genannt haben."; „Das haben auch, scheint mir, die ägyptischen Weisen […] erfaßt: sie verwendeten zur Darlegung ihrer Weisheit nicht die Buchstabenschrift, welche die Wörter und Prämissen nacheinander durchläuft und auch nicht die Laute und das Aussprechen der Sätze nachahmt, vielmehr bedienten sie sich der Bilderschrift, sie gruben in ihren Tempeln Bilder ein, deren jedes für ein bestimmtes Ding das Zeichen ist: und damit meine ich, haben sie sichtbar gemacht, daß es dort oben kein diskursives Erfassen gibt, daß vielmehr jedes Bild dort oben Weis-

Horapollo formulierte erkenntnistheoretische Begründung einer Theologie des Bildes bleibt für die Neuplatoniker des 15. und 16. Jahrhunderts verbindlich. Aus dem bildhaften Verständnis der Ideen bei Plotin folgert Ficino, dass die Hieroglyphen Abbilder der Ideen seien, wie etwa folgende Formulierung zeigt:

> Wenn die ägyptischen Priester göttliche Geheimnisse kundtun wollten, verwendeten sie nicht die kleineren Zeichen einer Schrift, sondern Wiedergabe ganzer Pflanzen, Bäume oder Tiere; denn Gottes Kenntnis der Dinge kommt nicht vom stückweisen Denken, sondern von der reinen und festen Form des Dings selbst.[328]

Im Neuplatonismus der Florentiner wird der nichtkonventionelle und nichtdiskursive Charakter der Hieroglyphen und die Nähe der Bilder zu den platonischen Ideen emphatisch betont. Auch bei Ficino ermöglichen die Hieroglyphen eine Form der Erkenntnis, welche jener Gottes gleiche, der die Dinge in ihrer reinen, festen Gestalt anschaue und sein Wissen von ihnen nicht in der Form des vielgestaltigen Denkens beziehe.[329] Die Betrachtung der Hieroglyphen führt direkter noch als das Studium der Schriften zum Aufstieg des Geistes zu den ewigen Wahrheiten, welcher zugleich als Rückkehr der Seele zur ursprünglichen Einheit gesehen wurde. In dieser Vorstellung ist, wie Ernst H. Gombrich deutlich gemacht hat, nicht nur die Unterscheidung zwischen Symbolisierung und Darstellung aufgehoben, sondern auch die zwischen Zeichen und Bezeichnetem.[330] Dies ist eigentlich Kennzeichen magischen Denkens. Ernst H. Gombrich hat die bildsemiotischen Ausführungen zur Hieroglyphe mit dem Begriff des „Denkraumverlusts" in Verbindung gebracht, die Aby Warburg für die Tendenz des menschlichen Geistes, Zeichen und Bezeichnetes, Namen und Namensträger, wörtlichen Sinn mit Metaphorischem und Bild mit Abgebildeten in Eins zu setzen, geprägt hatte.[331] Ernst H. Gombrich hat die erkenntnistheoretische Hintergründe für die Symboltheorie der Renaissance, die solchen Denkraumverlust anstrebt, wie folgt zusammengefasst:

> Der Glaube, daß das Symbol „von Natur aus" (physei) existiert, das heißt nicht durch Konvention (thesei) ist, läßt sich nur dann verstehen, wenn man gleichzeitig auch glaubt, daß sich die höheren Ordnungen unserem Verstand durch die Zeichensprache der Natur öffnen.[332]

Der Aspekt der ikonischen Abbreviatur einer in Schrift und Rede zuallererst in der Zeit zu entfaltenden Weisheit prägt auch die Wahrnehmung des Emblems. Die Renaissance-

---

heit und Wissenschaft ist und zugleich deren Voraussetzung, daß es in einem einzigen Akt verstanden wird und nicht diskursives Denken und Planen ist." (Enn. V,5,20–25; V,6,1–10) Plotins Schriften 1964, 47–49; vgl. zum Zusammenhang von Ästhetik, Bildtheologie und Erkenntnistheorie auch Ernst H. Gombrich, Das symbolische Bild 1986 [1972], 189–193.

[328] Übersetzung Ernst H. Gombrich, Das symbolische Bild 1986 [1972], 191; vgl. auch Karl Giehlow, Die Hieroglyphenkunde des Humanismus 1915, 23.
[329] Ernst H. Gombrich, Das symbolische Bild 1986 [1972], 190ff.
[330] Ernst H. Gombrich, Das symbolische Bild 1986 [1972], 212
[331] Ernst H. Gombrich, Das symbolische Bild 1986 [1972] 152f.; vgl. Aby Warburg, Heidnisch-antike Weissagung in Wort und Bild 1932, 491.
[332] Ernst H. Gombrich, Das symbolische Bild 1986 [1972], 212.

Hieroglyphik bildet eine der Grundlagen für die Entwicklung der neuen Gattung der Emblematik.[333] Bereits in den Anordnungen der Hieroglyphen auf Medaillen, wie sie in der *Hypnerotomachia Polyphili* zu beobachten sind, wird die Linearität der hieroglyphischen Sinnbildung auf eine Räumlichkeit hin überschritten, die dem Emblem eigen ist.[334] Später kommt es zu einem Diskurs über den Modus emblematischer Verweisung, diskutiert wird die Frage, ob es sich beim Emblem um eine Metapher oder eine Hieroglyphe (bzw. ein mystisches Symbol) handle.[335] Immer wieder dient in der Emblemliteratur die Hieroglyphe als Modell einer nicht zu offensichtlichen und auch nicht zu dunklen Form emblematischer Codierung.[336] Wie auch Hieroglyphen zeigen Embleme nicht das Verständliche, sondern sie öffnen die Augen und enthüllen Verborgenes. Dies gilt zumindest für die hieroglyphisch-emblematische Tradition gelehrter Humanistenzirkel, zu der die Emblemata des Pierius Valerianus gehören. Mit dem Übergreifen der Emblematik auf die Volkssprachen und ihrer zunehmenden moraldidaktischen Funktionalisierung[337] tritt dieses Moment später zurück.

Holtzwarts *Emblematum Tyrocinia* und Fischarts Vorwort

Mathias Holtzwarts *Emblematum Tyrocinia* erschienen 1581 bei Bernhard Jobin.[338] Man hat dieses Emblembuch in dem Zusammenhang einer Emanzipation volkssprachlicher und moraldidaktisch funktionalisierter Emblematik von dem esoterischen und ‚hieroglyphischen' Emblemverständnis humanistischer Gelehrtenzirkel situiert.[339] Diese Ablösung ist über weite Strecken Gegenstand von Fischarts Vorrede zum Holtzwartschen Emblembuch, dem *Kurtze(m) vnd Woldienlicher Vorbericht / von Vrsprung / namen vnd Gebrauch der Emblematen / oder Eingeblömter Zierwercken*, in der die emblematische Tradition erstmals in deutscher Sprache thematisiert wird.[340] Der – wie es heißt – *noch zur Zeit bei den Teutschen vngewonte*[] Titel des Buches enthält bereits

---

[333] Um diesen Nachweis geht es in der Studie von Karl Giehlow, Die Hieroglyphenkunde des Humanismus 1915; vgl. auch Arthur Henkel, Albrecht Schöne, Emblemata 1996 [1967], X.
[334] Ludwig Volkmann, Bilderschriften der Renaissance 1923, 20.
[335] Ernst H. Gombrich, Das symbolische Bild 1972, 193ff. Vgl. auch Mario Praz, Studies in Seventeenth Century Imagery 1939; Bernhard F. Scholz, Art. ‚Hieroglyphik' 2000, ders., Art. ‚Emblematik' 1997.
[336] Vgl. August Buck, Leben und Werk des Johannes Sambucus 1982, 16f.
[337] Artur Henkel, Albrecht Schöne, Emblemata 1996 [1967], XVII; vgl. August Buck, Leben und Werk des Johannes Sambucus 1982, 20f., 36–40.
[338] Manthias Holtzwart, Emblematum Tyrocinia 1968 [1581]. Auch im Internet unter: http://diglib.hab.de/drucke/t-355-helmst-8f-2/start.htm.
[339] Vgl. das Nachwort von Peter von Düffel und Klaus Schmidt in Mathias Holtzwart, Emblematum Tyrocinia 1968, 226; Arthur Henkel, Albrecht Schöne, Emblemata 1996 [1967], XVII; Michael Lailach, *Der Gelehrten Symbola* 2000, 38.
[340] Mathias Holtzwart, Emblematum Tyrocinia 1968 [1581], 7.

mehrere deutsche Übersetzungen des Emblembegriffs.³⁴¹ Die auf dem Titelblatt versammelten deutschen Entsprechungen für den Emblembegriff enthalten Spannungen zwischen dem Handwerklich-Ornamentalem (*Zierwerck*), poetischer Sinnbildung (*Gemælpoesy*) und aenigmatischer Semiose (*Geheymnußleren*), welche von der Vorrede aufgegriffen und wie folgt begründet werden: Bezeichne man heute *Poetische Geheymnuslehrige Gemæle* als Embleme, so hätten die Griechen ursprünglich andere *Arbeytsinnige Künste*, insbesondere Bauschmuck, so bezeichnet, der Begriff sei erst später auf *Lehrgemäl verwendet und gezogen* worden. Wenn solche Schmuckelemente bedeutsam aufgeladen waren und Geheimnisse enthielten, hätten die Griechen ihnen mehr Aufmerksamkeit zukommen lassen als den Gebrauchsgegenständen selbst. Deshalb nun sei es auch im Deutschen zulässig, für *sinnreiche erfindungen / Poetische Dichtungen / Gemälmysterien und verdeckten Lergemälen* Begriffe aus der Sphäre des Handwerks zu übertragen:

> *Darumb haben auch wir nunzumal inn vnserer Sprach / gleich so wo als die Griechen / vns diser Freiheyt angenommen / vnd von obberürten Künsten auff fürgeschlagene Materi sondere Wörter vnd Namen verwendet: Gäntzlich darfür haltend / wa man vorgesetztes alles gründlich erwiget / daß man sich nicht mer der Frembde zuverwundern / sondern der Deitlichkeyt vnd Reichlichkeyt vnserer Sprach wird zubefräuen haben.*³⁴²

Das Emblemverständnis wird so durch die sprachgeschichtliche Begründung rationalisiert und ,ent-hermetisiert'. Zugleich betont und exponiert Fischart bei dieser Gelegenheit den Möglichkeitsreichtum der deutschen Sprache.

Nach der Abhandlung des Namens wendet sich Fischart dem Ursprung der Embleme zu. Kurz kommt er in diesem Zusammenhang auch auf die *lieben redlichen vorfaren* zu sprechen, die *der Reden vnd worte gewarsam vnd sparsam / aber der Wehr sehr gefarsam gewesen* seien und welche *Ehr und Waffengemerk* zur *auffmanung und anreyzung* ihrer *ererbten Tugend* verwendet hätten.³⁴³ Gemeint sind die Germanen, die keine Schriften hinterlassen haben, über die man aber bei Tacitus doch einiges über ihre *virtutes* lesen kann.³⁴⁴ Gegen die These vom kriegerischen Ursprung der Embleme im Waffenschmuck der Noachiden, insbesondere Nimrots, führt Fischart die *Commentatores über den ältesten Historicum Berosum* an, um nun zu zeigen *was aber eygentlich solcher Schmuck und Biltnus bey den ersten Enickeln / Neffen und Nachkomen Noe sei gewesen*.³⁴⁵ Sie hätten nämlich *zum Gedächtnis der Weltflut* Schiffe, Meerfische oder den Ölzweig der Taube auf ihren Waffen, Fahnen und Segeln geführt. Den Emblemen wird also ein funktioneller Ursprung in der *memoria* zugewiesen und ein historischer

---

³⁴¹ Weitere Übersetzungsvorschläge Fischarts: *ein oder angeworffene arbeyt, Kleynotgehenck, Einbluomungen, sinnreiche erfindungen, Poetische Dichtungen, Gemälmysterien und verdeckte*[n] *Lergmäle*[n]; vgl. hierzu auch Michael Lailach, *Der Gelehrten Symbola* 2000, 35.
³⁴² Mathias Holtzwart, Emblematum Tyrocinia 1968 [1581], 10f.
³⁴³ Mathias Holtzwart, Emblematum Tyrocinia 1968 [1581], 11.
³⁴⁴ Vgl. zur Tacitus-Rezeption der Zeit Christopher B. Krebs, *Negotiatio Germaniae* 2005.
³⁴⁵ Mathias Holtzwart, Emblematum Tyrocinia 1968 [1581], 12.

Ursprung bei den Noachiden. Hier nun fallen einige deutsche Etymologien auf: Die Noachiden hätten das Schiff nach Noa(ch) einen *Nachen* genannt, aufgrund des *Wallens auf dem Meer* hätten sie von einer *Waleen* bzw. einer *Galeere* gesprochen. Hier wird nun nicht nur der Name, sondern auch der Ursprung der Embleme germanisiert.³⁴⁶ Denn dies steht in den Fluchtlinien der Rezeption, die deutsche Humanisten den Schriften des Priesters Berosus angedeihen ließen. Es handelt sich dabei um die Fälschung Giovanni Nannis (Annius von Viterbo), die von nationalistischen Geschichtsschreibern 100 Jahre lang immer wieder beansprucht wurde, um die unmittelbare Abkunft der Germanen von den Noachiden (insbesondere von dem von Annius erfundenem Tuisco) zu behaupten und so den uralten Ursprung der Deutschen zu entwerfen und mit der Heilsgeschichte zu harmonisieren.³⁴⁷ Entsprechend kommt auch bei der Abhandlung des Gebrauchs der Embleme den Deutschen eine wichtige Rolle zu: Barbarossa habe gegen den ausschweifenden Umgang mit solchen Zeichen eine neue Ordnung etabliert, die dann alle Völker, insbesondere die Franzosen und zuletzt auch die Italiener den Deutschen nachgeahmt hätten. Den heutigen Verwirrungen und Missbräuchen in dieser Angelegenheit würden die Emblembücher begegnen, die Fischart nach Verfassern katalogisiert, und in deren Fluchtlinie er sein deutsches Projekt stellt. Durchgängig zeigt sich in Fischarts Vorrede, dass die offensive Enthermetisierung der Emblematik mit ihrer Germanisierung verklammert wird.³⁴⁸

Es ist vor diesem Hintergrund schlüssig, dass den *Emblematum Tyrocinia* zwölf Bildnisse der ersten deutschen Könige und Fürsten beigebunden sind, bei denen es sich um Holzschnitte handelt, die Tobias Stimmer nach Vorlagen von Peter Flötner, Wolfgang Lazius und Jost Ammann angefertigt hatte, und die mit lateinischen und deutschen Versen versehen sind.³⁴⁹ Vor und nach dieser Graphikserie ist jeweils ein patriotisches

---

³⁴⁶ In der *Geschichtklitterung* erwähnt Fischart den biblischen Jäger und ersten Beherrscher der Menschen Nimprot (d. i. Nimrot), der so heiße, weil der den Leuten auf seinen Kriegzügen das Brot weggenommen habe (*Geschichtklitterung*, 284).

³⁴⁷ [Annius von Viterbo], Commentaria ... super opera diversorum auctorum de antiquitatibus loquentiam 1498. Zu dieser Fälschung vgl. Wilhelm Schmidt-Biggemann, Heilsgeschichtliche Interventionen 2006. Zu Fischart und Giovanni Nanni vgl. in dieser Studie oben S. 399f. Zur Rolle der Hieroglyphen in Annius' Fälschung der berosischen Schriften Karl Giehlow, Die Hieroglyphenkunde des Humanismus 1915, 40–46.

³⁴⁸ Dass Fischart hier die Tradition der Hieroglyphica im Sinne eines Nationalgedankens umschreibt, betont auch Michael Lailach, *Der Gelehrten Symbola* 2000, 33f.

³⁴⁹ Es handelt sich dabei um eine neue Bearbeitung der bereits 1574 bei Jobin gedruckten *Eikones cvm brevissimis descriptionibus duodecim primorum primarioru*[mque]; *quos scire licet, veteris Germaniæ Herorum*. Diese Neuausgabe von 1581 findet sich auch unter ‚http://diglib.hab.de/drucke/t-355-helmst-8f-2/start.htm'. Die deutschen Verse stammen von Burkhardt Waldis und wurden 1543 mit Bildern Peter Flötners in Nürnberg gedruckt. Nach Flötners Bildern fertigte Wolfgang Lazius Holzschnitte für sein Buch über die Völkerwanderungen; vgl. Wolfgang Lazius, De gentium migrationibus 1557. Waldis' deutsche Verse finden sich mit Holzschnitten von Jost Ammann auch zu Beginn von Aventins bayrischer Chronik; vgl. [Johannes Aventinus], Beyerische Chronica 1566. Die lateinische Übersetzung der Verse stammt von Mathias

Blatt mit einem Bild von Stimmer und einem Gedicht von Fischart eingefügt; eines davon ist überschrieben mit *Germania domitrix gentium*, das andere behandelt die deutschen Tugenden.[350] Einmal mehr wird hier nationalistische Funktionalisierung der Bilddiskurse und -praktiken deutlich.

Dekonstruktion des Bildkratylismus in der *Geschichtklitterung*

In der *Geschichtklitterung* findet sich das Verb *hieroglyphisch* im Zusammenhang jener Schilderung der Grablege Pantagruels, welche zu Beginn des Romans ausgegraben wird:

Letztlich fanden sie auff dem innern Sarck ein woltischponierten Hofbecher eingegraben, da rüffet der vorig Sigerist, fort, fort, da wöllen wir bald die abgehauen zwen finger über dem Kelch finden, Als sie sich nun nicht saumten, und tapffer hinweg raumten, da fanden sie mit Cimbrischen Scytischen, Tracischen, Phrygischen unnd Hetrurischen alten Buchstaben darumb geschrieben, HIC BIBERE, HI WINBERE: HIC LIBERE, HI LEBERE: HIC WINWITUR, SIC VIVITUR: *und da unten dran, hie ist nit aliud vivere, dan bibere: O Liber Pater fach hi liberè leberè bibere vivere.*
Diß war sein Hieroglyphisch Grabschrifft, so nit alleyn sein wesen anzeyget, sondern auch bedeitet, wie die lebhafften Weinbören und das lieb Weinelen mit der zeit von dem Ort an, den Rhein oder Weinstram hinab solt also fort wachssen. (Geschichtklitterung, 41 f.)

Bei Rabelais beschränkte sich die in etruskischer Schrift abgefasste Inschrift auf *Hic bibitur*. Offensichtlich wird die Anordnung bei Fischart erweitert und aufgeladen, dabei werden auch Hieroglyphen entdeckt. Dieses Schrift-Bild-Arrangement, das im Zusammenhang mit völkerkundlichen Diskursen als Parodie von Ursprachenentwürfen ausgewiesen werden konnte, stellt auch einen poetischen Kommentar auf die hier relevanten Bilddiskurse bereit. Bemerkenswert ist der Ausruf des Sigristen beim Auffinden des in den Sarg eingravierten Kelches. Er fordert die Arbeiter auf, hurtig weiterzugraben, da er *die abgehauenen zwen finger über dem Kelch* zu finden hofft.[351] Die archäologische Erwartungshaltung des die Grabung leitenden Sigristen zielt also bereits auf Hierogly-

---

Holtzwart, die erste Ausgabe der *Eikones* bei Jobin erschien auf Latein, ohne Beigabe der deutschen Verse. Die 1582er Ausgabe versammelt also die Stimmerschen Bilder der alten Ausgabe, gibt die lateinischen Verse Holtzwarts und die deutschen von Waldis wieder und ergänzt zwei deutsche Gedichte Fischarts. Zu den verschiedenen Graphikserien der „Zwölf ersten deutschen Könige" vgl. mit viel Bildmaterial die Untersuchung von Ilse O'Dell, ‚Tuiscon' und ‚Gambrinus' 1993.

[350] Das Wolfenbütteler Exemplar des Holtzwartschen Emblembuchs mit der Abbildung der ‚Germania' und Fischarts Gedichten auch in: Johann Fischart, Werke. Erster Teil 1895, 385–390. Eine knappe inhaltliche Darstellung der Bilder und Gedichte bei Adolf Hauffen, Johann Fischart 1921/1922, Bd. 2, 19f.

[351] Einen Kelch mit zwei abgehauenen Fingern habe ich innerhalb hieroglyphischer oder emblematischer Schriften noch nicht ausmachen können, eine solche Anordnung findet sich aber in der *Geschichtklitterung* ein zweites Mal und zwar in Fischarts Hieroglyphenliste, auf die noch zurükzukommen sein wird.

phisches, und es wird in der Tat ein sehr seltsames und bedeutungsschweres Objekt entdeckt, nämlich eine Schrift aus *Cimbrischen Scytischen, Tracischen, Phrygischen unnd Hetrurischen alten Buchstaben.* Vor dem Hintergrund des aufgewiesenen Konzepts einer diskursiven Erörterungen überlegenen Bilderschrift stellt diese *Hieroglyphische Grabschrifft* eine eigenwillige Hybridisierung dar. Ein schriftlich entfalteter Sinn wird zwar behauptet, die Alphabete dafür sind jedoch unbekannt: In dieser Setzung sind die Differenzen zwischen Bild und Schrift unterlaufen. Paradoxerweise wird dann das Epitaph doch wiedergegeben, die dazu verwendeten Buchstaben sind jedoch lateinische, die Sprache ist eine Mischsprache, die auf das Weintrinken bezogen ist. Das Hieroglyphische an den verfremdeten Sprachzeichen besteht darin, das tiefere Wesen Gargantuas anzuzeigen. Darüber hinaus wird den seltsamen Schriftzeichen auch noch eine prognostische Kraft unterstellt: Sie zeigen an, dass die Weinbeeren am Rhein weiterwachsen würden. Solche Prognostik freilich ist, naturhistorisch betrachtet, äußerst trivial. So wie Fischart das Objekt präsentiert (einen Sarg mit eingraviertem Kelch und einer um diesen Kelch angeordneten Schrift) weist es Ähnlichkeiten mit emblematischen *picturae* bzw. mit einer Imprese auf.[352] Die semantische Reduktion der entfalteten Schriftlichkeit auf das Trinken macht den diskursiven Charakter der Schrift dabei gewissermaßen rückgängig. Offensichtlich wird hier mit hieroglyphisch-emblematischer Ästhetik gespielt und diese wird zur Intensivierung literarischen Doppelsinns genutzt. Anhand der *Hierogliphisch Grabschrifft* des Riesen kann festgestellt werden, dass Fischart den Hieroglyphendiskurs aufnimmt und spielerisch transformiert, wobei er frei mit seiner Vorlage verfährt. In der *Geschichtklitterung* wird die Bildästhetik literarisiert, indem ihre Prämissen auf sprachliches Material angewendet werden, indem Buchstaben zu ihrem Gegenstand werden. Die semiotische Diskussion innerhalb der zeitgenössischen Hieroglyphik wird so mit einem eigenwillig konstruierten Präzedenzfall konfrontiert, in welchem die diskursiven Dichotomien von Bild und Schrift, von Zeichen und Bedeutung durch rabulistische Zuspitzungen unterwandert werden.

Vor dem Hintergrund solch eigenständiger literarischer Umarbeitung ist auch Fischarts Bearbeitung des großen Exkurses über Embleme und Hieroglyphen bei Rabelais aufschlussreich. Anlass ist die Auslegung der Farben von Gargantuas Kleidung, die bereits bei Rabelais mit einer Invektive gegen zeitgenössische Farbsymbolik einsetzt, wie sie in der Tradition der heraldischen Gattung der sogenannten Blasons praktiziert wurde.[353] Im neunten Kapitel des *Gargantua* werden auch die Heraldik und die Impresenkunst mit kritischen Seitenhieben versehen. So kritisiert und beschimpft Rabelais die Wortkünstler, die beispielsweise, um die *Hoffnung* auf ihrem Hofwappen darzustellen, eine *Erdkugel* malen lassen. Rabelais bietet einige weitere Beispiele für solche Sinnbildung und verhöhnt jene, die dergleichen praktizieren, woraufhin er selbst das Verfahren sprachlich parodiert:

---

[352] Bei Rabelais handelt es sich um eine Becherskulptur.
[353] Vgl. Frank-Rutger Hausmann, *Ohn Minerve erlaubnus* 1995, 108; Florence M. Weinberg, Gargantua in a Convex Mirror 1986, 150.

> Pour les mêmes raisons, si l'on peut appeler cela des raisons plutôt que des rêveries, je pourrais faire représenter un panier signifiant qu'on me fait *peiner*, un pot du moutarde pour dire que c'est à mon cœur que *moult tarde*, un pot de chambre pour un *official*, le fond de mes culottes pour un *vaissau de paix*, ma braguette pour *raide comme la Justice*, un étron de chien pour *le tronc de céans* où je garde l'amour de ma mie.[354]

In den deutschen Übersetzungen erschließt sich der Witz der Stelle keineswegs, es bedarf der Konsultierung des Kommentars, um das Spiel mit den Homonymen im Französischen zu erschließen, wie etwa im Gleichklang von *Estron de chien* (Hundehaufen) für ein *tronc ceans* (Schatzkästlein). Fischarts Übersetzung erweist sich demgegenüber als überlegen, wie sich an den ausgiebigen Erweiterungen dieser Stelle in der *Geschichtklitterung* zeigt. Zunächst werden Rabelais' Beispiele für solche durch Homonymie generierten Bedeutungen erweitert und ins Absurde gesteigert, dann übersetzt er Rabelais' Verhöhnung und Beschimpfung derer, die solcherart homonymisieren. Dabei wird das kritisierte Homonymisieren witzigerweise mit drei Synonymen bekämpft, wenn von *so ungereuterte*[n] *und ungereimte*[n] *närrische*[n], *Barbarische*[n], *Homonima oder Nameynige*[n] *Wortgleicheiten* die Rede ist.[355] Es folgt die wiederum erheblich vermehrte Liste der Parodien auf das Verfahren:

> *Mit diser weiß, wann diß gelten solt, möchte einer ein jden Hautjuckigen Vogel für ein Gauch ansehen, ein Sau für ein Baier, ein Nuß für eyn Schwaben, eyn Geiß für ein Schneider, ein Maulthier für ein Francken, ein Schlesischen Esel für aller Hasen Großmuter, ein Pomerisch Storckennest für Salat, ein Ku für ein Schweitzer, ein Töringisch Pflugrädlin für ein Prettstell, ein weisen Hund für ein Müllerknecht, die Eselin für Frau Müllerin, ein Hasenkopff für ein Niderländer, ein Hammel für ein Flamming, ein Kachel für ein Baßlerische Köchin.* (*Geschichtklitterung*, 176)

Hier wird polemisch die Beziehung zwischen den Bewohnern bestimmter deutscher Landstriche und den ihnen zugesprochenen Schimpfwörtern als homonymische Relation entworfen. Daraufhin werden Rabelais' Beispiele in eine weitere Liste von falschen Homonymien integriert, wobei Fischart dasjenige, was in modernen Ausgaben im Kommentar verschwindet, gleich mit anführt und ausweitet. Französischer und deutscher Wortwitz werden dabei parallel geführt, worin letztlich die Kongenialität der Fischartschen Übersetzung liegt:

> *Solcher gestalt wann man von gleichlautendes klangs willen eins für das ander will prauchen, so will ich ein Paner malen und verstehn daß mich mein Bulschafft will bannen, ein Pensel und meins Hertzens Seelpeinig Fegfeuer verstehn, ein Kalbskopff für ein Kalkopff, ein Hafen*

---

[354] François Rabelais, Œuvres complètes 1973, 67. Übersetzung Steinsieck: *Aus denselben Gründen [...] könnte ich Euch einen Korb malen lassen, um anzuzeigen, daß man mir Kummer macht, einen Topf mit Senf um anzuzeigen, daß mein Herz sich sehnt, einen Pißpott für einen Offizial, für meinen Hosenboden ein Handelsschiff und mein Hosenlatz, da ist die Gerichtsstube und ein Hundehaufen ist ein Schatzkästlein, in dem ich die Liebe meiner Freundin hüte;* François Rabelais, Gargantua 1992, 38.
[355] Vgl. Florence M. Weinberg, Gargantua in a Convex Mirror 1986, 151; Günther Hess, Deutsch-Lateinische Narrenzunft 1971, 227.

mit Senff, das mein hoffen unsanfft versaur, ein Pott mit Moustart, daß mein Hertz moult tard, ist Most art, jürt wie neuer Wein hinden auß: Also muß mir ein Pott ein Official und schuldbott sein: das Unden am end, meines gesäses ein Fartzbüchs: mein Pruchlatz ein Forsprechstüblin oder Laß eysen: ein Hundsstrud und Estron de chien *für ein* tronc ceans *oder grundstand meines Bulen leib: der Hundstreck ein Niderländischen händschuch oder antrecker: ein Nonnenbauch, ein Brevirbuch, da man die Nonas liest: ein schraub und är, ein Schreiber,* Grandmercy, *ein langer Krämer, mein Naßthuch ein Rotzherr, mein Arskerbenei ein artzgerbnei, die Katz inn der Suppen ein höfische Supplicatz oder Purgatz, ein Eul unnd ein Schneck, Eil mit weil, hurnauß ein Hurnhauß: Ackermerr ein Kramer: umgestürzt läre Kann, ein Kantzler, heimlichs gemach ein Secretari: kale Mauß ein Kalmäuserischer Commisari: Hebammenstul ein Notari: Helffant ein helffer, Kalecut ein beschabet Mönchskapp oder abgerieben zinckenbläsermaul, Lame tatz für Lamentatz: Pfrimen inn oren die Memori: Bock im Beltz der Teufel: Prust Latz für Protestatz: arm im reff ein Reformirer: ein entschipter kaler Fisch oder Al ein Fiscal: die eim hinden auß essen, die Interesse Wucherer: Der Ars ein Arrest, und die einen Arstiren. Unnd wer kan alles ersinnen, wie es der ein auffs Heu, die ander auff die Eh macht: und wann der ein sagt,* suo more canit, *der ander versteht, ein Sau unnd Mor, unnd kann nichts?* sua cuique sponsa placet, *jedes Sau und Ku pletzt sein Braut, und der ein die Aberacht auff sechtzehen außlegt, unnd das Einig für Ewig versteht. Es sind eitel faul Fisch. (Geschichtklitterung,* 176f.)

Die Formen der Sinnbildung, die hier thematisiert werden, werden dadurch hervorgebracht, dass Bilder und Bedeutungen durch vage Homonymie in Eins gesetzt werden. Die durch solches Vorgehen verrätselte, zugleich aber als hochgradig bedeutsam inszenierte Beziehung zwischen Signifikant und Signifikat wird dabei sowohl bei Rabelais als auch bei Fischart als hochgradig willkürliche Angelegenheit und als törichte Setzung ridikülisiert. Fischart fügt zu diesem Zweck gegenüber Rabelais weitere Beispiele ein und zeigt, wie die Gewährleistung der Homonymie über sprachliche Manipulationen erfolgt. So ist der Bezug von *Paner* zum Verb *bannen* nur über die Vernachlässigung der Aufweichung des anlautenden Konsonanten gewährleistet. Der *Pinsel* wird nur über eine Vertauschung der Silbenreihenfolge, sowie eine Vokaldehnung und eine Diphthongierung zur *Seelpein*. Und wenn ein *Nonnenbauch* für ein *Brevirbuch* stehen soll, aus dem man die *nonas* liest, so besteht der Witz solcher Sinnbezüge darin, dass der korrekte phonetische Zusammenhang zwischen dem allemanischen *bûch* und dem hochdeutschen *Bauch* mit dem Brevierbuch genauso wenig zu tun hat wie mit jedem anderen *liber*.

Verspottet wird hier wilde Etymologie. Zwar sind die Praktiken der Konsonantenvertauschung, der Wortverdrehung (*conversio*-Etymologie), der Silbenumstellung und der Vokalersetzung bei Fischart auch dort gängig, wo Sprachreflexion ernsthaft zur Begründung von Sachverhalten eingesetzt wird, wie etwa in den besprochenen völkerkundlichen Studien Fischarts. Gemessen an einer Etymologie nach den Grimmschen Lautgesetzen sind solche Verfahren natürlich heute nicht legitim; sie werden jedoch im 16. Jahrhundert eingesetzt. Im Zusammenhang mit den Homonymen aber wird in der *Geschichtklitterung* ganz offensiv der falsche Umgang mit der Sprache inszeniert, und die Unangemessenheit wird deutlich markiert.[356] Auf diese Art und Weise wird bei Rabelais und bei Fischart jener Denkraumverlust, der den Praktiken des Blasonierens eigen ist, revidiert: Die Gemachtheit der Semiosen gerät in den Blick, und die Konstruiertheit des Signifikatbezugs wird nicht invisibilisiert, sondern exponiert und ridikülisiert. Fischart folgt darin seiner Vorlage, vermehrt sie jedoch um viele weitere Beispiele, die dies umso mehr verdeutlichen. Bei Rabelais gibt es dazu eine kratylistische Alternative: die Renaissance-Hieroglyphik. Auf sie wird im *Gargantua* kontrastiv zur falschen Semiose der Blasons verwiesen, zur Praxis, die durch willkürliche und irrationale Operationen Bedeutungen generiert:

> „Ganz anders hielten es in früheren Zeiten die Gelehrten Ägyptens, wenn sie in Buchstaben schrieben, die sie Hieroglyphen nannten. Keiner konnte sie verstehen, wenn er nicht die Eigenart, die Eigenschaft und die Natur der Dinge kannte, die diese darstellten; jeder, der sie kannte, konnte sie auch lesen."[357]

Im Lob der Hieroglyphen wird ihnen eine „Natürlichkeit" unterstellt, die das Blason nicht hat. Anders als beim arbiträren Verhältnis von Symbol und Bedeutung gründet die kratylistische Verfasstheit der Hieroglyphe darin, dass die Bezeichnung den natürlichen Eigenschaften des Bezeichneten folge und somit jedem, der mit diesen natürlichen Eigenschaften der Dinge vertraut ist, ein unmittelbares Verständnis der ägyptischen Zeichen ermögliche. Für solche natürlichen Hieroglyphen verweist Rabelais auf die *Hieroglyphica* des Horapollo, auf die *Hypnerotomachia Polyphili* und auf die Devise des Admirals, bei dem es sich wohl um Philippe Chabot, einen engen Freund Franz I. handelt, dessen Wappen einen Anker und einen Delphin zeigt. Zusammen mit dem Motto *festina lente* bildet dieses Motiv auch das Druckersignet des Venezianers Aldus Manutius. Der Wahlspruch ist von Kaiser Augustus überliefert.[358]

Fischarts Übersetzung und Bearbeitung dieser Stelle erfolgt vor einem grundsätzlich veränderten Hintergrund. Die nach dem Erscheinen von Alciats *Emblematum liber* einsetzende emblematische Mode deutet sich bei Rabelais mit dem Hinweis auf die Divise des Admirals allenfalls an. Fischart dagegen nutzt die Stelle bei Rabelais zu einer grundsätzlichen Inspektion der Bilddiskurse seiner Zeit. In der *Geschichtklitterung* wird zunächst Rabelais' Behauptung von der natürlichen Art der hieroglyphischen Bedeutungen übernommen:

---

[356] Angesichts der Ähnlichkeiten zwischen zeitgenössischen etymologischen Verfahren und Fischartschen Wortspielen, die Seitz deutlich herausgestellt hat, fragt sich immer wieder, wo der Ernst bei Fischart endet und das Spiel beginnt; vgl. Dieter Seitz, Johann Fischarts *Geschichtklitterung* 174, 24f.

[357] François Rabelais, Gargantua 1992, 38. François Rabelais, Œuvres complètes 1973, 67: *Les sages de l'Égypte procédaient bien autrement, jadis quand ils utilisaient pour écrire des lettres qu'ils appelaient hiéroglyphes. Nul ne pouvait les comprendre s'il ne connaissait les vertus, des proptiétés et la nature de choses.*

[358] Vgl. den Kommentar Steinsiecks mit den Angaben zur Forschungskontroverse um die historische Identität des erwähnten Admirals: François Rabelais, Gargantua 1992, 203.

Integrationsverfahren

> *Die Weisen in Egypten haben vorzeiten der sachen vil anders gethan, wann sie durch gemälschrifften und Schilderbilder, welche sie Hieroglypisch nanten, geschriben haben. Welche keiner nicht verstund, er verstünd dann auch die Natur, krafft und eygenschafft der vorfigurirten unnd fürgemaleten Natürlichen sachen.* (*Geschichtklitterung*, 177)

Die Liste von nicht weniger als 64 hieroglyphischen Zeichen und den ihnen entsprechenden Bedeutungen, die Fischart daraufhin anführt, fehlt bei Rabelais komplett. Damit wird Rabelais' Behauptung über Hieroglyphen – so jedenfalls scheint es zunächst – durch konkrete Beispiele belegt. In der Erstausgabe von 1575 sind bereits 49 Beispiele aufgenommen, die Zweitausgabe ergänzt die weiteren 15, was vor dem Hintergrund der in diesem Zeitraum erfolgten Auseinandersetzung Fischarts mit den Holtzwartschen Emblemen zu sehen ist. Fischarts Liste umfasst vorwiegend Tiere, Pflanzen und Körperteile und die ihnen entsprechenden Bedeutungen, hinzukommen noch einige andere Gegenstände und Sachverhalte:

> *Als der Helffant ein Keyser: ein groß Ohr ein Weiser, Schaf gedult, Taub einfalt, Schlang listig, Wolff fräsig, Fuchs diebisch, Delphin libisch, Küriß Pferd Krieg, Han sig: Hund unflätig. Aff unverschamt: Seu wüst: Schneck langsam: Wider widersinnig: Wölfin ein Hur: Esel ein Stockfisch: ein Beschneidstul: ein Cartetschbanck: Has forchtsam: Mauß schaden: Katz Weiberrammel: Maulwerff plind: Storck fromm, Kranch wacker: Eul weiß: Aug Auffsehen: Greiff schnelligkeit: ein tod Roß schelmigkeit: Crocodyl untreu: ein Schermeußlin ein Mäutzlein: ein Schöffel ein Rhatsherr: ein Sessel ein Richter: ein Cantzel ein Predigkautzen: zwen Finger über eim Kelch ein Priester, ein Kelch inn Munsteri Mapp ein Hussit: ein Lucern ein* Candelabrum Patriæ: *eins Menschenhaupt ein Gelehrten: ein Eselskopff ein unverständigen: Fisch stumm: Schwalb leidig: Nachtigall Music: Hetz geschwetz: Ganß geschwigen: Pfau stoltz: der Gauch ein guter Mann: der die Frembde Schuh bei seiner Frauen Bett vor zorn zerschneidet: die Binen einig: Muck verdrüssig: Spinnwepp vergeben werck: Krebs hindersich: Frösch Beurisch: Hebheu alter: Weiden Unfruchtbar: Maulbör ein Maultasch: Feigen Or Feig: Apffel Meydlinspil: Ror zart: oder unbeständig: Dornen haß: Lilgen schöne: Nesselen Kranckheit: Rut zucht: Bonen Keusch: Zwibel weynen: Kürbs onnütz hoffnung: Oelzweig Frid: darauß man sicht das Gott etwas auff solche zeichen gehalten: weil er mit Noe durch ein Rappen: Taub unnd ölzweig inn der Arch geredt hat. Auch Jonas auff die Kürbs vergebens hoffnung satzt, da* cito quod fit, cito perit. (*Geschichtklitterung*, 177f.)

In dieser Liste sind nur wenige Einträge zu vermerken, die Entsprechungen zur Hieroglyphik des Horapollo aufweisen, die Fischart in der deutschen Übersetzung des Johannes Herold bekannt war. So entspricht etwa das Bild der Maus für „Schaden" der *Hieroglyphica* Horapollinis (bei Johannes Herold *Verdörbung*). Auch bei Horapollo bedeutet der Maulwurf einen Blinden und die Sau einen wüsten Menschen. Weit häufiger als solche Übereinstimmungen, die im Übrigen so konventionell sind, dass sich eine Zitatvermutung erübrigt, finden sich Bilder, die zwar bei Horapollo vorkommen, dort aber völlig anders gedeutet werden. So etwa gibt es in den *Hieroglyphica* eine Fülle von Auslegungen für das Krokodil, keine von ihnen aber entspricht Fischarts Angabe *Crocodyl untreu*. Wie bei Fischart gibt es auch bei Horapollo die Hieroglyphe eines Pferdekadavers, dort aber bedeutet das tote Pferd einfach nur „Wespen", was damit begründet wird, dass die Wespen in toten Pferden entstünden, und nicht – wie in Fischarts Liste –

„schelmigkeit". Andererseits führt Fischart auch einige der bei Horapollo für Bildzeichen angegebenen Signifikate an, ordnet diese jedoch völlig anderen Bildern zu. So wird „Sieg" etwa bei Horapollo durch einen Adler dargestellt, bei Fischart durch einen Hahn. Offensichtlich kompiliert Fischart hier nicht aus der *Hieroglyphik* des Horapollo, die Übereinstimmungen sind zufällig und bei den Abweichungen lässt sich keine irgendwie programmatische Bearbeitung feststellen.

Die Bedeutungsgenerierung scheint mir sehr heterogen. Bei den Tieren etwa werden Eigenschaften aus Fabeltraditionen angegeben (etwa *Fuchs: diebisch*), wobei jedoch mit den für ihr sprichwörtliches Schnattern bekannten Gänsen als Zeichen für *geschwigen* eine Seltsamkeit angeführt wird, deren Komik bezweckt zu sein scheint. An anderen Stellen scheint Fischart die natürlichen Bedeutungen der Hieroglyphen gezielt zu hintertreiben. Für den *Gauch* bietet er folgende Bedeutung an: *ein guter Mann: der die Frembde Schuh bei seiner Frauen Bett vor zorn zerschneidet*. Was gemeint ist, erschließt sich, wenn man eine Fazetie Heinrich Bebels kennt, in welcher der hintergangene Ehemann die Schuhe des Liebhabers seiner Frau zerstört.[359] Fischart nutzt das deutsche Wort, das gemeinhin in der Bedeutung Narr gebraucht wird, als Bezeichnung für den Hahnrei.[360] Im Französischen ist der *cocu* als Name für einen hintergangenen Ehemann gebräuchlich.[361] Die Korrelation des Vogelnamens mit einem Schwankstoff jedoch lässt das angeführte Beispiel als Beleg für einen Kratylismus der Hieroglyphe nur bedingt geeignet erscheinen. Denn die Korrelation beider Elemente ist offensichtlich nur vor dem Hintergrund bestimmter Konventionen plausibel. Deutlicher noch wird dieses Unterlaufen des kratylistischen Versprechens durch die Angabe einer altägyptischen Hieroglyphe für *Hussit* – ein an sich bereits irrwitziges Konstrukt. Dargestellt wird der altägyptische Hussit durch einen *Kelch inn Munsteri Mapp*. Schlägt man Sebastian Münsters *Cosmographei* auf und konsultiert die darin enthaltenen Karten, so findet sich in der Tat ein solcher Kelch. Auf der Karte *Behemer landschafft in stetten/ schlösseren/ wässern vnd bergen/ mit vnderscheid der Bäpstischen und Hussischen flecken*[362] finden sich mehrere stilisierte Kronen, Schlösser, Kelche, gekreuzte Schlüssel und Halbkreise. Diese Zeichen werden in einer Legende ausgewiesen, die stilisierte Krone etwa steht für *Vrbs regni / Reichstat*. Der Kelch steht für die im Titel der Karte vermerkten *hussischen flecken* und wird in der Legende wie folgt aufgelöst: *Husincae sectae / Hußis*. Fischart zitiert also eine willkürlich eingesetzte karthographische Konvention und damit ein Gegenbeispiel zu den hieroglyphischen Phantasmen seiner Zeit. Auch hier wird mit dem vorgeblichen Alter der Hieroglyphen gespielt, indem eine alt-

---

[359] Vgl. Ulrich Seelbach, Ludus lectoris 2000, 476.
[360] Jacob und Wilhelm Grimm, Art. ‚Gauch' DWB IV, I,1 1878, 1526–1528; vgl. auch Leo Spitzer, Über einige Wörter der Liebessprache, Leipzig 1918, 67–73.
[361] Als Bildsujet ist der Kuckuck für den betrogenen Ehemann auch im 16. Jahrhundert gebräuchlich; vgl. Alciat, Emblematum liber 1550, 68; vgl. auch das Flugblatt *Representation du cocu* in Wolfgang Harms (Hg.), Deutsche illustrierte Flugblätter Bd. 1, Tl. 1 1985, I, 107.
[362] Sebastian Münster, Cosmographei 1550.

ägyptische Hieroglyphe für ein Phänomen des 15. Jahrhunderts, die Hussitenbewegung, behauptet wird. Darin liegt eine gezielte Invektive auf das Phantasma der ägyptischen Hieroglyphen. Ganz offensichtlich macht Fischart in seinem dekonstruktiven Spiel mit dem ‚Denkraumverlust' vor dem Kratylismus der Hieroglyphe nicht halt.

In solcher Revision des Kratylismus der Bilder werden schließlich die konstitutiven Verfahren der Fischartschen Wortakrobatik selbst exponiert, die auf überraschende Spracheffekte zielen, ohne dabei jedoch dem Phantasma einer natürlichen Motiviertheit der Zeichen im strengen Sinne verpflichtet zu sein. Die Suspension des kratylistischen Ernstes ist vielmehr die Voraussetzung für jene Flexibilität und Elastizität des durch Konventionen gefestigten Bandes zwischen Signifikant und Signifikat, durch die Fischarts exuberante Sprachspiele erst möglich werden: Eine Verpflichtung des Verfahrens auf den Kratylismus würde hier den Möglichkeitsreichtum der Wort- und (Un)Sinnbildung nur begrenzen, was natürlich nicht ausschließt, dass jeder sich einstellende kratylistische Effekt mitgenommen wird (etwa *maulhenckolisch* für *melancholisch* etc.).

Nach dem Hieroglyphenkatalog nimmt Fischart Rabelais' Verweis auf Horapollo und Francesco Colonna auf und ergänzt ihn durch eine Fülle von Verfassern, Titeln bzw. Herausgebern hieroglyphischer und emblematischer Werke. Damit trägt Fischart der historischen Veränderung des hieroglyphischen und emblematischen Diskurses Rechnung, die seit den Ausführungen im *Gargantua* eingetreten war, wobei sich wieder zeigt, dass Fischarts Übersetzungspraxis immer auch diskursive Verschiebungen gegenüber seiner Vorlage mitverzeichnet. Rabelais' Roman entstand zu einer Zeit (1536-38), da sich die emblematische Mode, wie sie für das 16. und 17. Jahrhundert charakteristisch wird, noch in *statu nascendi* befand: Zwar lagen zur Abfassungszeit des *Gargantua* das Erscheinen der *Hypnerotomachia Polyphili* bei Aldus (1499) und das der ersten lateinischen Übersetzung von Horapollos *Hieroglyphik* (1505) bereits länger als drei Jahrzehnte zurück, aber der folgenreiche Druck der Erstausgabe von Alciats *Emblematum liber* (1531) erfolgte in zeitlicher Nachbarschaft zur Abfassungszeit des *Gargantua*. Erst ab den 1550er Jahren kommt es zu jener Fülle hieroglyphischer und emblematischer Literatur, die Fischart in seiner Liste der Emblemschreiber anführt, welche sich bereits in seiner Vorrede zu den *Emblematum Tyrocinia* findet, die jedoch in der *Geschichtklitterung* noch einmal sprachlich verfremdet wird:

> *Wie solche unnd dergleichen Bilderschrifften der uralt Orus Apollo, der VollibPolyphil im Libtraum, Pieri Boltzan, Cälius Cittolinus, der Herold, der Goropius, der Schwartzialupi, die Hieroglyphischen Heyligschrifftenerklärer haben artlich erkliebet, auch sonst vil Emplemateschreiber, Sam Buch Stamm Buch Holderstock, Aldus Hadrianus Brachmonat, Reußner, Holtzwart, Fischart, Paradin, Jovius, unnd viel Divisendichter verblümt und verkünstelet.* (*Geschichtklitterung*, 178)

In diesem Passus wird in unverstellter und manchmal verschlüsselter Form jene Literatur abgerufen, die vor, aber insbesondere auch seit Rabelais den hieroglyphischen und emblematischen Diskurs mitgeprägt hat.³⁶³ Es handelt sich ein weiteres Mal um die Abbreviatur eines Diskurses, die bereits oben als Verfahren einer Assimilation des Wissens ausgemacht werden konnte. Auch hier werden die Verfassernamen der Bücher sprachlich manipuliert. Dabei kommen zum Teil jene Homonymien zum Einsatz, die Rabelais und Fischart an den Blasons kritisierten. Andererseits werden die Verfassernamen quasi selbst einer Emblematisierung unterzogen: So wird das Emblembuch des Johannes Sambucus als *Sam Buch Stamm Buch* bezeichnet. Solcherart wird durch emblematische Assoziation in den Namen des Emblematikers das Buch, die emblematisch obligatorische Pflanzensymbolik und zuletzt das Stammbuch als einer der zeitgenössischen Träger emblematischer Entwürfe implementiert.³⁶⁴ Durch Übersetzung wird Hadrianus Junius zu *Hadrianus Brachmonat* – womit hier der Name des lateinischen Emblematikers germanisiert wird.³⁶⁵ Solche Anwendung bildgebender Verfahren aus der Emblematik auf die Namen der Emblematiker wird als literarische Technik zu einem parodistischen Sprachspiel. Konsequent ist Fischarts Selbstnennung in dieser Liste aufgrund seiner Herausgebertätigkeit des Holtzwartschen Emblembuchs.³⁶⁶

Auch hier bestätigt sich, dass Fischart die semiotische Diskussion, die im Kontext von Hieroglyphik und Emblematik erfolgte, in Sprachreflexion und Sprachspiel überführt und dem eigenen produktiven Umgang mit der deutschen Sprache nutzbar macht. Diskursive Oppositionen von Bild und Schrift, Sprache und Bild werden dabei ebenso unterlaufen wie Identitätsbehauptungen von Signifikant und Signifikat. Im spielerischen Ausstellen der Kontingenz des Bilddiskurses liegt ein Kommentar auf das Wissen seiner Zeit und eine weitere Transgression des *Gargantua*, dessen Erzähler sich noch mit dem Verweis auf die natürlichen Bedeutungen der Hieroglyphen begnügte. Mit Rückgriff auf Warburgs prägnante Vokabel könnte man zuspitzen, dass Fischarts Spott hier

---

[363] Hier die Auflösung der in den Namen der Emblematik abbrevierten und ostendierten Quellen: *der uralt Orus Apollo*: Horapollo, Hieroglyphica 1503; *der VollibPolyphil im Libtraum*: Francesco Colonna, Hypnerotomachia Polyphili 1499; *Pieri Boltzan*: Pierius Valteriao Bolzani, Hieroglyphica sive de sacris Aegyptiorum 1567; *Cälius Cittolinus*: Caelius Cittolinus, La Tipocosmia 1561; *der Herold*: Johannes Herold, Heydenwelt und jrer Götter anfengklicher ursprungk 1554; *der Goropius:* Goropius Becanus, Hieroglyphica, in: ders., Opera omnia 1580; *Sam Buch Stamm Buch Holderstock*: Johannes Sambucus, Emblemata Antverpiae 1564; *Aldus*: Aldus Manutius, der berühmte Drucker in Venedig, bei dem der Horapollo und die *Hypnerotomachia* erschien, und dessen berühmtes Signet einen Anker zeigt, um den sich ein Dephin windet; *Hadrianus Brachmonat*: Hadrianus Junius, Emblemata 1565; *Reußner*: Aureolum Emblematum liber 1587; *Holtzwart*: Mathias Holtzwart, Emblematum Tyrocinia 1581; *Paradin:* Claude Paradin, Devises heroiques 1557; *Jovius:* Paulus Jovius, Dialogo dell' imprese 1555. Weitere Ausgaben der genannten Bücher ergänzt Ulrich Seelbach in seinen Katalogen; vgl. Ulrich Seelbach, Ludus lectoris 2000, 337, 343, 352, 354, 355, 363, 367, 382.

[364] Emblembücher wurden häufig als durchschossene Exemplare ausgefertigt und als Stammbücher genutzt.

[365] Vgl. Ulrich Seelbach: Ludus lectoris 2000, 368.

[366] Mathias Holtzwart, Emblematum Tyrocinia 1581. Vgl. zum Diskurs der Emblematik bei Fischart auch Maria E. Müller, Schneckengeist im Venusleib 1988, 155–196.

den die Bilddiskurse der Zeit prägenden ‚Denkraumverlust' entlarvt durch den Hinweis auf die kulturelle Gemachtheit der vorgeblich natürlichen Semiosen.

Pflanzenkunde und Pharmakognostik

Das Problem der Nomenklatur zwischen Philologie und Empirie

Die mittelalterliche Kräuterkunde war selten einem selbständigen botanischen Interesse gefolgt, sondern als Propädeutik eingebunden in die Traditionen der *materia medica*.[367] Pflanzen wurden weitgehend als Träger von Heilkräften betrachtet. Galen, Plinius, das pseudoaristotelische *liber de plantis* und insbesondere Dioskurides galten als die maßgeblichen Autoritäten auf diesem Feld. Die Pflanzenkunde entfaltete sich abgesehen von wenigen Ausnahmen als kompilierende, exzerpierende und kommentierende Buchwissenschaft mit schwacher empirischer Referenz der Pflanzennamen.[368] Das Verhältnis zwischen Buchwissen und Naturbeobachtung verschiebt sich in der frühen Neuzeit. Zunehmend gewinnen empirische Daten an Relevanz und die Kräuterbücher[369] des 16. Jahrhunderts machen den Abgleich von Literatur- und Pflanzenstudien zum Gegenstand ihrer Bestandsaufnahmen. Im Vorwort des Kräuterbuches von Hieronymus Bock z. B. kann man lesen:

> *Was mir nun für arbeit / mühe / auch etwan geferde / auff dem Lande / in finstern dälern / hohen bergen / unnd vielen grossen wildtnussen bei tag und nacht / neben dem stetigen lesen vieler bücher der alten und newen darauff gegangen und widerfaren / will ich dißmal nit erzelen / dann es würden jr wenig sein die vielleicht mir solchs glauben könten.*[370]

Neben dem Studium der Bücher werden nun auch lebende Gewächse aufgesucht. Ausgangspunkt für diesen Prozess waren philologische Probleme. Die neuzeitliche Wendung hin zu empirischer Pflanzenbeobachtung wurde maßgeblich durch die Textkritik des Humanismus ausgelöst.[371] Die Humanisten hatten neben den klassischen Schriften

---

[367] Hermann Fischer, Mittelalterliche Pflanzenkunde 1967 [1929], 2f. Fischer sucht in seiner Studie immer wieder gezielt nach Ansätzen einer reinen Botanik im Mittelalter, bei ihm finden sich somit immer wieder die Ausnahmen zur angegebenen Regel; vgl. auch Karen Meier Reeds, Botany in Medieval and Renaissance Universities 1991, 3.

[368] Peter Dilg, Art. ‚Pflanzenkunde' 2002 [1999], Sp. 2044; Karen Meier Reeds, Renaissance Humanism and Botany 1976, 519–542; dies., Botany in Medieval and Renaissance Universities 1991, 3–7; Willem Frans Daems, Synonymenvielfalt und Deutungstechnik 1983, 23–37; ders., *Nomina simplicium medicinarum* 1993.

[369] Einen bilderreichen Einblick bietet Karl Eugen Heilmann, Kräuterbücher in Bild und Geschichte 1973. Eine Übersicht über die Kräuterbücher bei Christoph Friedrich, Wolf-Dieter Müller-Jahncke, Geschichte der Pharmazie 2005, 101–119.

[370] Hieronymus Bock, Kreüter Büch 1546, Vorrede H. Hieronymi Bock zům Leser.

[371] Ernst Heinrich Friedrich Meyer, Geschichte der Botanik, Bd. 4 1857, 207–253; Peter Dilg, Die Pflanzenkunde im Humanismus 1980, 113–134; Karen Meier Reeds, Renaissance Humanism and Botany 1976, 519–542. Zur komplexen Verflechtung naturhistorischer und philologischer Aspekte

der Philosophie, Rhetorik und Dichtkunst auch die antike Naturhistorie genauer als jemals zuvor in Augenschein genommen. Dabei erfolgte eine Problematisierung der alten Autoritäten. Im letzten Jahrzehnt des 15. Jahrhunderts bereits hatte die Philologie der Florentiner Humanisten so zur Relativierung und zu Autoritätsabbau beigetragen: Niccolò Leoniceno hatte Fehler von Plinius ermittelt, sie als Übersetzungsfehler aus dem Griechischen identifiziert und den klassischen Autor als Gefahr für die öffentliche Gesundheit gebrandmarkt.[372] Ermolao Barbaro lastete in seinen *Castigationes Plinianae* die offensichtlichen Fehler den arabischen Kopisten an und betonte, dass Plinius den Pflanzen ihre richtigen Namen gegeben habe.[373] 1493, ein Jahr nach dem Erscheinen von Leonicenos Kritik, antwortete Pandolpho Collenuccio mit einer *Pliniana defensio*.[374] In schneller Folge erscheint ab 1516 eine Fülle von lateinischen und volkssprachlichen Übersetzungen und Kommentaren der *materia medica* des Dioskurides; ich erwähne hier nur die konkurrierenden Ausgaben von Jean Ruell (1516), Ermolao Barbaro (posthum 1516) und Marcello Virgilio (1518).[375] Das Projekt philologischer und empirischer Revisionen von Schriften naturhistorischer Autoritäten wurde im 16. Jahrhundert fortgesetzt. Kein geringerer als Julius Caesar Scaliger – um nur ein weiteres Bei-

---

und ihrer politischen Dimension in gelehrten Kontroversen des Florentiner Humanismus vgl. besonders Peter Godmann, From Poliziano to Machiavelli 1998, 81–234.

[372] Niccolo Leoniceno, De Plinii et aliorum in medicine erroribus 1492. (Ich verwende: Niccolo Leoniceno, De Plinii, et plurium aliorum medicorum in medicina erroribus 1509).

[373] Hermolao Barbaro, Castigationes Plinij [1492/93] (Zugänglicher: Hermolao Barbaro, in C. Plinii naturalis historiae libros castigationes 1534); vgl. auch Ernst Heinrich Friedrich Meyer, Geschichte der Botanik, Bd. 4 1857, 222f.

[374] Pandolpho Collenuccio, Pliniana defensio 1493?. Mit Leonicenos *errores*, Barbaros *castigationes* und Collenuccios *defensio* erfolgte der Beginn dieser Auseinandersetzung, die bis weit ins 16. Jahrhundert reichte. Vgl. besonders Peter Godmann, From Poliziano to Machiavelli 1998, 98–104; Karen Meier Reeds, Renaissance Humanism and Botany 1976, 523f.; dies., Botany in medieval and Renaissance Universities 1991, 19–21. Noch für die Kräuterbücher des 16. Jahrhunderts bildet diese Debatte einen wichtigen Hintergrund. So sind im dritten Teil der Zweitauflage des *Herbarum vivæ eicones* von Otto Brunfels (1532), im *De vera Herbarum cognitione apendix*, auch die Klassiker der Debatte abgedruckt: *Nicolaus Leonicenus de falsa quarundam herbarum inscriptione a Plinio* (Brunfels, Herbarum vivae eicones 1532, Tl. III, 44–89) sowie *Pandulphi Collinutii adversus Nic. Leonicenum Philomastigem defensio* (ebd., 89–116). Und bei Hieronymus Bock heißt es: *Ich glaub daß Plinius und viel vor ihm und nach ihm der Kräuter nit viel gekant noch gesehen haben / sondern allein vom Hörensagen / und aus Büchern / ir schreiben genommen. Daraus nit allein Irrtum sondern großer Abbruch und Verdunkelung vieler Stück entstanden.* Hieronymus Bock, Kreüter Bůch 1539, Tl. 1 Kap. xxviii, 22f. [zit. n. Brigitte Hoppe, Das Kräuterbuch des Hieronymus Bock 1969, 89].

[375] [Dioskurides], [...] de medicinali materia libri quinqe [...] Joh. Ruellio interprete 1516; [Dioskurides], Joannis Baptistae Ignatii Veneti In Dioscoridem ab Hermolao Barbari tralatum annotamenta [...] Dioscorides [...] de medicinalia materia ab eodem Barbaro Latinate primum donati [...] 1516; [Dioskurides], Pedacii Dioscoridae Anazarbei: de Medica materia libri sex, interprete Marcello Virgilio cum eiusdem annotationibus [...] 1518. Vgl. Karen Meier Reeds, Renaissance Humanism and Botany 1976, 525f.; zu Marcello Virgilios Übersetzungsprojekt und dem gelehrten Kontext Peter Godmann, From Poliziano to Machiavelli 1999, 212–234.

spiel zu nennen – kommentierte die Pflanzenkunde des Theophrast.[376] Er untersuchte auch die dem Aristoteles zugeschriebenen pflanzenkundlichen Schriften und konnte sie als *pseudoepigraphica* ausweisen.[377] In Scaligers Vorrede zu den pseudoaristotelischen Schriften heißt es auch, dass jahreszeitliche und regionale Varianten die Identifikation europäischer Pflanzen mit denen der klassischen Schriften erschweren. Probleme wie diese waren unausweichlich geworden. Viele der mediterranen Pflanzen, die Dioskurides beschrieb, wachsen in Mitteleuropa nicht, dafür aber andere. Die Pflanzenbeschreibungen der klassischen Autoritäten werden als ungenügend wahrgenommen, sie erlauben oft keine eindeutige Identifizierung: Bei Dioskurides sind Blattformen, Blüten und Früchte in vielen Fällen unvollständig erfasst.[378] Pflanzen werden über Vergleiche mit anderen Pflanzen beschrieben, was zur Klärung wenig beiträgt, wenn die Identität beider unsicher ist.[379] In einer neuen Weise werden die früher durch den autoritativen Status gesicherten antiken Pflanzenkunden einem Referenzialisierungsdruck ausgesetzt: Die Pflanzen der „Alten" werden nun auch wieder in der Natur aufgesucht.

Der Botanikhistoriker Ernst Heinrich Friedrich Meyer hat die Entwicklung pflanzenkundlichen Schrifttums im 16. Jahrhundert als „Rückkehr durch das Studium der klassischen Literatur zur Naturbeobachtung"[380] zusammengefasst. Die Empirisierung sollte dabei nicht darüber hinwegtäuschen, dass ein gewichtiges Problem der Pflanzenkundler sprachlicher Natur ist. Denn es geht nicht allein um die Zuordnung der griechischen und lateinischen Namen der „Alten" zu mitteleuropäischen Gewächsen,[381] sondern auch um die Integration der verschiedenen volkssprachigen Pflanzennamen sowie der konkurrierenden Benennungen durch Apotheker, Bader und Ärzte.[382] Hinzu kommt die Diversifizierung der Arten: Die alten Autoren beschrieben eine Pflanzenart, wo Gesner

---

[376] Julius Caesar Scaliger, Commentarii, et animadversiones, in sex libros de causis plantarum Theophrasti 1566.

[377] Julius Caesar Scaliger, In libros de plantis Aristoteli inscriptos, commentarii 1566.

[378] Vgl. Julius Sachs, Geschichte der Botanik 1875, 3ff., 16f.; Peter Dilg, Die Pflanzenkunde im Humanismus 1980, 122f.

[379] Vgl. Karen Meier Reeds, Renaissance Humanism and Botany 1976, 528f.

[380] So der treffende Titel des 14. Buches in: Ernst Heinrich Friedrich Meyer, Geschichte der Botanik 1857, Bd. 4, 207–241.

[381] Einen Eindruck vermittelt das Verzeichnis der Synonyma für die Christwurz bei Bock: *Diosc. nent die schwartz Nießwurtzel Helleborum nigrum / Veratrum nigrum und Melampodion / darumb das der hirt Melampus die unsinnige döchter des königs Proeti in Arcadia damit purgiert hat / er nent sie auch Proetion derselben döchter halben / fürter nent er sie Polyrhizon / multi radicem / Melanorrhizon / Nigram radicem schwartz wurtzel und Cirrhanion / und Elaphinem und Celinen und Saraca und Zomarition und Isaiam und Prodiorna und Ectonion. Plinius schreibt von beiden Nieswurtzeln lib. xxv. cap. v. vnd seind die selbige wort Plinii fast auß Theophrasto lib. ix. cap. xi. genommen. [...] Serap. cap. cccxxiii nent bede Nießwurtzel / Cherbachen. In Averrhoe heist sie Barbacus / und Condisi / wiewol etliche wöllen Condisi sei ein ander gewechs / das man Struthion nent / oder Lavariam herbam / davon Diosco. Lib. ii. cap. clii. schreibt / in Mesue heißt Barba Alfugi / Hellebrus.* Hieronymus Bock, Kreüter Buch 1546, Bl. 153ᵛ.

[382] Letztere werden angeführt bei: Conrad Gesner, Catalogus plantarum 1542.

zehn oder mehr Spezies kennt.³⁸³ Vermehrt wird die zu bewältigende Nomenklatur noch durch die Tatsache, dass Pflanzenkundler neu entdeckten Pflanzen, denen sie keine Namen aus der Tradition zuordnen konnten, konkurrierende Bezeichnungen gaben. Schneller noch als die Zahl der Pflanzen wuchs die Menge ihrer Namen.³⁸⁴

Die nomenklatorischen Zuordnungsprobleme werden in den Kräuterbüchern immer wieder explizit.³⁸⁵ Am amüsantesten hört sich das bei Hieronymus Bock an. So heißt es zur Bibernell (*Pimpinella*): *Hilf Gott / was hat dise gemeine wurtzel sich müssen leiden bei den gelerten / haben alle darüber gepumpelt und gepampelt / noch nie eigentlich dargethon / wie sie bei den alten heiß / oder was es sei.*³⁸⁶ In dem durch viele Beispiele ergänzbaren Rätselraten um Namen und Wirkungen der Pflanzen manifestieren sich die Kontingenzerfahrungen einer Datenexplosion: *res certe infinita est* heißt es in einem Brief Gesners über die Pflanzenkunde.³⁸⁷ Aber man sollte dies nicht als Krise missverstehen.³⁸⁸ Die mit der Datenexplosion einhergehenden Erfahrungen eines immensen Möglichkeitsreichtums bleiben gerade in der Botanik immer rückgebunden an den Topos von der Unausmessbarkeit göttlicher Schöpfung. So mahnt Bock, bei der Beurteilung seines Kräuterbuches angemessen zu berücksichtigen, wie schwer es sei, *also viel unnd seltzamer gewech* in ein Buch zu bringen und *ein jedes mit rechtem nammen nennen*, sowie seinen Nutzen anzugeben. Der Hinweis auf die Komplexität des Unterfangens geht unmittelbar über in das Lob Gottes:

> *wir sollen aber gar nit vergessen unsern Gott vnd schöpffer darbei zů loben unnd jm danckbar sein / das er uns menschen noch täglich wie von anfang der welt / so reihlich mit allerlei gaben / uberschwencklich begnadet. Dann so wir seiner hende werck besehen / erfindt sichs klar*

---

³⁸³ Vgl. etwa beim Enzian: Conrad Gesner, Epistolarum medicinalium 1577, Bl. 94ᵛ.

³⁸⁴ Den Aspekt einer Datenexplosion akzentuiert besonders Brian W. Ogilvie, The Many Books of Nature 2003, 29–40, hier 33f.; vgl. Peter Dilg, Pflanzenkunde im Humanismus, 116–121; Willem Frans Daems, *Nomina simplicium medicinalium* 1990, 15ff.

³⁸⁵ So vermerkt Gesner beim *Hellichrysos*: *Etlich meynend es syend rynblůmen / gefallt mir nit: ich halt sy mer für Ageraton. Die andern argwönend Helichrysos sye keuthil / gefallt mir auch nit. Wirdt gmeinlich hepffen genennt*, Conrad Gesner, Catalogus plantarum 1542, Bl. 39ᵛ, 40ʳ. Auch im Kräuterbuch des Leonhard Fuchs werden die Zuordnungsprobleme immer wieder thematisch, so heißt es im 43. Kapitel ‚Von Angelick': *Dis nutzlich kraut so auff Teütsch Angelick genent würt / oder des Heyligen Geysts wurtzel / oder Brustwurtz / wissen wir mit seinem rechten Lateinischen oder Griechischen namen / ist es anders den alten bekant gewesen / nit zů nennen*. Leonhard Fuchs, New Kreüterbůch 1543, Kap. xliiiᴬ.

³⁸⁶ Hieronymus Bock, Kreüter Bůch 1546, Kap. clvi, Bl. 177ʳ.

³⁸⁷ Gernot Rath, Die Briefe Conrad Gessners 1950, 140–170, hier 155, vgl. 159; vgl. Richard J. Durling, Konrad Gessners Briefwechsel 1980, 104f.

³⁸⁸ Dies geschieht beispielsweise bei Brian W. Ogilvie, The Many Books of Nature 2003, 35: „Serious scholars too felt threatened, if not overwhelmed, by the explosion of botanical information." Dort aber eine sehr gute Zusammenfassung der neuen Verfahren, die eingesetzt wurden, um die Informationsfülle zu bewältigen.

/ das niemands auff erden ist der das aller kleinest greßlin gnůgsam kunth außstreichen / wie das auffwachs / oder war zů es gůt sei [...].[389]

Zwischen die Namen und Dinge schieben sich Unwägbarkeiten. In diesem Möglichkeitsreichtum bei der Zuordnung manifestiert sich jene Kontingenz, welche von den Kräuterbüchern verwaltet wird.

Anders als die Verfasser der Kräuterbücher des 16. Jahrhunderts hat Paracelsus keinerlei Interesse an der Integration der antiken Schriften. Hieronymus Bock – wie die Verfasser der Kräuterbücher überhaupt – hatte sorgsam betont, er habe *die [...] namen nit erdacht / sunder das mehrer theil auß Dioscorides / Theophrasto / Plinio und andern herbei bracht*. Conrad Gesner erbittet in einem Brief an seinen Freund Achilles Pirmin Gasser die Erlaubnis, eine Pflanze in seinem Herbarium nach ihm benennen zu dürfen, betont aber seine Skrupel gegenüber willkürlichen Benennungen: „Es muß aber eine Pflanze sein, die unter keinem alten Namen bekannt ist. Denn alte aufzugeben, habe ich Hemmungen."[390] Paracelsus hat solche Hemmungen nicht, auch bezüglich der Pflanzennamen vertritt er den totalen Traditionsbruch. Völlig anders als die Kräuterkundler gehen Paracelsus und die Paracelsisten mit den Kontingenzen der Pflanzenkunde um. Anstelle des diffizilen Abgleichs überlieferter Namen steht bei Paracelsus die Nomenklatur aus dem Geist der Analogien.[391] Die Signaturenlehre geht von der Manifestation innerer Eigenschaften und Kräfte eines Geschöpfs in seinen äußeren Kennzeichen aus. Auch bei Pflanzen wird aus ihrer Form oder einem anderen Merkmal die medizinische Wirkung abgeleitet.[392] So wird etwa durch die Analogie von Teilen der Pflanze mit Teilen des menschlichen Körpers die therapeutische Wirksamkeit angezeigt. Der Paracelsist Oswald Crollius bringt in unfreiwilliger Komik das Prinzip dieser Verweisungen auf den Punkt: *Denn wem ist ein Simile oder Gleiches mehr und besser zu vergleichen*

---

[389] Hieronymus Bock, Kreüter Bůch 1546, zum Leser. Zur Wertschätzung der *mirabilia dei* bei Bock vgl. auch Brigitte Hoppe, Das Kräuterbuch des Hieronymus Bock 1969, 88, Anm. 6.

[390] [Achilles Pirmin Gasser], Briefwechsel 1975, 351f. (Oportet autem herba esse nullo antiquo nomine cognitam. Nam vetera obliterare religio mihi foret; ebd., 349).

[391] Zur Sprachreflexion bei Paracelsus vgl. besonders: Wolf Peter Klein, Am Anfang war das Wort 1992, 121–144; Umberto Eco, Die Grenzen der Interpretation 1992, 86–91; Stephan Meier-Oeser, Art. ‚Signatur, Signaturenlehre' 1995, Sp. 750–754; ders., Die Spur des Zeichens 1997, 309–350; Friedrich Ohly, Zur Signaturenlehre der Frühen Neuzeit 1999, 73–86; Peter Fuß, Von den Zeichen der Welt zur Welt der Zeichen 2002, 333–360. Die anregenden Ausführungen von Fuß sind dort problematisch, wo auf Foucault zurückgreifend Paracelsus zum Vertreter einer vormodernen Episteme der Ähnlichkeit gemacht und von einer Episteme der Repräsentation bei Fischart unterschieden wird. Foucault hatte paracelsistische Texte in der Tat als Beleg für die vormoderne Episteme angeführt; vgl. Michel Foucault, Die Ordnung der Dinge [12]1994, 56–61. Zu Foucaults Ausweitung der Prinzipien der Signaturenlehre auf die gesamte Renaissance, ja die vormoderne Welt schlechthin hat es vielfach berechtigte Kritik gegeben. Wesentliche Argumente werden zusammengefasst bei Stephan Otto, Das Wissen des Ähnlichen 1992.

[392] Zu den Sinnträgergattungen der Signaturenlehre vgl. Friedrich Ohly, Zur Signaturenlehre der Frühen Neuzeit 1999, 11f.

als seinem Simili oder seinesgleichen.[393] Signaturisten erschließen den unsichtbaren Gehalt der Dinge aufgrund sichtbarer Zeichen auf ihren Oberflächen: […] *die form ist ein anzeigen, dorzu sie gut ist. Eufragia* [sic!] *dient den augen, aus was ursachen? das sie anatomiam oculorum hat* […].[394] Die deutsche Bezeichnung für *euphrasia* ist Augentrost: Paracelsus referiert, dass viele Wurzeln, Kräuter und Pflanzen *ir namen* bekommen hätten, und geht auf die dem Namen entsprechenden Heilwirkungen von Augentrost, Blutwurzel, Grindwurzel und Harnkraut ein.[395] Auch der Name, sofern er der rechte Name ist, zeigt an. Die *rechten Namen* stehen bei Paracelsus immer im polemischen Gegensatz zu Lehre und Begrifflichkeit der Universitätsmedizin. Er inszeniert den totalen Traditionsbruch. Ihre sprachkritische Akzentuierung erfährt seine Polemik, wo diese Tradition immer wieder als *Avicennische geschwez* und *verlogne red Galeni* diskreditiert wird, als *ploderwerk, darinen Galenus, Rasis und Avicenna mit iren commentarien plerren und schreien.*[396] Die Sprache der traditionellen Medizin ist konventionell und deshalb therapeutisch wertlos, sie entstammt der babylonischen Verwirrung. Ihr gegenüber setzt Paracelsus auf die *kreftigen Worte*, die wahrer Anschauung der Natur entstammen und auf die adamitische Sprache des Paradieses zurückführen.[397] Paracelsus betätigt sich mitunter selbst als Einsetzer der rechten Namen, wie etwa im Falle der schwarzen und weißen Nieswurz. Diese überkommenen Namen seien nämlich unangemessen, weil sie nur die Farben der Wurzeln, nicht aber ihre Heilkräfte betreffen:

> *so nun der nam aus den tugenden zu nemen ist, so sol die weiß nieswurzen die jung geheißen werden und die schwarz die alt nieswurzen, im latein iunior alba und die ander senior nigra, und der nam elleborus soll hinweg getan werden. warumb ich solches anzeig, vermerket also. die zwo wurzen haben einerlei tugent aber in der selbigen gespalten, also das die jung nieswurzen alein den jungen füegt und gebraucht sol werden denen, so under fünfzig jaren seind,*

---

[393] Oswald Crollius, Von den innerlichen Signaturen der Dinge 1692, 37.

[394] Paracelsus, Weitere verstreute Bruchstücke über das Podagra 1929, 376. Dass die Ähnlichkeiten, die der Signaturenlehre zugrundeliegen, mit der Heilwirkung der Pflanzen oder der Ähnlichkeit mit anderen Dingen bereits bei der Benamung der Pflanzen eine Rolle spielten, ist offensichtlich. Somit sind es komplexe rhetorische Operationen, mittels derer die Signaturisten das von ihnen Entdeckte selber setzen. Wenn also bei Paracelsus im Zusammenhang mit den „rechten Namen" der Pflanzen gelegentlich von der adamitischen Ursprache die Rede ist, so invisibilisieren solche Projektionen die der Signaturenlehre eigenen semantischen Zirkelschlüsse. Vgl. dazu Umberto Eco, Grenzen der Interpretation 1992, 91.

[395] Vgl. auch Paracelsus, Die neun Bücher de natura rerum, in: ders., Sämtliche Werke Abt. 1, Bd. 11, 398.

[396] Paracelsus, Von den podagrischen Krankheiten, in: ders., Sämtliche Werke, Abt. 1, Bd. 1, 347; ders., De morborum utriusque professionis origine et causa, in: ders., Sämtliche Werke, Abt. 1, Bd. 9, 137.

[397] Vgl. etwa Paracelsus, Die neun Bücher de natura rerum, in: ders., Sämtliche Werke, Abt. 1, Bd. 11, 397ff.; Peter Fuß, Von den Zeichen der Welt zur Welt der Zeichen 2002, 341; vgl. auch Wolf Peter Klein, Am Anfang war das Wort 1992, 142f.; Friedrich Ohly, Zur Signaturenlehre der Frühen Neuzeit 1999, 73–78.

und den jenigen, so nach den fünfzig jaren seind, den selbigen sol die alt nieswurz gegeben werden.[398]

Im onomastischen Rigorismus des Paracelsus und der Paracelsisten kann eine Flucht nach vorn aus der Philologie in den Kratylismus gesehen werden. Aus der Fülle verfügbarer Namen wird einer präferiert und als der *rechte* Name überhöht. Mit den verbleibenden Namen wird auch das linguistische Problembewusstsein der Pflanzenkundler perhorresziert. Insbesondere den deutschen Pflanzennamen kommt bei Paracelsus besondere Aufmerksamkeit zu, ja er beansprucht für sich, hier über die Kräuterkunde seiner Zeit hinausgegangen zu sein:

Wiewol das ist das etlich teutsch aufgestanden sind, haben sich die kreuter zu beschreiben sc. understanden und in das werk bracht, deren arbeit gleich ist einem betler mantel, hin und her zusamengeflikt und gelesen von allen zusamen in eins, und in summa alles nichts; falt von einander gleich wie der bettelmantel [...] die selbigen irrer und verfürer, falsch anzeiger und lerer in der arznei sollen mich nichts bekümern, sie seind niemants mer nuz, als alein den buchtrückern [...].[399]

Anders als die Verfasser der Kräuterbücher des 16. Jahrhunderts hat Paracelsus wenig Interesse an der Integration antiker Schriften und alternativer Nomenklaturen. Um die kratylistischen Relationen zwischen Bezeichnendem und Bezeichnetem zu sichern, und somit dem Möglichkeitsreichtum alternativer Zuordnungen zu entgehen, betreibt Paracelsus im Zeichen wahrer Namen eine radikale Komplexitätsreduktion.

Im empirisch begrenzten philologischen Diskurs der Kräuterbücher und in der analogiegeleiteten Semiose paracelsistischer Pharmakognostik äußern sich verschiedene Bewältigungsstrategien für die Kontingenzen der pflanzenkundlichen Nomenklatur.

Die Nomenklatur der Pflanzen im *Onomasticon* und in der *Daemonomanie*

Fischart hatte auch als Fachpublizist an den hier aufgezeigten Diskursen partizipiert. Mit dem Paracelsisten Toxites (d. i. Michael Schütz)[400] gab er ein Fachwörterbuch heraus, in dem sich zwei Onomastica befinden: ein Synonymverzeichnis von Gegenständen der *materia medica* (*Onomasticon I*) und ein paracelsisches Wörterbuch (*Onomasticon II*).[401] Im ersten werden Bezeichnungen medizinisch relevanter Dinge auf Deutsch, Französisch, Italienisch, Englisch sowie in den Sprachen der Salber, Apotheker und des Paracelsus wiedergegeben.[402]

---

[398] Paracelsus, Von den natürlichen Dingen, in: ders., Sämtliche Werke Abt. 1, Bd. 2 1930, 73.
[399] Paracelsus, Herbarius Theophrasti, in: ders., Sämtliche Werke, Abt. 1, Bd. 2, 5f.
[400] Biogramm und Werkverzeichnis bei Wilhelm Kühlmann, Joachim Telle (Hg.), Corpus Paracelsisticum II 2004, 41–60.
[401] [Michael Toxites, Johann Fischart], Onomastica II 1574.
[402] Die *Geschichtklitterung* enthält im 27. Kapitel eine Polemik gegen die betrügerischen Praktiken der *Krautnirer, Pulverkremer, Simplicisten, Kälberarzt, Bader* etc. In diesem Zusammenhang wird ausführlich der im *Onomasticon* aufgearbeitete Wortschatz präsentiert; vgl. *Geschichtklitterung*, 274ff.

In seiner Vorrede wendet sich Fischart an die Studenten der Medizin, denen mit dem *Onomasticon* die Sprache der Alchemisten, Apotheker und Salber erschlossen werden soll. Paracelsus wird nicht erwähnt; behandelt wird in der Vorrede weitgehend die Nomenklatur der Pflanzen, wobei auf Gesners *Catalogus plantarum* und auf Dioskurideskommentare Bezug genommen wird sowie auf pflanzenkundliche Schriften von Lusitanus, Mathiolus, Johanes Ruellius und Lonicerus. Erwähnt wird auch der polyglotte *Nomenclator onmium rerum* des Hadrianus Junius.[403] Fischart betont, dass die Pflanzennamen verschiedener Sprachen im Gehalt übereinstimmten, und dass mittels der Etymologie der Namen die Gestalt oder Wirkungen der Pflanzen erschlossen werden könnten. Die Einträge des *Onomasticon I* sind nach folgenden Sachgruppen geordnet: Gemmen und Metalle, Tierwelt, soweit sie für die Apotheke in Betracht kommt, Bäume und was von ihnen kommt, Wohlgerüche und Spezereien, Getreidearten und Hülsenfrüchte und schließlich die Namen der in den Apotheken gebräuchlichen Pflanzen und Wurzeln.[404] Die gewählten Sachgruppen weisen auf ein pharmakognostisch und pharmako-alchemisch interessiertes Zielpublikum.[405]

Den größten Teil der Einträge machen Pflanzennamen aus. Fischart hat mehrere Quellen kompiliert, insbesondere Einträge aus dem *Nomenclator omnium rerum* des Hadrianus Junius wurden genutzt und wahrscheinlich auch Dioskurideskommentare des Valerius Cordus sowie Gesners *Catalogus plantarum*.[406] Fischarts onomastische Klitterungen, die den erreichten nomenklatorischen Sachstand der Kräuterbücher oft unterschreiten, sind wieder reine Buchwissenschaft.[407] In seiner beeindruckenden Aufarbeitung der historischen deutschen Pflanzennamen bemerkte Heinrich Marzell, dass Fischart in seinem *Onomasticon* viele Verwechslungen unterlaufen seien, dass er oft

---

[403] Johann Fischart, (Lexikographische Vorrede zu Onomastica II) 1873, 145f.; vgl. Hugo Böss, Fischarts Bearbeitung lateinischer Quellen 1973 [1923], 2, 8f.

[404] [Michael Toxites, Johann Fischart], Onomastica II 1574. Das Buch gliedert sich wie folgt: *de gemmis et metallicis* (1–51), *animalia quorum usus est in officinis* (51–65), *arbores et quae ex arboribus generantur* (66–99), *aromata & species* (99–110), *frumenta et legumina* (110–122), *herbæ radisque officinarum* (122–382).

[405] Über dieses Zielpublikum weiß man einiges: Die Fugger-Brüder, denen das Buch gewidmet ist, sind als Alchemisten bekannt. Durch einen glücklichen historischen Zufall ist das Inventar ihres Laboratoriums von Oberstockstall/Kirchberg am Wagram erhalten geblieben. Deshalb lassen sich die vorgenommenen alchemistischen Praktiken und Experimente rekonstruieren und ein Rezeptionshorizont für das *Onomasticon* nachvollziehen; vgl. Rudolf Werner Soukup, Helmut Mayer, Alchemistisches Gold 1997.

[406] Hugo Böss, Fischarts Bearbeitung lateinischer Quellen 1975 [1923], 1–10; Karl Weidmann, Hadrianus Junius als Quelle 1911/12, 116–124.

[407] Hadrianus Junius, Nomenclator omnium rerum 1567. Zu weiteren Quellen vgl. Hugo Böss, Fischarts Bearbeitung lateinischer Quellen [1923] 1975. Den *Nomenclator* des Hadrianus Junius nutzte Fischart auch ausgiebig zur Kompilation seiner Wortketten in der *Geschichtklitterung*; vgl. dazu Karl Weidmann, Hadrianus Junius als Quelle für Johann Fischart 1911/12 und in dieser Studie oben S. 345.

Integrationsverfahren 441

deutsche Namen durch Übersetzung aus dem Lateinischen oder durch Neubildungen gewonnen habe.[408] Dies wird deutlich am Eintrag zum Lauspfeffer:

> *Lauspfeffer / Låuskraut / Berkicher / Brachrosin / Beisminz / speichelkraut / Minnerbrüdersamen / Observantensamen / Barfüsersamen / Wolfskraut.*
> Gal. Saphisagrie, herbe aux poulx. Italice, Staphisagria, staphusaria, semenza de frati. Hisp. Fabaraz, paparraz, havarraz | Abeldras | Abelius | Astaphis | Ἄταφις ἀγρία | Apanthropon | Arsanotha | Caput purgium | Granum capitis | Grana armonia | Granamina | Halberas | Habaras | Harahas | Herba pedicularis | Halieldras | Ibeseaoede | Istias fisagria | Minberigi | Pascula montana | Pedicularia | Pituitaria | Pseudopathes | Φθειροκτονομ | Phtheroctonon | Staphis agria | Σταφισ αγρία | Stafisagria | Stesion | Triphillon | Vua silvestris.[409]

Viele der deutschen Namen, aber auch einige der anderen Sprachen sind bereits vor Fischart für ‚Delphinium Staphisagria Linné', den scharfen Rittersporn, belegt. Mit *Minnerbrüdersamen, Observantensamen, Barfüßersamen* jedoch hat Fischarts *Onomasticon* Erstbelege.[410] Heinrich Marzell führt sie auf die verschmutzten Kutten der Franziskaner zurück, die sehr unter Läusen zu leiden gehabt hätten.[411] Sicher hat Fischart diese Namen erfunden, indem er von den Bezeichnungen ausging, welche auf die Läuse vertilgende Wirkung der Pflanze anspielen – entsprechende konfessionspolemische Reflexe wären nach dem oben Ausgeführten gerade bei diesem Autor nicht unwahrscheinlich. Anregend für die Sprachspielerei könnte zudem der italienische Ausdruck ‚semenza de frati' gewesen sein, den Fischart aus dem *Nomenclator* des Hadrianus Junius übernommen hat.[412] Dass es in einem solchen Wörterverzeichnis Neubildungen gibt, überrascht nicht. Die Unvollständigkeit der deutschen Sprache ist ein Problem der Zeit, Neubildungen sind allenthalben notwendig.[413] Bei der Aufarbeitung hermetischer Begriffe inventarisiert Fischart deutsche Ausdrücke und eruiert mitunter Möglichkeiten der deutschen Sprache, wie sich auch im teilweise glossierten Handexemplar des Verfassers zeigt, welches am Rande weitere deutsche Sprachspiele enthält.[414] Die sprachhermeneutische Aufarbeitung der paracelsischen Arkanbegriffe verbindet sich dabei mit einem Interesse an der Lexikographie der deutschen Sprache und Mundarten einerseits, an ihren Ausdrucksmöglichkeiten andererseits.[415]

---

[408] Heinrich Marzell, Wörterbuch der deutschen Pflanzennamen, Bd. 1 1943, 16.
[409] [Michael Toxites, Johann Fischart], Onomastica II 1574, 176f.
[410] Heinrich Marzell, Wörterbuch der deutschen Pflanzennamen Bd. 2, 74–77; vgl. auch Hugo Böss, Fischarts Bearbeitung lateinischer Quellen 1975 [1923], 8; Adolf Hauffen, Johann Fischart 1921/22, Bd. 2, 187.
[411] Heinrich Marzell, Wörterbuch der deutschen Pflanzennamen Bd. 2 1972, 75.
[412] Hadrianus Junius, Nomenclator omnium rerum 1567, 158 (unter ‚Staphys agria').
[413] Vgl. dazu Jörg Robert, Normieren und Normalisieren 2007.
[414] Zu Fischarts handschriftlichen Einträgen Adolf Hauffen, Johann Fischart 1921/22 Bd. 2, 188; Christian Hoffmann, Bücher und Autographen 1996, 552f.
[415] In diesem Sinne würdigte Jacob Grimm in einer bei Wendeler dokumentierten Bemerkung das *Onomasticon*; vgl. Camillus Wendeler, Fischartstudien des Freiherrn Karl Hartwig Gregor von Meusebach 1879, 217.

Das Problemfeld der pflanzenkundlichen Nomenklatur wird nicht nur im *Onomasticon* bearbeitet. Pflanzenkundliche Überlegungen tauchen auch unter jenen Passagen auf, um die Fischart in seiner Übersetzung von Jean Bodins *Daemonomanie* seine Vorlage ergänzt.[416] Den folgenden Passus hat Fischart innerhalb eines Kapitels ergänzt, welches die abergläubischen Praktiken des Gegenzaubers auf ihre Wirksamkeit hin untersucht. Bodin unterscheidet superstitiöse und gottgegebene Mittel. Unter Rückgriff auf die Äußerungen der Kirchenväter zum Thema werden verschiedene Praktiken der Bannung und des Unschädlichmachens von Hexereien und Dämonenzauber dargestellt und ausgewertet, antike Quellen, die solche Mittel empfehlen, werden zu diesem Zwecke herangezogen und diskutiert. Im Zusammenhang eines bei Plinius überlieferten apotropäischen Kräuterzaubers, dessen Wirkung darüber hinaus darin bestehen soll, dass er die Beliebtheit des Menschen fördert, schaltet Fischart eine längere Anmerkung zu einigen in der *historia naturalis* erwähnten Pflanzennamen, den Problemen ihrer Zuordnung und den in der Plinius-Rezeption stattgehabten Verwechslungen ein:

> *Item das Kraut Antirrhinon oder* Antirhizon *welchs etliche verteutschen für den Orant / für Stårckkraut oder Streichkraut / für Kalbsmaul oder Kalbsnas / zu Latin Anagallis sylvester, und Frantzősisch Muron Violet oder L' oeil du gat, das ist Katzenaug) diese für allerley Gift, Zauberei, Versegenen und beschwőren / und schaff einem gross gonst und gnad bei den Leuten. Aber Doctor Hieronymus Bock versteht diß Plinisch Kraut von dem Leinkraut / Harnkraut / Totter oder Flachskraut / dessen pluomen wie die Hundskőpff sehen (Daher auch mag kommen sein, daß man den Plinium droben vom Haar des Cynocephali oder hundskopffs unrecht verstanden hat / als redt er von eym Thier / so ers doch von disem haarigen oder flachsigen Totterskraut gemeynet: welchs auch von der Gestalt halben von etlichs Cynocephalia / Brackenhaupt genannt wird: und in Ägypten von Kőnig Osyride, auff dessen grab es gefunden / osyrites oder Osyritter geheyssen: damit die Magi daselbst gross wunder getriben wider die zauberei welches eben zu unserem vorhaben hie dinet. Gleicher Irrthum mag auch mit gedachtem weissen Saphyr mit vndergeloffen seyn / das daselbst von dem anders geschlecht des Leinkrauts welches man Helichryson von der Sonnen genannt / sich verstehen / dann in derselben ist der Sonnen biltnuß zusehen : Daß aber Orant gonst sol schafen kommt daher / dass es die Griechen Katananke nennen / so vil lautend als Liebzwinger.*[417]

Fischarts Ergänzung zeigt die Vertrautheit mit dem pflanzenkundlichen Diskurs: Die Bedeutungen der Pflanzennamen bei Plinius werden problematisiert, die Irrtümer der Rezeption aufgeführt. Angegeben werden die Pflanzennamen aus verschiedenen Sprachen und das Kräuterbuch des Hieronymus Bock wird genutzt um diese Datenfülle zu ordnen. Die in Fischarts *Onomasticon* und in der *Daemonomanie* sich zeigende diskursive Kompetenz schlägt sich auch in der *Geschichtklitterung* nieder. Dort wird die

---

[416] [Jean Bodin, Johann Fischart], De Daemonomania magorum 1581. In seiner Vorrede betont Fischart, dass besonders diverse theologische Passagen des (Katholiken) Jean Bodin, mit Vorsicht zu lesen seien. Wo notwendig, habe Fischart deshalb in Randglossen und *im Context* den Text ergänzt und kommentiert. Seine Ergänzungen im Fließtext setzt Fischart in runde Klammern, oft ergänzt er weitere Exempel und Geschichten von Hexen und Zauberern, mitunter erfolgen Einsprüche, Korrekturen und gelehrte Anmerkungen zu verschiedenen Themen.

[417] [Jean Bodin, Johann Fischart], De Daemonomania Magorum 1581, 496f.

Integrationsverfahren 443

Problematik der Nomenklatur aus ihrem Diskurs gelöst und für freie Spielereien mit dem Sprachmaterial verfügbar gemacht.

Bezeichnung als Spiel in der *Geschichtklitterung*

Rekurse auf die hier dargestellten pflanzenkundlichen und pharmakognostischen Bereiche erfolgen in der *Geschichtklitterung* beispielsweise im Zusammenhang mit der Schilderung von Gargantuas Geburt. Bei seiner Mutter Gargamelle setzen die Wehen ein und sogleich sind unzählige Hebammen zur Stelle, wobei sich *zwo alte verrostete Schellen* besonders auszeichnen, *welche für grosse Kůhärtztin und Alraundelberin geacht waren, und die ein auß Krautenau von Colmar, die ander von Wisensteig bei Ulm dargegabelet waren* (*Geschichtklitterung*, 147). Hier sind die Kräuterweiber schon durch die Namen ihrer Heimatdörfer kenntlich gemacht, es folgt die Listung der Heilpflanzen:

> *Alsbald postierten die Hebammen Säcklin herzu, trugen den Achgnesischen Babst her auff dem Agnesischen Habetstul, mischt Schnittlauch, Bingelsafft, Hasenrennlin, Gichtkörner, Gertwürtzlin, Natterwurtz, Nesselsamen, Quittenkerner, Pappelskäßlin, Balsamrauch, Magdalenenkraut, Basiliscendampff, Nepten, welchs sie alles zuvor gebraucht gehabt: Aber in der höchsten noht stieß man ihr Magnetstein zu, Trachenkraut, Adlerstein, Smaragden, Corallen, Sibenzeit, Nebelgertlin, Camillen, Eisenkrautwasser, Betonien, Hirtzkreutz, Helfantenzän, Büglin, Bibergeil, unser Frauen eyß.* (*Geschichtklitterung*, 147)

In diesem deutschsprachigen Heilpflanzenkatalog wird umfassend obstetrische Rezeptliteratur geplündert,[418] herbeizitiert werden die für die Geburt einzusetzenden Heilpflanzen und weitere Mittel. In seiner Ausführlichkeit entspricht der Katalog der Riesenhaftigkeit der Romanfiguren. Im Sinne solcher Entsprechungen wird das Verhältnis von Literatur und Wissen in der *Geschichtklitterung* immer wieder relationiert.[419] Auch bei der Geburt besonders großer Helden müssen offenbar besonders viele, möglichst alle in Frage kommenden Pflanzen gelistet werden.

Naturgemäß entwickelt sich der Riesenzögling zum großen Säufer, Fresser und Spieler. Das Kapitel über die Studierpraxis des Gargantua zeigt den Riesenknaben nicht etwa bei eifrig vorangetriebenen Studien, vielmehr wird nach dem Muster der grobianischen Literatur vorgeführt, wie der Tagesablauf dominiert ist vom Fressen und Saufen und von kindlichen Spielen. Angesichts dieses eklatanten Missverhältnisses und der *undietlichkeit und schädliche weiß zuleben* (*Geschichtklitterung*, 251) greift der neue Lehrmeister namens Kundlob zu drastischen Maßnahmen. Er veranlasst die Bereitung

---

[418] Vgl. etwa Jacob Rueff, Ein schön lustig Trostbůchle von den empfengknussen und geburten der menschen 1554; Gualtharius Ryff, Schwangerer Frauen Rosengarten 1569; Eucharius Rößlin, Hebammenbůchlin 1578; (Pseudo-)Albertus Magnus, Weiber geheimnuß 1566; vgl. zur mittelalterlichen Tradition der *secreta mulierum*: Britta-Juliane Kruse, ‚Die Arznei ist Goldes wert' 1999.

[419] Vgl. Xenja von Ertzdorff, Lachen über das Essen und Trinken 1996, 481–489, hier 485; Hans-Jürgen Bachorski, Irrsinn und Kolportage 2006, 370–382. Vgl. auch Hans Robert Jauss, Über den Grund des Vergnügens am Komischen Helden 1976, 103–132, hier 118f.

einer *Teuffelsbannige*[n] *scharffe*[n] *Purgatz von Anticirischem Helleborischem Nieß-wurtz*, welche den Schüler von aller *verruckung, verschupffung, alteration unnd verkehrte*[r] *disposition und unwesenlichkeit des Hirns* (Geschichtklitterung, 252) reinigt.[420] Wo bei Rabelais allein der Name der Pflanze und die erfolgreiche Kur vermerkt ist, widmet Fischart der Pflanze selbst eine Digression:

> *Es hat doch der Warsager Melampus (der also genandt ward von dem einen schwartzen fuß: dann als ihn sein Mutter Kindsweiß inn ein Wald ließ vertragen, ward ihm inn der eil alles verdeckt ausserhalb eim fuß, welchen die Sonn gar schwartz brante) derselb Schwartzfuß hat mit der schwartzen Nießwurtz, oder Daubmäl, des Königs Proeti unsinnigen Töchtern wider zu recht gehollfen, unnd die ein Tochter Hüpschnäßlin damit verdienet. Hat der nicht wol genießt, so sagt ihm, Gott helff euch. Was sag ich vom schwartzen Mäl am Fuß? Carneades der Philosophus mit den langen Negeln, hat nimmer ein Buch anfangen zu schreiben, er hat zuvor die schwartz Christierwurtz (welche die Narren Christwurz nennen) gebrauchet. Darumb haben alle Würtzler umb Bingen unnd Mentz, auch damals, als* Lingeculius *für unser Strotzgurgel das Recept macht, die Clistierwurtz auff der Ingelheimer Heyd all ergraben unnd zutragen müssen, also daß es die Venediger, denen mans hievor Ruckörbenweiß zugetragen, sehr geklagt, auch die Bingheimer Meuß, so deren gelebt, vor leid seidher gestorben. Nun mit disem Hirnhölenborn bracht Kundlob zuwegen, daß er alles das, welchs er zuvor unter seinen alten Lehrmeistern eingesogen, vergaß [...].* (Geschichtklitterung, 252)

Die Sprachprobleme der Pflanzenkunde nimmt Fischart auf und formt sie zum charakteristischen Amalgam aus verballhornten Exempeln und Sprachspielereien. Dabei greift er insbesondere auf die Ausführungen über die *hellebori* in der Kräuterkunde von Hieronymus Bock zurück. Das 135. Kapitel seines *Kreüter Bůch* aus dem Jahre 1546 heißt *Von Christwurtz* und in ihm ist von mehreren Pflanzen die Rede. Bock arbeitet am Problem der Zuordnung der in der Antike überlieferten Auskünfte über den Helleborus zu den als Nieswurz und Christwurz bezeichneten Pflanzen:

> *Diosc. nent die schwartz Nießwurtzel* Helleborum nigrum / Veratrum nigrum *und* Melampodion / *darumb das der hirt Melampus die vnsinnige döchter des königs Proeti in Arcadia damit purgiert hat / er nennt sie auch Proetion derselben döchter halben / fürter nent er sie* Polyrhizon / multiradicem / Melanorrhizon / Nigram radicem *schwarz wurtzel und* Cirrhanion / *vnd* Elaphinem *vnd* Celinen *und* Saraca *vnd* Zomarition *vnd* Isaiam *vnd* Prodiorna *vnd* Ectonion. *Plinius schreibt von beiden Nieswurtzeln lib. xxv.cap.v vnd seind die selbige Wort Plinii faßt auß Theophrasto lib. ix. cap. xj. Genommen.* [...] *Serap. cap.* cccxxiii *nent bede Nießwurtzel /* Cherbachen. *In Averhoe heist sie* Barbacus / *vnd* Condisi / *wiewol etliche wöllen* Condisi *sei ein ander gewechs / das man* Struthion *nent / oder* Lavariam herbam / *dauon Diosco. lib. ii. cap. clii. schreibt / in Mesue heißt* Barba Alfugi / Helleborus.[421]

Im Absatz *Von den namen* heißt es über die Christrose, dass *unsere weiber* sie so nennten, weil sie um den Christtag blühe, oder aber weil sie von ihnen zu *Clystierungen* ge-

---

[420] Vgl. zu den antihumanistischen Implikationen solcher Bildungsmaßnahmen Beate Kellner, Verabschiedung des Humanismus 2008.
[421] Hieronymus Bock, Kreüter Bůch 1546, Bl. 153^v.

braucht würde. (Die in Frage kommenden *hellebori* sind Winterblüher[422] und mhd. *crystieren* ist eine Nebenform zu *clistieren*[423]). Von hier aus erfolgt der Abgleich mit der Tradition: *Dise wurtzel můß bei unsern gelerten die schwarz Nießwurtz sein / von welcher Diosc.* lib iiii cap. cxlvj *schreibt wie dan die beschreibung [...] / nit gar ubel darzů stimpt.*[424] Damit stünde der Identifikation der Christwurz mit der schwarzen Nieswurz und dem bei Dioskurides und Theophrast beschriebenen *helleborus* nichts im Wege, jedoch entspricht die Harmlosigkeit der deutschen Wurzel nicht der in den antiken Schriften beschriebenen tödlichen Wirkung. Alles in allem passen die Sachen nicht so recht zusammen:

> *In summa mich wil duncken / die Christwurtz sei kein Elleborus / ursach / die beschreibung Ellebori nigri reimpt sich nit gar dohin / zům andern so mag Christwurtzel on allen schaden im leib genützet werden / on alles auff stossen und kotzen / welches für allen dingen dem schwartzen Nießwurtz fehlet / inhalt aller alter und newer scribenten.*[425]

Bock erwähnt auch eine heimische Pflanze, die er allerdings nicht beschreibt, bei der es sich möglicherweise um die schwarze Nieswurz handeln könne:

> *[...] so graben die frembden wurtzler gar ein ander Christwurtz zů Ingelheim auff der heiden zwischen Bingen und Meintz / die dragen sie feil / bis gehen Venedig / da selbst gilt jnen diese Ingelheimer wurtzel gelt / vnd mag meines bedunckens die schwarz Nießwurtz sein / wie ich sie dann selbs gegraben habe / Anno 1544. am gebirg nit fern / von dem flecken Leiningen.*[426]

Offensichtlich nutzt Fischart Informationen aus dieser Darstellung: Er nimmt einerseits die bei Plinius überlieferten Geschichte der Heilung der Proetiden durch Melampus auf, ebenso diverse Namen und die etymologische Herleitung der Christwurz von der Praxis des Clistierens, sowie den Bericht über die Grabung von Wurzeln auf der Ingelheimer Heide. In Fischarts Ausführungen über die Herkunft des Pflanzennamens mengen sich aber auch eigenwillige Analogieschlüsse, die sich auf Sprachreflexionen der Signaturisten beziehen lassen, auf ihren Entwurf eines Geflechts universeller Analogien zwischen Namen, Gestalten und Wirkungen von Pflanzen. Die bei Herodot und Apollodor überlieferte Geschichte von Melampos, der die rasenden Töchter des Proitos durch Pur-

---

[422] In vielen Sprachen wird die Pflanze aufgrund ihrer Blüte um die Weihnachtszeit benannt. Auch im Obersorbischen und zwar sowohl als *božonócne zelo* als auch als *hodowne zelo* bzw. *hodownička*; vgl. Jan Radyserb-Wjela, Serbske rostlinske mjena 1909, 44, 48; Jan Lajnert, Rostlinske mjena 1954, 48.

[423] Vgl. den Eintrag *kristieren* bei LEXER Bd. 1 1992, Sp. 1738. Eine phonetische Erklärung des Zustandekommens der Nebenform und eine Dokumentation ihrer gelehrten Kritik und Korrektur bei: Jacob und Wilhelm Grimm, Art. ‚Klystieren' DWB Bd. 5 1873, Sp. 1310. Marzell kennt nur wenige weitere Belege für diese Etymologie der Christrose; vgl. Heinrich Marzell, Wörterbuch der deutschen Pflanzennamen Bd. 2 1972, Sp. 797.

[424] Hieronymus Bock, Kreüter Bůch 1546, Kap 135, Bl. 135^v.

[425] Ebd., Bl. 155^r.

[426] Ebd., Bl. 153^v.

gieren geheilt habe,⁴²⁷ dient als Vorlage für jene *Märendeitungen*, die Fischart in der *Geschichtklitterung* betreibt. Wird traditionell der Name Melampodion überliefert, weil Melampos die Wirkung der Pflanze entdeckt habe, so konstruiert Fischart eine Analogie des deutschen Namens mit dem antiken Arzt: Vom sonnenverbrannten schwarzen Fuß des Melampos wird auf die schwarze Wurzel der Pflanze assoziiert. Dabei handelt es sich um eine jener *Mythologias Pantagruelicas* [...] *und Märendeitungen* von denen Fischart an anderer Stelle behauptet *diß wer dieses buches warer Titul*.⁴²⁸ Die okkasionelle und lusorische Inanspruchnahme mythischer Denkfiguren hat aber dort, wo sie sich mit Praktiken der Analogiebildung in bestimmten Wissensbereichen konfrontiert, den Charakter einer Distanzierung. Erscheinen die Ähnlichkeiten der Signaturisten aus heutiger Perspektive als willkürlich, so handelte es sich bei ihnen jedoch nicht um Ähnlichkeiten von allem und jedem: Schwarze Füße von Heilern des Altertums und schwarze Wurzeln gehören verschiedenen Bezugssystemen an, ihre Vergleichbarkeit ist im Diskurs der Signaturisten nicht gewährleistet – im literarischen Rahmen der *Geschichtklitterung* ergibt er sich zwanglos. Die Vernetzung der Welt in einem Bezugsgeflecht von Analogien wird vergleichsweise willkürlich in Anspruch genommen. Schließlich wird es bis in den groben Unsinn getrieben: *Was sag ich vom schwartzen Mäl am Fuß?* Aus Melampus wird Mehl am Fuß und zwar schwarzes Mehl am Fuß.⁴²⁹ Mit dem Oxymoron ist die Praxis der Analogiebildung als sprachlicher Unsinn entlarvt – als *Grillengeheimnuss*. Damit aber wird die Praxis der Signaturisten implizit als jenes Sprachspiel ausgestellt, das unausgewiesen die Paracelsisten betrieben, wo sie von Pflanzennamen *per analogiam* auf wesentliche, vom Schöpfer beigegebene Eigenschaften meinten schließen zu können. Im Zusammenhang solcher Spiele nun sind auch gewagte Etymologien zulässig: aus der Tochter des Proitos, Iphianassa,⁴³⁰ die Melampos ehelichte, wird ein *Hüpschnäßlin*,⁴³¹ was recht hübsch zur Verabreichung von Niespulver passt.

Dass sich der Philosoph Karneades vor dem Abfassen seiner Repliken auf die Bücher Zenons des *helleborus* bediente, entnahm Fischart der Naturhistorie des Plinius,

---

[427] Bei Herodot gilt der Seher Melampos als derjenige, der den Dionysos-Kult in Griechenland bekannt machte und den Phallos-Umzug einführte; erwähnt wird auch die Heilung der Frauen von Argos und die Verhandlungen um den Lohn dafür. In den *Bibliotheke* des Apollodor heißt es, Melampos habe die Stimmen der Vögel verstanden, weil Schlangen ihm, während er schlief, die Ohren geleckt hätten. Sowohl Herodot als auch Apollodor erwähnen die Geschichte der Heilung der Proitos-Töchter, bei Apollodor werden auch deren Namen erwähnt: Lysippe, Iphinoë, Iphianassa; vgl. Herodot, Historien 1988, II, 49 (242ff.); ebd., Bd. 2: Buch VI–IX, IX, 34 (1192ff.); Apollodor, Bibliotheke 2005, I, 96f. (48f.); II, 26–29 (82f.). Gaius Plinius Secundus, Naturkunde 1996, Buch XXV, 48, XXI, 47 (46f.).

[428] *Geschichtklitterung*, 10f.; vgl. das Titelblatt des Romans. Vgl. auch Tobias Bulang, Literarische Produktivität 2008.

[429] Vgl. Ulrich Seelbach, Ludus lectoris 2000, 190.

[430] Die Namen der Töchter bei Apollodor, Bibliotheke, II, 26–29; vgl. auch Ulrich Seelbach, Ludus lectoris, 431.

[431] Vgl. die korrekte Etymologie bei Ulrich Seelbach, Ludus lectoris, 190, Anm. 115.

Integrationsverfahren 447

wo auch erwähnt wird, dass viele Gelehrte den *helleborus* zur Beförderung ihrer Studien einnehmen würden (*ad pervidenda acrius quae commentabantur*).[432] Der Erfolg der Kur resultiert einerseits aus der purgativen Wirkung des Pharmakons, das dem Zögling gewissermaßen das Hirn von Überflüssigem leerbläst, sodann aus der traditionell bekannten Einsetzbarkeit gegen Schwachsinn sowie aus der konzentrationsfördernden Wirkung der Pflanzendroge, die Plinius an Karneades belegt.

Der Pflanzenname selbst wird sodann zum Gegenstand sprachspielerischer Produktivität. Der deutsche Name *Christwurz* wird gemeinhin darauf zurückgeführt, dass die Pflanze manchmal zur Weihnachtszeit blüht. In der Welt der *Geschichtklitterung* wird die Pflanze nur von Narren so genannt. Fischart ändert weniges und prägt aus dem Lautmaterial des deutschen Namens den Begriff *Christierwurtz* – diese Neuprägung geht auf eine seltene Etymologie der Pflanze zurück, welche aber immerhin bei Hieronymus Bock erwähnt wird. Fischart geht weiter, er ergänzt schließlich nach dieser Zwischenstation auch folgerichtig die *Clistierwurtz*. Damit ist die purgative Anwendung der Pflanze endgültig in den Namen hineingemogelt.[433] Durch Buchstabenspiele wird allererst hergestellt, was Signaturisten voraussetzen, nämlich dass sich im Namen der Pflanzen auf ‚natürliche' Weise ihre Wirkung manifestiere. Passend zur großen Hirnpurganz, zur Löschung der Wissensbestände des Gargantua mittels Verabreichung eines Niespulvers, mutiert schließlich der lateinische Gattungsname *Helleborus* bei Fischart zu *Hirnhölenborn*. Sowohl im Falle der *Clistierwurtz* als auch beim *Hirnhölenborn* werden sprachliche Hybriden zwischen Lateinischem und Deutschem generiert, der nomenklatorische und historische Diskurs der Botanik herangezogen und transformiert. Den bei Hieronymus Bock sich findenen Bericht von den *wurtzlern*, die auf der Ingelheimer Heide die Nieswurz graben, um sie in Venedig zu verkaufen, greift Fischart auf und behauptet, es seien dort alle diese Wurzeln ausgegraben worden, um das Purgativ für Gargantua herzustellen. Hier begegnet wieder die monströse Aufblähung von Wissenselementen zur Illustration der Riesenhaftigkeit. Für die große Nase des Riesen bedarf es sämtlicher verfügbarer Wurzeln auf der Ingelheimer Heide.

Als Resultat dieser drastischen Korrektur steht ein völlig neues Verhältnis von Leib und Wissen, ja von Körper und Text. Alle Ausübung der Leibesfunktionen und die Befriedigung körperlicher Bedürfnisse werden fortan an die Aufnahme von Wissen gebunden: Bereits während der Morgentoilette werden Bibelstellen vorgelesen. Auch bei Mahlzeiten wird das Einzuverleibende gewissermaßen vertextet. Zu Beginn des Essens

---

[432] Gaius Plinius Secundus, Naturkunde 1996, Buch XXV, 48.
[433] In seinen Ausführungen zu Religion und Karneval führt Hans-Jürgen Bachorski die assoziative Kette von *Christwurtz* über *Christierwurtz* zur *Clistierwurtz* als Beleg dafür an, dass auch der Name Jesu in den Strudel der grotesk-assoziativen Vermischung von Erhabenem und Fäkalischem gerät; vgl. Hans-Jürgen Bachorski, Irrsinn und Kolportage 2006, 440. Aufgrund der bei Bock verhandelten auf *cristieren, clistieren* zurückgehenden Etymologie des Pflanzennamens, relativiert sich ein solcher Befund offensiver Karnevalisierung des Religiösen an dieser Stelle. Die groteske poetische Einlösung von im pharmakognostischen Diskurs unterstellten Relationen scheint mir hier der eigentliche Witz der Passage zu sein.

wird *ein Lustige Hystori* vorgelesen. Alsdann werden Gespräche geführt *nach form der Philosophischen Mensæ*. Die Rede ist *von krafft, Tugend, stärck, eigenschafft und Natur* der aufgetragenen Speisen (*Prot, Wein, Wasser, Saltz, Speiß, Fischen, Früchten, Ops, Kraut, Wurtzeln*):

> Mit welcher Tischweiß er inn kurtzer zeit alle die örter und allegationen, so zu disen sachen auß dem Plinio, Atheneo, Dioscoride, Polluce, Galeno, Porphirio, Opiano, Polybio, Heliodoro, Aristotele, Eliano unnd anderen, so hie von etwas gedacht, angezogen und gefunden werden, kondt wissen, unnd ohn sondere müh ergreiffen: Pflegten auch offt, meherer vergwissung halben, die gemelte Bücher über Tisch darzureichen. (*Geschichtklitterung*, 255)

Das Essen wird ausführlich kommentiert und mit dem naturkundlichen Schrifttum abgeglichen. Das Ineinandergreifen von Naturgeschichte und Philologie ist für den oben geschilderten Diskurs typisch und wird in der *Geschichtklitterung* als Erfolg der Diätetisierung des Grobians Gargantua präsentiert. Damit wird im Register grotesker Körperlichkeit auch eine epochale epistemische Verschiebung auf dem Gebiet der Pflanzenkunde kommentiert. Bei Fischart wie bei Rabelais wird das Programm humanistischer Vervollkommnung im Wissen freilich ausgelöst und determiniert von einer Droge.[434] Bei Fischart lässt sich beobachten, dass die Kontingenzen im Wissen der Pharmakognosten dabei produktiv genutzt werden.

Alchemie und Hermetik

Verfahren einer Arkansprache

Alchemistische Praktiken zielen auf die Transformation von Stoffen. Ihnen liegt ein aristotelisches Verständnis der Wechselwirkungen von Materie und Form zugrunde. Verbunden damit ist die Vorstellung, dass es im Laboratorium möglich sei, Stoffe durch die Befreiung von ihrer Form auf eine *materia prima* zurückzuführen und in weiteren Arbeitsschritten mit neuer Fom zu versehen und so zu alterieren. In der Formel *solve et coniugo*, die auf das Auflösen und erneute Zusammensetzen geformter Materie zielt, verdichtet sich diese Vorstellung. Das Bestreben, den Stein der Weisen zu finden, um mit seiner Hilfe Gold herzustellen oder ein Allheilmittel gegen alle Krankheiten, die sogenannte *Panazee*, zu schaffen, stellt nur einen Teil der weit umfassenderen alchemistischen Praktiken dar, gleichwohl jedoch denjenigen, dem die größte Außenwirkung dieser Chemie vor Lavosier beschieden war.[435] Begleitet werden die Praktiken der Adepten im 16. Jahrhundert von einem umfassenden Diskurs. Sowohl in seiner Fachpublizistik als auch in der *Geschichtklitterung* zeigt sich Fischarts Partizipation am alchemistischen Schrifttum. Die alchemistischen Texte im 16. Jahrhundert umfassen ein breites Spektrum von Äußerungsweisen, das von der Wiedergabe einfacher Rezepte bis hin zu komplexen Allegoresen und verrätselter Arkansprache reicht. Besonders letztere

---

[434] Vgl. Beate Kellner, Verabschiedung des Humanismus 2008.
[435] Vgl. zur Einführung Bernhard Dietrich Haage, Alchemie im Mittelalter 2000.

avanciert im alchemistischen Diskurs des 16. Jahrhunderts zum Reizthema. Entsprechende alchemistische Texte sind im größeren Zusammenhang des Hermetismus zu sehen.[436] Charakteristisch für diese Formation ist, dass die Offenbarung ultimativer göttlicher Geheimnisse permanent angekündigt und zugleich ihre Verhüllung inszeniert wird. Umberto Eco hat in seiner Untersuchung hermetischer Semiose deutlich gemacht, dass das unaufhörliche Hinausschieben des Geheimnisses auf das endgültige Geheimnis führe, welches besage, das alles Geheimnis sei.[437] Für diese Verwaltung des Geheimnisses bedient man sich einer dunklen Sprache, einer bildhaften, ‚verdeckten' Rede, die über verschiedene sprachliche Verfahren generiert wird.

Besonders charakteristisch ist, dass die alchemistischen Verfahren, die verwendeten Substanzen und die ausgelösten chemischen Reaktionen und Prozesse mittels einer Fülle von Decknamen bezeichnet werden; auch weitere Formen der Verschlüsselung (Anagramme, Akrosticha, allegorische Darstellungen) kommen zur Anwendung. Der folgende Auszug aus den von Hieronymus Reusner unter dem Titel *Pandora, das ist die Edelst Gab Gottes* herausgegebenen alchemistischen Schriften eines Franciscus Epimetheus,[438] stehen für unzählige Varianten einer typischen Diktion, die sich von den Rezeptbüchern der mittelalterlichen *artes mechanicae* deutlich unterscheiden und ihrerseits in einer langen Tradition stehen:

Hie ist geboren der Track / sein hauß sind finsternusen / vnnd schwertze ist in allen denen wohnend. Aber dieses Meer fleuhet der Todt vnd die finsternussen / vnd die glentz vnd schein der Sonnen fleuhet der track / der da löcher behalt / oder darauff acht hat / Vnnd unser todter Sohn wird kommen / vnnd der König wird kommen auß dem fewr / vnd wird sich der vermæhlung frewen / vnnd die verborgenen oder heimlichen ding werden erscheinen / vnd die Jungkfrewlich Milch wird weiß werden / vnd vnser Sohn jetzund lebendig gemacht / wird in fewr ein krieger / vnd vber die tincturen und ferbungen fürauβgehend.[439]

Allenthalben findet sich in alchemistischer Literatur solche Rede von Drachen, toten Söhnen, Königen, aufsteigenden Vögeln, farbenprächtigen Pfauen, roten Löwen und weißen Lilien.[440] Solcherart wird die Abfolge der Reaktionen und des damit einherge-

---

[436] Vgl. mit weiterführender Literatur Wilhelm Kühlmann, Der ‚Hermetismus' als literarische Formation 1999, 145–157.
[437] Umberto Eco, Die Grenzen der Interpretation 1992, 65.
[438] Der Verfassername bezieht sich auf den Pandora-Mythos.
[439] [Hieronymus Reusner], Pandora 1598, 43.
[440] Vgl. auch die Erinnerung dieser Sprachwelt in Goethes *Faust*. Während des Osterspazierganges schildert Faust seinem Famulus Wagner, wie sein Vater und er mit alchemistischen Heilmitteln *schlimmer als die Pest getobt* hätten und beschreibt die alchemistischen Praktiken und Bücher des Vaters, *... der in Gesellschaft von Adepten | sich in die schwarze Küche schloss | und nach unendlichen Rezepten | das Widrige zusammengoß. | Da ward ein roter Leu, ein kühner Freier | im lauen Bad der Lilie vermählt | und beide dann mit offnem Flammenfeuer | aus einem Brautgemach ins andere gequält. | Erschien darauf mit bunten Farben | die junge Königin im Glas, | hier war die Arzenei, die Patienten starben | und niemand fragte wer genas !*; Goethe, Faust. Der Tragödie erster Teil 1998, 39.

henden Farbenpiels im Glaskolben allegorisiert und narrativiert, indem Orte (das Haus des Drachen, das Meer) sowie Akteure (der tote Sohn, der König) in den semiotischen Prozess eingebunden werden, der die Arbeit des Adepten begleitet. Dem Verständnis solcher Passagen und dem Vermögen zu ihrer Umsetzung im Laboratorium sind enge Grenzen gesetzt, sie sind – so formulieren es die entsprechenden Texte – jenen vorbehalten, die aufgrund göttlicher Begabung und vorheriger mündlicher Unterweisung durch Meister zum *opus magnum* berufen sind. Die Bildhaftigkeit dieser Sprache findet ihre Umsetzung auch in Buchillustrationen. Es enstand ein „wahres Pandämonium von rebusartigen Kombinationen, von Symbolen, Allegorien und realistischen Darstellungen, nur dem Kundigen verständlich."[441]

Die allegorischen Darstellungen können in Sprache und Bild sehr komplexe Formen annehmen, wie etwa den Gedichten aus Reußners *Pandora*, die jeweils mit Illustrationen versehen sind:

> *Die Vôgel fliegen auß Sonnen vnd Mon / vnnd schweben in der hôhe schon / Durch des geschirrs klare vnd nemmen darbey wahre der Sonnen und des Mondes Reich / vnd fliegen wider in das Erdtreich vmd nehmen darauß ihr natürliche Speiß / vnd bringen den vogel rot vnd weiß / die sterben in ihrem saamen / durch hitz der sonnen und des Monds.*[442]

Die Vögel stehen dabei für aufsteigenden Dämpfe; gleichzeitig chiffrieren sie aber eine ganz grundsätzliche alchemistische Vorstellung, die eines *descensus* – eines Abstiegs der Materie in das Erdreich, einen Tod der Substanz – sowie eines darauffolgenden *ascensus*, den Aufstieg in höhere Sphären, verbunden mit Veredelung und Läuterung.[443] In Text und Bild kommt immer wieder auch Sexualmetaphorik zum Einsatz, von Zeugung und Empfängnis ist die Rede, und die *coniunctio* von Schwefel (Sulphur) und Quecksilber (Mercurius) wird in Text und Bild als *coitus* eines Königs und einer Königin vergegenwärtigt;[444] auf den Bildern sieht man nackte, gekrönte Leiber umschlungen im Glaskolben liegen. Solche Bilder weisen auf die Vorstellung der schöpferischen, Zeugung und Geburt analogen Hervorbringung von Neuem, zuvor nicht Vorhandenem im Kolben der Alchemisten. Lassen sich in dieser Art und Weise auch bestimmte sprachliche Bilder bestimmten Prozessen und Elementen zuordnen,[445] so erfahren doch solche Bemühungen um Decodierung eine Grenze an der die alchemistische Arkansprache ganz grundsätzlich kennzeichnenden Polysemie.[446] Dies betrifft solche allegorisierende Darstellungen wie die Vorgebrachten (König, Königin, Mond, Merkur etc.

---

[441] Hans Biedermann, Materia prima 1973, 42.

[442] [Hieronymus Reusner], Pandora 1598, 226; zu den Bildern in Reusners Kompilation vgl. Herwig Buntz, Deutsche alchemistische Traktate 1968, 35–38.

[443] Vgl. Hans Biedermann, Materia prima 1973, 37f.

[444] Hier ist besonders traditionsbildend das *Rosarium Philosophorum*; vgl. die Abbildungen daraus bei Hans Biedermann, Materia prima 1973, 70f.; Bernhard Dietrich Haage, Alchemie im Mittelalter 2000, Abb. 23 (Tafelteil).

[445] Vgl. Hans Biedermann, Materia prima 1973, 13f.

[446] Vgl. Bernhard Dietrich Haage, Wissenstradierende und gesellschaftliche Konstituenten 1993, 228–268.

können jeweils Unterschiedliches bedeuten) als auch die vielfachen Namen für bestimmte Substanzen und Bezeichnungen für Vorgänge.

Folgender Satz des Arthephius veranschaulicht deutlich die Herausforderungen an das Prinzip der Nichtwidersprüchlichkeit,[447] denen sich die Leser alchemistischer Schriften zu stellen haben: *Und dieses Quecksilber heißt Feuer [...], da es nur Feuer ist, und Nichtfeuer, da es nur Schwefel ist, und Nichtschwefel, da es nur Quecksilber ist.*[448] Ähnliches lässt sich anhand eines Ausspruchs Khunraths zum *lapis philosophorum* beobachten: *Wenn der Stein ein Stein wäre, hätte man ihn nicht Stein benannt.*[449] Folgendes Zitat stellt in einer Folge von Tautologien ebenso die referentielle Unberechenbarkeit alchemistischer Sprache aus:

> *Ich werde dir sagen von einem stein / und ist kein Stein / es ist wie ein Wasser: Staub / es ist kein Staub / es ist wie ein dicke geronnene Milch / vnd ist kein Milch: Es ist auch kein Leimen: es ist wie ein grün giftig ding da die frösche drunter hocken / vnd ist kein Gifft: es ist ein Medizin, in summa es ist die erde davon Adam gemachtet und geschaffen ist.*[450]

Die Rede vom Stein, der kein Stein sei, lässt sich über viele ähnliche Formulierungen zurückverfolgen bis auf Zosimos, der auch von einem Stein spricht, der kein Stein sei, einer wertvollen Sache ohne Wert, einem manigfach geformten Ding ohne Form etc. Auch durch solche Tautologien wird semantische Referenz in diesen Texten gezielt obstruiert. Dies geschieht u. a. dadurch, dass die jeweilige Referenz von Wörtern wie ‚Feuer', ‚Merkur', ‚Mond' immer davon abhängt, auf welchen Abschnitt des *opus magnum* sie sich beziehen.[451] Die Bedeutung der Worte gleitet permanent.

Erfolgt durch die Polysemie und Tautologien der Begriffe eine gezielte Obstruktion von Referenz, so ist andererseits eine Inflation von Referenz durch Synonymie zu beobachten. In den Texten wird eine Fülle von Formulierungen genutzt, die alle dasselbe bezeichnen. So gibt es für ein und denselben Vorgang, beispielsweise das Erhitzen der Substanzen im Glaskolben, eine Fülle von Metaphern und Arkanbezeichnungen. In der Kette der Synonyme – Umberto Eco spricht in diesem Zusammenhang von der ‚totalen' Synonymie – wird die Arbitrarität der Zeichen zum Problem einer laborantischen Praxis, welche anstrebt, die Tinkturen und Elixire, den *lapis philosophorum* oder die *Panazee* durch den Rückgriff auf die codierten Anleitungen zu gewinnen.

Das Gleiten der Wortbedeutungen, die gezielte Verwirrung von Referenz und die Organisation von Polysemie und Synonymie wird in den alchemistischen Schriften des 15. und 16. Jahrhundert auch begründet und gerechtfertigt. Es werden pragmatische Be-

---

[447] Gerhard Eis, Von der Rede und dem Schweigen der Alchimisten ²1965; grundsätzlich zur Opposition des hermetischen Diskurses gegen den *modus ponens* Umberto Eco, Die Grenzen der Interpretation 1992, 59ff.
[448] Zit. n. Michel Butor, Die Alchemie und ihre Sprache 1984, 22.
[449] Zit. n. Michel Butor, Die Alchemie und ihre Sprache 1984, 22.
[450] C. H. von Hoff, Von der Bereytung des gebenedeyten philosophischen steins 1614 [zit. n. Herwig Buntz, Deutsche alchemistische Traktate 1968, 59].
[451] Michel Butor, Die Alchemie und ihre Sprache 1984, 23f.

gründungen dafür vorgebracht, dass die dunkle Rede verwendet wird. Gebräuchlich sind sozialethische Rechtfertigungen: Die Geheimnisse sollen Unberufenen nicht zugänglich sein, um Schaden zu vermeiden und Missbrauch vorzubeugen. Man hat darin eine tatsächliche altruistische Sorge um den Missbrauch der Erkenntnisse etwa im Rahmen der Kriegstechnik sehen wollen,[452] auch Versuche, die Misserfolge der Alchemisten zu verschleiern, Monopolsicherung an Erkenntnissen, sowie Schutzmaßnahmen vor einer drohenden Verurteilung durch die Inquisition.[453] Die tatsächlichen Ursachen für die Emergenz und Tradierung einer solchen Sprache, die ja nicht auf die frühe Neuzeit beschränkt ist, sondern weit bis in die Antike zurückreicht, werden sich so pauschal sicherlich nicht angeben lassen. Die in den Texten des 16. Jahrhunderts inszenierten Apologien jedoch sind, und dieser Aspekt interessiert hier vor anderen, durch Sprachreflexionen gekennzeichnet. Eco hat treffend von einem „Diskurs im Quadrat" gesprochen, da es sich dabei um den Diskurs der Alchemie über alchemistische Diskurse handle.[454] Neben den sprachpragmatischen Standardapologien finden sich in alchemistischen Veröffentlichungen auch Reflexionen über Wortbildung, Neologismen und Polysemie.

Lexikographie, Stilkritik, Alchemistenspott und Dämonisierung in *Onomastica II*, *Correctorium Alchymiae* und *Daemonomania Magorum*

Die von Fischart und Toxites kompilierten *Onomastica* versammeln auch alchemistische Vokabeln. Fischarts Aktivitäten auf diesem Gebiet stehen im Zusammenhang mit dem weiterschreitenden Akzeptanzverlust der auf Galen und Avicenna zurückgehenden medizinischen Schultradition, mit der Aufkunft volkssprachlicher medizinischer Texte und somit auch mit dem Problem neuer, polyglotter Terminologien und einer neuen Form der Heilmittelkunde, welche unter anderem alchemistische Praktiken der Fertigung von Medikamenten nutzbar machte. Diesen Übergang verkörpert Paracelsus, und er inszenierte ihn auch sinnfällig in seinem berühmten Autodafé der Bücher Galens und Avicennas an der Basler Universität. Im nach dem Tod des Hohenheimers sich etablierenden Paracelsismus ist nach Wilhelm Kühlmann eine „für die europäische Kulturgeschichte, d. h. die geistige Physiognomik des 16. und 17. Jahrhunderts zentrale, weit in die Zukunft ausstrahlende Oppositions- und Reformbewegung"[455] zu sehen, die auch als publizistisches Ereignis kaum überschätzt werden kann. Die Frühparacelsisten bemühten sich um die Edition der Schriften des Hohenheimers wie auch um die Herausgabe erläuternder Kompendien und konnten für diese Projekte viele Druckereien ge-

---

[452] Die Gründe für die Geheimhaltung in einem „bemerkenswerten sozialethischen Verantwortungsbewußtsein der Alchemisten" sieht: Gerhard Eis, Von der Rede und dem Schweigen der Alchimisten ²1965, 51.
[453] Wilhelm Kühlmann, Rätsel der Wörter 2002, 249f.; Hans Biedermann, Materia prima 1973, 10.
[454] Umberto Eco, Die Grenzen der Interpretation 1992, 109.
[455] Wilhelm Kühlmann, Joachim Telle (Hg.), Corpus Paracelsisticum II 2004, 2.

winnen. Auch Bernhard Jobin in Straßburg gab Paracelsica heraus.[456] Paracelsus hatte für die Herstellung seiner Arzneimittel (*arcana*) auch alchemische Verfahren genutzt (die Alchemie bildet eine der drei Säulen seiner Medizin) und bediente sich in seinen Schriften alchemistischer Arkansprache, die er allerdings weiter entwickelte. Allenthalben finden sich bei ihm „rätselhafte, neue Ausdrücke, deren begriffliche Eindeutigkeit, elementare semantische Zuordnung oder Ableitung bzw. praktische medizinische oder naturkundliche Referenz sichtlich der Klärung bedürfen."[457] Im Diskurs des Paracelsismus stellt diese Arkansprache – wie Wilhelm Kühlmann und Joachim Telle in ihrer beeindruckenden Aufarbeitung des deutschen Frühparacelsismus gezeigt haben – ein „Reizthema" dar. Die Arkansprache wird auch Gegenstand einer sprachhermeneutischen Aufarbeitung, die in einer Reihe von paracelsischen und alchemistischen Wörterbüchern erfolgt, die ab dem letzten Drittel des 16. Jahrhunderts entstehen. Solche Wörterbücher, Synonymenverzeichnisse und Onomastica stellen Vermittlungsbemühungen dar, die den dunklen paracelsischen Stil und die Sprache alchemischer Schriften legitimieren und anschlussfähig machen sollen.[458]

Zur Topik ihrer Vorreden gehören immer die Rechtfertigung der Alchemie und die Auseinandersetzung mit der dunklen Rede der Alchemisten und des Paracelsus. Hinzu aber kommt bei den Wörterbuchprojekten die Begründung dafür, dass eine Verständnis- bzw. Übersetzungshilfe zulässig, ja notwendig ist, was angesichts des alchemistischen Geheimhaltungsgebots in hohem Maße begründungsbedürftig ist. Man kann ein nicht unwesentliches Paradox dieser Vorreden darin sehen, dass sie einerseits den dunklen Stil zu rechtfertigen suchen, andererseits ihm aber durch sprachhermeneutische Auslegungen entgegenarbeiten.[459]

Eine aufschlussreiche Verklammerung von Stilbegründung und Rechtfertigung der sprachhermeneutischen Aufarbeitung findet sich im paracelsischen *Onomasticon* Adams von Bodenstein.[460] Der bekannte Frühparacelsist[461] rechtfertigt sein Projekt eines authentischen, weil nur aus paracelsischen Äußerungen kompilierten Wörterbuchs. Die

---

[456] [Paracelsus], Zwen Tractatus […] Philippi Theophrasti Paracelsi 1572; De Natvra Rerum IX Bůcher […] 1584.

[457] Wilhelm Kühlmann, Joachim Telle (Hg.), Corpus Paracelsisticum II 2004, 19, 232ff.; vgl. auch das Kapitel „Fach- und ‚Arkansprache'" bei Herwig Buntz, Deutsche alchemistische Traktate 1968, 52–60.

[458] Eine Bibliographie solcher Wörterbücher und Kommentare zu ihnen bei Wilhelm Kühlmann, Joachim Telle (Hg.), Corpus Paracelsisticum II 2004, 19f.

[459] Wilhelm Kühlmann spricht treffend von der „Ambivalenz einer paraenetischen Kundgabe des Fortschritt und Nutzen verheißenden Arkanums einerseits, einer durch die verdunkelnde Andeutung rechtfertigende Restriktion andererseits", Wilhelm Kühlmann, Rätsel der Wörter 2002, 249.

[460] Adam von Bodenstein, Onomasticon Theophrasti Paracelsi 1575. Es handelt sich bei diesem Druck um die Seperatausgabe des bereits 1566 Bodensteins Edition des *Opus Chirurgicum* beigegebenen Glossars. Zu handschriftlichen Paracelsus-Glossaren vgl. Kurt Quecke, Zwei handschriftliche Paracelsus-Onomastica 1953.

[461] Biogramm bei Wilhelm Kühlmann, Joachim Telle (Hg.), Corpus Paracelsisticum I 2004, Nr. 6.

Reinheit der Lehre des Hohenheimers fungiert als Ausgangspunkt, die vielen Drucke paracelsischer Schriften seien mit *frembden additionen*[462] befleckt und deshalb verfälscht.[463] Dadurch komme es zu einer Kontamination der paracelsischen Wahrheiten mit jenen Traditionen der Medizin, die Paracelsus verständigerweise aufgrund seiner Einsicht in ihre Falschheit abgelehnt habe, da ihre Fundamente *löcherich / sandig und schlipferig sein*.[464] Die Schriften des Paracelsus können nicht verbessert werden und dürfen nicht mit *heydnischer Schreibe*[465] in Berührung kommen. Bodenstein dreht die klassische Rechtfertigung der paracelsischen Schriften – sie schütze die Geheimnisse vor Unberufenen – regelrecht um, und rechtfertigt so die Klärung der aenigmatischen Rede: Die Unberufenen missbrauchten die dunkle Rede des Paracelsus, weshalb ihre Klärung geboten sei.

Auch in der Vorrede einer von Hieronymus Reusner herausgegebenen Sammlung alchemistischer Schriften wird der Missbrauch der Medizin durch *verlauffene Lottersbuben / Kotschierknecht und Bader* angeprangert.[466] Diese stehlen den Kranken ihr Geld und bringen sie ums Leben.[467] *Etliche hochtrabende Balbirer & schårer* würden zwar den Kranken die gefährlichsten Substanzen eingeben, seien dabei aber noch nicht einmal in der Lage, die Sprache der Rezepte zu vestehen.[468] Der Missbrauch der Medizin wird so vom Unverständnis der Sprache abhängig gemacht. Um diesen Missständen abzuhelfen, habe Paracelsus *auß eyfer vnd lieb gegen seine Teutschen veram Magiam erfunden*.[469] Er habe eine neue *new Magische art zu schreiben* und neue Namen hervorgebracht, *welche nicht ein jeder Landtfahrer / oder bartscherer / oder apoteckersknecht/ Sondern allein Philii sapientiae & ueri Magi in jre köpffe bringen mögen*:

> *Das ist die vrsach / darum er vil per allegorias, aenigmata & figuras varias abgemahlet hat. Darumb at er auch so cabalistische und magische nammen erdacht: welche vilen zauberisch seyn duncken* […].[470]

Paracelsus wird als Wortmacher dargestellt, als Schöpfer von polysemen Begriffen, *die man nit so leicht fassen kann / alß wann es Galenisch Recept weren*.[471]

Die Vorrede des ersten Bandes des *Onomasticon* Leonhard Thurneyssers von Thurn charakterisiert Paracelsus als *rechte*[n]*, wahrhafftige*[n] *Silenus* und als Atlas, der die Last der Welt trägt.[472] Zu Zeiten des Asklepios und des Hippokrates habe sich das medizinische Wissen noch in Ordnung befunden, seitdem aber sei es durch Missbrauch

---

[462] Adam von Bodenstein, Onomasticon Theophrasti Paracelsi 1575, Bl. ii^r.
[463] Ebd., Bl. ii^v– iii^v.
[464] Ebd., Bl. iiii^r.
[465] Ebd., Bl. vi^r.
[466] [Hieronymus Reusner], Pandora 1598, Bl. ii^v.
[467] Ebd., Bl. iij^r.
[468] Ebd., Bl. iiij^r.
[469] Ebd., Bl. iiij^v.
[470] Ebd., Bl. iiij^v.
[471] Ebd., Bl. vi^r)
[472] [Leonhardt Thurneysser zum Thurn], ερμηνεια 1574, Vorrede.

verrostet, was Paracelsus zur Autodafé der Bücher Galens und Avicennas bei seiner Basler Antrittsvorlesung bewegt habe. Mit Verweis auf die Gleichnisreden Christi, der Sibyllen, der Propheten und die Apostelgeschichte wird die Sprache des Paracelsus gerechtfertigt.[473] So wie die Taten Christi schließlich alles, was in Gleichnisreden der Propheten verkündet war, bestätigten, so würden auch die Schriften des Paracelsus durch erfolgreiche Kuren Kranker bestätigt. Fortgefahren wird mit der Diskreditierung von Kritikern des Hohenheimers. Jene, welche die *frembden vocabula wōrter / und Namen / seine definitiones und beschreibungen* des Paracelsus verachten, bezeugten damit die eigene Unerfahrenheit öffentlich. *Schein und Figur schrifften* gebe es schließlich auch in der Heiligen Schrift, in den Bilderschriften der Ägypter, bei Avicenna, Hippokrates u. v. a. Nur die Schmäher nennen Paracelsi Worte Rottwelsch und Bettlerlatein, sie mögen ihre Äußerungen erst beweisen. Das Geheimhaltungsproblem löst Thurneysser auf ganz eigene Weise: Das *Onomasticon* könne nicht an Unberufene gehen, da es nur in sehr wenigen Exemplaren gedruckt und an ausgewählte Adressaten verschickt werde.[474]

Die beiden bei Jobin 1574 erschienenen *Onomastica* stehen im Kontext solcher Wörterbücher, setzen aber auch andere Akzente. Im ersten *Onomasticon* findet sich ein polyglottes Verzeichnis der Synonyme von Namen, welcher – wie es auf dem Titel heißt – *sich die Arzet, Apoteker auch Theophrastus zu gebrauchen pflegen*. Diesem ersten, von Fischart erstellten *Onomasticon* folgt ein *Onomasticon Theophrasti Paracelsi*, das wohl von Toxites kompiliert wurde, und bei dem es sich um ein Glossar paracelsischer Arkanbegriffe mit Erklärungen in lateinischer, deutscher, mitunter auch französischer und italienischer Sprache handelt.[475] Eröffnet wird der Band durch eine Einleitung des Toxites und eine von Fischart, beide in lateinischer Sprache.[476]

Insbesondere das zweite *Onomasticon* gehört in den Kontext des Paracelsismus und jener Fülle paracelsischer und alchemistischer Thesauri und Synonymenverzeichnisse des 16. Jahrhunderts.[477] Typisch in diesem Zusammenhang ist die Vorrede des Toxites,

---

[473] [Leonhardt Thurneysser zum Thurn], ερμηνεια 1574, Vorrede.

[474] Der zweite Band von Thurneyssers Onomasticon hat sich weit von den gängigen alchemistischen und paracelsischen Wörterbüchern entfernt: Es handelt sich eher um eine Enzyklopädie des Geheimwissens aller Sprachen des Welt. Drucktechnisch ist es spektakulär: [Leonhardt Thurneysser zum Thurn], Και ερμηνηια 1583. Leider ist hier nicht der Raum genauer auf diesen Folioband (!) einzugehen, eine ausführliche linguistische und kulturhistorische Untersuchung dieses Kompendiums ist nach wie vor Desiderat; einige Vorstöße finden sich bei: Gabriele Spitzer, ... und die Spree führt Gold 1996, 89–99.

[475] [Michael Toxites, Johann Fischart], Onomastica II 1574.

[476] Die Vorrede des Toxites findet sich mit deutscher Übersetzung und Kommentar bei Wilhelm Kühlmann, Joachim Telle (Hg.), Corpus Paracelsisticum II 2004, 321–331. Fischarts Vorrede wurde in Birlingers *Alemannia* gedruckt: Fischart, (Lexikographische Vorrede) 1873; vgl. auch die Paraphrase bei Adolf Hauffen, Johann Fischart 1921/22, Bd. 2, 185–187.

[477] Eine Übersicht über diese Publikationen bei Wilhelm Kühlmann, Joachikm Telle (Hg.), Corpus Paracelsisticum II 2004, 19f. Zu handschriftlichen Paracelsus-Glossaren der Zeit vgl. Kurt Que-

sie enthält eine differenzierte Apologie der dunklen Rede,[478] in ihr findet sich auch die dargestellte Ambivalenz, Geheimhaltungsgebot und Offenbarungsgestus betreffend. Weiterhin enthält sie Überlegungen zur Konstitution der Hohenheimschen Neologismen, zur Arbitrarität und zur Natürlichkeit der Wörter. Zunächst wird die charakteristische Art paracelsischer Rede dargestellt und gerechtfertigt. Toxites bietet hierzu eine besonders komplexe, perspektivenreiche und interessant begründete Apologie des dunklen Stils: Den Lesern der Schriften des Hermes Trismegistos und des Paracelsus – so hebt die Vorrede an – gehe es ebenso wie den Söhnen des Sem nach der babylonischen Sprachverwirrung: Sie verstehen die Bezeichnung der Dinge nicht mehr. Die Schwierigkeiten der alchemistischen Sprache werden begründet in ihrem Gegenstandsbereich aber auch im Adressatenbezug der entsprechenden Schriften: In ihnen gebe es eine Dunkelheit der Dinge und der Worte. Die göttlichen Geheimnisse und Mysterien würden in den alchemistischen Schriften zwar überliefert, die Großtaten Gottes allerdings nur in verhüllter Art und Weise dargestellt, damit auch nur der göttlich Erleuchtete ihren Sinn ausfindig machen könne. In Rätseln verheimlicht würden die Großtaten Gottes, damit sie dem Pöbel nicht gemein würden, da die göttlichen Geheimnisse nur den Söhnen der Weisheit bestimmt seien. Bemerkenswert ist an dieser Vorrede, dass Paracelsus hier in die hermetische Tradition gerückt wird, dass der Stil der dunklen Rede in Bezug gesetzt wird zur babylonischen Sprachverwirrung, und dass eine Dunkelheit der Worte von einer Dunkelheit der Dinge unterschieden wird. Erläutert wird auch das Zustandekommen der alchemistischen Sprache. Toxites führt es auf eine bestimmte Praxis der Wortbildung zurück: Die Philosophen und Paracelsus hätten ihre Begriffe verschiedenen Sprachen entnommen, teilweise aber hätten sie diese auch von der Ähnlichkeit der Dinge abgeleitet. So betrachtet besteht die Sprache der Alchemie – und hier handelt es sich nicht um eine sprachpragmatische, sondern um eine die Lexik betreffende Begründung – aus Wörtern verschiedener Sprachen, sowie aus Begriffen, die dem Wesen der Dinge entnommenen wurden. Sie ist also sowohl polyglott als auch kratylistisch. Die so eröffnete Alternative von Mehrsprachigkeit und Natursprache wird nicht weiter begründet, es wird damit aber die spezifische Dunkelheit der Rede des Paracelsus sowohl auf die Arbitrarität bestimmter Begriffe als auch auf die natürliche Motiviertheit weiterer Ausdrücke bezogen. Vieles aber, so heißt es weiter, stamme aus anderen Sprachen bzw. aus der chemischen Fachsprache. Bemerkenswert ist die Differenzierung einer sprachpragmatischen Stilbegründung von einer die Wortbildung betreffenden Sprachpraxis, auffällig zudem das Lösungsangebot für die aufgewiesene Spannung zwischen durch Polysemie erzeugter Arbitrarität und dem kratylistischen Anspruch.

Innovativ ist auch des Toxites' Bearbeitung des Geheimhaltungsproblems: Zur Abwehr des Vorwurfs einer durch Preisgabe der Geheimnisse verschuldeten Tabuverlet-

---

cke, Zwei handschriftliche Paracelsus-Onomastica 1953; zur Paracelsus-Lexikographie auch Karl-Heinz Weimann, Paracelsus-Lexikographie 1981.

[478] Vgl. Adolf Hauffen, Johann Fischart 1921/22, Bd. 2, 185.

zung nutzt Toxites ein theologisches Argument. Auch Christus, so Toxites, habe wie Paracelsus die Geheimnisse der Schöpfung nicht erklärt, sondern sie in Gleichnissen kundgetan. Die Erläuterung der Worte, derer er sich in den Gleichnissen bedient habe, sei nicht verboten, die Ausführungen im *Onomasticon* sind so also nicht Enthüllung, sondern Exegese. Die aenigmatische Rede der Paracelsisten und die kratylistischen Behauptungen des Theophrast von Hohenheim werden so Gegenstand eines lexikographischen Projekts.

Man kann einen Akt diskursiver Arbeitsteilung darin sehen, dass Toxites' Vorrede die apologetische Topik und die Bearbeitung des Geheimhaltungsparadoxes übernimmt, Fischart hingegen sich an die Studenten der Medizin wendet, denen mit den *Onomastica* geholfen werden soll, indem sie ihnen ermöglichen, moderne medizinische Schriften zu erschließen.[479] Toxites' Apologien richten sich also an Paracelsisten und Alchemisten, Fischart jedoch zielt auf das Publikum der auszubildenden Ärzte.

Die Einträge des von Fischart zusammengestellten *Onomasticon I* zeigen dann auch, dass es sich um anderes als um ein im engeren Sinne paracelsisches Glossar handelt.[480] Im *Onomasticon I* wird beansprucht, die Entsprechungen medizinisch relevanter Dinge in verschiedenen Sprachen und Berufsidiomen übersichtlich darzustellen. Die Reihenfolge der angeführten Sprachen wird weitgehend im gesamten *Onomasticon* beibehalten: deutsch, französisch, italienisch, englisch. Darauf folgen dann Berufsidiome: Salber- bzw. Apothekersprache; mitunter werden auch hebräische Begriffe aus alchemistischen Traditionen hinzugefügt. Kommen die Begriffe dieser Protofachsprache auch ausgiebig im *Onomasticon* vor, so sind sie doch dem deutschen Begriff und seinen Entsprechungen in verschiedenen Sprachen nachgeordnet. Die sich über mehr als 380 Seiten erstreckenden Einträge umfassen weit mehr und anderes als paracelsische Neuprägungen.

Das lexikographische Ergebnis ist hybrid. Es ist weder als Verzeichnis paracelsistisch-alchemistischer Fachsprache, noch als nach Sachgruppen geordnetes Synonymlexikon, noch als deutsches Wörterbuch ohne Probleme benutzbar. Die Ordnungssysteme sind inkonsequent verwendet: Die Einträge in den einzelnen Sachgruppen sind nicht durchgängig alphabetisch geordnet, die Sachgruppengliederung selbst ist unzuverlässig: Unter den Steinen und Metallen findet sich auch Butter, Fett, Milch und Wasser, Kuhmist und Hundsmist. Im letzten Teil, der die Pflanzennamen behandelt, findet sich gegen Ende immer mehr Heterogenes: Wasserfrosch, Bier, Menschenblut u. a. m.[481] Auffällig ist eine eigentümliche Doppellemmatisierung der Synonymketten. Die ersten

---

[479] [Michael Toxites, Johann Fischart], Onomastica II 1574.
[480] Adolf Hauffen, Johann Fischart 1921/22, Bd. 2, 180-189. Eine stilistische Begründung für Toxites' Verfasserschaft des *Onomasticon II* findet sich bei Hugo Böss, Fischarts Bearbeitung lateinischer Quellen 1923, 10.
[481] [Michael Toxites, Johann Fischart], Onomastica II 1574, 321, 358, 377. Sowie der folgende Eintrag auf Seite 318f.: *Nichts / Gro nichts / weis nicht / und Rusfuncken von gebrantem Helfenbein* bzw. 330: *Harm / Brunn / Brunz / Brunzwasser / Pisse / Seich* – mit Sicherheit keine Pflanzen.

Ausdrücke der untereinander angeordneten Einträge sind die deutschen, sie sind kursiv gesetzt. Die Ausdrücke jedoch sind nicht alphabetisch geordnet.[482] Mit breiterem Durchschuss und größerer Antiquatype ist nach den deutschen, französischen, italienischen und gegebenenfalls englischen oder spanischen Wörtern ein weiterer Begriff noch einmal abgesetzt und hervorgehoben, dem dann, wie im Vorwort angekündigt, die „verschiedenen Synonyme bald der Araber, bald der Hebräer, der Griechen, Lybier, Meder und der Lateiner, Alchemisten, und Quacksalber" folgen. Die zusätzlich markierten Begriffe entstammen verschiedenen Sprachen,[483] auch sie folgen keiner alphabetischen Ordnung. Die den Einträgen vorangestellten Nutzungshinweise lassen diese drucktypisch herausgesetzte Stelle unbestimmt, man wird nicht in der Annahme fehlgehen, dass es sich bei ihnen um die auf dem Titel angegebenen Ausdrücke handelt, *welcher sich die Arzet, Apoteker auch Theophrastus zu gebrauchen pflegen*. Besonders bei den Edelsteinen und Metallen findet sich hier alchemistische Arkanterminologie und die Probleme der Polysemie und der Synonymie lassen sich am Eintrag zu *Quecksilber*, einem in der Alchemie besonders bedeutendem Metall, gut zu beobachten:

> *Quecksilwer* | Gal. Argent vif. | Hisp. Azogue. | **Argentum vivum**. | Argentum Martis. | Azoch. | Assob. | Assor. | Arbachest. | Az. | Azar. | Azerot. | Azet. | Azut. | Azduc. | Zalubar. | Argentum aquosum. | Albach uiuum. | Agrios. | Amarit. | Aqua nostra: Chy. | Aqua philosophorum. | Aqua lucens. | Aqua acuta. | Aqua congregationis. | Aqua cœli. | Aqua frigida. | Aqua lubrica. | Aqua mortis. | Zibatum. | Vomica liquoris æterni. | Hydragyrum. | Χυτος αργυρος. | Αποσιρματισμος δρακοντος: Chy. | Minij secundarij effectus. | Feldraconis | Discus solis. | Aqua uiscosa. | Aqua Siaca | Aqua uiua. | Almargasita. | Album plumbum. | Alembic. | Alkardi. | Anima mineralis: Chym. | Antherit. | Acetum acerrimum. | Acetum adhærens. | Bezech. | Belach. | Arsenicum. | Centrum terræ. | Caligo. | Caphaym. | Caffar. | Cauda draconis. | Cantir. | Coagulum: Chymice. | Dominus elementorum: Chymice. | Syret. | Dabeth. | Latro. | Draco, Chymice. | Draco, qui exurit omnem rem. | Draco, qui maritat seipsum. | Draco, qui impregnat seipsum. | Draco, qui interficit in die suo. | Draco, qui interficit omnia ueneno suo. | Draco, qui perdit omnem rem. | Draco, qui punit omnem rem. | Eylacus. | Fons uiuus. | Filius fugitiuus: Chymice. | Fida. | Fiada. | Frigiditas. | Fumus albus. | Fons animalis. | Barchar | Guimna alba. | Humiditas. | Herba ablutionis. | Ipostas albus. | Idosseos. | Keseff uagus. | Luna uiua. | Latro fugitiuus. | Lapis noster: Chymice. | Lapas. | Lac uirgineum. | Mercurius. | Massal | Mysterium: Chymicé | Mors: Chymice. | Modar. | Nubes. | Mahot. | Oculus auri: Chymice. | Oculus argenti. | Oleum mollificans | Ocultum scientiæ: Chym. | Ozac. | Pater mirabilis, Chymicé | Racha. | Scorpio caudatus: Chym. | Serpes uenenosus, Chym. | Saybacht. | Servus nequam, Chymice. | Servus citrinus, Chy. | Servus fugitivus, Chy. | Servus ambulans, Chym. | Spiritus ambulans, Chym. | Spiritus fatuus, Chym. | Spiritus uolans, Chym. | Sperma lunæ, Chym. | Sperma acerrimum, Chy. | Sputum acerrimum, Chy. | Sputum melancholicum. | Sputum non adurens. | Stagnum. | Stilbous. | Tharit. | Totum secretum, Chy. | Tußis. | Zarachar. | Zybat. | Zaucolezuco. | Zahyber.[484]

---

[482] Zur Lemmatisierung deutscher Ausdrücke und ihrer alphabetischen Gliederung als Voraussetzung für ein deutsches Wörterbuch vgl. Klaus Grubmüller, Vokabular und Wörterbuch 1986.

[483] Adolf Hauffens Bemerkung, als „zweite Überschrift" stehe der lateinische Ausdruck, trifft so nicht durchgehend zu; vgl. Adolf Hauffen, Johann Fischart 1921/22, Bd. 2, 186.

[484] [Michael Toxites, Johann Fischart], Onomastica II 1574, 11–13.

Integrationsverfahren 459

Neben Übersetzungen (*Argentum vivum*) gibt es hier auch eine Fülle von alchemistischen Decknamen (z. B. *Alembic*) und allegorischen Chiffrierungen (*Vomica liquoris aeterni* [...] *Draco, qui maritat seipsum.* | *Draco, qui impregnat seipsum* [...] *Sperma lunæ* [...] *Sputum melancholicum* etc.). Die hermetischen Chiffrierungen wuchern hier regelrecht und machen das Prinzip der Synonymie anschaulich.

Auch als Herausgeber und Übersetzer alchemistischer Schriften reflektiert Fischart auf die Sprache der Hermetik. Die Vorrede zu dem 1581 bei Jobin erschienenen *Correctorium Alchymiae* enthält die von Fischart verfasste *Vorwarnung an den goenstig guthertzigen kunstliebenden Leser / von Achtung der Alchemie*.[485] Dass Fischart der Verfasser ist, wird angezeigt durch das Akronym *In Forchten Gahts Mittel*, welches unter der Überschrift der Vorrede angeführt ist und das Fischart auch in anderen Zusammenhängen verwendete. Die Vorrede nimmt (wie bereits ihr Titel anzeigt) alchemistische Schriften und Praktiken gegen ihre Gegner ebenso in Schutz wie gegen ihre Befürworter. Die gängige Apologetik und Topik ist bei Fischart aufgelockert durch beigegebene Spottverse und Exempel. Jenes von Kaiser Tiberius eröffnet die Vorrede: 20 Jahre nach Christi Geburt sei das Glas erfunden worden, Kaiser Tiberius habe die neue Erfindung unverzüglich verboten und die Erfinder getötet, um nicht durch das Aufkommen dieses neuen Materials eine Entwertung des Goldes herbeizuführen. Alternativ zur ökonomischen Begründung der harten Strafe bietet Fischart eine diätetische für das Verhalten des Kaisers: Tiberius sei ein Biberius gewesen und hätte aus dem neuen Glase *ihm selbst eyn Aberwitz getruncken gehabt*, weil der Wein ihn so schön angelacht habe. Die Folgen des Abusus habe der Kaiser dem Glas und den Glasmachern angelastet, womit er sich aufgeführt habe, wie jener Winhold, dessen Fischart in folgenden Spottversen gedenkt:

Als Winhold tranck, auß eynem Glaß,
Und darvon also Truncken was
   Daß er des andern tags ward schwach,
   Faßt er zum Glas eyn zorn vnd sprach :
Itzt spür ich, es sei nicht gar ohn
Daß etwas Giffts in Gläsern wohn,
   Nam drauff das Glaß, vnd warffs zu hauffen,
   Vñ that hinfort auß Bächern sauffen. etc.[486]

Die ökonomischen und diätetischen Begründungen der Grausamkeiten des Tiberius eröffnen die Vorrede, in der die Goldmacherkunst einerseits, die auf Basis alchemisti-

---

[485] [Johann Fischart (Hg.)] Correctorium Alchymiae 1581. Zu diesem Themenkomplex sind nach wie vor die Ausführungen Camillus Wendelers informativ, auch wenn diese letztlich nicht ihre Ablehnung der Alchemie verhehlen und Fischart entsprechend in Schutz zu nehmen suchen: Camillus Wendeler, Fischart als Herausgeber alchymischer Schriften 1877. Bei ihm auch ein Abdruck der Vorrede (496–501), aus dem ich im Folgenden zitiere.

[486] [Johann Fischart], (Vorrede zum Correctorium Alchymiae) 1877, 496f.

scher Praktiken entwickelten neuen Arzneimittel andererseits gerechtfertigt werden. Die Arkannamen der Alchemisten werden dabei für die Exempel und die Gegenwartsdiagnostik funktionalisiert: Tiberius sei kein *lutum sapientiae*, sondern *eyn Lutum sanguine maceratum, ein Leymen mit Blut gewürcket*.[487] Jene, die Goldmacherei und neue Arzneikunst ablehnten, werden als *Luta macerata Consuetudine* bezeichnet.[488] In dieser Art, so Fischart, boykottierten auch die Kritiker der Alchemie äußerst nützliche Erfindungen, indem sie dagegen eigennützige Bedenken vorbringen. An die Auseinandersetzung mit den Kritikern der Alchmie schließt Fischart eine Kritik der Alchemisten an, die mit ihrer aenigmatischen Sprache nicht unmaßgeblich zu ihrer Ächtung beigetragen hätten: Auch die *Geheymnus erfarenen* stellten ihrerseits *fürwitzige Tiberios* dar. Weil sie fürchten, *es möchte dises Mystery zu gemeyn vñ jederman bekantlich werden, vnd also männiglich zu vberflüssiger Reichtum gedeien*, so befleißigten sie sich, *diese kunst auffs aller verborgenst, vnverständlichst, vndeitlichst vñ wie eyn verdecktes Essen den Leuten fürzutragen vñ gleichsam Sphyngis oder Rhätersweiß auffzugeben*.[489] Hier kritisiert Fischart die dunkle Rede, fordert von den Autoren Verständlichkeit und *occiniert* den *Rhäterschreibern* folgendes Lied:

> *Entweder schreib, daß mans versteh*
> *Oder des Schreibens müssig geh:*
> > *Willt schreiben / dz man nicht soll wissn*
> > *So last das Papir wol vnbeschissn.*[490]

Im Folgenden entkräftet Fischart die Standardapologien der Alchemisten ihre dunkle Rede betreffend und fordert schließlich eine Klarheit der Diktion als Form des naturgemäßen Schreibens: *Wiltu ein Nachômer vnd Folger der Natur seyn vnd heyssen / so folge auch im schreiben der Natur / vnd schreib verständlich: Es wirts dannoch nur fassen, der da mag*.[491] Die Polemik gegen *die fremdesten vnd weitgesuchtesten Wörter und Gleichnussen* zeigt, wie auch das *Onomasticon*, eine Zwischenposition Fischarts an. Der hermetische Diskurs wird einerseits bedient, andererseits stilkritisch, sprachdidaktisch bzw. durch sprachhermeneutische Aufarbeitung distanziert.

Der hier angedeutete Spott bleibt in der Vorrede eines Kompendiums für alchemistisch Interessierte naturgemäß begrenzt. Fischart hat ihm in anderen Texten deutlicher Raum gegeben. In seiner Übersetzung der *Daemonomania* von Jean Bodin finden sich Äußerungen über die Alchemie, die von Spott, ja Dämonisierung geprägt sind. Vermittelnde Apologien sind in diesem Kontext auch nicht zu erwarten. Jean Bodin behandelt die Alchemisten im Zusammenhang der Frage, ob man durch die Hilfe von Dämonen und Teufeln tatsächlich zu Reichtum gelangen könne, oder ob man auf diese Weise das Vermögen erlange, Krankheiten wirksam zu heilen. Beides wird verneint. Anders als

---

[487] Ebd., 497.
[488] Ebd., 498.
[489] Ebd., 499.
[490] Ebd.
[491] Ebd., 500.

Integrationsverfahren 461

bei anderen Passagen übersetzt Fischart hier die Ausführungen seiner Vorlage weitestgehend unkommentiert, er verstärkt aber die Polemik noch durch Sprachspielereien, wenn er den *lapis philosophorum* als den *Philosophischen oder Vilbloßauffischen Wundersteyn*[492] bezeichnet. Als Beleg dafür, dass Alchemisten bei Geistern und Teufeln Rat einholen, wenn ihre Bemühungen erfolglos blieben, wird folgende Geschichte erzählt:

> *Aber ich hab von dem fürnemen Laborirer Constantino gehört / welcher für den geschicktesten in der Pyrotechny vnd Metallischer kunst inn Franckreich angesehen / vn[d] deßhalben bei uns wol bekant ist / welcher Gesellen gehabt / welche wan sie lang ohn anscheinung einiger fruchtbarkeit geschürt und geplasen gehabt / zu letzt den Teuffel rhats gefragt haben / ob sie mitder sachen recht um[]gehen/ vnd ob sie einmal zu dem rechten Zweck werden gelangen? Den hab ermit dem einigen Wort / Arbeitet / iren bescheid gegeben / deßen dise Kolenverderber und Blaßbåelg wol zufriden gewesen und gemeint / sie seien måchtig wol daran : haben derwegen noch mer åschen gemacht vnd geschürt / vnd so kang sufflirt / biß sie haben alles zu Nichts Multiplicirt: Wirden auch noch an dem Lapide Ploßauffico aufzublasen haben / an sie gedachter Constantus nicht davon abgemnet het. vnd sie erinnert/ daß der Sathan pflegt zweyfelhaften bescheid zu geben / vnd diß Wort / Arbeitet nichts anerst auff sich trage / dann daß sie ieder Alchimeim ůssif stehn/ vnd auf sonst erliche Arbeit und kunst ir fleiß wenden sollen/darmit sie sicherneren und außbringen mögen.*[493]

Der Passus ist ambivalent: Er vagiert zwischen einer Verurteilung der Alchemisten als Teufelsbünder einerseits und offenem Spott gegen sie andererseits.[494] Fischarts ‚fachliterarischer' Umgang mit alchemistischem Wissen zeigt so ganz unterschiedliche Zugriffsweisen. Sprachhermeneutische Aufarbeitung, Stilkritik, Dämonisierung und offener Spott – je nach Kontext der Thematisierung akzentuiert Fischart hier anders. Vor dem Hintergrund solcher Unterschiede der Thematisierungsweisen lässt sich der poetische Umgang mit diesem Wissen in der *Geschichtklitterung* deutlicher perspektivieren.

Die Sprachalchemie der *Geschichtklitterung*

Im 27. Kapitel der *Geschichtklitterung* wird geschildert, wie Gargantua mit seinen Lehrmeistern an Regentagen verschiedene Werkstätten, Schulen und öffentliche Plätze aufsucht. Fischart ergänzt hier seine Vorlage, das 24. Kapitel in Rabelais' *Gargantua*, um ein Vielfaches, indem er in die knappe Erwähnung der Orte bei Rabelais detaillierte Listen des dort Inspizierten einfügt und gegen betrügerische Praktiken der verschiedenen Berufsstände polemisiert. Drei umfangreiche Invektiven gelten den Alchemisten, Apothekern und Quacksalbern, der Polemik gegen die Betrügereien wird der jeweilige Spezialwortschatz parodistisch, aber auch inventarisierend untergemengt. Inventarisiert werden dabei unter anderem die alchemistischen Verben auf „-ieren", sowie die allegorischen Chiffrierungen der Laboranten:

---

[492] [Jean Bodin, Johann Fischart], Daemonomania Magorum 1581, 465.
[493] Ebd., 463.
[494] Ein weiteres Beispiel für zeitgenössischen Alchemistenspott: Johannes Clajus, Altkumistika 1586.

Oder sie giengen auß, oder fuhren herumb etliche künstliche Werck und fünd zubeschauen, wie man die Metall extrahirt und solvirt, scheidet und auß ziehet: die Alchemisten, wie sie calcinieren, reverberiren, cimentiren, sublimiren, fixiren, putreficirn, circulirn, ascrudirn, laviren, imbibiren, cohobiren, coaguliren, tingiren, transmutiren, laminiren, stratificiren, den König suchen, den Geist, den lapidem philosophorum, *den Mann beim Weib, den entloffenen Mercurium, und* per omnes species *gradiren, es seien Metall,* gemmæ, *Mineralien, kräuter, säfft,* olea, salia, liquores, *oder anders* [...]. (*Geschichtklitterung*, 273)[495]

In äußerst kompakter Form wird so über das Abrufen der Fachsprache der Gesamtzusammenhang der Alchemie evoziert, die Inventarisierung der Wörter und Verfahren zielt auf eine abbrevierende Vergegenwärtigung von Praxis und Diskurs. In verdichteter Form akzentuiert Fischart vier Aspekte. Zum einen versammelt Fischart die in alchemistischen Schriften und Rezepten sich häufenden Verben auf „-ieren", die in der Praktik verschiedene laborantische Vorgänge innerhalb des *opus magnum* benennen,[496] die mehr oder weniger genau unterscheidbar sind.[497] In der sogenannten *theorica* der Alchemisten chiffrieren dieselben Verben auch Stufen eines Läuterungsprozesses des Adepten. Weiterhin vermerkt Fischart allegorische Bilder (*den König suchen, den Mann beim Weib, den entloffenen Mercurium*), die charakteristisch sind für die verdeckte Rede, den dunklen Stil der alchemistischen Arkansprache. Drittens vermerkt Fischart die im Laboratorium zur Anwendung kommenden Substanzen (*Metall,* gemmæ, *Mineralien, kräuter, säfft,* olea, salia, liquores). Die Ausführungen berühren sich mit den Einträgen in den beiden von Fischart und Toxites herausgegebenen *Onomastica*. Die geraffte Präsentation alchemistischer Sprachformen in der *Geschichtklitterung* ist somit ein literarisches Seitenstück zur lexikographischen Aufarbeitung eines Spezialwortschatzes. Der vierte Aspekt alchemistischer Sprache, den Fischart in angeführter Passage berücksichtigt, ist die Praxis der Rechtfertigung, welche von Alchemisten gegen den Dauerverdacht der Betrügerei und gegen die Kritik an ihrer Arkansprache betrieben wurde.[498] Die apologetische Topik der Alchemisten wird in diesem Zusammenhang parodiert und die Fälschungen werden angeprangert:

---

[495] Vgl. zu diesem Passus Herwig Buntz, Deutsche alchemistische Traktate 1969, 54.

[496] Vgl. zur Abfolge und Begrifflichkeit des *opus magnum* Hans Biedermann, Materia prima 1973, 35f.; Bernhard Dietrich Haage, Die Alchemie im Mittelalter 2000, 15–18; Guido Jüttner, Joachim Telle, Art. ‚Alchemie' 2002, 334.

[497] Zur „totalen Synonymie" in alchemistischen Schriften vgl. Umberto Eco, Die Grenzen der Interpretation 1992, 117ff.

[498] Die Kritik an der Alchemie findet sich im 16. Jahrhundert allenthalben, so etwa unter der Rubrik *fon falsch und beschiss* bei Sebastian Brant, Das Narrenschiff 1979 [1494], Nr. 102. Als Sinnbild der Torheit und der vergeblichen Mühe erscheint der Alchemist bzw. sein Ofen in den Emblembüchern des Sambucus und Covarrubias Orozco; vgl. Arthur Henkel, Albrecht Schöne (Hg.), Emblemata 1996 [1967], 1059f., 1407. Der Pfarrer Johannes Clajus empfiehlt als Mittel zum Wohlstand und Alternative zu alchemistischer Goldmacherei die „Altkumistik": Damit ist die Kunst, die Felder mit Kuhmist zu düngen, gemeint. Die landwirtschaftlichen Erträge und die aus ihnen gefertigten Produkte führen sodann zuverlässig zu Wohlstand: vgl. Johannes Clajus, Altkumistika 1586.

> *Item wie man falsche Perlein, Edelgestein und Corallen mach: dann auß dem mißbrauch lehrt man den rechten brauch: der mißbrauch ist aller guten bräuch rost, der sich stets an hängt: also dz auch einer schreibet,* Superstitiones *seien* Religionis Rubigines. (*Geschichtklitterung,* 273)

Fischart ironisiert hier die Begründung, die von Alchemisten hergestellten Fälschungen dienten lediglich der Übung laborantischer Praktiken. Die Ironie entlarvt die Adepten als betrügerische Zunft.

An anderer Stelle aber parodiert Fischart die Sprache der Alchemie in einer Art und Weise, die poetisch weit über das angeführte Verzeichnis hinausgeht. Im Zusammenhang einer aberwitzigen Aitiologie des Krieges heißt es, es seien die Vögel gewesen, die den Krieg auf die Welt brachten. Fischart gibt nach langen Belegen für diese Behauptung schließlich den Eiern für alles die Schuld, ja letztlich wird eine Kosmogonie entworfen, an deren Ursprung ein magisches Ur-Ei steht. Dabei kommt er auch auf die Alchemisten zu sprechen, insbesondere auf ihren Umgang mit Eiern:

> *Und die Alchymisten, wie viel verderben sie Eyer mit ihrem Calcinieren? Aber es sind böß Bruthennen, sie lauffen gemeynlich bald von der Brut? Hat nicht der Roßkäfer dem Adler sein Eyer inn Jupiters Schoß zerstört? Darvon der Londisch Johan vom Ey groß Monadisch heimlichkeit den Keyser lehrt, als er beweißt, die Welt geh wie ein Ey umb: Ja Jupiter, damit er sein Stral Schilttragend Vogelgschlecht erhalt, schafft, das alsdann, wann der Adler übern Eiern sitzt, keine Schalkäfer umbfliegen: Warumb aber die Roßkäferisch Scherabeierisch art den eyerschalen so feind: das macht, weil sie verdreußt, daß sie auß Roßfeigen unnd keinen Eyern kommen: Nun so viel hat dannoch der vom Ey, auß den Grabakarabis* Pillulariis *ergarakrabelet, daß wir all auß eim Ey herkommen, weil die Welt ein Ey ist: das hat gelegt ein Adler, das ist die hoch, weit und schnellfliegend Hand des Jupiters, das ist das* Chaos, *das* Cavum, *das* Chaovum, *der offen Ofen, hauffen, Hafen, welches des Adlers Hitz Chaovirt, Fovirt, Feurofirt, Chaoquirt unnd Coquirt: Ja Jupiters krafft war distillirer inn dem* Vacuo Cavo Ovo, *inn dem Ofen Hafen Ey: Der schoß war der Himmel: O ihr Alchymisten freuet euch, hie geht euer geheimnuß an. Diß schön Ey, hat zerstört die Sündflutisch Mistkäferey, da ein Mistkasten über die Wolcken inn den andern Elementen ist umbgefahren, der Dotter im Eyerklar.* (*Geschichtklitterung,* 287f.)

Wie bereits Camillus Wendeler gezeigt hat, greift Fischart mit dem *Londischen Johann vom Ey* und der *groß Monadisch heimlichkeit* auf den elisabethanischen Magier John Dee Londinensis und auf dessen Kaiser Maximilian zugeeignetes Werk *Monas Hieroglyphica* zurück.[499] Es handelt sich dabei um ein äußerst rätselhaftes Opus hermetischer Literatur, in dem beansprucht wird, dem Eingeweihten alle Geheimnisse der Schöpfung darzulegen. Dies geschieht durch die ‚Anatomie' der Monas-Hieroglyphe – einer Figur, die aus verschiedenen geometrischen Elementen, Planetensymbolen und Sternzeichen zusammengefügt ist. Diese wird hinsichtlich ihrer Proportionen sowie der integrierten Symbole mit allen denkbaren kosmologischen, mathematischen, astronomi-

---

[499] [John Dee], Monas Hieroglyphica 1564. Die in Frage kommende Passage aus dem Theorem XVIII ist abgedruckt bei Camillus Wendeler, Fischart als Herausgeber alchymischer Schriften 1877, 492–493.

schen, grammatischen und weiteren Sachverhalten in Beziehung gesetzt.[500] Die Monas-Hieroglyphe, so erörtert es Dee im Vorwort an Kaiser Maximilian, solle sowohl den Grammatikern als auch den Mathematikern, Geometern, Musikern, Astronomen, Alchemisten und Ärzten Hilfe bei der Entschlüsselung der Geheimnisse der Schöpfung leisten. Mit ihr liege der Schlüssel zur Lösung aller Geheimnisse der Welt vor. In der Nachfolge Dees avancierte diese Monas-Hieroglyphe zu einer Art Leitfossil des hermetischen Diskurses. In angeführter Passage zitiert Fischart John Dees *Theorem XVIII*, in dem die theoretische und himmlische Bewegung der Figur des Eis dargelegt wird.[501] Dee wendet hier die „kabbalistischen Augen" zum Himmel und erkennt in den Bewegungen der Planeten die Figur des Eies. Gerügt werden in diesem Zusammenhang die Alchemisten, welche nicht verstünden, was das Wasser des Eiweißes, das Öl des Eigelbs und der Kalk der Eierschale wirklich bedeuten würden und in ihren Praktiken die tiefere Wahrheit verfehlten. Das Ei, von dem Dee spricht, sei auch das Ei des Adlers, das vom Skarabäus zerbrochen worden sei. Hier bezieht sich Dee auf die Aesopische Fabel vom Adler und dem Skarabäus. Für Fischarts lusorischen Aufgriff dieser Textstelle ist sein Entwurf einer Aitiologie des Krieges aus den Eiern der Anlass. Fischart nutzt den hermetischen Text für ein eigenes Ursprungskonstrukt, aber nicht, um einen einfachen mythischen Ursprung des Krieges zu bezeichnen, sondern um in chaotische Zustände, in Mythen- und Sprachsynkretismen vorzudringen.[502] Dabei unterstellt er dem *Londisch Johann*, er habe behauptet, dass die Menschen einem Ei entstammten und die Welt ein Ei sei.[503]

Greifbar wird in Fischarts Anspielung auf diese Passage die in der *Geschichtklitterung* immer wieder vorkommende poetische Funktionalisierung des hermetischen Diskurses. Fischart geht es, wie bereits gesagt, um „Mythologias Pantagruelicas, [...] *Alldurstige Grillengeheimnussen und Märendeitungen*" (*Geschichtklitterung,* 10f.), die behaupteten und beschworenen Geheimnisse der Hermetiker sind bestenfalls Anlass, solche poetischen *Grillengeheimnusse* voranzutreiben. Aus John Dees Mahnungen an die Alchemisten nun macht Fischart ein seine Vorlage ausweitendes komplexes Sprachspiel, in welches er die ‚Fachsprache' der Laboranten verfremdend einbezieht. Die Rede ist von einem Chaos im Ur-Ei; durch Assoziation wird aus dem Chaos ein Chavum, also

---

[500] Vgl. die knappe Zusammenfassung mit weiterer Literatur bei Umberto Eco, Die Suche nach der vollkommenen Sprache ²1994, 194–200.
[501] [John Dee], Monas Hieroglyphica 1564, Bl. 17ʳ–18ᵛ.
[502] Vgl. Tobias Bulang, Ursprache und Sprachverwandtschaft 2006, 146–148.
[503] Ulrich Seelbach, Ludus lectoris 2000, 345 zieht den Hinweis Wendelers auf die Textstelle bei Dee in Zweifel, weil dort nicht behauptet werde, die Menschen kämen aus einem Ei und die Welt sei ein Ei, das ein Adler gelegt habe. Es handle sich, so Seelbach, nur um äußerliche Ähnlichkeiten. Mir scheint dagegen – angesichts der Anspielungen auf Maximilian, den Adler, Jupiter, den Skarabäus und die Planetenbahnen – der Bezug recht offensichtlich. Dass Fischart die Ausführungen bei John Dee seinem lusorischen Entwurf einer Aitiologie des Krieges der Eier wegen amalgamiert und sich dabei um ‚korrekte' Zitierpraxis nicht weiter bekümmert, sollte bei diesem Autor wirklich nicht erstaunen.

Integrationsverfahren 465

eine Höhle, in der Feuer brennt. Der *offen ofen* evoziert den ‚Athanor', den Ofen der Alchemisten. Ebenso zitieren und parodieren die Worte *Hitz, Calzinieren, destillieren, vacuo* die Sprache der Alchemie. Fischart nimmt die Frage nach dem Ursprung des Krieges hier also zum Anlass, das vielbeschworene *geheimnus* der Alchemisten bzw. der Hermetiker dem Gelächter preiszugeben.

Günther Hess' treffende Charakteristik von Fischarts Sprachspielen als „Sprachalchemie"[504] kann dabei mit Bezug auf den Diskurs der Alchemisten durchaus wörtlich genommen werden: Die Alchemie geht in ihrer *theoric* und *practic* davon aus, dass die Dinge, welche als geformte Materie vorliegen, von ihrer Form befreit werden können, wodurch sie auf eine *prima materia*, eine *potentia* zurückfallen, und dann mittels alchemischer Operationen mit neuer Form versehen und somit veredelt werden können.[505] Geht es den Alchemisten um die Aufhebung der Begrenzung der Materie und ihre Neuformung gemäß dem Motto *solve et coniugo*, so geht es Fischart um die Zerstückung und Neuformung der Sprache, ihre Dekonstruktion, wenn man so will. Die Wortkette *Chaos, Cavum, Chaovum, offen Ofen, hauffen, Hafen, Chaovirt, Fovirt, Feurofirt, Chaoquirt Coquirt: Vacuo Cavo Ovo, Ofen Hafen Ey* bewegt sich recht nah am alchemistischen Schriftum, enthält aber auch spezifisch Fischartsche Verballhornungen und Neologismen, ergänzt z. B. die alchemistischen Verben auf „-ieren" um einige untypische Neuprägungen. Man sieht hier wie Fischart ganz analog zu alchemistischem Selbstverständnis die Begrenzungen der Sprache löst, indem er den Diskurs der Alchemie parodiert und sprachschöpferisch neue Wörter konstruiert.[506] Dabei werden durch Manipulationen am Wortkörper[507] Möglichkeiten aktiviert, ein sprachlicher Überschuss geschaffen und produktiv neue Wörter in die Welt gesetzt. Um diesen Prozess auszustellen, nutzt Fischart im angeführten Zitat eine Wissensformation, die sich vom Rückgängigmachen der Formiertheit und der Umformung der *prima materia* eine Veredelung mineralischer Substanzen versprach. Dabei konstruiert er ein Chaos als Ursprung der Welt, damit aber auch, so könnte man sagen, einen Raum unendlicher Möglichkeit und insuffizienter Verknappung. Aus einem solchen Raum generiert Fischart auch seine Neologismen.[508] Die Fachsprache der Alchemisten wird also in der *Geschichtklitterung* sowohl inventarisiert als auch poetisch umgeformt und den Verfahren sprachschöpferi-

---

[504] So die treffende Metapher bei Günther Hess, Deutsch-lateinische Narrenzunft 1971, 226.
[505] Zum hylomorphischen Materie-Verständnis der Alchemisten vgl. Bernhard Dietrich Haage, Alchemie im Mittelalter 2000, 18ff.
[506] Fischarts „Manipulationen am sprachlichen Material" untersucht besonders Dieter Seitz, Johann Fischarts *Geschichtklitterung* 1974, 26, 28f. u. ö.; zur „Grenze zwischen semantischer und materialer Sprachnutzung" in Fischarts Wortspielen vgl. Erich Kleinschmidt, Die Metaphorisierung der Welt 1993, 49ff.
[507] Dieter Seitz, Johann Fischarts *Geschichtklitterung* 1974. Zur Arbeit am sprachlichen Material im Modus einer „silenischen Rede" vgl. die Interpretation des Dirnenkataloges aus dem fünften Kapitel der *Geschichtklitterung* bei Jan-Dirk Müller, Texte aus Texten 1994, 85ff.
[508] Walter Eckehart Spengler, Johann Fischart, genannt Mentzer 1969, 170ff.; vgl. auch Rüdiger Zymner, Manierismus 1995, 130ff.

scher Zersetzung und Umordnung unterzogen. Die Alchemie wird so zu einem Modell, das Fischart für die Exponierung sprachschöpferischer Produktivität nutzt. Preisgegeben und verlacht wird die hermetische Aura des arkanen Wissens. Darin ist nicht nur Spott zu sehen, es vollzieht sich dabei auch eine Entpflichtung der hermetischen Sprache vom Prozessieren des Arkanums. Die das alchemische Wissen konstituierenden sprachlichen Verfahren werden so frei für ein Spiel enthemmter Assoziation.

IV. Reflexionen einer Poetik des Wissens – Fischarts Traditionsentwürfe im Feld des Wissens und der Dichtung

Figurationen einer Poetik des Wissens im Titelblatt der *Geschichtklitterung*

Die soweit entfalteten Kontexte und Verfahren, die Fischarts *Geschichtklitterung* als Entwurf zwischen Wissensliteratur und poetischen Traditionen konstituieren, bringen einen Text hervor, dessen Position in den Traditionen des Wissens und der Literatur gleichermaßen unfest ist. Fischarts *Geschichtklitterung* ist in hohem Maße selbstreflexiv, die Auseinandersetzungen um den eigenen Text verdichten sich dabei mitunter zu einer Poetik des Wissens, wobei auch den poetologischen Selbstbeschreibungen ihrerseits ein spielerischer Gestus innewohnt.

Dies zeigt sich insbesondere auch an dem Titelblatt des Romans. Es wird in allen umfassenden Interpretationen herangezogen, um für die jeweils fokussierten Aspekte die paratextuelle Programmatik herauszustellen. Die Überdetermination des Frontispiz' zeigt sich schon darin, dass sich hier Figurationen übersetzungstheoretischer und stilgeschichtlicher Aspekte (Groteske, Manierismus) ebenso ausmachen lassen wie intertextualistische Dimensionen, rezeptionssteuernde Strategien, narrative Momente und obszöne Sprachspiele.[509] Unter dem Gesichtspunkt einer Poetik des Wissens ist das Titelblatt von Fischarts Roman bisher nur ansatzweise untersucht worden,[510] dieser Aspekt steht im Zentrum der folgenden Überlegungen.

Zunächst fällt gegenüber dem knappen Titel des Rabalais'schen *Gargantua* (*La vie trés horrificque du Gargantua pére de Pantagruel*) die enorme Ausweitung auf. Konnte Rabelais in seinem Titel an den Erfolg des Vorgängerromans *Pantagruel* durch den Ab-

---

[509] Vgl. Gerd Schank, Etymologie und Wortspiel 1978; Erich Kleinschmidt, Gelehrtentum und Volkssprache 1980, 143f.; Florence M. Weinberg, Gargantua in a Convex Mirror 1986, 11–15; Jan-Dirk Müller, Text aus Texten 1994, 78–80; Rüdiger Zymner, Manierismus 1995, 90–101; Josef Konrad Glowa, Johann Fischart's *Geschichtklitterung* 2000, 13–23; Hans-Jürgen Bachorski, Irrsinn und Kolportage 2006, 490–498; Nicola Kaminski, Gigantographie 2004, 276–279.

[510] Ute Nyssen, Glossar 1964, 19.

ruf des Protagonistenamens anschließen, auf dessen Titel seinerseits dessen *faictz et prouesses espoventables* angekündigt waren, so fusioniert Fischart beide Titel, indem er sowohl Gargantua als auch den in seinem Roman noch gar nicht geborenen Pantagruel erwähnt, ja man kann Fischarts Titel auf die gesamte Pentalogie Rabelais' beziehen.[511]

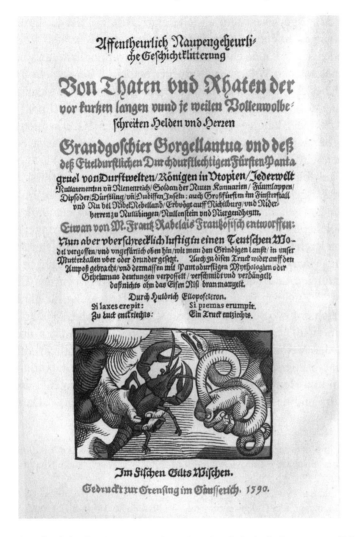

Darin aber erschöpft sich die Transgression des Buchtitels keineswegs. Die Exponierung lexikalischer Varianz sowie die Lust an Neologismen fallen sogleich ins Auge (*Affentheurlich Naupengeheuerliche Geschichtklitterung*). Innerhalb dieser Transgression des Rabelais'schen Titels wird eine Kontamination von Wissen und Poesie als

---

[511] Vgl. Rüdiger Zymner, Manierismus 1995, 98f.

Programm des Textes inszeniert. Angekündigt wird nicht nur eine Historie, die ungeheure Abenteuer enthält; zugleich wird durch eine Arbeit am Wortkörper diese Ankündigung auch verschoben: Als *affentheurlich* enthält das Adjektiv ‚abenteuerlich' ein Moment des Äffischen,[512] die zu erzählenden Ungeheuerlichkeiten werden durch den Begriff der *Naupen* (das sind Grillen, Launen)[513] als unverbindliche und spielerische Angelegenheiten ausgewiesen und anstelle einer Historie, der ja immerhin ein Wahrheitsanspruch eingeschrieben wäre, findet sich mit der *Geschichtklitterung* ein Wort, welches seinerseits das Launische, Lusorische, Unverbindliche und damit die völlige Suspension eines solchen Wahrheitsanspruches betont.[514] Bereits hier findet ein Vexierspiel statt, welches sich als Anzitieren von Gattungssignalen bei gleichzeitiger materialer Verfremdung der Wörter entfaltet und als Spiel mit Hohem (Epos, Historie)[515] und Niedrigem (Äffisches, launige Einfälle, unverbindliche Klecksereien) erkennbar ist. Und darin liegt eine programmatische Vorwegnahme dessen, was sich im Text durchgehend ereignen wird.

Auf dem Titel folgt sodann die Ausbreitung des konkreten Stoffs: *Von Thaten und Rhaten der vor kurtzen langen unnd je weilen Vollenwolbeschreiten Helden und Herren Grandgoschier Gorgellantua und deß Eiteldurstlichen Durchdurstlechtigen Fürsten Pantagruel*. Solcherart wird in den Gestus der Präsentation vergangener Geschehnisse über Sprachspielereien die Ankündigung jener Kurzweil hineingearbeitet (*vor kurtzen langen unnd je weilen*), die zu bedienen programmatisches Anliegen beispielsweise von Schwanksammlungen und anderen exponiert niederen Formen des Erzählens im 16. Jahrhundert ist.[516] Zugleich ist die Langeweile (als Bedingung für die Rezeption kurzweiliger Geschichten) evoziert. Der Anspruch, ein historisches Wissen zu präsentieren, wird so mit einer Referenz auf ganz andere Rezeptionsmodalitäten überschrieben, die ihrerseits von der Verbindlichkeit historischer Faktizität deutlich entlastet sind. Das charakteristische Vexierspiel von Hohem und Niederem wird daraufhin fortgesetzt, indem die Ehren- und Herrentitel sowie die Eigennamen der Romanfiguren mit einer Semantik des Suffs und des Durstes gezielt kontaminiert werden.[517] Darin bereits deutet

---

[512] Vgl. zu den Implikationen des Äffischen (Trunkenheit, Kunst als *simia naturae*): Josef Konrad Glowa, Johann Fischart's *Geschichtklitterung* 2000, 15f.; vgl. auch Nicola Kaminski, Gigantographie 2004, 277.

[513] Ute Nyssen, Glossar 1964, 19.

[514] Vgl. Erich Kleinschmidt, Gelehrtentum und Volkssprache 1980, 143, Anm. 57; Beate Kellner, Verabschiedung des Humanismus 2008, 156, Anm. 5.

[515] Vgl. Rüdiger Zymner, Manierismus 1995, 91ff.; Hans-Jürgen Bachorski, Irrsinn und Kolportage 2006, 366.

[516] Zu den Schwanksammlungen und der in ihren Paratexten inszenierten Funktion der Unterhaltung durch „Kurzweil", die sich beispielsweise schon in einem Titel wie *Wegkurzer* manifestieren kann, vgl. Michael Waltenberger, ‚Einfachheit' und ‚Partikularität' 2006. Zu Fischarts literaturgeschichtlicher Auseinandersetzung mit den hohen Gattungen des Altertums vgl. Jan-Dirk Müller, Fischarts Gegenkanon 2007.

[517] Josef Konrad Glowa, Johann Fischart's *Geschichtklitterung* 2000, 15.

sich die den Roman prägende Vorstellung vom Text als Gelage an, wenn der Ruhm der Helden mittels der Adjektive *vollenwolbeschreit, eiteldurstlich, durchdurstlechtig* auf Leibesfülle und Trunkenheit lesbar wird,[518] wenn die bereits bei Rabelais auszumachenden Referenzen auf Suff und Fraß in den Namen Grandgousier und Gargantua durch gezielte Makkaronisierung als *Grandgoschier* und *Gorgellantua* forciert werden. Auch bei der Angabe der Länder und Reiche, über welche die Herren, von denen der Roman erzählt, herrschen, werden geographische Namen, aber auch Orte der Literatur wiederum mit einer Semantik des Suffs kontaminiert: Bei Fischarts Helden handelt es sich um die *Fürsten [...] von Durstwelten, Königen in Utopien, Jederwelt Nullatenenten und Nienenreich, Soldan der Neuen Kannarien,*[519] *Fäumlappen, Dipsoder, Dürstling, und OudissenInseln: auch Großfürsten im Finsterstall und Nu bel NibelNebelland, Erbvögt auf Nichilburg, und Niderherren zu Nullibingen, Nullenstein und Niergendheym*. Fischart nimmt hier ein Sprachspiel vom Titelblatt des *Pantagruel* auf (roy des Dipsodes) und eine Anregung aus dem Druck der *Grandes croniques* (*femme da fille du Roy de Utopie nommee Badebec*).[520] Wird in diesen Quellen einerseits mit dem Volk der Dipsoden (über das griechische διψα) ein Spiel mit einem Ländernamen und dem Durst gespielt, andererseits mit der Angabe des Landes Utopien auf ein literarisches Genre verwiesen, so baut Fischart seinen Länderkatalog in beiden Richtungen aus: mit den *Kannarien* wird über die Etymologie des Ländernamens das Hündische eingespielt,[521] mit den *Fäumlappen* das Lecken und Schlürfen,[522] für die bereits in den *Croniques admirables* vorhandenen *Dipsoden* wird die deutsche Entsprechung *Dürstling* angegeben, in den *OudissenInseln* werden der Held der *Odyssee* und seine Inselfahrten in einem Wort verdichtet. Odysseus, der sich vor dem Zyklopen Polyphem „Niemand" nannte, bildet in dieser Kette kontaminierter geographischer Namen auch ein Relais zu den geographischen Varianten auf ‚Nichts': *Nichilburg, Niderherren, Nullibingen, Nullenstein und Niergendheym*, die wiederum als deutsche Neologismen und Synonyme für den ‚Ländernamen' Utopien fungieren, der ja als u-topos einen ‚Nichtort' bezeichnet. Das vorgebliche historische und geographische Weltwissen wird somit durch literarische Traditionen, beides zusammen wiederum durch die Semantiken des Suffs und des Nichtigen überschrieben. Durch die Arbeit an den Worten scheint so „das Nichtige im Geltenden und das Geltende im Nichtigen"[523] buchstäblich auf.

Das Übersetzen des Rabelais'schen Romans ist Gegenstand der folgenden Ausführungen, es erfolgte *ungefärlich oben hin, wie man den Grindigen laußt*. Damit ist eine

---

[518] Vgl. Rüdiger Zymner, Manierismus 1995, 95f.
[519] In der Ausgabe von 1582 lautet der Ländername *Kannarrien*, womit ein sprachspielerischer Verweis auf das Narrenhafte der Protagonisten gegeben ist; vgl. Rüdiger Zymner, Manierismus 1995, 95.
[520] Siehe die Abbildung François Rabelais, Œuvres complètes 1973, [36].
[521] Ute Nyssen, Glossar 1964, 19.
[522] Ute Nyssen, Glossar 1964, 19; vgl. auch Josef Konrad Glowa, Johann Fischart's *Geschichtklitterung* 2000, 20.
[523] Odo Marquard, Exile der Heiterkeit 1976, 141.

Oberflächlichkeit der Übersetzung indiziert (ein besonderer Genauigkeit nicht verpflichtetes Vorgehen also) und wohl auch ein gewisses idiosynkratisches Verhältnis gegen den französischen Prätext: Man laust einen Grindigen nicht allzu gründlich, weil man befürchten muss, sich an seinen Schwären die Finger zu verunreinigen. Solche Aversion könnte einerseits in dem Fischarts Text kennzeichnenden Bestreben nach patriotischer Selbstbehauptung ihren Grund haben, die sich – wie oben gezeigt werden konnte – mitunter idiosynkratisch gegen andere deutsche Landstriche oder ganze Völker äußert.[524] Andererseits konnte die Fischartforschung zeigen, dass Fischart Rabelais' humanistischem Bildungsoptimismus sowie seinem Evangelismus nur bedingt folgt, ja dass seine Distanzierungen mitunter aggressive Formen annehmen,[525] was sich möglicherweise im idiosynkratischen Bild des Grindigen verdichtet.

Das Ziel der Übersetzung ist bei Fischart, wie der Titel deutlich macht, nicht die Muttersprache, sondern das *MutterLallen*, womit wiederum die alkoholische Kontamination der Wörter und Sätze indiziert ist. Der Vorgang des Übersetzens wird dabei semantisch zu *über oder darunder gesetzt* variiert, worin man einerseits eine sehr konkrete Veranschaulichung der Interlinearglossierung als Übersetzungstechnik sehen könnte, andererseits schreibt sich so das bereits beobachtete Spiel des Vexierens von Hohem und Niederem in den Übersetzungsvorgang selbst ein.[526]

Die folgenden Ausführungen des Titelblatts von 1590 betreffen die Erweiterungen der vorliegenden Auflage gegenüber der vorhergehenden: *Auch zu disen Truck wider auff den Ampoß gebracht, und dermassen mit Pantadurstigen Mythologien oder Geheimnus deutungen verposselt, verschmidt und verdängelt daß nichts ohn das Eisen Nisi dran mangelt.* Solcherart erfolgt die Beschreibung der Fischartschen Zusätze; als *Pantadurstigen Mythologien oder Geheimnus deutungen* ist ihnen der Durst, aber auch ein Moment der Aenigmatik und des Spiels eingeschrieben. Wenn es in der Vorrede von solchen *Pantadurstigen Mythologien und Geheimnus deutungen* heißt, diese seien *dieses buches warer Titul* (*Geschichtklitterung*, 10f.), so zeigt sich, dass es Fischart ganz wesentlich um diese Zusätze geht. Fischart nutzt eine Reihe handwerklicher Bilder aus der Metallverarbeitung für die Verknüpfung seiner Zusätze mit dem Text und kennzeichnet das Ganze als einen Vorgang des Schmiedens ohne Eisen, einer in jeder Hinsicht nutzlosen und überflüssigen Tätigkeit.[527] Der Vorgang des Schmiedens ohne Eisen wird sprachlich wiederum durch eine in mehreren Negationen progredierende Inflationierung des Nichtigen erzeugt: *verschmidt und verdängelt, daß nichts ohn das*

---

[524] Siehe in dieser Studie oben S. 408.

[525] Vgl. Florence M. Weinberg, Gargantua in an Convex Mirror 1986; Hans-Jürgen Bachorski, Irrsinn und Kolportage 2006, 264ff.; Beate Kellner, Verabschiedung des Humanismus 2008.

[526] Meines Erachtens wird diese Formulierung zu sehr metaphorisiert, wo konstatiert wird, Fischarts Text laufe über und unter dem Rabelais', worin ein Hinweis auf seine Umgestaltung und Parodie liege; vgl. Jan-Dirk Müller, Texte aus Texten 1994, 78–80; Beate Kellner, Spiel mit gelehrtem Wissen 2007, 222.

[527] Das Sprichwort „Ein Schmied ohne Eisen und Stahl kann nicht gut eine Axt schmieden" und seine Varianten in: TPMA Bd. 2 1996, 447f.: Eisen 5.1, 100–102.

Eisen Nisi dran mangelt. Diese Betonung von Nutzlosigkeit und Nichtigkeit richtet sich deutlich auf Fischarts Ergänzungen zum Prätext, auf Textsegmente also, die – wie in dieser Studie bereits *en detail* beobachtet werden konnte – Unmengen von zeitgenössischem Wissen, teilweise wortwörtliche Kopien aus konkreter Wissensliteratur enthalten. Es ist somit die enzyklopädische Transgression als solche, die als Schmieden ohne Eisen qualifiziert wird.[528] Dass solcherart das in den Roman eingespeiste Wissen und die Arbeit daran als nichtig und unverbindlich bestimmt wird, lässt sich einerseits auf die im Roman programmatisch z. B. im Zeichen des Gelages betriebene Entwertung des Wissens beziehen, andererseits auf seine bislang an vielen Einzelfällen beobachtete Depragmatisierung.[529]

Rabelais hatte auf den Titeln der beiden ersten Romane seinen Namen anagrammatisiert. Die ersten Ausgaben des *Pantagruel* erschienen unter dem Verfassernamen *Alcofribas Nasier*, auf dem Titel des *Gargantua* hatte sich Rabelais zunächst nur als *Abstracteur de Quinte Essence* bezeichnet, für die Ausgabe, die 1542 in Lyon erschien, wurde das Teilanagramm *Alcofribas* ergänzt. Parodiert wird so die Sprache der Alchemie; in Verbindung mit dem Teilanagramm weist diese Parodie auf Rabelais' eigensinnige Arbeit mit der Sprache: Im Anagramm des Verfassernamens wird zudem die Affinität zu Alkohol und die Nase als Sexual- und Potenzsymbol als das Wesentliche der Sache freigelegt, durch die Neuformierung der Sprachmaterie treten der Suff und die Geilheit als das Wesen des Verfassers hervor. Die alchemistische Metapher lässt sich freilich auch auf die Arbeit am Wissen beziehen in dem Sinne, dass das Wesentliche (die fünfte Essenz), das Verborgenste einer Sache, einer Rede oder eines Buches geboten wird.[530]

Fischart nimmt dieses Spiel mit dem Verfassernamen bei Rabelais zum Anlass, seinen eigenen Namen in einem Gestus der Überbietung noch komplexer zu verrätseln. Die Technik der Verrätselung ist dabei eine andere, sie bezieht sich konsequenterweise auf das Navigieren zwischen verschiedenen Sprachen. Fischart betreibt als „Übersetzung" des Rabelais'schen Anagramms die Verrätselung des Übersetzernamens: Mit *Huldrich* ist eine deutsche Entsprechung für das hebräische Johannes gegeben und in *Elloposcleron* finden sich die Übersetzungen der Wörter *Fisch* und *hart* ins Griechische.[531] Rabelais' Spiel mit dem Anagramm und der alchemistischen Metapher wird hier auf Fischarts eigene „Sprachalchemie"[532] gewendet.

---

[528] Einzuschränken sind vor diesem Hintergrund Josef Konrad Glowas Bemerkungen über die im Schmieden auszumachende Aggressivität des Übersetzers gegenüber seiner Vorlage; vgl. Josef Konrad Glowa, Johann Fischart's *Geschichtklitterung* 2000, 20f.

[529] Unter diesem Begriff fasst Joachim Küpper Mukařovskis Ausführungen zum Verhältnis von Literatur und Wissen zusammen; vgl. Joachim Küpper, Was ist Literatur? 2000, 193f.

[530] Vgl. zum Anagramm den Kommentar von Wolf Steinsieck und Ludwig Schrader: François Rabelais, Gargantua 1992, 191; Meister Franz Rabelais der Arzenei Doctoren Gargantua und Pantagruel 1964, Bd. 1, 435.

[531] Ute Nyssen, Glossar 1964, 19.

[532] Günther Hess, Deutsch-Lateinische Narrenzunft 1971, 226.

Daneben nutzt Fischart zur Verrätselung des Eigennamens aber auch ein komplexes Text-Bild Arrangement, in dem emblematische Semiosen anzitiert und ihrerseits verfremdet werden. Fungiert bei Rabelais die Alchemie als Formation, die für das ironische literarische Spiel funktionalisiert wird, so wird bei Fischart auch die Emblematik einbezogen. Beiden Formationen ist die Teilhabe am hermetischen Diskurs eigen. Bezogen auf die Wissensformationen, aus denen sich die Sinnpotentiale des Romans generieren, ist hier eine poetische Funktionalisierung hermetischen Wissens zu beobachten.[533]

Das Bild auf dem Titel zeigt zwei aus Wolken ragende Hände, deren eine einen Krebs umfasst, die andere hält einen Aal.[534] Über dem Bild stehen zwei Mottos, jeweils in lateinischer und deutscher Sprache. Auf den Krebs ist das Motto *Si laxis erepit (Zu Luck entkriechts)* zu beziehen, auf den Aal das Motto *Si premas erumpit (Ein Truck entziechts)*.[535] Als Subscriptio des Bildes steht der Satz *Im Fischen Gilts Mischen*, der ein Akronym von *Johann Fischart genannt Mentzer* bildet. Der emblematische Charakter dieses Text-Bild-Arrangements wirft die Frage nach seinen hermeneutischen Sinndimensionen auf. Zunächst jedoch ist darin eine weitere, zwischen der mehrsprachigen Verrätselung *Huldrich Elloposcleron* und dem Akronym stehende Verrätselung des Eigennamens durch Bilder zu sehen: Krebs und Aal sind Fischarten (auch wenn die heutige Biologie den Krebs selbstverständlich nicht zu den Fischen rechnet, gehört er im naturhistorischen Diskurs des 16. Jahrhunderts mitunter durchaus noch in diese Sachgruppe).[536] Mit Sprachverrätselung, Bild und Akronym wird das Rabelais'sche Anagramm somit dreifach überboten.

Das Bild steht zudem an Stelle des Druckersignets. Als solches findet sich in den anderen Drucken der Offizin Bernhard Jobins eine bekränzte Büste mit dem Kopf des ältesten attischen Königs Cecrops und den Schriftzug *Sapientia constans*. Andere Drucker der Zeit nehmen in ihren Druckermarken eine ähnliche Codierung ihres Namens wie bei Fischart vor: Man denke an das Signet des Leipziger Druckers Berwaldt (es

---

[533] Vgl. Tobias Bulang, Zur poetischen Funktionalisierung hermetischen Wissens 2011.
[534] Mitunter ist in der Forschung von einer Schlange die Rede; vgl. etwa Erich Kleinschmidt, Gradationen der Autorschaft 2008, 8. Eindeutig ist das Tier als Aal nicht erkennbar, da jene Stelle hinter dem Kopf, wo der Aal auch in den Bildern der Zeit Flossen hat (vgl. etwa Arthur Henkel, Albrecht Schöne (Hg.), Emblemata 1996 [1967], 707–711), durch den sich windenden Leib des Tieres verdeckt wird. Die Schlüpfrigkeit des Aals jedoch ist sprichwörtlich (vgl. TPMA Bd. 1 1995, 3f.: Schlüpfrigkeit des Aals 1.1–30) und im Motto herausgestrichen. Dies wäre mit einer Schlange (die zwar auch flink ist, aber eben nicht aalglatt) nicht in Übereinstimmung zu bringen. Letzte Sicherheit allerdings wird bei dieser Sache wohl nicht zu erlangen sein. Durch die Schraffierung des Hintergrunds entsteht zudem am Kopf des Tieres der Eindruck, es habe eine gespaltene Zunge. Dies ist jedoch, wie sich bei genauerem Hinsehen zeigt, nicht der Fall.
[535] Das dem Aal zugeordnete Motto hat in Isidors Etymologien eine Entsprechung. Die Ähnlichkeit zur Schlange wird als namensgebend herausgestrichen. Bei Isidor entsteht der Aal aus Schleim, deshalb entgleitet er schnell, wenn man ihn fest drückt („[...] quanto fortius presseris, tanto citius elabitur."); Isidor von Sevilla, Etym. XII, VI, 41.
[536] So findet sich etwa der *crebs* bei Hadrianus Junius unter der Rubrik *Piscium partes & genera*; vgl. Hadrianus Junius, Nomenclator omnium rerum 1567, 76.

zeigt einen Bären in einem Wald), oder des Zürcher Druckers Froschauer (das einige Frösche auf einer Aue zeigt). Wie bei Jobin der Fall, können die Druckersignets auch Devisen enthalten, welche die Prinzipien der eigenen Druckertätigkeit, das Ethos des Druckers und der Offizin im Zusammenspiel mit dem Bild vergegenständlichen. Auch vor diesem Hintergrund steht zu vermuten, dass Fischarts Text-Bild-Arrangement über die Verrätselung des Verfassernamens hinaus weitere Sinnbezüge enthält, welche den Text der *Geschichtklitterung* kommentieren und sich insofern als poetologischer Kommentar lesen lassen müssten. In diesem Sinne wurde in der Forschung das Arrangement zu dechiffrieren versucht. So wurde das Wechselspiel von Mottos und Bildern mit dem Vorgang des Übersetzens und der mehr oder minder lockeren Handhabung der Worte in Verbindung gebracht, etwa in dem Sinne, dass man für eine gute Übertragung weder zu wörtlich noch zu frei übersetzen dürfe, um ein Optimum an Sinn zu gewährleisten. Dass Fischart das Übersetzen zum Gegenstand eines solchen Arrangements macht, erscheint zunächst aufgrund des Kontextes plausibel, wie allerdings genau die Vorstellung eines zu festen bzw. zu laxen Haltens des jeweiligen Wassertiers auf den Umgang mit Wörtern und Sinn zu beziehen wäre, bleibe dahingestellt. Eine andere mögliche Interpretation sieht in dem Arrangement eine Allegorie des Lesens dergestalt, dass der Rezipient bei seinen Versuchen der interpretierenden Vereindeutigung des Textes mit einem Entwischen des Sinns zu rechnen habe.[537] Auch hier stellt sich die Frage nach der konkreten Füllung der Bildlichkeit durch die Komponenten des Rezeptionsaktes. Beide Interpretationen wirken deshalb zum Teil spekulativ, was durch die Aenigmatik des Titels ja durchaus herausgefordert wird. Dasselbe muss für eine Interpretation gelten, die in dem Text-Bild-Arrangement den Kastrationskomplex eines obsessiven Erzählers vergegenwärtigt sieht und den Aal entsprechend als Phallus deutet, der von den aufragenden Krebsscheren bedroht werde. Bachorski bezieht in diese obszöne Lesart auch das Akronym (*Im Fischen Gilts Mischen*) ein, indem er vom *Mischen* auf die leibliche Vermischung der Menschen assoziiert. Dies freilich bleibt äußerst vage.[538]

Ich möchte hier eine andere Deutung des Arrangements versuchen, die sich auf gebräuchliche Sprichwörter und auf andere Embleme der Zeit bezieht und deshalb vielleicht eine gewisse Historizität für sich beanspruchen kann. Aufgrund der programmatischen Aenigmatik[539] scheint mir allerdings eine letzte Sicherheit in dieser Sache nicht möglich zu sein.

---

[537] Vgl. Florence M. Weinberg, Gargantua in a Convex Mirror 1986, 15. Als Kodierung eines gradualistischen Lektüreverfahrens beschreibt Erich Kleinschmidt das Emblem und die Subscriptio; vgl. Erich Kleinschmidt, Gradationen der Autorschaft 2008, 8f.

[538] Hans-Jürgen Bachorski, Irrsinn und Kolportage 2006, 496ff. Bachorski kann zwar innerhalb des Textes auf verschiedene obszöne Bemerkungen über Aale und Krebse verweisen, insgesamt jedoch trägt seine Interpretation des Piktogramms Züge einer psychoanalysierenden Überinterpretation, die nur unter Ausblendung der Fischartschen Vertrautheit mit Bilddiskursen und Sprichwörtern seiner Zeit eine gewisse Plausibilität beanspruchen kann.

[539] Eine „schon auf dem Titel der *Geschichtsklitterung* [sic!] programmatisch ausgesprochene[] Sinnverhüllung" konstatiert Erich Kleinschmidt, Gelehrtentum und Volkssprache 1980, 143.

Ein die Fischartforschung besonders verstörendes Element des Bildes liegt in den Händen, die aus dem Gewölk oder Dunst ragen. Dies wurde als Transzendenzbezug gedeutet, wobei sich natürlich die Frage stellt, wie es damit in der *Geschichtklitterung* bestellt sei.[540] Dass dieser Transzendenzbezug säkularisiert werde, wurde ebenso vermutet.[541] Ich meine, dass solche Interpretationen völlig gegenstandslos sind. Man muss, um hier klarer zu sehen, auf Sprichwörter zurückgreifen, welche das „Fischen ohne Wasser" bzw. das „Fische Fangen in der Luft" (*in ære piscari*) betreffen, womit ein närrisches Vorhaben charakterisiert ist, dem voraussichtlich kein Erfolg beschieden sein wird.[542] Was Fischart hier ankündigt, ist – salopp ausgedrückt – eine ‚Luftnummer'. Die Hände, die aus dem Gewölk heraus den Krebs und den Aal fangen, verbildlichen dieses Sprichwort, einen Transzendenzbezug wird man darin vergeblich suchen. Dass es im Bild um das Fangen von Wassertieren geht, vergegenwärtigen die Mottos und die Subscriptio. Letztere hat zudem in vielen Sprichwörtern eine Entsprechung, welche das Trüben des Wassers empfehlen, wenn man erfolgreich Aale oder andere Fische fangen möchte (z. B.: *Flumen confusum reddit piscantibus usum*).[543] Wenn nun solcherart empfohlen wird, beim Fischen das Wasser aufzumischen, erweisen sich solche Maximen ebenfalls als nichtig, da ja in der Luft gefischt wird. Das Bild-Text-Arrangement erzeugt so über den Rekurs auf Sprichwörter eine völlig strukturanaloge Aussage wie jene, dergemäß alles ohne Eisen verschmiedet worden sei. Schmieden ohne Eisen und Fischen in der Luft stellen gleichermaßen Figurationen der Nutzlosigkeit und närrische Tätigkeiten dar, die als Metapher für die *Geschichtklitterung in toto* fungieren. In diesen Adynata liegt ein deutliches Fiktionalitätssignal, in ihnen verdichtet sich poetologisch eine Depragmatisierung des Wissens.

Die Mottos kündigen zudem an, dass die beiden Tiere im nächsten Moment entwischen werden. Die Schlüpfrigkeit des Aals ist sprichwörtlich, und auch der Krebs gilt mitunter als gewandtes und bewegliches Wesen.[544] Das Bild veranschaulichte so eine

---

[540] Besonders Florence M. Weinberg, Gargantua in a Convex Mirror 1986, 15, wo die m. E. völlig spekulative Interpretation nahegelegt wird, „that Fischart himself is a gift of good".

[541] Dass der Autor sich selbst mit Gott vergleiche und somit nahezu auf der Schwelle zum Künstlerbewusstsein der Romantik erscheine, spekuliert Josef Konrad Glowa, Johann Fischart's *Geschichtklitterung* 2000, 21 f.

[542] TPMA Bd. 3 1996, 274 f.: Ohne Wasser Fischen, 1.2, 1.3; vgl. auch 1.1., 1.4–10; hier auch die Varianten auf dieses Thema in den Sprichwortsammlungen bei Erasmus und Sebastian Franck und bei Luther. Eine Variante des Sprichworts findet sich (mit moraldidaktischer Perspektivierung) auch im *Renner* Hugos von Trimberg: *Swer âne wazzer vischet | Mit netzen riusen und mit angeln | Der mac wol vische mangeln: | Swer da tugent suochen wil, | Dâ mêr untugent ist denne ze vil | Der mac wol vischen ane gelüppe | Als der ûf vëhet der sunnen stuppe* (Renner, V. 22 484– 22 490). Verwandt ist auch die sprichwörtliche Redensart vom Fischen hinter dem Netz, die sich in Bruegels Bild der niederländischen Sprichwörter dargestellt findet.

[543] TPMA Bd. 3 1996 275: Im trüben Waser fischen, 3.27–3.39; vgl. auch TPMA Bd. 1 1995, 4: Aale fangen (2.31, 2.33).

[544] Vgl. TPMA Bd. 1 1995, 3 f.: Schlüpfrigkeit des Aals 1.1–30. In Bruegels Bild der Sprichwörter kann man auch eine Figur sehen, die einen Aal am Schwanz fängt.

Zähmung, die durch die Mottos als vorläufige und vorübergehende gefaßt wird. Was aber entwischt hier beim Fischen in der Luft? Ich versuche die Wassertiere auf dem Frontispiz der *Geschichtklitterung* auf den emblematischen Kontext ihrer Zeit zu beziehen. Ein zeitgenössisches Emblem, das Krebs und Aal auf einem Bild versammelte, findet sich nicht, auch für die Mottos gibt es keine Entsprechungen (was nicht verwundern wird, da ja den Emblemen ein Originalitätsanspruch eigen ist). Gleichwohl fungiert der Krebs aufgrund seiner Eigenschaft, schnell entwischen zu können, mitunter als Bildspender, ebenso verhält es sich bei der Eigenschaft des schlüpfrigen Aals, sich dem Zugriff zu entwinden. Im Alciats *Emblematum liber* von 1531 findet sich ebenso wie in Jeremias Helds Übersetzung der Alciatus-Texte von 1567 der Krebs unter der Überschrift *In Parasitos* (bei Held: *Wider die Zutüttler vnd Suppenfresser*) als Sinnbild des Höflings: Die Bildunterschrift attestiert ihm, er teile wie der Krebs Giftpfeile aus, sei ebenso gewandt und verschone niemanden mit seinem höhnischen Spott. In Holtzwarts Emblembuch findet sich ein Emblem, welches das Wappen eines Priesters zeigt, der einen Aal in der Hand hält.[545] Der Sinn des Arrangements ist die Veranschaulichung der Verschwiegenheit der *clerici*, die ihre Zunge bezähmen müssen, wie jene Hand auf dem Emblem, die den Aal nicht entgleiten lässt. Auch in Reusners 1581 in Frankfurt erschienenem Emblembuch, das 1591 auch bei Jobin in Straßburg erschien, findet sich dieses Wappen mit der gleichen Bedeutung, aber ohne den Bezug auf den Priester.[546]

Nun enthält Fischarts Bild mit Sicherheit weder Hofkritik noch ein Schweigegebot für Priester. Gleichwohl lassen sich diese Konnotationen in eine Auslegung des Bildes einbeziehen. Krebs und Aal in der Hand stünden so für den nur vorübergehend bezwungenen Spott einerseits sowie für die nur zeitweise ausgesetzte Geschwätzigkeit andererseits. Wenn diese Lesart legitim ist, so versinnbildlichen Bild und Beischrift auch die aggressive satirische Stoßrichtung des Textes (in der Schärfe der Krebsscheren) und seine Digressivität (in der Schlüpfrigkeit des Aals). In beiden Fällen geht es um eine Entgrenzung, die Programm der *Geschichtklitterung* ist. Dass sich in diesem Text eine Entgrenzung von Wissensformen vollzieht, die in ihren angestammten Diskursen Kontrollmechanismen unterworfen werden, im Rahmen ihrer literarischen Inszenierung allerdings ausufern, konnte in dieser Studie bereits anhand ganz unterschiedlicher Wissensgebiete beobachtet werden. Möglicherweise verdichtet sich dieses Verfahren im Text-Bild-Arrangement des Titels zu poetologischer Programmatik. Dass dieser Vorgang auch obszön konnotiert ist, wäre keineswegs überraschend. Dass Fischart Spott und Ausschweifungen auch auf das Terrain des Obszönen führen, lässt sich in der *Geschichtklitterung* allenthalben belegen.

So betrachtet ist im Titel der *Geschichtklitterung* eine programmatische Entgrenzung und Reduktion des Wissens vergegenwärtigt, die sowohl geographisches, historisches und hermetisches Wissen, literarische Traditionen und zeitgenössische Bilddiskurse

---

[545] Mathias Holtzwart, Emblematum Tyrocinia 1581 [1968], Nr. LXII, 142f.
[546] [Nicolaus Reusner], Emblemata 1591. Mit Huldigungsgedichten von und an Fischart.

erfasst. Entgrenzung und Reduktion vollziehen sich dabei im Prozess der Übersetzung, sowie bei den Anreicherungen der jeweiligen Neuauflage. Im Text selbst werden dann, wie gezeigt werden konnte, noch weitere Wissensbereiche ‚pantagruelisiert'. Der Prospekt des Titelblatts ist bezüglich einer Ankündigung des bearbeiteten Materials unvollständig, nicht jedoch hinsichtlich der vorgestellten Verfahren einer eigensinnigen Poetik des Wissens.

Umschrift des Exemplarischen in Fischarts Dedikationsepistel

Die *Geschichtklitterung* enthält eine Übersetzung von Rabelais' programmatischer Vorrede, welche vielfältig ergänzt und angereichert ist, was sich bereits an der Aufschwellung der Überschrift zeigt: *Ein und VorRitt, oder das Parat unnd Bereytschlag, inn die Chronick von Grandgoschier, Gurgellantual und Pantadurstlingern*. Dieser Einleitung ist eine Vorrede vorangestellt, die sich an *alle Klugkröpffige Nebelverkappte NebelNebuloner* und weitere *Pantagruelisten* richtet. Sie hat bei Rabelais keine Entsprechung. Beide Texte enthalten in äußerster Kompaktheit Dichtungsreflexionen und poetologische Programmatik.[547] Vorab könnte man beide Texte unter dem Gesichtspunkt ihrer Reflexivität wie folgt zusammenfassen: Die Vorrede entwirft eine Funktionsbestimmung des Textes und versieht diese mit einer eigenen literarischen Tradition. Der *VorRitt* konzentriert sich vorrangig auf die Momente der Produktion und Rezeption des Textes, auch dafür wird wiederum eine literarische Tradition entworfen. Die unfeste Stellung, die der *Geschichtklitterung* in den Traditionen des Wissens und der Literatur zufällt, bedingt, dass hier äußert aufwändig an der Positionierung des literarischen Entwurfs in verschiedenen Traditionszusammenhängen gearbeitet wird. Dies ist im Folgenden anhand beider Texte aufzuzeigen.

Die Vorrede nimmt die Systemstelle einer Dedikationsepistel ein, sie richtet sich entsprechend an *liebe Herrn gönner und freund* und ist vom Erzähler unterschrieben. Schnell jedoch erweist sich beim Abgleich solcher Konventionen, dass es sich um die Parodie einer Dedikationsepistel handelt. So sind zum einen die Ehrentitel der angesprochenen Herren sprachlich in einer Weise verballhornt, dass aus der zu erwartenden devoten Adresse eine aggressive Verspottung der Angesprochenen wird: *GRoßmächtige, Hoch und Wolgevexirte tieff und außgelärte, eitele, orenfeste, orenfeißte, allerbefeistete, ährenhaffte und hafftären, orenhaften unnd hafenoren oder hasenasinorige insbesondere liebe Herrn, gönner und freund*. Aus hochgelehrten Herren werden so *außgelärte*, aus ehrenfesten Gönnern solche mit festen Ohren (*orenfeste*) bzw. Fettwänste (*allerbefeistete*). Buchstäblich werden den *lieben Herren* Hasenohren aufgesetzt.[548] Erkennbar ist auch eine entsprechende Umschrift der Devotionsformel, die am

---

[547] Vgl. Hans-Jürgen Bachorski, Irrsinn und Kolportage 2006, 498ff.
[548] Dass hier jeder Sinn im tollen Wirbel untergehe, wie Christoph Mühlemann konstatiert, wäre dahingehend zu modifizieren, dass hier Anredekonventionen invertiert werden; vgl. Christoph

Ende einer Dedikationsepistel zu erwarten ist: *Subscripsit. Ihrer Fürstlichen Gnaden Mutwilliger. Huldrich Elle Poscleros.* Anstelle des gutwilligen oder wohlwollenden Dieners steht hier ein aufsässiger (*Mutwilliger*) Erzähler, der den vorgesehenen Servilismus ostentativ ausspart.

Die sich hierin manifestierende Offensive des Erzählers prägt den ganzen Text. Vorgesehen sind in solchen Dedikationsepisteln *captationes benevolentiae* und Apologien der vorgelegten Unternehmung. Erstere werden bereits in den Adressen invertiert, Apologien enthält die Vorrede sehr wohl, die jedoch im Zuge ihrer Formulierung zu Offensiven umgeschrieben werden.

Eine erste Apologie des vorgelegten Textes erfolgt über seine moralische Funktionsbestimmung als abschreckendes Exempel, das zur Besserung der Menschen angeführt wird. In charakteristischer *dilatatio* bietet Fischart für diese Funktionsbestimmung drei historische Beispiele, die in gewisser Hinsicht Meta-Exempel darstellen. Denn erzählt werden nicht schlicht abschreckende Geschichten, sondern Fälle der Inszenierung abschreckender Geschehnisse und die damit verbundene Wirkungsintention. Als erstes historisches Beispiel werden die Spartaner genannt, die sich vorsätzlich zu betrinken pflegten, um der Jugend ein abschreckendes Beispiel zu bieten und ihnen so die Trunkenheit zu verleiden.[549] Im zweiten Beispiel lässt ein Fürst seinen Scharfrichter in zeitgenössischer Modekleidung vor allen Hofleuten aufstellen, um ihnen ihre lächerliche Aufmachung zu verleiden.[550] Im dritten Beispiel für abschreckende Wirkungen werden die Eltern erwähnt, die ihren Nachwuchs zu öffentlichen Hinrichtungen führen, um sie von üblen Taten abzuschrecken und zu vernünftigen Bürgern zu erziehen. In dieser Weise bezweckt auch der Verfasser *ein verwirrtes ungestaltes Muster der heut verwirrten ungestalten Welt, sie von ihrer verwirrten ungestalt und ungestalter verwirrung abzuführen und abzuvexieren, fürzuspiegelen* (*Geschichtklitterung*, 8). Nur scheinbar zielt die Apologie des niederen Erzählens auf seine Legitimität durch die bezweckte moralische Nutzanwendung.[551] In Schutz genommen wird dabei der Verfasser, der niedere Themen exponiert. Diese Funktionalisierung wird nicht nur durch eine wortreich betriebene, selbstzweckhafte Ostentation des Lächerlichen überlagert (die Schaulust und das Gaffen, werden in der Schilderung der Beispiele vielfach thematisiert), sondern Fischarts Behauptung moralischer Nutzanwendung der Literatur wird auch –

Mühlemann, Fischarts *Geschichtklitterung* als manieristisches Kunstwerk 1972, 27. Auch die von Josef Konrad Glowa vermerkte Dialogizität und Zweistimmigkeit der Sprache hat einen ganz konkreten parodistischen Bezug: Sie dient dem Zitat und der gleichzeitigen Inversion der konventionellen Formeln von Dedikationen, vgl. Josef Konrad Glowa, Fischart's *Geschichtklitterung* 2000, 29.

[549] Einen Intertext dazu bietet Josef Konrad Glowa; vgl. Josef Konrad Glowa, Johann Fischart's *Geschichtklitterung* 2000, 30f.
[550] Vgl. dazu ebd., 128, Anm. 98.
[551] Vgl. die einsinnige Lesart von Josef Konrad Glowa ebd., 31f.

wie sich bei genauerem Hinsehen zeigt – offensiv dekonstruiert.[552] Denn wenn die verwirrte Welt in ihrer Verwirrung die Welt von ihrer Verwirrung abführen soll, so ist darin der Anspruch auf moralische Nutzanwendung exemplarischer Weltschilderung durch eine „grammatische Verkehrungsfigur"[553] unterlaufen. Die Formulierung betreibt durch die redundante Insistenz auf Verwirrung und Ungestalt einen solch radikalen Welt-Immanentismus, dass eine Anschauung der Welt unter moralischem Vorbehalt schlichtweg unmöglich scheint.[554] Man könnte dies als Implosion einer exemplarischen Funktionalisierung des Erzählens bezeichnen. Die Behauptung einer moralischen Nutzanwendung des Erzählten verschiebt sich dabei. Rekurriert wird zunächst auf die normierende Kraft des Faktischen. Eine ganze Reihe *mutwilliger* Bücher erfreuen sich trotz ihrer Sujets einer gewissen Wertschätzung der Leser und werden auch in den Schulen behandelt:

> *Verwirfft man doch von wegen etlicher unbescheidener Wort nit jedes Buch: Kan doch das Ohrenzart Frauenzimmer wol etliche Zotten inn Bocatii Centonovel, deß Jacob Winters Wintermeyen, der beiden Stattschreiber zu Burckheim und Maursmünster Wickram und Jacob Freyen frey Rollengespräch und Gartenzech: Auch deß M. Linders Katzipory gestech, und deß Straparole Historien vertragen: daß ich jetzt anderer Eulenspiegelischer und Wegkurtzerischer art buchern geschweige. Sie seynd dannoch weit nit, wie deß* Pogii purcitiarum opus. *Verwirfft man doch in Schulen von wegen leichtfertiger reden nit etliche mutwillige Poeten, alß den Martialem […] Ovidium, Plautum, Juvenalem, Pogium, Bebelium, und schier alle Comedische und Satyrische scribenten, denen bossenzureissen angeboren: Terentius der so gar sauber sein sol, ist im Eunucho nit so gar latuer […].* (Geschichtklitterung, 10)

In diesem Passus wird über die Nennung der Autornamen eine ganze Reihe zeitgenössischer deutscher, lateinischer und italienischer Novellen-, Schwank- und Facetiensammlungen abgerufen und zur antiken Tradition der Satire in Bezug gesetzt.[555] Der so entworfene literarische Traditionszusammenhang ist gekennzeichnet durch *unbescheiden Wort, etliche Zotten, frey […] gespräch, gezech* und *gestech, leichtfertige Reden, mutwillige poeten* und unlauteres *bossenreissen*. Das zuvor noch behauptete Exemplarische erscheint so reduziert auf den blanken Spott, seine Funktion erschöpft sich in der Erzeugung von *kurzweil,* worauf ja die anzitierten Schwanksammlungen in ihren Selbstbeschreibungen, mitunter bereits im Titel zielen.[556] Der Spott wird im Folgenden

---

[552] Ich sehe hierin ein programmatisches Zer-Schreiben überkommener wirkungsästhetischer Topoi und nicht nur ein Changieren zwischen behaupteter moralisch-didaktischer Integrität und ihrer Infragestellung durch den Erzähler wie Hans-Jürgen Bachorski, Irrsinn und Kolportage 2006, 500.

[553] Erich Kleinschnmidt, Die Metaphorisierung der Welt 1993, 37.

[554] In dieser Negationsfigur sieht Hans-Jürgen Bachorski einen Hinweis auf Ordnungskrisen der Epoche; vgl. Hans-Jürgen Bachorski, Irrsinn und Kolportage 2006, 498f.

[555] Christoph Mühlemann, Johann Fischarts *Geschichtklitterung* als manieristisches Kunstwerk 1972, 29.

[556] Josef Konrad Glowa konstatiert sowohl eine moralische Nutzanwendung als auch eine Karnevalisierung. Der Zusammenhang beider Aspekte jedoch wird nicht erörtert; vgl. Josef Konrad Glowa, Johann Fischart's *Geschichtklitterung* 2000, 32.

als anthropologisches Universal qualifiziert, entworfen wird sodann seine Literaturgeschichte, für die viele Gattungen der Gegenwart und der Antike reklamiert werden:

> Man hat zu allen zeiten bey allen Nationen solcher art kurtzweiligs Gespötts vorgehabt: die Griechen mit Tragedien, Dithyrambis, Dionisiacis: die Römer mit Fescenninis, Manduconen, Mimis, Pasquillen: Die Teutschen mit Faßnachtspielen, Freihartspredigten, Pritzenschlagen: die in Schulen mit deponieren, und Quotlibeten [...]. (*Geschichtklitterung*, 10)

Jan-Dirk Müller hat anhand verschiedener Schriften Fischarts gezeigt, wie in ihnen immer wieder ein volksprachiger Gegenkanon zu lateinischer Literatur und Poetik entworfen und beansprucht wird.[557] Dies ist auch in der *Geschichtklitterung* der Fall. Deutsche Traditionen werden gewissermaßen am Kanon der hohen Dichtungen vorbei mit der Antike verklammert. Der Unterschied zu ähnlichen Traditionsentwürfen im *FlöhHatz* oder im *Eulenspiegel reimenweis* besteht in der *Geschichtklitterung* im enzyklopädischen Anspruch auf die Fusion aller Traditionen der Satire und des Spotts. Günter Hess hat diesbezüglich für die *Geschichtklitterung* die Metapher eines Stausees genutzt, der alle Variationen der Sprachsatire, alle Brechungen und Störungen der Deutsch-Lateinischen Narrenzunft auffange.[558] Fischart fasst den enzyklopädischen Anspruch einer Zusammenführung aller satirischen Traditionen der Weltliteratur in das Bild eines aus verschiedenen Zutaten gebackenen Kuchens:

> So bringen wir nun hie auß allen vorgedachten arten ein gebachenen kuchen, und nach jetziger welt lauff schöne Mythologias Pantagruelicas dz ist Alldurstige Grillengeheimnussen und Märendeitungen (dann diß wer dieses Buches warer Titul) [...]. (*Geschichtklitterung*, 10f.)

Hatte Fischart im Zusammenhang mit der Behauptung einer exemplarischen Funktion des Dargebotenen noch ein *Model der Welt* angekündigt, so spricht er hier vom *welt lauff*. Bereits bei Wittenwiler kamen *der werlt lauff* und *was man tuon und lassen soll* nicht mehr überein, traten normativer Anspruch und Exponierung des Ridikülen in eine Spannung zueinander. Bei Fischart wird das Eine durch das Andere substituiert. Von der eingangs angekündigten moralischen Nutzanwendung sind an dieser Stelle *alldurstige Grillengeheimnussen und Märendeitungen* übrig geblieben. Dass diese als des Buches *warer Titul* bezeichnet werden, entsorgt die exemplarische Funktionszuweisung nachdrücklich. Dass die enzyklopädische Umsetzung der literarischen Traditionen in der *Geschichtklitterung* in das Bild eines Kuchens gefasst wird, in das einer Süßspeise also, die gegenüber dem Lebensnotwendigen (Brot) einen Überfluss und Luxus darstellt, lässt sich auch im Sinne einer Depragmatisierung des Literarischen deuten. Zudem wird hier der Topos vom Text als geistlicher Speise variiert. Die literarischen Traditionen verdichten sich im Bild eines den Rezipienten dargebotenen Essens, womit anders als beim historischen Exempel, das auf eine rationale Kommentierung gerichtet ist, ein Vorgang des Einverleibens und durch die evozierte Süße ein kulinarischer Genuss akzentuiert werden. Darin ist auch eine Variante jener Reduktion von Wissen und

---

[557] Jan-Dirk Müller, Fischarts Gegenkanon 2008.
[558] Günther Hess, Deutsch-Lateinische Narrenzunft 1971, 221.

Überliefertem auf die Leiblichkeit zu sehen, welche die *Geschichtklitterung* durchgehend prägt.

Auf das Bild vom gebackenen Kuchen und die Ankündigung der Pantagruelismen erfolgt die Apologie des François Rabelais. In ihrem Zusammenhang setzt Fischart zu einer alternativen Funktionsbestimmung des niederen Erzählens an. Mit Ronsarts Epitaph auf den französischen Dichter wird das Stereotyp des Rabelais als Trunkenbold angeführt und daraufhin mit einer bemerkenswerten Begründung versehen: Rabelais sei als Arzt nicht nur mit allzu menschlichen Dingen vertraut gewesen, weshalb er von natürlichen Sachen mitunter besonders frei spreche, sondern er habe auch danach getrachtet, alle nur denkbaren Mittel einzusetzen, die zur Gesundung des Patienten beitragen. Auch das lächerliche Auftreten des Arztes sei geboten, wenn es den Patienten zum Lachen bringt und damit zu seiner Heilung beiträgt. Der Topos vom Text als Arznei wird hier variiert, eine Fülle von Exempeln für Ärzte, die ihre Patienten durch das freiwillige oder unfreiwillige Auslösen von Lachen geheilt hätten, werden angegeben; angeführt wird zudem ein Diktum Platons, das dem Arzt eine Lizenz zum Lügen und zur Geschwätzigkeit einräumt.[559] So werden Fiktionalität und Digressivität in den Funktionsentwurf einbezogen. Solcherart wird eine diätetische Funktionalisierung der Literatur entworfen, die mit der moralischen Nutzanwendung nicht übereinstimmt und zu der das Bild des Textes als Nahrung gut passt. Die durch den Text angestrebte Heilung zielt freilich auf den Leib des Menschen, auf das Somatische. Als theologische Metapher für die Heilssorge fungiert die beanspruchte Diätetik nicht mehr. Es geht bei den Kuren, die das Buch vorantreiben soll, um ganz innerweltliche Angelegenheiten. Es ist die Melancholie, die dem vom Lauf der Welt geplagten Menschen vertrieben werden soll. Diesem Zweck arbeitet die Funktion des Textes zu, und dafür werden alle Konstituenten des literarischen Prozesses konsequent ridikülisiert: der Erzähler und sein Text sowie die in den spöttischen Adressen inszenierten Rezipienten.

Umschrift hermeneutischer Sinnbildung im *Ein und VorRitt*

In Fischarts *Ein und VorRitt* wird sodann bereits in den Adressen insbesondere das Moment des Suffs herausgestrichen (*IHr meine Schlampampische gute Schlucker, kurtzweilige Stall und Tafelbrüder* [...]; *Geschichtklitterung*, 19).[560] Fischart knüpft hier an Rabelais' Einleitung an, übernimmt über weite Strecken den poetologischen Entwurf, reichert ihn aber auch in seiner charakteristischen Weise an. Wie Rabelais setzt er die in den Adressen aufgerufene Poetik des Gelages in Beziehung zu Platons *Symposion*, welches er mit *die Zech* übersetzt. Für seine Poetik des Silenischen griff Rabelais

---

[559] Als Quelle kommt eine Bemerkung in Platons *Staat* in Frage; vgl. Ulrich Seelbach, Ludus lectoris 2000, 308f.

[560] Nach Josef Konrad Glowa erfolgt hier eine Inversion des epischen Musenanrufs; vgl. Josef Konrad Glowa, Johann Fischart's *Geschichtklitterung* 2000, 36.

auf den Vergleich der äußeren Hässlichkeit und inneren Schönheit des Sokrates mit einem Silen zurück, wie er im *Symposion* vom trunkenen Alkibiades entfaltet wird. Mit dem hässlichen Sokrates verhalte es sich wie mit den Apothekerbüchsen, die außen groteske Zeichnungen zeigten, innen jedoch wohlriechende Spezereien und andere Köstlichkeiten enthielten. Fischart betreibt eine Transgression dieser Rabelais'schen Poetik des Silenischen dahingehend, dass er einen ganzen Kanon grotesker Bilder sowie Namen von Malern und bildnerische Sujets anführt, wo Entsprechendes zu finden ist. Auch hier betreibt Fischart eine Inventarisierung kultureller Ressourcen, womit sich das bei Rabelais verwendete Gleichnis signifikant verschiebt: Fischart widmet den Verzierungen der Apothekerbüchsen umfassendste Auflistungen, während er den Inhalt der Gefäße vergleichsweise knapp beschreibt. Es heißt, die hässlichen Gefäße seien innerlich *mit herrlichem schleck und Confect [...] geschicket unnd gespicket, von Balsam, Bisam, Latwergen, Sirup, Julep, Treseneien, und anderen kostbaren fantaseien, wie sie ins Reiffen gemusterter Abecedek zufinden* (*Geschichtklitterung*, 22). Gegenüber dem seitenlangen Inventar grotesker Bilder auf der Außenseite der Gefäße erscheint die Beschreibung des Inhalts marginalisiert. Die Hässlichkeit der Bilder schiebt sich aufsässig vor jede dahinter liegende Bedeutung. Fischart bezeichnet bestimmte groteske Bilder als *Ladengezird, die eim allen Confect erleiden solten* (*Geschichtklitterung*, 21). Erkennbar ist im intertextuellen Vergleich mit Rabelais eine Prioritätenverschiebung zugunsten der Oberfläche, welche der Text im Folgenden auch konzeptionell vollzieht. Erkennbar ist zudem eine weitere Verschiebung, denn Fischart gibt nicht nur Beispiele für Apothekerbüchsen an, sondern auch für *wunderfrembd geboßiret schrecklich trinckgeschir* (*Geschichtklitterung,* 22), für Gefäße also, die kunstvoll und sinnreich geformt sind (als Damenschuhe, Bären, Schiffe oder nackte Frauen) und in denen zum Willkomm Wein gereicht werde. Der Hinweis auf solche Trinkgeschirre fehlt bei Rabelais, in Fischarts *Geschichtklitterung* wird er hinzugefügt, um das Prinzip des Silenischen *noch greifflicher* zu erklären. Neben den Heilmitteln in den Apothekergefäßen wird so alternativ der Wein in den *Weinbüchsen* thematisiert, der im weiteren Verlauf der Einleitung zum dominierenden Thema werden wird. Betroffen ist davon auch eine Funktionsbestimmung von Literatur als Pharmakon: Bei aller Betonung der medizinischen Nützlichkeit des Weines, wird doch durch die im Katalog der Trinkgeschirre evozierte Maßlosigkeit des Saufens der Aspekt des Rauschmittels gegenüber dem der Arznei deutlich hervorgehoben.

Das Silenengleichnis wurde bereits bei Rabelais auf den eigenen Text übertragen, und auch Fischart legt dem Leser nahe, nicht dem ersten Anschein nach zu urteilen. Vielmehr solle er sich um den hinter der hässlichen Oberfläche verborgenen tieferen Sinn bemühen. Wie Rabelais behauptet auch Fischart die allegorische Lesbarkeit des eigenen Textes, das Gleichnis des Hundes, der einen Knochen zerbeißt, um das köstliche Mark daraus zu saugen, wird gewissermaßen als allegorische Verdichtung dieser

Lektürepraxis herangezogen.[561] Der entworfene allegorische Rezeptionsmodus wird allerdings auf ähnliche Weise dekonstruiert wie die Behauptung einer Exemplarizität des Erzählens in der Dedikationsepistel. Denn die Ausführungen zur allegoretischen Lesbarkeit des Textes sind eingelassen in eine verstörende Simultaneität von Auslegungsappellen und Deutungszurückweisungen. Einerseits wird behauptet, die *Geschichtklitterung* enthalte unter der Oberfläche einen tieferen Sinn, der erst zu erschließen sei, andererseits aber werden die allegorisierenden Auslegungen der homerischen Epen und der *Metamorphosen* Ovids als *mutwillig gesuchte deutungen* (*Geschichtklitterung,* 27) lächerlich gemacht.[562] Homer, heißt es, hätte solche *lätze bedeutnussen, gekrümte allegorien, verwänte gleichnussen* (*Geschichtklitterung,* 26f.) niemals erwogen, wie sie sich in den Auslegungen Plutarchs, Heraklits, Cornutus', Stesichors, Androtions, Amphilochs, Natals oder Politians finden. Fischart kritisiert

> solche mutwillig gesuchte deutungen von Pandora, daß sie die Eva sey, die neun Muse, die siben Chör, der treyköpfftig Höllisch Cerberprack, die drey weg und weisen zu Philosophirn auff Logicisch, Physicisch, und Ethicisch, der arm hinckend Vulcan der tieff gefallen Teuffel, unnd der Bellerophon, der keusch Joseph eben so wenig dem Homero geträumt haben, als dem Ovidio inn seinen verstaltungen, die siben Sacrament, welche eyn guter Bruder Veit, ein rechter Speckhecker, auß ihm hat wöllen erweysen [...]. (*Geschichtklitterung,* 27)

Darin liegen nicht nur eine Verspottung der Allegorese und eine grundsätzliche Distanzierung hermeneutischer Sinnbildungsverfahren, sondern auch eine Absage an den christlichen Eklektizismus.[563] Analog zum dekonstruierenden Zerschreiben einer exemplarischen Wirkungsintention des Literarischen in der Dedikationsepistel erfolgt im *Ein und VorRitt* die Zersetzung einer Lektüre und Auslegungstechnik, die noch das Entfernteste in den Kosmos des Eigenen integrieren konnte. Die allegorische Praxis einer Überführung antiker Mythen und Gestalten in den Horizont der Heilsgeschichte, der christliche Eklektizismus, wird anzitiert, gleichzeitig jedoch der Lächerlichkeit preisgegeben. Die integrative Kraft der Allegorie wird bestritten, die Identität des paganen Mythos und seiner vorgeblichen christlichen Entsprechung zurückgewiesen. Durch die Loslösung von diesem von Allegorikern bemühten Prinzip der Entsprechung, durch die Entpflichtung der Überlieferungen von der *lectio cristiana*, wird das Material verfügbar für eine ungehinderte Praxis freier, ungebundener Assoziation, welche durch das Prinzip allegorischer Entsprechung nicht mehr begrenzt ist. Für dieses entgrenzte Gleiten des Materials steht bei Fischart der Weinrausch als Prinzip. Bereits anhand der Ausführungen zu einer Poetik des Gelages sowie im Zusammenhang mit dem Titelblatt der *Geschichtklitterung* wurde deutlich, dass die produktionsästhetischen Selbstreflexionen des Textes dem Suff einen besonderen Stellenwert einräumen.

---

[561] Vgl. dazu Rainer Warning, Konterdiskursivität bei Rabelais 2009.
[562] Vgl. Erich Kleinschmidt, Die Metaphorisierung der Welt 1993, 40ff. Zu den anzitierten Quellen vgl. Ulrich Seelbach, Ludus lectoris 2000, 203–205.
[563] Vgl. Erich Kleinschmidt, Die Metaphorisierung der Welt 1993, 41.

Der Weinrausch ist auch das zentrale Thema von Fischarts zweiter Vorrede zur *Geschichtklitterung*. Fischart übernimmt mit dem Entwurf einer Zechgemeinschaft des Autors mit seinen Lesern die in François Rabelais' Pentalogie inszenierte und mit ‚Pantagruelismus' benannte Tradition. Er übernimmt ebenfalls die auf die Dekonstruktion des Allegorischen folgende Behauptung, das Abfassen des Textes habe nur die Zeit in Anspruch genommen, die für Essen und Trinken vorgesehen war. Im Zuge dieser Bemerkung wird die allegoretische Lesbarkeit des Textes explizit bestritten; gesagt wird dass an tieferen allegorischen Sinn dabei nicht gedacht worden sei:

Wie wol ich, da ich schrib, gleich so wenig daran gedacht, als ihr, die vielleicht den Wein auch trincket wie ich: Dann ich inn stellung dieses herlichen Buches kein ander zeit hab verloren, als die ich ohn das zu sättigung meins fräsigen Leibs oder leiblicher erquickung mit essen unnd trincken pflegt für bestellt zuhaben. (Geschichtklitterung, 27f.)

An diesem Punkt ist die zunächst in Anspruch genommene christliche Hermeneutik im Weinrausch kollabiert. In der *Geschichtklitterung* wird die Unentschiedenheit zwischen tieferer Bedeutung und höherem Unsinn, wie auch bereits bei Rabelais, mit Hinweis auf die weinberauschte dichterische Produktivität sistiert: Denn wenn die *freßglock im Magen sturm schlegt, und der klipffel verstopft ist und gelegt*, beim Essen und Trinken also, ist *die recht Dietalisch zeit zu solchen Gemsenkletterigen und Tritthimelverzuckten Materien unnd reinspinnenden gedancken* (Geschichtklitterung, 28). Die Erzeugung höheren Sinns und tieferer Bedeutung wird solcherart somatisch im Sinne der in der Vorrede entworfenen literarischen Diätetik begründet und als ein hinsichtlich höherer und letzter Wahrheiten indifferentes Geschehen ausgewiesen.

Dass Texte, die beim Trinken entstehen, besondere Lizenzen beanspruchen dürfen, was die Verbindlichkeit ihres Umgangs mit Sinn betrifft, steht nicht nur bei Rabelais und Fischart. Auch der berühmte Philologe Julius Caesar Scaliger nimmt dies in seinen *Poemata* von 1574 für einhundert Rätselgedichte, die er *Logographi* nennt, in Anspruch. In ihnen werden bestimmte Begriffe durch Spiele mit Klängen, Silben und übertragenen Bedeutungen kodiert. Eröffnet wird die Sammlung mit einem Gedicht über die Kabbala, welche dem Leser als Modell für die Rezeption der *Logographi* empfohlen wird und ihm gleichwohl anheim stellt, von ihr zu halten, was er wolle. In der Adresse an den Leser weist Scaliger darauf hin, er habe die Zeit des Trinkens zur Abfassung der Rätsel genutzt:

Lectori
Hos centum griphos quam paucis lusimus horis
Dicere non ausim. Malo tacere pudens.
Non credis? Leuitas coget te credere rerum.
[...]

> Ludimus hoc satis est, atque inter pocula. Nec sunt
> Tam leuia nequeant addere sæpe moras.[564]

Anders als während der Zeit, die dem Studium vorbehalten ist, kann *inter pocula* der Sinn schweifen und spielen. Berücksichtigt man für den konkreten Fall die in Scaligers anderen Schriften reklamierten Ansprüche auf eine stringente aristotelische Methodik (*De causis linguae latinae libri tridecim*) oder seine der Topik verpflichteten Ordnungsobsessionen (*Poetices libri septem*),[565] so zeigt sich im Insistieren auf *levitas inter pocula* das poetische Spiel als Entlastungsprogramm.

Fischart öffnet daraufhin eine Opposition von Wein und Öl, dem inspirierenden Getränk des Dichters und der Lampe des nächtlich arbeitenden Gelehrten. Er behauptet, Horaz habe Ennius vorgeworfen, seine Gedichte hätten mehr mit Wein als mit dem Licht zu tun. Dies klingt in Fischarts charakteristischer Diktion wie folgt:

> *Was schads dem Ennio, wann ihme schon der neidig tropff Horat, der auch an dem bein gehuncken hat, beschuldigt, sein gedicht zeigten meh Weins an dann Liecht, und stinck mehr nach der Weinkant, als dem Unschlitbrand, mehr nach dem Weintranck, dann dem ölgestanck* [...]. (*Geschichtklitterung*, 29f.).

Die so von Horaz nicht verbürgte[566] Polemik gegen Ennius wendet Fischart zum Kompliment und nimmt es für den eigenen Text in Anspruch. Mit den Ausführungen zum Dichterrausch wird hier zwischen Texten differenziert, nämlich solchen, die nach dem Lampenöl riechen, und solchen, denen man anmerkt, dass sie vom Wein inspiriert sind. Diese Unterscheidung bezieht sich offensichtlich auf zwei verschiedene Weisen literarischer Produktivität, deren eine für die *Geschichtklitterung* in Anspruch genommen, deren andere zurückgewiesen wird. Die konkurrierenden Modelle literarischer Produktivität unterscheiden sich in ihrem Traditionsbezug, sie beanspruchen nämlich das Überlieferte auf unterschiedliche Weise. Da das Überlieferte in diesem Falle Texte sind, kann man auch sagen, dass Fischart mit Wein und Öl zwei verschiedene Modi intertextueller Bezugnahmen chiffriert. Der Weinrausch wird zur Chiffre für eine literarische Produktivität, die auch als spezifischer Umgang mit Intertexten bestimmt ist.[567] Ihm können Texte zugeordnet werden, die spielerisch sind und von *levitas* (Leichtigkeit, Beweglichkeit, Flüchtigkeit, Oberflächlichkeit, Leichtsinn, Wankelmut, Unbeständigkeit, Haltlosigkeit) geprägt sich um die letzte Sinngebung und vollständige hermeneuti-

---

[564] Julius Caesar Scaliger, Poemata Tl. 1 1574, 614. Die Übersetzung des Gedichts bei Kristian Jensen lautet wie folgt: „I would not care to say how little time I have spent in putting these hundred riddles together. I should rather keep an embarrassed silence. If you do not believe me, the light-mindedness of the poems will convince you. Trust me, I have been amusing myself over a drink. Yet they are not so easy that they cannot make you pause." Kristian Jensen, Rhetorical Philosophy and Philosophical Grammer 1990, 154, Anm. 96.

[565] Vgl. Jörg Robert, Ex disceptationibus veritas 2007.

[566] Ulrich Seelbach, Ludus lectoris 2000, 302.

[567] Die Ausführungen zu Wein und Öl wurden immer wieder im Zeichen von Fischarts ‚Vitalismus' gelesen; vgl. etwa Frank Schloßbauer, Literatur als Gegenwelt 1998, 120–122. Als Reflexion über Literatur kamen sie dabei zuwenig in den Blick.

sche Integration nicht scheren, die ihrerseits Deutungspraktiken vielmehr vorführen und als kontingente ridikülisieren und die Fülle der anderen Texte zum Anlass überraschender Sinneffekte nehmen. Der Ölgeruch der Studierlampe kennzeichnet hingegen Texte, die totes Buchwissen versammeln und die Erschließung tieferen Sinns behaupten, also gelehrte Texte ohne spielerische Dimension bzw. ohne explizite Exponierung ihrer Kontingenz. Es können aber auch kanonische Texte der Beredsamkeit darunter subsummiert werden:

> *Dem Demostene ward es für ein unehr nachgesagt, daß er vor angsthafftem Fleiß, unnd fleissiger angst, den er inn stellung seiner Reden brauchet, meher an öl verthat dann an Wein, unnd mehr bei dem Liechtschein schrib, als es bei dem Wein trieb, und daß seine Orationen wie ein Salat nach öl stancken. Dasselb Cherephonisch nachteulisch und Fledermäusisch klittern will ich mir bei leib nicht nach lassen sagen: Sonder Wein her, der scherpffet das Hirn, fürnemlich wann einer die Stieg einfellt.* (Geschichtklitterung, 30f.)

Hier vollzieht sich eine Absage an die rhetorische Alternative zu den trunkenen Litaneien der *Geschichtklitterung*. Demosthenes galt als Muster der Redekunst und Vorbild des Cicero. Mit der Denunziation dieses Autors wird die Entwertung der klassischen Tradition vollzogen, zugespitzt im Bild des Textes als Salat. Fischart reklamiert für sich eine andere Redekunst, eine Gegentradition.[568] Eine Differenzierung in gelehrte und literarische Texte entspricht dieser Unterscheidung von Öl und Wein aber nur bedingt. Auch der Weinrausch bleibt in der *Geschichtklitterung* immer auf den gelehrten Diskurs bezogen – dies ist gegen allzu vitalistische Lesungen der entsprechenden Passagen zu betonen. Weder in den Ausführungen zu Wein und Öl, noch im berühmten achten Kapitel, der *Trunckenen Litanei*, ist das Sprechen im Rausch reine Sprache der Natur. Die Ausführungen zum Weinrausch des Dichters prozessieren gelehrte Bildung. Der Weinrausch ist bei Fischart das Medium, in dem der gelehrte Diskurs zersetzt, partikularisiert und neu arrangiert, aus den Fesseln des Arguments und des Geltenden befreit wird und macht, was er will. Rhetorik, die Kunst der schönen Rede, wird dabei zur Narrensprache: *Redtorich* (Geschichtklitterung, 119). Diese von Fischart nach Rabelais entworfene Produktionsästhetik wird im *VorRitt* ebenso in den Horizont eines Traditionsentwurfs gestellt, wie dies bei der Funktionsbestimmung der Dedikationsepistel beobachtet werden konnte. Die beiden Vorreden weisen diesbezüglich eine gewisse Parallelität auf. Der Produktionsästhetik des Weinrausches entspricht eine trunkene Literaturgeschichte. Fischart setzt die Traditionen der Dichtung konsequent unter Alkohol:

> *Es gibt doch unter dem Wein die besten keuff, ja die besten rhatschläg, als Tacit von den Teutschen meld, und Strabo im 15. Buch von den Persen helt. Wie ihm dann Homer, der sich an Königs Meons Hof blind gesoffen, eyn außbund aller beredheytgirigen Philologen inn dem fall wol zuthun wust: Deßgleichen der Zihvatter aller Latinischen Poeten der Podagramisch Ennius, inn massen von ihm Horat, so mit gleicher Weinlaug gewaschen, schreibet, daß er nie hab sein federwehr geschliffen, und ein dapffere Schlacht inn reimen angriffen, er hab dann*

---

[568] Vgl. Jan-Dirk Müller, Fischarts Gegenkanon 2007.

> *vor eyn gesetzlin gepfiffen, wie der fromm C.Scheit im Grobiano zu dem Bacho spricht, Ich muß mich vor eyn wenig kröpffen, Daß ich ein guten Trunck mög schöpffen: Hör Bache mit dem grossen Bauch, Lang mir dorther den vollen schlauch, Eyn gute Pratwurst auß dem sack, Daß mir ein küler trunck darauff schmack, Da laß mich thun eyn guten suff, Marcolfe sich, der gilt dir drauff, Hehem, das heist eyn guter tranck, Jetzt bin ich gsund, vor war ich kranck.* (*Geschichtklitterung*, 28)

Literarische Autoritäten der Antike, Tacitus, Strabo, Homer, Ennius, Horaz und schließlich auch Fischarts Zeitgenosse Caspar Scheidt werden so ‚alkoholisiert', wobei entweder auf Schilderungen von Räuschen in ihren Texten oder aber auf historische Überlieferungen über den Lebenswandel der Autoren angespielt wird.[569] Anders als bei Rabelais wird die Blindheit Homers auf Alkoholabusus an König Meons Hof zurückgeführt. Wein wird so das Substrat der großen Literatur, wie Fischart unermüdlich weiter an einer Beispielreihe ausführt, in der Alkaios, Aristophanes, Aischylos und Pindar vorkommen. Schließlich entfaltet er eine Etymologie, in der der Poet auf *potare* zurückgeführt und die „Göttin Potina" angerufen wird:

> [...] *sintemal Poeten von* Potus, Potae, il boit, *und Pott kommet, wie Gwido* de Monticella *im* Vocabulista etymologisato & Ecclesiastico *auff seinen eyd behelt, auß dem Spruch,* Non est Dithyrambus aquam si potitet, vel poietitet, *unnd des Martials* Possum nil ego sobrius bibenti, &c. *Es gibt gefrorn ding, was man aus Bronnen schöpfft: Eyn Poet soll auff eyner seit am Gürtel ein Dintenhorn, auff der andern eyn fläsch hencken haben, das soll sein Brevirbüchlin sein.* (*Geschichtklitterung*, 28)[570]

Mit dem Getränk als Brevierbuch ist auf Rabelais' viertes Buch der Pentalogie angespielt, wo sich der Verfasser bei seinen Lesern für das Übersenden eines Brevierbuchs bedankt, welches freilich keinen Text, sondern für jede Tagesstunde eine Dosis Weins enthält.[571] Im Weinrausch erfolgt der Gegendiskurs zum gelehrten Schrifttum und zur Buchkultur. Fischarts Gegendiskurs entfaltet sich als im Zeichen des Rausches erfolgende Aufhebung derjenigen Begrenzungen, die den gelehrten Diskurs als solchen konstituieren. Hier ist der Rausch Medium eines Spiels mit gelehrtem Wissen,[572] nicht die Stimme der Natur.[573] Der von Fischart entworfene Rausch ist eine Vertextungsstrategie und Medium einer Poetologie des Wissens.

---

[569] Vgl. hierzu die Ausführungen zur „Liste weinseliger Dichter" bei Ulrich Seelbach, Ludus lectoris 2000, 205f.

[570] Vgl. auch Hans-Jürgen Bachorski, Irrsinn und Kolportage 2006, 503.

[571] Vgl. den „Ancien Prologue" bzw. den „alten Prologus"; François Rabelais, Œuvres complètes 1973, 766ff.; [François Rabelais], Meister Franz Rabelais der Arzenei Doctoren *Gargantua* und *Pantagruel* 1964, Bd. 2, 14ff.

[572] Beate Kellner, Spiel mit gelehrtem Wissen 2006.

[573] Vgl. Elisabeth Lienert, Literarische Trunkenheit 2002, 100.

Die andere Enzyklopädie

Im Zusammenhang der soweit vorgestellten Ausführungen wird auch das Verhältnis der *Geschichtklitterung* zur Enzyklopädie zum Gegenstand der Reflexion. Dies ist an Fischarts Arbeit mit der Metaphorologie der Enzyklopädik zu beobachten, insbesondere am honigscheißenden Bienlein, von dem in folgender Passage die Rede ist:

> *Aber wie vil nützlicher, schützlicher, hitziger, kützeliger ist uns der geruch unnd die krafft vom Rebensafft, als daß schwermütig schmutzig öl [...]. Nüchtern stinckt eym der Athem, wann man voll ist, schmeckt mans nicht: Ich bin Bienenart, mit öl töd man mich, mit Wein macht man mich lebendich. Nun ist dannoch eyn Bienlin, auch eyn feins Thierlin, dz Honig scheißt. Ich will mir für eyn ruhm rechnen, daß man von mir sagt, ich hab mehr an Wein gehenck, als im Oel ertrenckt [...]*. (*Geschichtklitterung*, 30)

Fischart rekurriert hier auf das Bienengleichnis,[574] das innerhalb einer langen Tradition der Auseinandersetzung mit dem Prinzip schöpferischer *imitatio* seinen festen Ort hat. Wie Jürgen von Stackelberg gezeigt hat, wurde das Bild der blütenlesenden, honigfertigenden Biene seit der Antike Reflexionen nutzbar gemacht, die dem literarischen Hervorbringen von Neuem – des Honigs – aus den Texten der Vorbilder – den Blüten – galten. Immer wieder behandelt das Bienengleichnis somit das Problem literarischer Produktivität vor dem Hintergrund der intertextuellen Konstitution des Literarischen. In der Auslegungsgeschichte des Bienengleichnisses verschränken sich mitunter Konzepte eklektischer, freier und souveräner *imitatio*.[575] Dabei fungiert das Bienengleichnis auch immer wieder als programmatische Beschreibung mittelalterlicher und frühneuzeitlicher Enzyklopädien.[576] Wie das Bild des aus verschiedenen Zutaten gebackenen Kuchens fungiert auch das Bienlein, das Honig scheißt, als Bild für den eigenwilligen enzyklopädischen Anspruch der *Geschichtklitterung*.[577] Auch hier geht es um die eigene Verarbeitung des vielerorts Erlesenen. Fischart akzentuiert den Topos skatologisch, indem er ihn, den Regeln ‚niederen' Erzählens entsprechend, mit niederen leiblichen Verrichtungen in Bezug setzt: Sein Bienlein scheißt den Honig. Das im Bienengleichnis beanspruchte Prinzip literarischer Produktivität wird mit dem Weinrausch zusammengeführt, da der Wein die Bienen lebendig mache, das Öl hingegen sie töte. Angespielt ist damit auch das paulinische Wort von tötenden Buchstaben und lebendig machendem Geist,

---

[574] Rüdiger Zymner erwägt die Möglichkeit, dass es sich hier um eine Anspielung auf das Bienengleichnis handle; vgl. Rüdiger Zymner, Manierismus 1995, 114, Anm. 68. Ich halte diese Möglichkeit für zwingend, da ich den Passus als grundsätzliche Auseinandersetzung über Möglichkeiten und Weisen von literarischer Produktivität aus der Fülle der anderen Texte heraus lese. Eine Variation des Bienengleichnisses ist in diesem Zusammenhang durchaus naheliegend.

[575] Vgl. Jürgen von Stackelberg, Das Bienengleichnis 1956, 271–293. Den Intertextualitätsbegriff diskutiert mit Blick auf die vormodernen Konzepte der *imitatio* und *aemulatio*: Jan-Dirk Müller, Texte aus Texten 1994, 68–76.

[576] Siehe die Beispiele bei Robert Luff, Wissensvermittlung 1999.

[577] Zur Kombination des Bienengleichnisses mit Einverleibungsmetaphern vgl. Jörg Robert, *Ex disceptationibus veritas* 2007, 263ff.

eine Bibelstelle, die immer wieder für die allegorische Auslegungspraxis in Dienst genommen wurde, die Fischart explizit in seiner Einleitung verabschiedet. Die Metapher ist gewendet im Sinne eines somatischen Vitalismus.

Die Reflexion des Enzyklopädischen zeigt sich in der Einleitung nicht allein am Bienengleichnis, Fischart erwähnt mit dem Hinweis auf Murners *Chartiludium* und *Schachiludium*, dass es Erfindungen gebe, die in der Enzyklopädie des Polydor Vergil vergessen wurden. Der Passus steht im Kontext einer Reihe von Exempeln, die von Versuchen erzählen, das Lesen in Büchern zu unterbinden:

> *Darumb war unsers Barfüserischen Superioristen Murrnarrs Fund mächtig wol bedacht, und nimbt mich wunder, wie es Polidor Vergil in seim buch von Erfindern allerhand sachen hat außlassen können: er sahe wie ärgerlich ding oft inn Büchern stund, darumb erfand er* Cartiludium Institutionum, *und ein Schachspiel,* ubi trahunt quantitates. (*Geschichtklitterung*, 30)

Als Beispiele für Erfindungen Murners zur Verhinderung des Lesens werden hier diverse Karten- und Brettspiele angegeben. Sie werden durch die Verballhornung des Namens ihres Erfinders (*Murrnarr*) mit dessen Narrensatiren in Verbindung gebracht. Beim Chartiludium handelt es sich um ein Kartenspiel, das die sogenannten *Institutionen* des Kaisers Justinian auf 121 Karten bildlich chiffriert und Studenten der Rechte als Möglichkeit seiner spielerischen Memorierung diente dergestalt, dass die auf den Karten niedergeschriebenen Stichwörter die Spieler entweder in Form einer Selbstabfrage oder eines Stichspiels veranlassten, Definitionen aus den *Institutionen* aufzusagen.[578] Das Schellen-Ass, das den Kaiser darstellt, enthält das Wort *Iustitia* und bezieht sich auf das die *Institutionen* eröffnende Incipit: *Justitia est constans et perpetua voluntas jus suum cuique tribuens*. Von dem Kartendeck haben sich nur drei Exemplare mehr oder minder vollständig enthalten, das Spiel erschien 1518 in Straßburg auch als Buch.[579] Es wurde mitunter als magisches Werkzeug beargwöhnt und findet auch in den Dunkelmännerbriefen Erwähnung.[580] Fischart invertiert in seiner Präsentation dieser Spiele ihre von Murner immer wieder behauptete Funktion: Sie sollten den Studenten ermöglichen, das Bücherwissen rasch aufzunehmen und gut zu behalten. Bei Fischart sollen sie das Lesen in Büchern erübrigen. In der Tat scheint Murners Kartenspiel im Zweck der Memorierung nicht ganz aufzugehen. Die letzte Karte des Spiels zeigt auf

---

[578] Ludwig Sieber, Thomas Murner und sein juristisches Kartenspiel 1875; Josef Pauser, Welch Frevel! 1996. Pauser wies auf solche Lehrkartenspiele in Rabelais' Gargantua hin (23. Kapitel). Sie werden auch bei Fischart im Zusammenhang der humanistischen Erziehung Gargantuas erwähnt: *Als nun diß für über, tug man karten auff nit zuspilen, sondern vil hundert geschwindigkeiten, kurtzweil unnd neuwe fündlin zu leren und zulernen: welche alle auß der Rechenkunst entstunden: durch welche angeneme weiß er eine lustneigung zu derselbigen zalkunst bekam [...]*. (*Geschichtlklitterung,* 256).

[579] [Thomas Murner], Chartiludium Institute Summariae doctore Thoma Murner memorante et ludente 1518; vgl. dazu die Beschreibung bei Jörg Pauser, *Welch Frevel!* 1996, 210ff.

[580] Epistolae obscurorum virorum 1978 [1924], II, 3.

Reflexionen einer Poetik des Wissens

der Vorderseite einen Herold (den *Mul Hannß*),[581] anstelle des Wappens auf der Rückseite eine Sau mit einem Glöckchen um den Hals, die sich anschickt einen Apfel zu fressen. Neben ihr steht ein Ferkel auf den Hinterfüßen, um an ihr zu saugen. Das Bild enthält die Inschrift *Du wieste Sau*.[582] Die Funktion dieser Karte im Spiel ist nicht deutlich,[583] Bild und Inschrift jedoch zeigen, dass dieses Spiel nicht im Didaktischen aufgeht, sondern darüber hinaus *plena ioci* ist.[584] Auch ein Schachspiel Murners wird erwähnt, welches er für den Unterricht der lateinischen Prosodie entwickelt hatte.[585] Inszeniert wird bei Fischart der spielerische Umgang mit Wissen als Desiderat der Enzyklopädie Polydor Vergils. Fischart beansprucht so, mit der *Geschichtklitterung* eine Lücke zu füllen. Ihm geht es um jene Spiele mit Texten, die in der berühmten Enzyklopädie der Erfindungen und Erfinder bei Polydor Vergil nicht vertreten sind.

Der Text geriert sich so als die andere Enzyklopädie des Wissens, eine, die jenseits von Disziplinierungen der Wissensdiskurse und ihrer Institutionen, aber auch jenseits der diese darstellenden Enzyklopädik einen eigenen Umgang mit Wissen betreibt. Fischarts *Geschichtklitterung* insistiert programmatisch darauf, sowohl eine antienzyklopädische Wissenssatire als auch ein Spiel mit Wissen und Enzyklopädik zu sein.

---

[581] Diese Abbildung fehlt als einzige in dem Buch. Josef Pauser gibt die Bedeutung des Begriffs mit Rückgriff auf das Grimm'sche Wörterbuch als „Maulhans, Schlappmaul, Maulaufreißer" an – ein Spottname für den Herold; vgl. Josef Pauser, *Welch Frevel!* 1996, 218.

[582] Ludwig Sieber, Thomas Murner und sein jusristisches Kartenspiel 1875, 281.

[583] Pauser meint, Murner habe hier eine Bemerkung seiner Gegner ins Bild gesetzt, er werfe die herrlichen Perlen des Rechts den Säuen vor, um sie zu verspotten; vgl. Josef Pauser, Welche Frevel 1996, 219.

[584] Auf der Karte des *Mul Hanns* finden sich drei Verse, welche die Bestimmung des Spiels andeuten: *Res est plena ioci, res est miranda profecto | Ordine si cunctas picto pictasmate leges | Et decreta patrum commemorare potes*; Ludwig Sieber, Thomas Murner und sein juristisches Kartenspiel 1875.

[585] Mehrere Fassungen: [Thomas Murner], Scacus infallibilis quantitatis syllabarum 1508 (Einzelblattdruck); ders., De sillabarum quantitatibus 1508/09; ders., De syllabarum quantitatibus et arte carminandi facilima praxis 1510; ders., Ludus studentum friburgensium 1511.

Zusammenfassung

Ziel dieser Studie war es, die komplexen Austauschprozesse zwischen Wissensformationen und poetischen Verfahren und Traditionen im späten Mittelalter und in der frühen Neuzeit zu untersuchen. Ausgewählt wurden dazu Dichtungen, die große Wissensmengen in sich aufnehmen und darüber hinaus beanspruchen, die Welt in irgendeiner Weise abzubilden. Damit geht die Behauptung einer Vollständigkeit des wiedergegebenen Wissens einher, einer Vollständigkeit, die nur relativ sein kann und die in einem bestimmten Rahmen inszeniert wird. Solche Dichtungen rücken in ein Konkurrenzverhältnis zu enzyklopädischen Texten ihrer Zeit und können deshalb als enzyklopädische Dichtungen bezeichnet werden. Sie hybridisieren Wissensordnungen und literarische Formen, entwerfen eigene Dispositionen des Wissens und konfrontieren zugleich die literarischen Traditionen, in denen sie stehen, mit heterogenem Material und neuen Kontexten.

Dass Wissen von der Welt in einem ganz allgemeinen Sinne aber auch konkrete historische Wissensformationen Material literarischer Bearbeitung werden, ist zunächst eine Grundvoraussetzung für Dichtung überhaupt. Die literaturtheoretische und -geschichtliche Untersuchung solcher Vorgänge öffnet Dichtungen einerseits auf ihre zeitgeschichtlichen Kontexte, gestattet aber andererseits auch, jeweils spezifische Qualitäten von Literarizität zu bestimmen als das, was Dichtung von dem Wissen, auf welches sie sich einlässt, unterscheidet. Denn Wissen wird in den verschiedenen literarischen Gattungen nie einfach nur in den Text hineinkopiert, es wird Bearbeitungen unterzogen, die bestimmten Gattungsregeln folgen, und es wird auf diese Weise transformiert. Dieser Prozess ist in jedem Falle historisch und literarisch voraussetzungsreich. Um hier zu einer differenzierten Darstellung zu kommen, wurde die Frage nach der Transformation des Wissens in diesen Studien in vier Untersuchungsfelder differenziert. Erstens wurde nach den innerliterarischen Voraussetzungen für eine Aufnahme von Segmenten aus Wissensformationen gefragt. Dies war für die einzelnen Texte als Transgression literarischer Formen auf Wissen hin zu beschreiben. Anliegen war es dabei, zu zeigen, wie sich Wissen jeweils an bestimmten Systemstellen der Dichtung ‚einnistet'. In enzyklopädischen Dichtungen, die offensiv große Wissensmengen aufnehmen, geraten die literarischen Formen, die als Ausgangspunkte solcher Transgressionen fungieren, an ihre Grenzen. Sie werden unkenntlich. Ein zweites Untersuchungsfeld betrifft die Frage nach den Zurichtungen des Wissens für die Dichtung, nach seiner

Assimilation an literarische Verfahren. Hier war zu zeigen, wie sich das Wissen selbst verändert, wenn es innerhalb von Dichtungen inszeniert wird. Ein drittes Untersuchungsfeld ging dem Problem der Texteinheit nach, welches sich aus dem Nebeneinander von Wissenssegmenten und literarischen Versatzstücken ergibt. Hier wurde nach den Integrationsverfahren gefragt, mittels derer die durch die Transgression literarischer Formen und die Assimilation des Wissens bestimmten heterogenen Gebilde konzeptionell gefügt werden. Viertens schließlich war zu untersuchen, wie in enzyklopädischen Dichtungen die eigene Konstitution thematisiert und reflektiert wird.

In Hugo von Trimbergs *Renner*, Heinrich Wittenwilers *Ring* und Johann Fischarts *Geschichtklitterung* werden literarische Verfahren und Traditionen in unterschiedlicher Weise mit Wissensformationen konfrontiert und abgeglichen. So ist bei Hugo von Trimberg die Predigt Ausgangspunkt für eine Hybridisierung von Wissen, bei Wittenwiler wird der Bauernhochzeitsschwank und die Gattungstradition des Märe Anlass enzyklopädischer Ausweitung, Johann Fischart schließlich vollzieht die Konfrontation von Dichtung und Wissen sowie die Transformation von Diskursen innerhalb seines Übersetzungsprojekts von François Rabelais' *Gargantua*.

So verschieden wie die literarischen Ausgangssituationen gestaltet sich jeweils auch die Assimilation des Wissens an die literarischen Verfahren. Hugo von Trimberg sucht das aufgenommene Wissen predigttypisch zu funktionalisieren und exemplarisch zu fassen. An Wittenwilers *Ring* ließ sich zeigen, wie die Pragmatik wissensgeschichtlicher Textsorten (Rezept, Eheliteratur, Enzyklopädie) in der Dichtung reorganisiert wird. Bei Fischart konnte beobachtet werden, wie Wissensformationen auf ihre Lexeme reduziert werden, wie wissensorganisierende Verfahren in der *Geschichtklitterung* suspendiert werden.

Für alle hier behandelten Texte stellt sich nach Anverwandlung der aufgenommenen Wissenssegmente an literarische Verfahren das Problem der Texteinheit. Die literarischen Formate, die Ausgangspunkt der Transgression auf das Wissen hin waren, taugen nach der massiven Anreicherung nicht mehr als Mittel der Integration des Textes, in dem sich Elemente literarischer Traditionen und Versatzstücke aus wissensgeschichtlichen Diskursen gegenüberstehen. Die Heterogenität der Wissenssegmente in den Dichtungen wird durch Integrationsverfahren abzubauen gesucht. Hierzu konnte eine Reihe von Strategien aufgewiesen werden. Bei Hugo von Trimberg wurde die Fülle des Wissens über die Welt in einen Katalog der Todsünden einzupassen gesucht. Die Predigtelemente seines Textes werden so auf eine Universalgeschichte der Sünde hin perspektiviert. Die für Hugo von Trimberg typischen Digressionen und die Reflexionen über sie zeigen dabei unter anderem, dass das Ordnungsraster der sieben Todsünden durch die Materialfülle sehr strapaziert wird. Zusätzlich zur Klassifikation der Phänomene der Welt nach einem Sündenkatalog kommen im *Renner* allegorische Integrationsversuche

Zusammenfassung 493

zum Tragen: Im Prolog wird der Spaziergang auf einer Heide und die Betrachtung eines Baumes als Allegorie auf die sündenverfallene Welt entworfen, auf diese Allegorie bezieht sich Hugo fortwährend zum Zweck der Einheitsbildung seines auseinanderdriftenden Textes zurück. Zusätzlich dazu kommt ein Bildfeld des Reisens und der Bewegung zum Einsatz (das Rennen, die Schifffahrt, das Umherspringen etc.), um den Text als Reise eines Ich durch die sündige Welt zu metaphorisieren. Der Renner, Instanz der Präsentation, trägt diese Metaphorik bereits im Namen.

Innerhalb der Schwankhandlung der Bauernhochzeit in Wittenwilers *Ring* bilden die verschiedenen Wissensbereiche, die im Geschehen teilweise als große eingeschobene Textblöcke dominieren, eine heterogene Datenmenge, deren Verhältnis zum Bauerntreiben eines der zentralen Interpretationsprobleme in der *Ring*-Forschung darstellt. In dieser Studie wurde nicht in *einer* konzeptionellen Dominante das Prinzip des Textes zu zeigen versucht, vielmehr wurde aufgewiesen, wie verschiedene Strategien der Einheitsbildung zum Einsatz kommen, sich teilweise überlagern und teilweise konkurrieren. So kann zum einen die Funktionalisierung des Wissens für eine Untergangsfabel des Dorfes Lappehausen und seiner närrischen Einwohner beobachtet werden. Der Untergang, eines der großen Themen der epischen Tradition, wird hier als Funktion einer Verfehlung von Normen, die in den Wissenstexten formuliert werden, dargestellt. Hierbei zeigt sich, dass die den Text gleichermaßen prägende zirkuläre Handlungsdynamik des Schwankes nur teilweise mit der epischen Teleologie der Untergangsfabel kompatibel ist. Die schwankhafte Komik einer Verfehlung des Wissens durch die beschränkten Figuren des Textes bleibt unabgegolten mit der epischen Gravität der Auslöschung Lappenhausens. Konzeptionelle Brüche des Textes, von der älteren Forschung mitunter als Widersprüche deklariert, resultieren somit aus widerstrebenden Versuchen Episteme und Erzählen aufeinander abzustimmen. Zusammengehalten wird Wittenwilers *Ring* zudem durch eine Serie didaktischer Situationen. Die Frage nach der didaktischen Funktion des *Rings* bildet eine anhaltende Kontroverse der *Ring*-Forschung, unstrittig dabei ist jedoch, dass Situationen der Unterweisung, der Wissensvermittlung und Belehrung in diesem Text zentral sind. Die Serie solcher Situationen gestaltet sich als Inszenierung immer wieder scheiternder Didaxe. Jeweils bestimmte Aspekte von Lehre und Lernen werden dabei herausgestrichen und in teilweise paradox zugespitzter Art und Weise vorgeführt. In dieser Serie werden sowohl wissensliterarische Textsorten als auch literarische Gattungen durch komische Kontextualisierungen parodiert. Die didaktische Serie des Textes entfaltet so mittels der Hybridisierung von Wissensliteratur und Dichtung eine bemerkenswerte Textsortenrabulistik. Neben Untergangsdynamik, schwankhafter Handlungslogik und didaktischer Serie kann im *Ring* die Umsetzung eines enzyklopädischen Anspruchs als weiteres einheitsbildendes Moment betrachtet werden. Der Prolog weist eine Reihe von Verweisen auf mittelalterliche Enzyklopädik auf. Das Wissen wird in Wittenwilers *Ring* jedoch im Rahmen einer Schwankhandlung disponiert und präsentiert. Der enzyklopädische Anspruch auf Weltabbildung gerät dabei in Spannung zur Darstellung vom Lauf der Welt (*der werlde lauff*), womit das närrische Treiben ihrer Bewohner und der inkompetente Umgang mit dem Wissen zu fassen ist. Schließlich wurde auch den allegorischen Elementen im *Ring* nachgegangen, wobei gezeigt werden konnte, dass diese zwar eine Einheit des Textes evozieren, nicht aber im Sinne einer belastbaren hermeneutischen Konzeption tatsächlich leisten.

Besonders exzessiv wird die Heterogenität von Wissen und Dichtung in Fischarts *Geschichtklitterung* ausgestellt und zum Gegenstand der Komik gemacht. Dem aber stehen andererseits auch wieder Verfahren der Einheitsbildung gegenüber. So wird das in die Riesen-Handlung hineingenommene Wissen durch Sprachspiele verfremdet, zum Teil auch skatologisch und obszön dimensioniert. Die spezifische Fischartsche Diktion konstituiert dadurch eine zu den Wissensdiskursen ihrer Zeit distinkte Sprache. Sie kommt innerhalb eines entworfenen Rezeptionsrahmens zur Anwendung: Der Text wir als Äußerung eines trunkenen Erzählers an die ebenso trunkenen Gefährten deklariert. Diese Poetik des Gelages ist für die *Geschichtklitterung* bestimmend. Das Wissen, welches exuberant in den Text eingearbeitet ist, wird in diesem Rahmen auf die Sprache der Trinker reduziert. Integriert wird der Text weiterhin durch einen spezifisch ‚pantagruelistische' Kommentierung des Wissens seiner Zeit. Dies konnte in dieser Studie an den Beispielen des völkerkundlichen Diskurses des 16. Jahrhundert, anhand von Bilddiskursen der Zeit, an der Pflanzenkunde und am hermetischen Wissen gezeigt werden. Diese Bereiche stellen lediglich eine Auswahl der für die *Geschichtklitterung* in Frage kommender Wissensformationen dar, Fischarts Umgang mit medizinischen, diätetischen oder genealogischen Wissensformationen wurde in der Forschung aufgezeigt, weitere Bereiche stellen noch Desiderate dar. Die hier vorgenommenen Studien zeigen jedoch, dass in der *Geschichtklitterung* Entgrenzungen des Wissens betrieben werden. Dabei zielt die Poetik auf das Hervortreiben jener Kontingenzen des Wissens, denen innerhalb der Wissensdiskurse selbst Aufwände der Bewältigung, Kontrolle und Invisibilisierung gelten. Fischarts Spiel mit den Kontingenzen des Wissens konnte dabei anhand von Fischarts Partizipation an der Wissensliteratur seiner Zeit dargestellt werden. Für die hier verhandelten Wissensbereiche existiert neben der *Geschichtklitterung* Fachliteratur, die von Fischart als Autor oder Herausgeber verantwortet wurde. Sie kann als Relais zwischen den Wissensformationen und ihrer Transformation in der *Geschichtklitterung* betrachtet werden. Im Vergleich mit ihr zeigt sich die deutliche Bevorzugung der Kontingenz in Fischarts Dichtung. Diese Form des Kommentars auf die Wissensformationen seiner Zeit stellt ein weiteres Mittel der Einheitsbildung in Fischarts Übersetzungsprojekt dar.

Enzyklopädische Dichtungen weisen gesteigerte Formen poetologischer Selbstreflexion und -thematisierung auf. Die Ursache ist darin zu sehen, dass ihre Position im Feld des Wissens und der Dichtung unfest wird. Es handelt sich um Hybriden, ihnen liegt zwar eine bestimmte literarische Gattung als Dominante zugrunde, diese aber wird durch die Vielfalt des aufgenommenen Wissens verändert. Unter den Bedingungen einer forcierten Aufnahme von Wissen ist eine Fortsetzung der literarischen Reihe durch die Anwendung der Gattungsregeln nicht mehr möglich. Die Texte sind zugleich jedoch auch keine Wissensliteratur im engeren Sinne, da sie das Wissen ihrer Zeit transformieren und an Verfahren der Dichtung assimilieren. Enzyklopädische Dichtungen reflektieren deshalb ihre Position im Feld der Literatur und der Dichtung. Auch dies vollzieht sich in den hier untersuchten Texten auf ganz unterschiedliche Art und Weise.

Entscheidend für Hugo von Trimberg ist dabei, dass bei ihm die Vermittlung des Wissens durch ein Ich erfolgt, welches deutlich als Prediger-Ich dimensioniert ist. Dies unterscheidet den *Renner* von Predigthilfen wie dem *Solsequium*, welches Hugo ebenfalls verfasste. Denn Hugo ist kein Kleriker und kein zum Amt der Heiligen Predigt berufener Priester. Vor dem Hintergrund des Streits um die Laienpredigt konnte gezeigt werden, dass Hugos Diskurs nicht unproblematisch ist. Seine Redelizenzen aber auch die Grenzen seines Wissens werden im Text immer wieder zum Thema. Entworfen werden im *Renner* die Konturen eines dem Laien zukommenden Wissens, angedeutet die Tabus, die für ihn gelten. Hugo setzt dabei seine Rede in Bezug zur gelehrten Tradition, wobei er immer wieder auf die Einschränkungen verweist, die für die Laien dabei gelten. Aber auch die volkssprachigen literarischen Traditionen werden aufgerufen, wobei hier beobachtet werden konnte, wie Hugo die weltlichen Dimensionen bestimmter volkssprachiger Gattungen (z. B. Minnesang, Märe, Artusroman) stutzt und auf ein geistliches Format zuschneidet. So interessiert am Minnesang die moralische Vortrefflichkeit des Adels, die sich in ihm manifestiert; das im Minnesang sich artikulierende Begehren und die Sehnsucht des Sängers nach Erfüllung hingegen werden negativ bewertet. Die mitunter misogyne Geschlechteranthropologie von Mären wird relativiert, da sie als anthropologische Unterstellung zentrale Inhalte von Hugos Diskurs, die Befähigung des Menschen zu Buße und Umkehr, in Frage stellt. Die in Mären gelegentlich entfalteten proliferierenden Dynamiken von List und Täuschung werden auf einen exemplarischen Gehalt reduziert, didaktisch funktionalisiert. Auffällig schließlich ist in Hugos *Renner* die umfassende Selbstthematisierung des Verfassers. Hugos gesundheitliche Gebrechen, seine Schulden, seine Erfahrungen als Lehrer werden breit ausgefaltet. Gezeigt werden konnte, wie sich diese Exponierung der eigenen Person aus volkssprachigen Intertexten zusammensetzt, die hier (im Sinne Alois Hahns) als Biographiegeneratoren wirken. Die literarischen Muster (insbesondere Altersrolle, Armutsklage), die Hugo auf die eigene Person anwendet, werden jedoch auch allegorisch gedeutet: Hugos Altersgebrechen figurieren die Vorbereitung des Sünders auf den Tod, seine Armut wird mit dem Bildungsideal der *simplicitas* in Verbindung gebracht und Ausgangspunkt einer Kritik seiner Gegenwart. Gleichzeitig jedoch erfolgt die somatische und historische Konkretisierung der Rollenvorgaben. Konturiert wird so eine personale Vermittlungsinstanz des Laienwissens.

In Heinrich Wittenwilers *Ring* konnten die in der Forschung viel diskutierten roten und grünen Marginallinien, mit denen der Text versehen ist, als Medium einer ‚Poesiologie' ausgemacht werden. Ihnen kommen weitere Funktionen zu als allein jene der Unterscheidung zwischen Ernst und Scherz. So konnte anhand des Prologes herausgearbeitet werden, wie die dort versammelten Begriffe darüber hinaus Lehre von Erzählung unterscheiden, Stil- und Sprachgefälle markieren, Grade der Verbindlichkeit von Reden abstufen. Eine binäre Markierung (grüne oder rote Linie) unterschreitet somit bereits die Komplexität der in Frage stehenden Phänomene. Abgesehen von der Programmatik des Prologs ergeben sich bei der praktischen Durchführung der Marginallinien am Text entlang zusätzliche Funktionen der Linienführung, die interpretatorisch herausgearbeitet werden konnten: So werden Perspektivenwechsel markiert, Soliloquien von Figuren aus der Textumgebung ausgegrenzt, Importe aus Intertexten gekennzeichnet und Rationalitätsstandards gradualisiert. In der Forschung wurden die Linien entweder didaktisch zu funktionalisieren versucht oder sie wurden als Mittel der Leserverwirrung gedeutet (gelegentlich wurde auch ihre Irrelevanz für die Sinnbildung des Textes behauptet). Solchen Positionen gegenüber werden die Linien in dieser Studie als Versuch betrachtet, die Heterogenität des Textes durch ein paratextuelles Mittel zu organisieren. Da dieses Mittel gegenüber der Vielschichtigkeit der verhandelten Sachverhalte schlicht ist (es handelt sich um eine einfache Alternative), gestattet es keine auflösungsscharfe Klassifikation, erkennbar freilich sind durchaus Prozesse der Reflexion einer Problematik enzyklopädischer Dichtung.

Die Hybridisierung von Wissen und Literatur wird ausführlich in Fischarts *Geschichtklitterung* reflektiert. Insbesondere das Titelblatt, die parodistische Dedikationsepistel und der *Ein- und VorRitt* aber auch viele reflexive Einschübe lassen sich im Sinne einer Poetik des Wissens lesen. Das in vielfacher Hinsicht überkodierte Frontispiz veranschaulicht auch ein Programm der Entgrenzung von Wissen einerseits, eine Zurichtung des Wissen auf eine ‚pantagruelistische' Poetik andererseits. Historisches, geographisches und hermetisches Wissen wird im Titelblatt aufgerufen und verballhornt und mit literarischen Traditionen, zeitgenössischen Bilddiskursen und Sprichwörtern kontaminiert. Die Dedikationsepistel formuliert den enzyklopädischen Anspruch einer Fusion aller Traditionen der Satire und des literarischen Spotts: „auß allem vorgedachten aber einen gebachenen kuchen" (*Geschichtklitterung*, 10) beansprucht Fischart anzubieten. Im *VorRitt* konnte schließlich ein anti-hermeneutischer Diskurs ausgemacht werden, in dem die Lizenzen für einen ‚pantagruelistischen' Umgang mit Wissen beansprucht werden. Anders als jene gelehrten Texte, die Fischart mit dem Öl der Studierlampe in Verbindung bringt, handelt es sich bei der *Geschichtklitterung* um einen jener Texte, die den Wein zur Voraussetzung haben. Fischart entwirft eine weinberauschte Literaturtradition, in die er sich einreiht und formuliert dabei auch jene Lizenzen, die er sich für den Umgang mit dem gelehrten Wissen vorbehält. Ergebnis ist die *Geschichtklitterung* als andere Enzyklopädie, eine Wissenskompilation, die sich freilich um herkömmliche Weisen der Lemmatisierung und Disponierung, der Wissensorganisation, nicht kümmert. Die *Geschichtklitterung* generiert sich offensiv als Anti-Enzyklopädie.

Zusammenfassung

Für die hier behandelten und für vergleichbare volkssprachige Texte im späten Mittelalter und in der frühen Neuzeit ist festzuhalten, dass sie keinen Gattungszusammenhang bilden. Literaturgeschichtlich betrachtet handelt es sich bei enzyklopädischen Dichtungen in diesem Zeitraum um Einzelereignisse, die in keiner eigenen literarische Reihe unterzubringen sind. Die Texte gehen zwar von einer oder von mehreren literarischen Gattungen aus, mit denen sie eine Reihe von Merkmalen gemeinsam haben und zu denen sie intertextuelle Beziehungen aufweisen. Diese literarischen Formen jedoch werden zum Anlass für die Aufnahme großer Wissensmengen und sie werden dadurch grundsätzlich verändert. Für Hybridisierungen von Wissen und Dichtung entwickelt sich in der Moderne der Roman zur bevorzugten Gattung. Oft wurde und wird nach wie vor eine enzyklopädische Konzeption des Romans programmatisch gefordert und praktisch umgesetzt (z. B. im Zeichen romantischer Transzendentalpoesie). Enzyklopädische Dichtungen wie Rabelais' Pentalogie *Gargantua und Pantagruel*, Cervantes' *Don Quijote* oder Laurence Sternes *Tristram Shandy* stellen dabei nicht nur frühe Umsetzungen einer enzyklopädischen Poetik dar, sondern auch intertextuelle Bezugspunkte über die sich die literarische Reihe des neuzeitlichen Romans konstituiert. Einen vergleichbaren gattungsgeschichtlichen Rahmen gibt es für die Texte des in dieser Studie behandelten Zeitraumes nicht. Die hier behandelten Dichtungen emergieren als enzyklopädische innerhalb unterschiedlicher Gattungstraditionen.

Es erscheint deshalb mit Blick auf Wittenwiler oder Fischart als anachronistisch, diese Texte innerhalb einer Gattungsgeschichte des Romans zu behandeln, wie mitunter geschehen ist. Dies scheint mir ebenso kurz zu greifen, wie Versuche, Hugos von Trimberg *Renner* in eine Gattungstradition volkssprachiger Lehrdichtung einzuordnen. Stillgestellt wird so die Dynamik von Auseinandersetzungen, die in diesen Texten mit dem Wissen ihrer Zeit und den Möglichkeiten der Dichtung und ihrer Traditionen geführt werden. Diese komplexen Verhandlungen vollziehen sich gerade nicht innerhalb eines konventionsgestützten Rahmens. Bei enzyklopädischen Dichtungen des Mittelalters und der frühen Neuzeit handelt es sich nicht um Enzyklopädien aber auch nicht um unproblematische Vertreter bestimmter literarischer Gattungen. Es bleiben Hybriden, deren literaturtheoretische und wissensgeschichtliche Untersuchung jedoch differenzierte Aufschlüsse über die Konstitution vor Dichtung bereithalten.

Literaturverzeichnis

Abkürzungen

ATU	The Types of International Folktales. A Classification and Bibliography, based on the System of Antti Aarne and Stith Thompson ed. by Hans-Jörg Uther. 3 Bde., Helsinki 2004 (FF communications 284–286 = Bd. 133–135).
ATB	Altdeutsche Textbibliothek
DTM	Deutsche Texte des Mittelalters
DVjs	Deutsche Vierteljahrsschrift für Literaturwissenschaft und Geistesgeschichte
DWB	Jacob und Wilhelm Grimm, Deutsches Wörterbuch. 16 Bde., Leipzig 1854–1971.
EM	Enzyklopädie des Märchens. Handwörterbuch zur historischen und vergleichenden Erzählforschung, begründet von Kurt Ranke. Mit Unterstützung der Akademie der Wissenschaften zu Göttingen hg. Rolf Wilhelm Brednich zusammen mit Hermann Bausinger, 13 Bde., Berlin, New York 1977ff.
Fs	Festschrift
GAG	Göppinger Arbeiten zur Germanistik
GRM	Germanisch-Romanische Monatsschrift
HWBPhil	Historisches Wörterbuch der Philosophie, hg. von Joachim Ritter und Karlfried Gründer. Völlig neu bearbeitete Ausgabe des Wörterbuchs der philosophischen Begriffe von Rudolf Eisler, 13 Bde., Basel 1971–2007.
IASL	Internationales Archiv für Sozialgeschichte der deutschen Literatur
LEXMA	Lexikon des Mittelalters, 9 Bde., München 2002 [zuerst 1980–1999].
LEXER	Matthias Lexer, Mittelhochdeutsches Handwörterbuch. 3 Bde., Nachdruck der Ausgabe Leipzig 1872–1878 mit einer Einleitung von Kurt Gärtner, Stuttgart 1992.
MGH	Monumenta Germaniae historica
MLN	Modern Language Notes
Motif-Index	Stith Thompson, Motif-Index of Folk-Literature. A Classification of Narrative Elements in Folktales, Ballads, Myths, Fables, Mediaeval Romances, Exempla, Fabliaux, Jest-Books and Local Legends, 6 Bde., Helsinki 1932–1936 (FF communications 106–109, 116, 117 = Bd. 39–43, 46, 47).
MTU	Münchener Texte und Untersuchungen zur deutschen Literatur des Mittelalters
N.F.	Neue Folge
PBB	Beiträge zur Geschichte der deutschen Sprache und Literatur
PL	Jacques Paul Migne (Hg.), Patrologiae cursus completus / series latina / sive bibliotheca universalis, integra, uniformis, commoda, oeconomica, omnium ss. patrum, docto-

rum scriptorumque ecclesiasticorum, qui ab aevo apostolico ad usque Innocetii III tempora flouerunt [...], Paris 1844–1855.

RLG   Reallexikon der deutschen Literaturgeschichte, begründet von Paul Merker und Wolfgang Stammler, zweite Auflage, neu bearbeitet und unter redaktioneller Mitarbeit von Klaus Kanzog sowie Mitwirkung zahlreicher Fachgelehrter hg. von Werner Kohlschmidt und Wolfgang Mohr, 5 Bde., Berlin 1958–1988.

RLW   Reallexikon der deutschen Literaturwissenschaft. Neubearbeitung des Reallexikons der deutschen Literaturgeschichte, gemeinsam mit Harld Fricke, Klaus Grubmüller und Jan-Dirk Müller hg. von Klaus Weimar, 3 Bde., Berlin, New York 1997–2003.

TPMA   Thesaurus Proverbiorum Medii Aevi. Lexikon der Sprichwörter des romanisch-germanischen Mittelalters, begründet von Samuel Singer, hg. vom Kuratorium Singer der Schweizerischen Akademie der Geistes- und Sozialwissenschaften, 13 Bde., Berlin, New York 1995–2002.

TRE   Theologische Realenzyklopädie, in Gemeinschaft mit Horst Balz u. a. hg. von Gerhard Krause und Gerhard Müller, 36 Bde., Berlin, New York 1977–2004.

²VL   Die deutsche Literatur des Mittelalters. Verfasserlexikon, begründet von Wolfgang Stammler, fortgeführt von Karl Langosch, zweite, völlig neu bearbeitete Auflage, unter Mitarbeit zahlreicher Fachgelehrter hg. von Kurt Ruh zusammen mit Gundolf Keil (Bd. 1–8), Burghart Wachinger (Bd. 9–11) u. a., 14 Bde., Berlin, New York 1978–2004.

VL   Die deutsche Literatur des Mittelalters. Verfasserlexikon, unter Mitarbeit zahlreicher Fachgenossen hg. von Wolfgang Stammler (Bd. 1 und 2) und Karl Langosch (Bd. 3–5), 5 Bde, Berlin, Leipzig 1933–1955.

WW   Wirkendes Wort

ZfdA   Zeitschrift für deutsches Altertum und deutsche Literatur

ZfdPh   Zeitschrift für deutsche Philologie

Quellen

Agricola, Georg, De re metallica libri XII [...], Basel, Hieronymus Froben 1556.

[Agricola, Georg], Vom Bergkwerck XII Bücher [...] durch Philippum Bechium verdeutscht, Basel, Hieronymus Froben, Nikolaus Bischoff 1557.

Agricola, Georg, De re metallica libri XII. Bergbau und Hüttenkunde, hg. von Hans Prescher und Georg Fraustadt, Berlin 1974 (Ausgewählte Werke 8).

[(Pseudo-)Albertus Magnus], Experimentarius medicinae [...], Straßburg, Johannes Schott 1544.

[(Pseudo-)Albertus Magnus], Weiber geheimnuß. Von Weibern vnd Geburten der Kinder Sampt jren Arzneien [...], Frankfurt a. M., Christian Egenolff 1566.

[Albertus, Laurentius], Teütsch Grammatick oder Sprach=Kunst. Certissima ratio discendae, augendae, ornandae, propagandae conseruandaeque lingue Alemanorum sive Germanorum, grammaticis regvlis et exemplis comprehensa et conscripta [...], Augsburg, Michael Manger 1573.

Literaturverzeichnis

[Albertus, Laurentius], Die deutsche Grammatik des Laurentius Albertus, hg. von Carl Müller-Fraureuth, Straßburg 1875 (Ältere deutsche Grammatiken in Neudrucken 3).

[Alciatus, Andreas], Emblemata / D. A. Alciati [...], Lyon, Guilelmus Rovillius 1550.

[Ambraser Liederbuch], Das Ambraser Liederbuch vom Jahre 1582 (Lieder-Büchlein, darinn begriffen sind zwei hundert und sechzig allerhand schöner weltlicher Lieder...), hg. von Joseph Bergmann, Stuttgart 1845 (Bibliothek des Litterarischen Vereins in Stuttgart 12) [Nachdruck Hildesheim, New York 1962, 1971].

[Ambrosius Mediolanensis], Des heiligen Kirchenlehrers Ambrosius von Mailand *Exameron*. Erstmals übers. von Johannes Niederhuber, nebst einer allgemeinen Einleitung über des heiligen Ambrosius Leben, Schriften und Theologie, Kempten, München 1914 (Der heiligen Kirchenlehrers Ambrosius von Mailand ausgewählte Schriften, Bibliothek der Kirchenväter 1,17).

[Ammonius], Ammonius Hermeae Commentaria in Peri hermeneias Aristotelis. Übers. von Bartholomaeus Sylvanus. Neudruck der Ausgabe Venedig 1549 mit einer Einleitung von Rainer Thiel, Gyburg Radke und Charles Lohr, Stuttgart, Bad Cannstatt 2005 (Commentaria in Aristotelem Graeca 12).

[Annius von Viterbo (d. i. Giovanni Nanni)], Commentaria fratris Ioannis Annii Viterbensis ordinis praedicatorum Theologie professoris super opera diversorum auctorum de antiquitatibus loquentiam [...], Rom, Eucharius Silber 1498.

Apollodor, Bibliotheke. Götter und Heldensagen, hg., übers. und kommentiert von Paul Dräger, Düsseldorf, Zürich 2005.

[Aristoteles], Aristotle's Theory of Language and its Tradition. Texts from 500 to 1750. Selection, Translation and Commentary by Hans Arens, Amsterdam, Philadelphia 1984 (Amsterdam Studies in the Theory and History of Linguistic Science 3, Studies in the History of Linguistics 29).

Aristoteles, Peri hermeneias. Übers. und erläutert von Hermann Weidemann. Zweite, veränderte Auflage Berlin 2002 (Aristoteles, Werke in deutscher Übersetzung, Bd. 1, Teil 2).

[Aventinus, Johannes], Ioannis Aventini, des hochgelerten weitberůmbdten Beyerischen Geschichtschreibers Chronica [...], Frankfurt a. M., Georg Rab d. Ä., Sigmund Feyerabend und Weigand Han 1566.

[Barbaro, Ermolao], Hermolai Barbari Plinianae castigationes item emendatio in Melam, Rom, Eucharius Silber, 1493.

[Barbaro, Ermolao], Hermolai Barbari, Patritii Venetii in C. Plinii naturalis historiae libros castigationes [...], Basel, Johannes Walder 1534.

Bebel, Heinrich, Oratio ad regem Maximilianum de laudibus atque amplitudine Germaniae [...], Pforzheim, Thomas Anshelm 1504.

[Bebel, Heinrich], Henrici Bebeli Iustingensis Suevi ad Augustissimum atque sacratissimum Romanum regem Maximilianum de eius atque Germaniæ laudibus, Pforzheim, Thomas Anselm 1504.

[Bebel, Heinrich], Opera Bebeliana sequentia. Triumphus Veneris [...], Pforzheim, Thomas Anselm 1509.

[Bebel, Heinrich], Germani sunt Indigenae, in: Opera Bebeliana sequentia. Triumphus Veneris [...], 1509, Bl. diii^v–eii^r.

[Bebel, Heinrich], Henrici Bebeli Iustingensis Sueviam Augustissimum atque sacratissimum Romanum regem Maximilianum de eius atque Germaniæ laudibus, in: Simon Schardius (Hg.),

Schardius Redivivus sive rerum Germanicarum scriptores variis olim ad Simone Schardio in IV tomos collecti [...], Tomus primus, [...], Giessen, Jakob Gottfried Seiler 1673, S. 95–104.

[Bebel, Heinrich], Demonstratio Germanos esse indigenas, in: Simon Schardius (Hg.), Schardius Redivivus sive rerum Germanicarum scriptores variis olim ad Simone Schardio in IV tomos collecti [...], Tomus primus, [...], Giessen, Jakob Gottfried Seiler 1673, S. 105–107.

[Bebel, Heinrich], Heinrich Bebel's Proverbia Germanica, bearb. von Willem H. D. Suringar, Leiden 1879 [Nachdruck Hildesheim 1969].

Berthold von Regensburg, Vollständige Ausgabe seiner Predigten, mit Einleitung, Anmerkungen und Wörterbuch von Franz Pfeiffer, mit einem einer Bibliographie und einem überlieferungsgeschichtlichen Beitrag von Kurt Ruh, 2 Bde., Berlin 1965 [Nachdruck der Ausgabe 1862–1880].

Blümlein, Carl (Hg.), Die Floia und andere deutsche maccaronische Gedichte, Straßburg 1900.

[Bock, Hieronymus], Kreüter Buch [...], Straßburg, Wendelin Rihel 1546.

[Bock, Hieronymus], Teütsche Speiszkammer [...], Straßburg, Wendelin Rihel 1555.

[Bodin, Jean, Johann Fischart], De Daemonomania magorum. Vom außgelaßnen wütigen Teuffelsheer der besessenen unsinnigen Hexen vnd Hexenmeyster [...], Straßburg, Bernhard Jobin 1581.

[Bodenstein, Adam von], Onomasticon Theophrasti Paracelsi eigene außlegung etlicher seiner Wŏrter vnd preparierungen / Zusammen gebracht durch Doct. Adamen von Bodenstein, Basel, Peter Perna 1575.

Böhme, Franz Magnus (Hg.), Altdeutsches Liederbuch. Volkslieder der Deutschen nach Wort und Weise aus dem 12. bis zum 17. Jahrhundert, Leipzig 1877.

Boner, Ulrich, Der Edelstein, hg. von Franz Pfeiffer, Leipzig 1844.

Boner, Ulrich, Der Edelstein. Faksimile der ersten Druckausgabe Bamberg 1461. 16.1 Eth. 2° der Herzog August Bibliothek Wolfenbüttel, mit einer Einleitung von Doris Foucet-Plümacher, Stuttgart 1972.

[Boppe], Heidrun Alex, Der Spruchdichter Boppe. Edition – Übersetzung – Kommentar, Tübingen 1998 (Hermaea 82).

Böss, Hugo, Fischarts Bearbeitung lateinischer Quellen, Reichenberg 1923 (Prager deutsche Studien 28) [Nachdruck Hildesheim 1975].

Brant, Sebastian, Das Narrenschiff. Fotomechanische Reproduktion der Erstausgabe von 1494. Mit einer Nachbemerkung von Wolfgang Virmond, Berlin 1979.

[Brunfels, Otto], Herbarum vivae eicones ad naturae imitationem [...], Straßburg, Johannes Schott 1530.

[Brunfels, Otto], Herbarum vivae eicones ad naturae imitationem [...], Straßburg, Johannes Schott ²1530.

[Brunfels, Otto], Contrafayt Kreüterbuch [...], Straßburg, Johannes Schott 1532–37 [Nachdruck München 1964].

[Cardano, Girolamo], Hieronymi Cardani Mediolanensis Medici de subtilitate libri XXI [...], Lyon, Phillibert Rollet 1554.

[Cardano, Girolamo], Offenbarung der Natur vnnd Natürlicher dingen auch mancherley subtiler würckungen [...]. Alles durch Heinrich Pantaleon [...] verteütschet, Basel, Heinrich Petri 1559.

Literaturverzeichnis

[Celtis, Conrad], Conradi Celtis Protucii Germani imperatoriis manibus poetae laureati de origine, situ, moribus et institutis Norimbergae libellus, in: Albert Werminghoff (Hg.), Conrad Celtis und sein Buch über Nürnberg, Freiburg/Br. 1921, S. 99–204.

[Claius, Johann], Altkumistica, Das ist: die Kunst, aus Mist durch seine Wirckung Gold zu machen. Wider die betrieglichen Alchimisten und ungeschickte vermeinte Theophrastisten, Leipzig, Zacharias Berwald 1586.

[Collenuccio, Pandolpho], Pliniana defensio Pandulphi Collenuccii Pisauriens. Adversus Nicolai Leoniceni accusationem, Ferrara, Andreas Belfortis gallicus 1493.

[Colonna, Francesco], Hypnerotomachia Poliphili ou le songe de Poliphile. Le plus beau livre du monde, Venise 1499/Paris 1546, Auxerre 2000.

Croll, Oswald, Von den innerlichen Signaturen der Dinge, in: ders., Basilica chymica oder Alchymistisch Königlich Kleynod [...], Frankfurt a. M., Gottfried Tampach 1629.

Dee, John, Monas Hieroglyphica Joannis Dee, Londinensis, ad Maximilianum, Dei gratia Romanorum, Bohemiae et Hungariae Regem Sapientissimum, Mathmatice, magice, cabbalistice, anagogice explicata. Antwerpen: Guilelmus Silvius 1564.

Deutsche illustrierte Flugblätter des 16. und 17. Jahrhunderts, hg. von Wolfgang Harms. Bde. 1–3: Die Sammlung der Herzog-August-Bibliothek in Wolfenbüttel. Bd. 1: Ethica, Physica, Tübingen 1985.

Der Wiener Meerfahrt, hg. von Richard Newald, Heidelberg 1930 (Germanische Bibliothek Abt. 2,30).

[Dioskurides], Pedacij Dioscoridae Anazarbei de medicinali materia libri quinque [...] Ioanne. Ruellio interprete, Paris, Henri Estienne 1516.

[Dioskurides], Ioannis Baptistae Egnatii Veneti In Dioscoridem ab Hermolao Barbaro tralatum annotamenta [...], Venedig, Francesco Barbari 1516.

[Dioskurides], Pedacii Dioscoridae Anazarbei, de Medica materia libri sex Interprete Marcello Virgilio [...], Florenz, Haeredes P. Juntae 1518.

[Dorn, Gerhard], Dictionarium Theophrasti Paracelsi [...], Frankfurt a. M., Christoph Rab 1584.

[Egenolff, Christian (Hg.)], Gassenhawerlin und Reutterliedlin, Frankfurt a. M., Christian Egenolff 1535. Faksimileneuausgabe des ältesten Frankfurter deutschen Liederbuch-Drucks als Festgabe der Vierten deutschen Musikfachausstellung zu Frankfurt im Juni bis August 1927, hg. und eingeleitet von Hans Joachim Moser, Augsburg u. a. 1927.

Eichendorff, Joseph von, Geschichte der poetischen Literatur Deutschlands (1857), in: Sämtliche Werke des Freiherrn Joseph von Eichenfdorff, historisch-kritische Ausgabe begründet von Wilhelm Kosch und August Sauer, hg. von Hermann Kunisch und Helmut Koopmann, 24 Bde., Regensburg, Tübingen u. a. 1908–1970, Bd. 9 1970.

[Epistolae obscurorum virorum], Briefe der Dunkelmänner. Vollständige Ausgabe, übers. von Wilhelm Binder, revidiert, mit Anmerkungen und einem Nachwort versehen von Peter Amelung, München 1964.

Epistolae Obscurorum Virorum, 2 Bde. in 1 Bd., hg. von Aloys Bömer, Aalen 1978 [Neudruck der Ausgabe Heidelberg 1924].

[Ficino, Marsilio] Percival, W. Keith, Ficinos ‚Cratylus' Commentary. A Transcription and Edition, in: Studi umanistici piceni 11 (1991), S. 185–196.

Ficinus, Marsilius, Opera et quae hactenus extitere, et quae in lucem nunc primum prodiere omnia, Basel 1576 [Nachdruck Turin 1959–1962].

Fischart, Johann, Catalogus catalogorum perpetuo durabilis (1590). Mit Einleitung und Erläuterungen hg. von Michael Schilling, Tübingen 1993 (Neudrucke deutscher Literaturwerke, Neue Folge 46).

[Fischart, Johann (Hg.)], I: Correctorium Alchymiae Richardi Anglici. Das ist Reformierte Alchimy oder Alchimeibesserung, vnd Straffung der Alchimistischen Mißpräuch [...]. II: Raimvndi Lulli apertorium et accuratio vegetabilium. Von eröffnung vnd entdeckung wachsender Sachen, vnd des Philosophischen steyns [...]. III: Des König Gebers auß hispanien secretum dessen sich die Venetianer hoch außthun [...], Straßburg, Bernhard Jobin 1581.

Fischart, Johann, Flöh Hatz, Weiber Tratz, hg. von Alois Haas, Stuttgart 1967.

Fischart, Johann, Das glückhafft Schiff von Zürich, hg. von Alois Haas, Stuttgart 1967.

Fischart, Johannes, Das glückhafte Schiff von Zürich (1577). Nach der Ausgabe von Georg Baesecke, 2. Aufl. bes. von Georg Gebhardt, Halle a. S. 1957 (Neudrucke deutscher Literaturwerke des 16. und 17. Jahrhunderts 182).

[Fischart, Johann], Gesangbüchlin von Psalmen, Kirchengesængen, vnd Gaistlichen Lidern [...], Straßburg, Bernhard Jobin 1576.

[Fischart, Johann], Johann Fischarts Geschichtklitterung (Gargantua), hg. von A. Alsleben, Synoptischer Abdruck der Bearbeitungen von 1575, 1582 und 1590, Halle a.S. 1891 (Neudrucke deutscher Literaturwerke des XVI. und XVII. Jahrhunderts 65–71).

Fischart, Johann, Geschichtklitterung (Gargantua). Synoptischer Abdruck der Fassungen von 1575, 1581 und 1590. Mit 3 Titelblättern und den Originalholzschnitten der Ausgabe von 1590 von Tobias Stimmer. Neu hg. von Hildegard Schnabel. 2 Bde. Halle a. S. 1969 (Neudruck deutscher Literaturwerke 65/69, 70/71).

Fischart, Johann, Geschichtklitterung (Gargantua). Text der Ausgabe letzter Hand von 1590, mit einem Glossar hg. von Ute Nyssen, Nachwort von Hugo Sommerhalder, Illustration nach Holzschnitten aus den *Songes drolatiques de Pantuagruel* von 1565, Düsseldorf 1963.

[Fischart, Johann (Hg.)], Psalmen, geistliche Lieder und Kirchengesänge D. Martin Luthers. Auch viler anderer gotseligen Männer [...], Straßburg, Bernhard Jobin 1573.

Fischart, Johann, Sämtliche Werke, hg. von Hans-Gert Roloff, Ulrich Seelbach, Walter Eckehart Spengler, Bern, Berlin, Stuttgart 1993ff. (Berliner Ausgaben, Sektion Philologische Wissenschaften).

[Fischart, Johann], (Vorrede zum *Correctorium Alchymiae Richardi Anglici*), in: Camillus Wendeler, Fischart als Herausgeber alchymistischer Schriften, Leipzig (1877) (Archiv für Litteraturgeschichte 6), S. 487–509.

[Fischart, Johann], Übersetzung von Wolfgang Lazius *De gentium migrationibus*, in: Wilhelm Crecelius, Johann Fischarts Übersetzung von W. Lazius „Über die Wanderungen der Völker". Nach den Wolfenbütteler Bruchstücken herausgegeben, in: Alemannia 1 (1872), S. 113–145.

Fischart, Johann, Uraltes Bildnus eines fränkischen Krigsmans in seiner Rüstung, in: Johann Fischarts Werke. Eine Auswahl, hg. von Adolf Hauffen. Erster Teil: Flöh Hatz, Das glückhaft Schiff von Zürich, Bündnis zwischen Strassburg, Zürich und Bern, Das Jesuiterhüterlein, Vom Ritter Peter von Stauffenberg, Kleinere Dichtungen, Stuttgart 1895 (Deutsche National-Litteratur 18,1), 394f.

Literaturverzeichnis

[Fischart, Johann (Hg.)], Heinrich Institoris, Jacob Sprenger, Malleus maleficarum, Frankfurt a. M., Lazarus Zetzner 1582.

Fischart, Johann, Artliches Lob der Lauten, in: Das erste Buch Newerlesener fleissiger etlicher vil schöne Lautenstück, Genf 1997 [Nachdruck der Ausgaben Straßburg, Jobin 1572 und 1573].

Fischart, Johann, Kurtzer und Woldienlicher Vorbericht / von Vrsprung / Namen vnd Gebrauch der Emblematen / oder Eingeblümeten Zierwercken in: Mathias Holtzwart, Emblematum Tyrocinia, hg. von Peter von Düffel und Klaus Schmidt, Stuttgart 1968, S. 7–18.

Fischart, Johann, (Lexikographische Vorrede Fischarts zu Onomastica II), hg. von Anton Birlinger, in: Alemannia 1 (1873), S. 145–167.

Flaubert, Gustave, Briefe, hg. und übers. von Helmut Scheffel, Zürich 1977.

Folengo, Teofilo, Macaronicorum poema. Baldus, Zanitonella, Moschaea, Epigrammata, Venedig, Petrus Bosellus 1555.

[Folengo, Teofilo], Histoire maccaronique de Merlin Coccaie, prototype de Rabelais [...], Paris, P. L. Jakob 1606.

[Folengo, Teofilo], Edizione ‚Toscolanense' (1521) delle opere macaroniche di Teofilo Folengo. Ristampa anastatica, a cura di Angela Nuovo, Giorgio Bernardi Perini, Rodolfo Signorini, Volta Mantovana 1994.

[Franck, Sebastian], Sprichwörter, Schöne, Weise, Herrliche Clugreden unnd Hoffsprüch [...], Frankfurt a. M., Christian Egenolff 1541.

[Freidank], Fridankes Bescheidenheit, hg. von Heinrich E. Bezzenberger, Aalen 1962 [Neudruck der Ausgabe 1872].

[Frischlin, Nicodemus], Sieben Bücher Von der Fürstlichen Würtembergischen Hochzeit Des Durchleuchtigen Hochgebornen Fürsten und Herrn, Herrn Ludwigen, Hertzogen zu Würtemberg und Thek [...], Tübingen, Georg Gruppenbach 1578.

[Fronsberger, Leonhart], Kriegßbuch, erster Theil. Von Kayserlichem KriegßRechten, Malefitz und Schuldthändlen [...], Frankfurt a. M., durch Sigmund Feyerabendts seligen Erben 1596.

[Fuchs, Leonhard], New Kreüterbůch [...], Basel, Michael Isingrin 1543.

[Fuchs, Leonhard], Leonharti Fuchsij medici, primi de stirpivm historia commentariorvm tomi uiuae imagines, in exiguam angustioremque formam contractae, ac quam fieri potest artificiosissime expressae [...], Basel, Michael Isingrin 1545.

[Gasser, Achilles Pirmin], Achilles Pirmin Gasser (1505–1577). Arzt und Naturforscher, Historiker und Humanist, hg. und übers. von Karl Heinz Burmeister. Bd. 3: Briefwechsel, Wiesbaden 1975.

Genthe, Friedrich Wilhelm, Geschichte der maccaronischen Poesie und Sammlung ihrer vorzüglichsten Denkmale, Halle a. S., Leipzig 1829 [Nachdruck Genf 1970].

[Gesner, Conrad], Catalogus plantarum latine, graece, germanice et gallice [...], Zürich, Christoph Froschauer 1542.

Gesner, Konrad, Pandectarum sive Partitionum universalium libri XXI, Zürich: Christoph Froschauer 1549.

[Gesner, Conrad], Epistolarvm Medicinalivm Conradi Gesneri [...] Libri III [...], Zürich, Christoph Froschauer 1577.

Gessner, Konrad, Deutsche Namen der Fische und Wassertiere. Neudruck der Ausgabe Zürich 1556, hg. und eingeleitet von Manfred Peters, Aalen 1974.

[Gilbertus Anglicus], Compendium medicine Gilberti Anglici [...], Lyon, Jacques Saccon 1510.

Goethe, Johann Wolfgang von, Faust. Der Tragödie erster Teil, in: ders., Goethes Werke. Hamburger Ausgabe in 14 Bänden, hg. von Erich Trunz, Bd. 3: Dramatische Dichtungen I, München 1998.

[Golius, Theophilus], Onomasticon Latinogermanicum [...], Straßburg, Josias Rihel 1579 [Nachdruck Hildesheim, New York 1972 (Documenta linguistica; Reihe 1: Wörterbücher des 15. und 16. Jahrhunderts)].

[Goropius Becanus, Ioannes (d. i. Jan van Gorp)], Ioannis Goropii Becani Origines Antwerpianae sive Cimmeriorum Becceselana. Novem libros complexa [...], Antwerpen, Christoph Plantin 1569.

[Goropius Becanus, Ioannes (d. i. Jan van Gorp)], Opera Ioannis Goropii Becani, Hactenus in lucem non edita: nempe, Hermathena, Hieroglyphica, Vertvmnvs, Gallica, Francica, Hispanica, Antwerpen, Christoph Plantin 1580.

[Goropius Becanus, Ioannes (d. i. Jan van Gorp)], Hieroglyphica, in: ders., Opera Ioannis Goropii Becani [...], Antwerpen, Christoph Plantin 1580.

Gottfried von Straßburg, Tristan. Nach dem Text von Friedrich Ranke neu hg., ins Neuhochdeutsche übersetzt, mit einem Stellenkommentar und einem Nachwort von Rüdiger Krohn, 2 Bde., Stuttgart [7]1996.

Gregor von Nyssa, In Canticum canticorum homiliae [...]. Griechisch / deutsch, übersetzt und eingeleitet von Franz Dünzl, Freiburg/Br., Basel, Wien u. a. 199–1995 (Fontes Christiani 16, 1–3).

[Guillaume de Conches], Das *Moralium dogma philosophorum* des Guillaume de Conches. Lateinisch, altfranzösisch und mittelniederfränkisch, hg. von John Holmberg, Paris u. a. 1929.

[Hartlieb, Johannes], *Secreta mulierum* mit Glosse in der deutschen Bearbeitung von Johannes Hartlieb. Text und Untersuchungen vorgelegt von Kristian Bosselman-Cyran, Pattensen, Han 1985 (Würzburger medizinhistorische Forschungen 36).

Hartmann von Aue, Iwein. Text und Übersetzung. 4., überarbeitete Auflage. Text der siebenten Ausgabe von Georg F. Benecke, Karl Lachmann und Ludwig Wolff. Übersetzung und Nachwort von Thomas Cramer, Berlin, New York 2001.

Hartmann von Aue, Gregorius. Der arme Heinrich. Iwein. Hg. und übers. von Volker Mertens, Frankfurt a. M. 2004 (Bibliothek deutscher Klassiker 189, Bibliothek des Mittelalters 6).

Herodot, Historien. 2 Bde., griechisch/deutsch, hg. von Josef Feix, München, Zürich 1988.

[Herold, Johannes], Heydenwelt und irer Götter anfaengcklicher ursprung [...], Basel, Heinrich Petri 1554.

[Holtzwart, Mathias], Emblematum Tyrocinia [...], Straßburg, Bernhard Jobin 1581.

Holtzwart, Mathias, Emblematum Tyrocinia. Mit einem Vorwort über Ursprung, Gebrauch und Nutz der Emblematen von Johann Fischart und 72 Holzschnitten von Tobias Stimmer, hg. von Peter von Düffel und Klaus Schmidt, Stuttgart 1968.

[Hondorff, Andreas], Promptuarium Exemplorum. Historien und Exempelbuch [...] Leipzig, Jacob Berwalds Erben 1575.

[Hondorff, Andreas], Promptuarium Exemplorum. Historien und Exempelbuch [...] 2 Bde. Leipzig, Henning Grosse d. Ä., Michael Lantzenberger 1610.

[Honorius Augustodunensis], Honorii praefatio in Gemma animae, PL 172, Sp. 543–544.

[Horapollo], Des Niloten Horapollo Hieroglyphenbuch, hg. und übers. von Heinz Joseph Thissen, Bd. 1, München, Leipzig 2001 (Archiv für Papyrusforschung und verwandte Gebiete, Beiheft 6).

[Horapollo], Hori Apollinis Hieroglyphica. Saggio introduttivo edizione critica del teste e commento di Francesco Sbordone, Hildesheim, Zürich, New York 2002 [Nachdruck der Ausgabe Neapel 1940].

Hugo von Sankt Viktor, Didascalicon de studio legendi. Studienbuch, lateinisch, deutsch, übersetzt und eingeleitet von Thilo Offergeld, Freiburg/Br., Basel, Wien u. a. 1997 (Fontes Christiani 27).

[Hugo Von Trimberg], Der Renner [...], Frankfurt a. M., Cyriacus Jacob 1549.

[Hugo von Trimberg], *Der Renner* von Hugo von Trimberg, hg. von Gustav Ehrismann. Mit einem Nachwort und Ergänzungen von Günther Schweikle, 4 Bde., Berlin 1970 (Deutsche Neudrucke, Texte des Mittelalters).

[Hugo von Trimberg], Der *Renner* des Johannes Vorster, Untersuchung und Edition des cpg 471 von Henrike Lähnemann, Tübingen, Basel 1998 (Bibliotheca Germanica 39).

[Hugo von Trimberg], Das *Solsequium* des Hugo von Trimberg. Eine kritische Edition von Angelika Strauß, Wiesbaden 2002 (Wissensliteratur im Mittelalter 39).

[Irenicus, Franciscus], Germaniae exegeseos volumina duodecim a Francisco Irenico Ettelingiacensi exarata, Hagenau, Thomas Anshelm 1518.

[Irenicus, Franciscus], Germaniae Exegeseos volumina duodecim a Francisco Irenico Ettelingiacensi exarata, Basel, Paulus Quecus 1567.

[Isidor de Sevilla], Isidori Hispalensis Episcopi De haeresibus liber, hg. von Angel Custodio Vega, Escorial 1940 (Scriptores ecclesiatici Hispano-Latini veteris et medii aevi 5).

[Isidor de Sevilla], Isodori Hispalensis episcopi Etymologiarum sive originvm libri XX, recognovit breviqve adnotatione critica instrvxit Wallace Martin Lindsay, tomvs II, Oxford, New York, Toronto u. a. ^{9}1991.

Jean Paul (Friedrich Richter), Leben Fibels, des Verfassers der Bienrodischen Fibel, in: ders., Sämtliche Werke. Historisch-Kritische Ausgabe, hg. von Eduard Berend, Abt. 1, Bd. 6, Weimar, Berlin 1989.

Junius, Hadrianus, Nomenclator omnium rerum propria nomina variis linguis explicata [...], Antwerpen, Christoph Plantin 1567 [Nachdruck Hildesheim, New York 1976].

[Kertzenmacher, Petrus], Alchimi vnd Bergwerck [...], Straßburg, Jacob Cammerlander 1534.

Konrad von Megenberg, Das Buch der Natur. Die erste Naturgeschichte in deutscher Sprache, hg. von Franz Pfeiffer, Stuttgart 1861.

Konrad von Megenberg, Das Buch der Natur von Konrad Megenberg. Bd. 2: Kritischer Text nach den Handschriften, hg. von Robert Luff und Georg Steer, Tübingen 2003 (Texte und Textgeschichte 54).

Konrad von Würzburg, Der Trojanische Krieg, nach den Vorarbeiten Georg Karl Frommanns und Friedrich Roths zum ersten Mal hg. durch Adalbert von Keller, Stuttgart, Tübingen 1858 (Bibliothek des Litterarischen Vereins in Stuttgart 44).

[Brunetto Latini], Il Tesoro di M Brunetto Latino Firentino, precettore del Diuino Poeta Dante [...], Venedig, Gian Antonio & Fratelli da Sabbio 1528.

[Lazius, Wolfgang], De gentium aliquot migrationibus, sedibus fixis, reliquiis, linguarumque, initiis et imutationibus ac dialectis libri XII [...], Basel, Johann Oporin 1557.

Lehmann, Paul (Hg.), Die Parodie im Mittelalter. Mit 24 ausgewählten parodistischen Texten, zweite, neu bearb. und ergänzte Auflage, Stuttgart 1963.

[Leoniceno, Niccolo], De Plinii et aliorum in medicina erroribus, Ferrara 1492.

[Leoniceno, Niccolo], Nicolai Leoniceni Vicentini De Plinii, et plurium aliorum medicorum in medicina erroribus opus primum Angelo Politiano dedicatum [...], Ferrara, Giovanni Maciochio 1509.

[Lucidarius], M. Elucidarius, Von allerhand geschöpffen Gottes, den Engeln, den Himmeln, Gestirns, Planeten unnd wie alle Creaturn geschaffen sein auff erden [...], Frankfurt a. M., Hermann Gülfferich 1549.

[Lucidarius], Der deutsche *Lucidarius*. Bd. 1: Kritischer Text nach den Handschriften, hg. von Dagmar Gottschall und Georg Steer, Tübingen 1994 (Texte und Textgeschichte 35).

Maaler, Josua, Die Teütsch spraach [...], Zürich, Christoph Froschauer 1561.

Magnus, Olaus, Beschreibüng allerley Gelegenheyte / Sitten / Gebräuchen und Gewonheyten / der Mitnächtigen Völcker [...], Straßburg, Theodosius Rihel 1567.

[Marner], Der Marner hg. von Philipp Strauch, Strassburg, London 1876 (Quellen und Forschungen zur Sprach- und Culturgeschichte der germanischen Völker XIV).

Mauritius von Craûn, hg. von Heimo Reinitzer, Tübingen 2000 (ATB 113).

Meier Betz, in: Heinrich Wittenwiler, Der Ring. Frühneuhochdeutsch, neuhochdeutsch. Nach dem Text von Edmund Wiessner ins Neuhochdeutsche übers. und hg. von Horst Brunner, Stuttgart 1991, S. 588–609.

Meisterlieder der Kolmarer Liederhandschrift, hg. von Karl Bartsch, Stuttgart 1862 (Bibliothek des Litterarischen Vereins in Stuttgart 68) [Nachdrucke Hildesheim 1962, 1998].

[Mentelin Bibel], Die erste deutsche Bibel, hg. von William Kurrelmeyer, 10 Bde., Tübingen 1904–1915.

Metzen hochzit, in: Heinrich Wittenwiler, Der Ring. Frühneuhochdeutsch, neuhochdeutsch, nach dem Text von Edmund Wiessner ins Neuhochdeutsche übers. und hg. von Horst Brunner, Stuttgart 1991, S. 610–645.

[Münster, Sebastian,] Cosmographei oder beschreibung aller laender / herrschafften / fürnemsten stetten / geschichten / gebreüche[n]/ hantierungen etc. ietz zum dritten mal trefflich sere durch Sebastianum Munsteru[m] gemeret und gebessert / in weldliche[n] vmd naturlichen historien. Ite[m] vff ein neuws mit hübschen figuren vnnd landtaflen geziert / sunderlichen aber werden dar in contrafhete sechs vnnd viertzig stett / vnder welche[n] bey dreissig auß Teutscher nation nach jrer gelegenheit dar zů komme[n]/ vnd von der stetten oberkeiten do hin sampt jrenn beschreibungen verordnet, Basel, Henrich Petri 1550.

[Murner, Thomas], Instituten ein warer ursprung unnd fundament des Keyserlichen rechtens von dem hochgelerten herren Thomas Murner [...] verdütschet [...], Basel, Adam Petri 1519.

[Murner, Thomas], Chartiludium Institute Summariae doctorae Thoma Murner memorante et ludente, Straßburg, Johannes Prüs 1518.

[Murner, Thomas], Scacus infallibilis quantitatis syllabarum hoc tam utili quam iucundo pictasmate memoratus Thomas Murner memoravit, Basel, Furter 1508.

Literaturverzeichnis

[Murner, Thomas], De syllabarum quantitatibus et arte carminande facilima praxis, Strassburg 1510.

[Murner, Thomas], Ludus studentum friburgensium, Frankfurt a. M., Murner 1511.

Musil, Robert, Der Mann ohne Eigenschaften, hg. von Adolf Frisé, 2 Bde., Reinbek bei Hamburg 1992.

[Nauclerus (d.i. Johann Verge)], Memorabilium omnis aetatis et omnium gentium chronici commentarii [...], Tübingen, Thomas Anshelm 1516.

[Neidhart], Neidharts Lieder, hg. von Moritz Haupt, neu bearb. von Edmund Wiessner, unveränd. Nachdruck mit einem Nachwort und einer Bibliographie zu Überlieferung und Editionen der Neidhart-Lieder von Ingrid Bennewitz-Behr, Ulrich Müller und Franz Vilktor Spechtler 1986 [Nachdruck der Ausg. Leipzig 1923].

[Oberrheinischer Revolutionär], Das Buch der Hundert Kapitel und der vierzig Statuten des sogenannten oberrheinischen Revolutionärs. Edition und textliche Bearbeitung von Hannelore Franke. Historische Analyse von Gerhard Zschäbitz, Leipzig 1967 (Leipziger Übersetzungen und Abhandlungen zum Mittelalter, Reihe A, Bd. 4).

[Oberrheinischer Revolutionär], Der Oberrheinische Revolutionär (Buchli der hundert Capiteln mit XXXX Statuten), hg. von Klaus H. Lauterbach, München 2009 (MGH: Staatsschriften des späten Mittelalters 8).

Oswald von Wolkenstein, Die Lieder Oswalds von Wolkenstein, unter Mitwirkung von Walter Weiß und Notburga Wolf hg. von Karl Kurt Klein. Musikanhang von Walter Salmen. Zweite, neubearbeitete und erweiterte Auflage von Hans Moser, Norbert Richard Wolf und Notburga Wolf, Tübingen 1975 (ATB 55).

Ott, Johann, Ein hundert Fünfzehn weltliche und einige gaistliche lieder, Nürnberg: Johann Ott 1544.

[Paracelsus], Zwen Tractatus [...] Philippi Theophrasti Paracelsi. I: De viribus membrorum spiritualium. II: De Electo mit erklårungen etlicher wôrter und præparationum, Straßburg, Bernhard Jobin 1572.

[Paracelsus], De Natura rerum IX Bůcher [...], Straßburg, Bernhard Jobin 1584.

Paracelsus (d. i. Theophrast von Hohenheim), Sämtliche Werke, hg. von Karl Sudhoff, Kurt Goldammer. Abt. 1: Medizinische, naturwissenschaftliche und philosophische Schriften hg. von Karl Sudhoff. 14 Bde., München, Berlin 1929-33.

Paracelsus (d. i. Theophrast von Hohenheim), Astronomia magna oder die ganze Philosophia sagax der großen und kleinen Welt, hg., bearb. und mit einem Nachwort versehen von Norbert Winkler, Frankfurt a. M. u. a. 1999 (Kontexte. Neue Beiträge zur historischen und systematischen Theologie 28).

[Piccolomini, Enea Silvio], Enee Silvii de ritu, situ, moribus et conditione theutoniae descriptio [...], Leipzig, Wolfgang Stockel 1496.

[Piccolomini, Enea Silvio], Aeneae Sylvii Germania, in quae vrbes, civitates, ecclesias, principatum, episcopatum et nobilissimas familias Germanorum describet, in: Simon Schardius (Hg.), Schardius Redivivus sive rerum Germanicarum scriptores variis olim ad Simone Schardio in IV tomos collecti [...], Tomus primus [...], Giessen, Jakob Gottfried Seiler 1673, 229–238.

Plinius Secundus, Gaius, Naturkunde. C. Plinii secundi naturalis historiae libri XXXVII. Lateinisch/deutsch, hg. und übers. von Roderich König, Karl Bayer, Gerhard Winkler, Joachim Hopp, Kai Brodersen, 37 Bde., zweite., zum Teil überarbeitete Auflage, Zürich, Düsseldorf 1996.

[Plotin], Plotins Schriften, übers. von Richard Harder, Neubearbeitung mit griechischem Lesetext und Anmerkungen fortgeführt von Rudolf Beutler und Willy Theiler. Bd. 3a: Die Schriften 30–38 der chronologischen Reihenfolge, Text und Übersetzung, Hamburg 1964.

Prosalancelot, nach der Heidelberger Handschrift Cod. Pal. Germ. 147, hg. von Reinhold Kluge, ergänzt durch die Handschrift Ms. allem. 8017–8020 der Bibliothèque de l'Arsenal Paris. Übers., kommentiert und hg. von Hans-Hugo Steinhoff, 5 Bde., Frankfurt a. M. 1995–2004 (Bibliothek des Mittelalters 14–18).

[Quirke, Stephan, Carol Andrews (Hg.)], The Rosetta Stone. Facsimile Drawing with an Introduction and Translation by Stephan Quirke and Carol Andrews, London 1988 (British Museum Publications).

[Rabelais, François], Meister Franz Rabelais der Arzenei Doctoren Gargantua und Pantagruel, aus dem Französischen verdeutscht von Gottlob Regis. Hg. und mit Anmerkungen und einem Nachwort versehenvon Ludwig Schrader. Textbearbeitung von Karl Pörnbacher. 2 Bde., München 1964.

Rabelais, François, Gargantua und Pantagruel. Mit Illustrationen von Gustave Doré hg. von Horst und Edith Heinze, Frankfurt a. M., Leipzig [8]1994 (insel taschenbuch 77).

Rabelais, François, Œuvres complètes. Édition établie, annotée et préfacée par Guy Demerson, avec une translation due à Philippe Aubrée u. a. Texte latin établie, annoté et traduit par Geneviève Demerson, Paris 1973.

Rabelais, François, Gargantua. Übers. und kommentiert von Wolfgang Steinsieck, Nachwort von Frank-Rutger Hausmann, Stuttgart 1992.

[Reusner, Hieronymus (Hg.)], Pandora, Das ist, Die edlest Gab Gottes, oder der werde und heilsame Stein der Weysen [...], Basel, Sebastianus Henricpetri 1598.

[Reusner, Nikolaus], Nicolai Revsneri Leorini Avreolorum emblematum liber singularis [...], Straßburg, Bernhard Jobin 1591.

[Rhazes], Liber ad Almansorem decem tractatus [...], Lyon 1511.

[Rhazes], Abubetri Rhazae Maometi [...] summi medici opera exquisitiora, Basel, Henrichus Petrus 1544.

[Rhenanus, Beatus], Beati Rhenani Selestadiensis Germanicarum rerum libri tres [...], Basel, Hieronymus Froben 1531.

[Rhenanus, Beatus], Beati Rhenani Selestadiensis Germanicarum rerum libri tres [...], Basel, Hieronymus Froben 1551.

[Rößlin, Eucharius], Hebammenbüchlin [...], Frankfurt a. M., Christian Egenolff Erben 1578.

Romane des 15. und 16. Jahrhunderts. Nach den Erstdrucken mit sämtlichen Holzschnitten, hg. von Jan-Dirk Müller, Frankfurt a. M. 1990 (Bibliothek der frühen Neuzeit. Abt. 1, Literatur im Zeitalter des Humanismus und der Reformation 1, Bibliothek deutscher Klassiker 54).

[Rosarium Philosophorum], Rosarivm Philosophorvm: De Lapide Philosophico Vero Modo praeparando, continens exactam eius scientiae progreßionem. Cum figuris rei perfectionem ostendentibus, Frankfurt a. M., Cyriacus Iacobus 1550.

Rudolf von Ems, Weltchronik, hg. von Kurt Gärtner, München 1989 (Codices illuminati medii aevi 12).

[Rueff, Jacob], Ein schön lustig Trostbüchle von den empfengknussen und geburten der menschen unnd iren vilfaltigen zufälen vnd verhindernussen [...], Zürich, Christoph Froschauer 1554

[Ryff, Walther Hermann], Schwangerer Frawen Rosengarten [...], Frankfurt a. M., Christian Egenolff Erben 1569.

Sachs, Hans, Faßnacht-spiel mit 3 personen: Der farendt schuler im Paradeiss, in: Hans Sachs, Werke, hg. von A. v. Keller und E. Goetze, Bd. 14, Hildesheim 1964 [Nachdruck der Ausgabe Stuttgart 1882], S. 72–83.

[Sambucus, Johannes], Emblemata cum aliquot nummis antiqui operis [...], Antwerpen, Christoph Plantin 1564 [Nachdruck Budapest 1982 (Bibliotheca Hungarica Antiqua 11)].

[Scaliger, Julius Caesar], Julii Caesari Scaligeri de causis linguae latinae libri XIII, Lyon, Sebastian Gryphius 1540.

[Scaliger, Julius Caesar], Julii Caesari Scaligeri de causis linguae latinae libri XIII, Heidelberg, Petrus Santandreanus 1584.

[Scaliger, Julius Caesar], Iulii Caesaris Scaligeri commentarii et animadversiones in sex libros de causis plantarum Theophrasti [...], Genf, Jean Crispin 1566.

[Scaliger, Julius Caesar], Iulii Caesaris Scaligeri commentarii et animadversiones in sex libros de causis plantarum Theophrasti [...], Lyon, Guilielmus Rovillius 1566.

[Scaliger, Julius Caesar], Iulii Caesaris Scaligeri, viri clarissimi, in libros de plantis Aristoteli inscriptos, commentarii [...], Genf, Jean Crispin 1566.

[Scaliger, Joseph Justus], Iulii Caesaris Scaligeri, viri clarissimi, in libros de plantis Aristoteli inscriptos, commentarii [...], Lyon, Guilielmus Rovillius 1566.

[Scaliger, Julius Caesar], Iulii Caesari Scaligeri Viri Clarissimi Poemata. In duas partes divisa [...], Genf, Jakob Stoer 1574.

[Scaliger, Joseph Justus], Diatriba de Europaeorum linguis [1599], in: [Isaak Casaubon (Hg.)], Ios. Ivsti Scaligeri Ivlii Caesaris a burden filii opuscula varia antehac non edita [...], Paris, Hadrian Beys 1610, S. 119–122.

[Scaliger, Joseph Justus], Notitia Galliae, in: Isaak Casaubon (Hg.), in: Ios. Ivsti Scaligeri Ivlii Caesaris a burden filii opuscula varia antehac non edita [...], Paris, Hadrian Beys 1610, S. 73–116.

[Schardius, Simon (Hg.)], Schardius Redivivus sive rerum Germanicarum scriptores varii olim ad Simone Schardio in IV tomos collecti [...], Giessen, Jakob Gottfried Seiler 1673.

Schuhmann, Valentin, Nachtbüchlein (1559), hg. von Johannes Bolte, Tübingen 1893 (Bibliothek des Litterarischen Vereins in Stuttgart 197) [Nachdruck Hildesheim, New York 1976].

Sterne, Laurence, Leben und Ansichten von Tristram Shandy, Gentlemen. Neu übersetzt von Michael Walter, Frankfurt a. M. 1999.

Sterne, Laurence, The life and opinions of Tristram Shandy, Gentleman. Edited by Melvyn New and Joan New with an introductory essay by Christopher Ricks and an introduction and notes by Melvyn New. Reprint with a new chronology, London u. a. 2003.

[Teichner, Heinrich der], Die Gedichte Heinrichs des Teichners, hg. von Heinrich Niewöhner, 3 Bde., Berlin 1953–1956 (DTM 44, 46, 48).

Thomas Cantimpratensis, Liber de natura rerum, hg. von Helmut Boese, Berlin, New York 1973.

Thomasin von Zirclaria, Der Welsche Gast des Thomasin von Zirclaria, hg. von Heinrich Rückert. Mit einer Einleitung und einem Register von Friedrich Neumann. Nachdruck der Ausgabe Quedlinburg und Leipzig 1852, Berlin 1965 (Deutsche Neudrucke. Texte des Mittelalters).

[Thurneysser, Leonhardt], ερμηνεια. Das ist ein Onomasticvm, interpretatio oder erklerunge Leonhardt Thurneyssers zum Thurn. Vber die fremdben vnd vnbekanten Wörter caracter und Namen welche in den schriften des Tewren Philosophi und Medici Theophrasti Paracelsi von Hohenheim gefunden werden. Teil 1, Berlin, Leonhardt Thurneysser 1574.

[Thurneysser, Leonhardt], Και ερμηνηια. Das ist ein Onomasticvm und Intrpretatio oder außführliche Erklerung Leonharten Thurneyssers zum Thurn [...]. Vber etliche fremdbe vnd [...] vnbekante Nomina, Verba, Proverbia, Dicta, Sylben, Carakter vnd sonst reden Deren nit allein in des [...] Theophrasti Paracelsi von Hohenheim, sondern auch in Anderer Authorim Schrifften / hin und wider weitlauffig gedacht, welche hie zusammen nach dem Alphabet bezeichnet, Berlin, Nicolaus Voltz 1583.

[Toxites, Michael, Johann Fischart], Onomastica II. I: Philosophicum, Medicum, Synonymum ex variis vulgaribusque linguis. II: Theophrasti Paracelsi: hoc est earum vocum, quarum in scriptis eius solet usus esse, explicatio [...], Straßburg, Bernhard Jobin 1574.

[Trithemius, Johannes], Compendium vive breviarum primi voluminis annalium, sive historiarum de origine regum et gentis Francorum [...], Mainz, Johannes Schöffer 1515.

[Trithemius, Johannes], Eyn schone Cronica von erstem vrsprunck und vfwachsen der Francken wie sie in Deutsch Landt komen [...] durch den hochgelerten Hern Jacoben Schenck der rechten Doctor auß Latin in Deütsch transferiert vnd gezogen, Speyer, Johannes Eckart 1522.

[Trithemius, Johannes], De origine gentis Francorum compendium Johannis Trittenheimi Abbatis, ex duodecim ultimis Hunibaldi libris, quorum sex primos Wasthaldus conscripsit, ab introitu Sicambrorum, ad partes Rheni in Germaniam, in: [Schardius, Simon (Hg.)], Schardius Redivivus sive rerum Germanicarum scriptores variis olim ad Simone Schardio in IV tomos collecti [...], Giessen, Jakob Gottfried Seiler 1673, S. 143–169.

Trithemius, Johannes, De origine gentis Francorum compendium. An abridged history of the Franks. Latin Text, English Translation. Introduction and Notes by Martin Kuelbs and Robert R. Sonkowsky, Dudweiler 1987 (Bibliotheca Germanica 4).

[Trotula/ Hartlieb] SLUB Dresden M 314: Die Bucher crotula [Trotula] macrobi gilwertini vnnd mutro das docktor [Joh.] hartlib gedeuczht hat [26 Capitel]. — Ein schonn nuczlich vnnd bewerdt erczenei buch, darinen beschribenn der fraun furnemliche kranckheitten so sich oft zutragen mit gottes hulfe zu wenden, durch mumen N hainnin, manszfeldische kinder mutter, anno im lxiiij iare.

[Trotula/ Hartlieb] SLUB Dresden M 451: Ein schenn nucztlich vnnd bewert erczenheibuch, darinnen beschriben der fraun furnemlich kranckheiten ... durch Mumen N Hainnin, manßfeldische kindermutter, anno 1561.

[Trotula] Trotvlae cvrandarvm aegritvdinum muliebrium ante, in et post partum Liber vnicus, nusquam antea editus quo fœminei sexus accide[n]tes, morbi et passiones, infantu[m] et puerorum a partu, cura, nutricis delectus, ac reliqua iisce adnata, dispositiones vtrique sexui contingentes, experimenta denique variarum ægritudinum, cum quibusdam medicamentis decorationi corporis inseruientia, edocentur, in: Empirica Benedicti Victorii Faventini medici clarissimi, necnon Camilli Thomai Raue[n]natis morboru[m] humani corporis curandorum rationalis methodus, ac Trotulæ antiquissimi authoris Compendium, de Passionibus mulierum curandis [...], Lyon, Simphorianus Beraud 1572.

Ulrich's von Liechtenstein Frauendienst, hg. von Reinhold Bechstein, 2 Bde., Leipzig 1888.

[Valeriano, Pierio], Hieroglyphica sive De sacris Aegyptiorum aliarumque gentium literis commentarii [...], Basel, Michael Isengrin 1556.

Vergil, Landleben. Catalepton. Bucolica. Georgica, hg. von Johannes und Maria Götte, Vergil-Viten, hg. von Karl Bayer, lateinisch/deutsch, 6., vollständig durchgesehene und verbesserte Auflage, Zürich 1995 (Sammlung Tusculum).

Vives, Jean Luis, In Pseudodialecticos, Schlettstatt 1519.

[Vives, Juan Luis], Joannis Ludovici Vivis Valentini Opera omnia, Valencia, Monfort 1782 [Neudruck London 1964].

Vives, Jean Luis, In Pseudodialecticos. A critical edition. Introduction, translation and commentary, Leiden 1979 (Studies in medieval and reformation thought 27).

Vocabularius Ex quo. Überlieferungsgeschichtliche Ausgabe, gemeinsam mit Klaus Grubmüller hg. von Bernhard Schnell, Hans-Jürgen Stahl, Erltraud Auer und Reinhard Pawis. 6 Bde., Tübingen 1988–2001 (Texte und Textgeschichte 22–27).

Walther von der Vogelweide. Leich, Lieder, Sangsprüche, 14., völlig neubearbeitete Auflage der Ausgabe Karl Lachmanns mit Beiträgen von Thomas Bein und Horst Brunner hg. von Christoph Cormeau, Berlin, New York 1996.

[Wimpfeling, Jakob], Epitoma Germanicarum rerum [...], Straßburg, Thomas Wolphius 1505.

[Wittenwiler, Heinrich], Heinrich Wittenwilers Ring. Nach der Meininger Handschrift hg. von Edmund Wießner, Leipzig 1931 (Deutsche Literatur, Reihe 4, Realistik des Spätmittelalters 3) [Nachdruck Darmstadt 1973].

Wittenwiler, Heinrich, Der Ring. Nach der Ausgabe von Edmund Wießners übertragen und mit einer Einleitung versehen von Helmut Birkhan, Wien 1983 (Fabulae mediaevales 3).

Wittenwiler, Heinrich, Der Ring, hg., übers. und kommentiert von Bernhard Sowinski, Stuttgart 1988 (Helfant Texte 9).

Wittenwiler, Heinrich, Der Ring. In Abbildung der Meininger Handschrift hg. von Rolf Bräuer, George F. Jones, Ulrich Müller, Göppingen 1990 (Litterae 106).

Wittenwiler, Heinrich, Der Ring. Frühneuhochdeutsch, neuhochdeutsch. Nach dem Text von Edmund Wießner ins Neuhochdeutsche übers. und hg. von Horst Brunner, Stuttgart 1991.

Wolfram von Eschenbach, Parzival. Mittelhochdeutscher Text nach der 6. Ausgabe von Karl Lachmann. Übersetzung von Peter Knecht. Einführung zum Text von Bernd Schirok, Berlin, New York 1998.

Wolfram von Eschenbach, Willehalm, nach der Handschrift 857 der Stiftsbibliothek St. Gallen hg. von Joachim Heinzle. Mittelhochdeutscher Text, Übersetzung, Kommentar, Frankfurt a. M. 1991 (Bibliothek deutscher Klassiker 69, Bibliothek des Mittelalters 9).

[Zwinger, Theodor u. a.], Theatrum Botanicum: das ist neu vollkommenes Kräuter-Buch, worinnen allerhand Erdgewächse der Bäumen, Stauden und Kräutern, welche in allen vier Theilen der Welt, sonderlich aber in Europa herfür kommen [...] beschrieben [...] sind [...], Basel, Bertsch 1696.

Forschungsliteratur

Achnitz, Wolfgang, Babylon und Jerusalem. Sinnkonstituierung im *Reinfried von Braunschweig* und im *Apollonius von Tyrland* Heinrichs von Neustadt, Tübingen 2002 (Hermaea 98).

Agamben, Giorgio, Bartleby oder die Kontingenz, in: ders., Bartleby oder die Kontingenz gefolgt von Die absolute Immanenz, Berlin 1998 (Internationaler Merve-Diskurs 214), S. 7–65.

Allen, Don Cameron, The Legend of Noah. Renaissance Rationalism in Art, Science, and Letters, Urbana 1949 (Illinois Studies in Language and Literature 33, 3/4) [Nachdruck Urbana 1963 (Illini books 12)].

Alt, Peter-André, Beobachtungen dritter Ordnung. Literaturgeschichte als Funktionsgeschichte kulturellen Wissens, in: Walter Erhart (Hg.), Grenzen der Germanistik. Rephilologisierung oder Erweiterung?, Stuttgart, Weimar 2004 (Germanistische Symposien, Berichtsbände 26), S. 186–209.

Anderson, Benedict Richard O'Gorman, Die Erfindung der Nation. Zur Karriere eines folgenreichen Konzepts, Frankfurt a. M., New York 1988 (Campus Bibliothek).

Andreànszky, Arpad Stephan, Topos und Funktion. Probleme der literarischen Transformation in Heinrich Wittenwilers *Ring*, Bonn 1977 (Studien zur Germanistik, Anglistik und Komparatistik 66).

Andreànszky, Arpad Stephan, Wittenwilers *Ring* als Quelle der mittelalterlichen Wirtschafts- und Sozialgeschichte, in: Archiv für Kulturgeschichte 60 (1978), S. 94–120.

Arens, Hans, Sprachwissenschaft. Der Gang ihrer Entwicklung von der Antike bis zur Gegenwart, Freiburg, München 1969 (Orbis Academicus. Problemgeschichte der Wissenschaft in Dokumenten und Darstellungen 1/6).

Arnold, Klaus, „Oberrheinischer Revolutionär" oder „Elsässischer Anonymus"? Zur Verfasserfrage einer Reformschrift vom Vorabend des Bauernkriegs, in: Archiv für Kulturgeschichte 58 (1976), S. 410–431.

Asher, Ronald E., National Myths in Renaissance France. Francus, Samothes and the Druids, Edinburgh 1993.

Assmann, Jan, Im Schatten junger Medienblüte. Ägypten und die Materialität des Zeichens, in: Hans Ulrich Gumbrecht, Karl Ludwig Pfeiffer (Hg.), Materialität der Kommunikation, Frankfurt a. M. 1988, S. 141–160.

Auerbach, Erich, Literatursprache und Publikum in der lateinischen Spätantike und im Mittelalter, Bern 1958.

Aurnhammer, Achim, Johann Fischarts Spottsonette, in: Simpliciana 22 (2000), S. 145–165.

Babendreier, Jürgen, Studien zur Erzählweise in Heinrich Wittenwilers *Ring*, Diss. Kiel 1973.

Bachelard, Gaston, Wissenschaftsgeschichte und Epistemologie. Gesammelte Aufsätze hg. von Wolf Lepenies, Frankfurt a. M. 1979.

Bachorski, Hans-Jürgen, „Der Treu Eckhart in Venusberg". Namenspiele und Triebverdrängung in Fischarts *Geschichtklitterung*, in: Thomas Kornbichler, Wolfgang Maaz (Hg.), Variationen der Liebe. Historische Psychologie der Geschlechterbeziehung, Tübingen 1995 (Forum Psychohistorie 4), S. 203–233.

Bachorski, Hans-Jürgen, *Der Ring*. Dialogisierung, Entdifferenzierung, Karnevalisierung, in: Horst Brunner (Hg.), Heinrich Wittenwiler in Konstanz und *Der Ring*. Tagung 1993 in Konstanz, Frankfurt a. M. 1994/95 (Jahrbuch der Oswald von Wolkenstein Gesellschaft 8), S. 239–258.

Bachorski, Hans-Jürgen, Der selektive Blick. Zur Reflexion von Liebe und Ehe in Autobiographien des Spätmittelalters, in: Maria E. Müller (Hg.), Eheglück und Liebesjoch. Bilder von Liebe, Ehe und Familie in der deutschen Literatur des 15. und 16. Jahrhunderts, Weinheim, Basel 1988 (Ergebnisse der Frauenforschung an der Freien Universität Berlin 14), S. 23–46.

Bachorski, Hans-Jürgen, Irrsinn und Kolportage. Studien zum *Ring*, zum *Lalebuch* und zur *Geschichtklitterung*, Trier 2006 (Literatur – Imagination – Realität. Anglistische, germanistische, romanistische Studien 39).

Bachorski, Hans-Jürgen, Per antiffrasim. Das System der Negationen in Heinrich Wittenwilers *Ring*, in: Monatshefte für deutschen Unterricht, deutsche Sprache und Literatur 80/4 (1988), S. 469–487.

Bachorski, Hans-Jürgen, Rezension: Eckart Conrad Lutz, Spiritualis fornicatio […] 1990, in: Mittellateinisches Jahrbuch 30/1 (1995), S. 126–131.

Bachorski, Hans-Jürgen, Von Flöhen und Frauen. Zur Konstruktion einer Geschlechterdichotomie in Johann Fischarts *Floeh Haz / Weiber Traz*, in: Ulrike Gaebel, Erika Kartschoke (Hg.), Böse Frauen – gute Frauen. Darstellungskonventionen in Texten und Bildern des Mittelalters und der Frühen Neuzeit, Trier 2001 (Literatur, Imagination, Realität. Anglistische, germanistische, romanistische Studien 28), S. 253–272.

Bachtin, Michail M., Literatur und Karneval. Zur Romantheorie und Lachkultur. Aus dem Russischen übers. und mit einem Nachwort versehen von Alexander Kämpfe, Frankfurt a. M. 1990.

Baldinger, Kurt, Fischarts Rabelaisübersetzung von 1575. Gargantua Kap. 22, in: Carola L. Gottzmann, Herbert Kolb (Hg.), Geist und Zeit. Wirkungen des Mittelalters in Literatur und Sprache. Fs. für Roswitha Wisniewski zu ihrem 65. Geburtstag, Frankfurt a. M., Bern, New York, Paris 1991, S. 307–323.

Bambeck, Manfred, Zur Geburt des Gargantua, in: Zeitschrift für französische Sprache und Literatur 79 (1969), S. 49–59.

Bausinger, Hermann, Bemerkungen zum Schwank und seinen Formtypen, in: Fabula 9 (1967), S. 118–136.

Bayon, H. P., Trotula and the Ladies of Salerno. A Contribution to the Knowledge of the Transition between Ancient and Mediæval Physick, in: Proceedings of the Royal Society of Medicine 33 (1940), S. 471–475.

Behrendt, Leo, The Ethical Teaching of Hugo von Trimberg, New York 1970 (The Catholic University of America. Studies in German 1) [Nachdruck der Ausgabe Washington 1926].

Belitz, Jürgen, Studien zur Parodie in Heinrich Wittenwilers *Ring*, Göppingen 1978 (GAG 254).

Benfey, Theodor, Geschichte der Sprachwissenschaft und orientalischen Philologie in Deutschland seit dem Anfange des 19. Jahrhunderts mit einem Rückblick auf die früheren Zeiten, München 1869 (Geschichte der Wissenschaften in Deutschland, Neuere Zeit 8).

Bennewitz, Ingrid, Ein Schachmatt der Minnesang-Philologie? Reinmars Lied 159,1 im Kontext der handschriftlichen Überlieferung, in: Carla Dauven-van Kippenverg, Helmut Birkhan (Hg.), *So wold ich in fröiden singen*: Festgabe für Anthonius H. Touber zum 65. Geburtstag, Amsterdam, Atlanta 1995 (Amsterdamer Beiträge zur älteren Germanistik 43/44), S. 7–12.

Benton, John F., Trotula. Women's Problems and the Professionalization of Medicine in the Middle Ages, in: Bulletin of the History of Medicine 59 (1985), S. 30–53.

Berger, Peter L., Thomas Luckmann, Die gesellschaftliche Konstruktion der Wirklichkeit. Eine Theorie der Wissenssoziologie. Mit einer Einleitung zur deutschen Auflage von Helmuth Plessner. Übers. von Monika Plessner, Franfurt a. M. ^{21}2007 [zuerst 1966].

Bezner, Frank, Art. ‚Moralium dogma philosophorum', in: ^{2}VL, Bd. 11 (2004), Sp. 1012–1016.

Biedermann, Hans, Materia prima. Eine Bildersammlung zur Ideengeschichte der Alchemie, Graz 1973.

Bietenholz, Peter G., Historia and Fabula. Myths and Legends in Historical Thought from Antiquity to the Modern Age, Leiden, New York, Köln 1994 (Brill's Studies in Intellectual History 59).

Binkley, Peter (Hg.), Pre-modern Encyclopaedic Texts. Proceedings of the Second Comers Congress. Groningen 1–4 July 1996, Leiden, New York, Köln 1997 (Brill's Studies in Intellectual History 79).

Birkhan, Helmut, Das Historische im *Ring* des Heinrich Wittenweiler, Wien 1973 (Sitzungsberichte der Österreichischen Akademie der Wissenschaften. Philosophisch-Historische Klasse 287/2).

Bismark, Jörg, Adlige Lebensformen in Wittenwilers *Ring*. Untersuchung über die Person des Dichters und die ständische Orientierung seiner Lehren und seiner Satire, Augsburg 1976.

Bleumer, Hartmut, Im Feld der *âventiure*. Zum begrifflichen Wert der Feldmetapher am Beispiel einer poetischen Leitvokabel, in: Gerd Dicke, Manfred Eikelmann, Burkhard Hasebrink (Hg.), Im Wortfeld des Textes. Worthistorische Beiträge zu den Bezeichnungen von Rede und Schrift im Mittelalter, Berlin, New York 2006 (Trends in Medieval Philology 10), S. 347–368.

Bloom, Harold, A Map of Misreading, London, Oxford, New York 1975.

Bloom, Harold, Einflußangst. Eine Theorie der Dichtung, Basel, Frankfurt a. M. 1995 (Nexus 4).

Bloom, Harold, The Anxiety of Influence. A Theory of Poetry, London, Oxford, New York 1975.

Blumenberg, Hans, Der Prozeß der theoretischen Neugierde, Frankfurt a. M. 1973.

Blümlein, Carl (Hg.), Die Floia und andere deutsche maccaronische Gedichte, Strassburg 1900 (Drucke und Holzschnitte des XV. und XVI. Jahrhunderts in getreuer Nachbildung 4).

Blümlein, Carl, Zur Geschichte der Maccaronischen Poesie, in: Berichte des Freien Deutschen Hochstiftes zu Frankfurt a. M., N. F. 13 (1897), S. 215ff.

Boas, George, The Hieroglyphics of Horapollo, New York 1950 (Bollingen Series 23).

Bodemann, Ulrike, Gerd Dicke, Grundzüge einer Überlieferungs- und Textgeschichte von Boners *Edelstein*, in: Volker Honemann, Nigel F. Palmer (Hg.), Deutsche Handschriften 1100–1400. Oxforder Kolloquium 1985, Tübingen 1988, S. 424–468.

Boesch, Bruno, Bertschis Weltflucht. Zum Schluss von Wittenwilers *Ring*, in: Werner Besch, Günther Jungbluth, Gerhard Meissburger, Eberhard Nellmann (Hg.), Studien zur deutschen Literatur und Sprache des Mittelalters. Fs. für Hugo Moser, Berlin 1974, S. 228–237.

Boesch, Bruno, Das Gattungsproblem in Wittenwilers *Ring*, in: Harald Scholler (Hg.), The Epic in Medieval Society. Aestetic and Moral Values, Tübingen 1977, S. 326–346.

Boesch, Bruno, Die Namenwelt in Wittenwilers *Ring* und seiner Quelle, in: Rudolf Schützeichel, Matthias Zender (Hg.), Namenforschung. Fs. für Adolf Bach zum 75. Geburtstag am 31. Januar 1965, Heidelberg 1965, S. 127–159. [Wiederabgedruckt in ders.: Kleine Schriften zur Namenforschung 1945-1981. Zum 70. Geburtstag hg. von seinen Schülern, Heidelberg 1981 (Beiträge zur Namenforschung. N. F. Beih. 20), S. 310–342].

Boesch, Bruno, Fragen rechtlicher Volkskunde in Wittenwilers *Ring*, in: Schweizerisches Archiv für Volkskunde 71 (1975), S. 129–157.

Boesch, Bruno, Lehrhafte Literatur. Lehre in der Dichtung und Lehrdichtung im deutschen Mittelalter, Berlin 1977 (Grundlagen der Germanistik 21).

Boesch, Bruno, Zum Nachleben der Heldensage in Wittenwilers *Ring*, in: Egon Kühebacher (Hg.), Deutsche Heldenepik in Tirol. König Laurin und Dietrich von Bern in der Dichtung des Mittelalters. Beiträge der Neustifter Tagung 1977 des Südtiroler Kulturinstituts, Bozen 1979 (Schriftenreihe des Südtiroler Kulturinstituts 7), S. 329–354.

Boesch, Bruno, Zum Stilproblem in Heinrich Wittenwilers *Ring*, in: Werner Kohlschmidt, Paul Zinsli (Hg.), Philologia Deutsch. Fs. zum 70. Geburtstag von Walter Henzen, Bern 1965, S. 63–79.

Bogner, Ralf Georg, Die Bezähmung der Zunge. Literatur und Disziplinierung der Alltagskommunikation in der frühen Neuzeit, Tübingen 1997 (Frühe Neuzeit 31).

Bolton Holloway, Julia, Twice-Told Tales. Brunetto Latino and Dante Alighieri, New York, San Francisco, Bern u. a. 1993.

Bonfante, Giuliano, Ideas on the Kinship of the European Languages from 1200 to 1800, in: Cahiers d'histoire mondiale 1 (1953–1954), S. 679–699.

Borgards, Roland, Harald Neumeyer, Der Ort der Literatur in einer Geschichte des Wissens. Plädoyer für eine entgrenzte Philologie, in: Walter Erhart (Hg.), Grenzen der Germanistik. Rephilologisierung oder Erweiterung?, Stuttgart, Weimar 2004 (Germanistische Symposien, Berichtsbände 26), S. 210–222.

Borgards, Roland, Wissen und Literatur. Eine Replik auf Tillmann Köppe, in: Zeitschrift für Germanistik 17 (2007) H. 3, S. 638–646.

Borries, Emil von, Wimpfeling und Murner im Kampf um die ältere Geschichte des Elsasses. Ein Beitrag zur Charakteristik des deutschen Frühhumanismus, Heidelberg 1926 (Schriften des wissenschaftlichen Institutes der Elsaß-Lothringer im Reich 5).

Borst, Arno, Der Turmbau von Babel. Geschichte der Meinungen über Ursprung und Vielfalt der Sprachen und Völker, 4 Bde., München 1995 [zuerst 1957–1963].

Böss, Hugo, Fischarts Bearbeitung lateinischer Quellen, Reichenberg 1923 (Prager deutsche Studien 28) [Nachdruck Hildesheim 1975].

Brandtstetter, Gabriele, Gerhard Neumann (Hg.), Romantische Wissenspoetik. Die Künste und die Wissenschaften um 1800, Würzburg 2004 (Stiftung für Romantikforschung 26).

Braun, Manuel, Autonomisierungstendenzen im Minnesang vor 1200. Das Beispiel der Kreuzlieder, in: Beate Kellner, Peter Strohschneider, Franziska Wenzel (Hg.), Geltung der Literatur. Formen ihrer Autorisierung und Legitimierung im Mittelalter, Berlin 2005 (Philologische Studien und Quellen 190), S. 1–28.

Braun, Manuel, Christopher Young (Hg.), Das fremde Schöne. Dimensionen des Ästhetischen in der Literatur des Mittelalters, Berlin, New York 2007 (Trends in Medieval Philology 12).

Braun, Manuel, Karriere statt Erbfolge. Zur Umbesetzung der Enfance in Georg Wickrams *Goldtfaden* und *Knaben Spiegel*, in: Zeitschrift für Germanistik N.F. 16 (2006), S. 296–313.

Braun, Manuel, Kristallworte, Würfelworte. Probleme und Perspektiven eines Projekts „Ästhetik mittelalterlicher Literatur", in: Manuel Braun, Christopher Young (Hg.), Das fremde Schöne. Dimensionen des Ästhetischen in der Literatur des Mittelalters, Berlin, New York 2007 (Trends in Medieval Philology 12), S. 1–40.

Brednich, Rolf Wilhelm, Die Liedpublizistik im Flugblatt des 15.-17. Jahrhunderts. Bd. 1: Abhandlung. Bd. 2: Katalog der Liedflugblätter des 15. und 16. Jahrhunderts, Baden-Baden 1975 (Biliotheca Bibliographica Aureliana 55, 60).

Brednich, Rolf Wilhelm, Schwankballade, in: Handbuch des Volksliedes. Bd. 1: Die Gattungen des Volksliedes, München 1973, S. 157–203.

Breuer, Dieter, Grimmelshausen und Fischart. Ein Vergleich, in: Simpliciana. Schriften der Grimmelshausen-Gesellschaft 12 (1990), S. 159–177.

Brinkmann, Richard, Zur Deutung von Wittenwilers *Ring*, in: DVjS 30 (1956), S. 201–231.

Brinkschulte, Eduard, Julius Caesar Scaligers kunsttheoretische Anschauungen und deren Hauptquellen, Bonn 1914 (Renaissance und Philosophie 10).

Broich, Ulrich, Manfred Pfister (Hg.), Intertextualität. Formen, Funktionen, anglistische Fallstudien, Tübingen 1985 (Konzepte der Sprach- und Literaturwissenschaft 35).

Brøndegaard, Vagn Jørgensen, Tripmadam. Untersuchungen zu einer genitalbezogenen Benennungsmotivation aus dem Bereich der Dickblattgewächse, in: Sudhoffs Archiv 70/2 (1986), S. 235–238.

Brüggen, Elke, Fiktionalität und Didaxe. Annäherung an die Dignität lehrhafter Rede im Mittelalter, in: Ursula Peters (Hg.), Text und Kultur. Mittelalterliche Literatur 1150–1450, Stuttgart, Weimar 2001 (Germanistische Symposien Berichtsbände 23), S. 546–574.

Brühl, Carlrichard, Deutschland – Frankreich. Die Geburt zweier Völker, Köln, Wien ²1995.

Brunner, Horst (Hg.), Heinrich Wittenwiler in Konstanz und *Der Ring*. Tagung 1993 in Konstanz, Frankfurt a. M. 1994/1995 (Jahrbuch der Oswald Wolkenstein Gesellschaft 8).

Brunner, Horst, Art. ‚Wittenwiler, Heinrich', in: ²VL, Bd. 10 1999, Sp. 1281–1289.

Brunner, Horst, Ein dörflicher Spielmann des 15. Jahrhunderts, in: Archiv für das Studium der neueren Sprachen und Literaturen 230 (1993) S. 120–122.

Brunner, Horst, *Gunterfai sein bek derschal*. Kommentar zum Musikinstrument des Spielmanns in Heinrich Wittenwilers *Ring*, in: Johannes Janota, Paul Sappler (Hg.), Fs. Walter Haug und Burghart Wachinger, Bd. 2, Tübingen 1992, S. 625–640.

Brunner, Horst, Helmut Tervooren (Hg.), Neue Forschungen zur mittelhochdeutschen Sangspruchdichtung, Berlin 2000 (ZfdPh 119, Sonderheft).

Brunner, Horst, Norbert Richard Wolf (Hg.), Wissensliteratur im Mittelalter und in der frühen Neuzeit. Bedingungen, Typen, Publikum, Sprache, Wiesbaden 1993 (Wissensliteratur im Mittelalter 13).

Buck, August (Hg.), Humanismus und Historiographie. Rundgespräche und Kolloquien, Weinheim 1991.

Buck, August, Das Geschichtsdenken der Renaissance, Krefeld 1957 (Schriften und Vorträge des Petrarca-Instituts Köln 9).

Buck, August, Leben und Werk des Johannes Sambucus, in: Johannes Sambucus, Emblemata Antverpiae 1564, hg. von Varjas Béla, Budapest 1982 (Bibliotheca Hungarica Antiqua XI), S. 7–42.

Bulang, Tobias, Barbarossa im Reich der Poesie. Verhandlungen von Kunst und Historismus bei Arnim, Grabbe, Stifter und auf dem Kyffhäuser, Frankfurt a. M. u.a. 2003 (Mikrokosmos 69).

Bulang, Tobias, Beate Kellner, Wolframs *Willehalm*. Poetische Verfahren als Reflexion des Heidenkriegs, erscheint in: Peter Strohschneider (Hg.), Literarische und religiöse Kommunikation in Mittelalter und Früher Neuzeit, Berlin 2009.

Bulang, Tobias, Epistemische Kontingenzen und ihre literarische Aktivierung – Fallstudie zur Nomenklatur der Pflanzen in Fischarts *Geschichtklitterung*, in: Cornelia Herberichs, Susanne Reichlin (Hg.), Kein Zufall? Konzeptionen von Kontingenz in der mittelalterlichen Literatur, Göttingen 2010.

Bulang, Tobias, Literarische Produktivität. Probleme ihrer Begründung am Beispiel Johann Fischarts, in: Corinna Laude, Gilbert Hess (Hg.), Konzepte von Produktivität im Wandel vom Mittelalter in die Frühe Neuzeit, Berlin 2008, S. 89–118.

Bulang, Tobias, Pilgerfrevel – Zur literarischen Anverwandlung religiöser Semantik, in: Germanistik in und für Europa. Faszination – Wissen. Texte des Münchener Germanistentages 2004, im Auftrag des Vorstands des Deutschen Germanistenverbands hg. von Konrad Ehlich, Bielefeld 2006, S. 401–409.

Bulang, Tobias, Spiele in Johann Fischarts *Geschichtklitterung*, in: Bernhard Jahn, Michael Schilling (Hg.), Literatur und Spiel. Zur Poetologie literarischer Spielszenen, Stuttgart 2010, S. 45–69.

Bulang, Tobias, Ursprachen und Sprachverwandtschaft in Johann Fischarts *Geschichtklitterung*, in: GRM N. F. (2006) H. 2, S. 127–148.

Bulang, Tobias, *wie ich die gotes tougen der werlte gar betiute*. Geltungspotentiale änigmatischen Sprechens in der Sangspruchdichtung, in: Beate Kellner, Peter Strohschneider, Franziska Wenzel (Hg.), Geltung der Literatur. Formen ihrer Autorisierung und Legitimierung im Mittelalter, Berlin 2005 (Philologische Studien und Quellen 190), S. 43–62.

Bulang, Tobias, Zur poetischen Funktionalisierung hermetischen Wissens in Fischarts *Geschichtklitterung*, in: Beate Kellner, Jan-Dirk Müller, Peter Strohschneider (Hg.), Erzählen und Episteme. Literatur im 16. Jahrhunderts, Tübingen 2011 (Frühe Neuzeit 136).

Bumke, Joachim, Höfische Kultur. Literatur und Gesellschaft im hohen Mittelalter, 2 Bde., München 1986.

Buntz, Herwig, Deutsche alchimistische Traktate des 15. und 16. Jahrhunderts, Diss. München 1969.

Burke, Peter, Papier und Marktgeschrei. Die Geburt der Wissensgesellschaft, Berlin 2001 [zuerst 1997].

Butler, Judith, Das Unbehagen der Geschlechter, Frankfurt a. M. 2003 [zuerst 1990].

Butor, Michel, Die Alchemie und ihre Sprache. Essays zu Kunst und Literatur, Frankfurt a. M., Paris 1984 [zuerst Paris 1960].

Cadden, Joan, Medieval Scientific and Medical Views of Sexuality. Questions of Propriety, in: Medievalia et Humanistica N. F. 14 (1986), S. 157–171.

Canguilhem, Georges, Wissenschaftsgeschichte und Epistemologie. Gesammelte Aufsätze, übers. von Michael Bischoff und Walter Seitter, hg. von Wolf Lepenies, Frankfurt a. M. 1979.

Carroll, William Francis, *Der Welsche Gast* Thomasins von Zerclaere und *Der Renner* Hugos von Trimberg. Perspektiven des Fremden in der didaktischen Literatur des 13. Jahrhunderts, in: Wolfgang Harms, C. Stephen Jaeger (Hg.), Fremdes wahrnehmen – fremdes Wahrnehmen. Studien zur Geschichte der Wahrnehmung und zur Begegnung von Kulturen in Mittelalter und früher Neuzeit, Stuttgart, Leipzig 1997, S. 137–152.

Castoriadis, Cornelius, Gesellschaft als imaginäre Institution. Entwurf einer politischen Philosophie, Frankfurt a. M. 1984 [zuerst 1975].

Champollion, Jean François, Lettre à M. Dacier relatue à l'alphabet des hiéroglyphes phonetiques, Paris 1822.

Champollion, Jean François, Précis du système Hiéroglyphique des anciens Égyptiens, ou recherches sur les élémens premiers de cette écriture sacrée, sur leurs diverses combinaisons, et sur les rapports de ce systéme avec les autres méthodes graphiques égyptiennes, 2 Bde., Paris 1824.

Claes, Franz, Bibliographisches Verzeichnis der deutschen Vokabulare und Wörterbücher, gedruckt bis 1600, Hildesheim, New York 1977.

Classen, Albrecht, Wort und Gemeinschaft. Sprachliche Apokalypse in Heinrich Wittenwilers Ring, in: Horst Brunner (Hg.), Heinrich Wittenwiler in Konstanz und *Der Ring*. Tagung Konstanz 1993, Frankfurt a. M. 1994/1995 (Jahrbuch der Oswald von Wolkenstein Gesellschaft 8), S. 141–157.

Classen, Carl Joachim, Zu Heinrich Bebels Leben und Schriften, Göttingen 1997 (Nachrichten der Akademie der Wissenschaften in Göttingen, Philologisch-Historische Klasse 1).

Clifton-Everest, John Michael, Die Chronologie der Abfassung von Wittenwilers *Ring*, in: ZfdPh 94 (1975), S. 60–78.

Clifton-Everest, John Michael, Wittenwiler's Marriage Debate, in: MLN 90/5 (1975) S. 629–642.

Clifton-Everest, John Michael, Wittenwiler's *Ring* and the Dianoetic Ethic, in: Seminar 13 (1977) S. 63–75.

Cormeau, Christoph, Minne und Alter. Beobachtungen zur pragmatischen Einbindung des Altersmotivs bei Walther von der Vogelweide, in: Ernstpeter Ruhe, Rudolf Behrens (Hg.), Mittelalterbilder aus neuer Perspektive, München 1985, S. 147–165.

Coseriu, Eugenio, L'arbitraire du signe. Zur Spätgeschichte eines aristotelischen Begriffes, in: Archiv für das Studium der neueren Sprachen und Literaturen 204 (1968), S. 81–112.

Coudert, Allison P., Some Theories of a Natural Language from the Renaissance to the Seventeenth Century, in: Albert Heinekamp, Dieter Mettler (Hg.), Magia naturalis und die Entstehung der modernen Naturwissenschaften. Symposion der Leibniz-Gesellschaft Hannover, 14. und 15. November 1975, Wiesbaden 1978 (Studia Leibnitiana, Sonderheft 7), S. 56–118.

Cramer, Thomas, Geschichte der deutschen Literatur im späten Mittelalter, München 1990 (Geschichte der Literatur im Mittelalter 3).

Cramer, Thomas, Nabelreibers Brief, in: Horst Wenzel (Hg.), Gespräche – Boten – Briefe. Körpergedächtnis und Schriftgedächtnis im Mittelalter, Berlin 1997 (Philologische Studien und Quellen 143), S. 212–225.

Cramer, Thomas, *Solus creator est Deus*. Der Autor auf dem Weg zum Schöpfertum, in: Gerhild Scholz Williams, Lynne Tatlock (Hg.), Literatur und Kosmos. Innen- und Außenwelten in der deutschen Literatur des 15. bis 17. Jahrhunderts, Amsterdam 1986 (Daphnis 15, Heft 2–3), S. 261–276.

Crecelius, Wilhelm, Johann Fischarts Übersetzung von W. Lazius ‚Über die Wanderungen der Völker'. Nach den Wolfenbütteler Bruchstücken herausgegeben, in: Alemannia 1 (1873), S. 113–336.

Cross, Christa Wolf, Magister ludens. Der Erzähler in Heinrich Wittenweilers *Ring*, Chapel Hill 1984 (University of North Carolina Studies in Germanic Languages and Literatures 102).

Cuadra, Inés de la, *Der Renner* Hugos von Trimberg. Allegorische Denkformen und literarische Traditionen, Hildesheim, Zürich, New York 1999 (Germanistische Texte und Studien 63).

Cuadra, Inés de la, Die Funktion von Aussagen zur Zeitgeschichte im *Renner* Hugos von Trimberg, in: Eckart Conrad Lutz (Hg.), Mittelalterliche Literatur im Lebenszusammenhang. Ergebnisse des Troisième Cycle Romand 1994, Freiburg im Üechtland 1997 (Scrinium Friburgense 8), S. 191–223.

Cuadra, Inés de la, Diskurse über soziale Mobilität im Spiegel von Fiktion und Historie. Die Bauernszene im *Renner* Hugos von Trimberg (V. 1309–2280) und das achte Gedicht der *Seifried Helbling*-Sammlung (SH VIII, 1–410), in: ZfdPh 119 (2000), S. 75–97.

Curschmann, Michael, Wort – Schrift – Bild. Zum Verhältnis von volkssprachigem Schrifttum und bildender Kunst vom 12.bis zum 16. Jahrhundert, in: Walter Haug (Hg.), Mittelalter und frühe Neuzeit. Übergänge, Umbrüche und Neuansätze, Tübingen 1999 (Fortuna Vitrea 16), S. 378–470.

Curtius, Ernst Robert, Europäische Literatur und lateinisches Mittelalter, Bern, München [10]1984.

Daems, Willem Frans, *Nomina simplicium medicinarum ex synonymariis medii aevi collecta*. Semantische Untersuchungen zum Fachwortschatz hoch- und spätmittelalterlicher Drogenkunde, Leiden, New York, Köln 1993 (Studies in Ancient Medicine 6).

Daems, Willem Frans, Synonymenvielfalt und Deutungstechnik bei den *nomina plantarum mediaevalia*, in: Peter Dilg (Hg.), Perspektiven der Pharmaziegeschichte. Fs. für Rudolf Schmitz zum 65. Geburtstag, Graz 1983, S. 29–38.

Dallapiazza, Michael, Sprechen über die Frau. Haushaltsdiskurse bei Wittenwiler und anderen. Vorträge eines interdisziplinären Symposions vom 6. –9. Juni 1990 an der Rheinischen Friedrich-

Wilhelms-Universität Bonn, in: Trude Ehlert (Hg.), Haushalt und Familie in Mittelalter und früher Neuzeit, Sigmaringen 1991, S. 167–180.

Dallet, Joseph B., *Das Philosophisch Ehzuchtbüchlin*. A Confluence of Plutarchs, in: James Hardin, Jörg Jungmayr (Hg.), „Der Buchstab tödt – der Geist macht lebendig", Fs. zum 60. Geburtstag von Hans-Gert Roloff, Bern, Berlin, Frankfurt a. M. u. a. 1992, S. 261–281.

Danneberg, Lutz, Friedrich Vollhardt (Hg.), Wissen in Literatur im 19. Jahrhundert, Tübingen 2002.

Danneberg, Lutz, Jürg Niederhauser (Hg.), Darstellungsformen der Wissenschaften im Kontrast. Aspekte der Methodik, Theorie und Empirie, Tübingen 1998 (Forum für Fremdsprachen-Forschung 39).

Danto, Arthur C., Analytical Philosophy of History, Cambridge 1965.

Darnton, Robert, Workers Revolt. The Great Cat Massacre of the Rue Saint-Séverin, in: ders., The Great Cat Massacre and Other Episodes in French Cultural History, New York 1984, S. 75–104.

Daube, Anna, Der Aufstieg der Muttersprache im deutschen Denken des 15. und 16. Jahrhunderts, Limburg an der Lahn 1939. [Diss. Rostock 1938, auch Frankfurt a. M. 1940 (Deutsche Forschungen 34)].

de Boor, Helmut, Die deutsche Literatur im späten Mittelalter, München 1962 (Geschichte der deutschen Literatur von den Anfängen bis zur Gegenwart 3,1).

de Kadt, Elizabeth, „Er ist ein gpaur in meinem muot, der unrecht lept und läppisch tuot...". Zur Bauernsatire in Heinrich Wittenwilers *Ring*, in: Daphnis 15 (1986) S. 1–29.

de Smet, Gilbert A. R., Die frühneuhochdeutsche Lexikographie: Möglichkeiten und Grenzen ihrer Interpretation, in: Reiner Hildebrandt, Ulrich Knoop (Hg.), Brüder-Grimm-Symposion zur Historischen Wortforschung. Beiträge zu der Marburger Tagung vom Juni 1985, Berlin, New York 1986 (Historische Wortforschung 1), S. 59–80.

Dicke, Gerd, Das belauschte Stelldichein. Eine Stoffgeschichte, in: Christoph Huber, Victor Millet (Hg.), Der *Tristan* Gottfrieds von Strassburg. Symposion Santiago de Compostela, 5. bis 8. April 2000, Tübingen 2002, S. 199–220.

Dicke, Gerd, Manfred Eikelmann, Burkhard Hasebrink (Hg.), Im Wortfeld des Textes. Worthistorische Beiträge zu den Beziehungen von Rede und Schrift im Mittelalter, Berlin, New York 2006 (Trends in Medieval Philology 10).

Dicke, Gerd, Mären-Priapeia. Deutungsgehalte des Obszönen im *Nonnenturnier* und seinen europäischen Motivverwandten, in: PBB 124 (2002), S. 261–301.

Dieckmann, Liselotte, Hieroglyphics. The History of a Literary Symbol, St. Louis 1970.

Diel, Franz, Reimwörterbuch zum Renner des Hugo von Trimberg. München 1926 (Münchener Texte, Ergänzungsreihe 7).

Dierse, Ulrich, Enzyklopädie. Zur Geschichte eines philosophischen und wissenschaftstheoretischen Begriffs, Bonn 1977 (Archiv für Begriffsgeschichte, Supplementheft 2).

Dilg, Peter, Art. ‚Pflanzenkunde', in: LEXMA, Bd. 6 2002 [1999], Sp. 2038–2046.

Dilg, Peter, Die Pflanzenkunde im Humanismus – Der Humanismus in der Pflanzenkunde, in: Rudolf Schmitz, Fritz Krafft (Hg.), Humanismus und Naturwissenschaften, Boppard 1980 (Beiträge zur Humanismusforschung 6), S. 113–134.

Dilg, Peter, Paracelsus-Forschung gestern und heute. Grundlegende Ergebnisse, gescheiterte Versuche, neue Ansätze, in: ders., Hartmut Rudolph (Hg.), Resultate und Desiderate der Paracelsus-Forschung, Stuttgart 1993 (Sudhoffs Archiv, Beihefte 31), S. 9–24.

Dinzelbacher, Peter, Das erzwungene Individuum. Sündenbewußtsein und Pflichtbeichte, in: Richard van Dülmen (Hg.), Entdeckung des Ich. Die Geschichte der Individualisierung vom Mittelalter bis zur Gegenwart, Köln, Weimar, Wien 2001, S. 41–60.

Dittrich, Andreas, Ein Lob der Bescheidenheit. Zum Konflikt zwischen Erkenntnistheorie und Wissensgeschichte, in: Zeitschrift für Germanistik 17 (2007), S. 631–637.

Drews, Axel, Ute Gerhard, Jürgen Link, Moderne Kollektivsymbolik. Eine diskurstheoretisch orientierte Einführung mit Auswahlbibliographie, in: Internationales Archiv für Sozialgeschichte der deutschen Literatur, Sonderheft 1 (1985), S. 256–375.

Du Bruck, Edelgard E., Time and Space in Wittenwiler's *Ring*, in: dies., Guy R. Mermier (Hg.), Fifteenth Century Studies, Bd. 2, Ann Arbor 1980, S. 73–81.

Durling, Richard J., Konrad Gesners Briefwechsel, in: Rudolf Schmitz, Fritz Krafft (Hg.), Humanismus und Naturwissenschaften, Boppard 1980 (Beiträge zur Humanismusforschung 6), S. 101–112.

Dutz, Klaus D., „Lingua Adamica nobis certe ignota est." Die Sprachursprungsdebatte und Gottfried Wilhelm Leibniz, in: Joachim Gessinger, Wolfert von Rahden (Hg.), Theorien vom Ursprung der Sprache, 2 Bde., Berlin, New York 1989, Bd. 1, S. 204–240.

Eco, Umberto, Die Grenzen der Interpretation. Aus dem Italienischen von Günter Memmert, München, Wien 1992 [zuerst 1990].

Eco, Umberto, Die Suche nach der vollkommenen Sprache. Aus dem Italienischen von Burkhart Kroeber, München ²1994 (Europa bauen) [zuerst 1993].

Eggers, Hans, Deutsche Sprachgeschichte, Das Mittelhochdeutsche, Bd. 2, Reinbek bei Hamburg 1965.

Egidi, Margret, Höfische Liebe. Entwürfe der Sangspruchdichtung. Literarische Verfahrensweisen von Reinmar von Zweter bis Frauenlob, Heidelberg 2002 (GRM Beiheft 17).

Ehlers, Joachim, Mittelalterliche Voraussetzungen für nationale Identität in der Neuzeit, in: Bernhard Giesen (Hg.), Nationale und kulturelle Identität. Studien zur Entwicklung des kollektiven Bewußtseins in der Neuzeit, Bd. 1, Frankfurt a. M. 1991, S. 77–99.

Ehlert, Trude, Doch so fülle dich nicht satt! Gesundheitslehre und Hochzeitsmahl in Wittenwilers *Ring*, in: ZfdPh 109 (1990), S. 68–85.

Ehrismann, Gustav, Art. ‚Hugo von Trimberg', in: VL Bd. 2 1936, Sp. 530–535.

Ehrismann, Gustav, Das Handschriftenverhältnis des *Renner*, in: Germania 30 (1885), S. 129–153.

Ehrismann, Gustav, Hugo vom Trimbergs *Renner* und das mittelalterliche Wissenschaftssystem, in: Aufsätze zur Sprach- und Literaturgeschichte. Wilhelm Braune zum 20. Februar 1920 dargebracht von Freunden und Schülern, Dortmund 1920, S. 211–236.

Eis, Gerhard, Medizinische Fachprosa des späten Mittelalters und der frühen Neuzeit, Amsterdam 1982 (Amsterdamer Publikationen zur Sprache und Literatur 48).

Eis, Gerhard, Von der Rede und vom Schweigen der Alchemisten, in: ders. (Hg.), Vor und nach Paracelsus. Untersuchungen über Hohenheims Traditionsverbundenheit und Nachrichten über seine Anhänger, Stuttgart 1965 (Medizin in Geschichte und Kultur 8), S. 51–73.

Emmelius, Caroline, Friedrun Freise, Rebekka von Mallinckrodt u. a. (Hg.), Offen und Verborgen. Vorstellungen und Praktiken des Öffentlichen und Privaten in Mittelalter und Früher Neuzeit, Göttingen 2004.

Englert, Anton, Die Rhythmik Fischarts. Ein Beitrag zur Geschichte der deutschen Metrik, München 1903 [Nachdruck Walluf bei Wiesbaden 1972].

Erhart, Walter, Art. ‚Gender Studies', in: RLW Bd. 1 1997, S. 691–694.

Ertz, Stefan, Fischart und die Schiltburgerchronik. Untersuchungen zum Lale- und Schildbürgerbuch, Köln 1989.

Ertzdorff, Xenja von, Lachen über das Essen und Trinken der Riesen in Johann Fischarts *Geschichtklitterung* (1590), in: dies., Spiel der Interpretation. Gesammelte Aufsätze zur Literatur des Mittelalters und der Frühen Neuzeit, Göppingen 1996 (GAG 597), S. 481–489 [zuerst 1987].

Eybl, Franz M., Wolfgang Harms, Hans-Henrik Krummacher, Werner Welzig (Hg.), Enzyklopädien in der Frühen Neuzeit. Beiträge zu ihrer Erforschung, Tübingen 1995.

Fauser, Markus, Intertextualität als Poetik des Epigonalen. Immermann-Studien, München 1999.

Fehrenbach, Charles Gervase, Marriage in Wittenwilers *Ring*, New York 1970 (Studies in German) [zuerst Washington 1941].

Ferckel, Christoph, Die *Secreta mulierum* und ihr Verfasser, in: Sudhoffs Archiv 38 (1954), S. 267–274.

Ficker, Johannes, Otto Winckelmann, Handschriftenproben des 16. Jahrhunderts nach Straßburger Originalen. Bd. 2: Zur geistigen Geschichte, Straßburg 1905.

Ficker, Johannes, Otto Winckelmann, Handschriftenproben des 16. Jahrhunderts nach Straßburger Originalen. Kleine Ausgabe, Straßburg 1906.

Firth, John Rupert, The Tongues of Men and Speech, London 1964 (Language and Language Learning 2).

Fischer, Hans, Conrad Gessner als Arzt, in: ders., Conrad Gessner. 1516–1565. Zürich 1966 (Neujahrsblätter der Naturforschenden Gesellschaft in Zürich 168), S. 39–47.

Fischer, Hermann, Mittelalterliche Pflanzenkunde, Hildesheim 1967 [Nachdruck der Ausgabe München 1929].

Flasch, Kurt, Das philosophische Denken im Mittelalter: Von Augustin bis Machiavelli, zweite, revidierte und erweiterte Auflage, Stuttgart 2000.

Fleck, Ludwik, Erfahrung und Tatsache. Gesammelte Aufsätze (1927–1960), Frankfurt a. M. 1983.

Fleischer, Michael, Art. ‚Literarische Reihe‘, in: RLW Bd. 2 2000, S. 437–438.

Fleischer, Michael, Art. ‚Poetische Funktion‘, in: RLW Bd. 3 2003, S. 105–106.

Flint, Valerie I. J., Honorius Augustodunensis. Imago mundi, in: Archives d'histoire doctrinale et littéraire du moyen-âge 49 57 (1982), S. 7–153.

Fontaine, Jacques, Art. ‚Isidor von Sevilla‘, in: LEXMA Bd. 5 2002, Sp. 678.

Foreville, Raymonde, Lateran I–IV, Mainz 1970 (Geschichte der ökumenischen Konzilien 6).

Foucault, Michel, Archäologie des Wissens, übers. von Ulrich Küppen, Frankfurt a. M. ^{6}1994 [zuerst 1969].

Foucault, Michel, Das Denken des Draußen, in: ders., Schriften zur Literatur, hg. von Daniel Defert und François Ewald unter Mitarbeit von Jacques Lagrange. Übersetzt von Michael Bischoff, Hans-Dieter Gondek und Hermann Kocyba. Auswahl und Nachwort von Martin Stingelin, Frankfurt a. M. 2003, S. 208–233 [zuerst 1966].

Foucault, Michel, Die Ordnung der Dinge. Eine Archäologie der Humanwissenschaften, aus dem Französischen von Ulrich Köppen, Frankfurt a. M. ^{12}1994 [zuerst 1966].

Foucault, Michel, Die Ordnung des Diskurses, aus dem Französischen von Walter Seitter, mit einem Essay von Ralf Konersmann, Frankfurt a. M. 1991 [zuerst 1971].

Fouquet, Doris, Einleitung, in: Ulrich Boner, Der Edelstein. Faksimile der ersten Druckausgabe Bamberg 1461. 16.1 Eth. 2° der Herzog August Bibliothek Wolfenbüttel, Stuttgart 1972.

Frantzen, Johann Joseph Aloys Arnold, Kritische Bemerkungen zu Fischarts Übersetzung von Rabelais' *Gargantua*, Straßburg 1892 (Alsatische Studien 3).

Freud, Sigmund, Das Unbehagen in der Kultur und andere kulturtheoretische Schriften. Einleitung von Alfred Lorenzer und Bernard Görlich, Frankfurt a. M. 1994.

Frey, Winfried, Schule und Ausbildung im 13. Jahrhundert. Die Lehrerklage im Renner Hugos vom Trimberg, in: Helmut Brackert, Hannelore Christ, Horst Holzschuh (Hg.), Mittelalterliche Texte im Unterricht, München 1973 (Literatur in der Schule 1), S. 162–212.

Fricke, Harald, Art. ‚Funktion', in: RLW Bd. 1 1997, S. 643–646.

Friedmann, John B., Albert the Great's Topoi of Direct Observation and his Debt to Thomas of Cantimpré, in: Peter Binkley (Hg.), Pre-modern Encyclopaedic Texts. Proceedings of the Second Comers Congress, Groningen, 1–4 July 1996, Leiden, New York, Köln 1997 (Brill's Studies in Intellectual History 79), S. 379–392.

Friedrich, Christoph, Wolf-Dieter Müller-Jahncke, Geschichte der Pharmazie von der Frühen Neuzeit bis zur Gegenwart, in: Rudolf Schmitz (Hg.), Geschichte der Pharmazie, Bd. 2, Eschborn 2005.

Friedrich, Udo, Kirchliche Rekultivierung und feudale Territorialisierung. Mobilität als Faktor von Raumaneignung im 12. Jahrhundert, in: Karl-Siegbert Rehberg, Walter Schmitz, Peter Strohschneider (Hg.), Mobilität – Raum – Kultur. Erfahrungswandel vom Mittelalter bis zur Gegenwart, Dresden 2005 (Kulturstudien 1), S. 53–74.

Fuchs, Harald, Art. ‚Enkyklios Paideia', in: Reallexikon für Antike und Christentum, Bd. 5 1962, Sp. 365–398.

Fuchs, Harald, Art. ‚Enzyklopädie', in: Reallexikon für Antike und Christentum, Bd. 5, Stuttgart 1962, Sp. 504–515.

Funke, Helmut, Die graphischen Hinweise Heinrich Wittenwilers für das Verständnis seiner Dichtung *Der Ring*, Diss. Münster 1973.

Fuß, Peter, Von den Zeichen der Welt zur Welt der Zeichen. Semiologische Konzepte bei Paracelsus und Fischart, in: WW 52 (2002) H. 3, S. 333–360.

Gaier, Ulrich, Das Verhältnis von Geistigkeit und Vitalität in Wittenwilers *Ring*, in: DVjs 43/2 (1969), S. 204–213.

Gaier, Ulrich, Naturzeichen von Paracelsus bis Novalis, in: Felix Thürlemann (Hg.), Die Unvermeidlichkeit der Bilder, Tübingen 2001, S. 117–131.

Gaier, Ulrich, Satire. Studien zu Neidhart, Wittenwiler, Brant und zur satirischen Schreibart, Tübingen 1967.

Ganghofer, Ludwig, Fischart und seine Verdeutschung des Rabelais, München 1881.

Garber, Jörn, Trojaner – Römer – Franken – Deutsche. „Nationale" Abstammungssthorien im Vorfeld der Nationalstaatsbildung, in: Klaus Garber (Hg.), Nation und Literatur im Europa der Frühen Neuzeit. Akten des 1. Internationalen Osnabrücker Kongresses zur Kulturgeschichte der Frühen Neuzeit, Tübingen 1989 (Frühe Neuzeit 1), S. 108–163.

Gärtner, Kurt, tihten/dichten. Zur Geschichte einer Wortfamilie im älteren Deutsch, in: Gerd Dicke, Manfred Eickelmann, Burkhard Hasebrink (Hg.), Im Wortfeld des Textes. Worthistorische Beiträge zu den Bezeichnungen von Rede und Schrift im Mittelalter. Tagung 15–18. März 2004, Schloss Hirschberg/Beilngries, Berlin, New York 2006, S. 67–81.

Gärtner, Kurt, Zechparodien auf den Invitatoriumspsalm (Psalm 94), in: Wolfgang Harms, L. Peter Johnson (Hg.), Deutsche Literatur des späten Mittelalters. Hamburger Colloquium 1973, Berlin 1975 (Publications of the Institute of Germanic Studies 22), S. 164–186.

Gärtner, Kurt, Zu den mittelhochdeutschen Bezeichnungen für den Verfasser literarischer Werke, in: Elizabeth Andersen, Jens Haustein, Anne Simon, Peter Strohschneider (Hg.), Autor und Autorschaft im Mittelalter. Kolloquium Meißen 1995, Tübingen 1998, S. 38–45.

Genette, Gérard, Mimologiken. Reise nach Kratylien, Frankfurt a. M. 2001 [zuerst 1976].

Genette, Gérard, Palimpseste. Die Literatur auf zweiter Stufe. Aesthetica. Aus dem Französischen von Wolfram Bayer und Dieter Hornig, Frankfurt a. M. 1983.

Genthe, Friedrich Wilhelm, Geschichte der Macaronischen Poesie und Sammlung ihrer vorzüglichsten Denkmale, Halle a. S., Leipzig 1829 [Nachdruck Genf 1970].

Genzmer, Erich, Hugo von Trimberg und die Juristen, in: L'Europa e il diritto Romano. Studi in memoria di Paolo Koschaker, Bd. 1, Mailand 1954, S. 291–336.

Gerke, Hilde, Sprichwörter und Redensarten bei Johann Fischart. Ein Beitrag zur deutschen Sprichwortgeschichte, Diss. München 1953.

Gerndt, Helge, Art. ‚Meer‘, in: EM Bd. 9 1999, Sp. 472–478.

Gervinus, Georg Gottfried, Geschichte der deutschen Dichtung, fünfte, völlig umgearbeitete Auflage, Leipzig 1871–1874.

Gessinger, Joachim, Wolfert von Rahden (Hg.), Theorien vom Ursprung der Sprache, 2 Bde., Berlin, New York 1989.

Geulen, Hans, Johann Fischarts *Geschichtklitterung*. Nachträge zu ihrer Bedeutung, in: GRM 39/2 (1989), S. 147–155.

Giehlow, Karl, Die Hieroglyphenkunde des Humanismus in der Allegorie der Renaissance, besonders in der Ehrenpforte Kaiser Maximilians I., in: Jahrbuch der Kunsthistorischen Sammlungen des Allerhöchsten Kaiserhauses 32 (1915,1), S. 1–232.

Giesecke, Michael, ‚Volkssprache‘ und ‚Verschriftlichung des Lebens‘ im Spätmittelalter am Beispiel der gedruckten Fachprosa in Deutschland, in: Hans Ulrich Gumbrecht (Hg.), Literatur in der Gesellschaft des Spätmittelalters, Heidelberg 1980 (Grundriß der romanischen Literaturen des Mittelalters, Begleitreihe 1), S. 39–70.

Gillespie, George T., Helden und Bauern. Beziehungen zur Heldendichtung bei Neidhart, Wernher dem Gartenaere und Wittenwiler, in: Rudolf Schützeichel (Hg.), Studien zur deutschen Literatur des Mittelalters, Bonn 1979, S. 485–500.

Gindele, Corbinian, Bienen-, Waben- und Honigvergleiche in der frühen monastischen Literatur, in: Regulae Benedicti Studia 6/7 (1977/78), S. 1–26.

Ginzburg, Carlo, Der Inquisitor als Anthropologe, in: Christoph Conrad, Martina Kessel (Hg.), Geschichte schreiben in der Postmoderne. Beiträge zur aktuellen Diskussion, Stuttgart 1994, S. 203–218.

Ginzburg, Carlo, Der Käse und die Würmer. Die Welt eines Müllers um 1600. Aus dem Italienischen von Karl F. Hauber, Berlin [5]2002.

Glier, Ingeborg, Allegorische, didaktische und satirische Literatur, in: Willi Erzgräber (Hg.), Europäisches Spätmittelalter, Wiesbaden 1978 (Neues Handbuch der Literaturwissenschaft 8), S. 427–454.

Glier, Ingeborg, Artes amandi. Untersuchungen zur Geschichte, Überlieferung und Typologie der deutschen Minnereden, München 1971 (MTU 34).

Glowa, Josef Konrad, Johann Fischart's *Geschichtklitterung*. A Study of the Preliminaries and the Functions of the Narrator, New York, Frankfurt a. M. u. a. 2000 (Renaissance and Baroque Studies and Texts 27).

Godmann, Peter, From Poliziano to Machiavelli. Florentine Humanism in the High Renaissance, Princeton 1998.

Goetz, Walter, Die Enzyklopädien des 13. Jahrhunderts. Ein Beitrag zur Entstehung der Laienbildung, in: Zeitschrift für deutsche Geistesgeschichte 2 (1936), S. 227–250.

Goheen, Jutta, Der feiernde Bauer im *Ring* Heinrich Wittenwilers. Zum Stil des mittleren Teils, in: Horst Brunner (Hg.), Heinrich Wittenwiler in Konstanz und Der Ring. Tagung 1993 in Konstanz, Frankfurt a. M. 1994/95 (Jahrbuch der Oswald-von-Wolkenstein-Gesellschaft 8), S. 39–58.

Goheen, Jutta, Mensch und Moral im Mittelalter. Geschichte und Fiktion in Hugo von Trimbergs *Der Renner*, Darmstadt 1990.

Goheen, Jutta, Social Distinctions and Ethical Norms in Middle High German Literature: Hugo von Trimberg's *Renner*, in: Albrecht Classen (Hg.), Von Otfried von Weißenburg bis zum 15. Jahrhundert. Proceedings from the 24th International Congress on Medieval Studies, May 4–7, 1989, Göppingen 1991 (GAG 539), S. 79–87.

Goldammer, Kurt, Zur philosophischen und religiösen Sinngebung von Heilung und Heilmittel bei Paracelsus, in: Peter Dilg (Hg.), Perspektiven der Pharmaziegeschichte. Fs. für Rudolf Schmitz zum 65. Geburtstag, Graz 1983, S. 113–146.

Goldemann, Eberhard, Barockstil bei Fischart, Diss. Tübingen 1934.

Gombrich, Ernst H., Das symbolische Bild. Stuttgart 1986 (Zur Kunst der Renaissance 2) [zuerst 1972].

Gotthelf, Friedrich, Das deutsche Altertum in den Anschauungen des sechzehnten und siebzehnten Jahrhunderts, Berlin 1900 (Forschungen zur neuen Litteraturgeschichte 13).

Götting, Franz, Der *Renner* Hugos von Trimberg. Studien zur mittelalterlichen Ethik in nachhöfischer Zeit, Münster 1932 (Forschungen zur deutschen Sprache und Dichtung 1).

Graevenitz, Gerhart von, Contextio und conjointure, Gewebe und Arabeske. Über Zusammenhänge mittelalterlicher und romantischer Literaturtheorie, in: Walter Haug, Burkhart Wachinger (Hg.), Literatur, Artes und Philosophie, Tübingen 1992 (Fortuna vitrea 7), S. 229–257.

Graf, Klaus, Aspekte zum Regionalismus in Schwaben und am Oberrhein im Spätmittelalter, in: Kurt Andermann (Hg.), Historiographie am Oberrhein im späten Mittelalter und in der frühen Neuzeit, Sigmaringen 1988 (Oberrheinische Studien 7), S. 165–192.

Graf, Klaus, Henrich Bebel, in: Stephan Füssel (Hg.), Deutsche Dichter der frühen Neuzeit (1450–1600). Ihr Leben und Werk, Berlin 1993, S. 281–295.

Graf, Klaus, Rezension Eckart Conrad Lutz, Spiritualis fornicatio, in: Zeitschrift für Hohenzollerische Geschichte 29 (1993), 208–210.

Grafton, Anthony, Defenders of the Text. The Traditions of Scholarship in an Age of Science. 1450–1800, Cambridge, London 1994.

Grafton, Anthony, Die tragischen Ursprünge der deutschen Fussnote. Aus dem Amerikanischen übers. von H. Jochen Bussmann, Berlin 1995.

Grafton, Anthony, Fälscher und Kritiker. Der Betrug in der Wissenschaft, aus dem Englischen von Ebba D. Drolshagen, Berlin 1991 (Kleine kulturwissenschaftliche Bibliothek 32) [zuerst Princeton 1990].

Grafton, Anthony, The World of the Polyhistors. Humanism and Encyclopedism, in: Central European History 18 (1985), S. 31–47.

Greber, Erika, Textile Texte. Poetologische Metaphorik und Literaturtheorie. Studien zur Tradition des Wortflechtens und der Kombinatorik, Köln, Weimar, Wien 2002 (Pictura et Poesis 9).

Green, Jonathan, Medieval German Manuscript Fragments from the University of Illinois at Urban-Champaign. *Althochdeutsche Predigtsammlung C, Das Buch der Natur* and *Der Renner*, in: ZfdA 133 (2004), S. 356–362.

Greenblatt, Stephen J., Shakespearean Negotiations. The Circulation of Social Energy in Renaissance England, Berkeley/ Cal. u. a. 1988.

Greetham, David C., The Concept of Nature in Bartholomaeus Anglicus, in: Journal of the History of Ideas 41 (1980), S. 663–677.

Grimm, Jacob, Deutsche Mythologie. Um eine Einleitung vermehrt. Nachdruck der 4. Auflage, besorgt von Elard Hugo Meyer, Berlin 1957–78 [Nachdruck 1968].

Gruber, Joachim, Günter Bernt, Jacques Verger, Marc-René Jung, Klaus Bitterling, Christian Hannick, Art. ‚Enzyklopädie, Enzyklopädik', in: LEXMA Bd. 3 1966, Sp. 2031–2039.

Grubmüller, Klaus (Hg.), Schulliteratur im späten Mittelalter, München 2000 (Münstersche Mittelalter-Schriften 69).

Grubmüller, Klaus, Art. ‚Boner', in: ²VL Bd. 1 1978, Sp. 947–951.

Grubmüller, Klaus, Art. ‚Predigtmärlein', in: RLW Bd. 3 2003, S. 156f.

Grubmüller, Klaus, Das „buoch" und die Wahrheit. Anmerkungen zu den Quellenberufungen im *Rolandslied* und in der Epik des 12. Jahrhunderts, in: Dorothee Lindemann, Berndt Volkmann, Klaus-Peter Wegera (Hg.), „bickelwort" und „wildiu mære". Fs. für Eberhard Nellmann zum 65. Geburtstag, Göppingen 1995 (GAG 618), S. 37–50.

Grubmüller, Klaus, Die Ordnung, der Witz und das Chaos. Eine Geschichte der europäischen Novellistik im Mittelalter: Fabliau – Märe – Novelle, Tübingen 2006.

Grubmüller, Klaus, Ein Arzt als Literat. Hans Hartlieb, in: Volker Honemann, Kurt Ruh, Bernhard Schnell, Werner Wegstein (Hg.), Poesie und Gebrauchsliteratur im deutschen Mittelalter. Würzburger Colloquium 1978, Tübingen 1979, S. 14–36.

Grubmüller, Klaus, Elemente einer literarischen Gebrauchssituation. Zur Rezeption der aesopischen Fabel im 15. Jahrhundert, in: Peter Kesting (Hg.), Untersuchungen zur Literatur und Sprache des Mittelalters. Fs. für Kurt Ruh zum 60. Geburtstag, München 1975 (Würzburger Prosastudien 2, Medium Aevum 30), S. 139–160.

Grubmüller, Klaus, Etymologie als Schlüssel zur Welt? Bemerkungen zur Sprachphilosophie des Mittelalters, in: Hans Fromm, Wolfgang Harms, Uwe Ruberg (Hg.), Verbum et signum, Fs. für Friedrich Ohly zum 60. Geburtstag. Bd. 1: Beiträge zur mediävistischen Bedeutungsforschung, München 1975, S. 209–230.

Grubmüller, Klaus, Gattungskonstitution im Mittelalter, in: Nigel Palmer, Hans-Jochen Schiewer (Hg.): Mittelalterliche Literatur und Kunst im Spannungsfeld von Hof und Kloster, Tübingen 1999, S. 193–210.

Grubmüller, Klaus, Ich als Rolle. „Subjektivität" als höfische Kategorie im Minnesang?, in: Gert Kaiser, Jan-Dirk Müller (Hg.), Höfische Literatur, Hofgesellschaft, höfische Lebensformen um 1200. Kolloquium am Zentrum für interdisziplinäre Forschung der Universität Bielefeld, 3.–5. November 1983, Düsseldorf 1986 (Studia humaniora 6), S. 387–408.

Grubmüller, Klaus, Laiengelehrsamkeit. Über volkssprachliche Wissenschaft im Mittelalter, in: „Scientia poetica". Literatur und Naturwissenschaft. Im Auftrag der Akademie der Wissenschaften zu Göttingen hg. von Norbert Elsner und Werner Frick, Göttingen 2004, S. 54–76.

Grubmüller, Klaus, Meister Esopus. Untersuchungen zur Geschichte und Funktion der Fabel im Mittelalter, Zürich, München 1977 (MTU 56).

Grubmüller, Klaus, Nôes Fluch. Zur Begründung von Herrschaft und Unfreiheit in mittelalterlicher Literatur, in: Dieter Huschenbett, Klaus Matzel, Georg Steer, Norbert Wagner (Hg.), Medium aevum deutsch. Beiträge zur deutschen Literatur des hohen und späten Mittelalters. Fs. für Kurt Ruh zum 65. Geburtstag, Tübingen 1979, S. 99–119.

Grubmüller, Klaus, Vokabular und Wörterbuch. Zum Paradigmenwechsel in der Frühgeschichte der deutschen Lexikographie, in: Reiner Hildebrandt, Ulrich Knoop (Hg.), Brüder-Grimm-Symposion zur Historischen Wortforschung. Beiträge zu der Marburger Tagung vom Juni 1985, Berlin, New York 1986 (Historische Wortforschung. Untersuchungen zur Sprach- und Kulturgeschichte des Deutschen in seinen europäischen Bezügen 1), S. 148–163.

Gruchot, Christoph, Heinrich Wittenwilers *Ring*. Konzept und Konstruktion eines Lehrbuches, Göppingen 1988 (GAG 475).

Grünbein, Durs, Gallilei vermißt Dantes Hölle und bleibt an den Maßen hängen. Aufsätze 1989–1995, Frankfurt am Main 1996, S. 89–104.

Grundmann, Herbert, Litteratus – illiteratus. Der Wandel einer Bildungsnorm vom Altertum zum Mittelalter, in: ders., Ausgewählte Aufsätze, Teil III: Bildung und Sprache, Stuttgart 1978 (Schriften der MGH 25,3), S. 1–66 [zuerst 1958].

Guerlac, Rita, Vives and the Education of Gargantua, in: Etudes Rabelaisiennes 11 (1974), S. 63–72.

Gumbrecht, Hans Ulrich, Literarische Gegenwelten. Karnevalskultur und die Epochenschwelle vom Spätmittelalter zur Renaissance, in: ders. (Hg.), Literatur in der Gesellschaft des Spätmittelalters, Heidelberg 1980 (Grundriss der Romanischen Literaturen des Mittelalters 1), S. 95–149.

Haage, Bernhard Dietrich, Alchemie im Mittelalter. Ideen und Bilder – von Zosimos bis Paracelsus, Düsseldorf, Zürich 2000 [zuerst 1996].

Haage, Bernhard Dietrich, Wissenstradierende und gesellschaftliche Konstituenten mittelalterlicher deutscher Fachsprache, in: Theo Bungarten (Hg.), Fachsprachentheorie. Bd. 1: Fachsprachliche Terminologie, Begriffs- und Sachsysteme, Methodologie, Tostedt 1993, S. 228–268.

Haage, Bernhard Dietrich, Wolfgang Wegner, Deutsche Fachliteratur der Artes in Mittelalter und Früher Neuzeit. Unter Mitarbeit von Gundolf Keil und Helga Haage-Naber, Berlin 2007 (Grundlagen der Germanistik 43).

Habermas, Jürgen, Strukturwandel der Öffentlichkeit. Untersuchungen zu einer Kategorie der bürgerlichen Gesellschaft, Frankfurt a. M. ^{10}1979 [1962].

Haferkorn, Hans Jürgen, Der freie Schriftsteller. Eine literatursoziologische Studie über seine Entstehung und Lage in Deutschland zwischen 1750 und 1800, in: Archiv für Geschichte des Buchwesens 5 (1964), Sp. 523–712.

Haferland, Harald, Hohe Minne. Beschreibung der Minnekanzone, Berlin 2000 (ZfdPh, Beihefte 10).

Hahn, Alois, Identität und Selbstthematisierung, in: ders., Volker Kapp (Hg.), Selbstthematisierung und Selbstzeugnis. Bekenntnis und Geständnis, Frankfurt a. M. 1987, S. 9–24.

Hahn, Alois, Zur Soziologie der Beichte und anderer Formen institutionalisierter Bekenntnisse. Selbstthematisierung und Zivilisationsprozess, in: Kölner Zeitschrift für Soziologie und Sozialpsychologie 34 (1982), S. 407–434.

Hand, Wayland D., Art. ‚Arzt', in: EM Bd. 1 1977, Sp. 849–853.

Händl, Claudia, Hofieren mit Stechen und Turnieren. Zur Funktion Neitharts beim Bauernturnier in Heinrich Wittenwilers *Ring*, in: ZfdPh 110 (1991), S. 98–112.

Hanhart, Johannes, Conrad Geßner. Ein Beytrag zur Geschichte des wissenschaftlichen Lebens und der Glaubensverbesserung im 16. Jahrhundert, Winterthur 1824.

Hankins, James, Some Remarks on the History and Charakter of Ficino's Translation of Plato, in: Gian Carlo Garfagnini (Hg.), Marsilio Ficino e il ritorno di Platone. Studi e documenti (Istituto nazionale di studi sul Rinascimento, Studi e teste 15), S. 287–304.

Hardy, Jörg, Stephan Meier-Oeser, Martin Mulsow, Andreas Arndt, Michael Anacker, Petra Gehring, Art. ‚Wissen', in: HWBPhil Bd. 12 2004, Sp. 855–902.

Harms, Wolfgang, Funktionen etymologischer Verfahrensweisen mittelalterlicher Tradition in der Literatur der frühen Neuzeit, in: ders., Jean-Marie Valentin (Hg.), Mittelalterliche Denk- und Schreibmodelle in der deutschen Literatur der frühen Neuzeit. Papers from a Meeting at the Schloss Klingenthal bei Ottrott im Elsass from October 18th to 21st 1990, Amsterdam, Atlanta GA 1993 (Chloe. Beihefte zum Daphnis 16), S. 1–18.

Hasebrink, Burkhard, Hans-Jochen Schiewer, Art. ‚Predigt', in: RLW Bd. 3 2003, S. 151–156.

Hauffen, Adolf, Johann Fischart. Ein Literaturbild aus der Zeit der Gegenreformation, 2 Bde., Berlin, Leipzig 1921/22 (Schriften des wissenschaftlichen Instituts der Elsaß-Lothringer im Reich).

Hauffen, Adolf, Neue Fischart-Studien, Leipzig, Wien 1908 (Euphorion Ergänzungsheft 7).

Hauffen, Adolf, Über die Bibliothek Johann Fischarts, in: Zeitschrift für Bücherfreunde 2 (1898), Teil 1, S. 21–32 und S. 148.

Haug, Walter, Exempelsammlungen im narrativen Rahmen: Vom *Pañcatantra* zum *Dekameron*, in: ders., Burghart Wachinger (Hg.), Exempel und Exempelsammlungen, Tübingen 1991, S. 264–287 (Fortuna vitrea 2).

Haug, Walter, Historische Semantik im Widerspruch mit sich selbst. Die verhinderte Begriffsgeschichte der poetischen Erfindung in der Literaturtheorie des 12./13. Jahrhunderts, in: Gerd Dicke, Manfred Eikelmann, Burkhard Hasebrink (Hg.), Im Wortfeld des Textes. Worthistorische Beiträge zu den Bezeichnungen von Rede und Schrift im Mittelalter, Berlin, New York 2006 (Trends in Medieval Philology 10), S. 49–64.

Haug, Walter, Kontingenz als Spiel und das Spiel mit der Kontingenz. Zufall, literarisch, im Mittelalter und in der frühen Neuzeit, in: Gerhard von Graevenitz, Odo Marquard (Hg.), Kontingenz. Beiträge des 17. Kolloquiums der Forschungsgruppe „Poetik und Hermeneutik", Bad Homburg, 19.–24. September 1994, München 1998 (Poetik und Hermeneutik 17), S. 151–172.

Haug, Walter, Literaturtheorie im deutschen Mittelalter. Von den Anfängen bis zum Ende der 13. Jahrhunderts, Darmstadt ²1992.

Haug, Walter, Von der Idealität des arthurischen Festes zur apokalyptischen Orgie in Wittenwilers *Ring*, in: ders., Rainer Warning (Hg.), Das Fest, München 1989 (Poetik und Hermeneutik 14), S. 157–179.

Haug, Walter, Zwischen Ehezucht und Minnekloster. Die Formen des Erotischen in Johann Fischarts *Geschichtklitterung*, in: Lynne Tatlock (Hg.), The Graph of Sex and the German Text. Gendered Culture in Early Modern Germany 1500-1700, Amsterdam 1994 (Chloe. Beihefte zum Daphnis 19), S. 157–177. [wieder in: ders., Brechungen auf dem Weg zur Individualität. Kleine Schriften zur Literatur des Mittelalters, Tübingen 1995, S. 390–403].

Haupt, Barbara (Hg.), Zum mittelalterlichen Literaturbegriff, Darmstadt 1985 (Wege der Forschung 557).

Hausmann, Albrecht (Hg.), Text und Handeln. Zum kommunikativen Ort von Minnesang und antiker Lyrik, Heidelberg 2004 (Beihefte zum Euphorion 46).

Hausmann, Albrecht, „tütsch brieff machen, och hoflich reden". Zur Terminologie deutscher *Artes dictandi* des 15. Jahrhunderts, in: Gerd Dicke, Manfred Eikelmann, Burkhard Hasebrink (Hg.), Im Wortfeld des Textes. Worthistorische Beiträge zu den Bezeichnungen von Rede und Schrift im Mittelalter, Berlin 2006 (Trends in Medieval Philology 10), S. 137–163.

Hausmann, Frank-Rutger, „Ohn Minerve erlaubnus und mit darzu ungemachenem und ungebachenem Ingenio und genio" oder über die Unmöglichkeit, ältere französische Texte zu übersetzen, in: Willi Hirdt (Hg.), Übersetzen im Wandel der Zeit. Probleme und Perspektiven des deutschfranzösischen Literaturaustausches, Tübingen 1995 (Romanica et comparatistica 22), S. 95–111.

Hausmann, Frank-Rutger, Differente Lachkulturen? Rabelais und Fischart, in: Thorsten Unger, Brigitte Schulze, Horst Turk (Hg.), Differente Lachkulturen? Fremde Komik und ihre Übersetzung. Beiträge eines Symposiums im Mai 1994 in Göttingen, Tübingen 1995 (Forum modernes Theater. Schriftenreihe 18), S. 31–45.

Hausmann, Frank-Rutger, François Rabelais, Stuttgart 1979.

Hausmann, Frank-Rutger, Rabelais und ... kein Ende. Ein Forschungsbericht, in: Romanistische Zeitschrift für Literaturgeschichte 2 (1978), Heft 2/3, S. 326–349.

Heidemann, Kyra, „Zu leyden in dem stand der eh...". Die Griseldis-Novelle als Ehelehre, in: Maria E. Müller (Hg.), Eheglück und Liebesjoch. Bilder von Liebe, Ehe und Familie in der Literatur des 15. und 16. Jahrhunderts, Weinheim, Basel 1988, S. 47–77.

Heilmann, Karl Eugen, Kräuterbücher in Bild und Geschichte, München-Allach 1973.

Heinemann, Wolfgang, Zur Ständedidaxe in der deutschen Literatur des 13.–15. Jahrhunderts, in: PBB 88/89 (1966/67), S. 1–90, S. 290–403.

Heitz, Paul (Hg.), Originalabdruck von Formschneider-Arbeiten des XVI. und XVII. Jahrhunderts. Nach Zeichnung und Schnitt von Tobias Stimmer, Hans Bocksberger, Christoph Maurer, Jost Amman, C. van Sichem, Ludwig Frig u. a. Aus den Straßburger Druckereien der Rihel, Christoph von der Heyden, Bernhard Jobin, Jost Martin, Niclauss Waldt, Caspar Dietzel, Lazarus Zetzner u. a. mit erläuterndem Text, Straßburg 1890.

Helfenbein, Rainer, Zur Auffassung der Ehe in Heinrich Wittenwilers *Ring*, Diss. Bochum 1976.

Helmrath, Johannes, Ulrich Muhlack, Gerrit Walther (Hg.), Diffusion des Humanismus. Studien zur nationalen Geschichtsschreibung europäischer Humanisten, Göttingen 2002.

Henkel, Arthur, Albrecht Schöne (Hg.), Emblemata. Handbuch zur Sinnbildkunst des XVI. und XVII. Jahrhunderts, Stuttgart 1996 [zuerst 1967].

Henningsen, Jürgen, „Enzyklopädie". Zur Sprach- und Bedeutungsgeschichte eines pädagogischen Begriffs, in: Archiv für Begriffsgeschichte 10 (1966), S. 271–362.

Hess, Günther, Deutsch-Lateinische Narrenzunft. Studien zum Verhältnis von Volkssprache und Latinität in der satirischen Literatur des 16. Jahrhunderts, München 1971 (MTU 41).

Hirschberg, Dagmar, Christa Ortmann, Hedda Ragotzky, „törpel, gpauren" und „der welte lauff". Zum Problem der Bestimmung närrischer Lehre in Wittenwilers *Ring*, in: Horst Brunner (Hg.), Heinrich Wittenwiler in Konstanz und *Der Ring*. Tagung 1993 in Konstanz, Frankfurt a. M. 1994/95 (Jahrbuch der Oswald von Wolkenstein Gesellschaft 8), S. 201–219.

Hirschi, Caspar, Wettkampf der Nationen. Konstruktionen einer deutschen Ehrgemeinschaft an der Wende vom Mittelalter zur Frühen Neuzeit, Göttingen 2005.

Hirstein, James S., Tacitus' *Germania* and Beatus Rhenanus (1485-1547). A Study of the Editorial and Exegetical Contribution of a Sixteenth Century Scholar, Frankfurt a. M., Berlin, Bern u. a. 1995 (Studien zur klasssichen Philologie 91).

Hödl, Ludwig, Fritz Hoffmann, Art. ‚Distinktion (distinctio)', in: LEXMA Bd. 3 2002, Sp. 1127–1128.

Hoffmann, Christian, Bücher und Autographen von Johann Fischart, in: Daphnis 25 (1996), S. 489–579.

Hoffmann, Christian, Die Promotionsthesen Johann Fischarts, in: Daphnis 19 (1990), S. 635–652.

Hoffmann, Hubert, Die geistigen Bindungen an Diesseits und Jenseits in der spätmittelalterlichen Didaktik. Vergleichende Untersuchungen zu Gesellschaft, Sittlichkeit und Glauben im *Schachzabelbuch*, im *Ring* und in *Des Teufels Netz*, Freiburg/r. 1969 (Forschungen zur oberrheinischen Landesgeschichte 22).

Hofmeister, Philipp, Bibellesen und Bibelverbot, in: Österreichisches Archiv für Kirchenrecht 17 (1966), S. 298–355.

Holenstein, Pia, Der Ehediskurs der Renaissance in Fischarts Geschichtklitterung. Kritische Lektüre des fünften Kapitels, Bern, Frankfurt a. M., New York u.a. 1991 (Deutsche Literatur von den Anfängen bis 1700 10).

Honemann, Volker, Rezension: E. C. Lutz, Spiritualis fornicatio, in: Göttingische Gelehrte Anzeigen 247 (1995), S. 247–270.

Hoppe, Brigitte, Das Kräuterbuch des Hieronymus Bock. Wissenschaftshistorische Untersuchung. Mit einem Verzeichnis sämtlicher Pflanzen des Werkes, der literarischen Quellen der Heilanzeigen und der Anwendung der Pflanzen, Stuttgart 1969.

Huber, Christoph, „der werlde ring" und „was man tuon und lassen schol". Gattungskontinuität und Innovation in moraldidaktischen Summen. Thomasin von Zerklaere, Hugo von Trimberg, Heinrich Wittenwiler und andere, in: Walter Haug (Hg.), Mittelalter und frühe Neuzeit. Übergänge, Umbrüche und Neuansätze, Tübingen 1999 (Fortuna vitrea 16), S. 187–212.

Huber, Christoph, Art. ‚Hugo von Trimberg': in: Literaturlexikon. Autoren und Werke deutscher Sprache, hg. von Walther Killy, Bd. 5, Gütersloh, München 1990, S. 510–512.

Huber, Christoph, Bemerkungen Hugos von Trimberg zum Reisen, in: Dietrich Huschenbett, John Margetts (Hg.), Reisen und Welterfahrung in der deutschen Literatur des Mittelalters. Vorträge des XI. Anglo-Deutschen Colloquiums, 11.–15. September 1989, Universität Liverpool, Würzburg 1991 (Würzburger Beiträge zur deutschen Philologie 7), S. 110–124.

Huber, Christoph, Wort- und Bildnetze zum Textbegriff im nachklassischen mittelhochdeutschen Romanprolog (Rudolf von Ems, Konrad von Würzburg), in: Gerd Dicke, Manfred Eikelmann, Burkhard Hasebrink (Hg.), Im Wortfeld des Textes. Worthistorische Beiträge zu den Bezeichnungen von Rede und Schrift im Mittelalter, Berlin, New York 2006 (Trends in Medieval Philology 10), S. 263–307.

Hucke, Helmut, Die Entstehung und Überlieferung von einer musikalischen Tätigkeit Gregors des Großen, in: Die Musikforschung 8 (1954), S. 259–264.

Hünemörder, Christian, Antike und Mittelalterliche Enzyklopädien und die Popularisierung naturkundlichen Wissens, in: Sudhoffs Archiv 65 (1981), S. 339–365.

Hünemörder, Christian, Art. ‚Thomas von Cantimpré', in: LEXMA Bd. 8 2002, Sp. 711–714.

Hünemörder, Christian, Die Bedeutung und Arbeitsweise des Thomas von Cantimpré und sein Beitrag zur Naturkunde des Mittelalters, in: Medizinhistorisches Journal 3 (1968), S. 345–357.

Hünemörder, Christian, Die Vermittlung medizinisch-naturkundlichen Wissens in Enzyklopädien, in: Norbert Richard Wolf (Hg.), Wissensorganisierende und wissensvermittelnde Literatur im Mittelalter. Perspektiven ihrer Erforschung, Wiesbaden 1987 (Wissensliteratur im Mittelalter 1), S. 255–277.

Husserl, Edmund, Analysen zur passiven Synthesis. Aus Vorlesungs- und Forschungsmanuskripten 1918–1926, in: Husserliana hg. von Margot Fleischer Bd. 11, Dordrecht, Boston, London 1966.

Illich, Ivan, Im Weinberg des Textes. Als das Schriftbild der Moderne entstand. Ein Kommentar zu Hugos *Didascalicon*. Aus dem Englischen von Ylva Eriksson-Kuchenbuch, Frankfurt a. M. 1991.

Jackson, William Henry, Das Turnier in der deutschen Dichtung des Mittelalters, in: Josef Fleckenstein (Hg.), Das ritterliche Turnier im Mittelalter. Beiträge zu einer vergleichenden Formen- und Verhaltensgeschichte des Rittertums, Göttingen 1985, S. 257–295.

Jackson, William Henry, Rezension: E. C. Lutz, Spiritualis fornicatio, in: Mediaevistik 6 (1993), S. 483–487.

Jacobs, A. J., The Know-It-All. One Man's Humble Quest to Become the Smartest Person in the World, New York 2005.

Jaeger, C. Stephen, Der Schöpfer der Welt und das Schöpfungswerk als Prologmotiv in der mittelhochdeutschen Dichtung, in: ZfdA 107 (1978), S. 1–18.

Jaeger, C. Stephen, Höfisches Fest und Hofästhetik in Gottfrieds *Tristan*. Die Dichterschau als Zelebration, in: Wolfgang Harms (Hg.), Bildhafte Rede in Mittelalter und früher Neuzeit. Probleme ihrer Legitimation und ihrer Funktion, Tübingen 1992, S. 197–216.

Janicke, Karl, Die Fabeln und Erzählungen im *Renner* des Hugo von Trimberg, in: Archiv für das Studium der neueren Sprachen und Literaturen 32 (1862), S. 161–177.

Janicke, Karl, Freidank bei Hugo von Trimberg, in: Germania 2 (1857), S. 418–424.

Janicke, Karl, Hugos von Trimbergs Weltanschauung, in: Germania 5 (1860), S. 385–401.

Janicke, Karl, Über Hugos von Trimberg Leben und Schriften, in: Germania 2 (1857), S. 363–377.

Jannidis, Fotis, Zuerst Collegium Logicum. Zu Tilmann Köppes Beitrag „Vom Wissen in Literatur", in: Zeitschrift für Germanistik N. F. 18,2 (2008), S. 373–377.

Janson, Stefan, Jean Bodin – Johann Fischart. *De la Démonomanie des Sorciers* (1580). *Vom außgelaßnen wütigen Teuffelsheer* (1581) und ihre Fallberichte. Frankfurt a. M., Bern, Cirencester 1980 (Europäische Hochschulschriften 1. Deutsche Sprache und Literatur 352).

Jauss, Hans Robert, Über den Grund des Vergnügens am komischen Helden, in: Wolfgang Preisendanz, Rainer Warning (Hg.), Das Komische, München 1976 (Poetik und Hermeneutik 7), S. 103–132.

Jensen, Kristian, Rhetorical Philosophy and Philosophical Grammar. Julius Caesar Scaliger's Theory of Language, München 1990 (Humanistische Bibliothek, Reihe 1: Abhandlungen, Bd. 46).

Joachimsen, Paul, Geschichtsauffassung und Geschichtsschreibung in Deutschland unter dem Einfluß des Humanismus. Erster Teil, Leipzig, Berlin 1910 (Beiträge zur Culturgeschichte des Mittelalters und der Renaissance 6).

Jones, George Fenwick, Realism and Social Satire in Wittenwiler's *Ring*, Diss. Ann Arbor 1950.

Jones, George Fenwick, Wittenwiler's Becki and the Medieval Bagpipe, in: Journal of English and Germanic Philology 48 (1949) S. 209–228.

Jones, George Fenwick, Wittenwiler's Tächenschreiber, in: MLN 66 (1951), S. 315–318.

Jöst, Erhard, Bauernfeindlichkeit. Die Historien des Ritters Neithart Fuchs, Göppingen 1976 (GAG 192).

Jungbluth, Günther, Art. ‚Wittenwiler, Heinrich', in: VL Bd. 4 1953, Sp. 1037–1041.

Jürgens-Lochthove, Kristina, Heinrich Wittenwilers *Ring* im Kontext hochhöfischer Epik, Göppingen 1980 (GAG 296).

Jüttner, Guido, Joachim Telle, Art. ‚Alchemie', in: LEXMA Bd. 1 2002, Sp. 329–342.

Kablitz, Andreas, Kunst des Möglichen. Prolegomena zu einer Theorie der Fiktion, in: Poetica 35 (2003), S. 251–273.

Kaczmarek, Ludger, Natürlichkeit. Anmerkungen zu einer Geschichte der Sprachtheorie, in: Peter Schmitter (Hg.), Geschichte der Sprachtheorie. Bd. 1: Zur Theorie und Methode der Geschichtsschreibung der Linguistik. Analysen und Reflexionen, Tübingen 1987, S. 224–237.

Kalkofen, Rupert, *Lalebuch* oder *Schiltbürger*, Anonymus oder Fischart? Die buchgeschichtlichen Untersuchungen von Peter Honegger und Stefan Ertz im Vergleich, in: WW 41 (1991, 3), S. 363–377.

Kallinich, Günter, Karin Figala, Das *Regimen sanitatis* des Arnold von Bamberg, in: Sudhoffs Archiv 56 (1972), S. 44–60.

Kalning, Pamela, Kriegslehren in deutschsprachigen Texten um 1400. Seffner, Rothe, Wittenwiler. Mit einem Abdruck der Wiener Handschrift von Seffners *Ler von dem streitten*, Münster 2006 (Studien und Texte zum Mittelalter und zur frühen Neuzeit 9).

Kaminski, Nicola, Gigantographie. Fischarts *Geschichtklitterung* zwischen Rabelais-*imitatio* und *aemulatio* mit des *Gargantua vnnachzuthuniger stärck*, in: Ludger Grenzmann, Klaus Grubmüller, Fidel Rädle und Martin Staehelin (Hg.), Die Präsenz der Antike im Übergang vom Mittelalter zur Frühen Neuzeit. Bericht über Kolloquien der Kommision zur Erforschung der Kultur des Spätmittelalters 1999 bis 2002, Göttingen 2004 (Abhandlungen der Akademie der Wissenschaften zu Göttingen, Philologisch-Historische Klasse. Dritte Folge, Bd. 263), S. 273–304.

Karpp, Heinrich, Art. ‚Bibel IV: Die Funktion der Bibel in der Kirche', in: TRE Bd. 6 1980, S. 48–93.

Kartschoke, Dieter, „Nihil sub sole novum?" Zur Auslegungsgeschichte von Eccl. 1,10, in: Christoph Gerhardt, Nigel F. Palmer, Burghart Wachinger (Hg.), Geschichtsbewußtsein in der deutschen Literatur des Mittelalters. Tübinger Colloquium 1983, Tübingen 1985 (Publications of the Institute of Germanic Studies, University of London 34), S. 175–188.

Kartschoke, Dieter, Der Kaufmann und sein Gewissen, in: DVjs 69 (1995), S. 666–691.

Kartschoke, Dieter, Die Ente auf dem Bodensee. Zu Wolframs *Willehalm* 377, 4ff., in: ZfdPh 121 (2002), S. 424–432.

Kartschoke, Dieter, Ich-Darstellung in der volkssprachigen Literatur, in: Richard van Dülmen (Hg.), Entdeckung des Ich. Die Geschichte der Individualisierung vom Mittelalter bis zur Gegenwart, Köln, Weimar, Wien 2001, S. 61–78.

Kästner, Hannes, Eva Schütz, *daz alte sagen – daz niuwe niht verdagen*. Einflüsse der neuen Predigt auf Textsortenentwicklung und Sprachgeschichte um 1300, in: Jürgen Dittmann, Hannes Kästner, Johannes Schwitalla (Hg.), Erscheinungsformen der deutschen Sprache. Literatursprache, Alltagssprache, Gruppensprache, Fachsprache. Fs. zum 60. Geburtstag von Hugo Steger, Berlin 1991, S. 19–46.

Kästner, Hannes, *Sermo Vulgaris oder Hövischer Sanc*. Der Wettstreit zwischen Mendikantenpredigern und Wanderdichtern um die Gunst des Laienpublikums und seine Folgen für die mittelhochdeutsche Sangspruchdichtung des 13. Jahrhunderts (Am Beispiel Bertholds von Regensburg und Friedrichs von Sonnenburg), in: Michael Schilling, Peter Strohschneider (Hg.), Wechselspiele. Kommunikationsformen und Gattungsinterferenzen mittelhochdeutscher Lyrik, Heidelberg 1996 (GRM, Beiheft 13), S. 209–243.

Keil, Gundolf, Art. ‚Rezept, Rezeptliteratur', in: LEXMA Bd. 7 2002, Sp. 778–779.

Keil, Gundolf, Art. ‚Secreta mulierum', in: LEXMA Bd. 7 2002, Sp. 1661.

Keil, Gundolf, Prosa und gebundene Rede im medizinischen Kurztraktat des Hoch- und Spätmittelalters, in: Volker Honemann, Kurt Ruh, Bernhard Schnell, Werner Wegstein (Hg.), Poesie und Gebrauchsliteratur im deutschen Mittelalter. Würzburger Colloquium 1978. Tübingen 1979, S. 76–94.

Keller, Johannes, Vorschule der Sexualität. Die Werbung Bertschis um Mätzli in Heinrich Wittenwilers *Ring*, in: Alois M. Haas, Ingrid Kasten (Hg.), Schwierige Frauen – schwierige Männer in der Literatur des Mittelalters, Bern, Frankfurt a. M., New York u. a. 1999, S. 153–174.

Keller, Martha, Beiträge zu Wittenwilers *Ring*, Diss. Zürich 1934.

Keller, Martha, Beiträge zu Wittenwilers *Ring*, Leipzig, Strassburg, Zürich 1935 (Sammlung Heitz Reihe 7, Bd. 5).

Kellner, Beate, „*daz alte buoch von Troye* [...] *daz ich ez welle erniuwen*". Poetologie im Spannungsfeld von ‚wiederholen' und ‚erneuern' in den Trojaromanen Herborts von Fritzlar und Konrads von Würzburg, in: Gert Dicke, Manfred Eikelmann, Burkhard Hasebrink (Hg.), Im Wortfeld des Textes. Worthistorische Beiträge zu den Bezeichnungen von Rede und Schrift im Mittelalter, Berlin, New York 2006 (Trends in Medieval Philology 10), S. 231–262.

Kellner, Beate, Eigengeschichte und literarischer Kanon. Zu einigen Formen der Selbstbeschreibung in der volkssprachlich-deutschen Literatur des Mittelalters, in: diess., Ludger Lieb, Peter Strohschneider (Hg.), Literarische Kommunikation und soziale Interaktion. Studien zur Institutionalität mittelalterlicher Literatur, Frankfurt a. M. u. a. 2001 (Mikrokosmos 64), 153–182.

Kellner, Beate, Jan-Dirk Müller, Peter Strohschneider (Hg.), Episteme und Erzählen. Literatur im 16. Jahrhundert, Tübingen 2011 (Frühe Neuzeit 136).

Kellner, Beate, Peter Strohschneider, Die Geltung des Sanges. Überlegungen zum *Wartburgkrieg C*, in: Joachim Heinzle, L. Peter Johnson, Gisela Vollmann-Profe (Hg.), Neue Wege der Mittelalter-Philologie. Landshuter Kolloquium 1996, Berlin 1998 (Wolfram-Studien 15), S. 143–167.

Kellner, Beate, Peter Strohschneider, Franziska Wenzel (Hg.), Geltung der Literatur. Formen ihrer Autorisierung und Legitimierung im Mittelalter, Berlin 2005 (Philologische Studien und Quellen 190).

Kellner, Beate, Peter Strohschneider, Poetik des Krieges. Eine Skizze zum *Wartburgkrieg*-Komplex, in: Manuel Braun, Christopher Young (Hg.), Das fremde Schöne. Dimensionen des Ästhetischen in der Literatur des Mittelalters, Berlin, New York 2007 (Trends in Medieval Philology 12), S. 335–356.

Kellner, Beate, Spiel mit gelehrtem Wissen. Fischarts *Geschichtklitterung* und Rabelais' *Gargantua*, in: Jan-Dirk Müller (Hg.), Text und Kontext. Fallstudien und theoretische Begründungen einer kulturwissenschaftlich angeleiteten Mediävistik, München 2007 (Schriften des Historischen Kollegs 64), S. 219–243.

Kellner, Beate, Ursprung und Kontinuität. Studien zum genealogischen Wissen im Mittelalter, München 2004.

Kellner, Beate, Verabschiedung des Humanismus. Johann Fischarts *Geschichtklitterung*, in: Nicola McLelland, Hans-Jochen Schiewer, Stefanie Schmitt (Hg.), Humanismus in der deutschen Literatur des Mittelalters und der Frühen Neuzeit. XVIII. Anglo-German Colloquium, Hofgeismar 2003, Tübingen 2008, S. 155–182.

Kemper, Raimund, Diätetik des Schreckens. Zum *Ring* Heinrich Wittenwilers, in: Jahrbuch der Oswald von Wolkenstein Gesellschaft 4 (1986/87) S. 3–23.

Keyser, Peter, Michael de Leone (†1355) und seine literarische Sammlung, Würzburg 1966 (Veröffentlichungen der Gesellschaft für fränkische Geschichte Reihe 9: Darstellungen aus der fränkischen Geschichte 21).

Kiening, Christian, Art. ‚Streitgespräch', in: RLW Bd. 3 2003, S. 525–528.

Kiening, Christian, Zwischen Körper und Schrift. Texte vor dem Zeitalter der Literatur, Frankfurt a. M. 2003.

Kilcher, Andreas B., *mathesis* und *poesis*. Die Enzyklopädik der Literatur 1600 bis 2000, München 2003.

Klein, Wolf Peter, Am Anfang war das Wort. Theorie- und wissenschaftsgeschichtliche Elemente frühneuzeitlichen Sprachbewußtseins, Berlin 1992.

Kleinschmidt, Erich, Die konstruierte Bibliothek. Zu Johann Fischarts *Catalogus catalogorum* (1590), in: Etudes Germaniques 50 (1995), S. 541–555.

Kleinschmidt, Erich, Die Metaphorisierung der Welt. Sinn und Sprache bei François Rabelais und Johann Fischart, in: Wolfgang Harms, Jean-Marie Valentin (Hg.), Mittelalterliche Denk- und Schreibmodelle in der deutschen Literatur der frühen Neuzeit, Amsterdam, Atlanta 1993 (Chloe. Beihefte zum Daphnis 16), S. 37–57.

Kleinschmidt, Erich, Gelehrtentum und Volkssprache in der frühneuzeitlichen Stadt. Zur literaturgesellschaftlichen Funktion Johann Fischarts in Straßburg, in: Zeitschrift für Literaturwissenschaft und Linguistik (1980, 10), S. 128–151.

Kleinschmidt, Erich, Gradationen einer Autorschaft. Zu einer Theorie paratextueller Intensität. Theorie, Formen, Funktionen, in: Frieder von Ammon, Herfried Vögel (Hg.), Die Pluralisierung des Paratextes in der Frühen Neuzeit, Berlin 2008 (Pluralisierung und Autorität 15), S. 1–17.

Kleinschmidt, Erich, Stadt und Literatur in der frühen Neuzeit. Voraussetzungen und Entfaltung im südwestdeutschen, elsässischen und schweizerischen Städteraum, Köln 1982 (Literatur und Leben, N. F. 22).

Klinck, Roswitha, Die lateinische Etymologie des Mittelalters, München 1970 (Medium Aevum 17).

Kloepfer, Rolf, Art. ‚Übersetzung‘, in: RLG Bd. 4 1984, S. 584–592.

Knauer, Alois, Fischarts und Bernhard Schmidts Anteil an der Dichtung *Peter von Stauffenberg* 1588. Reprographischer Nachdruck der Ausgabe von 1925, Hildesheim 1974 (Prager deutsche Studien 31).

Knight, K. G., Fischarts *Geschichtklitterung*, in: German Life and Letters 29 (1975/1976), S. 90–97.

Knühl, Birgit, Die Komik in Heinrich Wittenwilers *Ring* im Vergleich zu den Fastnachtspielen des 15. Jahrhunderts, Göppingen 1981 (GAG 332).

Kolb, Herbert, Der Hirsch, der Schlangen frißt. Bemerkungen zum Verhältnis von Naturkunde und Theologie in der mittelalterlichen Literatur, in: Ursula Hennig, Herbert Kolb (Hg.), Mediaevalia litteraria. Fs. Helmut de Boor, München 1971, S. 583–610.

Kolb, Herbert, Isidors Etymologien in deutscher Literatur des Mittelalters, in: Archiv für das Studium der neueren Sprachen und Literaturen 205 (1969), S. 431–453.

König, Bernhard, Der Schelm als Meisterdieb. Ein *famoso hurto* bei Mateo Alemán (Guzmán de Alfarache II, II, 5-6) und in der Cingar-Biographie des spanischen *Baldus*-Romans (1542), in: Romanische Forschungen 92 (1980), S. 88–109.

König, Bernhard, Margutte – Cingar – Lázaro – Guzmán. Zur Genealogie des *pícaro* und der *novela picaresca*, in: Romanistisches Jahrbuch 32 (1981), S. 286–305.

Könneker, Barbara, „Dulce bellum inexpertis". Kampf und Krieg im *Ring* Heinrich Wittenwilers, in: Horst Brunner (Hg.), Heinrich Wittenwiler in Konstanz und *Der Ring*. Tagung 1993 in Konstanz, Frankfurt a. M. 1994/95 (Jahrbuch der Oswald von Wolkenstein Gesellschaft 8), S. 59–77.

Könneker, Barbara, Johann Fischart, in: Gunter E. Grimm, Frank Rainer Max (Hg.), Deutsche Dichter. Leben und Werk deutschsprachiger Autoren, Bd. 2, Stuttgart 1988, S. 89–99.

Könneker, Barbara, Johannes von Tepl, Heinrich Wittenwiler, Oswald von Wolkenstein. Versuch einer Zusammenschau, in: Heinz Rupp, Hans-Gert Roloff (Hg.), Akten des VI. Internationalen

Germanisten-Kongresses, Basel 1980, Bern 1980 (Jahrbuch für Internationale Germanistik, Reihe A 8), S. 280–287.

Kopanski, Frank, „...säm säw zum nuosch". Anmerkungen zum Hochzeitsmahl in Heinrich Wittenwilers *Ring*, in: Amsterdamer Beiträge zur älteren Germanistik 41 (1995), S. 185–198.

Kopetzki, Annette, Art. ‚Übersetzung', in: RLW Bd. 3 2003, S. 720–724.

Köppe, Tilmann, Vom Wissen *in* Literatur, in: Zeitschrift für Germanistik N.F. 17 (2007), S. 398–410.

Kornrumpf, Gisela, Art. ‚Michael de Leone', in: ²VL Bd. 6 1987, Sp. 491–503.

Kornrumpf, Gisela, Paul-Gerhard Völker, Die deutschen mittelalterlichen Handschriften der Universitätsbibliothek München, Bd. 1, Wiesbaden 1968 (Die Handschriften der Universitätsbibliothek München 1).

Krapf, Ludwig, Germanenmythos und Reichsideologie. Frühhumanistische Rezeptionsweisen der taciteischen *Germania*, Tübingen 1979 (Studien zur deutschen Literatur 59).

Krapp, Heinrich, Art. ‚Bibel IV: Die Funktion der Bibel in der Kirche', in: TRE Bd. 6 1980, S. 48–93.

Krebs, Christopher B., *Negotiatio Germaniae*. Tacitus' *Germania* und Enea Silvio Piccolomini, Giannantonio Campano, Conrad Celtis und Heinrich Bebel, Göttingen 2005 (Hypomnemata 158).

Kremer, Detlef, Die Grenzen der Diskurstheorie Michel Foucaults in der Literaturwissenschaft, in: Jörg Drews (Hg.), Vergessen. Entdecken. Erhellen. Literaturwissenschaftliche Aufsätze, Bielefeld 1993, S. 98–111.

Kremer, Detlef, Körper und Gewalt im frühneuzeitlichen Roman. *Lazarillo de Tormes*, Rabelais' *Gargantua* und Grimmelshausens *Simplicissimus Teutsch*, in: Simpliciana. Schriften der Grimmelshausen-Gesellschaft 27 (2005), S. 65–76.

Kristeller, Paul Oskar, Die Philosophie des Marsilio Ficino, Frankfurt a. M. 1972 (Das Abendland N. F. 1).

Kristeller, Paul Oskar, Marsilio Ficino and his Work after Five Hundred Years, in: Gian Carlo Garfagnini (Hg.), Marsilio Ficino e il ritorno di Platone. Studi e documenti, Florenz 1986 (Istituto nazionale di studi sul Rinascimento, Studi e teste 15), S. 15–196.

Kruse, Britta-Juliane, „Die Arznei ist Goldes wert". Mittelalterliche Frauenrezepte, Berlin, New York 1999.

Kühlmann, Wilhelm, Der „Hermetismus" als literarische Formation. Grundzüge seiner Rezeption in Deutschland, in: Scientia Poetica 3 (1999), S. 145–157.

Kühlmann, Wilhelm, Joachim Telle (Hg.), Corpus Paracelsisticum. Dokumente frühneuzeitlicher Naturphilosophie in Deutschland. Bd. 2: Der Frühparacelsismus. 2. Teil, Tübingen 2004 (Frühe Neuzeit 89).

Kühlmann, Wilhelm, Johann Fischart, in: Stephan Füssel (Hg.), Deutsche Dichter der frühen Neuzeit (1450-1600). Ihr Leben und Werk, Berlin 1993, S. 589–612.

Kühlmann, Wilhelm, Oswald Crollius und seine Signaturenlehre: Zum Profil hermetischer Naturphilosophie in der Ära Rudolphs II., in: August Buck (Hg.), Die okkulten Wissenschaften in der Renaissance, Wiesbaden 1992 (Wolfenbütteler Abhandlungen zur Renaissanceforschung 12), S. 103–124.

Kühlmann, Wilhelm, Paracelsismus und Hermetismus: Doxographische und soziale Positionen alternativer Wissenschaft im postreformatorischen Deutschland, in: Anne-Charlott Trepp, Hartmut Lehmann (Hg.), Antike Weisheit und kulturelle Praxis. Hermetismus in der Frühen Neuzeit, Göttingen 2001 (Veröffentlichungen des Max-Planck-Instituts für Geschichte 171), S. 17–40.

Kühlmann, Wilhelm, Rätsel der Wörter. Zur Diskussion von ‚Fachsprache' und Lexikographie im Umkreis der Paracelisten des 16. Jahrhunderts, in: Vilmos Ágel u. a. (Hg.), Das Wort. Seine strukturelle und kulturelle Dimension. Fs. für Oskar Reichmann zum 65. Geburtstag, Tübingen 2002, S. 245–262.

Kühlmann, Wilhelm, Walter E. Schäfer, Literatur im Elsaß von Fischart bis Moscherosch. Gesammelte Studien, Tübingen 2001.

Küpper, Joachim, Was ist Literatur?, in: Zeitschrift für Ästhetik und Allgemeine Kunstwissenschaft 45 (2000), S. 187–215.

Lähnemann, Henrike, Der *Renner* des Johannes Vorster. Untersuchung und Edition des cpg 471, Tübingen, Basel 1998 (Bibliotheca Germanica 39).

Lähnemann, Henrike, Landschaftsdarstellung und Moraldidaxe. Die Bilder der *Renner*-Bearbeitung cpg 471, in: Alan Robertshaw, Gerhard Wolf (Hg.), Natur und Kultur in der deutschen Literatur des Mittelalters. Colloquim Exeter 1997, Tübingen 1999, S. 103–118.

Lailach, Michael, *Der Gelehrten Symbola* – Studien zu den Emblematum Tyrocinia von Mathias Holtzwart (Straßburg 1581). Diss. Tübingen 2000.

Lajnert, Jan, Rostlinske mjena. Serbske, Němske, Łaćanske. Rjadowane po přirodnym systemje, hg. nakładna redakcija serbskich wučbnicow w Budyšinje, Berlin 1954.

Lange, Thomas, Harald Neumeyer (Hg.), Kunst und Wissenschaft um 1800, Würzburg 2000 (Stiftung für Romantikforschung 13).

Langosch, Karl, Art. ‚Hugo von Trimberg', in: VL, Bd. 5 1955, Sp. 434–436.

Lastique, Esther, Helen Rodnite Lemay, A Medieval Physician's Guide to Virginity, in: Joyce E. Salisbury (Hg.), Sex in the Middle Ages. A Book of Essays, New York, London 1991 (Garland Medieval Casebooks 3), S. 57–79.

Latour, Bruno, Steve Woolgar, Laboratory Life. The Social Construction of Scientific Facts, Princeton 1979.

Laude, Corinna, „*Daz in swindelt in den sinnen...*". Die Poetik der Perspektive bei Heinrich Wittenwiler und Giovanni Boccaccio, Berlin 2002 (Philologische Studien und Quellen 173).

Laude, Corinna, Quelle als Konstrukt. Literatur- und kunsttheoretische Aspekte einiger Quellenberufungen im *Eneasroman* und im *Erec*, in: Thomas Rathmann, Nikolaus Wegmann (Hg.), Quelle. Zwischen Ursprung und Konstrukt. Ein Leitbegriff in der Diskussion, Berlin 2004 (Beiheft zur ZfdPh 12), S. 209–240.

Lebsanft, Franz, Die Bedeutung von altfranzösisch „aventure". Ein Beitrag zu Theorie und Methodologie der mediävistischen Wort- und Begriffsgeschichte, in: Gerd Dicke, Manfred Eikelmann, Burkhard Hasebrink (Hg.), Im Wortfeld des Textes. Worthistorische Beiträge zu den Bezeichnungen von Wort und Schrift im Mittelalter, Berlin 2006 (Trend in Medieval Philology 10), S. 311–338.

Lecouteux, Claude, Zur Vermittlung mittelalterlichen Denkens und Wissens. Die Glossare und Lexika als paraliterarischer Weg, in: Wolfgang Harms, Jean-Marie Valentin (Hg.), Mittelalterliche Denk- und Schreibmodelle in der deutschen Literatur der frühen Neuzeit, Amsterdam, Atlanta 1993 (Chloe. Beihefte zum Daphnis 16), S. 19–35.

Lehmann, Paul, Die heilige Einfalt, in: ders., Erforschung des Mittelalters. Ausgewählte Abhandlungen und Aufsätze, Bd. 3, Stuttgart 1960, S. 213–224.

Lehmann, Paul, Die Parodie im Mittelalter. Mit 24 ausgewählten parodistischen Texten, Stuttgart ²1963.

Lehmann, Paul, Mittelalterliche Buchtitel, in: ders., Erforschung des Mittelalters. Ausgewählte Abhandlungen und Aufsätze, Bd. 5, Stuttgart 1962, S. 1–93.

Leitzmann, Albert, Die Freidankcitate im *Renner*, in: PBB 45 (1921), S. 116–120.

Leitzmann, Albert, Zu den mittelhochdeutschen Minnereden und Minneallegorien, in: PBB 44 (1920) S. 126–138.

Lemay, Helen Rodnite, William of Saliceto on Human Sexuality, in: Viator 12 (1981), S. 165–181.

Lemoine, Michel, Le sport chez Hugo de Saint Victor et de leurs conséquences à la fin du XIV siècle, in: Jeux sports et divertissemenets au moyen âge et à l' âge classique. Congrès National des Sociétes Savantes 1991, Chambéry 1993, S. 131–141.

Lenerz, Jürgen, Zum Beispiel „mære". Bedeutung und Bedeutungsvielfalt aus sprachwissenschaftlicher Sicht, in: Gerd Dicke, Manfred Eikelmann, Burkhard Hasebrink (Hg.), Im Wortfeld des Textes. Worthistorische Beiträge zu den Bezeichnungen von Rede und Schrift im Mittelalter, Berlin, New York 2006 (Trends in Medieval Philology 10), S. 25–47.

Lieb, Ludger, Peter Strohschneider, Die Grenzen der Minnekommunikation. Interpretationsskizzen über Zugangsregulierungen und Verschwiegenheitsgebote im Diskurs spätmittelalterlicher Minnereden, in: Gert Melville, Peter von Moos (Hg.), Das Öffentliche und Private in der Vormoderne, Köln, Weimar, Wien 1998 (Norm und Struktur 10), S. 275–305.

Liede, Alfred, Dichtung als Spiel. Studien zur Unsinnspoesie an den Grenzen der Sprache, Berlin 1963.

Lienert, Elisabeth, Das Tagelied in Wittenwilers Ring, in: Horst Brunner (Hg.), Heinrich Wittenwiler in Konstanz und Der Ring. Tagung 1993 in Konstanz, Frankfurt a. M. 1994/95 (Jahrbuch der Oswald-von-Wolkenstein-Gesellschaft 8), S. 109–124.

Lienert, Elisabeth, Literarische Trunkenheit. Trinklieder und Trinkszenen in spätmittelalterlicher und frühneuzeitlicher Literatur, in: Hans-Wolf Jäger, Holger Böning, Gert Sautermeister (Hg.), Genußmittel und Literatur, Bremen 2002, S. 75–100.

Lienert, Elisabeth, Spiegelraub und rote Stiefel. Selbstzitate in Neidharts Liedern, in: ZfdA 118 (1989), S. 1–16.

Linden, Sarah, Kundschafter der Kommunikation. Modelle höfischer Kommunikation im *Frauendienst* Ulrichs von Liechtenstein, Tübingen, Basel 2004 (Bibliotheca Germanica 49).

Link, Jürgen, Literaturanalyse als Interdiskursanalyse. Am Beispiel des Ursprungs literarischer Symboliken in der Kollektivsymbolik, in: Jürgen Fohrmann, Harro Müller (Hg.), Diskurstheorien und Literaturwissenschaft, Frankfurt a. M. 1988, S. 284–307.

Link, Jürgen, Über ein Modell synchroner Systeme von Kollektivsymbolen sowie seine Rolle bei der Diskurskonstitution, in: ders., Wulf Wülfing (Hg.), Bewegung und Stillstand in Metaphern und Mythen. Fallstudien zum Verhältnis von elementarem Wissen und Literatur im 19. Jahrhundert, Stuttgart 1984 (Sprache und Geschichte 9), S. 63–92.

Link, Jürgen, Wulf Wülfing (Hg.), Bewegung und Stillstand in Metaphern und Mythen. Fallstudien zum Verhältnis von elementarem Wissen und Literatur im 19. Jahrhundert, Stuttgart 1984 (Sprache und Geschichte 9).

Linsenmayer, Anton, Geschichte der Predigt in Deutschland von Karl dem Großen bis zum Ausgange des vierzehnten Jahrhunderts, München 1856 [Nachdrucke Frankfurt a. M. 1969, 2005].

Luff, Robert, Wissensvermittlung im europäischen Mittelalter. „Imago mundi"-Werke und ihre Prologe, Tübingen 1999 (Texte und Textgeschichte 47).

Luhmann, Niklas, Die Ausdifferenzierung des Kunstsystems, Bern 1994 (Reihe um neun. Am Nerv der Zeit).

Luhmann, Niklas, Die Gesellschaft der Gesellschaft, 2 Bde., Frankfurt a. M. 1998.

Luhmann, Niklas, Die Soziologie des Wissens. Probleme ihrer theoretischen Konstruktion, in: ders., Gesellschaftsstruktur und Semantik. Studien zur Wissenssoziologie der modernen Gesellschaft, Bd. 4, Frankfurt a. M. 1999, S. 151–181.

Lutz, Eckart Conrad, Spiritualis Fornicatio. Heinrich Wittenwiler, seine Welt und sein *Ring*, Sigmaringen 1990 (Konstanzer Geschichts- und Rechtsquellen 32).

Mägdefrau, Karl, Geschichte der Botanik. Leben und Leistung großer Forscher, Stuttgart, Jena, New York ²1992.

Maillard, Christine, Michael Titzmann (Hg.), Literatur und Wissen(schaften) 1890–1935, Stuttgart, Weimar 2002 (M & P Schriftenreihe für Wissenschaft und Forschung).

Maillard, Christine, Michael Titzmann, Vorstellung eines Forschungsprojekts: „Literatur und Wissen(schaften) in der frühen Moderne", in: dies. (Hg.), Literatur und Wissen(schaften) 1890–1935, Stuttgart, Weimar 2002 (M & P Schriftenreihe für Wissenschaft und Forschung), S. 7–37.

Margetts, John, Das Bauerntum in der Literatur und in der Wirklichkeit bei Neidhart und in den Neidhart-Spielen, in: Wolfgang Harms, L. Peter Johnson (Hg.), Deutsche Literatur des späten Mittelalters. Hamburger Colloquium 1973, Berlin 1975, S. 153–163.

Marquard, Odo, Exile der Heiterkeit, in: Wolfgang Preisendanz, Rainer Warning (Hg.), Das Komische, München 1976 (Poetik und Hermeneutik VII), S. 133–151.

Martinez, Matias, Autorschaft und Intertextualität, in: Fotis Janidis, Gerhard Lauer, Matias Martinez, Simone Winko (Hg.), Die Rückkehr des Autors. Zur Erneuerung eines umstrittenen Begriffs, Tübingen 1999 (Studien und Texte zur Sozialgeschichte der Literatur 71), S. 465–479.

Martini, Fritz, Heinrich Wittenwilers *Ring*, in: DVjS 20 (1942), S. 200–235.

Marzell, Heinrich, Wörterbuch der deutschen Pflanzennamen. Mit Unterstützung der Deutschen Akademie der Wissenschaften zu Berlin, bearb. von Heinrich Marzell unter Mitwirkung von Wilhelm Wissmann und Wolfgang Pfeifer, Bd. 2, Leipzig 1972.

Meier Reeds, Karen, Botany in Medieval and Renaissance Universities, New York, London 1991 (Harvard Dissertations in the History of Science).

Meier Reeds, Karen, Renaissance Humanism and Botany, in: Annals of Science 33 (1976), S. 519–542.

Meier, Christel (Hg.), Die Enzyklopädie im Wandel vom Hochmittelalter bis zur frühen Neuzeit, München 2001 (Münstersche Mittelalter-Schriften 78).

Meier, Christel, Cosmos politicus: Der Funktionswandel der Enzyklopädie bei Brunetto Latini, in: Frühmittelalterliche Studien 22 (1988), S. 315–356.

Meier, Christel, Gemma spiritalis. Methode und Gebrauch der Edelsteinallegorese vom frühen Christentum bis ins 18. Jahrhundert. Teil 1, München 1977 (Münstersche Mittelalter-Schriften 34/1).

Meier, Christel, Grundzüge der mittelalterlichen Enzyklopädik. Zu Inhalten, Formen und Funktionen einer problematischen Gattung, in: Ludger Grenzmann, Karl Stackmann (Hg.), Literatur und Laienbildung im Spätmittelalter und in der Reformationszeit. Symposion Wolfenbüttel 1981, Stuttgart 1984 (Germanistische Symposien. Berichtsbände 5), S. 467–503.

Meier, Christel, Organisation of Knowledge and Encyclopaedic Ordo. Functions and Purposes of a Universal Literary Genre, in: Peter Binkley (Hg.), Premodern Encyclopaedic Texts, Leiden, New York, Köln 1997, S. 103–126.

Meier, Christel, Überlegungen zum Stand der Allegorieforschung. Mit besonderer Berücksichtigung der Mischformen, in: Frühmittelalterliche Studien 10 (1976), S. 1–69.

Meier, Christel, Vom „homo coelestis" zum „homo faber". Die Reorganisation der mittelalterlichen Enzyklopädie für neue Gebrauchsfunktionen bei Vincenz von Beauvais und Brunetto Latini, in:

Hagen Keller, Klaus Grubmüller, Nikolaus Staubach (Hg.), Pragmatische Schriftlichkeit im Mittelalter. Erscheinungsformen und Entwicklungsstufen, München 1992 (Münstersche Mittelalter-Schriften 65), S. 157–175.

Meier-Oeser, Stephan, Art. ‚Signatur, Signaturenlehre', in: HWBPhil Bd. 9 1995, Sp. 750–754.

Meier-Oeser, Stephan, Die Spur des Zeichens. Das Zeichen und seine Funktion in der Philosophie des Mittelalters und der frühen Neuzeit. Berlin, New York 1997 (Quellen und Studien zur Philosophie 44).

Menzel, Michael, Predigt und Geschichte. Historische Exempel in der geistlichen Rhetorik des Mittelalters, Köln, Weimar, Wien 1998 (Beihefte zum Archiv für Kulturgeschichte 45).

Menzel, Michael, Predigt und Predigtorganisation im Mittelalter, in: Historisches Jahrbuch der Görres-Gesellschaft 111 (1991) H. 2, S. 337–384.

Mertens, Dieter, „Bebelius ... patriam ... Sueviam restituit". Der ‚poeta laureatus' zwischen Reich und Territorium, in: Zeitschrift für württembergische Landesgeschichte 42 (1983), S. 145–173.

Mertens, Dieter, Art. ‚Heinrich Bebel', in: Deutscher Humanismus 1480–1520. Verfasserlexikon, hg. von Franz Josef Worstbrock, Bd. 1, Berlin, New York 2005, Sp. 142–163.

Mertens, Dieter, Landeschronistik im Zeitalter des Humanismus und ihre spätmittelalterlichen Wurzeln, in: Franz Brendle, Dieter Mertens, Anton Schindlig, Walter Ziegler (Hg.), Deutsche Landesgeschichtsschreibung im Zeichen des Humanismus, Stuttgart 2001 (Contubernium 56), S. 19–31.

Mertens, Volker, ‚Biographisierung' in der spätmittelalterlichen Lyrik. Dante – Hadloub – Oswald von Wolkenstein, in: Ingid Kasten (Hg.), Kultureller Austausch und Literaturgeschichte im Mittelalter. Kolloquium im Deutschen Historischen Institut, Paris 16.–18.3. 1995, Sigmaringen Thorbecke 1998 (Beihefte der Francia 43), S. 331–344.

Mertens, Volker, „Texte unterwegs". Zu Funktions- und Textdynamik mittelalterlicher Predigten und den Konsequenzen für ihre Edition, in: Mittelalterforschung und Edition. Actes du Colloque Oberhinrichshagen bei Greifswald 29 et 30 Octobre 1990, Göppingen 1991 (Wodan 6. Jahrbuch der Reineke-Gesellschaft 1), S. 75–85.

Mertens, Volker, Alter als Rolle. Zur Verzeitlichung des Körpers im Minnesang, Klaus Grubmüller zur Emeritierung, in: PBB 128 (2006), H. 3, S. 409–430.

Mertens, Volker, Der „implizierte Sünder". Prediger, Leser und Hörer in Predigten des 14. Jahrhunderts, in: Walter Haug, Timothy R. Jackson, Johannes Janota (Hg.), Zur deutschen Literatur und Sprache des 14. Jahrhunderts. Dubliner Colloquium 1981, Heidelberg 1983 (Reihe Siegen. Beiträge zur Literatur- und Sprachwissenschaft 45), S. 76–114.

Mertens, Volker, Frau Âventiure klopft an die Tür, in: Gerd Dicke, Manfred Eikelmann, Burkhard Hasebrink (Hg.), Im Wortfeld des Textes. Worthistorische Beiträge zu den Beziehungen von Rede und Schrift im Mittelalter, Berlin, New York 2006 (Trends in Medieval Philology 10), S. 339–346.

Mertens, Volker, Hans-Jochen Schiewer (Hg.), Die deutsche Predigt im Mittelalter. Internationales Symposium am Fachbereich Germanistik der Freien Universität Berlin vom 3.–6. Oktober 1989, Tübingen 1992.

Merton, Robert King, On the Shoulders of Giants. A Shandean Postscript, New York 1965 [dt. Ausgabe: Auf den Schultern von Riesen. Ein Leitfaden durch das Labyrinth der Gelehrsamkeit, Frankfurt a. M. 1980].

Meyer, Ernst Heinrich Friedrich, Geschichte der Botanik. Studien, 4 Bde., Königsberg 1854–1857.

Meyer, Heinz, *Ordo rerum* und Registerhilfen in mittelalterlichen Enzyklopädiehandschriften, in: Frühmittelalterliche Studien 25 (1991), S. 315–339.

Meyer, Heinz, Zum Verhältnis von Enzyklopädik und Allegorese im Mittelalter, in: Frühmittelalterliche Studien 24 (1990), S. 290–313.

Meyer, Herman, Zum Problem der epischen Integration, in: Trivium 8 (1950), S. 299–318.

Meyer, Matthias, Die Verfügbarkeit der Fiktion. Interpretationen und poetologische Untersuchungen zum Artusroman und zur aventiurehaften Dietrichepik des 13. Jahrhunderts, Heidelberg 1993 (GRM Beiheft 12).

Mezger, Walter u. a. (Hg.), Narren, Schellen und Marotten. Elf Beiträge zur Narrenidee Begleitband zu einer Ausstellung in der Universitätsbibliothek Freiburg/Br. vom 9. Februar bis zum 14. März 1984, Remscheid 1984 (Kulturgeschichtliche Forschungen 3).

Michel, Paul, *Nihil scire felicissima vita*. Wissens- und Enzyklopädiekritik in der Vormoderne, in: Theo Stammen, Wolfgang E. J. Weber (Hg.), Wissenssicherung, Wissensordnung und Wissensverarbeitung. Das europäische Modell der Enzyklopädien, Berlin 2004 (Colloquia Augustana 18), S. 247–289.

Michel, Paul, Ordnungen des Wissens. Darbietungsweisen des Materials in Enzyklopädien, in: Ingrid Tomkowiak (Hg.), Populäre Enzyklopädien. Von der Auswahl, Ordnung und Vermittlung des Wissens, Zürich 2002, S. 35–83.

Mittenzwei, Johannes, Dionysischer Wortrausch und sprachmusikalischer Triumph in den Dichtungen Johann Fischarts, in: ders., Das Musikalische in der Literatur. Ein Überblick von Gottfried von Straßburg bis Brecht, Halle a. S. 1962, S. 34–41.

Mittler, Elmar, Das Recht in Heinrich Wittenwilers *Ring*, Freiburg/Br. 1967 (Forschungen zur oberrheinischen Landesgeschichte 20).

Moos, Peter von, Das Öffentliche und das Private im Mittelalter. Für einen kontrollierten Anachronismus, in: Gerd Melville, Peter von Moos (Hg.), Das Öffentliche und das Private in der Vormoderne, Köln u. a. 1998 (Norm und Struktur 10), S. 3–83.

Moos, Peter von, Was galt im lateinischen Mittelalter als das Literarische an der Literatur? Eine theologisch-rhetorische Antwort des 12. Jahrhunderts, in: Joachim Heinzle (Hg.), Literarische Interessenbildung im Mittelalter. DFG-Symposion 1991, Stuttgart, Weimar 1993 (Germanistische Symposien-Berichtsbände 14), S. 431–451.

Moser, Virgil, Die frühneuhochdeutsche Sprachforschung und Fischarts Stellung in ihrem Rahmen, in: ders., Schriften zum Frühneuhochdeutschen, hg. von Hugo Stopp. Mit einem Register erstellt von Angelika Schmitt unter Mitwirkung von Maria Walch, 2 Bde., Heidelberg 1982 (Germanische Bibliothek. 3. Reihe: Untersuchungen), S. 722–742 [zuerst 1925].

Moser, Virgil, Die Straßburger Druckersprache zur Zeit Fischarts (1570–1590). Grundlegung zu einer Fischart-Grammatik, in: ders., Schriften zum Frühneuhochdeutschen, hg. von Hugo Stopp. Mit einem Register erstellt von Angelika Schmitt unter Mitwirkung von Maria Walch, 2 Bde., Heidelberg 1982, Bd. 2 (Germanische Bibliothek. N. F. 3. Reihe: Untersuchungen), S. 541–721.

Moser, Virgil, Sprachliche Studien zu Fischart, in: ders., Schriften zum Frühneuhochdeutschen, hg. von Hugo Stopp. Mit einem Register erstellt von Angelika Schmitt unter Mitwirkung von Maria Walch, 2 Bde., Heidelberg 1982, Bd. 2 (Germanische Bibliothek. N. F. 3. Reihe: Untersuchungen), S. 406–523 [zuerst 1910].

Moser, Virgil, Über Sprache und Orthographie Fischarts, in: ders., Schriften zum Frühneuhochdeutschen, hg. von Hugo Stopp. Mit einem Register erstellt von Angelika Schmitt unter Mitwirkung von Maria Walch, 2 Bde., Heidelberg 1982, Bd. 2 (Germanische Bibliothek. N.F. 3. Reihe: Untersuchungen), S. 524–540 [zuerst 1915].

Moser-Rath, Elfriede, Art. ‚Beichtschwänke', in: EM Bd. 2 1979, Sp. 49–55.

Moser-Rath, Elfriede, Art. ‚Ehefrau: Die widerspenstige E.', in: EM Bd. 3 1981, Sp. 1077–1082.

Moser-Rath, Elfriede, Art. ‚Eheschwänke und –witze', in: EM Bd. 3 1981, Sp. 1095–1107.

Mueller, Rolf R., Festival and Fiction in Heinrich Wittenwiler's *Ring*. A Study of the Narrative in its Relation to the Traditional Topoi of Marriage, Folly, and Play, Amsterdam 1977 (German Language and Literature Monographs 3).

Muhlack, Ulrich, Beatus Rhenanus (1485–1547). Vom Humanismus zur Philologie, in: Paul Gerhard Schmidt (Hg.), Humanismus im deutschen Südwesten. Biographische Profile, Sigmaringen 1993, S. 195–220.

Muhlack, Ulrich, Die humanistische Historiographie. Umfang, Bedeutung, Probleme, in: Franz Brendle, Dieter Mertens, Anton Schindling, Walter Ziegler (Hg.), Deutsche Landesgeschichtsschreibung im Zeichen des Humanismus, Stuttgart 2001 (Contubernium 56), S. 3–18.

Mühlemann, Christoph, Fischarts *Geschichtklitterung* als manieristisches Kunstwerk. Verwirrtes Muster einer verwirrten Welt, Bern, Frankfurt a. M. 1972 (Europäische Hochschulschriften 1. Deutsche Literatur und Germanistik 63).

Mühlenberg, Ekkehard, Art. ‚Schriftauslegung III: Kirchengeschichtlich', in: TRE Bd. 30 1999, S. 472–488.

Mühlherr, Anna, Gelehrtheit und Autorität des Dichters: Heinrich von Mügeln, Sebastian Brand und Heinrich Wittenwiler, in: Walter Haug (Hg.), Mittelalter und frühe Neuzeit. Übergänge, Umbrüche und Neuansätze, Tübingen 1999 (Fortuna vitrea 16), S. 213–236.

Mukařovsky, Jan, Ästhetische Funktion, Norm und ästhetischer Wert als soziale Fakten, in: ders., Kapitel aus der Ästhetik, übers. von Walter Schamschula, Frankfurt a. M. 1970, S. 7–112.

Mukařovsky, Jan, Der Standort der ästhetischen Funktion unter den übrigen Funktionen, in: ders., Kapitel aus der Ästhetik, übers. von Walter Schamschula, Frankfurt a. M. 1970, S. 113–137.

Müller, Bruno, Die illustrierte *Renner*-Handschrift in der Bibliotheca Bodmeriana in Cologny-Genf (HS. CG.) im Vergleich mit den sonst erhaltenen bebilderten Renner-Handschriften, in: Bericht des Historischen Vereins für die Pflege der Geschichte des ehemaligen Fürstbistums Bamberg 112 (1976), S. 77–160.

Müller, Bruno, Hugo von Trimberg 1235-1315, in: Wolfgang Buhl (Hg.), Fränkische Klassiker. Eine Literaturgeschichte in Einzeldarstellungen, Nürnberg 1971, S. 133–148.

Müller, Bruno, Hugo von Trimberg und das Bocciaspiel, in: Bericht des Historischen Vereins für die Pflege der Geschichte des ehemaligen Fürstbistums Bamberg 105 (1969), S. 202–211.

Müller, Gernot Michael, Die *Germania generalis* des Conrad Celtis. Studien mit Edition, Übersetzung und Kommentar, Tübingen 2001 (Frühe Neuzeit 67).

Müller, Jan-Dirk (Hg.), Text und Kontext. Fallstudien und theoretische Begründungen einer kulturwissenschaftlich angeleiteten Mediävistik, München 2007 (Schriften des Historischen Kollegs. Kolloquien 64).

Müller, Jan-Dirk (Hg.), Wissen für den Hof. Der spätmittelalterliche Verschriftlichungsprozess am Beispiel Heidelberg im 15. Jahrhundert, München 1994 (Münstersche Mittelalter-Schriften 67).

Müller, Jan-Dirk, „Alt" und „neu" in der Epochenerfahrung um 1500. Ansätze zur kulturgeschichtlichen Periodisierung in frühneuhochdeutschen Texten, in: Walter Haug, Burkhart Wachinger (Hg.), Traditionswandel und Traditionsverhalten, Tübingen 1991 (Fortuna vitrea 5), S. 121–144.

Müller, Jan-Dirk, „Gebrauchszusammenhang" und ästhetische Dimension mittelalterlicher Texte. Nebst Überlegungen zu Walthers *Lindenlied* (L 39, 11), in: Manuel Braun, Christopher Young

(Hg.), Das fremde Schöne. Dimensionen des Ästhetischen in der Literatur des Mittealters, Belin, New York 2007 (Trends in Medieval Philology 12), S. 281–305.

Müller, Jan-Dirk, Aporien und Perspektiven einer Sozialgeschichte mittelalterlicher Literatur. Zu einigen neueren Forschungsansätzen, in: Akten des IVG-Kongresses Göttingen 1985. Bd. 11: Historische und aktuelle Konzepte der Literaturgeschichtsschreibung, hg. von Wilhelm Voßkamp, Tübingen 1986, S. 56–66.

Müller, Jan-Dirk, Erfahrung zwischen Heilssorge, Selbsterkenntnis und Entdeckung des Kosmos, in: Daphnis 15 (1986), S. 307–342.

Müller, Jan-Dirk, Fischarts Gegenkanon. Komische Literatur im Zeichen der *imitatio*, in: Jörg Robert, ders. (Hg.), Maske und Mosaik. Poetik, Sprache, Wissen im 16. Jahrhundert, Berlin 2007 (Pluralisierung und Autorität 11), S. 281–321.

Müller, Jan-Dirk, Formen literarischer Kommunikation im Übergang vom Mittelalter zur Neuzeit, in: Werner Röcke, Marina Münkler (Hg.), Die Literatur im Übergang vom Mittelalter zur Neuzeit. Hansers Sozialgeschichte der deutschen Literatur, Bd. 1, München 2004, S. 21–53.

Müller, Jan-Dirk, Lachen – Spiel – Fiktion. Zum Verhältnis von literarischem Diskurs und historischer Realität im *Frauendienst* Ulrichs von Liechtenstein, in: DVjS 58 (1984), S. 38–78.

Müller, Jan-Dirk, Spielregeln für den Untergang. Die Welt des Nibelungenliedes, Tübingen 1998.

Müller, Jan-Dirk, Texte aus Texten. Zu intertextuellen Verfahren in frühneuzeitlicher Literatur, am Beispiel von Fischarts *Ehzuchtbüchlein* und *Geschichtklitterung*, in: Wilhelm Kühlmann, Wolfgang Neuber (Hg.), Intertextualität in der Frühen Neuzeit. Studien zu ihren theoretischen und praktischen Perspektiven, Frankfurt a. M., Bern, Berlin u.a. 1994 (Frühneuzeit-Studien 2), S. 63–109.

Müller, Jan-Dirk, Universalbibliothek und Gedächtnis. Aporien frühneuzeitlicher Wissenskodifikation bei Conrad Gesner (mit einem Ausblick auf Antonio Possevino, Theodor Zwinger und Johann Fischart), in: Dietmar Peil, Michael Schilling, Peter Strohschneider (Hg.), Erkennen und Erinnern in Kunst und Literatur. Kolloquium Reisensburg, 4.–7. Januar 1996, Tübingen 1998, S. 285–309.

Müller, Jan-Dirk, Von der Subversion frühneuzeitlicher Ehelehre. Zu Fischarts *Ehzuchtbüchlein* und *Geschichtklitterung*, in: Lynne Tatlock (Hg.), The Graph of Sex and the German Text. Gendered Culture in Early Modern Germany 1500-1700, Amsterdam u. a. 1994 (Chloe. Beihefte zum Daphnis 19), S. 121–156.

Müller, Jan-Dirk, Walther von der Vogelweide: *ir reinen wîp, ir werden man*, in: ZfdA 124 (1995), S. 1–25.

Müller, Johannes, Die Bibel und der biblische Gedankenkreis in Hugos von Trimberg *Renner*, Diss. Greifswald 1924.

Müller, Maria E., Schneckengeist im Venusleib. Zur Zoologie des Ehelebens bei Johann Fischart, in: dies. (Hg.), Eheglück und Liebesjoch. Bilder von Liebe, Ehe und Familie in der Literatur des 15. und 16. Jahrhunderts, Weinheim 1988 (Ergebnisse der Frauenforschung 14), S. 155–205.

Müller, Peter O., Lexikographie des 16. Jahrhunderts. Konzeptionen und Funktionen frühneuzeitlicher Wörterbücher, Tübingen 2001.

Müller, Rolf R., Zum Verständnis des Hochzeitertypus im *Ring* Wittenwilers, in: William C. McDonald (Hg.), Spectrum Medii Aevi. Essays in Early German Literature in Honor of George Fenwick Jones, Göppingen 1983 (GAG 362), S. 381–395.

Müller, Stephan, *Ioculatores Domini*. Bettelmönche und Spruchdichter in der *Wartburgkrieg*-Episode ‚Aurons Pfennig'. Mit dem Text des Königsberger Rotulus und der Kolmarer Liederhandschrift, in: Beate Kellner, Peter Strohschneider, Franziska Wenzel (Hg.), Geltung der Literatur. Formen ihrer Autorisierung und Legitimierung im Mittelalter, Berlin 2005 (Philologische Studien und Quellen 190), S. 63–90.

Müller-Bochat, Eberhard, Die Einheit des Wissens und das Epos. Zur Geschichte eines utopischen Gattungsbegriffs, in: Romanistisches Jahrbuch 17 (1966), S. 58–81.

Müller-Jahncke, Wolf-Dieter, Die Pflanzenabbildung im Mittelalter und in der frühen Neuzeit, in: Peter Dilg (Hg.), Inter folia fructus. Gedenkschrift für Rudolf Schmitz (1918-1992), Frankfurt a. M. 1995, S. 47–64.

Müller-Jahncke, Wolf-Dieter, Die Signaturenlehre des Paracelsus, in: Hans Dopsch, Kurt Goldammer, Peter F. Kramml (Hg.), Paracelsus (1493-1541). „Keines anderen Knecht ...", Salzburg 1993, S. 167–169.

Mulsow, Martin (Hg.), Das Ende des Hermetismus. Historische Kritik und neue Naturphilosophie in der Spätrenaissance. Dokumentation und Analyse der Debatten um die Datierung der hermetischen Schriften von Genebrard bis Casaubon (1567–1614), Tübingen 2002 (Religion und Aufklärung 9).

Münkler, Herfried, Hans Grünberger, Kathrin Mayer, Nationenbildung. Die Nationalisierung Europas im Diskurs humanistischer Intellektueller. Italien und Deutschland, Berlin 1998 (Politische Ideen 8).

Münkler, Herfried, Hans Grünberger, Nationale Identität im Diskurs der deutschen Humanisten, in: Helmut Berding (Hg.), Nationales Bewußtsein und kollektive Identität. Studien zur Entwicklung des kollektiven Bewußtseins in der Neuzeit, Bd. 2, Frankfurt a. M. 1994, S. 211–248.

Münkler, Herfried, Nation als politische Idee im frühneuzeitlichen Europa, in: Klaus Garber (Hg.), Nation und Literatur im Europa der Frühen Neuzeit. Akten des ersten Osnabrücker Kongresses zur Kulturgeschichte der Frühen Neuzeit, Tübingen 1989 (Frühe Neuzeit 1), S. 56–86.

Murdoch, Brian O., Das deutsche Adambuch und die Adamlegenden des Mittelalters, in: Wolfgang Harms, L. Peter Johnson (Hg.), Deutsche Literatur des späten Mittelalters, Hamburger Kolloquium 1973, Berlin 1975, S. 209–224.

Nadler, Josef, Wittenweiler?, in: Euphorion 27 (1926), S. 172–184.

Nate, Richard, Natursprachtheorien des 16. und 17. Jahrhunderts, in: Peter Schmitter (Hg.), Sprachtheorien der Neuzeit 1. Der epistemologische Kontext neuzeitlicher Sprach- und Grammatiktheorien, Tübingen 1999, S. 93–115.

Neumann, Gerhard, Rainer Warning (Hg.), Transgressionen. Literatur als Ethnographie, in: dies., Transgressionen. Literatur als Ethnographie, Freiburg/Br. 2003 (Rombach Wissenschaft: Reihe Litterae 98), S. 7–16.

Newall, Venetia, Art. ‚Fest', in: EM Bd. 4 1984, Sp. 1035–1043.

Nissen, Claus, Die botanische Buchillustration. Ihre Geschichte und Bibliographie, 3 Bde., Stuttgart 1951–1966.

North, John, Encyclopaedias and the Art of Knowing Everything, in: Peter Binkley (Hg.), Pre-modern Encyclopaedic Texts. Proceedings of the Second Comers Congress, Groningen, 1–4 July 1996, Leiden, New York, Köln 1997 (Brill's Studies in Intellectual History 79), S. 183–199.

Nyssen, Ute, Johann Fischart. *Geschichtklitterung*. Glossar, Düsseldorf 1964.

O'Dell, Ilse, ‚Tuiscon' und ‚Gambrinus' zwischen 1543 und 1585. Zur Darstellung der 'Zwölf ersten deutschen Könige' von Peter Flötner bis zu Jost Amman, in: Zeitschrift für Schweizerische Archäologie und Kunstgeschichte 50 (1993), S. 357–384.

Oberle, Roland, Fischart et son temps. La basse Alsace dans la deuxième moitié du XVIe siècle. Strasbourg 1978 (Annales du Centre régional de Documentation pédagogique de Strasbourg).

Obermaier, Sabine, Von Nachtigallen und Handwerkern. „Dichtung über Dichtung" in Minnesang und Sangspruchdichtung, Tübingen 1995 (Hermaea 75).

Oelke, Harry, Konfessionelle Bildpropaganda des späten 16. Jahrhunderts. Die Nas-Fischart-Kontroverse 1568/71, in: Archiv für Reformationsgeschichte 87 (1996), S. 149–200.

Ogilvie, Brian W., The Many Books of Nature. Renaissance Naturalists and Information Overload, in: Journal of the History of Ideas 64 (2003), S. 29–40.

Ohly, Friedrich, Zur Signaturenlehre der Frühen Neuzeit. Bemerkungen zur mittelalterlichen Vorgeschichte und zur Eigenart einer epochalen Denkform in Wissenschaft, Literatur und Kunst. Aus dem Nachlass hg. von Uwe Ruberg und Dietmar Peil, Stuttgart, Leipzig 1999.

Ort, Claus-Michael, Vom Text zum Wissen. Die literarische Konstruktion sozio-kulturellen Wissens als Gegenstand einer nicht-reduktiven Sozialgeschichte der Literatur, in: Lutz Danneberg, Friedrich Vollhardt (Hg.), Vom Umgang mit Literatur und Literaturgeschichte. Positionen und Perspektiven nach der „Theoriedebatte", Stuttgart 1992, S. 409–441.

Oswald, Marion, Gabe und Gewalt. Studien zur Logik und Poetik der Gabe in der frühhöfischen Erzählliteratur, Göttingen 2004 (Historische Semantik 7).

Ott, Norbert H., Vermittlungsinstanz Bild. Volkssprachliche Texte auf dem Weg zur Literarizität, in: Wolfram-Studien 19 (2006), S. 191–208.

Otto, Stephan, Das Wissen des Ähnlichen. Michel Foucault und die Renaissance, Frankfurt a. M., Bern, New York 1992.

Panofsky, Erwin, The Life and Art of Albrecht Dürer, Princeton [4]1955.

Patchovsky, Alexander, Art. ‚Häresie', in: LEXMA Bd. 4 2002, Sp. 1933–1935.

Paul, Ulrich, Studien zur Geschichte des deutschen Nationalbewußtseins im Zeitalter des Humanismus und der Reformation, Berlin 1936 (Historische Studien 298).

Pauser, Josef, „Welch Frevel! Jetzt erscheinen die kaiserlichen Edikte gar noch als Spielkarten." – Thomas Murners juristisches Lehrkartenspiel über die Institutionen Justinians, in: Zeitschrift für Neuere Rechtsgeschichte 18 (1996), S. 196–225.

Pensel, Franzjosef, Reimfassung einer Predigt Bertholds von Regensburg über die Messe, in: PBB 117 (1995), S. 65–91.

Penzenstadler, Franz, Die Parodie des humanistischen Diskurses in Teofilo Folengos *Maccheronee*, in: Klaus W. Hempfer (Hg.), Renaissance. Diskursstrukturen und epistemologische Voraussetzungen. Literatur, Philosophie, Bildende Kunst, Stuttgart 1993 (Text und Kontext 10), S. 95–124.

Percival, W. Keith, Ficino's *Cratylus* Commentary. A Transcription and Edition, in: Studi Umanistici Piceni 11 (1991), S. 185–196.

Peter-de Vallier, Otto, Die Musik in Fischarts Dichtungen, in: Archiv für Musikwissenschaft 18 (1961), S. 205–222.

Peters, Manfred, Einleitung, in: ders. (Hg.), Konrad Gessner, Deutsche Namen der Fische und Wassertiere. Neudruck der Ausgabe Zürich 1556, Aalen 1974, S. 7–43.

Peters, Ursula, Texte vor der Literatur? Zur Problematik neuerer Alteritätsparadigmen der Mittelalterphilologie, in: Poetica 39 (2007), S. 59–88.

Pethes, Nicolas, Literatur- und Wissenschaftsgeschichte. Ein Forschungsbericht, in: IASL 28 (2003, 1), S. 181–231.

Petzsch, Christoph, Die Kolmarer Liederhandschrift. Entstehung und Geschichte, München 1978.

Pinborg, Jan, Die Entwicklung der Sprachtheorie im Mittelalter, Münster 1967 (Beiträge zur Geschichte der Philosophie des Mittelalters. Texte und Untersuchungen 42, Heft 2).

Plate, Bernward, Heinrich Wittenwiler, Darmstadt 1977 (Erträge der Forschung 76).

Plate, Bernward, Heinrich Wittenwilers „Ehedebatte" als Logik-Persiflage, in: Udo Kindermann, Wolfgang Maaz, Fritz Wagner (Hg.), Fs. für Paul Klopsch, Göppingen 1988 (GAG 492), S. 370–383.

Plate, Bernward, Narren- und Ständesatire in Heinrich Wittenwilers Ring, in: DVjs 48 (1974), S. 47–71.

Ploss, Emil E., Die Sprache der Alchemisten, in: Gerhard Heilfurth, Ingeborg Weber-Kellermann (Hg.), Arbeit und Volksleben. Deutscher Volkskundekongreß 1965 in Marburg, Göttingen 1967 (Veröffentlichungen des Instituts für mitteleuropäische Volksforschung an der Philipps-Universität Marburg-Lahn. A, Allgemeine Reihe 4), S. 240–249.

Plumpe, Gerhard, Epochen moderner Literatur. Ein systemtheoretischer Entwurf, Opladen 1995.

Pörksen, Gunhild, Uwe Pörksen, Die ‚Geburt' des Helden in mittelhochdeutschen Epen und epischen Stoffen des Mittelalters, in: Euphorion 78 (1980), S. 257–286.

Pörksen, Uwe, Der Übergang vom Gelehrtenlatein zur deutschen Wissenschaftssprache. Zur frühen deutschen Fachsprache und Fachliteratur in den naturwissenschaftlichen Fächern (ca. 1500–1800), in: Zeitschrift für Literaturwissenschaft und Linguistik 13 (1983), S. 227–258.

Porzig, Walter, Das Wunder der Sprache. Probleme, Methoden und Ergebnisse der Sprachwissenschaft, hg. von Andreas Jecklin und Heinz Rupp, Tübingen, Basel ^{9}1993.

Praz, Mario, Studies in seventeenth century imagery 1, London 1939 (Studies of the Warburg Institute 3).

Puchta-Mähl, Christa Maria, „Wan es ze ring umb uns beschait". Studien zur Narrenterminologie, zum Gattungsproblem und zur Adressatenschicht in Heinrich Wittenwilers *Ring*, Heidelberg 1986.

Quecke, Kurt, Zwei handschriftliche Paracelsus-Onomastica aus dem 16. Jahrhundert, in: Sudhoffs Archiv für die Geschichte der Medizin und der Naturwissenschaften 37 (1953), S. 342–346.

Radyserb-Wjela, Jan, Serbske rostlinske mjena w dwěmaj dźělomaj a sedmjoch stawach po abejcejskim rjedźe, čestny pomnik za serbskeho přirodnospytnika njeboh Michała Rostoka […], in: Časopis maćicy serbskeje 62 (1909), S. 1–96b.

Ragotzky, Hedda, Gattungserneuerung und Laienunterweisung in Texten des Strickers, Tübingen 1981 (Studien und Texte zur Sozialgeschichte der Literatur 1).

Ragotzky, Hedda, Studien zur Wolfram-Rezeption. Die Entstehung und Verwandlung der Wolfram-Rolle in der deutschen Literatur des 13. Jahrhunderts, Stuttgart, Berlin Köln u. a. 1971 (Studien zur Poetik und Geschichte der Literatur 20).

Rahner, Hugo, Das Meer der Welt, in: ders., Symbole der Kirche. Die Ekklesiologie der Väter, Salzburg 1964.

Rainer, Wolfgang, Sprachliche Kampfmittel in der Publizistik Johann Fischarts. Ein Beitrag zum Verständnis Fischarts als publizistische Persönlichkeit, Berlin 1960.

Rath, Gernot, Die Briefe Conrad Gessners aus der Trewschen Sammlung, in: Gesnerus 7 (1950), S. 140–170.

Rathmann, Thomas, „…die sprach will sich ändern". Zur Vorgeschichte der Autonomie von Sprache und Dichtung, München 1991 (Forschungen zur Geschichte der älteren deutschen Literatur 13).

Rathmann, Thomas, „Was entweder in Glaß gehort oder auf den Teller". Formen der Kellerhaltung in Fischarts *Geschichtklitterung*, in: Hans Wolf Jäger, Holger Böning, Gert Sautermeister (Hg.), Genußmittel und Literatur, Bremen 2002, S. 139–150.

Raumer, Rudolf von, Geschichte der germanischen Philologie vorzugsweise in Deutschland, München 1870 (Geschichte der Wissenschaften in Deutschland. Neuere Zeit 9).

Regn, Gerhard, Mimesis und Episteme der Ähnlichkeit in der Poetik der italienischen Spätrenaissance, in: Klaus W. Hempfer (Hg.), Renaissance. Diskursstrukturen und epistemische Voraussetzungen. Literatur, Philosophie, Bildende Kunst, Stuttgart 1993 (Text und Kontext 10), S. 133–145.

Reichlin, Susanne, Beobachtbarkeit von Providenz und Kontingenz in der ‚Buhlschaft auf dem Baume A', in: Cornelia Herberichs, Susanne Reichlin (Hg.), Kein Zufall? Konzeptionen von Kontingenz in der mittelalterlichen Literatur, Göttingen 2010.

Reichmann, Oskar, Möglichkeiten der lexikographischen Erschließung der Texte des Paracelsus, in: Peter Dilg, Hartmut Rudolph (Hg.), Resultate und Desiderate der Paracelsus-Forschung, Stuttgart 1993 (Sudhoffs Archiv. Zeitschrift für Wissenschaftsgeschichte. Beihefte 31), S. 183–198.

Reiffenstein, Ingo, Rollenspiel und Rollenentlarvung im *Frauendienst* Ulrichs von Liechtenstein, in: Gerlinde Weiß (Hg.), Peripherie und Zentrum. Studien zur österreichischen Literatur. Fs. Adalbert Schmidt, Stuttgart 1976 (Stuttgarter Arbeiten zur Germanistik), S. 107–120.

Reinitzer, Heimo (Hg.), Beiträge zur Geschichte der Predigt. Vorträge und Abhandlungen, Hamburg 1981 (Vestigia Bibliae. Jahrbuch des Deutschen Bibel-Archivs Hamburg 3)

Rheinberger, Hans-Jörg, Wissensgeschichte und Wissenschaftsgeschichte. Ein Statement, in: Geschichte der Germanistik. Mitteilungen 23/24 (2003), S. 12–13.

Ribémont, Bernhard, On the Definition of an Encyclopaedic Genre in the Middle Ages, in: Peter Binkley (Hg.), Pre-modern Encyclopaedic Texts. Proceedings of the Second Comers Congress, Groningen, 1–4 July 1996, Leiden, New York, Köln 1997 (Brill's Studies in Intellectual History 79), S. 47–61.

Richter, Karl, Jörg Schönert, Michael Titzmann (Hg.), Die Literatur und die Wissenschaften 1770–1930. Walter Müller-Seidel zum 75. Geburtstag, Stuttgart 1997.

Richter, Karl, Jörg Schönert, Michael Titzmann, Literatur – Wissen – Wissenschaft. Überlegungen zu einer komplexen Relation, in: dies. (Hg.), Die Literatur und die Wissenschaften 1770–1930. Walter Müller-Seidel zum 75. Geburtstag, Stuttgart 1997, S. 9–36.

Ridder, Klaus, Kampfzorn. Affektivität und Gewalt in mittelalterlicher Epik, in: Wolfgang Braungart, Klaus Ridder, Friedmar Apel (Hg.), Wahrnehmen und Handeln. Perspektiven einer Literaturanthropologie, Bielefeld 2004 (Bielefelder Schriften zu Linguistik und Literaturwissenschaft 20), S. 41–55.

Rieß, Peter, Stefan Fisch, Peter Strohschneider, Prolegomena zu einer Theorie der Fussnote, Münster u. a. 1995.

Riha, Ortrun, Die Forschung zu Heinrich Wittenwilers *Ring*. 1851–1988, Würzburg 1990 (Würzburger Beiträge zur deutschen Philologie 4).

Riha, Ortrun, Gilbertus Anglicus und sein *compendium medicinae*. Arbeitstechnik und Wissensorganisation, in: Sudhoffs Archiv 78 (1994), S. 59–79.

Ristow, Brigitte, Art. ‚Maccaronische Dichtung in Deutschland', in: RLG Bd. 2 1965, S. 259–262.

Rivers, Kimberly, Memory, Division, and the Organisation of Knowledge in the Middle Age, in: Peter Binkley (Hg.), Pre-modern Encyclopaedic Texts. Proceedings of the Second Comers Congress. Groningen 1–4 July 1996, Leiden, New York, Köln 1997 (Brill's Studies in Intellectual History 79), S. 147–158.

Robert, Jörg, *Ex disceptationibus veritas*. Julius Caesar Scaligers kritisch-polemische Dichtkunst, in: ders., Jan-Dirk Müller (Hg.), Maske und Mosaik. Poetik, Sprache, Wissen im 16. Jahrhundert, Münster 2007 (Pluralisierung und Autorität 11), S. 249–279.

Robert, Jörg, Normieren und Normalisieren. Sprachenpluralität und Wissensordnung in der frühen Neuzeit – am Beispiel der Lexikographie, in: ders., Jan-Dirk Müller (Hg.), Maske und Mosaik.

Poetik, Sprache, Wissen im 16. Jahrhundert, Münster 2007 (Pluralisierung und Autorität 11), S. 201–248.

Rocher, Daniel, Frauenverständnis, Frauengestalten und Frauenrollen in Wittenwilers Ring, in: Horst Brunner (Hg.) Heinrich Wittenwiler in Konstanz und der Ring. Tagung 1993 in Konstanz, Frankfurt a. M. 1994/95 (Jahrbuch der Oswald von Wolkenstein Gesellschaft 8), S. 27–37.

Rocher, Daniel, Rabelais, Wittenwiler und die humanistische Anschauung des Kriegs, in: Johannes Janota, Paul Sappler, Frieder Schanze u.a. (Hg.), Fs. für Walter Haug und Burghart Wachinger, Bd. 2, Tübingen 1992, S. 641–659.

Röcke, Werner, Bilder vom Bauern, vom Untergang und vom glücklichen Landleben. Zum Verhältnis von Individuum und Gesellschaft in Johann Fischarts *Lob deß Landlustes* und in Henrich Wittenwilers *Ring*, in: Horst Wenzel (Hg.), Typus und Individualität im Mittelalter, München 1983 (Forschungen zur Geschichte der älteren deutschen Literatur 4), S. 103–122.

Röcke, Werner, Der groteske Krieg. Die Mechanik der Gewalt in Heinrich Wittenwilers *Ring*, in: Horst Brunner (Hg.), Der Krieg im Mittelalter und in der Frühen Neuzeit. Gründe, Begründungen, Bilder, Bräuche, Recht, Wiesbaden 1999 (Imagines medii aevi. Interdisziplinäre Beiträge zur Mittelalterforschung 3), S. 263–277.

Ronquist, Eyvind Carl, Patient and Impatient Encyclopaedism, in: Peter Binkley (Hg.), Pre-modern Encyclopaedic Texts. Proceedings of the Second Comers Congress. Groningen 1–4 July 1996, Leiden, New York, Köln 1997 (Brill's Studies in Intellectual History 79), S. 31–45.

Rosenfeld, Hans-Friedrich, Art. ‚Der Freudenleere', in: ^{2}VL Bd. 2 1980, Sp. 913–915.

Rosenplenter, Lutz, Zitat und Autoritätenberufung im *Renner* Hugos von Trimberg. Ein Beitrag zur Bildung des Laien im Spätmittelalter, Frankfurt a. M. 1982 (Europäische Hochschulschriften, Reihe I: Deutsche Sprache und Literatur, 457).

Roth, Detlef, Von der „dissuasio" zur „quaestio". Die Transformation des Topos „An vir sapiens ducat uxorem" in Wittenwilers „Ehedebatte", in: Euphorion 91 (1997), S. 377–396.

Roth, Klaus, Art. ‚Ehebruchschwänke und -witze', in: EM Bd. 3 1981, Sp. 1068–1077.

Ruberg, Uwe, Art. ‚Etymologisieren', in: RLW Bd. 1 1997, S. 526–528.

Ruberg, Uwe, Verfahren und Funktionen des Etymologisierens in der mittelhochdeutschen Literatur, in: Hans Fromm, Wolfgang Harms, Uwe Ruberg (Hg.), Verbum et signum, Fs. für Friedrich Ohly zum 60. Geburtstag. Bd. 1: Beiträge zur mediävistischen Bedeutungsforschung, München 1975, S. 296–330.

Ruberg, Uwe, Zur narrativen Integration enzyklopädischer Texte am Beispiel des *Faustbuchs* von 1587, in: Franz M. Eybl, Wolfgang Harms, Hans-Henrik Krummacher, Werner Welzig (Hg.), Enzyklopädien in der Frühen Neuzeit. Beiträge zu ihrer Erforschung, Tübingen 1995, S. 64–80.

Ruberg, Uwe, Zur Poetik der Eigennamen in Johann Fischarts *Glückhafft Schiff von Zürich*, in: Donald H. Green, L. Peter Johnson, Dieter Wuttke (Hg.), From Wolfram and Petrarch to Goethe and Grass. Studies in Literature in Honour of Leonard Forster, Baden-Baden 1982 (Saecula spiritalia 5), S. 281–300.

Ruh, Kurt, Deutsche Predigtbücher des Mittelalters, in: Heimo Reinitzer (Hg.), Beiträge zur Geschichte der Predigt. Vorträge und Abhandlungen, Hamburg 1981 (Vestigia Bibliae 3), S. 11–30.

Ruh, Kurt, Ein Laiendoktrinal in Unterhaltung verpackt. Wittenwilers Ring, in: Ludger Grenzmann, Karl Stackmann (Hg.), Literatur und Laienbildung im Spätmittelalter und in der Reformationszeit. Symposion Wolfenbüttel 1981, Stuttgart 1984 (Germanistische Symposien. Berichtsbände 5), S. 344–355.

Rundstedt, Hans-Gerd von, Die Wirtschaftsethik des Hugo von Trimberg, in: Archiv für Kulturgeschichte 26 (1936), S. 61–72.

Literaturverzeichnis 549

Rupp, Heinz, Zum *Renner* Hugos von Trimberg, in: Typologia litterarum. Fs. für Max Wehrli, Zürich, Freiburg/Br. 1969, S. 233–259.

Rusterholz, Peter, Fischarts Prolog der *Geschichtklitterung*. Zur Hermeneutik ‚Karnevalistischer Schriften', in: Stefanie Arendt, Thomas Borgstedt, Nicola Kaminski, Dirk Niefanger (Hg.), Anthropologie und Medialität des Komischen im 17. Jahrhundert (1580-1730), New York 2008, S. 245–272.

Rytz, Walther, Pflanzenaquarelle des Hans Weiditz aus dem Jahre 1529. Die Originale zu den Holzschnitten im Brunfels'schen Kräuterbuch, Bern 1936 (Veröffentlichung der Schweizerischen Bibliophilen Gesellschaft).

Sachs, Julius: Geschichte der Botanik vom 16. Jahrhundert bis 1860, München 1875 (Geschichte der Wissenschaften in Deutschland. Neuere Zeit 15).

Sanders, Willy, Die unheile Welt. Zu einer christlichen Etymologie des Mittelalters, in: Hans Fromm, Wolfgang Harms und Uwe Ruberg (Hg.), Verbum et signum. Fs. für Friedrich Ohly zum 60. Geburtstag. Bd. 1: Beiträge zur mediävistischen Bedeutungsforschung, München 1975, S. 331–340.

Sanders, Willy, Grundzüge und Wandlungen der Etymologie, in: WW 17 (1967), S. 361–384.

Schade, Oskar, Zur maccaronischen Poesie. Zur Literatur Fischarts. Sonette, in: Hoffmann von Fallersleben, Oskar Schade (Hg.), Weimarisches Jahrbuch für deutsche Sprache Literatur und Kunst. Hannover 1855, S. 409–464.

Schank, Gerd, Etymologie und Wortspiel in Johann Fischarts *Geschichtsklitterung*, 2. mit Literaturnachtrag ergänzte Aufl., Kirchzarten 1978 (Hochschul-Produktionen. Germanistik, Linguistik, Literaturwissenschaft).

Scherer, Wilhelm, Geschichte der deutschen Litteratur, Berlin 1883.

Schieffer, Rudolf, Art. ‚Simonie', in: LEXMA Bd. 7 2002, Sp. 1922–1925.

Schiewer, Hans-Jochen, German Sermons in the Middle Ages, in: Berverly Mayne Kienzle (Hg.), The Sermon, Turnhout 2000 (Typologie des sources du moyen âge occidental Fasc. 81–83), S. 861–961.

Schiewer, Hans-Jochen, Spuren von Mündlichkeit in der mittelalterlichen Predigtüberlieferung. Ein Plädoyer für exemplarisches und kommentierend-interpretierendes Edieren, in: editio 6 (1992), S. 64–79.

Schinagl-Peitz, Elisabeth, Naturkundliches Wissen in lateinischen und deutschen Predigten des Spätmittelalters, in: Volker Mertens, Hans-Jochen Schiewer (Hg.), Die deutsche Predig im Mittelalter. Internationales Symposium am Fachbereich Germanistik der Freien Universität Berlin vom 3.–6. Oktober 1989, Tübingen 1992, S. 285–300.

Schirok, Bernd, „Ein rîter, der gelêret was". Literaturtheoretische Aspekte in den Artusromanen Hartmanns von Aue, in: Anna Keck, Theodor Nolte (Hg.), „Ze hove und an der strâzen". Die deutsche Literatur des Mittelalters und ihr „Sitz im Leben". Fs. für Volker Schupp zum 65. Geburtstag, Stuttgart, Leipzig 1999, S. 184–211.

Schirrmeister, Albert, Nationale Auto- und Heterostereotypen um 1500. Frankreich und Deutschland in den Schriften Heinrich Bebels, in: Recherches germaniques 25 (1995), S. 13–41.

Schlaffer, Heinz, Poesie und Wissen. Die Entstehung des ästhetischen Bewusstseins und der philologischen Erkenntnis, Frankfurt a. M. 1990.

Schlaffke, Winfried, Heinrich Wittenwilers *Ring*. Komposition und Gehalt, Berlin 1969 (Philologische Studien und Quellen 50).

Schleissner, Margaret, A Fifteenth-Century Physician's Attitude toward Sexuality. Dr. Johann Hartlieb's *Secreta Mulierum* Translation, in: Joyce E. Salisbury (Hg.), Sex in the Middle Ages. A Book of Essays, New York, London 1991 (Garland Medieval Casebooks 3), S. 110–125.

Schlesier, Renate, Idole und Gewebe. Kultur als Bild und Text, in: Jürgen Paul Schwindt (Hg.), Klassische Philologie „inter disciplinas". Aktuelle Konzepte zu Gegenstand und Methode eines Grundlagenfaches, Heidelberg 2002, S. 1–23.

Schlicht, Else, Das lehrhafte Gleichnis im *Renner* des Hugo von Trimberg, Diss. Gießen 1928.

Schlossbauer, Frank R., Literatur als Gegenwelt. Zur Geschichtlichkeit literarischer Komik am Beispiel Fischarts und Lessings. New York, Frankfurt a. M., Wien u.a. 1998 (Studies in Modern German Literature 80).

Schmid, Elisabeth, Leben und Lehre in Heinrich Wittenwilers *Ring*, in: Jahrbuch der Oswald von Wolkenstein Gesellschaft 4 (1986/87), S. 273–292.

Schmidt, Adolf, Das Bücherzeichen Johann Fischarts in der Großherzoglichen Hofbibliothek zu Darmstadt, in: Quartalblätter des Historischen Vereins für das Großherzogtum Hessen. N.F. 1 (1899), S. 474–476.

Schmidt-Biggemann, Wilhelm, Heilsgeschichtliche Interventionen. Annius von Viterbos Berosus und die Geschichte der Sintflut, in: Martin Mulsow, Jan Assmann, Jann (Hg.), Sintflut und Gedächtnis. Erinnern und Vergessen des Ursprungs, München 2006, S. 85–111.

Schmidt-Biggemann, Wilhelm, Vorwort, in: Johann Heinrich Alsted, Encyclopaedia. Faksimile-Neudruck der Ausgabe Herborn 1630 mit einem Vorwort von Wilhelm Schmidt-Biggemann und einer Bibliographie von Jörg Jungmayr, Bd. 1, Stuttgart 1989, S. V–XVIII.

Schmidtke, Dietrich, Die künstlerische Selbstauffassung Hugos von Trimberg, in: WW 24 (1974), S. 325–339.

Schmidtke, Dietrich, Geistliche Schiffahrt. Zum Thema des Schiffes der Buße im Spätmittelalter, in: PBB 91 (1969), S. 357–398 und 92 (1970), S. 115–177.

Schmidtke, Dietrich, Geistliche Tierinterpretationen in der deutschsprachigen Literatur des Mittelalters (1100–1500). 2 Bde., Berlin 1968.

Schmidt-Wiegand, Ruth, Heinrich Wittenwilers *Ring* zwischen Schwank und Fastnachtspiel, in: Helmut Rücker, Kurt-Otto Seidel (Hg.), „Sagen mit sinne". Fs. für Marie-Luise Dittrich zum 65. Geburtstag, Göppingen 1976 (GAG 180), S. 245–261.

Schmitt, Charles B., Aristotle and the Renaissance, Cambridge 1983 (Martin Classical Lectures 27).

Schmitt, Kerstin, Poetik der Montage. Figurenkonzeption und Intertextualität in der *Kudrun*, Berlin 2002 (Philologische Studien und Quellen 174).

Schmitt, Kerstin, Sexualität als Textualität. Die Inszenierung von Geschlechterdifferenz und Sexualität in Heinrich Wittenwilers *Ring*, in: Alois M. Haas, Ingrid Kasten (Hg.), Schwierige Frauen – schwierige Männer in der Literatur des Mittelalters, Bern, Frankfurt a. M., New York u. a. 1999, S. 129–152.

Schmitter, Peter, Heraklit und die Physei-These, in: Hermann M. Ölberg, Gernot Schmidt (Hg.), Sprachwissenschaftliche Forschungen. Fs. für Johann Knobloch zum 65. Geburtstag, Innsbruck 1985 (Innsbrucker Beiträge zur Kulturwissenschaft 23), S. 417–427.

Schmitz, Rudolf, Okkulte Wissenschaften und die moderne Pharmazie, in: August Buck (Hg.), Die okkulten Wissenschaften der Renaissance, Wiesbaden 1992 (Wolfenbütteler Abhandlungen zur Renaissanceforschung 12), S. 5–20.

Schmugge, Ludwig, Der falsche Pilger, in: Fälschungen im Mittelalter. Internationaler Kongress der Monumenta Germaniae Historica, München 16.–19. September 1986. Teil 5: Fingierte Briefe, Frömmigkeit und Fälschung, Realienfälschung, Hannover 1988 (Schriften der MGH 33), S. 475–484.

Schneider, Karin, Art. ‚Buch der Rügen' in: ²VL Bd. 1 1978, Sp. 1096f.

Schneider, Manfred, Der Barbar. Endzeitstimmung und Kulturrecycling, München 1997.

Schnell, Rüdiger, Luxuria und Gender oder: Moraldidaxe und Geschlechtergeschichte. Zur vierten „Distinctio" im *Renner* Hugos von Trimberg (V. 11 727–13 964), in: Anna Keck, Theodor Nolte (Hg.), „Ze hove und an der strâzen". Die deutsche Literatur des Mittelalters und ihr „Sitz im Leben". Fs. für Volker Schupp zum 65. Geburtstag, Stuttgart, Leipzig 1999, S. 71–83.

Schnyder, André, Johann Fischart als Bearbeiter eines mittelalterlichen Märes. Veränderungen ästhetischer Darstellungsverfahren und kultureller Deutungsmuster im Peter von Stauffenberg, in: WW 39 (1989), S. 15–43.

Schnyder, Mireille, Räume der Kontingenz, in: Cornelia Herberichs, Susanne Reichlin (Hg.), Kein Zufall. Konzeptionen von Kontingenz in der mittelalterlichen Literatur, Göttingen 2010, 174–185.

Schnyder, Mireille, Sieben Thesen zum Begriff der „âventiure", in: Gerd Dicke, Manfred Eikelmann, Burkhard Hasebrink (Hg.), Im Wortfeld des Textes. Worthistorische Beiträge zu den Beziehungen von Rede und Schrift im Mittelalter, Berlin, New York 2006 (Trends in Medieval Philology 10), S. 369–376.

Scholz Williams, Gerhild, Die Wissenschaft von den Hexen. Jean Bodin und sein Übersetzer Johann Fischart als Demonologen, in: Gerhild Scholz Williams, Stephan K. Schindler (Hg.), Knowledge, Science and Literature in Early Modern Germany, Chapel Hill 1996 (Univesrty of North Carolina Studies in the Germanic Languages and Literatures 116), S. 193–218.

Scholz, Bernhard F., Art. ‚Emblem', in: RLW Bd. 1 1997, S. 435–438.

Scholz, Bernhard F., Art. ‚Hieroglyphik', in: RLW Bd. 2 2000, S. 46-49.

Scholz, Bernhard F., Emblematisches Abbilden als Notation. Überlegungen zur Hermeneutik und Semiotik des emblematischen Bildes, in: Poetica 16 (1989), S. 61–90.

Schöndorf, Kurt Erich, Zu den Begriffen ‚Dichter' und ‚Dichtung' in Jan van der Noots *Das Buch Extasis* und Johann Fischarts *Eulenspiegel Reimensweiß*, in: Karel Porteman, Kurt Erich Schöndorf (Hg.), Liber amicorum Prof. Dr. Kåre Langvik-Johannessen. Fs. zum 70. Geburtstag und zur Emeritierung des Professors für Niederländisch an der Universität Oslo, Leuven 1989, S. 167–184.

Schott, Heinz, Die Heilkunde des Paracelsus im Schnittpunkt von Naturphilosophie, Alchemie und Psychologie, in: Peter Dilg, Hartmut Rudolph (Hg.), Resultate und Desiderate der Paracelsus-Forschung, Stuttgart 1993 (Sudhoffs Archiv. Beihefte 31), S. 25–41.

Schrader, Ludwig, Panurge und Hermes. Zum Ursprung eines Charakters bei Rabelais, Bonn 1958 (Romanistische Versuche und Vorarbeiten 3).

Schrader, Ludwig, Rabelais und die Rezeption der Antike. Deutungsprobleme im Humanismus, in: Romanische Forschungen. Vierteljahrsschrift für romanische Sprachen und Literaturen 92 (1980), S. 1–49.

Schreiner, Klaus, Grenzen literarischer Kommunikation. Bemerkungen zur religiösen und sozialen Dialektik der Laienbildung im Spätmittelalter und in der Renaissance, in: Ludger Grenzmann, Karl Stackmann (Hg.), Literatur und Laienbildung im Spätmittelalter und in der Reformationszeit. Symposion Wolfenbüttel, Stuttgart 1984 (Germanistische Symposien-Berichtsbände 5), S. 1–20.

Schreiner, Klaus, Laienbildung als Herausforderung für Kirche und Gesellschaft. Religiöse Vorbehalte und soziale Widerstände gegen die Verbreitung von Wissen im Spätmittelalter und in der Reformation, in: Zeitschrift für historische Forschung 11 (1984), S. 257–354.

Schröbler, Ingeborg, „Dâ von wizze wir alle wol, daz sant Johannes ein swert truoc" (*Renner*, v. 9012 f.). Zur Ikonographie des Clemensgrabes im Bamberger Dom, in: Hans Fromm, Wolfgang Harms,

Uwe Ruberg (Hg.), Verbum et signum. Friedrich Ohly zum 60. Geburtstag. Bd. 1: Beiträge zur mediävistischen Bedeutungsforschung, München 1975, S. 341–353.

Schröder, Edward, Die Summe der Tugenden und Laster. Zum *Renner* 2755.56, in: ZfdA 26 (1885), S. 357–360.

Schübler, Walter, Die Rabelais-Rezeption im deutschen Sprachraum unter besonderer Berücksichtigung übersetzungswissenschaftlicher Aspekte, Wien 1992 (Dissertationen der Universität Wien 231).

Schulz, Armin, Negative Kohärenz. Karnevaleskes Erzählen im *Fincken Ritter* (ca. 1560), erscheint in: Beate Kellner, Jan-Dirk Müller, Peter Strohschneider (Hg.), Erzählen und Episteme. Literatur im 16. Jahrhunderts, Tübingen 2011 (Frühe Neuzeit 136).

Schulz-Grobert, Jürgen, Autor in fabula. Selbstreferentielle Figurenprofile im *Ring* Heinrich Wittenwilers, in: Horst Brunner (Hg.), Heinrich Wittenwiler in Konstanz und *Der Ring*. Tagung 1993 in Konstanz, Frankfurt a. M. 1994/95 (Jahrbuch der Oswald von Wolkenstein Gesellschaft 8), S. 13–26.

Schwarz, Gottlieb, Rabelais und Fischart. Vergleichung des *Gargantua* und der *Geschichtklitterung* von *Pantagrueline Prognostication* und *Aller Practick Grossmutter*, Diss. Zürich 1885.

Schweikle, Günther, Art. ‚Literaturtheorie', in: Peter Dinzelbacher (Hg.), Sachwörterbuch der Mediävistik, Stuttgart 1992, S. 489–492.

Schweikle, Günther, Minnesang, zweite, korrigierte Auflage, Stuttgart, Weimar 1995.

Schweikle, Günther, Zum Werk Hugos von Trimberg, in: Der Renner von Hugo von Trimberg, hg. von Gustav Ehrismann. Mit einem Nachwort und Ergänzungen von Günther Schweikle Bd. 4 1970, S. 305–325.

Schwob, Anton, *hûssorge tuot sô wê*. Beobachtungen zu einer Variante der Armutsklage in der mittelhochdeutschen Lyrik, in: Jahrbuch der Oswald von Wolkenstein Gesellschaft 1 (1980/1981), S. 77–97.

Screech, Michael Andrew, Rabelais, London 1979.

Seelbach, Ulrich, Alternativen der Textkonstitution bei der Edition der Werke Fischarts, in: Martin Stern (Hg.), Textkonstitution bei mündlicher und schriftlicher Überlieferung. Basler Editoren-Kolloquium 19.–22. März 1990. Autor- und werkbezogene Referate, Tübingen 1991 (Beihefte zur editio 1), S. 15–34.

Seelbach, Ulrich, Fremde Federn. Die Quellen Johann Fischarts und die Prätexte seines idealen Lesers in der Forschung, in: Daphnis 29 (2000) 3/4, S. 465–583.

Seelbach, Ulrich, Johann Fischarts *Eulenspiegel Reimensweis* – eine Heiligenlegende in Reimen, in: Wilhelm Kühlmann (Hg.), Literatur und Kultur im deutschen Südwesten zwischen Renaissance und Aufklärung. Neue Studien. Walter E. Schäfer zum 65. Geburtstag gewidmet, Amsterdam, Atlanta 1995 (Chloe. Beihefte zum Daphnis 22), S. 173–184.

Seelbach, Ulrich, Ludus lectoris. Studien zum idealen Leser Johann Fischarts, Heidelberg 2000 (Beihefte zum Euphorion 39).

Seelbach, Ulrich, Projektbericht. Johann Fischart. Kritische Gesamtausgabe der Werke, in: Lothar Mundt, Hans-Gert Roloff, Ulrich Seelbach (Hg.), Probleme der Edition von Texten der Frühen Neuzeit. Beiträge zur Arbeitstagung der Kommission für die Edition von Texten der Frühen Neuzeit, Tübingen 1992 (Beihefte zu editio 3), S. 205–211.

Seemann, Erich, Hugo von Trimberg und die Fabeln des *Renners*. Eine Untersuchung zur Geschichte der Tierfabel im Mittelalter, München 1923 (Münchener Archiv für Philologie des Mittelalters und der Renaissance 6).

Literaturverzeichnis

Seibt, Ursula, Das Negative als didaktisches Mittel in Heinrich Wittenwilers *Ring*, Diss. Bochum 1974.

Seitz, Dieter, Johann Fischarts *Geschichtklitterung*. Untersuchungen zur Prosastruktur und zum grobianischen Motivkomplex, Frankfurt a. M. 1974 (These. New York University Ottendorfer Series N. F. 6).

Sheppard, H. J., Egg Symbolism in Alchemy, in: Ambix 6 (1958), S. 140–148.

Sieber Ludwig, Thomas Murner und sein juristisches Kartenspiel, in: Beiträge zur vaterländischen Geschichte 10 (1875), S. 273–316.

Simon, Irmgard, Über einige Sprichwortsammlungen des 15. und 16. Jahrhunderts, in: Niederdeutsches Wort 39 (1999), S. 429–452

Sommerhalder, Hugo, Johann Fischarts Werk. Eine Einführung, Berlin 1960 (Quellen und Forschungen zur Sprach- und Kulturgeschichte der germanischen Völker, N. F. 4).

Sorg, Reto, Art. ‚Grotesk', in: RLW Bd. 1 1997, S. 745–751.

Soukup, Rudolf Werner, Helmut Mayer, Alchemistisches Gold. Paracelsistische Pharmaka. Laboratoriumstechnik im 16. Jahrhundert. Chemiegeschichtliche und archäometrische Untersuchungen am Inventar des Laboratoriums von Oberstockstall/Kirchberg am Wagram, Wien, Köln, Weimar 1997 (Perspektiven der Wissenschaftsgeschichte 10).

Sowinski, Bernhard, Der Sinn des „Realismus" in Heinrich Wittenwilers *Ring*, Diss. Köln 1960.

Sowinski, Bernhard, Lehrhafte Dichtung des Mittelalters, Stuttgart 1971.

Sowinski, Bernhard, Wittenwilers *Ring* und die Neidharttradition, in: Horst Brunner (Hg.), Heinrich Wittenwiler in Konstanz und *Der Ring*. Tagung 1993 in Konstanz, Frankfurt a. M. 1994/95 (Jahrbuch der Oswald von Wolkenstein Gesellschaft 8), S. 3–11.

Speer, Andreas, Die entdeckte Natur. Untersuchungen zu Begründungsversuchen einer *scientia naturalis* im 12. Jahrhundert, Leiden 1995 (Studien und Texte zur Geistesgeschichte des Mittelalters).

Spengler, Walter Eckehart, Johann Fischart, genannt Mentzer. Studie zur Sprache und Literatur des ausgehenden 16. Jahrhunderts, Göppingen 1969 (GAG 10).

Spicker, Johannes, Geographische Kataloge bei Boppe. Eine Anregung, in: Horst Brunner, Helmut Tervooren (Hg.), Neue Forschungen zur mittelhochdeutschen Sangspruchdichtung, Berlin, Bielefeld, München 2000 (ZfdPh Sonderheft 119), S. 208–221.

Spicker, Johannes, Literarische Stilisierung und artistische Kompetenz bei Oswald von Wolkenstein, Stuttgart, Leipzig 1993.

Spicker, Johannes, Oswald von Wolkenstein. Die Lieder, Berlin 2007 (Klassiker-Lektüren 10).

Spitz, Hans-Jörg, Die Metaphorik des geistigen Schriftsinns. Ein Beitrag zur allegorischen Bibelauslegung des ersten christlichen Jahrtausends, München 1972 (Münstersche Mittelalter-Schriften 12).

Spitzer, Gabriele, ... und die Spree führt Gold. Leonhard Thurneysser zum Thurn. Astrologe, Alchimist, Arzt und Drucker im Berlin des 16. Jahrhunderts. Ausstellung der Staatsbibliothek zu Berlin, Preußischer Kulturbesitz vom 15.8.–30.9. 1996, Wiesbaden 1996 (Beiträge aus der Staatsbibliothek zu Berlin, Preußischer Kulturbesitz 3).

Spitzer, Leo, Über einige Wörter der Liebessprache, Leipzig 1918.

Spitzner, Hermann Rudolf, Die salernitanische Gynäkologie und Geburtshilfe unter dem Namen der „Trotula", Diss. Leipzig 1921.

Sprandel, Rolf, Der Adel des 13. Jahrhunderts im Spiegel des *Renner* von Hugo von Trimberg, in: Peter Weidisch (Hg.), Otto von Botenlauben. Minnesänger, Kreuzfahrer, Klostergründer, Würzburg 1994 (Bad Kissinger Archiv-Schriften 1), S. 296–308.

Staab, Franz, Quellenkritik im deutschen Humanismus am Beispiel des Beatus Rhenanus und des Wilhelm Eisengrein, in: Kurt Andermann (Hg.), Historiographie am Oberrhein im späten Mittelalter und in der frühen Neuzeit, Sigmaringen 1988, S. 155–164.

Stäblein, Bruno, *Gregorius Praesul*. Der Prolog zum römischen *Antiphonale*. Buchwerbung im Mittelalter, in: ders., Musik und Geschichte im Mittelalter. Gesammelte Aufsätze, Göppingen 1984 (GAG 634), S. 117–142.

Stackelberg, Jürgen von, Das Bienengleichnis. Ein Beitrag zur Geschichte der literarischen Imitatio, in: Romanische Forschungen 68 (1956), S. 271–293.

Stackmann, Karl, Der Spruchdichter Heinrich von Mügeln. Vorstudien zur Erkenntnis seiner Individualität, Heidelberg 1958 (Probleme der Dichtung 3).

Stahleder, Helmuth, Arbeit in der mittelalterlichen Gesellschaft. Ihre Erscheinungsformen und ihre Wertung und das Bild der arbeitenden Menschen, dargestellt an Hugo von Trimbergs *Renner* und den deutschen Predigten Bertholds von Regensburg, München 1972 (Miscellanea Bavarica Monacensia 42).

Stammen, Theo, Wolfgang E. J. Weber (Hg.), Wissenssicherung, Wissensordnung und Wissensverarbeitung. Das europäische Modell der Enzyklopädien, Berlin 2004 (Colloquia Augustana 18).

Steer, Georg, Der Laie als Anreger und Adressat deutscher Prosaliteratur im 14. Jahrhundert, in: Walter Haug, Timothy R. Jackson, Johannes Janota (Hg.), Zur deutschen Literatur des 14. Jahrhundert. Dubliner Colloquium 1981, Heidelberg 1983 (Reihe Siegen 45. Germanistische Abteilung), S. 354–367.

Steer, Georg, Imagines mundi-Texte als Beitrag zur Ausformung eines laikalen Weltbilds im Spätmittelalter, in: Norbert Richard Wolf (Hg.), Wissensorganisierende und wissensvermittelnde Literatur im Mittelalter. Perspektiven ihrer Erforschung. Kolloquium 5. –7. Dezember 1985, Wiesbaden 1987 (Wissensliteratur im Mittelalter 1), S. 23–33.

Steer, Georg, Zum Begriff Laie in der deutschen Dichtung und Prosa des Mittelalters, in: Ludger Grenzmann, Karl Stackmann (Hg.), Literatur und Laienbildung im Spätmittelalter und in der Reformationszeit. Symposion Wolfenbüttel, Stuttgart 1984 (Germanistische Symposien-Berichtsbände 5), S. 764–768.

Stephens, Walter, When Pope Noah Ruled the Etruscans. Annius of Viterbo and his Forged Antiquities, in: ders. (Hg.), Studia humanitatis. Essays in Honor of Salvatore Camporeale, Baltimore 2004 (MLN 119, 1 Supplement), S. 201–223.

Stierle, Karlheinz, Werk und Intertextualität, in: Wolf Schmidt, Wolf-Dieter Stempel (Hg.), Dialog der Texte. Hamburger Kolloquium zur Intertextualität, Wien 1983, S. 7–26.

Stolz, Michael, Artes-liberales-Zyklen. Formationen des Wissens im Mittelalter, 2 Bde., Tübingen 2004 (Bibliotheca Germanica 47).

Strohschneider, Peter (Hg.), Literarische und religiöse Kommunikation in Mittelalter und Früher Neuzeit, Berlin, New York 2009 (Germanistische Symposien. Berichtsbände).

Strohschneider, Peter, „âventiure"-Erzählen und „âventiure"-Handeln. Eine Modellskizze, in: Gerd Dicke, Manfred Eikelmann, Burkhard Hasebrink (Hg.), Im Wortfeld des Textes. Worthistorische Beiträge zu den Beziehungen von Rede und Schrift im Mittelalter, Berlin, New York 2006 (Trends in Medieval Philology 10), S. 377–383.

Strohschneider, Peter, *Der tûrney von dem czers*. Versuch über ein priapeiisches Märe, in: Jeffrey Ashcroft, Dietrich Huschenbett, William Henry Jackson (Hg.), Liebe in der deutschen Literatur des Mittelalters. St. Andrews-Colloquium 1985, Tübingen 1987, S. 149–173.

Strohschneider, Peter, Dialogischer Agon, erscheint in: Klaus W. Hempfer, Anita Traninger (Hg.), Der Dialog im Diskursfeld seiner Zeit, Stuttgart 2010 (Text und Kontext), S. 95-120.

Strohschneider, Peter, Institutionalität. Zum Verhältnis von literarischer Kommunikation und sozialer Interaktion in mittelalterlicher Literatur. Eine Einleitung, in: Beate Kellner, Ludger Lieb, Peter Strohschneider (Hg.), Literarische Kommunikation und soziale Interaktion Studien zur Institutionalität mittelalterlicher Literatur, Frankfurt a. M. u. a. 2003 (Mikrokosmos 64), S. 1–26.

Strohschneider, Peter, Schwank und Schwankzyklus. Weltordnung und Erzählordnung im *Pfaffen von Kalenberg* und *Neithart Fuchs*, in: Klaus Grubmüller, L. Peter Johnson, Hans-Hugo Steinhoff (Hg.), Kleinere Erzählformen im Mittelalter. Paderborner Colloquium 1987, Paderborn u. a. 1988 (Schriften der Universität-Gesamthochschule Paderborn. Reihe Sprach- und Literaturwissenschaft 10), S. 151–171.

Sturlese, Loris, Die deutsche Philosophie im Mittelalter. Von Bonifatius bis zu Albert dem Großen (748–1280), München 1993.

Suchomski, Joachim, Delectatio und Utilitas. Ein Beitrag zum Verständnis mittelalterlicher komischer Literatur, Bern, München 1975 (Bibliotheca Germanica 18).

Telle, Joachim, „Von der Wahrheit der alchemischen Kunst". Der pseudoparacelsische Brieftraktat Vom Wunderstein in einer frühneuzeitlichen Fassung, in: Peter Dilg, Hartmut Rudolph (Hg.), Resultate und Desiderate der Paracelsus-Forschung, Stuttgart 1993 (Sudhoffs Archiv. Beihefte 31), S. 57–78.

Telle, Joachim, Astrologie und Alchemie im 16. Jahrhundert. Zu den astroalchemischen Lehrdichtungen von Christoph von Hirschenberg und Basilius Valentinus, in: August Buck (Hg.), Die okkulten Wissenschaften der Renaissance, Wiesbaden 1992 (Wolfenbütteler Abhandlungen zur Renaissanceforschung 12), S. 227–254.

Tervooren, Helmut, Sangspruchdichtung, Stuttgart 1995 (Sammlung Metzler 293).

Tetel, Marcel, Rabelais and Folengo, in: Comparative Literature 15 (1963), S. 357–363.

Thissen, Heinz-Josef, Vom Bild zum Buchstaben, vom Buchstaben zum Bild. Von der Arbeit an Horapollons *Hieroglyphika*, Stuttgart 1998 (Abhandlungen der Geistes- und Sozialwissenschaftlichen Klasse. Akademie der Wissenschaften und der Literatur in Mainz, Jahrgang 1998, 3).

Thomé, Horst, Wissensgeschichte und Textauslegung, in: Geschichte der Germanistik 23/24 (2003), S. 18–20.

Thomsen, Vilhelm, Geschichte der Sprachwissenschaft bis zum Ausgang des 19. Jahrhunderts. Kurzgefaßte Darstellung der Hauptpunkte, Halle a. S. 1927.

Thum, Bernd, Ulrich von Lichtenstein. Höfische Ethik und soziale Wirklichkeit, Diss. Heidelberg 1968.

Tiedemann, Hans, Tacitus und das Nationalbewußtsein der deutschen Humanisten Ende des 15. und Anfang des 16. Jahrhunderts, Diss. Berlin 1913.

Titzmann, Michael, Kulturelles Wissen – Diskurs – Denksystem. Zu einigen Grundbegriffen der Literaturgeschichtsschreibung, in: Zeitschrift für französische Sprache und Literatur 99 (1989), S. 47–61.

Tobler, Eva, Zitate aus Schrift und Lehre in Heinrich Wittenwilers *Ring*, in: Horst Brunner (Hg.), Heinrich Wittenwiler in Konstanz und *Der Ring*. Tagung 1993 in Konstanz, Frankfurt a. M. 1994/95 (Jahrbuch der Oswald-von-Wolkenstein-Gesellschaft 8), S. 125–140.

Tomasek, Tomas, Zur Funktion der allegorischen Elemente in Wittenwilers *Ring*, in: Horst Brunner (Hg.) Heinrich Wittenwiler in Konstanz und *Der Ring*. Tagung 1993 in Konstanz, Frankfurt a. M. 1994/95 (Jahrbuch der Oswald von Wolkenstein Gesellschaft 8), S. 171–184.

Trabant, Jürgen (Hg.), Origins of Language, Budapest 1996 (Collegium Budapest Workshop Series 2).

Trabant, Jürgen, Der gallische Herkules. Über Sprache und Politik in Frankreich und Deutschland, Tübingen, Basel 2002.

Trinca, Beatrice, Dichter als inspirierte Handwerker? Bligger von Steinach und Gottfried von Straßburg, in: Corinna Laude, Gilbert Heß (Hg.), Konzepte von Produktivität im Wandel vom Mittelalter in die Frühe Neuzeit, Berlin 2008, S. 45–66.

van Peer, Willie, Art. ‚Poetizität', in: RLW Bd. 3 2003, S. 111–114.

Vetter, E. M., Art. ‚Dornbusch, brennender', in: Marienlexikon, hg. von Remigius Bäumer und Leo Scheffczyk, Bd. 2, St. Ottilien 1989, S. 224–226.

Vogl, Joseph (Hg.), Poetologien des Wissens um 1800, München 1999.

Vogl, Joseph, Für eine Poetologie des Wissens, in: Karl Richter, Jörg Schönert, Michael Titzmann (Hg.), Die Literatur und die Wissenschaften. Fs. zum 75. Geburtstag von Walter Müller-Seidel, Stuttgart 1997, S. 107–127.

Vogl, Joseph, Geschichte, Wissen, Ökonomie, in: Gerhard Neumann (Hg.), Poststrukturalismus. Herausforderung an die Literaturwissenschaft, Stuttgart, Weimar 1997 (Germanistische Symposien-Berichtsbände 18), S. 462–480.

Volkmann, Ludwig, Bilderschriften der Renaissance. Hieroglyphik und Emblematik in ihren Beziehungen und Fortwirkungen, Leipzig 1923 (Veröffentlichungen des Deutschen Vereins für Buchwesen und Schriftum).

Vollhart, Friedrich, Ute von Bloh (Hg.), Schlechte Literatur, Bielefeld 2004 (Mitteilungen des Deutschen Germanistenverbandes 2004, 3).

Vollmann, Konrad, Art. ‚Michael de Leone', in: LEXMA Bd. 6 2002, Sp. 605.

Vomhof, Fritz, Der *Renner* Hugos von Trimberg. Beitrag zum Verständnis der nachhöfischen deutschen Didaktik, Diss. Köln 1959.

Voss, Rudolf, Weltanschauung und poetische Totalität in Heinrich Wittenwilers *Ring*, in: PBB 93 (1971), S. 351–365.

Voßkamp, Wilhelm, Gattungen als literarisch-soziale Institutionen. Zu Problemen sozial- und funktionsgeschichtlich orientierter Gattungstheorie und -historie, in: Walter Hinck (Hg.), Textsortenlehre – Gattungsgeschichte, Heidelberg 1977, S. 27–44.

Vries, Jan de, Heldenlied und Heldensage, Bern, München 1961 (Sammlung Dalp 78) [zuerst 1959].

Wachinger, Art. ‚Süßkint von Trimberg', in: [2]VL Bd. 9 1995, Sp. 548–551.

Wachinger, Burghart, Autorschaft und Überlieferung, in: ders., Walter Haug (Hg.), Autorentypen, Tübingen 1991 (Fortuna vitrea 6), S. 1–28.

Wachinger, Burghart, Der Dekalog als Ordnungsschema für Exempelsammlungen. Der Große Seelentrost, das *Promptuarium Exemplorum* des Andreas Hondorff und die *Locorum communium collectanea* des Johannes Manlius, in: ders., Walter Haug (Hg.), Exempel und Exempelsammlungen, Tübingen 1991 (Fortuna vitrea 2), S. 239–263.

Wachinger, Burghart, Sängerkrieg. Untersuchungen zur Spruchdichtung des 13. Jahrhunderts, München 1973 (MTU 42).

Wackernagel, Wilhelm, Geschichte der deutschen Litteratur. Ein Handbuch, Basel [2]1879–1894.

Literaturverzeichnis

Wagner, Eva, Sprichwort und Sprichworthaftes als Gestaltungselemente im *Renner* Hugos von Trimberg, Diss. Würzburg 1962.

Walker, Daniel P., Orpheus the Theologian and Renaissance Platonists, in: Journal of the Warburg and Courtauld Institutes 16 (1953), S. 100–120.

Walker, Daniel P., The prisca theologia in France, in: Journal of the Warburg and Cortauld Institut 17 (1954), S. 204–259.

Waltenberger, Michael, ‚Einfachheit' und ‚Partikularität'. Zur textuellen und diskursiven Konstitution schwankhaften Erzählens, in: GRM N. F. 56 (2006) H. 3, 265–287.

Wander, Karl Friedrich Wilhelm, Deutsches Sprichwörter-Lexikon. Ein Hausschatz für das deutsche Volk, 5 Bde., Leipzig 1867–1880.

Wapnewski, Peter, Der Sänger und die Dame. Zu Walthers Schachlied (111, 23), in: ders.: *Waz ist minne?* Studien zur mittelhochdeutschen Lyrik, München 21979, S. 74–108.

Warburg, Aby, Heidnisch-antike Weissagung in Wort und Bild zu Luthers Zeiten, in: ders., Gesammelte Schriften, hg. von Gertrud Bing unter Mitarbeit von Fritz Rougemont, Bd. I,2, Berlin 1932, S. 487–558 [zuerst 1920].

Warning, Rainer, Der inszenierte Diskurs. Bemerkungen zur pragmatischen Relation der Fiktion, in: Dieter Henrich, Wolfgang Iser (Hg.), Funktionen des Fiktiven, München 1983 (Poetik und Hermeneutik 10), S. 183–206.

Warning, Rainer, Die narrative Lust an der List. Nom und Transgression im *Tristan*, in: Gerhard Neumann, ders., (Hg.), Transgressionen. Literatur als Ethnographie, Freiburg/Br. 2003, S. 175–212

Warning, Rainer, Enzyklopädie und Idiotie: Flauberts *Bouvard et Pécuchet*, in: Waltraud Wiethölter, Frauke Berndt, Stephan Kammer (Hg.), Vom Weltbuch zum World Wide Web, Heidelberg 2005 (Neues Forum für allgemeine und vergleichende Literaturwissenschaft 21), S. 165–192.

Warning, Rainer, Erzählen im Paradigma. Kontingenzbewältigung und Kontingenzexposition, in: Romanistisches Jahrbuch 52 (2001), S. 176–209.

Warning, Rainer, Konterdiskursivität bei Rabelais, erscheint in: Beate Kellner, Jan-Dirk Müller, Peter Strohschneider (Hg.), Erzählen und Episteme. Literatur im 16. Jahrhundert, Tübingen 2011 (Frühe Neuzeit 136).

Warning, Rainer, Petrarkistische Dialogizität am Beispiel Ronsards, in: Wolf-Dieter Stempel, Karlheinz Stierle (Hg.), Die Pluralität der Welten. Aspekte der Renaissance in der Romania, München 1987 (Romanistisches Kolloquium 4), S. 327–358.

Warning, Rainer, Poetische Konterdiskursivität. Zum literaturwissenschaftlichen Umgang mit Foucault, in: ders., Die Phantasie der Realisten, München 1999, S. 313–345.

Weber, Bruno, „Die Welt begeret allezeit Wunder". Versuch einer Bibliographie der Einblattdrucke von Bernhard Jobin in Straßburg, in: Gutenberg-Jahrbuch 1976, S. 270–290.

Wegele, Franz Xaver von, Geschichte der deutschen Historiographie seit dem Auftreten des Humanismus, München 1855 (Geschichte der Wissenschaften in Deutschland 20).

Wehrli, Max, Geschichte der deutschen Literatur vom frühen Mittelalter bis zum Ende des 16. Jahrhunderts, Stuttgart 1980 (Geschichte der deutschen Literatur von den Anfängen bis zur Gegenwart 1).

Weidmann, Karl, Hadrianus Junius als Quelle für Johann Fischart. Ein Beitrag zur Erforschung des Fischartschen Wortschatzes, in: Zeitschrift für deutsche Wortforschung 13 (1911/12), S. 116–124.

Weigand, Rudolf Kilian, Der *Renner* des Hugo von Trimberg. Überlieferung, Quellenabhängigkeit und Struktur einer spätmittelalterlichen Lehrdichtung, Wiesbaden 2000 (Wissensliteratur im Mittelalter 35).

Weigand, Rudolf Kilian, Halbritter und Schildknechte. Zur Kategorisierung und Illustrierung sozialer Randgruppen im *Renner* des Hugo von Trimberg, in: Hans-Jochen Schiewer, Karl Stackmann (Hg.), Die Präsenz des Mittelalters in seinen Handschriften. Ergebnisse der Berliner Tagung in der Staatsbibliothek zu Berlin - Preußischer Kulturbesitz, 6.–8. April 2000, Tübingen 2002, S. 83–105.

Weigand, Rudolf Kilian, Textgenetische Edition. Zur Neuausgabe des Renner Hugos von Trimberg, in: Anton Schwob (Hg.), Editionsberichte zur mittelalterlichen Literatur. Beiträge der Bamberger Tagung „Methoden und Probleme der Edition mittelalterlicher deustcher Texte", 26.-29. Juni 1991, Göttingen 1994 (Litterae 117), S. 97–106.

Weigel, Sigrid, Thesen zu Forschungsperspektiven einer Philologie wissenschaftlicher Konzepte, in: Geschichte der Germanistik. Mitteilungen 23/24 (2003), S. 15–18.

Weimann, Karl-Heinz, Paracelsus und der Fachwortschatz der *Artes mechanicae*, in: Lothar Hoffmann, Hartwig Kalverkämper, Herbert Ernst Wiegand (Hg.), Fachsprachen. Ein Internationales Handbuch zur Fachsprachenforschung, 2. Halbband, Berlin, New York 1999 (Handbücher zur Sprach- und Kommunikationswissenschaft 14.2), S. 2361–2376.

Weimann, Karl-Heinz, Paracelsus-Lexikographie in vier Jahrhunderten, in: Rosemarie Dilg-Frank (Hg.), Kreatur und Kosmos. Internationale Beiträge zur Paracelsusforschung. Fs. für Kurt Goldammer zum 65. Geburtstag, Stuttgart, New York 1981, S. 167–195 [auch in: Medizinhistorisches Journal 1981, S. 167–195].

Weimar, Klaus, Art. ‚Literatur', in: RLW Bd. 2 2000, S. 443–448.

Weimar, Peter, Art. ‚Distinktion II', in: LEXMA Bd. 3 2002, 1128f.

Weinberg, Florence M., Gargantua in a Convex Mirror. Fischart's View of Rabelais. New York, Bern, Frankfurt a. M. u. a. 1986 (Studies in the Humanities 2).

Weinberg, Florence M., Thélème selon Fischart. Omissions fécondes, in: Jean Céard (Hg.), Rabelais en son demi-millénaire. Actes du colloque international de Tours (24–29 Septembre 1984), Genf 1988 (Etudes rabelaisiennes 21), S. 373–379.

Weiss, James Michael, Johannes Fichardus and the Uses of Humanistic Biography, in: Jean-Claude Margolin (Hg.), Acta Conventus Neo-Latini Turonensis. International Congress of Neo-Latin Studies. Université François Rabelais, 6–10 Septembre 1976, Bd. 1, Paris 1980 (De Pétrarque à Descartes 38), S. 263–275.

Weiss-Amer, Melitta, Straubs Gesundheitslehre. Wittenwilers Ring im Kontext mittelalterlicher Fachliteratur, in: Albrecht Classen (Hg.), Medieval German Literature. Proceedings from the 23rd International Congress on Medieval Studies, Kalamazoo (Michigan). May 5–8, 1988, Göppingen 1989 (GAG 507), S. 171–180.

Weithase, Irmgard, Zur Geschichte der gesprochenen deutschen Sprache, Bd. 1, Tübingen 1961.

Welzig, Werner, „Enzyklopädie" im Wörterbuch, in: Franz M. Eybl u. a. (Hg.), Enzyklopädien in der Frühen Neuzeit. Beiträge zu ihrer Erforschung, Tübingen 1995, S. 286–294.

Wendeler, Camillus (Hg.), Fischartstudien des Freiherrn Karl Hartwig Gregor von Meusebach. Mit einer Skizze seiner literarischen Bestrebungen, Halle a. S. 1879.

Wendeler, Camillus, Fischart als Herausgeber alchymistischer Schriften, in: Archiv für Litteratur-Geschichte 6 (1877), S. 487–509.

Wenzel, Edith, *Zers* und *fud* als literarische Helden. Zum „Eigenleben" von Geschlechtsteilen in der mittelalterlichen Literatur, in: Claudia Benthien, Christoph Wulf (Hg.), Körperteile. Eine kulturelle Anatomie, Reinbek bei Hamburg 2004, S. 274–293.

Wenzel, Franziska, *Meisterschaft* und Transgression. Studie zur Spruchdichtung am Beispiel des Langen Tons der Frauenlob-Überlieferung, in: Manuel Braun, Christopher Young (Hg.), Das fremde

Schöne. Dimensionen des Ästhetischen in der Literatur des Mittelalters, Berlin, New York 2007 (Trends in Medieval Philology 12), S. 309–334.

Wenzel, Franziska, Teuflisches Wissen. Strategien, Paradoxien und Grenzen der Wissensvermittlung im *Hort von der Astronomie*, in: Ernst Hellgardt, Stephan Müller, Peter Strohschneider (Hg.), Literatur und Macht im mittelalterlichen Thüringen, Köln 2002, S. 143–163.

Wenzel, Horst (Hg.), Typus und Individualität im Mittelalter, München 1983 (Forschungen zur Geschichte der älteren deutschen Literatur 4).

Wenzel, Siegfried, Preachers, Poets, and the Early English Lyric, Princeton 1986.

Werle, Dirk, Copia librorum. Problemgeschichte imaginierter Bibliotheken 1580–1630, Tübingen 2007 (Frühe Neuzeit 119).

Werminghoff, Albert (Hg.), Conrad Celtis und sein Buch über Nürnberg, Freiburg/Br. 1921.

Wessels, Paulus Bernardus, Wittenwilers *Ring* als Groteske, in: WW 10 (1960), S. 204–214.

White, Hayden, Metahistory. Die historische Einbildungskraft im 19. Jahrhundert in Europa. Aus dem Amerikanischen von Peter Kohlhaas, Frankfurt a. M. 1994 [zuerst 1973].

Wick, Ferdinand, Beiträge zur Geschichte von Helleborus und Veratrum, Stetten, Basel 1939.

Wiegand, Hermann, Art. ‚Makkaronische Poesie', in: RLW Bd. 2 2000, S. 527–530.

Wiehl, Peter, *weisen red – der pauren gschrai*. Untersuchungen zur direkten Rede in Heinrich Wittenwilers *Ring*, in: Gert Rickheit, Sigurd Wichter (Hg.), Dialog. Fs. für Siegfried Grosse, Tübingen 1990. S. 91–116.

Wienker, Piepho, Sabine, Art. ‚Schreiben, Schreiber, Schrift', in: EM Bd. 12 2007, Sp. 198f.

Wienker-Piepho, Sabine, „Je gelehrter, desto verkehrter?" Volkskundlich-Kulturgeschichtliches zur Schriftbeherrschung, Münster u. a. 2000.

Wießner, Edmund, Das Gedicht von der Bauernhochzeit und Heinrich Wittenwylers *Ring*, in: ZfdA 50 (1908) S. 225–279.

Wießner, Edmund, Der Wortschatz von Heinrich Wittenwilers *Ring*, hg. von Bruno Boesch, Bern 1970.

Wießner, Edmund, Heinrich Wittenwiler. Der Dichter des *Ringes*, in: ZfdA 64 (1927), S. 145–160.

Wießner, Edmund, Kommentar zu Heinrich Wittenwilers *Ring*, Leipzig 1936 (Deutsche Literatur in Entwicklungsreihen. Reihe Realistik des Spätmittelalters).

Wiessner, Edmund, *Metzen hochzit* und Heinrich Wittenwilers *Ring*, in: ZfdA (1937) S. 65–72.

Wießner, Edmund, Neidhart und das Bauernturnier in Heinrich Wittenwilers *Ring*, in: Fs. für Max H. Jellinek, Wien, Leipzig 1928, S. 191–208.

Wiethölter, Waltraud, Frauke Berndt, Stephan Kammer (Hg.), Vom Weltbuch zum World Wide Web. Enzyklopädische Literaturen, Heidelberg 2005 (Neues Forum für allgemeine und vergleichende Literaturwissenschaft 21).

Wiethölter, Waltraud, Frauke Berndt, Stephan Kammer, Zum Doppelleben der Enzyklopädik – eine historisch-systematische Skizze, in: diess. (Hg.), Vom Weltbuch zum World Wide Web. Enzyklopädische Literaturen, Heidelberg 2005 (Neues Forum für allgemeine und vergleichende Literaturwissenschaft 21), S. 1–51.

Wild, Gerhard, Art. ‚Teofilo Folengo', in: Kindlers neues Literaturlexikon, Bd. 5, München 1989, S. 648–651.

Williams, Charles Allyn, Zur Liederpoesie in Fischarts *Gargantua*, in: PBB 35 (1910), S. 395–464.

Winter, Erich, Art. ‚Hieroglyphen', in: Reallexikon für Antike und Christentum, hg. von Ernst Dassmann, Carsten Colpe, Albrecht Dihle u. a. Bd. 15, Stuttgart 1991, Sp. 83–103.

Wittkower, Rudolf, Allegorie und der Wandel der Symbole in Antike und Renaissance, Köln 1996 (Klassiker der Kunstgeschichte) [Nachdruck der Ausgabe Köln 1984, zuerst 1977].

Wittmann, Reinhard, Heinrich Wittenwilers *Ring* und die Philosophie Wilhelms von Ockham, in: DVjs 48 (1974), S. 72–92.

Wohlfeil, Rainer, Reformatorische Öffentlichkeit, in: Ludger Grenzmann, Karl Stackmann (Hg.), Literatur und Laienbildung im Spätmittelalter und in der Reformationszeit. Symposion Wolfenbüttel 1981, Stuttgart 1984 (Germanistische Symposien-Berichtsbände 5), S. 41–52.

Wolf, Alois, Überlegungen zu Wittenweilers *Ring*, in: Friedhelm Debus, Joachim Hartig (Hg.), Fs. für Gerhard Cordes zum 65. Geburtstag. Bd. 1.: Literaturwissenschaft und Textedition, Neumünster 1973, S. 208–248.

Wolf, Norbert Richard, Probleme wissensliterarischer Kommunikation, in: ders. (Hg.), Wissensorganisierende und wissensvermittelnde Literatur im Mittelalter. Perspektiven ihrer Erforschung. Kolloquium 5.–7. Dezember 1985, Wiesbaden 1987 (Wissensliteratur im Mittelalter 1), S. 208–220.

Wölfel, Egon Julius, Untersuchung über Hugo von Trimberg und seinen *Renner*, in: ZfdA 28 (1884), S. 145–206.

Wolfzettel, Friedrich, Zur Stellung und Bedeutung der *Enfance* in der altfranzösischen Epik 2, in: Zeitschrift für französische Sprache und Literatur 84 (1974), S. 1–32.

Wolfzettel, Friedrich, Zur Stellung und Bedeutung der *Enfances* in der altfranzösischen Epik 1, in: Zeitschrift für französische Sprache und Literatur 83 (1973), S. 317–348.

Wüstling, Gertraud, Fischart und Opitz. Ein Vergleich ihrer Bearbeitungen der 2. Epode des Horaz, Diss. Halle a. S. 1950.

Zaenker, Karl, Zur Arzt-Szene in Heinrich Wittenwilers *Ring*, in: Seminar 15 (1979), S. 1–14.

Zarncke, Friedrich, Die deutschen Universitäten im Mittelalter. Beiträge zur Geschichte und Charakteristik derselben, Leipzig 1857.

Zedelmaier, Helmut, *Bibliotheca universalis* und *Bibliotheca selecta*. Das Problem der Ordnung des gelehrten Wissens in der frühen Neuzeit, Köln, Weimar, Wien 1992 (Beihefte zum Archiv für Kulturgeschichte 33).

Zenck, Martin (Hg.), Signatur und Phantastik in den schönen Künsten und in den Kulturwissenschaften der Frühen Neuzeit, Paderborn 2006.

Zerfass, Rolf, Der Streit um die Laienpredigt. Eine pastoralgeschichtliche Untersuchung zum Verständnis des Predigtamtes und zu seiner Entwicklung im 12. und 13. Jahrhundert, Freiburg/Br., Basel, Wien 1974 (Untersuchungen zur praktischen Theologie 2).

Ziegeler, Hans-Joachim, Art. ‚Schwank', in: RLW Bd. 3 2003, S. 407–410.

Ziegeler, Hans-Joachim, Erzählen im Spätmittelalter. Mären im Kontext von Minnerede, Bispeln und Romanen, München, Zürich 1985 (MTU 87).

Zimmermann, Julia, Teufelsreigen – Engelstänze. Kontinuität und Wandel in mittelalterlichen Tanzdarstellungen, Frankfurt a. M. 2007 (Mikrokosmos 76).

Zitzmann, Rudolf, Fischarts *Geschichtklitterung* in ihrem Verhältnis zu Rabelais, Diss. Frankfurt 1935.

Zoller, Heinrich, Konrad Gessner als Botaniker, in: Hans Fischer (Hg.), Conrad Gessner. 1516-1565. Universalgelehrter, Naturforscher, Arzt, Zürich 1967, S. 57–63.

Zymner, Rüdiger, Manierismus. Zur poetischen Artistik bei Johann Fischart, Jean Paul und Arno Schmidt, Paderborn u. a. 1995.

Namensregister

Aufgenommen wurden nur Verfassernamen, die im Fließtext behandelt wurden.

Aesop 93f., 464
Agricola, Georg 353, 377–380
Agricola, Johannes 360
Agrippa von Nettesheim 374
Aischylos 486
Alanus ab Insulis 284
Alberti, Leon Battista 32
Albertus Magnus 139, 142
Albrecht von Eyb 230
Alciati, Andrea 428, 431, 475
Ambrosius von Mailand 74, 78, 111, 123, 150
Ammann, Jost 423
Amphiloch
Andreànszky, Arpad Stephan 239
Androtion 482
Annius von Viterbo (Giovanni Nanni) 399, 423
Apollodor 445
Aristophanes 486
Aristoteles 41, 74, 111, 139, 150, 154, 281, 352, 374, 433, 435, 448
Arrius 117f.
Arthephius 451
Asklepios 383, 454
Auerbach, Erich 57
Augustinus 74, 111, 121, 123, 150f.
Aventinus (Turmair), Johannes 393f., 401
Averroes 373, 444
Avicenna 438, 452, 455

Babendreier, Jürgen 267
Bachorski, Hans-Jürgen 230, 281, 289, 296f., 320f., 323, 365, 473
Bachtin, Michail 240, 289
Barbaro, Ermolao 434
Barner, Wilfried 335
Bartholomaeus Anglicus 43
Bausinger, Hermann 199f., 207
Beatus Rhenanus 400
Bebel, Heinrich 361, 397, 401, 430, 478
Bech, Phillip 377, 379
Berger, Peter L. 27
Berosus 399, 401, 422f.
Berwaldt, Jakob 472
Bloom, Harold 47, 194
Boccaccio 478
Bock, Hieronymus 347, 376, 384, 388, 433, 436, 437, 442, 444f., 447
Bodenstein, Adam von 453
Bodin, Jean 393, 442, 460f.
Boesch, Bruno 251
Boner, Ulrich 282, 283, 285, 286
Boppe 150
Borst, Arno 220
Brant, Sebastian 316
Brednich, Rolf Wilhelm 358
Bruneleschi, Donatello 32
Brunetto Latini 43, 279–281, 287f.
Burke, Peter 31f.,

Cardano, Girolamo 402f.
Cassianus 113
Cato 132
Celtis, Conrad 397, 401
Cervantes 49
Champollion, Jean François 419
Cicero, Marcus Tullius 155, 383, 390, 485
Clifton-Everest, John Michael 281, 292, 319
Collenuccio, Pandolpho 434
Colonna, Francesco 416, 421, 428, 431
Cordus, Valerius 440
Cornutus 482
Cramer, Thomas 36, 278
Cratippus 390
Crollius, Oswald 437
Cross, Christa Wolf 315

Dante Alighieri 33, 90, 290, 339
de Boor, Helmut 73
de la Cuadra, Inés 77f., 162, 169, 179, 183, 186
Dee, John 463f.
Demosthenes 484
Dicke, Gerd 171
Dioskurides 433–435, 437, 440, 444f., 448
Donatus 155
Dürer, Albrecht 417

Eco, Umberto 402, 417, 449, 451f.
Ehrenbote 38–40
Ehrismann, Gustav 55, 176
Eichendorff, Joseph von 49, 382
Ennius 484f.
Epimetheus, Franciscus
Erasmus von Rotterdam 360f.

Fasanini, Filippo 416
Ficino, Marsilio 373, 420
Fischart, Johann 13, 45, 50f., 316, 337–489, 491–497
Fischer, Hanns 21

Flaubert, Gustave 48, 294, 341
Flötner, Peter 423
Folengo, Teofilo (Merlin Coccai) 338f., 412
Foucault, Michel 16f., 28, 107, 309, 373f.
Franck, Sebastian 353, 360f.
Freidank 142
Frey, Jacob 478
Fronsberger, Leonhard 350f., 376
Froschauer, Christoph 472
Fuchs, Leonhard 373
Funke, Helmut 321, 330, 334

Galen 155, 433, 438, 448, 452, 455
Gartner, Andreas 360
Gärtner, Kurt 23, 25,
Gasser, Achilles Pirmin 437
Gehrke, Hilde 360
Gellius 383
Gervinus, Georg Gottfried 73
Gesner, Conrad 32, 353, 378, 435–437, 440
Gilbertus Anglicus 224f.
Ginzburg, Carlo 32f.
Giovani da Legnano 193, 268, 270
Goheen, Jutta 169
Golius, Theophilus 388
Gombrich, Ernst H. 420
Goropius Becanus, Johannes 354, 401, 402f., 406–411
Gottfried von Straßburg 37, 166, 171
Gottfried von Neifen 163f.
Gratianus 155
Gregor I. der Große 121, 123, 153, 158–160, 300
Grimm, Jacob 379, 427
Grimm, Wilhelm 379
Grubmüller, Klaus 21, 285

Hadloub 176
Hahn, Alois 177f.
Hartlieb, Johannes 225, 226
Hartmann von Aue 36

Namensregister

Hauffen, Adolf 348, 354, 359, 371, 391
Haug, Walter 36, 51, 335, 367
Heinrich der Teichner 25–27.
Heinrich von Morungen 163f.
Held, Jeremias 475
Helfenbein, Rainer 214, 230
Henkel, Arthur 417
Heraklit 482
Hermes Trismegistos 418, 456
Herrand von Wildonie 153
Herodot 410f., 445
Herold, Johannes 418
Hess, Günther 465, 479
Hieronymus 74, 111, 123, 158–161
Hippokrates 155, 454f.
Holtzwart, Mathias 421–424, 421f., 475
Homer 338, 341, 481f., 485
Hondorff, Andreas 365f.
Honorius Augustodunensis 43, 65, 278f., 282, 291
Horapollo 416–418, 428–431
Horaz 248, 323f., 484f.
Huber, Christoph 97, 249
Hugo von St. Viktor 66, 77, 132
Hugo von Trimberg 13, 33, 41f., 45, 51, 55–188, 491–497

Illich, Ivan 77
Isidor von Sevilla 41, 67f., 74, 118, 150

Jackson, William Henry 210
Jean Paul 49
Jeremias 98
Jesus Sirach 126f., 158–160
Jobin, Bernhard 359f., 393, 424, 453, 455, 459, 472, 475
Johannes Thrithemius
Junius, Hadrianus 345, 354, 384, 387, 431f., 440f.
Jürgens-Lochthove, Kristina 304

Justinian 488
Juvenal 478

Kalning, Pamela 267, 313
Karnaedes 444–447
Kellner, Beate 35
Konrad von Megenberg 142
Konrad von Würzburg 24, 26, 163, 210, 303
Khunrath, Heinrich 451
Kühlmann, Wilhelm 452f.

Latini, Brunetto
Laude, Corinna 304, 207
Lavoisier, Antoine Laurent de 28, 448
Lazius, Wolfgang 354, 402–408, 413, 423
Lehmann, Paul 153
Leoniceno, Niccolò 434
Link, Jürgen 17
Linné, Carl von 28
Lonicerus 440
Luckmann, Thomas 27
Lukian 351
Lusitanus, Amatus 440
Luther, Martin 299, 300, 302, 353
Lutz, Eckart Conrad 212, 242, 247, 294–305

Maaler, Josua 353
Magnus, Olaus 348, 388
Manutius, Aldus 416, 428, 431
Marner 102, 150, 163–165
Marzell, Heinrich 227, 440f.
Mathesius 379
Matthiolus, Petrus Andreas 440
Meier, Christel 42f., 278, 281, 286
Meißner 150
Merlin Coccai (siehe Teofilo Folengo)
Mertens, Volker 36
Meyer, Ernst Heinrich Friedrich 435
Michael de Leone 76f., 80, 87–89
Michel, Paul 290, 291, 341
Mittler, Elmar 268

Müller, Bruno 55
Müller, Jan-Dirk 478
Münster, Sebastian 430
Murner, Thomas 487–489

Natal 482
Neidhart 87, 172–176, 181–183
Nietzsche, Friedrich 309
Novacius 117
Nyssen, Ute 386, 390, 414

Oberrheinischer Revolutionär 398, 400
Ockham 281
Origines 74, 111, 150
Oswald von Wolkenstein 176
Otto von Botenlauben 163f.
Ovid 478, 481

Paracelsus 437–440, 452–457
Pelagius 117
Petrus Lombardus 153
Philippos
Photinos 117f.
Pindar 486
Pirckheimer, Willibald 416
Platon 74, 111, 150, 155, 383, 418, 480
Plautus 478
Plinius 74, 111, 148, 150, 390, 433, 437
   442, 444, 446, 448
Plotin 419
Plutarch 482
Poggio 478
Politian 482
Polydor Vergil 487–489
Porphyrius 448
Priscian 155
Priscillian 117f.
Puchta-Mähl, Christa Maria 319, 326, 330

Quintilianus, Marcus Fabius 279

Rabelais, François 49, 316, 337–360, 362,
   364, 368–371, 374, 376, 382,
   387, 389, 391f., 410, 412–415,
   424–429, 431, 444, 448, 461,
   467–471, 476, 479–483, 485f.
Ragotzky, Hedda 281
Regis, Gottlob 344
Reichlin, Susanne 171
Reinmar von Zweter 153
Reinmar der Alte 167
Reusner, Nikolaus 475
Reußner, Hieronymus 449f., 454
Rhazes 217, 223, 226, 227, 228, 373, 438
Rihel, Theodosius 348
Ronsart, Pierre de 479
Rosenplenter, Lutz 142, 145
Ruell, Jean 434, 440
Ruh, Kurt 61, 248
Rupp, Heinz 104, 176

Sachs, Hans 357, 414
Sabbelius 117f.
Sambucus, Johannes 431f.
Scaliger, Joseph Justus 403
Scaliger, Julius Caesar 403, 434, 483
Schedel, Hartmann 33
Scheidt, Caspar 382, 485
Schenk von Limburg 163f.
Scherer, Wilhem 55f., 73
Schmidtke, Dietrich 55f.
Schöne, Albrecht 417
Schumann, Valentin 357
Schulz-Grobert, Jürgen 212
Schweikle, Günther 88
Schwob, Anton 182
Screech, Michael Andrew 352, 392
Seelbach, Ulrich 357, 373–375, 382
Seneca 155
Serapius 444
Sokrates 155

Namensregister

Solinus 41, 74, 150
Sowinski, Benhard 209
Stabius
Stackelberg, Jürgen von 487
Sterne, Laurence 49, 349
Stesichor 482
Stimmer, Tobias 423
Strabo 485
Stricker 231, 281
Süßkind von Trimberg 176, 183

Tacitus 396f., 422, 485
Tappius, Eberhard 360
Telle, Joachim 453
Terenz 478
Theophrast 435, 437, 444f., 458
Thomas Cantimpratensis 142–151
Thomas Cisterciensis 186
Thomas von Aquin 268
Thomasin von Zerklaere 169f.
Thurneysser zum Thurn, Leonhardt 454f.
Toxites (Michael Schütz) 354, 439, 452, 455–458, 462
Trithemius, Johannes 400f., 483
Trotula 217, 224, 225, 228
Turmair (siehe Aventinus)

Ulrich von Liechtenstein 176f.

Valerianus, Pierius 421
Valerius Maximus 366

Vergil 72, 90f., 338f.
Vincenz von Beauvais 142
Virgilio, Marcello 434
Vogl, Joseph 28

Wackernagel, Wilhelm
Walther von der Vogelweide 163, 167, 176f., 179
Warburg, Aby 420, 432
Warning, Rainer 48
Weidmann, Karl 387
Weigand, Rudolf Kilian 77, 138
Weinberg, Florence M. 365
Wendeler, Camillus 463
Wickram, Jörg 478
Wießner, Edmund 198, 210, 217, 223, 279, 282, 334
Wilhelm von Conches 265
Wilhelm von Saliceto 224
Williams, Charles Allyn 357, 359
Windsbecke 163
Wirnt von Grafenberg 37, 319
Wittenwiler, Heinrich 13, 33, 45, 47, 50–52, 189–336, 479, 491–497
Wolfram von Eschenbach 37f., 176f., 181, 236, 303

Zaenker, Karl 226
Zenon 446
Ziegeler, Hans Joachim 191, 239, 248
Zosimos 451

Akademie Verlag Ein Wissenschaftsverlag der Oldenbourg Gruppe

Deutsche Literatur
Studien und Quellen

Die grundlegende Reihe zur deutschen Philologie

Herausgegeben von Beate Kellner und Claudia Stockinger

Lars-Thade Ulrichs

Die andere Vernunft

*Philosophie und Literatur zwischen
Aufklärung und Romantik*

2011 | ca. 509 Seiten
gebunden | ca. 99,80 €
ISBN 978-3-05-005125-3

Deutsche Literatur. Studien und Quellen | Band 4

Möchten Sie regelmäßig über unsere Neuerscheinungen informiert werden?

Tragen Sie sich einfach für unseren kostenlosen Newsletter ein und erhalten Sie unsere monatlichen Gratis-Leseproben:

 www.akademie-verlag.de/newsletter

Bestellen Sie in Ihrer Fachbuchhandlung oder direkt bei uns:
Tel: 089/45051-248 | Fax: 089/45051-333 | orders@oldenbourg.de
www.akademie-verlag.de

Akademie Verlag Ein Wissenschaftsverlag der Oldenbourg Gruppe

Deutsche Literatur Studien und Quellen

Die grundlegende Reihe zur deutschen Philologie

Herausgegeben von Beate Kellner und Claudia Stockinger

Tom Kindt

Literatur und Komik

Zur Theorie literarischer Komik und zur deutschen Komödie im 18. Jahrhundert

2011 | ca. 250 Seiten
gebunden | ca. 89,80 €
ISBN 978-3-05-005152-9

Deutsche Literatur. Studien und Quellen | Band 1

Giulia Radaelli

Literarische Mehrsprachigkeit

Sprachwechsel bei Elias Canetti und Ingeborg Bachmann

2011 | ca. 300 Seiten
gebunden | ca. 89,80 €
ISBN 978-3-05-005109-3

Deutsche Literatur. Studien und Quellen | Band 3

Bestellen Sie in Ihrer Fachbuchhandlung oder direkt bei uns:
Tel: 089/45051-248 | Fax: 089/45051-333 | orders@oldenbourg.de
www.akademie-verlag.de